정인국 행정법총론

파이널 옥스 OX

2024 정인국

PREFACE

오랫동안 법학을 공부해왔고 또 가르쳐본 사람으로서, 기출문제를 정확히 이해하는 것은 공부의 시작이자 끝이라고 생각합니다. 특히 객관식 시험에서는 이미 출제된 지문들이 반복출제되는 경향이 있습니다. 2023년도 국가직 9급 시험에서 16번 문제의 정답이 4번 선지였다면, 다음 해의 시험에서는 16번 문제의 나머지 선지가 정답으로 출제되는 식입니다.

2024 정인국 행정법총론 파이널 옥스(OX)를 만들면서 이러한 점을 염두에 두었습니다. 2010년부터 2023년까지의 14개년의 기출문제를 대상으로, 7·9급 공무원 시험(국가직·지방직)뿐만 아니라, 소방직·군무원·경찰간부·국회사무처 시험 등 행정법총론을 대상으로 하는 모든 국가고시의 기출문제를 망라하였습니다. 이 중에서 반복적으로 출제되거나 최근에 출제된 지문들 위주로 꼼꼼히 분석하여 정리하였습니다. 지문을 정리하는 과정에서, 기존에 출제된 지문들이 반복해서 출제된다는 당연한 진리를 다시 한 번 확인할 수 있었습니다.

2024년 교재의 가장 큰 특징은 문제를 교과서 진도순으로 배열하던 종전과는 달리, 쟁점별로 50개의 Topic으로 나누어 지문을 배치했다는 점입니다. 이러한 과정을 통해 출제가능한 쟁점을 총 1,708개의 지문으로 정리하였습니다. 수험생들은 자신이 약한 Topic을 먼저 풀어보거나 반복해서 풀어보는 방법으로 좀 더 효율적으로 공부할 수 있을 것입니다.

당부드리고 싶은 것은 1,700개 남짓한 지문에 대해서까지 SABC로 강약을 나누어 공부하면 안된다는 점입니다. 공무원 시험에 합격하려면 과목별 평균 90점 내지 95점을 받아야 합니다. 합격의 당락을 좌우하는 지문은 누구나 공부하는 S등급 지문이 아니라, 내가 그동안 자주 보지 못했던 낯선 지문입니다. 가장 자주 출제된 지문보다는 내가 잘 모르는 지문이 가장 중요한 S등급이라는 생각을 가지고 공부하시기 바랍니다.

공부하는 과정에서 궁금한 사항이 생기면 언제든지 「정인국 공무원 행정법 카페(https://cafe.naver.com/inkookjung)」를 통해 질문하시기 바랍니다. 아무쪼록 제 교재와 강의로 공부하는 모든 수험생들에게 난기합격의 영광이 함께하길 기원합니다.

2024년 1월

눈 오는 겨울 어느 새벽에

편저자 정인국

CONTENTS

CONTENTS

정인국 행정법총론 파이널 옥스

TOPIC 01

∨

TOPIC 50

2024

정인국 행정법총론 파이널 옥스

TOPIC 01

행정의 의의 / 행정법의 의의 / 통치행위 / 법치행정의 원리

제1절 행정의 의의

01

2021 군무원 9급

행정은 공공의 이익을 위하여 적극적으로 추진되어야 한다. O | X

행정기본법

제4조(행정의 적극적 추진) ① 행정은 공공의 이익을 위하여 적극적으로 추진되어야 한다.

02

2023 소방직

국가와 지방자치단체는 소속 공무원이 공공의 이익을 위하여 적극적으로 직무를 수행할 수 있도 록 제반 여건을 조성하고, 이와 관련된 시책 및 조치를 추진하여야 한다. O | X

행정기본법

제4조(행정의 적극적 추진) ② 국가와 지방자치단체는 소속 공무원이 공공의 이익을 위하여 적극적으로 직무를 수행할 수 있도록 제반 여건을 조성하고, 이와 관련된 시책 및 조치를 추진하여야 한다.

제2절 행정법의 의의

01

2011 국가직 9급

대륙법계는 공법과 사법(私法)의 구별을 강조하면서 행정사건은 사법(司法)법원이 아닌 별도의 법원(재판소)의 관할에 속하도록 하고 있다. O | X

대륙법계국가는 법치국가사상에 의한 행정법체계에 걸 맞는 행정에 특수한 제도적 기반이 필요함에 따라 행정재판소 제도를 핵심으로 하는 행정제도가 발달되었다. 행정은 일반사법과 다른 특수한 법체계와 아울러 일반 민사법원과 독립된 소송제도를 가지게 되었다.

02

2011 국가직 9급

프랑스에서 행정법원(재판소, Conseil d'Etat)이 출범하게 된 배경은 대혁명 이후 행정사건에 대한 사법(司法)법원의 간섭을 배제하기 위한 필요성과 관련이 있다. O | X

프랑스의 경우 종래의 귀족법관에 대한 불신으로 인해, 별도의 행정재판소가 행정사건을 담당해야 한다는 주장이 대두되었다. 블랑코라는 어린아이가 국영담배공장의 수레에 치어 다친 사건에서, 공공역무의 과정에서 생긴 사건에 대해서는 사법(私法)이 적용되는 것이 아니라 공법이 적용되어야 하므로 사법(司法)법원이 아닌 행정재판소가 관할하여야 한다는 판결을 계기로 행정법의 독자성이 인정되었다.

정답 | 01 ○ 02 ○ | 01 ○ 02 ○

03

2011 국가직 9급

공법과 사법(私法)의 구별을 강조하지 않는 영미법계 국가에서는 오늘날 행정법의 특수성은 인정되지 않으며 행정기관의 결정에 대한 재판권은 통상의 사법(司法)법원이 행사한다. O | X

공법과 사법(私法)의 구별을 강조하지 않는 영미법계 국가에서도 행정위원회가 설치·운영되는 등 오늘날 행정법의 특수성은 인정되고 있으며, 다만 행정사건에 대한 재판권은 통상의 사법(司法)법원이 행사한다.

04

2011 국가직 9급

우리나라의 행정법은 전통적으로 대륙법계의 영향을 받아 행정에 특유한 공법으로서의 성격을 강조하고 있으면서도 행정사건은 별도의 행정법원(재판소)이 아닌 사법(司法)법원의 관할에 속한다. O | X

우리나라 행정법은 전통적으로 대륙법계의 영향을 받아 행정에 특유한 공법으로서의 성격을 강조하고 있으면서도(공사법 이원체계), 행정사건은 행정소송법에 따라 처리되며 사법(司法)법원의 관할에 속한다. 따라서 사법(司法)국가이면서도 대륙법계 국가의 행정국가적 요소가 가미되어 있다.

제3절 통치행위

01

2015 국가직 9급

대통령의 긴급재정경제명령은 고도의 정치적 결단에 의하여 발동되는 이른바 통치행위에 속하지만 그것이 국민의 기본권 침해와 직접 관련되는 경우에는 헌법재판소의 심판대상이 된다. O | X

[헌재 1996.2.29, 93헌마186]

대통령의 긴급재정경제명령은 국가긴급권의 일종으로서 고도의 정치적 결단에 의하여 발동되는 행위이고 그 결단을 존중하여야 할 필요성이 있는 행위라는 의미에서 이른바 통치행위에 속한다고 할 수 있으나, 통치행위를 포함하여 모든 국가작용은 국민의 기본권적 가치를 실현하기 위한 수단이라는 한계를 반드시 지켜야 하는 것이고, **헌법재판소는 헌법의 수호와 국민의 기본권 보장을 사명으로 하는 국가기관이므로 비록 고도의 정치적 결단에 의하여 행해지는 국가작용이라고 할지라도 그것이 국민의 기본권 침해와 직접 관련되는 경우에는 당연히 헌법재판소의 심판대상이 된다.**

02

2015 국가직 9급

비상계엄의 선포와 그 확대행위가 국헌문란의 목적을 달성하기 위하여 행하여진 경우에는 법원은 그 자체가 범죄행위에 해당하는지의 여부에 관하여 심사할 수 있다. O | X

[대법원 전합 1997.4.17, 96도3376]

대통령의 비상계엄의 선포나 확대 행위는 고도의 정치적·군사적 성격을 지니고 있는 행위라 할 것이므로, 그것이 누구에게도 일견하여 헌법이나 법률에 위반되는 것으로서 명백하게 인정될 수 있는 등 특별한 사정이 있는 경우라면 몰라도, 그러하지 아니한 이상 그 계엄선포의 요건 구비 여부나 선포의 당·부당을 판단할 권한이 사법부에는 없다고 할 것이나, **비상계엄의 선포나 확대가 국헌문란의 목적을 달성하기 위하여 행하여진 경우에는 법원은 그 자체가 범죄행위에 해당하는지의 여부에 관하여 심사할 수 있다.**

정답 03 × 04 ○ | 01 ○ 02 ○

03

2017 지방직 9급

남북정상회담 개최는 고도의 정치적 성격을 지니고 있는 행위로서 사법심사의 대상으로 하는 것은 적절치 못하므로 그 개최과정에서 당국에 신고하지 아니하거나 승인을 얻지 아니한 채 북한 측에 송금한 행위는 사법심사의 대상이 되지 않는다.

O | X

[대법 2004.3.26, 2003도7878]

남북정상회담의 개최는 고도의 정치적 성격을 지니고 있는 행위라 할 것이므로 특별한 사정이 없는 한 그 당부를 심판하는 것은 사법권의 내재적·본질적 한계를 넘어서는 것이 되어 적절하지 못하지만, **남북정상회담의 개최과정에서 위 피고인들이 공모하여 재정경제부장관에게 신고하지 아니하였거나 통일부장관의 협력승인을 얻지 아니한 채 위와 같이 북한 측에 사업권의 대가 명목으로 4억 5000만 달러를 송금한 행위 자체는 헌법상 법치국가의 원리와 법 앞에 평등원칙 등에 비추어 볼 때 사법심사의 대상이 된다.**

04

2017 지방직 9급

신행정수도건설이나 수도이전의 문제는 그 자체로 고도의 정치적 결단을 요하므로 사법심사의 대상에서 제외되고, 고도의 정치적 결단에 의하여 행해지는 국가작용의 경우 그것이 국민의 기본권침해와 직접 관련되는 경우에도 헌법재판소의 심판대상이 될 수 없다.

O | X

노무현정부에서 신행정수도건설이 통치행위라고 주장한데 대하여, 헌법재판소는 통치행위가 아니라는 입장을 취하고 있다.

[헌재 전원재판부 2004헌마554, 2004.10.21.]

[1] **신행정수도건설이나 수도이전의 문제가 정치적 성격을 가지고 있는 것은 인정할 수 있지만, 그 자체로 고도의 정치적 결단을 요하여 사법심사의 대상으로 하기에는 부적절한 문제라고까지는 할 수 없다.** 더구나 이 사건 심판의 대상은 이 사건 법률의 위헌여부이고 대통령의 행위의 위헌여부가 아닌바, 법률의 위헌여부가 헌법재판의 대상으로 된 경우 당해법률이 정치적인 문제를 포함한다는 이유만으로 사법심사의 대상에서 제외된다고 할 수는 없다.

[2] 다만, 이 사건 법률의 위헌여부를 판단하기 위한 선결문제로서 **신행정수도건설이나 수도이전의 문제를 국민투표에 붙일지 여부에 관한 대통령의 의사결정이 사법심사의 대상이 될 경우 위 의사결정은 고도의 정치적 결단을 요하는 문제여서 사법심사를 자제함이 바람직하다고는 할 수 있고,** 이에 따라 그 의사결정에 관련된 흠을 들어 위헌성이 주장되는 법률에 대한 사법심사 또한 자제함이 바람직하다고는 할 수 있다. 그러나 **대통령의 위 의사결정이 국민의 기본권침해와 직접 관련되는 경우에는 헌법재판소의 심판대상이 될 수 있고,** 이에 따라 위 의사결정과 관련된 법률도 헌법재판소의 심판대상이 될 수 있다.

05

2022 군무원 9급

비록 서훈취소가 대통령이 국가원수로서 행하는 행위라고 하더라도 법원이 사법심사를 자제하여야 할 고도의 정치성을 띤 행위라고 볼 수는 없다.

O | X

서훈취소는 통치행위가 아니다.

[대법원 2015.4.23, 선고, 2012두26920, 판결]

구 상훈법 제8조는 서훈취소의 요건을 구체적으로 명시하고 있고 절차에 관하여 상세하게 규정하고 있다. 그리고 서훈취소는 서훈수여의 경우와는 달리 이미 발생된 서훈대상자 등의 권리 등에 영향을 미치는 행위로서 관련 당사자에게 미치는 불이익의 내용과 정도 등을 고려하면 사법심사의 필요성이 크다. 따라서 기본권의 보장 및 법치주의의 이념에 비추어 보면, **비록 서훈취소가 대통령이 국가원수로서 행하는 행위라고 하더라도 법원이 사법심사를 자제하여야 할 고도의 정치성을 띤 행위라고 볼 수는 없다.**

정답 | 03 × 04 × 05 ○

01

2017 하반기 지방직 9급

헌법재판소는 중학교 의무교육 실시여부 자체는 법률로 정하여야 하는 기본사항으로서 법률유보사항이나 그 실시의 시기, 범위 등 구체적 실시에 필요한 세부사항은 법률유보사항이 아니라고 하였다. O | X

[헌재 전원재판부 90헌가27, 1991.2.11.]

중학교 의무교육의 실시 여부 자체라든가 그 연한은 교육제도의 수립에 있어서 본질적 내용으로서 국회입법에 유보되어 있어서 반드시 형식적 의미의 법률로 규정되어야 할 기본적 사항이라 하겠으나(이에 따라서 교육법 제8조에서 3년의 중등교육을 반드시 실시하여야 하도록 규정하고 있다), **그 실시의 시기·범위 등 구체적인 실시에 필요한 세부사항에 관하여는 반드시 그런 것은 아니다.** 왜냐하면 이들 사항을 시행하기 위하여서는 막대한 재정지출이 뒤따르고, 실시의 시기와 방법에 관하여는 국회가 사전에 그 시행에 따른 여러 가지 사정에 대한 자료가 상대적으로 부족하기 때문에 오히려 실정에 밝은 집행기관인 행정부에 의한 기민한 정책결정이 불가피하므로 의회 입법사항이 되기에 부적합하다는 점을 고려하면 이들 사항을 국회 스스로 결정하여야 할 기본적인 사항은 아니고 행정부에 위임하여도 무방한 사항이라고 보아야 할 것이다.

02

2017 하반기 지방직 9급

대법원은 지방의회의원에 대하여 유급보좌인력을 두는 것은 지방의회의원의 신분·지위 및 그 처우에 관한 현행 법령상의 제도에 중대한 변경을 초래하는 것으로서, 이는 개별 지방의회의 조례로써 규정할 사항이 아니라 국회의 법률로써 규정할 입법사항이라고 하였다. O | X

지방의원에 월정수당을 지급하기는 하나 이는 급여라기보다는 실비변상적 성격이 강하다. 지방의원이 유급제가 아닌데 보좌인력에 대해 유급제로 하면, 지방의회의원에 관한 현행 제도의 중요하고 본질적인 사항을 변경하는 것이 된다.

[대법원 2013.1.16, 선고, 2012추84, 판결]

갑 광역시의회가 '상임(특별)위원회 행정업무보조 기간제근로자 42명에 대한 보수 예산안'을 포함한 2012년도 광역시 예산안을 재의결하여 확정한 사안에서, 위 근로자의 담당 업무, 채용규모 등을 종합해 보면, **지방의회에서 위 근로자를 두어 의정활동을 지원하는 것은 실질적으로 유급보좌인력을 두는 것과 마찬가지여서 개별 지방의회에서 정할 사항이 아니라 국회의 법률로 규정하여야 할 입법사항에 해당**하는데, 지방자치법이나 다른 법령에 위 근로자를 지방의회에 둘 수 있는 법적 근거가 없으므로, 위 예산안 중 '상임(특별)위원회 운영 기간제근로자 등 보수' 부분은 법령 및 조례로 정하는 범위에서 지방자치단체의 경비를 산정하여 예산에 계상하도록 한 지방재정법 제36조 제1항의 규정에 반하고, 이에 관하여 한 재의결은 효력이 없다.

03

2017 교육행정직 9급

법률우위의 원칙은 침해적 행정에만 적용된다. O | X

법률우위의 원칙은 행정작용은 법률에 위반되어서는 아니된다는 원칙으로, 법률유보의 원칙과 달리 행정의 모든 영역에 적용된다.

정답 | 01 ○ 02 ○ 03 ×

04 법률유보의 원칙에 반하는 행정작용은 위법하다. O | X

2017 교육행정직 9급

법률유보의 원칙에 반하는 행정작용은 위법하다. 다만 그 효과는 행정작용의 종류에 따라 달라지는데, (ⅰ) 법률유보의 원칙에 반하는 행정입법은 언제나 무효이고, (ⅱ) 법률유보의 원칙에 반하는 행정행위는 하자의 정도에 따라 무효와 취소로 구분된다.

05 법우위의 원칙에서 법은 형식적 법률뿐 아니라 법규명령과 관습법 등을 포함하는 넓은 의미의 법이다. O | X

2019 서울시 7급 (2월)

법(률)우위의 원칙에서 법(률)이란 헌법, 형식적 의미의 법률, 법규명령, 불문법(행정법의 일반원칙, 관습법)을 모두 포함하는 법규범을 의미한다. 그러나 행정규칙은 행정의 사무처리에 관한 내부적 준칙에 불과하기 때문에 행정규칙을 위반하였다고 해서 곧바로 위법하게 되는 것은 아니다. 즉 행정규칙은 법(률)우위의 원칙에서 말하는 법률의 범위에 포함되지 않는다.

06 법률유보의 원칙은 행정권의 발동에 있어서 조직규범의 근거가 필요하다는 것을 말한다. O | X

2019 서울시 7급 (2월)

조직법적 근거와 작용법적 근거의 의미를 정확히 구분할 수 있어야 한다. (ⅰ) 조직법적 근거란 행정작용을 함에 있어 행정조직 내에서 "대내적으로" 필요한 근거를 말한다. (ⅱ) 작용법적 근거란 "대외적으로" 국민과의 관계에서 행정작용을 하는데 필요한 근거를 말한다. 「법률유보원칙」이란 행정권의 발동에는 법률의 근거가 있어야 한다는 원칙으로 대외적인 관계에서 요구되는 작용법적 근거를 말한다. 즉 법률유보원칙은 작용법적 근거와 동의어로 생각하면 된다.

07 법률유보원칙에서 '법률의 유보'라고 하는 경우의 '법률'에는 국회에서 법률제정의 절차에 따라 만들어진 형식적 의미의 법률뿐만 아니라 국회의 의결을 거치지 않은 명령이나 불문법원으로서의 관습법이나 판례법도 포함된다. O | X

2019 서울시 7급 (2월)

'법률유보의 원칙'에 있어서의 법률은 국회에서 법률제정절차에 따라 만들어진 형식적 의미의 법률을 의미하나, 법률유보원칙은 법률에 근거한 규율을 의미하는 것이기 때문에 법률의 위임을 받은 법규명령의 경우에도 동 원칙에서 말하는 '법률'에 포함된다. 한편 국회의 의결을 거치지 않은 명령과 불문법원으로서의 관습법이나 판례법은 동 원칙에서의 '법률'에 포함되지 않는다.

정답 | 04 ○ 05 ○ 06 × 07 ×

08

2019 서울시 추가채용 9급

헌법재판소는 텔레비전방송수신료의 금액결정은 납부의무자의 범위 등과 함께 수신료에 관한 본질적인 중요한 사항이므로 국회가 스스로 행하여야 하는 사항에 속한다는 입장이다. O | X

[헌법재판소 1999.5.27. 자 98헌바70]

오늘날 법률유보원칙은 단순히 행정작용이 법률에 근거를 두기만 하면 충분한 것이 아니라, 국가공동체와 그 구성원에게 기본적이고도 중요한 의미를 갖는 영역, 특히 국민의 기본권실현과 관련된 영역에 있어서는 국민의 대표자인 입법자가 그 본질적 사항에 대해서 스스로 결정하여야 한다는 요구까지 내포하고 있다(의회유보원칙). 그런데 **텔레비전방송수신료는 대다수 국민의 재산권 보장의 측면이나 한국방송공사에게 보장된 방송자유의 측면에서 국민의 기본권실현에 관련된 영역에 속하고, 수신료금액의 결정은 납부의무자의 범위 등과 함께 수신료에 관한 본질적인 중요한 사항이므로 국회가 스스로 행하여야 하는 사항**에 속하는 것임에도 불구하고 한국방송공사법 제36조 제1항에서 국회의 결정이나 관여를 배제한 채 한국방송공사로 하여금 수신료금액을 결정해서 문화관광부장관의 승인을 얻도록 한 것은 법률유보원칙에 위반된다.

09

2022 소방직

행정작용은 법률에 위반되어서는 아니 되며, 국민의 권리를 제한하거나 의무를 부과하는 경우와 그 밖에 국민생활에 중요한 영향을 미치는 경우에는 법률에 근거하여야 한다. O | X

행정기본법

제8조(법치행정의 원칙) 행정작용은 법률에 위반되어서는 아니 되며, 국민의 권리를 제한하거나 의무를 부과하는 경우와 그 밖에 국민생활에 중요한 영향을 미치는 경우에는 법률에 근거하여야 한다.

10

2022 국회사무처 8급

자격이나 신분 등을 취득 또는 부여할 수 없거나 인가, 허가, 지정, 승인, 영업등록, 신고 수리 등을 필요로 하는 영업 또는 사업 등을 할 수 없는 사유는 법률로 정하여야 한다. O | X

행정기본법

제16조(결격사유) ① 자격이나 신분 등을 취득 또는 부여할 수 없거나 인가, 허가, 지정, 승인, 영업등록, 신고 수리 등을 필요로 하는 영업 또는 사업 등을 할 수 없는 사유는 법률로 정한다.

11

2023 지방직 9급

법률유보의 원칙은 '법률에 의한 규율'만을 요청하는 것이 아니라 '법률에 근거한 규율'을 요청하는 것이기 때문에 기본권의 제한에는 법률의 근거가 필요할 뿐이고 기본권제한의 형식이 반드시 법률의 형식일 필요는 없다. O | X

법률유보원칙은 기본권제한에 관한 모든 사항을 법률에 규정하라는 의미는 아니다. 따라서 법률에 근거를 둔 법규명령에서 기본권제한에 관한 사항을 규정하는 것도 가능하다.

[헌재 전원재판부 2009헌바167, 2011.4.28.]

법률유보의 원칙은 '법률에 의한 규율'만을 요청하는 것이 아니라 '법률에 근거한 규율'을 요청하는 것이기 때문에 기본권의 제한에는 법률의 근거가 필요할 뿐이고 기본권제한의 형식이 반드시 법률의 형식일 필요는 없다.

정답 | 08 ○ 09 ○ 10 ○ 11 ○

TOPIC 02

행정법의 법원(法源) / 행정법의 효력범위

제1절 행정법의 법원(法源)

01

2014 지방직 9급

판례는 국세행정상 비과세의 관행을 일종의 행정선례법으로 인정하지 아니한다. O | X

[대법원 2009.12.24, 2008두15350]

국세기본법 제18조 제3항이 규정하고 있는 '일반적으로 납세자에게 받아들여진 세법의 해석 또는 국세행정의 관행'이란 비록 잘못된 해석 또는 관행이라도 특정납세자가 아닌 불특정한 일반납세자에게 정당한 것으로 이의 없이 받아들여져 납세자가 그와 같은 해석 또는 관행을 신뢰하는 것이 무리가 아니라고 인정될 정도에 이른 것을 말하고, 그와 같은 비과세관행이 성립하려면, 상당한 기간에 걸쳐 과세하지 아니한 객관적 사실이 존재할 뿐만 아니라, 과세관청 자신이 그 사항에 관하여 과세할 수 있음을 알면서도 어떤 특별한 사정 때문에 과세하지 않는다는 의사가 있어야 하므로, 위와 같은 공적 견해의 표시는 비과세의 사실상태가 장기간에 걸쳐 계속되는 경우에 그것이 그 사항에 대하여 과세의 대상으로 삼지 아니하는 뜻의 과세관청의 묵시적인 의향의 표시로 볼 수 있는 경우 등에도 이를 인정할 수 있다.

02

2014 지방직 9급

수산업법은 민중적 관습법인 입어권의 존재를 명문으로 인정하고 있다. O | X

[대법원 1994.3.25, 93다45701]

구 수산업법 제40조 소정의 입어의 관행이라 함은 어떤 어업장에 대한 공동어업권 설정 이전부터 어업의 면허 없이 당해 어업장에서 오랫동안 계속 수산동식물을 채포 또는 채취함으로써 그것이 대다수 사람들에게 일반적으로 시인될 정도에 이른 것을 말한다.

수산업법

제40조(입어 등의 제한) ① 마을어업의 어업권자는 입어자(入漁者)에게 제38조에 따른 어장관리규약으로 정하는 바에 따라 해당 어장에 입어하는 것을 허용하여야 한다.

03

2014 지방직 9급

영미법계 국가에서는 '선례구속의 원칙'이 엄격하게 적용되어 유사사건에서 상급심의 판결은 하급심을 구속한다. O | X

영미법계 국가에서는 선례구속의 원칙에 따라 판례의 법원성이 인정된다. 따라서 유사사건에서의 상급심의 판결은 하급심을 구속하며, 기존의 판례와 배치되는 판결은 대법원에서만 가능하다.

정답 | 01 × 02 ○ 03 ○

04

2014 경찰행정

불문법원으로 관습법, 조리 등이 있다. O | X

행정법은 성문법주의가 원칙이지만, 행정법의 규율대상이 매우 다양하고 유동적이고, 행정의 복잡다기성으로 인하여 전문성·기술성을 간직하고 있으며, 행정법의 역사가 짧아 기본원리가 확립되지 않아 이를 통일적으로 규율하는 것이 어렵기 때문에 관습법·판례법·조리(행정법상 일반원칙) 등의 불문법원도 보충적인 법원이 된다.

05

2017 국가직 9급

학교급식을 위해 국내 우수농산물을 사용하는 자에게 식재료나 구입비의 일부를 지원하는 것 등을 내용으로 하는 지방자치 단체의 조례안은 '1994년 관세 및 무역에 관한 일반협정'에 위반되어 그 효력이 없다. O | X

[대법원 2005.9.9, 2004추10]

'1994년 관세 및 무역에 관한 일반협정'(General Agreement on Tariffs and Trade 1994, 이하 'GATT'라 한다)은 1994. 12. 16. 국회의 동의를 얻어 같은 달 23. 대통령의 비준을 거쳐 같은 달 30. 공포되고 1995. 1. 1. 시행된 조약인 '세계무역기구(WTO) 설립을 위한 마라케쉬협정'(Agreement Establishing the WTO)(조약 1265호)의 부속 협정(다자간 무역협정)이고, '정부조달에 관한 협정'(Agreement on Government Procurement, 이하 'AGP'라 한다)은 1994. 12. 16. 국회의 동의를 얻어 1997. 1. 3. 공포시행된 조약(조약 1363호, 복수국가간 무역협정)으로서 각 헌법 제6조 제1항에 의하여 국내법령과 동일한 효력을 가지므로 지방자치단체가 제정한 조례가 GATT나 AGP에 위반되는 경우에는 그 효력이 없다.
특정 지방자치단체의 초·중·고등학교에서 실시하는 학교급식을 위해 위 지방자치단체에서 생산되는 우수 농수축산물과 이를 재료로 사용하는 가공식품(이하 '우수농산물'이라고 한다)을 우선적으로 사용하도록 하고 그러한 우수농산물을 사용하는 자를 선별하여 식재료나 식재료 구입비의 일부를 지원하며 지원을 받은 학교는 지원금을 반드시 우수농산물을 구입하는 데 사용하도록 하는 것을 내용으로 하는 위 지방자치단체의 조례안이 내국민대우원칙을 규정한 '1994년 관세 및 무역에 관한 일반협정'(General Agreement on Tariffs and Trade 1994)에 위반되어 그 효력이 없다.

06

2017 교육행정직 9급

대통령의 긴급명령과 긴급재정·경제명령은 행정법의 법원이 된다. O | X

헌법 제76조에 근거한 긴급명령과 긴급재정·경제명령은 법규명령이지만 법률과 동일한 효력을 가지는 행정법의 법원이다.

헌법

제76조 ① **대통령은 내우·외환·천재·지변 또는 중대한 재정·경제상의 위기에 있어서** 국가의 안전보장 또는 공공의 안녕질서를 유지하기 위하여 긴급한 조치가 필요하고 국회의 집회를 기다릴 여유가 없을 때에 한하여 최소한으로 필요한 재정·경제상의 처분을 하거나 이에 관하여 **법률의 효력을 가지는 명령을 발할 수 있다.**
② **대통령은 국가의 안위에 관계되는 중대한 교전상태에 있어서** 국가를 보위하기 위하여 긴급한 조치가 필요하고 국회의 집회가 불가능한 때에 한하여 **법률의 효력을 가지는 명령을 발할 수 있다.**
③ 대통령은 제1항과 제2항의 처분 또는 명령을 한 때에는 지체없이 국회에 보고하여 그 승인을 얻어야 한다.
④ 제3항의 승인을 얻지 못한 때에는 그 처분 또는 명령은 그때부터 효력을 상실한다. 이 경우 그 명령에 의하여 개정 또는 폐지되었던 법률은 그 명령이 승인을 얻지 못한 때부터 당연히 효력을 회복한다.
⑤ 대통령은 제3항과 제4항의 사유를 지체없이 공포하여야 한다.

정답 | 04 ○ 05 ○ 06 ○

07

2017 교육행정직 9급

남북 사이의 화해와 불가침 및 교류협력에 관한 합의서는 남북한 당국이 각기 정치적인 책임을 지고 상호간에 그 성의 있는 이행을 약속한 것으로 법적 구속력이 인정되는 조약에 해당되어 국내법과 동일한 효력을 갖는다. O | X

[대법원 1999.7.23, 98두14525]

남북 사이의 화해와 불가침 및 교류협력에 관한 합의서는 남북관계가 '나라와 나라 사이의 관계가 아닌 통일을 지향하는 과정에서 잠정적으로 형성되는 특수관계'임을 전제로, 조국의 평화적 통일을 이룩해야 할 공동의 정치적 책무를 지는 남북한 당국이 특수관계인 남북관계에 관하여 채택한 합의문서로서, 남북한 당국이 각기 정치적인 책임을 지고 상호간에 그 성의 있는 이행을 약속한 것이기는 하나 법적 구속력이 있는 것은 아니어서 이를 국가 간의 조약 또는 이에 준하는 것으로 볼 수 없고, 따라서 국내법과 동일한 효력이 인정되는 것도 아니다.

08

2017 하반기 국가직 9급

사인(私人)은 반덤핑부과처분이 세계무역기구(WTO) 협정 위반이라는 이유로 직접 국내 법원에 회원국 정부를 상대로 그 처분의 취소를 구하는 소를 제기할 수 있다. O | X

[대법원 2005.9.9, 2004추10]

위 협정은 국가와 국가 사이의 권리·의무관계를 설정하는 국제협정으로, 그 내용 및 성질에 비추어 이와 관련한 법적 분쟁은 위 WTO 분쟁해결기구에서 해결하는 것이 원칙이고, 사인(私人)에 대하여는 위 협정의 직접 효력이 미치지 아니한다고 보아야 할 것이므로, 위 협정에 따른 회원국 정부의 반덤핑부과처분이 WTO 협정위반이라는 이유만으로 사인이 직접 국내 법원에 회원국 정부를 상대로 그 처분의 취소를 구하는 소를 제기하거나 위 협정위반을 처분의 독립된 취소사유로 주장할 수는 없다.

09

2017 하반기 국가직 9급

사회의 거듭된 관행으로 생성된 사회생활규범이 관습법으로 승인되었다고 하더라도 사회 구성원들이 그러한 관행의 법적 구속력에 대하여 확신을 갖지 않게 되었다면 그러한 관습법은 법적 규범으로서의 효력이 부정될 수밖에 없다. O | X

[대법원 2005.7.21, 선고, 2002다1178, 전원합의체 판결]

종원의 자격을 성년 남자로만 제한하고 여성에게는 종원의 자격을 부여하지 않는 종래 관습에 대하여 우리 사회 구성원들이 가지고 있던 법적 확신은 상당 부분 흔들리거나 약화되어 있고, 무엇보다도 헌법을 최상위 규범으로 하는 우리의 전체 법질서는 개인의 존엄과 양성의 평등을 기초로 한 가족생활을 보장하고, 가족 내의 실질적인 권리와 의무에 있어서 남녀의 차별을 두지 아니하며, 정치·경제·사회·문화 등 모든 영역에서 여성에 대한 차별을 철폐하고 남녀평등을 실현하는 방향으로 변화되어 왔으며, 앞으로도 이러한 남녀평등의 원칙은 더욱 강화될 것인바, 종중은 공동선조의 분묘수호와 봉제사 및 종원 상호간의 친목을 목적으로 형성되는 종족단체로서 공동선조의 사망과 동시에 그 후손에 의하여 자연발생적으로 성립하는 것임에도, 공동선조의 후손 중 성년 남자만을 종중의 구성원으로 하고 여성은 종중의 구성원이 될 수 없다는 종래의 관습은, 공동선조의 분묘수호와 봉제사 등 종중의 활동에 참여할 기회를 출생에서 비롯되는 성별만에 의하여 생래적으로 부여하거나 원천적으로 박탈하는 것으로서, 위와 같이 변화된 우리의 전체 법질서에 부합하지 아니하여 정당성과 합리성이 있다고 할 수 없으므로, 종중 구성원의 자격을 성년 남자만으로 제한하는 종래의 관습법은 이제 더 이상 법적 효력을 가질 수 없게 되었다.

정답 | 07 × 08 × 09 ○

10 인간다운 생활을 할 권리와 같은 헌법상의 추상적인 기본권에 관한 규정은 행정법의 법원이 되지 못한다. O | X

2019 서울시 9급 (6월)

인간다운 생활을 할 권리를 법률상의 이익으로 인정할 수 있는지가 문제되는 것이고, 헌법 규정이 성문법원으로서 행정법의 법원이라는 점 자체에는 의문이 없다.

제2절 행정법의 효력범위

01 대통령령, 총리령 및 부령은 특별한 규정이 없으면 공포한 날부터 20일이 경과함으로써 효력을 발생한다. O | X

2014 국가직 9급

법령 등 공포에 관한 법률

제13조(시행일) 대통령령, 총리령 및 부령은 특별한 규정이 없으면 공포한 날부터 20일이 경과함으로써 효력을 발생한다.

02 신뢰보호의 요청에 우선하는 심히 중대한 공익상의 사유가 소급입법을 정당화하는 경우 등에는 예외적으로 진정소급 입법이 허용된다. O | X

2014 국가직 9급

[대법원 2012.2.23, 2010두17557]

구 '친일반민족행위자 재산의 국가귀속에 관한 특별법'(2011. 5. 19. 법률 제10646호로 개정되기 전의 것) 제3조 제1항 본문(이하 '귀속조항'이라 한다)은 진정소급입법에 해당하지만 진정소급입법이라 하더라도 예외적으로 국민이 소급입법을 예상할 수 있었거나 신뢰보호의 요청에 우선하는 심히 중대한 공익상의 사유가 소급입법을 정당화하는 경우 등에는 허용될 수 있다 할 것인데, 친일재산의 소급적 박탈은 일반적으로 소급입법을 예상할 수 있었던 예외적인 사안이고, 진정소급입법을 통해 침해되는 법적 신뢰는 심각하다고 볼 수 없는 데 반해 이를 통해 달성되는 공익적 중대성은 압도적이라고 할 수 있으므로 진정소급입법이 허용되는 경우에 해당한다. 따라서 귀속조항이 진정소급입법이라는 이유만으로 헌법 제13조 제2항에 위배된다고 할 수 없다.

03 부진정소급입법은 원칙적으로 허용되지만 소급효를 요구하는 공익상의 사유와 신뢰보호의 요청 사이의 교량과정에서 신뢰보호의 관점이 입법자의 형성권에 제한을 가하게 된다. O | X

2014 국가직 9급

[헌재 1999.7.22, 97헌바76]

소급입법은 새로운 입법으로 이미 종료된 사실관계 또는 법률관계에 작용케 하는 진정소급입법과 현재 진행중인 사실관계 또는 법률관계에 작용케 하는 부진정소급입법으로 나눌 수 있는바, **부진정소급입법은 원칙적으로 허용되지만 소급효를 요구하는 공익상의 사유와 신뢰보호의 요청 사이의 교량과정에서 신뢰보호의 관점이 입법자의 형성권에 제한**을 가하게 되는데 반하여, 기존의 법에 의하여 형성되어 이미 굳어진 개인의 법적 지위를 사후입법을 통하여 박탈하는 것 등을 내용으로 하는 진정소급입법은 개인의 신뢰보호와 법적 안정성을 내용으로 하는 법치국가원리에 의하여 특단의 사정이 없는 한 헌법적으로 허용되지 아니하는 것이 원칙이고, 다만 일

정답 | 10 × | 01 ○ 02 ○ 03 ○

반적으로 국민이 소급입법을 예상할 수 있었거나 법적 상태가 불확실하고 혼란스러워 보호할 만한 신뢰이익이 적은 경우와 소급입법에 의한 당사자의 손실이 없거나 아주 경미한 경우 그리고 신뢰보호의 요청에 우선하는 심히 중대한 공익상의 사유가 소급입법을 정당화하는 경우 등에는 예외적으로 진정소급입법이 허용된다.

04

2014 경찰행정

허가신청이 있은 후 그에 대한 결정이 있기 전에 허가기준을 정한 법령이 개정된 경우에는 처분청은 원칙적으로 개정된 법령을 적용하여야 한다는 것이 판례의 입장이다. O | X

[대법원 1996.8.20, 95누10877]
허가 등의 행정처분은 원칙적으로 처분시의 법령과 허가기준에 의하여 처리되어야 하고 허가신청 당시의 기준에 따라야 하는 것은 아니며, 비록 **허가신청 후 허가기준이 변경되었다 하더라도 그 허가관청이 허가신청을 수리하고도 정당한 이유 없이 그 처리를 늦추어 그 사이에 허가기준이 변경된 것이 아닌 이상 변경된 허가기준에 따라서 처분을 하여야 한다.**

05

2015 국가직 9급

건설업자가 시공자격 없는 자에게 전문공사를 하도급한 행위에 대하여 과징금부과처분을 하는 경우, 구체적인 부과기준에 대하여 처분시의 법령이 행위시의 법령보다 불리하게 개정되었고 어느 법령을 적용할 것인지에 대하여 특별한 규정이 없다면 행위시의 법령을 적용하여야 한다. O | X

[대법원 2002.12.10, 2001두3228]
건설업자가 시공자격 없는 자에게 전문공사를 하도급한 행위에 대하여 과징금 부과처분을 하는 경우, **구체적인 부과기준에 대하여 처분시의 법령이 행위시의 법령보다 불리하게 개정되었고 어느 법령을 적용할 것인지에 대하여 특별한 규정이 없다면 행위시의 법령을 적용**하여야 한다.

06

2015 사회복지직 9급

일반적으로 국민이 소급입법을 예상할 수 있었거나 법적상태가 불확실하고 혼란스러워 보호할 만한 신뢰이익이 적은 경우에도 진정소급입법이 허용되지 않는다. O | X

[헌재 1999.7.22, 97헌바76]
일반적으로 국민이 소급입법을 예상할 수 있었거나 법적 상태가 불확실하고 혼란스러워 보호할 만한 신뢰이익이 적은 경우와 소급입법에 의한 당사자의 손실이 없거나 아주 경미한 경우 그리고 신뢰보호의 요청에 우선하는 심히 중대한 공익상의 사유가 소급입법을 정당화하는 경우 등에는 **예외적으로 진정소급입법이 허용**된다.

07

2015 사회복지직 9급

법령을 소급적용하더라도 일반 국민의 이해에 직접 관계가 없는 경우나 오히려 그 이익을 증진하는 경우, 불이익이나 고통을 제거하는 경우에는 예외적으로 법령의 소급적용이 허용된다. O | X

소급효 금지는 국민의 법적안정성 보호가 목적이므로, 국민에게 이익이 된다면 소급적용을 금지할 이유가 없다.

[대법원 2005.5.13, 2004다8630]
법령의 소급적용, 특히 행정법규의 소급적용은 일반적으로는 법치주의의 원리에 반하고, 개인의 권리·자유에 부당한 침해를 가하며, 법률생활의 안정을 위협하는 것이어서, 이를 인정하지 않는 것이 원칙이고(법률불소급

의 원칙 또는 행정법규불소급의 원칙), 다만 법령을 소급적용하더라도 일반 국민의 이해에 직접 관계가 없는 경우, 오히려 그 이익을 증진하는 경우, 불이익이나 고통을 제거하는 경우 등의 특별한 사정이 있는 경우에 한하여 예외적으로 법령의 소급적용이 허용된다.

08

2015 사회복지직 9급

법령의 효력이 시행일 이전에 소급하지 않는다는 것은 시행일 이전에 이미 종결된 사실에 대하여 법령이 적용되지 않는다는 것을 의미하는 것이지, 시행일 이전부터 계속되는 사실에 대하여도 법령이 적용되지 않는다는 의미가 아니다. O | X

[대법원 1995.4.25, 93누13728]
계속된 사실이나 새로운 법령 시행 후에 발생한 부과요건 사실에 대하여 새로운 법령을 적용하는 것은 위 원칙에 저촉되지 않는다.

09

2015 사회복지직 9급

법률조항에 대하여 헌법재판소가 헌법불합치결정을 하여 그 법률조항을 합헌적으로 개정 또는 폐지하는 임무를 입법자의 형성 재량에 맡긴 이상, 그 개선입법의 소급적용 여부와 소급적용의 범위는 원칙적으로 입법자의 재량에 달려 있다. O | X

헌법불합치결정이란 법률조항이 헌법에 위반되지만 그 효력을 유지하는 결정이므로, 국회가 개선입법을 하기 전까지는 당해 법률조항은 그대로 유효하다. 국회가 개선입법을 하더라도 원칙적으로 장래효만 인정되므로, 소급효인정할 것인지 만약 인정한다면 그 범위를 어디까지 할 것인지는 국회의 입법재량이다.

[헌재 2006.6.29, 2004헌가3]
헌법재판소가 어떠한 법률조항에 대하여 헌법불합치결정을 하여 입법자에게 그 법률조항을 합헌적으로 개정 또는 폐지하는 임무를 입법자의 형성 재량에 맡긴 이상, 그 개선입법의 소급적용 여부와 소급적용의 범위는 원칙적으로 입법자의 재량에 달린 것이기는 하지만, 그 헌법불합치결정의 취지나 위헌심판에서의 구체적 규범통제의 실효성 보장이라는 측면을 고려할 때, 적어도 헌법불합치결정을 하게 된 당해 사건 및 그 결정 당시에 법률조항의 위헌 여부가 쟁점이 되어 법원에 계속중인 사건에 대하여는 헌법불합치결정의 소급효가 미친다.

10

2015 서울시 9급

과거에 완성된 사실에 대하여 당사자에게 불리하게 제정 또는 개정된 신법을 적용하는 것은 당사자의 법적 안정성을 해치는 것이므로 어떠한 경우에도 허용될 수 없다. O | X

[헌재 1999.7.22, 97헌바76]
소급입법은 새로운 입법으로 이미 종료된 사실관계 또는 법률관계에 작용케 하는 진정소급입법과 현재 진행중인 사실관계 또는 법률관계에 작용케 하는 부진정소급입법으로 나눌 수 있는바, 부진정소급입법은 원칙적으로 허용되지만 소급효를 요구하는 공익상의 사유와 신뢰보호의 요청 사이의 교량과정에서 신뢰보호의 관점이 입법자의 형성권에 제한을 가하게 되는데 반하여, 기존의 법에 의하여 형성되어 이미 굳어진 개인의 법적 지위를 사후입법을 통하여 박탈하는 것 등을 내용으로 하는 진정소급입법은 개인의 신뢰보호와 법적 안정성을 내용으로 하는 법치국가원리에 의하여 특단의 사정이 없는 한 헌법적으로 허용되지 아니하는 것이 원칙이고, 다만 일반적으로 국민이 소급입법을 예상할 수 있었거나 법적 상태가 불확실하고 혼란스러워 보호할 만한 신뢰이익이

정답 | 08 ○ 09 ○ 10 ×

적은 경우와 소급입법에 의한 당사자의 손실이 없거나 아주 경미한 경우 그리고 신뢰보호의 요청에 우선하는 심히 중대한 공익상의 사유가 소급입법을 정당화하는 경우 등에는 예외적으로 진정소급입법이 허용된다.

11

2015 서울시 9급

소득세법이 개정되어 세율이 인상된 경우, 법 개정 전부터 개정법이 발효된 후에까지 걸쳐 있는 과세기간(1년)의 전체 소득에 대하여 인상된 세율을 적용하는 것은 재산권에 대한 소급적 박탈이 되므로 위법하다. O | X

[대법원 1983.4.26, 81누423]
과세단위가 시간적으로 정해지는 조세에 있어 과세표준기간인 과세연도 진행중에 세율인상 등 납세의무를 가중하는 세법의 제정이 있는 경우에는 이미 충족되지 아니한 과세요건을 대상으로 하는 강학상 이른바 부진정 소급효의 경우이므로 그 과세년도개시시에 소급적용이 허용된다.

12

2015 지방직 9급

국민의 권리 제한 또는 의무 부과와 직접 관련되는 법령은 긴급히 시행하여야 할 특별한 사유가 있는 경우를 제외하고는 공포일부터 적어도 30일이 경과한 날부터 시행되도록 하여야 한다. O | X

법령 등 공포에 관한 법률
제13조의2(법령의 시행유예기간) 국민의 권리 제한 또는 의무 부과와 직접 관련되는 법률, 대통령령, 총리령 및 부령은 긴급히 시행하여야 할 특별한 사유가 있는 경우를 제외하고는 공포일부터 적어도 30일이 경과한 날부터 시행되도록 하여야 한다.

13

2015 지방직 9급

대통령의 법률안거부권의 행사로 인하여 재의결된 법률을 국회의장이 공포하는 경우에는 서울특별시에서 발행되는 둘 이상의 일간신문에 게재함으로써 한다. O | X

관보의 발행은 행정안전부 관장사항이다. 대통령이 법률안거부권을 행사하였음에도 재의결된 법률에 대해, 행정안전부에서 관보에 게재할 것을 현실적으로 기대하기 어렵다.

법령 등 공포에 관한 법률
제11조(공포 및 공고의 절차) ② 「국회법」 제98조 제3항 전단에 따라 하는 국회의장의 법률 공포는 서울특별시에서 발행되는 둘 이상의 일간신문에 게재함으로써 한다.

14

2015 지방직 9급

지방자치단체의 장에 의한 조례와 규칙의 공포는 해당 지방자치단체의 공보에 게재하는 방법으로 한다. O | X

지방자치법 시행령
제30조(조례와 규칙의 공포 방법 등) ① 법 제26조에 따른 조례와 규칙의 공포는 해당 지방자치단체의 공보에 게재하는 방법으로 한다. 다만, 법 제26조 제6항에 따라 지방의회의 의장이 공포하는 경우에는 공보나 일간신문에 게재하거나 게시판에 게시한다.
② 지방자치단체나 그 장이 공고하거나 고시하는 경우에는 제1항 본문을 준용하되, 법 제133조 제2항에 따른 예산의 고시에 관하여는 제1항과 제29조 제1항 및 제2항을 준용한다.

정답 | 11 × 12 ○ 13 ○ 14 ○

15

2015 지방직 9급

지방자치단체의 조례와 규칙을 지방의회의 의장이 공포하는 경우에는 일간신문에 게재함과 동시에 해당 지방자치단체의 인터넷 홈페이지에 게시하여야 한다. O | X

지방자치법 시행령

제30조(조례와 규칙의 공포 방법 등) ① 법 제26조에 따른 조례와 규칙의 공포는 해당 지방자치단체의 공보에 게재하는 방법으로 한다. 다만, 법 제26조 제6항에 따라 **지방의회의 의장이 공포하는 경우에는 공보나 일간신문에 게재하거나 게시판에 게시한다.**

② 지방자치단체나 그 장이 공고하거나 고시하는 경우에는 제1항 본문을 준용하되, 법 제133조 제2항에 따른 예산의 고시에 관하여는 제1항과 제29조 제1항 및 제2항을 준용한다.

16

2018 지방직 9급

건축허가 신청 후 건축허가기준에 관한 관계 법령 및 조례의 규정이 신청인에게 불리하게 개정된 경우, 당사자의 신뢰를 보호하기 위해 처분시가 아닌 신청시 법령에서 정한 기준에 의하여 건축허가 여부를 결정하는 것이 원칙이다. O | X

[대법원 2006.8.25, 선고, 2004두2974, 판결]

허가 등의 행정처분은 원칙적으로 처분시의 법령과 허가기준에 의하여 처리되어야 하고 허가신청 당시의 기준에 따라야 하는 것은 아니며, 비록 허가신청 후 허가기준이 변경되었다 하더라도 그 허가관청이 허가신청을 수리하고도 정당한 이유 없이 그 처리를 늦추어 그 사이에 허가기준이 변경된 것이 아닌 이상 변경된 허가기준에 따라서 처분을 하여야 한다(대법원 1996.8.20, 선고, 95누10877, 판결, 2005.7.29, 선고, 2003두3550, 판결 등 참조).

17

2018 국회사무처 8급

공정거래위원회의 과징금 납부명령이 재량권 일탈·남용으로 위법한지는 다른 특별한 사정이 없는 한 과징금 납부명령이 행하여진 '의결일' 당시의 사실상태를 기준으로 판단하여야 한다. O | X

처분의 위법성 여부는 처분시를 기준으로 판단한다. 위원회의 처분이 행하여진 시기는 그 의결일이 된다.

[대법원 2015.5.28, 선고, 2015두36256, 판결]

행정소송에서 행정처분의 위법 여부는 행정처분이 행하여졌을 때의 법령과 사실상태를 기준으로 하여 판단해야 하고, 이는 독점규제 및 공정거래에 관한 법률에 기한 공정거래위원회의 시정명령 및 과징금 납부명령(이하 '과징금 납부명령 등'이라 한다)에서도 마찬가지이다. 따라서 **공정거래위원회의 과징금 납부명령 등이 재량권 일탈·남용으로 위법한지는 다른 특별한 사정이 없는 한 과징금 납부명령 등이 행하여진 '의결일' 당시의 사실상태를 기준으로 판단하여야 한다.**

18

2021 군무원 7급

법령을 위반한 행위 후 법령의 변경에 의하여 그 행위가 법령을 위반한 행위에 해당하지 아니하는 경우에도 해당 법령에 특별한 규정이 없는 경우 변경이전의 법령을 적용한다. O | X

행정기본법

제14조(법 적용의 기준) ③ 법령등을 위반한 행위의 성립과 이에 대한 제재처분은 법령등에 특별한 규정이 있는 경우를 제외하고는 법령등을 위반한 행위 당시의 법령등에 따른다. 다만, 법령등을 위반한 행위 후 법령등의

정답 | 15 × 16 × 17 ○ 18 ×

변경에 의하여 그 행위가 법령등을 위반한 행위에 해당하지 아니하거나 제재처분 기준이 가벼워진 경우로서 해당 법령등에 특별한 규정이 없는 경우에는 변경된 법령등을 적용한다.

19

2022 국가직 9급

수강신청 후에 징계요건을 완화하는 학칙개정이 이루어지고 이어 시험이 실시되어 그 개정학칙에 따라 대학이 성적 불량을 이유로 학생에 대하여 징계처분을 한 경우라면 이는 이른바 부진정소급효에 관한 것으로서 특별한 사정이 없는 한 위법이라고 할 수 없다. O | X

[대법원 1989.7.11, 선고, 87누1123, 판결]

대학이 성적불량을 이유로 학생에 대하여 징계처분을 하는 경우에 있어서 수강신청이 있은 후 징계요건을 완화하는 학칙개정이 이루어지고 이어 당해 시험이 실시되어 그 개정학칙에 따라 징계처분을 한 경우라면 이는 이른바 부진정소급효에 관한 것으로서 구 학칙의 존속에 관한 학생의 신뢰보호가 대학당국의 학칙개정의 목적달성보다 더 중요하다고 인정되는 특별한 사정이 없는 한 위법이라고 할 수 없다.

20

2022 국가직 7급

법령위반 행위가 2022년 3월 23일 있은 후 법령이 개정되어 그 위반행위에 대한 제재처분 기준이 감경된 경우, 특별한 규정이 없다면 해당 제재처분에 대해서는 개정된 법령을 적용한다. O | X

행정기본법

제14조(법 적용의 기준) ③ 법령등을 위반한 행위의 성립과 이에 대한 제재처분은 법령등에 특별한 규정이 있는 경우를 제외하고는 법령등을 위반한 행위 당시의 법령등에 따른다. 다만, 법령등을 위반한 행위 후 법령등의 변경에 의하여 그 행위가 법령등을 위반한 행위에 해당하지 아니하거나 제재처분 기준이 가벼워진 경우로서 해당 법령등에 특별한 규정이 없는 경우에는 변경된 법령등을 적용한다.

21

2023 소방간부

새로운 법령등은 법령등에 특별한 규정이 있는 경우를 제외하고는 그 법령등의 효력 발생 전에 완성되거나 종결된 사실관계 또는 법률관계에 대해서는 적용되지 아니한다. O | X

소위 「진정」소급입법에 대한 규율이다.

행정기본법

제14조(법 적용의 기준) ① 새로운 법령등은 법령등에 특별한 규정이 있는 경우를 제외하고는 그 법령등의 효력 발생 전에 완성되거나 종결된 사실관계 또는 법률관계에 대해서는 적용되지 아니한다.

22

2023 소방간부

당사자의 신청에 따른 처분은 법령등에 특별한 규정이 있거나 처분 당시의 법령등을 적용하기 곤란한 특별한 사정이 있는 경우를 제외하고는 처분 당시의 법령등에 따른다. O | X

행정기본법

제14조(법 적용의 기준) ② 당사자의 신청에 따른 처분은 법령등에 특별한 규정이 있거나 처분 당시의 법령등을 적용하기 곤란한 특별한 사정이 있는 경우를 제외하고는 처분 당시의 법령등에 따른다.

정답 | 19 ○ 20 ○ 21 ○ 22 ○

23

2023 소방간부

근거 법령이 개정된 경우에 경과규정에서 달리 정함이 없는 한 개정법령에서 정한 기준에 의하는 것이 원칙이나, 개정 전 법령의 존속에 대한 국민의 신뢰가 개정 법령의 적용에 관한 공익상의 요구보다 더 보호가치가 있다고 인정되는 경우에는 그 적용이 제한될 수 있다. O | X

이익형량에 대한 설명이다.

[대법원 2000.3.10, 선고, 97누13818 판결]

행정처분은 그 **근거 법령이 개정된 경우에도 경과 규정에서 달리 정함이 없는 한 처분 당시 시행되는 개정 법령과 그에서 정한 기준에 의하는 것이 원칙**이고, 그 개정 법령이 기존의 사실 또는 법률관계를 적용대상으로 하면서 국민의 재산권과 관련하여 종전보다 불리한 법률효과를 규정하고 있는 경우에도 그러한 사실 또는 법률관계가 개정 법률이 시행되기 이전에 이미 완성 또는 종결된 것이 아니라면 이를 헌법상 금지되는 소급입법에 의한 재산권 침해라고 할 수는 없으며, **그러한 개정 법률의 적용과 관련하여서는 개정 전 법령의 존속에 대한 국민의 신뢰가 개정 법령의 적용에 관한 공익상의 요구보다 더 보호가치가 있다고 인정되는 경우에 그러한 국민의 신뢰보호를 보호하기 위하여 그 적용이 제한될 수 있는 여지가 있을 따름이다.**

24

2023 소방직

당사자의 신청에 따른 처분은 법령등에 특별한 규정이 있거나 처분 당시의 법령등을 적용하기 곤란한 특별한 사정이 있는 경우를 제외하고는 처분 당시의 법령등에 따른다. O | X

행정기본법

제14조(법 적용의 기준) ② 당사자의 신청에 따른 처분은 법령등에 특별한 규정이 있거나 처분 당시의 법령등을 적용하기 곤란한 특별한 사정이 있는 경우를 제외하고는 처분 당시의 법령등에 따른다.

25

2024 경찰간부

「법령 등 공포에 관한 법률」에 따르면, 관보의 내용 해석 및 적용 시기 등에 대하여 종이관보와 전자관보는 동일한 효력을 가진다. O | X

법령 등 공포에 관한 법률

제11조(공포 및 공고의 절차) ④ 관보의 내용 해석 및 적용 시기 등에 대하여 종이관보와 전자관보는 동일한 효력을 가진다.

26

2023 국회사무처 9급

속지주의원칙에 의거하여 행정법규는 당해 지역 안에 있는 모든 자에게 적용되므로 자연인 · 법인 · 내국인뿐만 아니라 외교 특권을 가진 외국인도 국내 행정법규의 적용을 받는다. O | X

외교 특권을 가진 외국인은 속지주의에 대한 예외에 해당한다.

정답 | 23 ○ 24 ○ 25 ○ 26 ×

TOPIC 03

행정법의 일반원칙 1 – 신의성실의 원칙 / 신뢰보호의 원칙

제1절 신의성실의 원칙

01

2014 경찰행정

행정청은 법령 등의 해석 또는 행정청의 관행이 일반적으로 국민들에게 받아들여졌을 때에는 공익 또는 제3자의 정당한 이익을 현저히 해칠 우려가 있는 경우를 제외하고는 새로운 해석 또는 관행에 따라 소급하여 불리하게 처리하여서는 아니 된다. O | X

> 행정절차법
>
> 제4조(신의성실 및 신뢰보호) ② 행정청은 법령등의 해석 또는 행정청의 관행이 일반적으로 국민들에게 받아들여졌을 때에는 공익 또는 제3자의 정당한 이익을 현저히 해칠 우려가 있는 경우를 제외하고는 새로운 해석 또는 관행에 따라 소급하여 불리하게 처리하여서는 아니 된다.

02

2022 지방직 9급

국가가 임용결격사유가 있는 자에 대하여 결격사유가 있는 것을 알지 못하고 공무원으로 임용하였다가 나중에 결격사유가 있음을 발견하고 그 임용행위를 취소하는 경우 신의칙이 적용된다. O | X

> [대법원 1987.4.14, 선고, 86누459, 판결]
>
> 국가가 공무원임용결격사유가 있는 자에 대하여 결격사유가 있는 것을 알지 못하고 공무원으로 임용하였다가 사후에 결격사유가 있는 자임을 발견하고 공무원 임용행위를 취소하는 것은 당사자에게 원래의 임용행위가 당초부터 당연무효이었음을 통지하여 확인시켜 주는 행위에 지나지 아니하는 것이므로, 그러한 의미에서 당초의 임용처분을 취소함에 있어서는 신의칙 내지 신뢰의 원칙을 적용할 수 없고 또 그러한 의미의 취소권은 시효로 소멸하는 것도 아니다.

03

2023 소방직

실권의 법리는 법의 일반원리인 신의성실의 원칙에 바탕을 둔 파생원칙이므로 권력관계에는 적용되지 않는다. O | X

> 신의성실의 원칙 및 이에 따른 실권의 법리는 행정법의 일반원칙이므로 모든 행정작용에 적용된다.
>
> [대판 1988.4.27, 87누915]
>
> 실권 또는 실효의 법리는 법의 일반원리인 신의성실의 원칙에 바탕을 둔 파생원칙인 것이므로 공법관계 가운데 관리관계는 물론이고 권력관계에도 적용되어야 함을 배제할 수는 없다 하겠으나 그것은 본래 권리행사의 기회가 있음에도 불구하고 권리자가 장기간에 걸쳐 그의 권리를 행사하지 아니하였기 때문에 의무자인 상대방은 이미 그의 권리를 행사하지 아니할 것으로 믿을 만한 정당한 사유가 있게 되거나 행사하지 아니할 것으로 추인케 할 경우에 새삼스럽게 그 권리를 행사하는 것이 신의성실의 원칙에 반하는 결과가 될 때 그 권리행사를 허용하지 않는 것을 의미한다.

정답 | 01 ○ 02 × 03 ×

04 행정청은 법령 등에 따른 의무를 성실히 수행하여야 한다. O | X

2023 군무원 9급

행정기본법

제11조(성실의무 및 권한남용금지의 원칙) ① 행정청은 법령등에 따른 의무를 성실히 수행하여야 한다.
② 행정청은 행정권한을 남용하거나 그 권한의 범위를 넘어서는 아니 된다.

제2절 신뢰보호의 원칙

01 헌법재판소와 대법원은 신뢰보호원칙의 이론적 근거를 사회국가원리에서 찾고 있다. O | X

2015 서울시 9급

신뢰보호원칙의 이론적 근거는 사회국가원리가 아니라 법치국가의 한 내용인 법적안정성에서 찾고 있다.

02 신뢰보호원칙의 요건은 행정청의 적법한 선행조치, 보호가치가 있는 사인의 신뢰, 신뢰에 기한 사인의 처리, 인과관계, 선행행위에 반하는 후행처분이다. O | X

2015 서울시 9급

신뢰의 대상인 선행조치가 행정행위인 경우 적법행위인가 위법행위인가는 가리지 않는다. 사실상 신뢰보호의 원칙은 선행행위가 위법행위인 경우에 오히려 더 많이 논의된다. 다만 선행행위의 하자가 당연무효사유인 경우에는 신뢰보호의 원칙이 적용되지 않는다.

03 법령 개정에 대한 신뢰와 관련하여, 법령에 따른 개인의 행위가 국가에 의하여 일정한 방향으로 유인된 경우에 특별히 보호가치가 있는 신뢰이익이 인정될 수 있다. O | X

2016 지방직 9급

[헌재 2002.11.28, 2002헌바45]

만일 **법률에 따른 개인의 행위가 단지 법률이 반사적으로 부여하는 기회의 활용을 넘어서 국가에 의하여 일정 방향으로 유인된 것이라면 특별히 보호가치가 있는 신뢰이익이 인정**될 수 있고, 원칙적으로 개인의 신뢰보호가 국가의 법률개정이익에 우선된다고 볼 여지가 있다.

04 건축허가신청을 위임받은 수임인이 건축허가를 신청하였는데 녹지지역의 용적률 제한을 충족하지 못한다는 점이 밝혀진 경우 사실은폐나 기타 사위의 방법에 의한 건축허가신청행위가 있었는지 여부는 위임인과 수임인 모두를 기준으로 판단해야 한다. O | X

2017 국회사무처 8급

[대판 2014.11.27, 2013두16111]

당사자의 사실은폐나 기타 사위의 방법에 의한 신청행위가 있었는지 여부는 **행정청의 상대방과 그로부터 신청행위를 위임받은 수임인 등 관계자 모두를 기준으로 판단**하여야 한다.

정답 | 04 ○ | 01 × 02 × 03 ○ 04 ○

05

2017 국회사무처 8급

신뢰보호의 원칙에서 행정청이 상대방에 대하여 장차 어떤 처분을 하겠다는 공적인 견해를 표명하였다면 공적인 견해 표명 후에 그 전제가 된 사실적, 법률적 상태가 변경되었다고 하더라도 그러한 견해 표명은 효력을 유지한다. O | X

> [대법원 1996.8.20, 95누10877]
> 행정청이 상대방에게 장차 어떤 처분을 하겠다고 확약 또는 공적인 의사표명을 하였다고 하더라도, 그 자체에서 상대방으로 하여금 언제까지 처분의 발령을 신청을 하도록 유효기간을 두었는데도 그 기간 내에 상대방의 신청이 없었다거나 확약 또는 공적인 의사표명이 있은 후에 사실적·법률적 상태가 변경되었다면, 그와 같은 확약 또는 공적인 의사표명은 행정청의 별다른 의사표시를 기다리지 않고 실효된다.

06

2017 서울직 9급

신뢰보호의 원칙과 관련하여, 행정청의 선행조치가 신청자인 사인의 사위나 사실은폐에 의해 이뤄진 경우라도 행정청의 선행조치에 대한 사인의 신뢰는 보호되어야 한다. O | X

> [대법원 1992.5.8, 선고, 91누13274, 판결]
> 충전소설치예정지로부터 100m 내에 있는 건물주의 동의를 모두 얻지 아니하였음에도 불구하고 이를 갖춘 양 허가신청을 하여 그 허가를 받아낸 것으로서, 처분의 하자가 당사자의 사실은폐 내지 사위의 방법에 의한 신청행위에 기인한 것이라 할 것이어서 그 처분에 의한 이익이 위법하게 취득되었음을 알아 그 취소가능성도 능히 예상하고 있었다고 보아야 할 것이므로 수익적 행정행위인 액화석유가스충전사업허가처분의 취소에 위법이 없다고 한 사례.

07

2017 서울시 9급

구 「주택건설촉진법」에 의한 주택건설사업계획 사전결정이 있는 경우 주택건설계획 승인처분은 사전결정에 기속되므로 다시 승인여부를 결정할 수 없다. O | X

> [서울고등법원 1998.9.24, 선고, 97구12015, 판결]
> 주택건설촉진법 제32조의4 제4항에 의하면, "건설교통부장관은 제33조 제1항의 규정에 의하여 주택건설사업계획을 승인함에 있어서 제2항의 규정에 의한 사전결정을 한 경우에는 그 결정에 따라야 한다."고 규정하고, 같은 법 시행령 제31조의4 제3항에 의하면, "건설교통부장관은 같은 법 제33조의 규정에 의한 주택건설사업계획승인을 함에 있어 사전결정 외의 다른 심의 등의 규제를 하여서는 아니 된다."고 규정하고 있으나, 사전결정 제도는 사업승인의 전에 주택건설입지로서의 타당성을 검토하여 불필요한 토지취득이나 설계비용 등의 낭비를 방지하고 도시계획, 환경, 상하수도 등 여러 측면을 사전에 심의하여 조화 있는 도시개발을 유도하고, 층고조정, 일조권 및 시계제한 등에 관하여 사전에 심의하여 주변 주택의 민원을 방지하며, 사업계획 승인에 관련된 소관 부서간에 사전에 협의하도록 하여 사업시행자의 부담을 덜어주고 사업승인기간을 단축시킬 것을 목적으로 하는 제도로서, 사전결정을 한 경우 사업계획 승인을 할 때 그 사전결정에 따라야 한다는 취지는, 사업계획의 승인이 행정청의 재량행위에 속한다고 하더라도 일단 사전결정을 거친 이상은 특별한 사정이 없는 한 사전결정을 존중하여 사업계획을 승인함으로써 이미 상당부분 진행된 사업계획을 원활하게 수행할 수 있도록 신중하게 처분하도록 요구하는 취지에 불과하다고 생각되고, 일단 사전결정이 이루어지면 사업승인 단계에서 행정청이 어떠한 경우에도 그 사전결정에 기속되어 이에 반하는 처분을 할 수 없고 반드시 주택건설사업계획을 승인하여야 할 의무를 부담한다는 취지로 해석할 수는 없다고 할 것이고, 따라서 위 규정의 취지를 일단 사전결정이 이루어지면 행정청의 재량행위에 속하던 사업계획승인이 기속행위로 변한다는 취지로 해석할 수는 없으며, 예컨대 사전결정 자체가 잘못되었거나 사전결정 당시에는 미처 고려하지 못한 공공의 이익에 관련된 사항이 발견되었음에도 불구하고 이를 무시하고 사업계획을 승인하는 경우 중대한 공익을 침해하는 결과가 될 때는 사전결정에 기속되지 아니하고 사업승인 여부를 결정하는 단계에서 거듭 사익과 공익을 비교형량하여 그 승인 여부를 결정할 수 있다고 할 것이다.

정답 | 05 × 06 × 07 ×

08

2017 하반기 국가직 9급

행정청의 공적 견해표명이 있었는지의 여부를 판단하는 데 있어 반드시 행정조직상의 형식적인 권한분장에 구애될 것은 아니다. O | X

[대법원 2008.1.17, 2006두10931]

공적 견해표명이 있었는지의 여부를 판단함에 있어서는, 반드시 행정조직상의 형식적인 권한분장에 구애될 것은 아니고, 담당자의 조직상의 지위와 임무, 당해 언동을 하게 된 구체적인 경위 및 그에 대한 상대방의 신뢰가능성에 비추어 **실질에 의하여 판단하여야 한다.**

09

2018 지방직 9급

서울지방병무청 총무과 민원팀장이 국외영주권을 취득한 사람의 상담에 응하여 법령의 내용을 숙지하지 못한 채 민원봉사차원에서 현역입영대상자가 아니라고 답변하였다면 그것이 서울지방병무청장의 공적인 견해표명이라 할 수 없다. O | X

[대법원 2003.12.26, 선고, 2003두1875, 판결]

원심은 그의 채용 증거들을 종합하여, 원고는 소외 1(1937. 6. 23.생)과 소외 2 사이의 유일한 아들로서 1971. 1. 29. 출생하였는데, 소외 1은 소외 2와 1984. 11. 29. 이혼하고 1985. 11. 23. 소외 3(1948. 7. 29.생)과 재혼하였으나 원고가 21세이던 1992. 9. 21. 다시 이혼하고 같은 날 이혼이 호적부에 등재된 사실, 소외 1은 2001. 10. 12.경 서울지방병무청 민원실에 찾아가 총무과 민원팀장인 지종수에게 원고의 국외영주권취득으로 인한 병역면제 및 소외 1과 소외 2의 이혼 등을 말해 주며 원고의 병역 관련 사항을 문의하였고, 이에 지종수는 그 상담에 응하여 "복무기간 6개월의 공익근무요원이 될 수 있다."고 하면서 보충역편입처분신청서를 민원실로 접수시키라고 안내한 사실, 며칠 뒤 소외 1이 호적등본을 지참하고 찾아가 다시 문의를 하였고, 지종수는 호적등본에 의하여 이혼 등의 내용을 확인하고도 병역관계법령해석질의응답집에서 "부 60세, 모는 사망한 독자로서 본인 19세 이후 부가 재혼하였다가 20세에 계모와 합의이혼하였으나 병역면탈을 위한 고의성이 없어 보충역편입대상자가 될 수 있다."는 사례에 근거하여 이 사건에 있어서도 복무기간 6개월의 보충역편입이 가능하다고 안내한 사실, 소외 1로부터 위와 같은 상담 결과를 전해들은 원고는 이를 믿고 2001. 11. 14. 귀국한 다음 같은 달 16. 완전귀국신고를 하였던 사실을 인정한 다음, **서울지방병무청 총무과 민원팀장에 불과한 지종수가 이와 같은 법령의 내용을 숙지하지 못한 상태에서 원고측의 상담에 응하여 민원봉사차원에서 위와 같이 안내하였다고 하여 그것이 피고의 공적인 견해표명이라고 하기 어렵고, 원고측이 더 나아가 담당부서의 담당공무원에게 공적 견해의 표명을 구하는 정식의 서면질의 등을 하지 아니한 채 지종수의 안내만을 신뢰한 것에는 원고측에 귀책사유도 있어 신뢰보호의 원칙이 적용되지 아니한다**고 판단하였다.

기록 중의 증거들과 대조하여 살펴보니, 원심의 그 사실인정은 정당하고, 그 인정에 증거법칙에 위반한 잘못이 없으며 그 사실관계에서는 원심의 그 가정판단도 정당하여 거기에 신뢰보호의 원칙에 대한 법리를 오해한 위법이 없다.

10

2018 지방직 9급 수정

「행정기본법」과 「행정절차법」, 「국세기본법」에서는 법령 등의 해석 또는 행정청의 관행이 일반적으로 국민에게 받아들여졌을 때와 관련하여 신뢰보호의 원칙을 규정하고 있다. O | X

행정기본법

제12조(신뢰보호의 원칙) ① 행정청은 공익 또는 제3자의 이익을 현저히 해칠 우려가 있는 경우를 제외하고는 행정에 대한 국민의 정당하고 합리적인 신뢰를 보호하여야 한다.

정답 08 ○ 09 ○ 10 ○

② 행정청은 권한 행사의 기회가 있음에도 불구하고 장기간 권한을 행사하지 아니하여 국민이 그 권한이 행사되지 아니할 것으로 믿을 만한 정당한 사유가 있는 경우에는 그 권한을 행사해서는 아니 된다. 다만, 공익 또는 제3자의 이익을 현저히 해칠 우려가 있는 경우는 예외로 한다.

행정절차법

제4조(신의성실 및 신뢰보호) ① 행정청은 직무를 수행할 때 신의(信義)에 따라 성실히 하여야 한다.

② **행정청은 법령등의 해석 또는 행정청의 관행이 일반적으로 국민들에게 받아들여졌을 때에는 공익 또는 제3자의 정당한 이익을 현저히 해칠 우려가 있는 경우를 제외하고는 새로운 해석 또는 관행에 따라 소급하여 불리하게 처리하여서는 아니 된다.**

국세기본법

제18조(세법 해석의 기준 및 소급과세의 금지) ① 세법을 해석·적용할 때에는 과세의 형평(衡平)과 해당 조항의 합목적성에 비추어 납세자의 재산권이 부당하게 침해되지 아니하도록 하여야 한다.

② 국세를 납부할 의무(세법에 징수의무자가 따로 규정되어 있는 국세의 경우에는 이를 징수하여 납부할 의무. 이하 같다)가 성립한 소득, 수익, 재산, 행위 또는 거래에 대해서는 그 성립 후의 새로운 세법에 따라 소급하여 과세하지 아니한다.

③ **세법의 해석이나 국세행정의 관행이 일반적으로 납세자에게 받아들여진 후에는 그 해석이나 관행에 의한 행위 또는 계산은 정당한 것으로 보며, 새로운 해석이나 관행에 의하여 소급하여 과세되지 아니한다.**

11

2019 지방직, 교육행정직 9급

헌법재판소의 위헌결정은 행정청이 개인에 대하여 신뢰의 대상이 되는 공적인 견해를 표명한 것이라고 할 수 있으므로 그 결정에 관련한 개인의 행위에 대하여는 신뢰보호의 원칙이 적용된다. O | X

[대법원 2003.6.27, 2002두6965]

헌법재판소의 위헌결정은 행정청이 개인에 대하여 신뢰의 대상이 되는 공적인 견해를 표명한 것이라고 할 수 없으므로 그 결정에 관련한 개인의 행위에 대하여는 신뢰보호의 원칙이 적용되지 아니한다.

12

2019 국가직 7급

당초 정구장시설을 설치한다는 도시계획결정을 하였다가 정구장 대신 청소년 수련시설을 설치한다는 도시계획 변경결정 및 지적 승인을 한 경우 당초의 도시계획결정만으로는 도시계획사업의 시행자 지정을 받게 된다는 공적 견해를 표명했다고 할 수 없다. O | X

[대법원 2000.11.10, 선고, 2000두727, 판결]

당초 정구장시설을 설치한다는 도시계획결정을 하였다가 정구장 대신 청소년 수련시설을 설치한다는 도시계획 변경결정 및 지적승인을 한 경우, **당초의 도시계획결정만으로는 도시계획사업의 시행자 지정을 받게 된다는 공적인 견해를 표명하였다고 할 수 없다는** 이유로 그 후의 도시계획 변경결정 및 지적승인이 **도시계획사업의 시행자로 지정받을 것을 예상하고 정구장 설계 비용 등을 지출한 자의 신뢰이익을 침해한 것으로 볼 수 없다**고 한 사례.

정답 | 11 × 12 ○

13

2019 국가직 7급

처분청이 착오로 행정서사업 허가처분을 한 후 20년이 다되어서야 취소사유를 알고 행정사업 허가를 취소한 경우, 그 허가취소처분은 실권의 법리에 저촉되는 것으로 보아야 한다. O | X

[대법원 1988.4.27, 선고, 87누915, 판결]
실권 또는 실효의 법리는 법의 일반원리인 신의성실의 원칙에 바탕을 둔 파생원칙인 것이므로 공법관계 가운데 관리관계는 물론이고 권력관계에도 적용되어야 함을 배제할 수는 없다 하겠으나 그것은 본래 권리행사의 기회가 있음에도 불구하고 권리자가 장기간에 걸쳐 그의 권리를 행사하지 아니하였기 때문에 의무자인 상대방은 이미 그의 권리를 행사하지 아니할 것으로 믿을만한 정당한 사유가 있게 되거나 행사하지 아니할 것으로 추인케 할 경우에 새삼스럽게 그 권리를 행사하는 것이 신의성실의 원칙에 반하는 결과가 될 때 그 권리행사를 허용하지 않는 것을 의미하는 것이므로 이 사건에 관하여 보면 **원고가 허가 받은 때로부터 20년이 다되어 피고가 그 허가를 취소한 것이기는 하나 피고가 취소사유를 알고서도 그렇게 장기간 취소권을 행사하지 않은 것이 아니고 1985. 9. 중순에 비로소 위에서 본 취소사유를 알고 그에 관한 법적 처리방안에 관하여 다각도로 연구검토가 행해졌고 그러한 사정은 원고도 알고 있었음이 기록상 명백하여 이로써 본다면 상대방인 원고에게 취소권을 행사하지 않을 것이란 신뢰를 심어준 것으로 여겨지지 않으니 피고의 처분이 실권의 법리에 저촉된 것이라고 볼 수 있는 것도 아니다.**

14

2020 국가직 9급

입법 예고를 통해 법령안의 내용을 국민에게 예고한 적이 있다고 하더라도 그것이 법령으로 확정되지 아니한 이상 국가가 이해관계자들에게 그 법령안에 관련된 사항을 약속하였다고 볼 수 없으며, 이러한 사정만으로 어떠한 신뢰를 부여하였다고 볼 수도 없다. O | X

[대법원 2018.6.15, 선고, 2017다249769, 판결]
정책의 주무 부처인 중앙행정기관이 그 소관 사항에 대하여 입안한 법령안은 법제처 심사 등의 절차를 거쳐 공포함으로써 확정되므로, 법령이 확정되기 이전에는 법적 효과가 발생할 수 없다. 따라서 **입법 예고를 통해 법령안의 내용을 국민에게 예고한 적이 있다고 하더라도 그것이 법령으로 확정되지 아니한 이상 국가가 이해관계자들에게 위 법령안에 관련된 사항을 약속하였다고 볼 수 없으며, 이러한 사정만으로 어떠한 신뢰를 부여하였다고 볼 수도 없다**(대법원 2008.5.29, 선고, 2004다33469, 판결 참조).

15

2022 국회사무처 9급

행정청이 공적인 견해를 표명할 당시의 사정이 사후에 변경된 경우에도 특별한 사정이 없는 한 행정청이 그 견해표명에 반하는 처분을 하는 것은 신뢰보호의 원칙에 위반된다. O | X

[대법원 2020.6.25, 선고, 2018두34732, 판결]
신뢰보호의 원칙은 행정청이 공적인 견해를 표명할 당시의 사정이 그대로 유지됨을 전제로 적용되는 것이 원칙이므로, 사후에 그와 같은 사정이 변경된 경우에는 그 공적 견해가 더 이상 개인에게 신뢰의 대상이 된다고 보기 어려운 만큼, 특별한 사정이 없는 한 행정청이 그 견해표명에 반하는 처분을 하더라도 **신뢰보호의 원칙에 위반된다고 할 수 없다.**

16

2022 국회사무처 9급

재건축조합에서 일단 내부 규범이 정립되면 조합원들은 특별한 사정이 없는 한 그것이 존속하리라는 신뢰를 가지게 되므로, 내부 규범을 변경하고자 하는 경우 그 변경을 통해 달성하려는 이익이 종전 내부 규범의 존속을 신뢰한 조합원들의 이익보다 우월해야 한다. O | X

[대법원 2020.6.25, 선고, 2018두34732, 판결]

정답 | 13 × 14 ○ 15 × 16 ○

재건축조합에서 일단 내부 규범이 정립되면 조합원들은 특별한 사정이 없는 한 그것이 존속하리라는 신뢰를 가지게 되므로, 내부 규범 변경을 통해 달성하려는 이익이 종전 내부 규범의 존속을 신뢰한 조합원들의 이익보다 우월해야 한다. 조합 내부 규범을 변경하는 총회결의가 신뢰보호의 원칙에 위반되는지를 판단하기 위해서는, 종전 내부 규범의 내용을 변경하여야 할 객관적 사정과 필요가 존재하는지, 그로써 조합이 달성하려는 이익은 어떠한 것인지, 내부 규범의 변경에 따라 조합원들이 침해받은 이익은 어느 정도의 보호가치가 있으며 침해 정도는 어떠한지, 조합이 종전 내부 규범의 존속에 대한 조합원들의 신뢰 침해를 최소화하기 위하여 어떤 노력을 기울였는지 등과 같은 여러 사정을 종합적으로 비교 · 형량해야 한다.

17

2022 소방직

행정청은 권한 행사의 기회가 있음에도 불구하고 장기간 권한을 행사하지 아니하여 국민이 그 권한이 행사되지 아니할 것으로 믿을 만한 정당한 사유가 있는 경우에는 그 권한을 행사해서는 아니 된다. 다만, 공익 또는 제3자의 이익을 현저히 해칠 우려가 있는 경우는 예외로 한다. O | X

행정기본법

제12조(신뢰보호의 원칙) ② 행정청은 권한 행사의 기회가 있음에도 불구하고 장기간 권한을 행사하지 아니하여 국민이 그 권한이 행사되지 아니할 것으로 믿을 만한 정당한 사유가 있는 경우에는 그 권한을 행사해서는 아니 된다. 다만, 공익 또는 제3자의 이익을 현저히 해칠 우려가 있는 경우는 예외로 한다.

18

2023 국회사무처 8급

「행정기본법」에 따르면, 행정청은 공익 또는 제3자의 이익을 현저히 해칠 우려가 있는 경우에도 행정에 대한 국민의 정당하고 합리적인 신뢰를 보호하여야 한다. O | X

행정기본법

제12조(신뢰보호의 원칙) ① 행정청은 공익 또는 제3자의 이익을 현저히 해칠 우려가 있는 경우를 제외하고는 행정에 대한 국민의 정당하고 합리적인 신뢰를 보호하여야 한다.

19

2023 국회사무처 8급

특정 사항에 관하여 신뢰보호원칙상 행정청이 그와 배치되는 조치를 할 수 없다고 할 수 있을 정도의 행정관행이 성립되었다고 하려면 상당한 기간에 걸쳐 그 사항에 관하여 동일한 처분을 하였다는 객관적 사실이 존재하는 것으로 족하다. O | X

상당한 기간에 걸쳐 그 사항에 대해 동일한 처분을 하였다는 객관적 사실만으로는 부족하고, 주관적인 사정도 인정되어야 한다. 이를테면 비과세의 관행이 성립하려면, (i) 상당기간 비과세한 사실뿐만 아니라, (ii) 비과세의 의사까지 인정되어야 한다.

[대법원 1993.6.11, 선고, 92누14021, 판결]

행정상 법률관계에 있어서 특정의 사항에 대해 신뢰보호의 원칙상 처분청이 그와 배치되는 조치를 할 수 없다고 할 수 있을 정도의 행정관행이 성립되었다고 하려면 상당한 기간에 걸쳐 그 사항에 대해 동일한 처분을 하였다는 객관적 사실이 존재할 뿐만 아니라, 처분청이 그 사항에 관해 다른 내용의 처분을 할 수 있음을 알면서도 어떤 특별한 사정 때문에 그러한 처분을 하지 않는다는 의사가 있고 이와 같은 의사가 명시적 또는 묵시적으로 표시되어야 한다 할 것이므로, 단순히 착오로 어떠한 처분을 계속한 경우는 이에 해당되지 않는다 할 것이고, 따라서 처분청이 추후 오류를 발견하여 합리적인 방법으로 변경하는 것은 위 원칙에 위배되지 않는다.

정답 | 17 ○ 18 × 19 ×

20

2024 경찰간부

과세관청이 납세의무자에게 부가가치세 면세사업자용 사업자등록증을 교부한 행위는 부가가치세를 과세하지 아니함을 시사하는 언동이나 공적인 견해를 표명한 것으로 볼 수 있다. O | X

[대법원 2002.9.4. 선고, 2001두9370 판결]

일반적으로 조세 법률관계에서 과세관청의 행위에 대하여 신의성실의 원칙이 적용되기 위하여는 적어도 과세관청이 납세자에게 신뢰의 대상이 되는 공적인 견해를 명시적 또는 묵시적으로 표명하여야 하는바, 부가가치세법상의 사업자등록은 과세관청으로 하여금 부가가치세의 납세의무자를 파악하고 그 과세자료를 확보케 하려는 데 입법 취지가 있는 것으로서, 이는 단순한 사업사실의 신고로서 사업자가 소관 세무서장에게 소정의 사업자등록신청서를 제출함으로써 성립되는 것이고, 사업자등록증의 교부는 이와 같은 등록사실을 증명하는 증서의 교부행위에 불과한 것으로 **과세관청이 납세의무자에게 면세사업자등록증을 교부하고 수년간 면세사업자로서 한 부가가치세 예정신고 및 확정신고를 받은 행위만으로는 과세관청이 납세의무자에게 그가 영위하는 사업에 관하여 부가가치세를 과세하지 아니함을 시사하는 언동이나 공적인 견해를 표명한 것이라 할 수 없다.**

21

2024 경찰간부

폐기물처리업 사업계획에 대하여 적정통보를 한 것만으로 그 사업부지 토지에 대한 국토이용계획변경신청을 승인하여 주겠다는 취지의 공적인 견해표명을 한 것으로 볼 수 없다. O | X

폐기물처리업 사업계획에 대한 적정통보는 국토이용계획변경신청 승인에 대한 공적인 견해표명이 아니다.

[대법원 2005.4.28. 선고, 2004두8828, 판결]

폐기물관리법령에 의한 폐기물처리업 사업계획에 대한 적정통보와 국토이용관리법령에 의한 국토이용계획변경은 각기 그 제도적 취지와 결정단계에서 고려해야 할 사항들이 다르므로, 피고가 위와 같이 폐기물처리업 사업계획에 대하여 적정통보를 한 것만으로 그 사업부지 토지에 대한 국토이용계획변경신청을 승인하여 주겠다는 취지의 공적인 견해표명을 한 것으로 볼 수 없고, 그럼에도 불구하고 원고가 그 승인을 받을 것으로 신뢰하였다면 원고에게 귀책사유가 있다 할 것이므로, 이 사건 처분이 신뢰보호의 원칙에 위배된다고 할 수 없다.

22

2024 경찰간부

동일한 사유에 관하여 보다 무거운 면허취소처분을 하기 위하여 이미 행하여진 가벼운 면허정지처분을 취소하는 것은 선행처분에 대한 당사자의 신뢰 및 법적 안정성을 크게 저해하는 것이 되어 허용될 수 없다. O | X

[대법원 2000.2.25. 선고, 99두10520, 판결]

행정청이 일단 행정처분을 한 경우에는 행정처분을 한 행정청이라도 법령에 규정이 있는 때, 행정처분에 하자가 있는 때, 행정처분의 존속이 공익에 위반되는 때, 또는 상대방의 동의가 있는 때 등의 특별한 사유가 있는 경우를 제외하고는 행정처분을 자의로 취소(철회의 의미를 포함한다. 아래에서도 같다)할 수 없다고 할 것인바, 선행처분인 여수경찰서장의 면허정지처분은 비록 그와 같은 처분이 도로교통법시행규칙 제53조 제1항 [별표 16]에서 정한 행정처분기준에 위배하여 이루어진 것이라 하더라도 그와 같은 사실만으로 곧바로 당해 처분이 위법하게 되는 것은 아닐 뿐더러, 원고로서는 그 면허정지처분이 효력을 발생함으로써 그 처분의 존속에 대한 신뢰가 이미 형성되었다 할 것이고 또한 그와 같은 처분의 존속이 현저히 공익에 반한다고는 보이지 아니하므로, **동일한 사유에 관하여 보다 무거운 면허취소처분을 하기 위하여 이미 행하여진 가벼운 면허정지처분을 취소하는 것은 선행처분에 대한 당사자의 신뢰 및 법적 안정성을 크게 저해하는 것이 되어 허용될 수 없다 할 것이다.**

정답 | 20 × 21 ○ 22 ○

TOPIC 04

행정법의 일반원칙 2 – 평등원칙 / 비례원칙 / 부당결부금지원칙

제1절 평등원칙

01

2014 사회복지직 9급

같은 정도의 비위를 저지른 자들에 대해 그 직무의 특성 및 개전의 정이 있는지 여부에 따라 징계의 종류 및 양정에 있어서 차별적으로 취급하는 것은 합리적 차별로서 평등의 원칙에 반하지 않는다. O | X

공립학교 교사들이 출판사로부터 부교재 선정대가로 리베이트를 받았다가 적발된 사건에서, 시말서를 작성한 교사에 대해서는 경징계에 그쳤으나 시말서 작성을 끝까지 거부한 교사에 대해서는 파면처분을 한 사안이다.

[대법원 1991.2.12, 선고, 90누5627, 판결]

공무원인 피징계자에게 징계사유가 있어서 징계처분을 하는 경우 어떠한 처분을 할 것인가는 징계권자의 재량에 맡겨진 것이지만, 그 징계권의 행사가 일반적으로 징계사유로 삼은 비행의 정도에 비하여 균형을 잃은 과중한 징계처분을 선택함으로써 비례의 원칙에 위반하거나 또는 합리적인 사유 없이 같은 정도의 비행에 대하여 일반적으로 적용하여 온 기준과 어긋나게 공평을 잃은 징계처분을 선택함으로써 평등의 원칙에 위반한 경우에 이러한 징계처분은 재량권의 한계를 벗어난 처분으로서 위법하다 할 것이다. 다만 대략 같은 정도의 비위를 저지른 자들에 대하여 그 구체적인 직무의 특성, 금전 수수의 경우에는 그 액수와 횟수, 의도적·적극적 행위인지 여부, 개전의 정이 있는지 여부 등에 따라 징계의 종류의 선택과 양정에 있어서 차별적으로 취급하는 것은 사안의 성질에 따른 합리적 차별로서 이를 자의적 취급이라고 할 수 없어 평등의 원칙 내지 형평에 반하지 아니한다.

02

2016 서울시 9급

헌법재판소 판례에 의하면, 재량준칙인 행정규칙도 행정의 자기구속의 법리에 의거하여 헌법소원심판의 대상이 될 수 있다. O | X

[헌재 2001.5.31, 99헌마413]

행정규칙은 일반적으로 행정조직 내부에서만 효력을 가지는 것이나, 행정규칙이 법령의 규정에 의하여 행정관청에 법령의 구체적 내용을 보충할 권한을 부여한 경우나 재량권 행사의 준칙인 규칙이 그 정한 바에 따라 되풀이 시행되어 행정관행이 이룩되면, 평등의 원칙이나 신뢰보호의 원칙에 따라 행정기관이 그 상대방에 대한 관계에서 그 규칙에 따라야 할 자기구속을 당하게 되는 경우에는 대외적인 구속력을 가지게 되는바, 이러한 경우에는 헌법소원의 대상이 될 수도 있다.

정답 | 01 ○ 02 ○

03

2017 국가직 9급

재량권 행사의 기준인 행정규칙이 반복적으로 시행되어 행정관행이 성립된 경우라도 그 행정규칙은 내부적 기준에 불과하므로, 이를 위반시 재량권의 일탈·남용에 해당되지 않는다. O | X

[헌재 전원재판부 1990.9.3, 90헌마13]
이른바 행정규칙은 일반적으로 행정조직 내부에서만 효력을 가지는 것이고 대외적인 구속력을 갖는 것이 아니다. 다만, **행정규칙이 법령의 규정에 의하여 행정관청에 법령의 구체적 내용을 보충할 권한을 부여한 경우, 또는 재량권 행사의 준칙인 규칙이 그 정한 바에 따라 되풀이 시행되어 행정관행이 이룩되게 되면 평등의 원칙이나 신뢰보호의 원칙에 따라 행정기관은 그 상대방에 대한 관계에서 그 규칙에 따라야 할 자기구속을 당하게 되는 경우에는 대외적인 구속력을 가지게 된다** 할 것이다.

04

2017 서울시 9급

지방의회의 감사 또는 조사를 위하여 출석요구를 받은 증인이 출석하지 않을 경우 증인의 사회적 지위에 따라 과태료의 액수에 차등을 두는 것을 내용으로 하는 조례안은 헌법에 규정된 평등의 원칙에 위배된다고 볼 수 없다. O | X

[대법원 1997.2.25, 선고, 96추213, 판결]
조례안이 지방의회의 감사 또는 조사를 위하여 출석요구를 받은 증인이 5급 이상 공무원인지 여부, 기관(법인)의 대표나 임원인지 여부 등 증인의 사회적 신분에 따라 미리부터 과태료의 액수에 차등을 두고 있는 경우, 그와 같은 차별은 증인의 불출석이나 증언거부에 대하여 과태료를 부과하는 목적에 비추어 볼 때 그 합리성을 인정할 수 없고 **지위의 높고 낮음만을 기준으로 한 부당한 차별대우라고 할 것이어서 헌법에 규정된 평등의 원칙에 위배되어 무효**이다.

05

2017 국가직 7급

위법한 행정처분이 수차례에 걸쳐 반복적으로 행하여진 경우 행정의 자기구속의 원칙이 적용된다. O | X

"불법 앞에 평등없다"는 법언(法言)으로 정리하면 된다.

[대법원 2009.6.25, 2008두13132]
평등의 원칙은 본질적으로 같은 것을 자의적으로 다르게 취급함을 금지하는 것이고, **위법한 행정처분이 수차례에 걸쳐 반복적으로 행하여졌다 하더라도 그러한 처분이 위법한 것인 때에는 행정청에 대하여 자기구속력을 갖게 된다고 할 수 없다.** 원심은, **피고가 소외 2측 추진위원회의 승인신청을 반려할 당시 100인 이상의 위원으로 추진위원회를 구성할 것을 요구하고, 날짜가 기재되지 아니한 동의서들을 효력이 없는 것으로 간주한 선례가 있다 하더라도 피고가 참가인 추진위원회에 대하여 승인심사를 할 때에도 그러한 기준을 따라야 할 의무가 없는 점** 등에 비추어, 피고가 평등의 원칙이나 신뢰보호의 원칙 또는 자기구속의 원칙 등에 위배하고 재량권을 일탈·남용하여 자의적으로 이 사건 승인처분을 하였다고 볼 수 없다고 판단하였다. 위 법리와 기록에 비추어 살펴보면, 원심의 판단은 정당한 것으로 수긍이 가고, 거기에 상고이유로 주장하는 바와 같은 법리오해 등의 위법이 없다.

정답 | 03 × 04 × 05 ×

06

2017 하반기 국가직 9급

행정청 내부의 사무처리준칙에 해당하는 지침의 공표만으로도 신청인은 보호가치 있는 신뢰를 갖게 된다. O | X

대법원은 행정의 자기구속의 법리의 요건으로 이른바 「선례필요설」을 택하고 있다.

[대법원 2009.12.24. 2009두7967]

상급행정기관이 하급행정기관에 대하여 업무처리지침이나 법령의 해석적용에 관한 기준을 정하여 발하는 이른바 '행정규칙이나 내부지침'은 일반적으로 행정조직 내부에서만 효력을 가질 뿐 대외적인 구속력을 갖는 것은 아니므로 행정처분이 그에 위반하였다고 하여 그러한 사정만으로 곧바로 위법하게 되는 것은 아니다. 다만, **재량권행사의 준칙인 행정규칙이 그 정한바에 따라 되풀이 시행되어 행정관행이 이루어지게 되면 평등의 원칙이나 신뢰보호의 원칙에 따라 행정기관은 그 상대방에 대한 관계에서 그 규칙에 따라야 할 자기구속을 받게 되므로,** 이러한 경우에는 특별한 사정이 없는 한 그를 위반하는 처분은 평등의 원칙이나 신뢰보호의 원칙에 위배되어 재량권을 일탈·남용한 위법한 처분이 된다. 시장이 농림수산식품부에 의하여 공표된 '2008년도 농림사업시행지침서'에 명시되지 않은 '시·군별 건조저장시설 개소당 논 면적'기준을 충족하지 못하였다는 이유로 신규 건조저장시설 사업자 인정신청을 반려한 사안에서, 위 지침이 되풀이 시행되어 행정관행이 이루어졌다거나 **그 공표만으로 신청인이 보호가치 있는 신뢰를 갖게 되었다고 볼 수 없고,** 쌀 시장 개방화에 대비한 경쟁력 강화 등 우월한 공익상 요청에 따라 위 지침상의 요건 외에 '시·군별 건조저장시설 개소당 논 면적 1,000ha 이상'요건을 추가할 만한 특별한 사정을 인정할 수 있어, 그 처분이 행정의 자기구속의 원칙 및 행정규칙에 관련된 신뢰보호의 원칙에 위배되거나 재량권을 일탈·남용한 위법이 없다.

07

2019 서울시 9급 (6월)

행정의 자기구속의 원칙은 처분청이 아닌 제3자 행정청에 대해서도 적용된다. O | X

「행정의 자기구속」이란 행정청이 상대방과의 관계에서 동종 사안에 대해 종전에 행하였던 결정의 기준에 구속되는 법리를 말한다. 즉 문제되는 처분을 한 당해 행정청에 대한 관계에서 문제되는 것이고 다른 행정청에 대해서는 적용되지 않는다.

08

2023 군무원 9급

행정청은 합리적 이유 없이 국민을 차별하여서는 아니 된다. O | X

행정기본법

제9조(평등의 원칙) 행정청은 합리적 이유 없이 국민을 차별하여서는 아니 된다.

09

2023 지방직 7급

「의료법」 등 관련 법령이 정신병원 등의 개설에 관하여는 허가제로, 정신과의원 개설에 관하여는 신고제로 각 규정하고 있는 것은 합리적 차별로서 평등의 원칙에 반하지 않는다. O | X

[대법원 2018.10.25. 선고, 2018두44302, 판결]

관련 법령이 정신병원 등의 개설에 관하여는 허가제로, 정신과의원 개설에 관하여는 신고제로 각 규정하고 있는 것은 각 의료기관의 개설 목적 및 규모 등 차이를 반영한 합리적 차별로서 평등의 원칙에 반한다고 볼 수 없다. 또한 신고제 규정으로 사인인 제3자에 의한 개인의 생명이나 신체 훼손의 위험성이 증가한다고 할 수 없어 기본권 보호의무에 위반된다고 볼 수도 없다.

정답 | 06 × 07 × 08 ○ 09 ○

제2절 비례원칙

01

2015 국가직 9급

부관이 주된 행정행위와 실질적 관련성을 갖더라도 주된 행정행위의 효과를 무의미하게 만드는 경우라면 그러한 부관은 비례원칙에 반하는 하자 있는 부관이 된다. O | X

[대법원 1990.4.27, 89누6808]

수산업법 제15조에 의하여 어업의 면허 또는 허가에 붙이는 부관은 그 성질상 허가된 어업의 본질적 효력을 해하지 않는 한도의 것이어야 하고 허가된 어업의 내용 또는 효력 등에 대하여는 행정청이 임의로 제한 또는 조건을 붙일 수 없다고 보아야 할 것이며 수산업법시행령 제14조의4 제3항의 규정내용은 기선선망어업에는 그 어선규모의 대소를 가리지 않고 등선과 운반선을 갖출 수 있고, 또 갖추어야 하는 것이라고 해석되므로 **기선선망어업의 허가를 하면서 운반선, 등선 등 부속선을 사용할 수 없도록 제한한 부관은 그 어업허가의 목적달성을 사실상 어렵게하여 그 본질적 효력을 해하는 것**일 뿐만 아니라 위 시행령의 규정에도 어긋나는 것이며, 더우기 어업조정이나 기타 공익상 필요하다고 인정되는 사정이 없는 이상 위법한 것이다.

02

2015 서울시 9급

식품위생법 제79조 제4항은 비례의 원칙 중에서 필요성의 원칙을 입법화한 것이다. O | X

「필요한 최소한의 범위에 그쳐야 한다」는 것은 다른 수단과의 관계에서 최소침해의 것을 사용하라는 것으로 비례원칙 중 필요성의 원칙을 나타낸다.

식품위생법

제79조(폐쇄조치 등) ④ 제1항에 따른 조치는 그 **영업을 할 수 없게 하는 데에 필요한 최소한의 범위**에 그쳐야 한다.

03

2017 국회사무처 8급

비례원칙은 적합성의 원칙, 필요성의 원칙, 상당성의 원칙(협의의 비례원칙)으로 구성된다고 보는 것이 일반적이며, 헌법재판소는 과잉금지원칙과 관련하여 위 세 가지에 목적의 정당성을 더하여 판단하고 있다. O | X

[헌재 1997.3.27, 95헌가17]

비례원칙은 적합성의 원칙, 필요성의 원칙(최소성의 원칙), 상당성의 원칙(협의의 비례원칙, 법익균형성의 원칙)으로 구성된다. 그리고 헌법 제37조 제2항에 의하면 국민의 기본권을 법률로써 제한하는 것이 가능하다고 하더라도 그 본질적인 내용을 침해할 수 없고 또한 과잉금지의 원칙에도 위배되어서는 아니 되는바, **과잉금지의 원칙이라 함은 국민의 기본권을 제한함에 있어서 국가작용의 한계를 명시한 것으로서 목적의 정당성·방법의 적정성·피해의 최소성·법익의 균형성 등을 의미하며 그 어느 하나에라도 저촉이 되면 위헌이 된다는 헌법상의 원칙**을 말한다.

정답 | 01 ○ 02 ○ 03 ○

04 「행정규제기본법」과 「행정절차법」은 각각 규제의 원칙과 행정지도의 원칙으로 비례원칙을 정하고 있다. O | X

2017 서울직 9급

> **행정규제기본법**
> 제5조(규제의 원칙) ① 국가나 지방자치단체는 국민의 자유와 창의를 존중하여야 하며, 규제를 정하는 경우에도 그 본질적 내용을 침해하지 아니하도록 하여야 한다.
> ② 국가나 지방자치단체가 규제를 정할 때에는 국민의 생명·인권·보건 및 환경 등의 보호와 식품·의약품의 안전을 위한 실효성이 있는 규제가 되도록 하여야 한다.
> ③ **규제의 대상과 수단은 규제의 목적 실현에 필요한 최소한의 범위에서 가장 효과적인 방법으로 객관성·투명성 및 공정성이 확보되도록 설정되어야 한다.**
>
> **행정절차법**
> 제48조(행정지도의 원칙) ① **행정지도는 그 목적 달성에 필요한 최소한도에 그쳐야 하며, 행정지도의 상대방의 의사에 반하여 부당하게 강요하여서는 아니 된다.**
> ② 행정기관은 행정지도의 상대방이 행정지도에 따르지 아니하였다는 것을 이유로 불이익한 조치를 하여서는 아니 된다.

05 청소년에게 주류를 제공하여 식품접객업자 甲이 영업허가취소처분을 받은 경우 그로 인해 甲이 얻게 되는 불이익이 공익상 필요보다 막대한 경우에는 영업허가취소처분이 위법하다고 인정될 수 있다. O | X

2017 하반기 국가직 9급

> [대법원 2010.4.8, 2009두22997]
> 구 식품위생법 제58조 제1항에 의한 영업정지 등 행정처분의 적법 여부는 같은법시행규칙 제53조 [별표 15]의 행정처분기준에 적합한 것인가의 여부에 따라 판단할 것이 아니라 법의 규정 및 그 취지에 적합한 것인가의 여부에 따라 판단하여야 하는 것이고, **행정처분으로 인하여 달성하려는 공익상의 필요와 이로 인하여 상대방이 받는 불이익을 비교·형량하여 그 처분으로 인하여 공익상 필요보다 상대방이 받게 되는 불이익 등이 막대한 경우에는 재량권의 한계를 일탈한 것으로서 위법**하다.

06

2021 국가직 9급

국가가 국민의 생명 · 신체의 안전에 대한 보호의무를 다하지 않았는지 여부를 헌법재판소가 심사할 때에는 국가가 이를 보호하기 위하여 적어도 적절하고 효율적인 최소한의 보호조치를 취하였는가 하는 '과소보호 금지원칙'의 위반 여부를 기준으로 삼는다. O | X

「과소보호 금지원칙」은 "국가가 최소한 이 정도는 해야 한다"는 의미로 이해하면 된다.

[헌재 전원재판부 2008헌마419, 2008.12.26.]

국가가 국민의 생명·신체의 안전에 대한 보호의무를 다하지 않았는지 여부를 헌법재판소가 심사할 때에는 국가가 이를 보호하기 위하여 적어도 적절하고 효율적인 최소한의 보호조치를 취하였는가 하는 이른바 '과소보호 금지원칙'의 위반 여부를 기준으로 삼아, 국민의 생명·신체의 안전을 보호하기 위한 조치가 필요한 상황인데도 국가가 아무런 보호조치를 취하지 않았든지 아니면 취한 조치가 법익을 보호하기에 전적으로 부적합하거나 매우 불충분한 것임이 명백한 경우에 한하여 국가의 보호의무의 위반을 확인하여야 한다.

07

2023 지방직 7급

음주운전으로 인한 운전면허취소처분의 재량권 일탈 · 남용 여부를 판단할 때, 운전면허의 취소로 입게 될 당사자의 불이익보다 음주운전으로 인한 교통사고를 방지하여야 하는 일반예방적 측면이 더 강조되어야 한다. O | X

[대법원 2019.1.17. 선고, 2017두59949, 판결]

자동차가 대중적인 교통수단이고 그에 따라 자동차운전면허가 대량으로 발급되어 교통상황이 날로 혼잡해짐에 따라 교통법규를 엄격히 지켜야 할 필요성은 더욱 커지는 점, 음주운전으로 인한 교통사고 역시 빈번하고 그 결과가 참혹한 경우가 많아 대다수의 선량한 운전자 및 보행자를 보호하기 위하여 음주운전을 엄격하게 단속하여야 할 필요가 절실한 점 등에 비추어 보면, **음주운전으로 인한 교통사고를 방지할 공익상의 필요는 더욱 중시되어야 하고 운전면허의 취소는 일반의 수익적 행정행위의 취소와는 달리 그 취소로 인하여 입게 될 당사자의 불이익보다는 이를 방지하여야 하는 일반예방적 측면이 더욱 강조되어야 한다.**

정답 | 06 ○ 07 ○

제3절 부당결부금지원칙

01

2014 사회복지직 9급

고속국도 관리청이 고속도로 부지와 접도구역에 송유관 매설을 허가하면서, 상대방과 체결한 협약에 따라 송유관 시설을 이전하게 될 경우 그 비용을 상대방에게 부담하도록 한 부관은 부당결부금지의 원칙에 반하지 않는다.

O | X

> [대법원 2009.2.12, 2005다65500]
> 고속국도 관리청이 고속도로 부지와 접도구역에 송유관 매설을 허가하면서 상대방과 체결한 협약에 따라 송유관 시설을 이전하게 될 경우 그 비용을 상대방에게 부담하도록 하였고, 그 후 도로법 시행규칙이 개정되어 접도구역에는 관리청의 허가 없이도 송유관을 매설할 수 있게 된 사안에서, 위 협약이 효력을 상실하지 않을 뿐만 아니라 **위 협약에 포함된 부관이 부당결부금지의 원칙에도 반하지 않는다.**

02

2015 국가직 9급

지방자치단체장이 사업자에게 주택사업계획승인을 하면서 그 주택사업과는 아무런 관련이 없는 토지를 기부채납하도록 하는 부관을 주택사업계획승인에 붙인 경우, 그 부관은 부당결부금지의 원칙에 위반되어 위법이다.

O | X

> [대법원 1997.3.11, 96다49650]
> **지방자치단체장이 사업자에게 주택사업계획승인을 하면서 그 주택사업과는 아무런 관련이 없는 토지를 기부채납하도록 하는 부관을 주택사업계획승인에 붙인 경우, 그 부관은 부당결부금지의 원칙에 위반되어 위법**하지만, 지방자치단체장이 승인한 사업자의 주택사업계획은 상당히 큰 규모의 사업임에 반하여, 사업자가 기부채납한 토지 가액은 그 100분의 1 상당의 금액에 불과한 데다가, 사업자가 그 동안 그 부관에 대하여 아무런 이의를 제기하지 아니하다가 지방자치단체장이 업무착오로 기부채납한 토지에 대하여 보상협조요청서를 보내자 그 때서야 비로소 부관의 하자를 들고 나온 사정에 비추어 볼 때 부관의 하자가 중대하고 명백하여 당연무효라고는 볼 수 없다.

03

2015 국가직 9급

제1종 보통면허로 운전할 수 있는 차량을 음주운전한 경우 제1종 보통면허의 취소 외에 동일인이 소지하고 있는 제1종 대형면허와 원동기장치자전거면허는 취소할 수 없다.

O | X

> [대법원 1994.11.25, 94누9672]
> 한 사람이 여러 종류의 자동차운전면허를 취득하는 경우뿐 아니라 이를 취소 또는 정지하는 경우에 있어서도 서로 별개의 것으로 취급하는 것이 원칙이기는 하나, 자동차운전면허는 그 성질이 대인적 면허일뿐만 아니라 도로교통법시행규칙 제26조 별표 14에 의하면, 제1종 대형면허 소지자는 제1종 보통면허로 운전할 수 있는 자동차와 원동기장치자전거를, 제1종 보통면허 소지자는 원동기장치자전거까지 운전할 수 있도록 규정하고 있어서 제1종 보통면허로 운전할 수 있는 차량의 음주운전은 당해 운전면허뿐만 아니라 제1종 대형면허로도 가능하고, 또한 **제1종 대형면허나 제1종 보통면허의 취소에는 당연히 원동기장치자전거의 운전까지 금지하는 취지가 포함된 것이어서 이들 세 종류의 운전면허는 서로 관련된 것이라고 할 것이므로 제1종 보통면허로 운전할 수 있는 차량을 음주운전한 경우에 이와 관련된 면허인 제1종 대형면허와 원동기장치자전거면허까지 취소할 수 있는 것**으로 보아야 한다.

정답 | 01 ○ 02 ○ 03 ×

04

2022 군무원 9급

부당결부금지의 원칙은 판례에 의해 확립된 행정의 법원칙으로 실정법상 명문의 규정은 없다. O | X

행정기본법에 규정되어 있다.

행정기본법

제13조(부당결부금지의 원칙) 행정청은 행정작용을 할 때 상대방에게 해당 행정작용과 실질적인 관련이 없는 의무를 부과해서는 아니 된다.

05

2023 군무원 9급

한 사람이 여러 종류의 자동차운전면허를 취득하는 경우뿐 아니라 이를 취소함에 있어서도 서로 별개의 것으로 취급하는 것이 원칙이다. O | X

[대법원 1997.2.28. 선고, 96누17578, 판결]

한 사람이 여러 종류의 자동차운전면허를 취득하는 경우뿐 아니라 이를 취소 또는 정지하는 경우에 있어서도 서로 별개의 것으로 취급하는 것이 원칙이고, 제1종 대형면허를 가진 사람만이 운전할 수 있는 대형승합자동차는 제1종 보통면허를 가지고 운전할 수 없는 것이기는 하지만, 자동차운전면허는 그 성질이 대인적 면허일 뿐만 아니라 도로교통법 시행규칙 제26조 [별표 14]에 의하면, 제1종 대형면허 소지자는 제1종 보통면허 소지자가 운전할 수 있는 차량을 모두 운전할 수 있는 것으로 규정하고 있어, 제1종 대형면허의 취소에는 당연히 제1종 보통면허 소지자가 운전할 수 있는 차량의 운전까지 금지하는 취지가 포함된 것이어서 이들 차량의 운전면허는 서로 관련된 것이라고 할 것이므로, 제1종 대형면허로 운전할 수 있는 차량을 음주운전하거나 그 제재를 위한 음주측정의 요구를 거부한 경우에는 그와 관련된 제1종 보통면허까지 취소할 수 있다.

정답 | 04 × 05 ○

TOPIC 05

행정상 법률관계 / 공법관계와 사법관계의 구별 / 특별권력관계

제1절 행정상 법률관계

01

2017 사회복지직 9급

지방자치단체는 행정주체이지 행정권 발동의 상대방인 행정객체는 될 수 없다. O | X

지방자치단체 등 공공단체는 사인인 상대방에 대해서는 행정주체이지만, 국가나 다른 공공단체에 대한 관계에서는 행정객체에 해당할 수도 있다. 반면에 국가는 시원적(始原的)인 행정주체이므로 어떤 경우에도 행정객체가 될 수 없다.

[대법원 2014.2.27. 선고, 2012두22980, 판결]

구 건축법 제29조 제1항, 제2항, 제11조 제1항 등의 규정 내용에 의하면, **건축협의의 실질은 지방자치단체 등에 대한 건축허가와 다르지 않으므로, 지방자치단체 등이 건축물을 건축하려는 경우 등에는 미리 건축물의 소재지를 관할하는 허가권자인 지방자치단체의 장과 건축협의를 하지 않으면, 지방자치단체라 하더라도 건축물을 건축할 수 없다.** 그리고 구 지방자치법 등 관련 법령을 살펴보아도 지방자치단체의 장이 다른 지방자치단체를 상대로 한 건축협의 취소에 관하여 다툼이 있는 경우에 법적 분쟁을 실효적으로 해결할 구제수단을 찾기도 어렵다. **따라서 건축협의 취소는 상대방이 다른 지방자치단체 등 행정주체라 하더라도 '행정청이 행하는 구체적 사실에 관한 법집행으로서의 공권력 행사'(행정소송법 제2조 제1항 제1호)로서 처분에 해당한다고 볼 수 있고, 지방자치단체인 원고가 이를 다툴 실효적 해결 수단이 없는 이상, 원고는 건축물 소재지 관할 허가권자인 지방자치단체의 장을 상대로 항고소송을 통해 건축협의 취소의 취소를 구할 수 있다.**

02

2017 사회복지직 9급

공무수탁사인은 수탁받은 공무를 수행하는 범위 내에서 행정주체이고, 「행정절차법」이나 「행정소송법」에서는 행정청이다. O | X

행정절차법

제2조(정의) 이 법에서 사용하는 용어의 뜻은 다음과 같다.

1. "행정청"이란 다음 각 목의 자를 말한다.
   가. 행정에 관한 의사를 결정하여 표시하는 국가 또는 지방자치단체의 기관
   나. 그 밖에 법령 또는 자치법규(이하 "법령등"이라 한다)에 따라 행정권한을 가지고 있거나 위임 또는 위탁받은 공공단체 또는 그 기관이나 사인(私人)

행정소송법

제2조(정의) ② 이 법을 적용함에 있어서 행정청에는 법령에 의하여 행정권한의 위임 또는 위탁을 받은 행정기관, 공공단체 및 그 기관 또는 사인이 포함된다.

정답 | 01 × 02 ○

03

2017 사회복지직 9급

경찰과의 사법상 용역계약에 의해 주차위반차량을 견인하는 민간사업자는 공무수탁사인이 아니다. O | X

행정주체와 사법상 용역계약을 맺은 것이므로 공무수탁사인이 아닌 행정보조자에 불과하다.

04

2017 서울시 9급

법인격 없는 단체는 공무수탁사인이 될 수 없다. O | X

공무수탁사인이란 국가 또는 지방자치단체로부터 법령에 의하여 공적 임무를 위탁받은 사인(私人)을 말한다. 여기서 사인은 자연인과 법인뿐만 아니라 법인격 없는 단체(예컨대 법인등기를 하지 아니한 시민단체)를 포함한다.

05

2017 서울시 9급

「도시 및 주거환경정비법」상 주택재건축정비사업조합은 공법인으로서 목적 범위 내에서 법령이 정하는 바에 따라 일정한 행정작용을 행하는 행정주체의 지위를 갖는다. O | X

[대법원 2009.9.17. 선고, 2007다2428, 전원합의체 판결]

도시 및 주거환경정비법(이하 '도시정비법'이라고 한다)에 따른 주택재건축정비사업조합(이하 '재건축조합'이라고 한다)은 관할 행정청의 감독 아래 도시정비법상의 주택재건축사업을 시행하는 공법인(도시정비법 제18조)으로서, 그 목적 범위 내에서 법령이 정하는 바에 따라 일정한 행정작용을 행하는 행정주체의 지위를 갖는다.

06

2017 서울시 9급

「민영교도소 등의 설치·운영에 관한 법률」상의 민영교도소는 행정보조인(행정보조자)에 해당한다. O | X

민영교도소는 공무수탁사인에 해당한다.

「민영교도소 등의 설치·운영에 관한 법률」

제3조(교정업무의 민간 위탁) ① **법무부장관은 필요하다고 인정하면 이 법에서 정하는 바에 따라 교정업무를 공공단체 외의 법인·단체 또는 그 기관이나 개인에게 위탁할 수 있다.** 다만, 교정업무를 포괄적으로 위탁하여 한 개 또는 여러 개의 교도소등을 설치·운영하도록 하는 경우에는 법인에만 위탁할 수 있다.

② 법무부장관은 교정업무의 수탁자를 선정하는 경우에는 수탁자의 인력·조직·시설·재정능력·공신력 등을 종합적으로 검토한 후 적절한 자를 선정하여야 한다.

③ 제2항에 따른 선정방법, 선정절차, 그 밖에 수탁자의 선정에 관하여 필요한 사항은 법무부장관이 정한다.

정답 | 03 ○ 04 × 05 ○ 06 ×

제2절 공법관계와 사법관계의 구별

01

2017 국회사무처 8급

공법과 사법의 구별기준에 대한 신주체설은 국가나 지방자치단체 등의 행정주체가 관련되는 법률관계를 공법관계로 보고 사인 간의 법률관계는 사법관계로 본다. O | X

「주체설」에 대한 설명이다. 공법과 사법의 구별기준에 대한 「신주체설」은 공권력의 주체로서의 행정주체에게만 배타적으로 권리·의무를 귀속시키는 경우에는 공법관계, 모든 권리주체에게 권리·의무를 귀속시키는 경우에는 사법관계라고 본다.

〈 공법관계와 사법관계의 구별 〉

견해	내용	비판
주체설	당사자의 쌍방 또는 일방이 행정주체이면 공법관계, 당사자가 모두 사인이면 사법관계로 본다.	행정주체의 행위일지라도 사법의 적용을 받는 경우(예컨대 국고행위)를 설명할 수 없게 된다.
신주체설 (귀속설)	공권력 주체에만 권리 또는 의무를 일방적으로 귀속시키면 공법관계, 모든 권리주체에게 귀속시키면 사법관계로 본다.	공권력 주체의 지위여부가 불분명한 경우가 존재한다.
성질설 (종속설/권력설)	법률관계가 상하관계이면 공법관계, 대등관계이면 사법관계로 본다.	공법관계에서도 대등한 관계(예컨대 공법상 계약)가 있을 수 있고, 사법관계에서도 종속관계가 존재한다(예컨대 친자관계).
이익설	법률관계가 공익에 봉사하는 것이면 공법관계, 사익에 봉사하는 것이면 사법관계로 본다.	사인의 행위의 경우에도 공익에 봉사할 수 있다. 예컨대 변호사의 형사변호는 피고인의 권리보호라는 면에서 공익성을 가진다.
복수기준설 (통설)	복수의 기준을 통해 공법관계와 사법관계를 구별한다. 행정주체에게 우월한 법적 지위를 부여하면 공법관계이며, 그렇지 않더라도 공공성이 강한 경우에는 공법관계로 본다.	

02

2017 국회사무처 8급

대법원은 국가나 지방자치단체가 당사자가 되는 공공계약(조달계약)은 상대방과 대등한 관계에서 체결하는 공법상의 계약으로 본다. O | X

[대판 2017.1.25, 2015다205796]

「국가를 당사자로 하는 계약에 관한 법률」에 따라 국가(지방자치단체)가 당사자가 되는 이른바 '공공계약'은 사경제 주체로서 상대방과 대등한 위치에서 체결하는 사법상 계약으로서 본질적인 내용은 사인 간의 계약과 다를 바가 없으므로, 그에 관한 법령에 특별한 정함이 있는 경우를 제외하고는 사적 자치와 계약자유의 원칙 등 사법의 원리가 그대로 적용된다.

03

2017 국회사무처 8급

대법원은 지방자치단체가 공공조달계약 입찰을 일정기간 동안 제한하는 부정당업자 제재는 사법상의 통지행위에 불과하다고 본다. O | X

[대법원 1983.7.12, 선고, 83누127, 판결]

원고 회사가 피고(부산직할시장) 산하 구청장으로부터 수급한 공사의 일부를 건설업면허가 없는 소외인에게 하도급하여 시공케 한 것은 예산회계법시행령 제89조 제1항 제8호에 해당하므로 **원고의 일반경쟁입찰참가자격을 6개월간 제한한 피고의 처분**은 정당하다.

비교판례 – 한국전력공사의 입찰참가자격 제한처분은 처분성 부정

[대법원 1999.11.26, 자, 99부3, 결정]

위 공사는 위 법령 소정의 '각 중앙관서의 장'에 해당되지 아니함이 명백하고, 위 공사가 입찰참가자격을 제한하는 내용의 부정당업자제재처분의 근거로 삼은 정부투자기관회계규정 제245조가 정부투자기관의 회계처리의 기준과 절차에 관한 사항을 재무부장관이 정하도록 규정한 구 정부투자기관관리기본법 제20조에 의하여 제정된 것임은 분명하나 그 점만으로 위 규정이 구 정부투자기관관리기본법 제20조와 결합하여 대외적인 구속력이 있는 법규명령으로서의 효력을 가진다고 할 수도 없다 할 것이므로, 따라서 위 **공사가 행정소송법 소정의 행정청 또는 그 소속기관이거나 이로부터 위 제재처분의 권한을 위임받았다고 볼 만한 아무런 법적 근거가 없다고 할 것이므로 위 공사가 정부투자기관회계규정에 의하여 행한 입찰참가자격을 제한하는 내용의 부정당업자제재처분은 행정소송의 대상이 되는 행정처분이 아니라 단지 상대방을 위 공사가 시행하는 입찰에 참가시키지 않겠다는 뜻의 사법상의 효력을 가지는 통지행위에 불과**하다.

04

2017 교육행정직 9급

「국가를 당사자로 하는 계약에 관한 법률」에 따른 계약에 있어 입찰보증금의 국고귀속조치는 항고소송의 대상이 되는 처분에 해당하지 않는다. O | X

[대법원 1983.12.27, 81누366]

예산회계법에 따라 체결되는 계약은 사법상의 계약이라고 할 것이고 동법 제70조의5의 **입찰보증금은 낙찰자의 계약체결의무이행의 확보를 목적으로 하여 그 불이행시에 이를 국고에 귀속시켜 국가의 손해를 전보하는 사법상의 손해배상 예정으로서의 성질을 갖는 것이라고 할 것이므로 입찰보증금의 국고귀속조치는 국가가 사법상의 재산권의 주체로서 행위하는 것이지 공권력을 행사하는 것이거나 공권력작용과 일체성을 가진 것이 아니라 할 것이므로 이에 관한 분쟁은 행정소송이 아닌 민사소송의 대상**이 될 수밖에 없다고 할 것이다.

정답 | 03 × 04 ○

05

2019 서울시 9급 (2월)

국가가 사인과 계약을 체결할 때에는 「국가를 당사자로 하는 계약에 관한 법률」에 따른 계약서를 따로 작성하는 등 그 요건과 절차를 이행하여야 한다. O | X

[대법원 2015.1.15, 선고, 2013다215133, 판결]

구 국가를 당사자로 하는 계약에 관한 법률(2012. 12. 18. 법률 제11547호로 개정되기 전의 것, 이하 '국가계약법'이라 한다) 제11조 규정 내용과 국가가 일방당사자가 되어 체결하는 계약의 내용을 명확히 하고 국가가 사인과 계약을 체결할 때 적법한 절차에 따를 것을 담보하려는 규정의 취지 등에 비추어 보면, 국가가 사인과 계약을 체결할 때에는 국가계약법령에 따른 계약서를 따로 작성하는 등 요건과 절차를 이행하여야 할 것이고, 설령 국가와 사인 사이에 계약이 체결되었더라도 이러한 법령상 요건과 절차를 거치지 아니한 계약은 효력이 없다.

06

2019 서울시 9급 (2월)

「국가를 당사자로 하는 계약에 관한 법률」에 따른 계약서를 따로 작성하는 등 그 요건과 절차를 거치지 않고 체결된 계약이라고 해서 무효가 되는 것은 아니다. O | X

[대법원 2015.1.15, 선고, 2013다215133, 판결]

구 국가를 당사자로 하는 계약에 관한 법률(2012. 12. 18. 법률 제11547호로 개정되기 전의 것, 이하 '국가계약법'이라 한다) 제11조 규정 내용과 국가가 일방당사자가 되어 체결하는 계약의 내용을 명확히 하고 국가가 사인과 계약을 체결할 때 적법한 절차에 따를 것을 담보하려는 규정의 취지 등에 비추어 보면, 국가가 사인과 계약을 체결할 때에는 국가계약법령에 따른 계약서를 따로 작성하는 등 요건과 절차를 이행하여야 할 것이고, 설령 국가와 사인 사이에 계약이 체결되었더라도 이러한 법령상 요건과 절차를 거치지 아니한 계약은 효력이 없다.

07

2022 국가직 9급

「국가를 당사자로 하는 계약에 관한 법률」에 따라 국가가 당사자가 되는 이른바 공공계약에 관한 법적 분쟁은 원칙적으로 행정법원의 관할 사항이다. O | X

「국가를 당사자로 하는 계약에 관한 법률」에 따른 계약은 사법상 계약이므로 이에 관한 법적 분쟁은 민사법원의 관할 사항이다.

[대법원 2020.5.14, 선고 2018다298409 판결]

국가를 당사자로 하는 계약에 관한 법률에 따라 국가가 당사자가 되는 이른바 공공계약은 사경제 주체로서 상대방과 대등한 위치에서 체결하는 사법상 계약으로서 본질적인 내용은 사인 간의 계약과 다를 바가 없으므로, 그에 관한 법령에 특별한 정함이 있는 경우를 제외하고는 사적 자치와 계약자유의 원칙 등 사법의 원리가 그대로 적용된다.

정답 | 05 ○ 06 × 07 ×

08

2022 소방직

국가계약의 본질적인 내용은 사인 간의 계약과 다를 바가 없어 법령에 특별한 규정이 있는 경우를 제외하고는 사법의 규정 내지 법원리가 그대로 적용되므로, 국가와 사인 간의 계약은 국가계약법령에 따른 요건과 절차를 거치지 않더라도 유효하다. O | X

비록 사법상의 계약에 해당하더라도 국가계약법상 요건과 절차를 따르지 않으면 효력이 없다.

[대법원 2016.6.10. 선고, 2014다200763(본소), 2014다200770(반소), 판결]

국가계약의 본질적인 내용은 사인 간의 계약과 다를 바가 없어 법령에 특별한 규정이 있는 경우를 제외하고는 사법의 규정 내지 법원리가 그대로 적용된다.

[대법원 2015.1.15. 선고, 2013다215133, 판결]

구 국가를 당사자로 하는 계약에 관한 법률(이하 '국가계약법'이라 한다) 제11조 규정 내용과 국가가 일방당사자가 되어 체결하는 계약의 내용을 명확히 하고 국가가 사인과 계약을 체결할 때 적법한 절차에 따를 것을 담보하려는 규정의 취지 등에 비추어 보면, **국가가 사인과 계약을 체결할 때에는 국가계약법령에 따른 계약서를 따로 작성하는 등 요건과 절차를 이행하여야 할 것이고, 설령 국가와 사인 사이에 계약이 체결되었더라도 이러한 법령상 요건과 절차를 거치지 아니한 계약은 효력이 없다.**

09

2023 소방간부

국가를 당사자로 하는 계약이나 「공공기관의 운영에 관한 법률」의 적용대상인 공기업이 일방 당사자가 되는 모든 계약은 공법상 계약으로 본다. O | X

국가를 당사자로 하는 계약 등은 원칙적으로 「사법상 계약」이다.

[대법원 2017.12.21. 선고, 2012다74076, 전원합의체 판결]

국가를 당사자로 하는 계약이나 공공기관의 운영에 관한 법률의 적용 대상인 공기업이 일방 당사자가 되는 계약(이하 편의상 '공공계약'이라 한다)은 국가 또는 공기업(이하 '국가 등'이라 한다)이 사경제의 주체로서 상대방과 대등한 지위에서 체결하는 사법(私法)상의 계약으로서 본질적인 내용은 사인 간의 계약과 다를 바가 없으므로, 법령에 특별한 정함이 있는 경우를 제외하고는 서로 대등한 입장에서 당사자의 합의에 따라 계약을 체결하여야 하고 당사자는 계약의 내용을 신의성실의 원칙에 따라 이행하여야 하는 등 **사적 자치와 계약자유의 원칙을 비롯한 사법의 원리가 원칙적으로 적용**된다.

10

2023 소방간부

기부채납은 기부자의 소유재산을 지방자치단체의 공유재산으로 무상증여하도록 하는 지방자치단체의 일방적 의사표시인 행정처분에 해당한다. O | X

공법상 부관으로서의 기부채납부담과 그 이행으로서 사법상 증여인 기부채납행위를 구분하여야 한다. 여기서 기부채납이란 사법상 증여계약을 말한다.

[대법원 1992.12.8. 선고, 92다4031, 판결]

구 지방재정법 제57조의9 및 같은법시행령 제70조의2에 규정되어 있는 **기부채납은 기부자가 그의 소유재산을 지방자치단체의 공유재산으로 증여하는 의사표시를 하고 지방자치단체는 이를 승낙하는 채납의 의사표시를 함으로써 성립하는 증여계약**이며, 위 시행령 제70조의2 소정의 기부서와 권리관계확보 소요서류는 위와 같은 증여계약의 내용과 성립을 확실하게 하기 위하여 요구되는 것일 뿐이지 그 교부가 증여계약의 성립요건이라고 볼 수 없다.

11

2023 소방직

국가가 사경제의 주체로서 상대방과 대등한 지위에서 체결하는 계약의 본질적인 내용은 사인 간의 계약과 다를 바가 없으므로 사적 자치와 계약자유의 원칙을 비롯한 사법의 원리가 원칙적으로 적용된다. O | X

[대법원 2012.9.20. 자 2012마1097, 결정]

국가를 당사자로 하는 계약에 관한 법률(이하 '국가계약법'이라 한다)에 따라 **국가가 당사자가 되는 이른바 공공계약은 사경제 주체로서 상대방과 대등한 위치에서 체결하는 사법상 계약으로서 본질적인 내용은 사인 간의 계약과 다를 바가 없으므로, 그에 관한 법령에 특별한 정함이 있는 경우를 제외하고는 사적 자치와 계약자유의 원칙 등 사법의 원리가 그대로 적용된다.**

12

2023 소방직

국가가 수익자인 수요기관을 위하여 국민을 계약상대자로 하여 체결하는 요청조달계약에는 다른 법률에 특별한 규정이 없는 한 당연히 「국가를 당사자로 하는 계약에 관한 법률」이 적용된다. O | X

[대법원 2017.6.29. 선고, 2014두14389, 판결]

구 국가를 당사자로 하는 계약에 관한 법률(이하 '국가계약법'이라 한다) 제2조는 적용 범위에 관하여 국가가 대한민국 국민을 계약상대자로 하여 체결하는 계약 등 국가를 당사자로 하는 계약에 대하여 위 법을 적용한다고 규정하고 있고, 제3조는 국가를 당사자로 하는 계약에 관하여는 다른 법률에 특별한 규정이 있는 경우를 제외하고는 이 법에서 정하는 바에 의한다고 규정하고 있으므로, **국가가 수익자인 수요기관을 위하여 국민을 계약상대자로 하여 체결하는 요청조달계약에는 다른 법률에 특별한 규정이 없는 한 당연히 국가계약법이 적용된다.** 그러나 위 법리에 의하여 요청조달계약에 적용되는 국가계약법 조항은 국가가 사경제 주체로서 국민과 대등한 관계에 있음을 전제로 한 사법(사법)관계에 관한 규정에 한정되고, 고권적 지위에서 국민에게 침익적 효과를 발생시키는 행정처분에 관한 규정까지 당연히 적용된다고 할 수 없다.

13

2023 소방직

요청조달계약에 적용되는 「국가를 당사자로 하는 계약에 관한 법률」 조항은 국가가 사경제 주체로서 국민과 대등한 관계에 있음을 전제로 한 사법관계에 대한 규정뿐만 아니라, 고권적 지위에서 국민에게 침익적 효과를 발생시키는 행정처분에 대한 규정까지 적용된다. O | X

「국가를 당사자로 하는 계약에 관한 법률」에 따른 계약은 사법상 계약이다.

[대판 2017.6.29, 2014두14389]

구 국가를 당사자로 하는 계약에 관한 법률(이하 '국가계약법'이라 한다) 제2조는 적용 범위에 관하여 국가가 대한민국 국민을 계약상대자로 하여 체결하는 계약 등 국가를 당사자로 하는 계약에 대하여 위 법을 적용한다고 규정하고 있고, 제3조는 국가를 당사자로 하는 계약에 관하여는 다른 법률에 특별한 규정이 있는 경우를 제외하고는 이 법에서 정하는 바에 의한다고 규정하고 있으므로, 국가가 수익자인 수요기관을 위하여 국민을 계약상대자로 하여 체결하는 요청조달계약에는 다른 법률에 특별한 규정이 없는 한 당연히 국가계약법이 적용된다. 그러나 위 법리에 의하여 **요청조달계약에 적용되는 국가계약법 조항은 국가가 사경제 주체로서 국민과 대등한 관계에 있음을 전제로 한 사법(사법)관계에 관한 규정에 한정되고, 고권적 지위에서 국민에게 침익적 효과를 발생시키는 행정처분에 관한 규정까지 당연히 적용된다고 할 수 없다.**

14

2023 소방직

한국자산관리공사가 국유재산 중 일반재산에 관하여 그 처분을 위임받아 매도하는 것은 행정청이 공권력의 주체라는 우월적 지위에서 행하는 공법상의 행정처분이 아니라 사경제 주체로서 행하는 사법상의 법률행위에 해당하여 헌법소원심판의 대상이 되는 공권력의 행사에 해당하지 않는다. O | X

[헌법재판소 2020.6.23, 자 2020헌마785, 결정]

한국자산관리공사가 국유재산 중 일반재산에 관하여 그 처분을 위임받아 매도하는 것은 행정청이 공권력의 주체라는 우월적 지위에서 행하는 공법상의 행정처분이 아니라 사경제 주체로서 행하는 사법상의 법률행위에 해당하여 헌법소원심판의 대상이 되는 공권력의 행사에 해당하지 않는다.

15

2023 국가직 9급

국유재산 중 행정재산의 사용허가는 공법관계이나, 한국공항공단이 무상사용허가를 받은 행정재산에 대하여 하는 전대행위는 사법관계이다. O | X

전대(轉貸)란 자신이 빌린 물건을 제3자에게 다시 빌려주는 것을 말한다. 전대는 사법상 임대차와 다를 것이 없다.

[대판 2004.1.15, 2001다12638]

한국공항공단이 무상 사용허가를 받은 행정재산에 대하여 하는 전대행위는 통상의 사인 간의 임대차와 다를 바가 없고, 그 임대차계약이 임차인의 사용승인신청과 임대인의 사용승인의 형식으로 이루어졌다고 하여 달리 볼 것은 아니다.

정답 | 13 × 14 ○ 15 ○

16

2023 국가직 9급

국유재산의 무단점유에 대한 변상금부과는 공법관계에 해당하나, 국유 일반재산의 대부행위는 사법관계에 해당한다. O | X

> [대판 1988.2.23, 87누1046, 1047]
>
> **국유재산의 관리청이 그 무단점유자에 대하여 하는 변상금부과처분은** 순전히 사경제 주체로서 행하는 사법상의 법률행위라 할 수 없고 이는 관리청이 공권력을 가진 우월적 지위에서 행한 것으로서 행정소송의 대상이 되는 **행정처분**이라고 보아야 한다.
>
> [대판 2000.2.11, 99다61675]
>
> **국유잡종재산을 대부하는 행위는 국가가 사경제 주체로서 상대방과 대등한 위치에서 행하는 사법상의 계약**이고, 행정청이 공권력의 주체로서 상대방의 의사 여하에 불구하고 일방적으로 행하는 행정처분이라고 볼 수 없다.

17

2023 국가직 9급

조달청장이 법령에 근거하여 입찰참가자격을 제한하는 것은 사법관계에 해당한다. O | X

> 조달청장이 입찰참가자격의 제한을 「법령(국가계약법)에 근거하여」 행한 경우 판례는 그 처분성을 인정하여 항고소송으로 다툴 수 있다는 입장이다. 즉, 사법관계가 아니라 공법관계이다.
>
> [대법원 2017.12.28, 선고, 2017두39433, 판결]
>
> 준정부기관으로부터 공공기관운영법 제44조 제2항에 따라 계약 체결 업무를 위탁받은 조달청장은 국가계약법 제27조 제1항에 따라 입찰참가자격 제한 처분을 할 수 있는 권한이 있다고 봄이 타당하다.

18

2023 국회사무처 8급

지방자치단체를 당사자로 하는 계약에 관하여는 그 계약의 성질이 사법상 계약인지 공법상 계약인지와 상관없이 원칙적으로 「지방자치단체를 당사자로 하는 계약에 관한 법률」의 규율이 적용된다고 보아야 한다. O | X

> [대법원 2020.12.10, 선고, 2019다234617 판결]
>
> 지방계약법은 지방자치단체를 당사자로 하는 계약에 관한 기본적인 사항을 정함으로써 계약업무를 원활하게 수행할 수 있도록 함을 목적으로 하고(제1조), 지방자치단체가 계약상대자와 체결하는 수입 및 지출의 원인이 되는 계약 등에 대하여 적용하며(제2조), 지방자치단체를 당사자로 하는 계약에 관하여는 다른 법률에 특별한 규정이 있는 경우 외에는 이 법에서 정하는 바에 따른다고 규정하고 있다(제4조). 따라서 다른 법률에 특별한 규정이 있는 경우이거나 또는 지방계약법의 개별 규정의 규율내용이 매매, 도급 등과 같은 특정한 유형·내용의 계약을 규율대상으로 하고 있는 경우가 아닌 한, **지방자치단체를 당사자로 하는 계약에 관하여는 그 계약의 성질이 공법상 계약인지 사법상 계약인지와 상관없이 원칙적으로 지방계약법(편저자 주 : 지방자치단체를 당사자로 하는 계약에 관한 법률)의 규율이 적용된다**고 보아야 한다.

정답 | 16 ○ 17 × 18 ○

19

2023 군무원 9급

서울특별시 지하철공사의 사장이 소속 직원에게 한 징계처분에 대한 불복절차는 민사소송에 의하여야 한다.

O | X

[대법원 1989.9.12, 선고, 89누2103, 판결]

서울특별시지하철공사의 임원과 직원의 근무관계의 성질은 지방공기업법의 모든 규정을 살펴보아도 공법상의 특별권력관계라고는 볼 수 없고 사법관계에 속할 뿐만 아니라, 위 지하철공사의 사장이 그 이사회의 결의를 거쳐 제정된 인사규정에 의거하여 소속직원에 대한 징계처분을 한 경우 위 사장은 행정소송법 제13조 제1항 본문과 제2조 제2항 소정의 행정청에 해당되지 않으므로 공권력발동주체로서 위 징계처분을 행한 것으로 볼 수 없고, 따라서 **이에 대한 불복절차는 민사소송에 의할 것이지 행정소송에 의할 수는 없다.**

20

2023 군무원 9급

기부자가 기부채납한 부동산을 일정기간 무상 사용한 후에 한 사용허가기간 연장신청을 거부한 지방자치단체의 장의 행위는 사법상의 행위이다.

O | X

[대법원 1994.1.25, 93누7365]

지방자치단체가 구 지방재정법 시행령 제71조(현행 지방재정법 시행령 제83조)의 규정에 따라 **기부채납받은 공유재산을 무상으로 기부자에게 사용을 허용하는 행위는 사경제주체로서 상대방과 대등한 입장에서 하는 사법상 행위**이지 행정청이 공권력의 주체로서 행하는 공법상 행위라고 할 수 없으므로, 기부자가 기부채납한 부동산을 일정기간 무상사용한 후에 한 사용허가기간 연장신청을 거부한 행정청의 행위도 단순한 사법상의 행위일 뿐 행정처분 기타 공법상 법률관계에 있어서의 행위는 아니다.

21

2023 군무원 9급

국가나 지방자치단체에 근무하는 청원경찰은 「국가공무원법」이나 「지방공무원법」상의 공무원은 아니지만, 다른 청원경찰과는 달리 그 임용권자가 행정기관의 장이고, 국가나 지방자치단체로부터 보수를 받으므로, 그 근무관계는 사법상의 고용계약관계로 보기는 어려우므로 그에 대한 징계처분의 시정을 구하는 소는 행정소송의 대상이지 민사소송의 대상이 아니다.

O | X

[대법원 1993.7.13, 92다47564]

국가나 지방자치단체에 근무하는 청원경찰은 국가공무원법이나 지방공무원법상의 공무원은 아니지만, 다른 청원경찰과는 달리 그 임용권자가 행정기관의 장이고, 국가나 지방자치단체로부터 보수를 받으며, 산업재해보상보험법이나 근로기준법이 아닌 공무원연금법에 따른 재해보상과 퇴직급여를 지급받고, 직무상의 불법행위에 대하여도 민법이 아닌 국가배상법이 적용되는 등의 특질이 있으며 그외 임용자격, 직무, 복무의무 내용 등을 종합하여 볼 때, **그 근무관계를 사법상의 고용계약관계로 보기는 어려우므로 그에 대한 징계처분의 시정을 구하는 소는 행정소송의 대상이지 민사소송의 대상이 아니다.**

정답 | 19 ○ 20 ○ 21 ○

22

2023 군무원 9급

조세채무는 법률의 규정에 의하여 정해지는 법정채무로서 당사자가 그 내용 등을 임의로 정할 수 없고, 조세채무관계는 공법상의 법률관계이고 그에 관한 쟁송은 원칙적으로 행정사건으로서 「행정소송법」의 적용을 받는다.

O | X

[대법원 2013.7.12, 선고, 2011두20321, 판결]

조세채무는 법률의 규정에 의하여 정해지는 법정채무로서 당사자가 그 내용 등을 임의로 정할 수 없는 점, 조세채무관계는 공법상의 법률관계이며 그에 관한 쟁송은 원칙적으로 행정사건으로서 행정소송법의 적용을 받는 점, 조세는 공익성과 공공성 등의 특성을 갖고 이에 따라 조세채권에는 우선권 및 자력집행권이 인정되고 있는 점 등을 고려할 때, 민법 제477조 내지 제479조에서 규정하고 있는 법정변제충당의 법리를 조세채권의 충당에서 그대로 적용하는 것이 타당하다고 할 수 없다.

23

2023 군무원 9급

개발부담금 부과처분이 취소된 이상 그 후의 부당이득으로서의 과오납금 반환에 관한 법률관계는 단순한 민사관계라 볼 수 없고, 행정소송 절차에 따라야 하는 행정법 관계로 보아야 한다.

O | X

[대법원 1995.12.22, 선고, 94다51253, 판결]

개발부담금 부과처분이 취소된 이상 그 후의 부당이득으로서의 과오납금 반환에 관한 법률관계는 단순한 민사관계에 불과한 것이고, 행정소송 절차에 따라야 하는 관계로 볼 수 없다.

24

2024 경찰간부

광주광역시문화예술회관장의 단원위촉은 광주광역시와 단원이 되고자 하는 자 사이에 대등한 지위에서 의사가 합치되어 성립하는 공법상 근로계약에 해당한다.

O | X

시립합창단원의 위촉은 공법상 근로계약이다.

[대법원 2001.12.11, 선고, 2001두7794, 판결]

광주광역시문화예술회관장의 단원 위촉은 광주광역시문화예술회관장이 행정청으로서 공권력을 행사하여 행하는 행정처분이 아니라 공법상의 근무관계의 설정을 목적으로 하여 광주광역시와 단원이 되고자 하는 자 사이에 대등한 지위에서 의사가 합치되어 성립하는 공법상 근로계약에 해당한다고 보아야 할 것이므로, 광주광역시립합창단원으로서 위촉기간이 만료되는 자들의 재위촉 신청에 대하여 광주광역시문화예술회관장이 실기와 근무성적에 대한 평정을 실시하여 재위촉을 하지 아니한 것을 항고소송의 대상이 되는 불합격처분이라고 할 수는 없다.

정답 | 22 ○ 23 × 24 ○

01

2011 지방직 9급

교도소장의 서신검열행위는 이른바 특별권력관계 내부에서의 행위이지만 그에 대한 사법심사는 가능하다.

O | X

[헌재 1995.7.21, 92헌마144]

이에 관하여 피청구인은 사전구제절차를 거치지 아니하였다거나 또는 이미 청구인 이○호가 출소하여 권리보호이익이 소멸하였다고 주장한다. 그러나 **위 각 행위는 이른바 권력적 사실행위로서 행정심판이나 행정소송의 대상이 된다고 단정하기도 어려울 뿐 아니라 설사 그 대상이 된다고 하더라도 이미 종료된 행위로서 소의 이익이 부정될 가능성이 많아 헌법소원심판을 청구하는 외에 달리 효과적인 구제방법이 있다고 보기 어려우므로 보충성의 원칙에 대한 예외에 해당한다**고 할 것이고, 또 비록 피청구인의 위 각 행위는 이미 종료되었고 청구인 이○호도 출소하였지만 헌법소원의 본질은 개인의 주관적 권리구제뿐만 아니라 객관적인 헌법질서의 보장도 겸하고 있는 것인데, 위와 같은 미결수용자의 서신에 대한 검열이나 지연발송 및 지연교부행위는 헌법상 보장된 통신의 자유나 비밀을 침해받지 아니할 권리 및 변호인의 조력을 받을 권리와의 관계에서 그 위헌 여부가 해명되어야 할 중요한 문제이고, 그러한 검열행위는 행형법의 규정에 따라 앞으로도 계속될 것으로 보이며 검열 후 서신의 발송지연·교부지연행위 등의 위헌 여부에 대하여도 논란의 여지가 있으므로, 이 사건 심판청구는 헌법질서의 수호·유지를 위하여 긴요한 사항으로서 그 해명이 중대한 의미를 지니고 있고 동종행위의 반복위험성도 있어 심판청구의 이익이 있다고 할 것이다.

02

2011 지방직 9급

판례에 의하면 농지개량조합과 그 직원의 관계는 공법상 특별권력관계이다.

O | X

[대법원 1995.6.9, 선고, 94누10870, 판결]

농지개량조합과 그 직원과의 관계는 사법상의 근로계약관계가 아닌 공법상의 특별권력관계이고, 그 조합의 직원에 대한 징계처분의 취소를 구하는 소송은 행정소송사항에 속한다.

03

2013 지방직 7급

판례에 의하면 서울특별시지하철공사의 임원과 직원의 근무관계의 성질은 공법상 특별권력관계에 해당한다.

O | X

[대법원 1989.9.12, 선고, 89누2103, 판결]

서울특별시지하철공사의 임원과 직원의 근무관계의 성질은 지방공기업법의 모든 규정을 살펴보아도 공법상의 특별권력관계라고는 볼 수 없고 사법관계에 속할 뿐만 아니라, 위 지하철공사의 사장이 그 이사회의 결의를 거쳐 제정된 인사규정에 의거하여 소속직원에 대한 징계처분을 한 경우 위 사장은 행정소송법 제13조 제1항 본문과 제2조 제2항 소정의 행정청에 해당되지 않으므로 공권력발동주체로서 위 징계처분을 행한 것으로 볼 수 없고, 따라서 **이에 대한 불복절차는 민사소송에 의할 것이지 행정소송에 의할 수는 없다.**

정답 | 01 ○ 02 ○ 03 ×

TOPIC 06 공권과 공의무

01

2015 국가직 9급

일반적인 개인적 공권의 성립요건인 사익보호성은 무하자재량행사청구권이나 행정개입청구권에는 적용되지 않는다. O | X

(ⅰ) 행정개입청구권은 기속행위를 대상으로 하므로, 요건 충족시에 특정한 처분을 받을 상대방의 사익을 보호할 필요성이 인정된다. (ⅱ) 무하자재량행사청구권은 재량행위를 대상으로 하므로, 재량권의 일탈 및 남용으로부터 상대방을 보호할 필요성이 인정된다.

02

2015 국가직 9급

다수의 검사 임용신청자 중 일부만을 검사로 임용하는 결정을 함에 있어, 임용신청자들에게 전형의 결과인 임용 여부의 응답을 할 것인지는 임용권자의 편의재량사항이다. O | X

[대법원 1991.2.12, 90누5825]

검사의 임용 여부는 임용권자의 자유재량에 속하는 사항이나, 임용권자가 동일한 검사신규임용의 기회에 원고를 비롯한 다수의 검사 지원자들로부터 임용 신청을 받아 전형을 거쳐 자체에서 정한 임용기준에 따라 이들 일부만을 선정하여 검사로 임용하는 경우에 있어서 법령상 검사임용 신청 및 그 처리의 제도에 관한 명문 규정이 없다고 하여도 조리상 임용권자는 임용신청자들에게 전형의 결과인 임용 여부의 응답을 해줄 의무가 있다고 할 것이며, 응답할 것인지 여부 조차도 임용권자의 편의재량사항이라고는 할 수 없다.

03

2017 국회사무처 8급

환경영향평가 대상지역 밖에 거주하는 주민은 관계 법령의 내용과는 상관없이 헌법상의 환경권에 근거하여 제3자에 대한 공유수면매립면허처분을 취소할 것을 청구할 수 있는 공권을 가진다. O | X

[대판 전합 2006.3.16, 2006두330]

「헌법」 제35조 제1항에서 정하고 있는 환경권에 관한 규정만으로는 그 권리의 주체·대상·내용·행사방법 등이 구체적으로 정립되어 있다고 볼 수 없고, 환경정책기본법 제6조도 그 규정 내용 등에 비추어 국민에게 구체적인 권리를 부여한 것으로 볼 수 없으므로, 환경영향평가 대상지역 밖에 거주하는 주민에게 「헌법」상의 환경권 또는 「환경정책기본법」에 근거하여 공유수면매립면허처분과 농지개량사업 시행인가처분의 무효확인을 구할 원고적격은 없다.

정답 | 01 × 02 × 03 ×

04

■■■■■

2017 지방직 9급

소극적 방어권인 헌법상의 자유권적 기본권은 법률의 규정이 없다고 하더라도 직접 공권이 성립될 수도 있다.

O | X

헌법상 알 권리에 터잡은 정보공개청구권이 그 대표적인 예이다.

[헌재 전원재판부 90헌마133, 1991.5.13.]

헌법상 입법의 공개(제50조 제1항), 재판의 공개(제109조)와는 달리 행정의 공개에 대하여서는 명문규정을 두고 있지 않지만 「알 권리」의 생성기반을 살펴볼 때 이 권리의 핵심은 정부가 보유하고 있는 정보에 대한 국민의 「알 권리」, 즉 국민의 정부에 대한 일반적 정보공개를 구할 권리(청구권적 기본권)라고 할 것이며, 이러한 **「알 권리」의 실현은 법률의 제정이 뒤따라 이를 구체화시키는 것이 충실하고도 바람직하지만, 그러한 법률이 제정되어 있지 않다고 하더라도 불가능한 것은 아니고 헌법 제21조에 의해 직접 보장될 수 있다**고 하는 것이 헌법재판소의 확립된 판례인 것이다.

05

■■■■■

2017 지방직 9급

사회권적 기본권의 성격을 가지는 연금수급권은 헌법에 근거한 개인적 공권이므로 헌법 규정만으로도 실현할 수 있다.

O | X

[헌재 2013.9.26, 2011헌바272]

공무원연금 수급권과 같은 사회보장수급권은 '모든 국민은 인간다운 생활을 할 권리를 가지고, 국가는 사회보장·사회복지의 증진에 노력할 의무를 진다.'고 규정한 헌법 제34조 제1항 및 제2항으로부터 도출되는 **사회적 기본권 중의 하나로서, 이는 국가에 대하여 적극적으로 급부를 요구하는 것이므로 헌법규정만으로는 이를 실현할 수 없어 법률에 의한 형성이 필요**하고, 그 구체적인 내용 즉 수급요건, 수급권자의 범위 및 급여금액 등은 법률에 의하여 비로소 확정된다.

정답 | 04 ○ 05 ×

06 개인적 공권은 사권처럼 자유롭게 포기할 수 있는 것이 원칙이다. O | X

2017 교육행정직 9급

공권은 공익적 성질을 가지므로 이를 임의로 포기할 수 없는 것이 원칙이다(예컨대 소권, 선거권, 연금청구권 등).

[대법원 1995.9.15, 선고, 94누4455, 판결]

행정소송에 있어서 소권은 개인의 국가에 대한 공권이므로 당사자의 합의로써 이를 포기할 수 없는 것이고(당원 1961.11.2, 선고, 4292행상60, 판결 참조), 인가·허가 등 행정처분에 대응하여 인 허가를 받는 개인이 제출하는 각서의 의미·내용을 해석함에 있어서는 행정청이 우월적 지위에 있는 공법관계의 특성, 각서 문언의 내용, 그와 같은 각서가 제출된 동기와 경위, 그에 의하여 달성하려고 하는 목적, 당사자의 진정한 의사 등을 종합적으로 고찰하여 사회정의와 형평의 이념에 맞도록 합리적으로 해석하여야 할 것이다. 기록에 의하면, 원고는 피고에 대하여 3차례에 걸쳐, 이 사건 도시계획(도시공원조성)사업의 1차사업허가에 따른 허가조건을 충실히 이행하고 기간 내에 잔여지역에 대한 2차사업허가신청을 하지 아니할 때에는 공원관리권의 박탈 또는 공원시설의 폐쇄 등 어떠한 조치를 하여도 아무런 이의가 없으며 그 강제집행에 따른 어떠한 손해에 대하여도 피고에게는 민사상 책임이 없다는 취지의 각서를 제출한 사실이 인정되는바, 앞서 본 바와 같은 법리에 비추어 보면, 이 사건 도시계획(도시공원조성)사업의 허가처분에 대응하여 원고가 처분청인 피고에게 제출한 위 각서는 1차공원조성사업의 성실한 이행과 소정의 기간 내에 2차공원조성사업의 허가신청을 하겠다고 다짐하는 것으로서 원심이 인정한 사실과 기록에 나타난 원고가 위 각서를 제출한 동기, 경위, 원고가 위 각서대로 이행하지 못한 원인과 경과에 비추어 보면, 위와 같은 **각서가 있음을 이유로 원고에게 이 사건 처분을 다툴 소의 이익이 없다고 하는 논지는 개인적 공권인 국민의 소권을 제한 또는 박탈하는 부당한 결과를 초래하게 될 우려가 있는 주장으로서 채용할 수 없다.**

07 재량권의 "영"으로의 수축이론은 개인적 공권을 확대하는 이론이다. O | X

2017 교육행정직 9급

재량행위에 대해서는 절차적 권리로서 무하자재량행사청구권만이 인정되나, 기속행위의 경우 실체적 권리로서 행정개입청구권이 인정된다. 재량권이 영으로 수축하게 되면 재량행위가 기속행위로 변하여 상대방인 국민에게는 실체적 권리인 행정개입청구권이 인정되므로, 개인적 공권이 확대되는 효과를 낳는다.

08 개인적 공권은 공법상 계약을 통해서는 성립할 수 없다. O | X

2017 교육행정직 9급

개인적 공권중에서 재산권적 성격이 가능한 경우에는 공법상 계약을 통해서도 성립할 수 있다. 국민연금 임의가입자의 경우가 그 예에 해당한다.

정답 | 06 × 07 ○ 08 ×

09

2017 교육행정직 9급

특정한 사익의 보호가 필요한 경우에도 헌법상의 기본권 규정만으로는 특정한 개인의 이익보호를 위한 공권을 도출할 수 없다.

O | X

(i) 헌법상의 사회적 기본권이나 청구권적 기본권은 법률에 의해 기본권의 내용이 구체화 될 때까지는 직접 개인적 공권으로 인정되지 아니하며, 따라서 헌법상의 기본권 규정을 근거로 행정소송을 제기할 수 없다. (ii) 반면에 자유권적 기본권, 평등권, 재산권 등은 헌법에 의해 구체적인 내용을 가지므로 헌법상의 기본권 규정이 개인적 공권의 근거규정이 될 수 있으며 그 침해를 이유로 행정소송을 제기할 수 있다.

[헌재 전원재판부 90헌마133, 1991.5.13.]

헌법상 입법의 공개(제50조 제1항), 재판의 공개(제109조)와는 달리 행정의 공개에 대하여서는 명문규정을 두고 있지 않지만「알 권리」의 생성기반을 살펴볼 때 이 권리의 핵심은 정부가 보유하고 있는 정보에 대한 국민의「알 권리」, 즉 국민의 정부에 대한 일반적 정보공개를 구할 권리(청구권적 기본권)라고 할 것이며, 이러한 **「알 권리」의 실현은 법률의 제정이 뒤따라 이를 구체화시키는 것이 충실하고도 바람직하지만, 그러한 법률이 제정되어 있지 않다고 하더라도 불가능한 것은 아니고 헌법 제21조에 의해 직접 보장될 수 있다**고 하는 것이 헌법재판소의 확립된 판례인 것이다.

10

2017 서울시 9급

회사분할 시 분할 전 회사에 대한 제재사유가 신설회사에 대하여 승계되지 않으므로 회사의 분할 전 법 위반행위를 이유로 과징금을 부과하는 것은 허용되지 않는다.

O | X

상법상「책임의 분리」라는 법리에 따르면, 분할 전 회사의 채무는 분할 후 신설되는 회사에 승계되지 않는다.

[대법원 2007.11.29, 선고, 2006두18928, 판결]

상법은 회사분할에 있어서 분할되는 회사의 채권자를 보호하기 위하여, 분할로 인하여 설립되는 신설회사와 존속회사는 분할 전의 회사채무에 관하여 연대책임을 지는 것을 원칙으로 하고 있으나(제530조의9 제1항), 한편으로는 **회사분할에 있어서 당사자들의 회사분할 목적에 따른 자산 및 채무 배정의 자유를 보장하기 위하여 소정의 특별의결 정족수에 따른 결의를 거친 경우에는 신설회사가 분할되는 회사의 채무 중에서 출자한 재산에 관한 채무만을 부담할 것을 정할 수 있다고 규정하고 있고**(제530조의9 제2항), 신설회사 또는 존속회사는 분할하는 회사의 권리와 의무를 분할계획서가 정하는 바에 따라서 승계하도록 규정하고 있다(제530조의10). 그런데 이때 **신설회사 또는 존속회사가 승계하는 것은 분할하는 회사의 권리와 의무라 할 것인바, 분할하는 회사의 분할 전 법 위반행위를 이유로 과징금이 부과되기 전까지는 단순한 사실행위만 존재할 뿐 그 과징금과 관련하여 분할하는 회사에게 승계의 대상이 되는 어떠한 의무가 있다고 할 수 없고, 특별한 규정이 없는 한 신설회사에 대하여 분할하는 회사의 분할 전 법 위반행위를 이유로 과징금을 부과하는 것은 허용되지 않는다.**

정답 | 09 × 10 ○

11

2018 국회사무처 8급

구 「산림법」상 산림을 무단형질변경한 자가 사망한 경우 당해 토지의 소유권 또는 점유권을 승계한 상속인은 그 복구 의무를 부담한다고 봄이 상당하다. O | X

[대법원 2005.8.19, 선고, 2003두9817, 판결]

구 산림법(2001. 5. 24. 법률 제6477호로 개정되기 전의 것) 제90조 제11항, 제12항이 산림의 형질변경허가를 받지 아니하거나 신고를 하지 아니하고 산림을 형질변경한 자에 대하여 원상회복에 필요한 조치를 명할 수 있고, 원상회복명령을 받은 자가 이를 이행하지 아니한 때에는 행정대집행법을 준용하여 원상회복을 할 수 있도록 규정하고 있는 점에 비추어, 원상회복명령에 따른 복구의무는 타인이 대신하여 행할 수 있는 의무로서 일신전속적인 성질을 가진 것으로 보기 어려운 점, 같은 법 제4조가 법에 의하여 행한 처분 · 신청 · 신고 기타의 행위는 토지소유자 및 점유자의 승계인 등에 대하여도 그 효력이 있다고 규정하고 있는 것은 산림의 보호 · 육성을 통하여 국토의 보전 등을 도모하려는 법의 목적을 감안하여 법에 의한 처분 등으로 인한 권리와 아울러 그 의무까지 승계시키려는 취지인 점 등에 비추어 보면, **산림을 무단형질변경한 자가 사망한 경우 당해 토지의 소유권 또는 점유권을 승계한 상속인은 그 복구의무를 부담한다고 봄이 상당하고, 따라서 관할 행정청은 그 상속인에 대하여 복구명령을 할 수 있다**고 보아야 한다.

12

2022 국가직 9급

법무사가 사무원을 채용할 때 소속 지방법무사회로부터 승인을 받아야 할 의무는 공법상 의무이다. O | X

[대법원 2020.4.9, 선고, 2015다34444, 판결]

법무사가 사무원을 채용하기 위하여 지방법무사회의 승인을 받도록 한 것은, 그 사람이 법무사법 제23조 제2항 각호에서 정한 결격사유에 해당하는지 여부를 미리 심사함으로써 법무사 사무원의 비리를 예방하고 법무사 직역에 대한 일반국민의 신뢰를 확보하기 위함이다. 법무사 사무원 채용승인은 본래 법무사에 대한 감독권한을 가지는 소관 지방법원장에 의한 국가사무였다가 지방법무사회로 이관되었으나, 이후에도 소관 지방법원장은 지방법무사회로부터 채용승인 사실의 보고를 받고 이의신청을 직접 처리하는 등 지방법무사회의 업무수행 적정성에 대한 감독을 하고 있다. 또한 법무사가 사무원 채용에 관하여 법무사법이나 법무사규칙을 위반하는 경우에는 소관 지방법원장으로부터 징계를 받을 수 있으므로, **법무사에 대하여 지방법무사회로부터 채용승인을 얻어 사무원을 채용할 의무는 법무사법에 의하여 강제되는 공법적 의무**이다.

13

2023 군무원 9급

재량권이 영으로 수축하는 경우에는 무하자재량행사청구권은 행정개입청구권으로 전환되는 특성이 존재한다.

O | X

재량권이 영으로 수축하게 되면 재량행위가 기속행위로 변하여 상대방인 국민에게는 실체적 권리인 행정개입청구권이 인정되므로, 개인적 공권이 확대되는 효과를 낳는다.

14

2023 군무원 9급

행정청에게 부여된 공권력 발동권한이 재량행위인 경우, 행정청의 권한행사에 이해관계가 있는 개인은 행정청에 대하여 무하자재량행사청구권을 가진다.

O | X

판례는 검사임용거부처분에 대한 취소소송 사건에서 무하자재량행사청구권을 인정한 바 있다.

[대법원 1991.2.12, 90누5825]

검사의 임용에 있어서 임용권자가 임용여부에 관하여 어떠한 내용의 응답을 할 것인지는 임용권자의 자유재량에 속하므로 일단 임용거부라는 응답을 한 이상 설사 그 응답내용이 부당하다고 하여도 사법심사의 대상으로 삼을 수 없는 것이 원칙이나, 적어도 **재량권의 한계 일탈이나 남용이 없는 위법하지 않은 응답을 할 의무가 임용권자에게 있고 이에 대응하여 임용신청자로서도 재량권의 한계 일탈이나 남용이 없는 적법한 응답을 요구할 권리가 있다**고 할 것이며, 이러한 응답신청권에 기하여 재량권 남용의 위법한 거부처분에 대하여는 항고소송으로서 그 취소를 구할 수 있다고 보아야 하므로 임용신청자가 임용거부처분이 재량권을 남용한 위법한 처분이라고 주장하면서 그 취소를 구하는 경우에는 법원은 재량권남용 여부를 심리하여 본안에 관한 판단으로서 청구의 인용 여부를 가려야 한다.

정답 | 13 O 14 O

TOPIC 07

기간과 시효 / 주소와 거소 / 사무관리와 부당이득

제1절 기간과 시효

01

2016 국가직 9급

현행법상 행정목적을 위하여 제공된 행정재산에 대해서는 공용폐지가 되지 않는 한 민법상 취득시효규정이 적용되지 않는다. O | X

국유재산 중 행정재산의 경우에는 국유재산법에 따라 취득시효의 대상이 되지 않는다.

국유재산법

제7조(국유재산의 보호) ① 누구든지 이 법 또는 다른 법률에서 정하는 절차와 방법에 따르지 아니하고는 국유재산을 사용하거나 수익하지 못한다.

② 행정재산은 「민법」 제245조에도 불구하고 시효취득(時效取得)의 대상이 되지 아니한다.

02

2016 지방직 9급

국유재산법상 일반재산은 취득시효의 대상이 될 수 없다. O | X

국유재산 중 (i) 행정재산의 경우에는 국유재산법에 따라 취득시효의 대상이 되지 아니하나(공물성 인정), (ii) 일반재산(잡종재산)의 경우에는 사법관계와 달리 취급할 이유가 없으므로 취득시효의 대상에 해당한다(공물성 부정).

03

2016 지방직 9급

국가재정법상 5년의 소멸시효가 적용되는 '금전의 급부를 목적으로 하는 국가의 권리'에는 국가의 사법(私法)상 행위에서 발생한 국가에 대한 금전채무도 포함된다. O | X

국가재정법

제96조(금전채권·채무의 소멸시효) ① 금전의 급부를 목적으로 하는 국가의 권리로서 시효에 관하여 다른 법률에 규정이 없는 것은 5년 동안 행사하지 아니하면 시효로 인하여 소멸한다.

② 국가에 대한 권리로서 금전의 급부를 목적으로 하는 것도 또한 제1항과 같다.

③ 금전의 급부를 목적으로 하는 국가의 권리에 있어서는 소멸시효의 중단·정지 그 밖의 사항에 관하여 다른 법률의 규정이 없는 때에는 「민법」의 규정을 적용한다. 국가에 대한 권리로서 금전의 급부를 목적으로 하는 것도 또한 같다.

④ 법령의 규정에 따라 국가가 행하는 납입의 고지는 시효중단의 효력이 있다.

정답 | 01 ○ 02 × 03 ○

04

2016 지방직 9급

조세에 관한 소멸시효가 완성된 후에 부과된 조세부과처분은 위법한 처분이지만 당연무효라고 볼 수는 없다. O | X

[대법원 1985.5.14, 83누655]
조세에 관한 소멸시효가 완성되면 국가의 조세부과권과 납세 의무자의 납세의무는 당연히 소멸한다 할 것이므로 **소멸시효완성후에 부과된 부과처분은 납세의무 없는 자에 대하여 부과처분을 한 것으로서 그와 같은 하자는 중대하고 명백하여 그 처분의 효력은 당연무효이다.**

05

2017 하반기 국가직 9급

변상금 부과처분에 대한 취소소송이 진행 중이면 변상금부과권의 권리행사에 법률상의 장애사유가 있는 경우에 해당하므로 그 부과권의 소멸시효는 진행되지 않는다. O | X

[대법원 2006.2.10, 선고, 2003두5686, 판결]
소멸시효는 객관적으로 권리가 발생하여 그 권리를 행사할 수 있는 때로부터 진행하고 그 권리를 행사할 수 없는 동안만은 진행하지 아니하는데, 여기서 권리를 행사할 수 없는 경우라 함은 그 권리행사에 법률상의 장애사유가 있는 경우를 말하는데, **변상금 부과처분에 대한 취소소송이 진행중이라도 그 부과권자로서는 위법한 처분을 스스로 취소하고 그 하자를 보완하여 다시 적법한 부과처분을 할 수도 있는 것이어서 그 권리행사에 법률상의 장애사유가 있는 경우에 해당한다고 할 수 없으므로, 그 처분에 대한 취소소송이 진행되는 동안에도 그 부과권의 소멸시효가 진행된다.**

06

2020 국가직 9급

변상금부과처분이 당연무효인 경우, 당해 변상금부과처분에 의하여 납부한 오납금에 대한 납부자의 부당이득반환청구권의 소멸시효는 변상금부과처분의 부과시부터 진행한다. O | X

[대법원 2005.1.27, 선고, 2004다50143, 판결]
지방재정법 제87조 제1항에 의한 **변상금부과처분이 당연무효인 경우**에 이 변상금부과처분에 의하여 납부자가 납부하거나 징수당한 오납금은 지방자치단체가 **법률상 원인 없이 취득한 부당이득에 해당**하고, 이러한 오납금에 대한 납부자의 부당이득반환청구권은 처음부터 법률상 원인이 없이 납부 또는 징수된 것이므로 **납부 또는 징수시에 발생하여 확정되며, 그때부터 소멸시효가 진행**한다.

07

2021 국가직 7급

행정에 관한 기간의 계산에 관하여는 「행정기본법」 또는 다른 법령등에 특별한 규정이 있는 경우를 제외하고는 「민법」을 준용한다. O | X

행정기본법
제6조(행정에 관한 기간의 계산) ① 행정에 관한 기간의 계산에 관하여는 이 법 또는 다른 법령등에 특별한 규정이 있는 경우를 제외하고는 「민법」을 준용한다.

정답 | 04 × 05 × 06 × 07 ○

08

2021 서울시 7급

법령 등을 공포한 날부터 일정 기간이 경과한 날부터 시행하는 경우 법령 등을 공포한 날을 첫날에 산입하지 아니한다.

O | X

행정기본법

제7조(법령등 시행일의 기간 계산) 법령등(훈령·예규·고시·지침 등을 포함한다. 이하 이 조에서 같다)의 시행일을 정하거나 계산할 때에는 다음 각 호의 기준에 따른다.

1. 법령등을 공포한 날부터 시행하는 경우에는 공포한 날을 시행일로 한다.
2. **법령등을 공포한 날부터 일정 기간이 경과한 날부터 시행하는 경우 법령등을 공포한 날을 첫날에 산입하지 아니한다.**
3. 법령등을 공포한 날부터 일정 기간이 경과한 날부터 시행하는 경우 그 기간의 말일이 토요일 또는 공휴일인 때에는 그 말일로 기간이 만료한다.

09

2021 서울시 7급

법령 등을 공포한 날부터 일정 기간이 경과한 날부터 시행하는 경우 그 기간의 말일이 토요일 또는 공휴일인 때에는 그 말일로 기간이 만료한다.

O | X

행정기본법

제7조(법령등 시행일의 기간 계산) 법령등(훈령·예규·고시·지침 등을 포함한다. 이하 이 조에서 같다)의 시행일을 정하거나 계산할 때에는 다음 각 호의 기준에 따른다.

1. 법령등을 공포한 날부터 시행하는 경우에는 공포한 날을 시행일로 한다.
2. 법령등을 공포한 날부터 일정 기간이 경과한 날부터 시행하는 경우 법령등을 공포한 날을 첫날에 산입하지 아니한다.
3. **법령등을 공포한 날부터 일정 기간이 경과한 날부터 시행하는 경우 그 기간의 말일이 토요일 또는 공휴일인 때에는 그 말일로 기간이 만료한다.**

10

2021 서울시 7급

법령 등 또는 처분에서 국민의 권익을 제한하거나 의무를 부과하는 경우 권익이 제한되거나 의무가 지속되는 기간의 계산에 있어서 기간을 일, 주, 월 또는 연으로 정한 경우에는 원칙적으로 기간의 첫날은 산입하지 아니한다.

O | X

행정기본법

제6조(행정에 관한 기간의 계산) ② **법령등 또는 처분에서 국민의 권익을 제한하거나 의무를 부과하는 경우 권익이 제한되거나 의무가 지속되는 기간의 계산은 다음 각 호의 기준에 따른다.** 다만, 다음 각 호의 기준에 따르는 것이 국민에게 불리한 경우에는 그러하지 아니하다.

1. **기간을 일, 주, 월 또는 연으로 정한 경우에는 기간의 첫날을 산입한다.**
2. 기간의 말일이 토요일 또는 공휴일인 경우에도 기간은 그 날로 만료한다.

정답 | 08 ○ 09 ○ 10 ×

11

2022 국회사무처 8급

법령등에서 국민의 권익을 제한하는 경우, 권익이 제한되는 기간의 계산에 있어 기간의 말일이 토요일 또는 공휴일인 경우에는 기간은 그 익일로 만료한다.

O | X

기간의 익일로 만료하면 국민의 권익을 제한하는 기간이 더 길어지는 결과가 되므로 그 날로 만료하는 것으로 규정하고 있다.

행정기본법

제6조(행정에 관한 기간의 계산) ② 법령등 또는 처분에서 국민의 권익을 제한하거나 의무를 부과하는 경우 권익이 제한되거나 의무가 지속되는 기간의 계산은 다음 각 호의 기준에 따른다. 다만, 다음 각 호의 기준에 따르는 것이 국민에게 불리한 경우에는 그러하지 아니하다.

1. 기간을 일, 주, 월 또는 연으로 정한 경우에는 기간의 첫날을 산입한다.
2. 기간의 말일이 토요일 또는 공휴일인 경우에도 기간은 그 날로 만료한다.

12

2023 소방간부

법령등 또는 처분에서 국민의 권익을 제한하거나 의무를 부과하는 경우 권익이 제한되거나 의무가 지속되는 기간의 말일이 토요일 또는 공휴일인 경우에는 국민에게 불리한 경우가 아니라면 기간은 그 익일로 만료한다.

O | X

익일이 아니라「그 날로」만료한다. 참고로 국민에게 불리한 경우에는 제6조 제2항은 적용되지 않음에 주의를 요한다.

행정기본법

제6조(행정에 관한 기간의 계산) ② 법령등 또는 처분에서 국민의 권익을 제한하거나 의무를 부과하는 경우 권익이 제한되거나 의무가 지속되는 기간의 계산은 다음 각 호의 기준에 따른다. 다만, 다음 각 호의 기준에 따르는 것이 국민에게 불리한 경우에는 그러하지 아니하다.

1. 기간을 일, 주, 월 또는 연으로 정한 경우에는 기간의 첫날을 산입한다.
2. 기간의 말일이 토요일 또는 공휴일인 경우에도 기간은 그 날로 만료한다.

13

2023 소방간부

법령등의 시행일을 정하거나 계산할 때에는 법령 등을 공포한 날부터 시행하는 경우 공포한 날을 시행일로 한다.

O | X

행정기본법

제7조(법령등 시행일의 기간 계산) 법령등(훈령 · 예규 · 고시 · 지침 등을 포함한다. 이하 이 조에서 같다)의 시행일을 정하거나 계산할 때에는 다음 각 호의 기준에 따른다.

1. 법령등을 공포한 날부터 시행하는 경우에는 공포한 날을 시행일로 한다.
2. 법령등을 공포한 날부터 일정 기간이 경과한 날부터 시행하는 경우 법령등을 공포한 날을 첫날에 산입하지 아니한다.
3. 법령등을 공포한 날부터 일정 기간이 경과한 날부터 시행하는 경우 그 기간의 말일이 토요일 또는 공휴일인 때에는 그 말일로 기간이 만료한다.

정답 | 11 × 12 × 13 ○

제2절 주소와 거소

01 공법관계에 있어서 자연인의 주소는 주민등록지이고, 그 수는 1개소에 한한다. O | X

2017 지방직 9급

민법은 생활의 근거지를 주소로 하고 있으며(실질주의) 복수의 주소도 허용되나(주소복수주의), 공법상으로는 다른 법률에 특별한 규정이 없으면 주민등록법에 의한 주민등록지가 주소지가 되며(형식주의), 주민등록신고는 이중으로 할 수 없다(주소단일주의).

주민등록법

제23조(주민등록자의 지위 등) ① 다른 법률에 특별한 규정이 없으면 이 법에 따른 주민등록지를 공법(公法) 관계에서의 주소로 한다.

제10조(신고사항) ② 누구든지 제1항의 신고를 이중으로 할 수 없다.

제3절 사무관리와 부당이득

01 공법상 부당이득에 관한 일반법은 없으므로 특별한 규정이 없는 경우, 「민법」상 부당이득반환의 법리가 준용된다. O | X

2017 지방직 9급

「부당이득」이란 법률상의 원인 없이 타인의 재산 또는 노무로 인하여 이익을 얻고 이로 인하여 타인에게 손해를 가하는 것을 말한다. 「공법상의」 부당이득에 관하여는 일반법이 없으므로, 「민법상」 부당이득반환의 법리를 준용하여야 한다.

02 공법상 부당이득반환에 대한 청구권의 행사는 개별적인 사안에 따라 행정주체도 주장할 수 있다. O | X

2017 지방직 9급

행정주체가 사인에 대하여 부당이득반환청구가 가능한 경우로서, 무자격자의 기초생활보호대상 보조금 수령 등을 생각할 수 있다.

03

2017 지방직 9급

잘못 지급된 보상금에 해당하는 금액의 징수처분을 해야 할 공익상 필요가 당사자가 입게 될 불이익을 정당화할 만큼 강한 경우, 보상금을 받은 당사자로부터 오지급 금액의 환수처분이 가능하다. O | X

허위의 서류를 제출하여 보상금을 부정수급하는 등 보상금을 받은 당사자의 비난가능성이 매우 큰 경우를 생각해보면 된다.

[대법원 2014.10.27, 선고, 2012두17186, 판결]

특수임무수행자 보상에 관한 법률(이하 '보상법'이라 한다) 제18조 제1항 제2호의 내용과 취지, 사회보장 행정영역에서의 수익적 행정처분 취소의 특수성 등을 종합해 보면, 보상법 제18조 제1항 제2호에 따라 **보상금 등을 받은 당사자로부터 잘못 지급된 부분을 환수하는 처분을 함에 있어서는 그 보상금 등의 수급에 관하여 당사자에게 고의 또는 중과실의 귀책사유가 있는지 여부, 보상금의 액수·보상금 지급일과 환수처분일 사이의 시간적 간격·수급자의 보상금 소비 여부 등에 비추어 이를 다시 원상을 통하여 달성하고자 하는 공익상 필요의 구체적 내용과 처분으로 말미암아 당사자가 입게 될 불이익의 내회복하는 것이 수급자에게 가혹한지 여부, 잘못 지급된 보상금 등에 해당하는 금액을 징수하는 처분용 및 정도와 같은 여러 사정을 두루 살펴, 잘못 지급된 보상금 등에 해당하는 금액을 징수하는 처분을 해야 할 공익상 필요와 그로 인하여 당사자가 입게 될 기득권과 신뢰의 보호 및 법률생활 안정의 침해 등의 불이익을 비교·교량한 후, 공익상 필요가 당사자가 입게 될 불이익을 정당화할 만큼 강한 경우에 한하여 보상금 등을 받은 당사자로부터 잘못 지급된 보상금 등에 해당하는 금액을 환수하는 처분을 하여야 한다**고 봄이 타당하다.

04

2022 국가직 9급

사무처리의 긴급성으로 인하여 해양경찰의 직접적인 지휘를 받아 보조로 방제작업을 한 경우, 사인은 그 사무를 처리하며 지출한 필요비 내지 유익비의 상환을 국가에 대하여 민사소송으로 청구할 수 있다. O | X

공법상 사무관리에 해당한다. 공법상 부당이득의 경우와 마찬가지로 민사소송을 제기해야 한다.

[대법원 2014.12.11, 선고 2012다15602 판결]

甲 주식회사 소유의 유조선에서 원유가 유출되는 사고가 발생하자 해상 방제업 등을 영위하는 乙 주식회사가 피해 방지를 위해 해양경찰의 직접적인 지휘를 받아 방제작업을 보조한 사안에서, 甲 회사의 조치만으로는 원유 유출사고에 따른 해양오염을 방지하기 곤란할 정도로 긴급방제조치가 필요한 상황이었고, 위 방제작업은 乙 회사가 국가를 위해 처리할 수 있는 국가의 의무 영역과 이익 영역에 속하는 사무이며, 乙 회사가 방제작업을 하면서 해양경찰의 지시·통제를 받았던 점 등에 비추어 乙 회사는 국가의 사무를 처리한다는 의사로 방제작업을 한 것으로 볼 수 있으므로, **乙 회사는 사무관리에 근거하여 국가에 방제비용을 청구할 수 있다.**

정답 | 03 ○ 04 ○

TOPIC 08

사인의 공법행위 / 신고

제1절 사인의 공법행위

01 2014 서울시 9급

사인(私人)의 공법행위란 공법적 효과를 가져오는 사인의 행위를 말한다. O | X

「사인의 공법행위」란 공법관계에 있어서 공법적 효과의 발생을 목적으로 하는 사인의 모든 행위를 말한다.

02 2014 서울시 9급

사인의 행위만으로 공법적 효과를 가져오는 것과 국가나 지방자치단체의 행위의 전제요건이 되는 것으로 구분할 수 있다. O | X

사인의 행위만으로 공법적 효과를 가져 오는 것을 자기완결적 공법행위라 하고(예컨대 수리를 요하지 않는 신고), 국가나 지방자치단체의 행위의 전제요건이 되는 것을 행위요건적 공법행위라 한다. (예컨대 수리를 요하는 신고)

03 2014 서울시 9급

현재 사인의 공법행위에 관한 전반적인 사항을 규율하는 일반법은 없다. O | X

사인의 공법행위에 관한 일반법은 존재하지 않는다.

정답 | 01 ○ 02 ○ 03 ○

04

2014 지방직 9급

사인의 공법상 행위는 명문으로 금지되거나 성질상 불가능한 경우가 아닌 한, 그에 의거한 행정행위가 행하여질 때까지는 자유로이 철회나 보정이 가능하다. O | X

[대법원 2001.6.15, 99두5566]
구 도시재개발법(1995. 12. 29. 법률 제5116호로 전문 개정되기 전의 것)에 의하면, 제14조 제1항, 제17조 제1항, 제2항에서 재개발조합의 설립 및 사업시행인가를 신청하는 자는 재개발구역 안의 토지면적의 3분의 2 이상의 토지 소유자의 동의와 토지 소유자 총 수 및 건축물 소유자 총 수의 각 3분의 2 이상에 해당하는 자의 동의를 얻어야 한다고 규정하고 있을 뿐 그 동의나 철회를 할 수 있는 기한에 대하여는 아무런 규정을 두고 있지 아니하나, **사인의 공법상 행위는 명문으로 금지되거나 성질상 불가능한 경우가 아닌 한 그에 의거한 행정행위가 행하여질 때까지는 자유로이 철회나 보정이 가능하다**고 보아야 할 것인 점, 인가신청 이후 인가처분이 행하여 질 때까지 상당한 기간이 소요될 수 있고 그 사이 권리변동이나 사정변경이 생길 수도 있는데 이에 따른 일체의 철회나 보정을 할 수 없다고 해석하는 것은 권리자의 의사를 가능한 한 존중하여 재개발조합의 설립 및 사업시행인가에 필요한 법정 동의요건으로 높은 동의율을 요구하는 반면 일단 재개발조합설립인가가 행하여지면 재개발구역 안의 모든 토지나 건축물 소유자가 조합원이 되도록 하는 강제가입제를 채택하고 있는 법의 취지에 반하는 점, 재개발조합의 설립 및 사업시행인가를 신청할 때에 필요한 동의자의 수를 산정함에 있어서 재개발구역 안의 토지 또는 건축물의 소유자가 조합설립인가 전에 동의를 철회하는 경우에는 이를 동의자의 수에서 제외하여야 한다고 규정한 도시재개발법시행령(1996. 6. 29. 대통령령 제 15096호로 전문 개정된 것) 제22조 제1항과 제29조 제1항은 이와 같은 법리를 확인하기 위하여 도입된 규정으로 볼 수 있는 점 등에 비추어 보면, 구 도시재개발법(1995. 12. 29. 법률 제5116호로 전문 개정되기 전의 것)이 적용되는 경우에 있어서 토지 또는 건축물의 소유자는 재개발조합의 설립 및 사업시행인가 처분시까지 동의를 하거나 이미 한 동의를 철회할 수 있다고 해석함이 상당하다.

05

2015 지방직 7급

판례에 의하면 민법상 비진의 의사표시의 무효에 관한 규정은 그 성질상 영업재개신고나 사직의 의사표시와 같은 사인의 공법행위에 적용된다. O | X

[대법원 1994.1.11, 93누10057]
군인사정책상 필요에 의하여 복무연장지원서와 전역(여군의 경우 면역임)지원서를 동시에 제출하게 한 방침에 따라 위 양 지원서를 함께 제출한 이상, 그 취지는 복무연장지원의 의사표시를 우선으로 하되, 그것이 받아들여지지 아니하는 경우에 대비하여 원에 의하여 전역하겠다는 조건부 의사표시를 한 것이므로 그 전역지원의 의사표시도 유효한 것으로 보아야 한다. 위 **전역지원의 의사표시가 진의 아닌 의사표시라 하더라도 그 무효에 관한 법리를 선언한 민법 제107조 제1항 단서의 규정은 그 성질상 사인의 공법행위에는 적용되지 않는다 할 것이므로 그 표시된 대로 유효**한 것으로 보아야 한다.

06

2016 서울시 9급

사인의 공법행위에는 행위능력에 관한 민법의 규정이 원칙적으로 적용된다. O | X

행위능력에 관한 민법규정의 취지는 재산법 분야에서 제한능력자를 보호하기 위한 것이다. 따라서 제한능력자 보호의 취지에서 사인의 공법행위에도 행위능력에 관한 민법의 규정이 원칙적으로 적용된다. 다만, 이러한 입법취지와 무관한 행정법관계에는 공법상 특별한 규정이 있어 민법규정을 그대로 적용할 수 없는 경우가 있다.

정답 | 04 ○ 05 × 06 ○

07

2016 서울시 9급

사인의 공법행위가 행정행위의 단순한 동기에 불과한 경우에는 그 하자는 행정행위의 효력에 아무런 영향을 미치지 않는다는 것이 일반적인 견해이다. O | X

사인의 공법행위가 행정행위의 단순한 동기에 불과한 경우에는 그 하자는 행정행위의 효력에 아무런 영향을 미치지 않는다. 예컨대 횡단보도를 설치해달라는 민원은 사인의 공법행위이기는 하지만 횡단보도설치라는 행정처분(이른바 일반처분)을 하는데 있어서 동기에 불과하다. 따라서 그러한 민원에 하자가 존재하는 경우에도 이미 이루어진 횡단보도설치의 효력에는 아무런 영향이 없다.

08

2017 지방직 9급

특별한 규정이 없는 경우, 「민법」의 법률행위에 관한 규정 중 의사표시의 효력발생시기, 대리행위의 효력, 조건과 기한의 효력 등의 규정은 행정행위에도 적용된다. O | X

사법규정 중 (ⅰ) 모든 법분야에 타당한 법의 일반원리에 관한 규정과 (ⅱ) 법기술적 약속규정은 공법관계에도 적용된다. 「민법」의 법률행위에 관한 규정 중 의사표시의 효력발생시기(도달주의), 대리행위의 효력(대리인의 행위는 본인에게 효력이 발생), 조건과 기한의 효력 등의 규정은 법기술적 약속규정에 해당하므로 공법관계에도 적용된다.

09

2017 하반기 국가직 9급

공무원이 한 사직의사표시의 철회나 취소는 그에 터잡은 의원면직처분이 있을 때까지 할 수 있는 것이고, 일단 면직처분이 있고 난 이후에는 철회나 취소할 여지가 없다. O | X

[대법원 2001.8.24, 99두9971]
공무원에 의해 제출된 사직원은 그에 따른 의원면직처분이 있을 때까지는 철회할 수 있지만, 일단 면직처분이 있고 난 이후에는 철회할 수 없다.

10

2023 지방직 9급

사인의 공법행위는 원칙적으로 발신주의에 따라 그 효력이 발생한다. O | X

사법규정 중 (ⅰ) 모든 법분야에 타당한 법의 일반원리에 관한 규정과 (ⅱ) 법기술적 약속규정은 공법관계에도 적용된다. **「민법」의 법률행위에 관한 규정 중 의사표시의 효력발생시기(도달주의)**, 대리행위의 효력(대리인의 행위는 본인에게 효력이 발생), 조건과 기한의 효력 등의 규정은 법기술적 약속규정에 해당하므로 공법관계에도 적용된다.

정답 | 07 ○ 08 ○ 09 ○ 10 ×

01

2014 국가직 9급

구「체육시설의 설치·이용에 관한 법률」에 의한 골프장이용료 변경신고서는 행정청에 제출하여 접수된 때에 신고가 있었다고 볼 것이고, 행정청의 수리행위가 있어야만 하는 것은 아니다. O | X

[대법원 1993.7.6, 93마635]

행정청에 대한 신고는 일정한 법률사실 또는 법률관계에 관하여 관계행정청에 일방적으로 통고를 하는 것을 뜻하는 것으로서 법에 별도의 규정이 있거나 다른 특별한 사정이 없는 한 행정청에 대한 통고로서 그치는 것이고 그에 대한 행정청의 반사적 결정을 기다릴 필요가 없는 것이므로, **회사가 한 이 사건 변경신고서는 그 신고자체가 위법하거나 그 신고에 무효사유가 없는 한 이것이 경기도지사에게 제출하여 접수된 때에 신고가 있었다고 볼 것이고, 경기도지사의 수리행위가 있어야만 신고가 있었다고 볼 것은 아니며**, 위 시행령 제11조 제3항이 시·도지사는 이 신고를 받은 때에 그 이용료 또는 관람료가 심히 부당하다고 판단될 때에는 이를 조정하여야 한다고 규정하였다고 하여도 이는 신고 후의 조치를 규정한 것이라고 볼 것이고, 위 시행규칙 소정의 서식에 접수 – 검토, 조정 – 수리 – 통보로 되어 있는 것도 신고서의 접수 후의 처리절차를 규정한 것에 지나지 않는다고 볼 것이고, 시·도지사가 신고서를 접수, 검토, 조정의 절차를 거쳐 수리하는 때에 비로소 신고가 있었다고 해석할 것은 아니다.

02

2014 국가직 9급

유료노인복지주택의 설치신고를 받은 행정관청은 그 유료노인복지주택의 시설 및 운용기준이 법령에 부합하는지와 설치신고 당시 부적격자들이 입소하고 있는지 여부를 심사할 수 있다. O | X

유료노인복지주택의 "설치신고"는 「수리를 요하는 신고」에 해당한다.

[대법원 2007.1.11, 2006두14537]

구 노인복지법(2005. 3. 31. 법률 제7452호로 개정되기 전의 것)의 목적과 노인주거복지시설의 설치에 관한 법령의 각 규정들 및 노인복지시설에 대하여 각종 보조와 혜택이 주어지는 점 등을 종합하여 보면, 노인복지시설을 건축한다는 이유로 건축부지 취득에 관한 조세를 감면받고 일반 공동주택에 비하여 완화된 부대시설 설치기준을 적용받아 건축허가를 받은 자로서는 당연히 그 노인복지시설에 관한 설치신고 당시에도 당해 시설이 노인복지시설로 운영될 수 있도록 조치하여야 할 의무가 있고, 따라서 같은 법 제33조 제2항에 의한 **유료노인복지주택의 설치신고를 받은 행정관청으로서는 그 유료노인복지주택의 시설 및 운영기준이 위 법령에 부합하는지와 아울러 그 유료노인복지주택이 적법한 입소대상자에게 분양되었는지와 설치신고 당시 부적격자들이 입소하고 있지는 않은지 여부까지 심사하여 그 신고의 수리 여부를 결정할 수 있다.**

03

2014 국가직 9급

양도인이 자신의 의사에 따라 양수인에게 영업을 양도하면서 양수인으로 하여금 영업을 하도록 허락하였다면 영업승계신고 및 수리처분이 있기 전에 발생한 양수인의 위반행위에 대한 행정적 책임은 양도인에게 귀속된다. O | X

[대법원 1995.2.24, 94누9146]

사실상 영업이 양도·양수되었지만 아직 승계신고 및 그 수리처분이 있기 이전에는 여전히 종전의 영업자인 양도인이 영업허가자이고, 양수인은 영업허가자가 되지 못한다 할 것이어서 행정제재처분의 사유가 있는지 여부

정답 | 01 ○ 02 ○ 03 ○

및 그 사유가 있다고 하여 행하는 행정제재처분은 영업허가자인 양도인을 기준으로 판단하여 그 양도인에 대하여 행하여야 할 것이고, 한편 양도인이 그의 의사에 따라 양수인에게 영업을 양도하면서 양수인으로 하여금 영업을 하도록 허락하였다면 그 양수인의 영업 중 발생한 위반행위에 대한 행정적인 책임은 영업허가자인 양도인에게 귀속된다고 보아야 할 것이다.

04

2014 사회복지직 9급

관할 행정청은 양수인의 신고가 수리된 후에는 위해식품 판매를 이유로 양도인에 대해 진행 중이던 제재처분 절차를 양수인에 대해 계속할 수 없다. O | X

식품위생법상 영업허가는 「대물적 허가」의 성질을 갖고, 그 영업양도에 따른 지위승계신고는 「수리를 요하는 신고」에 해당한다.

[대법원 1986.7.22, 86누203]
석유사업법 제12조 제3항, 제9조 제1항, 제12조 제4항 등을 종합하면 석유판매업(주유소)허가는 소위 대물적 허가의 성질을 갖는 것이어서 그 사업의 양도도 가능하고 이 경우 양수인은 양도인의 지위를 승계하게 됨에 따라 양도인의 위 허가에 따른 권리의무가 양수인에게 이전되는 것이므로 만약 양도인에게 그 허가를 취소할 위법사유가 있다면 허가관청은 이를 이유로 양수인에게 응분의 제재조치를 취할 수 있다 할 것이고, 양수인이 그 양수 후 허가관청으로부터 석유판매업허가를 다시 받았다 하더라도 이는 석유판매업의 양수도를 전제로 한 것이어서 이로써 양도인의 지위승계가 부정되는 것은 아니므로 양도인의 귀책사유는 양수인에게 그 효력이 미친다.

05

2014 지방직 9급

국토의 계획 및 이용에 관한 법률상의 개발행위허가로 의제되는 건축신고가 동법(同法)상의 개발행위허가기준을 갖추지 못한 경우 행정청으로서는 이를 이유로 그 수리를 거부할 수 있다. O | X

[대법원 전합 2011.1.20, 2010두14954]
일정한 건축물에 관한 건축신고는 건축법 제14조 제2항, 제11조 제5항 제3호에 의하여 국토의 계획 및 이용에 관한 법률 제56조에 따른 개발행위 허가를 받은 것으로 의제되는데, 국토의 계획 및 이용에 관한 법률 제58조 제1항 제4호에서는 개발행위허가의 기준으로 주변 지역의 토지이용실태 또는 토지이용계획, 건축물의 높이, 토지의 경사도, 수목의 상태, 물의 배수, 하천·호소·습지의 배수 등 주변 환경이나 경관과 조화를 이룰 것을 규정하고 있으므로, 국토의 계획 및 이용에 관한 법률상의 개발행위허가로 의제되는 건축신고가 위와 같은 기준을 갖추지 못한 경우 행정청으로서는 이를 이유로 그 수리를 거부할 수 있다고 보아야 한다.

정답 | 04 × 05 ○

06

2015 지방직 9급

자기완결적 신고를 규정한 법률상의 요건 외에 타법상의 요건도 충족하여야 하는 경우, 타법상의 요건을 충족시키지 못하는 한 적법한 신고를 할 수 없다. O | X

[대법원 2009.4.23, 2008도6829]

식품위생법과 건축법은 그 입법 목적, 규정사항, 적용범위 등을 서로 달리하고 있어 식품접객업에 관하여 식품위생법이 건축법에 우선하여 배타적으로 적용되는 관계에 있다고는 해석되지 않는다. 그러므로 **식품위생법에 따른 식품접객업(일반음식점영업)의 영업신고의 요건을 갖춘 자라고 하더라도, 그 영업신고를 한 당해 건축물이 건축법 소정의 허가를 받지 아니한 무허가 건물이라면 적법한 신고를 할 수 없다.**

[대법원 1991.7.12, 선고, 90누8350, 판결]

학교보건법과 체육시설의설치이용에관한법률은 그 입법목적, 규정사항, 적용범위 등을 서로 달리 하고 있어서 당구장의 설치에 관하여 체육시설의설치 · 이용에관한법률이 학교보건법에 우선하여 배타적으로 적용되는 관계에 있다고는 해석되지 아니하므로 **체육시설의설치 · 이용에관한법률에 따른 당구장업의 신고요건을 갖춘 자라 할지라도 학교보건법 제5조 소정의 학교환경 위생정화구역 내에서는 같은 법 제6조에 의한 별도 요건을 충족하지 아니하는 한 적법한 신고를 할 수 없다**고 보아야 한다.

07

2016 국가직 9급

법령 등에서 행정청에 대하여 일정한 사항을 통지함으로써 의무가 끝나는 신고를 규정하고 있는 경우에는 법령상 요건을 갖춘 적법한 신고서를 발송하였을 때에 신고의 의무가 이행된 것으로 본다. O | X

수리를 요하지 않는 신고가 효력을 발생하기 위해서는 행정청에 「도달」하여야 한다.

08

2016 지방직 9급

정보통신매체를 이용하여 원격평생교육을 불특정 다수인에게 학습비를 받고 실시하기 위해 인터넷 침 · 뜸학습센터를 평생교육시설로 신고한 경우, 관할 행정청은 신고서 기재사항에 흠결이 없고 형식적 요건을 모두 갖추었더라도 신고대상이 된 교육이나 학습이 공익적 기준에 적합하지 않는다는 등의 실체적 사유를 들어 신고수리를 거부할 수 있다. O | X

평생교육시설 신고는 「수리를 요하지 않는 신고」에 해당한다. 다만 「수리를 요하지 않는 신고」임에도 그 거부에 대해서는 처분성을 인정하여 항고소송의 대상성을 인정하였다.

[대법원 2011.7.28, 2005두11784]

구 평생교육법 제22조 제1항, 제2항, 제3항, 구 평생교육법 시행령 제27조 제1항, 제2항, 제3항에 의하면, **정보통신매체를 이용하여 학습비를 받지 아니하고 원격평생교육을 실시하고자 하는 경우에는 누구든지 아무런 신고 없이 자유롭게 이를 할 수 있고, 다만 위와 같은 교육을 불특정 다수인에게 학습비를 받고 실시하는 경우에는 이를 신고하여야 하나,** 법 제22조가 신고를 요하는 제2항과 신고를 요하지 않는 제1항에서 '학습비' 수수 외에 교육 대상이나 방법 등 다른 요건을 달리 규정하고 있지 않을 뿐 아니라 제2항에서도 학습비 금액이나 수령 등에 관하여 아무런 제한을 하고 있지않은 점에 비추어 볼 때, **행정청으로서는 신고서 기재사항에 흠결이 없고 정해진 서류가 구비된 때에는 이를 수리하여야 하고, 이러한 형식적 요건을 모두 갖추었음에도 신고대상이 된 교육이나 학습이 공익적 기준에 적합하지 않는다는 등 실체적 사유를 들어 신고 수리를 거부할 수는 없다.**

정답 | 06 ○ 07 × 08 ×

09

2017 사회복지직 9급

「식품위생법」에 의해 영업양도에 따른 지위승계신고를 수리하는 행정청의 행위는 단순히 양수인이 그 영업을 승계하였다는 사실의 신고를 접수한 행위에 그친다. O | X

"지위승계" 또는 "명의변경"에 관한 신고는 「수리를 요하는 신고」에 해당한다.

[대법원 2001.2.9, 선고, 2000도2050, 판결]

구 식품위생법 제25조 제1항, 제3항에 의하여 **영업양도에 따른 지위승계신고를 수리하는 허가관청의 행위는, 단순히 양도·양수인 사이에 이미 발생한 사법상의 사업양도의 법률효과에 의하여 양수인이 그 영업을 승계하였다는 사실의 신고를 접수하는 행위에 그치는 것이 아니라, 실질에 있어서 양도자의 사업허가를 취소함과 아울러 양수자에게 적법히 사업을 할 수 있는 권리를 설정하여 주는 행위로서 사업허가자의 변경이라는 법률효과를 발생시키는 행위**라고 할 것이고, 한편 구 식품위생법시행규칙 제33조에 의하면, 위 법 제25조 제3항에 따라 영업자의 지위승계신고를 하고자 하는 자는 [별지 제33호 서식]에 의한 영업자지위승계신고서에 권리의 이전을 증빙하는 서류 및 양도인의 인감증명서 등을 첨부하여 허가 또는 신고관청에 제출하여야 한다고 하면서, 행방불명(주민등록법상 무단전출을 포함한다) 등으로 양도인의 인감증명서를 첨부하지 못하는 경우에는 허가 또는 신고관청이 사실확인 등을 통하여 양도·양수가 이루어졌다고 인정할 수 있는 때에는 이를 제출하지 아니할 수 있다고 규정되어 있음을 알 수 있는바, 이러한 법리와 관계 법령의 취지에 비추어 보면 구 식품위생법상 영업자로부터 영업을 양수하여 영업자의 지위를 승계한 자는, 그 대가의 지급여부 또는 양도인의 인감증명서 교부 여부와는 무관하게, 영업을 실제로 양수한 날부터 1월 이내에 소정의 절차에 따른 지위승계신고를 하여야 하고, 그러한 신고를 하지 아니한 채 양수받은 영업을 계속하였다면 위 식품위생법 소정의 신고의무를 다하지 아니한 것으로 해석하여야 한다.

10

2017 사회복지직 9급

영업양도계약이 무효임에도 불구하고 관할 행정청이 양수인의 신고를 수리하였다면 양도인은 영업양도의 무효를 이유로 신고 수리에 대해 무효확인소송을 제기할 수 있다. O | X

영업양도계약이 무효임에도 관할 행정청이 양수인의 신고를 수리했다면, 이러한 수리는 아무런 효력이 없는 것으로서 당연무효라고 보아야 한다.

[대법원 2005.12.23, 2005두3554]

사업양도·양수에 따른 허가관청의 지위승계신고의 수리는 적법한 사업의 양도·양수가 있었음을 전제로 하는 것이므로 그 **수리대상인 사업양도·양수가 존재하지 아니하거나 무효인 때에는 수리를 하였다 하더라도 그 수리는 유효한 대상이 없는 것으로서 당연히 무효라 할 것이고, 사업의 양도행위가 무효라고 주장하는 양도자는 민사쟁송으로 양도·양수행위의 무효를 구함이 없이 막바로 허가관청을 상대로 하여 행정소송으로 위 신고수리처분의 무효확인을 구할 법률상 이익이 있다.**

11

2017 서울시 9급

「수산업법」 제44조 소정의 어업의 신고는 행정청의 수리에 의하여 비로소 그 효과가 발생하는 수리를 요하는 신고이다. O | X

[대법원 2000.5.26, 선고, 99다37382, 판결]

어업의 신고에 관하여 유효기간을 설정하면서 그 기산점을 '수리한 날'로 규정하고, 나아가 필요한 경우에는 그 유효기간을 단축할 수 있도록까지 하고 있는 수산업법 제44조 제2항의 규정 취지 및 어업의 신고를 한자가 공익상 필요에 의하여 한 행정청의 조치에 위반한 경우에 어업의 신고를 수리한 때에 교부한 어업신고필증을 회수하도록 하고 있는 구 수산업법시행령 제33조 제1항의 규정 취지에 비추어 보면, 수산업법 제44조 소정의 어업의 신고는 행정청의 수리에 의하여 비로소 그 효과가 발생하는 이른바 '수리를 요하는 신고'라고 할 것이고, 따라서 설사 관할관청이 어업신고를 수리하면서 공유수면매립구역을 조업구역에서 제외한 것이 위법하다고 하더라도, 그 제외된 구역에 관하여 관할관청의 적법한 수리가 없었던 것이 분명한 이상 그 구역에 관하여는 같은 법 제44조 소정의 적법한 어업신고가 있는 것으로 볼 수 없다.

12

2017 서울시 9급

건축법 제14조 제2항에 의한 인·허가의제 효과를 수반하는 건축신고는 행정청이 그 실체적 요건에 관한 심사를 한 후 수리하여야 하는 이른바 수리를 요하는 신고이다. O | X

[대법원 2011.1.20, 2010두14954]

건축법에서 인·허가의제 제도를 둔 취지는, 인·허가의제사항과 관련하여 건축허가 또는 건축신고의 관할 행정청으로 그 창구를 단일화하고 절차를 간소화하며 비용과 시간을 절감함으로써 국민의 권익을 보호하려는 것이지, 인·허가의제사항 관련 법률에 따른 각각의 인·허가 요건에 관한 일체의 심사를 배제하려는 것으로 보기는 어렵다. 왜냐하면, 건축법과 인·허가의제사항 관련 법률은 각기 고유한 목적이 있고, 건축신고와 인·허가의제사항도 각각 별개의 제도적 취지가 있으며 그 요건 또한 달리하기 때문이다. 나아가 인·허가의제사항 관련 법률에 규정된 요건 중 상당수는 공익에 관한 것으로서 행정청의 전문적이고 종합적인 심사가 요구되는데, 만약 건축신고만으로 인·허가의제사항에 관한 일체의 요건 심사가 배제된다고 한다면, 중대한 공익상의 침해나 이해관계인의 피해를 야기하고 관련 법률에서 인·허가 제도를 통하여 사인의 행위를 사전에 감독하고자 하는 규율체계 전반을 무너뜨릴 우려가 있다. 또한 무엇보다도 건축신고를 하려는 자는 인·허가의제사항 관련 법령에서 제출하도록 의무화하고 있는 신청서와 구비서류를 제출하여야 하는데, 이는 건축신고를 수리하는 행정청으로 하여금 인·허가의제사항 관련 법률에 규정된 요건에 관하여도 심사를 하도록 하기 위한 것으로 볼 수밖에 없다. 따라서 인·허가의제 효과를 수반하는 건축신고는 일반적인 건축신고와는 달리, 특별한 사정이 없는 한 행정청이 그 실체적 요건에 관한 심사를 한 후 수리하여야 하는 이른바 '수리를 요하는 신고'로 보는 것이 옳다.

13

2017 서울시 9급

「건축법」상 착공신고가 반려될 경우 당사자에게 그 반려행위를 다툴 실익이 없는 것이므로 착공신고 반려행위의 처분성이 인정되지 않는다. O | X

[대법원 2011.6.10, 선고, 2010두7321, 판결]

구 건축법의 관련 규정에 따르면, 행정청은 착공신고의 경우에도 신고 없이 착공이 개시될 경우 건축주 등에 대하여 공사중지·철거·사용금지 등의 시정명령을 할 수 있고(제69조 제1항), 시정명령을 받고 이행하지 아니한 건축물에 대하여는 당해 건축물을 사용하여 행할 다른 법령에 의한 영업 기타 행위의 허가를 하지 않도록 요청할 수 있으며(제69조 제2항), 요청을 받은 자는 특별한 이유가 없는 한 이에 응하여야 하고(제69조 제3항), 나아가

정답 | 11 ○ 12 ○ 13 ×

행정청은 시정명령의 이행을 하지 아니한 건축주 등에 대하여는 이행강제금을 부과할 수 있으며(제69조의2 제1항 제1호), 또한 착공신고를 하지 아니한 자는 200만 원 이하의 벌금에 처해질 수 있다(제80조 제1호, 제9조). 이와 같이 건축주 등으로서는 착공신고가 반려될 경우, 당해 건축물의 착공을 개시하면 시정명령, 이행강제금, 벌금의 대상이 되거나 당해 건축물을 사용하여 행할 행위의 허가가 거부될 우려가 있어 불안정한 지위에 놓이게 된다. 따라서 착공신고 반려행위가 이루어진 단계에서 당사자로 하여금 반려행위의 적법성을 다투어 법적 불안을 해소한 다음 건축행위에 나아가도록 함으로써 장차 있을지도 모르는 위험에서 미리 벗어날 수 있도록 길을 열어 주고, 위법한 건축물의 양산과 철거를 둘러싼 분쟁을 조기에 근본적으로 해결할 수 있게 하는 것이 법치행정의 원리에 부합한다. 그러므로 행정청의 착공신고 반려행위는 항고소송의 대상이 된다고 보는 것이 옳다.

14

2017 하반기
국가직 9급

수리를 요하는 신고의 경우, 수리행위에 신고필증의 교부가 필수적이므로 신고필증 교부의 거부는 「행정소송법」상 처분으로 볼 수 있다. O | X

수리를 요하는 신고이건 요하지 않는 신고이건 신고필증의 교부는 신고사실을 확인하는 행위에 불과하다. 수리를 요하지 않는 신고는 (형식적 요건을 갖춘) 신고서의 도달만으로 효력이 발생하고, 수리를 요하는 신고는 수리행위가 있으면 신고의 효력이 발생하는 것이지 신고필증의 교부는 요건이 아니다.

15

2017 하반기
국가직 9급

행정청은 법령상 규정된 형식적 요건을 갖추지 못한 신고서가 제출된 경우에는 지체 없이 상당한 기간을 정하여 신고인에게 보완을 요구하여야 한다. O | X

행정절차법

제40조(신고) ③ 행정청은 제2항 각 호의 요건을 갖추지 못한 신고서가 제출된 경우에는 지체 없이 상당한 기간을 정하여 신고인에게 보완을 요구하여야 한다.

④ 행정청은 신고인이 제3항에 따른 기간 내에 보완을 하지 아니하였을 때에는 그 이유를 구체적으로 밝혀 해당 신고서를 되돌려 보내야 한다.

16

2017 하반기
국가직 9급

주민등록의 신고는 행정청에 도달하기만 하면 신고로서의 효력이 발생하는 것이 아니라 행정청이 수리한 경우에 비로소 신고의 효력이 발생한다. O | X

[대법원 2009.1.30, 2006다17850]

주민등록은 단순히 주민의 거주관계를 파악하고 인구의 동태를 명확히 하는 것 외에도 주민등록에 따라 공법관계상의 여러 가지 법률상 효과가 나타나게 되는 것으로서, 주민등록의 신고는 행정청에 도달하기만 하면 신고로서의 효력이 발생하는 것이 아니라 행정청이 수리한 경우에 비로소 신고의 효력이 발생한다. 따라서 주민등록 신고서를 행정청에 제출하였다가 행정청이 이를 수리하기 전에 신고서의 내용을 수정하여 위와 같이 수정된 전입신고서가 수리되었다면 수정된 사항에 따라서 주민등록 신고가 이루어진 것으로 보는 것이 타당하다.

정답 | 14 × 15 ○ 16 ○

17

2019 지방직 7급

유통산업발전법상 대규모 점포의 개설 등록은 이른바 '수리를 요하는 신고'로서 행정처분에 해당한다. O | X

[대법원 2015.11.19, 선고, 2015두295, 전원합의체 판결]
구 유통산업발전법 제2조 제3호, 제3의2호, 제8조 제1항, 제12조의2 제1항, 제2항, 제3항, 구 유통산업발전법 시행령 제3조 제1항 [별표 1], 제7조의2의 내용과 체계, 구 유통산업발전법의 입법 목적 등과 아울러, 구 유통산업발전법 제12조의2 제1항, 제2항, 제3항은 기존의 대규모점포의 등록된 유형 구분을 전제로 '대형마트로 등록된 대규모점포'를 일체로서 규제 대상으로 삼고자 하는 데 취지가 있는 점, **대규모점포의 개설 등록은 이른바 '수리를 요하는 신고'로서 행정처분에 해당**하고 등록은 구체적 유형 구분에 따라 이루어지므로, 등록의 효력은 대규모점포가 구체적으로 어떠한 유형에 속하는지에 관하여도 미치는 점, 따라서 대규모점포가 대형마트로 개설 등록되었다면 점포의 유형을 포함한 등록내용이 대규모점포를 개설하고자 하는 자의 신청 등에 따라 변경등록되지 않는 이상 대규모점포를 개설하고자 하는 자 등에 대한 구속력을 가지는 점 등에 비추어 보면, 구 유통산업발전법 제12조의2 제1항, 제2항, 제3항에 따라 영업시간 제한 등 규제 대상이 되는 대형마트에 해당하는지는, 일단 대형마트로 개설 등록되었다면 특별한 사정이 없는 한, 개설 등록된 형식에 따라 대규모점포를 일체로서 판단하여야 하고, 대규모점포를 구성하는 개별 점포의 실질이 대형마트의 요건에 부합하는지를 다시 살필 것은 아니다.

18

2019 지방직 7급

가설건축물 존치기간을 연장하려는 건축주 등이 법령에 규정되어 있는 제반 서류와 요건을 갖추어 행정청에 연장신고를 한 경우, 행정청으로서는 법령에서 요구하고 있지도 아니한 '대지사용승낙서' 등의 서류가 제출되지 아니하였거나, 대지소유권자의 사용승낙이 없다는 등의 사유를 들어 가설건축물 존치기간 연장신고의 수리를 거부하여서는 아니 된다. O | X

[대법원 2018.1.25, 선고, 2015두35116, 판결]
가설건축물은 건축법상 '건축물'이 아니므로 건축허가나 건축신고 없이 설치할 수 있는 것이 원칙이지만 일정한 가설건축물에 대하여는 건축물에 준하여 위험을 통제하여야 할 필요가 있으므로 신고 대상으로 규율하고 있다. 이러한 신고제도의 취지에 비추어 보면, **가설건축물 존치기간을 연장하려는 건축주 등이 법령에 규정되어 있는 제반 서류와 요건을 갖추어 행정청에 연장신고를 한 때에는 행정청은 원칙적으로 이를 수리하여 신고필증을 교부하여야 하고, 법령에서 정한 요건 이외의 사유를 들어 수리를 거부할 수는 없다. 따라서 행정청으로서는 법령에서 요구하고 있지도 아니한 '대지사용승낙서' 등의 서류가 제출되지 아니하였거나, 대지소유권자의 사용승낙이 없다는 등의 사유를 들어 가설건축물 존치기간 연장신고의 수리를 거부하여서는 아니 된다.**

19

2020 국가직 7급

구 「체육시설의 설치·이용에 관한 법률」의 규정에 따라 체육시설의 회원을 모집하고자 하는 자의 '회원모집계획서 제출'은 수리를 요하는 신고이며, 이에 대하여 회원모집계획을 승인하는 시·도지사 등의 검토결과 통보는 수리행위로서 행정처분에 해당한다. O | X

[대법원 2009.2.26, 선고, 2006두16243, 판결]
구 체육시설의 설치·이용에 관한 법률 제19조 제1항, 구 체육시설의 설치·이용에 관한 법률 시행령 제18조 제2항 제1호 (가)목, 제18조의2 제1항 등의 규정에 의하면, 위 법 제19조의 규정에 의하여 **체육시설의 회원을 모집하고자 하는 자는 시·도지사 등으로부터 회원모집계획서에 대한 검토결과 통보를 받은 후에 회원을 모집할 수 있다**고 보아야 하고, 따라서 **체육시설의 회원을 모집하고자 하는 자의 시·도지사 등에 대한 회원모집계획**

정답 | 17 ○ 18 ○ 19 ○

서 제출은 수리를 요하는 신고에서의 신고에 해당하며, 시 · 도지사 등의 검토결과 통보는 수리행위로서 행정처분에 해당한다.

20

2022 소방직

장기요양기관의 폐업신고와 노인의료복지시설의 폐지 신고는 행정청이 그 신고를 수리한 경우, 신고서 위조 등의 사유가 있더라도 그대로 유효하다. O | X

장기요양기관의 "폐업신고"와 노인의료복지시설의 "폐지신고"는 「수리를 요하는 신고」에 해당한다.

[대법원 2018.6.12, 선고, 2018두33593, 판결]

장기요양기관의 폐업신고와 노인의료복지시설의 폐지신고는, 행정청이 관계 법령이 규정한 요건에 맞는지를 심사한 후 수리하는 이른바 '수리를 필요로 하는 신고'에 해당한다. 그러나 행정청이 그 신고를 수리하였다고 하더라도, 신고서 위조 등의 사유가 있어 신고행위 자체가 효력이 없다면, 그 수리행위는 유효한 대상이 없는 것으로서, 수리행위 자체에 중대 · 명백한 하자가 있는지를 따질 것도 없이 당연히 무효이다.

21

2022 지방직 9급

관할 행정청은 여객자동차운송사업의 양도 · 양수에 대한 인가를 한 후에도 그 양도 · 양수 이전에 있었던 양도인에 대한 운송사업면허 취소사유를 들어 양수인의 사업면허를 취소할 수 있다. O | X

[대법원 2010.4.8, 선고, 2009두17018, 판결]

구 여객자동차 운수사업법 제15조 제4항에 의하면 개인택시 운송사업을 양수한 사람은 양도인의 운송사업자로서의 지위를 승계하는 것이므로, 관할관청은 개인택시 운송사업의 양도 · 양수에 대한 인가를 한 후에도 그 양도 · 양수 이전에 있었던 양도인에 대한 운송사업면허 취소사유를 들어 양수인의 사업면허를 취소할 수 있는 것이다.

22

2022 지방직 7급

행정청은 사인의 신청에 구비서류의 미비와 같은 흠이 있는 경우 신청인에게 보완을 요구하여야 하는바, 이때 보완의 대상이 되는 흠은 원칙상 형식적 · 절차적 요건뿐만 아니라 실체적 발급요건상의 흠을 포함한다. O | X

[대법원 2020.7.23, 선고, 2020두36007, 판결]

행정절차법 제17조에 따르면, 행정청은 신청에 구비서류의 미비 등 흠이 있는 경우에는 보완에 필요한 상당한 기간을 정하여 지체 없이 신청인에게 보완을 요구하여야 하고(제5항), 신청인이 그 기간 내에 보완을 하지 않았을 때에는 그 이유를 구체적으로 밝혀 접수된 신청을 되돌려 보낼 수 있으며(제6항), 신청인은 처분이 있기 전에는 그 신청의 내용을 보완 · 변경하거나 취하할 수 있다(제8항 본문). 이처럼 **행정절차법 제17조가 '구비서류의 미비 등 흠의 보완'과 '신청 내용의 보완'을 분명하게 구분**하고 있는 점에 비추어 보면, 행정절차법 제17조 제5항은 신청인이 신청할 때 관계 법령에서 필수적으로 첨부하여 제출하도록 규정한 서류를 첨부하지 않은 경우와 같이 쉽게 보완이 가능한 사항을 누락하는 등의 흠이 있을 때 행정청이 곧바로 거부처분을 하는 것보다는 신청인에게 보완할 기회를 주도록 함으로써 행정의 공정성 · 투명성 및 신뢰성을 확보하고 국민의 권익을 보호하려는 행정절차법의 입법 목적을 달성하고자 함이지, **행정청으로 하여금 신청에 대하여 거부처분을 하기 전에 반드시 신청인에게 신청의 내용이나 처분의 실체적 발급요건에 관한 사항까지 보완할 기회를 부여하여야 할 의무를 정한 것은 아니라고 보아야 한다.**

정답 | 20 × 21 ○ 22 ×

23

2023 소방간부

「체육시설의 설치 · 이용에 관한 법률」상 당구장업은 적법한 요건을 갖춘 신고를 접수한 행정청의 수리행위가 있어야 신고로서의 효력이 발생한다. O | X

「체육시설의 설치 · 이용에 관한 법률」상 당구장업(=신고체육시설업)의 신고는 「수리를 요하지 않는」 신고이다. 동법상 「수리를 요하는 신고」에 해당하는 경우(등록체육시설업)는 자동차경주장, 스키장, 골프장 이렇게 3가지 뿐이다.

[대법원 1998.4.4. 선고, 97도3121, 판결]

체육시설의설치 · 이용에관한법률 제10조, 제11조, 제22조, 같은법시행규칙 제8조 및 제25조의 각 규정에 의하면, 체육시설업은 등록체육시설업과 신고체육시설업으로 나누어지고, **당구장업과 같은 신고체육시설업을 하고자 하는 자는 체육시설업의 종류별로 같은법시행규칙이 정하는 해당 시설을 갖추어 소정의 양식에 따라 신고서를 제출하는 방식으로 시 · 도지사에 신고하도록 규정**하고 있으므로, 소정의 시설을 갖추지 못한 체육시설업의 신고는 부적법한 것으로 그 수리가 거부될 수밖에 없고 그러한 상태에서 신고체육시설업의 영업행위를 계속하는 것은 무신고 영업행위에 해당할 것이지만, 이에 반하여 **적법한 요건을 갖춘 신고의 경우에는 행정청의 수리처분 등 별단의 조처를 기다릴 필요 없이 그 접수시에 신고로서의 효력이 발생하는 것**이므로 그 수리가 거부되었다고 하여 무신고 영업이 되는 것은 아니다.

24

2023 소방간부

봉안시설 설치 신고가 「장사 등에 관한 법률」 관련 규정의 모든 요건에 맞는 신고라 하더라도 신고인은 봉안시설을 곧바로 설치할 수는 없고 행정청의 수리행위가 있어야 하며 신고필증 교부행위가 필요하다. O | X

행정청의 수리가 있어야 하는 것은 맞지만 신고필증의 교부행위가 꼭 필요한 것은 아니다. 참고로 봉안시설(봉안당)은 납골시설(납골당)의 현행법상 용어이다.

[대법원 2011.9.8. 선고, 2009두6766, 판결]

납골당설치 신고는 이른바 '수리를 요하는 신고'라 할 것이므로, 납골당설치 신고가 구 장사법 관련 규정의 모든 요건에 맞는 신고라 하더라도 신고인은 곧바로 납골당을 설치할 수는 없고, 이에 대한 행정청의 수리처분이 있어야만 신고한 대로 납골당을 설치할 수 있다. 한편 수리란 신고를 유효한 것으로 판단하고 법령에 의하여 처리할 의사로 이를 수령하는 수동적 행위이므로 **수리행위에 신고필증 교부 등 행위가 꼭 필요한 것은 아니다.**

25

2023 소방직

법령등으로 정하는 바에 따라 행정청에 일정한 사항을 통지하여야 하는 신고로서 법률에 신고의 수리가 필요하다고 명시되어 있는 경우에는 행정청이 수리하여야 효력이 발생한다. O | X

행정기본법

제34조(수리 여부에 따른 신고의 효력) 법령등으로 정하는 바에 따라 행정청에 일정한 사항을 통지하여야 하는 신고로서 법률에 신고의 수리가 필요하다고 명시되어 있는 경우(행정기관의 내부 업무 처리 절차로서 수리를 규정한 경우는 제외한다)에는 행정청이 수리하여야 효력이 발생한다.

정답 | 23 × 24 × 25 ○

26

2023 소방직

「행정절차법」에서는 수리를 요하는 신고를 규정하고 있고, 「행정기본법」에서는 수리를 요하지 않는 신고를 규정하고 있다. O | X

반대로 설명되어 있다. 수리를 요하지 않는 신고는 「행정절차법」에서, 수리를 요하는 신고는 「행정기본법」에서 규정하고 있다.

행정기본법

제34조(수리 여부에 따른 신고의 효력) **법령등으로 정하는 바에 따라 행정청에 일정한 사항을 통지하여야 하는 신고로서 법률에 신고의 수리가 필요하다고 명시되어 있는 경우**(행정기관의 내부 업무 처리 절차로서 수리를 규정한 경우는 제외한다)에는 **행정청이 수리하여야 효력이 발생한다**.

27

2023 소방직

법령등에서 행정청에 일정한 사항을 통지함으로써 의무가 끝나는 신고를 규정하고 있는 경우, 신고가 법령등에 규정된 형식상의 요건에 적합하면 신고서가 접수기관에 도달된 때에 신고 의무가 이행된 것으로 본다. O | X

행정절차법

제40조(신고) ① 법령등에서 행정청에 일정한 사항을 통지함으로써 의무가 끝나는 신고를 규정하고 있는 경우 신고를 관장하는 행정청은 신고에 필요한 구비서류, 접수기관, 그 밖에 법령등에 따른 신고에 필요한 사항을 게시(인터넷 등을 통한 게시를 포함한다)하거나 이에 대한 편람을 갖추어 두고 누구나 열람할 수 있도록 하여야 한다.

② **제1항에 따른 신고가 다음 각 호의 요건을 갖춘 경우에는 신고서가 접수기관에 도달된 때에 신고 의무가 이행된 것으로 본다.**

1. 신고서의 기재사항에 흠이 없을 것
2. 필요한 구비서류가 첨부되어 있을 것
3. 그 밖에 법령등에 규정된 형식상의 요건에 적합할 것

28

2023 지방직 9급

시장 등의 주민등록전입신고 수리 여부에 대한 심사는 「주민등록법」의 입법 목적의 범위 내에서 제한적으로 이루어져야 하는바, 전입신고자가 30일 이상 생활의 근거로서 거주할 목적으로 거주지를 옮기는지 여부가 심사 대상으로 되어야 한다. O | X

주민등록전입신고는 수리를 요하는 신고이므로 실체적 심사가 가능하지만 그 범위는 30일 이상 생활의 근거로 거주할 목적을 갖는지로 제한된다.

[대법원 2009.6.18, 선고, 2008두10997, 전원합의체 판결]

주민들의 거주지 이동에 따른 주민등록전입신고에 대하여 행정청이 이를 심사하여 그 수리를 거부할 수는 있다고 하더라도, 그러한 행위는 자칫 헌법상 보장된 국민의 거주·이전의 자유를 침해하는 결과를 가져올 수도 있으므로, **시장·군수 또는 구청장의 주민등록전입신고 수리 여부에 대한 심사는 주민등록법의 입법 목적의 범위 내에서 제한적으로 이루어져야 한다. 한편, 주민등록법의 입법 목적에 관한 제1조 및 주민등록 대상자에 관한 제6조의 규정을 고려해 보면, 전입신고를 받은 시장·군수 또는 구청장의 심사 대상은 전입신고자가 30일 이상 생활의 근거로 거주할 목적으로 거주지를 옮기는지 여부만으로 제한된다고 보아야 한다.** 따라서 전입신고자가 거주의 목적 이외에 다른 이해관계에 관한 의도를 가지고 있는지 여부, 무허가 건축물의 관리, 전입신고를 수리함으로써 당해 지방자치단체에 미치는 영향 등과 같은 사유는 주민등록법이 아닌 다른 법률에 의하여 규율되어야 하고, 주민등록전입신고의 수리 여부를 심사하는 단계에서는 고려 대상이 될 수 없다.

정답 | 26 × 27 ○ 28 ○

29

2023 지방직 9급

행정청은 신청에 구비서류의 미비 등 흠이 있는 경우 원칙상 형식적 · 절차적인 요건만을 보완요구하여야 하므로 실질적인 요건에 관한 흠이 민원인의 단순한 착오나 일시적인 사정 등에 기인한 경우에도 보완을 요구할 수 없다. O | X

실질적 요건에 대한 보완요구는 그 흠이 민원인의 단순한 착오나 일시적인 사정 등에 기한 경우에는 허용된다.

[헌재 1998.9.30. 97헌바38]

민원사무처리에관한법률 제4조 제2항, 같은법시행령(2002. 8. 21. 대통령령 제17719호로 개정되기 전의 것) 제15조 제1항, 제2항, 제16조 제1항에 의하면, 행정기관은 민원사항의 신청이 있는 때에는 다른 법령에 특별한 규정이 있는 경우를 제외하고는 그 접수를 보류하거나 거부할 수 없으며, 민원서류에 흠이 있는 경우에는 보완에 필요한 상당한 기간을 정하여 지체 없이 민원인에게 보완을 요구하고 그 기간 내에 민원서류를 보완하지 아니할 때에는 7일의 기간 내에 다시 보완을 요구할 수 있으며, 위 기간 내에 민원서류를 보완하지 아니한 때에 비로소 접수된 민원서류를 되돌려 보낼 수 있도록 규정되어 있는바, **위 규정 소정의 보완의 대상이 되는 흠은 보완이 가능한 경우이어야 함은 물론이고, 그 내용 또한 형식적 · 절차적인 요건이거나, 실질적인 요건에 관한 흠이 있는 경우라도 그것이 민원인의 단순한 착오나 일시적인 사정 등에 기한 경우 등이라야 한다.**

30

2023 군무원 7급

법률에 행정기관의 내부업무처리 절차로서 수리를 규정한 경우에도 수리를 요하는 신고로 보아야 한다. O | X

법률에 수리가 필요한 신고로 명시되어있다고 하더라도 해당 수리가 행정기관의 내부업무처리 절차로 수리를 규정한 경우에는 수리를 요하는 신고로 볼 수 없다.

31

2023 군무원 7급

시도지사등에 대한 체육시설인 골프장회원모집계획서 제출은 자기완결적 신고이다. O | X

[대법원 2009.2.26. 2006두16243]

구 체육시설의 설치 · 이용에 관한 법률 제19조 제1항, 구 체육시설의 설치 · 이용에 관한 법률 시행령 제18조 제2항 제1호 (가)목, 제18조의2 제1항 등의 규정에 의하면, 위 법 제19조의 규정에 의하여 체육시설의 회원을 모집하고자 하는 자는 시 · 도지사 등으로부터 회원모집계획서에 대한 검토결과 통보를 받은 후에 회원을 모집할 수 있다고 보아야 하고, 따라서 **체육시설의 회원을 모집하고자 하는 자의 시 · 도지사 등에 대한 회원모집계획서 제출은 수리를 요하는 신고에서의 신고에 해당하며, 시 · 도지사 등의 검토결과 통보는 수리행위로서 행정처분에 해당한다.**

32

2023 군무원 7급

건축주명의변경신고는 형식적 요건을 갖추어 시장, 군수에게 적법하게 건축주의 명의변경을 신고한 때에는 시장, 군수는 그 신고를 수리하여야지 실체적인 이유를 내세워 그 신고의 수리를 거부할 수는 없다. O | X

[대법원 1993.10.12. 선고, 93누883, 판결]

허가대상 건축물의 양수인이 구 건축법시행규칙에 규정되어 있는 **형식적 요건을 갖추어 시장 · 군수에게 적법하게 건축주의 명의변경을 신고한 때에는 시장 · 군수는 그 신고를 수리하여야지 실체적인 이유를 내세워 신고의 수리를 거부할 수 없다.**

정답 | 29 × 30 × 31 × 32 ○

TOPIC 09

행정입법 1 – 법규명령

01

2014 국가직 9급

처벌법규나 조세법규는 다른 법규보다 구체성과 명확성의 요구가 강화되어야 한다. O | X

[헌재 1997.2.20, 95헌바27]
위임입법에 있어 위임의 구체성, 명확성의 요구 정도는 그 규율대상의 종류와 성격에 따라 달라질 것이지만 특히 **처벌법규나 조세법규와 같이 국민의 기본권을 직접적으로 제한하거나 침해할 소지가 있는 법규에서는 구체성, 명확성의 요구가 강화되어 그 위임의 요건과 범위가 일반적인 급부행정의 경우보다 더 엄격하게 제한적으로 규정**되어야 하는 반면에, **규율대상이 지극히 다양하거나 수시로 변화하는 성질의 것일 때에는 위임의 구체성, 명확성의 요건이 완화**될 수도 있을 것이며, 조세 감면규정의 경우에는 법률의 구체적인 근거없이 대통령령에서 감면대상, 감면비율 등 국민의 납세의무에 직접 영향을 미치는 감면요건 등을 규정하였는가 여부도 중요한 판단기준이 된다.

02

2014 국가직 9급

법률에서 위임받은 사항을 전혀 규정하지 아니하고 그대로 하위의 법규명령에 재위임하는 것은 허용되지 않으며 위임받은 사항에 관하여 대강을 정하고 그 중의 특정사항을 범위를 정하여 하위의 법규명령에 다시 위임하는 경우에만 재위임이 허용된다. O | X

[헌재 1996.2.29, 94헌마213]
법률에서 위임받은 사항을 전혀 규정하지 않고 재위임하는 것은 이위임금지의 법리에 반할 뿐 아니라 수권법의 내용변경을 초래하는 것이 되고, 부령의 제정·개정절차가 대통령령에 비하여 보다 용이한 점을 고려할 때 재위임에 의한 부령의 경우에도 위임에 의한 대통령령에 가해지는 헌법상의 제한이 당연히 적용되어야 할 것이므로 **법률에서 위임받은 사항을 전혀 규정하지 아니하고 그대로 재위임하는 것은 허용되지 않으며 위임받은 사항에 관하여 대강을 정하고 그 중의 특정사항을 범위를 정하여 하위법령에 다시 위임하는 경우에만 재위임이 허용된다.**

03

2014 지방직 9급

국회전속적 입법사항은 반드시 법률에 의하여 규정되어야 하며, 입법자가 법률에서 구체적으로 범위를 정하여도 법규명령에 위임될 수는 없다. O | X

국회전속적 입법사항의 경우에도 법률에서 빠짐없이 모두 규정하는 것은 불가능하다. 본질적인 내용을 법률에서 정하고 세부사항에 대해서는 구체적으로 범위를 정하여 법규명령에 위임하는 것이 허용된다.

정답 | 01 ○ 02 ○ 03 ×

04

2014 지방직 9급

법령의 위임관계는 반드시 하위 법령의 개별조항에서 위임의 근거가 되는 상위 법령의 해당 조항을 구체적으로 명시하고 있어야만 하는 것은 아니다. O | X

[대법원 1999.12.24, 99두5658]
법령의 위임관계는 반드시 하위 법령의 개별조항에서 위임의 근거가 되는 상위 법령의 해당 조항을 구체적으로 명시하고 있어야만 하는 것은 아니다.

05

2014 서울시 9급

법규명령은 제정권자를 기준으로 대통령령, 총리령, 부령 등으로 구분할 수 있다. O | X

법규명령을 그 주체에 따라 분류하면 (ⅰ) 대통령이 제정권자인 대통령령(통상 시행령이라 한다), (ⅱ) 국무총리가 제정권자인 총리령, 각부 장관이 제정권자인 부령(통틀어 시행규칙이라 표현한다), (ⅲ) 중앙선거관리위원회규칙, (ⅳ) 감사원규칙, (ⅴ) 지방의회가 제정하는 조례 등으로 나눌 수 있다.

06

2014 서울시 9급

법규명령 중 위임명령은 원칙적으로 헌법 제75조와 헌법 제95조에 따라 법률이나 상위명령에 개별적인 수권규범이 있는 경우만 가능하다. O | X

위임명령은 헌법상의 일반적 근거만으로는 제정할 수 없고, 구체적으로 범위를 정하여 수권한 상위법에 근거하여야 발할 수 있다. 따라서 모법의 위임근거가 없는 위임명령의 효력은 무효이다.

07

2014 서울시 9급

형벌규정의 위임은 구성요건을 예측할 수 있도록 구체적으로 정하고 형벌의 종류와 상한과 폭 등을 명확히 규정하는 것을 전제로 위임입법이 허용된다. O | X

[헌재 1991.7.8, 91헌가4]
위임입법에 관한 헌법 제75조는 처벌법규에도 적용되는 것이지만 **처벌법규의 위임은 특히 긴급한 필요가 있거나 미리 법률로써 자세히 정할 수 없는 부득이한 사정이 있는 경우에 한정되어야 하고 이 경우에도 법률에서 범죄의 구성요건은 처벌대상인 행위가 어떠한 것일 것이라고 이를 예측할 수 있을 정도로 구체적으로 정하고 형벌의 종류 및 그 상한과 폭을 명백히 규정하여야 한다.**

정답 | 04 ○ 05 ○ 06 ○ 07 ○

08

2015 서울시 9급

위임명령의 경우에는 법률유보원칙이 적용된다. O | X

위임명령의 경우에는 구체적으로 범위를 정하여 수권한 상위법령에 근거하여야 발할 수 있다.

[대법원 2002.8.23, 선고, 2001두5651, 판결]

위임명령은 법률이나 상위명령에서 구체적으로 범위를 정한 개별적인 위임이 있을 때에 가능하고, 여기에서 구체적인 위임의 범위는 규제하고자 하는 대상의 종류와 성격에 따라 달라지는 것이어서 일률적 기준을 정할 수는 없지만, 적어도 위임명령에 규정될 내용 및 범위의 기본사항이 구체적으로 규정되어 있어서 누구라도 당해 법률이나 상위명령으로부터 위임명령에 규정될 내용의 대강을 예측할 수 있어야 하나, 이 경우 그 예측가능성의 유무는 당해 위임조항 하나만을 가지고 판단할 것이 아니라 그 위임조항이 속한 법률이나 상위명령의 전반적인 체계와 취지·목적, 당해 위임조항의 규정형식과 내용 및 관련 법규를 유기적·체계적으로 종합 판단하여야 하고, 나아가 각 규제 대상의 성질에 따라 구체적·개별적으로 검토함을 요한다.

09

2015 서울시 9급

국민안전처장·인사혁신처장과 같은 국무총리 직속기관은 부령제정권을 가진다. O | X

부령제정권은 각 부 장관이 갖는다. 따라서 국무총리 직속기관은 총리령으로 발하여야 한다.

10

2015 서울시 9급

상위법령의 시행에 관하여 필요한 절차 및 형식에 관한 사항을 규정하는 집행명령은 상위법령의 명시적 수권이 없는 경우에도 발할 수 있다. O | X

집행명령은 법규명령임에도 불구하고 헌법이나 상위법령에 의한 명시적 수권규정이 없더라도 직권으로 발할 수 있다. 왜냐하면 집행명령은 새로운 입법사항을 규율하는 것이 아니고, 법률의 집행을 위해서 필요한 세부적·기술적 사항에 관한 규율을 그 대상으로 하는 것이기 때문이다.

[대법원 2006.10.27, 선고, 2004두12261, 판결]

지방공무원 징계 및 소청규정 제14조, 제1조의3 제1항 제1호는 지방공무원법 제62조 제2항 본문의 의견을 듣는 절차에 관하여 임용권자가 시·군·구의 5급 이상 공무원을 직권면직시킬 경우 시·도인사위원회의 의견을 듣도록 규정하고 있는바, 같은 법이 **직권면직절차에 관하여 위임에 관한 아무런 규정을 두지 아니하였다고 하더라도 대통령령은 직권면직에 관한 같은 법의 규정을 집행하기 위하여 필요한 사항에 관하여 규정할 수 있고**, 지방공무원 징계 및 소청규정이 위와 같이 시·군·구의 5급 이상의 공무원에 대한 직권면직에 관하여 시·도인사위원회의 의견을 듣도록 함으로써 그 대상자인 공무원에게 유리하게 엄격한 절차를 규정하고 있는 것은 직권면직처분의 객관성과 공정성을 확보함으로써 공무원의 정치적 중립성의 보장과 신분보장이라는 헌법상의 이념을 구현하려는 데 그 입법 취지가 있는 것이며, 시·도인사위원회의 의견이 임용권자인 기초자치단체장에 대하여 기속력이 있는 것이 아니라는 점에서 그 인사권을 침해하지도 않으므로 위 지방공무원 징계 및 소청규정을 무효라고 할 수 없다.

정답 | 08 ○ 09 × 10 ○

11

2015 서울시 9급

헌법이 인정하고 있는 위임입법의 형식은 예시적이라는 것이 헌법재판소의 견해이다. O | X

[헌재 2004.10.28, 99헌바91]

오늘날 의회의 입법독점주의에서 입법중심주의로 전환하여 일정한 범위 내에서 행정입법을 허용하게 된 동기가 사회적 변화에 대응한 입법수요의 급증과 종래의 형식적 권력분립주의로는 현대사회에 대응할 수 없다는 기능적 권력분립론에 있다는 점 등을 감안하여 **헌법 제40조와 헌법 제75조, 제95조의 의미를 살펴보면, 국회입법에 의한 수권이 입법기관이 아닌 행정기관에게 법률 등으로 구체적인 범위를 정하여 위임한 사항에 관하여는 당해 행정기관에게 법정립의 권한을 갖게 되고, 입법자가 규율의 형식도 선택할 수도 있다 할 것이므로, 헌법이 인정하고 있는 위임입법의 형식은 예시적인 것으로 보아야 할 것이고, 그것은 법률이 행정규칙에 위임하더라도 그 행정규칙은 위임된 사항만을 규율할 수 있으므로, 국회입법의 원칙과 상치되지도 않는다.** 다만, 형식의 선택에 있어서 규율의 밀도와 규율영역의 특성이 개별적으로 고찰되어야 할 것이고, 그에 따라 입법자에게 상세한 규율이 불가능한 것으로 보이는 영역이라면 행정부에게 필요한 보충을 할 책임이 인정되고 극히 전문적인 식견에 좌우되는 영역에서는 행정기관에 의한 구체화의 우위가 불가피하게 있을 수 있다. 그러한 영역에서 행정규칙에 대한 위임입법이 제한적으로 인정될 수 있다.

12

2016 지방직 9급

행정입법부작위의 위헌 · 위법성과 관련하여, 하위 행정입법의 제정 없이 상위 법령의 규정만으로 집행이 이루어질 수 있는 경우에도 상위 법령의 명시적 위임이 있다면 하위 행정입법을 제정하여야 할 작위의무는 인정된다. O | X

[헌재 2005.12.22, 2004헌마66]

삼권분립의 원칙, 법치행정의 원칙을 당연한 전제로 하고 있는 우리 헌법 하에서 행정권의 행정입법 등 법집행의무는 헌법적 의무라고 보아야 할 것이다. 그런데 이는 행정입법의 제정이 법률의 집행에 필수불가결한 경우로서 행정입법을 제정하지 아니하는 것이 곧 행정권에 의한 입법권 침해의 결과를 초래하는 경우를 말하는 것이므로, 만일 **하위 행정입법의 제정 없이 상위 법령의 규정만으로도 집행이 이루어질 수 있는 경우라면 하위 행정입법을 하여야 할 헌법적 작위의무는 인정되지 아니한다.**

13

2017 사회복지직 9급

하위법령은 그 규정이 상위법령의 규정에 명백히 저촉되어 무효인 경우를 제외하고는 관련 법령의 내용과 그 입법취지, 연혁 등을 종합적으로 살펴서 그 의미를 상위법령에 합치되는 것으로 해석하여야 한다. O | X

[대법원 2016.6.10, 선고, 2016두33186, 판결]

하위법령은 그 규정이 상위법령의 규정에 명백히 저촉되어 무효인 경우를 제외하고는 관련 법령의 내용과 입법취지 및 연혁 등을 종합적으로 살펴서 의미를 상위법령에 합치되는 것으로 해석하여야 한다.

정답 11 ○ 12 × 13 ○

14

2017 국가직 9급

헌법재판소는 법률에 근거를 두면서 헌법 제75조가 요구하는 위임의 구체성과 명확성을 구비하는 경우에는 위임입법에 의하여도 기본권을 제한할 수 있다고 한다. O | X

[헌재 전원재판부 2013헌바183, 2014.7.24.]

사회적 변화에 대응한 입법수요의 급증과 종래의 형식적 권력분립주의로는 현대사회에 대응할 수 없다는 기능적 권력분립론을 감안하여 헌법 제40조·제75조·제95조의 의미를 살펴보면, 국회가 입법으로 행정기관에게 구체적인 범위를 정하여 위임한 사항에 관하여는 당해 행정기관이 법 정립의 권한을 갖게 되고, 입법자가 그 규율의 형식도 선택할 수 있다고 보아야 하므로, 헌법이 인정하고 있는 위임입법의 형식은 예시적인 것으로 보아야 한다. 법률이 일정한 사항을 행정규칙에 위임하더라도 그 행정규칙은 위임된 사항만을 규율할 수 있으므로, 국회입법의 원칙과 상치되지 않는다. 다만, **행정규칙은 법규명령과 같은 엄격한 제정 및 개정절차를 필요로 하지 아니하므로, 기본권을 제한하는 내용의 입법을 위임할 때에는 법규명령에 위임하는 것이 원칙이고, 고시와 같은 형식으로 입법위임을 할 때에는 법령이 전문적·기술적 사항이나 경미한 사항으로서 업무의 성질상 위임이 불가피한 사항에 한정**된다.

15

2017 국가직 9급

헌법재판소는 토지등 소유자가 도시환경정비사업을 시행하는 경우, 사업시행인가 신청시 필요한 토지등 소유자의 동의정족수를 정하는 것은 국민의 권리와 의무의 형성에 관한 기본적이고 본질적인 사항으로 법률유보 내지 의회유보의 원칙이 지켜져야 할 영역이라고 한다. O | X

[헌재 전원재판부 2010헌바1, 2012.4.24.]

토지등소유자가 도시환경정비사업을 시행하는 경우 사업시행인가 신청시 필요한 토지등소유자의 동의는, 개발사업의 주체 및 정비구역 내 토지등소유자를 상대로 수용권을 행사하고 각종 행정처분을 발할 수 있는 행정주체로서의 지위를 가지는 사업시행자를 지정하는 문제로서, 그 동의요건을 정하는 것은 **국민의 권리와 의무의 형성에 관한 기본적이고 본질적인 사항이므로 국회가 스스로 행하여야 하는 사항에 속하는 것임에도 불구하고, 사업시행인가 신청에 필요한 동의정족수를 토지등소유자가 자치적으로 정하여 운영하는 규약에 정하도록 한 것은 법률유보원칙에 위반**된다.

16

2017 국가직 9급

명령·규칙에 대한 헌법소원도 가능하다는 것이 헌법재판소 결정례의 입장이다. O | X

헌법재판소는 대법원규칙인 "법무사법 시행규칙"에 관한 사건에서 명령·규칙에 대한 헌법소원을 인정하였다.

[헌재 1990.10.15, 89헌마178]

헌법 제107조 제2항이 규정한 명령·규칙에 대한 대법원의 최종심사권이란 구체적인 소송사건에서 명령·규칙의 위헌여부가 재판의 전제가 되었을 경우 법률의 경우와는 달리 헌법재판소에 제청할 것 없이 대법원이 최종적으로 심사할 수 있다는 의미이며, 명령·규칙 그 자체에 의하여 직접 기본권이 침해되었음을 이유로 하여 헌법소원심판을 청구하는 것은 위 헌법규정과는 아무런 상관이 없는 문제이다. 따라서 **입법부·행정부·사법부에서 제정한 규칙이 별도의 집행행위를 기다리지 않고 직접 기본권을 침해하는 것일 때에는 모두 헌법소원심판의 대상이 될 수 있는 것**이다.

정답 | 14 ○ 15 ○ 16 ○

17

2017 국회사무처 8급

상위법령의 시행을 위하여 제정한 집행명령은 그 상위법령이 개정되더라도 개정법령과 성질상 모순·저촉되지 않는 이상 여전히 그 효력을 가진다. O | X

[대판 1989.9.12. 88누6962]

상위법령의 시행에 필요한 세부적 사항을 정하기 위하여 행정관청이 일반적 직권에 의하여 제정하는 이른바 **집행명령은 근거법령인 상위법령이 폐지되면 특별한 규정이 없는 이상 실효되는 것이나, 상위법령이 개정됨에 그친 경우에는** 개정법령과 성질상 모순, 저촉되지 아니하고 개정된 상위법령의 시행에 필요한 사항을 규정하고 있는 이상 그 집행명령은 상위법령의 개정에도 불구하고 당연히 실효되지 아니하고 **개정법령의 시행을 위한 집행명령이 제정, 발효될 때까지는 여전히 그 효력을 유지**한다.

18

2017 국회사무처 8급

수권법령에 재위임을 허용하는 규정이 없더라도 위임받은 사항에 관하여 대강을 정하고 그 중의 특정사항을 범위를 정하여 하위법령에 재위임하는 것은 허용된다. O | X

[대판 2015.1.15. 2013두14238]

법률에서 위임받은 사항을 전혀 규정하지 않고 재위임하는 것(즉 백지재위임)은 복위임금지원칙에 반할뿐 아니라 위임명령의 제정 형식에 관한 수권법의 내용을 변경하는 것이 되므로 허용되지 않으나 **위임받은 사항에 관하여 대강을 정하고 그 중의 특정사항을 범위를 정하여 하위법령에 다시 위임하는 경우에는 재위임이 허용**된다.

19

2017 국회사무처 8급

법규명령이 그 자체로서 처분적 효과를 발생하는 때에는 이를 항고소송으로 다투는 것이 가능하다. O | X

처분적 조례의 경우 항고소송의 대상이 되는 행정처분에 해당한다.

[대법원 1996.9.20. 95누8003]

조례가 집행행위의 개입 없이도 그 자체로서 직접 국민의 구체적인 권리의무나 법적 이익에 영향을 미치는 등의 법률상 효과를 발생하는 경우 그 조례는 항고소송의 대상이 되는 행정처분에 해당하고, 이러한 조례에 대한 무효확인소송을 제기함에 있어서 행정소송법 제38조 제1항, 제13조에 의하여 **피고적격이 있는 처분 등을 행한 행정청은**, 행정주체인 지방자치단체 또는 지방자치단체의 내부적 의결기관으로서 지방자치단체의 의사를 외부에 표시한 권한이 없는 지방의회가 아니라, 구 지방자치법 제19조 제2항, 제92조에 의하여 **지방자치단체의 집행기관으로서 조례로서의 효력을 발생시키는 공포권이 있는 지방자치단체의 장**이다.

정답 | 17 ○ 18 ○ 19 ○

20

2017 지방직 9급

법률의 시행령이 형사처벌에 관한 사항을 규정하면서 법률의 명시적인 위임 범위를 벗어나 처벌의 대상을 확장하는 것은 죄형법정주의원칙에 어긋나는 것이므로, 그러한 시행령은 위임입법의 한계를 벗어난 것으로서 무효이다. O | X

> 행정행위는 무효와 취소를 구분하지만, 그 밖의 행정작용(행정입법, 공법상 계약 등)은 무효와 취소의 구별 없이 위법하면 효력이 부인된다.
>
> [대법원 1999.2.11, 선고, 98도2816, 전원합의체 판결]
>
> 일반적으로 법률의 시행령은 모법인 법률에 의하여 위임받은 사항이나, 법률이 규정한 범위 내에서 법률을 현실적으로 집행하는 데 필요한 세부적인 사항만을 규정할 수 있을 뿐, 법률의 위임 없이 법률이 규정한 개인의 권리·의무에 관한 내용을 변경·보충하거나 법률에서 규정하지 아니한 새로운 내용을 규정할 수 없는 것이고, **특히 법률의 시행령이 형사처벌에 관한 사항을 규정하면서 법률의 명시적인 위임 범위를 벗어나 그 처벌의 대상을 확장하는 것은 헌법 제12조 제1항과 제13조 제1항에서 천명하고 있는 죄형법정주의의 원칙에도 어긋나는 것으로 결코 허용될 수 없다**고 할 것인데, 총포·도검·화약류등단속법 제2조 제1항은 총포에 관하여 규정하면서 총에 대하여는 일정 종류의 총을 총포에 해당하는 것으로 규정하면서 그 외의 장약총이나 공기총도 금속성 탄알이나 가스 등을 쏠 수 있는 성능이 있는 것은 총포에 해당한다고 규정하고 있으므로, 여기서 말하는 총은 비록 모든 부품을 다 갖추지는 않았더라도 적어도 금속성 탄알 등을 발사하는 성능을 가지고 있는 것을 가리키는 것이고, 단순히 총의 부품에 불과하여 금속성 탄알 등을 발사할 성능을 가지지 못한 것까지 총포로 규정하고 있는 것은 아니라고 할 것임에도 불구하고 같은법시행령 제3조 제1항은 같은 법 제2조 제1항의 위임에 따라 총포의 범위를 구체적으로 정하면서도 제3호에서 **모법의 위임 범위를 벗어나 총의 부품까지 총포에 속하는 것으로 규정**함으로써, 같은 법 제12조 제1항 및 제70조 제1항과 결합하여 모법보다 형사처벌의 대상을 확장하고 있으므로, **이는 결국 위임입법의 한계를 벗어나고 죄형법정주의 원칙에 위배된 것으로 무효라고 하지 않을 수 없다.**

21

2017 지방직 9급

다양한 사실관계를 규율하거나 사실관계가 수시로 변화될 것이 예상되는 분야에서는 다른 분야에 비하여 상대적으로 입법위임의 명확성·구체성이 완화된다. O | X

> [헌법재판소 1991.2.11, 90헌가27, 전원합의체]
>
> 위임의 구체성·명확성의 요구 정도는 규제대상의 종류와 성격에 따라서 달라진다. 기본권침해영역에서는 급부행정영역에서보다는 구체성의 요구가 강화되고 **다양한 사실관계를 규율하거나 사실관계가 수시로 변화될 것이 예상될 때에는 위임의 명확성의 요건이 완화되어야 한다.**

정답 | 20 ○ 21 ○

22

2017 지방직 9급

조례에 대한 법률의 위임은 법규명령에 대한 법률의 위임과 같이 반드시 구체적으로 범위를 정하여 하여야 한다.

O | X

[헌재 1995.4.20, 92헌마264]
조례의 제정권자인 지방의회는 선거를 통해서 그 **지역적인 민주적 정당성**을 지니고 있는 주민의 대표기관이고 **헌법이 지방자치단체에 포괄적인 자치권을 보장**하고 있는 취지로 볼 때, **조례에 대한 법률의 위임은 법규명령에 대한 법률의 위임과 같이 반드시 구체적으로 범위를 정하여 할 필요가 없으며 포괄적인 것으로 족하다.**

23

2017 지방직 9급

행정입법부작위는 부작위위법확인소송의 대상이 된다.

O | X

[대법원 1992.5.8, 91누11261]
행정소송은 구체적 사건에 대한 법률상 분쟁을 법에 의하여 해결함으로써 법적 안정을 기하자는 것이므로 **부작위위법확인소송의 대상이 될 수 있는 것은 구체적 권리의무에 관한 분쟁이어야 하고 추상적인 법령에 관하여 제정의 여부 등은 그 자체로서 국민의 구체적인 권리의무에 직접적 변동을 초래하는 것이 아니어서 그 소송의 대상이 될 수 없다.**

24

2017 교육행정직 9급

위법한 법규명령은 무효가 아니라 취소할 수 있다.

O | X

위법한 법규명령은 취소가 아니라 항상 무효가 된다. 따라서 처분적 법규에 대해 그 효력을 다투기 위해서는 취소소송이 아니라 무효확인소송을 제기하여야 한다.

25

2017 서울시 9급

법률의 위임 규정 자체가 그 의미 내용을 정확하게 알 수 있는 용어를 사용하여 위임의 한계를 분명히 하고 있는데도 고시에서 그 문언적 의미의 한계를 벗어나면 위임의 한계를 일탈한 것으로써 허용되지 아니한다.

O | X

[대법원 2016.8.17, 선고, 2015두51132, 판결]
일반적으로 행정 각부의 장이 정하는 고시라도 그것이 특히 법령의 규정에서 특정 행정기관에 법령 내용의 구체적 사항을 정할 수 있는 권한을 부여함으로써 법령 내용을 보충하는 기능을 가질 경우에는 형식과 상관없이 근거 법령 규정과 결합하여 대외적으로 구속력이 있는 법규명령으로서의 효력을 가지나 이는 어디까지나 법령의 위임에 따라 법령 규정을 보충하는 기능을 가지는 점에 근거하여 예외적으로 인정되는 효력이므로 특정 고시가 비록 법령에 근거를 둔 것이더라도 규정 내용이 법령의 위임 범위를 벗어난 것일 경우에는 법규명령으로서의 대외적 구속력을 인정할 여지는 없다. 그리고 특정 고시가 위임의 한계를 준수하고 있는지를 판단할 때에는, 법률 규정의 입법 목적과 규정 내용, 규정의 체계, 다른 규정과의 관계 등을 종합적으로 살펴야 하고, **법률의 위임 규정 자체가 의미 내용을 정확하게 알 수 있는 용어를 사용하여 위임의 한계를 분명히 하고 있는데도 고시에서 문언적 의미의 한계를 벗어났다든지, 위임 규정에서 사용하고 있는 용어의 의미를 넘어 범위를 확장하거나 축소함으로써 위임 내용을 구체화하는 단계를 벗어나 새로운 입법을 한 것으로 평가할 수 있다면, 이는 위임의 한계를 일탈한 것으로서 허용되지 아니한다.**

정답 | 22 × 23 × 24 × 25 ○

26

2017 서울시 7급

법률의 위임에 의하여 효력을 갖는 법규명령의 경우 구법에 위임의 근거가 없어 무효였더라도 사후에 법개정으로 위임의 근거가 부여되면 그때부터는 유효한 위임명령이 된다.

O | X

[대법원 1995.6.30, 93추83]

일반적으로 **법률의 위임에 의하여 효력을 갖는 법규명령의 경우, 구법에 위임의 근거가 없어 무효였더라도 사후에 법개정으로 위임의 근거가 부여되면 그 때부터는 유효한 법규명령이 되나, 반대로 구법의 위임에 의한 유효한 법규명령이 법개정으로 위임의 근거가 없어지게 되면 그 때부터 무효인 법규명령**이 되므로, 어떤 법령의 위임 근거 유무에 따른 유효 여부를 심사하려면 법개정의 전·후에 걸쳐 모두 심사하여야만 그 법규명령의 시기에 따른 유효·무효를 판단할 수 있다.

27

2017 서울시 7급

법률이 공법적 단체 등의 정관에 자치법적 사항을 위임한 경우에는 포괄적인 위임입법의 금지는 원칙적으로 적용되지 않는다.

O | X

[헌재 2006.3.30, 2005헌바31]

법률이 행정부가 아니거나 행정부에 속하지 않는 공법적 기관의 정관에 특정 사항을 정할 수 있다고 위임하는 경우에는 그러한 권력분립의 원칙을 훼손할 여지가 없다. 이는 자치입법에 해당되는 영역이므로 자치적으로 정하는 것이 바람직하다. 따라서 법률이 정관에 자치법적 사항을 위임한 경우에는 헌법 제75조, 제95조가 정하는 포괄적인 위임입법의 금지는 원칙적으로 적용되지 않는다고 봄이 상당하다. 법률이 자치적인 사항을 정관에 위임할 경우 원칙적으로 헌법상의 포괄위임입법금지원칙이 적용되지 않는다 하더라도, 그 사항이 국민의 권리·의무에 관련되는 것일 경우에는, 적어도 국민의 권리와 의무의 형성에 관한 사항을 비롯하여 국가의 통치조직과 작용에 관한 기본적이고 본질적인 사항은 반드시 국회가 정하여야 할 것인바, **각 국가유공자 단체의 대의원의 선출에 관한 사항은 각 단체의 구성과 운영에 관한 것으로서, 국민의 권리와 의무의 형성에 관한 사항이나 국가의 통치조직과 작용에 관한 기본적이고 본질적인 사항이라고 볼 수 없으므로, 법률유보 내지 의회유보의 원칙이 지켜져야 할 영역이라고 할 수 없다.** 따라서 각 단체의 대의원의 정수 및 선임방법 등은 정관으로 정하도록 규정하고 있는 국가유공자등단체설립에관한법률 제11조가 법률유보 혹은 의회유보의 원칙에 위배되어 청구인의 기본권을 침해한다고 할 수 없다.

28

2017 하반기
국가직 9급

대통령령을 제정하려면 국무회의의 심의와 법제처의 심사를 거쳐야 한다. O | X

「법령 등 공포에 관한 법률」에서는 대통령령의 경우 국무회의심의 거친 사실을 적시하여야 한다고 규정된 반면 (제7조), 총리령 등에서는 이러한 요구가 없다(제9조 제1항). 한편 「정부조직법」에 따라 법규명령은 모두 법제처의 심사를 거쳐야 한다(제23조 제1항).

법령 등 공포에 관한 법률

제7조(대통령령) 대통령령 공포문의 전문에는 **국무회의의 심의를 거친 사실을 적고**, 대통령이 서명한 후 대통령인을 찍고 그 공포일을 명기하여 국무총리와 관계 국무위원이 부서한다.

제9조(총리령 등) ① 총리령을 공포할 때에는 그 일자를 명기하고, 국무총리가 서명한 후 총리인(總理印)을 찍는다.

② 부령을 공포할 때에는 그 일자를 명기하고, 해당 부(部)의 장관이 서명한 후 그 장관인(長官印)을 찍는다.

정부조직법

제23조(법제처) ① **국무회의에 상정될 법령안**·조약안과 **총리령안 및 부령안의 심사**와 그 밖에 법제에 관한 사무를 전문적으로 관장하기 위하여 국무총리 소속으로 법제처를 둔다.

② 법제처에 처장 1명과 차장 1명을 두되, 처장은 정무직으로 하고, 차장은 고위공무원단에 속하는 일반직공무원으로 보한다.

29

2017 하반기
국가직 9급

법률의 시행령이나 시행규칙의 내용이 모법의 입법 취지와 관련 조항 전체를 유기적·체계적으로 살펴보아 모법의 해석상 가능한 것을 명시한 것에 지나지 아니하거나 모법 조항의 취지에 근거하여 이를 구체화하기 위한 것인 때에는, 모법에 이에 관하여 직접 위임하는 규정을 두지 아니하였다고 하더라도 이를 무효라고 볼 수는 없다. O | X

[대법원 2014.8.20, 선고, 2012두19526, 판결]

법률의 시행령이나 시행규칙은 법률에 의한 위임이 없으면 개인의 권리·의무에 관한 내용을 변경·보충하거나 법률이 규정하지 아니한 새로운 내용을 정할 수는 없지만, **법률의 시행령이나 시행규칙의 내용이 모법의 입법 취지와 관련 조항 전체를 유기적·체계적으로 살펴보아 모법의 해석상 가능한 것을 명시한 것에 지나지 아니하거나 모법 조항의 취지에 근거하여 이를 구체화하기 위한 것인 때에는 모법의 규율 범위를 벗어난 것으로 볼 수 없으므로, 모법에 이에 관하여 직접 위임하는 규정을 두지 아니하였다고 하더라도 이를 무효라고 볼 수는 없다.** 이러한 법리는 지방자치단체의 교육감이 제정하는 교육규칙과 모법인 상위 법령의 관계에서도 마찬가지이다.

정답 | 28 ○ 29 ○

30

2017 하반기
국가직 9급

입법부가 법률로써 행정부에게 특정한 사항을 위임했음에도 불구하고 행정부가 정당한 이유 없이 이를 이행하지 않는다면 권력분립의 원칙과 법치국가 내지 법치행정의 원칙에 위배된다. O | X

[헌재 2004.2.26, 2001헌마718]
우리 헌법은 국가권력의 남용으로부터 국민의 자유와 권리를 보호하려는 법치국가의 실현을 기본이념으로 하고 있고, 자유민주주의 헌법의 원리에 따라 국가의 기능을 입법·행정·사법으로 분립하여 견제와 균형을 이루게 하는 권력분립제도를 채택하고 있어, 행정과 사법은 법률에 기속되므로, **국회가 특정한 사항에 대하여 행정부에 위임하였음에도 불구하고 행정부가 정당한 이유없이 이를 이행하지 않는다면 권력분립의 원칙과 법치국가의 원칙에 위배**되는 것이다.

31

2017 하반기
지방직 9급

대법원은 구 「도시 및 주거환경정비법」 제28조 제4항 본문이 사업시행인가 신청시의 동의요건을 조합의 정관에 포괄적으로 위임한 것은 헌법 제75조가 정하는 포괄위임입법금지의 원칙이 적용되어 이에 위배된다고 하였다. O | X

[대법원 2007.10.12, 선고, 2006두14476, 판결]
구 도시 및 주거환경정비법상 사업시행자에게 사업시행계획의 작성권이 있고 행정청은 단지 이에 대한 인가권만을 가지고 있으므로 사업시행자인 조합의 사업시행계획 작성은 자치법적 요소를 가지고 있는 사항이라 할 것이고, 이와 같이 **사업시행계획의 작성이 자치법적 요소를 가지고 있는 이상, 조합의 사업시행인가 신청시의 토지 등 소유자의 동의요건 역시 자치법적 사항이라 할 것이며, 따라서 2005. 3. 18. 법률 제7392호로 개정된 도시 및 주거환경정비법 제28조 제4항 본문이 사업시행인가 신청시의 동의요건을 조합의 정관에 포괄적으로 위임하고 있다고 하더라도 헌법 제75조가 정하는 포괄위임입법금지의 원칙이 적용되지 아니하므로 이에 위배된다고 할 수 없다.** 그리고 조합의 사업시행인가 신청시의 토지 등 소유자의 동의요건이 비록 토지 등 소유자의 재산상 권리·의무에 영향을 미치는 사업시행계획에 관한 것이라고 하더라도, 그 동의요건은 사업시행인가 신청에 대한 토지 등 소유자의 사전 통제를 위한 절차적 요건에 불과하고 토지 등 소유자의 재산상 권리·의무에 관한 기본적이고 본질적인 사항이라고 볼 수 없으므로 법률유보 내지 의회유보의 원칙이 반드시 지켜져야 하는 영역이라고 할 수 없고, 따라서 개정된 도시 및 주거환경정비법 제28조 제4항 본문이 법률유보 내지 의회유보의 원칙에 위배된다고 할 수 없다.

32

2017 하반기
지방직 9급

치과전문의 시험실시를 위한 시행규칙 규정의 제정 미비로 인해 치과전문의 자격을 갖지 못한 사람은 부작위위법확인소송을 통하여 구제받을 수 있다. O | X

진정입법부작위에 대해서 헌법소원을 제기할 수는 있으나, 「처분」의 부작위를 그 대상으로 하는 부작위위법확인소송은 제기할 수 없다. 덧붙여 진정입법부작위로 인한 손해를 이유로 국가배상청구소송을 제기할 수도 있다.

(i) 헌법소원의 경우

[헌재 전원재판부 96헌마246, 1998.7.16.]
삼권분립의 원칙, 법치행정의 원칙을 당연한 전제로 하고 있는 우리 헌법하에서 행정권의 행정입법 등 법집행의무는 헌법적 의무라고 보아야 한다. 왜냐하면 행정입법이나 처분의 개입 없이도 법률이 집행될 수 있거나 법률의 시행여부나 시행시기까지 행정권에 위임된 경우는 별론으로 하고, 이 사건과 같이 **치과전문의제도의 실시를 법률 및 대통령령이 규정하고 있고 그 실시를 위하여 시행규칙의 개정 등이 행해져야 함에도 불구하고 행정**

권이 법률의 시행에 필요한 행정입법을 하지 아니하는 경우에는 행정권에 의하여 입법권이 침해되는 결과가 되기 때문이다. 따라서 보건복지부장관에게는 헌법에서 유래하는 행정입법의 작위의무가 있다.

(ii) 부작위위법확인소송의 경우

[대법원 1992.5.8, 선고, 91누11261, 판결]

행정소송은 구체적 사건에 대한 법률상 분쟁을 법에 의하여 해결함으로써 법적 안정을 기하자는 것이므로 부작위위법확인소송의 대상이 될 수 있는 것은 구체적 권리의무에 관한 분쟁이어야 하고 **추상적인 법령에 관하여 제정의 여부 등은 그 자체로서 국민의 구체적인 권리의무에 직접적 변동을 초래하는 것이 아니어서 그 소송의 대상이 될 수 없다.**

(iii) 국가배상청구소송의 경우

[대법원 2007.11.29, 2006다3561]

입법부가 법률로써 행정부에게 특정한 사항을 위임했음에도 불구하고 행정부가 정당한 이유 없이 이를 이행하지 않는다면 권력분립의 원칙과 법치국가 내지 법치행정의 원칙에 위배되는 것으로서 위법함과 동시에 위헌적인 것이 되는 바, 구 군법무관임용법 제5조 제3항과 군법무관임용 등에 관한 법률 제6조가 군법무관의 보수를 법관 및 검사의 예에 준하도록 규정하면서 그 구체적 내용을 시행령에 위임하고 있는 이상, 위 법률의 규정들은 군법무관의 보수의 내용을 법률로써 일차적으로 형성한 것이고, 위 법률들에 의해 상당한 수준의 보수청구권이 인정되는 것이므로, 위 보수청구권은 단순한 기대이익을 넘어서는 것으로서 법률의 규정에 의해 인정된 재산권의 한 내용이 되는 것으로 봄이 상당하고, 따라서 **행정부가 정당한 이유 없이 시행령을 제정하지 않은 것은 위 보수청구권을 침해하는 불법행위에 해당한다.**

33

2020 지방직 [서울시] 9급

담배자동판매기의 설치를 금지하고 설치된 판매기를 철거하도록 하는 조례는 기존 담배자동판매기업자의 직업의 자유와 재산권을 제한하는 조례이므로 법률의 위임이 필요하다. O | X

[헌재 92헌마264, 1995.4.20.]

헌법 제117조 제1항은 "지방자치단체는 주민의 복리에 관한 사무를 처리하고 재산을 관리하며, 법령의 범위 안에서 자치에 관한 규정을 제정할 수 있다."고 규정하고 있고, 지방자치법 제15조는 이를 구체화하여 "지방자치단체는 법령의 범위 안에서 그 사무에 관하여 조례를 제정할 수 있다. 다만, 주민의 권리제한 또는 의무부과에 관한 사항이나 벌칙을 정할 때에는 법률의 위임이 있어야 한다."고 규정하고 있다. 이 사건 조례들은 **담배소매업을 영위하는 주민들에게 자판기 설치를 제한하는 것을 내용으로 하고 있으므로 주민의 직업선택의 자유 특히 직업수행의 자유를 제한하는 것이 되어 지방자치법 제15조 단서 소정의 주민의 권리의무에 관한 사항을 규율하는 조례라고 할 수 있으므로 지방자치단체가 이러한 조례를 제정함에 있어서는 법률의 위임을 필요로 한다.**

34

2020 지방직 [서울시] 9급

영유아 보육시설 종사자의 정년을 조례로 규정하고자 하는 경우에는 법률의 위임이 필요 없다. O | X

[대법원 2009.5.28, 선고, 2007추134, 판결]

영유아보육법이 보육시설 종사자의 정년에 관한 규정을 두거나 이를 지방자치단체의 조례에 위임한다는 규정을 두고 있지 않음에도 보육시설 종사자의 정년을 규정한 '서울특별시 중구 영유아보육조례 일부개정조례안' 제17조 제3항은, 법률의 위임 없이 헌법이 보장하는 직업을 선택하여 수행할 권리의 제한에 관한 사항을 정한 것이어서 그 효력을 인정할 수 없으므로, 위 조례안에 대한 재의결은 무효라고 한 사례.

정답 | 33 O 34 X

35

2020 지방직 [서울시] 9급

군민의 출산을 장려하기 위하여 세 자녀 이상 세대 중 세 번째 이후 자녀에게 양육비 등을 지원할 수 있도록 하는 조례의 제정에는 법률의 위임이 필요 없다. O | X

침익행정과 달리 수익행정의 경우에는 법률의 개별적 위임을 요구하지 않는다.

[대법원 2006.10.12. 선고, 2006추38, 판결]

지방자치법 제15조에 의하면 **지방자치단체는 그 내용이 주민의 권리의 제한 또는 의무의 부과에 관한 사항이거나 벌칙에 관한 사항이 아닌 한 법률의 위임이 없더라도 그의 사무에 관하여 조례를 제정할 수 있는바, 지방자치단체의 세자녀 이상 세대 양육비 등 지원에 관한 조례안은** 저출산 문제의 국가적 · 사회적 심각성을 십분 감안하여 향후 지방자치단체의 출산을 적극 장려토록 하여 인구정책을 보다 전향적으로 실효성 있게 추진하고자 세 자녀 이상 세대 중 세 번째 이후 자녀에게 양육비 등을 지원할 수 있도록 하는 것으로서, 위와 같은 사무는 지방자치단체 고유의 자치사무 중 주민의 복지증진에 관한 사무를 규정한 지방자치법 제9조 제2항 제2호 (라)목에서 예시하고 있는 아동 · 청소년 및 부녀의 보호와 복지증진에 해당되는 사무이고, 또한 위 조례안에는 **주민의 편의 및 복리증진에 관한 내용을 담고 있어 그 제정에 있어서 반드시 법률의 개별적 위임이 따로 필요한 것은 아니다.**

36

2022 소방직

법률의 시행령이나 시행규칙은 법률의 위임이 없으면 개인의 권리 · 의무에 관한 내용을 변경 · 보충하거나 법률이 규정하지 아니한 새로운 내용을 정할 수는 없으므로, 모법에 이에 관하여 직접 위임하는 규정을 두지 아니하였다면 당연히 이를 무효라고 보아야 한다. O | X

일정한 경우에는 모법에 「직접 위임하는 규정」이 없더라도 유효로 될 여지가 있다.

[대법원 2014.8.20. 선고, 2012두19526, 판결]

법률의 시행령이나 시행규칙은 법률에 의한 위임이 없으면 개인의 권리 · 의무에 관한 내용을 변경 · 보충하거나 법률이 규정하지 아니한 새로운 내용을 정할 수는 없지만, **법률의 시행령이나 시행규칙의 내용이 모법의 입법 취지와 관련 조항 전체를 유기적 · 체계적으로 살펴보아 모법의 해석상 가능한 것을 명시한 것에 지나지 아니하거나 모법 조항의 취지에 근거하여 이를 구체화하기 위한 것인 때에는 모법의 규율 범위를 벗어난 것으로 볼 수 없으므로, 모법에 이에 관하여 직접 위임하는 규정을 두지 아니하였다고 하더라도 이를 무효라고 볼 수는 없다.**

37

2023 소방간부

국가나 지방자치단체가 법령등을 제정 · 개정 · 폐지하고자 하거나 그와 관련된 활동을 할 때에는 헌법과 상위 법령을 위반해서는 아니 되며, 헌법과 법령등에서 정한 절차를 준수하여야 한다. O | X

행정기본법

제38조(행정의 입법활동) ① 국가나 지방자치단체가 법령등을 제정 · 개정 · 폐지하고자 하거나 그와 관련된 활동(법률안의 국회 제출과 조례안의 지방의회 제출을 포함하며, 이하 이 장에서 "행정의 입법활동"이라 한다)을 할 때에는 헌법과 상위 법령을 위반해서는 아니 되며, 헌법과 법령등에서 정한 절차를 준수하여야 한다.

정답 | 35 ○ 36 × 37 ○

38

2023 소방간부

행정의 입법활동은 일반 국민 및 이해관계자로부터 의견을 수렴하고 관계 기관과 충분한 협의를 거쳐 책임 있게 추진되어야 한다. O | X

> **행정기본법**
>
> 제38조(행정의 입법활동) ② 정의 입법활동은 다음 각 호의 기준에 따라야 한다.
>
> 1. 일반 국민 및 이해관계자로부터 의견을 수렴하고 관계 기관과 충분한 협의를 거쳐 책임 있게 추진되어야 한다.

39

2023 소방간부

법령등의 내용과 규정은 다른 법령등과 조화를 이루어야 하고 법령등 상호 간에 중복되거나 상충되지 아니하여야 한다. O | X

> **행정기본법**
>
> 제38조(행정의 입법활동) ② 정의 입법활동은 다음 각 호의 기준에 따라야 한다.
>
> 2. 법령등의 내용과 규정은 다른 법령등과 조화를 이루어야 하고, 법령등 상호 간에 중복되거나 상충되지 아니하여야 한다.

40

2023 소방간부

법령등은 일반 국민이 그 내용을 쉽고 명확하게 이해할 수 있도록 알기 쉽게 만들어져야 한다. O | X

> **행정기본법**
>
> 제38조(행정의 입법활동) ② 정의 입법활동은 다음 각 호의 기준에 따라야 한다.
>
> 3. 법령등은 일반 국민이 그 내용을 쉽고 명확하게 이해할 수 있도록 알기 쉽게 만들어져야 한다.

41

2023 소방간부

행정의 입법활동의 절차 및 정부입법계획의 수립에 관하여 필요한 사항은 정부의 법제업무에 관한 사항을 규율하는 부령으로 정한다. O | X

> 부령이 아니라 대통령령으로 정한다.
>
> **행정기본법**
>
> 제38조(행정의 입법활동) ④ 행정의 입법활동의 절차 및 정부입법계획의 수립에 관하여 필요한 사항은 정부의 법제업무에 관한 사항을 규율하는 대통령령으로 정한다.

정답 | 38 ○ 39 ○ 40 ○ 41 ×

42

2023 소방직

법령에서 행정처분의 요건 중 일부 사항을 부령으로 정할 것을 위임한 데 따라 시행규칙 등 부령에서 이를 정한 경우에 그 부령의 규정은 국민에 대해서도 구속력이 있는 법규명령에 해당한다. O | X

이 경우 통상의 법규명령에 해당하므로 대외적 구속력이 인정된다.

[대판 2013.9.12, 2011두10584]

법령에서 행정처분의 요건 중 일부 사항을 부령으로 정할 것을 위임한 데 따라 시행규칙 등 부령에서 이를 정한 경우에 그 부령의 규정은 국민에 대해서도 구속력이 있는 법규명령에 해당한다.

43

2023 국가직 9급

상위법령의 위임이 없음에도 상위법령에 규정된 처분 요건에 해당하는 사항을 부령에서 변경하여 규정한 경우 그 부령의 규정은 국민에 대한 대외적 구속력이 있다. O | X

법령의 위임이 없이 제정된 법규명령은 법률유보의 원칙 위반으로 무효이므로 대외적 구속력이 없다.

[대판 2013.9.12, 2011두10584]

법령의 위임이 없음에도 법령에 규정된 처분 요건에 해당하는 사항을 부령에서 변경하여 규정한 경우에는 그 부령의 규정은 행정청 내부의 사무처리 기준 등을 정한 것으로서 행정조직내에서 적용되는 행정명령의 성격을 지닐 뿐 국민에 대한 대외적 구속력은 없다고 보아야 한다.

44

2023 국가직 9급

「특정다목적댐법」에서 댐 건설로 손실을 입으면 국가가 보상해야 하고 그 절차와 방법은 대통령령으로 제정토록 명시되어 있음에도 미제정된 경우, 법령제정의 여부는 「행정소송법」상 부작위위법확인소송의 대상이 될 수 없다. O | X

사안은 법령제정의무가 있는 경우로서 진정입법부작위에 해당한다. (진정이건 부진정이건) 행정입법부작위는 부작위위법확인소송의 대상이 되지 못한다. 다만 진정입법부작위는 위헌적인 공권력 불행사로 평가하여 헌법소원의 대상이 된다.

[대판 1992.5.8, 91누11261]

특정다목적댐법 제41조에 의하면 다목적댐 건설로 인한 손실보상 의무가 국가에게 있고 같은 법 제42조에 의하면 손실보상 절차와 그 방법 등 필요한 사항은 대통령령으로 규정하도록 되어 있음에도 피고가 이를 제정하지 아니한 것은 행정입법부작위에 해당하는 것이어서 그 부작위위법확인을 구한다고 주장하나, 행정소송은 구체적 사건에 대한 법률상 분쟁을 법에 의하여 해결함으로써 법적 안정을 기하자는 것이므로 부작위위법확인소송의 대상이 될 수 있는 것은 구체적 권리의무에 관한 분쟁이어야 하고 추상적인 법령에 관하여 제정의 여부 등은 그 자체로서 국민의 구체적인 권리의무에 직접적 변동을 초래하는 것이 아니어서 행정소송의 대상이 될 수 없으므로 이 사건 소는 부적법하다.

정답 | 42 ○ 43 × 44 ○

45

2023 국회사무처 8급

군인의 복무에 관한 사항을 규율할 권한을 대통령령에 위임하는 경우에는 대통령령으로 규정될 내용 및 범위에 관한 기본적인 사항을 다소 광범위하게 위임하였다 하더라도 포괄위임금지원칙에 위배된다고 볼 수 없다.

O | X

군인의 복무에 관한 사항은 대통령의 군통수권을 존중한다는 취지에서 대통령령에 비교적 광범위하게 위임할 수 있다.

[전원재판부 2008헌마638, 2010. 10. 28.]

이 사건 복무규율조항이 법률유보 원칙을 준수하였는지를 살펴보면, **군인사법 제47조의2는 헌법이 대통령에게 부여한 군통수권을 실질적으로 존중한다는 차원에서 군인의 복무에 관한 사항을 규율할 권한을 대통령령에 위임한 것이라 할 수 있고, 대통령령으로 규정될 내용 및 범위에 관한 기본적인 사항을 다소 광범위하게 위임하였다 하더라도 포괄위임금지원칙에 위배된다고 볼 수 없다.** 따라서 이 사건 복무규율조항은 이와 같은 군인사법 조항의 위임에 의하여 제정된 정당한 위임의 범위 내의 규율이라 할 것이므로 법률유보원칙을 준수한 것이다.

46

2023 국회사무처 8급

법령의 위임이 없음에도 법령에 규정된 처분 요건에 해당하는 사항을 부령에서 변경하여 규정한 경우에는 그 부령의 규정은 행정조직 내에서 적용되는 행정명령의 성격을 지닐 뿐 국민에 대한 대외적 구속력은 없다.

O | X

[대법원 2013.9.12, 선고, 2011두10584, 판결]

법령에서 행정처분의 요건 중 일부 사항을 부령으로 정할 것을 위임한 데 따라 시행규칙 등 부령에서 이를 정한 경우에 그 부령의 규정은 국민에 대해서도 구속력이 있는 법규명령에 해당한다고 할 것이지만, **법령의 위임이 없음에도 법령에 규정된 처분 요건에 해당하는 사항을 부령에서 변경하여 규정한 경우에는 그 부령의 규정은 행정청 내부의 사무처리 기준 등을 정한 것으로서 행정조직 내에서 적용되는 행정명령의 성격을 지닐 뿐 국민에 대한 대외적 구속력은 없다고 보아야 한다.** 따라서 어떤 행정처분이 그와 같이 법규성이 없는 시행규칙 등의 규정에 위배된다고 하더라도 그 이유만으로 처분이 위법하게 되는 것은 아니라 할 것이고, 또 그 규칙 등에서 정한 요건에 부합한다고 하여 반드시 그 처분이 적법한 것이라고 할 수도 없다. 이 경우 처분의 적법 여부는 그러한 규칙 등에서 정한 요건에 합치하는지 여부가 아니라 일반 국민에 대하여 구속력을 가지는 법률 등 법규성이 있는 관계 법령의 규정을 기준으로 판단하여야 한다.

47

2023 국회사무처 8급

헌법상 구체적 위임의 요구는 법률이 대통령령에 위임하는 경우에 대하여 규정된 것이므로 대통령령이 법률에서 위임받은 사항을 다시 부령에 재위임하는 경우에는 적용되지 않는다.

O | X

「전면적 재위임금지 원칙」은 「포괄위임금지원칙」과 사실상 동일한 내용이다.

[헌법재판소 1996.2.29, 선고, 94헌마213, 전원재판부]

법률에서 위임받은 사항을 전혀 규정하지 않고 재위임하는 것은 이위임금지의 법리에 반할 뿐 아니라 수권법의 내용변경을 초래하는 것이 되고, **부령의 제정 · 개정절차가 대통령령에 비하여 보다 용이한 점을 고려할 때 재위임에 의한 부령의 경우에도 위임에 의한 대통령령에 가해지는 헌법상의 제한이 당연히 적용되어야 할 것**이므로 법률에서 위임받은 사항을 전혀 규정하지 아니하고 그대로 재위임하는 것은 허용되지 않으며 위임받은 사항에 관하여 대강을 정하고 그 중의 특정사항을 범위를 정하여 하위법령에 다시 위임하는 경우에만 재위임이 허용된다.

정답 | 45 ○ 46 ○ 47 ×

48

2023 국회사무처 8급

중앙행정기관이 제정 · 개정 후 10일 내에 제출한 대통령령 · 총리령 및 부령이 그 위임법률의 취지 또는 내용에 합치되지 아니한다고 국회 소관 상임위원회가 판단한 경우 국회는 본회의 의결로 이를 처리하고 정부에 송부한다.

O | X

국회의 대정부 송부대상에서 부령은 제외된다.

국회법

98조의2(대통령령 등의 제출 등) ① **중앙행정기관의 장은 법률에서 위임한 사항이나 법률을 집행하기 위하여 필요한 사항을 규정한 대통령령·총리령·부령·훈령·예규·고시 등이 제정·개정 또는 폐지되었을 때에는 10일 이내에 이를 국회 소관 상임위원회에 제출하여야 한다.** 다만, 대통령령의 경우에는 입법예고를 할 때(입법예고를 생략하는 경우에는 법제처장에게 심사를 요청할 때를 말한다)에도 그 입법예고안을 10일 이내에 제출하여야 한다.

② 중앙행정기관의 장은 제1항의 기간 이내에 제출하지 못한 경우에는 그 이유를 소관 상임위원회에 통지하여야 한다.

③ 상임위원회는 위원회 또는 상설소위원회를 정기적으로 개회하여 그 소관 중앙행정기관이 제출한 대통령령·총리령 및 부령(이하 이 조에서 "대통령령등"이라 한다)의 법률 위반 여부 등을 검토하여야 한다.

④ 상임위원회는 제3항에 따른 검토 결과 **대통령령 또는 총리령**이 법률의 취지 또는 내용에 합치되지 아니한다고 판단되는 경우에는 검토의 경과와 처리 의견 등을 기재한 검토결과보고서를 의장에게 제출하여야 한다.

⑤ 의장은 제4항에 따라 제출된 검토결과보고서를 본회의에 보고하고, 국회는 본회의의 의결로 이를 처리하고 정부에 송부한다.

49

2023 지방직 9급

중앙선거관리위원회규칙은 법규명령이므로 구체적 규범통제의 대상이 될 수 있다.

O | X

중앙선거관리위원회규칙은 그 행정규칙이 아니라 헌법상 근거를 둔 법규명령에 해당하며 따라서 구체적 규범통제의 대상이 된다.

50

2023 지방직 9급

처분적 법규명령은 무효등확인소송 또는 취소소송의 대상이 된다.

O | X

법규명령, 즉 행정입법은 일반·추상적 성질을 가지므로 항고소송의 대상이 될 수 없음이 원칙이다. 다만 처분적 법규명령의 경우에는 예외적으로 처분성이 인정되어 항고소송의 대상이 된다.

51

2023 지방직 9급

대법원 이외의 각급법원도 구체적 규범통제의 방법으로 법규명령 조항에 대한 위헌 · 위법 판단을 할 수 있다.

O | X

구체적 규범통제는 각급법원에서 이루어지며 대법원은 재판의 전제가 된 명령 등에 대한 「최종적」심사권을 가질 뿐이다.

정답 | 48 × 49 ○ 50 ○ 51 ○

52

2023 군무원 7급

행정소송에 대한 대법원판결에 의하여 명령 · 규칙이 헌법 또는 법률에 위반된다는 것이 확정된 경우에는 대법원은 지체없이 그 사유를 국무총리에게 통보하여야 한다. O | X

> **행정소송법**
>
> 제6조(명령 · 규칙의 위헌판결등 공고) ① 행정소송에 대한 대법원판결에 의하여 명령 · 규칙이 헌법 또는 법률에 위반된다는 것이 확정된 경우에는 대법원은 지체없이 그 사유를 **행정안전부장관에게 통보**하여야 한다.

53

2023 국가직 7급

법원이 법률 하위의 법규명령이 위헌 · 위법인지를 심사하려면 그것이 재판의 전제가 되어야 하는데, 여기에서 재판의 전제란 구체적 사건이 법원에 계속 중이어야 하고, 위헌 · 위법인지가 문제 된 경우에는 그 법규명령의 특정 조항이 해당 소송사건의 재판에 적용되는 것이어야 하며, 그 조항이 위헌 · 위법인지에 따라 그 사건을 담당하는 법원이 다른 판단을 하게 되는 경우를 말한다. O | X

> [대법원 2019.6.13, 선고, 2017두33985, 판결]
>
> **법원이 법률 하위의 법규명령**, 규칙, 조례, 행정규칙 등(이하 '규정'이라 한다)**이 위헌 · 위법인지를 심사하려면 그것이 '재판의 전제'가 되어야 한다. 여기에서 '재판의 전제'란 구체적 사건이 법원에 계속 중이어야 하고, 위헌 · 위법인지가 문제 된 경우에는 규정의 특정 조항이 해당 소송사건의 재판에 적용되는 것이어야 하며, 그 조항이 위헌 · 위법인지에 따라 그 사건을 담당하는 법원이 다른 판단을 하게 되는 경우를 말한다.** 따라서 법원이 구체적 규범통제를 통해 위헌 · 위법으로 선언할 심판대상은, 해당 규정의 전부가 불가분적으로 결합되어 있어 일부를 무효로 하는 경우 나머지 부분이 유지될 수 없는 결과를 가져오는 특별한 사정이 없는 한, 원칙적으로 해당 규정 중 재판의 전제성이 인정되는 조항에 한정된다.

정답 | 52 × 53 ○

TOPIC 10

행정입법 2 – 행정규칙

01

2014 국가직 9급

훈령, 지시, 예규, 일일명령 등 행정기관이 그 하급기관이나 소속 공무원에 대하여 일정한 사항을 지시하는 문서는 지시문서이다. O | X

행정 효율과 협업 촉진에 관한 규정
제4조(공문서의 종류) 공문서(이하 "문서"라 한다)의 종류는 다음 각 호의 구분에 따른다.
1. 법규문서 : 헌법·법률·대통령령·총리령·부령·조례·규칙(이하 "법령"이라 한다) 등에 관한 문서
2. **지시문서 : 훈령·지시·예규·일일명령 등 행정기관이 그 하급기관이나 소속 공무원에 대하여 일정한 사항을 지시하는 문서**
3. 공고문서 : 고시·공고 등 행정기관이 일정한 사항을 일반에게 알리는 문서
4. 비치문서 : 행정기관이 일정한 사항을 기록하여 행정기관 내부에 비치하면서 업무에 활용하는 대장, 카드 등의 문서
5. 민원문서 : 민원인이 행정기관에 허가, 인가, 그 밖의 처분 등 특정한 행위를 요구하는 문서와 그에 대한 처리문서
6. 일반문서 : 제1호부터 제5호까지의 문서에 속하지 아니하는 모든 문서

02

2014 국가직 9급

대법원은 행정적 편의를 도모하기 위해 법령의 위임을 받아 제정된 절차적 규정을 법령보충적 행정규칙으로 본다. O | X

[대법원 2003.9.5, 2001두403]
법인은 법인세 신고시 세무조정사항을 기입한 소득금액조정합계표와 유보소득 계산서류인 적정유보초과소득조정명세서(을) 등을 신고서에 첨부하여 제출하여야 하는데, 위 소득금액조정합계표 작성요령 제4호 단서는 잉여금 증감에 따른 익금산입 및 손금산입 사항의 처분인 경우 익금산입은 기타 사외유출로, 손금산입은 기타로 구분하여 기입한다고 규정하고 있고, 위 적정유보초과소득조정명세서(을) 작성요령 제6호는 각 사업연도 소득금액계산상 배당·상여·기타소득 및 기타 사외유출란은 소득금액조정합계표의 배당·상여·기타소득 및 기타 사외유출 처분액을 기입한다고 규정하고 있는바, **위와 같은 작성요령은 법률의 위임을 받은 것이기는 하나 법인세의 부과징수라는 행정적 편의를 도모하기 위한 절차적 규정으로서 단순히 행정규칙의 성질을 가지는 데 불과하여 과세관청이나 일반국민을 기속하는 것이 아니므로,** 비록 납세의무자가 소득금액조정합계표 작성요령 제4호 단서에 의하여 잉여금 증감에 따라 익금산입된 금원을 기타 사외유출로 처분하였다고 하더라도 그 금원이 사외에 유출된 것이 분명하지 아니한 경우에는 이를 기타 사외유출로 보아 유보소득을 계산함에 있어 공제할 수 없다.

정답 | 01 ○ 02 ×

03

2014 지방직 9급

공익사업을 위한 토지 등의 취득 및 보상에 관한 법률 제68조 제3항은 협의취득의 보상액 산정에 관한 구체적 기준을 시행규칙에 위임하고 있고, 위임 범위 내에서 동법(同法) 시행규칙 제22조는 토지에 건축물 등이 있는 경우에는 건축물 등이 없는 상태를 상정하여 토지를 평가하도록 규정하고 있는데, 이는 대외적 구속력이 없다.

O | X

[대법원 2012.3.29, 2011다104253]
공익사업을 위한 토지 등의 취득 및 보상에 관한 법률(이하 '공익사업법'이라 한다) 제68조 제3항은 협의취득의 보상액 산정에 관한 구체적 기준을 시행규칙에 위임하고 있고, 위임 범위 내에서 공익사업을 위한 토지 등의 취득 및 보상에 관한 법률 시행규칙 제22조는 토지에 건축물 등이 있는 경우에는 건축물 등이 없는 상태를 상정하여 토지를 평가하도록 규정하고 있는데, 이는 **비록 행정규칙의 형식이나 공익사업법의 내용이 될 사항을 구체적으로 정하여 내용을 보충하는 기능을 갖는 것이므로, 공익사업법 규정과 결합하여 대외적인 구속력을 가진다.**

04

2014 지방직 9급

구 식품위생법 시행규칙 제53조가 정한 [별표 15]의 행정처분 기준은 구 식품위생법 제58조에 따른 영업허가의 취소 등에 관한 행정처분의 기준을 정한 것으로 대외적 구속력이 있다.

O | X

[대법원 2010.4.8, 2009두22997]
식품위생법 제58조 제1항에 의한 영업정지 등 행정처분의 적법 여부는 법 시행규칙 제53조 [별표 15]의 행정처분기준에 적합한 것인가의 여부에 따라 판단할 것이 아니라 법의 규정 및 그 취지에 적합한 것인가의 여부에 따라 판단하여야 하는 것이고, 행정처분으로 인하여 달성하려는 공익상의 필요와 이로 인하여 상대방이 받는 불이익을 비교·형량하여 그 처분으로 인하여 공익상 필요보다 상대방이 받게 되는 불이익 등이 막대한 경우에는 재량권의 한계를 일탈한 것으로서 위법하다.

05

2014 지방직 9급

구 도로교통법 시행규칙 제53조 제1항이 정한 [별표 16]의 운전면허행정처분기준은 부령의 형식으로 되어 있으나, 그 규정의 성질과 내용이 운전면허의 취소처분 등에 관한 사무처리기준과 처분절차 등 행정청 내부의 사무처리준칙을 규정한 것에 지나지 아니하므로 대외적 구속력이 없다.

O | X

[대법원 1998.3.27, 97누20236]
도로교통법 시행규칙 제53조 제1항이 정한 [별표 16]의 운전면허행정처분기준은 관할 행정청이 운전면허의 취소 및 운전면허의 효력정지 등의 사무처리를 함에 있어서 처리기준과 방법 등의 세부사항을 규정한 행정기관 내부의 처리지침에 불과한 것으로서 대외적으로 국민이나 법원을 기속하는 효력이 없으므로, 자동차운전면허취소처분의 적법 여부는 위 운전면허행정처분기준만에 의하여 판단할 것이 아니라 도로교통법의 규정 내용과 취지에 따라 판단되어야 하며, 위 운전면허행정처분기준의 하나로 삼고 있는 벌점이란 자동차운전면허의 취소·정지처분의 기초자료로 활용하기 위하여 법규 위반 또는 사고야기에 대하여 그 위반의 경중, 피해의 정도 등에 따라 배점되는 점수를 말하는 것으로서, 이러한 벌점의 누산에 따른 처분기준 역시 행정청 내의 사무처리에 관한 재량준칙에 지나지 아니할 뿐 법규적 효력을 가지는 것은 아니다.

정답 | 03 × 04 × 05 ○

06 행정규칙의 종류로는 훈령, 예규, 지시 등이 있다. O | X

2014 경찰행정

행정규칙은 통상 고시와 훈령의 형식으로 발령된다. 그런데 (넓은 의미의) 훈령은 다시 좁은 의미의 훈령·지시·예규·일일명령으로 구분된다.

07 산업자원부장관이 공업배치 및 공장설립에 관한 법률 제8조의 위임에 따라 공장입지의 기준을 구체적으로 정한 고시는 법규명령으로서 효력을 가진다. O | X

2015 사회복지직 9급

법령보충적 행정규칙에 해당한다.

[대법원 2004.5.28, 2002두4716]

산업자원부 고시 공장입지기준(1999. 12. 16. 산업자원부 고시 제1999-147호) 제5조는 산업자원부장관이 공업배치및공장설립에관한법률 제8조의 위임에 따라 공장입지의 기준을 구체적으로 정한 것으로서 법규명령으로서 효력을 가진다 할 것이고, 김포시 고시 공장입지제한처리기준(2000. 4. 10. 김포시 고시 제2000-28호) 제5조 제1항은 김포시장이 위 산업자원부 고시 공장입지기준 제5조 제2호의 위임에 따라 공장입지의 보다 세부적인 기준을 정한 것으로서 상위명령의 범위를 벗어나지 아니하므로 그와 결합하여 대외적으로 구속력이 있는 법규명령으로서 효력을 가진다.

08 경찰행정 채용시험에서의 부정행위자에 대한 5년간의 응시 자격제한을 규정한 경찰행정임용령 제46조 제1항은 행정청 내부의 사무처리기준을 규정한 재량준칙에 불과하다. O | X

2015 사회복지직 9급

[대법원 2008.5.29, 2007두18321]

경찰행정임용령 제46조 제1항의 수권형식과 내용에 비추어 이는 행정청 내부의 사무처리기준을 규정한 재량준칙이 아니라 일반 국민이나 법원을 구속하는 법규명령에 해당하고 따라서 위 규정에 의한 처분은 재량행위가 아닌 기속행위라 한 것이므로, 위 규정이 재량준칙임을 전제로 한 원고의 이 사건 응시자격제한처분이 재량권 일탈·남용 주장을 배척한 원심의 판단은 옳은 것으로 수긍이 가고 거기에 재량권 일탈·남용에 대한 법리오해의 위법이 없다.

09 법령보충적 행정규칙은 상위법령과 결합하여 그 위임한계를 벗어나지 아니하는 범위 내에서 상위법령의 일부가 됨으로써 대외적 구속력을 발생한다. O | X

2017 사회복지직 9급

[대법원 2008.3.27, 2006두3742]

상급행정기관이 하급행정기관에 대하여 업무처리지침이나 법령의 해석적용에 관한 기준을 정하여 발하는 이른바 행정규칙은 일반적으로 행정조직 내부에서만 효력을 가질 뿐 대외적인 구속력을 갖지 않지만, 법령의 규정이 특정 행정기관에게 그 법령 내용의 구체적 사항을 정할 수 있는 권한을 부여하면서 그 권한 행사의 절차나 방법을 특정하고 있지 않아 수임행정기관이 행정규칙의 형식으로 그 법령의 내용이 될 사항을 구체적으로 정하고 있다면, 그와 같은 행정규칙은 위에서 본 행정규칙이 갖는 일반적 효력으로서가 아니라 행정기관에 법령의 구체적 내용을 보충할 권한을 부여한 법령 규정의 효력에 의하여 그 내용을 보충하는 기능을 갖게 되고, 따라서 이와 같은 행정규칙은 당해 법령의 위임 한계를 벗어나지 않는 한 그것들과 결합하여 대외적인 구속력이 있는 법규명령으로서의 효력을 가진다.

정답 | 06 ○ 07 ○ 08 × 09 ○

10

2017 사회복지직 9급

「공공기관의 운영에 관한 법률」의 위임에 따라 입찰자격제한기준을 정하는 부령은 행정내부의 재량준칙에 불과하다. O | X

[대법원 2013.9.12, 선고, 2011두10584, 판결]

공공기관의 운영에 관한 법률(이하 '공공기관법'이라 한다) 제39조 제2항, 제3항 및 그 위임에 따라 기획재정부령으로 제정된 '공기업·준정부기관 계약사무규칙' 제15조 제1항(이하 '이 사건 규칙 조항'이라 한다)의 내용을 대비해 보면, 입찰참가자격 제한의 요건을 공공기관법에서는 '공정한 경쟁이나 계약의 적정한 이행을 해칠 것이 명백할 것'을 규정하고 있는 반면, 이 사건 규칙 조항에서는 '경쟁의 공정한 집행이나 계약의 적정한 이행을 해칠 우려가 있거나 입찰에 참가시키는 것이 부적합하다고 인정되는 자'라고 규정함으로써, 이 사건 규칙 조항이 법률에 규정된 것보다 한층 완화된 처분요건을 규정하여 그 처분대상을 확대하고 있다. 그러나 공공기관법 제39조 제3항에서 부령에 위임한 것은 '입찰참가자격의 제한기준 등에 관하여 필요한 사항'일 뿐이고, 이는 그 규정의 문언상 입찰참가자격을 제한하면서 그 기간의 정도와 가중·감경 등에 관한 사항을 의미하는 것이지 처분의 요건까지를 위임한 것이라고 볼 수는 없다. 따라서 **이 사건 규칙 조항에서 위와 같이 처분의 요건을 완화하여 정한 것은 상위법령의 위임 없이 규정한 것이므로 이는 행정기관 내부의 사무처리준칙을 정한 것에 지나지 않는다.**

11

2017 사회복지직 9급

판례는 종래부터 법령의 위임을 받아 부령으로 정한 제재적 행정처분의 기준을 행정규칙으로 보고, 대통령령으로 정한 제재적 행정처분의 기준은 법규명령으로 보는 경향이 있다. O | X

판례는 「법규명령 형식의 행정규칙」에 있어, 그 형식이 대통령령(시행령)인 경우와 총리령·부령(시행규칙)인 경우로 나누어 판단하고 있다.

대통령령인 경우 – 법규성 인정

[대법원 1997.12.26, 선고, 97누15418, 판결]

당해 처분의 기준이 된 주택건설촉진법시행령 제10조의3 제1항 [별표 1]은 주택건설촉진법 제7조 제2항의 위임규정에 터잡은 **규정형식상 대통령령이므로 그 성질이 부령인 시행규칙이나 또는 지방자치단체의 규칙과 같이 통상적으로 행정조직 내부에 있어서의 행정명령에 지나지 않는 것이 아니라 대외적으로 국민이나 법원을 구속하는 힘이 있는 법규명령에 해당**한다.

총리령·부령인 경우 – 법규성 부정

[대법원 1996.4.12, 선고, 95누10396, 판결]

도로교통법시행규칙 제53조 제1항이 정하고 있는 [별표 16] 운전면허행정처분기준은 관할 행정청이 운전면허의 취소 및 운전면허의 효력정지 등의 사무처리를 함에 있어서 처리기준과 방법 등의 세부사항을 규정한 행정기관 내부의 처리지침에 불과한 것으로서 대외적으로 국민이나 법원을 기속하는 것은 아니므로, 자동차운전면허 취소처분의 적법 여부는 위 운전면허행정처분기준이 상위법령에 근거가 있는지 여부 등에 의하여 판단할 것이 아니라 도로교통법의 규정 내용과 취지에 따라 판단하여야 하고, 따라서 위 운전면허행정처분기준이 상위법령에 근거가 없다 하여 자동차운전면허 취소처분이 위법한 것이라고 단정할 수는 없다.

정답 | 10 ○ 11 ○

12

2017 국회사무처 8급

보건복지부 고시가 다른 집행행위의 매개 없이 그 자체로서 요양기관, 국민건강보험공단, 국민건강보험 가입자 등의 법률관계를 직접 규율하고 있다면 항고소송의 대상이 된다. O | X

헌법

제107조 ① 법률이 헌법에 위반되는 여부가 재판의 전제가 된 경우에는 법원은 헌법재판소에 제청하여 그 심판에 의하여 재판한다.

[대법원 2003.10.9, 2003무23]

어떠한 고시가 일반적·추상적 성격을 가질 때에는 법규명령 또는 행정규칙에 해당할 것이지만, 다른 집행행위의 매개 없이 그 자체로서 직접 국민의 구체적인 권리의무나 법률관계를 규율하는 성격을 가질 때에는 행정처분에 해당한다고 할 것이다. 원심은 채용 증거들을 종합하여 판시와 같은 사실을 인정한 다음, 그 판시의 고시(이하 '이 사건 고시'라 한다)가 불특정의 항정신병 치료제 일반을 대상으로 한 것이 아니라 특정 제약회사의 특정 의약품을 규율 대상으로 하는 점 및 의사에 대하여 특정 의약품을 처방함에 있어서 지켜야 할 기준을 제시하면서 만일 그와 같은 처방기준에 따르지 않은 경우에는 국민건강보험공단에 대하여 그 약제비용을 보험급여로 청구할 수 없고 환자 본인에 대하여만 청구할 수 있게 한 점 등에 비추어 볼 때, **이 사건 고시는 다른 집행행위의 매개 없이 그 자체로서 제약회사, 요양기관, 환자 및 국민건강보험공단 사이의 법률관계를 직접 규율하는 성격을 가진다고 할 것이므로, 이는 항고소송의 대상이 되는 행정처분으로서의 성격을 갖는다고 판단하였다.**

13

2017 교육행정직 9급

법령의 위임 없이 제정한 2006년 교육공무원 보수업무 등 편람은 법규명령이다. O | X

[대법원 2010.12.9, 선고, 2010두16349, 판결]

교육공무원법 제34조 제2항, 구 공무원보수규정 제8조 관련 [별표 15] 공무원의 초임호봉표, [별표 22] 교육공무원 등의 경력환산율표(이하 '경력환산율표'라고 한다)에서는, 교육공무원을 신규채용하는 경우에 위 [별표 15]에 의하여 초임호봉을 획정하도록 규정하고 있고, 위 [별표 15]에서는 초·중등학교 교육공무원의 경우 경력환산율표에서 정하는 경력이 있는 때에는 그 경력기간을 일정한 환산율로 환산한 경력연수를 호봉에 합산하도록 규정하고 있으며, 경력환산율표에서는 교육법에 의한 교육회 이외의 교육문화단체에서 근무한 경력은 제5류로서 5할, 법령에 의하여 설립된 법인이나 위 교육문화단체를 제외한 각종 회사에서 근무한 경력(외교인, 점원은 제외)은 제6류로서 4할, 기타 직업에 종사한 경력은 제7류로서 3할의 환산율을 각 적용하도록 규정하고 있을 뿐이고, 초임호봉 획정과 관련하여 **교육인적자원부(현재는 교육부)장관에게 법령내용의 구체적 사항을 정할 수 있는 권한을 부여하는 규정을 두고 있지 않다. 그렇다면 2006년 교육공무원 보수업무 등 편람(이하 '보수업무편람'이라 한다)은 교육인적자원부에서 관련 행정기관 및 그 직원을 위한 업무처리지침 내지 참고사항을 정리해 둔 것에 불과하고 법규명령의 성질을 가진 것이라고는 볼 수 없는바**, 원심이 보수업무편람의 규정은 행정청 내부의 사무처리지침 또는 사례를 해설해 놓은 것에 불과하다고 본 것은 정당하고, 거기에 상고이유에서 주장하는 바와 같은 보수업무편람의 법적 성격에 관한 법리오해 등의 잘못이 없다.

정답 | 12 ○ 13 ×

14

2017 교육행정직 9급

구 「식품위생법 시행규칙」에서 정한 제재적 처분기준은 법규명령의 성질을 가진다. O | X

[대법원 1995.3.28, 선고, 94누6925, 판결]

구 식품위생법 시행규칙 제53조에서 [별표 15]로 식품위생법 제58조에 따른 행정처분의 기준을 정하였다고 하더라도 이는 형식만 부령으로 되어 있을 뿐, 그 성질은 행정기관 내부의 사무처리준칙을 정한 것으로서 행정명령의 성질을 가지는 것이고, 대외적으로 국민이나 법원을 기속하는 힘이 있는 것은 아니므로 같은 법 제58조 제1항에 의한 처분의 적법 여부는 같은 법 시행규칙에 적합한 것인가의 여부에 따라 판단할 것이 아니라 같은 법의 규정 및 그 취지에 적합한 것인가의 여부에 따라 판단하여야 한다.

15

2017 서울시 9급

「공공기관의 운영에 관한 법률」에 따라 입찰참가자격 제한 기준을 정하고 있는 구 「공기업·준정부기관 계약사무규칙」, 「국가를 당사자로 하는 계약에 관한 법률 시행규칙」은 대외적으로 국민이나 법원을 기속하는 효력이 없다. O | X

[대법원 2014.11.27, 선고, 2013두18964, 판결]

공공기관의 운영에 관한 법률 제39조 제2항, 제3항에 따라 입찰참가자격 제한기준을 정하고 있는 구 공기업·준정부기관 계약사무규칙 제15조 제2항, 국가를 당사자로 하는 계약에 관한 법률 시행규칙 제76조 제1항 [별표 2], 제3항 등은 비록 부령의 형식으로 되어 있으나 규정의 성질과 내용이 공기업·준정부기관(이하 '행정청'이라 한다)이 행하는 입찰참가자격 제한처분에 관한 행정청 내부의 재량준칙을 정한 것에 지나지 아니하여 대외적으로 국민이나 법원을 기속하는 효력이 없으므로, 입찰참가자격 제한처분이 적법한지 여부는 이러한 규칙에서 정한 기준에 적합한지 여부만에 따라 판단할 것이 아니라 공공기관의 운영에 관한 법률상 입찰참가자격 제한처분에 관한 규정과 그 취지에 적합한지 여부에 따라 판단하여야 한다. 다만 그 재량준칙이 정한 바에 따라 되풀이 시행되어 행정관행이 이루어지게 되면 평등의 원칙이나 신뢰보호의 원칙에 따라 행정청은 상대방에 대한 관계에서 그 규칙에 따라야 할 자기구속을 받게 되므로, 이러한 경우에는 특별한 사정이 없는 한 그에 반하는 처분은 평등의 원칙이나 신뢰보호의 원칙에 어긋나 재량권을 일탈·남용한 위법한 처분이 된다.

정답 | 14 × 15 ○

16

2017 서울시 9급

"가공품의 원료로 가공품이 사용될 경우 원산지표시는 원료로 사용된 가공품의 원료 농산물의 원산지를 표시하여야 한다"는 농림부고시인 「농산물원산지 표시요령」은 법규명령으로서의 대외적 구속력을 가진다. O | X

[대법원 2006.4.28, 자 2003마715, 결정]

구 농수산물품질관리법령의 관련 규정에 따라 국내 가공품의 원산지표시에 관한 세부적인 사항을 정하고 있는 구 농수산물품질관리법 시행규칙 제24조 제6항은 "가공품의 원산지표시에 있어서 그 표시의 위치, 글자의 크기·색도 등 표시방법에 관하여 필요한 사항은 농림부장관 또는 해양수산부장관이 정하여 고시한다."고 정하고 있는바, 이는 원산지표시의 위치, 글자의 크기·색도 등과 같은 표시방법에 관한 기술적이고 세부적인 사항만을 정하도록 위임한 것일 뿐, 원산지표시 방법에 관한 기술적인 사항이 아닌 원산지표시를 하여야 할 대상을 정하도록 위임한 것은 아니라고 해석되고, 그렇다면 농산물원산지 표시요령(1999. 12. 9. 농림부고시 제1999-82호) 제4조 제2항이 "가공품의 원료로 가공품이 사용될 경우 원산지표시는 원료로 사용된 가공품의 원료 농산물의 원산지를 표시하여야 한다."고 규정하고 있더라도 이는 원산지표시 방법에 관한 기술적인 사항이 아닌 원산지표시를 하여야 할 대상에 관한 것이어서 구 농수산물품질관리법 시행규칙에 의해 고시로써 정하도록 위임된 사항에 해당한다고 할 수 없어 법규명령으로서의 대외적 구속력을 가질 수 없고, 따라서 법원이 구 농산물품질관리법 시행령(2001. 9. 1. 대통령령 제17352호로 개정되기 전의 것)을 해석함에 있어서 농산물원산지 표시요령 제4조 제2항을 따라야 하는 것은 아니라고 한 사례.

17

2017 서울시 9급

한국표준산업분류는 우리나라의 산업구조를 가장 잘 반영하고 있고, 업종의 분류에 관하여 가장 공신력 있는 자료로 평가받고 있는 점 등을 고려하면, 업종의 분류에 관하여 판단자료와 전문성의 한계가 있는 대통령이나 행정각부의 장에게 위임하기보다는 통계청장이 고시하는 한국표준산업분류에 위임할 필요성이 인정된다. O | X

[대법원 2013.2.28, 선고, 2010두29192, 판결]

각종 조세 관련 법령에서 업종의 분류를 구 한국표준산업분류(이하 '한국표준산업분류'라 한다)에 의하도록 한 것은 전체 업종의 세부적인 분류에 요구되는 전문적·기술적 지식과 식견의 필요성, 소요되는 시간과 인력의 양, 그리고 한국표준산업분류가 유엔이 제정한 국제표준산업분류를 기초로 한 것으로서 국내외에 걸쳐 가장 공신력 있는 업종분류결과로서 받아들여지고 있는 사정 등에 비추어, 개별 법령에서 직접 업종을 분류하는 것보다는 통계청장이 기존에 고시한 한국표준산업분류에 따르는 것이 더 합리적이고 효율적이라고 판단한 데 따른 것으로 이해된다. 따라서 매매계약상의 매수인 지위 양도가 구 소득세법 시행령 제34조에서 규정한 '부동산공급업'에 포함되어 구 소득세법 제19조 제1항 제12호에서 규정한 부동산매매업에 해당하는지는 한국표준산업분류의 작성 목적과 적용 원칙 등에 비추어 그것이 한국표준산업분류상의 '부동산공급업'으로 분류될 수 있는지에 달려있다고 할 것이다. 이와 같은 법리를 전제로 살펴보면, 한국표준산업분류가 부동산공급업에 포함되는 것으로 규정한 '구입한 부동산을 임대 또는 운영하지 않고 재판매하는 경우'의 전형적인 사례인 '부동산에 관한 매매계약을 체결하고 대금을 청산한 다음 그 부동산을 재판매하는 경우'는 물론, 그와 산업활동의 유사성의 측면에서 별 차이가 없는 '부동산에 관한 매매계약을 체결한 다음 대금의 청산 전에 재판매하는 경우, 즉 매매계약상의 매수인 지위를 양도하는 경우'도 한국표준산업분류상의 부동산공급업에 포함된다고 보는 것이 한국표준산업분류의 작성 목적과 적용 원칙 등에 부합하는 해석이다.

정답 | 16 × 17 ○

18

2017 하반기
국가직 9급

대법원은 제재적 처분의 기준이 부령 형식으로 규정되어 있더라도 그것은 행정청 내부의 사무처리준칙을 정한 것에 지나지 아니하여 대외적으로 국민이나 법원을 기속하는 효력이 없고, 당해 처분의 적법여부는 위 처분기준 뿐만 아니라 관계 법령의 규정내용과 취지에 따라야 한다고 판단하였다. O | X

[대법원 전합 1995.10.17, 94누14148]
규정형식상 부령인 시행규칙 또는 지방자치단체의 규칙으로 정한 행정처분의 기준은 행정처분 등에 관한 사무처리기준과 처분절차 등 행정청 내의 사무처리준칙을 규정한 것에 불과하므로 행정조직 내부에 있어서의 행정명령의 성격을 지닐 뿐 대외적으로 국민이나 법원을 구속하는 힘이 없고, 그 처분이 위 규칙에 위배되는 것이라 하더라도 위법의 문제는 생기지 아니하고, 또 위 규칙에서 정한 기준에 적합하다 하여 바로 그 처분이 적법한 것이라고도 할 수 없으며, **그 처분의 적법 여부는 위 규칙에 적합한지의 여부에 따라 판단할 것이 아니고 관계 법령의 규정 및 그 취지에 적합한 것인지 여부에 따라 개별적·구체적으로 판단하여야 한다.**

19

2017 하반기
국가직 9급

법령의 규정이 특정 행정기관에게 법령 내용의 구체적 사항을 정할 수 있는 권한을 부여하면서 권한행사의 절차나 방법을 특정하지 아니하였다면, 수임 행정기관은 행정규칙이나 규정 형식으로 법령 내용이 될 사항을 구체적으로 정할 수 없다. O | X

[대법원 2012.7.5, 선고, 2010다72076, 판결]
법령의 규정이 특정 행정기관에게 법령 내용의 구체적 사항을 정할 수 있는 권한을 부여하면서 권한행사의 절차나 방법을 특정하지 아니한 경우에는 수임 행정기관은 행정규칙이나 규정 형식으로 법령 내용이 될 사항을 구체적으로 정할 수 있다. 이 경우 행정규칙 등은 당해 법령의 위임한계를 벗어나지 않는 한 대외적 구속력이 있는 법규명령으로서 효력을 가지게 되지만, 이는 행정규칙이 갖는 일반적 효력이 아니라 행정기관에 법령의 구체적 내용을 보충할 권한을 부여한 법령 규정의 효력에 근거하여 예외적으로 인정되는 것이다. 따라서 그 행정규칙이나 규정이 상위법령의 위임범위를 벗어난 경우에는 법규명령으로서 대외적 구속력을 인정할 여지는 없다. 이는 행정규칙이나 규정 '내용'이 위임범위를 벗어난 경우뿐 아니라 상위법령의 위임규정에서 특정하여 정한 권한행사의 '절차'나 '방식'에 위배되는 경우도 마찬가지이므로, **상위법령에서 세부사항 등을 시행규칙으로 정하도록 위임하였음에도 이를 고시 등 행정규칙으로 정하였다면 그 역시 대외적 구속력을 가지는 법규명령으로서 효력이 인정될 수 없다.**

20

2017 하반기
지방직 9급

구 청소년보호법 제49조 제1항·제2항에 따른 동법 시행령 제40조 [별표 6]의 위반행위의 종별에 따른 과징금 처분기준은 법규명령에 해당하고 과징금처분기준의 수액은 최고한도액이 아니라 정액이다. O | X

[대법원 2001.3.9, 99두5207]
구 청소년보호법(1999. 2. 5. 법률 제5817호로 개정되기 전의 것) 제49조 제1항, 제2항에 따른 같은법 **시행령(1999. 6. 30. 대통령령 제16461호로 개정되기 전의 것) 제40조 [별표 6]의 위반행위의 종별에 따른 과징금처분기준은 법규명령이기는 하나** 모법의 위임규정의 내용과 취지 및 헌법상의 과잉금지의 원칙과 평등의 원칙 등에 비추어 같은 유형의 위반행위라 하더라도 그 규모나 기간·사회적 비난 정도·위반행위로 인하여 다른 법률에 의하여 처벌받은 다른 사정·행위자의 개인적 사정 및 위반행위로 얻은 불법이익의 규모 등 여러 요소를 종합적으로 고려하여 **사안에 따라 적정한 과징금의 액수를 정하여야 할 것이므로 그 수액은 정액이 아니라 최고한도액**이다.

정답 | 18 ○ 19 × 20 ×

21

2017 하반기 지방직 9급

제재적 행정처분의 기준이 부령의 형식으로 규정되어 있는 경우, 이 처분기준에 적합하다 하여 곧바로 당해 처분이 적법한 것이라고 할 수는 없다. O | X

[대법원 2007.9.20, 선고, 2007두6946, 판결]

제재적 행정처분의 기준이 부령의 형식으로 규정되어 있더라도 그것은 행정청 내부의 사무처리준칙을 정한 것에 지나지 아니하여 대외적으로 국민이나 법원을 기속하는 효력이 없고, **당해 처분의 적법 여부는 위 처분기준만이 아니라 관계 법령의 규정 내용과 취지에 따라 판단되어야 하므로, 위 처분기준에 적합하다 하여 곧바로 당해 처분이 적법한 것이라고 할 수는 없지만**, 위 처분기준이 그 자체로 헌법 또는 법률에 합치되지 아니하거나 위 처분기준에 따른 제재적 행정처분이 그 처분사유가 된 위반행위의 내용 및 관계 법령의 규정 내용과 취지에 비추어 현저히 부당하다고 인정할 만한 합리적인 이유가 없는 한 섣불리 그 처분이 재량권의 범위를 일탈하였거나 재량권을 남용한 것이라고 판단해서는 안 된다.

22

2021 국회사무처 8급

중앙행정기관의 장은 법률에서 위임한 사항이나 법률을 집행하기 위하여 필요한 사항을 규정한 훈령이나 예규가 폐지되었을 때에는 10일 이내에 이를 국회 소관 상임위원회에 제출하여야 한다. O | X

국회법

제98조의2(대통령령 등의 제출 등) ① **중앙행정기관의 장은 법률에서 위임한 사항이나 법률을 집행하기 위하여 필요한 사항을 규정한** 대통령령·총리령·부령·**훈령·예규**·고시 등이 제정·개정 또는 **폐지되었을 때에는 10일 이내에 이를 국회 소관 상임위원회에 제출하여야 한다.** 다만, 대통령령의 경우에는 입법예고를 할 때(입법예고를 생략하는 경우에는 법제처장에게 심사를 요청할 때를 말한다)에도 그 입법예고안을 10일 이내에 제출하여야 한다.

23

2022 국가직 9급

한국수력원자력 주식회사가 조달하는 기자재, 용역 및 정비공사, 기기수리의 공급자에 대한 관리업무 절차를 규정함을 목적으로 제정·운용하고 있는 '공급자관리지침' 중 등록취소 및 그에 따른 일정 기간의 거래제한조치에 관한 규정들은 상위 법령의 구체적 위임 없이 정한 것이어서 대외적 구속력이 없는 행정규칙이다. O | X

통상의 행정규칙에 해당한다.

[대법원 2020.5.28, 선고, 2017두66541, 판결]

한국수력원자력 주식회사가 조달하는 기자재, 용역 및 정비공사, 기기수리의 공급자에 대한 관리업무 절차를 규정함을 목적으로 제정·운용하고 있는 '공급자관리지침' 중 등록취소 및 그에 따른 일정 기간의 거래제한조치에 관한 규정들은 **공공기관으로서 행정청에 해당하는 한국수력원자력 주식회사가 상위법령의 구체적 위임 없이 정한 것이어서 대외적 구속력이 없는 행정규칙**이다.

24

2022 국회사무처 9급

「2014년도 건물 및 기타물건 시가표준액 조정기준」은 「건축법」 및 지방세법령의 위임에 따른 것으로서 대외적인 구속력이 있는 법규명령으로서의 효력을 가진다. O | X

법령보충규칙으로서 대외적 구속력을 갖는다.

[대법원 2017.5.31, 선고, 2017두30764, 판결]

건축법 제80조 제1항 제2호2, 지방세법 제4조 제2항, 지방세법 시행령 제4조 제1항 제1호의 내용, 형식 및 취지 등을 종합하면, **'2014년도 건물 및 기타물건 시가표준액 조정기준'의 각 규정들은 일정한 유형의 위반 건축물에 대한 이행강제금의 산정기준이 되는 시가표준액에 관하여 행정자치부장관으로 하여금 정하도록 한 위 건축법 및 지방세법령의 위임에 따른 것으로서 그 법령 규정의 내용을 보충하고 있으므로, 그 법령 규정과 결합하여 대외적인 구속력이 있는 법규명령으로서의 효력을 가지고,** 그중 증·개축 건물과 대수선 건물에 관한 특례를 정한 '증·개축 건물 등에 대한 시가표준액 산출요령'의 규정들도 마찬가지라고 보아야 한다.

25

2022 국가직 7급

중앙행정기관의 장이 정한 훈령·예규 및 고시 등 행정규칙은 상위법령의 위임이 있다고 하더라도 「행정기본법」 상의 '법령'에 해당하지 않는다. O | X

행정기본법상의 법령에 해당한다.

행정기본법

제2조(정의) 이 법에서 사용하는 용어의 뜻은 다음과 같다.

1. "법령등"이란 다음 각 목의 것을 말한다.
   가. 법령: 다음의 어느 하나에 해당하는 것
      1) 법률 및 대통령령·총리령·부령
      2) 국회규칙·대법원규칙·헌법재판소규칙·중앙선거관리위원회규칙 및 감사원규칙
      3) **1) 또는 2)의 위임을 받아 중앙행정기관(「정부조직법」 및 그 밖의 법률에 따라 설치된 중앙행정기관을 말한다. 이하 같다)의 장이 정한 훈령·예규 및 고시 등 행정규칙**
   나. 자치법규: 지방자치단체의 조례 및 규칙

26

2022 지방직 7급

행정기관 내부의 사무처리준칙에 불과한 행정규칙은 공포되어야 하는 것은 아니므로 특별한 규정이 없는 한, 수명기관에 도달된 때부터 효력이 발생한다. O | X

행정규칙은 법규명령과 달리 효력요건으로서 공포를 요하지 않는다. 법령상 특별한 규정이 있는 경우 외에는 수명자에게 적당한 방법(관보, 문서, 게시 등)으로 통보되고 도달하면 효력을 발생한다.

정답 24 ○ 25 × 26 ○

27

2023 소방직

상급행정기관이 소속 공무원이나 하급행정기관에 대하여 세부적인 업무처리절차나 법령의 해석 · 적용 기준을 정해 주는 행정규칙은 상위법령에 반하지 않는다고 하더라도 상위법령의 구체적 위임이 있지 않는 한, 행정조직 내부적으로도 효력을 가지지 못하고 대외적으로도 국민이나 법원을 구속하는 효력이 없다. O | X

행정규칙은 그것이 상위법령에 반하지 않는 이상 적어도 대내적인 효력은 인정된다.

[대판 2009.12.24, 2009두7967]

상급행정기관이 소속 공무원이나 하급행정기관에 대하여 세부적인 업무처리절차나 법령의 해석 · 적용 기준을 정해 주는 '행정규칙'은 상위법령의 구체적 위임이 있지 않는 한 행정조직 내부에서만 효력을 가질 뿐 대외적으로 국민이나 법원을 구속하는 효력이 없다. 다만 행정규칙이 이를 정한 행정기관의 재량에 속하는 사항에 관한 것인 때에는 그 규정 내용이 객관적 합리성을 결여하였다는 등의 특별한 사정이 없는 한 법원은 이를 존중하는 것이 바람직하다. **그러나 행정규칙의 내용이 상위법령에 반하는 것이라면 법치국가원리에서 파생되는 법질서의 통일성과 모순금지 원칙에 따라 그것은 법질서상 당연무효이고, 행정내부적 효력도 인정될 수 없다.** 이러한 경우 법원은 해당 행정규칙이 법질서상 부존재하는 것으로 취급하여 행정기관이 한 조치의 당부를 상위법령의 규정과 입법 목적 등에 따라서 판단하여야 한다.

28

2023 군무원 9급

「공기업 · 준정부기관 계약사무규칙」에 따른 낙찰적격 세부기준은 국민의 권리의무에 영향을 미치므로 대외적 구속력이 인정된다. O | X

[대법원 2014.12.24, 선고, 2010두6700, 판결]

공사낙찰적격심사세부기준(이하 '이 사건 세부기준'이라 한다) 제4조 제2항인 사실, 이 사건 세부기준은 공공기관의 운영에 관한 법률 제39조 제1항, 제3항, 구 공기업 · 준정부기관 계약사무규칙 제12조에 근거하고 있으나, **이러한 규정은 공공기관이 사인과 사이의 계약관계를 공정하고 합리적 · 효율적으로 처리할 수 있도록 관계 공무원이 지켜야 할 계약사무처리에 관한 필요한 사항을 규정한 것으로서 공공기관의 내부규정에 불과하여 대외적 구속력이 없는 것**임을 알 수 있다.

29

2023 지방직 7급

「여객자동차 운수사업법」의 위임에 따른 시외버스운송사업의 사업계획변경 기준 등에 관한 「여객자동차 운수사업법 시행규칙」의 관련 규정은 대외적인 구속력이 있는 법규명령이라고 할 것이다. O | X

다른 법규명령형식의 행정규칙과는 달리, 사무처리기준에 관한 내용을 규정한 시행규칙에 대해서 예외적으로 법규성을 인정한 판례이므로 별도로 기억해두고 있어야 한다.

[대법원 2006.6.27. 선고, 2003두4355, 판결]

이 사건에 적용되는 구 여객자동차 운수사업법 제11조 제1항은 여객자동차운송사업의 면허를 받은 자가 사업계획을 변경하고자 하는 때에는 건설교통부장관의 인가를 받아야 한다고 규정하고, 같은 조 제4항은 사업계획 변경의 절차 · 기준 기타 필요한 사항은 건설교통부령으로 정한다고 규정하며, 법 시행규칙 제31조 제2항은 "시외버스운송사업의 사업계획변경은 다음 각 호의 기준에 의한다. 1. 노선 및 운행계통을 신설하고자 하는 때에는 운행횟수를 4회 이상으로 할 것 2. 노선 및 운행계통을 연장하고자 하는 때에 그 연장거리는 기존 운행계통의 50퍼센트 이하로 할 것 (중략) 6. 제32조 제1항 제3호 (가)목의 규정에 의한 운행횟수의 증감을 초과하는 경우로서 2 이상의 시 · 도에 걸치는 운행횟수의 증감은 관련 시외버스운송사업자 또는 관할 관청이 참여하여 당해 운행계통에 대한 수송수요 등을 조사한 후에 변경할 것"이라고 규정하고 있는바, **법 시행규칙 제31조 제2항 제1호, 제2호, 제6호(이하 '이 사건 각 규정'이라 한다)는 법 제11조 제4항의 위임에 따라 시외버스운송사업의 사업계획변경에 관한 절차, 인가기준 등을 구체적으로 규정한 것으로서, 대외적인 구속력이 있는 법규명령이라고 할 것이고, 그것을 행정청 내부의 사무처리준칙을 규정한 행정규칙에 불과하다고 할 수는 없는 것**이다.

정답 | 29 ○

TOPIC 11

행정행위의 개념 / 분류

제1절 행정행위의 개념

01

2017 사회복지직 9급

상급행정기관의 하급행정기관에 대한 승인·동의·지시 등은 행정기관 상호 간의 내부행위로서 항고소송의 대상이 되는 행정처분이라 볼 수 없다. O | X

[대법원 2008.5.15. 선고, 2008두2583, 판결]
항고소송의 대상이 되는 행정처분은 행정청의 공법상의 행위로서 특정 사항에 대하여 법규에 의한 권리의 설정 또는 의무의 부담을 명하거나 기타 법률상의 효과를 직접 발생케 하는 등 국민의 구체적인 권리·의무에 직접 관계가 있는 행위를 말하는바, 상급행정기관의 하급행정기관에 대한 승인·동의·지시 등은 행정기관 상호간의 내부행위로서 국민의 권리·의무에 직접 영향을 미치는 것이 아니므로 항고소송의 대상이 되는 행정처분에 해당한다고 볼 수 없다.

02

2017 국가직 9급

행정행위를 '행정청이 법 아래서 구체적 사실에 대한 법집행으로서 행하는 공법행위'로 정의하면, 공법상 계약과 공법상 합동행위는 행정행위의 개념에서 제외된다. O | X

(i) 행정행위는 행정청이 법 아래서 구체적 사실에 대한 법집행으로서 행하는 「공권력행사」로 정의한다. (ii) 만약 행정행위를 행정청이 법아래서 구체적 사실에 대한 법집행으로서 행하는 「공법행위」로 정의하게 되면 비권력적 행위(공법상 계약, 공법상 합동행위) 역시 행정행위의 개념에 포함된다.

03

2017 국가직 9급

「행정소송법」상 처분의 개념과 강학상 행정행위의 개념이 다르다고 보는 견해는 처분의 개념을 강학상 행정행위의 개념보다 넓게 본다. O | X

이른바 「쟁송법적 개념설」에 따르면 처분을 행정행위보다 더 넓은 개념으로 이해한다. 예컨대 권력적 사실행위는 행정행위는 아니지만 처분에는 해당한다.

04

2023 군무원 7급

「행정소송법」을 적용함에 있어서 행정청에는 행정권한의 위임 또는 위탁을 받은 사인이 포함된다. O | X

행정소송법
제2조(정의) ② 이 법을 적용함에 있어서 행정청에는 법령에 의하여 행정권한의 위임 또는 위탁을 받은 행정기관, 공공단체 및 그 기관 또는 사인이 포함된다.

정답 | 01 ○ 02 × 03 ○ 04 ○

01

2012 서울시 9급

공물로서 도로의 공용개시행위는 대물적 일반처분에 해당한다. O | X

도로의 공용개시행위는 해당 물건에 대하여 공물로서의 성격을 부여한다는 점에서 대물적 성격을 갖는다. 그리고 이러한 공용개시에 따라 불특정·다수인이 도로로 사용할 수 있게 되므로 일반처분에 해당한다.

02

2012 사회복지직 9급

대물적 행정행위 중 수익적 행정행위인 경우에는 그 효과가 승계된다. O | X

대인적 행정행위는 일신전속적이어서 그 효과가 승계되지 않으나, 대물적 행정행위는 제3자에게 그 법적효과가 승계될 수 있다. 특히 수익적 행정행위의 경우에는 법적 효과의 승계여부에 대해서 이설이 없다.

03

2017 사회복지직 9급

지방경찰청장의 횡단보도 설치행위는 국민의 구체적인 권리의무에 직접적인 변동을 초래하지 않으므로 행정소송법상 처분에 해당하지 않는다. O | X

[대법원 2000.10.27, 98두8964]

도로교통법 제10조 제1항의 취지에 비추어볼 때, **지방경찰청장이 횡단보도를 설치하여 보행자의 통행방법 등을 규제하는 것은 행정청이 특정사항에 대하여 의무의 부담을 명하는 행위이고 이는 국민의 권리의무에 직접 관계가 있는 행위로서 행정처분**이라고 보아야 할 것이다.

04

2021 지방직 7급

행정청은 처분에 재량이 있는 경우 법령이나 행정규칙이 정하는 바에 따라 완전히 자동화된 시스템으로 처분할 수 있다. O | X

행정기본법

제20조(자동적 처분) 행정청은 법률로 정하는 바에 따라 완전히 자동화된 시스템(인공지능 기술을 적용한 시스템을 포함한다)으로 처분을 할 수 있다. 다만, 처분에 재량이 있는 경우는 그러하지 아니하다.

05

2023 지방직 9급

자동화된 행정결정의 예로는 컴퓨터를 통한 중 · 고등학생의 학교배정, 신호등에 의한 교통신호 등이 있다. O | X

이외에도 무인카메라를 이용한 법규위반 단속도 있다.

정답 | 01 ○ 02 ○ 03 × 04 × 05 ○

06

2023 지방직 9급

「행정기본법」상 자동적 처분은 항고소송의 대상이 된다. O | X

자동적으로 이루어졌다고 하더라도 그 법적 성질이 처분인 이상 당연히 항고소송의 대상이 된다.

07

2023 지방직 9급

「행정기본법」상 자동적 처분을 할 수 있는 '완전히 자동화된 시스템'에는 '인공지능 기술을 적용한 시스템'이 포함되지 않는다. O | X

행정기본법

제20조(자동적 처분) 행정청은 법률로 정하는 바에 따라 완전히 자동화된 시스템(**인공지능 기술을 적용한 시스템을 포함한다**)으로 처분을 할 수 있다. 다만, 처분에 재량이 있는 경우는 그러하지 아니하다.

정답 | 06 ○ 07 ×

TOPIC 12

기속행위와 재량행위

01 2014 서울시 9급

법이 정한 재량권의 외적 한계를 넘어선 경우를 재량의 일탈이라 한다. O | X

재량의 외적 한계를 넘어선 것을 재량의 일탈이라 하고, 재량의 외적 한계를 넘어서지는 아니하였으나 행정법의 일반원칙을 준수하지 아니하고 자의적으로 행사된 경우에는 재량의 남용이라 한다.

02 2014 서울시 9급

재량행위가 위법하다는 이유로 소송이 제기된 경우에 법원은 각하할 것이 아니라 그 일탈·남용 여부를 심사하여 그에 해당하지 않으면 청구를 기각하여야 한다. O | X

소송요건이 결여된 경우에는 각하판결을 하고 소송요건은 충족되었으나 청구가 이유가 없는 경우에는 본안판단을 하여 기각판결을 한다. 재량행위가 재량권을 일탈 내지 남용하여 위법한지 여부는 본안판단사항이기 때문에 법원은 청구에 이유가 없으면 기각판결을 하여야 한다.

03 2015 사회복지직 9급

관세법 소정의 보세구역 설영특허는 공기업의 특허로서 그 특허의 부여 여부는 행정청의 자유재량에 속하고, 설영특허에 특허기간이 부가된 경우 그 기간의 갱신 여부도 행정청의 자유재량에 속한다. O | X

[대법원 1989.5.9. 88누4188]
관세법 제78조 소정의 보세구역의 설영특허는 보세구역의 설치, 경영에 관한 권리를 설정하는 이른바 공기업의 특허로서 그 특허의 부여여부는 행정청의 자유재량에 속하며, 특허기간이 만료된 때에 특허는 당연히 실효되는 것이어서 **특허기간의 갱신은 실질적으로 권리의 설정과 같으므로 그 갱신여부도 특허관청의 자유재량**에 속한다.

04 2015 사회복지직 9급

행정청이 개인택시운송사업의 면허를 발급함에 있어 '개인택시 운송사업면허 사무처리지침'에 따라 택시운전경력자를 일정 부분 우대하는 처분을 한 경우, 택시 이외의 운전경력자에게 반사적인 불이익이 초래되는 결과가 되므로 그러한 내용의 지침에 따른 처분은 재량권을 일탈·남용한 처분에 해당된다. O | X

[대법원 2009.7.9. 2008두11099]
행정청이 개인택시운송사업의 면허를 발급하면서 택시 운전경력의 업무적 유사성과 유용성 등 해당 면허와의 상관성에 대한 고려와 함께 당해 행정청 관내 운송사업 및 면허발급의 현황과 장기적인 전망 및 대책 등을 포함한 정책적 고려까지 감안하여 **'택시'운전경력자를 일정 부분 우대하는 처분을 하게 된 것이라면, 그러한 차별적 취급의 근거로 삼은 행정청의 합목적적 평가 및 정책적 고려 등에 사실의 왜곡이나 현저한 불합리가 인정되지 않는 한** 그 때문에 택시 이외의 운전경력자에게 반사적인 불이익이 초래된다는 결과만을 들어 그러한 행정청의 조치가 불합리 혹은 부당하여 **재량권을 일탈·남용한 위법이 있다고 볼 수는 없다.**

정답 | 01 ○ 02 ○ 03 ○ 04 ×

05

2015 사회복지직 9급

전국공무원노동조합 시지부 사무국장이 지방공무원 복무조례 개정안에 대한 의견을 표명하기 위하여 전국공무원노동조합 간부들과 함께 시장의 사택을 방문하였고, 이에 징계권자가 시장 개인의 명예와 시청의 위신을 실추시키고 지방공무원법에서 정한 집단행위 금지의무를 위반하였다는 등의 이유로 사무국장을 파면처분한 것은 재량권의 일탈·남용에 해당되지 않는다. O | X

[대법원 2009.6.23, 2006두16786]
지방공무원 복무조례개정안에 대한 의견을 표명하기 위하여 전국공무원노동조합 간부 10여 명과 함께 시장의 사택을 방문한 위 노동조합 시지부 사무국장에게 지방공무원법 제58조에 정한 집단행위 금지의무를 위반하였다는 등의 이유로 징계권자가 파면처분을 한 사안에서, 그 징계처분이 사회통념상 현저하게 타당성을 잃거나 객관적으로 명백하게 부당하여 징계권의 한계를 일탈하거나 재량권을 남용하였다고 볼 수 없다.

06

2015 국가직 9급

판례는 재량권의 일탈과 재량권의 남용을 명확히 구분하고 있다. O | X

판례는 재량권의 일탈과 재량권의 남용을 명확히 구분하여 사용하지 않으나, 학설은 재량권의 일탈·남용을 구분하고 있다.

07

2015 국가직 9급

재량권의 불행사에는 재량권을 충분히 행사하지 아니한 경우는 포함되지 않는다. O | X

재량권의 불행사란 재량권을 행사함에 있어서 행정청이 정당한 사유 없이 고려해야 할 구체적 사정을 전혀 고려하지 아니한 경우를 의미한다. 따라서 재량권을 충분히 행사하지 아니한 경우도 재량권의 불행사로 본다.

[대법원 2010.7.15, 선고, 2010두7031, 판결]
실권리자명의 등기의무를 위반한 명의신탁자에 대하여 부과하는 과징금의 감경에 관한 '부동산 실권리자명의 등기에 관한 법률 시행령' 제3조의2 단서는 임의적 감경규정임이 명백하므로, 그 감경사유가 존재하더라도 과징금 부과관청이 감경사유까지 고려하고도 과징금을 감경하지 않은 채 과징금 전액을 부과하는 처분을 한 경우에는 이를 위법하다고 단정할 수는 없으나, 위 감경사유가 있음에도 이를 전혀 고려하지 않았거나 감경사유에 해당하지 않는다고 오인한 나머지 과징금을 감경하지 않았다면 그 과징금 부과처분은 재량권을 일탈·남용한 위법한 처분이라고 할 수밖에 없다.

08

2015 국가직 9급

개인의 신체, 생명 등 중요한 법익에 급박하고 현저한 침해의 우려가 있는 경우 재량권이 영(0)으로 수축된다. O | X

「재량권의 영(0)으로의 수축」이란 행정청에 재량권이 인정된 경우에도 구체적 상황에서 오로지 하나의 선택가능성만이 합법적인 것으로 남아 있는 경우를 말한다.

정답 | 05 ○ 06 × 07 × 08 ○

09

2017 사회복지직 9급

설정된 재량기준이 객관적으로 합리적이 아니라거나 타당하지 않다고 볼 만한 다른 특별한 사정이 없다면 행정청의 의사는 존중되어야 한다. O | X

[대법원 2009.7.9, 선고, 2008두11099, 판결]

여객자동차 운수사업법에 의한 개인택시운송사업면허는 특정인에게 권리나 이익을 부여하는 행정행위로서 법령에 특별한 규정이 없는 한 재량행위이고, 위 법과 그 시행규칙의 범위 내에서 면허를 위하여 필요한 기준을 정하는 것 역시 행정청의 재량에 속하는 것이므로, 그 **설정된 기준이 객관적으로 보아 합리적이 아니라거나 타당하지 않다고 볼 만한 다른 특별한 사정이 없는 이상 행정청의 의사는 가능한 한 존중되어야** 할 것인바, 행정청이 개인택시운송사업의 면허를 발급함에 있어 택시 운전경력의 업무적 유사성과 유용성 등 해당 면허와의 상관성에 대한 고려와 함께 당해 행정청 관내 운송사업 및 면허발급의 현황과 장기적인 전망 및 대책 등을 포함한 정책적 고려까지 감안하여 택시 운전경력자를 일정 부분 우대하는 처분을 하게 된 것이라면, 그러한 차별적 취급의 근거로 삼은 행정청의 합목적적 평가 및 정책적 고려 등에 사실의 왜곡이나 현저한 불합리가 인정되지 아니하는 한 그 때문에 택시 이외의 운전경력자에게 반사적인 불이익이 초래된다는 결과만을 들어 그러한 행정청의 조치가 불합리 혹은 부당하여 재량권을 일탈·남용한 위법이 있다고 볼 수는 없다.

10

2017 국가직 9급

판단여지를 긍정하는 학설은 판단여지는 법률효과 선택의 문제이고 재량은 법률요건에 대한 인식의 문제라는 점, 양자는 그 인정근거와 내용 등을 달리하는 점에서 구별하는 것이 타당하다고 한다. O | X

「판단여지설」은 행정법규가 행정행위의 요건을 불확정개념으로 규정하고 있는 경우에도 그 불확정개념을 현실적으로 해석·적용하는 것은 행정부의 재량이 될 수 없다고 본다. 즉 효과가 아니라 요건판단에 대한 행정부의 재량을 부인한다.

11

2017 국가직 9급

다수설에 따르면 불확정개념의 해석은 법적 문제이기 때문에 일반적으로 전면적인 사법심사의 대상이 되고, 특정한 사실관계와 관련하여서는 원칙적으로 일의적인 해석(하나의 정당한 결론)만이 가능하다고 본다. O | X

보통 불확정 개념은 법적개념이기에 이 개념의 해석·적용은 사법심사의 대상이 되는 것이 원칙이다. 이 경우 특정한 사실관계와 관련하여서는 원칙적으로 일의적인, 즉 하나의 정당한 해석만 할 수 있는 개념이라는 것이 학설의 입장이다.

다만 구체적으로 불확정개념을 해석·적용할 경우에 어떤 사실이 그 요건에 해당하는지는 일의적으로 판단하기 어렵다. 그러므로 행정청의 전문적·기술적·정책적 판단이 최종적인 판단으로 존중됨으로써 행정청의 일정한 판단에 대한 법원의 심사권이 제약되는 경우가 생길 수 있다.

정답 | 09 ○ 10 × 11 ○

12

2017 지방직 9급

기속행위의 경우에는 절차상의 하자만으로 독립된 취소사유가 될 수 없으나, 재량행위의 경우에는 절차상의 하자만으로도 독립된 취소사유가 된다. O | X

행정행위가 기속행위이건 재량행위이건, 실체법상으로 적법하더라도 절차법상의 하자만으로 독립된 취소사유가 된다는 것이 대법원 판례의 입장이다.

[대법원 2000.11.14, 선고, 99두5870, 판결]

행정절차법 제21조 제1항, 제4항, 제22조 제1항 내지 제4항에 의하면, 행정청이 당사자에게 의무를 과하거나 권익을 제한하는 처분을 하는 경우에는 미리 처분하고자 하는 원인이 되는 사실과 처분의 내용 및 법적 근거, 이에 대하여 의견을 제출할 수 있다는 뜻과 의견을 제출하지 아니하는 경우의 처리방법 등의 사항을 당사자 등에게 통지하여야 하고, 다른 법령 등에서 필요적으로 청문을 실시하거나 공청회를 개최하도록 규정하고 있지 아니한 경우에도 당사자 등에게 의견제출의 기회를 주어야 하되, 당해 처분의 성질상 의견청취가 현저히 곤란하거나 명백히 불필요하다고 인정될 만한 상당한 이유가 있는 경우 등에는 처분의 사전통지나 의견청취를 하지 아니할 수 있도록 규정하고 있으므로, **행정청이 침해적 행정처분을 함에 있어서 당사자에게 위와 같은 사전통지를 하거나 의견제출의 기회를 주지 아니하였다면 사전통지를 하지 않거나 의견제출의 기회를 주지 아니하여도 되는 예외적인 경우에 해당하지 아니하는 한 그 처분은 위법하여 취소를 면할 수 없다.**

13

2017 하반기
국가직 9급

기속행위에 대한 사법심사는 법원이 사실인정과 관련 법규의 해석·적용을 통하여 일정한 결론을 도출한 후 그 결론에 비추어 행정청이 한 판단의 적법 여부를 독자의 입장에서 판정하는 방식에 의하게 된다. O | X

[대법원 2005.7.14, 2004두6181]

행정행위를 기속행위와 재량행위로 구분하는 경우 양자에 대한 사법심사는, 전자의 경우 그 법규에 대한 원칙적인 기속성으로 인하여 법원이 사실인정과 관련 법규의 해석·적용을 통하여 일정한 결론을 도출한 후 그 결론에 비추어 행정청이 한 판단의 적법 여부를 독자의 입장에서 판정하는 방식에 의하게 되나, 후자의 경우 **행정청의 재량에 기한 공익판단의 여지를 감안하여 법원은 독자의 결론을 도출함이 없이 당해 행위에 재량권의 일탈·남용이 있는지 여부만을 심사**하게 되고, 이러한 재량권의 일탈·남용 여부에 대한 심사는 사실오인, 비례·평등의 원칙 위배 등을 그 판단 대상으로 한다.

14

2017 하반기
지방직 9급

「개발제한구역의 지정 및 관리에 관한 특별조치법」 및 구 「액화석유가스의 안전관리 및 사업법」 등의 관련 법규에 의하면, 개발제한구역에서의 자동차용 액화석유가스충전사업허가는 그 기준 내지 요건이 불확정개념으로 규정되어 있으므로 그 허가 여부를 판단함에 있어서 행정청에 재량권이 부여되어 있다고 보아야 한다. O | X

[대법원 2016.1.28, 2015두52432]

개발제한구역법 및 액화석유가스법 등의 관련 법규에 의하면, 개발제한구역에서의 자동차용 액화석유가스충전사업허가는 그 기준 내지 요건이 불확정개념으로 규정되어 있으므로 그 허가 여부를 판단함에 있어서 행정청에 재량권이 부여되어 있다고 보아야 한다.

정답 | 12 × 13 ○ 14 ○

15

2017 하반기
지방직 9급

구 여객자동차운수사업법령상 마을버스운송사업면허의 허용 여부 및 마을버스 한정면허시 확정되는 마을버스 노선을 정함에 있어서 기존 일반노선버스의 노선과의 중복 허용 정도에 대한 판단은 행정청의 재량에 속한다.

O | X

[대법원 2001.1.19. 선고, 99두3812, 판결]
구 자동차운수사업법 제4조 제1항, 제3항, 같은 법 시행규칙 제14조의2 등의 관련 규정에 의하면 마을버스운송사업면허의 허용 여부는 사업구역의 교통수요, 노선결정, 운송업체의 수송능력, 공급능력 등에 관하여 기술적·전문적인 판단을 요하는 분야로서 이에 관한 행정처분은 운수행정을 통한 공익실현과 아울러 합목적성을 추구하기 위하여 보다 구체적 타당성에 적합한 기준에 의하여야 할 것이므로 그 범위 내에서는 법령이 특별히 규정한 바가 없으면 행정청의 재량에 속하는 것이라고 보아야 할 것이고, 또한 마을버스 한정면허시 확정되는 마을버스 노선을 정함에 있어서도 기존 일반노선버스의 노선과의 중복 허용 정도에 대한 판단도 행정청의 재량에 속한다.

16

2017 하반기
지방직 9급

「야생동·식물보호법」상 곰의 웅지를 추출하여 비누, 화장품 등의 재료를 사용할 목적으로 곰의 용도를 '사육곰'에서 '식·가공품 및 약용재료'로 변경하겠다는 내용의 국제적 멸종위기종의 용도변경승인 행위는 재량행위이다.

O | X

[대법원 2011.1.27. 선고, 2010두23033, 판결]
야생동·식물보호법 제16조 제3항과 같은 법 시행규칙 제22조 제1항의 체제 또는 문언을 살펴보면 원칙적으로 국제적멸종위기종 및 그 가공품의 수입 또는 반입 목적 외의 용도로의 사용을 금지하면서 용도변경이 불가피한 경우로서 환경부장관의 용도변경승인을 받은 경우에 한하여 용도변경을 허용하도록 하고 있으므로, 위 법 제16조 제3항에 의한 용도변경승인은 특정인에게만 용도 외의 사용을 허용해주는 권리나 이익을 부여하는 이른바 수익적 행정행위로서 법령에 특별한 규정이 없는 한 재량행위이고, 위 법 제16조 제3항이 용도변경이 불가피한 경우에만 용도변경을 할 수 있도록 제한하는 규정을 두면서도 시행규칙 제22조에서 용도변경 신청을 할 수 있는 경우에 대하여만 확정적 규정을 두고 있을 뿐 용도변경이 불가피한 경우에 대하여는 아무런 규정을 두지 아니하여 용도변경 승인을 할 수 있는 용도변경의 불가피성에 대한 판단에 있어 재량의 여지를 남겨 두고 있는 이상, 용도변경을 승인하기 위한 요건으로서의 용도변경의 불가피성에 관한 판단에 필요한 기준을 정하는 것도 역시 행정청의 재량에 속하는 것이므로, 그 설정된 기준이 객관적으로 합리적이 아니라거나 타당하지 않다고 볼 만한 다른 특별한 사정이 없는 이상 행정청의 의사는 가능한 한 존중되어야 한다.

17

2017 하반기 지방직 9급

재량행위의 경우 법원은 독자의 결론을 도출함이 없이 당해 행위에 재량권의 일탈·남용이 있는지 여부만을 심사하게 된다. O | X

[대법원 2005.7.14, 2004두6181]
행정행위를 기속행위와 재량행위로 구분하는 경우 양자에 대한 사법심사는, 전자의 경우 그 법규에 대한 원칙적인 기속성으로 인하여 법원이 사실인정과 관련 법규의 해석·적용을 통하여 일정한 결론을 도출한 후 그 결론에 비추어 행정청이 한 판단의 적법 여부를 독자의 입장에서 판정하는 방식에 의하게 되나, 후자의 경우 **행정청의 재량에 기한 공익판단의 여지를 감안하여 법원은 독자의 결론을 도출함이 없이 당해 행위에 재량권의 일탈·남용이 있는지 여부만을 심사**하게 되고, 이러한 재량권의 일탈·남용 여부에 대한 심사는 사실오인, 비례·평등의 원칙 위배 등을 그 판단 대상으로 한다.

18

2018 국회사무처 8급

마을버스 운수업자가 유류사용량을 실제보다 부풀려 유가보조금을 과다 지급받은 데 대하여 관할 행정청이 부정수급기간 동안 지급된 유가보조금 전액을 회수하는 내용의 처분을 한 것은 '거짓이나 부정한 방법으로 지급받은 보조금'에 대하여 반환할 것을 명하는 것일 뿐만 아니라 '정상적으로 지급받은 보조금'까지 반환하도록 명할 수 있는 것이어서 위법하다. O | X

[대법원 2013.12.12, 선고, 2011두3388, 판결]
마을버스 운수업자 甲이 유류사용량을 실제보다 부풀려 유가보조금을 과다 지급받은 데 대하여 관할 시장이 甲에게 부정수급기간 동안 지급된 유가보조금 전액을 회수하는 내용의 처분을 한 사안에서, 구 여객자동차 운수사업법(2012. 2. 1. 법률 제11295호로 개정되기 전의 것) 제51조 제3항에 따라 국토해양부장관 또는 시·도지사는 여객자동차 운수사업자가 **'거짓이나 부정한 방법으로 지급받은 보조금'에 대하여 반환할 것을 명하여야 하고, 위 규정을 '정상적으로 지급받은 보조금'까지 반환하도록 명할 수 있는 것으로 해석하는 것은 문언의 범위를 넘어서는 것**이며, 규정의 형식이나 체재 등에 비추어 보면, **위 환수처분은 국토해양부장관 또는 시·도지사가 지급받은 보조금을 반환할 것을 명하여야 하는 기속행위**라고 본 원심판단을 정당하다고 한 사례.

19

2019 국가직 9급

개인택시운송사업자의 운전면허가 아직 취소되지 않았더라도 운전면허 취소사유가 있다면 행정청은 명문 규정이 없더라도 개인택시운송사업면허를 취소할 수 있다. O | X

[대법원 2008.5.15, 선고, 2007두26001, 판결]
구 여객자동차운수사업법 제76조 제1항 제15호, 같은 법 시행령 제29조에는 **관할관청은 개인택시운송사업자의 운전면허가 취소된 때에 그의 개인택시운송사업면허를 취소할 수 있도록 규정되어 있을 뿐 그에게 운전면허 취소사유가 있다는 사유만으로 개인택시운송사업면허를 취소할 수 있도록 하는 규정은 없으므로,** 관할관청으로서는 비록 개인택시운송사업자에게 운전면허 취소사유가 있다 하더라도 그로 인하여 운전면허 취소처분이 이루어지지 않은 이상 개인택시운송사업면허를 취소할 수는 없다.

정답 | 17 ○ 18 ○ 19 ×

20

2019 지방직 7급

건축허가관청은 특단의 사정이 없는 한 건축허가내용대로 완공된 건축물의 준공을 거부할 수 없다. O | X

[대법원 1992.4.10. 선고, 91누5358, 판결]

허가관청은 특단의 사정이 없는 한 건축허가내용대로 완공된 건축물의 준공을 거부할 수 없다고 하겠으나, 만약 건축허가 자체가 건축관계 법령에 위반되는 하자가 있는 경우에는 비록 건축허가내용대로 완공된 건축물이라 하더라도 위법한 건축물이 되는 것으로서 그 하자의 정도에 따라 건축허가를 취소할 수 있음은 물론 그 준공도 거부할 수 있다고 하여야 할 것이다.

21

2019 서울시 7급 (10월)

재량행위와 기속행위의 구분기준에 관한 효과재량설에 따르면 수익적 행정행위는 법규상 또는 해석상 특별한 기속이 없는 한 재량행위이다. O | X

「효과재량설」에서는 행정청의 재량은 행정행위의 요건에는 있을 수 없고, 다만 어떠한 행위를 하느냐 하지 않느냐(결정재량) 및 다수의 행위 중 어떤 행위를 할 것이냐(선택재량)라는 행위의 선택에 있어 서만 인정된다고 본다. 양자의 구별에 관하여 행정행위의 성질에 따라 국민의 권익을 침해하는 행위이면 기속행위가 되고, 권익을 부여하는 행위이면 재량행위가 된다고 본다.

22

2019 서울시 추가채용 7급

여객자동차 운수사업법에 의한 개인택시운송사업면허는 특정인에게 권리나 이익을 부여하는 행정청의 재량행위이며, 동법(同法) 및 그 시행규칙의 범위 내에서 면허를 위하여 필요한 기준을 정하는 것 역시 행정청의 재량에 속한다. O | X

[대법원 2005.4.28, 2004두8910]

[1] 개인택시운송사업면허는 특정인에게 권리나 이익을 부여하는 행정행위로서 법령에 특별한 규정이 없는 한 재량행위이고, 그 면허에 필요한 기준을 정하는 것 역시 행정청의 재량에 속하는 것이므로 그 기준이 객관적으로 보아 합리적이 아니라든가 타당하지 아니하여 재량권을 남용한 것이라고 인정되지 아니하는 이상 행정청의 의사는 가능한 한 존중되어야 한다.

[2] 해당 지역에서 일정기간 거주하여야 한다는 요건 이외에 해당 지역 운수업체에서 일정기간 근무한 경력이 있는 경우에만 개인택시운송사업면허신청 자격을 부여한다는 개인택시운송사업면허업무규정이, 개인택시 면허제도의 성격, 운송사업의 공익성, 지역에서의 장기간 근속을 장려할 필요성, 기준의 명확성 요청 등의 제반 사정에 비추어 합리적인 제한이라고 본 원심의 판단을 수긍한 사례.

정답 | 20 ○ 21 ○ 22 ○

23

2020 소방직

「건축법」상 건축허가신청의 경우 심사 결과 그 신청이 법정요건에 합치하는 경우라 할지라도 소음 공해, 먼지 발생, 주변인 집단 민원 등의 사유가 있는 경우 이를 불허가사유로 삼을 수 있고, 그러한 불허가처분이 비례원칙 등을 준수하였다면 처분 자체의 위법성은 인정될 수 없다. O | X

사안에서 소음 공해, 먼지 발생, 주변인 집단 민원 등의 사유는 건축허가를 거부할 중대한 공익상 필요에 해당하지 않는다.

[대법원 2012.11.22, 선고, 2010두22962, 전원합의체 판결]

건축허가권자는 건축허가신청이 건축법 등 관계 법령에서 정하는 어떠한 제한에 배치되지 않는 이상 같은 법령에서 정하는 건축허가를 하여야 하고, 중대한 공익상의 필요가 없음에도 불구하고 요건을 갖춘 자에 대한 허가를 관계 법령에서 정하는 제한사유 이외의 사유를 들어 거부할 수는 없다. 원심판결 이유에 의하면, 원심은 그 채택 증거들을 종합하여 판시와 같은 사실을 인정한 다음, 피고가 이 사건 건축불허가처분의 사유로 삼은 것은 관계 법규에서 정하는 건축허가의 제한사유에 해당하지 아니하고, 인근 주민 내지 기존 주유소 사업자들의 반대 그 자체가 건축허가 여부를 판단함에 있어 적법한 기준이 될 수 없으며, 이 사건 주유소 건축으로 인한 기존 주유소 사업자들의 영업상 손실을 공익상의 손실로 보기 어려운 점 등에 비추어 보면, **기존 주유소 사업자의 생계 위협 및 위험시설물인 주유소 설치에 따른 집단민원 발생이 이 사건 주유소의 건축허가를 제한할 만한 중대한 공익상의 필요에 해당한다고 보기 어려우므로, 이 사건 건축불허가처분은 위법**하다고 판단하였다.

24

2021 서울시 7급

국토의 계획 및 이용에 관한 법령이 정한 이행강제금의 부과기준은 단지 상한을 정한 것에 불과하여 행정청에 이와 다른 이행강제금액을 결정할 재량권이 있다고 보아야 한다. O | X

[대법원 2014.11.27, 선고, 2013두8653, 판결]

국토의 계획 및 이용에 관한 법률(이하 '국토계획법'이라 한다) 제124조의2 제1항, 제2항 및 국토의 계획 및 이용에 관한 법률 시행령 제124조의3 제3항이 토지이용에 관한 이행명령의 불이행에 대하여 법령 자체에서 토지이용의무 위반을 유형별로 구분하여 이행강제금을 차별하여 규정하고 있는 등 규정의 체계, 형식 및 내용에 비추어 보면, **국토계획법 및 국토의 계획 및 이용에 관한 법률 시행령이 정한 이행강제금의 부과기준은 단지 상한을 정한 것에 불과한 것이 아니라, 위반행위 유형별로 계산된 특정 금액을 규정한 것이므로 행정청에 이와 다른 이행강제금액을 결정할 재량권이 없다**고 보아야 한다.

비교판례 – 청소년보호법 시행령상 과징금처분기준에 규정된 금액은 정액이 아니라 최고한도액

[대법원 2001.3.9, 99두5207]

구 청소년보호법(1999. 2. 5. 법률 제5817호로 개정되기 전의 것) 제49조 제1항, 제2항에 따른 같은법 **시행령(1999. 6. 30. 대통령령 제16461호로 개정되기 전의 것) 제40조 [별표 6]의 위반행위의 종별에 따른 과징금처분기준은 법규명령이기는 하나** 모법의 위임규정의 내용과 취지 및 헌법상의 과잉금지의 원칙과 평등의 원칙 등에 비추어 같은 유형의 위반행위라 하더라도 그 규모나 기간·사회적 비난 정도·위반행위로 인하여 다른 법률에 의하여 처벌받은 다른 사정·행위자의 개인적 사정 및 위반행위로 얻은 불법이익의 규모 등 여러 요소를 종합적으로 고려하여 **사안에 따라 적정한 과징금의 액수를 정하여야 할 것이므로 그 수액은 정액이 아니라 최고한도액**이다.

정답 | 23 × 24 ×

25

2022 국가직 9급

「부동산 실권리자명의 등기에 관한 법률」상 명의신탁자에 대한 과징금의 부과 여부는 행정청의 재량행위이다.

O | X

부동산실명법상 (i) 과징금의 부과여부 자체는 기속행위이고, (ii) 구체적인 액수의 결정은 재량행위라고 정리해야 한다.

[대법원 2007.7.12, 선고 2005두17287 판결]
부동산 실권리자명의 등기에 관한 법률 제3조 제1항, 제5조 제1항, 같은 법 시행령 제3조 제1항의 규정을 종합하면, **명의신탁자에 대하여 과징금을 부과할 것인지 여부는 기속행위에 해당하므로, 명의신탁이 조세를 포탈하거나 법령에 의한 제한을 회피할 목적이 아닌 경우에 한하여 그 과징금을 일정한 범위 내에서 감경할 수 있을 뿐이지 그에 대하여 과징금 부과처분을 하지 않거나 과징금을 전액 감면할 수 있는 것은 아니다.**

26

2022 지방직 9급

「국가공무원법」상 휴직 사유 소멸을 이유로 한 신청에 대한 복직명령은 재량행위이다.

O | X

기속행위이다.

[대법원 2014.6.12, 선고, 2012두4852, 판결]
구 교육공무원법(2011. 5. 19. 법률 제10634호로 개정되기 전의 것) 제44조 제1항 제7호는 '만 6세 이하의 초등학교 취학 전 자녀'를 양육대상으로 하여 '교육공무원이 그 자녀를 양육하기 위하여 필요한 경우'를 육아휴직의 사유로 규정하고 있으므로, 육아휴직 중 그 사유가 소멸하였는지는 해당 자녀가 사망하거나 초등학교에 취학하는 등으로 양육대상에 관한 요건이 소멸한 경우뿐만 아니라 육아휴직 중인 교육공무원에게 해당 자녀를 더 이상 양육할 수 없거나, 양육을 위하여 휴직할 필요가 없는 사유가 발생하였는지 여부도 함께 고려하여야 하고, **국가공무원법 제73조 제2항의 문언에 비추어 복직명령은 기속행위이므로 휴직사유가 소멸하였음을 이유로 신청하는 경우 임용권자는 지체 없이 복직명령을 하여야 한다.**

27

2022 지방직 9급

구 「수도권대기환경특별법」상 대기오염물질 총량관리사업장 설치허가는 재량행위이다.

O | X

강학상 특허로서 재량행위에 해당한다.

[대법원 2013.5.9, 선고, 2012두22799, 판결]
구 수도권대기환경특별법 제14조 제1항에서 정한 **대기오염물질 총량관리사업장 설치의 허가 또는 변경허가는 특정인에게 인구가 밀집되고 대기오염이 심각하다고 인정되는 수도권 대기관리권역에서 총량관리대상 오염물질을 일정량을 초과하여 배출할 수 있는 특정한 권리를 설정하여 주는 행위로서 그 처분의 여부 및 내용의 결정은 행정청의 재량에 속한다.**

정답 | 25 × 26 × 27 ○

28

2023 소방직

행정청의 전문적인 정성적 평가 결과는 판단의 기초가 된 사실인정에 중대한 오류가 있거나 그 판단이 사회통념상 현저하게 타당성을 잃어 객관적으로 불합리하다는 등의 특별한 사정이 없는 한 법원이 당부를 심사하기에 적절하지 않으므로 가급적 존중되어야 한다. O | X

[대법원 2020.7.9. 선고, 2017두39785, 판결]
행정청의 전문적인 정성적 평가 결과는 판단의 기초가 된 사실인정에 중대한 오류가 있거나 그 판단이 사회통념상 현저하게 타당성을 잃어 객관적으로 불합리하다는 등의 특별한 사정이 없는 한 법원이 당부를 심사하기에 적절하지 않으므로 가급적 존중되어야 하고, 여기에 재량권을 일탈·남용한 특별한 사정이 있다는 점은 증명책임분배의 일반원칙에 따라 이를 주장하는 자가 증명하여야 한다.

29

2023 소방직

처분의 근거 법령이 행정청에 처분의 요건과 효과 판단에 일정한 재량을 부여하였으나, 행정청이 자신에게 재량권이 없다고 오인하여 처분으로 달성하려는 공익과 그로써 처분상대방이 입게 되는 불이익의 내용과 정도를 전혀 비교형량하지 않은 채 처분을 하였다고 하더라도, 그 자체로 재량권 일탈·남용으로 해당 처분을 취소하여야 할 위법사유가 되지는 않는다. O | X

재량권의 불행사로서 위법하다.

[대판 2019.7.11, 2017두38874]
처분의 근거 법령이 행정청에 처분의 요건과 효과 판단에 일정한 재량을 부여하였는데도, 행정청이 자신에게 재량권이 없다고 오인한 나머지 처분으로 달성하려는 공익과 그로써 처분상대방이 입게 되는 불이익의 내용과 정도를 전혀 비교형량 하지 않은 채 처분을 하였다면, **이는 재량권 불행사로서 그 자체로 재량권 일탈·남용으로 해당 처분을 취소하여야 할 위법사유가 된다.**

30

2023 소방직

구「사행행위규제법」에 의한 허가의 경우 허가신청이 적극적 요건에 해당하는지 여부를 판단하는 것은 재량행위라 할 수 있겠으나 허가제한사유에 해당되는 경우에는 적극적 요건에 해당하는지 여부를 판단할 필요는 없다. O | X

"허가신청이 적극적 요건에 해당"인지 여부를 판단한다는 말은 "허가대상인지 여부에 대한 판단"을 의미한다. 허가제한사유에 해당함이 분명하다면 허가대상인지 여부를 판단할 필요가 없다.

[대판 1994.8.23, 94누5140]
구 사행행위규제법은 구 복표발행현상기타사행행위단속법과는 달리 사행행위의 종류별로 허가의 요건을 달리하여, 투전기업에 대하여는 제5조 제1항 제3호, 제4호에서 외국인을 상대로 하는 오락시설로서 외화획득에 특히 필요하다고 인정되거나 관광진흥과 관광객의 유치촉진을 위하여 특히 필요하다고 인정될 것을 적극적 요건으로 규정함과 아울러, 제6조 제3호에서는 기타 다른 법령에서 사행행위영업을 할 수 없도록 규정하고 있는 경우 등에 해당할 때에는 허가를 할 수 없도록 규정하고 있으므로, **이 법에 의한 허가의 경우 허가신청이 적극적 요건에 해당하는지 여부를 판단하는 것은 재량행위라 할 수 있겠으나 허가제한사유에 해당되는 경우에는 적극적 요건에 해당하는 여부를 판단할 필요도 없이 당연히 불허가하여야 한다.**

정답 | 28 ○ 29 × 30 ○

31

2023 국가직 9급

당사자가 인허가나 신고의 위법성을 경과실로 알지 못한 경우 제척기간인 5년이 지나면 제재처분을 할 수 없다.

O | X

제재처분의 제척기간은 원칙적으로 5년이지만, 상대방에게 보호가치가 없는 경우에는 5년 이후에도 제재처분을 할 수 있다. 신고의 위법성을「경과실로」 알지 못한 경우는 이에 해당하지 않는다. 신고의 위법성을 알고 있었거나「중대한 과실로」 알지 못한 경우에 5년이 지나도 제재처분을 할 수 있다.

행정기본법

제23조(제재처분의 제척기간) ① **행정청은 법령등의 위반행위가 종료된 날부터 5년이 지나면 해당 위반행위에 대하여 제재처분**(인허가의 정지·취소·철회, 등록 말소, 영업소 폐쇄와 정지를 갈음하는 과징금 부과를 말한다 이하 이 조에서 같다)**을 할 수 없다.**

② **다음 각 호의 어느 하나에 해당하는 경우에는 제1항을 적용하지 아니한다**

1. 거짓이나 그 밖의 부정한 방법으로 인허가를 받거나 신고를 한 경우
2. 당사자가 인허가나 신고의 **위법성을 알고 있었거나 중대한 과실로 알지 못한 경우**
3. 정당한 사유 없이 행정청의 조사·출입·검사를 기피·방해·거부하여 제척기간이 지난 경우
4. 제재처분을 하지 아니하면 국민의 안전·생명 또는 환경을 심각하게 해치거나 해칠 우려가 있는 경우

32

2024 경찰간부

「가축분뇨의 관리 및 이용에 관한 법률」에 따른 가축분뇨처리방법 변경 불허가처분에 대한 사법심사는 법원이 허가권자의 재량권을 대신 행사하는 것이 아니라 허가권자의 공익판단에 관한 재량의 여지를 감안하여 원칙적으로 재량권의 일탈·남용이 있는지 여부만을 판단하여야 한다.

O | X

[대법원 2021.6.30, 선고, 2021두35681, 판결]

가축분뇨법에 따른 처리방법 변경허가는 허가권자의 재량행위에 해당한다. 허가권자는 변경허가 신청 내용이 가축분뇨법에서 정한 처리시설의 설치기준(제12조의2 제1항)과 정화시설의 방류수 수질기준(제13조)을 충족하는 경우에도 반드시 이를 허가하여야 하는 것은 아니고, 자연과 주변 환경에 미칠 수 있는 영향 등을 고려하여 허가 여부를 결정할 수 있다. **가축분뇨 처리방법 변경 불허가처분에 대한 사법심사는 법원이 허가권자의 재량권을 대신 행사하는 것이 아니라 허가권자의 공익판단에 관한 재량의 여지를 감안하여 원칙적으로 재량권의 일탈·남용이 있는지 여부만을 판단하여야** 하고, 사실오인과 비례·평등원칙 위반 여부 등이 판단 기준이 된다

33

2023 지방직 7급

「가축분뇨의 관리 및 이용에 관한 법률」에 따른 가축분뇨 처리방법 변경허가는 허가권자의 재량행위에 해당한다. O | X

[대법원 2021.6.30. 선고, 2021두35681, 판결]

가축분뇨법에 따른 처리방법 변경허가는 허가권자의 재량행위에 해당한다. 허가권자는 변경허가 신청 내용이 가축분뇨법에서 정한 처리시설의 설치기준(제12조의2 제1항)과 정화시설의 방류수 수질기준(제13조)을 충족하는 경우에도 반드시 이를 허가하여야 하는 것은 아니고, 자연과 주변 환경에 미칠 수 있는 영향 등을 고려하여 허가 여부를 결정할 수 있다. **가축분뇨 처리방법 변경 불허가처분에 대한 사법심사는 법원이 허가권자의 재량권을 대신 행사하는 것이 아니라 허가권자의 공익판단에 관한 재량의 여지를 감안하여 원칙적으로 재량권의 일탈·남용이 있는지 여부만을 판단하여야 하고, 사실오인과 비례·평등원칙 위반 여부 등이 판단 기준이 된다.**

정답 | 33 O

TOPIC 13

법률행위적 행정행위 1 - 하명 / 허가 / 면제

제1절 하명

제2절 허가

01

2014 사회복지직 9급

허가는 행위의 유효요건이므로 허가를 받아야 할 행위를 허가받지 아니하고 행한 경우, 그 행위는 행정강제나 행정벌의 대상은 되지 않고 무효로 되는 것이 원칙이다. O | X

허가를 받아야 할 행위를 허가 없이 행한 경우 행정상의 강제집행이나 행정벌의 대상은 되지만, 행위자체의 법률적 효력은 부인되지 않는 것이 일반적이다(무허가영업행위는 영업행위 그 자체는 유효한 것이다. 이 점이 형성적 행위로서의 인가와 다른 점 중의 하나이다). 다만 법률에서 무허가행위에 대한 처벌 외에 특히 당해 행위의 무효를 아울러 규정하고 있는 경우에는 예외이다.

02

2014 사회복지직 9급

허가로 인하여 받는 이익은 법적으로 보호되는 이익이 아니라 반사적 이익이라는 데 이견이 없다. O | X

허가의 효과는 일반적 금지를 해제함에 그치고, 배타적·독점적 권리 또는 능력을 설정하는 것이 아니다. 따라서 허가의 결과 사실상 어떤 사업의 독점 혹은 기타의 이익을 얻는 경우가 있더라도 그것은 반사적 이익에 지나지 않음이 원칙이나, 예외적으로 법률상 이익에 해당하는 경우도 존재한다. 판례는 (i) 분뇨 등 관련 영업허가를 받아 영업을 하고 있는 자의 기존업자의 이익과 (ii) 주류제조면허에 따른 이익에 대하여 법률상 이익이라고 판시한 바 있다.

분뇨처리업면허의 경우

[대법원 2006.7.28, 2004두6716]

구 오수·분뇨 및 축산폐수의 처리에 관한 법률과 같은 법 시행령상 **업종을 분뇨와 축산폐수 수집·운반업 및 정화조청소업으로 하여 분뇨 등 관련 영업허가를 받아 영업을 하고 있는 기존 업자의 이익이 법률상 보호되는 이익**이라고 보아, 기존 업자에게 경업자에 대한 영업허가처분의 취소를 구할 원고적격이 있다고 한 사례

주류제조면허의 경우

[대법원 1989.12.22, 89누46]

주류제조면허는 국가의 수입확보를 위하여 설정된 재정허가의 일종이지만 일단 이 면허를 얻은 자의 이득은 단순한 사실상의 반사적 이득에만 그치는 것이 아니라 주세법의 규정에 따라 보호되는 이득이고, 주세법상 주류제조면허의 양도가 인정되지 않고 있으나, 국세청훈령으로 보충면허제도를 두어 기존면허업자가 그 면허를 자진취소함과 동시에 그에 대체하여 동일제조장에 동일면허종목을 신청하는 경우에는 그 면허를 부여함으로써 당사자간의 면허의 양도를 간접적으로 허용하고 있으며, 주류제조의 신규면허는 주세당국의 억제책으로 사실상 그 취득이 거의 불가능하여 위와 같은 보충면허를 받는 방법으로 면허권의 양도가 이루어지고 있는 이상, 위 면허권이 가지는 재산적 가치는 현실적으로 부인할 수 없을 것이므로 주류제조회사의 순자산가액을 평가함에 있어서 주류제조면허를 포함시키지 아니한 것은 잘못이다.

정답 01 × 02 ×

03

2014 지방직 9급

주류판매업면허는 강학상의 허가로 해석되므로 주세법에 열거된 면허제한사유에 해당하지 아니하는 한 면허관청으로서는 임의로 그 면허를 거부할 수 없다. O | X

[대법원 1995.11.10, 95누5714]

주류판매업 면허는 설권적 행위가 아니라 주류판매의 질서유지, 주세 보전의 행정목적 등을 달성하기 위하여 개인의 자연적 자유에 속하는 영업행위를 일반적으로 제한하였다가 특정한 경우에 이를 회복하도록 그 제한을 해제하는 강학상의 허가로 해석되므로 주세법 제10조 제1호 내지 제11호에 열거된 면허제한사유에 해당하지 아니하는 한 면허관청으로서는 임의로 그 면허를 거부할 수 없다.

04

2014 지방직 9급

인·허가와 관련 있는 행정기관 간에 협의가 모두 완료되기 전이라도 일정한 경우 인·허가에 대한 협의를 완료할 것을 조건으로 각종의 사업시행승인이나 시행인가를 할 수 있다. O | X

이른바 「선승인후협의제」에 대한 설명이다. 이에 따르면 인·허가와 관련된 관계행정기관 간에 협의가 모두 완료되기 전이라도 일정한 경우(공익상 긴급한 필요 등) 인·허가에 대한 협의를 완료할 것을 조건으로 각종의 사업시행승인이나 시행인가를 할 수 있다.

주한미군 공여구역주변지역 등 지원 특별법

제29조(인·허가등의 의제) ① 제11조의 규정에 의한 사업 시행승인이 있은 때에는 다음 각 호의 허가·인가·지정·승인·협의·신고·해제·결정·동의 등(이하 "인·허가등"이라 한다) 중 제2항에 따라 관계 중앙 행정기관의 장 및 지방자치단체의 장과 미리 협의한 사항에 대하여는 그 인·허가등을 받은 것으로 본다.

② 제1항에 해당하는 사업의 승인을 하는 때에는 관계 중앙행정기관의 장 및 지방자치단체의 장과 미리 협의하여야 한다. 이 경우 관계 행정기관의 장은 당해 법률에서 규정한 허가 등의 기준에 위반하여 협의에 응하여서는 아니 되고, 협의요청을 받은 날부터 20일 이내에 의견을 제출하여야 하며, 그 기간 내에 의견을 제출하지 아니한 경우에는 협의가 이루어진 것으로 본다.

③ 제2항에도 불구하고 「공익사업을 위한 토지 등의 취득 및 보상에 관한 법률」 제4조에 따른 공익사업을 시급하게 시행할 필요가 있고, 제1항 각 호의 사항 중 사업시행을 위한 중요한 사항에 대한 협의가 있은 경우에는 필요한 모든 사항에 대한 협의가 끝나지 아니하더라도 그 필요한 협의가 완료될 것을 조건으로 제11조제4항에 따른 사업의 시행승인을 할 수 있다.

05

2014 지방직 9급

인·허가의제에 있어서 인·허가가 의제되는 행위의 요건불비를 이유로 사인이 신청한 주된 인·허가에 대한 거부처분이 있는 경우 주된 인·허가의 거부처분을 대상으로 소송을 제기해야 한다. O | X

인·허가의제에 있어서 인·허가가 이루어진 경우와 거부된 경우의 소송의 대상을 구분할 수 있어야 한다. (ⅰ) 「주된 인·허가가 거부된 경우」에는 주된 인·허가의 거부처분을 대상으로 취소소송을 제기해야 한다. (ⅱ) 「주된 인·허가가 이루어진 경우」에 의제된 인허가로 인해 피해를 보게 된다면 의제된 인허가를 대상으로 취소소송을 제기해야 한다.

[대법원 2001.1.16, 99두10988]

구 건축법 제8조 제1항, 제3항, 제5항에 의하면, 건축허가를 받은 경우에는 구 도시계획법 제4조에 의한 토지의 형질변경허가나 농지법 제36조에 의한 농지전용허가 등을 받은 것으로 보며, 한편 건축허가권자가 건축허가를 하고자 하는 경우 당해 용도·규모 또는 형태의 건축물을 그 건축하고자 하는 대지에 건축하는 것이 건축

정답 03 ○ 04 ○ 05 ○

법 관련 규정이나 같은 도시계획법 제4조, 농지법 제36조 등 관계 법령의 규정에 적합한지의 여부를 검토하여야 하는 것일 뿐, 건축불허가처분을 하면서 그 처분사유로 건축불허가 사유뿐만 아니라 형질변경불허가 사유나 농지전용불허가 사유를 들고 있다고 하여 그 건축불허가처분 외에 별개로 형질변경불허가처분이나 농지전용불허가처분이 존재하는 것이 아니므로, 그 건축불허가처분을 받은 사람은 그 건축불허가처분에 관한 쟁송에서 건축법상의 건축불허가 사유뿐만 아니라 같은 도시계획법상의 형질변경불허가 사유나 농지법상의 농지전용불허가 사유에 관하여도 다툴 수 있는 것이지, 그 건축불허가처분에 관한 쟁송과는 별개로 형질변경불허가처분이나 농지전용불허가처분에 관한 쟁송을 제기하여 이를 다투어야 하는 것은 아니며, 그러한 쟁송을 제기하지 아니하였어도 형질변경불허가 사유나 농지전용불허가 사유에 관하여 불가쟁력이 생기지 아니한다.

06

2016 서울시 9급

건축법 제11조에 따르면 서울시장은 농림축산식품부장관이 제6항의 규정에 의한 협의에서 농지전용허가를 하지 않기로 결정한 경우 건축허가를 할 수 없다. O | X

건축법

제11조(건축허가) ① 건축물을 건축하거나 대수선하려는 자는 특별자치시장·특별자치도지사 또는 시장·군수·구청장의 허가를 받아야 한다. 다만, 21층 이상의 건축물 등 대통령령으로 정하는 용도 및 규모의 건축물을 특별시나 광역시에 건축하려면 특별시장이나 광역시장의 허가를 받아야 한다.

⑤ 제1항에 따른 건축허가를 받으면 다음 각 호의 허가 등을 받거나 신고를 한 것으로 보며, 공장건축물의 경우에는 「산업집적활성화 및 공장설립에 관한 법률」 제13조의2와 제14조에 따라 관련 법률의 인·허가등이나 허가등을 받은 것으로 본다.

7. 「농지법」 제34조, 제35조 및 제43조에 따른 농지전용허가·신고 및 협의

⑥ 허가권자는 제5항 각 호의 어느 하나에 해당하는 사항이 다른 행정기관의 권한에 속하면 그 행정기관의 장과 미리 협의하여야 하며, 협의 요청을 받은 관계 행정기관의 장은 요청을 받은 날부터 15일 이내에 의견을 제출하여야 한다. 이 경우 관계 행정기관의 장은 제8항에 따른 처리기준이 아닌 사유를 이유로 협의를 거부할 수 없고, 협의 요청을 받은 날부터 15일 이내에 의견을 제출하지 아니하면 협의가 이루어진 것으로 본다.

07

2017 사회복지직 9급

한약조제시험을 통하여 약사에게 한약조제권을 인정함으로써 한의사들의 영업상 이익이 감소되었다고 하더라도 이러한 이익은 사실상의 이익에 불과하다. O | X

[대법원 1998.3.10, 97누4289]

한의사 면허는 경찰금지를 해제하는 명령적 행위(강학상 허가)에 해당하고, 한약조제시험을 통하여 약사에게 한약조제권을 인정함으로써 한의사들의 영업상 이익이 감소되었다고 하더라도 이러한 이익은 사실상의 이익에 불과하고 약사법이나 의료법 등의 법률에 의하여 보호되는 이익이라고는 볼 수 없으므로, 한의사들이 한약조제시험을 통하여 한약조제권을 인정받은 약사들에 대한 합격처분의 무효확인을 구하는 당해 소는 원고적격이 없는 자들이 제기한 소로서 부적법하다.

08

2017 사회복지직 9급

허가기간이 연장되기 위하여는 그 종기가 도래하기 전에 그 허가기간의 연장에 관한 신청이 있어야 하며, 만일 그러한 연장신청이 없는 상태에서 허가기간이 만료하였다면 그 허가의 효력은 상실된다. O | X

[대법원 2007.10.11, 2005두12404]
일반적으로 행정처분에 효력기간이 정하여져 있는 경우에는 그 기간의 경과로 그 행정처분의 효력은 상실되고, 다만 허가에 붙은 기한이 그 허가된 사업의 성질상 부당하게 짧은 경우에는 이를 그 허가 자체의 존속기간이 아니라 그 허가조건의 존속기간으로 보아 그 기한이 도래함으로써 그 조건의 개정을 고려한다는 뜻으로 해석할 수는 있지만, 그와 같은 경우라 하더라도 그 **허가기간이 연장되기 위하여는 그 종기가 도래하기 전에 그 허가기간의 연장에 관한 신청이 있어야 하며, 만일 그러한 연장신청이 없는 상태에서 허가기간이 만료하였다면 그 허가의 효력은 상실**된다.

09

2017 국가직 9급

강학상 허가와 특허는 의사표시를 요소로 한다는 점과 반드시 신청을 전제로 한다는 점에서 공통점이 있다. O | X

허가와 특허는 의사표시를 요소로 한다는 점에서는 공통적이다. 다만 허가의 경우에는 신청이 없는 경우에도 가능한 반면(예컨대 통행금지해제), 특허는 상대방의 신청을 요한다(이른바 출원주의).

10

2017 국회사무처 8급

인·허가의제에서 계획확정기관이 의제되는 인·허가의 실체적 및 절차적 요건에 기속되는지 여부가 문제되는데, 인·허가의 실체적 요건 및 절차적 요건 모두에 기속된다고 보는 것이 일반적이다. O | X

판례는 절차집중설의 입장을 취하고 있다.

[대법원 1992.11.10, 92누1162]
건설부장관이 구 주택건설촉진법(1991. 3. 8. 법률 제4339호로 개정되기전의 것) 제33조에 따라 관계기관의 장과의 협의를 거쳐 사업계획승인을 한 이상 같은 조 제4항의 허가·인가·결정·승인 등이 있는 것으로 볼 것이고, **그 절차와 별도로 도시계획법 제12조 등 소정의 중앙도시계획위원회의 의결이나 주민의 의견청취 등 절차를 거칠 필요는 없다.**

집중효가 인정되는 범위

행정계획을 확정하는 권한을 가진 행정청이 행정계획을 결정하면 다른 행정청에 의한 인·허가를 받은 것으로 의제된다. 여기서 인·허가 의제에 따라 발생하는 집중효의 범위가 어디까지인지가 문제된다.

1. 관할집중설
   의제되는 인·허가에 관한 행정청의 관할권만이 주된 허가의 행정청에 집중된다는 견해이다. 이에 따르면 주된 인·허가를 받기 위해서는 의제되는 인·허가의 절차적 요건과 실체적 요건 모두 충족하여야 한다.
2. 절차집중설
   의제되는 인·허가에 관한 법률에 주민의 의견청취 등 일정한 절차가 규정되어 있는 경우에도 그러한 절차까지 거칠 필요는 없고 신청된 주된 허가에 규정된 절차만 거치면 된다고 본다. 다만 이 경우에 절차뿐만 아니라 실체까지 집중되는 것은 아니므로, 주된 허가를 신청받은 행정청은 주된 허가요건 뿐만 아니라 의제되는 인·허가 요건까지 모두 구비한 경우에만 주된 허가를 할 수 있다.

정답 | 08 ○ 09 × 10 ×

3. 실체집중설

절차뿐만 아니라 실체까지 집중되므로, 주된 허가를 신청받은 행정청은 신청된 주된 인·허가 요건의 구비 여부만 심사하면 족하고 의제되는 인·허가 요건을 구비하였는지는 판단할 필요 없이 허가를 결정할 수 있다고 본다.

4. 판례

판례는 절차집중설의 입장에서, 집중효의 범위는 절차적 집중까지 미치므로 주된 허가권자는 의제되는 인·허가에 규정된 절차는 거칠 필요가 없고 신청된 주된 허가에 관해 규정된 절차만 거치면 된다고 본다.

11

2017 교육행정직 9급

유료직업 소개사업의 허가갱신은 허가취득자에게 종전의 지위를 계속 유지시키는 효과를 갖는 것에 불과하고, 갱신 후에는 갱신 전의 법위반사항을 불문에 붙이는 효과가 발생하는 것은 아니다. O | X

[대법원 1982.7.27, 81누174]

유료직업 소개사업의 허가갱신은 허가취득자에게 종전의 지위를 계속 유지시키는 효과를 갖는 것에 불과하고 갱신 후에는 갱신 전의 법위반사항을 불문에 붙이는 효과를 발생하는 것이 아니므로 **일단 갱신이 있은 후에도 갱신 전의 법위반사실을 근거로 허가를 취소할 수 있다.**

12

2017 교육행정직 9급

구 도시계획법상 개발제한구역 내에서의 건축허가는 재량행위에 해당한다. O | X

개발제한구역 내에서의 건축허가는 강학상 예외적 승인(허가)에 해당한다. 통상의 허가와 달리 예외적 승인(허가)은 재량행위이다.

[대법원 2004.3.25, 2003두12837]

구 도시계획법 제21조와 같은법시행령 제20조 및 같은법시행규칙 제7조, 제8조 등의 규정을 종합해 보면, **개발제한구역 내에서는 구역지정의 목적상 건축물의 건축 및 공작물의 설치 등 개발행위가 원칙적으로 금지되고, 다만 구체적인 경우에 이러한 구역지정의 목적에 위배되지 아니할 경우 예외적으로 허가에 의하여 그러한 행위를 할 수 있게 되어 있음이 그 규정의 체제와 문언상 분명하고, 이러한 예외적인 개발행위의 허가는 상대방에게 수익적인 것이 틀림이 없으므로 그 법률적 성질은 재량행위 내지 자유재량행위**에 속하는 것이고, 이러한 재량행위에 있어서는 관계 법령에 명시적인 금지규정이 없는 한 행정목적을 달성하기 위하여 조건이나 기한, 부담 등의 부관을 붙일 수 있고, 그 부관의 내용이 이행 가능하고 비례의 원칙 및 평등의 원칙에 적합하며 행정처분의 본질적 효력을 저해하지 아니하는 이상 위법하다고 할 수 없다.

〈일반적 허가와 예외적 승인의 비교〉

	허가	예외적 승인
사례	• 일반적인 건축허가 • 상가지역 내 유흥주점허가	• 개발제한구역내 건축허가 • 학교환경위생정화구역내 유흥주점허가
목적	위험방지(질서유지)	유해한 행위의 억제
허가사유	요건 충족시	예외적
성격	기속행위가 원칙	재량행위
의의	상대적·예방적 금지의 해제	절대적·억제적 금지의 해제

13

2018 국회사무처 8급

건축허가를 받은 자가 법정 착수기간이 지나 공사에 착수한 경우, 허가권자는 착수기간이 지났음을 이유로 건축허가를 취소하여야 한다. O | X

[대법원 2017.7.11, 선고, 2012두22973, 판결]
구 건축법(2014. 1. 14. 법률 제12246호로 개정되기 전의 것) 제11조 제7항은 건축허가를 받은 자가 허가를 받은 날부터 1년 이내에 공사에 착수하지 아니한 경우에 허가권자는 허가를 취소하여야 한다고 규정하면서도, 정당한 사유가 있다고 인정되면 1년의 범위에서 공사의 착수기간을 연장할 수 있다고 규정하고 있을 뿐이며, **건축허가를 받은 자가 착수기간이 지난 후 공사에 착수하는 것 자체를 금지하고 있지 아니하다.** 이러한 법 규정에는 건축허가의 행정목적이 신속하게 달성될 것을 추구하면서도 건축허가를 받은 자의 이익을 함께 보호하려는 취지가 포함되어 있으므로, **건축허가를 받은 자가 건축허가가 취소되기 전에 공사에 착수하였다면 허가권자는 그 착수기간이 지났다고 하더라도 건축허가를 취소하여야 할 특별한 공익상 필요가 인정되지 않는 한 건축허가를 취소할 수 없다.** 이는 건축허가를 받은 자가 건축허가가 취소되기 전에 공사에 착수하려 하였으나 허가권자의 위법한 공사중단명령으로 공사에 착수하지 못한 경우에도 마찬가지이다.

14

2018 국회사무처 8급

어업에 관한 허가 또는 신고에 유효기간연장제도가 마련되어 있지 않은 경우 그 유효기간이 경과하면 그 허가나 신고의 효력이 당연히 소멸하며, 재차 허가를 받거나 신고를 하더라도 허가나 신고의 기간만 갱신되어 종전의 어업허가나 신고의 효력 또는 성질이 계속된다고 볼 수 없고 새로운 허가 내지 신고로서의 효력이 발생한다고 할 것이다. O | X

[대법원 2011.7.28, 선고, 2011두5728, 판결]
어업에 관한 허가 또는 신고의 경우에는 어업면허와 달리 유효기간연장제도가 마련되어 있지 아니하므로 그 유효기간이 경과하면 그 허가나 신고의 효력이 당연히 소멸하며, 재차 허가를 받거나 신고를 하더라도 허가나 신고의 기간만 갱신되어 종전의 어업허가나 신고의 효력 또는 성질이 계속된다고 볼 수 없고 새로운 허가 내지 신고로서의 효력이 발생한다고 할 것이다.

15

2018 국가직 7급

인·허가의제는 행정청의 소관사항과 관련하여 권한행사의 변경을 가져오므로 법령의 근거를 필요로 한다. O | X

인·허가의제는 행정기관의 권한에 변경을 가져오므로 법률에 명시적인 근거가 있어야 하며, 인·허가가 의제되는 범위도 법률에 명시되어 있어야 한다. 따라서 명문의 규정이 없는 한 인·허가의 의제는 인정되지 않는다. 현행 건축법(제11조)에서는 건축허가를 받은 경우에 농지법상 농지전용허가를 포함하여 기타 인·허가를 받은 것으로 의제하고 있다.

16

2018 국가직 7급

A허가에 대해 B허가가 의제되는 것으로 규정된 경우, A불허가 처분을 하면서 B불허가사유를 들고 있으면 A불허가처분과 별개로 B불허가처분도 존재한다. O | X

[대법원 2001.1.16, 99두10988]
(구)건축법 제8조 제1항, 제3항, 제5항에 의하면, 건축허가를 받은 경우에는 구 도시계획법제4조에 의한 토지의 형질변경허가나 농지법 제36조에 의한 농지전용허가 등을 받은 것으로 보며, 한편 건축허가권자가 건축허

정답 | 13 × 14 ○ 15 ○ 16 ×

가를 하고자 하는 경우 당해 용도·규모 또는 형태의 건축물을 그 건축하고자 하는 대지에 건축하는 것이 건축법 관련 규정이나 같은 도시계획법 제4조, 농지법 제36조 등 관계 법령의 규정에 적합한지의 여부를 검토하여야 하는 것일 뿐, **건축불허가처분을 하면서 그 처분사유로 건축불허가 사유뿐만 아니라 형질변경불허가 사유나 농지전용불허가 사유를 들고 있다고 하여 그 건축불허가처분 외에 별개로 형질변경불허가처분이나 농지전용불허가처분이 존재하는 것이 아니므로, 그 건축불허가처분을 받은 사람은 그 건축불허가처분에 관한 쟁송에서 건축법상의 건축불허가 사유뿐만 아니라 같은 도시계획법상의 형질변경불허가 사유나 농지법상의 농지전용불허가 사유에 관하여도 다툴 수 있는 것이지, 그 건축불허가처분에 관한 쟁송과는 별개로 형질변경불허가처분이나 농지전용불허가처분에 관한 쟁송을 제기하여 이를 다투어야 하는 것은 아니며,** 그러한 쟁송을 제기하지 아니하였어도 형질변경불허가 사유나 농지전용불허가 사유에 관하여 불가쟁력이 생기지 아니한다.

17

2018 국가직 7급

주된 인·허가에 관한 사항을 규정하고 있는 법률에서 주된 인·허가가 있으면 다른 법률에 의한 인·허가를 받은 것으로 의제한다는 규정을 둔 경우, 주된 인·허가가 있으면 다른 법률에 의하여 인·허가를 받았음을 전제로 하는 그 다른 법률의 모든 규정들까지 적용되는 것은 아니다. O | X

인·허가 의제시 의제의 의제는 인정되지 않는다.

[대법원 2016.11.24. 2014두47686]

[1] 주된 인허가에 관한 사항을 규정하고 있는 법률에서 주된 인허가가 있으면 다른 법률에 의한 인허가를 받은 것으로 의제한다는 규정을 둔 경우, **주된 인허가가 있으면 다른 법률에 의한 인허가가 있는 것으로 보는 데 그치고, 거기에서 더 나아가 다른 법률에 의하여 인허가를 받았음을 전제로 하는 그 다른 법률의 모든 규정들까지 적용되는 것은 아니다.**

[2] 학교용지부담금 부과대상 사업에 관한 구 학교용지 확보 등에 관한 특례법(이하 '학교용지법'이라 한다) 제2조 제2호는 부과대상 사업의 근거 법률로 구 국민임대주택건설 등에 관한 특별조치법(이하 '공공주택건설법'이라 한다)을 들고 있지 아니하다. 그리고 **공공주택건설법 제12조 제1항이 단지조성사업 실시계획의 승인이 있는 때에는 도시개발법에 의한 실시계획의 작성·인가(제11호), 주택법에 의한 사업계획의 승인(제20호)을 받은 것으로 본다고 규정하고 있으나, 이는 공공주택건설법상 단지조성사업 실시계획의 승인을 받으면 그와 같은 인가나 승인을 받은 것으로 의제함에 그치는 것이지 더 나아가 그와 같은 인가나 승인을 받았음을 전제로 하는 도시개발법과 주택법의 모든 규정들까지 적용된다고 보기는 어렵다.** 따라서 공공주택건설법에 따른 단지조성사업은 학교용지법 제2조 제2호에 정한 학교용지부담금 부과대상 개발사업에 포함되지 아니하고, 이와 달리 학교용지부담금 부과대상 개발사업에 포함된다고 해석하는 것은 학교용지부담금 부과에 관한 규정을 상대방에게 불리한 방향으로 지나치게 확장해석하거나 유추해석하는 것이어서 허용되지 아니한다.

18

2019 국가직 9급

건축허가는 대물적 허가에 해당하므로, 허가의 효과는 허가대상 건축물에 대한 권리변동에 수반하여 이전되고 별도의 승인처분에 의하여 이전되는 것은 아니다. O | X

다만 이 경우 건축주 명의변경신고는 필요하다는 점은 주의해야 한다.

[대법원 1992.3.31. 선고, 91누4911, 판결]

비록 **건축허가가 대물적 허가로서 그 허가의 효과가 허가대상건축물에 대한 권리변동에 수반하여 이전**된다고 하더라도, 양수인의 권리의무에 직접 영향을 미치는 것으로서 취소소송의 대상이 되는 처분이라고 하지 않을 수 없다.

19

2019 지방직, 교육행정직 9급

甲은 관할 행정청에 토지의 형질변경행위가 수반되는 건축허가를 신청하였고, 관할 행정청은 甲에 대해 '건축기간 동안 자재 등을 도로에 불법적치하지 말 것'이라는 부관을 붙여 건축허가를 하였다. 토지의 형질변경의 허용 여부에 대해 행정청의 재량이 인정되더라도 주된 행위인 건축허가가 기속행위인 경우에는 甲에 대한 건축허가는 기속행위로 보아야 한다. O | X

토지의 형질변경행위가 수반되는 건축허가는 인허가 의제에 해당한다. 주된 인허가가 기속행위이더라도 의제되는 인허가가 재량행위이면, 당해 주된 인허가는 재량행위로 바뀌게 된다. 주된 인허가 여부를 결정하려면 의제되는 인허가의 요건도 심사해야 하기 때문이다.

[대법원 2010.2.25, 선고, 2009두19960, 판결]

국토계획법에서 정한 도시지역 안에서 토지의 형질변경행위를 수반하는 건축허가는 건축법 제8조 제1항의 규정에 의한 건축허가와 국토계획법 제56조 제1항 제2호의 규정에 의한 토지의 형질변경허가의 성질을 아울러 갖는 것으로 보아야 할 것이고, 국토계획법 제58조 제1항 제4호, 제3항, 국토계획법 시행령 제56조 제1항 [별표 1의2] 제1호 (가)목 (3), (라)목 (1), (마)목 (1)의 각 규정을 종합하면, **국토계획법 제56조 제1항 제2호의 규정에 의한 토지의 형질변경허가는 그 금지요건이 불확정개념으로 규정되어 있어 그 금지요건에 해당하는지 여부를 판단함에 있어서 행정청에게 재량권이 부여되어 있다고 할 것이므로, 국토계획법에 의하여 지정된 도시지역 안에서 토지의 형질변경행위를 수반하는 건축허가는 결국 재량행위**에 속한다.

20

2019 지방직 7급

허가에 타법상의 인·허가가 의제되는 경우, 의제된 인·허가는 통상적인 인·허가와 동일한 효력을 가질 수 없으므로 '부분 인·허가 의제'가 허용되는 경우라도 그에 대한 쟁송취소는 허용될 수 없다. O | X

[대법원 2018.11.29, 선고, 2016두38792, 판결]

의제된 인허가는 통상적인 인허가와 동일한 효력을 가지므로, 적어도 '부분 인허가 의제'가 허용되는 경우에는 그 효력을 제거하기 위한 법적 수단으로 의제된 인허가의 취소나 철회가 허용될 수 있고, 이러한 직권 취소·철회가 가능한 이상 그 의제된 인허가에 대한 쟁송취소 역시 허용된다.

21

2019 서울시 7급 (10월)

배출시설 설치허가의 신청이 구 「대기환경보전법」에서 정한 허가기준에 부합하고 동 법령상 허가제한사유에 해당하지 아니하는 한 환경부장관은 원칙적으로 허가를 하여야 한다. O | X

인간이 살면서 오염물질을 배출하는 것은 필연적이기 때문에, 배출시설 설치허가는 기속행위에 해당한다.

[대법원 2013.5.9, 선고, 2012두22799, 판결]

배출시설 설치허가와 설치제한에 관한 규정들의 문언과 그 체제·형식에 따르면 환경부장관은 배출시설 설치허가 신청이 구 대기환경보전법 제23조 제5항에서 정한 허가 기준에 부합하고 구 대기환경보전법 제23조 제6항, 같은 법 시행령 제12조에서 정한 허가제한사유에 해당하지 아니하는 한 원칙적으로 허가를 하여야 할 것이다. 다만 배출시설의 설치는 국민건강이나 환경의 보전에 직접적으로 영향을 미치는 행위라는 점과 대기오염으로 인한 국민건강이나 환경에 관한 위해를 예방하고 대기환경을 적정하고 지속가능하게 관리·보전하여 모든 국민이 건강하고 쾌적한 환경에서 생활할 수 있게 하려는 구 대기환경보전법의 목적(제1조) 등을 고려하면, 환경부장관은 구 대기환경보전법 시행령 제12조 각 호에서 정한 사유에 준하는 사유로서 환경 기준의 유지가 곤란하거나 주민의 건강·재산, 동식물의 생육에 심각한 위해를 끼칠 우려가 있다고 인정되는 등 중대한 공익상의 필요가 있을 때에는 허가를 거부할 수 있다고 보는 것이 타당하다.

정답 | 19 × 20 × 21 ○

22

2019 서울시 7급 (10월)

주택건설사업계획 승인처분에 따라 의제된 지구단위계획결정에 하자가 있음을 다투고자 하는 경우, 의제된 지구단위계획결정이 아니라 주택건설사업계획 승인처분을 항고소송의 대상으로 삼아야 한다. O | X

[대법원 2018.11.29, 선고, 2016두38792, 판결]

구 주택법 제17조 제1항에 따르면, 주택건설사업계획 승인권자가 관계 행정청의 장과 미리 협의한 사항에 한하여 승인처분을 할 때에 인허가 등이 의제될 뿐이고, 각호에 열거된 모든 인허가 등에 관하여 일괄하여 사전협의를 거칠 것을 주택건설사업계획 승인처분의 요건으로 규정하고 있지 않다. 따라서 인허가 의제 대상이 되는 처분에 어떤 하자가 있더라도, 그로써 해당 인허가 의제의 효과가 발생하지 않을 여지가 있게 될 뿐이고, 그러한 사정이 주택건설사업계획 승인처분 자체의 위법사유가 될 수는 없다. 또한 의제된 인허가는 통상적인 인허가와 동일한 효력을 가지므로, 적어도 '부분 인허가 의제'가 허용되는 경우에는 그 효력을 제거하기 위한 법적 수단으로 의제된 인허가의 취소나 철회가 허용될 수 있고, 이러한 직권 취소·철회가 가능한 이상 그 의제된 인허가에 대한 쟁송취소 역시 허용된다. 따라서 주택건설사업계획 승인처분에 따라 의제된 인허가가 위법함을 다투고자 하는 이해관계인은, 주택건설사업계획 승인처분의 취소를 구할 것이 아니라 의제된 인허가의 취소를 구하여야 하며, 의제된 인허가는 주택건설사업계획 승인처분과 별도로 항고소송의 대상이 되는 처분에 해당한다.

23

2020 군무원 7급

구 「학원의 설립 · 운영에 관한 법률」 제5조 제2항에 의한 학원의 설립인가는 강학상의 이른바 인가에 해당하는 것으로서 그 인가를 받은 자에게 특별한 권리를 부여하는 것이고 일반적인 금지를 특정한 경우에 해제하여 학원을 설립할 수 있는 자유를 회복시켜 주는 것이 아니다. O | X

[대법원 1994.2.8, 선고, 93누8276, 판결]

「학원의 설립 · 운영에 관한 법률」 제5조 제2항에 의한 학원의 설립인가는 강학상의 이른바 허가의 성질을 지니는 것으로서 그 인가를 받는 자에게 특별한 권리를 부여하는 것은 아니고 일반적인 금지를 특정한 경우에 해제하여 학원을 설립할 수 있는 자유를 회복시켜 주는 것이다(당원 1992.4.14, 선고, 91다39986, 판결 참조).

24

2021 국가직 9급

주택건설사업계획 승인권자가 구 주택법에 따라 도시 · 군관리계획 결정권자와 협의를 거쳐 관계 주택건설사업계획을 승인하면 도시 · 군관리계획결정이 이루어진 것으로 의제되고, 이러한 협의 절차와 별도로 국토의 계획 및 이용에 관한 법률 등에서 정한 도시 · 군관리계획 입안을 위한 주민 의견청취절차를 거칠 필요는 없다. O | X

이른바 「절차집중효」에 해당한다.

[대법원 2018.11.29, 선고, 2016두38792, 판결]

구 주택법 제17조 제1항에 인허가 의제 규정을 둔 입법 취지는, 주택건설사업을 시행하는 데 필요한 각종 인허가 사항과 관련하여 주택건설사업계획 승인권자로 그 창구를 단일화하고 절차를 간소화함으로써 각종 인허가에 드는 비용과 시간을 절감하여 주택의 건설·공급을 활성화하려는 데에 있다. 이러한 인허가 의제 규정의 입법 취지를 고려하면, 주택건설사업계획 승인권자가 구 주택법 제17조 제3항에 따라 도시·군관리계획 결정권자와 협의를 거쳐 관계 주택건설사업계획을 승인하면 같은 조 제1항 제5호에 따라 도시·군관리계획결정이 이루어진 것으로 의제되고, 이러한 협의 절차와 별도로 국토의 계획 및 이용에 관한 법률 제28조 등에서 정한 도시·군관리계획 입안을 위한 주민 의견청취 절차를 거칠 필요는 없다.

정답 | 22 × 23 × 24 ○

25

2022 군무원 9급

건축허가는 기속행위이므로 건축법상 허가 요건이 충족된 경우에는 항상 허가하여야 한다. O | X

기속행위인 것은 맞지만 중대한 공익상 필요가 있는 경우 허가를 거부할 수 있다.

[대법원 1995.6.13, 선고, 94다56883, 판결]

건축법 소정의 건축허가권자는 건축허가신청이 건축법, 도시계획법등 관계 법규에서 정하는 어떠한 제한에 배치되지 않는 이상 당연히 같은 법조 소정의 건축허가를 하여야 하므로, 법률상의 근거 없이 그 신청이 관계 법규에서 정한 제한에 배치되는지의 여부에 대한 심사를 거부할 수 없고, **심사 결과 그 신청이 법정요건에 합치하는 경우에는 특별한 사정이 없는 한 이를 허가하여야 하며, 공익상 필요가 없음에도 불구하고 요건을 갖춘 자에 대한 허가를 관계 법령에서 정하는 제한사유 이외의 사유를 들어 거부할 수 없다.**

26

2022 국회사무처 9급

이른바 부분 인허가의제의 경우 주된 인허가에 따라 의제된 인허가에 하자가 있음을 다투고자 할 때 의제된 인허가의 취소를 구할 것이 아니라 주된 인허가의 취소를 구하여야 한다. O | X

「주된 인·허가가 이루어진 경우」에 의제된 인·허가의 하자를 다투기 위하여는 의제된 인·허가를 대상으로 항고소송을 제기하여야 한다.

[대법원 2018.11.29, 선고, 2016두38792, 판결]

구 주택법 제17조 제1항에 따르면, 주택건설사업계획 승인권자가 관계 행정청의 장과 미리 협의한 사항에 한하여 승인처분을 할 때에 인허가 등이 의제될 뿐이고, 각호에 열거된 모든 인허가 등에 관하여 일괄하여 사전 협의를 거칠 것을 주택건설사업계획 승인처분의 요건으로 규정하고 있지 않다. 따라서 인허가 의제 대상이 되는 처분에 어떤 하자가 있더라도, 그로써 해당 인허가 의제의 효과가 발생하지 않을 여지가 있게 될 뿐이고, 그러한 사정이 주택건설사업계획 승인처분 자체의 위법사유가 될 수는 없다. 또한 의제된 인허가는 통상적인 인허가와 동일한 효력을 가지므로, 적어도 '부분 인허가 의제'가 허용되는 경우에는 그 효력을 제거하기 위한 법적 수단으로 의제된 인허가의 취소나 철회가 허용될 수 있고, 이러한 직권 취소·철회가 가능한 이상 그 의제된 인허가에 대한 쟁송취소 역시 허용된다. 따라서 **주택건설사업계획 승인처분에 따라 의제된 인허가가 위법함을 다투고자 하는 이해관계인은, 주택건설사업계획 승인처분의 취소를 구할 것이 아니라 의제된 인허가의 취소를 구하여야 하며, 의제된 인허가는 주택건설사업계획 승인처분과 별도로 항고소송의 대상이 되는 처분에 해당한다.**

27

2023 군무원 9급

법령상 토사채취가 제한되지 않는 산림 내에서의 토사채취에 대하여 국토와 자연의 유지, 환경보전 등 중대한 공익상 필요를 이유로 그 허가를 거부하는 것은 재량권을 일탈·남용하여 위법한 처분이라 할 수 있다. O | X

[대법원 1994.8.12, 선고, 94누5489, 판결]

산림 내에서의 토사채취는 국토 및 자연의 유지와 환경의 보전에 직접적으로 영향을 미치는 행위이므로 법령이 규정하는 토사채취의 제한지역에 해당하는 경우는 물론이거니와 그러한 제한지역에 해당하지 않더라도 허가관청은 토사채취허가신청 대상 토지의 형상과 위치 및 그 주위의 상황 등을 고려하여 국토 및 자연의 유지와 환경보전 등 중대한 공익상 필요가 있다고 인정될 때에는 그 허가를 거부할 수 있다. 위 법리 및 기록에 비추어 보면, 원심이 이 사건 토사채취 허가지의 위치 및 형상, 주위의 상황, 입목 현황, 피고 보조참가인에게 토사채

정답 | 25 × 26 × 27 ×

취를 허가한 이 사건 처분의 경위 및 내용 등에 비추어, 이 사건 처분은 국토 및 자연의 유지와 환경보전 등 중대한 공익을 침해한 것으로서 위법하다고 판단한 조치는 정당하다.

28

2024 경찰간부

구 「기부금품모집규제법」상의 기부금품모집허가는 공익목적을 위하여 일반적·상대적으로 제한된 기본권적 자유를 다시 회복시켜주는 강학상의 허가에 해당한다. O | X

[대법원 1999.7.23, 선고, 99두3690, 판결]

기부금품모집규제법상의 기부금품모집허가는 공익목적을 위하여 일반적 · 상대적으로 제한된 기본권적 자유를 다시 회복시켜주는 강학상의 허가에 해당하는 만큼 그에 대한 허가절차는 기부금품을 자유로이 모집할 수 있는 권리(이는 헌법상의 행복추구권에서 파생되는 일반적 행동자유권에 속한다) 자체를 제거해서는 아니되고, 허가절차에 규정된 법률요건을 충족하는 경우에는 국민에게 기본권 행사의 형식적 제한을 다시 해제할 것을 요구할 수 있는 법적 권리를 부여하여야 하므로, 같은 법이 비록 기부금품의 모집허가 대상사업을 같은 법 제4조 제2항 각 호에 규정된 사업에 국한시킴으로써 위 규정에 열거한 사항에 해당하지 아니한 경우에는 허가할 수 없다는 것을 소극적으로 규정하고 있다 하더라도 기부금품모집허가의 법적 성질이 강학상의 허가라는 점을 고려하면, 기부금품 모집행위가 같은 법 제4조 제2항의 각 호의 사업에 해당하는 경우에는 특별한 사정이 없는 한 그 모집행위를 허가하여야 하는 것으로 풀이하여야 한다.

29

2024 경찰간부

인허가의제 제도는 관련 인허가 행정청의 권한을 제한하거나 박탈하는 효과를 가진다는 점에서 법률 또는 법률의 위임에 따른 법규명령의 근거가 있어야 한다. O | X

인 · 허가의제는 행정기관의 권한에 변경을 가져오므로 법률에 명시적인 근거가 있어야 하며, 인 · 허가가 의제되는 범위도 법률에 명시되어 있어야 한다.

[대법원 2022.9.7, 선고, 2020두40327, 판결]

인허가의제 제도는 관련 인허가 행정청의 권한을 제한하거나 박탈하는 효과를 가진다는 점에서 법률 또는 법률의 위임에 따른 법규명령의 근거가 있어야 한다. 그런데 대기환경보전법령에서는 대기오염물질배출시설 설치허가를 받으면 악취배출시설 설치 · 운영신고가 수리된 것으로 의제하는 규정을 두고 있지 않다. 나아가 악취방지법은 제24조에서 권한의 위임에 관하여 규정하고 있는데, 대도시의 장의 권한에 관하여는 아무런 규정을 두고 있지 않고, 악취방지법 제8조의2 제2항은 신고할 사항과 방법에 관하여만 환경부령으로 정하도록 위임하였을 뿐 대도시의 장이 부여받은 악취배출시설 설치 · 운영신고의 수리 여부를 심사할 권한까지 환경부령으로 제한할 수 있도록 위임하고 있지는 않다

30

2024 경찰간부

「국토의 계획 및 이용에 관한 법률」에 따른 개발행위허가가 의제되는 「건축법」상 건축허가의 신청이 국토의 계획 및 이용에 관한 법령이 정한 개발행위허가기준에 부합하지 아니하면 건축허가권자로서는 이를 거부할 수 있다. O | X

인허가의 의제에는 실체적 집중효는 인정되지 않으므로, 허가권자는 의제되는 인허가의 요건 불비를 이유로 거부할 수 있다.

[대법원 2016.8.24, 선고, 2016두35762, 판결]

건축물의 건축이 국토계획법상 개발행위에 해당할 경우 그에 대한 건축허가를 하는 허가권자는 건축허가에 배치·저촉되는 관계 법령상 제한 사유의 하나로 국토계획법령의 개발행위허가기준을 확인하여야 하므로, **국토계획법상 건축물의 건축에 관한 개발행위허가가 의제되는 건축허가신청이 국토계획법령이 정한 개발행위허가기준에 부합하지 아니하면 허가권자로서는 이를 거부할 수 있고**, 이는 건축법 제16조 제3항에 의하여 개발행위허가의 변경이 의제되는 건축허가사항의 변경허가에서도 마찬가지이다.

31

2024 경찰간부

주된 인허가 행정청은 주된 인허가를 하기 전에 관련 인허가에 관하여 미리 관련 인허가 행정청과 협의하여야 한다. O | X

행정기본법

제24조(인허가의제의 기준) ③ 주된 인허가 행정청은 주된 인허가를 하기 전에 관련 인허가에 관하여 미리 관련 인허가 행정청과 협의하여야 한다.

32

2023 국회사무처 9급

공유수면 점용허가가 의제되는 채광계획 인가신청에 대하여 공유수면 관리청이 공유수면 점용을 허용하지 않기로 결정하였다면, 채광계획 인가관청은 이를 사유로 하여 채광계획을 인가하지 아니할 수 있다. O | X

의제되는 인허가에 대한 거부사유로 주된 인허가를 거부할 수 있다는 법리를 생각하면 된다.

[대법원 2002.10.11, 선고, 2001두151, 판결]

채광계획이 중대한 공익에 배치된다고 할 때에는 인가를 거부할 수 있고, 채광계획을 불인가 하는 경우에는 정당한 사유가 제시되어야 하며 자의적으로 불인가를 하여서는 아니 될 것이므로 채광계획인가는 기속재량행위에 속하는 것으로 보아야 할 것이나, 구 광업법(1999. 2. 8. 법률 제5893호로 개정되기 전의 것) 제47조의2 제5호에 의하여 채광계획인가를 받으면 공유수면 점용허가를 받은 것으로 의제되고, 이 공유수면 점용허가는 공유수면 관리청이 공공 위해의 예방 경감과 공공 복리의 증진에 기여함에 적당하다고 인정하는 경우에 그 자유재량에 의하여 허가의 여부를 결정하여야 할 것이므로, **공유수면 점용허가를 필요로 하는 채광계획 인가신청에 대하여도, 공유수면 관리청이 재량적 판단에 의하여 공유수면 점용을 허가 여부를 결정할 수 있고, 그 결과 공유수면 점용을 허용하지 않기로 결정하였다면, 채광계획 인가관청은 이를 사유로 하여 채광계획을 인가하지 아니할 수 있는 것**이다.

제3절 면제

정답 | 30 ○ 31 ○ 32 ○

TOPIC 14

법률행위적 행정행위 2 - 특허 / 인가 / 대리

제1절 특허

01 2015 국가직 7급

형성적 행정행위는 명령적 행정행위와 함께 법률행위적 행정행위에 속하며, 이에는 특허 · 인가 · 대리가 속한다. O | X

행정행위는 법률행위적 행정행위와 준법률행위적 행정행위로 구분되는데, 법률행위적 행정행위는 다시 명령적 행정행위(하명, 허가, 면제)와 형성적 행정행위(특허, 인가, 대리)로 구분된다. 준법률행위적 행정행위에는 확인, 공증, 통지, 수리가 있다.

02 2017 사회복지직 9급

공유수면매립법에 따른 공유수면매립면허는 강학상 허가의 성질을 가진다. O | X

공유수면매립면허는 강학상 특허로서 상대방의 출원을 요한다. 한편 공유수면매립이 완료된 경우에 행정청이 행하는 공유수면매립준공인가는 강학상 인가에 해당한다.

[대법원 1989.9.12, 선고, 88누9206, 판결]

공유수면매립면허는 설권행위인 특허의 성질을 갖는 것이므로 원칙적으로 행정청의 자유재량에 속하며, 일단 실효된 공유수면매립면허의 효력을 회복시키는 행위도 특단의 사정이 없는 한 새로운 면허부여와 같이 면허관청의 자유재량에 속한다고 할 것이므로 공유수면매립법 부칙 제4항의 규정에 의하여 위 법시행전에 같은 법 제25조 제1항의 규정에 의하여 효력이 상실된 매립면허의 효력을 회복시키는 처분도 특단의 사정이 없는 한 면허관청의 자유재량에 속하는 행위라고 봄이 타당하다.

03 2017 사회복지직 9급

운전면허는 강학상 특허에 해당한다. O | X

운전면허는 예방적 금지의 해제로서 허가에 해당한다.

04 2017 국회사무처 8급

대법원은 행정재산의 목적 외 사용에 해당하는 사인에 대한 행정재산의 사용 · 수익허가를 강학상 특허로 보고 있다. O | X

[대판 2006.3.9, 2004다31074]

국유재산 등의 관리청이 하는 행정재산의 사용·수익에 대한 허가는 순전히 사경제주체로서 행하는 사법상의 행위가 아니라 **관리청이 공권력을 가진 우월적 지위에서 행하는 행정처분으로서 특정인에게 행정재산을 사용할 수 있는 권리를 설정하여 주는 강학상 특허**에 해당한다.

정답 | 01 ○ 02 × 03 × 04 ○

05 2017 지방직 9급

여객자동차운수사업법에 따른 개인택시운송사업면허는 강학상 특허에 해당한다. O | X

[대법원 2005.4.28, 선고, 2004두8910, 판결]

개인택시운송사업면허는 특정인에게 권리나 이익을 부여하는 행정행위로서 법령에 특별한 규정이 없는 한 재량행위이고, 그 면허에 필요한 기준을 정하는 것 역시 행정청의 재량에 속하는 것이므로 그 기준이 객관적으로 보아 합리적이 아니라든가 타당하지 아니하여 재량권을 남용한 것이라고 인정되지 아니하는 이상 행정청의 의사는 가능한 한 존중되어야 한다.

06 2019 서울시 7급 (2월)

특허는 주로 특정인을 대상으로 행해지나 이에 한정되지 않으며 불특정다수인에게 행해지기도 한다. O | X

특허란 특정인을 위하여 새로운 법률상의 힘을 부여하는 행위를 말하므로, 불특정 다수인을 상대로 일반적으로 행해지는 경우는 없다.

07 2019 서울시 추가채용 9급

출입국관리법상 체류자격 변경허가는 신청인에게 당초의 체류자격과 다른 체류자격에 해당하는 활동을 할 수 있는 권한을 부여하는 설권적 처분의 성격을 가진다. O | X

[대법원 2016.7.14, 선고, 2015두48846, 판결]

출입국관리법 제10조, 제24조 제1항, 구 출입국관리법 시행령(2014. 10. 28. 대통령령 제25669호로 개정되기 전의 것) 제12조 [별표 1] 제8호, 제26호 (가)목, (라)목, 출입국관리법 시행규칙 제18조의2 [별표 1]의 문언, 내용 및 형식, 체계 등에 비추어 보면, **체류자격 변경허가는 신청인에게 당초의 체류자격과 다른 체류자격에 해당하는 활동을 할 수 있는 권한을 부여하는 일종의 설권적 처분의 성격을 가지므로, 허가권자는 신청인이 관계 법령에서 정한 요건을 충족하였더라도, 신청인의 적격성, 체류 목적, 공익상의 영향 등을 참작하여 허가 여부를 결정할 수 있는 재량을 가진다.** 다만 재량을 행사할 때 판단의 기초가 된 사실인정에 중대한 오류가 있는 경우 또는 비례·평등의 원칙을 위반하거나 사회통념상 현저하게 타당성을 잃는 등의 사유가 있다면 이는 재량권의 일탈·남용으로서 위법하다.

08 2022 국회사무처 8급

공유수면의 점용 · 사용허가는 허가 상대방에게 제한을 해제하여 공유수면이용권을 부여하는 처분으로 강학상 허가에 해당한다. O | X

공유수면점용허가, 도로점용허가 등 행정재산에 대한 사용 · 수익허가는 강학상 특허에 해당한다.

[대법원 2017.4.28, 선고, 2017두30139, 판결]

공유수면 관리 및 매립에 관한 법률에 따른 **공유수면의 점용 · 사용허가는 특정인에게 공유수면 이용권이라는 독점적 권리를 설정하여 주는 처분**으로서 처분 여부 및 내용의 결정은 원칙적으로 행정청의 재량에 속하고, 이와 같은 재량처분에 있어서는 재량권 행사의 기초가 되는 사실인정에 오류가 있거나 그에 대한 법령적용에 잘못이 없는 한 처분이 위법하다고 할 수 없다.

정답 | 05 ○ 06 × 07 ○ 08 ×

09

2022 지방직 9급

국립의료원 부설 주차장 위탁관리용역운영계약은 공법상 계약에 해당한다. O | X

강학상 특허에 해당한다.

[대법원 2006.3.9. 선고, 2004다31074, 판결]

국유재산 등의 관리청이 하는 행정재산의 사용 · 수익에 대한 허가는 순전히 사경제주체로서 행하는 사법상의 행위가 아니라 관리청이 공권력을 가진 우월적 지위에서 행하는 행정처분으로서 특정인에게 행정재산을 사용할 수 있는 권리를 설정하여 주는 강학상 특허에 해당한다.

10

2023 국가직 9급

「도시 및 주거환경정비법」에 근거한 조합설립인가처분은 행정주체로서의 지위를 부여하는 설권적 처분이고, 조합설립결의는 조합설립인가처분의 요건이므로, 조합설립결의에 하자가 있다면 그 하자를 이유로 직접 항고소송의 방법으로 조합설립인가처분의 취소 또는 무효확인을 구하여야 한다. O | X

[대법원 2009.9.24. 선고, 2008다60568, 판결]

행정청이 도시 및 주거환경정비법 등 관련 법령에 근거하여 행하는 조합설립인가처분은 단순히 사인들의 조합설립행위에 대한 보충행위로서의 성질을 갖는 것에 그치는 것이 아니라 법령상 요건을 갖출 경우 도시 및 주거환경정비법상 주택재건축사업을 시행할 수 있는 권한을 갖는 행정주체(공법인)로서의 지위를 부여하는 일종의 설권적 처분의 성격을 갖는다고 보아야 한다. 그리고 그와 같이 보는 이상 조합설립결의는 조합설립인가처분이라는 행정처분을 하는 데 필요한 요건 중 하나에 불과한 것이어서, 조합설립결의에 하자가 있다면 그 하자를 이유로 직접 항고소송의 방법으로 조합설립인가처분의 취소 또는 무효확인을 구하여야 하고, 이와는 별도로 조합설립결의의 부분만을 따로 떼어내어 그 효력 유무를 다투는 확인의 소를 제기하는 것은 원고의 권리 또는 법률상의 지위에 현존하는 불안 · 위험을 제거하는 데 가장 유효 · 적절한 수단이라 할 수 없어 특별한 사정이 없는 한 확인의 이익은 인정되지 아니한다.

11

2023 국회사무처 8급

강학상 특허사용권은 행정주체에 대하여 공공용물의 배타적, 독점적인 사용을 청구할 수 있는 권리로서 공법상의 채권이다. O | X

「물권」이 아니라 「채권」이다. 물권은 물건 자체에 대한 권리로서 소유권, 저당권 등을 생각하면 된다.

[헌법재판소 2007.12.27. 선고, 2004헌바98, 전원재판부]

도로법 제40조 및 제80조의2에서 말하는 도로의 점용이라 함은 일반공중의 교통에 공용되는 도로에 대하여 이러한 일반사용과는 별도로 도로의 특정부분을 유형적, 고정적으로 사용하는 이른바 특별사용을 뜻하는 것인바(대법원 2004. 10. 15. 선고 2002다68485 판결), 도로점용허가는 특허행위로서 상대방의 신청 또는 동의를 요하는 쌍방적 행정행위이며, 권리를 설정하여 주는 행위로서 자유재량행위이고, 그에 의하여 부여되는 특별사용권(강학상 특허사용권)은 행정주체에 대하여 공공용물의 배타적, 독점적인 사용을 청구할 수 있는 권리로서 공법상의 채권이다.

정답 | 09 × 10 ○ 11 ○

12

2023 국회사무처 8급

도로점용허가는 특허행위로서 상대방의 신청 또는 동의를 요하는 쌍방적 행정행위이며, 권리를 설정하여 주는 행위로서 재량행위이다. O | X

> [대법원 2002.10.25, 선고, 2002두5795, 판결]
> 도로법 제40조 제1항에 의한 도로점용은 일반공중의 교통에 사용되는 도로에 대하여 이러한 일반사용과는 별도로 도로의 특정부분을 유형적 · 고정적으로 특정한 목적을 위하여 사용하는 이른바 특별사용을 뜻하는 것이고, 이러한 **도로점용의 허가는 특정인에게 일정한 내용의 공물사용권을 설정하는 설권행위로서, 공물관리자가 신청인의 적격성, 사용목적 및 공익상의 영향 등을 참작하여 허가를 할 것인지의 여부를 결정하는 재량행위이다.**

13

2023 국회사무처 8급

구 「지역균형개발 및 지방중소기업 육성에 관한 법률」 및 동법 시행령상, 개발촉진지구 안에서 시행되는 지역개발사업(이하 '지구개발사업'이라 함)에서 지정권자의 실시계획 승인처분은 단순히 시행자가 작성한 실시계획에 대한 보충행위로서의 성질을 가지는 것이 아니라 시행자에게 지구개발사업을 시행할 수 있는 지위를 부여하는 일종의 설권적 처분의 성격을 가진 독립된 행정처분으로 보아야 한다. O | X

> 지정권자의 실시계획승인처분은 상대방에게 독점적인 사업권을 부여한다는 의미에서 강학상 특허에 해당한다.
>
> [대법원 2014.9.26, 선고, 2012두5619, 판결]
> 구 지역균형개발 및 지방중소기업 육성에 관한 법률(2011. 5. 30. 법률 제10762호로 개정되기 전의 것, 이하 '구 지역균형개발법'이라 한다) 제16조 제2항, 제17조 제1항, 제2항, 제3항, 제4항, 제18조 제1항, 제3항, 제19조 제1항, 제2항, 구 지역균형개발 및 지방중소기업 육성에 관한 법률 시행령(2008. 12. 24. 대통령령 제21185호로 개정되기 전의 것) 제22조의 내용 및 취지 등에 비추어 보면, **개발촉진지구 안에서 시행되는 지역개발사업(국가 또는 지방자치단체가 직접 시행하는 경우를 제외한다. 이하 '지구개발사업'이라 한다)에서 지정권자의 실시계획승인처분은 단순히 시행자가 작성한 실시계획에 대한 보충행위로서의 성질을 가지는 것이 아니라 시행자에게 구 지역균형개발법상 지구개발사업을 시행할 수 있는 지위를 부여하는 일종의 설권적 처분의 성격을 가진 독립된 행정처분**으로 보아야 한다.

14

2023 지방직 9급

구 「도시 및 주거환경정비법」상 토지소유자들이 조합을 설립하지 아니하고 직접 도시환경정비사업을 시행하고자 하는 경우에 내려진 사업시행인가처분은 설권적 처분의 성격을 가진다. O | X

> 재개발 · 재건축조합에 대한 사업시행계획인가는 강학상 인가이지만, 토지 등 소유자들이 조합 설립 없이 정비사업을 하는 경우의 사업시행계획인가는 강학상 특허이다.
>
> [대법원 2013.6.13, 선고, 2011두19994, 판결]
> 구 도시 및 주거환경정비법 제8조 제3항, 제28조 제1항에 의하면, 토지 등 소유자들이 그 사업을 위한 조합을 따로 설립하지 아니하고 직접 도시환경정비사업을 시행하고자 하는 경우에는 사업시행계획서에 정관 등과 그 밖에 국토해양부령이 정하는 서류를 첨부하여 시장 · 군수에게 제출하고 사업시행인가를 받아야 하고, 이러한 절차를 거쳐 사업시행인가를 받은 토지 등 소유자들은 관할 행정청의 감독 아래 정비구역 안에서 구 도시정비법상의 도시환경정비사업을 시행하는 목적 범위 내에서 법령이 정하는 바에 따라 일정한 행정작용을 행하는 행정주체로서의 지위를 가진다. 그렇다면 **토지 등 소유자들이 직접 시행하는 도시환경정비사업에서 토지 등 소유자에 대한 사업시행인가처분은 단순히 사업시행계획에 대한 보충행위로서의 성질을 가지는 것이 아니라 구 도시정비법상 정비사업을 시행할 수 있는 권한을 가지는 행정주체로서의 지위를 부여하는 일종의 설권적 처분의 성격을 가진다.**

정답 | 12 ○ 13 ○ 14 ○

제2절 인가

01 당사자의 법률적 행위를 보충하여 그 법률적 효력을 완성시키는 행정청의 보충적 의사표시를 인가라고 한다. O | X

2014 서울시 9급

행정객체가 제3자와의 사이에서 하는 법률적 행위를 행정주체가 보충하여 그 법률상 효력을 완성시켜주는 행정행위를 말하며, 보충행위라고도 한다.

02 인가의 대상인 법률행위에는 공법상 행위도 있고 사법상 행위도 있다. O | X

2014 서울시 9급

(i) 사업시행계획인가, 관리처분계획인가의 경우에는 인가의 대상인 법률행위가 공법상 행위이다. (ii) 국토이용관리법상 토지거래허가, 민법상 재단법인 정관변경의 승인의 경우에는 인가의 대상이 되는 법률행위는 사법상 행위이다.

03 인가는 보충적 행위이므로 신청을 전제로 한다. O | X

2014 서울시 9급

(i) 인가(및 특허)는 상대방의 출원이 필요요건이기 때문에 출원이 없거나 그 취지에 반하는 인가는 완전한 효력을 발생하지 못한다(신청을 요하는 쌍방적 행정행위). (ii) 반면에 허가의 경우 원칙적으로 신청을 요하지만 무출원 허가나 수정허가가 가능하다.

04 재단법인의 정관변경허가는 강학상 특허에 해당한다. O | X

2017 사회복지직 9급

비영리법인(학교법인, 재단법인 등)에 대한 인허가는 강학상 인가에 해당한다고 정리하면 된다.

[대법원 1996.5.16, 선고, 95누4810, 전원합의체 판결]

민법 제45조와 제46조에서 말하는 **재단법인의 정관변경 "허가"는 법률상의 표현이 허가로 되어 있기는 하나, 그 성질에 있어 법률행위의 효력을 보충해 주는 것이지 일반적 금지를 해제하는 것이 아니므로, 그 법적 성격은 인가**라고 보아야 한다.

05 사립학교법상 학교법인의 이사장, 이사, 감사 등 임원에 대한 임원취임승인행위가 인가의 대표적인 예이다. O | X

2017 교육행정직 9급

[대법원 1987.8.18, 86누152]

사립학교법 제20조 제2항에 의한 **학교법인의 임원에 대한 감독청의 취임승인은 학교법인의 임원선임행위를 보충하여 그 법률상의 효력을 완성케하는 보충적 행정행위**로서 성질상 기본행위를 떠나 승인처분 그 자체만으로는 법률상 아무런 효력도 발생할 수 없으므로 기본행위인 학교법인의 임원선임행위가 불성립 또는 무효인 경우에는 비록 그에 대한 감독청의 취임승인이 있었다 하여도 이로써 무효인 그 선임행위가 유효한 것으로 될 수는 없다.

정답 | 01 ○ 02 ○ 03 ○ 04 × 05 ○

06

2017 하반기
국가직 9급

인가의 대상이 되는 기본행위는 법률적 행위일 수도 있고, 사실행위일 수도 있다. O | X

(ⅰ) 인가란 행정객체가 제3자와의 사이에서 하는 법률적 행위(기본행위)를 행정주체가 보충하여 그 법률상 효력을 완성시켜 주는 행정행위이다. 따라서 인가의 대상이 되는 기본행위는 법률적 행위라야 하지 사실행위일 수는 없다. (ⅱ) 반면에 허가의 대상이 되는 기본행위는 법률적 행위(영업양도)일 수도 있고, 사실적 행위(통행금지)일 수도 있다.

07

2017 하반기
국가직 9급

기본행위에 하자가 있는 경우에 그 기본행위의 하자를 다툴 수 있고, 기본행위의 하자를 이유로 인가처분의 취소 또는 무효확인도 소구할 수 있다. O | X

[대법원 1994.10.14, 93누22753]

기본행위인 관리처분계획이 적법유효하고 보충행위인 인가처분 자체에만 하자가 있다면 그 인가처분의 무효나 취소를 주장할 수 있지만, **인가처분에 하자가 없다면 기본행위에 하자가 있다 하더라도 따로 그 기본행위의 하자를 다투는 것은 별론으로 하고 기본행위의 무효를 내세워 바로 그에 대한 행정청의 인가처분의 취소 또는 무효확인을 소구할 법률상의 이익이 있다고 할 수 없다.**

08

2017 하반기
국가직 9급

기본행위가 성립하지 않거나 무효인 경우에 인가가 있어도 당해 인가는 무효가 된다. O | X

[대법원 1987.8.18, 86누152]

기본행위 무효인 경우 그에 대한 인가가 행해졌다 하더라도 기본행위가 유효한 것으로 되는 것이 아니다. 사립학교법 제20조 제2항에 의한 학교법인의 임원에 대한 감독청의 취임승인은 학교법인의 임원선임행위를 보충하여 그 법률상의 효력을 완성케하는 보충적 행정행위로서 성질상 기본행위를 떠나 승인처분 그 자체만으로는 법률상 아무런 효력도 발생할 수 없으므로 **기본행위인 학교법인의 임원선임행위가 불성립 또는 무효인 경우에는 비록 그에 대한 감독청의 취임승인이 있었다 하여도 이로써 무효인 그 선임행위가 유효한 것으로 될 수는 없다.**

09

2017 하반기
국가직 9급

공유수면매립면허로 인한 권리의무의 양도·양수약정은 이에 대한 면허관청의 인가를 받지 않은 이상 법률상 효력이 발생하지 않는다. O | X

(ⅰ) 공유수면매립면허는 강학상 특허이고, (ⅱ) 공유수면매립면허 양도인가는 강학상 인가이고, (ⅲ) 공유수면매립준공인가도 강학상 인가이다.

[대법원 1991.6.25, 선고, 90누5184, 판결]

공유수면매립법 제20조 제1항 및 같은법 시행령 제29조 제1항 등 관계법령의 규정내용과 공유수면매립의 성질 등에 비추어 볼 때, **공유수면매립의 면허로 인한 권리의무의 양도·양수에 있어서의 면허관청의 인가는 효력요건으로서, 위 각 규정은 강행규정이라고 할 것인바, 위 면허의 공동명의자 사이의 면허로 인한 권리의무양도약정은 면허관청의 인가를 받지 않은 이상 법률상 아무런 효력도 발생할 수 없다.**

정답 | 06 × 07 × 08 ○ 09 ○

10

2018 국회사무처 8급

공익법인의 기본재산에 대한 감독관청의 처분허가는 그 성질상 특정 상대에 대한 처분행위의 허가가 아니고 처분의 상대가 누구이든 이에 대한 처분행위를 보충하여 유효하게 하는 행위라 할 것이므로 그 처분행위에 따른 권리의 양도가 있는 경우에도 처분이 완전히 끝날 때까지는 허가의 효력이 유효하게 존속한다. O | X

공익법인의 기본재산에 대한 감독관청의 처분허가는 기본재산을 대상으로 한다는 점에서 「대물적」 성격을 갖는다. 따라서 양도인에게 발생한 사유는 양수인에게도 승계된다.

[대법원 2005.9.28. 선고, 2004다50044, 판결]

공익법인의 기본재산에 대한 감독관청의 처분허가는 그 성질상 특정 상대에 대한 처분행위의 허가가 아니고 처분의 상대가 누구이든 이에 대한 처분행위를 보충하여 유효하게 하는 행위라 할 것이므로 그 처분행위에 따른 권리의 양도가 있는 경우에도 처분이 완전히 끝날 때까지는 허가의 효력이 유효하게 존속한다.

11

2019 서울시 7급 (2월)

재단법인의 임원 취임이 재단법인의 정관에 근거한다 할지라도 이에 대해 주무관청이 당연히 인가하여야 하는 것은 아니며 인가여부를 재량으로 결정할 수 있다. O | X

[대법원 2000.1.28. 선고, 98두16996, 판결]

재단법인의 임원취임이 사법인인 재단법인의 정관에 근거한다 할지라도 이에 대한 행정청의 승인(인가)행위는 법인에 대한 주무관청의 감독권에 연유하는 이상 그 인가행위 또는 인가거부행위는 공법상의 행정처분으로서, 그 **임원취임을 인가 또는 거부할 것인지 여부는 주무관청의 권한에 속하는 사항**이라고 할 것이고, 재단법인의 임원취임승인 신청에 대하여 주무관청이 이에 기속되어 이를 당연히 승인(인가)하여야 하는 것은 아니다.

12

2020 국회사무처 8급

토지거래허가지역 내의 토지거래계약은 허가가 있기 전에는 효력이 발행하지 않은 상태에 있다가 허가가 있으면 토지거래계약은 소급하여 유효하게 된다. O | X

유동적 무효이고 사후에 허가를 받음으로써 소급하여 유효한 계약이 된다.

[대법원 1991.12.24. 선고, 90다12243, 전원합의체 판결]

허가를 받기 전의 거래계약이 처음부터 허가를 배제하거나 잠탈하는 내용의 계약일 경우에는 확정적으로 무효로서 유효화될 여지가 없으나 이와 달리 **허가받을 것을 전제로 한 거래계약(허가를 배제하거나 잠탈하는 내용의 계약이 아닌 계약은 여기에 해당하는 것으로 본다)일 경우에는 허가를 받을 때까지는 법률상 미완성의 법률행위로서 소유권 등 권리의 이전 또는 설정에 관한 거래의 효력이 전혀 발생하지 않음은 위의 확정적 무효의 경우와 다를 바 없지만, 일단 허가를 받으면 그 계약은 소급하여 유효**한 계약이 되고 이와 달리 불허가가 된 때에는 무효로 확정되므로 허가를 받기까지는 유동적 무효의 상태에 있다고 보는 것이 타당하므로 허가받을 것을 전제로 한 거래계약은 허가받기 전의 상태에서는 거래계약의 채권적 효력도 전혀 발생하지 않으므로 권리의 이전 또는 설정에 관한 어떠한 내용의 이행청구도할 수 없으나 일단 허가를 받으면 그 계약은 소급해서 유효화되므로 허가 후에 새로이 거래계약을 체결할 필요는 없다.

정답 | 10 ○ 11 ○ 12 ○

13

2020 군무원 9급

(구)외자도입법에 따른 기술도입계약에 대한 인가는 기본행위인 기술도입계약을 보충하여 그 법률상 효력을 완성시키는 보충적 행정행위에 지나지 아니하므로 기본행위인 기술도입계약의 해지로 인하여 소멸되었다면 위 인가처분은 처분청의 직권취소에 의하여 소멸한다. O | X

[대법원 1983.12.27, 선고, 82누491, 판결]
외자도입법 제19조에 따른 기술도입계약에 대한 인가(법 제49조 및 동시행령 제29조 제1항 제7호에 의하여 주무부장관인 피고에게 위임됨)는 기본행위인 기술도입계약을 보충하여 그 법률상 효력을 완성시키는 보충적 행정행위에 지나지 아니하므로 기본행위인 위 기술도입계약이 해지로 인하여 소멸되었다면 위 인가처분은 무효선언이나 그 취소처분이 없어도 당연히 실효된다고 해석되므로 피고가 위 인가처분기관으로서 원고와 위 유니레버사 간의 이 사건 기술도입계약이 해지되었다는 이유로 위 기술계약에 대한 인가처분이 실효되었음을 단정하고 그 실효를 확인하는 뜻에서 위 인가처분을 취소하였음을 위법이라 할 수 없다 할 것이니 이런 취지에서 한 원심의 판단은 정당하고 피고의 이 사건 처분을 취소권한에 의한 취소처분임을 전제로 한 논지는 채용할 수 없다.

14

2022 국회사무처 8급

토지거래허가는 토지거래허가구역 내의 토지거래를 전면적으로 금지시키고 특정한 경우에 예외적으로 토지거래계약을 체결할 수 있는 자격을 부여하는 점에서 강학상 특허에 해당한다. O | X

토지거래허가는 강학상 인가에 해당한다.

[대법원 1991.12.24, 선고, 90다12243, 전원합의체 판결]
국토이용관리법 제21조의3 제1항 소정의 허가가 규제지역 내의 모든 국민에게 전반적으로 토지거래의 자유를 금지하고 일정한 요건을 갖춘 경우에만 금지를 해제하여 계약체결의 자유를 회복시켜 주는 성질의 것이라고 보는 것은 위 법의 입법취지를 넘어선 지나친 해석이라고 할 것이고, **규제지역 내에서도 토지거래의 자유가 인정되나 다만 위 허가를 허가 전의 유동적 무효 상태에 있는 법률행위의 효력을 완성시켜 주는 인가적 성질을 띈 것이라고 보는 것이 타당**하다.

15

2022 지방직 7급

주택재건축조합의 정관변경에 대한 시장 · 군수등의 인가는 그 대상이 되는 기본행위를 보충하여 법률상 효력을 완성시키는 행위로서 시장 · 군수등이 변경된 정관을 인가하면 정관변경의 효력이 총회의 의결이 있었던 때로 소급하여 발생한다. O | X

강학상 인가이며 인가한 때로부터 효력이 발생한다.

[대법원 2014.7.10, 선고, 2013도11532, 판결]
구 도시 및 주거환경정비법(2012. 2. 1. 법률 제11293호로 개정되기 전의 것) 제20조 제3항은 조합이 정관을 변경하고자 하는 경우에는 총회를 개최하여 조합원 과반수 또는 3분의 2 이상의 동의를 얻어 시장 · 군수의 인가를 받도록 규정하고 있다. 여기서 시장 등의 인가는 그 대상이 되는 기본행위를 보충하여 법률상 효력을 완성시키는 행위로서 이러한 인가를 받지 못한 경우 변경된 정관은 효력이 없고, 시장 등이 변경된 정관을 인가하더라도 정관변경의 효력이 총회의 의결이 있었던 때로 소급하여 발생한다고 할 수 없다.

정답 | 13 × 14 × 15 ×

16

2023 소방직

사업시행계획이 무효인 경우 그에 대한 인가처분이 있다고 하더라도 사업시행계획이 유효한 것으로 될 수 없다. O | X

[대판 2014.2.27, 2011두25173]

기본행위인 사업시행계획이 무효인 경우 그에 대한 인가처분이 있다고 하더라도 그 기본행위인 사업시행계획이 유효한 것으로 될 수 없으며, 기본행위가 적법·유효하고 보충행위인 인가처분 자체에만 하자가 있다면 그 인가처분의 무효나 취소를 주장할 수 있다고 할 것이지만, 인가처분에 하자가 없다면 기본행위에 하자가 있다고 하더라도 따로 그 기본행위의 하자를 다투는 것은 별론으로 하고 기본행위의 무효를 내세워 바로 그에 대한 인가처분의 취소 또는 무효확인을 구할 수 없다.

17

2023 지방직 9급

「자동차관리법」상 자동차관리사업자로 구성하는 사업자단체인 조합 또는 협회의 설립인가처분은 자동차관리사업자들의 단체결성행위를 보충하여 효력을 완성시키는 처분에 해당한다. O | X

[대법원 2015. 5. 29, 선고, 2013두635, 판결]

구 자동차관리법 제67조 제1항, 제3항, 제4항, 제5항, 구 자동차관리법 시행규칙 제148조 제1항, 제2항의 내용 및 체계 등을 종합하면, **자동차관리법상 자동차관리사업자로 구성하는 사업자단체인 조합 또는 협회(이하 '조합 등'이라고 한다)의 설립인가처분은 국토해양부장관 또는 시·도지사(이하 '시·도지사 등'이라고 한다)가 자동차관리사업자들의 단체결성행위를 보충하여 효력을 완성시키는 처분에 해당한다**. 그리고 자동차관리법이 자동차관리사업자들로 하여금 시·도지사 등의 설립인가를 거쳐 조합 등을 설립하도록 한 취지는, 자동차관리사업자들이 공통의 이익을 추구하기 위해 단체를 구성하여 활동할 수 있는 헌법상 결사의 자유를 폭넓게 보장하는 한편, 조합 등이 수행하는 업무의 특수성을 고려하여 공익적 차원에서 최소한의 사전적 규제를 하고자 함에 있다.

18

2023 지방직 9급

구 「도시 및 주거환경정비법」상 조합설립추진위원회 구성승인처분은 조합의 설립을 위한 주체인 추진위원회의 구성행위를 보충하여 그 효력을 부여하는 처분이다. O | X

[대법원 2013.1.31, 선고, 2011두11112, 2011두11129, 판결]

구 도시 및 주거환경정비법 제13조 제1항, 제2항, 제14조 제1항, 제15조 제4항, 제5항 등 관계 법령의 내용, 형식, 체제 등에 비추어 보면, **조합설립추진위원회(이하 '추진위원회'라고 한다) 구성승인처분은 조합의 설립을 위한 주체인 추진위원회의 구성행위를 보충하여 그 효력을 부여하는 처분**으로서 조합설립이라는 종국적 목적을 달성하기 위한 중간단계의 처분에 해당하지만, 그 법률요건이나 효과가 조합설립인가처분의 그것과는 다른 독립적인 처분이기 때문에, 추진위원회 구성승인처분에 대한 취소 또는 무효확인 판결의 확정만으로는 이미 조합설립인가를 받은 조합에 의한 정비사업의 진행을 저지할 수 없다. 따라서 추진위원회 구성승인처분을 다투는 소송 계속 중에 조합설립인가처분이 이루어진 경우에는, 추진위원회 구성승인처분에 위법이 존재하여 조합설립인가 신청행위가 무효라는 점 등을 들어 직접 조합설립인가처분을 다툼으로써 정비사업의 진행을 저지하여야 하고, 이와는 별도로 추진위원회 구성승인처분에 대하여 취소 또는 무효확인을 구할 법률상의 이익은 없다고 보아야 한다.

정답 | 16 ○ 17 ○ 18 ○

제3절 대리

01

2023 국가직 7급

행정청의 의사표시를 요소로 하는 법률행위적 행정행위 중에서 명령적 행위에는 하명, 허가, 대리가 속한다.

O | X

대리는 명령적 행정행위가 아니라 형성적 행정행위에 해당한다. 명령적 행정행위로는 하명, 허가, 그리고 면제가 있다.

정답 | 01 ×

TOPIC 15

준법률행위적 행정행위 – 확인 / 공증 / 통지 / 수리

제1절 확인

01

2015 국가직 7급

확인은 특정한 사실 또는 법률관계에 관하여 의문이 있는 경우에 행정청이 그 존부 또는 정부(正否)를 판단하는 준법률행위적 행정행위이며, 그 예로는 합격증서의 발급 및 영수증의 교부 등을 들 수 있다. O | X

확인에 관한 정의는 옳다. 다만 합격증서의 발급 및 영수증의 교부 등은 공증에 해당한다. 확인의 예는 확인행위(당선자 결정, 합격자 결정), 준사법적 행정행위(행정심판의 재결) 등을 들 수 있다.

02

2017 교육행정직 9급

판례에 의하면 친일반민족행위자재산조사위원회의 친일재산 국가귀속결정에 대한 법적 성격은 확인행위로서 준법률행위적 행정행위의 성질을 가진다. O | X

[대법원 2008.11.13, 선고, 2008두13491, 판결]

친일반민족행위자 재산의 국가귀속에 관한 특별법 제3조 제1항 본문, 제9조 규정들의 취지와 내용에 비추어 보면, 같은 법 제2조 제2호에 정한 친일재산은 친일반민족행위자재산조사위원회가 국가귀속결정을 하여야 비로소 국가의 소유로 되는 것이 아니라 특별법의 시행에 따라 그 취득·증여 등 원인행위시에 소급하여 당연히 국가의 소유로 되고, **위 위원회의 국가귀속결정은 당해 재산이 친일재산에 해당한다는 사실을 확인하는 이른바 준법률행위적 행정행위**의 성격을 가진다.

03

2017 하반기 지방직 9급

행정심판의 재결은 강학상 공증행위에 해당한다. O | X

확인에 해당한다. 실정법에서는 재결(행정심판의 재결), 법령상의 결정(당선자 결정, 공무원시험 합격자의 결정, 도로·하천 등의 구역결정, 소득금액의 결정), 발명의 특허, 법령상의 감정(신체검사, 건물의 준공검사, 자동차의 검사) 등이 그 예이다.

정답 | 01 × 02 ○ 03 ×

04

2023 소방직

사업자등록증에 대한 검열은 납세의무자임을 확인하는 준법률행위적 행정행위로서의 확인에 해당한다.

O | X

[대판 1988.3.8, 87누156]
부가가치세법상의 사업자등록은 과세관청으로 하여금 부가가치세의 납세의무자를 파악하고 그 과세자료를 확보케 하려는데 입법취지가 있으므로 이는 단순한 사업사실의 신고로서 사업자가 소관세무서장에게 소정의 사업자등록신청서를 제출함으로써 성립되는 것이고 사업자등록증의 교부는 이와 같은 등록사실을 증명하는 증서의 교부행위에 불과한 것이며, **사업자등록증에 대한 검열 역시 과세관청이 등록된 사업을 계속하고 있는 사업자의 신고사실을 증명하는 사실행위에 지나지 않는다.**

05

2023 국가직 7급

특정의 사실 또는 법률관계의 존재를 공적으로 증명하여 공적 증거력을 부여하는 행정행위는 확인행위로서 당선인결정, 장애등급결정, 행정심판의 재결 등이 그 예이다.

O | X

특정의 사실 또는 법률관계의 존재를 공적으로 증명하여 공적 증거력을 부여하는 행정행위는 공증이다. 당선인결정, 장애등급결정, 행정심판의 재결 등은 특정의 사실 또는 법률관계의 존부 또는 정부에 관하여 의문이나 다툼이 있는 경우에 행정청이 이를 공권적으로 확인하는 경우에 해당한다. 즉, 준법률행위적 행정행위 중 공증이 아니라 확인이다.

제2절 공증

01

2017 국가직 9급

지적공부 소관청의 지목변경신청 반려행위는 행정사무의 편의와 사실증명의 자료로 삼기 위한 것이지 그 대장에 등재여부는 어떠한 권리의 변동이나 상실효력이 생기지 않으므로 이를 항고소송의 대상으로 할 수 없다.

O | X

[대법원 2004.4.22, 선고, 2003두9015, 전원합의체 판결]
지목은 토지에 대한 공법상의 규제, 개발부담금의 부과대상, 지방세의 과세대상, 공시지가의 산정, 손실보상가액의 산정 등 토지행정의 기초로서 공법상의 법률관계에 영향을 미치고, 토지소유자는 지목을 토대로 토지의 사용·수익·처분에 일정한 제한을 받게 되는 점 등을 고려하면, **지목은 토지소유권을 제대로 행사하기 위한 전제요건으로서 토지소유자의 실체적 권리관계에 밀접하게 관련되어 있으므로 지적공부 소관청의 지목변경신청 반려행위는 국민의 권리관계에 영향을 미치는 것으로서 항고소송의 대상이 되는 행정처분에 해당**한다.

정답 | 04 × 05 × | 01 ×

02

2017 국가직 9급

지적공부 소관청이 토지대장을 직권으로 말소하는 행위는 항고소송의 대상이 되는 행정처분에 해당한다. O | X

[대법원 2013.10.24, 선고, 2011두13286, 판결]
토지대장은 토지에 대한 공법상의 규제, 개발부담금의 부과대상, 지방세의 과세대상, 공시지가의 산정, 손실보상가액의 산정 등 토지행정의 기초자료로서 공법상의 법률관계에 영향을 미칠 뿐만 아니라, 토지에 관한 소유권보존등기 또는 소유권이전등기를 신청하려면 이를 등기소에 제출해야 하는 점 등을 종합해 보면, 토지대장은 토지의 소유권을 제대로 행사하기 위한 전제요건으로서 토지 소유자의 실체적 권리관계에 밀접하게 관련되어 있으므로, 이러한 토지대장을 직권으로 말소한 행위는 국민의 권리관계에 영향을 미치는 것으로서 항고소송의 대상이 되는 행정처분에 해당한다.

03

2017 국가직 9급

무허가건물을 무허가건물관리대장에서 삭제하는 행위는 다른 특별한 사정이 없는 한 항고소송의 대상이 되는 행정처분에 해당한다. O | X

[대법원 2009.3.12, 선고, 2008두11525, 판결]
무허가건물관리대장은, 행정관청이 지방자치단체의 조례 등에 근거하여 무허가건물 정비에 관한 행정상 사무처리의 편의와 사실증명의 자료로 삼기 위하여 작성, 비치하는 대장으로서 무허가건물을 무허가건물관리대장에 등재하거나 등재된 내용을 변경 또는 삭제하는 행위로 인하여 당해 무허가 건물에 대한 실체상의 권리관계에 변동을 가져오는 것이 아니고, 무허가건물의 건축시기, 용도, 면적 등이 무허가건물관리대장의 기재에 의해서만 증명되는 것도 아니므로, 관할관청이 무허가건물의 무허가건물관리대장 등재 요건에 관한 오류를 바로잡으면서 당해 무허가건물을 무허가건물관리대장에서 삭제하는 행위는 다른 특별한 사정이 없는 한 항고소송의 대상이 되는 행정처분이 아니다.

04

2017 하반기 지방직 9급

상표시용권설정등록행위는 강학상 공증행위에 해당한다. O | X

공증에 해당한다.

[대법원 1991.8.13, 선고, 90누9414, 판결]
구 상표법 제29조 제1항, 제3항, 제31조 제1항, 제2항, 구 상표등록령 제6조, 제7조, 제10조, 구 특허등록령 제34조 제1항의 규정내용을 종합하면, 상표사용권설정등록신청서가 제출된 경우 특허청장은 신청서와 그 첨부서류만을 자료로 형식적으로 심사하여 그 등록신청을 수리 할 것인지의 여부를 결정하여야 되는 것으로서, 특허청장의 상표사용권설정등록행위는 사인간의 법률관계의 존부를 공적으로 증명하는 준법률행위적 행정행위임이 분명하다.

05

2017 하반기 지방직 9급

건설업 면허증의 재교부는 강학상 공증행위에 해당한다. O | X

공증에 해당한다.

[대법원 1994.10.25, 선고, 93누21231, 판결]

건설업면허증 및 건설업면허수첩의 재교부는 그 면허증 등의 분실, 헐어 못쓰게 된 때, 건설업의 면허이전 등 면허증 및 면허수첩 그 자체의 관리상의 문제로 인하여 종전의 면허증 및 면허수첩과 동일한 내용의 면허증 및 면허수첩을 새로이 또는 교체하여 발급하여 주는 것으로서, 이는 건설업의 면허를 받았다고 하는 특정사실에 대하여 형식적으로 그것을 증명하고 공적인 증거력을 부여하는 행정행위(강학상의 공증행위)이므로, 그로 인하여 면허의 내용 등에는 아무런 영향이 없이 종전의 면허의 효력이 그대로 지속하고, 면허증 및 면허수첩의 재교부에 의하여 재교부 전의 면허는 실효되고 새로운 면허가 부여된 것이라고 볼 수 없다.

06

2019 지방직, 교육행정직 9급

사업시행자인 한국도로공사가 구 지적법에 따라 고속도로 건설공사에 편입되는 토지소유자들을 대위하여 토지면적등록 정정신청을 하였으나 관할 행정청이 이를 반려하였다면, 이러한 반려행위는 항고소송 대상이 되는 행정처분에 해당한다. O | X

[대법원 2011.8.25, 선고, 2011두3371, 판결]

평택~시흥 간 고속도로 건설공사 사업시행자인 한국도로공사가 고속도로 건설공사에 편입되는 토지들의 지적공부에 등록된 면적과 실제 측량 면적이 일치하지 않는 것을 발견하고 구 지적법 제24조 제1항, 제28조 제1호에 따라 토지소유자들을 대위하여 토지면적등록 정정신청을 하였으나 화성시장이 이를 반려한 사안에서, **반려처분은 공공사업의 원활한 수행을 위하여 부여된 사업시행자의 관계 법령상 권리 또는 이익에 영향을 미치는 공권력의 행사 또는 그 거부에 해당하는 것으로서 항고소송 대상이 되는 행정처분에 해당한다**고 본 원심판단을 정당하다고 한 사례.

07

2019 서울시 7급 (6월)

토지대장상의 소유자명의변경신청을 거부하는 행위는 실체적 권리관계에 영향을 미치는 사항으로 행정처분이다. O | X

소유권은 대장이 아니라 등기부를 기준으로 판단하기 때문에, 대장상의 소유자명의는 권리관계에 영향을 미치지 않는다.

[대법원 2012.1.12, 선고, 2010두12354, 판결]

토지대장에 기재된 일정한 사항을 변경하는 행위는, 그것이 지목의 변경이나 정정 등과 같이 토지소유권 행사의 전제요건으로서 토지소유자의 실체적 권리관계에 영향을 미치는 사항에 관한 것이 아닌 한 행정사무집행의 편의와 사실증명의 자료로 삼기 위한 것일 뿐이어서, 그 소유자 명의가 변경된다고 하여도 이로 인하여 당해 토지에 대한 실체상의 권리관계에 변동을 가져올 수 없고 토지 소유권이 지적공부의 기재만에 의하여 증명되는 것도 아니다. 따라서 소관청이 토지대장상의 소유자명의변경신청을 거부한 행위는 이를 항고소송의 대상이 되는 행정처분이라고 할 수 없다.

정답 | 05 ○ 06 ○ 07 ×

08

2023 군무원 9급

건축물대장 소관청의 용도변경신청 거부행위는 국민의 권리관계에 영향을 미치는 것으로서 항고소송의 대상이 되는 행정처분에 해당한다. O | X

[대법원 2009.1.30, 선고, 2007두7277, 판결]

구 건축법(2005. 11. 8. 법률 제7696호로 개정되기 전의 것) 제14조 제4항의 규정은 건축물의 소유자에게 건축물대장의 용도변경신청권을 부여한 것이고, 한편 건축물의 용도는 토지의 지목에 대응하는 것으로서 건물의 이용에 대한 공법상의 규제, 건축법상의 시정명령, 지방세 등의 과세대상 등 공법상 법률관계에 영향을 미치고, 건물소유자는 용도를 토대로 건물의 사용·수익·처분에 일정한 영향을 받게 된다. 이러한 점 등을 고려해 보면, 건축물대장의 용도는 건축물의 소유권을 제대로 행사하기 위한 전제요건으로서 건축물 소유자의 실체적 권리관계에 밀접하게 관련되어 있으므로, **건축물대장 소관청의 용도변경신청 거부행위는 국민의 권리관계에 영향을 미치는 것으로서 항고소송의 대상이 되는 행정처분에 해당한다.**

09

2023 국회사무처 9급

사업자등록의 말소는 폐업사실의 기재일 뿐만 아니라 그에 의해 사업자로서의 지위에 변동을 가져오는 점에서 과세관청의 사업자등록직권말소행위는 불복의 대상이 되는 행정처분으로 볼 수 있다. O | X

[대법원 2000.12.22, 선고, 99두6903, 판결]

부가가치세법상의 사업자등록은 과세관청으로 하여금 부가가치세의 납세의무자를 파악하고 그 과세자료를 확보케 하려는 데 입법취지가 있는 것으로서, 이는 단순한 사업사실의 신고로서 사업자가 소관 세무서장에서 소정의 사업자등록신청서를 제출함으로써 성립되는 것이고, 사업자등록증의 교부는 이와 같은 등록사실을 증명하는 증서의 교부행위에 불과한 것이며, 부가가치세법 제5조 제5항에 의하면 사업자가 폐업하거나 또는 신규로 사업을 개시하고자 하여 사업개시일 전에 등록한 후 사실상 사업을 개시하지 아니하게 되는 때에는 과세관청이 직권으로 이를 말소하도록 하고 있는데, 사업자등록의 말소 또한 폐업사실의 기재일 뿐 그에 의하여 사업자로서의 지위에 변동을 가져오는 것이 아니라는 점에서 과세관청의 사업자등록 직권말소행위는 불복의 대상이 되는 행정처분으로 볼 수가 없다

정답 | 08 ○ 09 ×

제3절 통지

01

2017 하반기
지방직 9급

특허출원의 공고는 강학상 공증행위에 해당한다. O | X

통지에 해당한다. 특허출원의 등록은 확인행위이나, 이미 등록이 이루어진 특허출원을 공고하는 행위는 관념의 통지에 해당한다.

제4절 수리

정답 | 01 ×

TOPIC 16

행정행위의 부관

01

2014 지방직 9급

행정청이 종교단체에 대하여 기본재산전환인가를 함에 있어 인가조건을 부가하고 그 불이행시 인가를 취소할 수 있도록 한 경우, 그 인가조건의 의미는 철회권유보이다. O | X

[대법원 2003.5.30, 2003다6422]

행정행위의 취소사유는 행정행위의 성립 당시에 존재하였던 하자를 말하고, 철회사유는 행정행위가 성립된 이후에 새로이 발생한 것으로서 행정행위의 효력을 존속시킬 수 없는 사유를 말한다고 할 것이다. 이 사건 기본재산전환인가의 인가조건으로 되어 있는 사유들은 모두 위 인가처분의 효력이 발생하여 기본재산 처분행위가 유효하게 이루어진 이후에 비로소 이행할 수 있는 것들이고, 인가처분 당시에 그 처분에 그와 같은 흠이 존재하였던 것은 아니므로, 위 법리에 의하면, 위 사유들은 모두 인가처분의 철회사유에 해당한다고 보아야 하고, 인가처분을 함에 있어 위와 같은 철회 사유를 인가조건으로 부가하면서 비록 철회권 유보라고 명시하지 아니한 채 조건불이행시 인가를 취소할 수 있다는 기재를 하였다 하더라도 위 인가조건의 전체적 의미는 인가처분에 대한 철회권을 유보한 것이라고 봄이 상당하다.

02

2014 지방직 9급

매립면허를 받은 자의 매립지에 대한 소유권취득을 규정한 구 공유수면매립법의 규정에도 불구하고 행정청이 공유수면 매립준공인가 중 일부 공유수면매립지에 대하여 한 국가귀속 처분은 독립하여 행정소송의 대상이 된다. O | X

공유수면 매립준공인가 중 일부 공유수면매립지에 대하여 한 국가귀속 처분은 「법률효과의 일부배제」에 해당한다.

[대법원 1991.12.13, 90누8503]

행정행위의 부관은 부담의 경우를 제외하고는 독립하여 행정소송의 대상이 될 수 없는 것인바, 행정청이 한 공유수면매립준공인가 중 매립지 일부에 대하여 한 국가귀속처분은 매립준공인가를 함에 있어서 매립의 면허를 받은자의 매립지에 대한 소유권취득을 규정한 공유수면매립법 제14조의 효과 일부를 배제하는 부관을 붙인 것이므로 이러한 행정행위의 부관에 대하여는 독립하여 행정소송의 대상으로 삼을 수 없다.

03

2014 서울시 7급

기부채납 받은 행정재산에 대한 사용·수익허가에서 공유재산의 관리청이 정한 사용·수익허가의 기간은 그 허가의 효력을 제한하기 위한 행정행위의 부관으로서 독립하여 행정소송의 대상으로 삼을 수 있다. O | X

[대법원 2001.6.15, 99두509]

행정행위의 부관은 부담인 경우를 제외하고는 독립하여 행정소송의 대상이 될 수 없는바, 기부채납받은 행정재산에 대한 사용·수익허가에서 공유재산의 관리청이 정한 사용·수익허가의 기간은 그 허가의 효력을 제한하기 위한 행정행위의 부관으로서 이러한 사용·수익허가의 기간에 대해서는 독립하여 행정소송을 제기할 수 없다.

정답 | 01 ○ 02 × 03 ×

04

2014 경찰행정

형식상 부관부 행위 전체를 소송의 대상으로 하면서 내용상 일부, 즉 부관만의 취소를 구하는 소송형태는 진정일부취소소송이다. O | X

형식상 부관부 행위 전체를 소송의 대상으로 하면서 내용상 일부, 즉 부관만의 취소를 구하는 소송형태는 부진정일부취소소송이다.

05

2015 사회복지직 9급

부담과 조건의 구분이 명확하지 않을 경우, 조건이 당사자에게 부담보다 유리하기 때문에 원칙적으로 조건으로 추정해야 한다. O | X

부담과 조건의 구분이 명확하지 않을 경우 일반적으로 부담이 당사자에게 유리하기 때문에 부담으로 해석한다.

06

2015 지방직 9급

부담에 의해 부과된 의무의 불이행으로 부담부행정행위가 당연히 효력을 상실하는 것은 아니며, 당해 의무불이행은 부담부행정행위의 취소(철회)사유가 될 뿐이다. O | X

부담부 행정행위의 경우 부담과는 별개로 주된 행정행위의 효력이 발생하고, 다만 부담을 불이행할 경우 행정청이 주된 행정행위를 철회할 수 있다.

07

2017 사회복지직 9급

사회복지법인의 정관변경허가에 대해서는 부관을 붙일 수 없다. O | X

사회복지법인의 정관변경허가는 강학상 인가로서 재량행위이다. 재량행위에 대해서는 법률에 명문규정이 없더라고 부관을 붙일 수 있다.

[대법원 2002.9.24, 선고, 2000두5661, 판결]

사회복지사업에 관한 기본적 사항을 규정하여 그 운영의 공정·적절을 기함으로써 사회복지의 증진에 이바지함을 목적으로 하는 구 사회복지사업법의 입법 취지와 같은 법 제12조, 제25조 등의 규정에 사회복지법인의 설립이나 설립 후의 정관변경의 허가에 관한 구체적인 기준이 정하여져 있지 아니한 점 등에 비추어 보면, **사회복지법인의 정관변경을 허가할 것인지의 여부는 주무관청의 정책적 판단에 따른 재량에 맡겨져 있다고 할 것이고, 주무관청이 정관변경허가를 함에 있어서는 비례의 원칙 및 평등의 원칙에 적합하고 행정처분의 본질적 효력을 해하지 않는 한도 내에서 부관을 붙일 수 있다.**

정답 | 04 × 05 × 06 ○ 07 ×

08

2017 국가직 9급

행정청이 수익적 행정처분을 하면서 부가한 부담이 처분당시 법령을 기준으로 적법하다면 처분 후 부담의 전제가 된 주된 행정처분의 근거 법령이 개정됨으로써 행정청이 더 이상 부관을 붙일 수 없게 되었다 하더라도 곧바로 위법하게 되거나 그 효력이 소멸하게 되는 것은 아니다. O | X

> [대법원 2009.2.12, 2005다65500]
> **행정청이 수익적 행정처분을 하면서 부가한 부담의 위법 여부는 처분 당시 법령을 기준으로 판단하여야 하고, 부담이 처분 당시 법령을 기준으로 적법하다면 처분 후 부담의 전제가 된 주된 행정처분의 근거 법령이 개정됨으로써 행정청이 더 이상 부관을 붙일 수 없게 되었다 하더라도 곧바로 위법하게 되거나 그 효력이 소멸하게 되는 것은 아니다.** 따라서 행정처분의 상대방이 수익적 행정처분을 얻기 위하여 행정청과 사이에 행정처분에 부가할 부담에 관한 협약을 체결하고 행정청이 수익적 행정처분을 하면서 협약상의 의무를 부담으로 부가하였으나 부담의 전제가 된 주된 행정처분의 근거 법령이 개정됨으로써 행정청이 더 이상 부관을 붙일 수 없게 된 경우에도 곧바로 협약의 효력이 소멸하는 것은 아니다.

09

2017 국회사무처 8급

재량행위에 있어서는 법령상의 근거가 없다고 하더라도 부관을 붙일 수 있다. O | X

> [대판 1997.3.14, 96누16698]
> [1] 주택건설촉진법 제33조에 의한 **주택건설사업계획의 승인은 상대방에게 권리나 이익을 부여하는 효과를 수반하는 이른바 수익적 행정처분으로서, 법령에 행정처분의 요건에 관하여 일의적으로 규정되어 있지 아니한 이상 행정청의 재량행위**에 속한다.
> [2] **재량행위에 있어서는 법령상의 근거가 없다고 하더라도 부관을 붙일 수 있는데,** 그 부관의 내용은 적법하고 이행가능하여야 하며 비례의 원칙 및 평등의 원칙에 적합하고 행정처분의 본질적 효력을 해하지 아니하는 한도의 것이어야 한다.

10

2017 국회사무처 8급

도매시장법인 지정시 지정기간 중 유통정책 방침에 따라 도매시장법인의 이전 또는 폐쇄지시에도 일체 소송이나 손실보상을 청구할 수 없다는 부관을 붙인 경우, 이 부제소특약은 허용될 수 있다. O | X

> [대법원 1998.8.21, 98두8919]
> 지방자치단체장이 도매시장법인의 대표이사에 대하여 위 지방자치단체장이 개설한 농수산물도매시장의 도매시장법인으로 다시 지정함에 있어서 그 지정조건으로 '지정기간 중이라도 개설자가 농수산물 유통정책의 방침에 따라 도매시장법인 이전 및 지정취소 또는 폐쇄 지시에도 일체 소송이나 손실보상을 청구할 수 없다.'라는 부관을 붙였으나, 그 중 **부제소특약에 관한 부분은 당사자가 임의로 처분할 수 없는 공법상의 권리관계를 대상으로 하여 사인의 국가에 대한 공권인 소권을 당사자의 합의로 포기하는 것으로서 허용될 수 없다.**

11

2017 국회사무처 8급

행정처분에 붙인 부담이 무효가 되면 그 처분을 받은 사람이 부담의 이행으로 한 사법상 법률행위도 당연히 무효가 된다. O | X

공법상 부담이 무효라는 것과 부담의 이행에 따른 사법상 증여나 매매의 효력은 별개로 판단해야 한다.

[대법원 2009.6.25, 2006다18174]

행정처분에 부담인 부관을 붙인 경우 부관의 무효화에 의하여 본체인 행정처분 자체의 효력에도 영향이 있게 될 수는 있지만, 그 처분을 받은 사람이 부담의 이행으로 사법상 매매 등의 법률행위를 한 경우에는 그 부관은 특별한 사정이 없는 한 법률행위를 하게 된 동기 내지 연유로 작용하였을 뿐이므로 이는 법률행위의 취소사유가 될 수 있음은 별론으로 하고 그 법률행위 자체를 당연히 무효화하는 것은 아니다. 또한, 행정처분에 붙은 부담인 부관이 제소기간의 도과로 확정되어 이미 불가쟁력이 생겼다면 그 하자가 중대하고 명백하여 당연무효로 보아야 할 경우 외에는 누구나 그 효력을 부인할 수 없을 것이지만, **부담의 이행으로서 하게 된 사법상 매매 등의 법률행위는 부담을 붙인 행정처분과는 어디까지나 별개의 법률행위이므로 그 부담의 불가쟁력의 문제와는 별도로 법률행위가 사회질서 위반이나 강행규정에 위반되는지 여부 등을 따져보아 그 법률행위의 유효 여부를 판단**하여야 한다.

12

2017 지방직 9급

부담부 행정행위는 부담을 이행하여야 주된 행정행위의 효력이 발생한다. O | X

부담부 행정행위의 경우 부담과는 별개로 일단 주된 행정행위의 효력이 발생하고, 다만 부담을 불이행할 경우 행정청이 주된 행정행위를 철회할 수 있다. 반면 정지조건의 경우에는 조건이 성취되어야 주된 행정행위의 효력이 발생한다.

13

2017 지방직 9급

도로점용허가의 점용기간은 행정행위의 본질적인 요소에 해당한다고 볼 것이어서 부관인 점용기간을 정함에 있어서 위법사유가 있다면 이로써 도로점용허가처분 전부가 위법하게 된다. O | X

도로점용허가에 있어서 「점용료 액수」와 「점용기간」은 둘 다 점용허가의 본질적 요소에 해당한다.

[대법원 1985.7.9, 84누604]

도로점용허가의 점용기간은 행정행위의 본질적인 요소에 해당한다고 볼 것이어서 부관인 점용기간을 정함에 있어서 위법사유가 있다면 이로써 도로점용허가 처분 전부가 위법하게 된다고 할 것인데, 원고가 이 사건 상가등 시설물을 기부채납함에 있어 그 무상사용을 위한 도로점용기간은 원고의 총공사비와 피고시의 징수조례에 의한 점용료가 같아지는 때까지로 정하여 줄 것을 전제조건으로 하였고 원고의 위 조건에 대하여 피고는 아무런 이의없이 이를 수락하고 이 사건 지하상가의 건물을 기부채납받아 그 소유권을 취득한 이상 피고가 원고에 대하여 이 사건 지하상가의 사용을 위한 도로점용허가를 함에 있어서는 그 점용기간을 수락한 조건대로 원고의 총공사비와 피고시의 징수조례에 의한 도로점용료가 같아지는 33.34년까지로 하여야 할 것임에도 불구하고, 합리적인 근거도 없이 그 점용기간을 20년으로 정하여 이 사건 도로점용허가를 한 것은 위법한 처분이라고 판단하였다.

정답 | 11 × 12 × 13 ○

14

2017 지방직 9급

관련 법령에 법적 근거가 없더라도 개인택시운송사업면허를 하면서 부관을 붙일 수 있다. O | X

개인택시운송사업면허는 강학상 특허로서 그 성격은 재량행위이다. 재량행위에 대해서는 명문의 근거가 없더라도 부관을 붙일 수 있다.

[대법원 2005.4.28, 선고, 2004두8910, 판결]

개인택시운송사업면허는 특정인에게 권리나 이익을 부여하는 행정행위로서 법령에 특별한 규정이 없는 한 재량행위이고, 그 면허에 필요한 기준을 정하는 것 역시 행정청의 재량에 속하는 것이므로 그 기준이 객관적으로 보아 합리적이 아니라든가 타당하지 아니하여 재량권을 남용한 것이라고 인정되지 아니하는 이상 행정청의 의사는 가능한 한 존중되어야 한다.

15

2017 서울시 9급

공유재산에 대하여 40년간 사용허가기간을 신청한 것에 대해 행정청이 20년간 사용 허가한 경우에 허가기간에 대해서 독립하여 취소소송이 가능하다. O | X

[대법원 2001.6.15, 99두509]

행정행위의 부관은 부담인 경우를 제외하고는 독립하여 행정소송의 대상이 될 수 없는바, 기부채납받은 행정재산에 대한 사용·수익허가에서 공유재산의 관리청이 정한 사용·수익허가의 기간은 그 허가의 효력을 제한하기 위한 행정행위의 부관으로서 이러한 사용·수익허가의 기간에 대해서는 독립하여 행정소송을 제기할 수 없다.

16

2017 서울시 9급

부담이 아닌 부관은 독립하여 행정소송의 대상이 될 수 없으므로 이의 취소를 구하는 소송에 대하여는 각하판결을 하여야 한다. O | X

[대법원 1993.10.8, 선고, 93누2032, 판결]

행정행위의 부관은 부담의 경우를 제외하고는 독립하여 행정소송의 대상이 될 수 없는 것인바, 지방국토관리청장이 일부 공유수면매립지에 대하여 한 국가 또는 직할시 귀속처분은 매립준공인가를 함에 있어서 매립의 면허를 받은 자의 매립지에 대한 소유권취득을 규정한 공유수면매립법 제14조의 효과 일부를 배제하는 부관을 붙인 것이고, 이러한 행정행위의 부관은 위 법리와 같이 독립하여 행정소송 대상이 될 수 없다.

17

2017 서울시 9급

위법한 부관에 대하여 신청인이 부관부 행정행위의 변경을 청구하고, 행정청이 이를 거부한 경우 동 거부처분의 취소를 구하는 소송을 제기할 수 있다. O | X

위법한 부담 이외의 부관으로 인해 권리를 침해받은 자는 (ⅰ) 부관부 행정행위 전체를 취소청구하든지, (ⅱ) 행정청에 부관이 없는 처분으로의 변경을 청구한 다음 그것이 거부된 경우에 거부처분취소소송을 제기하여야 한다.

정답 | 14 ○ 15 × 16 ○ 17 ○

18

2017 서울시 9급

기부채납의 부관이 당연무효이거나 취소되지 않은 이상 토지 소유자는 위 부관으로 인하여 증여계약의 중요부분에 착오가 있음을 이유로 증여계약을 취소할 수 없다. O | X

부관으로 "인하여" 증여계약의 중요부분에 착오가 있다는 말은 "선결문제"를 주장한다는 의미이다. 행정행위에는 공정력이 인정되므로, 당해 부관이 무효나 취소되지 않는 이상 증여계약 취소소송이 제기된 민사법원은 선결문제를 판단할 수 없다.

[대법원 1999.5.25, 98다53134]

토지소유자가 토지형질변경행위허가에 붙은 기부채납의 부관에 따라 토지를 국가나 지방자치단체에 기부채납(증여)한 경우, **기부채납의 부관이 당연무효이거나 취소되지 아니한 이상 토지소유자는 위 부관으로 인하여 증여계약의 중요부분에 착오가 있음을 이유로 증여계약을 취소할 수 없다.**

19

2017 하반기 국가직 9급

기속행위의 경우에도 법률의 규정이 있으면 부관을 붙일 수 있다. O | X

일반적으로 기속행위나 기속적 재량행위에는 부관을 붙일 수 없고 부관을 붙였다 하더라도 무효이다. 다만 법령에 부관을 붙일 것을 인정하는 근거규정이 있다면 부관이 가능하다. 예컨대 기속행위인 식품위생법상 영업허가에 붙인 부관이 그러하다.

식품위생법

제37조(영업허가 등) ② 식품의약품안전처장 또는 특별자치시장·특별자치도지사·시장·군수·구청장은 제1항에 따른 **영업허가를 하는 때에는 필요한 조건을 붙일 수 있다.**

20

2017 하반기 국가직 9급

공무원이 인·허가 등 수익적 행정처분을 하면서 그 처분과 부관 사이에 실제적 관련성이 있다고 볼 수 없는 경우 공법상의 제한을 회피할 목적으로 행정처분의 상대방과 사법상 계약을 체결하는 형식을 취하였다면 이는 법치행정의 원리에 반하는 것으로서 위법하다. O | X

이른바 "행정의 사법(私法)으로의 도피"에 해당하는 것이어서 허용될 수 없다.

[대법원 2009.12.10, 2007다63966]

공무원이 인·허가 등 수익적 행정처분을 하면서 상대방에게 그 처분과 관련하여 이른바 부관으로서 부담을 붙일 수 있다 하더라도, 그러한 부담은 법치주의와 사유재산 존중, 조세법률주의 등 헌법의 기본원리에 비추어 비례의 원칙이나 부당결부의 원칙에 위반되지 않아야만 적법한 것인바, **행정처분과 부관 사이에 실제적 관련성이 있다고 볼 수 없는 경우 공무원이 위와 같은 공법상의 제한을 회피할 목적으로 행정처분의 상대방과 사이에 사법상 계약을 체결하는 형식을 취하였다면 이는 법치행정의 원리에 반하는 것으로서 위법하다.**

21

2017 하반기 국가직 9급

행정행위의 부관 중 부담은 행정행위의 불가분적 요소가 아니고 그 존속이 본체인 행정행위의 존재를 전제로 하는 것일 뿐이므로 그 자체로서 행정소송의 대상이 될 수 있다. O | X

[대법원 1992.1.21, 91누1264]

행정행위의 부관은 행정행위의 일반적인 효력이나 효과를 제한하기 위하여 의사표시의 주된 내용에 부가되는

정답 | 18 ○ 19 ○ 20 ○ 21 ○

종된 의사표시이지 그 자체로서 직접 법적 효과를 발생하는 독립된 처분이 아니므로 현행 행정쟁송제도 아래서는 부관 그 자체만을 독립된 쟁송의 대상으로 할 수 없는 것이 원칙이나 **행정행위의 부관 중에서도 행정행위에 부수하여 그 행정행위의 상대방에게 일정한 의무를 부과하는 행정청의 의사표시인 부담의 경우에는 다른 부관과는 달리 행정행위의 불가분적인 요소가 아니고 그 존속이 본체인 행정행위의 존재를 전제로 하는 것일 뿐이므로 부담 그 자체로서 행정쟁송의 대상이 될 수 있다.**

22

2017 하반기
지방직 9급

행정청이 행정행위에 부가한 부관과 달리 법령이 직접 행정행위의 조건을 정한 경우에 그 조건이 위법하면 이는 법률 및 법규명령에 대한 통제제도에 의해 통제된다. O | X

법령이 직접 행정행위의 조건, 기한 등을 정한 것을 법정부관이라 한다. 법정부관이 위법하다면 위법한 법령에 대한 위헌심사제도(법률이라면 헌재에 의해, 법규명령이라면 대법원에 의해)에 의해 통제된다.

[대법원 1994.3.8, 선고, 92누1728, 판결]

가. **식품제조영업허가기준이라는 고시**는 공익상의 이유로 허가를 할 수 없는 영업의 종류를 지정할 권한을 부여한 구 식품위생법 제23조의3 제4호에 따라 보건사회부장관이 발한 것으로서, **실질적으로 법의 규정내용을 보충하는 기능을 지니면서 그것과 결합하여 대외적으로 구속력이 있는 법규명령**의 성질을 가진 것이다. (중략)

마. **보존음료수의 국내판매를 금지함으로써 잠재적인 판매시장의 거의 대부분을 폐쇄한다는 것은 실질적으로 보존음료수제조업의 허가를 전면적으로 허용하면서 그 허가의 요건을 한정하는 것(이는 직업선택의 자유를 제한하는 경우에 해당한다)에 못지 않는 큰 제한**으로서, 직업선택의 자유를 제한하는 것과 다를 바 없는 영업의 자유에 대한 중대한 제한이고, 영업의 자유를 제한하는 내용에 있어서도 국내판매를 완전히 금지하여 어느 경우에도 예외를 인정하지 않고 있으므로, 그 제한의 정도가 절대적인 것이어서 **직업의 자유를 심하게 제한하고 있다**고 하지 않을 수 없다.

23

2017 하반기
지방직 9급

허가에 붙은 기한이 그 허가된 사업의 성질상 부당하게 짧은 경우에는 이를 그 허가 자체의 존속기간이 아니라 그 허가 조건의 존속기간으로 보고 그 기한이 도래함으로써 그 조건의 개정을 고려한다. O | X

허가조건의 존속기간이란 갱신기한을 말한다. 댐 건설을 위한 도로점용허가에서 기한이 1년이라면, 기한 도과 후 점용허가의 효력이 소멸되는 것이 아니라 점용료 액수를 1년마다 다시 정한다는 의미로 생각하면 된다.

[대법원 2007.10.11, 2005두12404]

일반적으로 행정처분에 효력기간이 정하여져 있는 경우에는 그 기간의 경과로 그 행정처분의 효력은 상실되고, 다만 허가에 붙은 기한이 그 허가된 사업의 성질상 부당하게 짧은 경우에는 이를 그 허가 자체의 존속기간이 아니라 그 허가조건의 존속기간으로 보아 그 기한이 도래함으로써 그 조건의 개정을 고려한다는 뜻으로 해석할 수는 있지만, 그와 같은 경우라 하더라도 그 **허가기간이 연장되기 위하여는 그 종기가 도래하기 전에 그 허가기간의 연장에 관한 신청이 있어야 하며, 만일 그러한 연장신청이 없는 상태에서 허가기간이 만료하였다면 그 허가의 효력은 상실된다.**

정답 | 22 ○ 23 ○

24

2017 하반기 지방직 9급

부담은 그 자체로서 독립된 행정처분이므로 행정청이 행청처분을 하면서 일방적으로 부가하는 것이지, 사전에 상대방과 협의하여 부담의 내용을 협약의 형식으로 미리 정한 후에 행정처분을 하면서 이를 부가할 수는 없다. O | X

> [대법원 2009.2.12, 2005다65500]
> 수익적 행정처분에 있어서는 법령에 특별한 근거규정이 없다고 하더라도 그 부관으로서 부담을 붙일 수 있고, 그와 같은 **부담은 행정청이 행정처분을 하면서 일방적으로 부가할 수도 있지만 부담을 부가하기 이전에 상대방과 협의하여 부담의 내용을 협약의 형식으로 미리 정한 다음 행정처분을 하면서 이를 부가할 수도 있다.**

25

2017 하반기 지방직 9급

행정행위의 부관 중 조건이나 기한은 독립하여 행정소송의 대상이 될 수 없으나, 부담은 독립하여 행정소송의 대상이 될 수 있다. O | X

> 부담은 그 자체로서 하나의 독립한 행정행위이기 때문에 본체인 행정행위와 별도로 직접 행정쟁송의 대상이 될 수 있고(독립쟁송가능성), 이 경우 부담만의 취소가 가능하다(진정일부취소).
>
> [대법원 2001.6.15, 선고, 99두509, 판결]
> **행정행위의 부관은 부담인 경우를 제외하고는 독립하여 행정소송의 대상이 될 수 없는바**, 기부채납받은 행정재산에 대한 사용·수익허가에서 공유재산의 관리청이 정한 사용·수익허가의 **기간은 그 허가의 효력을 제한하기 위한 행정행위의 부관으로서 이러한 사용·수익허가의 기간에 대해서는 독립하여 행정소송을 제기할 수 없다.**

26

2018 서울시 7급

주택건축허가를 하면서 영업목적으로만 사용할 것을 부관으로 정한 경우에, 이러한 부관은 주된 행정행위의 목적에 위배된다. O | X

> 부관이 허용되는 경우에도 어느 정도까지 붙일 수 있는지의 한계가 문제된다. 일반적으로 (i) 법령에 위배되지 않아야 하고(법규상 한계), (ii) 행정행위의 목적달성에 필요한 범위를 넘어서는 아니되며(목적상 한계) (iii) 비례의 원칙 및 평등의 원칙 등 행정법의 일반원칙에 적합하여야 한다(조리상 한계)는 점 등이 지적된다. 부관이 내용상 한계를 벗어난 경우 당해 부관은 위법하다. 주택건축허가를 하면서 영업목적으로만 사용할 것을 부관으로 정한 경우에, 이러한 부관은 주된 행정행위의 목적에 위배된다. 그리고 이 사안에서 하자의 정도는 무효사유이다.

27

2018 국가직 7급

행정처분이 발하여진 후 새로운 부담을 부가하거나 이미 부가되어 있는 부담의 범위 또는 내용 등을 변경하는 사후부담은, 법률에 명문의 규정이 있거나 그것이 미리 유보되어 있는 경우 또는 상대방의 동의가 있는 경우에 허용되는 것이 원칙이다. O | X

> [대법원 1997.5.30, 97누2627]
> 행정처분에 이미 부담이 부가되어 있는 상태에서 그 의무의 범위 또는 내용 등을 변경하는 부관의 사후변경은, **법률에 명문의 규정이 있거나 그 변경이 미리 유보되어 있는 경우 또는 상대방의 동의가 있는 경우에 한하여 허용되는 것이 원칙이지만, 사정변경으로 인하여 당초에 부담을 부가한 목적을 달성할 수 없게 된 경우에도 그 목적달성에 필요한 범위 내에서 예외적으로 허용된다.**

정답 | 24 × 25 ○ 26 ○ 27 ○

28

2019 지방직, 교육행정직 9급

기선선망어업의 허가를 하면서 운반선, 등선 등 부속선을 사용할 수 없도록 제한한 부관은 그 어업허가의 목적달성을 사실상 어렵게 하여 그 본질적 효력을 해하는 것이다. O | X

[대법원 1990.4.27, 선고, 89누6808, 판결]
수산업법 제15조에 의하여 어업의 면허 또는 허가에 붙이는 부관은 그 성질상 허가된 어업의 본질적 효력을 해하지 않는 한도의 것이어야 하고 허가된 어업의 내용 또는 효력 등에 대하여는 행정청이 임의로 제한 또는 조건을 붙일 수 없다고 보아야 할 것이며 수산업법시행령 제14조의4 제3항의 규정내용은 **기선선망어업에는 그 어선규모의 대소를 가리지 않고 등선과 운반선을 갖출 수 있고, 또 갖추어야 하는 것이라고 해석되므로 기선선망어업의 허가를 하면서 운반선, 등선 등 부속선을 사용할 수 없도록 제한한 부관은 그 어업허가의 목적달성을 사실상 어렵게하여 그 본질적 효력을 해하는 것일 뿐만 아니라 위 시행령의 규정에도 어긋나는 것이며, 더우기 어업조정이나 기타 공익상 필요하다고 인정되는 사정이 없는 이상 위법**한 것이다.

29

2021 국회사무처 8급

처분이 기속행위임에도 甲이 부담의 이행으로 기부채납을 하였다면, 그 기부채납 행위는 당연무효인 행위가 된다. O | X

기부채납행위는 사법상 증여에 해당하므로, 공법상 부담이 무효인 것과는 별개로 효력을 판단해야 한다.

[대법원 2009.6.25, 선고, 2006다18174, 판결]
행정처분에 부담인 부관을 붙인 경우 부관의 무효화에 의하여 본체인 행정처분 자체의 효력에도 영향이 있게 될 수는 있지만, 그 처분을 받은 사람이 부담의 이행으로 사법상 매매 등의 법률행위를 한 경우에는 그 부관은 특별한 사정이 없는 한 법률행위를 하게 된 동기 내지 연유로 작용하였을 뿐이므로 이는 법률행위의 취소사유가 될 수 있음은 별론으로 하고 그 법률행위 자체를 당연히 무효화하는 것은 아니다. 또한, 행정처분에 붙은 부담인 부관이 제소기간의 도과로 확정되어 이미 불가쟁력이 생겼다면 그 하자가 중대하고 명백하여 당연 무효로 보아야 할 경우 외에는 누구나 그 효력을 부인할 수 없을 것이지만, 부담의 이행으로서 하게 된 사법상 매매 등의 법률행위는 부담을 붙인 행정처분과는 어디까지나 별개의 법률행위이므로 그 부담의 불가쟁력의 문제와는 별도로 법률행위가 사회질서 위반이나 강행규정에 위반되는지 여부 등을 따져보아 그 법률행위의 유효 여부를 판단하여야 한다.

30

2022 지방직 9급

행정재산에 대한 기한부 사용 · 수익허가를 받은 경우, 그 사용 · 수익허가의 기간에 대하여 독립하여 행정소송을 제기할 수 없다. O | X

행정행위의 부관 중 조건이나 기한은 독립하여 행정소송의 대상이 될 수 없다.

[대법원 2001.6.15, 선고, 99두509, 판결]
행정행위의 부관은 부담인 경우를 제외하고는 독립하여 행정소송의 대상이 될 수 없는바, 기부채납받은 행정재산에 대한 사용 · 수익허가에서 공유재산의 관리청이 정한 사용 · 수익허가의 **기간은 그 허가의 효력을 제한하기 위한 행정행위의 부관으로서 이러한 사용 · 수익허가의 기간에 대해서는 독립하여 행정소송을 제기할 수 없다.**

31

2022 군무원 9급

당초에 붙은 기한을 허가 자체의 존속기간이 아니라 허가조건의 존속기간으로 보더라도 그 후 당초의 기한이 상당 기간 연장되어 연장된 기간을 포함한 존속기간 전체를 기준으로 볼 경우 더 이상 허가된 사업의 성질상 부당하게 짧은 경우에 해당하지 않게 된 때에는 재량권의 행사로서 더 이상의 기간연장을 불허가할 수도 있다.

O | X

예컨대 댐 건설을 위한 하천점용허가의 경우 댐 건설에 충분한 기간 동안 허가가 갱신되었다면, 더 이상의 기간연장은 불허가할 수 있다.

[대법원 2004.3.25. 선고, 2003두12837, 판결]

일반적으로 행정처분에 효력기간이 정하여져 있는 경우에는 그 기간의 경과로 그 행정처분의 효력은 상실되며, 다만 허가에 붙은 기한이 그 허가된 사업의 성질상 부당하게 짧은 경우에는 이를 그 허가 자체의 존속기간이 아니라 그 허가조건의 존속기간으로 보아 그 기한이 도래함으로써 그 조건의 개정을 고려한다는 뜻으로 해석할 수 있지만, **이와 같이 당초에 붙은 기한을 허가 자체의 존속기간이 아니라 허가조건의 존속기간으로 보더라도 그 후 당초의 기한이 상당 기간 연장되어 연장된 기간을 포함한 존속기간 전체를 기준으로 볼 경우 더 이상 허가된 사업의 성질상 부당하게 짧은 경우에 해당하지 않게 된 때에는 관계 법령의 규정에 따라 허가 여부의 재량권을 가진 행정청으로서는 그 때에도 허가조건의 개정만을 고려하여야 하는 것은 아니고 재량권의 행사로서 더 이상의 기간연장을 불허가할 수도 있는 것이며, 이로써 허가의 효력은 상실**된다.

32

2022 지방직 7급

일반적으로 보조금 교부결정은 법령과 예산에서 정하는 바에 엄격히 기속되므로, 행정청은 보조금 교부결정을 할 때 조건을 붙일 수 없다.

O | X

수익적 처분의 성격이 강한 보조금 교부결정을 일반적으로 기속행위라고 볼 수도 없고 명문의 규정에도 반한다.

보조금 관리에 관한 법률

제18조(보조금의 교부 조건) ① 중앙관서의 장은 보조금의 교부를 결정할 때 법령과 예산에서 정하는 보조금의 교부 목적을 달성하는 데에 **필요한 조건을 붙일 수 있다.**

33

2023 소방간부

주택재건축사업시행의 인가는 행정청의 기속행위에 속하므로 처분청으로서는 공익상 필요 등에 의하여 필요한 범위 내에서 여러 조건(부담)을 부과할 수 없다.

O | X

주택재건축사업시행인가는 강학상 특허이므로, 재량행위로서 부관을 붙일 수 있다.

[대법원 2007.7.12. 선고, 2007두6663, 판결]

주택재건축사업시행의 인가는 상대방에게 권리나 이익을 부여하는 효과를 가진 이른바 수익적 행정처분으로서 법령에 행정처분의 요건에 관하여 일의적으로 규정되어 있지 아니한 이상 행정청의 재량행위에 속하므로, **처분청으로서는 법령상의 제한에 근거한 것이 아니라 하더라도 공익상 필요 등에 의하여 필요한 범위 내에서 여러 조건(부담)을 부과할 수 있다.**

정답 | 31 ○ 32 × 33 ×

34

2023 소방직

행정청은 처분에 재량이 없는 경우에는 법률에 근거가 있는 경우에 부관을 붙일 수 있다. O | X

행정기본법

제17조(부관) ① 행정청은 처분에 재량이 있는 경우에는 부관(조건, 기한, 부담, 철회권의 유보 등을 말한다. 이하 이 조에서 같다)을 붙일 수 있다.

② **행정청은 처분에 재량이 없는 경우에는 법률에 근거가 있는 경우에 부관을 붙일 수 있다.**

35

2023 국가직 9급

수익적 행정처분에 있어서는 법령에 특별한 근거규정이 있는 경우에만 그 부관으로서 부담을 붙일 수 있다. O | X

여기서 수익적 행정처분은 재량행위로 이해해야 한다. 즉 재량행위에는 법령에 특별한 규정이 없더라도 부관을 붙일 수 있다.

[대판 2009.2.12, 2005다65500]

수익적 행정처분에 있어서는 법령에 특별한 근거규정이 없다고 하더라도 그 부관으로서 부담을 붙일 수 있고, 그와 같은 부담은 행정청이 행정처분을 하면서 일방적으로 부가할 수도 있지만 부담을 부가하기 이전에 상대방과 협의하여 부담의 내용을 협약의 형식으로 미리 정한 다음 행정처분을 하면서 이를 부가할 수도 있다.

36

2023 국회사무처 8급

사도개설허가에서 정해진 공사기간은 사도개설허가 자체의 존속기간을 정한 것이라 볼 수 있으므로 공사기간 내에 사도로 준공검사를 받지 못하였다면 사도개설허가는 당연히 실효된다. O | X

[대법원 2004.11.25, 선고, 2004두7023, 판결]

일반적으로 행정처분에 효력기간이 정하여져 있는 경우에는 그 기간의 경과로 그 행정처분의 효력은 상실되며, 다만 허가에 붙은 기한이 그 허가된 사업의 성질상 부당하게 짧은 경우에는 이를 그 허가 자체의 존속기간이 아니라 그 허가조건의 존속기간으로 보아 그 기한이 도래함으로써 그 조건의 개정을 고려한다는 뜻으로 해석할 수 있다.

사도개설허가에서 정해진 공사기간 내에 사도로 준공검사를 받지 못한 경우, 이 공사기간을 사도개설허가 자체의 존속기간(유효기간)으로 볼 수 없다는 이유로 사도개설허가가 당연히 실효되는 것은 아니라고 한 사례.

37

2023 국회사무처 8급

행정청이 공유수면매립준공인가처분을 하면서 매립지 일부를 국가 소유로 귀속하게 한 것은 법률효과 일부를 배제하는 부관에 해당하고, 이러한 부관은 독립하여 행정소송의 대상이 될 수 없다. O | X

[대법원 1991.12.13, 선고, 90누8503, 판결]

행정행위의 부관은 부담의 경우를 제외하고는 독립하여 행정소송의 대상이 될 수 없는 것인바, **행정청이 한 공유수면매립준공인가 중 매립지 일부에 대하여 한 국가귀속처분은 매립준공인가를 함에 있어서 매립의 면허를 받은자의 매립지에 대한 소유권취득을 규정한 공유수면매립법 제14조의 효과 일부를 배제하는 부관을 붙인 것이므로 이러한 행정행위의 부관에 대하여는 독립하여 행정소송의 대상으로 삼을 수 없다.**

정답 | 34 ○ 35 × 36 × 37 ○

38

2023 국회사무처 8급

공익법인의 기본재산처분에 대하여 행정청이 허가하는 경우 그 성질이 형식적 행정행위로서의 인가에 해당한다고 하여 조건으로서의 부관을 붙이지 못하는 것은 아니다. O | X

재량행위인 인가의 경우에는 부관을 부과할 수 있다.

[대법원 2005.9.28, 선고, 2004다50044, 판결]

공익법인의 기본재산의 처분에 관한 공익법인의 설립 · 운영에 관한 법률 제11조 제3항의 규정은 강행규정으로서 이에 위반하여 **주무관청의 허가**를 받지 않고 기본재산을 처분하는 것은 무효라 할 것인데, 위 처분허가에 부관을 붙인 경우 **그 처분허가의 법률적 성질이 형성적 행정행위로서의 인가에 해당한다고 하여 조건으로서의 부관의 부과가 허용되지 아니한다고 볼 수는 없**고, 다만 구체적인 경우에 그것이 조건, 기한, 부담, 철회권의 유보 중 어느 종류의 부관에 해당하는지는 당해 부관의 내용, 경위 기타 제반 사정을 종합하여 판단하여야 할 것이다.

39

2023 군무원 9급

철회권의 유보는 해당 처분의 목적을 달성하기 위하여 필요한 최소한의 범위여야 한다. O | X

철회권의 유보를 붙이는 것은 행정작용의 일종으로서 이 역시 행정법상 일반원칙인 비례의 원칙의 제한을 받는다.

정답 | 38 ○ 39 ○

TOPIC 17

행정행위의 효력 – 개관 / 위헌결정과의 관계

제1절 개관

01

2014 서울시 9급

송달은 우편, 교부 또는 정보통신망 이용 등의 방법으로 할 수 있다. O | X

행정절차법

제14조(송달) ① 송달은 우편, 교부 또는 정보통신망 이용 등의 방법으로 하되, 송달받을 자(대표자 또는 대리인을 포함한다. 이하 같다)의 주소·거소(居所)·영업소·사무소 또는 전자우편주소(이하 "주소등"이라 한다)로 한다. 다만, 송달받을 자가 동의하는 경우에는 그를 만나는 장소에서 송달할 수 있다.

02

2017 교육행정직 9급

납세고지서의 교부송달 및 우편송달에 있어서 반드시 납세의무자 또는 그와 일정한 관계에 있는 사람의 현실적인 수령행위를 전제로 하고 있다고 보아야 하며, 납세자가 과세처분의 내용을 이미 알고 있는 경우에도 납세고지서의 송달이 불필요하다고 할 수 없다. O | X

[대법원 2004.4.9. 2003두13908]

납세고지서의 교부송달 및 우편송달에 있어서는 반드시 납세의무자 또는 그와 일정한 관계에 있는 사람의 현실적인 수령행위를 전제로 하고 있다고 보아야 하며, 납세자가 과세처분의 내용을 이미 알고 있는 경우에도 납세고지서의 송달이 불필요하다고 할 수는 없다. 납세고지서의 송달을 받아야 할 자가 부과처분 제척기간이 임박하자 그 수령을 회피하기 위하여 일부러 송달을 받을 장소를 비워 두어 세무공무원이 송달을 받을 자와 보충송달을 받을 자를 만나지 못하여 부득이 사업장에 납세고지서를 두고 왔다고 하더라도 이로써 신의성실의 원칙을 들어 그 납세고지서가 송달되었다고 볼 수는 없다.

03

2017 서울시 9급

행정행위의 효력발생요건으로서의 도달은 상대방이 그 내용을 현실적으로 알 필요까지는 없고, 다만 알 수 있는 상태에 놓여짐으로써 충분하다. O | X

(ⅰ) 상대방 있는 행정행위의 경우 상대방에게 도달함으로써, (ⅱ) 불특정·다수인을 상대방으로 하는 행정행위는 공고함으로써 효력을 발생하게 된다. 여기서 도달이라 함은 반드시 상대방이 수령하여야 하는 것을 의미하지는 않고 현실적으로 상대방이 알 수 있는 상태에 두어진 것을 말한다.

정답 | 01 ○ 02 ○ 03 ○

04

2017 서울시 9급

교부에 의한 송달은 수령확인서를 받고 문서를 교부함으로써 한다. O | X

교부송달은 우편송달 중 등기송달과 그 효력이 동일하다. 송달의 주체가 당해 행정기관 소속 공무원이라는 점에서 차이가 있을 뿐이다.

행정절차법

제14조(송달) ② **교부에 의한 송달은 수령확인서를 받고 문서를 교부함으로써 하며**, 송달하는 장소에서 송달받을 자를 만나지 못한 경우에는 그 사무원·피용자(被傭者) 또는 동거인으로서 사리를 분별할 지능이 있는 사람(이하 이 조에서 "사무원등"이라 한다)에게 문서를 교부할 수 있다. 다만, **문서를 송달받을 자 또는 그 사무원등이 정당한 사유 없이 송달받기를 거부하는 때에는 그 사실을 수령확인서에 적고, 문서를 송달할 장소에 놓아둘 수 있다.**

05

2017 서울시 9급

송달하는 장소에서 송달받을 자를 만나지 못한 경우에는 그 사무원·피용자(被傭者) 또는 동거인으로서 사리를 분별할 지능이 있는 사람에게 문서를 교부할 수 있다. O | X

행정절차법

제14조(송달) ② 교부에 의한 송달은 수령확인서를 받고 문서를 교부함으로써 하며, **송달하는 장소에서 송달받을 자를 만나지 못한 경우에는 그 사무원·피용자(被傭者) 또는 동거인으로서 사리를 분별할 지능이 있는 사람(이하 이 조에서 "사무원등"이라 한다)에게 문서를 교부할 수 있다.** 다만, 문서를 송달받을 자 또는 그 사무원등이 정당한 사유 없이 송달받기를 거부하는 때에는 그 사실을 수령확인서에 적고, 문서를 송달할 장소에 놓아둘 수 있다.

06

2017 서울시 9급

보통우편의 방법으로 발송된 경우 반송되지 않았다면 상당기간 내에 도달하였다고 추정할 수 있다. O | X

[대법원 2009.12.10, 선고, 2007두20140]

내용증명우편이나 등기우편과는 달리, 보통우편의 방법으로 발송되었다는 사실만으로는 그 우편물이 상당한 기간 내에 도달하였다고 추정할 수 없고, 송달의 효력을 주장하는 측에서 증거에 의하여 이를 입증하여야 한다.

07

2017 서울시 9급

정보통신망을 이용한 송달은 송달받을 자가 동의하는 경우에만 한한다. O | X

행정절차법

제14조(송달) ③ **정보통신망을 이용한 송달은 송달받을 자가 동의하는 경우에만 한다.** 이 경우 송달받을 자는 송달받을 전자우편주소 등을 지정하여야 한다.

정답 | 04 ○ 05 ○ 06 × 07 ○

08

2017 하반기 지방직 9급

망인에 대한 서훈취소는 유족에 대한 것이 아니므로 유족에 대한 통지에 의해서만 성립하여 효력이 발생한다고 볼 수 없고, 그 결정이 처분권자의 의사에 따라 상당한 방법으로 대외적으로 표시됨으로써 행정행위로서 성립하여 효력이 발생한다고 봄이 타당하다. O | X

[대법원 2014.9.26, 선고, 2013두2518, 판결]
서훈은 어디까지나 서훈대상자 본인의 공적과 영예를 기리기 위한 것이므로 비록 유족이라고 하더라도 제3자는 서훈수여 처분의 상대방이 될 수 없고, 구 상훈법 제33조, 제34조 등에 따라 망인을 대신하여 단지 사실행위로서 훈장 등을 교부받거나 보관할 수 있는 지위에 있을 뿐이다. 이러한 서훈의 일신전속적 성격은 서훈취소의 경우에도 마찬가지이므로, 망인에게 수여된 서훈의 취소에서도 유족은 그 처분의 상대방이 되는 것이 아니다. 이와 같이 망인에 대한 서훈취소는 유족에 대한 것이 아니므로 유족에 대한 통지에 의해서만 성립하여 효력이 발생한다고 볼 수 없고, 그 결정이 처분권자의 의사에 따라 상당한 방법으로 대외적으로 표시됨으로써 행정행위로서 성립하여 효력이 발생한다고 봄이 타당하다.

09

2019 국가직 9급

건물 소유자에게 소방시설 불량사항을 시정·보완하라는 명령을 구두로 고지한 것은 행정절차법에 위반한 것으로 하자가 중대·명백하여 당연무효이다. O | X

[대법원 2011.11.10, 선고, 2011도11109, 판결]
집합건물 중 일부 구분건물의 소유자인 피고인이 관할 소방서장으로부터 소방시설 불량사항에 관한 시정보완명령을 받고도 따르지 아니하였다는 내용으로 기소된 사안에서, 담당 소방공무원이 행정처분인 위 명령을 구술로 고지한 것은 행정절차법 제24조를 위반한 것으로 하자가 중대하고 명백하여 당연무효이고, 무효인 명령에 따른 의무위반이 생기지 아니하는 이상 피고인에게 명령 위반을 이유로 소방시설 설치유지 및 안전관리에 관한 법률 제48조의2 제1호에 따른 행정형벌을 부과할 수 없는데도, 이와 달리 위 명령이 유효함을 전제로 유죄를 인정한 원심판결에는 행정처분의 무효와 행정형벌의 부과에 관한 법리오해의 위법이 있다고 한 사례.

10

2020 국회사무처 8급

실제로 거주하지 않더라도 전입신고가 되어 있는 곳에 송달한 것은 위법하지 않다. O | X

수취인이 해당 주민등록지에 거주하지 않음을 알았다면 주민등록지에 송달하면 안된다는 의미이다.

[대법원 1998.2.13, 선고, 97누8977, 판결]
우편물이 등기취급의 방법으로 발송된 경우, 특별한 사정이 없는 한, 그 무렵 수취인에게 배달되었다고 보아도 좋을 것이나, 수취인이나 그 가족이 주민등록지에 실제로 거주하고 있지 아니하면서 전입신고만을 해 둔 경우에는 그 사실만으로써 주민등록지 거주자에게 송달수령의 권한을 위임하였다고 보기는 어려울 뿐 아니라 수취인이 주민등록지에 실제로 거주하지 아니하는 경우에도 우편물이 수취인에게 도달하였다고 추정할 수는 없고, 따라서 이러한 경우에는 우편물의 도달사실을 과세관청이 입증해야 할 것이고, 수취인이나 그 가족이 주민등록지에 실제로 거주하고 있지 아니하면서 전입신고만을 해 두었고, 그 밖에 주민등록지거주자에게 송달수령의 권한을 위임하였다고 보기 어려운 사정이 인정된다면, 등기우편으로 발송된 납세고지서가 반송된 사실이 인정되지 아니한다 하여 납세의무자에게 송달된 것이라고 볼 수는 없다.

정답 | 08 ○ 09 ○ 10 ×

11

2020 국회사무처 8급

수취인이 송달을 회피하는 정황이 있어 부득이 사업장에 납세고지서를 두고 왔다면 납세고지서의 송달이 이루어진 것이다. O | X

이 경우 「유치송달(송달받을 자가 정당한 사유없이 송달받기를 거부하는 경우에 송달할 장소에 서류를 두는 방법에 의한 송달)」의 요건을 별도로 충족해야 한다.

[대법원 2004.4.9, 2003두13908]

납세고지서의 교부 송달 및 우편송달에 있어서는 반드시 납세의무자 또는 그와 일정한 관계에 있는 사람의 현실적인 수령행위를 전제로 하고 있다고 보아야 하며, 납세자가 과세처분의 내용을 이미 알고 있는 경우에도 납세고지서의 송달이 불필요하다고 할 수는 없다. **납세고지서의 송달을 받아야 할 자가 부과처분 제척기간이 임박하자 그 수령을 회피하기 위하여 일부러 송달을 받을 장소를 비워 두어 세무공무원이 송달을 받을 자와 보충송달을 받을 자를 만나지 못하여 부득이 사업장에 납세고지서를 두고 왔다고 하더라도 이로써 신의성실의 원칙을 들어 그 납세고지서가 송달되었다고 볼 수는 없다.**

12

2020 국회사무처 8급

송달받을 자의 주소 등을 통상의 방법으로 확인할 수 없을 때에는 공시송달 절차에 의해 송달할 수 있다. O | X

공시송달은 공고와 같은 의미로 이해하면 된다.

행정절차법

제14조(송달) ④ 다음 각 호의 어느 하나에 해당하는 경우에는 송달받을 자가 알기 쉽도록 관보, 공보, 게시판, 일간신문 중 하나 이상에 공고하고 인터넷에도 공고하여야 한다.

1. 송달받을 자의 주소등을 통상적인 방법으로 확인할 수 없는 경우
2. 송달이 불가능한 경우

13

2021 군무원 9급

미국 시민권을 취득하는 방법으로 병역의무를 면탈한 가수 甲에 대하여 법무부장관이 입국을 금지하는 결정을 하고 그 정보를 내부 전산망인 '출입국관리정보시스템'에 입력한 경우, 위 입국금지결정은 항고소송의 대상이 되는 처분에 해당한다. O | X

혼동할 만한 내용이 많아서 주의를 요한다. (ⅰ) 스티브 유에 대한 입국금지결정은 법무부 내부 시스템적인 조치일뿐 상대방에 대한 것이 아니므로 처분성이 부인된다. (ⅱ) 스티브 유에 대한 사증발급거부처분은 재외동포 외국인에 대한 것이므로 (여타의 외국인에 대한 사증발급거부의 처분성이 부정되는 것과는 달리) 처분성이 인정된다.

[대법원 2019.7.11, 선고, 2017두38874, 판결]

병무청장이 법무부장관에게 '가수 甲이 공연을 위하여 국외여행허가를 받고 출국한 후 미국 시민권을 취득함으로써 사실상 병역의무를 면탈하였으므로 재외동포 자격으로 재입국하고자 하는 경우 국내에서 취업, 가수활동 등 영리활동을 할 수 없도록 하고, 불가능할 경우 입국 자체를 금지해 달라'고 요청함에 따라 법무부장관이 甲의 입국을 금지하는 결정을 하고, 그 정보를 내부전산망인 '출입국관리정보시스템'에 입력하였으나, 甲에게는 통보하지 않은 사안에서, **행정청이 행정의사를 외부에 표시하여 행정청이 자유롭게 취소·철회할 수 없는 구속을 받기 전에는 '처분'이 성립하지 않으므로 법무부장관이 출입국관리법 제11조 제1항 제3호 또는 제4호, 출입국관리법 시행령 제14조 제1항, 제2항에 따라 위 입국금지결정을 했다고 해서 '처분'이 성립한다고 볼 수**

정답 11 × 12 ○ 13 ×

는 없고, 위 입국금지결정은 법무부장관의 의사가 공식적인 방법으로 외부에 표시된 것이 아니라 단지 그 정보를 내부전산망인 '출입국관리정보시스템'에 입력하여 관리한 것에 지나지 않으므로, 위 입국금지결정은 항고소송의 대상이 될 수 있는 '처분'에 해당하지 않는데도, 위 입국금지결정이 처분에 해당하여 공정력과 불가쟁력이 있다고 본 원심판단에 법리를 오해한 잘못이 있다고 한 사례.

14

2022 국가직 7급

상대방 있는 행정처분이 상대방에게 고지되지 아니한 경우에는 특별한 규정이 없는 한 상대방이 다른 경로를 통해 행정처분의 내용을 알게 되었다고 하더라도 행정처분의 효력이 발생한다고 볼 수 없다. O | X

[대판 2019.8.9, 2019두38656]

상대방 있는 행정처분은 특별한 규정이 없는 한 의사표시에 관한 일반법리에 따라 상대방에게 고지되어야 효력이 발생하고, 상대방 있는 행정처분이 상대방에게 고지되지 아니한 경우에는 상대방이 다른 경로를 통해 행정처분의 내용을 알게 되었다고 하더라도 행정처분의 효력이 발생한다고 볼 수 없다.

15

2023 소방간부

일반적으로 처분이 주체 · 내용 · 절차와 형식의 요건을 모두 갖추고 외부에 표시된 경우에는 처분의 존재가 인정된다. O | X

행정행위의 「성립요건」에 관한 설명이다.

[대법원 2019.7.11, 선고, 2017두38874, 판결]

일반적으로 처분이 주체 · 내용 · 절차와 형식의 요건을 모두 갖추고 외부에 표시된 경우에는 처분의 존재가 인정된다. 행정의사가 외부에 표시되어 행정청이 자유롭게 취소 · 철회할 수 없는 구속을 받게 되는 시점에 처분이 성립하고, 그 성립 여부는 행정청이 행정의사를 공식적인 방법으로 외부에 표시하였는지를 기준으로 판단해야 한다.

16

2023 군무원 9급

행정처분의 외부적 성립은 행정의사가 외부에 표시되어 행정청이 자유롭게 취소 · 철회할 수 없는 구속을 받게 되는 시점을 확정하는 의미를 가진다. O | X

[대법원 2017.7.11, 선고, 2016두35120, 판결]

일반적으로 행정처분이 주체 · 내용 · 절차와 형식이라는 내부적 성립요건과 외부에 대한 표시라는 외부적 성립요건을 모두 갖춘 경우에는 행정처분이 존재한다고 할 수 있다. 행정처분의 외부적 성립은 행정의사가 외부에 표시되어 행정청이 자유롭게 취소 · 철회할 수 없는 구속을 받게 되는 시점을 확정하는 의미를 가지므로, 어떠한 처분의 외부적 성립 여부는 행정청에 의해 행정의사가 공식적인 방법으로 외부에 표시되었는지를 기준으로 판단하여야 한다.

정답 | 14 ○ 15 ○ 16 ○

제2절 위헌결정과의 관계

01 위헌으로 결정된 법률 또는 법률의 조항은 그 결정이 있는 날부터 효력을 상실한다. O | X

2014 지방직 9급

헌법재판소법

제47조(위헌결정의 효력) ② 위헌으로 결정된 법률 또는 법률의 조항은 그 결정이 있는 날부터 효력을 상실한다.

02 대법원은 금고 이상의 형의 선고유예를 받은 경우에 공무원직에서 당연히 퇴직하는 것으로 규정한 구 지방공무원법 제61조 중 제31조 제5호 부분에 대한 헌법재판소의 위헌결정의 효력에 대하여, 종래의 법령에 의하여 형성된 공무원의 신분관계에 관한 법적 안정성과 신뢰보호의 요청에 비하여 퇴직공무원의 권리구제의 요청이 현저하게 우월하므로, 위 위헌결정 이후 제소된 일반사건에 대하여 위 위헌결정의 소급효가 인정된다고 판시하였다. O | X

2014 지방직 9급

[대법원 2005.11.10, 2005두5628]

[1] 헌법재판소의 위헌결정의 효력은 위헌제청을 한 당해사건, 위헌결정이 있기 전에 이와 동종의 위헌 여부에 관하여 헌법재판소에 위헌여부심판제청을 하였거나 법원에 위헌여부심판제청신청을 한 동종사건과 따로 위헌제청신청은 아니하였지만 당해 법률 또는 법률 조항이 재판의 전제가 되어 법원에 계속중인 병행사건뿐만 아니라, 위헌결정 이후에 위와 같은 이유로 제소된 일반사건에도 미친다고 할 것이나, 위헌결정의 효력은 그 미치는 범위가 무한정일 수는 없고 다른 법리에 의하여 그 소급효를 제한하는 것까지 부정되는 것은 아니라 할 것이며, 법적 안정성의 유지나 당사자의 신뢰보호를 위하여 불가피한 경우에 위헌결정의 소급효를 제한하는 것은 오히려 법치주의의 원칙상 요청되는 바라 할 것이다.

[2] 금고 이상의 형의 선고유예를 받은 경우에 공무원직에서 당연히 퇴직하는 것으로 규정한 구 지방공무원법(2002. 12. 18. 법률 제6786호로 개정되기 전의 것) 제61조 중 제31조 제5호 부분에 대한 헌법재판소의 위헌결정의 소급효를 인정할 경우 그로 인하여 보호되는 퇴직공무원의 권리구제라는 구체적 타당성 등의 요청에 비하여 종래의 법령에 의하여 형성된 공무원의 신분관계에 관한 법적 안정성과 신뢰보호의 요청이 현저하게 우월하다는 이유로, 위 위헌결정 이후 제소된 일반사건에 대하여 위 위헌결정의 소급효가 제한된다고 한 사례.

03 행정청이 처분을 내린 후에 대법원이 그 처분의 근거 법령에 대해 위법·무효라고 선언하였다면 해당 처분의 효력은 하자의 중대성은 인정되지만 명백성은 없으므로 취소의 대상이 된다. O | X

2014 서울시 9급

[대법원 2007.6.14, 2004두619]

하자 있는 행정처분이 당연무효로 되려면 그 하자가 법규의 중요한 부분을 위반한 중대한 것이어야 할 뿐 아니라 객관적으로 명백한 것이어야 하고, 행정청이 위헌이거나 위법하여 무효인 시행령을 적용하여 한 행정처분이 당연무효로 되려면 그 규정이 행정처분의 중요한 부분에 관한 것이어서 결과적으로 그에 따른 행정처분의 중요한 부분에 하자가 있는 것으로 귀착되고, 또한 그 규정의 위헌성 또는 위법성이 객관적으로 명백하여 그에 따른 행정처분의 하자가 객관적으로 명백한것으로 귀착되어야 하는바, 일반적으로 시행령이 헌법이나 법률에 위반된다는 사정은 그 시행령의 규정을 위헌 또는 위법하여 무효라고 선언한 대법원의 판결이 선고되지 아니한 상태에서는 그 시행령 규정의 위헌 내지 위법 여부가 해석상 다툼의 여지가 없을 정도로 명백하였다고 인정되지 아니하는 이상 객관적으로 명백한 것이라 할 수 없으므로, 이러한 시행령에 근거한 행정처분의 하자는 취소사유에 해당할 뿐 무효사유가 되지 아니한다.

정답 | 01 ○ 02 × 03 ○

04

2015 지방직 9급

헌법재판소의 위헌결정의 효력은 위헌제청을 한 당해 사건은 물론 위헌제청신청은 아니하였지만 당해 법률 또는 법률의 조항이 재판의 전제가 되어 법원에 계속 중인 사건에도 미친다. O | X

[대법원 1993.2.26, 92누12247]
헌법재판소의 위헌결정의 효력은 위헌제청을 한 당해 사건은 물론 위헌제청신청은 아니하였지만 당해 법률 또는 법률의 조항이 재판의 전제가 되어 법원에 계속중인 사건뿐만 아니라 위헌결정 이후에 위와 같은 이유로 제소된 일반사건에도 미친다.

05

2015 지방직 9급

시행령 규정의 위헌 여부가 해석상 다툼의 여지가 없을 정도로 명백하였다고 인정되지 아니하는 이상 이러한 시행령에 근거한 행정처분의 하자는 취소사유에 해당할 뿐 무효사유가 되지 아니한다. O | X

[대법원 2007.6.14, 2004두619]
하자 있는 행정처분이 당연무효로 되려면 그 하자가 법규의 중요한 부분을 위반한 중대한 것이어야 할 뿐 아니라 객관적으로 명백한 것이어야 하고, 행정청이 위헌이거나 위법하여 무효인 시행령을 적용하여 한 행정처분이 당연무효로 되려면 그 규정이 행정처분의 중요한 부분에 관한 것이어서 결과적으로 그에 따른 행정처분의 중요한 부분에 하자가 있는 것으로 귀착되고, 또한 그 규정의 위헌성 또는 위법성이 객관적으로 명백하여 그에 따른 행정처분의 하자가 객관적으로 명백한 것으로 귀착되어야 하는바, 일반적으로 시행령이 헌법이나 법률에 위반된다는 사정은 그 시행령의 규정을 위헌 또는 위법하여 무효라고 선언한 대법원의 판결이 선고되지 아니한 상태에서는 그 시행령 규정의 위헌 내지 위법 여부가 해석상 다툼의 여지가 없을 정도로 명백하였다고 인정되지 아니하는 이상 객관적으로 명백한 것이라 할 수 없으므로, 이러한 시행령에 근거한 행정처분의 하자는 취소사유에 해당할 뿐 무효사유가 되지 아니한다.

06

2017 국가직 9급

조세부과처분의 근거규정이 위헌으로 선언된 경우, 그에 기한 조세부과처분이 위헌결정 전에 이루어졌다 하더라도 위헌결정 이후에 조세채권의 집행을 위해 새로이 착수된 체납처분은 당연무효이다. O | X

[대법원 2002.8.23, 선고, 2001두2959, 판결]
구 택지소유상한에관한법률(1998. 9. 19. 법률 제5571호로 폐지) 제30조는 "부담금의 납부의무자가 독촉장을 받고 지정된 기한까지 부담금 및 가산금 등을 완납하지 아니한 때에는 건설교통부장관은 국세체납처분의 예에 의하여 이를 징수할 수 있다."고 규정함으로써 국세징수법 제3장의 체납처분규정에 의하여 체납 택지초과소유부담금을 강제징수할 수 있었으나, 1999. 4. 29. 같은 법 전부에 대한 위헌결정으로 위 제30조 규정 역시 그 날로부터 효력을 상실하게 되었고, 나아가 위헌법률에 기한 행정처분의 집행이나 집행력을 유지하기 위한 행위는 위헌결정의 기속력에 위반되어 허용되지 않는다고 보아야 할 것인데, 그 규정 이외에는 체납부담금을 강제로 징수할 수 있는 다른 법률적 근거가 없으므로, 그 위헌결정 이전에 이미 부담금 부과처분과 압류처분 및 이에 기한 압류등기가 이루어지고 위의 각 처분이 확정되었다고 하여도, 위헌결정 이후에는 별도의 행정처분인 매각처분, 분배처분 등 후속 체납처분절차를 진행할 수 없는 것은 물론이고, 특별한 사정이 없는 한 기존의 압류등기나 교부청구만으로는 다른 사람에 의하여 개시된 경매절차에서 배당을 받을 수도 없다.

정답 | 04 ○ 05 ○ 06 ○

07

2017 지방직 9급

부담금 부과처분 이후에 처분의 근거법률이 위헌결정된 경우, 그 부과처분에 불가쟁력이 발생하였고 위헌결정 전에 이미 관할 행정청이 압류처분을 하였다면, 위헌결정 이후에도 후속절차인 체납처분절차를 통하여 부담금을 강제징수할 수 있다.

O | X

[대법원 2002.8.23, 2001두2959]

구 택지소유상한에관한법률(1998. 9. 19. 법률 제5571호로 폐지) 제30조는 "부담금의 납부의무자가 독촉장을 받고 지정된 기한까지 부담금 및 가산금 등을 완납하지 아니한 때에는 건설교통부장관은 국세체납처분의 예에 의하여 이를 징수할 수 있다."고 규정함으로써 국세징수법 제3장의 체납처분규정에 의하여 체납 택지초과소유부담금을 강제징수할 수 있었으나, 1999. 4. 29. 같은 법 전부에 대한 위헌결정으로 위 제30조 규정 역시 그 날로부터 효력을 상실하게 되었고, 나아가 **위헌법률에 기한 행정처분의 집행이나 집행력을 유지하기 위한 행위는 위헌결정의 기속력에 위반되어 허용되지 않는다**고 보아야 할 것인데, 그 규정 이외에는 체납부담금을 강제로 징수할 수 있는 다른 법률적 근거가 없으므로, 그 위헌결정 이전에 이미 부담금 부과처분과 압류처분 및 이에 기한 압류등기가 이루어지고 위의 각 처분이 확정되었다고 하여도, 위헌결정 이후에는 별도의 행정처분인 매각처분, 분배처분 등 후속 체납처분절차를 진행할 수 없는 것은 물론이고, 특별한 사정이 없는 한 기존의 압류등기나 교부청구만으로는 다른 사람에 의하여 개시된 경매절차에서 배당을 받을 수도 없다.

08

2018 지방직 9급

근거법률의 위헌결정 이전에 이미 부담금 부과처분과 압류처분 및 이에 기한 압류등기가 이루어지고 각 처분이 확정된 경우에는 기존의 압류등기나 교부청구로도 다른 사람에 의하여 개시된 경매절차에서 배당을 받을 수 있다.

O | X

[대법원 2002.7.12, 2002두3317]

구 택지소유상한에관한법률 제30조는 "부담금의 납부의무자가 독촉장을 받고 지정된 기한까지 부담금 및 가산금 등을 완납하지 아니한 때에는 건설교통부장관은 국세체납처분의 예에 의하여 이를 징수할 수 있다."고 규정함으로써 국세징수법 제3장의 체납처분규정에 의하여 체납 택지초과소유부담금(이하 '부담금'이라 한다)을 강제징수할 수 있었으나, 1999. 4. 29. 같은 법 전부에 대한 위헌결정으로 위 제30조 규정 역시 그 날로부터 효력을 상실하게 되었고, 위 규정 이외에는 체납 부담금을 강제로 징수할 수 있는 다른 법률적 근거가 없으므로, **위 위헌결정 이전에 이미 부담금 부과처분과 압류처분 및 이에 기한 압류등기가 이루어지고 위 각 처분이 확정되었다고 하여도, 위헌결정 이후에는 별도의 행정처분인 매각처분, 분배처분 등 후속 체납처분 절차를 진행할 수 없는 것은 물론이고, 기존의 압류등기나 교부청구만으로는 다른 사람에 의하여 개시된 경매절차에서 배당을 받을 수도 없다.**

09

2018 지방직 9급

어느 행정처분에 대하여 그 행정처분의 근거가 된 법률이 위헌이라는 이유로 무효확인청구의 소가 제기된 경우, 다른 특별한 사정이 없는 한 법원으로서는 그 법률이 위헌인지 여부에 대하여는 판단할 필요 없이 그 무효확인청구를 기각하여야 한다.

O | X

[대법원 1994.10.28, 92누9463]

법률에 근거하여 행정처분이 발하여진 후에 헌법재판소가 그 행정처분의 근거가 된 법률을 위헌으로 결정하였다면 결과적으로 행정처분은 법률의 근거가 없이 행하여진 것과 마찬가지가 되어 하자가 있는 것이 되나, 하자 있는 행정처분이 당연무효가 되기 위하여는 그 하자가 중대할 뿐만 아니라 명백한 것이어야 하는데, 일

정답 | 07 × 08 × 09 ○

반적으로 법률이 헌법에 위반된다는 사정이 헌법재판소의 위헌결정이 있기 전에는 객관적으로 명백한 것이라고 할 수는 없으므로 헌법재판소의 위헌결정 전에 행정처분의 근거되는 당해 법률이 헌법에 위반된다는 사유는 특별한 사정이 없는 한 그 행정처분의 취소소송의 전제가 될 수 있을 뿐 당연무효사유는 아니라고 봄이 상당하다. 어느 행정처분에 대하여 그 행정처분의 근거가 된 법률이 위헌이라는 이유로 무효확인청구의 소가 제기된 경우에는 다른 특별한 사정이 없는 한 법원으로서는 그 법률이 위헌인지 여부에 대하여는 판단할 필요 없이 그 무효확인청구를 기각하여야 한다.

10

2018 지방직 9급

행정처분 자체의 효력이 쟁송기간 경과 후에도 존속 중인 경우, 그 행정처분이 위헌인 법률에 근거하여 내려졌고 그 목적달성을 위해 필요한 후행 행정처분이 아직 이루어지지 않았다면 그 하자가 중대하여 그 구제가 필요한 경우에 대하여서는 쟁송기간 경과 후라도 무효확인을 구할 수 있다. O | X

개발부담금 부과처분의 근거법률이 헌법재판소에 의하여 위헌으로 결정되었음에도 처분청이 불가쟁력이 발생하였음을 이유로 압류처분에 따른 압류등기를 말소하지 않아 상대방이 재산상 침해를 입고 있는 경우이다. 개발부담금 부과처분과 압류처분 모두 제소기간 도과로 불가쟁력이 발생하였으나, 행정청이 압류등기를 말소하지 않고 있는 상황에서 상대방은 압류처분 무효확인소송을 제기하여 인용판결을 받고 이에 터잡아 압류등기를 말소할 수 있게 된 사안이다.

[헌법재판소 1994.6.30, 92헌바23, 전원재판부]

행정처분의 집행이 이미 종료되었고 그것이 번복될 경우 법적 안정성을 크게 해치게 되는 경우에는 후에 행정처분의 근거가 된 법규가 헌법재판소에서 위헌으로 선고된다고 하더라도 그 행정처분이 당연무효가 되지는 않음이 원칙이라고 할 것이나, 행정처분 자체의 효력이 쟁송기간 경과 후에도 존속 중인 경우, 특히 그 처분이 위헌법률에 근거하여 내려진 것이고 그 행정처분의 목적달성을 위하여서는 후행 행정처분이 필요한데 후행 행정처분은 아직 이루어지지 않은 경우와 같이 그 행정처분을 무효로 하더라도 법적 안정성을 크게 해치지 않는 반면에 그 하자가 중대하여 그 구제가 필요한 경우에 대하여서는 그 예외를 인정하여 이를 당연무효사유로 보아서 쟁송기간 경과 후에라도 무효확인을 구할 수 있는 것이라고 봐야 할 것이다.

11

2018 지방직 9급

위헌인 법률에 근거한 행정처분이 당연무효인지의 여부는 위헌결정의 소급효와는 별개의 문제로서 취소소송의 제기기간을 경과하여 확정력이 발생한 행정처분에는 위헌결정의 소급효가 미치지 않는다. O | X

[대법원 1994.10.28, 92누9463]

위헌인 법률에 근거한 행정처분이 당연무효인지의 여부는 위헌결정의 소급효와는 별개의 문제로서, 위헌결정의 소급효가 인정된다고 하여 위헌인 법률에 근거한 행정처분이 당연무효가 된다고는 할 수 없고, 오히려 이미 취소소송의 제기기간을 경과하여 확정력이 발생한 행정처분에는 위헌결정의 소급효가 미치지 않는다고 보아야 한다.

정답 | 10 ○ 11 ○

12

2023 소방직

불가쟁력이 발생한 부담금 부과처분의 근거 법률에 대한 위헌결정이 있으면, 후행 압류처분의 취소를 구하는 소송에서 재판의 내용과 효력에 대한 법률적 의미가 달라진다. O | X

하자승계여부가 쟁점이다. 부담금 부과처분의 근거법률에 위헌결정이 있더라도 부담금 부과처분의 하자는 취소사유에 불과하다. 따라서 선행 부담금 부과처분의 하자가 후행 압류처분에 승계되지 않으므로, 압류처분의 취소를 구하는 소송에서 법률적 의미가 달라지지 않는다.

[헌재 2004.1.29, 2002헌바73 전원]

이미 취소소송의 제기기간을 경과하여 확정력이 발생한 행정처분의 경우에는 위헌결정의 소급효가 미치지 않는다고 보아야 할 것이고, 일반적으로 법률이 헌법에 위반된다는 사정이 헌법재판소의 위헌결정이 있기 전에는 객관적으로 명백한 것이라고 할 수는 없으므로 특별한 사정이 없는 한 이러한 하자는 행정처분의 취소사유에 해당할 뿐 당연무효 사유는 아니다. 따라서 설령 이 사건 각 부과처분의 근거법률이 위헌이라고 하더라도 그 위헌성이 명백하다는 등 특별한 사정이 있다고 볼 자료가 없는 한 각 부과처분에는 취소할 수 있는 하자가 있음에 불과하고 **각 부과처분에 불가쟁력이 발생하여 더 이상 다툴 수 없는 이상 각 부과처분의 하자가 각 압류처분의 효력에 아무런 영향을 미칠 수 없으므로, 각 부과처분의 근거법률의 위헌 여부에 의하여 당해사건인 압류처분취소의 소의 주문이 달라지거나 재판의 내용과 효력에 관한 법률적 의미가 달라지는 경우로 볼 수 없다.**

정답 | 12 ×

TOPIC 18

공정력 / 존속력 / 특수성

제1절 공정력

01

2015 사회복지직 9급

공정력은 행정행위가 위법하더라도 당연무효인 경우를 제외하고는 권한 있는 기관에 의해 취소되지 않는 한 유효한 것으로 통용되는 효력을 말한다. O | X

[대법원 1994.4.12, 93누21088]
행정행위의 공정력이란 행정행위가 위법하더라도 취소되지 않는한 유효한 것으로 통용되는 효력을 의미하는 것이다.

02

2017 사회복지직 9급

행정처분의 당연무효여부가 선결문제인 경우 민사법원은 이를 판단하여 당연무효임을 전제로 판결할 수 있다. O | X

[대법원 2010.4.8, 2009다90092]
민사소송에 있어서 어느 행정처분의 당연무효 여부가 선결문제로 되는 때에는 이를 판단하여 당연무효임을 전제로 판결할 수 있고 반드시 행정소송 등의 절차에 의하여 그 취소나 무효확인을 받아야 하는 것은 아니며(대법원 1972. 10. 10. 선고 71다2279 판결 등 참조), 한편, 원고 조합의 조합설립결의나 관리처분계획에 대한 결의가 당연무효라는 위 피고들의 주장 속에는 조합설립 인가처분이나 관리처분계획에 당연무효사유가 있다는 주장도 포함되어 있다고 봄이 상당하다고 할 것이므로, 원심으로서는 더 나아가 위 조합설립 인가처분이나 관리처분계획에 당연무효사유가 있는지를 심리하여 위 피고들 주장의 당부를 판단하였어야 할 것임에도, 원심이 그에 대해서는 아무런 판단도 하지 아니한 채, 단지 위 피고들이 항고소송의 방법으로 원고 조합의 조합설립 인가처분이나 관리처분계획에 대하여 취소 또는 무효확인을 받았음을 인정할 증거가 없다는 이유만으로 위 피고들의 주장을 모두 배척한 데에는 필요한 심리를 다하지 아니하고 판단을 유탈하여 판결에 영향을 미친 위법이 있다.

03

2017 사회복지직 9급

행정처분이 당연무효가 아닌 한 형사법원은 선결문제로 그 행정처분의 효력을 부인할 수 없다. O | X

[대법원 1982.6.8, 80도2646]
연령미달의 결격자인 피고인이 소외인의 이름으로 운전면허시험에 응시, 합격하여 교부받은 운전면허는 당연무효가 아니고 도로교통법 제65조 제3호의 사유에 해당함에 불과하여 취소되지 않는 한 유효하므로 피고인의 운전행위는 무면허운전에 해당하지 아니한다.

정답 | 01 ○ 02 ○ 03 ○

04

2017 사회복지직 9급

과세처분의 하자가 단지 취소할 수 있는 정도에 불과할 때에는 과세관청이 이를 스스로 취소하거나 항고소송절차에 의하여 취소되지 않는 한 그로 인한 조세의 납부가 부당이득이 된다고 할 수 없다. O | X

[대법원 1999.8.20, 99다20179]
[1] **과세처분이 당연무효라고 볼 수 없는 한 과세처분에 취소할 수 있는 위법사유가 있다 하더라도 그 과세처분은 행정행위의 공정력 또는 집행력에 의하여 그것이 적법하게 취소되기 전까지는 유효하다 할 것이므로, 민사소송절차에서 그 과세처분의 효력을 부인할 수 없다.**
[2] 부동산에 대한 실질적인 소유자가 아닌 명의수탁자에 대하여 행해진 양도소득세 부과처분은 위법하지만 그 하자가 중대·명백하다고 할 수 없어 무효라고는 볼 수 없고 단지 취소할 수 있음에 불과하다.

05

2017 사회복지직 9급

위법한 대집행이 완료되면 그 처분의 무효확인 또는 취소를 구할 소의 이익은 없다 하더라도, 미리 그 행정처분의 취소판결이 있어야만, 그 행정처분의 위법임을 이유로 손해배상 청구를 할 수 있다. O | X

[대법원 1972.4.28, 72다337]
위법한 행정대집행이 완료되면 그 처분의 무효확인 또는 취소를 구할 소의 이익은 없다 하더라도, 미리 그 행정처분의 취소판결이 있어야만, 그 행정처분의 위법임을 이유로 한 손해배상 청구를 할 수 있는 것은 아니다.

06

2017 국가직 9급

행정행위의 효력으로서 구성요건적 효력과 공정력은 이론적 근거를 법적 안정성에서 찾고 있다는 공통점이 있다. O | X

「공정력」은 그 이론적 근거를 법적 안정성에서 찾는 반면, 「구성요건적 효력」은 그 이론적 근거를 국가기관 상호간의 권한존중의 원칙에서 찾는다.

07

2017 국회사무처 8급

민사법원은 국가배상청구소송에서 선결문제로 행정처분의 위법 여부를 판단할 수 없다. O | X

[대법원 1972.4.28, 72다337]
위법한 행정대집행이 완료되면 그 처분의 무효확인 또는 취소를 구할 소의 이익은 없다 하더라도, **미리 그 행정처분의 취소판결이 있어야만, 그 행정처분의 위법임을 이유로 한 손해배상 청구를 할 수 있는 것은 아니다.**

08

2019 지방직, 교육행정직 9급

구 소방시설 설치·유지 및 안전관리에 관한 법률 제9조에 의한 소방시설 등의 설치 또는 유지·관리에 대한 명령이 행정처분으로서 하자가 있어 무효인 경우에는 명령에 따른 의무위반이 생기지 아니하므로, 명령 위반을 이유로 행정형벌을 부과할 수 없다. O | X

위법한 명령의 하자가 무효사유이건 취소사유이건, 위법한 명령을 따르지 않은 경우에는 명령위반죄가 성립하지 않는다는 것이 판례의 태도이다.

정답 | 04 ○ 05 × 06 × 07 × 08 ○

[대법원 2011.11.10, 선고, 2011도11109, 판결]

소방시설 설치유지 및 안전관리에 관한 법률 제9조에 의한 소방시설 등의 설치 또는 유지·관리에 대한 명령을 정당한 사유 없이 위반한 자는 같은 법 제48조의2 제1호에 의하여 행정형벌에 처해지는데, 위 **명령이 행정처분으로서 하자가 있어 무효인 경우에는 명령에 따른 의무위반이 생기지 아니하므로 행정형벌을 부과할 수 없다.**

09

2019 서울시 9급 (6월)

취소사유 있는 영업정지처분에 대한 취소소송의 제소기간이 도과한 경우 처분의 상대방은 국가배상청구 소송을 제기하여 재산상 손해의 배상을 구할 수 있다. O | X

대법원은 국가배상청구사건에 있어서는 행정행위의 효력을 다투는 것이 아니므로 행정행위의 하자가 무효사유인지 취소사유인지를 구별하지 않고 민사법원이 선결문제로서 행정행위의 위법성 여부에 대하여 심사를 할 수 있다고 판단한다. 따라서 취소소송의 제소기간이 도과하였더라도, 국가배상청구권의 소멸시효(불법행위 안 날로부터 3년, 불법행위일로부터 5년)가 완성되지 않았다면 국가배상청구소송을 제기할 수 있다.

[대법원 1972.4.28, 72다337]

위법한 행정대집행이 완료되면 그 처분의 무효확인 또는 취소를 구할 소의 이익은 없다 하더라도, 미리 그 **행정처분의 취소판결이 있어야만, 그 행정처분의 위법임을 이유로 한 손해배상청구를 할 수 있는 것은 아니다.**

10

2020 국회사무처 8급

「건축법」상 위법건축물에 내려진 시정명령을 이행하지 않아 명령위반죄로 기소된 경우 형사법원은 이를 판단할 수 있다. O | X

이 경우 시정명령이 위법한 경우라면 상대방이 명령을 이행하지 않더라도 명령위반죄로 처벌할 수 없게 된다. 법원이 명령위반죄의 성립여부를 판단한다는 말은 선결문제로서 법원이 명령의 위법여부를 심사할 수 있음을 전제로 한다.

[대법원 1992.8.18, 선고, 90도1709, 판결]

도시계획법 제78조 제1항에 정한 처분이나 조치명령을 받은 자가 이에 위반한 경우 이로 인하여 같은 법 제92조에 정한 처벌을 하기 위하여는 그 처분이나 조치명령이 적법한 것이라야 하고, **그 처분이 당연무효가 아니라 하더라도 그것이 위법한 처분으로 인정되는 한 같은 법 제92조 위반죄가 성립될 수 없다.**

11

2022 국가직 9급

조세부과처분을 취소하는 행정판결이 확정된 경우 부과처분의 효력은 처분 시에 소급하여 효력을 잃게 되므로 확정된 행정판결은 조세포탈에 대한 무죄를 인정할 명백한 증거에 해당한다. O | X

[대법원 2019.9.26, 선고, 2017도11812, 판결]

형사소송법 제420조 제5호에서 정한 재심사유인 무죄 등을 인정할 '증거가 새로 발견된 때'라 함은 재심대상이 되는 확정판결의 소송절차에서 발견되지 못하였거나 또는 발견되었다 하더라도 제출할 수 없었던 증거로서 이를 새로 발견하였거나 비로소 제출할 수 있게 된 때를 말한다. **조세의 부과처분을 취소하는 행정판결이 확정된 경우 그 부과처분의 효력은 처분 시에 소급하여 효력을 잃게 되어 그에 따른 납세의무가 없으므로, 확정된 행정판결은 조세포탈에 대해 무죄**로 판단하거나 원심판결이 인정한 죄보다 경한 죄를 인정할 명백한 증거에 해당한다.

12

2022 국가직 7급

처분은 무효가 아닌 한 권한이 있는 기관이 취소 또는 철회하거나 기간의 경과 등으로 소멸되기 전까지는 유효한 것으로 통용된다. O | X

행정행위의 공정력에 관한 설명이다.

행정기본법

제15조(처분의 효력) 처분은 권한이 있는 기관이 취소 또는 철회하거나 기간의 경과 등으로 소멸되기 전까지는 유효한 것으로 통용된다. 다만, 무효인 처분은 처음부터 그 효력이 발생하지 아니한다.

13

2023 소방간부

과세처분에 하자가 있는 경우 하자의 정도와 상관 없이 조세를 이미 납부한 자는 부당이득반환청구소송을 제기할 수 있으며, 민사법원은 이를 판단할 수 있다. O | X

국세의 오납으로 인한 「부당이득금반환청구」는 민사사건에서 처분의 「효력여부」가 선결문제인 경우이다. 이 경우 과세처분에 취소사유가 존재함에 불과하다면 법원은 행정행위의 공정력 때문에 이를 심리·판단할 수 없다. 참고로 「국가배상청구」는 민사사건에서 처분의 「위법여부」가 선결문제인 경우이다.

[대법원 1994.11.11. 94다28000]

조세의 과오납이 부당이득이 되기 위하여는 납세 또는 조세의 징수가 실체법적으로나 절차법적으로 전혀 법률상의 근거가 없거나 과세처분의 하자가 중대하고 명백하여 당연무효이어야 하고, **과세처분의 하자가 단지 취소할 수 있는 정도에 불과할 때에는 과세관청이 이를 스스로 취소하거나 항고소송절차에 의하여 취소되지 않는 한 그로 인한 조세의 납부가 부당이득이 된다고 할 수 없다.**

14

2023 소방간부

무단으로 공유재산 등을 사용·수익·점유하는 자가 관리청의 변상금부과처분에 따라 그에 해당하는 돈을 납부한 경우라면 위 변상금부과처분이 당연무효이거나 행정소송을 통해 먼저 취소되기 전에는 사법상 부당이득반환청구로써 위 납부액의 반환을 구할 수 없다. O | X

국세의 오납으로 인한 부당이득반환청구의 경우와 동일한 구조(행정처분으로 인하여 금전을 납부한 후에 그 반환을 구하는 관계)이다.

[대법원 2013.1.24, 선고, 2012다79828, 판결]

공유재산 및 물품 관리법은 제81조 제1항에서 공유재산 등의 관리청은 사용·수익허가나 대부계약 없이 공유재산 등을 무단으로 사용·수익·점유한 자 또는 사용·수익허가나 대부계약의 기간이 끝난 후 다시 사용·수익허가를 받거나 대부계약을 체결하지 아니한 채 공유재산 등을 계속하여 사용·수익·점유한 자에 대하여 대통령령이 정하는 바에 따라 공유재산 등의 사용료 또는 대부료의 100분의 120에 해당하는 변상금을 징수할 수 있다고 규정하고 있는데, 이러한 **변상금의 부과는 관리청이 공유재산 중 일반재산과 관련하여 사경제 주체로서 상대방과 대등한 위치에서 사법상 계약인 대부계약을 체결한 후 그 이행을 구하는 것과 달리 관리청이 공권력의 주체로서 상대방의 의사를 묻지 않고 일방적으로 행하는 행정처분에 해당한다. 그러므로 만일 무단으로 공유재산 등을 사용·수익·점유하는 자가 관리청의 변상금부과처분에 따라 그에 해당하는 돈을 납부한 경우라면 위 변상금부과처분이 당연 무효이거나 행정소송을 통해 먼저 취소되기 전에는 사법상 부당이득반환청구로써 위 납부액의 반환을 구할 수 없다.**

정답 | 12 ○ 13 × 14 ○

15

2023 소방간부

「국토의 계획 및 이용에 관한 법률」에 따른 처분이나 조치명령에 따라야 할 의무위반을 이유로 형사처벌을 하기 위해서는 그 처분이나 조치명령이 적법한 것이어야 하므로 형사법원은 해당 조치명령의 위법성을 판단할 수 있다. O | X

형사법원은 선결문제로 처분의「위법여부」를 판단할 수 있다. 이는 처분의「효력여부」에 대하여 판단을 하는 것이 아니므로 행정행위의 공정력에 반하지 않는다. 위법한 명령을 따르지 않은 경우에는 명령위반죄가 성립하지 않는다고 정리하면 된다.

[대법원 2009.6.25, 선고, 2006도824, 판결]

도시계획법 제78조 제1호에 정한 처분이나 조치명령을 받은 자가 이에 위반한 경우 이로 인하여 같은 법 제92조에 정한 처벌을 받기 위하여는 그 처분이나 조치명령이 적법한 것이어야 하고, **그 처분이 당연무효가 아니라 하더라도 그것이 위법한 처분으로 인정되는 한 같은 법 제92조의 위반죄가 성립할 수 없다.**

16

2023 소방직

행정처분이 아무리 위법하다고 하여도 그 하자가 중대하고 명백하여 당연무효라고 보아야 할 사유가 있는 경우를 제외하고는, 행정소송 등에 의하여 적법히 취소될 때까지는 아무도 그 하자를 이유로 그 효과를 부정하지 못한다. O | X

행정행위의 공정력에 대한 설명이다.

[대판 1994.11.11, 94다28000]

행정처분이 아무리 위법하다고 하여도 그 하자가 중대하고 명백하여 당연무효라고 보아야 할 사유가 있는 경우를 제외하고는 아무도 그 하자를 이유로 무단히 그 효과를 부정하지 못하는 것이다.

제2절 존속력

01

2015 사회복지직 9급

불가변력이 인정되는 행정행위에 대하여 상대방은 행정쟁송절차에 의하여 그 효력을 다툴 수 없다. O | X

불가변력이 인정되는 행정행위라도 불가쟁력이 없는 한 상대방은 행정쟁송절차를 통해 그 효력을 다툴 수 있다.

02

2015 서울시 9급

일정한 불복기간이 경과하거나 쟁송수단을 다 거친 후에는 더 이상 행정행위를 다툴 수 없게 되는 효력을 행정행위의 불가변력이라 한다. O | X

일정한 불복기간이 경과하거나 쟁송수단을 다 거친 후에는 더 이상 행정행위를 다툴 수 없게 되는 효력을 행정행위의 불가쟁력이라 한다.

정답 | 15 ○ 16 ○ | 01 × 02 ×

03 무효인 행정행위에는 불가쟁력은 인정되지만 공정력은 인정되지 않는다. O | X

2017 교육행정직 9급

(i) 공정력은 행정행위에 중대하고 명백한 흠이 있는 경우를 제외하고 직권 또는 일정한 쟁송수단에 의해 취소될 때까지 일응 유효성의 추정을 받음을 의미한다. (ii) 불가쟁력은 취소소송의 제소기간 도과 후에는 더 이상 행정행위의 효력을 다툴 수 없게 하는 것을 말한다. 즉 공정력과 불가쟁력 모두 행정행위의 하자가 취소사유임을 전제로 한다.

04 행정처분에 대해 불가쟁력이 발생한 경우 이로 인해 그 처분의 기초가 된 사실관계나 법률적 판단이 확정되는 것이므로 처분의 당사자는 당초 처분의 기초가 된 사실관계나 법률관계와 모순되는 주장을 할 수 없다. O | X

2019 지방직 7급

[대법원 2004.7.8. 선고, 2002두11288. 판결]
일반적으로 행정처분이나 행정심판 재결이 불복기간의 경과로 인하여 확정될 경우 그 확정력은, 그 처분으로 인하여 법률상 이익을 침해받은 자가 당해 처분이나 재결의 효력을 더 이상 다툴 수 없다는 의미일 뿐, 더 나아가 **판결에 있어서와 같은 기판력이 인정되는 것은 아니어서 그 처분의 기초가 된 사실관계나 법률적 판단이 확정되고 당사자들이나 법원이 이에 기속되어 모순되는 주장이나 판단을 할 수 없게 되는 것은 아니다.**

05 불가변력이라 함은 행정행위를 한 행정청이 당해 행정행위를 직권으로 취소 또는 변경할 수 없게 하는 힘으로 실질적 확정력 또는 실체적 존속력이라고도 한다. O | X

2022 군무원 9급

불가변력은 행정주체에 대하여 발생하는 효력으로서 위법한 행정행위는 원칙적으로 행정청이 자유로이 취소 또는 철회를 할 수 있는 것이지만, 일정한 행정행위의 경우에는 그 성질상 행정청 자신도 취소 또는 철회할 수 없는 구속을 받게 되는 것을 말한다.

06 행정행위의 불가변력은 당해 행정행위에 대하여 인정될 뿐만 아니라, 동종의 행정행위라면 그 대상을 달리하더라도 이를 인정할 수 있다. O | X

2024 경찰간부

[대법원 1974.12.10. 선고, 73누129. 판결]
국민의 권리와 이익을 옹호하고 법적안정을 도모하기 위하여 특정한 행위에 대하여는 행정청이라 하여도 이것을 자유로이 취소, 변경 및 철회할 수 없다는 **행정행위의 불가변력은 당해 행정행위에 대하여서만 인정되는 것이고, 동종의 행정행위라 하더라도 그 대상을 달리할 때에는 이를 인정할 수 없다.**

제3절 특수성

01 판례에 따르면 행정행위의 집행력은 행정행위의 성질상 당연히 내재하는 효력으로서 별도의 법적 근거를 요하지 않는다. O | X

2015 서울시 9급

행정상 강제집행을 위해서는 하명에 대한 근거법은 물론이고, 강제에 관한 근거법이 별도로 있어야 한다.

정답 | 03 × 04 × 05 ○ 06 × | 01 ×

TOPIC 19

행정행위의 무효

01

2014 사회복지직 9급

행정절차법상 문서주의에 위반하여 행해진 행정처분은 무효이다. O | X

[대법원 2011.11.10, 2011도11109]
집합건물 중 일부 구분건물의 소유자인 피고인이 관할 소방서장으로부터 소방시설 불량사항에 관한 시정보완 명령을 받고도 따르지 아니하였다는 내용으로 기소된 사안에서, **담당 소방공무원이 행정처분인 위 명령을 구술로 고지한 것은 행정절차법 제24조를 위반한 것으로 하자가 중대하고 명백하여 당연무효**이고, 무효인 명령에 따른 의무위반이 생기지 아니하는 이상 피고인에게 명령 위반을 이유로 소방시설 설치유지 및 안전관리에 관한 법률 제48조의2 제1호에 따른 행정형벌을 부과할 수 없는데도, 이와 달리 위 명령이 유효함을 전제로 유죄를 인정한 원심판결에는 행정처분의 무효와 행정형벌의 부과에 관한 법리오해의 위법이 있다.

02

2015 서울시 9급

명백성 보충요건설에서는 행정행위의 무효의 기준으로 중대성 요건만을 요구하지만, 제3자나 공공의 신뢰보호의 필요가 있는 경우에는 보충적으로 명백성요건도 요구한다. O | X

명백성 보충요건설은 중대한 하자를 가진 처분은 무효이고, 제3자나 공공의 신뢰보호의 필요가 있는 경우에는 보충적으로 명백성을 요구한다는 견해이다.

03

2017 국회사무처 8급

대법원은 무효와 취소의 구별기준에 대해서 중대명백설을 취하고 있으나, 반대의견으로 객관적 명백성설이 제시된 판례도 존재한다. O | X

판례의 주류는 중대명백설을 취하고 있으며, 다만, 예외적으로 취득세 납세의무자의 신고행위의 하자에 대하여 명백성 보충요건설을 취한 판례도 있다. 객관적 명백성설(조사의무설)을 제시한 판례는 존재하지 않는다.

정답 | 01 ○ 02 ○ 03 ×

04

2017 지방직 7급

환경영향평가법상 환경영향평가의 대상사업임에도 환경영향 평가를 거치지 않고 행해진 사업승인처분은 무효이다.

O | X

절차상 하자이지만 무효사유에 해당하는 경우이다.

[대법원 2006.6.30, 2005두14363]

구 환경영향평가법(1999. 12. 31. 법률 제6095호 환경·교통·재해 등에 관한 영향평가법 부칙 제2조로 폐지) 제1조, 제3조, 제9조, 제16조, 제17조, 제27조 등의 규정 취지는 환경영향평가를 실시하여야 할 사업(이하 '대상사업'이라 한다)이 환경을 해치지 아니하는 방법으로 시행되도록 함으로써 당해 사업과 관련된 환경공익을 보호하려는 데 그치는 것이 아니라, 당해 사업으로 인하여 직접적이고 중대한 환경피해를 입으리라고 예상되는 환경영향평가대상지역 안의 주민들이 전과 비교하여 수인한도를 넘는 환경침해를 받지 아니하고 쾌적한 환경에서 생활할 수 있는 개별적 이익까지도 보호하려는 데에 있는 것이다. 그런데 **환경영향평가를 거쳐야 할 대상사업에 대하여 환경영향평가를 거치지 아니하였음에도 불구하고 승인 등 처분이 이루어진다면, 사전에 환경영향평가를 함에 있어 평가대상지역 주민들의 의견을 수렴하고 그 결과를 토대로 하여 환경부장관과의 협의내용을 사업계획에 미리 반영시키는 것 자체가 원천적으로 봉쇄되는바, 이렇게 되면 환경파괴를 미연에 방지하고 쾌적한 환경을 유지·조성하기 위하여 환경영향평가제도를 둔 입법 취지를 달성할 수 없게 되는 결과를 초래할 뿐만 아니라 환경영향평가대상지역 안의 주민들의 직접적이고 개별적인 이익을 근본적으로 침해하게 되므로, 이러한 행정처분의 하자는 법규의 중요한 부분을 위반한 중대한 것이고 객관적으로도 명백한 것이라고 하지 않을 수 없어, 이와 같은 행정처분은 당연무효이다.**

05

2017 교육행정직 9급

적법한 권한 위임 없이 세관출장소장이 한 관세부과처분은 당연무효이다.

O | X

[대법원 2004.11.26, 선고, 2003두2403, 판결]

세관출장소장에게 관세부과처분에 관한 권한이 위임되었다고 볼만한 법령상의 근거가 없는데도 피고가 이 사건 처분을 한 것은 결국, 적법한 위임 없이 권한 없는 자가 행한 처분으로서 그 하자가 중대하다고 할 것이나, 앞서 본 바와 같이 구 예산회계법과 그 시행령 등에 의하면, 세관출장소장은 세입징수관으로서 관세를 징수할 권한이 위임되어 있고 따라서 그 징수처분으로 세입과목, 세액 등을 기재한 문서로써 납입고지를 할 수 있도록 규정되어 있는 점, 정부조직법에 근거하여 관세청과 그 소속기관의 조직 및 직무범위 등에 관하여 규정하고 있는 대통령령인 관세청과그소속기관직제 및 그 시행규칙에 의하면, 피고에게는 '수입물품에 대한 관세 등 조세의 세액결정 및 징수'에 관한 권한이 위임되어 있는데, 위 '조세의 세액결정 및 징수'업무에는 관세부과처분에 관한 업무까지 포함되는 것으로 오인할 여지가 없지 아니한 점, 관세청고시인 '수입통관사무처리에관한고시' 소정의 납부고지서의 서식이나 '관세불복청구및처리에관한고시' 소정의 심사청구서나 그 결정서 서식에 의하면, 세관출장소장도 세관장과 마찬가지로 관세부과처분권한이 있는 것처럼 취급되고 있는 점, 세관출장소는 1949. 6. 27. 대통령령 제137호 '세관관서직제'에 의거하여 설립되어 현재까지 13개 세관출장소장 명의로 관세부과처분 및 증액경정처분이 이루어져 왔는데, **그동안 세관출장소장에게 관세부과처분에 관한 권한이 있는지 여부에 관하여 아무런 이의제기가 없었던 점 등에 비추어 보면, 세관출장소장에게 관세부과처분을 할 권한이 있다고 객관적으로 오인할 여지가 다분하다고 인정되므로 결국 적법한 권한 위임 없이 행해진 이 사건 처분은 그 하자가 중대하기는 하지만 객관적으로 명백하다고 할 수는 없어 당연무효는 아니라고 보아야 할 것**이다.

정답 | 04 ○ 05 ×

06

2017 하반기 지방직 9급

명백성 보충설에 의하면 무효판단의 기준에 명백성이 항상 요구되지는 아니하므로 중대명백설보다 무효의 범위가 넓어지게 된다. O | X

「명백성 보충요건설」에 따르면 하자가 중대하기만 하면 무효가 되는 것이 원칙이나, 제3자나 공공의 신뢰보호가 필요한 경우에는 보충적으로 명백성을 요구한다. 따라서 중대성과 명백성을 모두 요구하는 「중대명백설」에 비해 무효가 되는 범위가 넓어지게 된다.

무효와 취소의 구별기준

1. 중대설 – 하자의 중대성을 기준으로 하자가 중대하면 그 하자가 명백하지 않더라도 무효라고 본다.
2. 중대명백설 – 하자가 중대하고 명백하면 무효인 행정행위이고 중대성과 명백성 중 어느 하나라도 갖추지 못한 경우에는 취소사유에 불과한다고 본다. 하자의 중대성이란 행정행위가 중대한 법률요건을 위반하고 그 위반정도가 상대적으로 심한 경우를 말하며, 하자의 명백성이란 일반인의 판단에 의해서도 그 하자가 있음이 외관상 분명한 것을 말한다.
3. 명백성 보충요건설 – 하자가 중대하기만 하면 무효과 되는 것이 원칙이나, 제3자나 공공의 신뢰보호가 필요한 경우에는 보충적으로 명백성을 요구하는 견해이다.
4. 객관적 명백성설(조사의무설) – 중대명백설을 원칙적으로 따르면서 하자의 명백성을 판단하는 주체를 일반인뿐만 아니라 관계공무원으로까지 확대하여 명백성의 요건을 완화함으로써 무효이유를 확장시키려는 견해이다.

07

2018 국회사무처 8급

행정행위 중 당사자의 신청에 의하여 인·허가 또는 면허 등 이익을 주거나 그 신청을 거부하는 처분을 하는 것을 내용으로 하는 이른바 신청에 의한 처분의 경우에는 신청에 대하여 일단 거부처분이 행해지면 그 거부처분이 적법한 절차에 의하여 취소·철회되지 않는 한, 사유를 추가하여 거부처분을 반복하는 것은 존재하지도 않는 신청에 대한 거부처분으로서 당연무효이다. O | X

[대법원 1999.12.28, 선고, 98두1895, 판결]
행정행위의 취소라 함은 일단 유효하게 성립한 행정처분이 위법 또는 부당함을 이유로 소급하여 그 효력을 소멸시키는 별도의 행정처분을 말하고, 행정청은 종전 처분과 양립할 수 없는 처분을 함으로써 묵시적으로 종전 처분을 취소할 수도 있으나, **행정행위 중 당사자의 신청에 의하여 인·허가 또는 면허 등 이익을 주거나 그 신청을 거부하는 처분을 하는 것을 내용으로 하는 이른바 신청에 의한 처분의 경우에는 신청에 대하여 일단 거부처분이 행해지면 그 거부처분이 적법한 절차에 의하여 취소되지 않는 한, 사유를 추가하여 거부처분을 반복하는 것은 존재하지도 않는 신청에 대한 거부처분으로서 당연무효이다.**

08

2018 국회사무처 8급

행정행위 효력요건은 정당한 권한 있는 기관이 필요한 절차를 거치고 필요한 표시의 형식을 갖추어야 할 뿐만 아니라, 행정행위의 내용이 법률상 효과를 발생할 수 있는 것이어야 되며 그 중의 어느 하나의 요건의 흠결도 당해 행정행위의 취소원인이 된다. O | X

효력요건을 충족하지 않으면 효력이 발생하지 않는다는 점에서 무효사유이다.

[대법원 1959.5.14, 4290민상834]
행정행위 효력요건은 정당한 권한있는 기관이 필요한 수속을 거치고 필요한 표시의 형식을 갖추어야 할 뿐만 아니라, 행정행위의 내용이 법률상 효과를 발생할 수 있는 것이어야 되며 그 중의 **어느 하나의 요건의 흠결도 당해 행정행위의 절대적 무효를 초래**하는 것이며 행정행위의 내용이 법률상 결과를 발생할 수 없는 권리의무를 복석한 것이면 그 행정행위 및 부관은 절대무효이다.

09

2018 지방직 9급

무권한의 행위는 원칙적으로 무효라고 할 것이므로, 5급 이상의 국가정보원 직원에 대해 임면권자인 대통령이 아닌 국가정보원장이 행한 의원면직처분은 당연무효에 해당한다. O | X

[대법원 2007.7.26, 2005두15748]

이 사건은 감독관계에 있는 직근(直近) 상·하급행정청 사이의 권한위반에 관한 것으로서, 피고가 비록 5급 이상 국가정보원 직원에 대한 임면권자는 아니나, 그 임면에 대해 제청권이 있어 법적으로도 임면권자인 대통령의 권한행사에 실질적으로 관여할 수 있는 지위에 있었다는 점 등의 사정들을 종합적으로 고려하여 보면, 5급 이상의 국가정보원 직원에 대한 의원면직처분이 임면권자인 대통령이 아닌 국가정보원장에 의해 행해진 것으로 위법하고 나아가 국가정보원 직원의 명예퇴직원 내지 사직서 제출이 직위해제 후 1년여에 걸친 국가정보원장 측의 종용에 의한 것이었다는 사정을 감안한다 하더라도 그러한 하자가 중대한 것이라고 볼 수는 없으므로, 대통령의 내부결재가 있었는지에 관계없이 당연무효는 아니다.

10

2018 지방직 9급

폐기물처리시설 설치 촉진 및 주변지역지원 등에 관한 법률에서 정한 입지선정위원회가 군수와 주민대표가 선정·추천한 전문가를 포함시키지 않은 채 임의로 구성되어 의결한 경우 폐기물처리시설 입지결정처분의 하자는 중대하고 명백하므로 무효사유에 해당한다. O | X

절차상 하자이지만 무효사유에 해당하는 경우이다.

[대법원 2007.4.12, 2006두20150]

구 폐기물처리시설 설치촉진 및 주변지역 지원 등에 관한 법률에 정한 입지선정위원회가 그 구성방법 및 절차에 관한 같은 법 시행령의 규정에 위배하여 군수와 주민대표가 선정·추천한 전문가를 포함시키지 않은 채 임의로 구성되어 의결을 한 경우, 그에 터잡아 이루어진 폐기물처리시설 입지결정처분의 하자는 중대한 것이고 객관적으로도 명백하므로 무효사유에 해당한다.

11

2019 지방직, 교육행정직 9급

행정청이 사전에 교통영향평가를 거치지 아니한 채 '건축허가 전까지 교통영향평가 심의필증을 교부받을 것'을 부관으로 붙여서 한 '실시계획변경 승인 및 공사시행변경 인가 처분'은 그 하자가 중대하고 객관적으로 명백하여 당연무효이다. O | X

[대법원 2010.2.25, 선고, 2009두102, 판결]

교통영향평가는 환경영향평가와 그 취지 및 내용, 대상사업의 범위, 사전 주민의견수렴절차 생략 여부 등에 차이가 있고 그 후 교통영향평가가 교통영향분석·개선대책으로 대체된 점, 행정청은 교통영향평가를 배제한 것이 아니라 '건축허가 전까지 교통영향평가 심의필증을 교부받을 것'을 부관으로 하여 실시계획변경 및 공사시행변경 인가 처분을 한 점 등에 비추어, 행정청이 사전에 교통영향평가를 거치지 아니한 채 위와 같은 부관을 붙여서 한 위 처분에 중대하고 명백한 흠이 있다고 할 수 없으므로 이를 무효로 보기는 어렵다고 한 사례.

정답 | 09 × 10 ○ 11 ×

12

2019 국가직 7급

과세관청이 과세예고 통지 후 과세전적부심사 청구나 그에 대한 결정이 있기 전에 과세처분을 한 경우, 특별한 사정이 없는 한 그 과세처분은 절차상 하자가 중대·명백하여 당연무효이다. O | X

절차상 하자이지만 무효사유에 해당하는 경우이다.

[대법원 2016.12.27, 선고, 2016두49228, 판결]

사전구제절차로서 과세전적부심사 제도가 가지는 기능과 이를 통해 권리구제가 가능한 범위, 이러한 제도가 도입된 경위와 취지, 납세자의 절차적 권리 침해를 효율적으로 방지하기 위한 통제 방법과 더불어, 헌법 제12조 제1항에서 규정하고 있는 적법절차의 원칙은 형사소송절차에 국한되지 아니하고, 세무공무원이 과세권을 행사하는 경우에도 마찬가지로 준수하여야 하는 점 등을 고려하여 보면, 국세기본법 및 국세기본법 시행령이 과세전적부심사를 거치지 않고 곧바로 과세처분을 할 수 있거나 과세전적부심사에 대한 결정이 있기 전이라도 과세처분을 할 수 있는 예외사유로 정하고 있다는 등의 특별한 사정이 없는 한, **과세예고 통지 후 과세전적부심사 청구나 그에 대한 결정이 있기도 전에 과세처분을 하는 것은 원칙적으로 과세전적부심사 이후에 이루어져야 하는 과세처분을 그보다 앞서 함으로써 과세전적부심사 제도 자체를 형해화시킬 뿐만 아니라 과세전적부심사 결정과 과세처분 사이의 관계 및 불복절차를 불분명하게 할 우려가 있으므로, 그와 같은 과세처분은 납세자의 절차적 권리를 침해하는 것으로서 절차상 하자가 중대하고도 명백하여 무효**이다.

13

2019 국가직 7급

건축주 등이 장기간 시정명령을 이행하지 아니하였으나 그 기간 중에 시정명령의 이행 기회가 제공되지 아니하였다가 뒤늦게 이행 기회가 제공된 경우, 이행 기회가 제공되지 아니한 과거의 기간에 대한 이행강제금까지 한꺼번에 부과하였다면 그러한 이행강제금 부과처분은 하자가 중대·명백하여 당연무효이다. O | X

[대법원 2016.7.14, 선고, 2015두46598, 판결]

구 건축법 제80조 제1항, 제4항에 의하면 문언상 최초의 시정명령이 있었던 날을 기준으로 1년 단위별로 2회에 한하여 이행강제금을 부과할 수 있고, 이 경우에도 매 1회 부과 시마다 구 건축법 제80조 제1항 단서에서 정한 1회분 상당액의 이행강제금을 부과한 다음 다시 시정명령의 이행에 필요한 상당한 이행기한을 정하여 그 기한까지 시정명령을 이행할 수 있는 기회(이하 '시정명령의 이행 기회'라 한다)를 준 후 비로소 다음 1회분 이행강제금을 부과할 수 있다. 따라서 **비록 건축주 등이 장기간 시정명령을 이행하지 아니하였더라도, 그 기간 중에는 시정명령의 이행 기회가 제공되지 아니하였다가 뒤늦게 시정명령의 이행 기회가 제공된 경우라면, 시정명령의 이행 기회 제공을 전제로 한 1회분의 이행강제금만을 부과할 수 있고, 시정명령의 이행 기회가 제공되지 아니한 과거의 기간에 대한 이행강제금까지 한꺼번에 부과할 수는 없다.** 그리고 이를 위반하여 이루어진 이행강제금 부과처분은 과거의 위반행위에 대한 제재가 아니라 행정상의 간접강제 수단이라는 이행강제금의 본질에 반하여 구 건축법 제80조 제1항, 제4항 등 법규의 중요한 부분을 위반한 것으로서, 그러한 하자는 중대할 뿐만 아니라 객관적으로도 명백하다.

정답 | 12 ○ 13 ○

14

2020 지방직 (서울시) 7급

도지사의 인사교류안 작성과 그에 따른 인사교류의 권고가 전혀 이루어지지 않은 상태에서, 관할구역 내 A시의 시장이 인사교류로서 소속 지방공무원인 甲에게 B시 지방공무원으로 전출을 명한 처분은 당연무효이다.

O | X

권한 없이 이루어진 행위라는 점에서 주체의 하자로 평가할 수 있다.

[대법원 2005.6.24, 2004두10968]

법 제30조의2 제2항의 입법 취지는 시·도지사에게 관할구역 내 지방자치단체 상호간의 균형 있는 인력배치와 지방자치단체의 행정발전 등을 도모할 수 있도록 하기 위하여 인사교류를 권고할 수 있는 권한을 부여하는 한편 그 권한의 적정한 행사를 보장하기 위하여 인사교류협의회에서 정한 인사교류기준에 따라 작성된 인사교류안에 따르도록 한 것이므로, 이러한 일련의 절차는 위 조항에 의한 인사교류를 함에 있어서 본질적인 것으로서 중대하다고 할 것인바, **경기도지사의 인사교류안의 작성과 그에 따른 인사교류의 권고가 전혀 이루어지지 않은 상태에서 행하여진 이 사건 처분은 그 하자가 중대한 것으로서 객관적으로 명백하여 당연무효**라 할 것이다.

15

2021 서울시 7급

행정관청 내부의 사무처리규정에 불과한 전결규정에 위반하여 원래의 전결권자 아닌 보조기관 등이 처분권자인 행정관청의 이름으로 행정처분을 하였다고 하더라도 그 처분이 권한 없는 자에 의하여 행하여진 무효의 처분이라고는 할 수 없다.

O | X

내부의 전결규정에 위반한 것만으로는 처분의 하자가 중대·명백하다고 볼 수 없으므로 무효인 처분이 아니다.

[대법원 1998.2.27, 선고, 97누1105, 판결]

전결과 같은 행정권한의 내부위임은 법령상 처분권자인 행정관청이 내부적인 사무처리의 편의를 도모하기 위하여 그의 보조기관 또는 하급 행정관청으로 하여금 그의 권한을 사실상 행사하게 하는 것으로서 법률이 위임을 허용하지 않는 경우에도 인정되는 것이므로, 설사 **행정관청 내부의 사무처리규정에 불과한 전결규정에 위반하여 원래의 전결권자 아닌 보조기관 등이 처분권자인 행정관청의 이름으로 행정처분을 하였다고 하더라도 그 처분이 권한 없는 자에 의하여 행하여진 무효의 처분이라고는 할 수 없다.**

16

2022 소방직

국토계획법령이 정한 도시계획시설사업의 대상 토지의 소유와 동의요건을 갖추지 못하였음에도 도시계획시설사업의 사업시행자 지정처분을 한 경우 이는 당연무효이다.

O | X

절차상 하자이지만 무효사유에 해당하는 경우이다.

[대법원 2017.7.11, 선고, 2016두35120, 판결]

선행처분과 후행처분이 서로 독립하여 별개의 법률효과를 목적으로 하는 때에도 선행처분이 당연무효이면 선행처분의 하자를 이유로 후행처분의 효력을 다툴 수 있다. 도시계획시설사업의 시행자가 작성한 실시계획을 인가하는 처분은 도시계획시설사업 시행자에게 도시계획시설사업의 공사를 허가하고 수용권을 부여하는 처분으로서 선행처분인 **도시계획시설사업 시행자 지정 처분이 처분 요건을 충족하지 못하여 당연무효**인 경우에는 사업시행자 지정 처분이 유효함을 전제로 이루어진 후행처분인 실시계획 인가처분도 무효라고 보아야 한다.

정답 | 14 ○ 15 ○ 16 ○

17

2022 국가직 7급

납세자가 아닌 제3자의 재산을 대상으로 한 압류처분은 그 처분의 내용이 법률상 실현될 수 없는 것이어서 당연무효이다. O | X

[대판 2006.4.13, 2005두15151]

체납처분으로서 압류의 요건을 규정하는 「국세징수법」 제24조 각 항의 규정을 보면 어느 경우에나 압류의 대상을 납세자의 재산에 국한하고 있으므로, **납세자가 아닌 제3자의 재산을 대상으로 한 압류처분은 그 처분의 내용이 법률상 실현될 수 없는 것이어서 당연무효이다.**

18

2023 소방간부

행정처분의 하자가 중대하고 명백한 것인지 여부를 판별함에 있어서는 그 법규의 목적, 의미, 기능 등을 목적론적으로 고찰함과 동시에 구체적 사안 자체의 특수성에 관하여도 합리적으로 고찰하여야 한다. O | X

[대법원 1997.5.28, 선고, 95다15735, 판결]

하자 있는 행정처분이 당연무효로 되려면 그 하자가 법규의 중요한 부분을 위반한 중대한 것이어야 할 뿐 아니라 객관적으로 명백한 것이어야 하고, **하자가 중대하고 명백한 것인지 여부를 판별함에 있어서는 그 법규의 목적 · 의미 · 기능 등을 목적론적으로 고찰함과 동시에 구체적 사안 자체의 특수성에 관하여도 합리적으로 고찰함을 요한다.**

19

2023 소방간부

단속 경찰관이 자신의 명의로 운전면허정지처분 통지서를 작성 · 교부하였다면 권한 없는 자에 의하여 행하여진 점에서 무효의 처분에 해당한다. O | X

이른바 "주체의 하자"로서 무효사유에 해당한다.

[대법원 1997.5.16, 선고, 97누2313, 판결]

운전면허에 대한 정지처분권한은 경찰청장으로부터 경찰서장에게 권한위임된 것이므로 음주운전자를 적발한 단속 경찰관으로서는 관할 경찰서장의 명의로 운전면허정지처분을 대행처리할 수 있을지는 몰라도 자신의 명의로 이를 할 수는 없다 할 것이므로, **단속 경찰관이 자신의 명의로 운전면허행정처분통지서를 작성 · 교부하여 행한 운전면허정지처분은 비록 그 처분의 내용 · 사유 · 근거"등이 기재된 서면을 교부하는 방식으로 행하여졌다고 하더라도 권한 없는 자에 의하여 행하여진 점에서 무효의 처분에 해당한다.**

20

2023 국회사무처 8급

「행정기본법」은 행정처분이 무효가 되기 위해서는 그 하자가 법규의 중요한 부분을 위반한 중대한 것으로서 객관적으로 명백한 것이어야 한다고 규정하고 있다. O | X

행정기본법에 이와 같은 내용은 없다.「중대명백설」은 판례가 취하는 입장이다.

[대법원 1995.7.11, 선고, 94누4615, 전원합의체판결]

하자 있는 행정처분이 당연무효가 되기 위하여는 그 하자가 법규의 중요한 부분을 위반한 중대한 것으로서 객관적으로 명백한 것이어야 하며 하자가 중대하고 명백한 것인지 여부를 판별함에 있어서는 그 법규의 목적, 의미, 기능 등을 목적론적으로 고찰함과동시에 구체적 사안 자체의 특수성에 관하여도 합리적으로 고찰함을 요한다.

정답 | 17 ○ 18 ○ 19 ○ 20 ×

21

2023 군무원 7급

체납취득세에 대한 압류처분권한은 도지사로부터 시장에게 권한위임된 것이고 시장으로부터 압류처분권한을 내부위임 받은 데 불과한 구청장이 자신의 명의로 한 압류처분은 권한 없는 자에 의하여 행하여진 위법무효의 처분이다. O | X

[대법원 1993.5.27. 선고, 93누6621, 판결]
체납취득세에 대한 압류처분권한은 도지사로부터 시장에게 권한위임된 것이고 시장으로부터 압류처분권한을 내부위임받은 데 불과한 구청장으로서는 시장 명의로 압류처분을 대행처리할 수 있을 뿐이고 자신의 명의로 이를 할 수 없다 할 것이므로 구청장이 자신의 명의로 한 압류처분은 권한 없는 자에 의하여 행하여진 위법무효의 처분이다.

22

2023 군무원 7급

지방자치단체의 규칙으로 정하여야 할 기관위임사무에 대하여 당해 지방자치단체의 조례로 정한 경우 이에 근거한 처분은 당연무효이다. O | X

기관위임사무를 조례로 정한 경우 이는 조례의 제정범위를 넘어선 것이므로 무효이다. 다만 그 조례에 근거한 행정처분은 하자가 중대하지만 명백하다고 할 수 없으므로 취소의 대상이 된다.

[대법원 1995.8.22. 선고, 94누5694, 전원합의체 판결]
무효인 서울특별시행정권한위임조례의 규정에 근거한 관리처분계획의 인가 등 처분은 결과적으로 적법한 위임 없이 권한 없는 자에 의하여 행하여진 것과 마찬가지가 되어 그 하자가 중대하나, 지방자치단체의 사무에 관한 조례와 규칙은 조례가 보다 상위규범이라고 할 수 있고, 또한 헌법 제107조 제2항의 "규칙"에는 지방자치단체의 조례와 규칙이 모두 포함되는 등 이른바 규칙의 개념이 경우에 따라 상이하게 해석되는 점 등에 비추어 보면, 위 처분의 위임과정의 하자가 객관적으로 명백한 것이라고 할 수 없으므로 결국 당연무효 사유는 아니라고 봄이 상당하다고 한 사례.

정답 | 21 ○ 22 ×

TOPIC 20

행정행위의 취소 / 철회 / 실효

제1절 행정행위의 취소

01

2014 지방직 9급

현역병 입영대상편입처분을 보충역편입처분으로 변경한 경우, 보충역편입처분에 불가쟁력이 발생한 이후 보충역편입처분이 하자를 이유로 직권취소가 되었다면 종전의 현역병 입영대상 편입처분의 효력은 되살아난다.

O | X

[대법원 2002.5.28, 2001두9653]
지방병무청장이 재신체검사 등을 거쳐 현역병입영대상 편입처분을 보충역편입처분이나 제2국민역편입처분으로 변경하거나 보충역편입처분을 제2국민역편입처분으로 변경하는 경우 비록 새로운 병역처분의 성립에 하자가 있다고 하더라도 그것이 당연무효가 아닌 한 일단 유효하게 성립하고 제소기간의 경과 등 형식적 존속력이 생김과 동시에 종전의 병역처분의 효력은 취소 또는 철회되어 확정적으로 상실된다고 보아야 할 것이므로 그 후 새로운 병역처분의 성립에 하자가 있었음을 이유로 하여 이를 취소한다고 하더라도 종전의 병역처분의 효력이 되살아난다고 할 수 없다.

02

2014 경찰행정

영업허가취소처분이 행정쟁송절차에 의하여 취소된 경우 영업허가취소처분 이후의 영업행위를 무허가영업이라고 볼 수는 없다.

O | X

[대법원 1993.6.25, 93도277]
영업의 금지를 명한 영업허가취소처분 자체가 나중에 행정쟁송절차에 의하여 취소되었다면 그 영업허가취소처분은 그 처분시에 소급하여 효력을 잃게 되며, 그 영업허가취소처분에 복종할 의무가 원래부터 없었음이 확정되었다고 봄이 타당하고, 영업허가취소처분이 장래에 향하여서만 효력을 잃게 된다고 볼 것은 아니므로 그 영업허가취소처분 이후의 영업행위를 무허가영업이라고 볼 수는 없다.

03

2016 국가직 9급

위법한 행정행위에 대하여 불가쟁력이 발생한 이후에도 당해 행정행위의 위법을 이유로 직권취소할 수 있다.

O | X

[대법원 1995.9.15, 95누6311]
개별토지에 대한 가격결정도 행정처분에 해당하며, 원래 행정처분을 한 처분청은 그 행위에 하자가 있는 경우에는 원칙적으로 별도의 법적 근거가 없더라도 스스로 이를 직권으로 취소할 수 있는 것이고, 행정처분에 대한 법정의 불복기간이 지나면 직권으로도 취소할 수 없게 되는 것은 아니므로, 처분청은 토지에 대한 개별토지가격의 산정에 명백한 잘못이 있다면 이를 직권으로 취소할 수 있으며, 개별토지가격합동조사지침 제12조의3에서 토지특성조사의 착오 또는 위산·오기 등 지가산정에 명백한 잘못이 있는 경우에 경정결정이 가능한 것으로 예시하고 있는 것처럼, 비교표준지선정의 잘못으로 인하여 개별토지가격의 산정이 명백히 잘못된 경우도 개별토지가격합동조사지침 제12조의 3의 규정에 의하여 개별토지의 가격결정에 대한 직권취소가 가능하나.

정답 | 01 × 02 ○ 03 ○

04

2016 서울시 9급

판례는 불가쟁력이 생긴 행정처분이라도 공권의 확대화 경향에 따라 이에 대한 취소 또는 변경을 구할 신청권을 적극적으로 인정하고 있다. O | X

불가쟁력이 발생한 행정처분에 대해서 취소 또는 변경을 구할 신청권을 인정하게 되면, 상대방이 직권취소를 신청했다거 거부당한 경우에 거부처분취소소송을 제기할 수 있게 된다. 이렇게 되면 불가쟁력(즉 제소기간)이 무의미해져버린다.

[대법원 2007.4.26, 2005두11104]
제소기간이 이미 도과하여 불가쟁력이 생긴 행정처분에 대하여는 개별 법규에서 그 변경을 요구할 신청권을 규정하고 있거나 관계 법령의 해석상 그러한 신청권이 인정될 수 있는 등 특별한 사정이 없는 한 국민에게 그 행정처분의 변경을 구할 신청권이 있다 할 수 없다.

05

2017 국가직 9급

선행부과처분에 대한 취소소송이 진행중이면 과세관청인 피고로서는 위법한 선행처분을 스스로 취소하거나 그 절차상의 하자를 보완하여 다시 적법한 부과처분을 할 수 없다. O | X

[대법원 1988.3.22, 86누269]
선행과세처분에 대한 소송이 진행중이라도 과세관청으로서는 위법한 행정처분을 스스로 취소하고 그 절차상의 하자를 보완하여 다시 적법한 과세처분을 할 수도 있는 것이다.

06

2017 국가직 9급

처분청이 법령의 근거가 없어도 직권취소를 할 수 있다는 사정이 있는 경우, 이해관계인에게 처분청에 대하여 그 취소를 요구할 신청권이 부여된 것으로 볼 수 있다. O | X

[대법원 2006.6.30, 2004두701]
산림법령에는 채석허가처분을 한 처분청이 산림을 복구한 자에 대하여 복구설계서승인 및 복구준공통보를 한 경우 그 취소신청과 관련하여 아무런 규정을 두고 있지 않고, **원래 행정처분을 한 처분청은 그 처분에 하자가 있는 경우에는 원칙적으로 별도의 법적 근거가 없더라도 스스로 이를 직권으로 취소할 수 있지만, 그와 같이 직권취소를 할 수 있다는 사정만으로 이해관계인에게 처분청에 대하여 그 취소를 요구할 신청권이 부여된 것으로 볼 수는 없으므로,** 처분청이 위와 같이 법규상 또는 조리상의 신청권이 없이 한 이해관계인의 복구준공통보 등의 취소신청을 거부하더라도, 그 거부행위는 항고소송의 대상이 되는 처분에 해당하지 않는다.

07

2017 국가직 9급

행정청이 의료법인의 이사에 대한 이사취임승인취소처분을 직권으로 취소하면 이사의 지위가 소급하여 회복된다. O | X

[대법원 1997.1.21, 선고, 96누3401, 판결]
행정처분이 취소되면 그 소급효에 의하여 처음부터 그 처분이 없었던 것과 같은 효과를 발생하게 되는바, **행정청이 의료법인의 이사에 대한 이사취임승인취소처분(제1처분)을 직권으로 취소(제2처분)한 경우에는 그로 인하여 이사가 소급하여 이사로서의 지위를 회복**하게 되고, 그 결과 위 제1처분과 제2처분 사이에 법원에 의하여 선임결정된 임시이사들의 지위는 법원의 해임결정이 없더라도 당연히 소멸된다.

정답 | 04 × 05 × 06 × 07 ○

08

2017 국회사무처 8급

환경영향평가법령에서 요구하는 환경영향평가절차를 거쳤더라도 그 내용이 부실한 경우, 부실의 정도가 환경영향평가를 하지 아니한 것과 마찬가지인 정도가 아니라면 이는 취소사유에 해당한다. O | X

[대판 전합 2006.3.16, 2006두330]
환경영향평가법령에서 정한 환경영향평가를 거쳐야 할 대상사업에 대하여 그러한 환경영향평가를 거치지 아니하였음에도 승인 등 처분을 하였다면 그 처분은 위법하다 할 것이나, 그러한 절차를 거쳤다면, 비록 그 환경영향평가의 내용이 다소 부실하다 하더라도, 그 부실의 정도가 환경영향평가제도를 둔 입법취지를 달성할 수 없을 정도이어서 환경영향평가를 하지 아니한 것과 다를 바 없는 정도의 것이 아닌 이상, 그 부실은 당해 승인 등 처분에 재량권 일탈·남용의 위법이 있는지 여부를 판단하는 하나의 요소로 됨에 그칠 뿐, 그 부실로 인하여 당연히 당해 승인 등 처분이 위법하게 되는 것이 아니다.

09

2017 국회사무처 8급

신청인이 녹지지역 용적률 제한을 숨기고 건축허가를 신청한 경우 행정청은 신청내용에 구애받지 아니하고 조사 및 검토를 거쳐 관련법령에 정한 기준에 따라 허가조건의 충족 여부를 제대로 따져 허가 여부를 결정하여야 하므로 자신의 잘못으로 건축허가를 한 경우 취소할 수 없다. O | X

[대판 2014.11.27, 2013두16111]
허가권자가 신청 내용에 구애받지 아니하고 조사 및 검토를 거쳐 관련 법령에 정한 기준에 따라 허가조건의 충족 여부를 제대로 따져 허가 여부를 결정하여야 하는 것은 맞지만, 그렇다고 신청인 측에서 의도적으로 법령에 정한 각종 규제를 탈법적인 방법으로 회피하려고 하는 것을 정당화할 수는 없다.

10

2017 하반기 국가직 9급

침익적 행정행위를 한 처분청은 그 행위에 하자가 있는 경우에 별도의 법적 근거가 없더라도 스스로 이를 취소할 수 있다. O | X

이른바 「원처분권한포함설」

[대법원 1995.9.15, 95누6311]
개별토지에 대한 가격결정도 행정처분에 해당하며, 원래 행정처분을 한 처분청은 그 행위에 하자가 있는 경우에는 원칙적으로 별도의 법적 근거가 없더라도 스스로 이를 직권으로 취소할 수 있는 것이고, 행정처분에 대한 법정의 불복기간이 지나면 직권으로도 취소할 수 없게 되는 것은 아니므로, 처분청은 토지에 대한 개별토지가격의 산정에 명백한 잘못이 있다면 이를 직권으로 취소할 수 있으며, 개별토지가격합동조사지침 제12조의3에서 토지특성조사의 착오 또는 위산·오기 등 지가산정에 명백한 잘못이 있는 경우에 경정결정이 가능한 것으로 예시하고 있는 것처럼, 비교표준지 선정의 잘못으로 인하여 개별토지가격의 산정이 명백히 잘못된 경우도 개별토지가격합동조사지침 제12조의3의 규정에 의하여 개별토지의 가격결정에 대한 직권취소가 가능하다.

정답 | 08 × 09 × 10 ○

11

2017 하반기 지방직 9급

구 학교보건법상 학교환경위생정화구역에서의 금지행위 및 시설의 해제 여부에 관한 행정처분을 하면서 학교환경위생정화 위원회의 심의를 누락한 흠은 행정처분을 위법하게 하는 취소사유가 된다. O | X

절차상 하자는 원칙적으로 취소사유이다.

[대법원 2007.3.15, 2006두15806]
행정청이 구 학교보건법(2005. 12. 7. 법률 제7700호로 개정되기 전의 것) 소정의 학교환경위생정화구역 내에서 금지행위 및 시설의 해제 여부에 관한 행정처분을 함에 있어 학교환경위생정화위원회의 심의를 거치도록 한 취지는 그에 관한 전문가 내지 이해관계인의 의견과 주민의 의사를 행정청의 의사결정에 반영함으로써 공익에 가장 부합하는 민주적 의사를 도출하고 행정처분의 공정성과 투명성을 확보하려는 데 있고, 나아가 그 심의의 요구가 법률에 근거하고 있을 뿐 아니라 심의에 따른 의결내용도 단순히 절차의 형식에 관련된 사항에 그치지 않고 금지행위 및 시설의 해제 여부에 관한 행정처분에 영향을 미칠 수 있는 사항에 관한 것임을 종합해 보면, **금지행위 및 시설의 해제 여부에 관한 행정처분을 하면서 절차상 위와 같은 심의를 누락한 흠이 있다면 그와 같은 흠을 가리켜 위 행정처분의 효력에 아무런 영향을 주지 않는다거나 경미한 정도에 불과하다고 볼 수는 없으므로, 특별한 사정이 없는 한 이는 행정처분을 위법하게 하는 취소사유가 된다.**

12

2018 지방직 9급

「국세기본법」상 상속세부과처분의 취소에 하자가 있는 경우, 부과의 취소의 취소에 대하여는 법률이 명문으로 그 취소요건이나 그에 대한 불복절차에 대하여 따로 규정을 두고 있지 않더라도 과세관청은 부과의 취소를 다시 취소함으로써 원부과처분을 소생시킬 수 있다. O | X

[대법원 1995.3.10, 94누7027]
국세기본법 제26조 제1호는 부과의 취소를 국세납부의무 소멸사유의 하나로 들고 있으나, 그 부과의 취소에 하자가 있는 경우의 부과의 취소의 취소에 대하여는 법률이 명문으로 그 취소요건이나 그에 대한 불복절차에 대하여 따로 규정을 둔 바도 없으므로, **설사 부과의 취소에 위법사유가 있다고 하더라도 당연무효가 아닌 한 일단 유효하게 성립하여 부과처분을 확정적으로 상실시키는 것이므로, 과세관청은 부과의 취소를 다시 취소함으로써 원부과처분을 소생시킬 수는 없고** 납세의무자에게 종전의 과세대상에 대한 납부의무를 지우려면 다시 법률에서 정한 부과절차에 좇아 동일한 내용의 새로운 처분을 하는 수밖에 없다.

13

2018 지방직 9급

국세감액결정 처분은 이미 부과된 과세처분에 하자가 있음을 이유로 사후에 이를 일부취소하는 처분이고, 취소의 효력은 판결 등에 의한 취소이거나 과세관청의 직권에 의한 취소이거나에 관계없이 그 부과처분이 있었을 당시로 소급하여 발생한다. O | X

[대법원 1995.9.15, 94다16045]
국세 감액결정 처분은 이미 부과된 과세처분에 하자가 있음을 이유로 사후에 이를 일부취소하는 처분이므로, 취소의 효력은 그 취소된 국세 부과처분이 있었을 당시에 소급하여 발생하는 것이고, 이는 판결 등에 의한 취소이거나 과세관청의 직권에 의한 취소이거나에 따라 차이가 있는 것이 아니다.

정답 | 11 ○ 12 × 13 ○

14

2019 지방직, 교육행정직 9급

권한없는 행정기관이 한 당연무효인 행정처분을 취소할 수 있는 권한은 당해 행정처분을 한 처분청에게 속하고, 당해 행정처분을 할 수 있는 적법한 권한을 가지는 행정청에게 그 취소권이 귀속되는 것이 아니다.

O | X

이 역시 「원처분권한포함설」의 논리로 이해하면 된다. 위법한 원처분을 한 행정청이 이를 시정할 권한도 행사해야 하는 것이다(이른바 결자해지).

[대법원 1984.10.10, 선고, 84누463, 판결]

권한없는 행정기관이 한 당연무효인 행정처분을 취소할 수 있는 권한은 당해 행정처분을 한 처분청에게 속하고, 당해 행정처분을 할 수 있는 적법한 권한을 가지는 행정청에게 그 취소권이 귀속되는 것이 아니다.

15

2019 서울시 추가채용 9급

판례는 민원사무를 처리하는 행정기관이 민원1회방문처리제를 시행하는 절차의 일환으로 민원사항의 심의·조정 등을 위한 민원조정위원회를 개최하면서 민원인에게 회의일정 등을 사전에 통지하지 아니하였다면 취소사유가 존재한다는 입장이다.

O | X

[대판 2015.8.27, 2013두1560]

민원사무를 처리하는 행정기관이 민원1회방문처리제를 시행하는 절차의 일환으로 민원사항의 심의 조정 등을 위한 민원조정위원회를 개최하면서 민원인에게 회의일정 등을 사전에 통지하지 아니하였다 하더라도, 이러한 사정만으로 곧바로 민원사항에 대한 행정기관의 장의 거부처분에 취소사유에 이를 정도의 흠이 존재한다고 보기는 어렵다. 다만 행정기관의 장의 거부처분이 재량행위인 경우에, 위와 같은 사전통지의 흠결로 민원인에게 의견진술의 기회를 주지 아니한 결과 민원조정위원회의 심의 과정에서 고려대상에 마땅히 포함시켜야 할 사항을 누락하는 등 재량권의 불행사 또는 해태로 볼 수 있는 구체적 사정이 있다면, 거부처분은 재량권을 일탈·남용한 것으로서 위법하다.

16

2022 국가직 7급

당사자가 부정한 방법으로 수익적 처분을 받은 경우에도 행정청이 그 처분을 취소하려면 취소로 인하여 당사자가 입게 될 불이익을 취소로 달성되는 공익과 비교·형량하여야 한다.

O | X

행정기본법

제18조(위법 또는 부당한 처분의 취소) ② 행정청은 제1항에 따라 당사자에게 권리나 이익을 부여하는 처분을 취소하려는 경우에는 취소로 인하여 당사자가 입게 될 **불이익을 취소로 달성되는 공익과 비교·형량(衡量)하여야 한다. 다만, 다음 각 호의 어느 하나에 해당하는 경우에는 그러하지 아니하다.**

1. **거짓이나 그 밖의 부정한 방법으로 처분을 받은 경우**
2. 당사자가 처분의 위법성을 알고 있었거나 중대한 과실로 알지 못한 경우

17

2023 소방간부

구 「학교보건법」상 학교환경위생정화구역에서의 금지행위 및 시설의 해제 여부에 관한 행정처분을 함에 있어 학교환경위생정화위원회의 심의절차를 누락한 것은 취소사유가 된다. O | X

절차상 하자는 원칙적으로 취소사유이다.

[대법원 2007.3.15, 선고, 2006두15806, 판결]
행정청이 구 학교보건법 소정의 학교환경위생정화구역 내에서 금지행위 및 시설의 해제 여부에 관한 행정처분을 함에 있어 학교환경위생정화위원회의 심의를 거치도록 한 취지는 그에 관한 전문가 내지 이해관계인의 의견과 주민의 의사를 행정청의 의사결정에 반영함으로써 공익에 가장 부합하는 민주적 의사를 도출하고 행정처분의 공정성과 투명성을 확보하려는 데 있고, 나아가 그 심의의 요구가 법률에 근거하고 있을 뿐 아니라 심의에 따른 의결내용도 단순히 절차의 형식에 관련된 사항에 그치지 않고 금지행위 및 시설의 해제 여부에 관한 행정처분에 영향을 미칠 수 있는 사항에 관한 것임을 종합해 보면, **금지행위 및 시설의 해제 여부에 관한 행정처분을 하면서 절차상 위와 같은 심의를 누락한 흠이 있다면 그와 같은 흠을 가리켜 위 행정처분의 효력에 아무런 영향을 주지 않는다거나 경미한 정도에 불과하다고 볼 수는 없으므로, 특별한 사정이 없는 한 이는 행정처분을 위법하게 하는 취소사유**가 된다.

18

2023 소방간부

수익적 처분에 대한 취소권 등의 행사는 기득권의 침해를 정당화할 만한 중대한 공익상의 필요 또는 제3자의 이익보호의 필요가 있는 때에 한하여 허용되며 이러한 법리는 쟁송취소에는 적용되지 않는다. O | X

처분청의 직권취소와 법원의 쟁송취소를 구별하라는 문제이다. (i) 처분청의 직권취소의 경우에는 공익과 사익 간의 비교형량이 필요하다. 이를테면 미성년자를 출입시킨 유흥주점에 대한 영업허가취소를 결정함에 있어서, 영업허가취소시 상대방이 입는 불이익도 고려하여야 한다. (ii) 법원의 쟁송취소는 처분이 위법하다고 판단되면 취소하는 것이지, 공익과 사익의 비교형량은 필요하지 않다. 이를테면 연탄공장에 대한 영업허가처분에 대해 인근주민이 취소소송을 제기한 경우에 법원은 영업허가처분이 위법한지 적법한지만 판단하면 족하다.

[대법원 2019.10.17, 선고, 2018두104, 판결]
수익적 행정처분에 대한 취소권 등의 행사는 기득권의 침해를 정당화할 만한 중대한 공익상의 필요 또는 제3자의 이익보호의 필요가 있는 때에 한하여 허용될 수 있다는 법리는, 처분청이 수익적 행정처분을 직권으로 취소·철회하는 경우에 적용되는 법리일 뿐 쟁송취소의 경우에는 적용되지 않는다.

19

2023 소방직

행정청은 부당한 처분의 전부나 일부를 소급하여 취소할 수 있다. O | X

이른바 「직권취소」에 관한 규정이다.

행정기본법

제18조(위법 또는 부당한 처분의 취소) ① 행정청은 위법 또는 부당한 처분의 전부나 일부를 소급하여 취소할 수 있다. 다만, 당사자의 신뢰를 보호할 가치가 있는 등 정당한 사유가 있는 경우에는 장래를 향하여 취소할 수 있다.

정답 | 17 ○ 18 ○ 19 ○

20

2023 군무원 7급

도로점용허가의 일부분에 위법이 있는 경우, 도로점용허가 전부를 취소하여야 하며 도로점용허가 중 특별사용의 필요가 없는 부분에 대해서만 직권취소할 수 없다. O | X

[대법원 2019.1.17, 선고, 2016두56721, 56738, 판결]
도로점용허가는 도로의 일부에 대한 특정사용을 허가하는 것으로서 도로의 일반사용을 저해할 가능성이 있으므로 그 범위는 점용목적 달성에 필요한 한도로 제한되어야 한다. 도로관리청이 도로점용허가를 하면서 특별사용의 필요가 없는 부분을 점용장소 및 점용면적에 포함하는 것은 그 재량권 행사의 기초가 되는 사실인정에 잘못이 있는 경우에 해당하므로 그 도로점용허가 중 특별사용의 필요가 없는 부분은 위법하다. 이러한 경우 도로점용허가를 한 **도로관리청은 위와 같은 흠이 있다는 이유로 유효하게 성립한 도로점용허가 중 특별사용의 필요가 없는 부분을 직권취소할 수 있음이 원칙이다.**

제2절 행정행위의 철회

01

2017 국가직 9급

행정행위를 한 처분청은 사정변경이 생겼거나 또는 중대한 공익상의 필요가 발생한 경우에는 그 효력을 상실케 하는 별개의 행정행위로 이를 철회할 수 있다고 할 것이나, 기득권을 침해하는 경우에는 기득권의 침해를 정당화할 만한 중대한 공익상의 필요 또는 제3자의 이익보호의 필요가 있는 때에 한하여 상대방이 받는 불이익과 비교·교량하여 철회하여야 한다. O | X

[대법원 2004.7.22, 선고, 2003두7606, 판결]
수익적 행정처분을 취소 또는 철회하거나 중지시키는 경우에는 이미 부여된 그 국민의 기득권을 침해하는 것이 되므로, **비록 취소 등의 사유가 있다고 하더라도 그 취소권 등의 행사는 기득권의 침해를 정당화할 만한 중대한 공익상의 필요 또는 제3자의 이익보호의 필요가 있는 때에 한하여 상대방이 받는 불이익과 비교·교량하여 결정**하여야 하고, 그 처분으로 인하여 공익상의 필요보다 상대방이 받게 되는 불이익 등이 막대한 경우에는 재량권의 한계를 일탈한 것으로서 그 자체가 위법하다.

02

2017 국회사무처 8급

녹지지역의 용적률 제한을 충족하지 못한 사실을 숨긴 건축허가 신청에 대해 건축허가를 해준 후 해당 사실을 알게 되자 직권으로 취소한 경우 행정청의 건축허가취소는 강학상 철회가 아니라 직권취소에 해당한다. O | X

강학상 「철회」는 후발적 사유를 이유로 하고, 강학상 「취소」는 원시적 하자를 이유로 한다. 사안의 경우에는 건축허가 이후에 새로이 발생한 사유를 이유로 한 것이 아니라, 건축허가 당시에 이미 존재하던 사유인 제한요건 미충족을 이유로 한 것이므로 강학상 「취소」에 해당한다.

03

2017 하반기 지방직 9급

철회권이 유보된 경우일지라도 행정행위의 상대방은 당해 행정행위 철회시 신뢰보호의 원칙을 원용하여 손실보상을 청구할 수 있다. O | X

철회권이 유보된 경우 그 상대방은 이후의 철회가능성을 예견하고 있었다고 볼 수 있으므로 행정행위의 계속성에 대한 상대방의 신뢰는 유보된 철회사유에 관하여는 인정되지 않는다. 따라서 신뢰보호의 원칙을 원용하여 철회로 인한 손실보상을 청구할 수 없다.

04

2018 지방직 9급

처분 당시에 별다른 하자가 없이 일단 적법하게 성립한 행정행위는 별도의 법적 근거가 없이는 철회할 수 없다. O | X

이른바 「원처분권한포함설」

[대법원 2004.11.26, 2003두10251]

행정행위를 한 처분청은 비록 그 처분 당시에 별다른 하자가 없었고, 또 그 **처분 후에 이를 철회할 별도의 법적 근거가 없다 하더라도 원래의 처분을 존속시킬 필요가 없게 된 사정변경이 생겼거나 또는 중대한 공익상의 필요가 발생한 경우에는 그 효력을 상실케 하는 별개의 행정행위로 이를 철회할 수 있다**고 할 것이다.

05

2019 국가직 9급

甲은 영유아보육법에 따라 보건복지부장관의 평가인증을 받아 어린이집을 설치·운영하고 있다. 甲은 어린이집을 운영하면서 부정한 방법으로 보조금을 교부받아 사용하였고, 보건복지부장관은 이를 근거로 관련 법령에 따라 평가인증을 취소하였다. 평가인증의 취소는 강학상 철회에 해당하며, 행정청이 평가인증 취소처분을 하면서 별도의 법적 근거 없이는 평가인증의 효력을 취소사유 발생일로 소급하여 상실시킬 수 없다. O | X

강학상 철회는 장래효를 가질 뿐이며 여기에 소급효를 부여하기 위하여는 별도의 법적 근거가 필요하다.

[대법원 2018.6.28, 선고, 2015두58195, 판결]

영유아보육법 제30조 제5항 제3호에 따른 평가인증의 취소는 평가인증 당시에 존재하였던 하자가 아니라 그 이후에 새로이 발생한 사유로 평가인증의 효력을 소멸시키는 경우에 해당하므로, 법적 성격은 평가인증의 '철회'에 해당한다. 그런데 행정청이 평가인증을 철회하면서 그 효력을 철회의 효력발생일 이전으로 소급하게 하면, 철회 이전의 기간에 평가인증을 전제로 지급한 보조금 등의 지원이 그 근거를 상실하게 되어 이를 반환하여야 하는 법적 불이익이 발생한다. 이는 장래를 향하여 효력을 소멸시키는 철회가 예정한 법적 불이익의 범위를 벗어나는 것이다. 이처럼 **행정청이 평가인증이 이루어진 이후에 새로이 발생한 사유를 들어 영유아보육법 제30조 제5항에 따라 평가인증을 철회하는 처분을 하면서도, 평가인증의 효력을 과거로 소급하여 상실시키기 위해서는, 특별한 사정이 없는 한 영유아보육법 제30조 제5항과는 별도의 법적 근거가 필요**하다.

정답 | 03 × 04 × 05 ○

06

2023 소방간부

처분의 취소 사유는 원칙적으로 처분의 성립 당시에 존재하였던 하자를 말하고, 철회 사유는 처분이 성립된 이후에 새로이 발생한 것으로서 처분의 효력을 존속시킬 수 없는 사유를 말한다. O | X

[대법원 2018.6.28. 선고, 2015두58195, 판결]

행정행위의 '취소'는 일단 유효하게 성립한 행정행위를 그 행위에 위법한 하자가 있음을 이유로 소급하여 효력을 소멸시키는 별도의 행정처분을 의미함이 원칙이다. 반면, 행정행위의 '철회'는 적법요건을 구비하여 완전히 효력을 발하고 있는 행정행위를 사후적으로 효력의 전부 또는 일부를 장래에 향해 소멸시키는 별개의 행정처분이다. 그리고 **행정행위의 '취소 사유'는 원칙적으로 행정행위의 성립 당시에 존재하였던 하자를 말하고, '철회 사유'는 행정행위가 성립된 이후에 새로이 발생한 것으로서 행정행위의 효력을 존속시킬 수 없는 사유를 말한다.**

07

2023 국가직 9급

「행정기본법」은 직권취소나 철회의 일반적 근거규정을 두고 있고, 직권취소나 철회는 개별법률의 근거가 없어도 가능하다. O | X

(i) 행정기본법 제18조는 직권취소, 제19조는 철회에 관한 일반법적인 근거가 된다. (ii)「원처분권한포함설」에 따라 직권취소나 철회에 대한 개별법률의 근거는 요하지 않는다.

행정기본법

제18조(위법 또는 부당한 처분의 취소) ① **행정청은 위법 또는 부당한 처분의 전부나 일부를 소급하여 취소할 수 있다.** 다만, 당사자의 신뢰를 보호할 가치가 있는 등 정당한 사유가 있는 경우에는 장래를 향하여 취소할 수 있다.

제19조(적법한 처분의 철회) ① **행정청은 적법한 처분이 다음 각 호의 어느 하나에 해당하는 경우에는 그 처분의 전부 또는 일부를 장래를 향하여 철회할 수 있다.**

1. 법률에서 정한 철회 사유에 해당하게 된 경우
2. 법령등의 변경이나 사정변경으로 처분을 더 이상 존속시킬 필요가 없게 된 경우
3. 중대한 공익을 위하여 필요한 경우

08

2023 소방직

행정청은 중대한 공익을 위하여 필요한 경우 적법한 처분의 전부 또는 일부를 장래를 향하여 철회할 수 있다. O | X

이른바 「강학상 철회」에 관한 규정이다.

행정기본법

제19조(적법한 처분의 철회) ① **행정청은 적법한 처분이 다음 각 호의 어느 하나에 해당하는 경우에는 그 처분의 전부 또는 일부를 장래를 향하여 철회할 수 있다.**

1. 법률에서 정한 철회 사유에 해당하게 된 경우
2. 법령등의 변경이나 사정변경으로 처분을 더 이상 존속시킬 필요가 없게 된 경우
3. **중대한 공익을 위하여 필요한 경우**

② 행정청은 제1항에 따라 처분을 철회하려는 경우에는 철회로 인하여 당사자가 입게 될 불이익을 철회로 달성되는 공익과 비교·형량하여야 한다.

09

2023 국가직 9급

행정행위의 철회 사유는 행정행위가 성립되기 이전에 발생한 것으로서 행정행위의 효력을 존속시킬 수 없는 사유를 말한다. O | X

[대판 2003.5.30, 2003다6422]
행정행위의 취소사유는 행정행위의 성립 당시에 존재하였던 하자를 말하고, **철회사유는 행정행위가 성립된 이후에 새로이 발생한 것으로서 행정행위의 효력을 존속시킬 수 없는 사유를 말한다.**

제3절 행정행위의 실효

정답 | 09 ×

TOPIC 21 하자의 치유 / 전환 / 승계

제1절 하자의 치유

01

2014 사회복지직 9급

하자의 치유는 늦어도 행정처분에 대한 불복 여부의 결정 및 불복신청을 할 수 있는 상당한 기간 내에 해야 하므로, 소가 제기된 이후에는 하자의 치유가 인정될 수 없다. O | X

하자의 치유를 인정함에 있어서, (i) 하자의 정도는 취소사유라야 하고, (ii) 하자의 성격은 절차상 하자에 한정되며, (iii) 치유의 시기는 소제기 전까지만 가능하다.

[대법원 1984.4.10, 83누393]

세액산출근거가 누락된 납세고지서에 의한 과세처분의 하자의 치유를 허용하려면 늦어도 과세처분에 대한 불복여부의 결정 및 불복신청에 편의를 줄 수 있는 상당한 기간내에 하여야 한다고 할 것이므로 위 과세처분에 대한 전심절차가 모두 끝나고 상고심의 계류중에 세액산출근거의 통지가 있었다고 하여 이로써 위 과세처분의 하자가 치유되었다고는 볼 수 없다.

02

2014 지방직 9급

부과처분에 앞서 보낸 과세예고통지서에 납세고지서의 필요적 기재사항이 제대로 기재되어 있었더라도, 납세고지서에 그 기재사항의 일부가 누락되었다면 이유제시의 하자는 치유의 대상이 될 수 없다. O | X

[대법원 1998.11.13, 97누2153]

당초 개발부담금 부과처분시 발부한 납부고지서에 개발부담금의 산출근거를 누락시켰지만 그 이전에 개발부담금 예정변경통지를 하면서 산출근거가 기재되어 있는 개발부담금산정내역서를 첨부하여 통지하였다면, 그와 같은 **납부고지서의 하자는 위 예정변경통지에 의하여 보완 또는 치유**된다.

03

2014 서울시 9급

인가의 전제가 되는 기본행위에 하자가 있다고 하더라도 행정청의 적법한 인가가 있으면 그 하자는 치유가 된다. O | X

[대법원 1987.8.18, 86누152]

사립학교법 제20조 제2항에 의한 학교법인의 임원에 대한 감독청의 취임승인은 학교법인의 임원선임행위를 보충하여 그 법률상의 효력을 완성케하는 보충적 행정행위로서 성질상 기본행위를 떠나 승인처분 그 자체만으로는 법률상 아무런 효력도 발생할 수 없으므로 **기본행위인 학교법인의 임원선임행위가 불성립 또는 무효인 경우에는 비록 그에 대한 감독청의 취임승인이 있었다 하여도 이로써 무효인 그 선임행위가 유효한 것으로 될 수는 없다.**

정답 | 01 ○ 02 × 03 ×

04 당연무효인 징계처분을 받은 자가 이를 용인하였다면 그 징계처분의 하자는 치유된다. O | X

2014 지방직 7급, 2017 교육행정직 9급

> [대법원 1989.12.12, 88누8869]
> 징계처분이 중대하고 명백한 흠 때문에 당연무효의 것이라면 징계처분을 받은 자가 이를 용인하였다 하여 그 흠이 치료되는 것은 아니다.

05 토지소유자 등의 동의율을 충족하지 못했다는 주택재건축 정비사업조합설립인가처분 당시의 하자는 후에 토지소유자 등의 추가 동의서가 제출되었다면 치유된다. O | X

2016 지방직 9급

> [대법원 2013.7.11, 2011두27544]
> 이 사건 설립인가처분 후 추가동의서가 제출되어 동의자 수가 변경되었음을 이유로 하는 것으로서 조합원의 신규가입을 이유로 한 경미한 사항의 변경에 대한 신고를 수리하는 의미에 불과하므로 이 사건 설립인가처분이 이 사건 변경인가처분에 흡수된다고 볼 수 없고, 또한 **이 사건 설립인가처분 당시 동의율을 충족하지 못한 하자는 후에 추가동의서가 제출되었다는 사정만으로 치유될 수 없다**고 판단하였다.

06 행정청이 청문서 도달기간을 다소 어겼다고 하더라도 상대방이 이의를 제기하지 아니한 채 스스로 청문일에 출석하여 방어의 기회를 충분히 가졌다면 청문서 도달기간을 준수하지 아니한 하자는 치유된다. O | X

2016 지방직 9급

> [대법원 1992.10.23, 92누2844]
> 행정청이 식품위생법상의 청문절차를 이행함에 있어 소정의 청문서 도달기간을 지키지 아니하였다면 이는 청문의 절차적 요건을 준수하지 아니한 것이므로 이를 바탕으로 한 행정처분은 일단 위법하다고 보아야 할 것이지만 이러한 청문제도의 취지는 처분으로 말미암아 받게 될 영업자에게 미리 변명과 유리한 자료를 제출할 기회를 부여함으로써 부당한 권리침해를 예방하려는 데에 있는 것임을 고려하여 볼 때, 가령 **행정청이 청문서 도달기간을 다소 어겼다하더라도 영업자가 이에 대하여 이의하지 아니한 채 스스로 청문일에 출석하여 그 의견을 진술하고 변명하는 등 방어의 기회를 충분히 가졌다면 청문서 도달기간을 준수하지 아니한 하자는 치유되었다**고 봄이 상당하다.

07 행정행위의 내용상의 하자에 대해서는 하자의 치유가 인정되지 않는다. O | X

2017 하반기 국가직 9급

> [대법원 1991.5.28, 선고, 90누1359, 판결]
> 행정행위의 성질이나 법치주의의 관점에서 볼 때 하자있는 행정행위의 치유는 원칙적으로 허용될 수 없을 뿐만 아니라 이를 허용하는 경우에도 국민의 권리와 이익을 침해하지 않는 범위에서 구체적 사정에 따라 합목적적으로 가려야 할 것인바, **이 사건 처분에 관한 하자가 행정처분의 내용에 관한 것이고 새로운 노선면허가 이 사건 소 제기 이후에 이루어진 사정 등에 비추어 하자의 치유를 인정치 않은 원심의 판단은 정당**하고, 거기에 소론이 지적하는 바와 같은 법리오해의 위법이 있다 할 수 없다.

정답 | 04 × 05 × 06 ○ 07 ○

08

2017 하반기 국가직 9급

납세의무자가 부과된 세금을 자진납부하였다고 하더라도 세액산출근거 등의 기재사항이 누락된 납세고지서에 의한 과세처분의 하자는 치유되지 않는다. O | X

[대법원 1985.4.9, 선고, 84누431, 판결]
세액산출근거가 기재되지 아니한 납세고지서에 의한 부과처분은 강행법규에 위반하여 취소대상이 된다 할 것이므로 이와 같은 하자는 납세의무자가 전심절차에서 이를 주장하지 아니하였거나, **그 후 부과된 세금을 자진납부하였다거나, 또는 조세채권의 소멸시효기간이 만료되었다 하여 치유되는 것이라고는 할 수 없다.**

09

2017 하반기 국가직 7급

세액산출근거가 누락된 납세고지서에 의한 하자있는 과세 처분에 대하여 전심절차가 모두 끝나고 상고심의 계류 중에 세액산출근거의 통지가 있었다면 위 과세처분의 하자가 치유되었다고 볼 수 있다. O | X

[대법원 1984.4.10, 83누393]
세액산출근거가 누락된 납세고지서에 의한 과세처분의 하자의 치유를 허용하려면 늦어도 과세처분에 대한 불복여부의 결정 및 불복신청에 편의를 줄 수 있는 상당한 기간내에 하여야 한다고 할 것이므로 위 **과세처분에 대한 전심절차가 모두 끝나고 상고심의 계류중에 세액산출근거의 통지가 있었다고 하여 이로써 위 과세처분의 하자가 치유되었다고는 볼 수 없다.**

10

2023 국가직 9급

세액산출근거가 기재되지 아니한 납세고지서에 의한 부과처분은 강행법규에 위반하여 취소대상이 된다고 할 것이지만 이와 같은 하자는 납세의무자가 전심절차에서 이를 주장하지 아니하였거나, 그 후 부과된 세금을 자진납부하였다거나, 또는 조세채권의 소멸시효기간이 만료된 경우 치유된다. O | X

납세고지 당시 세액산출근거가 기재되지 않았다면 절차상 하자에 해당한다. 이 경우 소제기 전까지 세액산출근거를 기재해야 하자가 치유된다. 납세의무자가 세금을 자진납부하였다거나 조세채권의 소멸시효가 완성되었다는 사실은 하자치유와 아무런 상관이 없다.

[대판 1985.4.9. 84누431]
세액산출근거가 기재되지 아니한 납세고지서에 의한 부과처분은 강행법규에 위반하여 취소대상이 된다 할 것이므로 이와 같은 하자는 납세의무자가 전심절차에서 이를 주장하지 아니하였거나, **그 후 부과된 세금을 자진납부하였다거나, 또는 조세채권의 소멸시효기간이 만료되었다 하여 치유되는 것이라고는 할 수 없다.**

정답 | 08 ○ 09 × 10 ×

제2절 하자의 전환

01

2013 국회사무처 8급

하자 있는 행정행위의 전환은 취소할 수 있는 행정행위에만 인정되고, 하자의 치유는 무효인 행정행위에도 인정된다. O | X

'무효'인 행정행위에 대해서는 전환이 가능하고, '취소'사유 있는 행정행위는 치유가 가능하다. (다수설)

제3절 하자의 승계

01

2014 경찰행정

선행처분과 후행처분이 서로 결합하여 1개의 법률효과를 완성하는 때에는 선행처분에 하자가 있으면 그 하자는 후행처분에 승계된다. O | X

선행행위와 후행행위가 결합하여 하나의 효과를 발생시키는 것 일 때에는 위법성의 승계가 인정되어 선행 처분의 위법이 승계된다. 반면, 선후행위가 서로 독립하여 별개의 효과를 가질 때에는 선행처분이 후행처분에 승계되지 않는다. 다만 독립된 효과를 가진다 하더라도 선행처분이 당연무효인 경우에는 후행처분은 위법한 처분이 되어 그 취소 또는 무효를 주장할 수 있다.

02

2017 지방직 9급

적정행정의 유지에 대한 요청에서 나오는 하자의 승계를 인정하면 국민의 권리를 보호하고 구제하는 범위가 더 넓어진다. O | X

(i) 하자의 승계를 인정하면 선행행위에 불가쟁력이 발생하여 선행행위의 취소를 구하는 소송을 제기할 수 없는 경우에도 선행행위의 위법을 이유로 후행행위의 취소를 구할 수 있다. 따라서 국민의 권리를 보호하고 구제하는 범위가 더 넓어진다. (ii) 반면에 하자의 치유를 인정하면 위법한 행정행위가 적법한 것으로 바뀌게 되므로 국민의 권리구제범위가 좁아지게 된다.

03

2017 지방직 9급

선행행위에 대하여 불가쟁력이 발생하지 않았거나 선행행위와 후행행위가 서로 독립하여 각각 별개의 법률효과를 목적으로 하는 때에는 원칙적으로 선행행위의 하자를 이유로 후행행위의 효력을 다툴 수 없다. O | X

[대법원 1994.1.25, 선고, 93누8542, 판결]

두 개 이상의 행정처분이 연속적으로 행하여지는 경우 선행처분과 후행처분이 서로 결합하여 1개의 법률효과를 완성하는 때에는 선행처분에 하자가 있으면 그 하자는 후행처분에 승계되므로 선행처분에 불가쟁력이 생겨 그 효력을 다툴 수 없게 된 경우에도 선행처분의 하자를 이유로 후행처분의 효력을 다툴 수 있는 반면 **선행처분과 후행처분이 서로 독립하여 별개의 법률효과를 목적으로 하는 때에는 선행처분에 불가쟁력이 생겨 그 효력을 다툴 수 없게 된 경우에는 선행처분의 하자가 중대하고 명백하여 당연무효인 경우를 제외하고는 선행처분의 하자를 이유로 후행처분의 효력을 다툴 수 없는 것이 원칙이다.**

정답 | 01 × | 01 ○ 02 ○ 03 ○

04

2017 지방직 9급

선행행위와 후행행위가 서로 독립하여 별개의 법률효과를 목적으로 하는 경우라도 선행행위의 불가쟁력이나 구속력이 그로 인하여 불이익을 입는 자에게 수인한도를 넘는 가혹함을 가져오고 그 결과가 예측가능한 것이 아닌 때에는 하자의 승계를 인정할 수 있다. O | X

[대법원 1994.1.25, 선고, 93누8542, 판결]
선행처분과 후행처분이 서로 독립하여 별개의 효과를 목적으로 하는 경우에도 선행처분의 불가쟁력이나 구속력이 그로 인하여 불이익을 입게 되는 자에게 수인한도를 넘는 가혹함을 가져오며, 그 결과가 당사자에게 예측가능한 것이 아닌 경우에는 국민의 재판받을 권리를 보장하고 있는 헌법의 이념에 비추어 선행처분의 후행처분에 대한 구속력은 인정될 수 없다.

05

2017 지방직 9급

선행행위에 무효의 하자가 존재하더라도 선행행위와 후행행위가 결합하여 하나의 법적 효과를 목적으로 하는 경우에는 하자의 승계에 대한 논의의 실익이 있다. O | X

일정한 행정목적을 위하여 두 개 이상의 행정행위가 단계적으로 연속하여 행하여지는 경우에, 선행행위의 하자가 무효인 하자가 있는 경우에는 언제나 하자는 승계된다.

〈무효와 취소의 구별〉

	무효	취소
공정력	×	○
선결문제 판단	○	×
제소기간 제한	×	○
사정판결	×	○
하자치유	×	○
하자전환	○	×
하자승계	언제나	6유형

06

2017 서울시 9급

판례는 안경사시험합격취소처분의 하자가 안경사면허취소처분에는 승계되지 않는다고 한다. O | X

[대법원 1993.2.9, 선고, 92누4567, 판결]
의료기사법 제6조, 제7조 제2항, 제13조의3과 같은 법 시행령 제4조, 제7조 등 관계법령의 규정에 의하면, 안경사가 되고자 하는 자는 보건사회부의 소속기관인 국립보건원장이 시행하는 안경사 국가시험에 합격한 후 보건사회부장관의 면허를 받아야 하고 보건사회부장관은 안경사 국가시험에 합격한 자에게 안경사면허를 주도록 규정하고 있으므로, 국립보건원장이 같은 법 제7조 제2항에 의하여 안경사 국가시험의 합격을 무효로 하는 처분을 함에 따라 보건사회부장관이 안경사면허를 취소하는 처분을 한 경우 합격무효처분과 면허취소처분은 동일한 행정목적을 달성하기 위하여 단계적인 일련의 절차로 연속하여 행하여지는 행정처분으로서, 안경사 국가시험에 합격한 자에게 주었던 안경사면허를 박탈한다는 하나의 법률효과를 발생시키기 위하여 서로 결합된 선행처분과 후행처분의 관계에 있다.

정답 | 04 ○ 05 × 06 ×

〈 판례정리(하자승계를 인정한 6유형) 〉

유형	내용
1. 강제집행절차 상호간	① 대집행의 각 절차 사이 ② 강제징수의 각 절차 사이 ③ 독촉과 가산금·중가산금 징수처분 사이
2. 공시지가결정과 후속처분	① 개별공시지가결정과 양도소득세 부과처분 ② 개별공시지가결정과 개발부담금 부과처분 ③ 표준지공시지가결정과 수용재결처분
3. 시험합격처분과 합격에 따른 면허처분	① 안경사시험합격무효처분과 안경사면허취소처분 ② 한지의사시험과 한지의사면허처분
4. 암매장 개장명령과 계고처분	
5. 귀속재산의 임대처분과 매각처분	
6. 친일반민족행위자 결정과 독립유공자 배제결정	

07

2017 서울시 9급

선행처분인 친일반민족행위자 결정의 하자를 이유로 후행처분인 독립유공자 배제결정의 효력을 다툴 수 있다.

O | X

[대법원 2013.3.14, 선고, 2012두6964, 판결]

甲을 친일반민족행위자로 결정한 친일반민족행위진상규명위원회(이하 '진상규명위원회'라 한다)의 최종발표(선행처분)에 따라 지방보훈지청장이 독립유공자 예우에 관한 법률(이하 '독립유공자법'이라 한다) 적용 대상자로 보상금 등의 예우를 받던 甲의 유가족 乙 등에 대하여 독립유공자법 적용배제자 결정(후행처분)을 한 사안에서, **진상규명위원회가 甲의 친일반민족행위자 결정 사실을 통지하지 않아 乙은 후행처분이 있기 전까지 선행처분의 사실을 알지 못하였고, 후행처분인 지방보훈지청장의 독립유공자법 적용배제결정이 자신의 법률상 지위에 직접적인 영향을 미치는 행정처분이라고 생각했을 뿐, 통지를 받지도 않은 진상규명위원회의 친일반민족행위자 결정처분이 자신의 법률상 지위에 영향을 주는 독립된 행정처분이라고 생각하기는 쉽지 않았을 것으로 보여, 乙이 선행처분에 대하여 일제강점하 반민족행위 진상규명에 관한 특별법에 의한 이의신청절차를 밟거나 후행처분에 대한 것과 별개로 행정심판이나 행정소송을 제기하지 않았다고 하여 선행처분의 하자를 이유로 후행처분의 효력을 다툴 수 없게 하는 것은 乙에게 수인한도를 넘는 불이익을 주고 그 결과가 乙에게 예측가능한 것이라고 할 수 없어 선행처분의 후행처분에 대한 구속력을 인정할 수 없으므로 선행처분의 위법을 이유로 후행처분의 효력을 다툴 수 있음**에도, 이와 달리 본 원심판결에 법리를 오해한 위법이 있다고 한 사례.

정답 | 07 ○

08

2017 서울시 9급

경찰행정법상 직위해제처분과 면직처분은 후자가 전자의 처분을 전제로 한 것이기는 하나 각각 단계적으로 별개의 법률효과를 발생하는 행정처분이어서 선행 직위해제처분의 위법사유가 면직처분에는 승계되지 아니한다.

O | X

> [대법원 1984.9.11, 선고, 84누191, 판결]
> 구 경찰행정법 제50조 제1항에 의한 직위해제처분과 같은 제3항에 의한 면직처분은 후자가 전자의 처분을 전제로 한 것이기는 하나 각각 단계적으로 별개의 법률효과를 발생하는 행정처분이어서 선행직위 해제처분의 위법사유가 면직처분에는 승계되지 아니한다 할 것이므로 선행된 직위해제 처분의 위법사유를 들어 면직처분의 효력을 다툴 수는 없다.

09

2017 서울시 9급

판례는 건물철거명령과 대집행계고처분 사이에 하자가 승계되지 않는다고 본다.

O | X

> [대법원 1982.7.27, 선고, 81누293, 판결]
> 건물철거명령에 대한 소원이나 소송을 제기하여 그 위법함을 소구하는 절차를 거치지 아니하였다면 위 선행행위인 건물철거명령은 적법한 것으로 확정되었다고 할 것이니 후행 행위인 대집행계고처분에서는 동 건물이 무허가건물이 아닌 적법한 건축물이라는 주장이나 그러한 사실인정을 하지 못한다.

10

2017 서울시 9급

선행행위인 과세처분의 하자는 집행행위인 체납처분에 승계된다.

O | X

> [대법원 1961.10.26, 4292행상73]
> 일정한 행정목적을 위하여 독립된 행위가 단계적으로 이루어진 경우에 선행행위인 과세처분의 하자는 당연무효사유를 제외하고는 집행행위인 체납처분에 승계되지 아니한다.

11

2017 하반기
국가직 9급

개별공시지가 결정에 대한 재조사 청구에 따른 감액조정에 대하여 더 이상 불복하지 아니한 경우에는 선행처분의 불가쟁력이나 구속력이 수인한도를 넘는 가혹한 것이거나 예측불가능하다고 볼 수 없어 이를 기초로 한 양도소득세 부과처분 취소소송에서 다시 개별공시지가 결정의 위법을 당해 과세처분의 위법사유로 주장할 수 없다.

O | X

> [대법원 1998.3.13, 선고, 96누6059, 판결]
> 원고가 이 사건 토지를 매도한 이후에 그 양도소득세 산정의 기초가 되는 1993년도 개별공시지가 결정에 대하여 한 재조사청구에 따른 조정결정을 통지받고서도 더 이상 다투지 아니한 경우까지 선행처분인 개별공시지가 결정의 불가쟁력이나 구속력이 수인한도를 넘는 가혹한 것이거나 예측불가능하다고 볼 수 없어, 위 개별공시지가 결정의 위법을 이 사건 과세처분의 위법사유로 주장할 수 없다고 판단하고 있다. 기록과 위에서 본 법리에 비추어 살펴보면, 원심의 위와 같은 판단은 정당하고, 거기에 상고이유로 지적하는 바와 같은 법리오해 등의 위법이 있다고 할 수 없다.

정답 | 08 ○ 09 ○ 10 × 11 ○

12

2017 하반기 지방직 9급

선행행위의 하자를 이유로 후행행위를 다투는 경우뿐 아니라 후행행위의 하자를 이유로 선행행위를 다투는 것도 하자의 승계이다. O | X

선행행위의 하자를 이유로 후행행위의 취소를 구할 수 있는 것이지, 후행행위의 하자를 이유로 선행행위의 취소를 구할 수 있는 것이 아니다.

[대법원 1997.2.14, 선고, 96누15428, 판결]
계고처분의 후속절차인 대집행에 위법이 있다고 하더라도, 그와 같은 **후속절차에 위법성이 있다는 점을 들어 선행절차인 계고처분이 부적법하다는 사유로 삼을 수는 없다.**

13

2017 하반기 지방직 9급

조세부과처분이 무효라 하더라도 그로써 압류 등 체납처분의 효력을 다툴 수는 없다. O | X

조세부과처분(선행처분)이 당연무효이면 언제나 하자가 승계되므로 체납처분(후행처분)도 당연무효이다. 따라서 선행처분의 하자를 이유로 후행처분의 효력을 다툴 수 있다.

[대법원 1974.3.26, 선고, 73다1884, 판결]
부과처분과 체납처분은 서로 다른 처분으로 독립성이 있어 **부과처분이 당연무효인 경우 그 부과처분의 집행을 위한 체납처분까지 무효**로 되지만 착오과세를 원인으로 한 부과처분의 취소는 체납처분의 무효를 일으키는 것이 아니다.

14

2019 지방직, 교육행정직 9급

산업재해보상보험법 상 각종 보험급여 등의 지급결정을 변경 또는 취소하는 처분과 처분에 터잡아 잘못 지급된 보험급여액에 해당하는 금액을 징수하는 처분이 적법한지를 판단하는 경우, 지급결정을 변경 또는 취소하는 처분이 적법하다면 그에 터 잡은 징수처분도 적법하다고 판단해야 한다. O | X

[대법원 2014.7.24, 선고, 2013두27159, 판결]
산업재해보상보험법(이하 '산재보상법'이라 한다) 제84조 제1항 제3호의 내용과 취지, 사회보장 행정영역에서의 수익적 행정처분 취소의 특수성 등을 종합해 보면, 산재보상법 제84조 제1항 제3호에 따라 보험급여를 받은 당사자로부터 잘못 지급된 보험급여액에 해당하는 금액을 징수하는 처분을 할 때에는 보험급여의 수급에 관하여 당사자에게 고의 또는 중과실의 귀책사유가 있는지, 잘못 지급된 보험급여액을 쉽게 원상회복할 수 있는지, 잘못 지급된 보험급여액에 해당하는 금액을 징수하는 처분을 통하여 달성하고자 하는 공익상 필요의 구체적 내용과 처분으로 당사자가 입게 될 불이익의 내용 및 정도와 같은 여러 사정을 두루 살펴, 잘못 지급된 보험급여액에 해당하는 금액을 징수하는 처분을 해야 할 공익상 필요와 그로 말미암아 당사자가 입게 될 기득권과 신뢰의 보호 및 법률생활 안정의 침해 등의 불이익을 비교·교량한 후, 공익상 필요가 당사자가 입게 될 불이익을 정당화할 만큼 강한 경우에 한하여 보험급여를 받은 당사자로부터 잘못 지급된 보험급여액에 해당하는 금액을 징수하는 처분을 하여야 한다. 나아가 **산재보상법상 각종 보험급여 등의 지급결정을 변경 또는 취소하는 처분과 처분에 터잡아 잘못 지급된 보험급여액에 해당하는 금액을 징수하는 처분이 적법한지를 판단하는 경우 비교·교량할 각 사정이 동일하다고는 할 수 없으므로, 지급결정을 변경 또는 취소하는 처분이 적법하다고 하여 그에 터 잡은 징수처분도 반드시 적법하다고 판단해야 하는 것은 아니다.**

정답 | 12 × 13 × 14 ×

15

2022 국가직 9급

도시계획시설사업 시행자 지정 처분이 처분 요건을 충족하지 못하여 당연무효인 경우, 도시계획시설사업의 시행자가 작성한 실시계획을 인가하는 처분도 무효이다. O | X

[대법원 2017.7.11. 선고 2016두35120 판결]

선행처분과 후행처분이 서로 독립하여 별개의 법률효과를 목적으로 하는 때에도 선행처분이 당연무효이면 선행처분의 하자를 이유로 후행처분의 효력을 다툴 수 있다. 도시계획시설사업의 시행자가 작성한 실시계획을 인가하는 처분은 도시계획시설사업 시행자에게 도시계획시설사업의 공사를 허가하고 수용권을 부여하는 처분으로서 선행처분인 도시계획시설사업 시행자 지정 처분이 처분 요건을 충족하지 못하여 당연무효인 경우에는 사업시행자 지정 처분이 유효함을 전제로 이루어진 후행처분인 실시계획 인가처분도 무효라고 보아야 한다.

16

2022 국회사무처 8급

적법한 건축물에 대한 철거명령의 하자가 중대하고 명백하여 당연무효라 하더라도, 그 후행행위인 건축물철거 대집행계고처분이 당연무효인 것은 아니다. O | X

선행행위가 당연무효라면 후행행위도 당연무효이다.

[대법원 1999.4.27. 선고 97누6780 판결]

적법한 건축물에 대한 철거명령은 그 하자가 중대하고 명백하여 당연무효라고 할 것이고, 그 후행행위인 건축물철거 대집행계고처분 역시 당연무효라고 할 것이다.

17

2022 지방직 7급

선행처분인 소득금액변동통지에 하자가 존재하더라도 당연무효 사유에 해당하지 않는 한 그 하자는 후행처분인 소득세 납세고지처분에 그대로 승계되지 아니한다. O | X

[대법원 2012.1.26. 선고 2009두14439 판결]

원천징수의무자인 법인이 원천징수하는 소득세의 납세의무를 이행하지 아니함에 따라 과세관청이 하는 납세고지는 확정된 세액의 납부를 명하는 징수처분에 해당하므로 **선행처분인 소득금액변동통지에 하자가 존재하더라도 당연무효 사유에 해당하지 않는 한 후행처분인 징수처분에 그대로 승계되지 아니한다.** 따라서 과세관청의 소득처분과 그에 따른 소득금액변동통지가 있는 경우 원천징수하는 소득세의 납세의무에 관하여는 이를 확정하는 소득금액변동통지에 대한 항고소송에서 다투어야 하고, 소득금액변동통지가 당연무효가 아닌 한 징수처분에 대한 항고소송에서 이를 다툴 수는 없다.

정답 | 15 ○ 16 × 17 ○

18

2023 소방간부

'4대강 살리기 사업' 중 한강 부분에 관한 각 하천공사시행계획 및 각 실시계획승인처분에 보의 설치와 준설 등에 대한 예비타당성조사를 실시하지 아니한 하자는 예산 자체의 하자가 되며 이에 따라 해당 하천 부분에 관한 각 하천공사시행계획 및 각 실시계획승인처분의 하자도 인정된다. O | X

(i) 예비타당성조사를 실시하지 아니한 하자는 예산 자체의 하자가 되나, (ii) 예산의 하자만으로 후속처분(해당 하천부분에 대한 각 하천공사시행계획 및 각 실시계획승인처분)에 대해서도 하자가 인정된다고 볼 수는 없다.

[대법원 2015. 12. 10. 선고 2012두6322 판결]

갑 등이 '4대강 살리기 사업' 중 낙동강 부분에 관한 각 하천공사시행계획 및 각 실시계획승인처분에 보의 설치와 준설 등에 대하여 구 국가재정법 제38조 등에서 정한 예비타당성 조사를 하지 않은 절차상 하자가 있다는 이유로 각 처분의 취소를 구한 사안에서, 예산이 각 처분 등으로써 이루어지는 '4대강 살리기 사업' 중 낙동강 부분을 위한 재정 지출을 내용으로 하고 있고 **예산의 편성에 절차상 하자가 있다는 사정만으로 곧바로 각 처분에 취소사유에 이를 정도의 하자가 존재한다고 보기 어렵다**고 한 사례

19

2023 소방직

관리처분계획에 대하여 인가·고시가 있는 경우에 총회결의의 하자를 이유로 그 효력 유무를 다투는 확인의 소를 제기하는 것은 특별한 사정이 없는 한 허용된다. O | X

[대판 2009.9.17. 2007다2428 전합]

도시 및 주거환경정비법상 주택재건축정비사업조합이 같은 법 제48조에 따라 수립한 **관리처분계획에 대하여 관할 행정청의 인가·고시까지 있게 되면 관리처분계획은 행정처분으로서 효력이 발생하게 되므로, 총회결의의 하자를 이유로 하여 행정처분의 효력을 다투는 항고소송의 방법으로 관리처분계획의 취소 또는 무효확인을 구하여야 하고, 그와 별도로 행정처분에 이르는 절차적 요건 중 하나에 불과한 총회결의 부분만을 따로 떼어내어 효력 유무를 다투는 확인의 소를 제기하는 것은 특별한 사정이 없는 한 허용되지 않는다.**

20

2023 국가직 9급

과세처분의 취소를 구하는 행정소송에서 선행처분인 개별공시지가결정의 위법을 독립된 위법사유로 주장할 수 있다. O | X

하자승계의 6가지 유형 중 2번째 유형에 해당한다.

[대판 1994.1.25. 93누8542]

개별공시지가결정은 이를 기초로 한 과세처분 등과는 별개의 독립된 처분으로서 서로 독립하여 별개의 법률효과를 목적으로 하는 것이나, 결정된 개별공시지가가 자신에게 유리하게 작용될 것인지 또는 불이익하게 작용될 것인지 여부를 쉽사리 예견할 수 있는 것도 아니고, 위법한 개별공시지가결정에 대하여 그 정해진 시정절차를 통하여 시정하도록 요구하지 아니하였다는 이유로 위법한 개별공시지가를 기초로 한 과세처분 등 후행 행정처분에서 개별공시지가결정의 위법을 주장할 수 없도록 하는 것은 수인한도를 넘는 불이익을 강요하는 것이므로, **개별공시지가결정에 위법이 있는 경우에는 그 자체를 행정소송의 대상이 되는 행정처분으로 보아 그 위법 여부를 다툴 수 있음은 물론 이를 기초로 한 과세처분 등 행정처분의 취소를 구하는 행정소송에서도 선행처분인 개별공시지가결정의 위법을 독립된 위법사유로 주장할 수 있다.**

정답 | 18 × 19 × 20 ○

TOPIC 22

행정계획 / 확약 / 단계적 행정결정

제1절 행정계획

01

2014 국가직 9급

구 국토이용관리법상 국토이용계획이 확정된 후 일정한 사정의 변동이 있다면 지역주민에게 일반적으로 계획의 변경 또는 폐지를 청구할 권리가 있다. O | X

[대법원 2003.9.23, 2001두10936]

구 국토이용관리법(2002. 2. 4. 법률 제6655호 국토의계획및이용에관한법률 부칙 제2조로 폐지)상 주민이 국토이용계획의 변경에 대하여 신청을 할 수 있다는 규정이 없을 뿐만 아니라, **국토건설종합계획의 효율적인 추진과 국토이용질서를 확립하기 위한 국토이용계획은 장기성, 종합성이 요구되는 행정계획이어서 원칙적으로는 그 계획이 일단 확정된 후에 어떤 사정의 변동이 있다고 하여 그러한 사유만으로는 지역주민이나 일반 이해관계인에게 일일이 그 계획의 변경을 신청할 권리를 인정하여 줄 수는 없을 것**이지만, 장래 일정한 기간 내에 관계 법령이 규정하는 시설 등을 갖추어 일정한 행정처분을 구하는 신청을 할 수 있는 법률상 지위에 있는 자의 국토이용계획변경신청을 거부하는 것이 실질적으로 당해 행정처분 자체를 거부하는 결과가 되는 경우에는 예외적으로 그 신청인에게 국토이용계획변경을 신청할 권리가 인정된다고 봄이 상당하므로, 이러한 신청에 대한 거부행위는 항고소송의 대상이 되는 행정처분에 해당한다.

02

2014 서울시 9급

형량명령이론은 계획재량의 통제와 관련이 깊다. O | X

[대법원 1996.11.29, 96누8567]

행정계획이라 함은 행정에 관한 전문적·기술적 판단을 기초로 하여 도시의 건설·정비·개량 등과 같은 특정한 행정목표를 달성하기 위하여 서로 관련되는 행정수단을 종합·조정함으로써 장래의 일정한 시점에 있어서 일정한 질서를 실현하기 위한 활동기준으로 설정된 것으로서, 도시계획법 등 관계 법령에는 추상적인 행정목표와 절차만이 규정되어 있을 뿐 행정계획의 내용에 대하여는 별다른 규정을 두고 있지 아니하므로 **행정주체는 구체적인 행정계획을 입안·결정함에 있어서 비교적 광범위한 형성의 자유를 가진다고 할 것이지만, 행정주체가 가지는 이와 같은 형성의 자유는 무제한적인 것이 아니라 그 행정계획에 관련되는 자들의 이익을 공익과 사익 사이에서는 물론이고 공익 상호간과 사익 상호간에도 정당하게 비교교량하여야 한다는 제한이 있는 것이고, 따라서 행정주체가 행정계획을 입안·결정함에 있어서 이익형량을 전혀 행하지 아니하거나 이익형량의 고려 대상에 마땅히 포함시켜야 할 사항을 누락한 경우 또는 이익형량을 하였으나 정당성·객관성이 결여된 경우에는 그 행정계획결정은 재량권을 일탈·남용한 것으로서 위법하다.**

정답 01 × 02 ○

03

2016 서울시 9급

행정계획에는 변화가능성이 내재되어 있으므로, 국민의 신뢰보호를 위하여 계획보장청구권이 널리 인정된다.

O | X

계획보장청구권이란 행정계획의 폐지·변경에 대해 당사자가 자신에게 유리하게 ① 당초 행정계획의 존속이나 준수를 청구하고(계획존속청구권), ② 계획의 개폐를 저지할 수 없는 경우에는 경과조치 등 대상조치를 청구하고(경과조치청구권), ③ 이 역시 인정될 수 없는 경우에는 손해배상이나 손실보상을 청구할 수 있는 권리(손해전보청구권)를 말한다. 계획은 변경가능성 및 종합성을 그 특징으로 하기 때문에 이익형량의 결과는 통상 사익보다 공익이 크게 마련이므로 일반적으로 계획존속청구권은 인정되기 어렵다.

04

2016 서울시 9급

계획재량은 일반적인 재량행위에 비해 더 큰 재량의 범위가 부여된다.

O | X

[헌재 2007.10.4, 2006헌바91]

행정계획에 있어서는 다수의 상충하는 사익과 공익들의 조정에 따르는 다양한 결정가능성과 그 미래전망적인 성격으로 인하여 그에 대한 입법적 규율은 상대적으로 제한될 수밖에 없다. 따라서 **행정청이 행정계획을 수립함에 있어서는 일반 재량행위의 경우에 비하여 더욱 광범위한 판단 여지 내지는 형성의 자유, 즉 계획재량이 인정**되는바, 이 경우 일반적인 행정행위의 요건을 규정하는 경우보다 추상적이고 불확정적인 개념을 사용하여야 할 필요성이 더욱 커진다.

05

2016 서울시 9급

이익형량을 전혀 하지 않았다면 위법하다고 볼 수 있으나, 이익형량의 고려사항을 일부 누락하였거나 이익형량에 있어 정당성이 결여된 것만으로는 위법하다고 볼 수 없다.

O | X

형량의 해태뿐만 아니라 형량의 흠결 내지 오형량 역시 위법하다.

[대법원2007.4.12, 2005두1893]

이익형량을 전혀 행하지 아니하거나 이익형량의 고려 대상에 마땅히 포함시켜야 할 사항을 누락한 경우 또는 이익형량을 하였으나 정당성과 객관성이 결여된 경우에는 그 행정계획결정은 형량에 하자가 있어 위법하게 된다.

06

2017 국회사무처 8급

도시계획구역 안의 토지나 건물소유자의 행위를 제한하게 되는 도시계획결정은 행정소송의 대상이 된다.

O | X

[대법원 1982.3.9, 80누105]

도시계획법 제12조 소정의 도시계획결정이 고시되면 도시계획구역안의 토지나 건물 소유자의 토지형질변경, 건축물의 신축, 개축 또는 증축 등 권리행사가 일정한 제한을 받게 되는바 이런 점에서 볼 때 고시된 도시계획결정은 특정 개인의 권리 내지 법률상의 이익을 개별적이고 구체적으로 규제하는 효과를 가져오게 하는 행정청의 처분이라 할 것이고, 이는 행정소송의 대상이 되는 것이라 할 것이다.

정답 | 03 × 04 ○ 05 × 06 ○

07

2017 지방직 9급

구 도시계획법상 도시기본계획은 일반 국민에 대한 직접적 구속력을 가진다. O | X

[대법원 2002.10.11, 2000두8226]

구 도시계획법 제10조의2, 제16조의2, 같은 법 시행령 제7조, 제14조의2의 각 규정을 종합하면, **도시기본계획은 도시의 기본적인 공간구조와 장기발전방향을 제시하는 종합계획으로서 그 계획에는 토지이용계획, 환경계획, 공원녹지계획 등 장래의 도시개발의 일반적인 방향이 제시되지만, 그 계획은 도시계획입안의 지침이 되는 것에 불과하여 일반 국민에 대한 직접적인 구속력은 없는 것**이므로, 도시기본계획을 입안함에 있어 토지이용계획에는 세부적인 내용을 기재하지 아니하고 다소 포괄적으로 기재하였다 하더라도 기본구상도상에 분명하게 그 내용을 표시한 이상 도시기본계획으로서 입안된 것이라고 봄이 상당하고, 또 공청회 등 절차에서 다른 자료에 의하여 그 내용이 제시된 다음 관계 법령이 정하는 절차에 따라 건설교통부장관의 승인을 받아 공람공고까지 되었다면 도시기본계획으로서 적법한 효력이 있는 것이다.

08

2017 지방직 9급

국공립대학의 총장직선제 개선 여부를 재정지원 평가요소로 반영하고 이를 개선하지 않을 경우 다음 연도에 지원금을 삭감 또는 환수하도록 규정한 교육부장관의 '대학교육역량강화사업 기본계획'은 헌법소원의 대상이 된다. O | X

[헌재 2016.10.27, 2013헌마576]

2012년도와 2013년도 대학교육역량강화사업 기본계획은 대학교육역량강화 지원사업을 추진하기 위한 국가의 기본방침을 밝히고 국가가 제시한 일정 요건을 충족하여 높은 점수를 획득한 대학에 대하여 지원금을 배분하는 것을 내용으로 하는 **행정계획일 뿐, 위 계획에 따를 의무를 부과하는 것은 아니다. 총장직선제를 개선하지 않을 경우 지원금을 받지 못하게 될 가능성이 있어 대학들이 이 계획에 구속될 여지가 있다 하더라도, 이는 사실상의 구속에 불과하고 이에 따를지 여부는 전적으로 대학의 자율에 맡겨져 있다. 더구나 총장직선제를 개선하려면 학칙이 변경되어야 하므로, 계획 자체만으로는 대학의 구성원인 청구인들의 법적 지위나 권리의무에 어떠한 영향도 미친다고 보기 어렵다. 따라서 2012년도와 2013년도 계획 부분은 헌법소원의 대상이 되는 공권력 행사에 해당하지 아니한다.**

비교판례 1 – 비구속적 행정계획안이 헌법소원의 대상이 된다고 인정한 판례

[헌재 전원재판부 99헌마538, 2000.6.1.]

비구속적 행정계획안이나 행정지침이라도 국민의 기본권에 직접적으로 영향을 끼치고, 앞으로 법령의 뒷받침에 의하여 그대로 실시될 것이 틀림없을 것으로 예상될 수 있을 때에는, 공권력행위로서 예외적으로 헌법소원의 대상이 될 수 있다.

비교판례 2 – 교육부장관의 국공립대학 총장들에 대한 학칙시정요구가 공권력행사로서 헌법소원의 대상이 된다고 인정한 판례

[헌재 전원재판부 2002헌마337, 2003.6.26, 각하]

교육인적자원부장관의 대학총장들에 대한 이 사건 학칙시정요구는 고등교육법 제6조 제2항, 동법시행령 제4조 제3항에 따른 것으로서 그 법적 성격은 대학총장의 임의적인 협력을 통하여 사실상의 효과를 발생시키는 행정지도의 일종이지만, **그에 따르지 않을 경우 일정한 불이익조치를 예정하고 있어 사실상 상대방에게 그에 따를 의무를 부과하는 것과 다를 바 없으므로 단순한 행정지도로서의 한계를 넘어 규제적·구속적 성격을 상당히 강하게 갖는 것으로서 헌법소원의 대상이 되는 공권력의 행사**라고 볼 수 있다.

09

2017 지방직 9급

개발제한구역의 지정·고시에 대한 헌법소원 심판청구는 행정쟁송절차를 모두 거친 후가 아니면 부적법하다.

O | X

(i) 개발제한구역의 지정·고시는 이른바 일반처분으로서 처분성이 인정되므로 항고소송을 거쳐야 한다. 따라서 곧바로 헌법소원을 제기할 수 없다(보충성의 원칙). (ii) 한편 항고소송을 제기하여 구제를 못 받은 경우에도 헌법소원은 제기할 수 없다. 법원의 재판에 대한 헌법소원은 인정되지 않기 때문이다.

[헌재 1991.9.16, 90헌마105]

건설부장관의 개발제한구역의 지정·고시는 공권력의 행사로서 헌법소원의 대상이 됨은 물론이나 헌법소원은 다른 법률에 구제절차가 있는 경우에는 그 절차를 모두 거친 후에 비로소 심판청구를 할 수 있는 것인 바(헌법재판소법 제68조 제1항), **개발제한구역 지정행위(도시계획결정)에 대하여는 행정심판 및 행정소송 등을 제기할 수 있으므로 청구인으로서는 우선 그러한 구제절차를 거쳐야 함에도 불구하고 그러한 절차를 거치지 아니하였음이 기록상 명백하므로 이 부분에 대한 심판청구 또한 부적법**하다.

10

2017 교육행정직 9급

「행정절차법」은 계획확정절차에 관한 일반법이다.

O | X

개정 행정절차법은 행정계획의 수립·변경·폐지시 이익형량에 관한 규정을 신설하였을 뿐, 이를 두고 행정절차법이 행정계획의 확정절차에 관한 일반법적 지위를 갖는다고 보기에는 무리가 있다.

행정절차법

제40조의4(행정계획) 행정청은 행정청이 수립하는 계획 중 국민의 권리·의무에 직접 영향을 미치는 계획을 수립하거나 변경·폐지할 때에는 관련된 여러 이익을 정당하게 형량하여야 한다.

11

2017 교육행정직 9급

'4대강 살리기 마스터플랜'은 행정처분에 해당한다.

O | X

[대법원 2011.4.21, 자, 2010무111, 전원합의체 결정]

국토해양부, 환경부, 문화체육관광부, 농림수산부, 식품부가 합동으로 2009. 6. 8. 발표한 **'4대강 살리기 마스터플랜' 등은 4대강 정비사업과 주변 지역의 관련 사업을 체계적으로 추진하기 위하여 수립한 종합계획이자 '4대강 살리기 사업'의 기본방향을 제시하는 계획으로서, 행정기관 내부에서 사업의 기본방향을 제시하는 것일 뿐, 국민의 권리·의무에 직접 영향을 미치는 것이 아니어서 행정처분에 해당하지 않는다**고 한 사례.

정답 | 09 ○ 10 × 11 ×

12 구 「도시계획법」상 도시계획안의 공고 및 공람절차에 하자가 있는 도시계획결정은 위법하다. O | X

2017 교육행정직 9급

[대법원 1988.5.24, 선고, 87누388, 판결]

도시계획법 제16조의2 제2항 및 동시행령 제14조의2 제6항, 제7항, 제8항의 규정을 종합하여 보면 공람공고절차를 위배한 도시계획변경결정신청은 위법하다고 아니할 수 없고 행정처분에 위와 같은 법률이 보장한 절차의 흠결이 있는 위법사유가 존재하는 이상 그 내용에 있어 재량권의 범위내이고 변경될 가능성이 없다 하더라도 그 행정처분은 위법하다.

13 도시계획의 결정·변경 등에 관한 권한을 가진 행정청은 이미 도시계획이 결정·고시된 지역에 대하여도 다른 내용의 도시계획을 결정·고시할 수 있고, 이 때에 후행 도시계획에 선행 도시계획과 서로 양립할 수 없는 내용이 포함되어 있다면, 특별한 사정이 없는 한 선행 도시계획은 후행 도시계획과 같은 내용으로 변경되는 것이나, 후행 도시계획의 결정을 하는 행정청이 선행 도시계획의 결정·변경 등에 관한 권한을 가지고 있지 아니한 경우에 선행 도시계획과 서로 양립할 수 없는 내용이 포함된 후행 도시계획결정을 하는 것은 취소사유에 해당한다. O | X

2017 서울시 7급

[대판 2000.9.8, 99두11257]

도시계획의 결정·변경 등에 관한 권한을 가진 행정청은 이미 도시계획이 결정·고시된 지역에 대하여도 다른 내용의 도시계획을 결정·고시할 수 있고, 이 때에 후행 도시계획에 선행 도시계획과 서로 양립할 수 없는 내용이 포함되어 있다면, 특별한 사정이 없는 한 선행 도시계획은 후행 도시계획과 같은 내용으로 변경되는 것이나, 후행 도시계획의 결정을 하는 행정청이 선행 도시계획의 결정·변경 등에 관한 권한을 가지고 있지 아니한 경우에 선행 도시계획과 서로 양립할 수 없는 내용이 포함된 후행 도시계획결정을 하는 것은 아무런 권한 없이 선행 도시계획결정을 폐지하고, 양립할 수 없는 새로운 내용이 포함된 후행 도시계획결정을 하는 것으로서, 선행도시계획결정의 폐지 부분은 권한 없는 자에 의하여 행해진 것으로서 무효이고, 같은 대상지역에 대하여 선행도시계획결정이 적법하게 폐지되지 아니한 상태에서 그 위에 다시 한 후행 도시계획결정 역시 위법하고, 그 하자는 중대하고도 명백하여 나든 특별한 사정이 없는 한 무효라고 보아야 한다.

14 비구속적 행정계획안이나 행정지침은 국민의 기본권에 직접적으로 영향을 끼치고, 앞으로 법령의 뒷받침에 의하여 그대로 실시될 것이 틀림없을 것으로 예상될 수 있는 경우라도, 공권력행위로서 헌법소원의 대상이 될 수 없다. O | X

2017 서울시 7급

[헌재 전원재판부 99헌마538, 2000.6.1.]

비구속적 행정계획안이나 행정지침이라도 국민의 기본권에 직접적으로 영향을 끼치고, 앞으로 법령의 뒷받침에 의하여 그대로 실시될 것이 틀림없을 것으로 예상될 수 있을 때에는, 공권력행위로서 예외적으로 헌법소원의 대상이 될 수 있다.

정답 | 12 ○ 13 × 14 ×

15

2017 하반기
국가직 9급

「행정절차법」은 행정계획의 절차상 통제 방법으로 관계 행정기관과의 협의와 주민 · 이해관계인의 참여에 관한 일반적인 규정을 두고 있다. O | X

개정 「행정절차법」은 행정계획의 수립 · 변경 · 폐지 시 이익형량에 관한 규정을 신설하였을 뿐 관계기관과의 협의 등 절차적인 사항은 여전히 개별법에서 규정하고 있다. 「국토의 계획 및 이용에 관한 법률」이 국토에 관한 계획에 대하여 계획절차에 관한 사항을 규정하고 있다.

행정절차법

제40조의4(행정계획) 행정청은 행정청이 수립하는 계획 중 국민의 권리 · 의무에 직접 영향을 미치는 계획을 수립하거나 변경 · 폐지할 때에는 관련된 여러 이익을 정당하게 형량하여야 한다.

「국토의 계획 및 이용에 관한 법률」

제28조(주민과 지방의회의 의견 청취) ① 국토교통부장관(제40조에 따른 수산자원보호구역의 경우 해양수산부장관을 말한다. 이하 이 조에서 같다), 시 · 도지사, 시장 또는 군수는 제25조에 따라 **도시 · 군관리계획을 입안할 때에는 주민의 의견을 들어야 하며, 그 의견이 타당하다고 인정되면 도시·군관리계획안에 반영하여야 한다**. 다만, 국방상 또는 국가안전보장상 기밀을 지켜야 할 필요가 있는 사항(관계 중앙행정기관의 장이 요청하는 것만 해당한다)이거나 대통령령으로 정하는 경미한 사항인 경우에는 그러하지 아니하다.

제30조(도시 · 군관리계획의 결정) ① 시 · 도지사는 **도시 · 군관리계획을 결정하려면 관계 행정기관의 장과 미리 협의하여야 하며**, 국토교통부장관(제40조에 따른 수산자원보호구역의 경우 해양수산부장관을 말한다. 이하 이 조에서 같다)이 도시 · 군관리계획을 결정하려면 관계 중앙행정기관의 장과 미리 협의하여야 한다. 이 경우 협의 요청을 받은 기관의 장은 특별한 사유가 없으면 그 요청을 받은 날부터 30일 이내에 의견을 제시하여야 한다.

16

2017 하반기
지방직 9급

이미 고시된 실시계획에 포함된 상세계획으로 관리되는 토지 위의 건물의 용도를 상세계획 승인권자의 변경승인 없이 임의로 판매시설에서 상세계획에 반하는 일반목욕장으로 변경한 사안에서, 그 영업신고를 수리하지 않고 영업소를 폐쇄한 처분은 위법하다. O | X

[대법원 2008.3.27, 선고, 2006두3742, 판결]

이미 고시된 실시계획에 포함된 상세계획으로 관리되는 토지 위의 건물의 용도를 상세계획 승인권자의 변경승인 없이 임의로 판매시설에서 상세계획에 반하는 일반목욕장으로 변경한 사안에서, 그 영업신고를 수리하지 않고 영업소를 폐쇄한 처분은 적법하다.

정답 | 15 × 16 ×

17

2017 하반기 지방직 9급

도시계획구역 내에 토지 등을 소유하고 있는 주민이라 하더라도 도시계획시설변경 입안권자에게 도시계획입안을 요구할 수 있는 법규상 또는 조리상 신청권이 발생하는 것은 아니다. O | X

[대법원 2004.4.28, 2003두1806]

구 도시계획법은 도시계획의 수립 및 집행에 관하여 필요한 사항을 규정함으로써 공공의 안녕질서를 보장하고 공공복리를 증진하며 주민의 삶의 질을 향상하게 함을 목적으로 하면서도 도시계획시설결정으로 인한 개인의 재산권행사의 제한을 줄이기 위하여, 도시계획시설부지의 매수청구권, 도시계획시설결정의 실효에 관한 규정과 아울러 도시계획 입안권자인 특별시장·광역시장·시장 또는 군수로 하여금 5년마다 관할 도시계획구역 안의 도시계획에 대하여 그 타당성 여부를 전반적으로 재검토하여 정비하여야 할 의무를 지우고, 도시계획입안제안과 관련하여서는 주민이 입안권자에게 '1. 도시계획시설의 설치·정비 또는 개량에 관한 사항 2. 지구단위계획구역의 지정 및 변경과 지구단위계획의 수립 및 변경에 관한 사항'에 관하여 '도시계획도서와 계획설명서를 첨부하여 도시계획의 입안을 제안할 수 있고, 위 입안제안을 받은 입안권자는 그 처리결과를 제안자에게 통보하도록 규정하고 있는 점 등과 헌법상 개인의 재산권 보장의 취지에 비추어 보면, **도시계획구역 내 토지 등을 소유하고 있는 주민으로서는 입안권자에게 도시계획입안을 요구할 수 있는 법규상 또는 조리상의 신청권이 있다고 할 것이고, 이러한 신청에 대한 거부행위는 항고소송의 대상이 되는 행정처분에 해당한다.**

18

2017 하반기 지방직 9급

행정계획을 결정하는 데에는 비록 광범위한 재량이 인정되지만 만일 이익형량의 고려 대상에 포함시켜야 할 중요한 사항을 누락하였다면 그 행정계획은 위법하다. O | X

형량의 하자 중 형량의 흠결에 해당한다.

[대법원 1996.11.29, 96누8567]

행정주체가 행정계획을 입안·결정함에 있어서 이익형량을 전혀 행하지 아니하거나 이익형량의 고려 대상에 마땅히 포함시켜야 할 사항을 누락한 경우 또는 이익형량을 하였으나 정당성·객관성이 결여된 경우에는 그 행정계획결정은 재량권을 일탈·남용한 것으로서 위법하다.

19

2018 서울시 7급

판례에 따르면 행정계획의 구속효는 계획마다 상이하나 집중효에 있어서는 절차집중과 실체집중 모두 인정된다. O | X

행정계획을 확정하는 권한을 가진 행정청이 행정계획을 결정하면 다른 행정청에 의한 인·허가를 받은 것으로 의제된다. 여기서 인·허가 의제에 따라 발생하는 집중효의 범위가 어디까지인지가 문제된다.

1. 관할집중설 : 의제되는 인·허가에 관한 행정청의 관할권만이 주된 허가의 행정청에 집중된다는 견해이다. 이에 따르면 주된 인·허가를 받기 위해서는 의제되는 인·허가의 절차적 요건과 실체적 요건 모두 충족하여야 한다.
2. 절차집중설 : 의제되는 인·허가에 관한 법률에 주민의 의견청취 등 일정한 절차가 규정되어 있는 경우에도 그러한 절차까지 거칠 필요는 없고 신청된 주된 허가에 규정된 절차만 거치면 된다고 본다. 다만 이 경우에 절차뿐만 아니라 실체까지 집중되는 것은 아니므로, 주된 허가를 신청받은 행정청은 주된 허가요건 뿐만 아니라 의제되는 인·허가 요건까지 모두 구비한 경우에만 주된 허가를 할 수 있다.
3. 실체집중설 : 절차뿐만 아니라 실체까지 집중되므로, 주된 허가를 신청받은 행정청은 신청된 주된 인·허가 요건의 구비여부만 심사하면 족하고 의제되는 인·허가 요건을 구비하였는지는 판단할 필요 없이 허가를 결정할 수 있다고 본다.

정답 | 17 × 18 ○ 19 ×

4. 판례 : 판례는 절차집중설의 입장에서, 집중효의 범위는 절차적 집중까지 미치므로 주된 허가권자는 의제되는 인·허가에 규정된 절차는 거칠 필요가 없고 신청된 주된 허가에 관해 규정된 절차만 거치면 된다고 본다.

[대법원 1992.11.10, 선고, 92누1162, 판결]

건설부장관이 구 주택건설촉진법 제33조에 따라 관계기관의 장과의 협의를 거쳐 사업계획승인을 한 이상 같은 조 제4항의 허가·인가·결정·승인 등이 있는 것으로 볼 것이고, 그 절차와 별도로 도시계획법 제12조 등 소정의 중앙도시계획위원회의 의결이나 주민의 의견청취 등 절차를 거칠 필요는 없다.

20

2019 서울시 추가채용 7급

대법원에 의하면, 장래 일정한 기간 내에 관계 법령이 규정하는 시설 등을 갖추어 일정한 행정처분을 구하는 신청을 할 수 있는 법률상 지위에 있는 자에게도 구 국토이용관리법상의 국토이용계획의 변경을 신청할 권리는 인정되지 않는다. O | X

[대법원 2003.9.23, 2001두10936]

구 국토이용관리법(2002. 2. 4. 법률 제6655호 국토의계획및이용에관한법률 부칙 제2조로 폐지)상 주민이 국토이용계획의 변경에 대하여 신청을 할 수 있다는 규정이 없을 뿐만 아니라, 국토건설종합계획의 효율적인 추진과 국토이용질서를 확립하기 위한 국토이용계획은 장기성, 종합성이 요구되는 행정계획이어서 원칙적으로는 그 계획이 일단 확정된 후에 어떤 사정의 변동이 있다고 하여 그러한 사유만으로는 지역주민이나 일반 이해관계인에게 일일이 그 계획의 변경을 신청할 권리를 인정하여 줄 수는 없을 것이지만, **장래 일정한 기간 내에 관계 법령이 규정하는 시설 등을 갖추어 일정한 행정처분을 구하는 신청을 할 수 있는 법률상 지위에 있는 자의 국토이용계획변경신청을 거부하는 것이 실질적으로 당해 행정처분 자체를 거부하는 결과가 되는 경우에는 예외적으로 그 신청인에게 국토이용계획변경을 신청할 권리가 인정된다고 봄이 상당하므로, 이러한 신청에 대한 거부행위는 항고소송의 대상이 되는 행정처분에 해당한다.**

21

2020 국가직 9급

장기미집행 도시계획시설결정의 실효제도에 의해 개인의 재산권이 보호되는 것은 입법자가 새로운 제도를 마련함에 따라 얻게 되는 법률에 기한 권리일 뿐 헌법상 재산권으로부터 당연히 도출되는 권리는 아니다. O | X

[헌재 2005.9.29, 2002헌바84]

장기미집행 도시계획시설결정의 실효제도는 도시계획시설부지로 하여금 도시계획시설결정으로 인한 사회적 제약으로부터 벗어나게 하는 것으로서 결과적으로 개인의 재산권이 보다 보호되는 측면이 있는 것은 사실이나, 이와 같은 보호는 **입법자가 새로운 제도를 마련함에 따라 얻게 되는 법률에 기한 권리일 뿐 헌법상 재산권으로부터 당연히 도출되는 권리는 아니다.**

정답 | 20 × 21 ○

22

2020 국회사무처 9급

산업단지개발계획상 산업단지 안의 토지소유자로서 산업단지개발계획에 적합한 시설을 설치하여 입주하려는 자가 산업단지개발계획의 변경을 요청하는 경우에 행정계획변경신청권이 인정되지 아니한다. O | X

[대법원 2017.8.29. 선고, 2016두44186, 판결]
산업입지에 관한 법령은 산업단지에 적합한 시설을 설치하여 입주하려는 자와 토지 소유자에게 산업단지 지정과 관련한 산업단지개발계획 입안과 관련한 권한을 인정하고, 산업단지 지정뿐만 아니라 변경과 관련해서도 이해관계인에 대한 절차적 권리를 보장하는 규정을 두고 있다. 또한 산업단지 안에는 다수의 기반시설 등 도시계획시설 등을 포함하고 있고, 「국토의 계획 및 이용에 관한 법률」의 해석상 도시계획시설부지 소유자에게는 그에 관한 도시·군관리계획의 변경 등을 요구할 수 있는 법규상 또는 조리상 신청권이 인정된다고 해석되고 있다. 헌법상 재산권 보장의 취지에 비추어 보면 토지의 소유자에게 위와 같은 절차적 권리와 신청권을 인정한 것은 정당하다고 볼 수 있다. 이러한 법리는 이미 산업단지 지정이 이루어진 상황에서 산업단지 안의 토지 소유자로서 종전 산업단지개발계획을 일부 변경하여 산업단지개발계획에 적합한 시설을 설치하여 입주하려는 자가 종전 계획의 변경을 요청하는 경우에도 그대로 적용될 수 있다고 봄이 타당하다.

23

2023 소방직

재건축정비사업조합의 사업시행계획은 행정주체의 지위에서 수립한 구속적 행정계획으로서 인가·고시를 통해 확정되면 독립된 행정처분에 해당한다. O | X

[대법원 2010. 12. 9. 선고 2010두1248 판결]
도시환경정비사업조합이 수립한 사업시행계획은 그것이 인가·고시를 통해 확정되면 이해관계인에 대한 구속적 행정계획으로서 독립된 행정처분에 해당한다.

24

2023 소방직

구 도시계획법령에 따르면 도시계획의 입안에 있어 해당 도시계획안의 내용을 공고 및 공람하여야 하는데, 이러한 공고 및 공람 절차에 하자가 있으면 도시계획결정은 위법하다. O | X

[대판 2000.3.23. 98두2768]
도시계획의 입안에 있어 해당 도시계획안의 내용을 공고 및 공람하게 한 것은 다수 이해관계자의 이익을 합리적으로 조정하여 국민의 권리자유에 대한 부당한 침해를 방지하고 행정의 민주화와 신뢰를 확보하기 위하여 국민의 의사를 그 과정에 반영시키는데 있는 것이므로 이러한 공고 및 공람 절차에 하자가 있는 도시계획결정은 위법하다.

정답 | 22 × 23 ○ 24 ○

25

2023 소방직

구 「환경정책기본법」 제25조의2에 따라 사전환경성검토를 거쳐야 하는 행정계획이나 개발사업에 대하여 사전환경성검토를 거친 경우, 그 부실의 정도가 사전환경성검토 제도를 둔 입법 취지를 달성할 수 없을 정도가 아니더라도 그 부실로 인하여 행정계획은 위법하게 된다. O | X

사전환경성검토 절차를 거친 이상 설사 그 절차가 부실하더라도 당해 행정계획이 위법하게 되는 것은 아니다. 이는 환경영향평가법령에 따른 환경영향평가를 부실히 거친 경우에도 마찬가지이다.

[대판 2014.7.24. 2012두4616]

구 환경정책기본법 제25조의2에 따라 **사전환경성검토**를 거쳐야 하는 행정계획이나 개발사업에 대하여 사전환경성검토를 거치지 아니하였는데도 행정계획을 수립하거나 개발사업에 대하여 허가 또는 승인 등을 하였다면 그 처분은 위법하다 할 것이나, **그러한 절차를 거쳤다면, 비록 그 사전환경성검토의 내용이 다소 부실하다 하더라도 그 부실의 정도가 사전환경성검토 제도를 둔 입법 취지를 달성할 수 없을 정도이어서 사전환경성검토를 하지 아니한 것과 다를 바 없는 정도의 것이 아닌 이상**, 그 부실은 당해 처분에 재량권 일탈·남용의 위법이 있는지 여부를 판단하는 하나의 요소로 됨에 그칠 뿐, **그 부실로 인하여 당연히 당해 처분이 위법하게 되는 것은 아니**라고 할 것이다.

비교판례 – 동일한 취지의 판례

[대법원 전합 2006.3.16. 2006두330]

환경영향평가법령에서 정한 **환경영향평가**를 거쳐야 할 대상사업에 대하여 그러한 환경영향평가를 거치지 아니하였음에도 승인 등 처분을 하였다면 그 처분은 위법하다 할 것이나, **그러한 절차를 거쳤다면, 비록 그 환경영향평가의 내용이 다소 부실하다 하더라도, 그 부실의 정도가 환경영향평가제도를 둔 입법취지를 달성할 수 없을 정도이어서 환경영향평가를 하지 아니한 것과 다를 바 없는 정도의 것이 아닌 이상**, 그 부실은 당해 승인 등 처분에 재량권 일탈·남용의 위법이 있는지 여부를 판단하는 하나의 요소로 됨에 그칠 뿐, **그 부실로 인하여 당연히 당해 승인 등 처분이 위법하게 되는 것이 아니다.**

26

2023 국회사무처 8급

행정청은 행정청이 수립하는 계획 중 국민의 권리·의무에 직접 영향을 미치는 계획을 수립하거나 변경·폐지할 때에는 관련된 여러 이익을 정당하게 형량하여야 한다. O | X

행정절차법

제40조의4(행정계획) 행정청은 행정청이 수립하는 계획 중 국민의 권리·의무에 직접 영향을 미치는 계획을 수립하거나 변경·폐지할 때에는 관련된 여러 이익을 정당하게 형량하여야 한다.

정답 | 25 × 26 ○

27

2023 군무원 9급

국립대학인 서울대학교의 '94학년도 대학입학고사 주요요강'은 행정계획이므로 헌법소원의 대상이 되는 공권력행사에 해당되지 않는다. O | X

[헌재 전원재판부 1992.10.1. 92헌마68]

국립대학인 서울대학교의 "94학년도 대학입학고사주요요강"은 사실상의 준비행위 내지 사전안내로서 행정쟁송의 대상이 될 수 있는 행정처분이나 공권력의 행사는 될 수 없지만 그 내용이 국민의 기본권에 직접 영향을 끼치는 내용이고 앞으로 법령의 뒷받침에 의하여 그대로 실시될 것이 틀림없을 것으로 예상되어 그로 인하여 직접적으로 기본권 침해를 받게 되는 사람에게는 사실상의 규범작용으로 인한 위험성이 이미 현실적으로 발생하였다고 보아야 할 것이므로 이는 헌법소원의 대상이 되는 헌법재판소법 제68조 제1항 소정의 공권력의 행사에 해당된다고 할 것이며, 이 경우 헌법소원 외에 달리 구제방법이 없다.

28

2023 군무원 9급

개발제한구역지정처분은 그 입안·결정에 관하여 광범위한 형성의 자유를 가지는 계획재량처분이다. O | X

[대법원 1997. 6. 24., 선고, 96누1313, 판결]

개발제한구역지정처분은 건설부장관이 법령의 범위 내에서 도시의 무질서한 확산 방지 등을 목적으로 도시정책상의 전문적·기술적 판단에 기초하여 행하는 일종의 행정계획으로서 그 입안·결정에 관하여 광범위한 형성의 자유를 가지는 계획재량처분이므로, 그 지정에 관련된 공익과 사익을 전혀 비교교량하지 아니하였거나 비교교량을 하였더라도 그 정당성과 객관성이 결여되어 비례의 원칙에 위반되었다고 볼 만한 사정이 없는 이상, 그 개발제한구역지정처분은 재량권을 일탈·남용한 위법한 것이라고 할 수 없다.

29

2024 경찰간부

구 「도시계획법」상 관련 절차를 거쳐 정당하게 도시계획결정 등의 처분을 하였다면 이를 고시하지 아니하였더라도 대외적으로 효력이 발생한다. O | X

효력발생요건을 갖추지 못한 것이다

[대법원 1985.12.10. 85누186]

구 도시계획법 제7조가 도시계획결정등 처분의 고시를 도시계획구역, 도시계획결정등의 효력발생요건으로 규정하였다고 볼 것이어서 건설부장관 또는 그의 권한의 일부를 위임받은 서울특별시장, 도지사등 지방장관이 기안, 결재등의 과정을 거쳐 정당하게 도시계획결정등의 처분을 하였다고 하더라도 이를 관보에 게재하여 고시하지 아니한 이상 대외적으로는 아무런 효력도 발생하지 아니한다.

30

2024 경찰간부

문화재보호구역 내 토지 소유자의 문화재보호구역 지정해제신청에 대한 행정청의 거부행위는 항고소송의 대상이 되는 행정처분에 해당하지 않는다. O | X

대상지역 내 토지소유자이므로 계획변경청구권이 예외적으로 인정된다.

[대법원 2004. 4. 27. 선고 2003두8821 판결]

문화재보호법은 문화재를 보존하여 이를 활용함으로써 국민의 문화적 생활의 향상을 도모함과 아울러 인류문화의 발전에 기여함을 목적으로 하면서도, 문화재보호구역의 지정에 따른 재산권행사의 제한을 줄이기 위하여, 행정청에게 보호구역을 지정한 경우에 일정한 기간마다 적정성 여부를 검토할 의무를 부과하고, 그 검토사항 등에 관한 사항은 문화관광부령으로 정하도록 위임하였으며, 검토 결과 보호구역의 지정이 적정하지 아니하거나 기타 특별한 사유가 있는 때에는 보호구역의 지정을 해제하거나 그 범위를 조정하여야 한다고 규정하고 있는 점, 같은 법 제8조 제3항의 위임에 의한 같은법시행규칙 제3조의2 제1항은 그 적정성 여부의 검토에 있어서 당해 문화재의 보존 가치 외에도 보호구역의 지정이 재산권 행사에 미치는 영향 등을 고려하도록 규정하고 있는 점 등과 헌법상 개인의 재산권 보장의 취지에 비추어 보면, **문화재보호구역 내에 있는 토지소유자 등으로서는 위 보호구역의 지정해제를 요구할 수 있는 법규상 또는 조리상의 신청권이 있다고 할 것이고, 이러한 신청에 대한 거부행위는 항고소송의 대상이 되는 행정처분에 해당한다.**

31

2024 경찰간부

도시계획의 수립에 있어서 구 「도시계획법」 소정의 공청회를 열지 아니하고 구 「공공용지의취득및손실보상에 관한특례법」 소정의 이주대책을 수립하지 아니하였더라도 이는 절차상의 위법으로서 취소사유에 불과하다. O | X

[대법원 1990.1.23., 87누947]

도시계획의 수립에 있어서 도시계획법 제16조의2 소정의 공청회를 열지 아니하고 공공용지의취득및손실보상에관한특례법 제8조 소정의 이주대책을 수립하지 아니하였더라도 이는 절차상의 위법으로서 취소사유에 불과하고 그 하자가 도시계획결정 또는 도시계획사업시행인가를 무효라고 할 수 있을 정도로 중대하고 명백하다고는 할 수 없으므로 이러한 위법을 선행처분인 도시계획결정이나 사업시행인가 단계에서 다투지 아니하였다면 그 쟁송기간이 이미 도과한 후인 수용재결단계에 있어서는 도시계획수립 행위의 위와 같은 위법을 들어 재결처분의 취소를 구할 수는 없다고 할 것이다.

32

2023 국가직 7급

주민 등의 도시관리계획의 입안 제안을 거부하는 처분에 대하여 이익형량의 하자를 이유로 취소판결이 확정된 후에 행정청이 다시 이익형량을 하여 주민 등이 제안한 것과는 다른 내용의 계획을 수립한다면 이는 재처분의무를 이행한 것으로 볼 수 없다. O | X

새롭게 이익형량을 하여 다른 내용의 계획을 수립한 것도 취소판결의 기속력에 따른 재처분 의무를 이행한 것으로 볼 수 있다.

[대법원 2020. 6. 25. 선고 2019두56135 판결]

취소 확정판결의 기속력의 범위에 관한 법리 및 도시관리계획의 입안·결정에 관하여 행정청에게 부여된 재량을 고려하면, **주민 등의 도시관리계획 입안 제안을 거부한 처분을 이익형량에 하자가 있어 위법하다고 판단하여 취소하는 판결이 확정되었더라도 행정청에게 그 입안 제안을 그대로 수용하는 내용의 도시관리계획을 수립할 의무가 있다고는 볼 수 없고, 행정청이 다시 새로운 이익형량을 하여 적극적으로 도시관리계획을 수립하였다면 취소판결의 기속력에 따른 재처분의무를 이행한 것이라고 보아야 한다.**

정답 | 30 × 31 ○ 32 ×

제2절 확약

01 장래 일정한 처분을 할 것을 약속하는 행정청의 확약은 처분이 아니다. O | X

2014 사회복지직 9급

[대법원 1995.1.20, 94누6529]
어업권면허에 선행하는 우선순위결정은 행정청이 우선권자로 결정된 자의 신청이 있으면 어업권면허처분을 하겠다는 것을 약속하는 행위로서 강학상 확약에 불과하고 행정처분은 아니므로, 우선순위결정에 공정력이나 불가쟁력과 같은 효력은 인정되지 아니하며, 따라서 우선순위결정이 잘못되었다는 이유로 종전의 어업권면허처분이 취소되면 행정청은 종전의 우선순위결정을 무시하고 다시 우선순위를 결정한 다음 새로운 우선순위결정에 기하여 새로운 어업권면허를 할 수 있다.

02 행정청의 확약의 불이행으로 인해 손해를 입은 자는 국가배상법상 요건을 충족하는 경우에 한하여 손해배상을 청구할 수 있다. O | X

2014 사회복지직 9급

행정청의 확약의 불이행이 국가배상법상 「위법한 행정작용」에 해당할 경우에는(예컨대 신뢰보호원칙 위반) 국가배상법 제2조에 근거하여 손해배상을 청구할 수 있다.

03 확약을 허용하는 명문의 규정이 없더라도 다수설은 본처분 권한에 확약에 대한 권한이 포함되어 있다고 보아 별도의 명문의 규정이 없더라도 확약을 할 수 있다는 입장이다. O | X

2014 경찰행정

반대의 규정이 없는 한 본처분을 할 수 있는 권한 속에 확약을 할 수 있는 권한이 포함되어 있다는 것(본처분권 포함설)이 다수설이다.

04 행정청의 확약 또는 공적견해표명이 있은 후에 사실적·법률적 상태가 변경되었다면, 그와 같은 확약 또는 공적의사표명은 행정청의 별다른 의사표시를 기다리지 않고 실효된다. O | X

2015 서울시 9급

다만 사정변경으로 확약을 이행할 수 없다는 사실은 상대방에게 통지해야 한다.

[대법원 1996.8.20, 95누10877]
행정청이 상대방에게 장차 어떤 처분을 하겠다고 확약 또는 공적인 의사표명을 하였다고 하더라도, 그 자체에서 상대방으로 하여금 언제까지 처분의 발령을 신청을 하도록 유효기간을 두었는데도 그 기간 내에 상대방의 신청이 없었다거나 **확약 또는 공적인 의사표명이 있은 후에 사실적·법률적 상태가 변경되었다면, 그와 같은 확약 또는 공적인 의사표명은 행정청의 별다른 의사표시를 기다리지 않고 실효된다.**

정답 | 01 ○ 02 ○ 03 ○ 04 ○

05

2017 교육행정직 9급

어업권면허에 선행하는 우선순위결정은 행정청이 우선권자로 결정된 자의 신청이 있으면 어업권면허처분을 하겠다는 것을 약속하는 행위로서 그 우선순위결정에 공정력과 불가쟁력이 인정된다. O | X

[대법원 1995.1.20, 94누6529]

어업권면허에 선행하는 우선순위결정은 행정청이 우선권자로 결정된 자의 신청이 있으면 어업권면허처분을 하겠다는 것을 약속하는 행위로서 **강학상 확약에 불과하고 행정처분은 아니므로, 우선순위결정에 공정력이나 불가쟁력과 같은 효력은 인정되지 아니하며,** 따라서 우선순위결정이 잘못되었다는 이유로 종전의 어업권면허처분이 취소되면 행정청은 종전의 우선순위결정을 무시하고 다시 우선순위를 결정한 다음 새로운 우선순위결정에 기하여 새로운 어업권면허를 할 수 있다.

제3절 단계적 행정결정

01

2014 경찰행정

확약과 달리 예비결정에 대해서는 처분성이 인정된다. O | X

[대법원 1998.4.28, 선고, 97누21086, 판결]

폐기물관리법 관계 법령의 규정에 의하면 폐기물처리업의 허가를 받기 위하여는 먼저 사업계획서를 제출하여 허가권자로부터 사업계획에 대한 적정통보를 받아야 하고, 그 적정통보를 받은 자만이 일정기간 내에 시설, 장비, 기술능력, 자본금을 갖추어 허가신청을 할 수 있으므로, 결국 **부적정통보는 허가신청 자체를 제한하는 등 개인의 권리 내지 법률상의 이익을 개별적이고 구체적으로 규제하고 있어 행정처분에 해당**한다.

02

2017 하반기 국가직 9급

구「원자력법」상 원자로 및 관계 시설의 부지사전승인처분은 그 자체로서 건설부지를 확정하고 사전공사를 허용하는 법률효과를 지닌 독립한 행정처분이다. O | X

[대법원 1998.9.4, 선고, 97누19588, 판결]

원자력법 제11조 제3항 소정의 **부지사전승인제도는 원자로 및 관계 시설을 건설하고자 하는 자가 그 계획중인 건설부지가 원자력법에 의하여 원자로 및 관계 시설의 부지로 적법한지 여부 및 굴착공사 등 일정한 범위의 공사(이하 '사전공사'라 한다)를 할 수 있는지 여부에 대하여 건설허가 전에 미리 승인을 받는 제도**로서, 원자로 및 관계 시설의 건설에는 장기간의 준비·공사가 필요하기 때문에 필요한 모든 준비를 갖추어 건설허가신청을 하였다가 부지의 부적법성을 이유로 불허가될 경우 그 불이익이 매우 크고 또한 원자로 및 관계 시설 건설의 이와 같은 특성상 미리 사전공사를 할 필요가 있을 수도 있어 건설허가 전에 미리 그 부지의 적법성 및 사전공사의 허용 여부에 대한 승인을 받을 수 있게 함으로써 그의 경제적·시간적 부담을 덜어 주고 유효·적절한 건설공사를 행할 수 있도록 배려하려는 데 그 취지가 있다고 할 것이므로, **원자로 및 관계 시설의 부지사전승인처분은 그 자체로서 건설부지를 확정하고 사전공사를 허용하는 법률효과를 지닌 독립한 행정처분**이기는 하지만, 건설허가 전에 신청자의 편의를 위하여 미리 그 건설허가의 일부 요건을 심사하여 행하는 사전적 부분 건설허가처분의 성격을 갖고 있는 것이어서 나중에 건설허가처분이 있게 되면 그 건설허가처분에 흡수되어 독립된 존재가치를 상실함으로써 그 건설허가처분만이 쟁송의 대상이 되는 것이므로, 부지사전승인처분의 취소를 구하는 소는 소의 이익을 잃게 되고, 따라서 부지사전승인처분의 위법성은 나중에 내려진 건설허가처분의 취소를 구하는 소송에서 이를 다투면 된다.

정답 | 05 × | 01 ○ 02 ○

TOPIC 23

기타 행정작용-행정지도 / 공법상 계약 / 공법상 합동행위 / 행정사법 / 행정상 사실행위 / 비공식적 행정작용

제1절 행정지도

01

2014 서울시 9급

행정지도는 상대방의 의사에 반하여 부당하게 강요하여서는 아니 된다. O | X

> **행정절차법**
>
> 제48조(행정지도의 원칙) ① 행정지도는 그 목적 달성에 필요한 최소한도에 그쳐야 하며, 행정지도의 상대방의 의사에 반하여 부당하게 강요하여서는 아니 된다.

02

2014 서울시 9급

행정기관은 행정지도의 상대방이 행정지도에 따르지 아니하였다는 것을 이유로 불이익한 조치를 하여서는 아니 된다. O | X

> **행정절차법**
>
> 제48조(행정지도의 원칙) ② 행정기관은 행정지도의 상대방이 행정지도에 따르지 아니하였다는 것을 이유로 불이익한 조치를 하여서는 아니 된다.

03

2014 서울시 9급

행정지도는 그 목적달성에 필요한 최소한도에 그쳐야 한다. O | X

> **행정절차법**
>
> 제48조(행정지도의 원칙) ① 행정지도는 그 목적 달성에 필요한 최소한도에 그쳐야 하며, 행정지도의 상대방의 의사에 반하여 부당하게 강요하여서는 아니 된다.
>
> ② 행정기관은 행정지도의 상대방이 행정지도에 따르지 아니하였다는 것을 이유로 불이익한 조치를 하여서는 아니 된다.

04

2014 서울시 9급

행정지도를 하는 자는 그 상대방에게 그 행정지도의 취지 및 내용과 신분을 밝혀야 한다. O | X

> **행정절차법**
>
> 제49조(행정지도의 방식) ① 행정지도를 하는 자는 그 상대방에게 그 행정지도의 취지 및 내용과 신분을 밝혀야 한다.
>
> ② 행정지도가 말로 이루어지는 경우에 상대방이 제1항의 사항을 적은 서면의 교부를 요구하면 그 행정지도를 하는 자는 직무 수행에 특별한 지장이 없으면 이를 교부하여야 한다.

정답 | 01 ○ 02 ○ 03 ○ 04 ○

05

2014 경찰행정

행정지도는 행정기관이 그 소관 사무의 범위에서 일정한 행정목적을 실현하기 위하여 특정인에게 일정한 행위를 하거나 하지 아니하도록 지도, 권고, 조언 등을 하는 행정작용을 말한다. O | X

「행정지도」란 행정주체가 일정한 행정목적의 실현을 위하여, 상대방의 임의적 협력 또는 동의 하에, 지시·주의·경고·요망·지도·권고·조언·장려 등의 방법으로, 행정객체를 일정한 방향으로 유도하기 위한 비권력적 사실행위를 말한다.

06

2017 국가직 9급

다수설에 따르면 행정지도에 관해서 개별법에 근거규정이 없는 경우 행정지도의 상대방인 국민에게 미치는 효력을 고려하여 행정지도를 할 수 없다고 본다. O | X

행정지도는 당해 행정기관의 소관사무의 범위 내에서 이루어져야 한다는 면에서 조직법적 근거는 필요하나, 그 본질이 비권력적·임의적 사실행위이기 때문에 작용법적 근거는 불필요하다(즉 법률유보의 원칙은 적용되지 않는다).

07

2017 국가직 9급

행정지도가 말로 이루어지는 경우에 상대방이 행정지도의 취지 및 내용, 행정지도를 하는 자의 신분에 관한 사항을 적은 서면의 교부를 요구하면 그 행정지도를 하는 자는 직무 수행에 특별한 지장이 없으면 이를 교부하여야 한다. O | X

행정절차법

제49조(행정지도의 방식) ② 행정지도가 말로 이루어지는 경우에 상대방이 제1항의 사항을 적은 서면의 교부를 요구하면 그 행정지도를 하는 자는 직무 수행에 특별한 지장이 없으면 이를 교부하여야 한다.

08

2017 국가직 9급

행정지도의 상대방은 행정지도의 내용에 동의하지 않는 경우 이를 따르지 않을 수 있으므로, 행정지도의 내용이나 방식에 대해 의견제출권을 갖지 않는다. O | X

행정지도는 비권력적 사실행위로 상대방은 이에 따를 법적 구속력은 없다. 이와 별개로 행정지도의 상대방에게는 의견제출권이 있다(행정절차법 제50조).

행정절차법

제50조(의견제출) 행정지도의 상대방은 해당 행정지도의 방식·내용 등에 관하여 행정기관에 의견제출을 할 수 있다.

09

2017 국회사무처 8급

행정지도가 강제성을 띠지 않은 비권력적 작용으로서 행정지도의 한계를 일탈하지 아니하였다면 그로 인하여 상대방에게 어떤 손해가 발생하였다 하더라도 행정기관은 그에 대한 손해배상책임이 없다. O | X

[대법원 2008.9.25, 2006다18228]

행정지도가 강제성을 띠지 않은 비권력적 작용으로서 행정지도의 한계를 일탈하지 아니하였다면, 그로 인하여 상대방에게 어떤 손해가 발생하였다 하더라도 행정기관은 그에 대한 손해배상책임이 없다.

정답 | 05 ○ 06 × 07 ○ 08 × 09 ○

10

2017 교육행정직 9급

행정지도는 반드시 문서로 하여야 한다. O | X

행정절차법

제49조(행정지도의 방식) ② 행정지도가 말로 이루어지는 경우에 상대방이 제1항의 사항을 적은 서면의 교부를 요구하면 그 행정지도를 하는 자는 직무 수행에 특별한 지장이 없으면 이를 교부하여야 한다.

11

2017 하반기 지방직 9급

교육인적자원부장관(현 교육부장관)의 대학총장들에 대한 학칙시정요구는 행정지도에 해당하므로 규제적, 구속적 성격을 강하게 가지고 있더라도 헌법소원의 대상이 되는 공권력의 행사라고 볼 수 없다. O | X

[헌재 2003.6.26, 2002헌마337]

교육인적자원부장관의 대학총장들에 대한 이 사건 학칙시정요구는 고등교육법 제6조 제2항, 동법시행령 제4조 제3항에 따른 것으로서 그 법적 성격은 대학총장의 임의적인 협력을 통하여 사실상의 효과를 발생시키는 행정지도의 일종이지만, **그에 따르지 않을 경우 일정한 불이익조치를 예정하고 있어 사실상 상대방에게 그에 따를 의무를 부과하는 것과 다를 바 없으므로 단순한 행정지도로서의 한계를 넘어 규제적·구속적 성격을 상당히 강하게 갖는 것으로서 헌법소원의 대상이 되는 공권력의 행사**라고 볼 수 있다.

12

2017 하반기 지방직 9급

토지거래계약신고에 관한 행정관청의 위법한 관행에 따라 토지의 매매가격을 허위로 신고한 행위라 하더라도 사회상규에 위배되지 않는 정당행위라고 볼 수 없다. O | X

[대법원 1992.4.24, 91도1609]

행정관청이 토지거래계약신고에 관하여 공시된 기준지가를 기준으로 매매가격을 신고하도록 행정지도하여 왔고 그 기준가격 이상으로 매매가격을 신고한 경우에는 거래신고서를 접수하지 않고 반려하는 것이 관행화되어 있다 하더라도 이는 **법에 어긋나는 관행이라 할 것이므로 그와 같은 위법한 관행에 따라 허위신고행위에 이르렀다고 하여 그 범법행위가 사회상규에 위배되지 않는 정당한 행위라고는 볼 수 없다.**

13

2023 국회사무처 8급

단순한 행정지도의 한계를 넘어 규제적·구속적 성격을 상당히 강하게 갖는 경우에는 헌법소원의 대상이 되는 공권력의 행사라고 볼 수 있다. O | X

행정지도가 사실상 강제력을 갖는다면 공권력의 행사로 평가할 수 있다.

[헌법재판소 2003. 6. 26. 선고 2002헌마337, 2003헌마7·8(병합) 전원재판부]

교육인적자원부장관의 대학총장들에 대한 이 사건 학칙시정요구는 고등교육법 제6조 제2항, 동법시행령 제4조 제3항에 따른 것으로서 그 법적 성격은 대학총장의 임의적인 협력을 통하여 사실상의 효과를 발생시키는 행정지도의 일종이지만, 그에 따르지 않을 경우 일정한 불이익조치를 예정하고 있어 사실상 상대방에게 그에 따를 의무를 부과하는 것과 다를 바 없으므로 **단순한 행정지도로서의 한계를 넘어 규제적·구속적 성격을 상당히 강하게 갖는 것으로서 헌법소원의 대상이 되는 공권력의 행사**라고 볼 수 있다.

정답 | 10 × 11 × 12 ○ 13 ○

01

2014 지방직 7급

법률우위의 원칙은 공법상 계약에도 적용된다. O | X

공법상 계약에는 법률유보의 원칙이 적용되지 않으나 법률우위의 원칙은 적용된다. 법률우위의 원칙은 모든 행정작용에 적용된다고 정리해야 한다.

02

2015 지방직 9급

계약직공무원에 대한 계약을 해지할 때에는 행정절차법에 의하여 근거와 이유를 제시하여야 한다. O | X

[대법원 2002.11.26, 2002두5948]

계약직공무원에 관한 현행 법령의 규정에 비추어 볼 때, **계약직공무원 채용계약해지의 의사표시는 일반공무원에 대한 징계처분과는 달라서 항고소송의 대상이 되는 처분 등의 성격을 가진 것으로 인정되지 아니하고, 일정한 사유가 있을 때에 국가 또는 지방자치단체가 채용계약 관계의 한쪽 당사자로서 대등한 지위에서 행하는 의사표시로 취급되는 것으로 이해되므로, 이를 징계해고 등에서와 같이 그 징계사유에 한하여 효력 유무를 판단하여야 하거나, 행정처분과 같이 행정절차법에 의하여 근거와 이유를 제시하여야 하는 것은 아니다.**

03

2015 지방직 9급

지방전문직공무원 채용계약에서 정한 채용기간이 만료한 경우 채용계약을 갱신하거나 채용기간을 연장할 것인지 여부는 지방자치단체장의 재량에 맡겨져 있다. O | X

[대법원 1993.9.14, 92누4611]

지방공무원법과 지방전문직공무원규정등 관계법령의 규정내용에 비추어 보면, **지방전문직공무원 채용계약에서 정한 채용기간이 만료한 경우 채용계약을 갱신하거나 채용기간을 연장할 것인지 여부는 지방자치단체장의 재량에 맡겨져 있는 것**으로 보아야 할 것이므로 지방전문직공무원 채용계약에서 정한 기간이 형식적인 것에 불과하고 그 채용계약은 기간의 약정이 없는 것이라고 볼 수 없다.

04

2015 지방직 7급

행정청이 자신과 상대방 사이의 근로관계를 일방적인 의사표시로 종료시켰다면, 곧바로 그 의사표시는 행정청으로서 공권력을 행사하여 행하는 행정처분에 해당한다. O | X

[대법원 2014.4.24, 선고, 2013두6244, 판결]

행정청이 자신과 상대방 사이의 근로관계를 일방적인 의사표시로 종료시켰다고 하더라도 곧바로 그 의사표시가 행정청으로서 공권력을 행사하여 행하는 행정처분이라고 단정할 수는 없고, 관계 법령이 상대방의 근무관계에 관하여 구체적으로 어떻게 규정하고 있는지에 따라 그 의사표시가 항고소송의 대상이 되는 행정처분에 해당하는 것인지 아니면 **공법상 계약관계의 일방 당사자로서 대등한 지위에서 행하는 의사표시인지 여부를 개별적으로 판단**하여야 한다(대법원 1996.5.31, 선고, 95누10617, 판결, 대법원 2012.10.25, 선고, 2010두18963, 판결 등 참조). 이러한 법리는 공법상 근무관계의 형성을 목적으로 하는 채용계약의 체결 과정에서 행정청의 일방적인 의사표시로 계약이 성립하지 아니하게 된 경우에도 마찬가지이다.

정답 | 01 ○ 02 × 03 ○ 04 ×

05

2017 국가직 9급

공법상 계약은 행정주체와 사인 간에만 체결 가능하며, 행정주체 상호 간에는 공법상 계약이 성립할 수 없다.

O | X

지자체간 업무협약 등은 행정주체 상호간에 체결되는 공법상 계약에 해당한다.

06

2017 교육행정직 9급

공법상 계약은 공법상의 법률관계의 변경을 가져오는 행정주체를 한쪽 당사자로 하는 양 당사자 사이의 반대방향의 의사표시의 합치를 말한다.

O | X

「공법상 계약」은 (i) 공법적 효과의 발생을 목적으로 하는 점에서 「사법상 계약」과 구별되고, (ii) 복수당사자 간의 의사합치로 이루어진다는 점에서 행정주체가 우월한 의사력을 가지고 행하는 권력적 단독행위인 「행정행위」와 구별되고, (iii) 반대방향의 의사표시의 합치라는 점에서 동일방향의 의사표시의 합치인 「공법상 합동행위」와 구별된다.

07

2017 서울시 7급

다수설에 따르면 공법상 계약은 당사자의 자유로운 의사의 합치에 의하므로 원칙적으로 법률유보의 원칙이 적용되지 않는다고 본다.

O | X

공법상 계약이 인정되는 영역에서는 법률상 근거가 없이도 그 체결이 가능하나, 강행법규에 저촉되지 아니하는 범위 안에서 헌법상의 일반원칙에 위배되지 않는 등의 한계 내에서 체결되어야 한다. 즉 법률유보의 원칙은 적용되지 않으나 법률우위의 원칙은 적용된다.

08

2017 서울시 7급

행정절차법은 공법상 계약에 관하여는 규정하고 있지 않다.

O | X

공법상 계약은 「행정절차법」에서는 규정이 존재하지 않으나, 「행정기본법」에서 명문화하고 있다.

행정절차법

제3조(적용 범위) ① 처분, 신고, 확약, 위반사실 등의 공표, 행정계획, 행정상 입법예고, 행정예고 및 행정지도의 절차(이하 "행정절차"라 한다)에 관하여 다른 법률에 특별한 규정이 있는 경우를 제외하고는 이 법에서 정하는 바에 따른다.

행정기본법

제27조(공법상 계약의 체결) ① 행정청은 법령등을 위반하지 아니하는 범위에서 행정목적을 달성하기 위하여 필요한 경우에는 공법상 법률관계에 관한 계약(이하 "공법상 계약"이라 한다)을 체결할 수 있다. 이 경우 계약의 목적 및 내용을 명확하게 적은 계약서를 작성하여야 한다.
② 행정청은 공법상 계약의 상대방을 선정하고 계약 내용을 정할 때 공법상 계약의 공공성과 제3자의 이해관계를 고려하여야 한다.

정답 | 05 × 06 ○ 07 ○ 08 ○

09

2017 하반기 지방직 9급

공중보건의사 채용계약 해지의 의사표시에 대하여는 공법상의 당사자소송으로 그 의사표시의 무효확인을 청구할 수 있다. O | X

[대법원 1996.5.31, 95누10617]

전문직공무원인 공중보건의사의 채용계약의 해지가 관할 도지사의 일방적인 의사표시에 의하여 그 신분을 박탈하는 불이익처분이라고 하여 곧바로 그 의사표시가 관할 도지사가 행정청으로서 공권력을 행사하여 행하는 행정처분이라고 단정할 수는 없고, 공무원 및 공중보건의사에 관한 현행 실정법이 공중보건의사의 근무관계에 관하여 구체적으로 어떻게 규정하고 있는가에 따라 그 의사표시가 항고소송의 대상이 되는 처분 등에 해당하는 것인지의 여부를 개별적으로 판단하여야 할 것인바, 농어촌등보건의료를위한특별조치법 제2조, 제3조, 제5조, 제9조, 제26조와 같은 법 시행령 제3조, 제17조, 전문직공무원규정 제5조 제1항, 제7조 및 국가공무원법 제2조 제3항 제3호, 제4항 등 관계 법령의 규정내용에 미루어 보면 **현행 실정법이 전문직공무원인 공중보건의사의 채용계약 해지의 의사표시는 일반공무원에 대한 징계처분과는 달라서 항고소송의 대상이 되는 처분 등의 성격을 가진 것으로 인정되지 아니하고, 일정한 사유가 있을 때에 관할 도지사가 채용계약 관계의 한쪽 당사자로서 대등한 지위에서 행하는 의사표시로 취급하고 있는 것으로 이해되므로, 공중보건의사 채용계약 해지의 의사표시에 대하여는 대등한 당사자간의 소송형식인 공법상의 당사자소송으로 그 의사표시의 무효확인을 청구할 수 있는 것이지, 이를 항고소송의 대상이 되는 행정처분이라는 전제하에서 그 취소를 구하는 항고소송을 제기할 수는 없다.**

10

2020 국회사무처 8급

지방계약직공무원에 대하여 채용계약상 특별한 약정이 없는 한 지방공무원법, 지방공무원 징계 및 소청규정에 정한 징계절차에 의하지 않고서는 보수를 삭감할 수 없다. O | X

[대법원 2008.6.12, 2006두16328]

근로기준법 등의 입법 취지, 지방공무원법과 지방공무원징계및소청규정의 여러 규정에 비추어 볼 때, **채용계약상 특별한 약정이 없는 한, 지방계약직공무원에 대하여 지방공무원법, 지방공무원징계및소청규정에 정한 징계절차에 의하지 않고서는 보수를 삭감할 수 없다**고 봄이 상당하다.

11

2020 지방직 [서울시] 7급

지방자치단체가 사인과 체결한 자원회수시설에 대한 위탁운영협약은 사법상 계약에 해당하므로 그에 관한 다툼은 민사소송의 대상이 된다. O | X

[대법원 2019.10.17, 선고, 2018두60588, 판결]

갑 지방자치단체가 을 주식회사 등 4개 회사로 구성된 공동수급체를 **자원회수시설과 부대시설의 운영·유지관리 등을 위탁할 민간사업자로 선정**하고 을 회사 등의 공동수급체와 **위 시설에 관한 위·수탁 운영 협약을 체결**하였는데, 민간위탁 사무감사를 실시한 결과 을 회사 등이 위 협약에 근거하여 노무비와 복지후생비 등 비정산비용 명목으로 지급받은 금액 중 집행되지 않은 금액에 대하여 회수하기로 하고 을 회사에 이를 납부하라고 통보하자, 을 회사 등이 이를 납부한 후 회수통보의 무효확인 등을 구하는 소송을 제기한 사안에서, 위 **협약은 갑 지방자치단체가 사인인 을 회사 등에 위 시설의 운영을 위탁하고 그 위탁운영비용을 지급하는 것을 내용으로 하는 용역계약으로서 상호 대등한 입장에서 당사자의 합의에 따라 체결한 사법상 계약**에 해당한다.

정답 | 09 ○ 10 ○ 11 ○

12

2020 지방직 (서울시) 7급

구 「사회간접자본시설에 대한 민간투자법」에 근거한 서울 – 춘천 간 고속도로 민간투자시설사업의 사업시행자 지정은 공법상 계약에 해당한다. O | X

사업시행자 지정처분으로서 처분성이 인정된다.

[대법원 2009.4.23, 선고, 2007두13159, 판결]

선행처분인 서울 – 춘천 간 고속도로 민간투자시설사업의 사업시행자 지정처분의 무효를 이유로 그 후행처분인 도로구역결정처분의 취소를 구하는 소송에서, 선행처분인 사업시행자 지정처분을 무효로 할 만큼 중대하고 명백한 하자가 없다고 한 사례.

13

2020 지방직 (서울시) 7급

과학기술기본법령상 사업협약의 해지 통보는 대등 당사자의 지위에서 형성된 공법상 계약을 계약당사자의 지위에서 종료시키는 의사표시에 해당한다. O | X

[대법원 2014.12.11, 선고, 2012두28704, 판결]

학술진흥법 등과 과학기술기본법령의 입법 취지 및 규정 내용 등과 아울러 ① 학술진흥법 등과 과학기술기본법령의 해석상 국가가 두뇌한국(BK)21 사업의 주관연구기관인 대학에 연구개발비를 출연하는 것은, '연구 중심대학'의 육성은 물론 그와 별도로 대학에 소속된 연구인력의 역량 강화에도 그 목적이 있다고 보이는 점, ② 기본적으로 국가연구개발사업에 대한 연구개발비의 지원은 대학에 소속된 일정한 연구단위(이하 '연구팀'이라고 한다)별로 신청한 연구개발과제에 대한 것이지, 그 소속 대학을 기준으로 한 것은 아닌 점, ③ 대학은 학술진흥법 등에 정한 연구개발비의 공식적 지원대상이자 그 관리·집행의 대외적 주체로서 협약 당사자로 되어 있을 뿐, 협약으로 인한 실질적 이해관계는 해당 연구개발과제의 수행주체인 연구팀에 귀속된다고 볼 수 있는 점, ④ 나아가 **과학기술기본법령상 사업 협약의 해지 통보는 단순히 대등 당사자의 지위에서 형성된 공법상계약을 계약당사자의 지위에서 종료시키는 의사표시에 불과한 것이 아니라 행정청이 우월적 지위에서 연구개발비의 회수 및 관련자에 대한 국가연구개발사업 참여제한 등의 법률상 효과를 발생시키는 행정처분에 해당**하므로(대법원 2011. 6. 30. 선고, 2010두23859, 판결 참조), 이로 인하여 자신의 법률상 지위에 영향을 받는 연구자 등은 적어도 그 이해관계를 대변하는 연구팀장을 통해서 협약 해지 통보의 효력을 다툴 개별적·직접적·구체적 이해관계가 있다고 보이는 점 등 제반 사정을 앞서 본 법리에 비추어 살펴보면, 이 사건 사업의 연구팀장인 원고는 이 사건 사업에 관한 협약의 해지 통보의 효력을 다툴 법률상 이익이 있다.

14

2022 국회사무처 8급

「사회기반시설에 대한 민간투자법」에 따라 지방자치단체와 유한회사 간 체결한 터널 민간투자사업 실시협약은 공법상 계약에 해당한다. O | X

판례는 사안의 터널 민간투자사업 실시협약이 공법상계약임을 전제로 당사자소송에서 법원의 심리범위에 대하여 판단한 바 있다.

[대법원 2019.1.31, 선고 2017두46455 판결]

갑 광역자치단체가 을 유한회사와 '관계 법령 등의 변경으로 사업의 수익성에 중대한 영향을 미치는 경우 협약당사자 간의 협의를 통해 통행료를 조정하고(제22조 제2항), 통행료 조정사유가 발생하였으나 실제로 통행료 조정이 이루어지지 못한 경우 보조금을 증감할 수 있다(제11조 제3항)'는 내용의 **터널 민간투자사업 실시협약을 체결하였는데,** 2002년에 법인세법이 개정되어 법인세율이 인하되자 갑 자치단체가 법인세율 인하 효과를 반영하여 산정한 재정지원금액을 지급한 사안에서 **민간투자사업 실시협약을 체결한 당사자가 공법상 당사자소**

송에 의하여 그 실시협약에 따른 재정지원금의 지급을 구하는 경우에, 수소법원은 단순히 주무관청이 재정지원금액을 산정한 절차 등에 위법이 있는지 여부를 심사하는 데 그쳐서는 아니 되고, 실시협약에 따른 적정한 재정지원금액이 얼마인지를 구체적으로 심리·판단하여야 한다.

15

2022 국회사무처 8급

구 「중소기업 기술혁신 촉진법」상의 중소기업 정보화지원사업에 따른 지원금 출연을 위하여 중소기업청장이 민간 주식회사와 체결하는 협약은 공법상 계약에 해당한다. O | X

[대법원 2015.8.27, 선고 2015두41449 판결]

중소기업기술정보진흥원장이 갑 주식회사와 중소기업 정보화지원사업 지원대상인 사업의 지원에 관한 협약을 체결하였는데, 협약이 갑 회사에 책임이 있는 사업실패로 해지되었다는 이유로 협약에서 정한 대로 지급받은 정부지원금을 반환할 것을 통보한 사안에서, **중소기업 정보화지원사업에 따른 지원금 출연을 위하여 중소기업청장이 체결하는 협약은 공법상 대등한 당사자 사이의 의사표시의 합치로 성립하는 공법상 계약에 해당하는 점**, … 등을 종합하면, 협약의 해지 및 그에 따른 환수통보는 공법상 계약에 따라 행정청이 대등한 당사자의 지위에서 하는 의사표시로 보아야 하고, 이를 행정청이 우월한 지위에서 행하는 공권력의 행사로서 행정처분에 해당한다고 볼 수는 없다.

16

2022 지방직 9급

공법상 계약이더라도 한쪽 당사자가 다른 당사자를 상대로 계약의 이행을 청구하는 소송은 민사소송으로 제기하여야 한다. O | X

공법상 계약의 이행을 청구하는 소송은 당사자소송이다.

[대법원 2021.2.4, 선고 2019다277133]

공법상 당사자소송이란 행정청의 처분 등을 원인으로 하는 법률관계에 관한 소송 그 밖에 공법상의 법률관계에 관한 소송으로서 그 법률관계의 한쪽 당사자를 피고로 하는 소송을 말한다(행정소송법 제3조 제2호). 공법상 계약이란 공법적 효과의 발생을 목적으로 하여 대등한 당사자 사이의 의사표시의 합치로 성립하는 공법행위를 말한다. **공법상 계약의 한쪽 당사자가 다른 당사자를 상대로 효력을 다투거나 이행을 청구하는 소송은 공법상의 법률관계에 관한 분쟁이므로 분쟁의 실질이 공법상 권리·의무의 존부·범위에 관한 다툼이 아니라 손해배상액의 구체적인 산정방법·금액에 국한되는 등의 특별한 사정이 없는 한 공법상 당사자소송으로 제기하여야 한다.**

17

2022 국가직 7급

민간투자사업 실시협약을 체결한 당사자가 공법상 당사자소송에 의하여 그 실시협약에 따른 재정지원금의 지급을 구하는 경우에, 수소법원은 주무관청이 재정지원금액을 산정한 절차 등에 위법이 있는지 여부를 심사할 수는 있지만 실시협약에 따른 적정한 재정지원금액이 얼마인지를 구체적으로 심리·판단할 수 없다. O | X

[대판 2019.1.31, 2017두46455]

민간투자사업 실시협약을 체결한 당사자가 공법상 당사자소송으로 그 실시협약에 따른 재정지원금의 지급을 구하는 경우에, 수소법원은 단순히 주무관청이 재정지원금액을 산정한 절차 등에 위법이 있는지 여부를 심사하는 데 그쳐서는 아니 되고, 실시협약에 따른 적정한 재정지원금액이 얼마인지를 구체적으로 심리·판단하여야 한다.

정답 | 15 ○ 16 × 17 ×

18

2022 국가직 7급

중소기업 정보화지원사업에 따른 지원금 출연을 위하여 중소기업청장이 체결하는 협약은 공법상 대등한 당사자 사이의 의사표시의 합치로 성립하는 공법상 계약에 해당하고 그 협약의 해지 및 그에 따른 환수통보는 공법상 계약에 따라 행정청이 대등한 당사자의 지위에서 하는 의사표시이다. O | X

[대판 2015.8.27. 2015두41449]
중소기업 정보화지원사업에 따른 지원금 출연을 위하여 중소기업청장이 체결하는 협약은 공법상 대등한 당사자 사이의 의사표시의 합치로 성립하는 공법상 계약에 해당하는 점, … 지원금 환수에 관한 구체적인 법령상 근거가 없는 점 등을 종합하면 협약의 해지 및 그에 따른 환수통보는 공법상 계약에 따라 행정청이 대등한 당사자의 지위에서 하는 의사표시로 보아야 하고, 이를 행정청이 우월한 지위에서 행하는 공권력의 행사로서 행정처분에 해당한다고 볼 수는 없다.

19

2023 소방간부

지방자치단체가 근무기간을 정하여 임용하는 공무원으로 시민옴부즈만을 채용하는 행위는 공법상 계약에 해당한다. O | X

[대법원 2014. 4. 24., 선고, 2013두6244, 판결]
이 사건 조례에 의하면 이 사건 옴부즈만은 토목분야와 건축분야 각 1인을 포함하여 5인 이내의 '지방계약직공무원'으로 구성하도록 되어 있는데(제3조 제2항), 위 조례와 이 사건 통보 당시 구 지방공무원법 제2조 제3항 제3호, 제3조 제1항 및 같은 법 제2조 제4항의 위임에 따른 구 지방계약직공무원 규정 제5조 등 관련 법령의 규정에 비추어 보면, 지방계약직공무원인 이 사건 옴부즈만 채용행위는 공법상 대등한 당사자 사이의 의사표시의 합치로 성립하는 공법상 계약에 해당한다.

20

2023 소방간부

중앙행정기관인 방위사업청과 부품개발 협약을 체결한 기업이 협약을 이행하는 과정에서 환율 변동 및 물가상승 등 외부적 요인으로 발생한 초과비용 지급에 대한 소송은 민사소송에 의한다. O | X

방위사업청과 군수기업 간의 (한국형 헬기 개발사업) 부품개발 협약은 공법상 계약에 해당한다는 것이 판례의 입장이다.

[대법원 2017. 11. 9. 2015다215526]
국책사업인 '한국형 헬기 개발사업'(Korean Helicopter Program)에 개발주관사업자 중 하나로 참여하여 국가 산하 중앙행정기관인 방위사업청과 '한국형헬기 민군겸용 핵심구성품 개발협약'을 체결한 甲 주식회사가 협약을 이행하는 과정에서 환율변동 및 물가상승 등 외부적 요인 때문에 협약금액을 초과하는 비용이 발생하였다고 주장하면서 국가를 상대로 초과비용의 지급을 구하는 민사소송을 제기한 사안에서, 위 협약의 법률관계는 공법관계에 해당하므로 이에 관한 분쟁은 행정소송으로 제기하여야 한다.

정답 | 18 ○ 19 ○ 20 ×

21

2023 소방직

행정청은 법령등을 위반하지 아니하는 범위에서 행정목적을 달성하기 위하여 필요한 경우에는 공법상 법률관계에 대한 계약을 체결할 수 있다. O | X

행정기본법

제27조(공법상 계약의 체결) ① **행정청은 법령등을 위반하지 아니하는 범위에서 행정목적을 달성하기 위하여 필요한 경우에는 공법상 법률관계에 관한 계약(이하 "공법상 계약"이라 한다)을 체결할 수 있다.** 이 경우 계약의 목적 및 내용을 명확하게 적은 계약서를 작성하여야 한다.

22

2023 소방직

행정청은 공법상 계약의 상대방을 선정하고 계약 내용을 정할 때 공법상 계약의 공공성과 제3자의 이해관계를 고려하여야 한다. O | X

행정기본법

제27조(공법상 계약의 체결) ② **행정청은 공법상 계약의 상대방을 선정하고 계약 내용을 정할 때 공법상 계약의 공공성과 제3자의 이해관계를 고려하여야 한다.**

23

2023 국회사무처 8급

서울특별시립무용단 단원의 위촉은 공법상 계약에 해당하므로 그 단원의 해촉에 대하여는 공법상 당사자소송으로 그 무효확인을 청구할 수 있다. O | X

계약직공무원에 대한 해촉은 공법상 계약의 해지에 해당한다.

[대법원 1995. 12. 22., 선고, 95누4636, 판결]

지방자치법 제9조 제2항 제5호 (라)목 및 (마)목 등의 규정에 의하면, 서울특별시립무용단원의 공연 등 활동은 지방문화 및 예술을 진흥시키고자 하는 서울특별시의 공공적 업무수행의 일환으로 이루어진다고 해석될 뿐 아니라, 단원으로 위촉되기 위하여는 일정한 능력요건과 자격요건을 요하고, 계속적인 재위촉이 사실상 보장되며, 공무원연금법에 따른 연금을 지급받고, 단원의 복무규율이 정해져 있으며, 정년제가 인정되고, 일정한 해촉사유가 있는 경우에만 해촉되는 등 서울특별시립무용단원이 가지는 지위가 공무원과 유사한 것이라면, **서울특별시립무용단 단원의 위촉은 공법상의 계약이라고 할 것이고, 따라서 그 단원의 해촉에 대하여는 공법상의 당사자소송으로 그 무효확인을 청구할 수 있다.**

제3절 공법상 합동행위

제4절 행정사법

정답 | 21 ○ 22 ○ 23 ○

제5절 행정상 사실행위

01

2023 소방직

권력적 사실행위가 행정처분의 준비단계로서 행하여지거나 행정처분과 결합된 경우에는 행정처분에 흡수·통합되어 불가분의 관계에 있다 할 것이므로 행정처분이 취소소송의 대상이 되지만, 처분과 분리하여 따로 권력적 사실행위를 다툴 실익이 있다. O | X

> 권력적 사실행위가 행정처분과 결합되었다면 당해 행정처분에 대해서 취소소송을 제기하면 되는 것이지, 권력적 사실행위를 따로 분리하여 다툴 필요가 없다.
>
> [헌재 2003.12.18. 2001헌마754 전원]
>
> 권력적 사실행위가 행정처분의 준비단계로서 행하여지거나 행정처분과 결합된 경우(合成的 行政行爲)에는 행정처분에 흡수·통합되어 불가분의 관계에 있다할 것이므로 행정처분만이 취소소송의 대상이 되고, 처분과 분리하여 따로 권력적 사실행위를 다툴 실익은 없다.

02

2023 소방직

비권력적 사실행위는 공권력의 행사에 해당하지 않지만, 행정청이 우월적 지위에서 일방적으로 강제하는 권력적 사실행위는 헌법소원의 대상이 되는 공권력의 행사에 해당한다. O | X

> [헌재 2017.7.25. 2017헌마730]
>
> 행정상의 사실행위는 경고, 권고, 시사와 같은 정보제공이나 단순한 지식표시로서의 행정지도와 같이 대외적 구속력이 없는 '비권력적 사실행위'와 행정청이 우월적 지위에서 일방적으로 강제하는 '권력적 사실행위'로 나뉘고, 그 중 권력적 사실행위는 헌법소원의 대상이 되는 공권력의 행사에 해당한다. 일반적으로 어떤 행위가 헌법소원의 대상이 되는 권력적 사실행위에 해당하는지 여부는 당해 행정주체와 상대방과의 관계, 그 사실행위에 대한 상대방의 의사·관여 정도·태도, 그 사실행위의 목적·경위, 법령에 의한 명령·강제수단의 발동 가부 등 그 행위가 행하여질 당시의 구체적 사정을 종합적으로 고려하여 개별적으로 판단해야 한다.

03

2023 소방직

일반적으로 어떤 행위가 헌법소원의 대상이 되는 권력적 사실행위에 해당하는지 여부는 당해 행정주체와 상대방과의 관계, 그 사실행위에 대한 상대방의 의사·관여 정도·태도, 그 사실행위의 목적·경위, 법령에 의한 명령·강제수단의 발동 가부 등 그 행위가 행하여질 당시의 구체적 사정을 종합적으로 고려하여 개별적으로 판단해야 한다. O | X

> [헌재 2017.7.25. 2017헌마730]
>
> 행정상의 사실행위는 경고, 권고, 시사와 같은 정보제공이나 단순한 지식표시로서의 행정지도와 같이 대외적 구속력이 없는 '비권력적 사실행위'와 행정청이 우월적 지위에서 일방적으로 강제하는 '권력적 사실행위'로 나뉘고, 그 중 권력적 사실행위는 헌법소원의 대상이 되는 공권력의 행사에 해당한다. 일반적으로 어떤 행위가 헌법소원의 대상이 되는 권력적 사실행위에 해당하는지 여부는 당해 행정주체와 상대방과의 관계, 그 사실행위에 대한 상대방의 의사·관여 정도·태도, 그 사실행위의 목적·경위, 법령에 의한 명령·강제수단의 발동 가부 등 그 행위가 행하여질 당시의 구체적 사정을 종합적으로 고려하여 개별적으로 판단해야 한다.

정답 | 01 × 02 ○ 03 ○

04

2023 지방직 9급

행정상 사실행위의 예로는 폐기물 수거, 행정지도, 대집행의 실행, 행정상 즉시강제 등이 있다. O | X

폐기물 수거와 행정지도는 비권력적 사실행위, 대집행의 실행과 행정상 즉시강제는 권력적 사실행위에 해당한다.

05

2023 지방직 9급

교도소 내 마약류 관련 수형자에 대한 교도소장의 소변강제채취는 권력적 사실행위이나 헌법소원의 대상은 아니다. O | X

[헌재 2005헌마277, 2006. 7. 27.]

교도소 수형자에게 소변을 받아 제출하게 한 것은, 형을 집행하는 우월적인 지위에서 외부와 격리된 채 형의 집행에 관한 지시, 명령을 복종하여야 할 관계에 있는 자에게 행해진 것으로서 그 목적 또한 교도소 내의 안전과 질서유지를 위하여 실시하였고, 일방적으로 강제하는 측면이 존재하며, 응하지 않을 경우 직접적인 징벌 등의 제재는 없다고 하여도 불리한 처우를 받을 수 있다는 심리적 압박이 존재하리라는 것을 충분이 예상할 수 있는 점에 비추어, **권력적 사실행위로서 헌법재판소법 제68조 제1항의 공권력의 행사에 해당한다**.

제6절 비공식적 행정작용

정답 | 04 ○ 05 ×

TOPIC 24

정보공개제도

01

2014 사회복지직 9급

국가 또는 지방자치단체로부터 보조금을 받는 사회복지법인과 사회복지사업을 하는 비영리법인도 공개대상이 되는 공공기관에 포함된다. O | X

정보공개법 시행령

제2조(공공기관의 범위) 「정보공개법」(이하 "법"이라 한다) 제2조 제3호 라목에서 "대통령령으로 정하는 기관"이란 다음 각 호의 기관 또는 단체를 말한다.

1. 「유아교육법」, 「초·중등교육법」, 「고등교육법」에 따른 각급 학교 또는 그 밖의 다른 법률에 따라 설치된 학교
2. 「지방공기업법」에 따른 지방공사 및 지방공단
3. 다음 각 목의 어느 하나에 해당하는 기관 중 지방자치단체의 조례로 정하는 기관
4. 특별법에 따라 설립된 특수법인
5. 「사회복지사업법」 제42조 제1항에 따라 국가나 지방자치단체로부터 보조금을 받는 사회복지법인과 사회복지사업을 하는 비영리법인

02

2014 지방직 9급

'감사·감독·검사·시험·규제·입찰계약·기술개발·인사관리·의사결정과정 또는 내부검토과정에 있는 사항 등으로서 공개될 경우 업무의 공정한 수행에 현저한 지장을 초래한다고 인정할 만한 상당한 이유가 있는 정보'란 공개될 경우 업무의 공정한 수행이 객관적으로 현저하게 지장을 받을 것이라는 고도의 개연성이 존재하는 경우를 말한다. O | X

[대법원 2010.2.25, 2007두9877]

정보공개법 제9조 제1항 제5호는 시험에 관한 사항으로서 공개될 경우 업무의 공정한 수행에 현저한 지장을 초래한다고 인정할 만한 상당한 이유가 있는 정보는 공개하지 아니한다고 규정하고 있는바, 여기에서 규정하고 있는 '공개될 경우 업무의 공정한 수행에 현저한 지장을 초래한다고 인정할 만한 상당한 이유가 있는 경우'란 공개될 경우 업무의 공정한 수행이 객관적으로 현저하게 지장을 받을 것이라는 고도의 개연성이 존재하는 경우를 의미한다.

03

2014 지방직 9급

비공개대상인 '법인 등의 경영·영업상 비밀'은 부정경쟁방지 및 영업비밀보호에 관한 법률 제2조 제2호에 규정된 '영업비밀'에 한하지 않고, '타인에게 알려지지 아니함이 유리한 사업활동에 관한 일체의 정보' 또는 '사업활동에 관한 일체의 비밀사항'을 말한다. O | X

[대법원 2008.10.23, 2007두1798]

정보공개법 제9조 제1항 제7호 소정의 '법인 등의 경영·영업상 비밀'은 부정경쟁방지법 제2조 제2호 소정의 '영업비밀'에 한하지 않고, '타인에게 알려지지 아니함이 유리한 사업활동에 관한 일체의 정보' 또는 '사업활동에 관한 일체의 비밀사항'으로 해석함이 상당하다.

정답 | 01 ○ 02 ○ 03 ○

04

2014 서울시 9급

외국인에게도 국민과 동일하게 정보공개청구권이 인정된다. O | X

정보공개법

제5조(정보공개 청구권자) ① 모든 국민은 정보의 공개를 청구할 권리를 가진다.

② 외국인의 정보공개 청구에 관하여는 대통령령으로 정한다.

정보공개법 시행령

제3조(외국인의 정보공개 청구) 법 제5조 제2항에 따라 정보공개를 청구할 수 있는 외국인은 다음 각 호의 어느 하나에 해당하는 자로 한다.

1. 국내에 일정한 주소를 두고 거주하거나 학술·연구를 위하여 일시적으로 체류하는 사람
2. 국내에 사무소를 두고 있는 법인 또는 단체

05

2014 서울시 9급

정보공개의무를 지는 공공기관에는 국가기관과 지방자치단체만이 해당한다. O | X

정보공개법

제2조(정의) 3. "공공기관"이란 다음 각 목의 기관을 말한다.

가. 국가기관

1) 국회, 법원, 헌법재판소, 중앙선거관리위원회

2) 중앙행정기관(대통령 소속 기관과 국무총리 소속 기관을 포함한다) 및 그 소속 기관

3) 「행정기관 소속 위원회의 설치·운영에 관한 법률」에 따른 위원회

나. 지방자치단체

다. 「공공기관의 운영에 관한 법률」 제2조에 따른 공공기관

라. 그 밖에 대통령령으로 정하는 기관

06

2015 사회복지직 9급

사면대상자들의 사면실시건의서와 그와 관련된 국무회의 안건자료는 공개대상이 되는 정보이다. O | X

[대법원 2006.12.7, 2005두241]

사면대상자들의 사면실시건의서와 그와 관련된 국무회의 안건자료에 관한 정보는 그 공개로 얻는 이익이 그로 인하여 침해되는 당사자들의 사생활의 비밀에 관한 이익보다 더욱 크므로 구 정보공개법(2004. 1. 29. 법률 제7127호로 전문 개정되기 전의 것) 제7조 제1항 제6호에서 정한 비공개사유에 해당하지 않는다.

07

2015 사회복지직 9급

공무원이 직무와 관련 없이 개인적 자격으로 금품을 수령한 정보는 공개대상이 되는 정보이다. O | X

[대법원 2003.12.12, 2003두8050]

공무원이 직무와 관련 없이 개인적인 자격으로 간담회·연찬회 등 행사에 참석하고 금품을 수령한 정보는 공공기관의 정보공개에 관한 법률 제7조 제1항 제6호 단서 (다)목 소정의 '공개하는 것이 공익을 위하여 필요하다고 인정되는 정보'에 해당하지 않는다.

정답 04 × 05 × 06 ○ 07 ×

08

2015 국가직 9급

청구대상정보를 기재할 때는 사회일반인의 관점에서 청구대상 정보의 내용과 범위를 확정할 수 있을 정도로 특정하여야 한다. O | X

[대법원 2007.6.1. 2007두2555]

정보공개법 제10조 제1항 제2호는 정보의 공개를 청구하는 자는 정보공개청구서에 '공개를 청구하는 정보의 내용' 등을 기재할 것을 규정하고 있는바, **청구대상정보를 기재함에 있어서는 사회일반인의 관점에서 청구대상 정보의 내용과 범위를 확정할 수 있을 정도로 특정함을 요한다.**

09

2015 국가직 9급

공개를 거부한 정보에 비공개대상정보에 해당하는 부분과 공개가 가능한 부분이 혼합되어 있고, 공개청구의 취지에 어긋나지 아니하는 범위 안에서 두 부분을 분리할 수 있을 때에는 청구취지의 변경이 없더라도 공개가 가능한 부분만의 일부취소를 명할 수 있다. O | X

[대법원 2010.2.11. 2009두6001]

정보공개법 제14조는 공개청구한 정보가 제9조 제1항 각 호에 정한 비공개대상정보에 해당하는 부분과 공개가 가능한 부분이 혼합되어 있는 경우로서 공개청구의 취지에 어긋나지 아니하는 범위 안에서 두 부분을 분리할 수 있는 때에는 비공개대상정보에 해당하는 부분을 제외하고 공개하여야 한다고 규정하고 있는바, **법원이 정보공개거부처분의 위법 여부를 심리한 결과, 공개가 거부된 정보에 비공개대상정보에 해당하는 부분과 공개가 가능한 부분이 혼합되어 있으며, 공개청구의 취지에 어긋나지 아니하는 범위 안에서 두 부분을 분리할 수 있다고 인정할 수 있을 때에는, 공개가 거부된 정보 중 공개가 가능한 부분을 특정하고, 판결의 주문에 정보공개거부처분 중 공개가 가능한 정보에 관한 부분만을 취소한다고 표시**하여야 한다.

10

2017 지방직 9급

구 정보공개법 시행령 제2조 제1호가 정보공개의무기관으로 사립대학교를 들고 있는 것은 모법의 위임범위를 벗어난 것으로 위법하다. 2015 국가직 9급, O | X

[대법원 2006.8.24. 2004두2783]

정보공개 의무기관을 정하는 것은 입법자의 입법형성권에 속하고, 이에 따라 입법자는 구 정보공개법(2004. 1. 29. 법률 제7127호로 전문 개정되기 전의 것) 제2조 제3호에서 정보공개 의무기관을 공공기관으로 정하였는바, 공공기관은 국가기관에 한정되는 것이 아니라 지방자치단체, 정부투자기관, 그 밖에 공동체 전체의 이익에 중요한 역할이나 기능을 수행하는 기관도 포함되는 것으로 해석되고, 여기에 정보공개의 목적, 교육의 공공성 및 공·사립학교의 동질성, 사립대학교에 대한 국가의 재정지원 및 보조 등 여러 사정을 고려해 보면, **사립대학교에 대한 국비 지원이 한정적·일시적·국부적이라는 점을 고려하더라도, 같은 법 시행령 제2조 제1호가 정보공개의무를 지는 공공기관의 하나로 사립대학교를 들고 있는 것이 모법인 구 정보공개법의 위임 범위를 벗어났다거나 사립대학교가 국비의 지원을 받는 범위 내에서만 공공기관의 성격을 가진다고 볼 수 없다.**

정답 | 08 ○ 09 ○ 10 ×

11

2015 지방직 9급

정보의 공개 및 우송 등에 소요되는 비용은 실비의 범위에서 청구인이 부담하나, 공개를 청구하는 정보의 사용 목적이 공공복리의 유지·증진을 위하여 필요하다고 인정되는 경우에는 그 비용을 감면할 수 있다. O | X

정보공개법

제17조(비용 부담) ① 정보의 공개 및 우송 등에 드는 비용은 **실비(實費)의 범위에서 청구인이 부담**한다.
② **공개를 청구하는 정보의 사용 목적이 공공복리의 유지·증진을 위하여 필요하다고 인정되는 경우에는 제1항에 따른 비용을 감면할 수 있다.**

12

2015 지방직 9급

지방자치단체는 그 소관 사무에 관하여 법령의 범위에서 정보공개에 관한 조례를 정할 수 있다. O | X

정보공개조례의 경우에도 법률우위원칙은 적용된다.

정보공개법

제4조(적용 범위) ② 지방자치단체는 그 소관 사무에 관하여 **법령의 범위에서** 정보공개에 관한 조례를 정할 수 있다.

13

2015 지방직 9급

국내에 학술행사 참석차 방문하여 일시적으로 체류하는 외국학자도 정보공개를 청구할 수 있다. O | X

외국인은 국내에 일정한 주소를 두고 거주하거나 학술·연구를 위하여 일시적으로 체류하는 국내에 사무소를 두고 있는 법인 또는 단체일 경우 정보공개를 청구할 수 있다.

정보공개법

제5조(정보공개 청구권자) ① 모든 국민은 정보의 공개를 청구할 권리를 가진다.
② 외국인의 정보공개 청구에 관하여는 대통령령으로 정한다.

정보공개법 시행령

제3조(외국인의 정보공개 청구) 법 제5조 제2항에 따라 정보공개를 청구할 수 있는 외국인은 다음 각 호의 어느 하나에 해당하는 자로 한다.

1. 국내에 일정한 주소를 두고 거주하거나 **학술·연구를 위하여 일시적으로 체류하는 사람**
2. 국내에 사무소를 두고 있는 법인 또는 단체

정답 | 11 ○ 12 ○ 13 ○

14

2015 지방직 9급

보안관찰법 소정의 보안관찰 관련 통계자료는 정보공개법상의 공개대상정보에 해당한다. O | X

[대법원 전합 2004.3.18. 2001두8254]

보안관찰처분을 규정한 보안관찰법에 대하여 헌법재판소도 이미 그 합헌성을 인정한 바 있고, 보안관찰법 소정의 보안관찰 관련 통계자료는 우리 나라 53개 지방검찰청 및 지청관할지역에서 매월 보고된 보안관찰처분에 관한 각종 자료로서, 보안관찰처분대상자 또는 피보안관찰자들의 매월별 규모, 그 처분시기, 지역별 분포에 대한 전국적 현황과 추이를 한눈에 파악할 수 있는 구체적이고 광범위한 자료에 해당하므로 '통계자료'라고 하여도 그 함의(含意)를 통하여 나타내는 의미가 있음이 분명하여 가치중립적일 수는 없고, 그 **통계자료의 분석에 의하여 대남공작활동이 유리한 지역으로 보안관찰처분대상자가 많은 지역을 선택하는 등으로 위 정보가 북한정보기관에 의한 간첩의 파견, 포섭, 선전선동을 위한 교두보의 확보 등 북한의 대남전략에 있어 매우 유용한 자료로 악용될 우려가 없다고 할 수 없으므로, 위 정보는 공공기관의정보공개에관한법률 제7조 제1항 제2호 소정의 공개될 경우 국가안전보장·국방·통일·외교관계 등 국가의 중대한 이익을 해할 우려가 있는 정보, 또는 제3호 소정의 공개될 경우 국민의 생명·신체 및 재산의 보호 기타 공공의 안전과 이익을 현저히 해할 우려가 있다고 인정되는 정보에 해당**한다.

15

2015 지방직 9급

직무를 수행한 공무원의 성명과 직위는 공개될 경우 개인의 사생활의 비밀 또는 자유를 침해할 우려가 있다면 비공개대상 정보에 해당한다. O | X

직무를 수행한 공무원의 성명과 직위가 공개될 경우 개인의 사생활의 비밀 또는 자유를 침해할 우려가 있는 경우는 상정할 수 없다. 책임행정의 원칙에 따라 직무를 수행한 공무원의 성명과 직위는 공개되어야 한다.

정보공개법

제9조(비공개 대상 정보) ① 공공기관이 보유·관리하는 정보는 공개 대상이 된다. 다만, 다음 각 호의 어느 하나에 해당하는 정보는 공개하지 아니할 수 있다.

6. 해당 정보에 포함되어 있는 성명·주민등록번호 등 개인에 관한 사항으로서 공개될 경우 사생활의 비밀 또는 자유를 침해할 우려가 있다고 인정되는 정보. 다만, 다음 각 목에 열거한 개인에 관한 정보는 제외한다.
   라. 직무를 수행한 공무원의 성명·직위

16

2017 국가직 9급

공공기관은 정보공개의 청구를 받으면 그 청구를 받은 날부터 10일 이내에 공개 여부를 결정하여야 하나 부득이한 사유로 이 기간 이내에 공개 여부를 결정할 수 없는 때에는 그 기간이 끝나는 날의 다음 날부터 기산하여 10일의 범위에서 공개 여부 결정기간을 연장할 수 있다. O | X

정보공개법

제11조(정보공개 여부의 결정) ① 공공기관은 제10조에 따라 정보공개의 청구를 받으면 그 **청구를 받은 날부터 10일 이내에 공개 여부를 결정**하여야 한다.

② 공공기관은 부득이한 사유로 제1항에 따른 기간 이내에 공개 여부를 결정할 수 없을 때에는 그 기간이 끝나는 날의 다음 날부터 기산(起算)하여 **10일의 범위에서 공개 여부 결정기간을 연장**할 수 있다. 이 경우 공공기관은 연장된 사실과 연장 사유를 청구인에게 지체 없이 문서로 통지하여야 한다.

정답 | 14 × 15 × 16 ○

17

2017 국가직 9급

정보공개에 관한 결정에 불복이 있는 자는 이의신청절차를 거치지 않고도 행정심판을 청구할 수 있다.

O | X

정보공개법

제19조(행정심판) ① 청구인이 정보공개와 관련한 공공기관의 결정에 대하여 불복이 있거나 정보공개 청구 후 20일이 경과하도록 정보공개 결정이 없는 때에는 「행정심판법」에서 정하는 바에 따라 행정심판을 청구할 수 있다. 이 경우 국가기관 및 지방자치단체 외의 공공기관의 결정에 대한 감독행정기관은 관계 중앙행정기관의 장 또는 지방자치단체의 장으로 한다.

② 청구인은 제18조에 따른 이의신청 절차를 거치지 아니하고 행정심판을 청구할 수 있다.

18

2017 국회사무처 8급

공공기관은 정보공개청구를 거부할 경우에도 대상이 된 정보의 내용을 구체적으로 확인·검토하여 어느 부분이 어떠한 법익 또는 기본권과 충돌되어 정보공개법 제9조 제1항 몇 호에서 정하고 있는 비공개사유에 해당하는지를 주장·입증하여야 하며, 그에 이르지 아니한 채 개괄적인 사유만 들어 공개를 거부하는 것은 허용되지 아니한다.

O | X

[대법원 2007.2.8, 2006두4899]

국민으로부터 보유·관리하는 정보에 대한 공개를 요구받은 공공기관으로서는 「공공기관의 정보공개에 관한 법률」 제9조 제1항 각 호에서 정하고 있는 비공개사유에 해당하지 않는 한 이를 공개하여야 하고, 이를 **거부하는 경우라 할지라도 대상이 된 정보의 내용을 구체적으로 확인·검토하여 어느 부분이 어떠한 법익 또는 기본권과 충돌되어 같은 법 제9조 제1항 몇 호에서 정하고 있는 비공개사유에 해당하는지를 주장·입증하여야만 하며, 그에 이르지 아니한 채 개괄적인 사유만을 들어 공개를 거부하는 것은 허용되지 아니한다.**

19

2017 국회사무처 8급

공직자윤리법상의 등록의무자가 구 공직자윤리법 시행규칙 제12조에 따라 제출한 '자신의 재산등록사항의 고지를 거부한 직계존비속의 본인과의 관계, 성명, 고지거부사유, 서명'이 기재 되어 있는 문서는 정보공개법상의 비공개 대상 정보에 해당한다.

O | X

[대판 2007.12.13, 2005두13117]

구 공공기관의 정보공개에 관한 법률과 구 공직자윤리법의 관련 규정들을 종합하여 보면, 구 「공직자윤리법」에 의한 '등록사항' 중 같은 법 제10조 제1항 및 제2항에 의하여 공개하여야 할 등록사항을 제외한 나머지 등록사항은 같은 법 제10조 제3항 또는 제14조의 규정에 의한 법령비정보에 해당한다. 그런데 위 규정들의 내용 및 공직자윤리법의 목적, 입법 취지 등을 종합하여 보면, 등록의무자 본인 및 그 배우자와 직계존비속이 소유하는 재산의 종류와 가액 및 고지거부사실(직계존비속이 자신의 재산등록사항의 고지를 거부하는 경우 그 고지거부 사실 자체는 등록할 재산에 대응하는 것이므로 등록사항으로 보아야 한다)은 구 「공직자윤리법」에 의한 등록사항에 해당하나, 그 밖에 등록의무자의 배우자 및 직계존비속의 존부와 그 인적사항 및 고지거부자의 고지거부 사유는 그 등록사항에 해당하지 않는다. 따라서 **공직자윤리법 상의 등록의무자가 제출한 '자신의 재산등록사항의 고지를 거부한 직계존비속의 본인과의 관계, 성명, 고지거부사유, 서명(날인)'이 기재되어 있는 구 「공직자윤리법 시행규칙」 제12조 관련 [별지 14호 서식]의 문서는 구 공직자윤리법에 의한 등록사항이 아니므로, 같은 법 제10조 제3항 및 제14조의 각 규정에 의하여 열람복사가 금지되거나 누설이 금지된 정보가 아니고, 나아가 구 「공공기관의 정보공개에 관한 법률」 제9조 제1항 제1호에 정한 법령비정보에도 해당하지 않는다.**

정답 | 17 O 18 O 19 X

20

2017 국회사무처 8급

정보공개청구를 거부하는 처분이 있은 후 대상 정보가 폐기되었다든가 하여 공공기관이 그 정보를 보유·관리하지 아니하게 된 경우에는 특별한 사정이 없는 한 정보공개거부처분의 취소를 구할 법률상의 이익이 없다. O | X

[대판 2013.1.24, 2010두18918]
공공기관의 정보공개에 관한 법률에서 말하는 공개 대상 정보는 정보 그 자체가 아닌 같은 법 제2조 제1호에서 예시하고 있는 매체 등에 기록된 사항을 의미하고, 공개 대상 정보는 원칙적으로 공개를 청구하는 자가 같은 법 제10조 제1항 제2호에 따라 작성한 정보공개청구서의 기재 내용에 의하여 특정되며, **만일 공개청구자가 특정한 바와 같은 정보를 공공기관이 보유·관리하고 있지 않은 경우라면 특별한 사정이 없는 한 해당 정보에 대한 공개거부처분에 대하여는 취소를 구할 법률상 이익이 없다.**

21

2017 지방직 9급

한국증권업협회는 증권회사 상호 간의 업무질서를 유지하고 유가증권의 공정한 매매거래 및 투자자보호를 위하여 구성된 회원조직으로, 「증권거래법」 또는 그 법에 의한 명령에 대하여 특별한 규정이 있는 것을 제외하고는 「민법」 중 사단법인에 관한 규정을 적용받으므로 구 「공공기관의 정보공개에 관한 법률 시행령」상의 '특별법에 의하여 설립된 특수법인'에 해당하지 않는다. O | X

[대법원 2010.4.29, 선고, 2008두5643, 판결]
'한국증권업협회'는 증권회사 상호간의 업무질서를 유지하고 유가증권의 공정한 매매거래 및 투자자보호를 위하여 일정 규모 이상인 증권회사 등으로 구성된 회원조직으로서, 증권거래법 또는 그 법에 의한 명령에 대하여 특별한 규정이 있는 것을 제외하고는 민법 중 사단법인에 관한 규정을 준용 받는 점, 그 업무가 국가기관 등에 준할 정도로 공동체 전체의 이익에 중요한 역할이나 기능에 해당하는 공공성을 갖는다고 볼 수 없는 점 등에 비추어, **공공기관의 정보공개에 관한 법률 시행령 제2조 제4호의 '특별법에 의하여 설립된 특수법인'에 해당한다고 보기 어렵다**고 한 사례.

22

2017 지방직 9급

사립학교에 대하여 「교육관련기관의 정보공개에 관한 특례법」이 적용되는 경우에도 「공공기관의 정보공개에 관한 법률」을 적용할 수 없는 것은 아니다. O | X

일반법 – 특별법 관계로 이해하면 된다. 특별법에 규정이 존재한다면 특별법이 우선 적용되지만, 특별법에 규정이 없는 사항에 대해서는 일반법이 적용된다.

[대법원 2013.11.28, 선고, 2011두5049, 판결]
구 교육관련기관의 정보공개에 관한 특례법(이하 '교육기관정보공개법'이라 한다)은, 교육관련기관이 보유·관리하는 정보의 공개의무와 공개에 필요한 기본적인 사항을 정하여 국민의 알 권리를 보장하고 학술 및 정책연구를 진흥함과 아울러 학교교육에 대한 참여와 교육행정의 효율성 및 투명성을 높이기 위하여 **정보공개법에 대한 특례를 규정함을 목적으로 제정된 법률로서**, 위 법 제2조는 제1호에서 그 법의 규율대상이 되는 정보를 '교육관련기관이 학교교육과 관련하여 직무상 작성 또는 취득하여 관리하고 있는 문서(전자문서를 포함한다)·도면·사진·필름·테이프·슬라이드, 그 밖에 이에 준하는 매체 등에 기록된 사항'으로 규정하고, 제4호에서 '교육관련기관'을 '학교·교육행정기관 및 교육연구기관'으로 정의한 후, 제5호에서는 '학교'를 '초·중등교육법 제2조

또는 고등교육법 제2조에 따라 설치된 각급학교, 그 밖에 다른 법률에 따라 설치된 각급학교(국방·치안 등의 사유로 정보공시가 어렵다고 대통령령으로 정하는 학교는 제외한다)'로 규정하고 있다. 아울러 **교육기관정보공개법 제4조는 정보의 공개 등에 관하여 이 법에서 규정하지 아니한 사항에 대해서는 정보공개법을 적용한다고 규정**하고 있다. 위와 같이 **교육기관정보공개법은 공공기관이 직무상 작성 또는 취득하여 관리하고 있는 정보 가운데 교육관련기관이 학교교육과 관련하여 직무상 작성 또는 취득하여 관리하고 있는 정보의 공개에 관하여 특별히 규율하는 법률이므로, 학교에 대하여 교육기관정보공개법이 적용된다고 하여 더 이상 정보공개법을 적용할 수 없게 되는 것은 아니라고 할 것**이다.

23

2017 지방직 9급

한국방송공사는 「공공기관의 정보공개에 관한 법률 시행령」 제2조 제4호에 규정된 '특별법에 따라 설립된 특수법인'에 해당한다. O | X

[대법원 2010.12.23. 선고, 2008두13101, 판결]

방송법이라는 특별법에 의하여 설립 운영되는 **한국방송공사(KBS)는 공공기관의 정보공개에 관한 법률 시행령 제2조 제4호의 '특별법에 의하여 설립된 특수법인'으로서 정보공개의무가 있는 공공기관의 정보공개에 관한 법률 제2조 제3호의 '공공기관'에 해당한다**고 판단한 원심판결을 수긍한 사례.

정보공개법 시행령

제2조(공공기관의 범위) 「정보공개법」(이하 "법"이라 한다) 제2조 제3호 라목에서 "대통령령으로 정하는 기관"이란 다음 각 호의 기관 또는 단체를 말한다.

1. 「유아교육법」, 「초·중등교육법」, 「고등교육법」에 따른 각급 학교 또는 그 밖의 다른 법률에 따라 설치된 학교
2. 「지방공기업법」에 따른 지방공사 및 지방공단
3. 다음 각 목의 어느 하나에 해당하는 기관 중 지방자치단체의 조례로 정하는 기관
4. **특별법에 따라 설립된 특수법인**
5. 「사회복지사업법」 제42조 제1항에 따라 국가나 지방자치단체로부터 보조금을 받는 사회복지법인과 사회복지사업을 하는 비영리법인

24

2017 교육행정직 9급

모든 국민은 정보의 공개를 청구할 권리를 가진다고 규정하고 있고, 여기의 국민에는 자연인과 법인이 포함되지만 권리능력 없는 사단은 포함되지 않는다. O | X

[대법원 2003.12.12. 선고, 2003두8050, 판결]

「공공기관의 정보공개에 관한 법률」 제6조 제1항은 "모든 국민은 정보의 공개를 청구할 권리를 가진다."고 규정하고 있는데, 여기에서 말하는 국민에는 자연인은 물론 법인, 권리능력 없는 사단·재단도 포함되고, 법인, 권리능력 없는 사단·재단 등의 경우에는 설립목적을 불문하며, 한편 정보공개청구권은 법률상 보호되는 구체적인 권리이므로 청구인이 공공기관에 대하여 정보공개를 청구하였다가 거부처분을 받은 것 자체가 법률상 이익의 침해에 해당한다.

정답 | 23 ○ 24 ×

25

2017 교육행정직 9급

정보공개청구권은 모든 국민에게 인정되나, 외국인은 정보공개를 청구할 수 없다. O | X

정보공개법

제5조(정보공개 청구권자) ① 모든 국민은 정보의 공개를 청구할 권리를 가진다.
② 외국인의 정보공개 청구에 관하여는 대통령령으로 정한다.

정보공개법 시행령

제3조(외국인의 정보공개 청구) 법 제5조 제2항에 따라 정보공개를 청구할 수 있는 외국인은 다음 각 호의 어느 하나에 해당하는 자로 한다.
1. 국내에 일정한 주소를 두고 거주하거나 학술·연구를 위하여 일시적으로 체류하는 사람
2. 국내에 사무소를 두고 있는 법인 또는 단체

26

2017 서울시 9급

행정정보공개의 출발점은 국민의 알 권리인데, 알 권리 자체는 헌법상으로 명문화되어 있지 않음에도 불구하고, 우리 헌법재판소는 초기부터 국민의 알 권리를 헌법상의 기본권으로 인정하여 왔다. O | X

헌법상 「알 권리」에 대한 명문규정은 없다. 하지만 판례는 「알 권리」를 헌법상 표현의 자유에 근거한 것으로 보고 있다. 즉 헌법 제21조(표현의 자유)의 전제인 "알 권리"에 근거하여 정보공개청구권의 행사가 가능하다는 입장이다.

[헌재 1991.5.13, 90헌마133]

헌법상 입법의 공개(제50조 제1항), 재판의 공개(제109조)와는 달리 행정의 공개에 대하여서는 명문규정을 두고 있지 않지만 「알 권리」의 생성기반을 살펴볼 때 이 권리의 핵심은 정부가 보유하고 있는 정보에 대한 국민의 「알 권리」, 즉 국민의 정부에 대한 일반적 정보공개를 구할 권리(청구권적 기본권)라고 할 것이며, 이러한 **「알 권리」의 실현은 법률의 제정이 뒤따라 이를 구체화시키는 것이 충실하고도 바람직하지만, 그러한 법률이 제정되어 있지 않다고 하더라도 불가능한 것은 아니고 헌법 제21조에 의해 직접 보장될 수 있다**고 하는 것이 헌법재판소의 확립된 판례인 것이다.

27

2017 서울시 9급

정보공개청구권은 해당 정보와 이해관계가 있는 자에 한해서만 인정된다. O | X

정보공개법

제5조(정보공개 청구권자) ① **모든 국민**은 정보의 공개를 청구할 권리를 가진다.
② **외국인**의 정보공개 청구에 관하여는 대통령령으로 정한다.

정답 | 25 × 26 ○ 27 ×

28

2017 서울시 9급

판례는 '특별법에 의하여 설립된 특수법인'이라는 점만으로 정보공개의무를 인정하고 있으며, 다시금 해당 법인의 역할과 기능에서 정보공개의무를 지는 공공기관에 해당하는지 여부를 판단하지 않는다. O | X

[대법원 2010.12.23. 선고, 2008두13101, 판결]

어느 법인이 공공기관의 정보공개에 관한 법률 제2조 제3호, 같은 법 시행령 제2조 제4호에 따라 정보를 공개할 의무가 있는 '특별법에 의하여 설립된 특수법인'에 해당하는지 여부는, 국민의 알 권리를 보장하고 국정에 대한 국민의 참여와 국정운영의 투명성을 확보하고자 하는 위 법의 입법 목적을 염두에 두고, 해당 법인에게 부여된 업무가 국가행정업무이거나 이에 해당하지 않더라도 그 업무 수행으로써 추구하는 이익이 해당 법인 내부의 이익에 그치지 않고 공동체 전체의 이익에 해당하는 공익적 성격을 갖는지 여부를 중심으로 개별적으로 판단하되, 해당 법인의 설립근거가 되는 법률이 법인의 조직구성과 활동에 대한 행정적 관리·감독 등에서 민법이나 상법 등에 의하여 설립된 일반 법인과 달리 규율한 취지, 국가나 지방자치단체의 해당 법인에 대한 재정적 지원·보조의 유무와 그 정도, **해당 법인의 공공적 업무와 관련하여 국가기관·지방자치단체 등 다른 공공기관에 대한 정보공개청구와는 별도로 해당 법인에 대하여 직접 정보공개청구를 구할 필요성이 있는지 여부 등을 종합적으로 고려**하여야 한다.

29

2017 서울시 9급

재건축사업계약에 의하여 조합원들에게 제공될 무상보상평수 산출내역은 법인 등의 영업상 비밀에 관한 사항이 아니며 비공개대상정보에 해당되지 않는다. O | X

재건축조합의 조합원들의 헌법상 알 권리가 인정되는 경우이다.

[대법원 2006.1.13. 선고, 2003두9459, 판결]

기록에 의하면, 원고들이 공개를 구한 '무상보상평수 산출내역'(이에 대하여 피고가 그 문서명을 구체적으로 밝히지는 않았지만 피고의 주장내용 등을 감안하면 피고가 이 사건 재건축사업에 참여하기 전에 내부적으로 확정한 '포항환호재건축사업후보지 선정 및 사업계획안'을 가리키는 것으로 봄이 상당하다. 이하 **'이 사건 제2정보'라 한다)은 소외 조합의 조합원들에게 제공될 무상보상평수를 '종전 분양면적 + 지하주차장 2평'으로 정할 경우의 사업수익성 등을 검토한 자료인데, 피고는 이 사건 제2정보에 대한 공개거부처분 이전인 2001. 7. 27. 소외 조합과 사이에 위와 같은 무상보상평수 제공 내용이 포함된 재건축사업계약을 체결한 사실을 알 수 있으므로, 이 사건 제2정보는 구 '공공기관의 정보공개에 관한 법률'(2004. 1. 29. 법률 제7127호로 전문 개정되기 전의 것, 이하 '법'이라 한다) 제7조 제1항 제5호 소정의 '의사결정과정 또는 내부검토과정에 있는 사항 등으로 공개될 경우 업무의 공정한 수행에 현저한 지장을 초래한다고 인정할 만한 상당한 이유가 있는 정보'에 해당한다고 할 수 없고**, 이 사건 재건축사업의 경과, 피고의 사업참여 경위, 피고와 소외 조합과의 재건축사업계약의 내용 등에 비추어 보더라도 이 사건 제2정보가 공개될 경우 피고가 이 사건 재건축아파트의 분양 등 업무를 추진하는 것이 곤란해진다고 보기 어려울 뿐만 아니라, **이 사건 제2정보가 공개되면 피고와 소외 조합 사이의 재건축사업계약에 의하여 조합원들에게 제공될 무상보상평수의 산출근거를 알 수 있게 되어 조합원들의 알 권리를 충족시키고 이 사건 재건축사업의 투명성을 확보할 수 있게 되는 점 등 여러 사정들을 감안하여 보면, 이 사건 제2정보가 법 제7조 제1항 제7호 소정의 '법인 등의 영업상 비밀에 관한 사항으로서 공개될 경우 법인 등의 정당한 이익을 현저히 해할 우려가 있다고 인정되는 정보'에 해당한다고 보기도 어렵다.**

정답 | 28 × 29 ○

30

2017 하반기
국가직 9급

정보공개법 제13조 제2항에서 규정한 정보의 사본 또는 복제물의 교부를 제한할 수 있는 사유에 해당하지 아니하는 한 정보공개청구자가 선택한 공개방법에 따라 공개하여야 하므로 공공기관은 정보공개방법을 선택할 재량권이 없다. O | X

[대판 2003.12.12, 2003두8050]
「공공기관의 정보공개에 관한 법률」 제2조 제2항, 제3조, 제5조, 제8조 제1항, 같은 법 시행령 제14조, 같은 법 시행규칙 제2조 [별지 제1호 서식] 등의 각 규정을 종합하면, 정보공개를 청구하는 자가 공공기관에 대해 정보의 사본 또는 출력물의 교부의 방법으로 공개방법을 선택하여 정보공개청구를 한 경우에 **공개청구를 받은 공공기관으로서는 같은 법 제8조 제2항에서 규정한 정보의 사본 또는 복제물의 교부를 제한할 수 있는 사유에 해당하지 않는 한 정보공개청구자가 선택한 공개방법에 따라 정보를 공개하여야 하므로 그 공개방법을 선택할 재량권이 없다**고 해석함이 상당하다.

31

2017 하반기
국가직 9급

공개청구된 사실을 통지받은 제3자가 당해 공공기관에 공개하지 아니할 것을 요청하는 때에는 공공기관은 비공개결정을 하여야 한다. O | X

[대법원 2008.9.25, 2008두8680]
정보공개법 제9조 제1항은 "공공기관이 보유·관리하는 정보는 공개대상이 된다. 다만, 다음 각 호의 1에 해당하는 정보에 대하여는 이를 공개하지 아니할 수 있다"고 규정하고 있는바, 정보공개법의 입법 취지 및 위와 같은 규정 형식에 비추어 보면, 여기에서 말하는 공공기관이 보유·관리하는 정보라 함은 당해 공공기관이 작성하여 보유·관리하고 있는 정보뿐만 아니라 경위를 불문하고 당해 공공기관이 보유·관리하고 있는 모든 정보를 의미한다고 할 것이므로, **제3자와 관련이 있는 정보라고 하더라도 당해 공공기관이 이를 보유·관리하고 있는 이상 정보공개법 제9조 제1항 단서 각 호의 비공개사유에 해당하지 아니하면 정보공개의 대상이 되는 정보에 해당한다**고 보아야 할 것이다. 따라서 정보공개법 제11조 제3항이 "공공기관은 공개청구 된 공개대상정보의 전부 또는 일부가 제3자와 관련이 있다고 인정되는 때에는 그 사실을 제3자에게 지체없이 통지하여야 하며, 필요한 경우에는 그의 의견을 청취할 수 있다", 제21조 제1항이 "제11조 제3항의 규정에 의하여 공개청구된 사실을 통지받은 제3자는 통지받은 날부터 3일 이내에 당해 공공기관에 대하여 자신과 관련된 정보를 공개하지 아니할 것을 요청할 수 있다"고 규정하고 있다고 하더라도, 이는 **공공기관이 보유·관리하고 있는 정보가 제3자와 관련이 있는 경우 그 정보공개여부를 결정함에 있어 공공기관이 제3자와의 관계에서 거쳐야 할 절차를 규정한 것에 불과할 뿐, 제3자의 비공개요청이 있다는 사유만으로 정보공개법상 정보의 비공개사유에 해당한다고 볼 수 없다.**

32

2017 하반기
지방직 9급

정보공개제도를 이용하여 사회통념상 용인될 수 없는 부당한 이득을 얻으려 하거나, 오로지 공공기관의 담당공무원을 괴롭힐 목적으로 정보공개청구를 하는 경우라 하더라도 적법한 공개청구 요건을 갖추고 있는 경우라면 정보공개청구권 행사 자체를 권리남용으로 볼 수는 없다. O | X

[대법원 2014.12.24, 선고, 2014두9349, 판결]
일반적인 정보공개청구권의 의미와 성질, 구 공공기관의 정보공개에 관한 법률(이하 '정보공개법'이라 한다) 제3조, 제5조 제1항, 제6조의 규정 내용과 입법 목적, 정보공개법이 정보공개청구권의 행사와 관련하여 정보의

사용 목적이나 정보에 접근하려는 이유에 관한 어떠한 제한을 두고 있지 아니한 점 등을 고려하면, 국민의 정보공개청구는 정보공개법 제9조에 정한 비공개 대상 정보에 해당하지 아니하는 한 원칙적으로 폭넓게 허용되어야 하지만, **실제로는 해당 정보를 취득 또는 활용할 의사가 전혀 없이 정보공개 제도를 이용하여 사회통념상 용인될 수 없는 부당한 이득을 얻으려 하거나, 오로지 공공기관의 담당공무원을 괴롭힐 목적으로 정보공개청구를 하는 경우처럼 권리의 남용에 해당하는 것이 명백한 경우에는 정보공개청구권의 행사를 허용하지 아니하는 것이 옳다.**

33

2017 하반기
지방직 9급

법무부령인 「검찰보존사무규칙」에서 불기소사건 기록 등의 열람·등사 등을 제한하는 것은 「공공기관의 정보공개에 관한 법률」에 따른 '다른 법률 또는 명령에 의하여 비공개사항으로 규정된 경우'에 해당되어 적법하다.

O | X

정보공개법상 「법령비정보」에 해당하려면 법률 또는 법규명령에 규정이 존재해야 한다. 법무부령인 「검찰보존사무규칙」은 법규명령 형식의 행정규칙 중 시행규칙이므로 법규성이 부정된다.

[대법원 2006.5.25, 선고, 2006두3049, 판결]

검찰보존사무규칙이 검찰청법 제11조에 기하여 제정된 법무부령이기는 하지만, 그 사실만으로 같은 규칙 내의 모든 규정이 법규적 효력을 가지는 것은 아니다. **기록의 열람·등사의 제한을 정하고 있는 같은 규칙 제22조는 법률상의 위임근거가 없어 행정기관 내부의 사무처리준칙으로서 행정규칙에 불과**하므로, 위 규칙상의 열람·등사의 제한을 **공공기관의 정보공개에 관한 법률 제9조 제1항 제1호의 '다른 법률 또는 법률에 의한 명령에 의하여 비공개사항으로 규정된 경우'에 해당한다고 볼 수 없다.**

34

2017 하반기
지방직 9급

'독립유공자 서훈 공적심사위원회의 심의·의결 과정 및 그 내용을 기재한 회의록'은 공개될 경우에 업무의 공정한 수행에 현저한 지장을 초래한다고 인정할 만한 상당한 이유가 있는 정보에 해당한다.

O | X

[대법원 2014.7.24, 선고, 2013두20301, 판결]

甲이 친족인 망 乙 등에 대한 독립유공자 포상신청을 하였다가 독립유공자서훈 공적심사위원회의 심사를 거쳐 포상에 포함되지 못하였다는 내용의 공적심사 결과를 통지받자 국가보훈처장에게 **'망인들에 대한 독립유공자서훈 공적심사위원회의 심의·의결 과정 및 그 내용을 기재한 회의록'** 등의 공개를 청구하였는데, 국가보훈처장이 공개할 수 없다는 통보를 한 사안에서, 위 회의록은 **공공기관의 정보공개에 관한 법률 제9조 제1항 제5호에서 정한 '공개될 경우 업무의 공정한 수행에 현저한 지장을 초래한다고 인정할 만한 상당한 이유가 있는 정보'에 해당**한다고 한 사례.

정답 | 33 × 34 ○

35

2017 하반기
지방직 9급

정보공개청구의 대상이 되는 공공기관이 보유하는 정보는 공공기관이 직무상 작성 또는 취득한 원본문서이어야 하며, 전자적 형태로 보유·관리되는 경우에는 행정기관의 업무수행에 큰 지장을 주지 않는 한도 내에서 검색·편집하여 제공하여야 한다.

O | X

(i) 정보공개의 대상이 되는 정보가 반드시 원본일 필요는 없다(정보공개법 제13조 제3항).

제13조(정보공개 여부 결정의 통지) ① 공공기관은 제11조에 따라 정보의 공개를 결정한 경우에는 공개의 일시 및 장소 등을 분명히 밝혀 청구인에게 통지하여야 한다.
② 공공기관은 청구인이 사본 또는 복제물의 교부를 원하는 경우에는 이를 교부하여야 한다. 다만, 공개 대상 정보의 양이 너무 많아 정상적인 업무수행에 현저한 지장을 초래할 우려가 있는 경우에는 정보의 사본·복제물을 일정 기간별로 나누어 제공하거나 열람과 병행하여 제공할 수 있다.
③ **공공기관은 제1항에 따라 정보를 공개하는 경우에 그 정보의 원본이 더럽혀지거나 파손될 우려가 있거나 그 밖에 상당한 이유가 있다고 인정할 때에는 그 정보의 사본·복제물을 공개할 수 있다.**

(ii) 전자적 형태로 보유·관리되는 경우에는 행정기관의 업무수행에 큰 지장을 주지 않는 한도 내에서 청구인이 구하는대로 편집하여 공개해야 하는 경우도 있다.

[대법원 2010.2.11, 선고, 2009두6001, 판결]
공공기관의 정보공개에 관한 법률에 의한 정보공개제도는 공공기관이 보유·관리하는 정보를 그 상태대로 공개하는 제도이지만, **전자적 형태로 보유·관리되는 정보의 경우에는, 그 정보가 청구인이 구하는 대로는 되어 있지 않다고 하더라도, 공개청구를 받은 공공기관이 공개청구대상정보의 기초자료를 전자적 형태로 보유·관리하고 있고, 당해 기관에서 통상 사용되는 컴퓨터 하드웨어 및 소프트웨어와 기술적 전문지식을 사용하여 그 기초자료를 검색하여 청구인이 구하는 대로 편집할 수 있으며,** 그러한 작업이 당해 기관의 컴퓨터 시스템 운용에 별다른 지장을 초래하지 아니한다면, 그 공공기관이 공개청구대상정보를 보유·관리하고 있는 것으로 볼 수 있고, 이러한 경우에 기초자료를 검색·편집하는 것은 새로운 정보의 생산 또는 가공에 해당한다고 할 수 없다.

36

2018 국가직 7급

정보비공개결정 취소소송에서 공공기관이 청구정보를 증거로 법원에 제출하여 법원을 통하여 그 사본을 청구인에게 교부되게 하여 정보를 공개하게 된 경우에는 비공개결정의 취소를 구할 소의 이익이 소멸한다.

O | X

이러한 우회적인 방법에 의한 공개를 「정보공개법」상 공개로 인정하게 되면, 청구인은 항상 정보공개거부처분 취소소송을 제기해야 한다는 불합리한 결과가 발생한다.

[대법원 2004.3.26, 2002두6583]
보안관찰관련 통계자료를 제외한 나머지 정보들(이하 '이 사건 나머지 정보들'이라 한다)에 대하여 공공기관의 정보공개에 관한 법률 제2조 제2호는 '공개'라 함은 공공기관이 이 법의 규정에 의하여 정보를 열람하게 하거나 그 사본 또는 복제물을 교부하는 것 등을 말한다고 정의하고 있는데, 정보공개방법에 대하여 법시행령 제14조 제1항은 문서·도면·사진 등은 열람 또는 사본의 교부의 방법 등에 의하도록 하고 있고, 제2항은 공공기관은 정보를 공개함에 있어서 본인 또는 그 정당한 대리인임을 직접 확인할 필요가 없는 경우에는 청구인의 요청에 의하여 사본 등을 우편으로 송부할 수 있도록 하고 있으며, 한편 법 제15조 제1항은 정보의 공개 및 우송 등에 소요되는 비용은 실비의 범위 안에서 청구인의 부담으로 하도록 하고 있는바, **청구인이 정보공개거부처분의 취소를 구하는 소송에서 공공기관이 청구정보를 증거 등으로 법원에 제출하여 법원을 통하여 그 사본을 청구인에게 교부 또는 송달하게 하여 결과적으로 청구인에게 정보를 공개하는 셈이 되었다고 하더라도, 이러한 우회적인 방법은 법이 예정하고 있지 아니한 방법으로서 법에 의한 공개라고 볼 수는 없으므로, 당해 문서의 비공개결정의 취소를 구할 소의 이익은 소멸되지 않는다**고 할 것이다.

37

2018 국가직 7급

공개하는 것이 공익을 위하여 필요한 경우로서 법령에 따라 국가가 업무의 일부를 위탁 또는 위촉한 개인의 성명·직업은, 공개되면 사생활의 비밀 또는 자유가 침해될 우려가 있다고 인정되더라도 공개대상정보에 해당한다.

O | X

공공기관의 정보공개에 관한 법률 제9조 제1항 제6호 마목

공공기관의 정보공개에 관한 법률

제9조(비공개 대상 정보) ① 공공기관이 보유·관리하는 정보는 공개 대상이 된다. 다만, **다음 각 호의 어느 하나에 해당하는 정보는 공개하지 아니할 수** 있다.

1. (법령상 비밀정보) 다른 법률 또는 법률에서 위임한 명령(국회규칙·대법원규칙·헌법재판소규칙·중앙선거관리위원회규칙·대통령령 및 조례로 한정한다)에 따라 비밀이나 비공개 사항으로 규정된 정보
2. (국가기밀정보) 국가안전보장·국방·통일·외교관계 등에 관한 사항으로서 공개될 경우 국가의 중대한 이익을 현저히 해칠 우려가 있다고 인정되는 정보
3. (국민의 생명보호정보) 공개될 경우 국민의 생명·신체 및 재산의 보호에 현저한 지장을 초래할 우려가 있다고 인정되는 정보
4. (수사·형사소추·교정정보) 진행 중인 재판에 관련된 정보와 범죄의 예방, 수사, 공소의 제기 및 유지, 형의 집행, 교정(矯正), 보안처분에 관한 사항으로서 공개될 경우 그 직무수행을 현저히 곤란하게 하거나 형사피고인의 공정한 재판을 받을 권리를 침해한다고 인정할 만한 상당한 이유가 있는 정보
5. (행정정보·의사결정과정·내부검토과정정보) 감사·감독·검사·시험·규제·입찰계약·기술개발·인사관리에 관한 사항이나 의사결정 과정 또는 내부검토 과정에 있는 사항 등으로서 공개될 경우 업무의 공정한 수행이나 연구·개발에 현저한 지장을 초래한다고 인정할 만한 상당한 이유가 있는 정보. 다만, 의사결정 과정 또는 내부검토 과정을 이유로 비공개할 경우에는 의사결정 과정 및 내부검토 과정이 종료되면 제10조에 따른 청구인에게 이를 통지하여야 한다.
6. (개인식별정보) 해당 정보에 포함되어 있는 성명·주민등록번호 등 개인에 관한 사항으로서 공개될 경우 사생활의 비밀 또는 자유를 침해할 우려가 있다고 인정되는 정보. 다만, **다음 각 목에 열거한 개인에 관한 정보는 제외**한다.
   가. 법령에서 정하는 바에 따라 열람할 수 있는 정보
   나. 공공기관이 공표를 목적으로 작성하거나 취득한 정보로서 사생활의 비밀 또는 자유를 부당하게 침해하지 아니하는 정보
   다. 공공기관이 작성하거나 취득한 정보로서 공개하는 것이 공익이나 개인의 권리 구제를 위하여 필요하다고 인정되는 정보
   라. 직무를 수행한 공무원의 성명·직위
   마. **공개하는 것이 공익을 위하여 필요한 경우로서 법령에 따라 국가 또는 지방자치단체가 업무의 일부를 위탁 또는 위촉한 개인의 성명·직업**
7. (법인의 영업상 비밀정보) 법인·단체 또는 개인(이하 "법인등"이라 한다)의 경영상·영업상 비밀에 관한 사항으로서 공개될 경우 법인등의 정당한 이익을 현저히 해칠 우려가 있다고 인정되는 정보. 다만, 다음 각 목에 열거한 정보는 제외한다.
   가. 사업활동에 의하여 발생하는 위해(危害)로부터 사람의 생명·신체 또는 건강을 보호하기 위하여 공개할 필요가 있는 정보
   나. 위법·부당한 사업활동으로부터 국민의 재산 또는 생활을 보호하기 위하여 공개할 필요가 있는 정보
8. (부동산투기정보) 공개될 경우 부동산 투기, 매점매석 등으로 특정인에게 이익 또는 불이익을 줄 우려가 있다고 인정되는 정보

정답 | 37 ○

38

2018 서울시 7급

공개대상의 양이 과다하여 정상적인 업무수행에 현저한 지장을 초래할 우려가 있는 경우에는 이를 기간별로 나누어 교부하거나 열람과 병행하여 교부할 수 있다. O | X

정보공개법

제13조(정보공개 여부 결정의 통지) ① 공공기관은 제11조에 따라 정보의 공개를 결정한 경우에는 공개의 일시 및 장소 등을 분명히 밝혀 청구인에게 통지하여야 한다.

② 공공기관은 청구인이 사본 또는 복제물의 교부를 원하는 경우에는 이를 교부하여야 한다. 다만, **공개 대상 정보의 양이 너무 많아 정상적인 업무수행에 현저한 지장을 초래할 우려가 있는 경우에는 정보의 사본·복제물을 일정 기간별로 나누어 제공하거나 열람과 병행하여 제공할 수 있다.**

③ 공공기관은 제1항에 따라 정보를 공개하는 경우에 그 정보의 원본이 더럽혀지거나 파손될 우려가 있거나 그 밖에 상당한 이유가 있다고 인정할 때에는 그 정보의 사본·복제물을 공개할 수 있다.

④ 공공기관은 제11조에 따라 정보의 비공개 결정을 한 경우에는 그 사실을 청구인에게 지체 없이 문서로 통지하여야 한다. 이 경우 비공개 이유와 불복(不服)의 방법 및 절차를 구체적으로 밝혀야 한다.

39

2019 국가직 9급

행정소송의 재판기록 일부의 정보공개청구에 대한 비공개 결정은 전자문서로 통지할 수 없다. O | X

[대법원 2014.4.10, 선고, 2012두17384, 판결]

甲이 재판기록 일부의 정보공개를 청구한 데 대하여 서울행정법원장이 민사소송법 제162조를 이유로 소송기록의 정보를 비공개한다는 결정을 전자문서로 통지한 사안에서, **'문서'에 '전자문서'를 포함한다고 규정한 구 공공기관의 정보공개에 관한 법률 제2조와 정보의 비공개결정을 '문서'로 통지하도록 정한 정보공개법 제13조 제4항의 규정에 의하면 정보의 비공개결정은 전자문서로 통지할 수 있고,** 위 규정들은 행정 절차법 제3조 제1항에서 행정절차법의 적용이 제외되는 것으로 정한 '다른 법률'에 특별한 규정이 있는 경우에 해당하므로, 비공개결정 당시 정보의 비공개결정은 정보공개법 제13조 제4항에 의하여 전자문서로 통지할 수 있다고 본 원심판단에 법리오해 등의 위법이 없다고 한 사례.

40

2019 지방직, 교육행정직 9급

학교환경위생구역 내 금지행위(숙박시설) 해제결정에 관한 학교환경위생정화위원회의 회의록에 기재된 발언내용에 대한 해당 발언자의 인적사항 부분에 관한 정보는 공공기관의 정보 공개에 관한 법률 소정의 비공개대상정보에 해당하지 않는다. O | X

[대법원 2003.8.22, 선고, 2002두12946, 판결]

위 **정화위원회의 심의회의에서는 위 정화위원회의 의사결정에 관련된 문답과 토의가 이루어지므로 자유롭고 활발한 심의가 보장되기 위하여는 심의회의가 종료된 이후에도 심의과정에서 누가 어떤 발언을 하였는지에 관하여는 외부에 공개되지 않도록 이를 철저히 보장하여야 할 필요성 즉, 위 정화위원회의 회의록 중 발언내용 이외에 해당 발언자의 인적사항까지 공개된다면 정화위원들이나 출석자들은 자신의 발언내용에 관한 공개에 대한 부담으로 인한 심리적 압박 때문에 위 정화위원회의 심의절차에서 솔직하고 자유로운 의사교환을 할 수 없고, 심지어 당사자나 외부의 의사에 영합하는 발언을 하거나 침묵으로 일관할 우려마저 있으므로, 이러한 사태를 막아 정화위원들이 심의에 집중하도록 함으로써 심의의 충실화와 내실화를 도모하기 위하여는 회의록의 발언내용 이외에 해당 발언자의 인적사항까지 외부에 공개되어서는 아니 된다** 할 것이어서, '회의록에 기재된 발언내용에 대한 해당 발언자의 인적사항' 부분은 그것이 공개될 경우 정화위원회의 심의업무의 공정한 수행에 현저한 지장을 초래한다고 인정할 만한 상당한 이유가 있다.

정답 | 38 ○ 39 × 40 ×

41

2019 지방직, 교육행정직 9급

학교폭력대책자치위원회가 피해학생의 보호를 위한 조치, 가해학생에 대한 조치, 학교폭력과 관련된 분쟁의 조정 등에 관하여 심의한 결과를 기재한 회의록은 공공기관의 정보 공개에 관한 법률 소정의 비공개대상 정보에 해당한다. O | X

[대법원 2010.6.10, 2010두2913]
학교폭력대책자치위원회에서의 자유롭고 활발한 심의·의결이 보장되기 위해서는 위원회가 종료된 후라도 심의·의결 과정에서 개개 위원들이 한 발언 내용이 외부에 공개되지 않는다는 것이 철저히 보장되어야 한다는 점, 학교폭력예방 및 대책에 관한 법률 제21조 제3항이 학교폭력대책자치위원회의 회의를 공개하지 못하도록 명문으로 규정하고 있는 것은, **회의록 공개를 통한 알 권리 보장과 학교폭력대책자치위원회 운영의 투명성 확보 요청을 다소 후퇴시켜서라도 초등학교·중학교·고등학교·특수학교 내외에서 학생들 사이에서 발생한 학교폭력의 예방 및 대책에 관련된 사항을 심의하는 학교폭력대책자치위원회 업무수행의 공정성을 최대한 확보하기 위한 것으로 보이는 점 등을 고려하면, 학교폭력대책자치위원회의 회의록은 공공기관의 정보공개에 관한 법률 제9조 제1항 제5호의 '공개될 경우 업무의 공정한 수행에 현저한 지장을 초래한다고 인정할 만한 상당한 이유가 있는 정보'에 해당한다.**

42

2019 서울시 9급 (6월)

정보공개청구권자인 '모든 국민'에는 자연인 외에 법인, 권리능력 없는 사단·재단도 포함되므로 지방자치단체도 포함된다. O | X

[서울행법 2005.10.12, 선고, 2005구합10484, 판결 : 확정]
알 권리는 기본적으로 정신적 자유 영역인 표현의 자유 내지는 인간의 존엄성, 행복추구권 등에서 도출된 권리인 점, 정보공개청구제도는 국민이 국가·지방자치단체 등이 보유한 정보에 접근하여 그 정보의 공개를 청구할 수 있는 권리로서 이로 인하여 국정에 대한 국민의 참여를 보장하기 위한 제도인 점, **지방자치단체에게 이러한 정보공개청구권이 인정되지 아니한다고 하더라도 헌법상 보장되는 행정자치권 등이 침해된다고 보기는 어려운 점, 오히려 지방자치단체는 공권력기관으로서 이러한 국민의 알 권리를 보호할 위치에 있다고 보아야 하는 점 등에 비추어 보면, 지방자치단체에게는 알 권리로서의 정보공개청구권이 인정된다고 보기는 어렵고,** 나아가 공공기관의 정보공개에 관한 법률 제4조, 제5조, 제6조의 각 규정의 취지를 종합하면, **공공기관의 정보공개에 관한 법률은 국민을 정보공개청구권자로, 지방자치단체를 국민에 대응하는 정보공개의무자로 상정하고 있다고 할 것이므로, 지방자치단체는 공공기관의 정보공개에 관한 법률 제5조에서 정한 정보공개청구권자인 '국민'에 해당되지 아니한다.**

43

2019 서울시 7급 (6월)

외국 기관으로부터 비공개를 전제로 정보를 입수하였다는 이유만으로, 이를 공개할 경우 업무의 공정한 수행에 현저한 지장을 받을 것이라 단정할 수 없다. O | X

[대법원 2018.9.28, 선고, 2017두69892, 판결]
외국 또는 외국 기관으로부터 비공개를 전제로 정보를 입수하였다는 이유만으로 이를 공개할 경우 업무의 공정한 수행에 현저한 지장을 받을 것이라고 단정할 수는 없다. 다만 위와 같은 사정은 정보 제공자와의 관계, 정보 제공자의 의사, 정보의 취득 경위, 정보의 내용 등과 함께 업무의 공정한 수행에 현저한 지장이 있는지를 판단할 때 고려하여야 할 형량 요소이다.

정답 41 O 42 × 43 O

44

2019 서울시 7급 (6월)

한·일 군사정보보호협정 및 한·일 상호군수지원협정과 관련하여 각종 회의자료 및 회의록 등의 정보는 정보공개법상 공개가 가능한 부분과 공개가 불가능한 부분을 쉽게 분리하는 것이 불가능한 비공개정보에 해당하지 아니한다. O | X

> [대법원 2019.1.17. 선고, 2015두46512, 판결]
> 甲이 외교부장관에게 한·일 군사정보보호협정 및 한·일 상호군수지원협정과 관련하여 각종 회의자료 및 회의록 등의 정보에 대한 공개를 청구하였으나, 외교부장관이 공개 청구 정보 중 일부를 제외한 나머지 정보들에 대하여 비공개 결정을 한 사안에서, 위 정보는 구 공공기관의 정보공개에 관한 법률 제9조 제1항 제2호, 제5호에 정한 비공개대상정보에 해당하고, 공개가 가능한 부분과 공개가 불가능한 부분을 쉽게 분리하는 것이 불가능하여 같은 법 제14조에 따른 부분공개도 가능하지 않다고 본 원심판단이 정당하다고 한 사례.

45

2019 국가직 7급

정보공개를 청구한 목적이 손해배상소송에 제출할 증거자료를 획득하기 위한 것이었고 그 소송이 이미 종결되었다면, 그러한 정보공개청구는 권리남용에 해당한다. O | X

> [대법원 2004.9.23. 선고, 2003두1370, 판결]
> 구 정보공개법의 목적, 규정 내용 및 취지 등에 비추어 보면, 정보공개청구의 목적에 특별한 제한이 있다고 할 수 없으므로, 피고의 주장과 같이 원고가 이 사건 정보공개를 청구한 목적이 이 사건 손해배상소송에 제출할 증거자료를 획득하기 위한 것이었고 위 소송이 이미 종결되었다고 하더라도, 원고가 오로지 피고를 괴롭힐 목적으로 정보공개를 구하고 있다는 등의 특별한 사정이 없는 한, 위와 같은 사정만으로는 원고가 이 사건 소송을 계속하고 있는 것이 권리남용에 해당한다고 볼 수 없다.

46

2019 국가직 7급

공공기관이 정보공개청구권자가 신청한 공개방법 이외의 방법으로 정보를 공개하기로 하는 결정을 하였다면, 정보공개청구자는 이에 대하여 항고소송으로 다툴 수 있다. O | X

> 정보공개청구권자가 정보의 복사를 청구했는데 공공기관이 정보의 열람만을 허용한 경우이다.
>
> [대법원 2016.11.10. 선고, 2016두44674, 판결]
> 구 공공기관의 정보공개에 관한 법률은, 정보의 공개를 청구하는 이(이하 '청구인'이라고 한다)가 정보공개방법도 아울러 지정하여 정보공개를 청구할 수 있도록 하고 있고, 전자적 형태의 정보를 전자적으로 공개하여 줄 것을 요청한 경우에는 공공기관은 원칙적으로 요청에 응할 의무가 있고, 나아가 비전자적 형태의 정보에 관해서도 전자적 형태로 공개하여 줄 것을 요청하면 재량판단에 따라 전자적 형태로 변환하여 공개할 수 있도록 하고 있다. 이는 정보의 효율적 활용을 도모하고 청구인의 편의를 제고함으로써 구 정보공개법의 목적인 국민의 알 권리를 충실하게 보장하려는 것이므로, 청구인에게는 특정한 공개방법을 지정하여 정보공개를 청구할 수 있는 법령상 신청권이 있다. 따라서 공공기관이 공개청구의 대상이 된 정보를 공개는 하되, 청구인이 신청한 공개방법 이외의 방법으로 공개하기로 하는 결정을 하였다면, 이는 정보공개청구 중 정보공개방법에 관한 부분에 대하여 일부 거부처분을 한 것이고, 청구인은 그에 대하여 항고소송으로 다툴 수 있다.

정답 | 44 × 45 × 46 ○

47

2019 국가직 7급

공개청구된 정보를 공공기관이 한때 보유·관리하였으나 후에 그 정보가 담긴 문서가 정당하게 폐기되어 존재하지 않게 된 경우, 정보 보유·관리 여부의 입증책임은 정보공개청구자에게 있다. O | X

[대법원 2013.1.24, 2010두18918]

「공공기관의 정보공개에 관한 법률」에서 말하는 공개 대상 정보는 정보 그 자체가 아닌 같은 법 제2조 제1호에서 예시하고 있는 매체 등에 기록된 사항을 의미하고, 공개 대상 정보는 원칙적으로 공개를 청구하는 자가 같은 법 제10조 제1항 제2호에 따라 작성한 정보공개청구서의 기재 내용에 의하여 특정되며, 만일 공개청구자가 특정한 바와 같은 정보를 공공기관이 보유·관리하고 있지 않은 경우라면 특별한 사정이 없는 한 해당 정보에 대한 공개거부처분에 대하여는 취소를 구할 법률상 이익이 없다. 이와 **관련하여 공개청구자는 그가 공개를 구하는 정보를 공공기관이 보유·관리하고 있을 상당한 개연성이 있다는 점에 대하여 입증할 책임**이 있으나, **공개를 구하는 정보를 공공기관이 한때 보유·관리하였으나 후에 그 정보가 담긴 문서들이 폐기되어 존재하지 않게 된 것이라면 그 정보를 더 이상 보유·관리하고 있지 않다는 점에 대한 증명책임은 공공기관에 있다.**

48

2019 지방직 7급

형사재판확정기록의 공개에 관하여는 형사소송법의 규정이 적용되므로 공공기관의 정보공개에 관한 법률에 의한 공개청구는 허용되지 아니한다. O | X

[대법원 2016.12.15, 선고, 2013두20882, 판결]

형사소송법 제59조의2의 내용·취지 등을 고려하면, **형사소송법 제59조의2(재판확정기록의 열람·등사)는 형사재판확정기록의 공개 여부나 공개 범위, 불복절차 등에 대하여 구 공공기관의 정보공개에 관한 법률(이하 '정보공개법'이라고 한다)과 달리 규정하고 있는 것으로 정보공개법 제4조 제1항에서 정한 '정보의 공개에 관하여 다른 법률에 특별한 규정이 있는 경우'에 해당한다. 따라서 형사재판확정기록의 공개에 관하여는 정보공개법에 의한 공개청구가 허용되지 아니한다.**

비교판례

[대결 2010.1.19, 2008마546]

민사소송법 제344조 제2항은 같은 조 제1항에서 정한 문서에 해당하지 아니한 문서라도 문서의 소지자는 원칙적으로 그 제출을 거부하지 못하나, 다만 '공무원 또는 공무원이었던 사람이 그 직무와 관련하여 보관하거나 가지고 있는 문서'는 예외적으로 제출을 거부할 수 있다고 규정하고 있는바, 여기서 말하는 '공무원 또는 공무원이었던 사람이 그 직무와 관련하여 보관하거나 가지고 있는 문서'는 국가기관이 보유·관리하는 공문서를 의미한다고 할 것이고, **이러한 공문서의 공개에 관하여는 공공기관의 정보공개에 관한 법률에서 정한 절차와 방법에 의하여야 할 것**이다.

49

2020 지방직 (서울시) 9급

국민의 알 권리를 두텁게 보호하기 위해 「공공기관의 정보공개에 관한 법률」 제9조 제1항 제6호 본문의 규정에 따라 비공개대상이 되는 정보는 이름·주민등록번호 등 '개인식별정보'로 한정된다. O | X

[대법원 2012.6.18, 2011두2361]

공공기관의 정보공개에 관한 법률(이하 '정보공개법'이라 한다)의 개정 연혁, 내용 및 취지 등에 헌법상 보장되는 사생활의 비밀 및 자유의 내용을 보태어 보면, **정보공개법 본문의 규정에 따라 비공개대상이 되는 정보에는 구 공공기관의 정보공개에 관한 법률의 이름·주민등록번호 등 정보 형식이나 유형을 기준으로 비공개대상정보**

정답 | 47 × 48 ○ 49 ×

에 해당하는지를 판단하는 '개인식별정보' 뿐만 아니라 그 외에 정보의 내용을 구체적으로 살펴 '개인에 관한 사항의 공개로 개인의 내밀한 내용의 비밀 등이 알려지게 되고, 그 결과 인격적·정신적 내면생활에 지장을 초래하거나 자유로운 사생활을 영위할 수 없게 될 위험성이 있는 정보'도 포함된다고 새겨야 한다. 따라서 불기소처분 기록 중 피의자신문조서 등에 기재된 피의자 등의 인적사항 이외의 진술내용 역시 개인의 사생활의 비밀 또는 자유를 침해할 우려가 인정되는 경우 본문 소정의 비공개대상에 해당한다.

50

2022 국회사무처 8급

공공기관은 공개청구된 공개대상정보의 전부 또는 일부가 제3자와 관련이 있다고 인정할 때에는 그 사실을 제3자에게 지체 없이 통지하여야 하며, 공개청구된 사실을 통지받은 제3자는 그 통지를 받은 날부터 3일 이내에 해당 공공기관에 대하여 자신과 관련된 정보를 공개하지 아니할 것을 요청할 수 있다. O | X

정보공개법

제11조(정보공개 여부의 결정) ③ 공공기관은 공개 청구된 공개 대상 정보의 전부 또는 일부가 제3자와 관련이 있다고 인정할 때에는 그 사실을 제3자에게 지체 없이 통지하여야 하며, 필요한 경우에는 그의 의견을 들을 수 있다.

제21조(제3자의 비공개 요청 등) ① 제11조 제3항에 따라 공개 청구된 사실을 통지받은 제3자는 그 통지를 받은 날부터 3일 이내에 해당 공공기관에 대하여 자신과 관련된 정보를 공개하지 아니할 것을 요청할 수 있다.

51

2022 지방직 7급

의사결정과정에 제공된 회의관련자료나 의사결정과정이 기록된 회의록은 의사가 결정되거나 의사가 집행된 경우에는 더 이상 의사결정과정에 있는 사항 그 자체라고는 할 수 없으므로 비공개대상정보에 포함될 수 없다. O | X

의사결정과정에 있는 사항 그 자체라고 할 수 없는 것은 맞지만 의사결정과정에 있는 사항에 준하는 사항으로서 여전히 비공개대상정보에 포함될 수 있다.

[대법원 2003.8.22. 선고 2002두12946 판결]

공공기관의정보공개에관한법률상 비공개대상정보의 입법 취지에 비추어 살펴보면, 같은 법 제7조 제1항 제5호에서의 '감사·감독·검사·시험·규제·입찰계약·기술개발·인사관리·의사결정과정 또는 내부검토과정에 있는 사항'은 비공개대상정보를 예시적으로 열거한 것이라고 할 것이므로 **의사결정과정에 제공된 회의관련자료나 의사결정과정이 기록된 회의록 등은 의사가 결정되거나 의사가 집행된 경우에는 더 이상 의사결정과정에 있는 사항 그 자체라고는 할 수 없으나, 의사결정과정에 있는 사항에 준하는 사항으로서 비공개대상정보에 포함될 수 있다.**

정보공개법

제9조(비공개 대상 정보) ① 공공기관이 보유·관리하는 정보는 공개 대상이 된다. 다만, 다음 각 호의 어느 하나에 해당하는 정보는 공개하지 아니할 수 있다.

1.~4. 생략

5. 감사·감독·검사·시험·규제·입찰계약·기술개발·인사관리에 관한 사항이나 의사결정 과정 또는 내부검토 과정에 있는 사항 등으로서 공개될 경우 업무의 공정한 수행이나 연구·개발에 현저한 지장을 초래한다고 인정할 만한 상당한 이유가 있는 정보. 다만, 의사결정 과정 또는 내부검토 과정을 이유로 비공개할 경우에는 제13조제5항에 따라 통지를 할 때 의사결정 과정 또는 내부검토 과정의 단계 및 종료 예정일을 함께 안내하여야 하며, 의사결정 과정 및 내부검토 과정이 종료되면 제10조에 따른 청구인에게 이를 통지하여야 한다.

정답 | 50 ○ 51 ×

52

2023 소방직

정보공개청구권자인 국민에는 자연인은 물론 법인, 권리능력 없는 사단·재단도 포함되고, 법인, 권리능력 없는 사단·재단 등의 경우에는 설립목적을 불문한다. O | X

[대법원 2003. 12. 12. 선고 2003두8050 판결]
공공기관의정보공개에관한법률은 "모든 국민은 정보의 공개를 청구할 권리를 가진다."고 규정하고 있는데, **여기에서 말하는 국민에는 자연인은 물론 법인, 권리능력 없는 사단·재단도 포함되고, 법인, 권리능력 없는 사단·재단 등의 경우에는 설립목적을 불문한다.**

53

2023 국회사무처 8급

공공기관은 공개 청구된 공개 대상 정보의 전부 또는 일부가 제3자와 관련이 있다고 인정할 때에는 그 사실을 제3자에게 지체 없이 통지하여야 하며, 필요한 경우에는 그의 의견을 들을 수 있다. O | X

이 경우 (i) 제3자에 대한 통지는 기속행위이고, (ii) 제3자의 의견청취는 재량행위이다.

정보공개법

제11조(정보공개 여부의 결정) ③ 공공기관은 공개 청구된 공개 대상 정보의 전부 또는 일부가 제3자와 관련이 있다고 인정할 때에는 그 사실을 제3자에게 지체 없이 **통지하여야** 하며, **필요한 경우에는 그의 의견을 들을 수 있다.**

54

2023 국회사무처 8급

정보공개를 청구하여 정보공개 여부에 대한 결정의 통지를 받은 자가 정당한 사유 없이 해당 정보의 공개를 다시 청구하는 경우, 공공기관은 종전 청구와의 내용적 유사성·관련성 등을 고려하여 해당 청구를 종결 처리할 수 있다. O | X

동일한 청구를 반복하는 경우라면 별도의 처분 없이 종결처리할 수 있다.

정보공개법

제11조의2(반복 청구 등의 처리) ① **공공기관은** 제11조에도 불구하고 제10조제1항 및 제2항에 따른 **정보공개 청구가 다음 각 호의 어느 하나에 해당하는 경우에는 정보공개 청구 대상 정보의 성격, 종전 청구와의 내용적 유사성·관련성, 종전 청구와 동일한 답변을 할 수밖에 없는 사정 등을 종합적으로 고려하여 해당 청구를 종결 처리할 수 있다.** 이 경우 종결 처리 사실을 청구인에게 알려야 한다.

1. **정보공개를 청구하여 정보공개 여부에 대한 결정의 통지를 받은 자가 정당한 사유 없이 해당 정보의 공개를 다시 청구하는 경우**
2. 정보공개 청구가 제11조제5항에 따라 민원으로 처리되었으나 다시 같은 청구를 하는 경우

정답 | 52 O 53 O 54 O

55

2023 국회사무처 8급

제3자가 자신과 관련된 정보를 공개하지 아니할 것을 요청하였음에도 불구하고 공공기관이 공개 결정을 한 경우, 그 제3자는 해당 공공기관에 문서로 이의신청을 하거나 행정심판 또는 행정소송을 제기할 수 있다.

O | X

정보공개법

제21조(제3자의 비공개 요청 등) ① 제11조제3항에 따라 공개 청구된 사실을 통지받은 제3자는 그 통지를 받은 날부터 3일 이내에 해당 공공기관에 대하여 자신과 관련된 정보를 공개하지 아니할 것을 요청할 수 있다.
② 제1항에 따른 비공개 요청에도 불구하고 공공기관이 공개 결정을 할 때에는 공개 결정 이유와 공개 실시일을 분명히 밝혀 지체 없이 문서로 통지하여야 하며, 제3자는 해당 공공기관에 문서로 이의신청을 하거나 행정심판 또는 행정소송을 제기할 수 있다. 이 경우 이의신청은 통지를 받은 날부터 7일 이내에 하여야 한다.

56

2023 군무원 9급

국내에 사무소를 두고 있는 외국법인 또는 외국단체는 학술·연구를 위한 목적으로만 정보공개를 청구할 수 있다.

O | X

국내에 사무소를 두고 있는 한 목적상의 제한 없이 정보공개를 청구할 수 있다.

정보공개법

제5조(정보공개 청구권자) ① 모든 국민은 정보의 공개를 청구할 권리를 가진다.
② 외국인의 정보공개 청구에 관하여는 대통령령으로 정한다.

정보공개법 시행령

제3조(외국인의 정보공개 청구) 법 제5조 제2항에 따라 정보공개를 청구할 수 있는 외국인은 다음 각 호의 어느 하나에 해당하는 자로 한다.

1. 국내에 일정한 주소를 두고 거주하거나 학술·연구를 위하여 일시적으로 체류하는 사람
2. 국내에 사무소를 두고 있는 법인 또는 단체

57

2023 군무원 9급

정보의 공개 및 우송에 드는 비용은 모두 정보공개 의무가 있는 공공기관이 부담한다.

O | X

정보공개법

제17조(비용 부담) ① 정보의 공개 및 우송 등에 드는 비용은 실비(實費)의 범위에서 청구인이 부담한다.

58

2023 군무원 7급

사법시험 답안지는 비공개대상 정보가 아니다.

O | X

[대법원 2003. 3. 14., 선고, 2000두6114, 판결]

[1] 공공기관의 정보공개에 관한 법률 제7조 제1항 제5호 소정의 시험정보로서 공개될 경우 업무의 공정한 수행에 현저한 지장을 초래하는지 여부는 법 및 시험정보를 공개하지 아니할 수 있도록 하고 있는 입법취지, 당해 시험 및 그에 대한 평가행위의 성격과 내용, 공개의 내용과 공개로 인한 업무의 증가, 공개로 인한 파급효과 등을 종합하여 개별적으로 판단되어야 한다.

[2] 사법시험 제2차 시험의 답안지 열람은 시험문항에 대한 채점위원별 채점 결과의 열람과 달리 사법시험업무의 수행에 현저한 지장을 초래한다고 볼 수 없다고 한 사례.

정답 | 55 ○ 56 × 57 × 58 ○

59

2023 군무원 7급

「공공기관의 정보공개에 관한 법률」은 공공기관이 보유·관리하는 정보공개에 관한 일반법이지만, 국가안보에 관련되는 정보는 이 법의 적용대상이 아니다. O | X

정보공개법

제4조(적용 범위) ③ **국가안전보장에 관련되는 정보 및 보안 업무를 관장하는 기관에서 국가안전보장과 관련된 정보의 분석을 목적으로 수집하거나 작성한 정보에 대해서는 이 법을 적용하지 아니한다**. 다만, 제8조 제1항에 따른 정보목록의 작성·비치 및 공개에 대해서는 그러하지 아니한다.

60

2024 경찰간부

한국방송공사(KBS)는 정보공개의무가 있는 '공공기관'에 해당한다. O | X

한국방송공사(KBS)의 추적 60분이라는 프로그램의 편집 전 원본영상에 대한 정보공개청구소송에서, 대법원은 (i) 한국방송공사는 특별법에 의하여 설립된 특수법인으로서 정보공개의무가 있는 공공기관에 해당한다고 판시하였다. (ii) 다만 해당 편집 전 원본영상은 「영업상 비밀과 관련된 정보」이므로 비공개대상정보라고 보아 원고의 청구를 기각하였다.

[대법원 2010.12.23. 선고 2008두13101 판결]

어느 **법인이 공공기관의 정보공개에 관한 법률 제2조 제3호, 같은 법 시행령 제2조 제4호에 따라 정보를 공개할 의무가 있는 '특별법에 의하여 설립된 특수법인'에 해당하는지 여부는, 국민의 알 권리를 보장하고 국정에 대한 국민의 참여와 국정운영의 투명성을 확보하고자 하는 위 법의 입법 목적을 염두에 두고, 해당 법인에게 부여된 업무가 국가행정업무이거나 이에 해당하지 않더라도 그 업무 수행으로써 추구하는 이익이 해당 법인 내부의 이익에 그치지 않고 공동체 전체의 이익에 해당하는 공익적 성격을 갖는지 여부를 중심으로 개별적으로 판단**하되, 해당 법인의 설립근거가 되는 법률이 법인의 조직구성과 활동에 대한 행정적 관리·감독 등에서 민법이나 상법 등에 의하여 설립된 일반 법인과 달리 규율한 취지, 국가나 지방자치단체의 해당 법인에 대한 재정적 지원·보조의 유무와 그 정도, **해당 법인의 공공적 업무와 관련하여 국가기관·지방자치단체 등 다른 공공기관에 대한 정보공개청구와는 별도로 해당 법인에 대하여 직접 정보공개청구를 구할 필요성이 있는지 여부 등을 종합적으로 고려**하여야 한다.

61

2024 경찰간부

공개청구의 대상이 되는 정보가 이미 인터넷 등을 통하여 공개되어 인터넷검색 등을 통하여 쉽게 알 수 있다는 사정만으로는 소의 이익이 없다거나 비공개결정이 정당화될 수 없다. O | X

정보공개법상 비공개대상으로 규정(법/안/생/판/업/사/영/특)하고 있는 경우가 아닌 한 공개하여야 한다. 덧붙여 이미 널리 알려진 정보라면 공공기관이 공개를 거부할 이유가 더더욱 없다.

[대법원 2008.11.27. 선고, 2005두15694. 판결]

정보공개청구의 대상이 이미 널리 알려진 사항이라 하더라도 그 공개의 방법만을 제한할 수 있도록 규정하고 있을 뿐 공개 자체를 제한하고 있지는 아니하므로, **공개청구의 대상이 되는 정보가 이미 다른 사람에게 공개하여 널리 알려져 있다거나 인터넷이나 관보 등을 통하여 공개하여 인터넷검색이나 도서관에서의 열람 등을 통하여 쉽게 알 수 있다는 사정만으로는 소의 이익이 없다거나 비공개결정이 정당화될 수는 없다.**

정답 59 ○ 60 ○ 61 ○

62

2023 국회사무처 9급

공공기관의 정보공개 담당자는 정보공개 업무를 성실하게 수행하여야 하며, 공개 여부의 자의적인 결정, 고의적인 처리 지연 또는 위법한 공개 거부 및 회피 등 부당한 행위를 하여서는 아니 된다. O | X

> **정보공개법**
>
> 제6조의2(정보공개 담당자의 의무) 공공기관의 정보공개 담당자(정보공개 청구 대상 정보와 관련된 업무 담당자를 포함한다)는 정보공개 업무를 성실하게 수행하여야 하며, 공개 여부의 자의적인 결정, 고의적인 처리 지연 또는 위법한 공개 거부 및 회피 등 부당한 행위를 하여서는 아니 된다.

63

2023 국회사무처 9급

공공기관은 공개 대상 정보의 양이 너무 많아 정상적인 업무수행에 현저한 지장을 초래할 우려가 있는 경우에는 해당 정보를 일정 기간별로 나누어 제공하거나 사본·복제물의 교부 또는 열람과 병행하여 제공할 수 있다. O | X

> **정보공개법**
>
> 제13조(정보공개 여부 결정의 통지) ③ 공공기관은 공개 대상 정보의 양이 너무 많아 정상적인 업무수행에 현저한 지장을 초래할 우려가 있는 경우에는 해당 정보를 일정 기간별로 나누어 제공하거나 사본·복제물의 교부 또는 열람과 병행하여 제공할 수 있다.

64

2023 국회사무처 9급

청구인이 공공기관에 대하여 정보공개를 청구하였다가 거부처분을 받은 것은 법률상 이익의 침해에 해당하지 않는다. O | X

> 청구인이 정보공개거부처분을 받은 자체만으로 행정소송을 제기할 수 있는 법률상 이익이 인정된다.
>
> [대법원 2003.12.12. 2003두8050]
>
> 공공기관의정보공개에관한법률 제6조 제1항은 「모든 국민은 정보의 공개를 청구할 권리를 가진다.」고 규정하고 있는데, 여기에서 말하는 국민에는 자연인은 물론 법인, 권리능력 없는 사단·재단도 포함되고, 법인, 권리능력 없는 사단·재단 등의 경우에는 설립목적을 불문하며, 한편 **정보공개청구권은 법률상 보호되는 구체적인 권리이므로 청구인이 공공기관에 대하여 정보공개를 청구하였다가 거부처분을 받은 것 자체가 법률상 이익의 침해에 해당한다.**

65

2023 지방직 7급

전자적 형태로 보유 · 관리되는 정보의 경우에 그 정보가 청구인이 구하는 대로 되어 있지 않더라도 공개청구를 받은 공공기관이 공개청구대상정보의 기초자료를 검색하여 청구인이 구하는 대로 편집할 수 있으며, 그 작업이 당해 기관의 업무수행에 별다른 지장을 초래하지 않는다면 그 공공기관이 공개청구대상정보를 보유 · 관리하고 있는 것으로 볼 수 있다. O | X

전자적 형태로 보유·관리되는 경우에는 행정기관의 업무수행에 큰 지장을 주지 않는 한도 내에서 청구인이 구하는대로 편집하여 공개해야 하는 경우도 있다.

[대법원 2010.2.11. 선고, 2009두6001. 판결]

공공기관의 정보공개에 관한 법률에 의한 정보공개제도는 공공기관이 보유·관리하는 정보를 그 상태대로 공개하는 제도이지만, **전자적 형태로 보유·관리되는 정보의 경우에는, 그 정보가 청구인이 구하는 대로는 되어 있지 않다고 하더라도, 공개청구를 받은 공공기관이 공개청구대상정보의 기초자료를 전자적 형태로 보유·관리하고 있고, 당해 기관에서 통상 사용되는 컴퓨터 하드웨어 및 소프트웨어와 기술적 전문지식을 사용하여 그 기초자료를 검색하여 청구인이 구하는 대로 편집할 수 있으며,** 그러한 작업이 당해 기관의 컴퓨터 시스템 운용에 별다른 지장을 초래하지 아니한다면, 그 공공기관이 공개청구대상정보를 보유·관리하고 있는 것으로 볼 수 있고, 이러한 경우에 기초자료를 검색·편집하는 것은 새로운 정보의 생산 또는 가공에 해당한다고 할 수 없다.

TOPIC 25 개인정보보호

01

2014 국가직 9급

개인정보보호법은 공공기관에 의해 처리되는 정보뿐만 아니라 민간에 의해 처리되는 정보까지 보호대상으로 하고 있다. O | X

> **개인정보보호법**
>
> 제2조(정의) 이 법에서 사용하는 용어의 뜻은 다음과 같다.
>
> 5. **"개인정보처리자"란** 업무를 목적으로 개인정보파일을 운용하기 위하여 스스로 또는 다른 사람을 통하여 개인정보를 처리하는 **공공기관, 법인, 단체 및 개인 등**을 말한다.

02

2014 국가직 9급

행정절차법도 비밀누설금지·목적 외 사용금지 등 개인의 정보보호에 관한 규정을 두고 있다. O | X

> **행정절차법**
>
> 제37조(문서의 열람 및 비밀유지) ⑥ 누구든지 청문을 통하여 알게 된 사생활이나 경영상 또는 거래상의 비밀을 정당한 이유 없이 누설하거나 다른 목적으로 사용하여서는 아니 된다.

03

2015 지방직 9급

개인정보보호법상 단체소송을 허가하거나 불허가하는 법원의 결정에 대하여는 더 이상 소송으로 다툴 수 없다. O | X

> **개인정보보호법**
>
> 제55조(소송허가요건 등) ① 법원은 다음 각 호의 요건을 모두 갖춘 경우에 한하여 결정으로 단체소송을 허가한다.
>
> 1. 개인정보처리자가 분쟁조정위원회의 조정을 거부하거나 조정결과를 수락하지 아니하였을 것
> 2. 제54조에 따른 소송허가신청서의 기재사항에 흠결이 없을 것
>
> ② **단체소송을 허가하거나 불허가하는 결정에 대하여는 즉시항고할 수 있다.**

정답 | 01 ○ 02 ○ 03 ×

04

2016 서울시 7급

개인정보처리자는 법령에서 민감정보의 처리를 요구 또는 허용하는 경우에도 정보주체의 동의를 받지 못하면 민감정보를 처리할 수 없다. O | X

법령에서 민감정보의 처리를 요구하거나 허용하는 경우에는 정보주체의 동의가 없더라도 민감정보를 처리할 수 있다.

개인정보보호법

제23조(민감정보의 처리 제한) 개인정보처리자는 사상·신념, 노동조합·정당의 가입·탈퇴, 정치적 견해, 건강, 성생활 등에 관한 정보, 그 밖에 정보주체의 사생활을 현저히 침해할 우려가 있는 개인정보로서 대통령령으로 정하는 정보(이하 "민감정보"라 한다)를 처리하여서는 아니 된다. 다만, 다음 각 호의 어느 하나에 해당하는 경우에는 그러하지 아니하다.

1. 정보주체에게 제15조 제2항 각 호 또는 제17조 제2항 각 호의 사항을 알리고 다른 개인정보의 처리에 대한 동의와 별도로 동의를 받은 경우
2. 법령에서 민감정보의 처리를 요구하거나 허용하는 경우

05

2016 서울시 7급

개인정보처리자가 이 법에 따라 최소한의 개인정보를 수집한 경우, 최소필요성 요건의 충족여부에 대한 입증책임은 정보주체에게 있다. O | X

최소한의 개인정보 수집이라는 점은 개인정보처리자가 입증해야 한다.

개인정보보호법

제16조(개인정보의 수집 제한) ① 개인정보처리자는 제15조 제1항 각 호의 어느 하나에 해당하여 개인정보를 수집하는 경우에는 그 목적에 필요한 최소한의 개인정보를 수집하여야 한다. 이 경우 최소한의 개인정보 수집이라는 입증책임은 개인정보처리자가 부담한다.
② 개인정보처리자는 정보주체의 동의를 받아 개인정보를 수집하는 경우 필요한 최소한의 정보 외의 개인정보 수집에는 동의하지 아니할 수 있다는 사실을 구체적으로 알리고 개인정보를 수집하여야 한다.
③ 개인정보처리자는 정보주체가 필요한 최소한의 정보 외의 개인정보 수집에 동의하지 아니한다는 이유로 정보주체에게 재화 또는 서비스의 제공을 거부하여서는 아니 된다.

06

2016 서울시 7급

개인정보 분쟁조정위원회의 조정을 분쟁당사자가 수락하는 경우, 조정의 내용은 재판상 화해와 동일한 효력을 갖는다. O | X

개인정보보호법

제47조 (분쟁의 조정) ① 분쟁조정위원회는 다음 각 호의 어느 하나의 사항을 포함하여 조정안을 작성할 수 있다.

1. 조사 대상 침해행위의 중지
2. 원상회복, 손해배상, 그 밖에 필요한 구제조치
3. 같거나 비슷한 침해의 재발을 방지하기 위하여 필요한 조치

② 분쟁조정위원회는 제1항에 따라 조정안을 작성하면 지체 없이 각 당사자에게 제시하여야 한다.

정답 | 04 × 05 × 06 ○

③ 제1항에 따라 조정안을 제시받은 당사자가 제시받은 날부터 15일 이내에 수락 여부를 알리지 아니하면 조정을 거부한 것으로 본다.
④ 당사자가 조정내용을 수락한 경우 분쟁조정위원회는 조정서를 작성하고, 분쟁조정위원회의 위원장과 각 당사자가 기명날인하여야 한다.
⑤ 제4항에 따른 조정의 내용은 재판상 화해와 동일한 효력을 갖는다.

07

2017 사회복지직 9급

개인정보보호법상 '개인정보'란 살아있는 개인에 관한 정보로서 사자(死者)나 법인의 정보는 포함되지 않는다. O | X

개인정보보호법

제2조(정의) 이 법에서 사용하는 용어의 뜻은 다음과 같다.

1. "개인정보"란 살아 있는 개인에 관한 정보로서 성명, 주민등록번호 및 영상 등을 통하여 개인을 알아볼 수 있는 정보(해당 정보만으로는 특정 개인을 알아볼 수 없더라도 다른 정보와 쉽게 결합하여 알아볼 수 있는 것을 포함한다)를 말한다.

08

2017 사회복지직 9급

정보주체는 개인정보처리자가 개인정보보호법을 위반한 행위로 손해를 입으면 개인정보처리자에게 손해배상을 청구할 수 있으며, 이 경우 그 정보주체는 고의 또는 과실을 입증해야 한다. O | X

증명책임이 전환되어 가해자가 자신의 고의과실 없음을 증명해야 한다.

개인정보보호법

제39조(손해배상책임) ① 정보주체는 개인정보처리자가 이 법을 위반한 행위로 손해를 입으면 개인정보처리자에게 손해배상을 청구할 수 있다. 이 경우 그 개인정보처리자는 고의 또는 과실이 없음을 입증하지 아니하면 책임을 면할 수 없다

09

2020 군무원 9급

고유식별정보를 처리하려면 정보주체에게 정보의 수집·이용·제공 등에 필요한 사항을 알리고 다른 개인정보의 처리에 대한 동의와 함께 일괄적으로 동의를 받아야 한다. O | X

개별적으로 동의를 받아야 한다(「개인정보보호법」 제24조 제1항 제1호).

개인정보보호법

제24조(고유식별정보의 처리 제한) ① 개인정보처리자는 다음 각 호의 경우를 제외하고는 법령에 따라 개인을 고유하게 구별하기 위하여 부여된 식별정보로서 대통령령으로 정하는 정보(이하 "고유식별정보"라 한다)를 처리할 수 없다.

1. 정보주체에게 제15조 제2항 각 호 또는 제17조 제2항 각 호의 사항을 알리고 다른 개인정보의 처리에 대한 동의와 별도로 동의를 받은 경우
2. 법령에서 구체적으로 고유식별정보의 처리를 요구하거나 허용하는 경우

정답 | 07 ○ 08 × 09 ×

10

2020 군무원 9급

개인정보처리자는 다른 개인정보의 처리에 대한 동의와 별도로 동의를 받은 경우라 하더라도 주민등록번호는 법에서 정한 예외적 인정사유에 해당하지 않는 한 처리할 수 없다. O | X

개인정보보호법

제24조의2(주민등록번호 처리의 제한) ① 제24조 제1항에도 불구하고 개인정보처리자는 다음 각 호의 어느 하나에 해당하는 경우를 제외하고는 주민등록번호를 처리할 수 없다.

1. 법률·대통령령·국회규칙·대법원규칙·헌법재판소규칙·중앙선거관리위원회규칙 및 감사원규칙에서 구체적으로 주민등록번호의 처리를 요구하거나 허용한 경우
2. 정보주체 또는 제3자의 급박한 생명, 신체, 재산의 이익을 위하여 명백히 필요하다고 인정되는 경우
3. 제1호 및 제2호에 준하여 주민등록번호 처리가 불가피한 경우로서 보호위원회가 고시로 정하는 경우

11

2021 국회사무처 8급

가명처리란 개인정보의 일부를 삭제하거나 일부 또는 전부를 대체하는 등의 방법으로 추가 정보가 없이는 특정 개인을 알아볼 수 없도록 처리하는 것을 말한다. O | X

개인정보보호법

제2조(정의) 이 법에서 사용하는 용어의 뜻은 다음과 같다.

1의2. "가명처리"란 개인정보의 일부를 삭제하거나 일부 또는 전부를 대체하는 등의 방법으로 추가 정보가 없이는 특정 개인을 알아볼 수 없도록 처리하는 것을 말한다.

12

2021 국회사무처 8급

개인정보처리자가 주민등록번호를 처리하기 위해서는 정보주체에게 다른 개인정보의 처리에 대한 동의와 별도로 동의를 받아야 한다. O | X

개인정보보호법

제24조(고유식별정보의 처리 제한) ① 개인정보처리자는 다음 각 호의 경우를 제외하고는 법령에 따라 개인을 고유하게 구별하기 위하여 부여된 식별정보로서 대통령령으로 정하는 정보(이하 "고유식별정보"라 한다)를 처리할 수 없다.

1. 정보주체에게 제15조제2항 각 호 또는 제17조제2항 각 호의 사항을 알리고 다른 개인정보의 처리에 대한 동의와 별도로 동의를 받은 경우
2. 법령에서 구체적으로 고유식별정보의 처리를 요구하거나 허용하는 경우

② 삭제 〈2013. 8. 6.〉

③ 개인정보처리자가 제1항 각 호에 따라 고유식별정보를 처리하는 경우에는 그 고유식별정보가 분실·도난·유출·위조·변조 또는 훼손되지 아니하도록 대통령령으로 정하는 바에 따라 암호화 등 안전성 확보에 필요한 조치를 하여야 한다. 〈개정 2015. 7. 24.〉

제24조의2(주민등록번호 처리의 제한) ① 제24조제1항에도 불구하고 개인정보처리자는 다음 각 호의 어느 하나에 해당하는 경우를 제외하고는 주민등록번호를 처리할 수 없다. 〈개정 2016. 3. 29., 2017. 7. 26., 2020. 2. 4.〉

1. 법률·대통령령·국회규칙·대법원규칙·헌법재판소규칙·중앙선거관리위원회규칙 및 감사원규칙에서 구체적으로 주민등록번호의 처리를 요구하거나 허용한 경우
2. 정보주체 또는 제3자의 급박한 생명, 신체, 재산의 이익을 위하여 명백히 필요하다고 인정되는 경우
3. 제1호 및 제2호에 준하여 주민등록번호 처리가 불가피한 경우로서 보호위원회가 고시로 정하는 경우

정답 | 10 ○ 11 ○ 12 ×

13

2021 국회사무처 8급

개인정보처리자는 당초 수집 목적과 합리적으로 관련된 범위에서 정보주체에게 불이익이 발생하는지 여부, 암호화 등 안전성 확보에 필요한 조치를 하였는지 여부 등을 고려하여 대통령령으로 정하는 바에 따라 정보주체의 동의 없이 개인정보를 제공할 수 있다. O | X

> 개인정보보호법
>
> 제17조(개인정보의 제공) ④ 개인정보처리자는 당초 수집 목적과 합리적으로 관련된 범위에서 정보주체에게 불이익이 발생하는지 여부, 암호화 등 안전성 확보에 필요한 조치를 하였는지 여부 등을 고려하여 대통령령으로 정하는 바에 따라 정보주체의 동의 없이 개인정보를 제공할 수 있다.

14

2021 국회사무처 8급

개인정보처리자는 개인정보처리자의 정당한 이익을 달성하기 위하여 필요한 경우로서 명백하게 정보주체의 권리보다 우선하는 경우에는 개인정보처리자의 정당한 이익과 상당한 관련이 있고 합리적인 범위를 초과하지 않는다면 정보주체의 동의가 없더라도 개인정보를 수집할 수 있다. O | X

> 개인정보보호법
>
> 제15조(개인정보의 수집·이용) ① 개인정보처리자는 다음 각 호의 어느 하나에 해당하는 경우에는 개인정보를 수집할 수 있으며 그 수집 목적의 범위에서 이용할 수 있다.
>
> 1. 정보주체의 동의를 받은 경우
> 2. 법률에 특별한 규정이 있거나 법령상 의무를 준수하기 위하여 불가피한 경우
> 3. 공공기관이 법령 등에서 정하는 소관 업무의 수행을 위하여 불가피한 경우
> 4. 정보주체와의 계약의 체결 및 이행을 위하여 불가피하게 필요한 경우
> 5. 정보주체 또는 그 법정대리인이 의사표시를 할 수 없는 상태에 있거나 주소불명 등으로 사전 동의를 받을 수 없는 경우로서 명백히 정보주체 또는 제3자의 급박한 생명, 신체, 재산의 이익을 위하여 필요하다고 인정되는 경우
> 6. 개인정보처리자의 정당한 이익을 달성하기 위하여 필요한 경우로서 명백하게 정보주체의 권리보다 우선하는 경우. 이 경우 개인정보처리자의 정당한 이익과 상당한 관련이 있고 합리적인 범위를 초과하지 아니하는 경우에 한한다.

15

2021 군무원 7급

개인정보자기결정권은 자신에 관한 정보가 언제 누구에게 어느 범위까지 알려지고 또 이용되도록 할 것인지를 정보주체가 스스로 결정할 수 있는 권리로서 헌법에 명시된 권리이다. O | X

> 개인정보자기결정권이 헌법에 명시된 바는 없다. 다만 (ⅰ) 대법원은 개인정보자기결정권의 헌법적 근거로서 인간의 존엄과 가치 및 사생활의 비밀과 자유를 제시하나, (ⅱ) 헌법재판소는 헌법에 명시되지 아니한 독자적 기본권으로 판단하고 있다.
>
> [헌재 2005.5.26, 2004헌마190]
>
> 개인정보자기결정권의 헌법상 근거로는 헌법 제17조의 사생활의 비밀과 자유, 헌법 제10조 제1문의 인간의 존엄과 가치 및 행복추구권에 근거를 둔 일반적 인격권 또는 위 조문들과 동시에 우리 헌법의 자유민주적 기본질서 규정 또는 국민주권원리와 민주주의원리 등을 고려할 수 있으나, 개인정보자기결정권으로 보호하려는 내용을 위 각 기본권들 및 헌법원리들 중 일부에 완전히 포섭시키는 것은 불가능하다고 할 것이므로, **그 헌법적 근거를 굳이 어느 한두 개에 국한시키는 것은 바람직하지 않은 것으로 보이고, 오히려 개인정보자기결정권은 이들을 이념적 기초로 하는 독자적 기본권으로서 헌법에 명시되지 아니한 기본권**이라고 보아야 할 것이다.

정답 | 13 ○ 14 ○ 15 ×

16

2021 군무원 7급

많은 양의 트위터 정보처럼 개인정보와 이에 해당하지 않은 정보가 혼재된 경우 전체적으로 개인정보보호법상 개인정보에 관한 규정이 적용된다. O | X

> [대법원 2015.7.16., 선고, 2015도2625, 전원합의체 판결]
> 검사가 공소외 2 주식회사로부터 임의제출 받은 28,765,148건에 달하는 **대량의 트위터 정보에는 개인정보와 이에 해당하지 않는 정보가 혼재되어 있을 수 있는데, 국민의 사생활의 비밀을 보호하고 개인정보에 관한 권리를 보장하고자 하는 개인정보 보호법의 입법 취지에 비추어 그 정보의 제공에는 개인정보 보호법의 개인정보에 관한 규정이 적용되어야 하므로**, 개인정보 보호법 제18조 제2항 제7호, 제2조 제6호에 따라 공공기관에 해당하지 아니하는 공소외 2 주식회사가 수사기관에 그러한 트위터 정보를 임의로 제출한 것은 위법하여 그 증거능력이 없으나, 이를 기초로 취득한 증거는 제반 사정에 비추어 증거능력이 있다고 판단하였다.

17

2022 소방직

살아 있는 개인에 관하여 알아볼 수 있는 정보라도 가명처리함으로써 원래의 상태로 복원하기 위한 추가 정보의 사용·결합 없이는 특정 개인을 알아볼 수 없게 된 정보는 이 법에 따른 개인정보에 해당하지 아니한다. O | X

> 가명정보도 개인정보보호법상 개인정보에 해당한다.
>
> **개인정보보호법**
> 제2조(정의) 이 법에서 사용하는 용어의 뜻은 다음과 같다.
> 1. "개인정보"란 살아 있는 개인에 관한 정보로서 다음 각 목의 어느 하나에 해당하는 정보를 말한다.
>   가. 성명, 주민등록번호 및 영상 등을 통하여 개인을 알아볼 수 있는 정보
>   나. 해당 정보만으로는 특정 개인을 알아볼 수 없더라도 다른 정보와 쉽게 결합하여 알아볼 수 있는 정보. 이 경우 쉽게 결합할 수 있는지 여부는 다른 정보의 입수 가능성 등 개인을 알아보는 데 소요되는 시간, 비용, 기술 등을 합리적으로 고려하여야 한다.
>   다. 가목 또는 나목을 제1호의2에 따라 가명처리함으로써 원래의 상태로 복원하기 위한 추가 정보의 사용·결합 없이는 특정 개인을 알아볼 수 없는 정보(이하 "가명정보"라 한다)

18

2022 소방직

정보주체가 자신의 개인정보에 대한 열람을 공공기관에 요구하고자 할 때에는 공공기관에 직접 열람을 요구하거나 대통령령으로 정하는 바에 따라 개인정보 보호위원회를 통하여 열람을 요구할 수 있다. O | X

> **개인정보보호법**
> 제35조(개인정보의 열람) ① 정보주체는 개인정보처리자가 처리하는 자신의 개인정보에 대한 열람을 해당 개인정보처리자에게 요구할 수 있다.
> ② 제1항에도 불구하고 정보주체가 자신의 개인정보에 대한 열람을 공공기관에 요구하고자 할 때에는 공공기관에 직접 열람을 요구하거나 대통령령으로 정하는 바에 따라 보호위원회를 통하여 열람을 요구할 수 있다.

정답 | 16 ○ 17 × 18 ○

19

2023 소방간부

「개인정보 보호법」에 따라 개인정보를 보호해야 하는 개인정보처리자는 스스로 또는 다른 사람을 통하여 개인정보를 처리하는 공공기관과 법인을 말하며 단체 및 개인은 포함되지 않는다. O | X

단체 및 개인도 포함된다.

개인정보보호법

제2조(정의) 이 법에서 사용하는 용어의 뜻은 다음과 같다.

5. **"개인정보처리자"란 업무를 목적으로 개인정보파일을 운용하기 위하여 스스로 또는 다른 사람을 통하여 개인정보를 처리하는 공공기관, 법인, 단체 및 개인 등을 말한다.**

20

2023 소방간부

「개인정보 보호법」에 따르면 개인정보처리자는 개인정보의 처리 목적에 필요한 범위에서 개인정보의 정확성 안전성 및 최신성이 보장되도록 하여야 한다. O | X

안전성이 아니라 완전성이다.

개인정보보호법

제3조(개인정보 보호 원칙) ③ **개인정보처리자는 개인정보의 처리 목적에 필요한 범위에서 개인정보의 정확성, 완전성 및 최신성이 보장되도록 하여야 한다.**

21

2023 소방간부

「공공기관의 정보공개에 관한 법률」 제9조 제1항 제 6호 본문 규정에 따라 비공개대상이 되는 정보는 성명·주민등록번호 등 개인식별정보에 한정된다. O | X

[대법원 2012. 6. 18., 선고, 2011두2361, 전원합의체 판결]

공공기관의 정보공개에 관한 법률(이하 '정보공개법'이라 한다)의 개정 연혁, 내용 및 취지 등에 헌법상 보장되는 사생활의 비밀 및 자유의 내용을 보태어 보면, **정보공개법 본문의 규정에 따라 비공개대상이 되는 정보에는 구 공공기관의 정보공개에 관한 법률의 이름·주민등록번호 등 정보 형식이나 유형을 기준으로 비공개대상정보에 해당하는지를 판단하는 '개인식별정보'뿐만 아니라 그 외에 정보의 내용을 구체적으로 살펴 '개인에 관한 사항의 공개로 개인의 내밀한 내용의 비밀 등이 알려지게 되고, 그 결과 인격적·정신적 내면생활에 지장을 초래하거나 자유로운 사생활을 영위할 수 없게 될 위험성이 있는 정보'도 포함된다**고 새겨야 한다. 따라서 불기소처분 기록 중 피의자신문조서 등에 기재된 피의자 등의 인적사항 이외의 진술내용 역시 개인의 사생활의 비밀 또는 자유를 침해할 우려가 인정되는 경우 본문 소정의 비공개대상에 해당한다.

정답 | 19 × 20 × 21 ×

22

2023 소방간부

이미 공개된 개인정보를 정보주체의 동의가 있었다고 객관적으로 인정되는 범위 내에서 처리를 할 때는 정보주체의 별도의 동의는 불필요하다고 보아야 하고 별도의 동의를 받지 아니하였다고 하여 「개인정보 보호법」을 위반한 것으로 볼 수 없다. O | X

이미 공개된 개인정보를 정보주체의 동의가 있었다고 객관적으로 인정되는 범위 내에서 처리하는 경우라면 정보주체의 별도의 동의는 불필요하다.

[대법원 2016.8.17. 2014다235080]

이미 공개된 개인정보를 정보주체의 동의가 있었다고 객관적으로 인정되는 범위 내에서 수집·이용·제공 등 처리를 할 때는 정보주체의 별도의 동의는 불필요하다고 보아야 하고, 별도의 동의를 받지 아니하였다고 하여 개인정보 보호법 제15조나 제17조를 위반한 것으로 볼 수 없다. 그리고 정보주체의 동의가 있었다고 인정되는 범위 내인지는 공개된 개인정보의 성격, 공개의 형태와 대상 범위, 그로부터 추단되는 정보주체의 공개 의도 내지 목적뿐만 아니라, 정보처리자의 정보제공 등 처리의 형태와 정보제공으로 공개의 대상 범위가 원래의 것과 달라졌는지, 정보제공이 정보주체의 원래의 공개 목적과 상당한 관련성이 있는지 등을 검토하여 객관적으로 판단하여야 한다.

23

2023 소방간부

개인정보처리자의 「개인정보 보호법」 위반에 대한 손해배상의 경우, 「국가배상법」상 배상책임과 마찬가지로 정보주체가 고의나 과실을 입증해야 한다. O | X

일반적으로 불법행위를 원인으로 한 손해배상책임소송에서 가해자의 고의·과실은 피해자가 입증해야 한다. 다만, 개인정보보호법은 가해자 측에 증거가 편재되어 있는 구조적 문제를 시정하기 위하여 특별히 가해자인 개인정보처리자에게 고의·과실에 관한 입증책임을 부담시키는 규정을 둔 것이다.

개인정보보호법

제39조(손해배상책임) ① 정보주체는 개인정보처리자가 이 법을 위반한 행위로 손해를 입으면 개인정보처리자에게 손해배상을 청구할 수 있다. **이 경우 그 개인정보처리자는 고의 또는 과실이 없음을 입증하지 아니하면 책임을 면할 수 없다.**

24

2023 소방간부

집단분쟁조정의 기간은 「개인정보 보호법」 제49조 제2항에 따른 공고가 종료된 날의 다음 날부터 30일 이내로 하며, 부득이한 사정이 있는 경우에는 분쟁조정위원회의 의결로 처리기간을 연장할 수 있다. O | X

30일이 아니라 60일이다.

개인정보보호법

제49조(집단분쟁조정) ① 국가 및 지방자치단체, 개인정보 보호단체 및 기관, 정보주체, 개인정보처리자는 정보주체의 피해 또는 권리침해가 다수의 정보주체에게 같거나 비슷한 유형으로 발생하는 경우로서 대통령령으로 정하는 사건에 대하여는 분쟁조정위원회에 일괄적인 분쟁조정(이하 "집단분쟁조정"이라 한다)을 의뢰 또는 신청할 수 있다.

② 제1항에 따라 집단분쟁조정을 의뢰받거나 신청받은 분쟁조정위원회는 그 의결로써 제3항부터 제7항까지의 규정에 따른 집단분쟁조정의 절차를 개시할 수 있다. 이 경우 분쟁조정위원회는 대통령령으로 정하는 기간 동안 그 절차의 개시를 공고하여야 한다.

정답 | 22 ○ 23 × 24 ×

③ 분쟁조정위원회는 집단분쟁조정의 당사자가 아닌 정보주체 또는 개인정보처리자로부터 그 분쟁조정의 당사자에 추가로 포함될 수 있도록 하는 신청을 받을 수 있다.
④ 분쟁조정위원회는 그 의결로써 제1항 및 제3항에 따른 집단분쟁조정의 당사자 중에서 공동의 이익을 대표하기에 가장 적합한 1인 또는 수인을 대표당사자로 선임할 수 있다.
⑤ 분쟁조정위원회는 개인정보처리자가 분쟁조정위원회의 집단분쟁조정의 내용을 수락한 경우에는 집단분쟁조정의 당사자가 아닌 자로서 피해를 입은 정보주체에 대한 보상계획서를 작성하여 분쟁조정위원회에 제출하도록 권고할 수 있다.
⑥ 제48조제2항에도 불구하고 분쟁조정위원회는 집단분쟁조정의 당사자인 다수의 정보주체 중 일부의 정보주체가 법원에 소를 제기한 경우에는 그 절차를 중지하지 아니하고, 소를 제기한 일부의 정보주체를 그 절차에서 제외한다.
⑦ **집단분쟁조정의 기간은 제2항에 따른 공고가 종료된 날의 다음 날부터 60일 이내로 한다. 다만, 부득이한 사정이 있는 경우에는 분쟁조정위원회의 의결로 처리기간을 연장할 수 있다.**
⑧ 집단분쟁조정의 절차 등에 관하여 필요한 사항은 대통령령으로 정한다.

25

2023 소방직

'진행 중인 재판에 관련된 정보'에 해당한다는 사유로 정보공개청구를 거부하기 위하여는 그 정보가 진행 중인 재판에 관련된 일체의 정보일 뿐만 아니라, 진행 중인 재판의 소송기록 그 자체에 포함된 내용의 정보에 해당하여야 한다. O | X

소송기록 자체에 포함되지 않았더라도 진행 중인 재판에 영향을 미칠 만한 정보라면(이를테면 담당판사의 신상에 관한 정보) 비공개대상에 해당한다.

[대법원 2011. 11. 24. 선고 2009두19021 판결]
법원 이외의 공공기관이 정보공개법 제9조 제1항 제4호에서 정한 '진행 중인 재판에 관련된 정보'에 해당한다는 사유로 정보공개를 거부하기 위하여는 **반드시 그 정보가 진행 중인 재판의 소송기록 자체에 포함된 내용일 필요는 없다.** 그러나 재판에 관련된 일체의 정보가 그에 해당하는 것은 아니고 진행 중인 재판의 심리 또는 재판결과에 구체적으로 영향을 미칠 위험이 있는 정보에 한정된다고 보는 것이 타당하다.

26

2023 국회사무처 8급

국가 및 지방자치단체, 개인정보 보호단체는 정보주체의 피해 또는 권리침해가 다수의 정보주체에게 같거나 비슷한 유형으로 발생하는 경우로서 대통령령으로 정하는 사건에 대하여는 분쟁조정위원회에 집단분쟁조정을 의뢰 또는 신청할 수 있다. O | X

집단분쟁조정신청권은 (ⅰ) 국가 및 지방자치단체, (ⅱ) 개인정보 보호단체 및 기관, (ⅲ) 정보주체, (ⅳ) 개인정보처리자에게 인정된다.

개인정보보호법
제49조(집단분쟁조정) ① 국가 및 지방자치단체, 개인정보 보호단체 및 기관, 정보주체, 개인정보처리자는 정보주체의 피해 또는 권리침해가 다수의 정보주체에게 같거나 비슷한 유형으로 발생하는 경우로서 대통령령으로 정하는 사건에 대하여는 분쟁조정위원회에 일괄적인 분쟁조정(이하 "집단분쟁조정"이라 한다)을 의뢰 또는 신청할 수 있다.

정답 | 25 × 26 ○

27

2023 국회사무처 8급

개인정보처리자가 「개인정보 보호법」 제49조에 따른 집단분쟁조정의 결과를 수락하지 아니한 경우, 「소비자기본법」 제29조에 따라 공정거래위원회에 등록한 후 1년이 경과한 소비자단체는 법원에 권리침해 행위의 중지를 구하는 단체소송을 제기할 수 있다. O | X

1년이 아니라 3년이다.

개인정보보호법

제51조(단체소송의 대상 등) 다음 각 호의 어느 하나에 해당하는 단체는 개인정보처리자가 제49조에 따른 집단분쟁조정을 거부하거나 집단분쟁조정의 결과를 수락하지 아니한 경우에는 법원에 권리침해 행위의 금지ㆍ중지를 구하는 소송(이하 "단체소송"이라 한다)을 제기할 수 있다.

1. 「소비자기본법」 제29조에 따라 공정거래위원회에 등록한 소비자단체로서 다음 각 목의 요건을 모두 갖춘 단체
   가. 정관에 따라 상시적으로 정보주체의 권익증진을 주된 목적으로 하는 단체일 것
   나. 단체의 정회원수가 1천명 이상일 것
   다. 「소비자기본법」 제29조에 따른 등록 후 3년이 경과하였을 것

28

2023 군무원 9급

개인정보처리자는 개인정보를 익명 또는 가명으로 처리하여도 개인정보 수집목적을 달성할 수 있는 경우 익명처리가 가능한 경우에는 익명에 의하여, 익명처리로 목적을 달성할 수 없는 경우에는 가명에 의하여 처리될 수 있도록 하여야 한다. O | X

개인정보보호법

제3조(개인정보 보호 원칙) ⑦ 개인정보처리자는 개인정보를 익명 또는 가명으로 처리하여도 개인정보 수집목적을 달성할 수 있는 경우 익명처리가 가능한 경우에는 익명에 의하여, 익명처리로 목적을 달성할 수 없는 경우에는 가명에 의하여 처리될 수 있도록 하여야 한다.

29

2023 군무원 9급

개인정보처리자는 공공기관이 법령 등에서 정하는 소관 업무의 수행을 위하여 불가피한 경우에는 개인정보를 수집할 수 있으며 그 수집 목적의 범위에서 이용할 수 있다. O | X

개인정보보호법

제15조(개인정보의 수집ㆍ이용) ① **개인정보처리자는 다음 각 호의 어느 하나에 해당하는 경우에는 개인정보를 수집할 수 있으며 그 수집 목적의 범위에서 이용할 수 있다.**

1. 정보주체의 동의를 받은 경우
2. 법률에 특별한 규정이 있거나 법령상 의무를 준수하기 위하여 불가피한 경우
3. **공공기관이 법령 등에서 정하는 소관 업무의 수행을 위하여 불가피한 경우**
4. 정보주체와 체결한 계약을 이행하거나 계약을 체결하는 과정에서 정보주체의 요청에 따른 조치를 이행하기 위하여 필요한 경우
5. 명백히 정보주체 또는 제3자의 급박한 생명, 신체, 재산의 이익을 위하여 필요하다고 인정되는 경우
6. 개인정보처리자의 정당한 이익을 달성하기 위하여 필요한 경우로서 명백하게 정보주체의 권리보다 우선하는 경우. 이 경우 개인정보처리자의 정당한 이익과 상당한 관련이 있고 합리적인 범위를 초과하지 아니하는 경우에 한한다.
7. 공중위생 등 공공의 안전과 안녕을 위하여 긴급히 필요한 경우

정답 | 27 × 28 ○ 29 ○

30

2023 군무원 9급

개인정보처리자는 정보주체가 필요한 최소한의 정보 외의 개인정보 수집에 동의하지 아니한다는 이유로 정보주체에게 재화 또는 서비스의 제공을 거부할 수 있다. O | X

> **개인정보보호법**
>
> 제16조(개인정보의 수집 제한) ③ 개인정보처리자는 정보주체가 필요한 최소한의 정보 외의 개인정보 수집에 동의하지 아니한다는 이유로 정보주체에게 재화 또는 서비스의 제공을 거부하여서는 **아니 된다**.

31

2023 군무원 9급

개인정보처리자는 보유기간의 경과, 개인정보의 처리 목적 달성, 가명정보의 처리 기간 경과 등 그 개인정보가 불필요하게 되었을 때에는 지체 없이 그 개인정보를 파기하여야 한다. 다만, 다른 법령에 따라 보존하여야 하는 경우에는 그러하지 아니하다. O | X

> **개인정보보호법**
>
> 제21조(개인정보의 파기) ① 개인정보처리자는 보유기간의 경과, 개인정보의 처리 목적 달성, 가명정보의 처리 기간 경과 등 그 개인정보가 불필요하게 되었을 때에는 지체 없이 그 개인정보를 파기하여야 한다. 다만, 다른 법령에 따라 보존하여야 하는 경우에는 그러하지 아니하다.

32

2024 경찰간부

옥외집회 · 시위에 대한 경찰의 촬영행위에 의해 취득한 자료는 '개인정보'의 보호에 관한 일반법인 「개인정보보호법」이 적용될 수 없다. O | X

> [헌재 2018. 8. 30. 선고 2014헌마843]
>
> 옥외집회·시위에 대한 경찰의 촬영행위는 증거보전의 필요성 및 긴급성, 방법의 상당성이 인정되는 때에는 헌법에 위반된다고 할 수 없으나, 경찰이 옥외집회 및 시위 현장을 촬영하여 수집한 자료의 보관·사용 등은 엄격하게 제한하여, 옥외집회·시위 참가자 등의 기본권 제한을 최소화해야 한다. **옥외집회·시위에 대한 경찰의 촬영행위에 의해 취득한 자료는 '개인정보'의 보호에 관한 일반법인 '개인정보 보호법'이 적용될 수 있다.**

33

2024 경찰간부

시장 · 군수 또는 구청장이 개인의 지문정보를 수집하고, 경찰청장이 이를 보관·전산화하여 범죄수사목적에 이용하는 것은 모두 개인정보자기결정권을 제한하는 것이다. O | X

> 개인의 지문은 개인정보 중에서 「고유식별정보」에 해당한다.
>
> [헌재 전원재판부 99헌마513, 2005.5.26.]
>
> 개인정보자기결정권은 자신에 관한 정보가 언제 누구에게 어느 범위까지 알려지고 또 이용되도록 할 것인지를 그 정보주체가 스스로 결정할 수 있는 권리, 즉 정보주체가 개인정보의 공개와 이용에 관하여 스스로 결정할 권리를 말하는바, 개인의 고유성, 동일성을 나타내는 지문은 그 정보주체를 타인으로부터 식별가능하게 하는 개인정보이므로, **시장·군수 또는 구청장이 개인의 지문정보를 수집하고, 경찰청장이 이를 보관·전산화하여 범죄수사목적에 이용하는 것은 모두 개인정보자기결정권을 제한하는 것이다.**

정답 | 30 × 31 ○ 32 × 33 ○

34

2024 경찰간부

개인정보자기결정권의 보호대상이 되는 개인정보는 반드시 개인의 내밀한 영역이나 사사(私事)의 영역에 속하는 정보에 국한되지 않고 공적 생활에서 형성되었거나 이미 공개된 정보까지 포함한다. O | X

[헌재 2005.7.21. 2003헌마282]

개인정보자기결정권의 보호대상이 되는 개인정보는 개인의 신체, 신념, 사회적 지위, 신분 등과 같이 개인의 인격주체성을 특징짓는 사항으로서 그 개인의 동일성을 식별할 수 있게 하는 일체의 정보라고 할 수 있고, 반드시 개인의 내밀한 영역이나 사사(私事)의 영역에 속하는 정보에 국한되지 않고 공적 생활에서 형성되었거나 이미 공개된 개인정보까지 포함한다. 또한 그러한 개인정보를 대상으로 한 조사·수집·보관·처리·이용 등의 행위는 모두 원칙적으로 개인정보자기결정권에 대한 제한에 해당한다.

35

2024 경찰간부

자신의 개인정보를 열람한 정보주체는 개인정보처리자에게 그 개인정보의 정정 또는 삭제를 요구할 수 있지만 다른 법령에서 그 개인정보가 수집 대상으로 명시되어 있는 경우에는 그 삭제를 요구할 수 없다. O | X

개인정보보호법

제36조(개인정보의 정정·삭제) ① 제35조에 따라 자신의 개인정보를 열람한 정보주체는 개인정보처리자에게 그 개인정보의 정정 또는 삭제를 요구할 수 있다. 다만, 다른 법령에서 그 개인정보가 수집 대상으로 명시되어 있는 경우에는 그 삭제를 요구할 수 없다.

36

2023 국회사무처 9급

「개인정보 보호법」에서 "처리"란 개인정보의 수집, 생성, 연계, 연동, 기록, 저장, 보유, 가공, 편집, 검색, 출력, 정정(訂正), 복구, 이용, 제공, 공개, 파기(破棄), 그 밖에 이와 유사한 행위를 말한다. O | X

개인정보보호법

제2조(정의) 이 법에서 사용하는 용어의 뜻은 다음과 같다.

2. "처리"란 개인정보의 수집, 생성, 연계, 연동, 기록, 저장, 보유, 가공, 편집, 검색, 출력, 정정(訂正), 복구, 이용, 제공, 공개, 파기(破棄), 그 밖에 이와 유사한 행위를 말한다.

정답 | 34 ○ 35 ○ 36 ○

TOPIC 26

행정상 강제집행 1 – 대집행 / 직접강제

제1절 대집행

01
2014 경찰행정

판례는 건물철거명령과 대집행 계고처분 사이에는 하자의 승계를 인정하지 않는 입장이다. O | X

철거명령은 강제집행에 앞서 상대방에게 자진하여 철거할 의무를 부과하는 하명이고, 대집행은 상대방이 자진하여 철거하지 않을 때 강제력을 행사하는 것이어서 서로 별개의 법률효과를 목적으로 한다. 따라서 철거명령의 하자가 당연무효가 아닌 한 대집행에 하자가 승계되지 않는다.

02
2014 경찰행정

계고처분의 후속절차인 대집행에 위법이 있는 경우에 그와 같은 후속절차에 위법성이 있다는 점을 들어 선행절차인 계고처분이 부적법하다는 사유로 삼을 수 있다. O | X

하자승계는 선행행위의 하자를 이유로 후행행위의 효력을 다투는 것이지, 후행행위의 하자를 이유로 선행행위의 효력을 다툴 수는 없다.

[대법원 1997.2.14, 96누15428]
계고처분의 후속절차인 대집행에 위법이 있다고 하더라도, 그와 같은 후속절차에 위법성이 있다는 점을 들어 선행절차인 계고처분이 부적법하다는 사유로 삼을 수는 없다.

03
2014 국가직 7급

대집행의 내용과 범위는 대집행의 계고서에 의해서만 특성되어야 하는 것이 아니고, 계고처분 전후에 송달된 문서나 기타 사정을 종합하여 행위의 내용이 특정되면 족하다. O | X

[대법원 1994.10.28, 94누5144]
행정청이 행정대집행법 제3조 제1항에 의한 대집행계고를 함에 있어서는 의무자가 스스로 이행하지 아니하는 경우에 대집행할 행위의 내용 및 범위가 구체적으로 특정되어야 하나, **그 행위의 내용 및 범위는 반드시 대집행계고서에 의하여서만 특정되어야 하는 것이 아니고 계고처분 전후에 송달된 문서나 기타 사정을 종합하여 행위의 내용이 특정되면 족하다.**

정답 | 01 ○ 02 × 03 ○

04

2015 사회복지직 9급

대집행이 행해지기 위해서는 대체적 작위의무의 불이행을 방치함이 심히 공익을 해할 것으로 인정될 때이어야 하나, 다른 수단으로써 그 이행을 확보하기 곤란할 필요까지는 요하지 않는다. O | X

행정대집행법

제2조(대집행과 그 비용징수) 법률(법률의 위임에 의한 명령, 지방자치단체의 조례를 포함한다. 이하 같다)에 의하여 직접명령되었거나 또는 법률에 의거한 행정청의 명령에 의한 행위로서 타인이 대신하여 행할 수 있는 행위를 의무자가 이행하지 아니하는 경우 **다른 수단으로써 그 이행을 확보하기 곤란하고 또한 그 불이행을 방치함이 심히 공익을 해할 것으로 인정될 때**에는 당해 행정청은 스스로 의무자가 하여야 할 행위를 하거나 또는 제삼자로 하여금 이를 하게 하여 그 비용을 의무자로부터 징수할 수 있다.

05

2015 국가직 9급

대집행이 완료되어 취소소송을 제기할 수 없는 경우에도 국가배상청구는 가능하다. O | X

[대법원 1967.10.23, 67누115]

행정대집행법 제2조에 의하여 의무자에게 명령된 행위에 관하여, 동법 제3조의 계고와 대집행영장에 의한 통지 절차를 거쳐서 **이미 그 대집행이 사실행위로서 실행이 완료된 이후에** 있어서는 그 행위의 위법을 이유로 하는 손해배상 또는 원상회복의 청구를 하는 것은 몰라도, **그 처분의 취소를 구함은, 권리보호의 이익이 없는 것이라 할 것이다.**

06

2015 서울시 9급

행정대집행법에 의하면 법령에 의해 직접 성립하는 의무도 행정대집행의 대상이 될 수 있다. O | X

행정대집행법

제2조(대집행과 그 비용징수) **법률(법률의 위임에 의한 명령, 지방자치단체의 조례를 포함한다. 이하 같다)에 의하여 직접명령**되었거나 또는 법률에 의거한 행정청의 명령에 의한 행위로서 타인이 대신하여 행할 수 있는 행위를 의무자가 이행하지 아니하는 경우 다른 수단으로써 그 이행을 확보하기 곤란하고 또한 그 불이행을 방치함이 심히 공익을 해할 것으로 인정될 때에는 당해 행정청은 스스로 의무자가 하여야 할 행위를 하거나 또는 제삼자로 하여금 이를 하게 하여 그 비용을 의무자로부터 징수할 수 있다.

07

2015 서울시 9급

법률상 시설설치 금지의무를 위반하여 시설을 설치한 경우 별다른 규정이 없어도 대집행요건이 충족된다. O | X

시설설치 금지의무는 부작위의무이므로 대집행을 하기 위해서 작위로의 전환이 이루어져야 한다.

08

2015 지방직 9급

행정주체와 사인 사이의 건축도급계약에 있어서, 사인이 의무불이행을 하였다고 하여도 행정대집행은 허용되지 않는다. O | X

사법상 계약에 대한 행정대집행은 허용되지 않는다.

정답 04 × 05 ○ 06 ○ 07 × 08 ○

09

2016 서울시 9급

건물을 불법점거하고 있는 경우, 건물의 명도의무는 일반적으로 행정대집행의 대상이 된다. O | X

[대법원 1998.10.23, 97누157]
도시공원시설인 매점의 관리청이 그 공동점유자 중의 1인에 대하여 소정의 기간 내에 위 매점으로부터 퇴거하고 이에 부수하여 그 판매 시설물 및 상품을 반출하지 아니할 때에는 이를 대집행하겠다는 내용의 계고처분은 그 주된 목적이 매점의 원형을 보존하기 위하여 점유자가 설치한 불법 시설물을 철거하고자 하는 것이 아니라, 매점에 대한 점유자의 점유를 배제하고 그 점유이전을 받는 데 있다고 할 것인데, 이러한 의무는 그것을 강제적으로 실현함에 있어 직접적인 실력행사가 필요한 것이지 대체적 작위의무에 해당하는 것은 아니어서 직접강제의 방법에 의하는 것은 별론으로 하고 행정대집행법에 의한 대집행의 대상이 되는 것은 아니다.

10

2017 사회복지직 9급

구 토지수용법상 피수용자가 기업자에 대하여 부담하는 수용대상 토지의 인도의무에는 명도도 포함되고, 이러한 명도의무는 특별한 사정이 없는 한 행정대집행법상 대집행의 대상이 된다. O | X

[대법원 2005.8.19, 2004다2809]
피수용자 등이 기업자에 대하여 부담하는 수용대상 토지의 인도의무에 관한 구 토지수용법 제63조, 제64조, 제77조 규정에서의 '인도'에는 명도도 포함되는 것으로 보아야 하고, 이러한 명도의무는 그것을 강제적으로 실현하면서 직접적인 실력행사가 필요한 것이지 대체적 작위의무라고 볼 수 없으므로 특별한 사정이 없는 한 행정대집행법에 의한 대집행의 대상이 될 수 있는 것이 아니다.

11

2017 사회복지직 9급

대집행을 위한 계고가 동일한 내용으로 수회 반복된 경우에는 최후에 행해진 계고가 항고소송의 대상이 되는 처분이다. O | X

[대법원 1994.10.28, 94누5144]
건물의 소유자에게 위법건축물을 일정기간까지 철거할 것을 명함과 아울러 불이행할 때에는 대집행한다는 내용의 철거대집행 계고처분을 고지한 후 이에 불응하자 다시 제2차, 제3차 계고서를 발송하여 일정기간까지의 자진철거를 촉구하고 불이행하면 대집행을 한다는 뜻을 고지하였다면 행정대집행법상의 건물철거의무는 제1차 철거명령 및 계고처분으로서 발생하였고 제2차, 제3차의 계고처분은 새로운 철거의무를 부과한 것이 아니고 다만 대집행기한의 연기통지에 불과하므로 행정처분이 아니다.

12

2017 국가직 9급

대집행의 요건이 충족되는 한 대집행은 반드시 행해야 하는 기속행위의 성질을 갖는다. O | X

행정대집행법 제2조의 문언형식상 대집행의 실시여부는 행정청의 재량에 속한다.

행정대집행법
제2조(대집행과 그 비용징수) 법률(법률의 위임에 의한 명령, 지방자치단체의 조례를 포함한다. 이하 같다)에 의하여 직접명령되었거나 또는 법률에 의거한 행정청의 명령에 의한 행위로서 타인이 대신하여 행할 수 있는 행위를 의무자가 이행하지 아니하는 경우 다른 수단으로써 그 이행을 확보하기 곤란하고 또한 그 불이행을 방치함이 심히 공익을 해할 것으로 인정될 때에는 당해 행정청은 스스로 의무자가 하여야 할 행위를 하거나 또는 제삼자로 하여금 이를 하게 하여 그 비용을 의무자로부터 징수할 수 있다.

정답 | 09 × 10 × 11 × 12 ×

13

2017 국가직 9급

원칙적으로 '의무의 불이행을 방치하는 것이 심히 공익을 해하는 것으로 인정되는 경우'의 요건은 계고를 할 때에 충족되어 있어야 한다. O | X

대집행의 첫 단계인 계고 당시에 대집행의 요건이 충족되어야 한다.

14

2017 국가직 9급

의무를 명하는 행정행위가 불가쟁력이 발생하지 않은 경우에는 그 행정행위에 따른 의무의 불이행에 대하여 대집행을 할 수 없다. O | X

불가쟁력이 발생하지 않았다는 것은 당해 행정행위에 대한 취소소송의 제소기간이 도과하지 않았다는 의미일 뿐이다. 불가쟁력과 대집행은 무관하다. 대집행의 요건을 갖추면 당해 행정행위의 불가쟁력 발생여부와 무관하게 대집행을 할 수 있다.

15

2017 서울시 9급

계고처분과 대집행 비용납부명령 사이에는 하자의 승계가 인정되지 않는다. O | X

[대법원 1996.2.9, 95누12507]

대집행의 계고, 대집행영장에 의한 통지, 대집행의 실행, 대집행에 요한 비용의 납부명령 등은 타인이 대신하여 행할 수 있는 행정의무의 이행을 의무자의 비용부담하에 확보하고자 하는, 동일한 행정목적을 달성하기 위하여 단계적인 일련의 절차로 연속하여 행하여지는 것으로서, 서로 결합하여 하나의 법률효과를 발생시키는 것이므로, 선행처분인 계고처분이 하자가 있는 위법한 처분이라면, 비록 그 하자가 중대하고도 명백한 것이 아니어서 당연무효의 처분이라고 볼 수 없고 행정소송으로 효력이 다투어지지도 아니하여 이미 불가쟁력이 생겼으며, **후행처분인 대집행영장발부통보처분 자체에는 아무런 하자가 없다고 하더라도, 후행처분인 대집행영장발부통보처분의 취소를 청구하는 소송에서 청구원인으로 선행처분인 계고처분이 위법한 것이기 때문에 그 계고처분을 전제로 행하여진 대집행영장발부통보처분도 위법한 것이라는 주장을 할 수 있다.**

16

2017 하반기 국가직 9급

관계 법령에 위반하여 장례식장 영업을 한 사람이 행정청으로부터 장례식장 사용중지명령을 받고도 이에 따르지 않은 경우에 그의 사용중지의무 불이행은 행정청의 명령에 의한 대체적 작위의무의 불이행에 해당하므로 대집행의 대상이 된다. O | X

[대법원 2005.9.28, 선고, 2005두7464, 판결]

행정대집행법 제2조는 '행정청의 명령에 의한 행위로서 타인이 대신하여 행할 수 있는 행위를 의무자가 이행하지 아니하는 경우'에 대집행할 수 있도록 규정하고 있는데, 이 사건 용도위반 부분을 장례식장으로 사용하는 것이 관계 법령에 위반한 것이라는 이유로 장례식장의 사용을 중지할 것과 이를 불이행할 경우 행정대집행법에 의하여 대집행하겠다는 내용의 이 사건 처분은, **이 사건 처분에 따른 '장례식장 사용중지 의무'가 원고 이외의 '타인이 대신' 할 수도 없고, 타인이 대신하여 '행할 수 있는 행위'라고도 할 수 없는 비대체적 부작위 의무에 대한 것이므로, 그 자체로 위법**함이 명백하다고 할 것인데도, 원심은 그 판시와 같은 이유를 들어 이 사건 처분이 적법하다고 판단하고 말았으니, 거기에는 대집행계고처분의 요건에 관한 법리를 오해한 위법이 있다고 할 것이다.

정답 | 13 ○ 14 × 15 × 16 ×

17

2017 하반기
국가직 9급

부작위의무 위반이 있는 경우, 별도의 규정이 없더라도 부작위의무의 근거인 금지규정으로부터 위반상태의 시정을 명할 수 있는 권한이 도출된다. O | X

[대법원 1996.6.28, 96누4374]

행정대집행법 제2조는 대집행의 대상이 되는 의무를 "법률(법률의 위임에 의한 명령, 지방자치단체의 조례를 포함한다. 이하 같다)에 의하여 직접 명령되었거나 또는 법률에 의거한 행정청의 명령에 의한 행위로서 타인이 대신하여 행할 수 있는 행위"라고 규정하고 있으므로, **대집행계고처분을 하기 위하여는 법령에 의하여 직접 명령되거나 법령에 근거한 행정청의 명령에 의한 의무자의 대체적 작위의무 위반행위가 있어야 한다.** 따라서 단순한 부작위의무의 위반, 즉 관계 법령에 정하고 있는 절대적 금지나 허가를 유보한 상대적 금지를 위반한 경우에는 당해 법령에서 그 위반자에 대하여 위반에 의하여 생긴 유형적 결과의 시정을 명하는 행정처분의 권한을 인정하는 규정(예컨대, 건축법 제69조, 도로법 제74조, 하천법 제67조, 도시공원법 제20조, 옥외광고물등 관리법 제10조 등)을 두고 있지 아니한 이상, **법치주의의 원리에 비추어 볼 때 위와 같은 부작위의무로부터 그 의무를 위반함으로써 생긴 결과를 시정하기 위한 작위의무를 당연히 끌어낼 수는 없으며, 또 위 금지규정(특히 허가를 유보한 상대적 금지규정)으로부터 작위의무, 즉 위반결과의 시정을 명하는 권한이 당연히 추론(推論)되는 것도 아니다.**

18

2017 하반기
지방직 9급

「공유재산 및 물품관리법」 제83조에 따라 지방자치단체장이 행정대집행의 방법으로 공유재산에 설치한 시설물을 철거할 수 있는 경우, 민사소송의 방법으로도 시설물의 철거를 구하는 것이 허용된다. O | X

[대법원 2017.4.13, 선고, 2013다207941, 판결]

공유재산 및 물품 관리법 제83조 제1항은 "지방자치단체의 장은 정당한 사유 없이 공유재산을 점유하거나 공유재산에 시설물을 설치한 경우에는 원상복구 또는 시설물의 철거 등을 명하거나 이에 필요한 조치를 할 수 있다."라고 규정하고, 제2항은 "제1항에 따른 명령을 받은 자가 그 명령을 이행하지 아니할 때에는 '행정대집행법'에 따라 원상복구 또는 시설물의 철거 등을 하고 그 비용을 징수할 수 있다."라고 규정하고 있다. 위 규정에 따라 **지방자치단체장은 행정대집행의 방법으로 공유재산에 설치한 시설물을 철거할 수 있고, 이러한 행정대집행의 절차가 인정되는 경우에는 민사소송의 방법으로 시설물의 철거를 구하는 것은 허용되지 아니한다.**

19

2017 하반기
지방직 9급

제1차 계고처분 이후 고지된 제2차, 제3차의 계고처분은 처분이 아니나, 거부처분이 있은 후 동일한 내용의 신청에 대하여 다시 거절의 의사표시를 한 경우에는 새로운 처분으로 본다. O | X

제소기간의 기산점과 관련해서 이해해야 한다. (ⅰ) 제2, 3차 계고처분이 있는 경우에도 1차 계고처분을 대상으로 취소송을 제기해야 하지만, (ⅱ) 거부처분이 있은 후 동일한 내용의 신청에 대하여 다시 거절의 의사표시를 한 경우에는 새로운 거부처분에 해당하므로 새로운 거부처분을 대상으로 취소소송을 제기할 수 있다.

[대법원 2002.3.29, 선고, 2000두6084, 판결]

거부처분은 관할 행정청이 국민의 처분신청에 대하여 거절의 의사표시를 함으로써 성립되고, 그 이후 **동일한 내용의 새로운 신청에 대하여 다시 거절의 의사표시를 한 경우에는 새로운 거부처분**이 있는 것으로 보아야 할 것이다.

정답 | 17 × 18 × 19 ○

20

2017 하반기
지방직 9급

대집행계고처분을 함에 있어서 의무이행을 할 수 있는 상당한 기간을 부여하지 아니하였다 하더라도, 행정청이 대집행계고처분 후에 대집행영장으로써 대집행의 시기를 늦추었다면 그 대집행계고처분은 적법한 처분이다.

O | X

[대법원 1990.9.14, 선고, 90누2048, 판결]

행정대집행법 제3조 제1항은 행정청이 의무자에게 대집행영장으로써 대집행할 시기 등을 통지하기 위하여는 그 전제로서 대집행계고처분을 함에 있어서 의무이행을 할 수 있는 상당한 기간을 부여할 것을 요구하고 있으므로, **행정청인 피고가 의무이행기한이 1988. 5. 24.까지로 된 이 사건 대집행계고서를 5. 19. 원고에게 발송하여 원고가 그 이행종기인 5. 24. 이를 수령하였다면, 설사 피고가 대집행영장으로써 대집행의 시기를 1988. 5. 27 15 : 00로 늦추었더라도 위 대집행계고처분은 상당한 이행기한을 정하여 한 것이 아니어서 대집행의 적법절차에 위배한 것으로 위법한 처분**이라고 할 것이다.

21

2017 하반기
지방직 9급

구「공공용지의 취득 및 손실보상에 관한 특례법」에 의한 협의취득시 건물소유자가 협의취득대상 건물에 대하여 철거의무를 부담하겠다는 취지의 약정을 한 경우, 그 철거의무는「행정대집행법」에 의한 대집행의 대상이 되지 않는다.

O | X

[대법원 2006.10.13, 선고, 2006두7096, 판결]

행정대집행법상 대집행의 대상이 되는 대체적 작위의무는 공법상 의무이어야 할 것인데, 구 공공용지의 취득 및 손실보상에 관한 특례법에 따른 **토지 등의 협의취득은 공공사업에 필요한 토지 등을 그 소유자와의 협의에 의하여 취득하는 것으로서 공공기관이 사경제주체로서 행하는 사법상 매매 내지 사법상 계약의 실질을 가지는 것이므로, 그 협의취득시 건물소유자가 매매대상 건물에 대한 철거의무를 부담하겠다는 취지의 약정을 하였다고 하더라도 이러한 철거의무는 공법상의 의무가 될 수 없고**, 이 경우에도 행정대집행법을 준용하여 대집행을 허용하는 별도의 규정이 없는 한 **위와 같은 철거의무는 행정대집행법에 의한 대집행의 대상이 되지 않는다.**

22

2017 하반기
지방직 9급

대집행에 소요된 비용을 납부하지 아니할 때에는 국세징수의 예에 의하여 징수할 수 있다.

O | X

[대법원 2011.9.8, 2010다48240]

이와 같은 대한주택공사의 법인격 및 대집행권한 수탁에 따른 지위, 행정대집행의 목적, 내용 및 비용징수 등에 관한 각 규정 취지 등을 종합하면, **대한주택공사가 법 및 시행령에 의하여 대집행권한을 위탁받아 공무인 대집행을 실시하기 위하여 지출한 비용은 행정대집행법의 절차에 따라 국세징수법의 예에 의하여 징수할 수 있다**고 봄이 상당하다. 행정대집행법이 대집행비용의 징수에 관하여 민사소송절차에 의한 소송이 아닌 간이하고 경제적인 특별구제절차를 마련해 놓고 있으므로 민법 제750조에 기한 손해배상으로서 대집행비용의 상환을 구하는 원고의 이 사건 청구는 소의 이익이 없어 부적법하다.

정답 | 20 × 21 ○ 22 ○

23

2019 지방직, 교육행정직 9급

철거명령에서 주어진 일정기간이 자진철거에 필요한 상당한 기간이라고 하여도 그 기간 속에는 계고시에 필요한 '상당한 이행기간'이 포함되어 있다고 볼 수 없다. O | X

[대법원 1992.6.12, 선고, 91누13564, 판결]

가. 계고서라는 명칭의 1장의 문서로서 일정기간 내에 위법건축물의 자진철거를 명함과 동시에 그 소정기한 내에 자진철거를 하지 아니할 때에는 대집행할 뜻을 미리 계고한 경우라도 건축법에 의한 철거명령과 행정대집행법에 의한 계고처분은 독립하여 있는 것으로서 각 그 요건이 충족되었다고 볼 것이다.

나. 위 '가'항의 경우, **철거명령에서 주어진 일정기간이 자진철거에 필요한 상당한 기간이라면 그 기간 속에는 계고시에 필요한 '상당한 이행기간'도 포함되어 있다**고 보아야 할 것이다.

24

2019 서울시 9급 (6월)

해가 지기 전에 대집행에 착수한 경우라고 할지라도 해가 진 후에는 대집행을 할 수 없다. O | X

「행정대집행법」 제4조

제4조(대집행의 실행 등) ① 행정청(제2조에 따라 대집행을 실행하는 제3자를 포함한다. 이하 이 조에서 같다)은 **해가 뜨기 전이나 해가 진 후에는 대집행을 하여서는 아니 된다. 다만, 다음 각 호의 어느 하나에 해당하는 경우에는 그러하지 아니하다.**

1. 의무자가 동의한 경우
2. **해가 지기 전에 대집행을 착수한 경우**
3. 해가 뜬 후부터 해가 지기 전까지 대집행을 하는 경우에는 대집행의 목적 달성이 불가능한 경우
4. 그 밖에 비상시 또는 위험이 절박한 경우

25

2019 서울시 추가채용 9급

행정청이 건물철거 대집행 과정에서 철거집행을 방해하는 건물의 점유자들에 대한 퇴거 조치를 할 수 없다는 것이 판례의 입장이다. O | X

[대법원 2017.4.28, 선고, 2016다213916, 판결]

[1] 관계 법령상 행정대집행의 절차가 인정되어 행정청이 행정대집행의 방법으로 건물의 철거 등 대체적 작위의무의 이행을 실현할 수 있는 경우에는 따로 민사소송의 방법으로 그 의무의 이행을 구할 수 없다. 한편 **건물의 점유자가 철거의무자일 때에는 건물철거의무에 퇴거의무도 포함되어 있는 것이어서** 별도로 퇴거를 명하는 집행권원이 필요하지 않다.

[2] **행정청이 행정대집행의 방법으로 건물철거의무의 이행을 실현할 수 있는 경우에는 건물철거 대집행 과정에서 부수적으로 건물의 점유자들에 대한 퇴거 조치를 할 수 있고,** 점유자들이 적법한 행정대집행을 위력을 행사하여 방해하는 경우 형법상 공무집행방해죄가 성립하므로, 필요한 경우에는 「경찰관직무집행법」에 근거한 위험발생 방지조치 또는 형법상 공무집행방해죄의 범행방지 내지 현행범체포의 차원에서 경찰의 도움을 받을 수도 있다.

정답 | 23 × 24 × 25 ×

26

2022 지방직 9급

권원 없이 국유재산에 설치한 시설물에 대하여 관리청이 행정대집행을 통해 철거를 하지 않는 경우 그 국유재산에 대하여 사용청구권을 가진 자는 국가를 대위하여 민사소송으로 그 시설물의 철거를 구할 수 있다.

O | X

[대법원 2009.6.11, 2009다1122]

관리권자인 보령시장이 행정대집행을 실시하지 아니하는 경우 국가에 대하여 이 사건 토지 사용청구권을 가지는 원고로서는 위 청구권을 보전하기 위하여 국가를 대위하여 피고들을 상대로 민사소송의 방법으로 이 사건 시설물의 철거를 구하는 이외에는 이를 실현할 수 있는 다른 절차와 방법이 없어 그 보전의 필요성이 인정되므로, 원고는 국가를 대위하여 피고들을 상대로 민사소송의 방법으로 이 사건 시설물의 철거를 구할 수 있다고 보아야 할 것이고, 한편 이 사건 청구 중 이 사건 토지 인도청구 부분에 대하여는 관리권자인 보령시장으로서도 행정대집행의 방법으로 이를 실현할 수 없으므로, 원고는 당연히 국가를 대위하여 피고들을 상대로 민사소송의 방법으로 이 사건 토지의 인도를 구할 수 있다고 할 것이다.

27

2022 지방직 7급

행정청이 행정대집행을 한 경우 그에 따른 비용의 징수는 「행정대집행법」의 절차에 따라 「국세징수법」의 예에 의하여 징수하여야 하며, 손해배상을 구하는 민사소송으로 징수할 수는 없다. O | X

[대법원 2011. 9. 8. 선고 2010다48240 판결]

대한주택공사가 구 대한주택공사법(2009. 5. 22. 법률 제9706호 한국토지주택공사법 부칙 제2조로 폐지) 및 구 대한주택공사법 시행령(2009. 9. 21. 대통령령 제21744호 한국토지주택공사법 시행령 부칙 제2조로 폐지)에 의하여 대집행권한을 위탁받아 공무인 대집행을 실시하기 위하여 지출한 비용을 행정대집행법 절차에 따라 국세징수법의 예에 의하여 징수할 수 있음에도 민사소송절차에 의하여 그 비용의 상환을 청구한 사안에서, 행정대집행법이 대집행비용의 징수에 관하여 민사소송절차에 의한 소송이 아닌 간이하고 경제적인 특별구제절차를 마련해 놓고 있으므로, 위 청구는 소의 이익이 없어 부적법하다고 본 원심판단을 수긍한 사례

28

2023 소방간부

계고를 함에 있어서 그 행위의 내용과 범위는 반드시 시정명령서나 대집행계고서에 의하여서만 특정되어야 하는 것은 아니고 그 처분 전후에 송달된 문서나 기타 사정을 종합하여 이를 특정할 수 있으면 족하다. O | X

[대법원 1997. 2. 14., 선고, 96누15428, 판결]

행정청이 행정대집행법 제3조 제1항에 의한 대집행계고를 함에 있어서는 의무자가 스스로 이행하지 아니하는 경우에 대집행할 행위의 내용 및 범위가 구체적으로 특정되어야 하지만, 그 행위의 내용 및 범위는 반드시 대집행계고서에 의하여서만 특정되어야 하는 것이 아니고 계고처분 전후에 송달된 문서나 기타 사정을 종합하여 행위의 내용이 특정되거나 대집행 의무자가 그 이행의무의 범위를 알 수 있으면 족하다.

정답 | 26 ○ 27 ○ 28 ○

29

2023 소방간부

「공익사업을 위한 토지 등의 취득 및 보상에 관한 법률」에 의한 협의취득시 건물소유자가 협의취득 대상 건물에 대하여 약정을 하고서 불이행한 경우, 그 건물의 강제철거에 대해서는 「행정대집행법」이 적용되지 아니한다.

O | X

협의취득은 그 성격이 사법상 계약이므로, 관련된 의무의 불이행 역시 사법상 채무불이행에 불과하다. 따라서 대집행의 대상이 될 수 없다.

[대법원 2006. 10. 13., 선고, 2006두7096, 판결]

구 공공용지의 취득 및 손실보상에 관한 특례법에 의한 협의취득시 건물소유자가 협의취득대상 건물에 대하여 약정한 철거의무는 공법상 의무가 아닐 뿐만 아니라, 공익사업을 위한 토지 등의 취득 및 보상에 관한 법률 제89조에서 정한 행정대집행법의 대상이 되는 '이 법 또는 이 법에 의한 처분으로 인한 의무'에도 해당하지 아니하므로 **위 철거의무에 대한 강제적 이행은 행정대집행법상 대집행의 방법으로 실현할 수 없다.**

30

2023 소방직

타인이 대신하여 행할 수 있는 행위가 조례에 의하여 직접 명령된 경우에는 행정대집행의 대상이 될 수 있다.

O | X

이를 「법규하명」이라 한다.

행정대집행법

제2조(대집행과 그 비용징수) **법률(법률의 위임에 의한 명령, 지방자치단체의 조례를 포함한다. 이하 같다)에 의하여 직접명령**되었거나 또는 법률에 의거한 행정청의 명령에 의한 행위로서 **타인이 대신하여 행할 수 있는 행위**를 의무자가 이행하지 아니하는 경우 다른 수단으로써 이행을 확보하기 곤란하고 또한 그 불이행을 방치함이 심히 공익을 해할 것으로 인정될 때에는 당해 행정청은 스스로 의무자가 하여야 할 행위를 하거나 또는 제삼자로 하여금 이를 하게 하여 비용을 의무자로부터 징수할 수 있다.

31

2023 소방직

계고처분은 독립한 처분으로서, 위법건축물에 대한 철거명령과 동시에 발령할 수 있다.

O | X

[대법원 1992. 6. 12. 선고 91누13564 판결]

계고서라는 명칭의 1장의 문서로서 일정기간 내에 위법건축물의 자진철거를 명함과 동시에 그 소정기한 내에 자진철거를 하지 아니할 때에는 대집행할 뜻을 미리 계고한 경우라도 건축법에 의한 철거명령과 행정대집행법에 의한 계고처분은 독립하여 있는 것으로서 각 그 요건이 충족되었다고 볼 것이다.

32

2023 국가직 9급

행정대집행은 「행정기본법」상 행정상 강제에 해당한다. O | X

행정기본법

제30조(행정상 강제) ① 행정청은 행정목적을 달성하기 위하여 필요한 경우에는 법률로 정하는 바에 따라 필요한 최소한의 범위에서 다음 각 호의 어느 하나에 해당하는 조치를 할 수 있다.

1. **행정대집행**: 의무자가 행정상 의무(법령등에서 직접 부과하거나 행정청이 법령등에 따라 부과한 의무를 말한다. 이하 이 절에서 같다)로서 타인이 대신하여 행할 수 있는 의무를 이행하지 아니하는 경우 법률로 정하는 다른 수단으로는 그 이행을 확보하기 곤란하고 그 불이행을 방치하면 공익을 크게 해칠 것으로 인정될 때에 행정청이 의무자가 하여야 할 행위를 스스로 하거나 제3자에게 하게 하고 그 비용을 의무자로부터 징수하는 것

33

2023 국가직 9급

대집행에 요한 비용에 대하여서는 행정청은 사무비의 소속에 따라 국세와 동일한 순위의 선취득권을 가지며, 대집행에 요한 비용을 징수하였을 때에는 그 징수금은 국고의 수입으로 한다. O | X

(i) 국세에 「다음가는」 순위의 선취득권을 가진다. 수험상 중요한 내용은 아니다. (ii) 대집행비용의 징수주체가 국가라면 국고의 수입으로 하고, 징수주체가 지자체라면 지자체의 수입으로 한다.

행정대집행법

제6조(비용징수) ② **대집행에 요한 비용**에 대하여서는 행정청은 사무비의 소속에 따라 **국세에 다음가는 순위의 선취득권을 가진다.**

③ **대집행에 요한 비용을 징수**하였을 때에는 그 징수금은 사무비의 소속에 따라 **국고 또는 지방자치단체의 수입으로 한다.**

34

2023 지방직 9급

관계 법령상 행정대집행의 절차가 인정되어 행정청이 행정대집행의 방법으로 건물의 철거 등 대체적 작위의무의 이행을 실현할 수 있는 경우에는 따로 민사소송의 방법으로 그 의무의 이행을 구할 수 없다. O | X

행정상 대집행절차가 인정된다면 민사소송으로 그 이행을 구하는 것은 허용되지 않는다.

[대법원 2017.4.28. 선고, 2016다213916. 판결]

관계 법령상 행정대집행의 절차가 인정되어 행정청이 행정대집행의 방법으로 건물의 철거 등 대체적 작위의무의 이행을 실현할 수 있는 경우에는 따로 민사소송의 방법으로 그 의무의 이행을 구할 수 없다. 한편 건물의 점유자가 철거의무자일 때에는 건물철거의무에 퇴거의무도 포함되어 있는 것이어서 별도로 퇴거를 명하는 집행권원이 필요하지 않다.

정답 | 32 ○ 33 × 34 ○

35

2023 군무원 9급

「건축법」에 위반하여 건축한 것이어서 철거의무가 있는 건물이라 하더라도 그 철거의무를 대집행하기 위한 계고처분을 하려면 다른 방법으로는 이행의 확보가 어렵고 불이행을 방치함이 심히 공익을 해하는 것으로 인정될 때에 한하여 허용되고 이러한 요건의 주장·입증책임은 처분 행정청에 있다. O | X

> [대법원 1993.9.14. 92누16690]
> 건축법에 위반하여 건축한 것이어서 철거의무가 있는 건물이라 하더라도 그 철거의무를 대집행하기 위한 계고처분을 하려면 다른 방법으로는 이행의 확보가 어렵고 불이행을 방치함이 심히 공익을 해하는 것으로 인정될 때에 한하여 허용되고 이러한 요건의 주장입증책임은 처분 행정청에 있다.

36

2023 국회사무처 9급

행정청은 대집행을 할 때 대집행 과정에서의 안전 확보를 위하여 필요하다고 인정하는 경우 현장에 긴급 의료장비나 시설을 갖추는 등 필요한 조치를 하여야 한다. O | X

> **행정대집행법**
> 제4조(대집행의 실행 등) ② 행정청은 대집행을 할 때 대집행 과정에서의 안전 확보를 위하여 필요하다고 인정하는 경우 현장에 긴급 의료장비나 시설을 갖추는 등 필요한 조치를 하여야 한다.

37

2023 국회사무처 9급

대집행에 요한 비용의 징수에 있어서는 실제에 요한 비용액과 그 납기일을 정하여 의무자에게 문서로써 그 납부를 명하여야 한다. O | X

> **행정대집행법**
> 제5조(비용납부명령서) 대집행에 요한 비용의 징수에 있어서는 실제에 요한 비용액과 그 납기일을 정하여 의무자에게 문서로써 그 납부를 명하여야 한다.

38

2023 국회사무처 9급

대집행에 대해서는 「행정기본법」에 따른 이의신청을 할 수 있고, 「행정심판법」에 따른 행정심판도 청구할 수 있다. O | X

> **행정대집행법**
> 제7조(행정심판) 대집행에 대하여는 행정심판을 제기할 수 있다.
>
> **행정기본법**
> 제36조(처분에 대한 이의신청) ① 행정청의 처분(「행정심판법」 제3조에 따라 같은 법에 따른 행정심판의 대상이 되는 처분을 말한다. 이하 이 조에서 같다)에 이의가 있는 당사자는 처분을 받은 날부터 30일 이내에 해당 행정청에 이의신청을 할 수 있다.

정답 | 35 ○ 36 ○ 37 ○ 38 ○

제2절 직접강제

01 경찰관직무집행법은 직접강제에 관한 일반적 근거를 규정하고 있다. O | X

2014 국가직 9급

경찰관직무집행법은 「즉시강제」에 대하여 일반적 규정을 두고 있다. 행정상 「직접강제」에 대해서는 일반법이 존재하지 아니하며, 각각의 개별법률(예컨대 식품위생법, 출입국관리법, 군사시설보호법 등)에서 규정하고 있다.

02 적법한 영업소가 아님을 알리는 게시문 등의 부착에 대해서는 취소소송이 적절한 구제수단이 된다. O | X

2015 서울시 9급

적법한 영업소가 아님을 알리는 게시문 등의 부착은 권력적 사실행위로서 처분성은 인정된다. 다만 단기간 종료되는 성질상, 이에 대한 취소소송의 제기는 소의 이익이 흠결되어 적절한 구제수단이 될 수 없다고 본다.

03 공무원이 적법하게 영업소의 간판을 제거하더라도 영업주에게 간판에 대한 손해배상을 해야 한다. O | X

2015 서울시 9급

손해배상은 위법한 행위로 인하여 손해가 발생한 경우에 해당하므로 적법한 행위에는 손해배상이 적용되지 않는다.

정답 | 01 × 02 × 03 ×

TOPIC 27

행정상 강제집행 2 – 이행강제금 / 강제징수

제1절 이행강제금

01

2014 사회복지직 9급

건축법상 시정명령 불이행에 대한 이행강제금 부과의 경우 허가권자는 부과하기 전에 이행강제금을 부과·징수한다는 뜻을 미리 문서로써 계고하여야 한다. O | X

여기에서 "계고"란 행정대집행의 첫 번째 단계로서의 계고를 의미하는 것이 아니라, 이행강제금 부과라는 침익처분을 함에 있어서 필요한 사전통지의 의미를 갖는다.

건축법

제80조(이행강제금) ① 허가권자는 제79조 제1항에 따라 시정명령을 받은 후 시정기간 내에 시정명령을 이행하지 아니한 건축주등에 대하여는 그 시정명령의 이행에 필요한 상당한 이행기한을 정하여 그 기한까지 시정명령을 이행하지 아니하면 다음 각 호의 이행강제금을 부과한다. 다만, 연면적(공동주택의 경우에는 세대 면적을 기준으로 한다)이 85제곱미터 이하인 주거용 건축물과 제2호 중 주거용 건축물로서 대통령령으로 정하는 경우에는 다음 각 호의 어느 하나에 해당하는 금액의 2분의 1의 범위에서 해당 지방자치단체의 조례로 정하는 금액을 부과한다.

1. 건축물이 제55조와 제56조에 따른 건폐율이나 용적률을 초과하여 건축된 경우 또는 허가를 받지 아니하거나 신고를 하지 아니하고 건축된 경우에는 「지방세법」에 따라 해당 건축물에 적용되는 1제곱미터의 시가표준액의 100분의 50에 해당하는 금액에 위반면적을 곱한 금액 이하의 범위에서 위반 내용에 따라 대통령령으로 정하는 비율을 곱한 금액
2. 건축물이 제1호 외의 위반 건축물에 해당하는 경우에는 「지방세법」에 따라 그 건축물에 적용되는 시가표준액에 해당하는 금액의 100분의 10의 범위에서 위반내용에 따라 대통령령으로 정하는 금액

② 허가권자는 영리목적을 위한 위반이나 상습적 위반 등 대통령령으로 정하는 경우에 제1항에 따른 금액을 100분의 50의 범위에서 가중할 수 있다.

③ 허가권자는 제1항 및 제2항에 따른 **이행강제금을 부과하기 전에 제1항 및 제2항에 따른 이행강제금을 부과·징수한다는 뜻을 미리 문서로써 계고(戒告)**하여야 한다.

02

2014 국가직 9급

건축법상 위반건축물에 대한 행정대집행과 이행강제금은 합리적인 재량에 의해 선택하여 활용하는 이상 중첩적인 제재에 해당한다고 볼 수 없다. O | X

[헌재 2004.2.26, 2001헌바80]

전통적으로 행정대집행은 대체적 작위의무에 대한 강제집행수단으로, 이행강제금은 부작위의무나 비대체적 작위의무에 대한 강제집행수단으로 이해되어 왔으나, 이는 이행강제금제도의 본질에서 오는 제약은 아니며, 이행강제금은 대체적 작위의무의 위반에 대하여도 부과될 수 있다. 현행건축법상 위법건축물에 대한 이행강제수단으로 대집행과 이행강제금(제83조 제1항)이 인정되고 있는데, 양 제도는 각각의 장단점이 있으므로 행정청은 개별사건에 있어서 위반내용, 위반자의 시정의지 등을 감안하여 **대집행과 이행강제금을 선택적으로 활용할 수 있으며, 이처럼 그 합리적인 재량에 의해 선택하여 활용하는 이상 중첩적인 제재에 해당한다고 볼 수 없다.**

정답 | 01 ○ 02 ○

03 이행강제금은 집행벌이라 부르기도 한다. O | X

2014 서울시 9급

이행강제금(집행벌)이란 의무의 불이행이 있는 경우에 그 의무자에게 심리적 압박을 가하여 그 의무를 이행할 때까지 계속적으로 금전적 제재를 가함으로써 의무이행을 사실상 확보하는 수단을 말한다.

04 이행강제금은 의무불이행이 있는 경우에 반복하여 부과할 수 있다. O | X

2014 서울시 9급

건축법

제80조(이행강제금) ⑤ 허가권자는 최초의 시정명령이 있었던 날을 기준으로 하여 **1년에 2회 이내의 범위에서** 해당 지방자치단체의 조례로 정하는 횟수만큼 그 **시정명령이 이행될 때까지** 반복하여 제1항 및 제2항에 따른 이행강제금을 부과·징수할 수 있다. 다만, 제1항 각 호 외의 부분 단서에 해당하면 총 부과 횟수가 5회를 넘지 아니하는 범위에서 해당 지방자치단체의 조례로 부과 횟수를 따로 정할 수 있다.

05 이행강제금은 의무의 불이행시에 일정액수의 금전납부의무가 부과될 것임을 의무자에게 미리 계고함으로써 의무의 이행을 확보하는 수단을 말한다. O | X

2014 경찰행정

「이행강제금(집행벌)」이란 의무의 불이행이 있는 경우에 그 의무자에게 심리적 압박을 가하여 그 의무를 이행할 때까지 계속적으로 금전적 제재를 가함으로써 의무이행을 사실상 확보하는 수단을 말한다.

06 이행강제금은 비대체적 작위의무 위반에만 부과될 뿐 대체적 작위의무의 위반에는 부과될 수 없다. O | X

2015 국가직 9급

[헌재 2004.2.26, 2002헌바26]

전통적으로 행정대집행은 대체적 작위의무에 대한 강제집행수단으로, 이행강제금은 부작위의무나 비대체적 작위의무에 대한 강제집행수단으로 이해되어 왔다. 그러나 이행강제금을 행정상 강제집행의 일반적 수단으로 채택하면서 비대체적 작위의무, 수인의무, 부작위의무뿐만 아니라 대체적 작위의무를 이행강제금 부과대상으로 하고 있는 입법례(독일 행정집행법 제11조)를 찾아볼 수 있듯이, **종래 부작위의무나 비대체적 작위의무만이 이행강제금의 대상이 된다고 보아온 것은 이행강제금제도의 본질에서 오는 제약은 아니며, 이행강제금은 대체적 작위의무의 위반에 대하여도 부과될 수 있다.**

07 건축법상 이행강제금 부과처분은 이에 대한 불복방법에 관하여 별도의 규정을 두지 않고 있으므로 이는 행정소송의 대상이 된다. O | X

2016 서울시 9급

이행강제금은 별도의 구제수단이 법에 규정되어 있는지 여부에 따라 행정대소송의 대상여부가 결정된다. 건축법상 이행강제금 부과처분은 이에 대한 불복방법에 관하여 별도의 규정을 두지 않고 있으므로 이는 행정소송의 대상이 된다. 참고로 「농지법」상 이행강제금의 경우에는 비송사건절차법에 따라 불복절차가 진행되므로, 항고소송의 대상인 처분에 해당하지 않는다.

정답 | 03 ○ 04 ○ 05 ○ 06 × 07 ○

08

2017 국가직 9급

행정벌과 이행강제금은 장래에 의무의 이행을 강제하기 위한 제재로서 직접적으로 행정작용의 실효성을 확보하기 위한 수단이라는 점에서는 동일하다. O | X

2가지 점에서 틀렸다. (ⅰ) 이행강제금은 장래의 의무이행을 강제하기 위한 제재이지만, 행정벌은 과거의 의무위반에 대한 제재이다. (ⅱ) 행정벌과 이행강제금 모두 간접적으로 행정의 실효성을 확보하기 위한 수단이다.

09

2017 교육행정직 9급

이행강제금은 장래에 의무이행을 확보하기 위한 강제수단이다. O | X

[헌재 전원재판부 2009헌바140, 2011.10.25.]

이 사건 법률조항에서 규정하고 있는 **이행강제금은 일정한 기한까지 의무를 이행하지 않을 때에는 일정한 금전적 부담을 과할 뜻을 미리 계고함으로써 의무자에게 심리적 압박을 주어 장래에 그 의무를 이행하게 하려는 행정상 간접적인 강제집행 수단**의 하나로서 과거의 일정한 법률위반 행위에 대한 제재로서의 형벌이 아니라 장래의 의무이행의 확보를 위한 강제수단일 뿐이어서 범죄에 대하여 국가가 형벌권을 실행한다고 하는 과벌에 해당하지 아니하므로 헌법 제13조 제1항이 금지하는 이중처벌금지의 원칙이 적용될 여지가 없을 뿐 아니라, 건축법 제108조, 제110조에 의한 형사처벌의 대상이 되는 행위와 이 사건 법률조항에 따라 이행강제금이 부과되는 행위는 기초적 사실관계가 동일한 행위가 아니라 할 것이므로 이런 점에서도 이 사건 법률조항이 헌법 제13조 제1항의 이중처벌금지의 원칙에 위반되지 아니한다.

10

2017 교육행정직 9급

장기미등기자가 등기신청의무의 이행기간이 지나서 등기신청을 한 경우에도 이행강제금을 부과할 수 있다. O | X

이행강제금을 새로이 부과할 수는 없으나, 이미 부과된 이행강제금은 징수하여야 한다.

[대법원 2016.6.23, 선고, 2015두36454, 판결]

「부동산 실권리자명의 등기에 관한 법률」(이하 '부동산실명법'이라 한다) 제10조 제1항, 제4항, 제6조 제2항의 내용, 체계 및 취지 등을 종합하면, 부동산의 소유권이전을 내용으로 하는 계약을 체결하고 반대급부의 이행을 완료한 날로부터 3년 이내에 소유권이전등기를 신청하지 아니한 등기권리자 등(이하 '장기미등기자'라 한다)에 대하여 부과되는 이행강제금은 소유권이전등기신청의무 불이행이라는 과거의 사실에 대한 제재인 과징금과 달리, 장기미등기자에게 등기신청의무를 이행하지 아니하면 이행강제금이 부과된다는 심리적 압박을 주어 의무의 이행을 간접적으로 강제하는 행정상의 간접강제 수단에 해당한다. 따라서 **장기미등기자가 이행강제금 부과 전에 등기신청의무를 이행하였다면 이행강제금의 부과로써 이행을 확보하고자 하는 목적은 이미 실현된 것이므로 부동산실명법 제6조 제2항에 규정된 기간이 지나서 등기신청의무를 이행한 경우라 하더라도 이행강제금을 부과할 수 없다.**

11

2017 교육행정직 9급

이행강제금과 행정벌은 병과하여도 헌법상 이중처벌금지의 원칙에 위반되지 않는다. O | X

[헌재 2011.20.25. 2009헌바140]

이 사건 법률조항에서 규정하고 있는 이행강제금은 일정한 기한까지 의무를 이행하지 않을 때에는 일정한 금전적 부담을 과할 뜻을 미리 계고함으로써 의무자에게 심리적 압박을 주어 장래에 그 의무를 이행하게 하려는 행정상 간접적인 강제집행 수단의 하나로서 과거의 일정한 법률위반 행위에 대한 제재로서의 형벌이 아니라 장래의 의무이행의 확보를 위한 강제수단일 뿐이어서 범죄에 대하여 국가가 형벌권을 실행한다고 하는 과벌에 해당하지 아니하므로 헌법 제13조 제1항이 금지하는 이중처벌금지의 원칙이 적용될 여지가 없을 뿐 아니라, 건축법 제108조, 제110조에 의한 형사처벌의 대상이 되는 행위와 이 사건 법률조항에 따라 이행강제금이 부과되는 행위는 기초적 사실관계가 동일한 행위가 아니라 할 것이므로 이런 점에서도 이 사건 법률조항이 헌법 제13조 제1항의 이중처벌금지의 원칙에 위반되지 아니한다.

12

2017 교육행정직 9급

건축법상의 이행강제금은 간접강제의 일종으로서 그 이행강제금 납부의무는 일신전속적인 성질의 것이므로 이미 사망한 사람에게 이행강제금을 부과하는 내용의 처분은 당연무효이다. O | X

[대법원 2006.12.8. 2006마470]

구 건축법(2005. 11. 8. 법률 제7696호로 개정되기 전의 것)상의 이행강제금은 구 건축법의 위반행위에 대하여 시정명령을 받은 후 시정기간 내에 당해 시정명령을 이행하지 아니한 건축주 등에 대하여 부과되는 간접강제의 일종으로서 그 이행강제금 납부의무는 상속인 기타의 사람에게 승계될 수 없는 일신전속적인 성질의 것이므로 이미 사망한 사람에게 이행강제금을 부과하는 내용의 처분이나 결정은 당연무효이고, 이행강제금을 부과받은 사람의 이의에 의하여 비송사건절차법에 의한 재판절차가 개시된 후에 그 이의한 사람이 사망한 때에는 사건 자체가 목적을 잃고 절차가 종료한다.

13

2017 하반기 지방직 9급

「건축법」 제79조 제1항에 따른 위반건축물 등에 대한 시정명령을 받은 자가 이를 이행하면, 허가권자는 새로운 이행강제금의 부과를 즉시 중지하되 이미 부과된 이행강제금은 징수하여야 한다. O | X

건축법

제80조(이행강제금) ⑥ 허가권자는 제79조 제1항에 따라 시정명령을 받은 자가 이를 이행하면 새로운 이행강제금의 부과를 즉시 중지하되, 이미 부과된 이행강제금은 징수하여야 한다.

14

2018 국가직 7급

「건축법」상의 이행강제금과 관련하여, 시정명령을 받은 의무자가 시정명령에서 정한 기간을 지나서 시정명령을 이행한 경우, 이행강제금이 부과되기 전에 그 이행이 있었다 하더라도 시정명령상의 기간을 준수하지 않은 이상 이행강제금을 부과하는 것은 정당하다. O | X

[대법원 2018.1.25. 2015두35116]

건축법상의 이행강제금은 시정명령의 불이행이라는 과거의 위반행위에 대한 제재가 아니라, 의무자에게 시정명령을 받은 의무의 이행을 명하고 그 이행기간 안에 의무를 이행하지 않으면 이행강제금이 부과된다는 사실을

정답 | 11 ○ 12 ○ 13 ○ 14 ×

고지함으로써 의무자에게 심리적 압박을 주어 의무의 이행을 간접적으로 강제하는 행정상의 간접강제 수단에 해당한다. 이러한 **이행강제금의 본질상 시정명령을 받은 의무자가 이행강제금이 부과되기 전에 그 의무를 이행한 경우에는 비록 시정명령에서 정한 기간을 지나서 이행한 경우라도 이행강제금을 부과할 수 없다.**

15

2019 국가직 7급

사용자가 이행하여야 할 행정법상 의무의 내용을 초과하는 것을 '불이행 내용'으로 기재한 이행강제금 부과 예고서에 의하여 이행강제금 부과 예고를 한 다음 이를 이행하지 않았다는 이유로 이행강제금을 부과하였다면, 초과한 정도가 근소하다는 등의 특별한 사정이 없는 한 이행강제금 부과 예고는 이행강제금 제도의 취지에 반하는 것으로서 위법하고, 이에 터 잡은 이행강제금 부과처분 역시 위법하다. O | X

[대법원 2015.6.24, 선고, 2011두2170, 판결]

이행강제금은 행정법상의 부작위의무 또는 비대체적 작위의무를 이행하지 않은 경우에 '일정한 기한까지 의무를 이행하지 않을 때에는 일정한 금전적 부담을 과할 뜻'을 미리 '계고'함으로써 의무자에게 심리적 압박을 주어 장래를 향하여 의무의 이행을 확보하려는 간접적인 행정상 강제집행 수단이고, 노동위원회가 근로기준법 제33조에 따라 이행강제금을 부과하는 경우 그 30일 전까지 하여야 하는 이행강제금 부과 예고는 이러한 '계고'에 해당한다. 따라서 **사용자가 이행하여야 할 행정법상 의무의 내용을 초과하는 것을 '불이행 내용'으로 기재한 이행강제금 부과 예고서에 의하여 이행강제금 부과 예고를 한 다음 이를 이행하지 않았다는 이유로 이행강제금을 부과하였다면, 초과한 정도가 근소하다는 등의 특별한 사정이 없는 한 이행강제금 부과 예고는 이행강제금 제도의 취지에 반하는 것으로서 위법하고, 이에 터 잡은 이행강제금 부과처분 역시 위법**하다.

16

2020 국회사무처 8급

이행강제금은 법령으로 정하는 바에 따라 계고나 시정명령 없이 부과할 수 있으며 법령으로 정하는 바에 따라 반복적으로 이행할 때까지 부과할 수 있다. O | X

(i) 이행강제금은 상대방의 의무불이행을 원인으로 하는 강제집행절차이므로, 그에 앞서 시정명령이 이루어져야 한다. (ii) 한편 이행강제금 부과처분은 침익처분이므로 사전통지에 해당하는 계고가 선행되어야 한다. (iii) 반복하여 부과할 수 있다는 부분은 맞는 내용이다.

건축법

제80조(이행강제금) ① 허가권자는 제79조 제1항에 따라 시정명령을 받은 후 시정기간 내에 시정명령을 이행하지 아니한 건축주등에 대하여는 그 시정명령의 이행에 필요한 상당한 이행기한을 정하여 그 기한까지 **시정명령을 이행하지 아니하면 다음 각 호의 이행강제금을 부과한다.**

③ 허가권자는 제1항 및 제2항에 따른 이행강제금을 부과하기 전에 제1항 및 제2항에 따른 이행강제금을 부과·징수한다는 뜻을 **미리 문서로써 계고(戒告)하여야 한다.**

⑤ 허가권자는 최초의 시정명령이 있었던 날을 기준으로 하여 1년에 2회 이내의 범위에서 해당 지방자치단체의 조례로 정하는 횟수만큼 **그 시정명령이 이행될 때까지 반복하여 제1항 및 제2항에 따른 이행강제금을 부과·징수할 수 있다.**

⑥ 허가권자는 제79조 제1항에 따라 시정명령을 받은 자가 이를 이행하면 새로운 이행강제금의 부과를 즉시 중지하되, 이미 부과된 이행강제금은 징수하여야 한다.

⑦ 허가권자는 제4항에 따라 이행강제금 부과처분을 받은 자가 이행강제금을 납부기한까지 내지 아니하면 「지방세외 수입금의 징수 등에 관한 법률」에 따라 징수한다.

17

2020 국가직 7급

「농지법」상 이행강제금 부과처분은 항고소송의 대상이 되는 처분에 해당하므로 이에 불복하는 경우 항고소송을 제기할 수 있다. O | X

[대법원 2019.4.11. 선고, 2018두42955, 판결]
농지법은 농지 처분명령에 대한 이행강제금 부과처분에 불복하는 자가 그 처분을 고지받은 날부터 30일 이내에 부과권자에게 이의를 제기할 수 있고, 이의를 받은 부과권자는 지체 없이 관할 법원에 그 사실을 통보하여야 하며, 그 통보를 받은 관할 법원은 비송사건절차법에 따른 과태료 재판에 준하여 재판을 하도록 정하고 있다(제62조 제1항, 제6항, 제7항). 따라서 **농지법 제62조 제1항에 따른 이행강제금 부과처분에 불복하는 경우에는 비송사건절차법에 따른 재판절차가 적용되어야 하고, 행정소송법상 항고소송의 대상은 될 수 없다.**

18

2023 국가직 9급

「건축법」상 시정명령을 받은 의무자가 그 시정명령의 취지에 부합하는 의무를 이행하기 위한 정당한 방법으로 행정청에 신청 또는 신고를 하였으나 행정청이 위법하게 이를 거부 또는 반려함으로써 결국 그 처분이 취소되기에 이르렀더라도, 이행강제금 제도의 취지에 비추어 볼 때 그 시정명령의 불이행을 이유로 이행강제금을 부과할 수 있다. O | X

위법한 명령을 이행하지 않았다고 해서 제재(이행강제금)를 가할 수는 없다.

[대판 2018.1.25. 2015두35116]
시정명령을 받은 의무자가 그 시정명령의 취지에 부합하는 의무를 이행하기 위한 정당한 방법으로 행정청에 신청 또는 신고를 하였으나 행정청이 위법하게 이를 거부 또는 반려함으로써 **결국 그 처분이 취소되기에 이르렀다**면, 특별한 사정이 없는 한 **그 시정명령의 불이행을 이유로 이행강제금을 부과할 수는 없다.**

제2절 강제징수

01

2015 사회복지직 9급

국세징수법에 의한 강제징수절차는 독촉과 체납처분으로, 체납처분은 다시 재산압류, 압류재산의 매각, 청산의 단계로 이루어진다. O | X

강제징수의 절차는 독촉과 체납처분에 의하여 이루어지는데, ① 독촉은 납세의 불이행이 있는 경우 납기경과 후 10일 내 독촉장을 발부하며 발부일로부터 20일 이내의 납부기한을 부여하고, ② 체납처분은 재산의 압류 → 매각 → 청산의 3단계로 이루어진다.

02

2015 사회복지직 9급

국세징수법은 행정상 강제징수에 관한 사실상 일반법의 지위를 갖는다. O | X

행정상 강제징수는 국세징수법에 의한 국세징수와 그 밖에 각 개별법률이 정하는 바에 의한다. 하지만 실제로는 각 개별법률에서 국세징수법의 예에 의하도록 규정하고 있기 때문에, 국세징수법은 행정상 강제징수에 관하여 일반법적인 지위에 있다.

정답 | 17 × 18 × | 01 ○ 02 ○

03

2015 사회복지직 9급

판례에 의하면, 압류는 체납국세의 징수를 실현하기 위하여 체납자의 재산을 보전하는 강제행위로서 항고소송의 대상이 되는 처분이다. O | X

압류란 법률상·사실상의 처분을 금지시켜 체납자의 재산을 보전하는 강제행위(권력적 사실행위)로 행정쟁송의 대상이 되는 처분에 해당한다.

04

2015 사회복지직 9급

국세징수법상 독촉과 체납처분에 대하여 불복이 있는 자는 바로 취소소송을 제기할 수 있다. O | X

국세에 대해서는 행정심판전치주의가 적용되므로 바로 취소소송을 제기할 수 없고 심판청구나 심사청구 과정을 거친 후 취소소송을 제기할 수 있다.

05

2015 국가직 9급

세무서장은 한국자산관리공사로 하여금 공매를 대행하게 할 수 있으며, 이 경우 공매는 세무서장이 한 것으로 본다. O | X

세무서장이 한국자산관리공사로 하여금 공매를 「대행」하게 한 것이므로 공매는 세무서장이 한 것으로 보는 것이 맞다. 아래의 판례와 비교해보자.

[대법원 1997.2.28, 96누1757]

성업공사가 체납압류된 재산을 공매하는 것은 세무서장의 공매권한 **위임**에 의한 것으로 보아야 할 것이므로, 성업공사가 한 그 공매처분에 대한 취소 등의 항고소송을 제기함에 있어서는 **수임청으로서 실제로 공매를 행한 성업공사를 피고로 하여야 하고, 위임청인 세무서장은 피고적격이 없다.**

06

2016 지방직 9급

과세관청의 체납자 등에 대한 공매통지는 국가의 강제력에 의하여 진행되는 공매절차에서 체납자 등의 권리 내지 재산상 이익을 보호하기 위하여 법률로 규정한 절차적 요건에 해당하지만, 그 통지를 하지 아니한 채 공매처분을 하였다 하여도 그 공매처분이 당연무효로 되는 것은 아니다. O | X

[대법원 2012.7.26, 2010다50625]

구 국세징수법 제68조는 세무서장이 압류된 재산의 공매를 공고한 때에는 즉시 그 내용을 체납자 등에게 통지하도록 정하고 있다. 이러한 **체납자 등에 대한 공매통지는 국가의 강제력에 의하여 진행되는 공매절차에서 체납자 등의 권리 내지 재산상 이익을 보호하기 위하여 법률로 규정한 절차적 요건에 해당하지만, 그 통지를 하지 아니한 채 공매처분을 하였다 하여도 그 공매처분이 당연무효로 되는 것은 아니다.**

정답 | 03 ○ 04 × 05 ○ 06 ○

07

2017 사회복지직 9급

행정상 강제징수는 독촉만으로는 시효중단의 효과가 발생하지 않는다. O | X

국세징수법

제28조(소멸시효의 중단과 정지) ① 제27조에 따른 소멸시효는 다음 각 호의 사유로 중단된다.

1. 납세고지
2. 독촉 또는 납부최고(納付催告)
3. 교부청구
4. 압류

08

2017 사회복지직 9급

국세징수법상의 체납처분에서 압류재산의 매각은 공매를 통해서만 이루어지며 수의계약으로 해서는 안 된다. O | X

매각은 공정성을 기하기 위하여 원칙적으로 공공기관에 의해 이루어지는 공매에 의하고, 예외적으로 거래상대방을 임의로 선택하는 수의계약에 의한다.

국세징수법

제62조(수의계약) ① 압류재산이 다음 각 호의 어느 하나에 해당하는 경우에는 수의계약으로 매각할 수 있다.

1. 수의계약으로 매각하지 아니하면 매각대금이 체납처분비에 충당하고 남을 여지가 없는 경우
2. 부패·변질 또는 감량되기 쉬운 재산으로서 속히 매각하지 아니하면 그 재산가액이 줄어들 우려가 있는 경우
3. 압류한 재산의 추산(推算) 가격이 1천만원 미만인 경우
4. 법령으로 소지 또는 매매가 규제된 재산인 경우
5. 제1회 공매 후 1년간 5회 이상 공매하여도 매각되지 아니한 경우
6. 공매하는 것이 공익을 위하여 적절하지 아니한 경우

09

2017 사회복지직 9급

과세관청이 체납처분으로서 행하는 공매는 우월한 공권력의 행사로서 행정소송의 대상이 되는 행정처분이나, 공매에 의하여 재산을 매수한 자는 그 공매처분이 취소된 경우에 그 취소처분의 위법을 주장하여 행정소송을 제기할 법률상 이익이 없다. O | X

[대법원 1984.9.25, 84누201]

과세관청이 체납처분으로서 행하는 공매는 우월한 공권력의 행사로서 행정소송의 대상이 되는 공법상의 행정처분이며 공매에 의하여 재산을 매수한 자는 그 공매처분이 취소된 경우에 그 취소처분의 위법을 주장하여 행정소송을 제기할 법률상 이익이 있다.

10

2017 국가직 9급

국세를 납부기한까지 납부하지 아니하면 과세권자의 가산금 확정절차 없이 가산금이 당연히 발생하고 그 액수도 확정된다. O | X

[대법원 1993.10.8, 선고, 93누10521, 판결]

「개발이익 환수에 관한 법률」 제18조 제2항에 의해 준용되는 국세징수법 제21조, 제22조 소정의 가산금 및 중가산금은 국세를 납부기한까지 납부하지 않는 경우, 미납분에 관한 지연이자의 의미로 부가되는 부대세의 일종

정답 | 07 × 08 × 09 × 10 ○

으로서, 과세권자의 가산금 확정절차 없이 국세를 납부기한까지 납부하지 아니하면 위 법규정에 의하여 가산금이 당연히 발생하여 그 액수도 확정되나 그 징수절차는 독촉장에 의하여 납부를 독촉함으로써 개시되며 납부독촉이 부당하거나 절차에 하자가 있는 경우에는 그 징수처분에 대하여 취소소송에 의한 불복이 가능할 뿐이다.

11

2017 국가직 9급

세무 공무원이 국세의 징수를 위해 납세자의 재산을 압류하는 경우 그 재산의 가액이 징수할 국세액을 초과한다면 당해 압류처분은 무효이다. O | X

[대법원 1986.11.11, 선고, 86누479, 판결]
세무공무원이 국세의 징수를 위해 납세자의 재산을 압류하는 경우 그 재산의 가액이 징수할 국세액을 초과한다하여 위 압류가 당연무효의 처분이라고는 할 수 없다.

12

2017 국가직 9급

국세징수법상 압류재산에 대한 공매에서 체납자에 대한 공매통지는 항고소송의 대상이 되지 아니한다. O | X

[대법원 2011.3.24, 2010두25527]
국세징수법이 압류재산을 공매할 때에 공고와 별도로 체납자 등에게 공매통지를 하도록 한 이유는, 체납자 등으로 하여금 공매절차가 유효한 조세부과처분 및 압류처분에 근거하여 적법하게 이루어지는지 여부를 확인하고 이를 다툴 수 있는 기회를 주는 한편, 국세징수법이 정한 바에 따라 체납세액을 납부하고 공매절차를 중지 또는 취소시켜 소유권 또는 기타의 권리를 보존할 수 있는 기회를 갖도록 함으로써 체납자 등이 감수하여야 하는 강제적인 재산권 상실에 대응한 절차적인 적법성을 확보하기 위한 것으로 보아야 하고, 따라서 체납자 등에 대한 공매통지는 국가의 강제력에 의하여 진행되는 공매에서 체납자 등의 권리 내지 재산상의 이익을 보호하기 위하여 법률로 규정한 절차적 요건이라고 보아야 하며, 공매처분을 하면서 체납자 등에게 공매통지를 하지 않았거나 공매통지를 하였더라도 그것이 적법하지 아니한 경우에는 절차상의 흠이 있어 그 공매처분이 위법하게 되는 것이지만, 공매통지 자체가 그 상대방인 체납자 등의 법적 지위나 권리·의무에 직접적인 영향을 주는 행정처분에 해당한다고 할 것은 아니므로 다른 특별한 사정이 없는 한 체납자 등은 공매통지의 결여나 위법을 들어 공매 처분의 취소 등을 구할 수 있는 것이지 공매통지 자체를 항고소송의 대상으로 삼아 그 취소 등을 구할 수는 없다.

13

2017 국회사무처 8급

국유재산의 무단점유자에 대한 변상금 부과·징수권과 민사상 부당이득반환청구권은 양자 중 어느 한쪽만 성립하여 존재할 수 있을 뿐 양자가 경합하여 병존할 수는 없다. O | X

[대법원 2014.7.16, 선고, 2011다76402, 전원합의체 판결]
국유재산의 무단점유자에 대한 변상금 부과는 공권력을 가진 우월적 지위에서 행하는 행정처분이고, 그 부과처분에 의한 변상금 징수권은 공법상의 권리인 반면, 민사상 부당이득반환청구권은 국유재산의 소유자로서 가지는 사법상의 채권이다. 또한 변상금은 부당이득 산정의 기초가 되는 대부료나 사용료의 120%에 상당하는 금액으로서 부당이득금과 액수가 다르고, 이와 같이 할증된 금액의 변상금을 부과·징수하는 목적은 국유재산의 사용·수익으로 인한 이익의 환수를 넘어 국유재산의 효율적인 보존·관리라는 공익을 실현하는 데 있다. 그리고

정답 | 11 × 12 ○ 13 ×

대부 또는 사용·수익허가 없이 국유재산을 점유하거나 사용·수익하였지만 변상금 부과처분은 할 수 없는 때에도 민사상 부당이득반환청구권은 성립하는 경우가 있으므로, 변상금 부과·징수의 요건과 민사상 부당이득반환청구권의 성립 요건이 일치하는 것도 아니다. 구 국유재산법 제51조 제1항, 제4항, 제5항에 의한 **변상금 부과·징수권은 민사상 부당이득반환청구권과 법적 성질을 달리하므로, 국가는 무단점유자를 상대로 변상금 부과·징수권의 행사와 별도로 국유재산의 소유자로서 민사상 부당이득반환청구의 소를 제기할 수 있다.**

14

2017 국회사무처 8급

「보조금 관리에 관한 법률」에 따라 중앙관서의 장이 보조사업자에게 보조금반환을 명하였음에도 보조사업자가 이를 반환하지 아니하는 경우, 중앙관서의 장은 강제징수의 방법과 민사소송의 방법을 합리적 재량에 의하여 선택적으로 활용할 수 있다.

O | X

[대판 2012.3.15, 2011다17328]

구 「보조금의 예산 및 관리에 관한 법률」은 제30조 제1항에서 중앙관서의 장은 보조사업자가 허위의 신청이나 기타 부정한 방법으로 보조금의 교부를 받은 때 등의 경우 보조금 교부결정의 전부 또는 일부를 취소할 수 있도록 규정하고, 제31조 제1항에서 중앙관서의 장은 보조금의 교부결정을 취소한 경우에 취소된 부분의 보조사업에 대하여 이미 교부된 보조금의 반환을 명하여야 한다고 규정하고 있으며, 제33조 제1항에서 위와 같이 반환하여야 할 보조금에 대하여는 국세징수의 예에 따라 이를 징수할 수 있도록 규정하고 있으므로, **중앙관서의 장으로서는 반환하여야 할 보조금을 국세체납처분의 예에 의하여 강제징수할 수 있고, 위와 같은 중앙관서의 장이 가지는 반환하여야 할 보조금에 대한 징수권은 공법상 권리로서 사법상 채권과는 성질을 달리하므로, 중앙관서의 장으로서는 보조금을 반환하여야 할 자에 대하여 민사소송의 방법으로는 반환청구를 할 수 없다**고 보아야 한다.

15

2019 서울시 7급 (2월)

행정주체의 상대방이 계약상 의무를 이행하지 않는 경우라도 법률의 근거가 없으면 행정상 강제집행을 할 수 없다.

O | X

대집행은 공법상 의무의 불이행을 그 대상으로 하므로 사법상 의무의 불이행에 대해서는 대집행이 인정되지 않는다. 국유재산 중 일반재산에 관한 의무의 불이행은 사법상 의무의 불이행이므로 법리적으로는 대집행의 대상이 아니라고 보아야 한다. 다만 국유재산의 관리에 관한 「국유재산법」 및 지방자치단체 소유재산의 관리에 관한 「공유재산 및 물품관리법」에 따르면, 모든 국·공유재산에 대하여 행정대집행법을 준용하여 대집행을 할 수 있도록 규정하고 있다. 따라서 행정청은 당해 재산이 행정재산이 아니라 일반재산인 경우에도 행정대집행법에 근거하여 대집행을 할 수 있다.

정답 | 14 × 15 ○

TOPIC 28

행정상 즉시강제 / 행정조사

제1절 행정상 즉시강제

01

2014 지방직 9급

식품위생법상 영업소 폐쇄명령을 받은 후에도 계속하여 영업을 하는 경우 해당 영업소를 폐쇄하는 조치는 행정상 즉시강제의 수단에 해당한다. O | X

식품위생법상 영업소폐쇄명령을 받은 후에도 계속하여 영업을 하는 경우는 의무불이행을 전제로 한다는 점에서 직접강제에 해당한다.

02

2014 지방직 9급

재범의 위험성이 현저한 자를 상대로 긴급히 보호할 필요가 있는 경우에 단기간의 동행보호를 허용한 구 사회안전법상 동행보호규정은 사전영장주의를 규정한 헌법규정에 반한다. O | X

[대법원 1997.6.13, 선고, 96다56115, 판결]

사전영장주의는 인신보호를 위한 헌법상의 기속원리이기 때문에 인신의 자유를 제한하는 모든 국가작용의 영역에서 존중되어야 하지만, 헌법 제12조 제3항 단서도 사전영장주의의 예외를 인정하고 있는 것처럼 **사전영장주의를 고수하다가는 도저히 행정목적을 달성할 수 없는 지극히 예외적인 경우에는 형사절차에서와 같은 예외가 인정되므로**, 구 사회안전법(1989. 6. 16. 법률 제4132호에 의해 '보안관찰법'이란 명칭으로 전문 개정되기 전의 것) 제11조 소정의 동행보호규정은 **재범의 위험성이 현저한 자를 상대로 긴급히 보호할 필요가 있는 경우에 한하여 단기간의 동행보호를 허용한 것으로서 그 요건을 엄격히 해석하는 한, 동 규정 자체가 사전영장주의를 규정한 헌법규정에 반한다고 볼 수는 없다.**

03

2014 지방직 9급

손실발생의 원인에 대하여 책임이 없는 자가 경찰관의 적법한 보호조치에 자발적으로 협조하여 재산상의 손실을 입은 경우, 국가는 손실을 입은 자에 대하여 정당한 보상을 하여야 한다. O | X

경찰관직무집행법

제11조의2(손실보상) ① 국가는 경찰관의 적법한 직무집행으로 인하여 다음 각 호의 어느 하나에 해당하는 손실을 입은 자에 대하여 정당한 보상을 하여야 한다.

1. 손실발생의 원인에 대하여 책임이 없는 자가 생명·신체 또는 재산상의 손실을 입은 경우(**손실발생의 원인에 대하여 책임이 없는 자가 경찰관의 직무집행에 자발적으로 협조하거나 물건을 제공하여 생명·신체 또는 재산상의 손실을 입은 경우를 포함한다**)

정답 | 01 × 02 × 03 ○

04

2015 서울시 9급

관계 공무원이 계고 등 사전조치 이후 행한 영업 표지물의 제거나 삭제는 즉시강제에 해당한다. O | X

영업폐쇄는 즉시강제가 아니라 강제집행의 일 유형인 직접강제에 해당한다. 행정상의 강제집행은 선행적인 의무의 존재와 그 불이행을 전제로 하는데 반하여, 행정상의 즉시강제는 선행하는 의무 자체가 존재하지 아니하며, 따라서 불이행을 전제로 하지 않는다.

식품위생법

제79조(폐쇄조치 등) ① 식품의약품안전청장, 시·도지사 또는 시장·군수·구청장은 제37조 제1항, 제4항 또는 제5항을 위반하여 허가받지 아니하거나 신고 또는 등록하지 아니하고 영업을 하는 경우 또는 제75조 제1항 또는 제2항에 따라 허가 또는 등록이 취소되거나 영업소 폐쇄명령을 받은 후에도 계속하여 영업을 하는 경우에는 해당 영업소를 폐쇄하기 위하여 관계 공무원에게 다음 각 호의 조치를 하게 할 수 있다.

1. 해당 영업소의 간판 등 영업 표지물의 제거나 삭제
2. 해당 영업소가 적법한 영업소가 아님을 알리는 게시문 등의 부착
3. 해당 영업소의 시설물과 영업에 사용하는 기구 등을 사용할 수 없게 하는 봉인(封印)

05

2017 하반기 국가직 9급

행정강제는 행정상 강제집행을 원칙으로 하고, 행정상 즉시강제는 예외적으로 인정되는 강제수단이다. O | X

[헌재 전원재판부 2000헌가12, 2002.10.31.]

행정상 즉시강제란 행정강제의 일종으로서 목전의 급박한 행정상 장해를 제거할 필요가 있는 경우에, 미리 의무를 명할 시간적 여유가 없을 때 또는 그 성질상 의무를 명하여 가지고는 목적달성이 곤란할 때에, 직접 국민의 신체 또는 재산에 실력을 가하여 행정상 필요한 상태를 실현하는 작용이며, 법령 또는 행정처분에 의한 선행의 구체적 의무의 존재와 그 불이행을 전제로 하는 행정상 강제집행과 구별된다. **행정강제는 행정상 강제집행을 원칙으로 하며, 법치국가적 요청인 예측가능성과 법적 안정성에 반하고, 기본권 침해의 소지가 큰 권력작용인 행정상 즉시강제는 어디까지나 예외적인 강제수단**이라고 할 것이다.

06

2017 하반기 국가직 9급

행정상 즉시강제는 실정법의 근거를 필요로 하고, 그 발동에 있어서는 법규의 범위 안에서도 행정상의 장해가 목전에 급박하고, 다른 수단으로는 행정목적을 달성할 수 없는 경우이어야 하며, 이러한 경우에도 그 행사는 필요 최소한도에 그쳐야 함을 내용으로 하는 한계에 기속된다. O | X

[헌재 전원재판부 2000헌가12, 2002.10.31.]

행정상 즉시강제는 엄격한 실정법상의 근거를 필요로 할 뿐만 아니라, 그 발동에 있어서는 법규의 범위 안에서도 다시 행정상의 장해가 목전에 급박하고, 다른 수단으로는 행정목적을 달성할 수 없는 경우이어야 하며, 이러한 경우에도 그 행사는 필요 최소한도에 그쳐야 함을 내용으로 하는 조리상의 한계에 기속된다.

정답 04 × 05 ○ 06 ○

07

2017 하반기
국가직 9급

구 「음반·비디오물 및 게임물에 관한 법률」상 등급분류를 받지 아니한 게임물을 발견한 경우 관계행정청이 관계공무원으로 하여금 이를 수거·폐기하게 할 수 있도록 한 규정은 헌법상 영장주의와 피해 최소성의 요건을 위배하는 과도한 입법으로 헌법에 위반된다. O | X

[헌재 전원재판부 2000헌가12, 2002.10.31]

불법게임물은 불법현장에서 이를 즉시 수거하지 않으면 증거인멸의 가능성이 있고, 그 사행성으로 인한 폐해를 막기 어려우며, 대량으로 복제되어 유통될 가능성이 있어, 불법게임물에 대하여 관계당사자에게 수거·폐기를 명하고 그 불이행을 기다려 직접강제 등 행정상의 강제집행으로 나아가는 원칙적인 방법으로는 목적달성이 곤란하다고 할 수 있으므로, 이 사건 법률조항의 설정은 위와 같은 급박한 상황에 대처하기 위한 것으로서 그 불가피성과 정당성이 인정된다. 또한 이 사건 법률조항은 수거에 그치지 아니하고 폐기까지 가능하도록 규정하고 있으나, 이는 수거한 불법게임물의 사후처리와 관련하여 폐기의 필요성이 인정되는 경우에 대비하여 근거규정을 둔 것으로서 실제로 폐기에 나아감에 있어서는 비례의 원칙에 의한 엄격한 제한을 받는다고 할 것이므로, 이를 두고 과도한 입법이라고 보기는 어렵다. 따라서 이 사건 법률조항은 피해의 최소성의 요건을 위반한 것으로는 볼 수 없고, 또한 이 사건 법률조항이 불법게임물의 수거·폐기에 관한 행정상 즉시강제를 허용함으로써 게임제공업주 등이 입게 되는 불이익보다는 이를 허용함으로써 보호되는 공익이 더 크다고 볼 수 있으므로, 법익의 균형성의 원칙에 위배되는 것도 아니다.

(중 략)

이 사건 법률조항은 앞에서 본바와 같이 급박한 상황에 대처하기 위한 것으로서 그 불가피성과 정당성이 충분히 인정되는 경우이므로, 이 사건 법률조항이 영장 없는 수거를 인정한다고 하더라도 이를 두고 헌법상 영장주의에 위배되는 것으로는 볼 수 없고, 위 구 「음반·비디오물 및 게임물에 관한 법률」 제24조 제4항에서 관계공무원이 당해 게임물 등을 수거한 때에는 그 소유자 또는 점유자에게 수거증을 교부하도록 하고 있고, 동조 제6항에서 수거 등 처분을 하는 관계공무원이나 협회 또는 단체의 임·직원은 그 권한을 표시하는 증표를 지니고 관계인에게 이를 제시하도록 하는 등의 절차적 요건을 규정하고 있으므로, 이 사건 법률조항이 적법절차의 원칙에 위배되는 것으로 보기도 어렵다.

08

2023 소방간부

「경찰관 직무집행법」 제4조 제1항 제1호에서 규정하는 '술에 취한 상태로 인하여 자기 또는 타인의 생명·신체와 재산에 위해를 미칠 우려가 있는' 피구호자에 대한 보호조치는 행정상 즉시강제에 해당한다. O | X

[대법원 2012.12.13. 2012도11162]

경찰관직무집행법 제4조 제1항 제1호(이하 '이 사건 조항'이라 한다)에서 규정하는 술에 취한 상태로 인하여 자기 또는 타인의 생명·신체와 재산에 위해를 미칠 우려가 있는 피구호자에 대한 보호조치는 경찰 행정상 즉시강제에 해당하므로, 그 조치가 불가피한 최소한도 내에서만 행사되도록 발동·행사 요건을 신중하고 엄격하게 해석하여야 한다. 따라서 이 사건 조항의 '술에 취한 상태'란 피구호자가 술에 만취하여 정상적인 판단능력이나 의사능력을 상실할 정도에 이른 것을 말하고, 이 사건 조항에 따른 보호조치를 필요로 하는 피구호자에 해당하는지는 구체적인 상황을 고려하여 경찰관 평균인을 기준으로 판단하되, 그 판단은 보호조치의 취지와 목적에 비추어 현저하게 불합리하여서는 아니 되며, 피구호자의 가족 등에게 피구호자를 인계할 수 있다면 특별한 사정이 없는 한 경찰관서에서 피구호자를 보호하는 것은 허용되지 않는다.

09

2023 소방간부

행정상 즉시강제의 경우 법관의 영장을 기다려서는 그 목적을 달성할 수 없으므로 원칙적으로 영장주의가 적용되지 아니한다. O | X

[헌법재판소 2002.10.31. 2000헌가12 전원재판부]

영장주의가 행정상 즉시강제에도 적용되는지에 관하여는 논란이 있으나, 행정상 즉시강제는 상대방의 임의이행을 기다릴 시간적 여유가 없을 때 하명 없이 바로 실력을 행사하는 것으로서, 그 본질상 급박성을 요건으로 하고 있어 법관의 영장을 기다려서는 그 목적을 달성할 수 없다고 할 것이므로, 원칙적으로 영장주의가 적용되지 않는다고 보아야 할 것이다.

10

2023 소방간부

지방의회에서의 사무감사·조사를 위한 증인의 동행명령장제도는 현행범 체포와 같이 사후에 영장을 발부받지 아니하면 목적을 달성할 수 없는 긴박성이 있다고 인정할 수 있다. O | X

지방의회의 출석요구에 불응한다고 해서 헌법상 영장주의의 예외를 인정할 만한 긴박성을 인정할 수 없다.

[대법원 1995.6.30. 93추83]

지방의회에서의 사무감사·조사를 위한 증인의 동행명령장제도도 증인의 신체의 자유를 억압하여 일정 장소로 인치하는 것으로서 헌법 제12조 제3항의 "체포 또는 구속"에 준하는 사태로 보아야 하고, 거기에 현행범 체포와 같이 사후에 영장을 발부받지 아니하면 목적을 달성할 수 없는 긴박성이 있다고 인정할 수는 없으므로, 헌법 제12조 제3항에 의하여 법관이 발부한 영장의제시가 있어야 함에도 불구하고 동행명령장을 법관이 아닌 지방의회 의장이 발부하고 이에 기하여 증인의 신체의 자유를 침해하여 증인을 일정 장소에 인치하도록 규정된 조례안은 영장주의원칙을 규정한 헌법 제12조 제3항에 위반된 것이다.

11

2023 소방간부

음주운전 여부에 대한 조사 과정에서 운전자 본인의 동의를 받지 아니하고 법원의 영장 없이 채혈조사를 한 결과를 근거로 한 운전면허 정지·취소처분은 특별한 사정이 없는 한 위법한 처분으로 볼 수밖에 없다. O | X

이러한 채혈조사는 영장주의원칙에 반하며 이를 근거로 한 처분 역시 위법하다.

[대법원 2016.12 27. 2014두46850]

음주운전 여부에 대한 조사 과정에서 운전자 본인의 동의를 받지 아니하고 또한 법원의 영장도 없이 채혈조사를 한 결과를 근거로 한 운전면허 정지·취소 처분은 도로교통법 제44조 제3항을 위반한 것으로서 특별한 사정이 없는 한 위법한 처분으로 볼 수밖에 없다.

12

2023 소방직

「소방기본법」상 소방본부장, 소방서장 또는 소방대장이 소방활동을 위하여 긴급하게 출동할 때에는 소방자동차의 통행과 소방활동에 방해가 되는 주차 또는 정차된 차량 및 물건 등을 제거하거나 이동시킬 수 있는 것은 즉시강제에 해당한다. O | X

사전 의무 부과 없이 바로 실력을 행사하는 행정상 즉시강제에 해당한다.

소방기본법

제25조(강제처분 등) ③ 소방본부장, 소방서장 또는 소방대장은 소방활동을 위하여 긴급하게 출동할 때에는 소방자동차의 통행과 소방활동에 방해가 되는 주차 또는 정차된 차량 및 물건 등을 제거하거나 이동시킬 수 있다.

정답 09 ○ 10 × 11 ○ 12 ○

13

2023 지방직 9급

구「음반 · 비디오물 및 게임물에 관한 법률」상 불법게임물에 대한 수거 및 폐기조치는 행정상 즉시강제에 해당한다. O | X

> [헌재 전원재판부 2000헌가12, 2002.10.31.]
> 불법게임물은 불법현장에서 이를 즉시 수거하지 않으면 증거인멸의 가능성이 있고, 그 사행성으로 인한 폐해를 막기 어려우며, 대량으로 복제되어 유통될 가능성이 있어, 불법게임물에 대하여 관계당사자에게 수거·폐기를 명하고 그 불이행을 기다려 직접강제 등 행정상의 강제집행으로 나아가는 원칙적인 방법으로는 목적달성이 곤란하다고 할 수 있으므로, 이 사건 법률조항의 설정은 위와 같은 급박한 상황에 대처하기 위한 것으로서 그 불가피성과 정당성이 인정된다.

제2절 행정조사

01

2014 서울시 9급

행정기관은 조사목적에 적합하도록 조사대상자를 선정하여 행정조사를 실시하여야 한다. O | X

> 행정조사기본법
> 제4조(행정조사의 기본원칙) ② 행정기관은 조사목적에 적합하도록 조사대상자를 선정하여 행정조사를 실시하여야 한다.

02

2014 서울시 9급

행정기관은 유사하거나 동일한 사안에 대하여는 공동조사 등을 실시함으로써 행정조사가 중복되지 아니하도록 하여야 한다. O | X

> 행정조사기본법
> 제4조(행정조사의 기본원칙) ③ 행정기관은 유사하거나 동일한 사안에 대하여는 공동조사 등을 실시함으로써 행정조사가 중복되지 아니하도록 하여야 한다.

03

2014 서울시 9급

행정조사는 조사를 통해 법령 등의 위반사항을 발견하고 처벌하는 데 중점을 두어야 한다. O | X

> 행정조사기본법
> 제4조(행정조사의 기본원칙) ④ 행정조사는 법령등의 위반에 대한 처벌보다는 법령등을 준수하도록 유도하는 데 중점을 두어야 한다.

04

2015 지방직 9급

조사대상자는 법령 등에서 규정하고 있는 경우에 한하여 조사대상 선정기준에 대한 열람을 행정기관의 장에게 신청할 수 있다. O | X

열람신청이 가능한 경우를 특별히 제한하고 있지는 않다.

행정조사기본법

제8조(조사대상의 선정) ② 조사대상자는 조사대상 선정기준에 대한 열람을 행정기관의 장에게 신청할 수 있다.

05

2015 지방직 9급

행정기관은 조사대상자의 자발적인 협조를 얻어 실시하는 행정조사의 경우를 제외하고는 법령 등에서 행정조사를 규정하고 있는 경우에 한하여 행정조사를 실시할 수 있다. O | X

권력적 행정조사(강제조사)는 침익행정의 성격상 법률유보의 원칙이 적용된다. 즉 별도의 근거법규가 존재해야 한다.

행정조사기본법

제5조(행정조사의 근거) 행정기관은 법령등에서 행정조사를 규정하고 있는 경우에 한하여 행정조사를 실시할 수 있다. 다만, 조사대상자의 자발적인 협조를 얻어 실시하는 행정조사의 경우에는 그러하지 아니하다.

06

2015 지방직 9급

행정기관의 장은 인터넷 등 정보통신망을 통하여 조사대상자로 하여금 자료의 제출 등을 하게 할 수 있다. O | X

행정조사기본법

제28조(정보통신수단을 통한 행정조사) ① 행정기관의 장은 인터넷 등 정보통신망을 통하여 조사대상자로 하여금 자료의 제출 등을 하게 할 수 있다.

07

2015 지방직 9급

조사대상자에 의한 조사원 교체신청은 그 이유를 명시한 서면으로 행정기관의 장에게 하여야 한다. O | X

행정조사기본법

제22조(조사원 교체신청) ① 조사대상자는 조사원에게 공정한 행정조사를 기대하기 어려운 사정이 있다고 판단되는 경우에는 행정기관의 장에게 당해 조사원의 교체를 신청할 수 있다.
② 제1항에 따른 **교체신청은 그 이유를 명시한 서면으로 행정기관의 장에게 하여야 한다.**

정답 | 04 × 05 ○ 06 ○ 07 ○

08

2015 지방직 7급

위법한 세무조사를 통하여 수집된 과세자료에 기초하여 과세처분을 하였더라도 그러한 사정만으로 그 과세처분이 위법하게 되는 것은 아니다. O | X

> [대법원 2006.6.2, 2004두12070]
> **납세자에 대한 부가가치세부과처분이**, 종전의 부가가치세 경정조사와 같은 세목 및 같은 과세기간에 대하여 중복하여 실시된 **위법한 세무조사에 기초하여 이루어진 것이어서 위법하다.**

09

2016 국가직 9급

행정조사는 조사목적을 달성하는 데 필요한 최소한의 범위 안에서 실시하여야 한다. O | X

> **행정조사기본법**
> 제4조(행정조사의 기본원칙) ① **행정조사는 조사목적을 달성하는데 필요한 최소한의 범위 안에서 실시하여야 하며, 다른 목적 등을 위하여 조사권을 남용하여서는 아니 된다.**
> ② 행정기관은 조사목적에 적합하도록 조사대상자를 선정하여 행정조사를 실시하여야 한다.
> ③ 행정기관은 유사하거나 동일한 사안에 대하여는 공동조사 등을 실시함으로써 행정조사가 중복되지 아니하도록 하여야 한다.
> ④ 행정조사는 법령등의 위반에 대한 처벌보다는 법령등을 준수하도록 유도하는 데 중점을 두어야 한다.
> ⑤ 다른 법률에 따르지 아니하고는 행정조사의 대상자 또는 행정조사의 내용을 공표하거나 직무상 알게 된 비밀을 누설하여서는 아니된다.
> ⑥ 행정기관은 행정조사를 통하여 알게 된 정보를 다른 법률에 따라 내부에서 이용하거나 다른 기관에 제공하는 경우를 제외하고는 원래의 조사목적 이외의 용도로 이용하거나 타인에게 제공하여서는 아니 된다.

10

2016 국가직 9급

위법한 행정조사로 손해를 입은 국민은 국가배상법에 따른 손해배상을 청구할 수 있다. O | X

> 행정조사는 공무원의 직무수행에 해당하므로, 위법한 행정조사로 손해를 입은 국민은 국가배상법 제2조에 따라 손해배상을 청구할 수 있다.

11

2017 서울시 9급

자발적인 협조에 따라 실시하는 행정조사에 대하여 조사대상자가 조사에 응할 것인지에 대한 응답을 하지 아니하는 경우에는 법령 등에 특별한 규정이 없는 한 그 조사에 동의한 것으로 본다. O | X

> **행정조사기본법**
> 제20조(자발적인 협조에 따라 실시하는 행정조사) ① 행정기관의 장이 제5조 단서에 따라 조사대상자의 자발적인 협조를 얻어 행정조사를 실시하고자 하는 경우 조사대상자는 문서·전화·구두 등의 방법으로 당해 행정조사를 거부할 수 있다.
> ② 제1항에 따른 행정조사에 대하여 **조사대상자가 조사에 응할 것인지에 대한 응답을 하지 아니하는 경우에는** 법령 등에 특별한 규정이 없는 한 **그 조사를 거부한 것으로 본다.**

정답 | 08 × 09 ○ 10 ○ 11 ×

12

2017 국회사무처 8급

행정조사가 사인에게 미치는 중요한 사항인 경우에는 설령 비권력적 행정조사라고 하더라도 중요사항유보설에 의하면 법률의 근거를 필요로 한다. O | X

중요사항유보설(본질성설)은 침해행정이건 급부행정이건 간에 기본권과 관련된 중요한 사항이나 공동체의 중요한 의사결정은 반드시 직접 국회가 법률로 정해야 한다는 견해이다. 따라서 비구속적 행정계획이나 비권력적 행정조사라도 국민의 이익에 중요한 영향을 미치는 것이면 법률상 근거가 있어야 한다.

13

2017 국회사무처 8급

행정기관의 장은 법령 등에서 규정하고 있는 조사사항을 조사대상자로 하여금 스스로 신고하도록 하는 제도를 운영할 의무가 있다. O | X

자율신고제도를 운영할 수 있는 것이지 반드시 운영해야 하는 것은 아니다.

행정조사기본법

제25조(자율신고제도) ① 행정기관의 장은 법령등에서 규정하고 있는 조사사항을 조사대상자로 하여금 스스로 신고하도록 하는 제도를 **운영할 수 있다**.

14

2017 서울시 9급

행정조사는 사실행위의 형식으로만 가능하다. O | X

행정조사는 행정행위의 형식을 취하는 것(보고요구·자료제출요구 및 출석·진술요구)과 사실행위의 형식을 취하는 것(현장조사·문서열람·시료채취 등)이 모두 가능하다(행정조사기본법 제2조 제1호).

행정조사기본법

제2조(정의) 이 법에서 사용하는 용어의 정의는 다음과 같다.

1. "행정조사"란 행정기관이 정책을 결정하거나 직무를 수행하는 데 필요한 정보나 자료를 수집하기 위하여 **현장조사·문서열람·시료채취 등**을 하거나 조사대상자에게 **보고요구·자료제출요구 및 출석·진술요구**를 행하는 활동을 말한다.

15

2017 서울시 9급

조사대상자의 동의가 있는 경우 해가 뜨기 전이나 해가 진 뒤에도 현장조사가 가능하다. O | X

행정조사기본법

제11조(현장조사) ② 제1항에 따른 **현장조사는 해가 뜨기 전이나 해가 진 뒤에는 할 수 없다**. 다만, **다음 각 호의 어느 하나에 해당하는 경우에는 그러하지 아니하다**.

1. **조사대상자(대리인 및 관리책임이 있는 자를 포함한다)가 동의한 경우**
2. 사무실 또는 사업장 등의 업무시간에 행정조사를 실시하는 경우
3. 해가 뜬 후부터 해가 지기 전까지 행정조사를 실시하는 경우에는 조사목적의 달성이 불가능하거나 증거인멸로 인하여 조사대상자의 법령등의 위반 여부를 확인할 수 없는 경우

정답 | 12 ○ 13 × 14 × 15 ○

16

2018 지방직 9급

행정조사를 행하는 행정기관에는 법령 및 조례·규칙에 따라 행정권한이 있는 기관뿐만 아니라 그 권한을 위임 또는 위탁받은 법인·단체 또는 그 기관이나 개인이 포함된다. O | X

행정조사기본법

제2조(정의) 이 법에서 사용하는 용어의 정의는 다음과 같다.

2. "행정기관"이란 법령 및 조례·규칙(이하 "법령등"이라 한다)에 따라 행정권한이 있는 기관과 그 권한을 위임 또는 위탁받은 법인·단체 또는 그 기관이나 개인을 말한다.

17

2018 지방직 9급

「행정조사기본법」은 행정조사 실시를 위한 일반적인 근거규범으로서 행정기관은 다른 법령 등에서 따로 행정조사를 규정하고 있지 않더라도 「행정조사기본법」을 근거로 행정조사를 실시할 수 있다. O | X

행정조사는 그 유형과 목적이 다양하므로 행정조사기본법만을 근거로 실시할 수는 없고, 각각의 행정조사에 대한 별도의 개별법이 존재해야 한다.

행정조사기본법

제5조(행정조사의 근거) 행정기관은 법령 등에서 행정조사를 규정하고 있는 경우에 한하여 행정조사를 실시할 수 있다. 다만, 조사대상자의 자발적인 협조를 얻어 실시하는 행정조사의 경우에는 그러하지 아니하다.

18

2018 지방직 9급

조사대상자가 조사대상 선정기준에 대한 열람을 신청한 경우에 행정기관은 그 열람이 당해 행정조사업무를 수행할 수 없을 정도로 조사활동에 지장을 초래한다는 이유로 열람을 거부할 수 없다. O | X

행정기관이 당해 행정조사업무를 수행할 수 없을 정도로 조사활동에 지장을 초래하는 경우에는 열람을 거부할 수 있다(행정조사기본법 제8조 제3항).

제8조(조사대상의 선정) ① 행정기관의 장은 행정조사의 목적, 법령준수의 실적, 자율적인 준수를 위한 노력, 규모와 업종 등을 고려하여 명백하고 객관적인 기준에 따라 행정조사의 대상을 선정하여야 한다.

② 조사대상자는 조사대상 선정기준에 대한 열람을 행정기관의 장에게 신청할 수 있다.

③ 행정기관의 장이 제2항에 따라 열람신청을 받은 때에는 다음 각 호의 어느 하나에 해당하는 경우를 제외하고 신청인이 조사대상 선정기준을 열람할 수 있도록 하여야 한다.

1. 행정기관이 당해 행정조사업무를 수행할 수 없을 정도로 조사활동에 지장을 초래하는 경우
2. 내부고발자 등 제3자에 대한 보호가 필요한 경우

19

2018 지방직 9급

정기조사 또는 수시조사를 실시한 행정기관의 장은 조사대상자의 자발적인 협조를 얻어 실시하는 경우가 아닌 한 동일한 사안에 대하여 동일한 조사대상자를 재조사하여서는 아니된다. O | X

항상 재조사를 못하는 것은 아니고, 위법행위가 의심되는 새로운 증거를 확보한 경우라면 재조사가 가능하다.

제15조(중복조사의 제한) ① 제7조에 따라 정기조사 또는 수시조사를 실시한 행정기관의 장은 동일한 사안에 대하여 동일한 조사대상자를 재조사 하여서는 아니 된다. 다만, 당해 행정기관이 이미 조사를 받은 조사대상자에 대하여 위법행위가 의심되는 새로운 증거를 확보한 경우에는 그러하지 아니하다.

20

2018 국가직 7급

행정기관의 장이 조사대상자의 자발적인 협조를 얻어 행정조사를 실시하고자 하는 경우 조사대상자는 문서·전화·구두 등의 방법으로 당해 행정조사를 거부할 수 있다.

O | X

행정조사기본법

제20조(자발적인 협조에 따라 실시하는 행정조사) ① 행정기관의 장이 제5조 단서에 따라 조사대상자의 자발적인 협조를 얻어 행정조사를 실시하고자 하는 경우 조사대상자는 문서·전화·구두 등의 방법으로 당해 행정조사를 거부할 수 있다.

② 제1항에 따른 행정조사에 대하여 조사대상자가 조사에 응할 것인지에 대한 응답을 하지 아니하는 경우에는 법령등에 특별한 규정이 없는 한 그 조사를 거부한 것으로 본다.

③ 행정기관의 장은 제1항 및 제2항에 따른 조사거부자의 인적 사항 등에 관한 기초자료는 특정 개인을 식별할 수 없는 형태로 통계를 작성하는 경우에 한하여 이를 이용할 수 있다.

21

2018 국가직 7급

우편물의 통관검사절차에서 이루어지는 우편물의 개봉, 시료채취, 성분분석 등의 검사는 수출입물품에 대한 적정한 통관 등을 목적으로 한 행정조사의 성격을 가지는 것으로서 수사기관의 강제처분이라고 할 수 없다.

O | X

우편물 통관검사는 범죄수사(수사기관의 강제처분)가 아니라 행정조사이므로 영장주의가 적용되지 않는다.

[대법원 2013.9.26, 2013도7718]

관세법 제246조 제1항, 제2항, 제257조, 「국제우편물 수입통관 사무처리」(2011. 9. 30. 관세청고시 제2011−40호) 제1−2조 제2항, 제1−3조, 제3−6조, 구 「수출입물품 등의 분석사무 처리에 관한 시행세칙」(2013. 1. 4. 관세청훈령 제1507호로 개정되기 전의 것) 등과 관세법이 관세의 부과·징수와 아울러 수출입물품의 통관을 적정하게 함을 목적으로 한다는 점(관세법 제1조)에 비추어 보면, **우편물 통관검사절차에서 이루어지는 우편물의 개봉, 시료채취, 성분분석 등의 검사는 수출입물품에 대한 적정한 통관 등을 목적으로 한 행정조사의 성격을 가지는 것으로서 수사기관의 강제처분이라고 할 수 없으므로, 압수·수색영장 없이 우편물의 개봉, 시료채취, 성분분석 등 검사가 진행되었다 하더라도 특별한 사정이 없는 한 위법하다고 볼 수 없다.**

비교판례

밀수가 의심되는 선박에 대한 세관공무원의 수색은 행정조사가 아닌 범죄수사로서 영장주의가 적용된다.

[대법원 1976.11.9, 선고, 76도2703, 판결]

세관공무원이 밀수품을 싣고 왔다는 정보에 의하여 정박중인 선박에 대하여 수색을 하려면 선박의 소유자 또는 점유자의 승낙을 얻거나 법관의 압수 수색영장을 발부 받거나 또는 관세법 제212조 제1항 후단에 의하여 긴급을 요하는 경우에 한하여 수색압수를 하고 사후에 영장의 교부를 받아야 할터인데 위의 어느 하나의 요건을 갖추었음에 대한 아무런 심리판단도 없이 위 선박을 수색하던 공무원에 대하여 이 험한 물건을 들고 폭행하여 상해를 입힌 사실만을 확정한채 특수공무 집행방해치상죄를 적용하고 나아가 피고인 5에 대한 형을 산정함에 이어 작량감경하는 이유로 특수공무집행방해치상 부분은 피해자들이 불법으로 동 피고인 소유선박을 수색하면서 재물손괴를 하였기 때문에 일어난 일이고 라고 설시하였음은 필경 특수공무집행방해치상죄의 구성요건에 해당하는 적법한 직무의 집행에 대한 심리를 다하지 않으므로서 이유를 명시 못한 허물을 저질렀거나 특수공무집행방해치상죄의 법리를 오해하여 판결이유에 모순을 가져온 위법이 있다 할 것이고, 이는 판결의 결과에 영향을 가져온다 할 것이므로 다른 논점에 대한 이유를 판단할 것 없이 이 부분은 파기를 면치 못한다 할 것이다.

정답 | 20 ○ 21 ○

22

2018 국가직 7급

조사원이 현장조사 중에 자료·서류·물건 등을 영치하는 경우에 조사대상자의 생활이나 영업이 사실상 불가능하게 될 우려가 있는 때에는 조사원은 증거인멸의 우려가 있는 경우가 아니라면 사진촬영 등의 방법으로 영치에 갈음할 수 있다. O | X

> 행정조사기본법 제13조 제2항
>
> **행정조사기본법**
>
> 제13조(자료등의 영치) ① 조사원이 현장조사 중에 자료·서류·물건 등(이하 이 조에서 "자료등"이라 한다)을 영치하는 때에는 조사대상자 또는 그 대리인을 입회시켜야 한다.
>
> ② 조사원이 제1항에 따라 자료등을 영치하는 경우에 조사대상자의 생활이나 영업이 사실상 불가능하게 될 우려가 있는 때에는 조사원은 자료등을 사진으로 촬영하거나 사본을 작성하는 등의 방법으로 영치에 갈음할 수 있다. 다만, 증거인멸의 우려가 있는 자료등을 영치하는 경우에는 그러하지 아니하다.

23

2018 국가직 7급

조사대상자가 행정조사의 실시를 거부하거나 방해하는 경우 조사원은 「행정조사기본법」상의 명문규정에 의하여 조사대상자의 신체와 재산에 대해 실력을 행사할 수 있다. O | X

> 조사대상자의 신체와 재산에 대해 실력을 행사할 수 있다는 명문의 규정은 존재하지 않는다.

24

2019 국가직 9급

세무공무원이 체납처분을 하기 위하여 질문·검사 또는 수색을 하거나 재산을 압류할 때에는 그 신분을 표시하는 증표를 지니고 이를 관계자에게 보여 주어야 한다. O | X

> **「국세징수법」**
>
> 제25조(신분증의 제시) 세무공무원이 체납처분을 하기 위하여 질문·검사 또는 수색을 하거나 재산을 압류할 때에는 그 신분을 표시하는 증표를 지니고 이를 관계자에게 보여 주어야 한다.

25

2019 지방직 7급

행정조사기본법에 의하면 행정기관은 행정조사를 통하여 알게 된 정보를 다른 법률에 따라 내부에서 이용하거나 다른 기관에 제공하는 경우를 제외하고는 원래의 조사목적 이외의 용도로 이용하거나 타인에게 제공하여서는 아니 된다. O | X

> **행정조사기본법**
>
> 제4조(행정조사의 기본원칙) ⑥ 행정기관은 행정조사를 통하여 알게 된 정보를 다른 법률에 따라 내부에서 이용하거나 다른 기관에 제공하는 경우를 제외하고는 원래의 조사목적 이외의 용도로 이용하거나 타인에게 제공하여서는 아니 된다.

정답 | 22 ○ 23 × 24 ○ 25 ○

26

2020 국회사무처 8급

법령상 서면조사에 의하도록 한 것을 실지조사를 행하여 과세처분을 하였다면 그 과세처분은 위법하다.

O | X

[대법원 1995.12.8. 선고, 94누11200, 판결]

조정계산서가 증빙서류 등의 근거 없이 전혀 허위·가공으로 작성되었음이 명백하거나, 수입금액이 전혀 신고내용에 포함되지 아니하고 처음부터 탈루되었음이 명백하거나, 수입금액이 신고되었으나 그 신고내용 자체에 의하여 탈루 또는 오류를 범한 것임이 객관적으로 명백한 경우 등과 같이 과세표준과 세액을 서면조사만으로 결정하도록 하는 것이 부당하다고 인정되는 경우에는 서면조사로 결정하지 아니하고 실지조사 또는 추계조사로 결정할 수 있으나, 그렇지 아니한 경우에는 **과세표준확정신고서와 조정계산서의 기재내용을 기초로 결정하여야 하고**(다만 그 신고내용의 범위 내에서 소득세법상의 익금가산이나 필요경비에 관한 시·부인 절차를 거쳐 총수입금액이거나 소득금액을 가감하여 과세표준과 세액을 결정하는 것은 서면조사결정의 범위에 포함된다), **그 신고내용 자체를 부인하고 그와 다른 내용의 사실을 인정하거나, 이를 위하여 구 소득세법 제100조 제5항의 규정에 기하여 증빙서류의 제출을 요구하는 것과 같은 보정요구는 실지조사나 추계조사를 허용하는 결과가 되어 이를 할 수 없다.**

27

2020 국회사무처 8급

「토양환경보전법」상 토양오염실태조사를 실시할 권한은 시·도지사에게 있으나 토양오염실태조사가 감사원 소속 감사관의 주도하에 실시되었다는 사정만으로 그에 기초하여 내려진 토양정밀조사명령이 위법하다고 할 수 없다.

O | X

[대법원 2009.1.30. 2006두9498]

행정기관 및 공무원의 직무를 감찰하여 행정운영의 개선향상을 기하여야 할 감사원의 임무나 감사원이 원고 사업장 인근 주민의 환경오염 진정에 따라 충청남도에 대한 감사를 진행하던 중 현지조사차원에서 피고 소속 담당공무원과 충청남도의 담당 공무원 참여 하에 이 사건 토양오염실태조사가 이루어진 경위, 토양오염실태조사는 토양정밀조사명령의 사전 절차를 이루는 사실행위로서 그 자체가 행정처분에 해당하지는 않는 점 등을 종합 고려해 보면, **이 사건 토양오염실태조사가 감사원 소속 감사관의 주도 하에 실시되었다는 사정만으로 이 사건 토양정밀조사명령에 이를 위법한 것으로서 취소해야 할 정도의 하자가 있다고 볼 수는 없다.**

28

2020 국회사무처 8급

다른 세목, 다른 과세기간에 대한 세무조사 도중 해당 세목 및 과세기간에 대한 조사가 부분적으로 이루어진 경우 추후 이루어진 재조사는 위법한 중복조사에 해당한다.

O | X

[대법원 2015.2.26. 선고, 2014두12062, 판결]

구 국세기본법(2013. 1. 1. 법률 제11604호로 개정되기 전의 것, 이하 '구 국세기본법'이라 한다) 제81조의4 제2항, 제81조의7 제1항, 제81조의9 제1항, 제81조의11의 문언과 체계, 같은 세목 및 과세기간에 대한 거듭된 세무조사는 납세자의 영업의 자유나 법적 안정성 등을 심각하게 침해할 뿐만 아니라 세무조사권의 남용으로 이어질 우려가 있으므로 조세공평의 원칙에 현저히 반하는 예외적인 경우를 제외하고는 금지될 필요가 있는 점, 재조사를 금지하는 입법 취지에는 세무조사기술의 선진화도 포함되어 있는 점 등을 종합하여 보면, 세무공무원이 어느 세목의 특정 과세기간에 대하여 모든 항목에 걸쳐 세무조사를 한 경우는 물론 그 과세기간의 특정 항목에 대하여만 세무조사를 한 경우에도 다시 그 세목의 같은 과세기간에 대하여 세무조사를 하는 것은 구 국세기본법 제81조의4 제2항에서 금지하는 재조사에 해당하고, 세무공무원이 당초 세무조사를 한 특정 항목을

정답 | 26 ○ 27 ○ 28 ×

제외한 다른 항목에 대하여만 다시 세무조사를 함으로써 세무조사의 내용이 중첩되지 아니하였다고 하여 달리 볼 것은 아니다. 다만 당초의 세무조사가 다른 세목이나 다른 과세기간에 대한 세무조사 도중에 해당 세목이나 과세기간에도 동일한 잘못이나 세금탈루 혐의가 있다고 인정되어 관련 항목에 대하여 세무조사 범위가 확대됨에 따라 부분적으로만 이루어진 경우와 같이 당초 세무조사 당시 모든 항목에 걸쳐 세무조사를 하는 것이 무리였다는 등의 특별한 사정이 있는 경우에는 당초 세무조사를 한 항목을 제외한 나머지 항목에 대하여 향후 다시 세무조사를 하는 것은 구 국세기본법 제81조의4 제2항에서 금지하는 재조사에 해당하지 아니한다.

29

2021 소방직

행정조사는 그 실효성 확보를 위해 수시조사를 원칙으로 한다. O | X

상대방의 법적안정성을 보장하기 위해 행정조사는 정기조사가 원칙이다(행정조사기본법 제7조).

제7조(조사의 주기) 행정조사는 법령등 또는 행정조사운영계획으로 정하는 바에 따라 정기적으로 실시함을 원칙으로 한다. 다만, 다음 각 호 중 어느 하나에 해당하는 경우에는 수시조사를 할 수 있다.

1. 법률에서 수시조사를 규정하고 있는 경우
2. 법령등의 위반에 대하여 혐의가 있는 경우
3. 다른 행정기관으로부터 법령등의 위반에 관한 혐의를 통보 또는 이첩받은 경우
4. 법령등의 위반에 대한 신고를 받거나 민원이 접수된 경우
5. 그 밖에 행정조사의 필요성이 인정되는 사항으로서 대통령령으로 정하는 경우

30

2022 소방직

세무조사가 과세자료의 수집 또는 신고내용의 정확성 검증이라는 본연의 목적이 아니라 부정한 목적을 위하여 행하여진 것이라면 이는 세무조사에 중대한 위법사유가 있는 경우에 해당하고, 이러한 세무조사에 의하여 수집된 과세자료를 기초로 한 과세처분 역시 위법하다. O | X

[대법원 2016.12.15, 선고 2016두47659 판결]

세무조사가 과세자료의 수집 또는 신고내용의 정확성 검증이라는 본연의 목적이 아니라 부정한 목적을 위하여 행하여진 것이라면 이는 세무조사에 중대한 위법사유가 있는 경우에 해당하고 이러한 세무조사에 의하여 수집된 과세자료를 기초로 한 과세처분 역시 위법하다.

31

2022 국회사무처 8급

행정기관의 장은 법령등에 특별한 규정이 있는 경우를 제외하고는 행정조사의 결과를 확정한 날부터 7일 이내에 그 결과를 조사대상자에게 통지하여야 한다. O | X

행정조사기본법

제24조(조사결과의 통지) 행정기관의 장은 법령등에 특별한 규정이 있는 경우를 제외하고는 행정조사의 결과를 확정한 날부터 7일 이내에 그 결과를 조사대상자에게 통지하여야 한다.

정답 | 29 × 30 ○ 31 ○

32

2023 소방간부

조사대상자의 자발적인 협조를 전제할 뿐 조사거부에 대한 어떠한 제재도 없는 임의적 행정조사라면 법령상 명확한 위임 근거가 없다고 하더라도 가능하다. O | X

[대법원 2017.11.9. 2015두56748]

조사대상자의 자발적인 협조를 전제할 뿐 조사 거부에 대한 어떠한 제재도 없는 임의적 행정조사라면 법령상 명확한 위임 근거가 없다고 하더라도 가능하므로, 이 사건 근거 조항의 '그 밖에 건강검진을 실시하는 데 필요한 사항'에는 검진기관에 대한 임의적 행정조사에 관한 내용도 당연히 포함된다고 볼 수 있다. 국민건강보험법 제96조 제1항, 의료급여법 제32조의2 제1항이 공단에 요양기관 및 의료급여기관에 대한 임의적 행정조사 권한이 있음을 별도로 규정한 취지 역시 마찬가지로 볼 수 있다.

33

2023 소방간부

행정조사를 실시하고자 하는 행정기관의 장은 「통계법」 제3조 제2호에 따른 지정통계의 작성을 위하여 조사하는 경우에 반드시 서면으로 조사대상자에게 행정조사 목적 등을 통지하여야 한다. O | X

통계조사는 임의조사에 불과하므로, 구두통지도 가능하고 반드시 사전통지일 필요도 없다.

행정조사기본법

제17조(조사의 사전통지) ① **행정조사를 실시하고자 하는 행정기관의 장은** 제9조에 따른 출석요구서, 제10조에 따른 보고요구서·자료제출요구서 및 제11조에 따른 현장출입조사서(이하 "출석요구서등"이라 한다)를 조사개시 7일 전까지 조사대상자에게 **서면으로 통지하여야 한다. 다만, 다음 각 호의 어느 하나에 해당하는 경우에는 행정조사의 개시와 동시에 출석요구서등을 조사대상자에게 제시하거나 행정조사의 목적 등을 조사대상자에게 구두로 통지할 수 있다.**

1. 행정조사를 실시하기 전에 관련 사항을 미리 통지하는 때에는 증거인멸 등으로 행정조사의 목적을 달성할 수 없다고 판단되는 경우
2. **「통계법」 제3조제2호에 따른 지정통계의 작성을 위하여 조사하는 경우**
3. 제5조 단서에 따라 조사대상자의 자발적인 협조를 얻어 실시하는 행정조사의 경우

② 행정기관의 장이 출석요구서등을 조사대상자에게 발송하는 경우 출석요구서등의 내용이 외부에 공개되지 아니하도록 필요한 조치를 하여야 한다.

34

2023 국가직 9급

행정기관의 장은 조사원이 조사목적의 달성을 위하여 한 시료채취로 조사대상자에게 손실을 입힌 때에는 그 손실을 보상하여야 한다. O | X

행정조사기본법

제17조(과태료의 부과) ② 행정기관의 장은 제1항에 따른 시료채취로 조사대상자에게 손실을 입힌 때에는 대통령령으로 정하는 절차와 방법에 따라 그 손실을 보상하여야 한다.

정답 | 32 ○ 33 × 34 ○

35

2023 국가직 9급

행정기관의 장은 당해 행정기관 내의 2 이상의 부서가 동일하거나 유사한 업무분야에 대하여 동일한 조사대상자에게 행정조사를 실시하는 경우에는 공동조사를 하여야 한다. O | X

이 경우 공동조사를 "하여야 한다"는 것도 주의해야 한다.

행정조사기본법

제14조(공동조사) ① 행정기관의 장은 다음 각 호의 어느 하나에 해당하는 행정조사를 하는 경우에는 공동조사를 하여야 한다.

1. 당해 행정기관 내의 2 이상의 부서가 동일하거나 유사한 업무분야에 대하여 동일한 조사대상자에게 행정조사를 실시하는 경우
2. 서로 다른 행정기관이 대통령령으로 정하는 분야에 대하여 동일한 조사대상자에게 행정조사를 실시하는 경우

36

2023 국회사무처 8급

행정조사의 기본원칙은 군사시설·군사기밀보호 및 방위사업에 관한 사항에 대하여도 적용한다. O | X

행정조사기본법

제3조(적용범위) ① 행정조사에 관하여 다른 법률에 특별한 규정이 있는 경우를 제외하고는 이 법으로 정하는 바에 따른다.

② 다음 각 호의 어느 하나에 해당하는 사항에 대하여는 이 법을 적용하지 아니한다.

1. 행정조사를 한다는 사실이나 조사내용이 공개될 경우 국가의 존립을 위태롭게 하거나 국가의 중대한 이익을 현저히 해칠 우려가 있는 국가안전보장·통일 및 외교에 관한 사항
2. 국방 및 안전에 관한 사항 중 다음 각 목의 어느 하나에 해당하는 사항
   가. 군사시설·군사기밀보호 또는 방위사업에 관한 사항
   나. 「병역법」·「예비군법」·「민방위기본법」·「비상대비에 관한 법률」에 따른 징집·소집·동원 및 훈련에 관한 사항
3. 「공공기관의 정보공개에 관한 법률」 제4조제3항의 정보에 관한 사항
4. 「근로기준법」 제101조에 따른 근로감독관의 직무에 관한 사항
5. 조세·형사·행형 및 보안처분에 관한 사항
6. 금융감독기관의 감독·검사·조사 및 감리에 관한 사항
7. 「독점규제 및 공정거래에 관한 법률」, 「표시·광고의 공정화에 관한 법률」, 「하도급거래 공정화에 관한 법률」, 「가맹사업거래의 공정화에 관한 법률」, 「방문판매 등에 관한 법률」, 「전자상거래 등에서의 소비자보호에 관한 법률」, 「약관의 규제에 관한 법률」 및 「할부거래에 관한 법률」에 따른 공정거래위원회의 법률위반행위 조사에 관한 사항

③ 제2항에도 불구하고 제4조(행정조사의 기본원칙), 제5조(행정조사의 근거) 및 제28조(정보통신수단을 통한 행정조사)는 제2항 각 호의 사항에 대하여 적용한다.

정답 | 35 ○ 36 ○

37

2023 국회사무처 8급

행정조사는 수시로 실시함을 원칙으로 한다. O | X

행정조사기본법

제7조(조사의 주기) 행정조사는 법령등 또는 행정조사운영계획으로 정하는 바에 따라 정기적으로 실시함을 원칙으로 한다. 다만, 다음 각 호 중 어느 하나에 해당하는 경우에는 수시조사를 할 수 있다.

1. 법률에서 수시조사를 규정하고 있는 경우
2. 법령등의 위반에 대하여 혐의가 있는 경우
3. 다른 행정기관으로부터 법령등의 위반에 관한 혐의를 통보 또는 이첩받은 경우
4. 법령등의 위반에 대한 신고를 받거나 민원이 접수된 경우
5. 그 밖에 행정조사의 필요성이 인정되는 사항으로서 대통령령으로 정하는 경우

38

2023 국회사무처 8급

행정기관의 장은 법령 등에 특별한 규정이 있는 경우를 제외하고는 행정조사의 결과를 확정한 날부터 10일 이내에 그 결과를 조사대상자에게 통지하여야 한다. O | X

10일이 아니라 7일이다. 참고로 행정조사의 사전통지도 7일 전에 해야 한다.

행정조사기본법

제24조(조사결과의 통지) 행정기관의 장은 법령등에 특별한 규정이 있는 경우를 제외하고는 행정조사의 결과를 확정한 날부터 7일 이내에 그 결과를 조사대상자에게 통지하여야 한다.

정답 37 × 38 ×

TOPIC 29

행정법 – 행정형벌 / 행정질서벌

제1절 행정형벌

01

2014 국가직 9급

구 대기환경보전법에 따라 배출허용기준을 초과하는 배출가스를 배출하는 자동차를 운행하는 행위를 처벌하는 규정은 과실범의 경우에 적용하지 아니한다. O | X

[대법원 1993.9.10, 92도1136]
구 대기환경보전법(1992. 12. 8. 법률 제4535호로 개정되기 전의 것)의 입법목적이나 제반 관계규정의 취지 등을 고려하면, 법정의 배출허용기준을 초과하는 배출가스를 배출하면서 자동차를 운행하는 행위를 처벌하는 위 법 제57조 제6호의 규정은 자동차의 운행자가 그 자동차에서 배출되는 배출가스가 소정의 운행 자동차 배출허용기준을 초과한다는 점을 실제로 인식하면서 운행한 고의범의 경우는 물론 과실로 인하여 그러한 내용을 인식하지 못한 과실범의 경우도 함께 처벌하는 규정이다.

02

2014 지방직 9급

지방공무원이 자치사무를 수행하던 중 도로법을 위반한 경우 지방자치단체는 도로법의 양벌규정에 따라 처벌대상이 된다. O | X

[대법원 2005.11.10, 2004도2657]
국가가 본래 그의 사무의 일부를 지방자치단체의 장에게 위임하여 그 사무를 처리하게 하는 기관위임사무의 경우에는 지방자치단체는 국가기관의 일부로 볼 수 있는 것이지만, 지방자치단체가 그 고유의 자치사무를 처리하는 경우에는 지방자치단체는 국가기관의 일부가 아니라 국가기관과는 별도의 독립한 공법인이므로, 지방자치단체 소속 공무원이 지방자치단체 고유의 자치사무를 수행하던 중 도로법 제81조 내지 제85조의 규정에 의한 위반행위를 한 경우에는 지방자치단체는 도로법 제86조의 양벌규정에 따라 처벌대상이 되는 법인에 해당한다.

03

2014 경찰행정

국가가 본래 그의 사무의 일부를 지방자치단체의 장에게 위임하여 처리하게 하는 기관위임사무의 경우 지방자치단체는 양벌규정에 의해 처벌대상이 되는 법인에 해당한다. O | X

[대법원 2009.6.11, 2008도6530]
국가가 본래 그의 사무의 일부를 지방자치단체의 장에게 위임하여 처리하게 하는 기관위임사무의 경우 지방자치단체는 국가기관의 일부로 볼 수 있고, 지방자치단체가 그 고유의 자치사무를 처리하는 경우 지방자치단체는 국가기관의 일부가 아니라 국가기관과는 별도의 독립한 공법인으로서 양벌규정에 의한 처벌대상이 되는 법인에 해당한다.

정답 | 01 × 02 ○ 03 ×

04

2015 지방직 9급

법률에 따라 통고처분을 할 수 있으면 행정청은 통고처분을 하여야 하며, 통고처분 이외의 조치를 취할 재량은 없다. O | X

> [대법원 2007.5.11, 2006도1993]
> 통고처분을 할 것인지의 여부는 관세청장 또는 세관장의 재량에 맡겨져 있다고 할 것이고, 따라서 관세청장 또는 세관장이 관세범에 대하여 통고처분을 하지 아니한 채 고발하였다는 것만으로는 그 고발 및 이에 기한 공소의 제기가 부적법하게 되는 것은 아니라고 할 것이다.

05

2015 지방직 9급

행정법규 위반자가 통고처분에 의해 부과된 금액을 납부하면 과벌절차가 종료되며 동일한 사건에 대하여 다시 처벌받지 아니한다. O | X

> 통고처분을 받은 자가 그 통고에 따라 이행한 때에는 확정판결과 동일한 효력(불가변력)이 발생하게 되어 일사부재리의 원칙이 적용되므로 다시 처벌하지 못한다.

06

2015 지방직 9급

행정법규 위반자가 법정기간 내에 통고처분에 의해 부과된 금액을 납부하지 않으면 비송사건절차법에 의해 처리된다. O | X

> 행정법규 위반자의 통고처분 불이행시 행정청의 고발에 의해 형사소송절차로 진행한다.
>
> [대법원 1995.6.29, 95누4674]
> 도로교통법상의 통고처분을 받은 자가 그 처분에 대하여 이의가 있는 경우에는 통고처분에 따른 범칙금의 납부를 이행하지 아니함으로써 경찰서장의 즉결심판청구에 의하여 법원의 심판을 받을 수 있게 될 뿐이다.

07

2017 국가직 9급

종업원 등의 범죄에 대해 법인에게 어떠한 잘못이 있는지를 전혀 묻지 않고, 곧바로 그 종업원 등을 고용한 법인에게도 종업원 등에 대한 처벌조항에 규정된 벌금형을 과하도록 규정하는 것은 책임주의에 반한다. O | X

> [전원재판부 2008헌가10, 2009.7.30.]
> 이 사건 법률조항은 영업주가 고용한 종업원 등이 그 업무와 관련하여 위반행위를 한 경우에, 그와 같은 종업원 등의 범죄행위에 대해 영업주가 비난받을 만한 행위가 있었는지 여부와는 전혀 관계없이 종업원 등의 범죄행위가 있으면 자동적으로 영업주도 처벌하도록 규정하고 있다. 한편, 이 사건 법률조항을 '영업주가 종업원 등에 대한 선임감독상의 주의의무를 위반한 과실 기타 영업주의 귀책사유가 있는 경우에만 처벌하도록 규정한 것'으로 해석할 수 있는지가 문제될 수 있으나, 합헌적 법률해석은 법률조항의 문언과 목적에 비추어 가능한 범위 안에서의 해석을 전제로 하는 것이므로 위와 같은 해석은 허용되지 않는다. 결국, 이 사건 법률조항은 아무런 비난받을 만한 행위를 한 바 없는 자에 대해서까지, 다른 사람의 범죄행위를 이유로 처벌하는 것으로서 형벌에 관한 책임주의에 반하므로 헌법에 위반된다.

정답 | 04 × 05 ○ 06 × 07 ○

08

2017 국회사무처 8급

도로교통법에 따른 경찰서장의 통고처분에 대하여 항고소송을 제기할 수 있다. O | X

[대법원 1979.12.28. 79누218]
도로교통법 제118조에서 규정하는 경찰서장의 통고처분은 행정소송의 대상이되는 행정처분이 아니므로 그 처분의 취소를 구하는 소송은 부적법하고, 도로교통법상의 통고처분을 받은 자가 그 처분에 대하여 이의가 있는 경우에는 통고처분에 따른 범칙금의 납부를 이행하지 아니함으로써 경찰서장의 즉결심판청구에 의하여 법원의 심판을 받을 수 있게 될 뿐이다.

09

2019 국가직 7급

관세법상 통고처분은 상대방의 임의의 승복을 그 발효요건으로 하기 때문에 그 자체만으로는 통고이행을 강제하거나 상대방에게 아무런 권리의무를 형성하지 않는다. O | X

[헌재 전원재판부 96헌바4, 1998.5.28.]
통고처분은 상대방의 임의의 승복을 그 발효요건으로 하기 때문에 그 자체만으로는 통고이행을 강제하거나 상대방에게 아무런 권리의무를 형성하지 않으므로 행정심판이나 행정소송의 대상으로서의 처분성을 부여할 수 없고, 통고처분에 대하여 이의가 있으면 통고내용을 이행하지 않음으로써 고발되어 형사재판절차에서 통고처분의 위법·부당함을 얼마든지 다툴 수 있기 때문에 관세법 제38조 제3항 제2호가 법관에 의한 재판받을 권리를 침해한다든가 적법절차의 원칙에 저촉된다고 볼 수 없다.

10

2020 군무원 9급

지방국세청장이 조세범칙행위에 대하여 고발을 한 후에 동일한 조세범칙행위에 대하여 통고처분을 하여 조세범칙행위자가 이를 이행하였다면 고발에 따른 형사절차의 이행은 일사부재리의 원칙에 반하여 위법하다. O | X

상대방의 법규위반에 대하여 행정청이 통고처분을 먼저 하고 상대방이 이에 대해서 범칙금을 납부한 후에 행정청이 고발을 하였다면 일사부재리원칙에 반한다. 반면에 행정청이 먼저 고발을 하였다면 이미 형사절차로 진행된 것이어서, 그 뒤에 통고처분을 하더라도 아무런 효력이 없고 설사 상대방이 범칙금을 납부하더라도 마찬가지이다.

[대법원 2016.9.28. 선고, 2014도10748, 판결]
통고처분과 고발의 법적 성질 및 효과 등을 조세범칙사건의 처리 절차에 관한 조세범 처벌절차법 관련 규정들의 내용과 취지에 비추어 보면, 지방국세청장 또는 세무서장이 조세범 처벌절차법 제17조 제1항에 따라 통고처분을 거치지 아니하고 즉시 고발하였다면 이로써 조세범칙사건에 대한 조사 및 처분 절차는 종료되고 형사사건 절차로 이행되어 지방국세청장 또는 세무서장으로서는 동일한 조세범칙행위에 대하여 더 이상 통고처분을 할 권한이 없다. 따라서 지방국세청장 또는 세무서장이 조세범칙행위에 대하여 고발을 한 후에 동일한 조세범칙행위에 대하여 통고처분을 하였더라도, 이는 법적 권한 소멸 후에 이루어진 것으로서 특별한 사정이 없는 한 효력이 없고, 조세범칙행위자가 이러한 통고처분을 이행하였더라도 조세범 처벌절차법 제15조 제3항에서 정한 일사부재리의 원칙이 적용될 수 없다.

정답 | 08 × 09 ○ 10 ×

11

2022 국가직 9급

양벌규정에 의한 법인의 처벌은 어디까지나 행정적 제재처분일 뿐 형벌과는 성격을 달리한다. O | X

행정벌은 행정형벌과 행정질서벌의 2종류가 있다. 행정형벌은 행정적 제재처분이 아니라 형사처벌에 해당한다.

[대법원 2019.11.14, 선고 2017도4111 판결]

양벌규정에 의한 법인의 처벌은 어디까지나 형벌의 일종으로서 행정적 제재처분이나 민사상 불법행위책임과는 성격을 달리하고, 형사소송법 제328조가 '피고인인 법인이 존속하지 아니하게 되었을 때'를 공소기각결정의 사유로 규정하고 있는 것은 형사책임이 승계되지 않음을 전제로 한 것이라고 볼 수 있다. 따라서 법인이 형사처벌을 면탈하기 위한 방편으로 합병제도 등을 남용하는 경우 이를 처벌하거나 형사책임을 승계시킬 수 있는 근거규정을 특별히 두고 있지 않은 현행법에서는, 합병으로 인하여 소멸한 법인이 그 종업원 등의 위법행위에 대해 양벌규정에 따라 부담하던 형사책임은 그 성질상 이전을 허용하지 않는 것으로서 합병으로 인하여 존속하는 법인에 승계되지 않는다.

12

2022 국가직 9급

법인 대표자의 법규위반행위에 대한 법인의 책임은 법인 자신의 법규위반행위로 평가될 수 있는 행위에 대한 법인의 직접책임이다. O | X

대표권이 없는 종업원 등의 행위로 인한 법인의 책임과 대표기관의 행위로 인한 법인의 책임은 세부적으로 구별된다. (ⅰ) 종업원의 법규위반의 경우에는 법인이 선임·감독상의 주의의무를 다하지 못하였으므로 양벌규정에 의하여 책임을 지는 것이다. 이를 「타인행위책임」이라 한다. (ⅱ) 대표기관의 법규위반의 경우에는 법인 자체의 법규위반으로 평가되므로, 자신의 행위에 대하여 직접 책임을 지는 것이다. 이를 「자기행위책임」이라 한다.

[헌법재판소 2020.4.23, 선고 2019헌가25 전원재판부 결정]

법인 대표자의 행위는 종업원 등의 행위와 달리 보아야 한다. 법인의 행위는 법인을 대표하는 자연인인 대표기관의 의사결정에 따른 행위에 의하여 실현되므로, 자연인인 대표기관의 의사결정 및 행위에 따라 법인의 책임 유무를 판단할 수 있다. 즉, **법인은 기관을 통하여 행위하므로 법인이 대표자를 선임한 이상 그의 행위로 인한 법률효과는 법인에게 귀속되어야 하고, 법인 대표자의 범죄행위에 대하여는 법인 자신이 자신의 행위에 대한 책임을 부담**하는 것이다. …중략… 결국 법인 대표자의 법규위반행위에 대한 법인의 책임은 법인 자신의 법규위반행위로 평가될 수 있는 행위에 대한 법인의 직접책임이므로, 대표자의 고의에 의한 위반행위에 대하여는 법인이 고의 책임을, 대표자의 과실에 의한 위반행위에 대하여는 법인이 과실 책임을 부담한다. 따라서 심판대상조항 중 법인의 대표자 관련 부분은 법인의 직접책임을 근거로 하여 법인을 처벌하므로 책임주의원칙에 위배되지 않는다.

13

2022 소방직

경찰서장이 범칙행위에 대하여 통고처분을 하더라도 통고처분에서 정한 납부기간까지는 검사가 공소를 제기할 수 있다. O | X

추가로, 납부기간이 지난 경우에도 검사는 공소제기를 할 수 없음에 주의를 요한다(두번째 밑줄).

[대법원 2021.4.1, 선고 2020도15194 판결]

경찰서장이 범칙행위에 대하여 통고처분을 한 이상, 범칙자의 위와 같은 절차적 지위를 보장하기 위하여 통고처분에서 정한 범칙금 납부기간까지는 원칙적으로 경찰서장은 즉결심판을 청구할 수 없고, 검사도 동일한 범칙행위에 대하여 공소를 제기할 수 없다. 또한 **범칙자가 범칙금 납부기간이 지나도록 범칙금을 납부하지 아니하였다면 경찰서장이 즉결심판을 청구하여야 하고, 검사는 동일한 범칙행위에 대하여 공소를 제기할 수 없다.**

정답 | 11 × 12 ○ 13 ×

14 양벌규정에 의한 영업주의 처벌은 금지위반행위자인 종업원의 처벌에 종속되는 것이므로 영업주만 따로 처벌할 수는 없다. O | X

2022 지방직 9급

> 종업원이 형사미성년자라서 처벌되지 않는 경우에도 사업주는 처벌될 수 있다.
>
> [대법원 1987.11.10, 선고 87도1213, 판결]
>
> 양벌규정에 의한 영업주의 처벌은 금지위반행위자인 종업원의 처벌에 종속하는 것이 아니라 독립하여 그 자신의 종업원에 대한 선임감독상의 과실로 인하여 처벌되는 것이므로 영업주의 위 과실책임을 묻는 경우 금지위반행위자인 종업원에게 구성요건상의 자격이 없다고 하더라도 영업주의 범죄성립에는 아무런 지장이 없다.

제2절 행정질서벌

01 과태료는 당사자가 과태료 부과처분에 대하여 이의를 제기하지 아니한 채 이의제기 기한이 종료한 후 사망한 경우에는 그 상속재산에 대하여 집행할 수 있다. O | X

2014 사회복지직 9급

> **질서위반행위규제법**
>
> 제24조의2(상속재산 등에 대한 집행) ① 과태료는 당사자가 과태료 부과처분에 대하여 이의를 제기하지 아니한 채 제20조 제1항에 따른 기한이 종료한 후 사망한 경우에는 그 상속재산에 대하여 집행할 수 있다.

02 임시운행허가기간을 벗어난 무등록차량을 운행한 자는 과태료와 별도로 형사처벌의 대상이 된다. O | X

2014 국가직 9급

> [대법원 1979.12.28, 79누218]
>
> 행정법상의 질서벌인 과태료의 부과처분과 형사처벌은 그 성질이나 목적을 달리하는 별개의 것이므로 행정법상의 질서벌인 과태료를 납부한 후에 형사처벌을 한다고 하여 이를 일사부재리의 원칙에 반하는 것이라고 할 수는 없으며, 자동차의 임시운행허가를 받은 자가 그 허가 목적 및 기간의 범위 안에서 운행하지 아니한 경우에 과태료를 부과하는 것은 당해 자동차가 무등록 자동차인지 여부와는 관계없이, 이미 등록된 자동차의 등록번호표 또는 봉인이 멸실되거나 식별하기 어렵게 되어 임시운행허가를 받은 경우까지를 포함하여, 허가받은 목적과 기간의 범위를 벗어나 운행하는 행위 전반에 대하여 행정질서벌로써 제재를 가하고자 하는 취지라고 해석되므로, 만일 임시운행허가기간을 넘어 운행한 자가 등록된 차량에 관하여 그러한 행위를 한 경우라면 과태료의 제재만을 받게 되겠지만, 무등록 차량에 관하여 그러한 행위를 한 경우라면 과태료와 별도로 형사처벌의 대상이 된다.

정답 | 14 × | 01 ○ 02 ○

03

2014 지방직 9급

어떤 행정법규 위반행위에 대해 과태료를 과할 것인지 행정형벌을 과할 것인지는 기본적으로 입법재량에 속한다. O | X

[헌재 1998.5.28, 96헌바83]
어떤 행정법규위반의 행위에 대하여 이를 단지 간접적으로 행정상의 질서에 장애를 줄 위험성이 있음에 불과한 경우로 보아 행정질서벌인 과태료를 과할 것인지 아니면 직접적으로 행정목적과 공익을 침해한 행위로 보아 행정형벌을 과할 것인지는 기본적으로 입법권자가 제반사정을 고려하여 결정할 입법재량에 속하는 문제이다. 그런데 부동산투기를 막기 위하여 부동산소유권이전등기신청을 의무화하고 이에 대한 제재방법으로 행정형벌보다 그 정도가 약한 행정질서벌인 과태료를 선택한 것은 적절하다.

04

2015 사회복지직 9급

과태료처분을 받고 이를 납부한 후에 형사처벌을 한다고 하여 일사부재리원칙에 반하지 않는다는 것이 대법원의 입장이다. O | X

[대법원 1989.6.13, 88도1983]
일사부재리의 효력은 확정재판이 있을 때에 발생하는 것이고 과태료는 행정법상의 질서벌에 불과하므로 과태료처분을 받고 이를 납부한 일이 있더라도 그 후에 형사처벌을 한다고 해서 일사부재리의 원칙에 어긋난다고 할 수 없다.

05

2015 지방직 9급

신분에 의하여 성립하는 질서위반행위에 신분이 없는 자가 가담한 때에는 신분이 없는 자에 대하여는 질서위반행위가 성립하지 않는다. O | X

질서위반행위규제법
제12조(다수인의 질서위반행위 가담) ② 신분에 의하여 성립하는 질서위반행위에 신분이 없는 자가 가담한 때에는 신분이 없는 자에 대하여도 질서위반행위가 성립한다.

06

2015 지방직 9급

행정청이 질서위반행위에 대하여 과태료를 부과하고자 하는 때에는 미리 당사자에게 대통령령으로 정하는 사항을 통지하고, 10일 이상의 기간을 정하여 의견을 제출할 기회를 주어야 한다. O | X

질서위반행위규제법
제16조(사전통지 및 의견 제출 등) ① 행정청이 질서위반행위에 대하여 과태료를 부과하고자 하는 때에는 미리 당사자(제11조 제2항에 따른 고용주등을 포함한다. 이하 같다)에게 대통령령으로 정하는 사항을 통지하고, 10일 이상의 기간을 정하여 의견을 제출할 기회를 주어야 한다. 이 경우 지정된 기일까지 의견 제출이 없는 경우에는 의견이 없는 것으로 본다.

정답 03 ○ 04 ○ 05 × 06 ○

07

2015 서울시 9급

질서위반행위가 종료된 날부터 5년이 경과한 경우에는 해당 질서위반행위에 대하여 과태료를 부과할 수 없는 바, 다수인이 질서위반행위에 가담한 경우에는 질서위반 행위가 종료된 날은 최종행위가 종료된 날을 말한다.

O | X

질서위반행위규제법

제19조(과태료 부과의 제척기간) ① 행정청은 질서위반행위가 종료된 날(다수인이 질서위반행위에 가담한 경우에는 최종행위가 종료된 날을 말한다)부터 5년이 경과한 경우에는 해당 질서위반행위에 대하여 과태료를 부과할 수 없다.

08

2015 서울시 9급

과태료 사건은 다른 법령에 특별한 규정이 있는 경우를 제외하고는 과태료를 부과한 행정청의 소재지를 관할하는 행정법원의 관할로 한다.

O | X

2가지가 잘못되었다. (i) 행정법원의 관할이 아니라 지방법원의 관할이고, (ii) 행정청의 소재지가 아니라 당사자의 주소지라야 한다.

질서위반행위규제법

제25조(관할 법원) 과태료 사건은 다른 법령에 특별한 규정이 있는 경우를 제외하고는 당사자의 주소지의 지방법원 또는 그 지원의 관할로 한다.

09

2015 서울시 9급

이의제기를 받은 행정청은 이의제기를 받은 날부터 14일 이내에 이에 대한 의견 및 증빙서류를 첨부하여 관할 법원에 통보하여야 하는 것이 원칙이다.

O | X

질서위반행위규제법

제21조(법원에의 통보) ① 제20조 제1항에 따른 이의제기를 받은 행정청은 이의제기를 받은 날부터 14일 이내에 이에 대한 의견 및 증빙서류를 첨부하여 관할 법원에 통보하여야 한다.

10

2015 서울시 9급

행정청의 과태료 부과에 불복하는 당사자는 과태료 부과 통지를 받은 날부터 60일 이내에 해당 행정청에 서면으로 이의제기를 할 수 있는 바, 이의제기가 있는 경우에는 행정청의 과태료 부과처분은 그 효력을 상실한다.

O | X

질서위반행위규제법

제20조(이의제기) ① 행정청의 과태료 부과에 불복하는 당사자는 제17조 제1항에 따른 과태료 부과 통지를 받은 날부터 60일 이내에 해당 행정청에 서면으로 이의제기를 할 수 있다.

② 제1항에 따른 이의제기가 있는 경우에는 행정청의 과태료 부과처분은 그 효력을 상실한다.

정답 | 07 ○ 08 × 09 ○ 10 ○

11

2015 서울시 7급

질서위반행위규제법에 따르면 고의 또는 과실이 없는 질서위반행위에는 과태료를 부과하지 아니한다.

O | X

> **질서위반행위규제법**
> 제7조(고의 또는 과실) 고의 또는 과실이 없는 질서위반행위는 과태료를 부과하지 아니한다.

12

2016 서울시 9급

행정질서벌이란 행정법규 위반에 대한 제재로서 과태료가 과하여지는 행정벌을 말한다.

O | X

> 행정질서벌이란 간접적인 행위목적위반으로 행정법규 위반에 대한 제재로서 형법에 규정되어 있지 않은 과태료가 가해지는 행정벌을 말한다.

13

2016 국가직 7급

판례에 따르면, 질서위반행위를 한 자가 자신의 책임 없는 사유로 위반행위에 이르렀다고 주장하는 경우 법원은 그 내용을 살펴 행위자에게 고의나 과실이 있는지 여부를 따져보아야 한다.

O | X

> [대법원 2011.7.14, 2011마364]
> 질서위반행위규제법은 과태료의 부과대상인 질서위반행위에 대하여도 책임주의 원칙을 채택하여 제7조에서 "고의 또는 과실이 없는 질서위반행위는 과태료를 부과하지 아니한다."고 규정하고 있으므로, **질서위반행위를 한 자가 자신의 책임 없는 사유로 위반행위에 이르렀다고 주장하는 경우 법원으로서는 그 내용을 살펴 행위자에게 고의나 과실이 있는지를 따져보아야 한다.**

14

2017 국가직 9급

「질서위반행위규제법」상 개인의 대리인이 업무에 관하여 그 개인에게 부과된 법률상의 의무를 위반한 때에는 행위자인 대리인에게 과태료를 부과한다.

O | X

> **질서위반행위규제법**
> 제11조(법인의 처리 등) ① 법인의 대표자, 법인 또는 개인의 대리인·사용인 및 그 밖의 종업원이 업무에 관하여 법인 또는 그 개인에게 부과된 법률상의 의무를 위반한 때에는 **법인 또는 그 개인에게 과태료를 부과**한다.
> ② 제7조부터 제10조까지의 규정은 「도로교통법」 제56조 제1항에 따른 고용주등을 같은 법 제160조 제3항에 따라 과태료를 부과하는 경우에는 적용하지 아니한다.

15

2017 국회사무처 8급

자신의 행위가 위법하지 아니한 것으로 오인하고 행한 질서위반행위는 그 오인에 정당한 이유가 있는 때에 한하여 과태료를 부과하지 아니한다.

O | X

> **질서위반행위규제법**
> 제8조(위법성의 착오) 자신의 행위가 위법하지 아니한 것으로 오인하고 행한 질서위반행위는 그 오인에 정당한 이유가 있는 때에 한하여 과태료를 부과하지 아니한다.

정답 | 11 ○ 12 ○ 13 ○ 14 × 15 ○

16

2017 국회사무처 8급

과태료의 부과는 서면으로 하여야 한다. 이때 당사자가 동의하는 경우에는 전자문서도 여기서의 서면에 포함된다. O | X

질서위반행위규제법

제17조(과태료의 부과) ① 행정청은 제16조의 의견 제출 절차를 마친 후에 서면(당사자가 동의하는 경우에는 전자문서를 포함한다. 이하 이 조에서 같다)으로 과태료를 부과하여야 한다.

② 제1항에 따른 서면에는 질서위반행위, 과태료 금액, 그 밖에 대통령령으로 정하는 사항을 명시하여야 한다.

17

2017 교육행정직 9급

2인 이상이 질서위반행위에 가담한 때에는 각자가 질서위반 행위를 한 것으로 본다. O | X

질서위반행위규제법

제12조(다수인의 질서위반행위 가담) ① 2인 이상이 질서위반행위에 가담한 때에는 각자가 질서위반행위를 한 것으로 본다.

18

2017 교육행정직 9급

법원의 과태료부과결정에 불복하는 자는 즉시항고할 수 있다. O | X

이 경우 즉시항고는 과태료재판의 집행을 정지의 효력이 있다는 점도 주의해야 한다.

질서위반행위규제법

제38조(항고) ① 당사자와 검사는 과태료 재판에 대하여 즉시항고를 할 수 있다. 이 경우 항고는 집행정지의 효력이 있다.

19

2017 서울시 9급

하나의 행위가 둘 이상의 질서위반행위에 해당하는 경우에는 각 질서위반행위에 대하여 정한 과태료를 각각 부과한다. O | X

질서위반행위규제법

제13조(수개의 질서위반행위의 처리) ① 하나의 행위가 2 이상의 질서위반행위에 해당하는 경우에는 각 질서위반행위에 대하여 정한 과태료 중 가장 중한 과태료를 부과한다.

② 제1항의 경우를 제외하고 2 이상의 질서위반행위가 경합하는 경우에는 각 질서위반행위에 대하여 정한 과태료를 각각 부과한다. 다만, 다른 법령(지방자치단체의 조례를 포함한다. 이하 같다)에 특별한 규정이 있는 경우에는 그 법령으로 정하는 바에 따른다.

정답 | 16 ○ 17 ○ 18 ○ 19 ×

20

2017 서울시 9급

과태료의 부과·징수의 절차에 관해 질서위반행위규제법의 규정에 저촉되는 다른 법률의 규정이 있는 경우에는 그 다른 법률의 규정이 정하는 바에 따른다. O | X

질서위반행위규제법은 과태료의 「절차」에 관해서만 개별법령에 우선한다. 즉 과태료부과의 실체적인 요건에 대해서는 개별법령에서 정한 바에 따르고, 절차에 대해서만 질서위반행위규제법이 우선적용된다.

질서위반행위규제법

제5조(다른 법률과의 관계) 과태료의 부과·징수, 재판 및 집행 등의 **절차에 관한** 다른 법률의 규정 중 **이 법의 규정에 저촉되는 것은 이 법으로 정하는 바에 따른다.**

21

2017 하반기 국가직 9급

「질서위반행위규제법」에 따라 행정청이 부과한 과태료처분은 항고소송의 대상이 되는 행정처분이다. O | X

[대법원 1993.11.23, 선고, 93누16833, 판결]

옥외광고물등관리법 제20조 제1, 3, 4항 등의 규정에 의하면 옥외광고물등관리법에 의하여 부과된 **과태료처분의 당부는 최종적으로 비송사건절차법에 의한 절차에 의하여만 판단되어야 한다고 보아야 할 것이므로 위와 같은 과태료처분은 행정소송의 대상이 되는 행정처분이라고 볼 수 없다.**

22

2018 국가직 7급

「질서위반행위규제법」에 의한 과태료부과처분은 처분의 상대방이 이의제기하지 않은 채 납부기간까지 과태료를 납부하지 않으면 「도로교통법」상 통고처분과 마찬가지로 그 효력을 상실한다. O | X

통고처분을 받은 자가 일정기간 내에 이행하지 않으면 통고처분은 그 효력을 상실하게 되고, 당해 행정청은 불이행자를 고발함으로써 형사소송절차로 이행하게 된다. 반면 과태료부과처분의 경우 그 효력을 상실케 하려면 별도의 이의제기가 필요하며(질서위반행위규제법 제20조 제2항), 이의를 제기하지 아니한 채 과태료를 납부하지 않으면 과태료부과처분은 확정되어 더 이상 다툴 수 없다(동법 제24조 제3항).

질서위반행위규제법

제20조(이의제기) ① 행정청의 과태료 부과에 불복하는 당사자는 제17조 제1항에 따른 과태료 부과 통지를 받은 날부터 60일 이내에 해당 행정청에 서면으로 이의제기를 할 수 있다.
② 제1항에 따른 **이의제기가 있는 경우에는 행정청의 과태료 부과처분은 그 효력을 상실한다.**
③ 당사자는 행정청으로부터 제21조 제3항에 따른 통지를 받기 전까지는 행정청에 대하여 서면으로 이의제기를 철회할 수 있다.
제24조(가산금 징수 및 체납처분 등) ① 행정청은 당사자가 납부기한까지 과태료를 납부하지 아니한 때에는 납부기한을 경과한 날부터 체납된 과태료에 대하여 100분의 3에 상당하는 가산금을 징수한다. 〈개정 2016. 12. 2.〉
② 체납된 과태료를 납부하지 아니한 때에는 납부기한이 경과한 날부터 매 1개월이 경과할 때마다 체납된 과태료의 1천분의 12에 상당하는 가산금(이하 이 조에서 "중가산금"이라 한다)을 제1항에 따른 가산금에 가산하여 징수한다. 이 경우 중가산금을 가산하여 징수하는 기간은 60개월을 초과하지 못한다.
③ **행정청은 당사자가 제20조 제1항에 따른 기한 이내에 이의를 제기하지 아니하고 제1항에 따른 가산금을 납부하지 아니한 때에는 국세 또는 지방세 체납처분의 예에 따라 징수한다.**
④ 행정청의 과태료 결손처분에 관하여는 「국세징수법」 제86조를 준용한다.

정답 | 20 × 21 × 22 ×

23

2019 서울시 9급 (6월)

민법상의 의무를 위반하여 과태료를 부과하는 행위는 「질서위반행위규제법」상 질서위반행위에 해당한다. O | X

사법상 의무를 위반한 경우에 해당하여 질서위반행위규제법의 적용이 제외된다(질서위반행위규제법 제2조 제1호).

제2조(정의) 이 법에서 사용하는 용어의 뜻은 다음과 같다.

1. "질서위반행위"란 법률(지방자치단체의 조례를 포함한다. 이하 같다)상의 의무를 위반하여 과태료를 부과하는 행위를 말한다. 다만, **다음 각 목의 어느 하나에 해당하는 행위를 제외**한다.
   가. 대통령령으로 정하는 **사법(私法)상·소송법상 의무를 위반하여 과태료를 부과하는 행위**
   나. 대통령령으로 정하는 법률에 따른 징계사유에 해당하여 과태료를 부과하는 행위

24

2019 국가직 7급

스스로 심신장애 상태를 일으켜 질서위반행위를 한 자에 대하여는 과태료를 감경한다. O | X

질서위반행위규제법

제10조(심신장애) ① 심신(心神)장애로 인하여 행위의 옳고 그름을 판단할 능력이 없거나 그 판단에 따른 행위를 할 능력이 없는 자의 질서위반행위는 과태료를 부과하지 아니한다.

② 심신장애로 인하여 제1항에 따른 능력이 미약한 자의 질서위반행위는 과태료를 감경한다.

③ **스스로 심신장애 상태를 일으켜 질서위반행위를 한 자에 대하여는 제1항 및 제2항을 적용하지 아니한다.**

25

2022 소방직

법원이 「질서위반행위규제법」에 따라서 하는 과태료 재판은 원칙적으로 행정소송에서와 같은 신뢰보호의 원칙 위반 여부가 문제되지 아니한다. O | X

[대법원 2006.4.28, 자 2003마715 결정]

법원이 비송사건절차법에 따라서 하는 과태료 재판은 관할 관청이 부과한 과태료처분에 대한 당부를 심판하는 행정소송절차가 아니라 법원이 직권으로 개시·결정하는 것이므로, **원칙적으로 과태료 재판에서는 행정소송에서와 같은 신뢰보호의 원칙 위반 여부가 문제로 되지 아니하고**, 다만 위반자가 그 의무를 알지 못하는 것이 무리가 아니었다고 할 수 있어 그것을 정당시할 수 있는 사정이 있을 때 또는 그 의무의 이행을 그 당사자에게 기대하는 것이 무리라고 하는 사정이 있을 때 등 그 의무 해태를 탓할 수 없는 정당한 사유가 있는 때에는 이를 부과할 수 없다.

26

2023 소방직

과태료와 같은 행정질서벌은 행정질서유지를 위한 의무의 위반이라는 객관적 사실에 대하여 과하는 제재이므로 현실적인 행위자가 아니더라도 법령상 책임자로 규정된 자에게 부과된다. O | X

「양벌규정」에 대한 설명이다.

[대법원 2000. 5. 26. 선고 98두5972 판결]

과태료와 같은 행정질서벌은 행정질서유지를 위한 의무의 위반이라는 객관적 사실에 대하여 과하는 제재이므로 반드시 현실적인 행위자가 아니라도 법령상 책임자로 규정된 자에게 부과되고 원칙적으로 위반자의 고의·

과실을 요하지 아니하나, 위반자가 그 의무를 알지 못하는 것이 무리가 아니었다고 할 수 있어 그것을 정당시 할 수 있는 사정이 있을 때 또는 그 의무의 이행을 그 당사자에게 기대하는 것이 무리라고 하는 사정이 있을 때 등 그 의무 해태를 탓할 수 없는 정당한 사유가 있는 때에는 이를 부과할 수 없다

27

2023 소방직

질서위반행위 후 법률이 변경되어 그 행위가 질서위반 행위에 해당하지 아니하게 되면 법률에 특별한 규정이 없는 한 변경되기 전의 법률을 적용한다. O | X

질서위반행위규제법

제3조(법 적용의 시간적 범위) ② **질서위반행위 후 법률이 변경되어 그 행위가 질서위반 행위에 해당하지 아니하게 되**거나 과태료가 변경되기 전의 법률보다 가볍게 된 때**에는 법률에 특별한 규정이 없는 한 변경된 법률을 적용한다**.

28

2023 소방직

과태료의 부과 여부 및 그 당부는 최종적으로 「질서위반행위규제법」의 절차에 의하여 판단되어야 한다고 할 것이므로, 그 과태료 부과처분은 행정청을 피고로 하는 항고소송의 대상이 되는 처분이라고 볼 수 없다. O | X

[대법원 2012. 10. 11. 선고 2011두19369 판결]

과태료의 부과 여부 및 그 당부는 최종적으로 질서위반행위 규제법에 의한 절차에 의하여 판단되어야 한다고 할 것이므로, 그 과태료 부과처분은 행정청을 피고로 하는 행정소송의 대상이 되는 행정처분이라고 볼 수 없다.

29

2023 국가직 9급

행정청이 위반사실을 적발하면 과태료를 부과받을 자의 주소지를 관할하는 지방법원에 통보하여야 하고, 당해 법원은 「비송사건절차법」에 따라 결정으로써 과태료를 부과한다. O | X

과태료의 부과는 행정청이 하는 것이고 이의신청이 있는 경우에 한하여 과태료의 부과는 실효되며 법원이 비송사건절차법에 따라 과태료 재판(결정)을 한다.

질서위반행위규제법

제17조(과태료의 부과) ① 행정청은 제16조의 의견 제출 절차를 마친 후에 서면(당사자가 동의하는 경우에는 전자문서를 포함한다. 이하 이 조에서 같다)으로 과태료를 부과하여야 한다.

제21조(법원에의 통보) ① 제20조제1항에 따른 **이의제기를 받은 행정청은 이의제기를 받은 날부터 14일 이내에 이에 대한 의견 및 증빙서류를 첨부하여 관할 법원에 통보하여야 한다**. 다만, 다음 각 호의 어느 하나에 해당하는 경우에는 그러하지 아니하다.

1. 당사자가 이의제기를 철회한 경우
2. 당사자의 이의제기에 이유가 있어 과태료를 부과할 필요가 없는 것으로 인정되는 경우

정답 | 27 × 28 ○ 29 ×

30

2023 국회사무처 8급

질서위반행위의 과태료 부과의 근거법률이 개정되어 행위시 법률에 의하면 과태료 부과대상이었지만 재판시 법률에 의하면 과태료 부과대상이 아니게 된 때에는 개정법률 부칙에서 종전 법률 시행 당시에 행해진 질서위반행위에 행위시 법률을 적용하도록 특별한 규정을 두지 않은 이상 재판시 법률을 적용하여야 하므로 과태료를 부과하지 못한다. O | X

[대법원 2020. 12. 18., 자, 2020마6912, 결정]
과태료 부과에 관한 일반법인 질서위반행위규제법에 의하면, 질서위반행위의 성립과 과태료 처분은 원칙적으로 행위 시의 법률에 따르지만(제3조 제1항), 질서위반행위 후 법률이 변경되어 그 행위가 질서위반행위에 해당하지 아니하게 되거나 과태료가 변경되기 전의 법률보다 가볍게 된 때에는 법률에 특별한 규정이 없는 한 변경된 법률을 적용하여야 한다(제3조 제2항). 따라서 질서위반행위에 대하여 과태료 부과의 근거 법률이 개정되어 행위 시의 법률에 의하면 과태료 부과대상이었지만 재판 시의 법률에 의하면 과태료 부과대상이 아니게 된 때에는, 개정 법률의 부칙에서 종전 법률 시행 당시에 행해진 질서위반행위에 대해서는 행위 시의 법률을 적용하도록 특별한 규정을 두지 않은 이상 재판 시의 법률을 적용하여야 하므로 과태료를 부과할 수 없다.

31

2023 지방직 9급

법원이 심문 없이 과태료 재판을 하고자 하는 때에는 당사자와 검사는 특별한 사정이 없는 한 약식재판의 고지를 받은 날부터 7일 이내에 이의신청을 할 수 있다. O | X

질서위반행위규제법
제44조(약식재판) 법원은 상당하다고 인정하는 때에는 제31조제1항에 따른 심문 없이 과태료 재판을 할 수 있다.
제45조(이의신청) ① 당사자와 검사는 제44조에 따른 약식재판의 고지를 받은 날부터 7일 이내에 이의신청을 할 수 있다.

32

2024 경찰간부

행정청은 불의의 재난으로 피해를 당한 사람에 대하여 과태료의 징수유예 등을 하는 경우 그 유예하는 금액에 상당하는 담보의 제공을 요구할 수 없다. O | X

질서위반행위규제법
제24조의3(과태료의 징수유예 등) ① 행정청은 당사자가 다음 각 호의 어느 하나에 해당하여 과태료(체납된 과태료와 가산금, 중가산금 및 체납처분비를 포함한다. 이하 이 조에서 같다)를 납부하기가 곤란하다고 인정되면 1년의 범위에서 대통령령으로 정하는 바에 따라 과태료의 분할납부나 납부기일의 연기(이하 "징수유예등"이라 한다)를 결정할 수 있다.
1. 「국민기초생활 보장법」에 따른 수급권자
2. 「국민기초생활 보장법」에 따른 차상위계층 중 다음 각 목의 대상자
  가. 「의료급여법」에 따른 수급권자
  나. 「한부모가족지원법」에 따른 지원대상자
  다. 자활사업 참여자
3. 「장애인복지법」 제2조제2항에 따른 장애인
4. 본인 외에는 가족을 부양할 사람이 없는 사람
5. 불의의 재난으로 피해를 당한 사람

정답 | 30 ○ 31 ○ 32 ×

6. 납부의무자 또는 그 동거 가족이 질병이나 중상해로 1개월 이상의 장기 치료를 받아야 하는 경우
7. 「채무자 회생 및 파산에 관한 법률」에 따른 개인회생절차개시결정자
8. 「고용보험법」에 따른 실업급여수급자
9. 그 밖에 제1호부터 제8호까지에 준하는 것으로서 대통령령으로 정하는 부득이한 사유가 있는 경우
② 제1항에 따라 징수유예등을 받으려는 당사자는 대통령령으로 정하는 바에 따라 이를 행정청에 신청할 수 있다.
③ 행정청은 **제1항에 따라 징수유예등을 하는 경우 그 유예하는 금액에 상당하는 담보의 제공이나 제공된 담보의 변경을 요구할 수 있고, 그 밖에 담보보전에 필요한 명령을 할 수 있**다.

33

2023 국가직 7급

「질서위반행위규제법」상 과태료 사건은 다른 법령에 특별한 규정이 있는 경우를 제외하고는 행정청의 주소지의 지방법원 또는 그 지원의 관할로 한다. O | X

행정청의 주소지가 아니라 당사자의 주소지의 지방법원 또는 그 지원의 관할로 한다.

질서위반행위규제법

제25조(관할 법원) 과태료 사건은 다른 법령에 특별한 규정이 있는 경우를 제외하고는 당사자의 주소지의 지방법원 또는 그 지원의 관할로 한다.

34

2023 지방직 7급

심신(心神)장애로 인하여 행위의 옳고 그름을 판단할 능력이 없거나 그 판단에 따른 행위를 할 능력이 없는 자의 질서위반행위는 과태료를 부과하지 아니한다. O | X

질서위반행위규제법

제10조(심신장애) ① 심신(心神)장애로 인하여 행위의 옳고 그름을 판단할 능력이 없거나 그 판단에 따른 행위를 할 능력이 없는 자의 질서위반행위는 과태료를 부과하지 아니한다.

정답 | 33 × 34 ○

TOPIC 30

새로운 강제수단 - 과징금 / 가산세·가산금 / 공급거부 / 공표 / 관허사업 제한

제1절 과징금

01

2014 사회복지직 9급

「독점규제 및 공정거래에 관한 법률」상 부당지원행위에 대한 과징금은 부당지원행위 억지라는 행정목적을 실현하기 위한 행정상 제재금으로서의 기본적 성격에 부당이득환수적 요소도 부가되어 있는 것으로서, 행정벌과 병과하더라도 이중처벌금지원칙에 위반되지 않는다. O | X

[헌재 2003.7.24, 2001헌가25]

행정권에는 행정목적 실현을 위하여 행정법규 위반자에 대한 제재의 권한도 포함되어 있으므로, '제재를 통한 억지'는 행정규제의 본원적 기능이라 볼 수 있는 것이고, 따라서 어떤 행정제재의 기능이 오로지 제재(및 이에 결부된 억지)에 있다고 하여 이를 헌법 제13조 제1항에서 말하는 국가형벌권의 행사로서의 '처벌'에 해당한다고 할 수 없는바, 구 「독점규제 및 공정거래에 관한 법률」 제24조의2에 의한 부당내부거래에 대한 과징금은 그 취지와 기능, 부과의 주체와 절차 등을 종합할 때 부당내부거래 억지라는 행정목적을 실현하기 위하여 그 위반행위에 대하여 제재를 가하는 행정상의 제재금으로서의 기본적 성격에 부당이득환수적 요소도 부가되어 있는 것이라 할 것이고, 이를 두고 헌법 제13조 제1항에서 금지하는 국가형벌권 행사로서의 '처벌'에 해당한다고는 할 수 없으므로, 공정거래법에서 형사처벌과 아울러 과징금의 병과를 예정하고 있더라도 이중처벌금지원칙에 위반된다고 볼 수 없으며, 이 과징금 부과처분에 대하여 공정력과 집행력을 인정한다고 하여 이를 확정판결 전의 형벌집행과 같은 것으로 보아 무죄추정의 원칙에 위반된다고도 할 수 없다.

02

2014 사회복지직 9급

「부동산 실권리자명의 등기에 관한 법률」상 실권리자명의 등기의무에 위반하여 부과된 과징금 채무는 대체적 급부가 가능한 의무이므로 과징금을 부과받은 자가 사망한 경우 그 상속인에게 포괄승계된다. O | X

[대법원 1999.5.14, 99두35]

「부동산 실권리자명의 등기에 관한 법률」 제5조에 의하여 부과된 과징금 채무는 대체적 급부가 가능한 의무이므로 위 과징금을 부과받은 자가 사망한 경우 그 상속인에게 포괄승계된다.

03

2018 국가직 7급

과징금 부과처분의 경우 원칙적으로 위반자의 고의·과실을 요하지 아니하나, 위반자의 의무 해태를 탓할 수 없는 정당한 사유가 있는 등의 특별한 사정이 있는 경우에는 이를 부과할 수 없다. O | X

[대법원 2014.10.15, 2013두5005]

구 「여객자동차 운수사업법」 제88조 제1항의 과징금부과처분은 제재적 행정처분으로서 여객자동차 운수사업에 관한 질서를 확립하고 여객의 원활한 운송과 여객자동차 운수사업의 종합적인 발달을 도모하여 공공복리를 증진한다는 행정목적의 달성을 위하여 행정법규 위반이라는 객관적 사실에 착안하여 가하는 제재이므로 반드시

정답 | 01 ○ 02 ○ 03 ○

현실적인 행위자가 아니라도 법령상 책임자로 규정된 자에게 부과되고 **원칙적으로 위반자의 고의·과실을 요하지 아니하나, 위반자의 의무 해태를 탓할 수 없는 정당한 사유가 있는 등의 특별한 사정이 있는 경우에는 이를 부과할 수 없다.** (과징금부과처분취소)

04

2022 지방직 7급

과징금의 근거가 되는 법률에는 과징금의 상한액을 명확하게 규정하여야 한다. O | X

행정기본법

제28조(과징금의 기준) ② 과징금의 근거가 되는 법률에는 과징금에 관한 다음 각 호의 사항을 명확하게 규정하여야 한다.

1. 부과·징수 주체
2. 부과 사유
3. **상한액**
4. 가산금을 징수하려는 경우 그 사항
5. 과징금 또는 가산금 체납 시 강제징수를 하려는 경우 그 사항

05

2018 지방직 9급

부과관청이 추후에 부과금 산정 기준이 되는 새로운 자료가 나올 경우 과징금액이 변경될 수도 있다고 유보하며 과징금을 부과했다면, 새로운 자료가 나온 것을 이유로 새로이 부과처분을 할 수 있다. O | X

새로운 자료가 나왔다는 것을 이유로 기존의 부과처분을 뒤집고 새로이 부과처분을 할 수 있도록 하면 당사자의 법적안정성을 지나치게 침해하므로 허용되지 않는다.

[대법원 1999.5.28, 99두1571]

구 「독점규제 및 공정거래에 관한 법률」 제23조 제1항의 규정에 위반하여 불공정거래행위를 한 사업자에 대하여 같은 법 제24조의2 제1항의 규정에 의하여 부과되는 과징금은 행정법상의 의무를 위반한 자에 대하여 당해 위반행위로 얻게 된 경제적 이익을 박탈하기 위한 목적으로 부과하는 금전적인 제재로서, 같은 법이 규정한 범위 내에서 그 부과처분 당시까지 부과관청이 확인한 사실을 기초로 일의적으로 확정되어야 할 것이고, 그렇지 아니하고 **부과관청이 과징금을 부과하면서 추후에 부과금 산정기준이 되는 새로운 자료가 나올 경우에는 과징금액이 변경될 수도 있다고 유보한다든지, 실제로 추후에 새로운 자료가 나왔다고 하여 새로운 부과처분을 할 수는 없다 할 것인바, 왜냐하면 과징금의 부과와 같이 재산권의 직접적인 침해를 가져오는 처분을 변경하려면 법령에 그 요건 및 절차가 명백히 규정되어 있어야 할 것인데, 위와 같은 변경처분에 대한 법령상의 근거규정이 없고, 이를 인정하여야 할 합리적인 이유 또한 찾아 볼 수 없기 때문**이다.

06

2022 지방직 7급

「행정기본법」 제28조제1항에 과징금 부과의 법적 근거를 마련하였으므로 행정청은 직접 이 규정에 근거하여 과징금을 부과할 수 있다. O | X

「법률로 정하는 바에 따라」 부과할 수 있다고 규정하고 있다. 즉, 개별법상 부과의 근거가 있는 경우에 한하여 부과할 수 있다.

정답 | 04 ○ 05 × 06 ×

행정기본법

제28조(과징금의 기준) ① 행정청은 법령등에 따른 의무를 위반한 자에 대하여 법률로 정하는 바에 따라 그 위반행위에 대한 제재로서 과징금을 부과할 수 있다.

07

2023 소방간부

초기에는 의무위반으로 취득한 경제적 이익을 박탈하기 위한 행정상 제재수단으로 도입되었으나, 최근에는 영업정지에 갈음하여 부과되는 형태로 많이 활용되고 있다. O | X

전형적 과징금과 변형된 과징금에 관한 설명으로 옳다.

08

2023 소방간부

과징금은 한꺼번에 납부하는 것이 원칙이나 행정청은 과징금을 부과받은 자가 재해 등으로 재산에 현저한 손실을 입어 전액을 한꺼번에 내기 어렵다고 인정될 때에는 그 납부기한을 연기하거나 분할 납부하게 할 수 있다. O | X

행정기본법

제29조(과징금의 납부기한 연기 및 분할 납부) **과징금은 한꺼번에 납부하는 것을 원칙으로 한다. 다만, 행정청은 과징금을 부과받은 자가 다음 각 호의 어느 하나에 해당하는 사유로 과징금 전액을 한꺼번에 내기 어렵다고 인정될 때에는 그 납부기한을 연기하거나 분할 납부하게 할 수 있**으며, 이 경우 필요하다고 인정하면 담보를 제공하게 할 수 있다.

1. **재해 등으로 재산에 현저한 손실을 입은 경우**
2. 사업 여건의 악화로 사업이 중대한 위기에 처한 경우
3. 과징금을 한꺼번에 내면 자금 사정에 현저한 어려움이 예상되는 경우
4. 그 밖에 제1호부터 제3호까지에 준하는 경우로서 대통령령으로 정하는 사유가 있는 경우

09

2023 소방간부

과징금 납부명령과 같이 행정청의 제재처분에 재량이 인정되는 행위에 대하여 재량하자가 인정되는 경우에는 재량권의 범위 내에서 어느 정도가 적정한 것인지 판단할 수 없으므로 일부의 위반행위를 기초로 한 과징금액의 산정자료가 없는 경우에는 그 전부를 취소해야 하고 일부취소는 허용되지 아니한다. O | X

[대법원 2004.10.14. 2001두2881]

부당지원행위에 대한 과징금은 행정상 제재금으로서의 기본적 성격에 부당이득환수적 요소도 부가되어 있는 것이므로 그 구체적인 액수는 구 독점규제및공정거래에관한법률(1999. 12. 28. 법률 제6043호로 개정되기 전의 것) 제24조의2에서 규정하는 과징금 상한액(대통령령이 정하는 매출액에 100분의 2를 곱한 금액을 초과하지 아니하는 금액)을 초과하지 아니하는 범위 내에서 과징금 부과에 의하여 달성하고자 하는 목적과 같은 법 제55조의3 제1항 소정의 사유 즉, 위반행위의 내용 및 정도, 위반행위의 기간 및 횟수, 위반행위로 인해 취득한 이익의 규모 등을 감안하여 공정거래위원회가 재량을 가지고 결정할 수 있다 할 것이고, **수개의 위반행위에 대하여 하나의 과징금납부명령을 하였으나 수개의 위반행위 중 일부의 위반행위만이 위법하지만, 소송상 그 일부의 위반행위를 기초로 한 과징금액을 산정할 수 있는 자료가 없는 경우에는 하나의 과징금납부명령 전부를 취소할 수밖에 없다.**

정답 | 07 ○ 08 ○ 09 ○

10

2023 소방간부

과징금을 부과하면서 여러 개의 처분사유에 터잡아 하나의 과징금 부과처분을 하였고 그 처분사유들 중 일부에 위법이 있으나 그 부분이 과징금 부과처분에 영향을 미치지 아니하였다면 그 부과처분을 위법하다고 할 수 없다.

O | X

여러 개의 처분사유 중 일부는 인정되고 일부는 인정되지 않는 경우에, 인정되는 처분사유만으로도 당해 과징금부과처분이 가능하다면 그 부과처분은 위법하지 않다.

[대법원 2010. 12. 9., 선고, 2010두15674, 판결]

행정처분에 있어 수개의 처분사유 중 일부가 적법하지 않다고 하더라도 다른 처분사유로써 그 처분의 정당성이 인정되는 경우에는 그 처분을 위법하다고 할 수 없을 것이므로(대법원 1997. 5. 9. 선고 96누1184 판결, 대법원 2004. 3. 25. 선고 2003두1264 판결 등 참조), 구 법 제206조의11에 따라 **과징금을 부과함에 있어 여러 개의 처분사유에 기하여 하나의 과징금 부과처분을 하였으나 그 처분사유들 중 일부에 위법이 있다고 하더라도 위법한 부분이 그 과징금 부과처분에 영향을 미치지 아니하였다면 그 부과처분을 위법하다고 볼 것은 아니다.**

11

2023 국가직 9급

관할 행정청이 여객자동차운송사업자가 범한 여러 가지 위반행위 중 일부만 인지하여 과징금 부과처분을 하였는데 그 후 과징금 부과처분 시점 이전에 이루어진 다른 위반행위를 인지하여 이에 대하여 별도의 과징금 부과처분을 하게 되는 경우, 종전 과징금 부과처분의 대상이 된 위반행위와 추가 과징금 부과처분의 대상이 된 위반행위에 대하여 일괄하여 하나의 과징금 부과처분을 하는 경우와의 형평을 고려하여 추가 과징금 부과처분의 처분양정이 이루어져야 한다.

O | X

[대판 2021.2.4. 2020두48390]

관할 행정청이 여객자동차운송사업자가 범한 여러 가지 위반행위 중 일부만 인지하여 과징금 부과처분을 하였는데 그 후 과징금 부과처분 시점 이전에 이루어진 다른 위반행위를 인지하여 이에 대하여 별도의 과징금 부과처분을 하게 되는 경우에도 종전 과징금 부과처분의 대상이 된 위반행위와 추가 과징금 부과처분의 대상이 된 위반행위에 대하여 일괄하여 하나의 과징금 부과처분을 하는 경우와의 형평을 고려하여 추가 과징금 부과처분의 처분양정이 이루어져야 한다. 다시 말해, 행정청이 전체 위반행위에 대하여 하나의 과징금 부과처분을 할 경우에 산정되었을 정당한 과징금액에서 이미 부과된 과징금액을 뺀 나머지 금액을 한도로 하여서만 추가 과징금 부과처분을 할 수 있다.

12

2023 국회사무처 8급

「가맹사업거래의 공정화에 관한 법률」(이하 「가맹사업법」이라 함)에 따르면, 공정거래위원회는 「가맹사업법」 위반행위에 대하여 과징금을 부과할 것인지, 부과할 경우 과징금액수를 구체적으로 얼마로 정할 것인지를 재량으로 판단할 수 있다.

O | X

과징금부과처분은 원칙적으로 재량행위이다.

[대법원 2021.09.30 선고 2020두48857 판결]

가맹사업거래의 공정화에 관한 법률(이하 '가맹사업법'이라 한다) 제35조 제1항에 따르면, **공정거래위원회는 가맹사업법 위반행위에 대하여 과징금을 부과할 것인지와 만일 과징금을 부과할 경우 가맹사업법과 가맹사업거래의 공정화에 관한 법률 시행령이 정하고 있는 일정한 범위 안에서 과징금의 액수를 구체적으로 얼마로 정**

정답 | 10 ○ 11 ○ 12 ○

할 것인지를 재량으로 판단할 수 있으므로, 공정거래위원회의 법 위반행위자에 대한 과징금 부과처분은 재량행위이다. 다만 이러한 재량을 행사하면서 과징금 부과의 기초가 되는 사실을 오인하였거나, 비례·평등원칙에 반하는 사유가 있다면 이는 재량권의 일탈·남용으로서 위법하다.

13

2023 국회사무처 9급

「독점규제 및 공정거래에 관한 법률」 제22조에 의한 과징금은 법 위반행위에 따르는 불법적인 경제적 이익을 박탈하기 위한 부당이득환수의 성격과 함께 위법행위에 대한 제재로서의 성격을 가지는 것이다. O | X

[헌재 전원재판부 2001헌가25, 2003.7.24.]

행정권에는 행정목적 실현을 위하여 행정법규 위반자에 대한 제재의 권한도 포함되어 있으므로, '제재를 통한 억지'는 행정규제의 본원적 기능이라 볼 수 있는 것이고, 따라서 어떤 행정제재의 기능이 오로지 제재(및 이에 결부된 억지)에 있다고 하여 이를 헌법 제13조 제1항에서 말하는 국가형벌권의 행사로서의 '처벌'에 해당한다고 할 수 없는바, 구 독점규제및공정거래에관한법률 제24조의2에 의한 부당내부거래에 대한 과징금은 그 취지와 기능, 부과의 주체와 절차 등을 종합할 때 부당내부거래 억지라는 행정목적을 실현하기 위하여 그 위반행위에 대하여 제재를 가하는 행정상의 제재금으로서의 기본적 성격에 부당이득환수적 요소도 부가되어 있는 것이라 할 것이고, 이를 두고 헌법 제13조 제1항에서 금지하는 국가형벌권 행사로서의 '처벌'에 해당한다고는 할 수 없으므로, 공정거래법에서 형사처벌과 아울러 과징금의 병과를 예정하고 있더라도 이중처벌금지원칙에 위반된다고 볼 수 없으며, 이 과징금 부과처분에 대하여 공정력과 집행력을 인정한다고 하여 이를 확정판결 전의 형벌집행과 같은 것으로 보아 무죄추정의 원칙에 위반된다고도 할 수 없다.

제2절 가산세·가산금

01

2014 사회복지직 9급

가산세는 과세권의 행사 및 조세채권의 실현을 용이하게 하기 위하여 개별 세법이 정하는 바에 따라 부과되는 행정상의 제재로서, 가산세를 부과하기 위해서는 원칙적으로 조세채무를 이행하지 않은 데 대한 납세자의 고의 또는 과실이 필요하다. O | X

[대법원 1997.8.22, 96누15404]

세법상 가산세는 과세권의 행사 및 조세채권의 실현을 용이하게 하기 위하여 납세자가 정당한 이유 없이 법에 규정된 신고, 납세 등 각종 의무를 위반한 경우에 개별세법이 정하는 바에 따라 부과되는 행정상의 제재로서 납세자의 고의, 과실은 고려되지 않는 반면, 납세의무자가 그 의무를 알지 못한 것이 무리가 아니었다고 할 수 있어 그를 정당시할 수 있는 사정이 있거나 그 의무의 이행을 당사자에게 기대하는 것이 무리라고 하는 사정이 있을 때 등 그 의무해태를 탓할 수 없는 정당한 사유가 있는 경우에는 이를 부과할 수 없고, 납세의무자가 세무공무원의 잘못된 설명을 믿고 그 신고납부의무를 이행하지 아니하였다 하더라도 그것이 관계 법령에 어긋나는 것임이 명백한 때에는 그러한 사유만으로 정당한 사유가 있다고 볼 수 없다.

02

2014 경찰행정

가산금은 세법상의 의무의 성실한 이행을 확보하기 위하여 세법에 의하여 산출된 세액에 가산하여 징수하는 금액을 말한다. O | X

정답 | 13 ○ | 01 × 02 ×

가산세에 대한 설명이다. 가산금이란 국세를 납부기한까지 납부하지 아니한 경우에 국세징수법에 따라 고지세액에 가산하여 징수하는 금액과 납부기한이 지난 후 일정 기한까지 납부하지 아니한 경우에 그 금액에 다시 가산하여 징수하는 지연이자의 의미를 지니는 금액을 말한다.

03

2019 국가직 9급

구 「국세징수법」상 가산금은 국세를 납부기한까지 납부하지 아니하면 과세청의 확정절차 없이도 법률에 의하여 당연히 발생하는 것이므로 가산금의 고지는 항고소송의 대상이 되는 처분이라고 볼 수 없다. O | X

가산금의 고지는 강학상 관념의 통지에 불과하여 처분성이 부인된다.

[대법원 2005.6.10, 선고, 2005다15482, 판결]

국세징수법 제21조, 제22조가 규정하는 **가산금 또는 중가산금은 국세를 납부기한까지 납부하지 아니하면 과세청의 확정절차 없이도 법률 규정에 의하여 당연히 발생하는 것이므로 가산금 또는 중가산금의 고지가 항고소송의 대상이 되는 처분이라고 볼 수 없다.**

04

2019 서울시 7급 (6월)

「국세징수법」에 의한 가산금과 중가산금의 납부독촉에 절차상 하자가 있는 경우 그 징수처분에 대하여 취소소송에 의한 불복이 가능하다. O | X

가산금고지는 법령상 확정된 가산금의 액수를 알려주는 관념의 통지로서 처분성이 부정되지만, 가산금징수처분(독/압/매/청)은 강제집행절차로서 처분성이 인정된다.

[대법원 1986.10.28, 선고, 86누147, 판결]

국세징수법 제21조, 제22조 소정의 가산금, 중가산금은 국세체납이 있는 경우에 위 법조에 따라 당연히 발생하고, 그 액수도 확정되는 것이기는 하나, 그에 관한 징수절차를 개시하려면 독촉장에 의하여 그 납부를 독촉함으로써 가능한 것이고 위 **가산금 및 중가산금의 납부독촉이 부당하거나 그 절차에 하자가 있는 경우에는 그 징수처분에 대하여도 취소소송에 의한 불복이 가능**하다.

05

2023 국가직 7급

가산세는 납세자가 정당한 이유 없이 법에 규정된 신고, 납세 등 각종 의무를 위반한 경우에 개별세법이 정하는 바에 따라 부과되는 행정상의 제재로서 납세자의 고의·과실 또한 중요한 고려 요소가 된다. O | X

가산세는 납세자의 고의, 과실은 고려되지 않으나, 납세의무자의 의무해태를 탓할 수 없는 정당한 사유가 있는 경우에는 이를 부과할 수 없다.

[대법원 1997. 8. 22. 선고 96누15404 판결]

세법상 **가산세는** 과세권의 행사 및 조세채권의 실현을 용이하게 하기 위하여 **납세자가 정당한 이유 없이 법에 규정된 신고, 납세 등 각종 의무를 위반한 경우에 개별세법이 정하는 바에 따라 부과되는 행정상의 제재로서 납세자의 고의, 과실은 고려되지 않는 반면, 납세의무자가** 그 의무를 알지 못한 것이 무리가 아니었다고 할 수 있어 그를 정당시할 수 있는 사정이 있거나 그 의무의 이행을 당사자에게 기대하는 것이 무리라고 하는 사정이

정답 | 03 ○ 04 ○ 05 ×

있을 때 등 그 의무해태를 탓할 수 없는 정당한 사유가 있는 경우에는 이를 부과할 수 없고, 납세의무자가 세무 공무원의 잘못된 설명을 믿고 그 신고납부의무를 이행하지 아니하였다 하더라도 그것이 관계 법령에 어긋나는 것임이 명백한 때에는 그러한 사유만으로 정당한 사유가 있다고 볼 수 없다고 한 사례.

제3절 공급거부

01

2014 경찰행정

공급거부란 행정법상의 의무를 위반하거나 불이행한 자에 대해 일정한 재화나 서비스의 공급을 거부하는 행정 작용을 말한다. O | X

공급거부란 행정법상의 의무를 위반한 자에 대하여 행정상의 서비스 또는 재화의 공급을 거부하는 행정작용을 말한다. 공급거부제도는 주로 비대체적 작위의무위반 또는 부작위의무위반의 경우에 사용되는 간접강제 방법이다.

02

2017 서울시 9급

위법건축물에 대한 단전 및 전화통화 단절조치 요청행위는 처분성이 부인된다. O | X

[대법원 1996.3.22, 96누433]
행정청이 위법 건축물에 대한 시정명령을 하고 나서 위반자가 이를 이행하지 아니하여 전기·전화의 공급자에게 그 위법 건축물에 대한 전기·전화공급을 하지 말아 줄 것을 요청한 행위는 권고적 성격의 행위에 불과한 것으로서 전기·전화공급자나 특정인의 법률상 지위에 직접적인 변동을 가져오는 것은 아니므로 이를 항고소송의 대상이 되는 행정처분이라고 볼 수 없다

03

2017 서울시 9급

판례는 단수처분에 대해 행정소송법상 처분에 해당하는 것으로 인정하고 있다. O | X

[대법원 1979.12.28, 79누218]
단수처분은 항고소송의 대상이 되는 행정처분에 해당한다.

제4절 공표

01

2014 경찰행정

명단의 공표란 행정법상의 의무 위반 또는 불이행이 있는 경우 그 위반자의 성명, 위반사실 등을 일반에게 공개하여 명예 또는 신용에 침해를 가함으로써 심리적인 압박을 가하여 행정법상 의무이행을 확보하는 수단을 말한다. O | X

명단 공표란 행정법상의 의무위반 또는 의무불이행이 있는 경우 그 사실을 불특정 다수인이 주지할 수 있도록 알림으로써 사회적 비난이라는 간접적·심리적 강제에 의하여 행정의 실효성을 확보하려는 간접강제수단을 말한다.

정답 | 01 ○ 02 ○ 03 ○ | 01 ○

02 행정법상 의무위반자에 대한 명단의 공표는 법적인 근거가 없더라도 허용된다. O | X

2015 사회복지직 9급

행정법상 의무위반자에 대한 명단공표는 그 성질상 침익행정에 해당하므로, 법률에 근거가 있어야 한다.

행정절차법

제40조의3(위반사실 등의 공표) ① 행정청은 법령에 따른 의무를 위반한 자의 성명·법인명, 위반사실, 의무 위반을 이유로 한 처분사실 등(이하 "위반사실등"이라 한다)을 **법률로 정하는 바에 따라** 일반에게 공표할 수 있다.

국세기본법

제85조의5(고액·상습체납자 등의 명단 공개) ① 국세청장은 제81조의13과 「국제조세조정에 관한 법률」 제36조에도 불구하고 다음 각 호의 어느 하나에 해당하는 자의 인적사항 등을 공개할 수 있다. 다만, 체납된 국세가 이의신청·심사청구 등 불복청구 중에 있거나 그 밖에 대통령령으로 정하는 사유가 있는 경우에는 그러하지 아니하다.

1. 체납발생일부터 1년이 지난 국세가 2억원 이상인 체납자의 인적사항, 체납액 등
2. 대통령령으로 정하는 불성실기부금수령단체(이하 이 조에서 "불성실기부금수령단체"라 한다)의 인적사항, 국세추징명세 등
3. 「조세범 처벌법」 제3조 제1항, 제4조 및 제5조에 따른 범죄로 유죄판결이 확정된 자로서 「조세범 처벌법」 제3조 제1항에 따른 포탈세액 등이 연간 2억원 이상인 자(이하 "조세포탈범"이라 한다)의 인적사항, 포탈세액 등
4. 「국제조세조정에 관한 법률」 제34조 제1항에 따른 해외금융계좌정보의 신고의무자로서 신고기한 내에 신고하지 아니한 금액이나 과소 신고한 금액이 50억원을 초과하는 자(이하 이 조에서 "해외금융계좌 신고의무위반자"라 한다)의 인적사항, 신고의무 위반금액 등

제5절 관허사업 제한

01 조세체납자의 관허사업 제한을 명시하고 있는 국세징수법 관련규정은 부당결부금지원칙에 반하여 위헌이라는 것이 판례의 입장이다. O | X

2014 국가직 9급

국세징수법 제7조상의 관허사업 제한은 조세체납이라는 의무위반과 제한되는 사업 사이에 실질적 관련성이 없는 경우에도 발령될 수 있다는 점에서 부당결부금지원칙에 반한다는 비판이 제기되고 있다. 이에 대해서 명시적으로 다루고 있는 판례는 존재하지 아니하나, 다음과 같이 합헌설과 위헌설의 견해가 대립한다.

가. 합헌설 – 부당결부금지의 원칙도 무조건 적용되는 원칙은 아니라는 전제 아래, 국세징수법상의 관허사업 제한 조항은 국가재정의 안정을 위해 입법정책상의 불가피한 최소한을 규정하고 있는 것이므로 합헌이라고 본다.

나. 위헌설 – 국세징수법상의 관허사업제한은 조세체납이라는 의무위반과 거부 또는 취소·정지되는 사업 간에 직접적 관련이 없더라도 사업자가 동일인이기만 하면 발령될 수 있다는 점에서 부당결부금지원칙에 반하므로 위헌이라고 본다.

정답 | 02 × | 01 ×

TOPIC 31 행정절차 1 – 개관 / 처분일반 / 수익처분

제1절 개관

01

2015 사회복지직 9급

헌법재판소는 행정절차의 헌법적 근거를 민주국가원리라는 헌법원리에서 찾고 있다. O | X

[헌재 1992.12.24, 92헌가8]

헌법 제12조 제3항 본문은 동조 제1항과 함께 적법절차원리의 일반조항에 해당하는 것으로서, 형사절차상의 영역에 한정되지 않고 입법, 행정 등 국가의 모든 공권력의 작용에는 절차상의 적법성뿐만 아니라 법률의 구체적 내용도 합리성과 정당성을 갖춘 실체적인 적법성이 있어야 한다는 적법절차의 원칙을 헌법의 기본원리로 명시하고 있다.

헌법

제12조 ③ 체포·구속·압수 또는 수색을 할 때에는 적법한 절차에 따라 검사의 신청에 의하여 법관이 발부한 영장을 제시하여야 한다. 다만, 현행범인인 경우와 장기 3년 이상의 형에 해당하는 죄를 범하고 도피 또는 증거인멸의 염려가 있을 때에는 사후에 영장을 청구할 수 있다.

02

2015 사회복지직 9급 변형

행정절차법은 처분절차 이외에도 신고, 확약, 위반사실 등의 공표, 행정계획, 행정상 입법예고, 행정예고 및 행정지도 절차에 관한 규정을 두고 있다. O | X

행정절차법

제3조(적용 범위) ① 처분, 신고, 확약, 위반사실 등의 공표, 행정계획, 행정상 입법예고, 행정예고 및 행정지도의 절차(이하 "행정절차"라 한다)에 관하여 다른 법률에 특별한 규정이 있는 경우를 제외하고는 이 법에서 정하는 바에 따른다.

03

2017 사회복지직 9급

대통령에 의한 한국방송공사 사장의 해임에는 「행정절차법」이 적용된다. O | X

[대법원 2012.2.23, 선고, 2011두5001, 판결]

대통령의 한국방송공사 사장의 해임 절차에 관하여 방송법이나 관련 법령에도 별도의 규정을 두지 않고 있고, 행정절차법의 입법 목적과 행정절차법 제3조 제2항 제9호와 관련 시행령의 규정 내용 등에 비추어 보면, 이 사건 해임처분이 행정절차법과 그 시행령에서 열거적으로 규정한 예외 사유에 해당한다고 볼 수 없으므로 이 사건 해임처분에도 행정절차법이 적용된다고 할 것이다.

정답 | 01 × 02 ○ 03 ○

04 2017 국회사무처 8급

행정처분의 직접상대방이 아닌 제3자라도 법적보호이익이 있는 자는 당연히 행정절차법상 당사자에 해당한다. O | X

2군데가 틀렸다. (ⅰ) 처분의 직접상대방이 "당사자"인 것이고, 제3자의 경우에는 당사자 "등"에 해당한다. (ⅱ) 제3자의 경우 당연히 행정절차법상 당사자 등에 해당하는 것이 아니라, 행정청의 직권 또는 신청에 따라 행정절차에 참여하게 한 경우라야 한다.

행정절차법

제2조(정의) 이 법에서 사용하는 용어의 뜻은 다음과 같다.

4. "당사자등"이란 다음 각 목의 자를 말한다.
   가. 행정청의 처분에 대하여 **직접 그 상대가 되는 당사자**
   나. 행정청이 직권으로 또는 신청에 따라 **행정절차에 참여하게 한 이해관계인**

05 2017 서울시 9급

지방의회의 동의를 얻어 행하는 처분에 대해서는 「행정절차법」이 적용되지 아니한다. O | X

행정절차법

제3조(적용 범위) ② 이 법은 다음 각 호의 어느 하나에 해당하는 사항에 대하여는 적용하지 아니한다.

1. **국회 또는 지방의회의 의결을 거치거나 동의 또는 승인을 받아 행하는 사항**
2. 법원 또는 군사법원의 재판에 의하거나 그 집행으로 행하는 사항
3. 헌법재판소의 심판을 거쳐 행하는 사항
4. 각급 선거관리위원회의 의결을 거쳐 행하는 사항
5. 감사원이 감사위원회의 결정을 거쳐 행하는 사항
6. 형사(刑事), 행형(行刑) 및 보안처분 관계 법령에 따라 행하는 사항
7. 국가안전보장·국방·외교 또는 통일에 관한 사항 중 행정절차를 거칠 경우 국가의 중대한 이익을 현저히 해칠 우려가 있는 사항
8. 심사청구, 해양안전심판, 조세심판, 특허심판, 행정심판, 그 밖의 불복절차에 따른 사항
9. 「병역법」에 따른 징집·소집, 외국인의 출입국·난민인정·귀화, 공무원 인사 관계 법령에 따른 징계와 그 밖의 처분, 이해 조정을 목적으로 하는 법령에 따른 알선·조정·중재(仲裁)·재정(裁定) 또는 그 밖의 처분 등 해당 행정작용의 성질상 행정절차를 거치기 곤란하거나 거칠 필요가 없다고 인정되는 사항과 행정절차에 준하는 절차를 거친 사항으로서 대통령령으로 정하는 사항

06 2017 서울시 9급

행정과정에 대한 국민의 참여와 행정의 공정성, 투명성 및 신뢰성을 확보하고 국민의 권익을 보호함을 목적으로 하는 「행정절차법」의 입법목적과 「행정절차법」 제3조 제2항 제9호의 규정 내용 등에 비추어 보면, 공무원 인사 관계 법령에 의한 처분에 관한 사항에 대하여 「행정절차법」의 적용이 배제된다. O | X

[대법원 2007. 9. 21, 선고, 2006두20631, 판결]

행정과정에 대한 국민의 참여와 행정의 공정성, 투명성 및 신뢰성을 확보하고 국민의 권익을 보호함을 목적으로 하는 행정절차법의 입법목적과 행정절차법 제3조 제2항 제9호의 규정 내용 등에 비추어 보면, **공무원 인사 관계 법령에 의한 처분에 관한 사항 전부에 대하여 행정절차법의 적용이 배제되는 것이 아니라 성질상 행정절차를 거치기 곤란하거나 불필요하다고 인정되는 처분이나 행정절차에 준하는 절차를 거치도록 하고 있는 처분의 경우에만 행정절차법의 적용이 배제**된다.

정답 04 × 05 ○ 06 ×

행정절차법

제3조(적용 범위) ② 이 법은 다음 각 호의 어느 하나에 해당하는 사항에 대하여는 적용하지 아니한다.

1. 국회 또는 지방의회의 의결을 거치거나 동의 또는 승인을 받아 행하는 사항
2. 법원 또는 군사법원의 재판에 의하거나 그 집행으로 행하는 사항
3. 헌법재판소의 심판을 거쳐 행하는 사항
4. 각급 선거관리위원회의 의결을 거쳐 행하는 사항
5. 감사원이 감사위원회의의 결정을 거쳐 행하는 사항
6. 형사(刑事), 행형(行刑) 및 보안처분 관계 법령에 따라 행하는 사항
7. 국가안전보장·국방·외교 또는 통일에 관한 사항 중 행정절차를 거칠 경우 국가의 중대한 이익을 현저히 해칠 우려가 있는 사항
8. 심사청구, 해양안전심판, 조세심판, 특허심판, 행정심판, 그 밖의 불복절차에 따른 사항
9. 「병역법」에 따른 징집·소집, 외국인의 출입국·난민인정·귀화, **공무원 인사 관계 법령에 따른 징계와 그 밖의 처분**, 이해 조정을 목적으로 하는 법령에 따른 알선·조정·중재(仲裁)·재정(裁定) 또는 그 밖의 처분 등 **해당 행정작용의 성질상 행정절차를 거치기 곤란하거나 거칠 필요가 없다고 인정되는 사항과 행정절차에 준하는 절차를 거친 사항**으로서 대통령령으로 정하는 사항

07

2017 서울시 9급

「행정절차법」은 「국세기본법」과는 달리 행정청에 대해서만 신의성실의 원칙에 따를 것을 규정하고 있다. O | X

행정절차법

제4조(신의성실 및 신뢰보호) ① **행정청은** 직무를 수행할 때 신의(信義)에 따라 성실히 하여야 한다.

국세기본법

제15조(신의·성실) **납세자가** 그 의무를 이행할 때에는 신의에 따라 성실하게 하여야 한다. **세무공무원이** 직무를 수행할 때에도 또한 같다.

08

2019 서울시 7급 (2월)

「국가공무원법」상 직위해제처분의 경우 사후적으로 소청이나 행정소송을 통하여 충분한 의견진술 및 자료제출의 기회를 보장하고 있다고 보기 어려우므로 처분의 사전통지 및 의견청취에 관한 「행정절차법」의 규정이 적용된다고 보아야 한다. O | X

[대법원 2014.5.16, 선고, 2012두26180, 판결]

국가공무원법상 직위해제처분은 구 행정절차법 제3조 제2항 제9호, 구 행정절차법 시행령 제2조 제3호에 의하여 당해 행정작용의 성질상 행정절차를 거치기 곤란하거나 불필요하다고 인정되는 사항 또는 행정절차에 준하는 절차를 거친 사항에 해당하므로, 처분의 사전통지 및 의견청취 등에 관한 행정절차법의 규정이 별도로 적용되지 않는다.

정답 | 07 ○ 08 ×

09

2019 서울시 9급 (6월)

제3자인 이해관계인은 법원의 참가결정이 없어도 관계 처분에 의하여 자신의 법률상 이익이 침해되는 한 청문이나 공청회 등 의견청취절차에 참가할 수 있다. O | X

법원의 참가결정이 필요한 것은 제3자의 소송참가이고, 청문이나 공청회 등 의견청취절차는 법원의 참가결정과 무관하다. 제3자인 이해관계인이 의견청취절차에 참가하기 위해서는 행정청의 직권 또는 제3자의 신청이 있어야 한다(행정절차법 제2조 제4호 나목).

제2조(정의) 이 법에서 사용하는 용어의 뜻은 다음과 같다.
4. "당사자등"이란 다음 각 목의 자를 말한다.
가. 행정청의 처분에 대하여 직접 그 상대가 되는 당사자
나. **행정청이 직권으로 또는 신청에 따라 행정절차에 참여하게 한 이해관계인**

10

2020 국회사무처 8급

「행정절차법 시행령」 제2조 제8호는 '학교 · 연수원 등에서 교육 · 훈련의 목적을 달성하기 위하여 학생 · 연수생들을 대상으로 하는 사항'을 「행정절차법」이 적용되지 않는 경우로 규정하고 있으나 생도의 퇴학처분과 같이 신분을 박탈하는 징계처분은 여기에 해당한다고 할 수 없다. O | X

[대법원 2018.3.13. 선고, 2016두33339, 판결]
행정절차법 제3조 제2항, 행정절차법 시행령 제2조 등 행정절차법령 관련 규정들의 내용을 행정의 공정성, 투명성 및 신뢰성을 확보하고 국민의 권익보호를 목적으로 하는 행정절차법의 입법 목적에 비추어 보면, 행정절차법의 적용이 제외되는 공무원 인사관계 법령에 의한 처분에 관한 사항이란 성질상 행정절차를 거치기 곤란하거나 불필요하다고 인정되는 처분이나 행정절차에 준하는 절차를 거치도록 하고 있는 처분에 관한 사항만을 말하는 것으로 보아야 한다. 이러한 법리는 '공무원 인사관계 법령에 의한 처분'에 해당하는 육군3사관학교 생도에 대한 퇴학처분에도 마찬가지로 적용된다. 그리고 **행정절차법 시행령 제2조 제8호는 '학교·연수원 등에서 교육·훈련의 목적을 달성하기 위하여 학생·연수생들을 대상으로 하는 사항'을 행정절차법의 적용이 제외되는 경우로 규정하고 있으나, 이는 교육과정과 내용의 구체적 결정, 과제의 부과, 성적의 평가, 공식적 징계에 이르지 아니한 질책·훈계 등과 같이 교육·훈련의 목적을 직접 달성하기 위하여 행하는 사항을 말하는 것으로 보아야 하고, 생도에 대한 퇴학처분과 같이 신분을 박탈하는 징계처분은 여기에 해당한다고 볼 수 없다.**

11

2020 국회사무처 8급

외국인의 출입국에 관한 사항은 「행정절차법」이 적용되지 않으므로, 미국국적을 가진 교민에 대한 사증거부처분에 대해서도 처분의 방식에 관한 「행정절차법」 제24조는 적용되지 않는다. O | X

행정절차법

제3조(적용 범위) ① 처분, 신고, 확약, 위반사실 등의 공표, 행정계획, 행정상 입법예고, 행정예고 및 행정지도의 절차(이하 "행정절차"라 한다)에 관하여 다른 법률에 특별한 규정이 있는 경우를 제외하고는 이 법에서 정하는 바에 따른다.
② **이 법은 다음 각 호의 어느 하나에 해당하는 사항에 대하여는 적용하지 아니한다.**
1. 국회 또는 지방의회의 의결을 거치거나 동의 또는 승인을 받아 행하는 사항
2. 법원 또는 군사법원의 재판에 의하거나 그 집행으로 행하는 사항
3. 헌법재판소의 심판을 거쳐 행하는 사항

정답 | 09 × 10 ○ 11 ×

4. 각급 선거관리위원회의 의결을 거쳐 행하는 사항
5. 감사원이 감사위원회의의 결정을 거쳐 행하는 사항
6. 형사(刑事), 행형(行刑) 및 보안처분 관계 법령에 따라 행하는 사항
7. 국가안전보장·국방·외교 또는 통일에 관한 사항 중 행정절차를 거칠 경우 국가의 중대한 이익을 현저히 해칠 우려가 있는 사항
8. 심사청구, 해양안전심판, 조세심판, 특허심판, 행정심판, 그 밖의 불복절차에 따른 사항
9. 「병역법」에 따른 징집·소집, 외국인의 출입국·난민인정·귀화, 공무원 인사 관계 법령에 따른 징계와 그 밖의 처분, 이해 조정을 목적으로 하는 법령에 따른 알선·조정·중재(仲裁)·재정(裁定) 또는 그 밖의 처분 등 해당 행정작용의 성질상 행정절차를 거치기 곤란하거나 거칠 필요가 없다고 인정되는 사항과 행정절차에 준하는 절차를 거친 사항으로서 대통령령으로 정하는 사항

[대법원 2019.7.11, 선고, 2017두38874, 판결]

행정절차법 제3조 제2항 제9호, 행정절차법 시행령 제2조 제2호 등 관련 규정들의 내용을 행정의 공정성, 투명성, 신뢰성을 확보하고 처분상대방의 권익보호를 목적으로 하는 행정절차법의 입법 목적에 비추어 보면, **행정절차법의 적용이 제외되는 '외국인의 출입국에 관한 사항'이란 해당 행정작용의 성질상 행정절차를 거치기 곤란하거나 거칠 필요가 없다고 인정되는 사항이나 행정절차에 준하는 절차를 거친 사항으로서 행정절차법 시행령으로 정하는 사항만을 가리킨다. '외국인의 출입국에 관한 사항'이라고 하여 행정절차를 거칠 필요가 당연히 부정되는 것은 아니다.**

외국인의 사증발급 신청에 대한 거부처분은 당사자에게 의무를 부과하거나 적극적으로 권익을 제한하는 처분이 아니므로, 행정절차법 제21조 제1항에서 정한 '처분의 사전통지'와 제22조 제3항에서 정한 '의견제출 기회 부여'의 대상은 아니다. 그러나 사증발급 신청에 대한 거부처분이 성질상 행정절차법 제24조에서 정한 '처분서 작성·교부'를 할 필요가 없거나 곤란하다고 일률적으로 단정하기 어렵다. 또한 출입국관리법령에 사증발급 거부처분서 작성에 관한 규정을 따로 두고 있지 않으므로, **외국인의 사증발급 신청에 대한 거부처분을 하면서 행정절차법 제24조에 정한 절차를 따르지 않고 '행정절차에 준하는 절차'로 대체할 수도 없다.**

12

2020 국회사무처 8급

「병역법」에 의한 소집에 관한 사항에는 「행정절차법」이 적용되지 않으나 「병역법」상의 산업기능요원의 편입취소 처분에 대해서는 「행정절차법」이 적용된다. O | X

[대법원 2002.9.6, 선고, 2002두554, 판결]

지방병무청장이 병역법 제41조 제1항 제1호, 제40조 제2호의 규정에 따라 산업기능요원에 대하여 한 산업기능요원 편입취소처분은, 행정처분을 할 경우 '처분의 사전통지'와 '의견제출 기회의 부여'를 규정한 행정절차법 제21조 제1항, 제22조 제3항에서 말하는 '당사자의 권익을 제한하는 처분'에 해당하는 한편, **행정절차법의 적용이 배제되는 사항인 행정절차법 제3조 제2항 제9호, 같은법시행령 제2조 제1호에서 규정하는 '병역법에 의한 소집에 관한 사항'에는 해당하지 아니하므로, 행정절차법상의 '처분의 사전통지'와 '의견제출 기회의 부여'등의 절차를 거쳐야 한다.**

13

2021 소방직

행정응원을 위하여 파견된 직원은 당해 직원의 복무에 관하여 다른 법령 등에 특별한 규정이 없는 한, 응원을 요청한 행정청의 지휘·감독을 받는다.

O | X

「행정응원」이란 대등한 행정기관 사이에서 직무수행에 필요한 특정한 행위를 도와주는 일을 말한다. 예컨대 지자체장이 불법건축물에 대한 철거집행을 함에 있어 관할 경찰서장에게 지원을 요청하여 의경이 철거현장에 출동하는 경우를 생각할 수 있다.

행정절차법

제8조(행정응원) ⑤ 행정응원을 위하여 파견된 직원은 응원을 요청한 행정청의 지휘·감독을 받는다. 다만, 해당 직원의 복무에 관하여 다른 법령등에 특별한 규정이 있는 경우에는 그에 따른다.

14

2021 소방직

행정응원에 소요되는 비용은 응원을 요청한 행정청이 부담하며, 그 부담금액 및 부담방법은 응원을 행하는 행정청의 결정에 의한다.

O | X

행정절차법

제8조(행정응원) ⑥ 행정응원에 드는 비용은 응원을 요청한 행정청이 부담하며, 그 부담금액 및 부담방법은 응원을 요청한 행정청과 응원을 하는 행정청이 협의하여 결정한다.

15

2021 서울시 7급

행정절차에 관하여는 「행정절차법」이 다른 법률 규정에 우선하여 적용된다.

O | X

다른 법률에 특별한 규정이 있는 경우에는 타법을 우선 적용한다(제3조 제1항).

제3조(적용 범위) ① 처분, 신고, 확약, 위반사실 등의 공표, 행정계획, 행정상 입법예고, 행정예고 및 행정지도의 절차(이하 "행정절차"라 한다)에 관하여 **다른 법률에 특별한 규정이 있는 경우를 제외하고는 이 법에서 정하는 바에 따른다.**

16

2023 국가직 9급

정보통신망을 이용하여 전자문서로 송달하는 경우에는 송달받을 자가 지정한 컴퓨터 등에 입력된 때에 도달된 것으로 본다.

O | X

이른바 「도달주의」에 대한 설명이다.

행정절차법

제15조(송달의 효력 발생) ② 제14조제3항에 따라 정보통신망을 이용하여 전자문서로 송달하는 경우에는 송달받을 자가 지정한 컴퓨터 등에 입력된 때에 도달된 것으로 본다.

정답 | 13 ○ 14 × 15 × 16 ○

17

2023 국가직 9급

송달이 불가능한 경우에는 송달받을 자가 알기 쉽도록 관보, 공보, 게시판, 일간신문 중 하나 이상에 공고하고 인터넷에도 공고하여야 한다. O | X

(i) 관보, 공보, 게시판, 일간신문 중 하나 이상에 공고해야 하고, (ii) 인터넷 공고는 항상 필요하다.

행정절차법

제14조(송달) ④ 다음 각 호의 어느 하나에 해당하는 경우에는 송달받을 자가 알기 쉽도록 관보, 공보, 게시판, 일간신문 중 하나 이상에 공고하고 인터넷에도 공고하여야 한다.

1. 송달받을 자의 주소등을 통상적인 방법으로 확인할 수 없는 경우
2. 송달이 불가능한 경우

18

2023 국가직 7급

다수의 당사자등이 공동으로 행정절차에 관한 행위를 할 때에는 대표자를 선정할 수 있고, 다수의 대표자가 있는 경우 그중 1인에 대한 행정청의 행위는 모든 당사자등에게 효력이 있지만, 행정청의 통지는 대표자 모두에게 하여야 그 효력이 있다. O | X

행정절차법

제11조(대표자) ① 다수의 당사자등이 공동으로 행정절차에 관한 행위를 할 때에는 대표자를 선정할 수 있다.
⑥ 다수의 대표자가 있는 경우 그중 1인에 대한 행정청의 행위는 모든 당사자등에게 효력이 있다. 다만, 행정청의 통지는 대표자 모두에게 하여야 그 효력이 있다.

제2절 처분일반

01

2014 사회복지직 9급

행정청은 처분에 오기, 오산 기타 이에 준하는 명백한 잘못이 있는 때에는 직권 또는 신청에 의하여 지체없이 정정하고 이를 당사자에게 통지하여야 한다. O | X

행정절차법

제25조(처분의 정정) 행정청은 처분에 오기(誤記), 오산(誤算) 또는 그 밖에 이에 준하는 명백한 잘못이 있을 때에는 직권으로 또는 신청에 따라 지체 없이 정정하고 그 사실을 당사자에게 통지하여야 한다.

02

2014 국가직 9급

행정절차법은 국민의 권익을 보호하기 위하여 모든 행정처분을 문서로 하도록 규정하고 있다. O | X

「문서주의」가 원칙이나, 아래와 같이 예외가 존재한다.

행정절차법

제24조(처분의 방식) ① 행정청이 처분을 할 때에는 다른 법령등에 특별한 규정이 있는 경우를 제외하고는 문서로 하여야 하며, 전자문서로 하는 경우에는 당사자등의 동의가 있어야 한다. 다만, 신속히 처리할 필요가 있거

정답 | 17 ○ 18 ○ | 01 ○ 02 ×

나 사안이 경미한 경우에는 말 또는 그 밖의 방법으로 할 수 있다. 이 경우 당사자가 요청하면 지체 없이 처분에 관한 문서를 주어야 한다.

03

2014 서울시 7급

단순·반복적인 처분 또는 경미한 처분으로서 당사자가 그 이유를 명백히 알 수 있는 경우에는 이유제시의무가 면제된다. O | X

행정절차법

제23조(처분의 이유 제시) ① 행정청은 처분을 할 때에는 다음 각 호의 어느 하나에 해당하는 경우를 제외하고는 당사자에게 그 근거와 이유를 제시하여야 한다.

1. 신청 내용을 모두 그대로 인정하는 처분인 경우
2. 단순·반복적인 처분 또는 경미한 처분으로서 당사자가 그 이유를 명백히 알 수 있는 경우
3. 긴급히 처분을 할 필요가 있는 경우

② 행정청은 제1항 제2호 및 제3호의 경우에 처분 후 당사자가 요청하는 경우에는 그 근거와 이유를 제시하여야 한다.

04

2014 서울시 7급

신청내용을 모두 그대로 인정하는 처분인 경우 이유제시의무가 면제되지만 처분 후 당사자가 요청하는 경우에는 그 근거와 이유를 제시하여야 한다. O | X

신청내용을 모두 그대로 인정하는 처분은 이유제시의무가 면제될 뿐만 아니라, 처분 후 당사자가 요청하더라도 근거와 이유를 제시할 필요가 없다. 영업허가를 신청해서 영업허가가 나왔다면 그로써 충분한 것이지, 왜 영업허가를 해준 것인지에 대해 설명할 이유는 없기 때문이다.

행정절차법

제23조(처분의 이유 제시) ① 행정청은 처분을 할 때에는 다음 각 호의 어느 하나에 해당하는 경우를 제외하고는 당사자에게 그 근거와 이유를 제시하여야 한다.

1. 신청 내용을 모두 그대로 인정하는 처분인 경우
2. 단순·반복적인 처분 또는 경미한 처분으로서 당사자가 그 이유를 명백히 알 수 있는 경우
3. 긴급히 처분을 할 필요가 있는 경우

② 행정청은 제1항 제2호 및 제3호의 경우에 처분 후 당사자가 요청하는 경우에는 그 근거와 이유를 제시하여야 한다.

05

2015 지방직 9급

당사자가 근거규정 등을 명시하여 신청하는 인·허가 등을 거부하는 처분을 함에 있어 당사자가 그 근거를 알 수 있을 정도로 상당한 이유를 제시한 경우에는 당해 처분의 근거 및 이유를 구체적 조항 및 내용까지 명시하지 않았더라도 그로 말미암아 그 처분이 위법한 것이 된다고 할 수 없다. O | X

[대법원 2002.5.17, 2000두8912]

행정절차법 제23조 제1항은 행정청은 처분을 하는 때에는 당사자에게 그 근거와 이유를 제시하여야 한다고 규정하고 있는바, 일반적으로 당사자가 근거규정 등을 명시하여 신청하는 인·허가 등을 거부하는 처분을 함에 있어 당사자가 그 근거를 알 수 있을 정도로 상당한 이유를 제시한 경우에는 당해 처분의 근거 및 이유를 구체적 조항 및 내용까지 명시하지 않았더라도 그로 말미암아 그 처분이 위법한 것이 된다고 할 수 없다.

정답 | 03 ○ 04 × 05 ○

06

2015 서울시 9급

당사자 등은 공표된 처분기준이 명확하지 아니한 경우 해당 행정청에 그 해석 또는 설명을 요청할 수 있으며 이 경우 해당 행정청은 특별한 사정이 없으면 그 요청에 따라야 한다. O | X

행정절차법

제20조(처분기준의 설정·공표) ③ 당사자등은 공표된 처분기준이 명확하지 아니한 경우 해당 행정청에 그 해석 또는 설명을 요청할 수 있다. 이 경우 해당 행정청은 특별한 사정이 없으면 그 요청에 따라야 한다.

07

2022 지방직 9급

교육부장관이 부적격사유가 없는 후보자들 사이에서 어떤 후보자를 상대적으로 더욱 적합하다고 판단하여 국립대학교의 총장으로 임용제청을 하였다면, 그러한 임용제청행위 자체로서 이유제시의무를 다한 것이다. O | X

지문은 「부적격사유가 없는 후보자들 중」 어떤 후보자를 제청한 경우에 대한 설명으로서 옳다.

[대법원 2018.6.15, 선고 2016두57564 판결]

교육부장관이 **어떤 후보자를 총장 임용에 부적격하다고 판단하여 배제하고 다른 후보자를 임용제청하는 경우라면 배제한 후보자에게 연구윤리 위반, 선거부정, 그 밖의 비위행위 등과 같은 부적격사유가 있다는 점을 구체적으로 제시할 의무가 있다.** 그러나 **부적격사유가 없는 후보자들 사이에서 어떤 후보자를 상대적으로 더욱 적합하다고 판단하여 임용제청하는 경우**라면, 이는 후보자의 경력, 인격, 능력, 대학운영계획 등 여러 요소를 종합적으로 고려하여 총장 임용의 적격성을 정성적으로 평가하는 것으로 그 판단 결과를 수치화하거나 이유제시를 하기 어려울 수 있다. **이 경우에는 교육부장관이 어떤 후보자를 총장으로 임용제청하는 행위 자체에 그가 총장으로 더욱 적합하다는 정성적 평가 결과가 당연히 포함되어 있는 것으로, 이로써 행정절차법상 이유제시의무를 다한 것**이라고 보아야 한다. 여기에서 나아가 교육부장관에게 개별 심사항목이나 고려요소에 대한 평가 결과를 더 자세히 밝힐 의무까지는 없다.

08

2022 지방직 9급

과세처분 시 납세고지서에 법으로 규정한 과세표준 등의 기재가 누락되면 그 과세처분 자체가 위법한 처분이 되어 취소의 대상이 된다. O | X

[대법원 1985.5.28, 선고 84누289 판결]

과세표준과 세율, 세액, 세액산출근거 등의 필요한 사항을 납세자에게 서면으로 통지하도록 한 세법상의 제규정들은 단순히 세무행정의 편의를 위한 훈시규정이 아니라 조세행정에 있어 자의를 배제하고 신중하고 합리적인 처분을 행하게 함으로써 공정을 기함과 동시에 납세의무자에게 부과처분의 내용을 상세히 알려서 불복여부의 결정과 불복신청에 편의를 제공하려는데서 나온 **강행규정으로서 납세고지서에 그와 같은 기재가 누락되면 그 과세처분 자체가 위법한 처분이 되어 취소의 대상이 된다.**

정답 | 06 ○ 07 ○ 08 ○

09

2022 지방직 7급

「행정절차법」상 문서주의 원칙에도 불구하고, 행정청의 처분서의 문언만으로는 행정청이 어떤 처분을 하였는지 불분명하다는 등 특별한 사정이 있는 때에는 처분 경위나 처분 이후의 상대방의 태도 등 다른 사정을 고려하여 처분서의 문언과 달리 그 처분의 내용을 해석할 수도 있다. O | X

「예외적으로」 처분서의 문언과 달리 처분의 내용을 해석할 수 있는 경우가 있다.

[대법원 2010.2.11. 선고 2009두18035 판결]

행정절차법 제24조 제1항에서 행정청이 처분을 하는 때에는 다른 법령 등에 특별한 규정이 있는 경우를 제외하고는 문서로 하도록 규정한 것은 처분 내용의 명확성을 확보하고 처분의 존부나 내용에 관한 다툼을 방지하기 위한 것인바, 이와 같은 행정절차법의 규정 취지를 감안해 보면, **행정청이 문서에 의하여 처분을 한 경우 원칙적으로 그 처분서의 문언에 따라 어떤 처분을 하였는지 확정하여야 하나, 그 처분서의 문언만으로는 행정청이 어떤 처분을 하였는지 불분명하다는 등 특별한 사정이 있는 때에는 처분 경위나 처분 이후의 상대방의 태도 등 다른 사정을 고려하여 처분서의 문언과 달리 그 처분의 내용을 해석할 수도 있다.**

10

2023 국가직 9급

행정청은 다수의 행정청이 관여하는 처분을 구하는 신청을 접수한 경우에는 관계 행정청과의 신속한 협조를 통하여 그 처분이 지연되지 아니하도록 하여야 한다. O | X

행정절차법

제18조(다수의 행정청이 관여하는 처분) 행정청은 다수의 행정청이 관여하는 처분을 구하는 신청을 접수한 경우에는 관계 행정청과의 신속한 협조를 통하여 그 처분이 지연되지 아니하도록 하여야 한다.

11

2023 국가직 9급

처분기준의 설정·공표의 규정은 침익적 처분뿐만 아니라 수익적 처분의 경우에도 적용된다. O | X

처분기준의 설정·공표의 규정은 처분 일반에 대해서 적용된다.

행정절차법

제20조(처분기준의 설정·공표) ① 행정청은 필요한 처분기준을 해당 처분의 성질에 비추어 되도록 구체적으로 정하여 공표하여야 한다. 처분기준을 변경하는 경우에도 또한 같다.

② 「행정기본법」 제24조에 따른 인허가의제의 경우 관련 인허가 행정청은 관련 인허가의 처분기준을 주된 인허가 행정청에 제출하여야 하고, 주된 인허가 행정청은 제출받은 관련 인허가의 처분기준을 통합하여 공표하여야 한다. 처분기준을 변경하는 경우에도 또한 같다. 〈신설 2022. 1. 11.〉

행정절차법상 처분에 대하여 요구되는 사항

1. 처분 일반 : 처분기준의 설정·공표(제20조), 처분의 이유제시(제23조)
2. 수익적 처분 : 처분의 신청(제17조), 처리기간의 설정·공표(제19조)
3. 불이익처분 : 처분의 사전통지(제21조), 의견청취(제22조)

12

2023 지방직 9급

처분기준을 공표하는 것이 해당 처분의 성질상 현저히 곤란하거나 공공의 안전 또는 복리를 현저히 해치는 것으로 인정될 만한 상당한 이유가 있는 경우에는 처분기준을 공표하지 아니할 수 있다. O | X

행정절차법

제20조(처분기준의 설정·공표) ① 행정청은 필요한 처분기준을 해당 처분의 성질에 비추어 되도록 구체적으로 정하여 공표하여야 한다. 처분기준을 변경하는 경우에도 또한 같다.

③ 제1항에 따른 처분기준을 공표하는 것이 해당 처분의 성질상 현저히 곤란하거나 공공의 안전 또는 복리를 현저히 해치는 것으로 인정될 만한 상당한 이유가 있는 경우에는 처분기준을 공표하지 아니할 수 있다.

13

2023 국가직 7급

행정청이 처분기준 사전공표 의무를 위반하여 미리 공표하지 아니한 기준을 적용하여 처분을 하였다고 하더라도, 그러한 사정만으로 곧바로 해당 처분에 취소사유에 이를 정도의 흠이 존재한다고 볼 수는 없다. O | X

[대법원 2020. 12. 24. 선고 2018두45633 판결]

행정청이 행정절차법 제20조 제1항의 **처분기준 사전공표 의무를 위반하여 미리 공표하지 아니한 기준을 적용하여 처분을 하였다고 하더라도, 그러한 사정만으로 곧바로 해당 처분에 취소사유에 이를 정도의 흠이 존재한다고 볼 수는 없다.**

14

2023 국가직 7급

처분의 처리기간에 관한 규정은 강행규정이므로 행정청이 처리기간이 지나 처분을 하였다면 이는 처분을 취소할 절차상 하자로 볼 수 있다. O | X

처리기간에 관한 규정은 훈시규정에 해당하므로, 행정청이 이 기간이 지나 처분을 한 것만으로 처분을 취소할 절차상 하자가 있다고 볼 수 없다.

[대법원 2019. 12. 13. 선고 2018두41907 판결]

처분이나 민원의 처리기간을 정하는 것은 신청에 따른 사무를 가능한 한 조속히 처리하도록 하기 위한 것이다. **처리기간에 관한 규정은 훈시규정에 불과할 뿐 강행규정이라고 볼 수 없다. 행정청이 처리기간이 지나 처분을 하였더라도 이를 처분을 취소할 절차상 하자로 볼 수 없다.** 민원처리법 시행령 제23조에 따른 민원처리진행상황 통지도 민원인의 편의를 위한 부가적인 제도일 뿐, 그 통지를 하지 않았더라도 이를 처분을 취소할 절차상 하자로 볼 수 없다.

정답 | 12 ○ 13 ○ 14 ×

01

2016 지방직 9급

행정청은 부득이한 사유로 공표한 처리기간 내에 처분을 처리하기 곤란한 경우에는 해당 처분의 처리기간의 범위에서 한 번만 그 기간을 연장할 수 있다. O | X

행정절차법

제19조(처리기간의 설정·공표) ① 행정청은 신청인의 편의를 위하여 처분의 처리기간을 종류별로 미리 정하여 공표하여야 한다.

② 행정청은 부득이한 사유로 제1항에 따른 처리기간 내에 처분을 처리하기 곤란한 경우에는 해당 처분의 처리기간의 범위에서 한 번만 그 기간을 연장할 수 있다.

③ 행정청은 제2항에 따라 처리기간을 연장할 때에는 처리기간의 연장 사유와 처리 예정 기한을 지체 없이 신청인에게 통지하여야 한다.

④ 행정청이 정당한 처리기간 내에 처리하지 아니하였을 때에는 신청인은 해당 행정청 또는 그 감독 행정청에 신속한 처리를 요청할 수 있다.

⑤ 제1항에 따른 처리기간에 산입하지 아니하는 기간에 관하여는 대통령령으로 정한다.

02

2016 서울시 9급

행정청은 신청인의 편의를 위하여 다른 행정청에 신청을 접수하게 할 수 있다. O | X

행정절차법

제17조(처분의 신청) ⑦ 행정청은 신청인의 편의를 위하여 다른 행정청에 신청을 접수하게 할 수 있다. 이 경우 행정청은 다른 행정청에 접수할 수 있는 신청의 종류를 미리 정하여 공시하여야 한다.

03

2016 서울시 9급

처분을 신청할 때 전자문서로 하는 경우에는 신청인의 컴퓨터 등에 입력된 때에 신청한 것으로 본다. O | X

「도달주의」의 원칙에 따라 수신인의 영역에 도달해야 한다. 따라서 상대방이 신청을 하는 경우라면 행정청의 영역에 도달해야 한다.

행정절차법

제17조(처분의 신청) ② 제1항에 따라 처분을 신청할 때 전자문서로 하는 경우에는 행정청의 컴퓨터 등에 입력된 때에 신청한 것으로 본다.

정답 01 ○ 02 ○ 03 ×

04

2016 서울시 9급

행정청은 신청에 구비서류의 미비등 흠이 있는 경우에는 그 이유를 구체적으로 밝혀 접수된 신청을 되돌려 보내야 한다. O | X

단계를 나누어서 정리해야 한다. (ⅰ) 신청에 구비서류의 미비 등 흠이 있는 경우에는 먼저 보완을 요구해야 하고(1단계), (ⅱ) 상대방이 정해진 기간 내에 보완을 하지 않는 경우라야 신청을 되돌려보낼 수 있다(2단계).

행정절차법

제17조(처분의 신청) ⑤ 행정청은 신청에 구비서류의 미비 등 흠이 있는 경우에는 보완에 필요한 상당한 기간을 정하여 지체 없이 **신청인에게 보완을 요구하여야 한다.**

⑥ 행정청은 신청인이 제5항에 따른 기간 내에 **보완을 하지 아니하였을 때에는 그 이유를 구체적으로 밝혀 접수된 신청을 되돌려 보낼 수 있다.**

05

2017 지방직 9급

행정청에 처분을 구하는 신청은 문서로 함이 원칙이며, 행정청은 신청에 필요한 구비서류, 접수기관, 처리기간, 그 밖에 필요한 사항을 게시하거나 이에 대한 편람을 갖추어 두고 누구나 열람할 수 있도록 하여야 한다. O | X

행정절차법

제17조(처분의 신청) ① **행정청에 처분을 구하는 신청은 문서로 하여야 한다.** 다만, 다른 법령등에 특별한 규정이 있는 경우와 행정청이 미리 다른 방법을 정하여 공시한 경우에는 그러하지 아니하다.

③ **행정청은 신청에 필요한 구비서류, 접수기관, 처리기간, 그 밖에 필요한 사항을 게시**(인터넷 등을 통한 게시를 포함한다)**하거나 이에 대한 편람을 갖추어 두고 누구나 열람할 수 있도록 하여야 한다.**

06

2017 하반기 국가직 9급

수익적 행정행위의 거부처분을 함에 있어서 당사자에게 사전통지를 하지 아니하였다면, 그 거부처분은 위법하여 취소를 면할 수 없다. O | X

거부처분은 「행정절차법」 제21조에서 규정한 사전통지대상이 되는 침익적 처분에 해당하지 않는다.

행정절차법

제21조(처분의 사전 통지) ① **행정청은 당사자에게 의무를 부과하거나 권익을 제한하는 처분을 하는 경우에는 미리 다음 각 호의 사항을 당사자 등에게 통지하여야 한다.**

1. 처분의 제목
2. 당사자의 성명 또는 명칭과 주소
3. 처분하려는 원인이 되는 사실과 처분의 내용 및 법적 근거
4. 제3호에 대하여 의견을 제출할 수 있다는 뜻과 의견을 제출하지 아니하는 경우의 처리방법
5. 의견제출기관의 명칭과 주소
6. 의견제출기한
7. 그 밖에 필요한 사항

정답 | 04 × 05 ○ 06 ×

07

2017 하반기 국가직 9급

행정청이 정당한 처리기간 내에 처분을 처리하지 아니하였을 때에는 신청인은 해당 행정청 또는 그 감독 행정청에 신속한 처리를 요청할 수 있다. O | X

행정절차법

제19조(처리기간의 설정·공표) ④ 행정청이 정당한 처리기간 내에 처리하지 아니하였을 때에는 신청인은 해당 행정청 또는 그 감독 행정청에 신속한 처리를 요청할 수 있다.

08

2023 국가직 9급

행정청은 신청에 구비서류의 미비 등 흠이 있는 경우 접수를 거부하여야 한다. O | X

행정절차법

제17조(처분의 신청) ⑤ 행정청은 신청에 구비서류의 미비 등 흠이 있는 경우에는 보완에 **필요한 상당한 기간을 정하여 지체없이 신청인에게 보완을 요구하여야 한다**.

09

2023 국가직 9급

행정청은 처리기간이 "즉시"로 되어 있는 신청의 경우에는 접수증을 주지 아니할 수 있다. O | X

행정절차법

제17조(처분의 신청) ④ 행정청은 신청을 받았을 때에는 다른 법령등에 특별한 규정이 있는 경우를 제외하고는 그 접수를 보류 또는 거부하거나 부당하게 되돌려 보내서는 아니 되며, **신청을 접수한 경우에는 신청인에게 접수증을 주어야 한다. 다만, 대통령령으로 정하는 경우에는 접수증을 주지 아니할 수 있다**.

행정절차법 시행령

제9조(접수증) **법 제17조제4항 단서에서 "대통령령이 정하는 경우"라 함은 다음 각호의 1에 해당하는 신청의 경우를 말한다**.

1. 구술·우편 또는 정보통신망에 의한 신청
2. **처리기간이 "즉시"로 되어 있는 신청**
3. 접수증에 갈음하는 문서를 주는 신청

정답 | 07 ○ 08 × 09 ○

TOPIC 32

행정절차 2 - 침익처분

01

2014 국가직 9급

청문주재자는 직권으로 또는 당사자의 신청에 따라 필요한 조사를 할 수 있으며, 당사자 등이 주장하지 아니한 사실에 대하여도 조사할 수 있다. O | X

행정절차법

제33조(증거조사) ① 청문 주재자는 직권으로 또는 당사자의 신청에 따라 필요한 조사를 할 수 있으며, 당사자 등이 주장하지 아니한 사실에 대하여도 조사할 수 있다.

02

2014 지방직 9급

도로법 제25조 제3항에 의한 도로구역변경고시의 경우는 행정절차법상 사전통지나 의견청취의 대상이 되는 처분에 해당한다. O | X

[대법원 2008.6.12, 2007두1767]

행정절차법 제2조 제4호가 행정절차법의 당사자를 행정청의 처분에 대하여 직접 그 상대가 되는 당사자로 규정하고, 도로법 제25조 제3항이 도로구역을 결정하거나 변경할 경우 이를 고시에 의하도록 하면서, 그 도면을 일반인이 열람할 수 있도록 한 점 등을 종합하여 보면, 도로구역을 변경한 이 사건 처분은 행정절차법 제21조 제1항의 사전통지나 제22조 제3항의 의견청취의 대상이 되는 처분은 아니라고 할 것이다.

03

2013 국회사무처 9급

당사자 등이 정당한 이유 없이 의견제출기한까지 의견제출을 하지 않은 경우에는 행정청은 의견이 없는 것으로 본다. O | X

행정절차법

제27조(의견제출) ① 당사자등은 처분 전에 그 처분의 관할 행정청에 서면이나 말로 또는 정보통신망을 이용하여 의견제출을 할 수 있다.
② 당사자등은 제1항에 따라 의견제출을 하는 경우 그 주장을 입증하기 위한 증거자료 등을 첨부할 수 있다.
③ 행정청은 당사자등이 말로 의견제출을 하였을 때에는 서면으로 그 진술의 요지와 진술자를 기록하여야 한다.
④ 당사자등이 정당한 이유 없이 의견제출기한까지 의견제출을 하지 아니한 경우에는 의견이 없는 것으로 본다.

정답 | 01 ○ 02 × 03 ○

04

2014 경찰행정

청문의 주재자는 대통령령으로 정하는 자격을 가지는 사람 중에서 선정하되, 행정청의 소속직원은 주재자가 될 수 없다. O | X

행정절차법

제28조(청문 주재자) ① 행정청은 소속 직원 또는 대통령령으로 정하는 자격을 가진 사람 중에서 청문 주재자를 공정하게 선정하여야 한다.

제29조(청문 주재자의 제척·기피·회피) ① 청문 주재자가 다음 각 호의 어느 하나에 해당하는 경우에는 청문을 주재할 수 없다.

1. 자신이 당사자등이거나 당사자등과 「민법」 제777조 각 호의 어느 하나에 해당하는 친족관계에 있거나 있었던 경우
2. 자신이 해당 처분과 관련하여 증언이나 감정(鑑定)을 한 경우
3. 자신이 해당 처분의 당사자등의 대리인으로 관여하거나 관여하였던 경우
4. 자신이 해당 처분업무를 직접 처리하거나 처리하였던 경우
5. 자신이 해당 처분업무를 처리하는 부서에 근무하는 경우. 이 경우 부서의 구체적인 범위는 대통령령으로 정한다.

05

2014 경찰행정

행정청은 처분을 할 때에 당사자등이 제출한 의견이 상당한 이유가 있다고 인정하는 경우에는 이를 반영하여야 한다. O | X

제출의견의 반영 여부의 결정은 기속행위가 아니라 재량행위라는 것도 주의해야 한다. 행정청이 "상당한 이유가 있다고 인정"하는 경우라야 제출의견을 반영하기 때문이다.

행정절차법

제27조의2(제출 의견의 반영) 행정청은 처분을 할 때에 당사자등이 제출한 의견이 상당한 이유가 있다고 인정하는 경우에는 이를 반영하여야 한다.

06

2014 지방직 7급

행정청은 행정절차법 제38조에 따른 공청회와 병행하여서만 정보통신망을 이용한 공청회(전자공청회)를 실시할 수 있다. O | X

과거에는 온라인공청회는 통상의 현장공청회와 병행해서만 가능하였으나, 코로나 이슈로 인해 대면활동이 제한됨에 따라 온라인공청회를 단독으로 개최할 수 있는 사유가 신설되었다.

행정절차법

제38조의2(온라인공청회) ① 행정청은 제38조에 따른 공청회와 병행하여서만 정보통신망을 이용한 공청회(이하 "온라인공청회"라 한다)를 실시할 수 있다. 〈개정 2022. 1. 11.〉

② 제1항에도 불구하고 다음 각 호의 어느 하나에 해당하는 경우에는 온라인공청회를 단독으로 개최할 수 있다.

1. 국민의 생명·신체·재산의 보호 등 국민의 안전 또는 권익보호 등의 이유로 제38조에 따른 공청회를 개최하기 어려운 경우

정답 | 04 × 05 ○ 06 ×

2. 제38조에 따른 공청회가 행정청이 책임질 수 없는 사유로 개최되지 못하거나 개최는 되었으나 정상적으로 진행되지 못하고 무산된 횟수가 3회 이상인 경우
3. 행정청이 널리 의견을 수렴하기 위하여 온라인공청회를 단독으로 개최할 필요가 있다고 인정하는 경우. 다만, 제22조제2항제1호 또는 제3호에 따라 공청회를 실시하는 경우는 제외한다.

07

2015 국가직 9급

행정청이 청문을 거쳐야 하는 처분을 하면서 청문절차를 거치지 않는 경우에는 그 처분은 위법하지만 당연무효인 것은 아니다. O | X

[대법원 2007.11.16, 2005두15700]
행정청이 특히 침해적 행정처분을 할 때 그 처분의 근거 법령 등에서 청문을 실시하도록 규정하고 있다면, 행정절차법 등 관련 법령상 청문을 실시하지 않아도 되는 예외적인 경우에 해당하지 않는 한, **반드시 청문을 실시하여야 하는 것이며, 그러한 절차를 결여한 처분은 위법한 처분으로서 취소사유**에 해당한다.

08

2017 사회복지직 9급

불이익처분의 직접 상대방인 당사자도 아니고 행정청이 참여하게 한 이해관계인도 아닌 제3자에 대해서는 사전통지에 관한 규정이 적용되지 않는다. O | X

행정절차법
제2조(정의) 이 법에서 사용하는 용어의 뜻은 다음과 같다.
4. **"당사자등"**이란 다음 각 목의 자를 말한다.
가. **행정청의 처분에 대하여 직접 그 상대가 되는 당사자**
나. **행정청이 직권으로 또는 신청에 따라 행정절차에 참여하게 한 이해관계인**
제21조(처분의 사전 통지) ① 행정청은 당사자에게 의무를 부과하거나 권익을 제한하는 처분을 하는 경우에는 미리 다음 각 호의 사항을 **당사자등에게 통지하여야 한다**.
1. 처분의 제목
2. 당사자의 성명 또는 명칭과 주소
3. 처분하려는 원인이 되는 사실과 처분의 내용 및 법적 근거
4. 제3호에 대하여 의견을 제출할 수 있다는 뜻과 의견을 제출하지 아니하는 경우의 처리방법
5. 의견제출기관의 명칭과 주소
6. 의견제출기한
7. 그 밖에 필요한 사항

09

2017 국가직 9급

행정청은 직권으로 또는 당사자 및 이해관계인의 신청에 따라 여러 개의 사안을 병합하거나 분리하여 청문을 할 수 있다. O | X

이해관계인의 신청에 의해서는 청문을 병합 내지 분리할 수 없다(동법 제32조).

행정절차법
제32조(청문의 병합·분리) 행정청은 **직권으로 또는 당사자의 신청에 따라** 여러 개의 사안을 병합하거나 분리하여 청문을 할 수 있다.

10

2017 국가직 9급 변형

행정청이 신분·자격의 박탈처분을 할 때 미리 당사자 등에게 통지한 의견제출 기한 내에 당사자등의 청문신청이 없더라도 청문을 한다. O | X

개정 행정절차법은 신분·자격 박탈 등의 경우 당사자 등의 신청이 없는 경우에도 청문을 하도록 그 대상을 확대하였다.

행정절차법

제22조(의견청취) ① 행정청이 처분을 할 때 다음 각 호의 어느 하나에 해당하는 경우에는 청문을 한다.

1. 다른 법령등에서 청문을 하도록 규정하고 있는 경우
2. 행정청이 필요하다고 인정하는 경우
3. 다음 각 목의 처분을 하는 경우
   가. 인허가 등의 취소
   나. 신분·자격의 박탈
   다. 법인이나 조합 등의 설립허가의 취소

11

2017 국회사무처 8급

행정절차에는 당사자주의가 적용되므로 행정청은 당사자가 제출한 증거나 당사자의 증거신청에 구속된다. O | X

행정절차의 공익적 성격에 비추어 직권에 의한 증거조사도 가능하다(행정절차법 제33조 제1항).

행정절차법

제33조(증거조사) ① 청문 주재자는 직권으로 또는 당사자의 신청에 따라 필요한 조사를 할 수 있으며, **당사자등이 주장하지 아니한 사실에 대하여도 조사할 수 있다.**

② 증거조사는 다음 각 호의 어느 하나에 해당하는 방법으로 한다.

1. 문서·장부·물건 등 증거자료의 수집
2. 참고인·감정인 등에 대한 질문
3. 검증 또는 감정·평가
4. 그 밖에 필요한 조사

③ 청문 주재자는 필요하다고 인정할 때에는 관계 행정청에 필요한 문서의 제출 또는 의견의 진술을 요구할 수 있다. 이 경우 관계 행정청은 직무 수행에 특별한 지장이 없으면 그 요구에 따라야 한다.

12

2017 교육행정직 9급

불이익처분을 하면서 행정청과 당사자 사이의 합의에 의해 청문절차를 배제하기로 하였더라도 청문을 실시하지 않아도 되는 예외사유에 해당하지 아니한다. O | X

[대법원 2004.7.8, 2002두8350]

행정청이 당사자와 사이에 도시계획사업의 시행과 관련한 협약을 체결하면서 관계 법령 및 행정절차법에 규정된 청문의 실시 등 의견청취절차를 배제하는 조항을 두었다고 하더라도, 국민의 행정참여를 도모함으로써 행정의 공정성·투명성 및 신뢰성을 확보하고 국민의 권익을 보호한다는 행정절차법의 목적 및 청문제도의 취지 등에 비추어 볼 때, 위와 같은 협약의 체결로 청문의 실시에 관한 규정의 적용을 배제할 수 있다고 볼 만한 법령상의 규정이 없는 한, **이러한 협약이 체결되었다고 하여 청문의 실시에 관한 규정의 적용이 배제된다거나 청문을 실시하지 않아도 되는 예외적인 경우에 해당한다고 할 수 없다.**

정답 10 ○ 11 × 12 ○

13

2017 서울시 9급

대법원에 따르면 「행정절차법」 적용이 제외되는 의결·결정에 대해서는 「행정절차법」을 적용하여 의견청취절차를 생략할 수는 없다. O | X

공정거래법이 적용되어야 하는 사항에 대해서는 행정절차법의 적용이 배제되므로, 행정절차법을 근거로 의견청취절차를 생략할 수 없다. 따라서 공정거래법에 근거하여 의견청취절차가 진행되어야 한다.

[대법원 2001.5.8. 선고, 2000두10212, 판결]

행정절차법 제3조 제2항, 같은법시행령 제2조 제6호에 의하면 **공정거래위원회의 의결·결정을 거쳐 행하는 사항에는 행정절차법의 적용이 제외되게 되어 있으므로, 설사 공정거래위원회의 시정조치 및 과징금납부명령에 행정절차법 소정의 의견청취절차 생략사유가 존재한다고 하더라도, 공정거래위원회는 행정절차법을 적용하여 의견청취절차를 생략할 수는 없다.**

행정절차법

제3조(적용 범위) ② 이 법은 다음 각 호의 어느 하나에 해당하는 사항에 대하여는 적용하지 아니한다.

1. 국회 또는 지방의회의 의결을 거치거나 동의 또는 승인을 받아 행하는 사항
2. 법원 또는 군사법원의 재판에 의하거나 그 집행으로 행하는 사항
3. 헌법재판소의 심판을 거쳐 행하는 사항
4. 각급 선거관리위원회의 의결을 거쳐 행하는 사항
5. 감사원이 감사위원회의의 결정을 거쳐 행하는 사항
6. 형사(刑事), 행형(行刑) 및 보안처분 관계 법령에 따라 행하는 사항
7. 국가안전보장·국방·외교 또는 통일에 관한 사항 중 행정절차를 거칠 경우 국가의 중대한 이익을 현저히 해칠 우려가 있는 사항
8. 심사청구, 해양안전심판, 조세심판, 특허심판, 행정심판, 그 밖의 불복절차에 따른 사항
9. 「병역법」에 따른 징집·소집, 외국인의 출입국·난민인정·귀화, 공무원 인사 관계 법령에 따른 징계와 그 밖의 처분, 이해 조정을 목적으로 하는 법령에 따른 알선·조정·중재(仲裁)·재정(裁定) 또는 그 밖의 처분 등 해당 행정작용의 성질상 행정절차를 거치기 곤란하거나 거칠 필요가 없다고 인정되는 사항과 **행정절차에 준하는 절차를 거친 사항으로서 대통령령으로 정하는 사항**

행정절차법 시행령

제2조(적용제외) 법 제3조 제2항 제9호에서 "대통령령으로 정하는 사항"이라 함은 다음 각호의 1에 해당하는 사항을 말한다.

1. 병역법·향토예비군설치법·민방위기본법·비상대비자원관리법에 의한 징집·소집·동원·훈련에 관한 사항
2. 외국인의 출입국·난민인정·귀화·국적회복에 관한 사항
3. 공무원 인사관계법령에 의한 징계 기타 처분에 관한 사항
4. 이해조정을 목적으로 법령에 의한 알선·조정·중재·재정 기타 처분에 관한 사항
5. 조세관계법령에 의한 조세의 부과·징수에 관한 사항
6. **독점규제및공정거래에관한법률·하도급거래공정화에관한법률·약관의 규제에 관한 법률에 의하여 공정거래위원회의 의결·결정을 거쳐 행하는 사항**
7. 국가배상법·토지수용법에 의한 재결·결정에 관한 사항
8. 학교·연수원등에서 교육·훈련의 목적을 달성하기 위하여 학생·연수생등을 대상으로 행하는 사항
9. 사람의 학식·기능에 관한 시험·검정의 결과에 따라 행하는 사항
10. 배타적경제수역에서의외국인어업등에대한주권적권리의행사에관한법률에 의하여 행하는 사항
11. 특허법·실용신안법·의장법·상표법에 의한 사정·결정·심결 기타 처분에 관한 사항

정답 | 13 O

14

2017 하반기
국가직 9급

행정청에 의한 구 식품위생법상의 영업자지위승계신고 수리 처분이 종전의 영업자의 권익을 제한하는 처분이라면, 해당 행정청은 종전의 영업자에게 행정절차법 소정의 행정절차를 실시하고 처분을 하여야 한다. O | X

[대법원 2003.2.14, 2001두7015]

행정청이 구 식품위생법 규정에 의하여 영업자지위승계신고를 수리하는 처분은 종전의 영업자의 권익을 제한하는 처분이라 할 것이고 따라서 종전의 영업자는 그 처분에 대하여 직접 그 상대가 되는 자에 해당한다고 봄이 상당하므로, 행정청으로서는 위 신고를 수리하는 처분을 함에 있어서 행정절차법 규정 소정의 당사자에 해당하는 **종전의 영업자에 대하여 위 규정 소정의 행정절차를 실시하고 처분을 하여야 한다.**

15

2017 하반기
지방직 9급

행정청이 구 관광진흥법의 규정에 의하여 유원시설업자 지위승계신고를 수리하는 처분을 하는 경우, 종전 유원시설업자에 대하여는 행정절차법상 처분의 사전통지절차를 거칠 필요가 없다. O | X

[대법원 2012.12.13, 2011두29144]

행정절차법 제21조 제1항, 제22조 제3항 및 제2조 제4호의 각 규정에 의하면, 행정청이 당사자에게 의무를 과하거나 권익을 제한하는 처분을 할 때에는 당사자 등에게 처분의 사전통지를 하고 의견제출의 기회를 주어야 하며, 여기서 당사자란 행정청의 처분에 대하여 직접 그 상대가 되는 자를 의미한다. 한편 구 관광진흥법(2010. 3. 31. 법률 제10219호로 개정되기 전의 것, 이하 같다) 제8조 제2항, 제4항, 구 체육시설의 설치·이용에 관한 법률(2010. 3. 31. 법률 제10219호로 개정되기 전의 것, 이하 '구 체육시설법'이라 한다) 제27조 제2항, 제20조의 각 규정에 의하면, **공매 등의 절차에 따라 문화체육관광부령으로 정하는 주요한 유원시설업 시설의 전부 또는 체육시설업의 시설 기준에 따른 필수시설을 인수함으로써 유원시설업자 또는 체육시설업자의 지위를 승계한 자가 관계 행정청에 이를 신고하여 행정청이 수리하는 경우에는 종전 유원시설업자에 대한 허가는 효력을 잃고, 종전 체육시설업자는 적법한 신고를 마친 체육시설업자의 지위를 부인당할 불안정한 상태에 놓이게 된다. 따라서 행정청이 구 관광진흥법 또는 구 체육시설법의 규정에 의하여 유원시설업자 또는 체육시설업자 지위승계신고를 수리하는 처분은 종전 유원시설업자 또는 체육시설업자의 권익을 제한하는 처분이고, 종전 유원시설업자 또는 체육시설업자는 그 처분에 대하여 직접 그 상대가 되는 자에 해당한다고 보는 것이 타당하므로, 행정청이 그 신고를 수리하는 처분을 할 때에는 행정절차법 규정에서 정한 당사자에 해당하는 종전 유원시설업자 또는 체육시설업자에 대하여 위 규정에서 정한 행정절차를 실시하고 처분을 하여야 한다.**

16

2017 하반기
지방직 9급

행정청은 공청회를 개최하려는 경우에는 공청회 개최 14일 전까지 제목, 일시 및 장소 등을 당사자 등에게 통지하고 관보, 공보, 인터넷 홈페이지 또는 일간신문 등에 공고하는 등의 방법으로 널리 알려야 한다. O | X

행정절차법

제38조(공청회 개최의 알림) 행정청은 공청회를 개최하려는 경우에는 공청회 개최 14일 전까지 다음 각 호의 사항을 당사자등에게 통지하고 관보, 공보, 인터넷 홈페이지 또는 일간신문 등에 공고하는 등의 방법으로 널리 알려야 한다.

1. 제목
2. 일시 및 장소

정답 | 14 ○ 15 × 16 ○

3. 주요 내용
4. 발표자에 관한 사항
5. 발표신청 방법 및 신청기한
6. 정보통신망을 통한 의견제출
7. 그 밖에 공청회 개최에 필요한 사항

17

2019 서울시 7급 (2월)

공무원연금관리공단의 퇴직연금의 환수결정은 관련 법령에 따라 당연히 환수금액이 정해지는 것이므로, 퇴직연금의 환수결정에 앞서 당사자에게 의견진술의 기회를 주지 아니하여도 「행정절차법」에 위반되지 않는다.

O | X

[대법원 2000.11.28, 선고, 99두5443, 판결]
퇴직연금의 환수결정은 당사자에게 의무를 과하는 처분이기는 하나, 관련 법령에 따라 당연히 환수금액이 정하여지는 것이므로, 퇴직연금의 환수결정에 앞서 당사자에게 의견진술의 기회를 주지 아니하여도 행정절차법 제22조 제3항이나 신의칙에 어긋나지 아니한다.

18

2019 서울시 7급 (2월)

「행정절차법」의 청문배제사유인 '당해 처분의 성질상 의견청취가 현저히 곤란하거나 명백히 불필요하다고 인정될 만한 상당한 이유가 있는 경우'는 당해 행정 처분의 성질에 의하여 판단하여야 하는 것이지, 청문 통지서의 반송여부, 청문통지의 방법 등에 의하여 판단할 것은 아니다.

O | X

[대법원 2001.4.13, 선고, 2000두3337, 판결]
행정절차법 제21조 제4항 제3호는 침해적 행정처분을 할 경우 청문을 실시하지 않을 수 있는 사유로서 "당해 처분의 성질상 의견청취가 현저히 곤란하거나 명백히 불필요하다고 인정될 만한 상당한 이유가 있는 경우"를 규정하고 있으나, 여기에서 말하는 **'의견청취가 현저히 곤란하거나 명백히 불필요하다고 인정될 만한 상당한 이유가 있는지 여부'는 당해 행정처분의 성질에 비추어 판단하여야 하는 것이지, 청문통지서의 반송 여부, 청문통지의 방법 등에 의하여 판단할 것은 아니며, 또한 행정처분의 상대방이 통지된 청문일시에 불출석하였다는 이유만으로 행정청이 관계 법령상 그 실시가 요구되는 청문을 실시하지 아니한 채 침해적 행정처분을 할 수는 없을 것**이므로, 행정처분의 상대방에 대한 청문통지서가 반송되었다거나, 행정처분의 상대방이 청문일시에 불출석하였다는 이유로 청문을 실시하지 아니하고 한 침해적 행정처분은 위법하다.

19

2019 서울시 9급 (2월)

징계심의대상자가 선임한 변호사가 징계위원회에 출석하여 징계심의대상자를 위하여 필요한 의견을 진술하는 것은 방어권 행사의 본질적 내용에 해당하므로, 행정청은 특별한 사정이 없는 한 이를 거부할 수 없다.

O | X

[대법원 2018.3.13, 선고, 2016두33339, 판결]
행정절차법 제12조 제1항 제3호, 제2항, 제11조 제4항 본문에 따르면, 당사자 등은 변호사를 대리인으로 선임할 수 있고, 대리인으로 선임된 변호사는 당사자 등을 위하여 행정절차에 관한 모든 행위를 할 수 있다고 규정되어 있다. 위와 같은 행정절차법령의 규정과 취지, 헌법상 법치국가원리와 적법절차원칙에 비추어 **징계와 같**

정답 | 17 ○ 18 ○ 19 ○

은 불이익처분절차에서 징계심의대상자에게 변호사를 통한 방어권의 행사를 보장하는 것이 필요하고, 징계심의대상자가 선임한 변호사가 징계위원회에 출석하여 징계심의대상자를 위하여 필요한 의견을 진술하는 것은 방어권 행사의 본질적 내용에 해당하므로, 행정청은 특별한 사정이 없는 한 이를 거부할 수 없다.

20

2019 국가직 9급

용도를 무단변경한 건물의 원상복구를 명하는 시정명령 및 계고처분을 하는 경우, 사전에 통지할 필요가 없다.

O | X

[대법원 2000.11.14, 선고, 99두5870, 판결]

행정청이 온천지구임을 간과하여 지하수개발·이용신고를 수리하였다가 행정절차법상의 사전통지를 하거나 의견제출의 기회를 주지 아니한 채 그 신고수리처분을 취소하고 원상복구명령의 처분을 한 경우, 행정지도방식에 의한 사전고지나 그에 따른 당사자의 자진 폐공의 약속 등의 사유만으로는 사전통지 등을 하지 않아도 되는 행정절차법 소정의 예외의 경우에 해당한다고 볼 수 없다는 이유로 그 처분은 위법하다고 한 사례.

21

2019 지방직, 교육행정직 9급

구 공중위생법상 유기장업허가취소처분을 함에 있어서 두 차례에 걸쳐 발송한 청문통지서가 모두 반송되어 온 경우, 처분의 상대방이 청문일시에 불출석하였다는 이유로 청문을 거치지 않고 한 침해적 행정처분은 적법하다.

O | X

처분의 상대방이 청문일시에 불출석하면 불출석한 상태에서 청문절차를 진행하여야 한다.

[대법원 2001.4.13, 선고, 2000두3337, 판결]

구 공중위생법상 유기장업허가취소처분을 함에 있어서 두 차례에 걸쳐 발송한 청문통지서가 모두 반송되어 온 경우, 행정절차법 제21조 제4항 제3호에 정한 청문을 실시하지 않아도 되는 예외사유에 해당한다고 단정하여 당사자가 청문일시에 불출석하였다는 이유로 청문을 거치지 않고 이루어진 위 처분이 위법하지 않다고 판단한 원심판결을 파기한 사례.

22

2019 지방직, 교육행정직 9급

묘지공원과 화장장의 후보지를 선정하는 과정에서 추모공원 건립추진협의회가 후보지 주민들의 의견을 청취하기 위하여 그 명의로 개최한 공청회는 행정절차법에서 정한 절차를 준수하여야 하는 것은 아니다.

O | X

[대법원 2007.4.12, 선고, 2005두1893, 판결]

서울특별시, 사단법인 한국장묘문화개혁범국민협의회, SK 주식회사는 2000. 8. 4. 추모공원건립추진협의회(이하 '이 사건 협의회'라 한다)를 발족한 다음, 이 사건 협의회가 적정후보지를 서울특별시에 추천하고, SK 주식회사는 승화원과 추모의 집 등 장묘시설을 건립하여 서울특별시에 기부채납하며, 서울특별시는 위 장묘시설을 운영하기로 합의하였던 사실, 이 사건 협의회는 부지선정심사위원회를 구성하여 서울지역 13개 후보지를 대상으로 심사하는 과정에서 후보지 주민들의 의견을 수렴하기 위하여 3차례에 걸쳐 이 사건 협의회의 명의로 공청회를 개최하였고, 2001. 7. 5. 그 동안의 심사결과를 종합하여 서울특별시에 서울 서초구 원지동 지역을 1순위로, 서울 강서구 오곡동 지역을 2순위로 추천한 사실, 피고는 서울 서초구 원지동 지역을 서울 추모공원의 부지로 선정하고, 2001. 9. 22. 서울특별시 고시 제2001-312호로 서울 서초구 원지동 76 일대 130,320m^2에 묘지공원을, 같은 동 68 일대 39,700m^2에 화장장(이하 묘지공원과 화장장 시설을 합쳐 이하 '이 사건 추모공

정답 | 20 × 21 × 22 ○

원'이라고 한다)을 설치하기로 하는 등의 내용으로 도시계획시설결정(이하 '이 사건 도시계획시설결정'이라고 한다)을 하고 이를 고시한 사실을 알 수 있는바, 위와 같은 사실에 비추어 보면, 위 각 공청회는 이 사건 협의회가 이 사건 추모공원의 후보지를 선정하는 과정에서 후보지 주민들의 의견을 청취하기 위하여 그 명의로 개최된 것일 뿐이지, 행정청인 피고가 이 사건 도시계획시설결정이라는 처분을 함에 있어서 당해 처분의 영향이 광범위하여 널리 의견을 수렴할 필요가 있다고 스스로 인정하여 개최한 공청회가 아니므로, 위 각 공청회를 개최함에 있어 행정절차법에서 정한 절차를 준수하여야 하는 것은 아니라 할 것이고, 위 각 공청회 개최과정에서 피고가 이 사건 협의회의 구성원으로서 행정적인 업무지원을 하였다 하여 달리 볼 것은 아니다.

23

2019 지방직, 교육행정직 9급

구 광업법에 근거하여 처분청이 광업용 토지수용을 위한 사업인정을 하면서 토지소유자와 토지에 관한 권리를 가진 자의 의견을 들은 경우 처분청은 그 의견에 기속된다. O | X

[대법원 1995.12.22, 선고, 95누30, 판결]

광업법 제88조 제2항에서 처분청이 같은 법조 제1항의 규정에 의하여 광업용 토지수용을 위한 사업인정을 하고자 할 때에 토지소유자와 토지에 관한 권리를 가진 자의 의견을 들어야 한다고 한 것은 그 사업인정 여부를 결정함에 있어서 소유자나 기타 권리자가 의견을 반영할 기회를 주어 이를 참작하도록 하고자 하는 데 있을 뿐, 처분청이 그 의견에 기속되는 것은 아니다.

24

2019 서울시 9급 (6월)

인허가 등을 취소하는 경우에는 개별 법령상 청문을 하도록 하는 근거 규정이 없고 의견제출기한 내에 당사자 등의 신청이 없는 경우에도 청문을 하여야 한다. O | X

지문상 개별 법령이란 행정절차법 외의 법령을 말하며, 개정 행정절차법은 인허가 취소 등의 경우 당사자 등의 신청이 없는 경우에도 청문을 하도록 그 대상을 확대하였다.

제22조(의견청취) ① 행정청이 처분을 할 때 다음 각 호의 어느 하나에 해당하는 경우에는 청문을 한다.

3. 다음 각 목의 처분을 하는 경우
   가. 인허가 등의 취소
   나. 신분·자격의 박탈
   다. 법인이나 조합 등의 설립허가의 취소

25

2019 서울시 9급 (6월)

행정행위는 상대방에 대한 통지(도달)로서 효력이 발생하며, 행정청은 개별법에서 달리 정하지 않는 한 제3자인 이해관계인에 대한 행정행위 통지의무를 부담하지 않는다. O | X

처분의 통지의 상대방은 "당사자 등"이라 할 것인데, 제3자의 경우에는 "행정청이 직권으로 또는 신청에 따라 행정절차에 참여하게 한 이해관계인"의 경우에 한정된다.

행정절차법

제2조(정의) 이 법에서 사용하는 용어의 뜻은 다음과 같다.

4. "당사자등"이란 다음 각 목의 자를 말한다.
   가. 행정청의 처분에 대하여 직접 그 상대가 되는 당사자
   나. 행정청이 직권으로 또는 신청에 따라 행정절차에 참여하게 한 이해관계인

정답 | 23 × 24 ○ 25 ○

제21조(처분의 사전 통지) ① 행정청은 당사자에게 의무를 부과하거나 권익을 제한하는 처분을 하는 경우에는 미리 다음 각 호의 사항을 당사자등에게 통지하여야 한다.
1. 처분의 제목
2. 당사자의 성명 또는 명칭과 주소
3. 처분하려는 원인이 되는 사실과 처분의 내용 및 법적 근거
4. 제3호에 대하여 의견을 제출할 수 있다는 뜻과 의견을 제출하지 아니하는 경우의 처리방법
5. 의견제출기관의 명칭과 주소
6. 의견제출기한
7. 그 밖에 필요한 사항

제2조(정의) 이 법에서 사용하는 용어의 뜻은 다음과 같다.
4. "당사자등"이란 다음 각 목의 자를 말한다.
   가. 행정청의 처분에 대하여 직접 그 상대가 되는 당사자
   나. **행정청이 직권으로 또는 신청에 따라 행정절차에 참여하게 한 이해관계인**

26

2019 서울시 7급 (6월)

행정청이 '고시'의 방법으로 불특정 다수인을 상대로 의무를 부과하거나 권익을 제한하는 처분을 한 경우에도 상대방에게 의견제출의 기회를 주어야 한다. O | X

[대법원 2014.10.27. 선고, 2012두7745, 판결]
구 행정절차법 제22조 제3항에 따라 행정청이 의무를 부과하거나 권익을 제한하는 처분을 할 때 의견제출의 기회를 주어야 하는 '당사자'는 '행정청의 처분에 대하여 직접 그 상대가 되는 당사자'(구 행정절차법 제2조 제4호)를 의미한다. 그런데 **'고시'의 방법으로 불특정 다수인을 상대로 의무를 부과하거나 권익을 제한하는 처분은 성질상 의견제출의 기회를 주어야 하는 상대방을 특정할 수 없으므로, 이와 같은 처분에 있어서까지 구 행정절차법 제22조 제3항에 의하여 그 상대방에게 의견제출의 기회를 주어야 한다고 해석할 것은 아니다.**

27

2019 서울시 추가채용 9급

육군3사관학교의 사관생도에 대한 징계절차에서 징계심의대상자가 대리인으로 선임한 변호사가 징계위원회 심의에 출석하여 진술하려고 하였음에도, 징계권자나 그 소속 직원이 변호사가 징계위원회의 심의에 출석하는 것을 막은 사안에서, 징계심의대상자의 대리인이 관련된 행정절차나 소송절차에서 이미 실질적인 증거조사를 하고 의견을 진술하는 절차를 거쳐서 징계심의대상자의 방어권 행사에 실질적으로 지장이 초래되었다고 볼 수 없는 특별한 사정이 있는 경우에는, 징계권자가 징계심의대상자의 대리인에게 징계위원회에 출석하여 의견을 진술할 기회를 주지 아니하였더라도 그로 인하여 징계위원회 심의에 절차적 정당성이 상실되었다고 볼 수 없으므로 징계처분을 취소할 것은 아니다. O | X

[대법원 2018.3.13. 선고, 2016두33339, 판결]
[1] 행정절차법 제12조 제1항 제3호, 제2항, 제11조 제4항 본문에 따르면, 당사자 등은 변호사를 대리인으로 선임할 수 있고, 대리인으로 선임된 변호사는 당사자 등을 위하여 행정절차에 관한 모든 행위를 할 수 있다고 규정되어 있다. 위와 같은 행정절차법령의 규정과 취지, 헌법상 법치국가원리와 적법절차원칙에 비추어 징계와 같은 불이익처분절차에서 징계심의대상자에게 변호사를 통한 방어권의 행사를 보장하는 것이 필요하고, **징계심의대상자가 선임한 변호사가 징계위원회에 출석하여 징계심의대상자를 위하여 필요한 의견을 진술하는 것은 방어권 행사의 본질적 내용에 해당하므로, 행정청은 특별한 사정이 없는 한 이를 거부할 수 없다.**

정답 | 26 × 27 ○

[2] 행정절차법 제3조 제2항, 행정절차법 시행령 제2조 등 행정절차법령 관련 규정들의 내용을 행정의 공정성, 투명성 및 신뢰성을 확보하고 국민의 권익보호를 목적으로 하는 행정절차법의 입법 목적에 비추어 보면, **행정절차법의 적용이 제외되는 공무원 인사관계 법령에 의한 처분에 관한 사항이란 성질상 행정절차를 거치기 곤란하거나 불필요하다고 인정되는 처분이나 행정절차에 준하는 절차를 거치도록 하고 있는 처분에 관한 사항만을 말하는 것으로 보아야 한다. 이러한 법리는 '공무원 인사관계 법령에 의한 처분'에 해당하는 육군3사관학교 생도에 대한 퇴학처분에도 마찬가지**로 적용된다. 그리고 행정절차법 시행령 제2조 제8호는 '학교·연수원 등에서 교육·훈련의 목적을 달성하기 위하여 학생·연수생들을 대상으로 하는 사항'을 행정절차법의 적용이 제외되는 경우로 규정하고 있으나, 이는 교육과정과 내용의 구체적 결정, 과제의 부과, 성적의 평가, 공식적 징계에 이르지 아니한 질책·훈계 등과 같이 교육·훈련의 목적을 직접 달성하기 위하여 행하는 사항을 말하는 것으로 보아야 하고, 생도에 대한 퇴학처분과 같이 신분을 박탈하는 징계처분은 여기에 해당한다고 볼 수 없다.

[3] **육군3사관학교의 사관생도에 대한 징계절차에서 징계심의대상자가 대리인으로 선임한 변호사가 징계위원회 심의에 출석하여 진술하려고 하였음에도, 징계권자나 그 소속 직원이 변호사가 징계위원회의 심의에 출석하는 것을 막았다면 징계위원회 심의·의결의 절차적 정당성이 상실되어 그 징계의결에 따른 징계처분은 위법하여 원칙적으로 취소되어야 한다. 다만 징계심의대상자의 대리인이 관련된 행정절차나 소송절차에서 이미 실질적인 증거조사를 하고 의견을 진술하는 절차를 거쳐서 징계심의대상자의 방어권 행사에 실질적으로 지장이 초래되었다고 볼 수 없는 특별한 사정이 있는 경우에는, 징계권자가 징계심의대상자의 대리인에게 징계위원회에 출석하여 의견을 진술할 기회를 주지 아니하였더라도 그로 인하여 징계위원회 심의에 절차적 정당성이 상실되었다고 볼 수 없으므로 징계처분을 취소할 것은 아니다.**

28

2020 지방직 (서울시) 9급

청문은 다른 법령 등에서 규정하고 있는 경우 이외에 행정청이 필요하다고 인정하는 경우에도 실시할 수 있으나, 공청회는 다른 법령 등에서 규정하고 있는 경우에만 개최할 수 있다. O | X

공청회의 경우에도 (ⅰ) 행정청이 필요하다고 인정하거나, (ⅱ) 일정수 이상의 당사자 등이 공청회 개최를 요청하는 경우에는 개최가 가능하다(「행정절차법」 제22조 제1항, 제2항).

행정절차법

제22조(의견청취) ① 행정청이 처분을 할 때 다음 각 호의 어느 하나에 해당하는 경우에는 청문을 한다.
1. 다른 법령등에서 청문을 하도록 규정하고 있는 경우
2. **행정청이 필요하다고 인정하는 경우**
3. 다음 각 목의 처분을 하는 경우
   가. 인허가 등의 취소
   나. 신분·자격의 박탈
   다. 법인이나 조합 등의 설립허가의 취소

② 행정청이 처분을 할 때 다음 각 호의 어느 하나에 해당하는 경우에는 공청회를 개최한다.
1. 다른 법령등에서 공청회를 개최하도록 규정하고 있는 경우
2. 해당 처분의 영향이 광범위하여 널리 의견을 수렴할 필요가 있다고 행정청이 인정하는 경우
3. 국민생활에 큰 영향을 미치는 처분으로서 대통령령으로 정하는 처분에 대하여 대통령령으로 정하는 수 이상의 당사자등이 공청회 개최를 요구하는 경우

29

2021 서울시 7급

대형마트 영업시간 제한 등 처분의 대상인 대규모점포 중 개설자의 직영매장 외에 개설자로부터 임차하여 운영하는 임대매장이 병존하는 경우, 전체 매장에 대하여 법령상 대규모점포 등의 유지·관리 책임을 지는 개설자만이 그 처분상대방이 되므로, 임대매장의 임차인들을 상대로 별도의 사전통지 등 절차를 거칠 필요가 없다.

O | X

[대법원 2015.11.19, 선고, 2015두295, 전원합의체 판결]
구 유통산업발전법은 대규모점포 개설자는 영업을 개시하기 전에 시장 등에게 등록하여야 한다고 규정하고 있고(제8조 제1항), 이러한 개설 등록에 따라 대규모점포 등을 구성하는 개별 점포에 대한 영업허가 등이 한꺼번에 의제되도록 하고 있다(제9조 제1항). 한편 구 유통산업발전법 제12조 제1항은 개설 등록된 대규모점포 개설자는 상거래질서의 확립, 소비자의 안전유지와 소비자 및 인근지역주민의 피해·불만의 신속한 처리, 그 밖에 대규모점포 등의 유지·관리를 위하여 필요한 업무 등을 수행한다고 규정하고 있다. 위 각 규정의 내용 및 체계, 이 사건 조항에 따른 영업시간 제한 등 처분의 법적 성격, 구 유통산업발전법상 대규모점포 개설자에게 점포 일체를 유지·관리할 일반적인 권한을 부여한 취지 등에 비추어 보면, **영업시간 제한 등 처분의 대상인 대규모점포 중 개설자의 직영매장 이외에 개설자로부터 임차하여 운영하는 임대매장이 병존하는 경우에도, 전체 매장에 대하여 법령상 대규모점포 등의 유지·관리 책임을 지는 개설자만이 그 처분상대방이 되고, 임대매장의 임차인이 이와 별도로 처분상대방이 되는 것은 아니라고 할 것**이다.

30

2022 국회사무처 8급

청문에서 당사자등이 의견서를 제출한 경우에는 그 내용을 출석하여 진술한 것으로 본다. O | X

행정절차법
제31조(청문의 진행) ③ 당사자등이 의견서를 제출한 경우에는 그 내용을 출석하여 진술한 것으로 본다.

31

2022 국회사무처 8급

청문 주재자는 당사자등의 전부 또는 일부가 정당한 사유 없이 청문기일에 출석하지 아니하거나 의견서를 제출하지 아니한 경우에는 이들에게 다시 의견진술 및 증거제출의 기회를 주지 아니하고 청문을 마칠 수 있다.

O | X

행정절차법
제35조(청문의 종결) ② 청문 주재자는 당사자등의 전부 또는 일부가 정당한 사유 없이 청문기일에 출석하지 아니하거나 제31조제3항에 따른 의견서를 제출하지 아니한 경우에는 이들에게 다시 의견진술 및 증거제출의 기회를 주지 아니하고 청문을 마칠 수 있다.

32

2022 군무원 7급

현장조사에서 처분상대방이 위반사실을 시인하였다면 행정청은 처분의 사전통지절차를 하지 않아도 된다.

O | X

[대법원 2016.10.27, 선고, 2016두41811, 판결]
행정절차법 제21조 제1항, 제3항, 제4항, 제22조에 의하면, 행정청이 당사자에게 의무를 부과하거나 권익을

정답 | 29 ○ 30 ○ 31 ○ 32 ×

제한하는 처분을 하는 경우에는 미리 '처분의 제목', '처분하려는 원인이 되는 사실과 처분의 내용 및 법적 근거', '이에 대하여 의견을 제출할 수 있다는 뜻과 의견을 제출하지 아니하는 경우의 처리방법', '의견제출기관의 명칭과 주소', '의견제출기한' 등의 사항을 당사자 등에게 통지하여야 하고, 의견제출기한은 의견제출에 필요한 상당한 기간을 고려하여 정하여야 하며, 다른 법령 등에서 필수적으로 청문을 하거나 공청회를 개최하도록 규정하고 있지 아니한 경우에도 당사자 등에게 의견제출의 기회를 주어야 하며, 다만 **'해당 처분의 성질상 의견청취가 현저히 곤란하거나 명백히 불필요하다고 인정될 만한 상당한 이유가 있는 경우' 등에 한하여 처분의 사전통지나 의견청취를 하지 아니할 수 있다.** 따라서 행정청이 침해적 행정처분을 하면서 당사자에게 사전통지를 하거나 의견제출의 기회를 주지 아니하였다면, 사전통지나 의견제출의 예외적인 경우에 해당하지 아니하는 한, 처분은 위법하여 취소를 면할 수 없다. 그리고 여기에서 **'의견청취가 현저히 곤란하거나 명백히 불필요하다고 인정될 만한 상당한 이유가 있는 경우'에 해당하는지는 해당 행정처분의 성질에 비추어 판단하여야 하며, 처분상대방이 이미 행정청에 위반사실을 시인하였다거나 처분의 사전통지 이전에 의견을 진술할 기회가 있었다는 사정을 고려하여 판단할 것은 아니다.**

33
2023 소방간부

행정청이 침익적 처분을 함에 있어 「행정절차법」상 예외에 속하는 경우가 아닌 한 당사자에게 사전통지를 하지 않고 의견제출절차를 거치지 않았다면 독립적 취소사유가 된다. O | X

절차상 하자도 처분의 독립적인 위법사유에 해당한다. 판례도 이를 긍정함을 전제로 행정절차법상 사전통지(법 21조)나 청문(법 22조)절차를 누락한 처분이나 이유제시(법 23조)의 흠결이 있는 처분에 대해서 취소사유에 해당한다고 판시하였다.

34
2023 소방간부

행정청이 당사자와의 합의를 통해 청문의 실시 등 의견청취절차를 배제하더라도 해당 합의로 인해 청문의 실시에 관한 규정의 적용을 배제할 수 있다고 볼 만한 법령상의 규정이 없는 한 청문을 실시하지 않아도 되는 예외적인 경우에 해당한다고 할 수 없다. O | X

청문배제협약은 당사자의 절차적 기본권을 침해하므로 그 효력을 인정할 수 없다.

[대법원 2004. 7. 8., 선고, 2002두8350, 판결]

행정청이 당사자와 사이에 도시계획사업의 시행과 관련한 협약을 체결하면서 관계 법령 및 행정절차법에 규정된 청문의 실시 등 의견청취절차를 배제하는 조항을 두었다고 하더라도, 국민의 행정참여를 도모함으로써 행정의 공정성·투명성 및 신뢰성을 확보하고 국민의 권익을 보호한다는 행정절차법의 목적 및 청문제도의 취지 등에 비추어 볼 때, **위와 같은 협약의 체결로 청문의 실시에 관한 규정의 적용을 배제할 수 있다고 볼 만한 법령상의 규정이 없는 한, 이러한 협약이 체결되었다고 하여 청문의 실시에 관한 규정의 적용이 배제된다거나 청문을 실시하지 않아도 되는 예외적인 경우에 해당한다고 할 수 없다.**

35
2023 국가직 9급

공청회가 개최는 되었으나 정상적으로 진행되지 못하고 무산된 횟수가 2회인 경우 온라인공청회를 단독으로 개최할 수 있다. O | X

「3회」 이상인 경우에 온라인공청회를 단독으로 개최할 수 있다.

행정절차법

제38조의2(온라인공청회) ① 행정청은 제38조에 따른 공청회와 병행하여서만 정보통신망을 이용한 공청회(이하 "온라인공청회"라 한다)를 실시할 수 있다.

② 제1항에도 불구하고 다음 각 호의 어느 하나에 해당하는 경우에는 온라인공청회를 단독으로 개최할 수 있다.

1. 국민의 생명·신체·재산의 보호 등 국민의 안전 또는 권익보호 등의 이유로 제38조에 따른 공청회를 개최하기 어려운 경우
2. 제38조에 따른 공청회가 행정청이 책임질 수 없는 사유로 개최되지 못하거나 **개최는 되었으나 정상적으로 진행되지 못하고 무산된 횟수가 3회 이상인 경우**
3. 행정청이 널리 의견을 수렴하기 위하여 온라인공청회를 단독으로 개최할 필요가 있다고 인정하는 경우. 다만, 제22조제2항제1호 또는 제3호에 따라 공청회를 실시하는 경우는 제외한다.

36

2023 국회사무처 8급

행정청은 위반사실 등의 공표를 할 때에는 특별한 사정이 없는 한 미리 당사자에게 그 사실을 통지하고 의견제출의 기회를 주어야 한다. O | X

불이익처분의 경우 사전통지와 의견청취가 필요하다는 법리에 바탕을 둔 규정이다.

행정절차법

제40조의3(위반사실 등의 공표) ① 행정청은 법령에 따른 의무를 위반한 자의 성명·법인명, 위반사실, 의무 위반을 이유로 한 처분사실 등(이하 "위반사실등"이라 한다)을 법률로 정하는 바에 따라 일반에게 공표할 수 있다.

② 행정청은 위반사실등의 공표를 하기 전에 사실과 다른 공표로 인하여 당사자의 명예·신용 등이 훼손되지 아니하도록 객관적이고 타당한 증거와 근거가 있는지를 확인하여야 한다.

③ **행정청은 위반사실등의 공표를 할 때에는 미리 당사자에게 그 사실을 통지하고 의견제출의 기회를 주어야 한다. 다만, 다음 각 호의 어느 하나에 해당하는 경우에는 그러하지 아니하다.**

1. 공공의 안전 또는 복리를 위하여 긴급히 공표를 할 필요가 있는 경우
2. 해당 공표의 성질상 의견청취가 현저히 곤란하거나 명백히 불필요하다고 인정될 만한 타당한 이유가 있는 경우
3. 당사자가 의견진술의 기회를 포기한다는 뜻을 명백히 밝힌 경우

37

2023 군무원 9급

군인사법령에 의하여 진급예정자명단에 포함된 자에 대하여 의견제출의 기회를 부여하지 아니한 채 진급선발을 취소하는 처분을 한 것은 절차상 하자가 있어 위법하다고 할 것이다. O | X

[대법원 2007.9.21. 선고, 2006두20631, 판결]

군인사법 및 그 시행령의 관계 규정에 따르면, **원고와 같이 진급예정자 명단에 포함된 자는 진급예정자명단에서 삭제되거나 진급선발이 취소되지 않는 한 진급예정자 명단 순위에 따라 진급하게 되므로, 이 사건 처분과 같이 진급선발을 취소하는 처분은 진급예정자로서 가지는 원고의 이익을 침해하는 처분이라 할 것이고, 한편 군인사법 및 그 시행령에 이 사건 처분과 같이 진급예정자 명단에 포함된 자의 진급선발을 취소하는 처분을 함에 있어 행정절차에 준하는 절차를 거치도록 하는 규정이 없을 뿐만 아니라 위 처분이 성질상 행정절차를 거치기 곤란하거나 불필요하다고 인정되는 처분이라고 보기도 어렵다고 할 것이어서 이 사건 처분이 행정절차법의 적용이 제외되는 경우에 해당한다고 할 수 없으며** 나아가 원고가 수사과정 및 징계과정에서 자신의 비위행위에 대한 해명기회를 가졌다는 사정만으로 이 사건 처분이 행정절차법 제21조 제4항 제3호, 제22조 제4항에 따라

원고에게 사전통지를 하지 않거나 의견제출의 기회를 주지 아니하여도 되는 예외적인 경우에 해당한다고 할 수 없으므로, 피고가 이 사건 처분을 함에 있어 원고에게 의견제출의 기회를 부여하지 아니한 이상, 이 사건 처분은 절차상 하자가 있어 위법하다고 할 것이다.

38

2023 군무원 7급

행정청은 다수 국민의 이해가 상충되는 처분이나 다수 국민에게 불편이나 부담을 주는 처분을 하려는 경우에는 청문주재자를 2명 이상으로 선정할 수 있다. O | X

행정절차법

제28조(청문 주재자) ① 행정청은 소속 직원 또는 대통령령으로 정하는 자격을 가진 사람 중에서 청문 주재자를 공정하게 선정하여야 한다.

② **행정청은 다음 각 호의 어느 하나에 해당하는 처분을 하려는 경우에는 청문 주재자를 2명 이상으로 선정할 수 있다.** 이 경우 선정된 청문 주재자 중 1명이 청문 주재자를 대표한다.

1. **다수 국민의 이해가 상충되는 처분**
2. **다수 국민에게 불편이나 부담을 주는 처분**
3. 그 밖에 전문적이고 공정한 청문을 위하여 행정청이 청문 주재자를 2명 이상으로 선정할 필요가 있다고 인정하는 처분

39

2024 경찰간부

행정청은 공청회를 마친 후 처분을 할 때까지 새로운 사정이 발견되어 공청회를 다시 개최할 필요가 있다고 인정할 때에는 공청회를 다시 개최할 수 있다. O | X

행정절차법

제39조의3(공청회의 재개최) 행정청은 공청회를 마친 후 처분을 할 때까지 새로운 사정이 발견되어 공청회를 다시 개최할 필요가 있다고 인정할 때에는 공청회를 다시 개최할 수 있다.

40

2024 경찰간부

지방자치단체장이 구 「공유재산 및 물품관리법」에 근거하여 민간투자사업을 추진하던 중 우선협상대상자의 지위를 박탈하는 처분을 하기 위하여는 반드시 청문을 실시하여야 한다. O | X

개정 행정절차법은 신분·자격 박탈의 경우 필요적으로 청문할 것을 규정하고 있으며 선지의 바탕이 된 판례는 개정법 시행 전의 것이다. 다만, 현행법에 따르더라도 우선협상대상자의 지위를 박탈하는 것이 신분·자격의 박탈에 해당하여 필요적 청문의 대상인지에 대하여는 논란의 여지가 있다. 따라서 선지는 상대적으로 정오를 가려내야할 필요가 있다.

행정절차법

제22조(의견청취) ① 행정청이 처분을 할 때 다음 각 호의 어느 하나에 해당하는 경우에는 청문을 한다. 〈개정 2014. 1. 28., 2022. 1. 11.〉

1. 다른 법령등에서 청문을 하도록 규정하고 있는 경우
2. 행정청이 필요하다고 인정하는 경우
3. 다음 각 목의 처분을 하는 경우
   가. 인허가 등의 취소

나. 신분·자격의 박탈
다. 법인이나 조합 등의 설립허가의 취소

[대법원 2020. 4. 29. 선고 2017두31064 판결]
행정절차법의 규정 내용과 체계에 의하면, 행정청이 당사자에게 의무를 부과하거나 권익을 제한하는 처분을 하는 경우에는 원칙적으로 행정절차법 제21조 제1항에 따른 사전통지를 하고, 제22조 제3항에 따른 의견제출 기회를 주는 것으로 족하며, 다른 법령 등에서 반드시 청문을 실시하도록 규정한 경우이거나 행정청이 필요하다고 인정하는 경우 등에 한하여 청문을 실시할 의무가 있다

41

2023 국회사무처 9급

행정청은 처분 후 1년 이내에 청문·공청회 또는 의견제출을 위하여 제출받은 서류나 그 밖의 물건을 반환하여야 한다. O | X

당사자 등의 요청이 있으면 반환하여야 한다.

행정절차법

제22조(의견청취) ⑥ 행정청은 처분 후 1년 이내에 **당사자등이 요청하는 경우에**는 청문·공청회 또는 의견제출을 위하여 제출받은 서류나 그 밖의 물건을 반환하여야 한다.

42

2023 국회사무처 9급

온라인공청회를 실시하는 경우에는 누구든지 정보통신망을 이용하여 의견을 제출하거나 제출된 의견 등에 대한 토론에 참여할 수 있다. O | X

행정절차법

제38조의2(온라인공청회) ④ 온라인공청회를 실시하는 경우에는 누구든지 정보통신망을 이용하여 의견을 제출하거나 제출된 의견 등에 대한 토론에 참여할 수 있다.

43

2023 국회사무처 9급

행정청은 청문이 시작되는 날부터 7일 전까지 청문 주재자에게 청문과 관련한 필요한 자료를 미리 통지하여야 한다. O | X

행정절차법

제28조(청문 주재자) ③ 행정청은 청문이 시작되는 날부터 7일 전까지 청문 주재자에게 청문과 관련한 필요한 자료를 미리 통지하여야 한다.

44

2023 국회사무처 9급

청문 주재자는 독립하여 공정하게 직무를 수행하며, 그 직무수행을 이유로 본인의 의사에 반하여 신분상 어떠한 불이익도 받지 아니한다. O | X

행정절차법

제28조(청문 주재자) ④ 청문 주재자는 독립하여 공정하게 직무를 수행하며, 그 직무 수행을 이유로 본인의 의사에 반하여 신분상 어떠한 불이익도 받지 아니한다.

정답 | 41 × 42 ○ 43 ○ 44 ○

TOPIC 33 행정절차 3 – 기타 행정절차 / 처분에 대한 이의신청과 처분의 재심사 / 민원처리절차 / 청원

제1절 기타 행정절차(신/확/공/계/입/행/지)

01

2014 사회복지직 9급

현행 행정절차법에는 확약에 관한 규정을 두고 있다. O | X

개정 「행정절차법」은 확약에 관한 규정을 신설하였다.

행정절차법

제40조의2(확약) ① 법령등에서 당사자가 신청할 수 있는 처분을 규정하고 있는 경우 행정청은 당사자의 신청에 따라 장래에 어떤 처분을 하거나 하지 아니할 것을 내용으로 하는 의사표시(이하 "확약"이라 한다)를 할 수 있다.

② 확약은 문서로 하여야 한다.

③ 행정청은 다른 행정청과의 협의 등의 절차를 거쳐야 하는 처분에 대하여 확약을 하려는 경우에는 확약을 하기 전에 그 절차를 거쳐야 한다.

④ 행정청은 다음 각 호의 어느 하나에 해당하는 경우에는 확약에 기속되지 아니한다.

1. 확약을 한 후에 확약의 내용을 이행할 수 없을 정도로 법령등이나 사정이 변경된 경우
2. 확약이 위법한 경우

⑤ 행정청은 확약이 제4항 각 호의 어느 하나에 해당하여 확약을 이행할 수 없는 경우에는 지체 없이 당사자에게 그 사실을 통지하여야 한다.

[본조신설 2022. 1. 11.]

02

2014 국가직 9급

행정절차법상 신고 요건으로는 신고서의 기재사항에 흠이 없고 필요한 구비서류가 첨부되어 있어야 하며, 신고의 기재 사항은 그 진실함이 입증되어야 한다. O | X

행정절차법상의 신고는 「수리를 요하지 않는 신고」이므로 행정청은 실질적 요건(신고의 기재사상의 진실성)에 대하여 심사할 수 없고 형식적 요건을 갖추기만 하면 수리하여야 한다.

제40조(신고) ① 법령등에서 행정청에 일정한 사항을 통지함으로써 의무가 끝나는 신고를 규정하고 있는 경우 신고를 관장하는 행정청은 신고에 필요한 구비서류, 접수기관, 그 밖에 법령등에 따른 신고에 필요한 사항을 게시(인터넷 등을 통한 게시를 포함한다)하거나 이에 대한 편람을 갖추어 두고 누구나 열람할 수 있도록 하여야 한다.

② 제1항에 따른 신고가 다음 각 호의 요건을 갖춘 경우에는 신고서가 접수기관에 도달된 때에 신고 의무가 이행된 것으로 본다.

1. 신고서의 기재사항에 흠이 없을 것
2. 필요한 구비서류가 첨부되어 있을 것
3. 그 밖에 법령등에 규정된 형식상의 요건에 적합할 것

정답 | 01 ○ 02 ×

03

2017 지방직 9급

국민생활에 매우 큰 영향을 주는 사항 및 그 밖에 널리 국민의 의견을 수렴할 필요가 있는 사항에 대한 정책, 제도 및 계획을 수립·시행하는 경우라도 예고로 인하여 공공의 안전 또는 복리를 현저히 해칠 우려가 있는 때에는 행정청은 이를 예고하지 아니할 수 있다. O | X

이를테면 신도시 개발계획을 미리 발표할 경우 부동산투기를 유발할 수 있다.

행정절차법

제46조(행정예고) ① 행정청은 정책, 제도 및 계획(이하 "정책등"이라 한다)을 수립·시행하거나 변경하려는 경우에는 이를 예고하여야 한다. **다만, 다음 각 호의 어느 하나에 해당하는 경우에는 예고를 하지 아니할 수 있다.** 〈개정 2019. 12. 10.〉

1. 신속하게 국민의 권리를 보호하여야 하거나 예측이 어려운 특별한 사정이 발생하는 등 긴급한 사유로 예고가 현저히 곤란한 경우
2. 법령등의 단순한 집행을 위한 경우
3. 정책등의 내용이 국민의 권리·의무 또는 일상생활과 관련이 없는 경우
4. **정책등의 예고가 공공의 안전 또는 복리를 현저히 해칠 우려가 상당한 경우**

04

2017 하반기 지방직 9급

입법예고기간은 예고할 때 정하되, 특별한 사정이 없으면 40일(자치법규는 30일) 이상으로 한다. O | X

행정절차법

제43조(예고기간) 입법예고기간은 예고할 때 정하되, 특별한 사정이 없으면 **40일(자치법규는 20일)** 이상으로 한다.

05

2017 하반기 지방직 9급

행정예고기간은 예고 내용의 성격 등을 고려하여 정하되, 특별한 사정이 없으면 20일 이상으로 한다. O | X

행정절차법

제46조(행정예고) ① 행정청은 다음 각 호의 어느 하나에 해당하는 사항에 대한 정책, 제도 및 계획을 수립·시행하거나 변경하려는 경우에는 이를 예고하여야 한다. 다만, 예고로 인하여 공공의 안전 또는 복리를 현저히 해칠 우려가 있거나 그 밖에 예고하기 곤란한 특별한 사유가 있는 경우에는 예고하지 아니할 수 있다.

1. 국민생활에 매우 큰 영향을 주는 사항
2. 많은 국민의 이해가 상충되는 사항
3. 많은 국민에게 불편이나 부담을 주는 사항
4. 그 밖에 널리 국민의 의견을 수렴할 필요가 있는 사항

② 제1항에도 불구하고 법령등의 입법을 포함하는 행정예고는 입법예고로 갈음할 수 있다.

③ 행정예고기간은 예고 내용의 성격 등을 고려하여 정하되, 특별한 사정이 없으면 **20일 이상**으로 한다.

정답 03 ○ 04 × 05 ○

06 상위 법령등의 단순한 집행을 위해 총리령을 제정하려는 경우, 행정상 입법예고를 하지 아니할 수 있다. O | X

2019 국가직 9급

상위 법령 등의 단순한 집행을 위해 제정하는 법규명령을「집행명령」이라 한다. 집행명령의 경우에는 입법예고를 하지 아니할 수 있다.

행정절차법

제41조(행정상 입법예고) ① 법령등을 제정·개정 또는 폐지(이하 "입법"이라 한다)하려는 경우에는 해당 입법안을 마련한 행정청은 이를 예고하여야 한다. 다만, **다음 각 호의 어느 하나에 해당하는 경우에는 예고를 하지 아니할 수 있다.**

1. 신속한 국민의 권리 보호 또는 예측 곤란한 특별한 사정의 발생 등으로 입법이 긴급을 요하는 경우
2. **상위 법령등의 단순한 집행을 위한 경우**
3. 입법내용이 국민의 권리·의무 또는 일상생활과 관련이 없는 경우
4. 단순한 표현·자구를 변경하는 경우 등 입법내용의 성질상 예고의 필요가 없거나 곤란하다고 판단되는 경우
5. 예고함이 공공의 안전 또는 복리를 현저히 해칠 우려가 있는 경우

07 확약은 문서로 하여야 한다. O | X

2023 국회사무처 8급

행정절차법

제40조의2(확약) ① 법령등에서 당사자가 신청할 수 있는 처분을 규정하고 있는 경우 행정청은 당사자의 신청에 따라 장래에 어떤 처분을 하거나 하지 아니할 것을 내용으로 하는 의사표시(이하 "확약"이라 한다)를 할 수 있다.
② **확약은 문서로 하여야 한다.**

08 행정지도는 의무를 부과하거나 권익을 제한하는 것이 아니므로 「행정절차법」의 적용을 받지 않는다. O | X

2023 국회사무처 8급

행정절차법

제3조(적용 범위) ① 처분, 신고, 확약, 위반사실 등의 공표, 행정계획, 행정상 입법예고, 행정예고 및 **행정지도**의 절차(이하 "행정절차"라 한다)에 관하여 다른 법률에 특별한 규정이 있는 경우를 제외하고는 **이 법에서 정하는 바에 따른다.**

정답 | 06 ○ 07 ○ 08 ×

09

2023 지방직 9급

행정기관이 같은 행정목적을 실현하기 위하여 많은 상대방에게 행정지도를 하려는 경우에는 특별한 사정이 없으면 행정지도에 공통적인 내용이 되는 사항을 공표하여야 한다. O | X

> **행정절차법**
> 제51조(다수인을 대상으로 하는 행정지도) 행정기관이 같은 행정목적을 실현하기 위하여 많은 상대방에게 행정지도를 하려는 경우에는 특별한 사정이 없으면 행정지도에 공통적인 내용이 되는 사항을 공표하여야 한다.

10

2024 경찰간부

「행정절차법」에 따르면 행정청은 위반사실등의 공표를 하기 전에 당사자가 공표와 관련된 의무의 이행 등의 조치를 마친 경우에는 위반사실등의 공표를 하지 않을 수 있다. O | X

> **행정절차법**
> 제40조의3(위반사실 등의 공표) ⑦ 행정청은 위반사실등의 공표를 하기 전에 당사자가 공표와 관련된 의무의 이행, 원상회복, 손해배상 등의 조치를 마친 경우에는 위반사실등의 공표를 하지 아니할 수 있다.

11

2024 경찰간부

「행정절차법」에 따르면 행정청은 공표된 내용이 사실과 다른 것으로 밝혀진 경우에도 당사자가 원하지 아니하면 정정한 내용을 공표하지 아니할 수 있다. O | X

> **행정절차법**
> 제40조의3(위반사실 등의 공표) ⑧ 행정청은 공표된 내용이 사실과 다른 것으로 밝혀지거나 공표에 포함된 처분이 취소된 경우에는 그 내용을 정정하여, 정정한 내용을 지체 없이 해당 공표와 같은 방법으로 공표된 기간 이상 공표하여야 한다. **다만, 당사자가 원하지 아니하면 공표하지 아니할 수 있다.**

12

2023 국가직 7급

「행정절차법」상 행정청은 확약을 한 후에 확약의 내용을 이행할 수 없을 정도로 법령등이나 사정이 변경된 경우에는 확약에 기속되지 아니하며, 그 확약을 이행할 수 없는 경우에는 지체 없이 당사자에게 그 사실을 통지하여야 한다. O | X

> **행정절차법**
> 제40조의2(확약) ④ 행정청은 다음 각 호의 어느 하나에 해당하는 경우에는 확약에 기속되지 아니한다.
> 1. 확약을 한 후에 확약의 내용을 이행할 수 없을 정도로 법령등이나 사정이 변경된 경우
> 2. 확약이 위법한 경우
>
> **⑤ 행정청은 확약이 제4항 각 호의 어느 하나에 해당하여 확약을 이행할 수 없는 경우에는 지체 없이 당사자에게 그 사실을 통지하여야 한다.**

정답 | 09 ○ 10 ○ 11 ○ 12 ○

13

2023 국가직 7급

행정청은 위반사실등의 공표를 할 때에는 특별한 사정이 없는 한 미리 당사자에게 그 사실을 통지하고 의견제출의 기회를 주어야 하며, 의견제출의 기회를 받은 당사자는 공표 전에 관할 행정청에 서면이나 말 또는 정보통신망을 이용하여 의견을 제출할 수 있다. O | X

행정절차법

제40조의3(위반사실 등의 공표) ③ **행정청은 위반사실등의 공표를 할 때에는 미리 당사자에게 그 사실을 통지하고 의견제출의 기회를 주어야 한다.** 다만, 다음 각 호의 어느 하나에 해당하는 경우에는 그러하지 아니하다.

1. 공공의 안전 또는 복리를 위하여 긴급히 공표를 할 필요가 있는 경우
2. 해당 공표의 성질상 의견청취가 현저히 곤란하거나 명백히 불필요하다고 인정될 만한 타당한 이유가 있는 경우
3. 당사자가 의견진술의 기회를 포기한다는 뜻을 명백히 밝힌 경우

④ 제3항에 따라 **의견제출의 기회를 받은 당사자는 공표 전에 관할 행정청에 서면이나 말 또는 정보통신망을 이용하여 의견을 제출할 수 있다.**

제2절 처분에 대한 이의신청과 처분의 재심사

01

2023 군무원 7급

이의신청에 대한 결과를 통지받은 후 행정심판 또는 행정소송을 제기하려는 자는 그 결과를 통지받은 날부터 90일 이내에 행정심판 또는 행정소송을 제기할 수 있다. O | X

행정기본법

제36조(처분에 대한 이의신청) ④ **이의신청에 대한 결과를 통지받은 후 행정심판 또는 행정소송을 제기하려는 자는 그 결과를 통지받은 날**(제2항에 따른 통지기간 내에 결과를 통지받지 못한 경우에는 같은 항에 따른 통지기간이 만료되는 날의 다음 날을 말한다)**부터 90일 이내에 행정심판 또는 행정소송을 제기할 수 있다.**

02

2023 군무원 7급

공무원 인사관계 법령에 의한 징계 등 처분에 관한 사항에 대하여도 「행정기본법」상의 이의신청 규정이 적용된다. O | X

행정기본법

제36조(처분에 대한 이의신청) ⑦ **다음 각 호의 어느 하나에 해당하는 사항에 관하여는 이 조를 적용하지 아니한다.**

1. **공무원 인사 관계 법령에 따른 징계 등 처분에 관한 사항**
2. 「국가인권위원회법」 제30조에 따른 진정에 대한 국가인권위원회의 결정
3. 「노동위원회법」 제2조의2에 따라 노동위원회의 의결을 거쳐 행하는 사항
4. 형사, 행형 및 보안처분 관계 법령에 따라 행하는 사항
5. 외국인의 출입국·난민인정·귀화·국적회복에 관한 사항
6. 과태료 부과 및 징수에 관한 사항

정답 | 13 ○ | 01 ○ 02 ×

03

2023 군무원 7급

당사자는 처분에 대하여 법원의 확정판결이 있는 경우에는 처분의 근거가 된 사실관계 또는 법률관계가 추후에 당사자에게 유리하게 바뀐 경우에도 해당 처분을 한 행정청이 처분을 취소·철회하거나 변경하여 줄 것을 신청할 수는 없다. O | X

행정기본법

제37조(처분의 재심사) ① 당사자는 처분(제재처분 및 행정상 강제는 제외한다. 이하 이 조에서 같다)이 행정심판, 행정소송 및 그 밖의 쟁송을 통하여 다툴 수 없게 된 경우(**법원의 확정판결이 있는 경우는 제외한다**)라도 다음 각 호의 어느 하나에 해당하는 경우에는 해당 처분을 한 행정청에 처분을 취소·철회하거나 변경하여 줄 것을 신청할 수 있다.

1. 처분의 근거가 된 사실관계 또는 법률관계가 추후에 당사자에게 유리하게 바뀐 경우
2. 당사자에게 유리한 결정을 가져다주었을 새로운 증거가 있는 경우
3. 「민사소송법」 제451조에 따른 재심사유에 준하는 사유가 발생한 경우 등 대통령령으로 정하는 경우

04

2023 군무원 7급

처분을 유지하는 재심사 결과에 대하여는 행정심판, 행정소송 및 그밖의 쟁송수단을 통하여 불복할 수 없다. O | X

행정기본법

제37조(처분의 재심사) ⑤ 제4항에 따른 **처분의 재심사 결과 중 처분을 유지하는 결과에 대해서는 행정심판, 행정소송 및 그 밖의 쟁송수단을 통하여 불복할 수 없다**.

정답 03 ○ 04 ○

제3절 민원처리절차

01 건의민원의 신청은 구술(口述) 또는 전화로 할 수 있다. O | X

2024 경찰간부

> **민원처리법**
>
> 제8조(민원의 신청) 민원의 신청은 문서(「전자정부법」 제2조제7호에 따른 전자문서를 포함한다. 이하 같다)로 하여야 한다. 다만, 기타민원은 구술(口述) 또는 전화로 할 수 있다.

02 행정기관의 장은 민원을 접수·처리할 때에 민원인에게 관계 법령등에서 정한 구비서류 외의 서류를 추가로 요구하여서는 아니 된다. O | X

2024 경찰간부

> **민원처리법**
>
> 제10조(불필요한 서류 요구의 금지) ① 행정기관의 장은 민원을 접수·처리할 때에 민원인에게 관계법령등에서 정한 구비서류 외의 서류를 추가로 요구하여서는 아니 된다.

03 행정기관의 장은 민원인이 동일한 내용의 질의민원을 정당한 사유 없이 3회 이상 반복하여 제출한 경우에는 2회 이상 그 처리결과를 통지하고, 그 후에 접수되는 민원에 대하여는 종결처리할 수 있다. O | X

2024 경찰간부

> **민원처리법**
>
> 제23조(반복 및 중복 민원의 처리) ① 행정기관의 장은 민원인이 동일한 내용의 민원(법정민원을 제외한다. 이하 이 조에서 같다)을 정당한 사유 없이 3회 이상 반복하여 제출한 경우에는 2회 이상 그 처리결과를 통지하고, 그 후에 접수되는 민원에 대하여는 종결처리할 수 있다.

04 법정민원에 대한 행정기관의 장의 거부처분에 불복하는 민원인은 그 거부처분을 받은 날부터 60일 이내에 그 행정기관의 장에게 문서로 이의신청을 할 수 있다. O | X

2024 경찰간부

> **민원처리법**
>
> 제35조(거부처분에 대한 이의신청) ① 법정민원에 대한 행정기관의 장의 거부처분에 불복하는 민원인은 그 거부처분을 받은 날부터 60일 이내에 그 행정기관의 장에게 문서로 이의신청을 할 수 있다.

제4절 청원

정답 | 01 × 02 ○ 03 ○ 04 ○

TOPIC 34

국가배상법 1 – 제2조 책임

01

2014 지방직 9급

사인이 지방자치단체로부터 공무를 위탁받아 공무에 종사하는 경우 공무의 위탁이 일시적이고 한정적인 사항에 관한 활동이라면 국가배상법상 공무원에 해당하지 아니한다. O | X

[대법원 2001.1.5, 98다39060]
국가배상법 제2조 소정의 '공무원'이라 함은 국가공무원법이나 지방공무원법에 의하여 공무원으로서의 신분을 가진 자에 국한하지 않고, 널리 공무를 위탁받아 실질적으로 공무에 종사하고 있는 일체의 자를 가리키는 것으로서, 공무의 위탁이 일시적이고 한정적인 사항에 관한 활동을 위한 것이어도 달리 볼 것은 아니다.

02

2014 지방직 9급

유흥주점의 화재로 여종업원들이 사망한 경우, 담당 공무원의 유흥주점의 용도변경, 무허가 영업 및 시설기준에 위배된 개축에 대하여 시정명령 등 식품위생법상 취하여야 할 조치를 게을리 한 직무상 의무위반행위와 여종업원들의 사망 사이에는 상당인과관계가 존재하지 아니한다. O | X

이른바 군산시 윤락가 화재사건으로 성매매여성들이 사망한 사건에 관한 판례이다. (i) 지방자치단체 담당공무원들에 대해서는 직무상 위법행위와 손해발생 간의 인과관계를 부정하였으나, (ii) 소방공무원 및 경찰공무원의 경우에는 인과관계를 인정하여 국가배상책임이 성립한다고 판시하였다.

1. 지방자치단체 담당공무원의 경우 – 국가배상책임 부정

[대법원 2008.4.10, 2005다48994]
유흥주점에 감금된 채 윤락을 강요받으며 생활하던 여종업원들이 유흥주점에 화재가 났을 때 미처 피신하지 못하고 유독가스에 질식해 사망한 사안에서, 지방자치단체의 담당 공무원이 위 유흥주점의 용도변경, 무허가 영업 및 시설기준에 위배된 개축에 대하여 시정명령 등 식품위생법상 취하여야 할 조치를 게을리 한 직무상 의무위반행위와 위 종업원들의 사망 사이에 상당인과관계가 존재하지 않는다.

2. 소방공무원의 경우 – 국가배상책임 인정

[대법원 2008.4.10, 선고, 2005다48994, 판결]
유흥주점에 감금된 채 윤락을 강요받으며 생활하던 여종업원들이 유흥주점에 화재가 났을 때 미처 피신하지 못하고 유독가스에 질식해 사망한 사안에서, 소방공무원이 위 유흥주점에 대하여 화재 발생 전 실시한 소방점검 등에서 구 소방법상 방염 규정 위반에 대한 시정조치 및 화재 발생시 대피에 장애가 되는 잠금장치의 제거 등 시정조치를 명하지 않은 직무상 의무 위반은 현저히 불합리한 경우에 해당하여 위법하고, 이러한 직무상 의무 위반과 위 사망의 결과 사이에 상당인과관계가 존재한다고 한 사례.

3. 경찰공무원의 경우 – 국가배상책임 인정

[대법원 2004.9.23, 선고 2003다49009 판결]
윤락녀들이 윤락업소에 감금된 채로 윤락을 강요받으면서 생활하고 있음을 쉽게 알 수 있는 상황이었음에도, 경찰관이 이러한 감금 및 윤락강요행위를 제지하거나 윤락업주들을 체포·수사하는 등 필요한 조치를 취하지 아니하고 오히려 업주들로부터 뇌물을 수수하며 그와 같은 행위를 방치한 것은 경찰관의 직무상 의무에 위반하여 위법하므로 국가는 이로 인한 정신적 고통에 대하여 위자료를 지급할 의무가 있다고 한 사례.

정답 | 01 × 02 ○

03 국가배상청구권은 외관상뿐만 아니라 실질적으로 직무집행행위인 경우이어야 한다. O | X

2014 서울시 9급

이른바 「외형이론」에 따르면 공무원의 불법행위가 외관상 직무로 보이면 충분하고 실제로 직무에 해당할 것은 요하지 않는다. 경찰관이 은행강도를 하기 위해 사전에 보안점검을 가장하여 은행을 방문하여 금고의 위치를 사전답사한 경우에 실제로는 직무수행이 아니지만 외관상 직무로 보인다. 따라서 이 경우 해당 금융기관은 경찰관의 은행강도행위를 이유로 국가배상을 청구할 수 있다.

[대법원 2005.1.14, 2004다26805]

울산세관의 통관지원과에서 인사업무를 담당하면서 울산세관 공무원들의 공무원증 및 재직증명서 발급업무를 하는 공무원인 김영선이 울산세관의 다른 공무원의 공무원증 등을 위조하는 행위는 비록 그것이 실질적으로는 직무행위에 속하지 아니한다 할지라도 적어도 외관상으로는 공무원증과 재직증명서를 발급하는 행위로서 직무집행으로 보여지므로 결국 소외인의 공무원증 등 위조행위는 국가배상법 제2조 제1항 소정의 공무원이 직무를 집행함에 당하여 한 행위로 인정되고, 소외인이 실제로는 공무원증 및 재직증명서의 발급권자인 울산세관장의 직무를 보조하는 데 불과한 지위에 있다거나, 신청자의 발급신청 없이 정상의 발급절차를 거치지 아니하고 이를 발급하였으며, 위 공무원증 등 위조행위가 원고로부터 대출을 받기 위한 목적으로 행하여졌다 하더라도 이를 달리 볼 수 없다.

04 국가배상법상 과실은 행정처분의 담당 공무원이 보통 일반의 공무원을 표준으로 하여 볼 때 객관적 주의의무를 결하여 그 행정처분이 객관적 정당성을 상실하였다고 인정될 정도에 이른 경우를 말한다. O | X

2014 경찰행정

[대법원 2011.1.27, 2008다30703]

어떠한 행정처분이 후에 항고소송에서 위법한 것으로서 취소되었다고 하더라도 그로써 곧 당해 행정처분이 공무원의 고의 또는 과실에 의한 불법행위를 구성한다고 단정할 수는 없지만, 그 **행정처분의 담당공무원이 보통 일반의 공무원을 표준으로 하여 볼 때 객관적 주의의무를 결하여 그 행정처분이 객관적 정당성을 상실하였다고 인정될 정도에 이른 경우에는 국가배상법 제2조 소정의 국가배상책임의 요건을 충족하였다고 보아야 한다.** 이 때 객관적 정당성을 상실하였는지 여부는 침해행위가 되는 행정처분의 태양과 그 목적, 피해자의 관여 여부 및 관여의 정도, 침해된 이익의 종류와 손해의 정도 등 여러 사정을 종합하여 결정하되 손해의 전보책임을 국가 또는 지방자치단체에게 부담시킬 만한 실질적인 이유가 있는지도 살펴서 판단하여야 하며, 이는 행정청이 재결의 형식으로 처분을 한 경우에도 마찬가지이다.

05 피해자가 손해를 입은 동시에 이익을 얻은 경우에는 손해배상액에서 그 이익에 상당하는 금액을 빼야 한다. O | X

2015 사회복지직 9급

이를 '손익상계'라 한다.

국가배상법

제3조의2(공제액) ① 제2조 제1항을 적용할 때 피해자가 손해를 입은 동시에 이익을 얻은 경우에는 손해배상액에서 그 이익에 상당하는 금액을 빼야 한다.

정답 03 × 04 ○ 05 ○

06

2015 사회복지직 9급

국가배상소송은 배상심의회에 배상신청을 하지 아니하고도 제기할 수 있다. O | X

국가배상법

제9조(소송과 배상신청의 관계) 이 법에 따른 손해배상의 소송은 배상심의회(이하 "심의회"라 한다)에 배상신청을 하지 아니하고도 제기할 수 있다.

07

2015 국가직 9급

공무원의 직무행위로 인한 국가배상책임이 인정되려면 공무원에게 부과된 직무상 의무의 내용이 단순히 공공 일반의 이익을 위한 것이거나 행정기관 내부의 질서를 규율하기 위한 것이 아니고 전적으로 또는 부수적으로 사회구성원 개인의 안전과 이익을 보호하기 위하여 설정된 것이어야 한다. O | X

[대법원 1998.2.10, 97다49534]

공무원에게 부과된 직무상 의무의 내용이 단순히 공공 일반의 이익을 위한 것이거나 행정기관 내부의 질서를 규율하기 위한 것이 아니고 전적으로 또는 부수적으로 사회 구성원 개인의 안전과 이익을 보호하기 위하여 설정된 것이라면, 공무원이 그와 같은 직무상 의무를 위반함으로 인하여 피해자가 입은 손해에 대하여는 상당인과관계가 인정되는 범위 내에서 국가가 배상책임을 지는 것이고, 이 때 상당인과관계의 유무를 판단함에 있어서는 일반적인 결과 발생의 개연성은 물론 직무상 의무를 부과하는 법령 기타 행동규범의 목적이나 가해행위의 태양 및 피해의 정도 등을 종합적으로 고려하여야 한다.

08

2015 서울시 9급

행정상 손해배상에 관하여는 국가배상법이 일반법적 지위를 갖는다고 본다. O | X

행정상 손해배상에 관하여 국가배상법은 일반법이다.

09

2015 서울시 9급

국가배상법은 직무행위로 인한 행정상 손해배상에 대하여 무과실책임을 명시하고 있다. O | X

공무원의 고의 또는 과실의 경우에만 국가배상책임이 인정된다. 한편 공무원의 직무상 불법행위가 인정되는 경우 국가 또는 지방자치단체의 책임은 무과실책임이라는 것도 정리해야 한다.

국가배상법

제2조 (배상책임) ① 국가나 지방자치단체는 공무원 또는 공무를 위탁받은 사인(이하 "공무원"이라 한다)이 직무를 집행하면서 **고의 또는 과실**로 법령을 위반하여 타인에게 손해를 입히거나, 「자동차손해배상 보장법」에 따라 손해배상의 책임이 있을 때에는 이 법에 따라 그 손해를 배상하여야 한다. 다만, 군인·군무원·경찰행정 또는 향토예비군대원이 전투·훈련 등 직무 집행과 관련하여 전사(戰死)·순직(殉職)하거나 공상(公傷)을 입은 경우에 본인이나 그 유족이 다른 법령에 따라 재해보상금·유족연금·상이연금 등의 보상을 지급받을 수 있을 때에는 이 법 및 「민법」에 따른 손해배상을 청구할 수 없다.

정답 | 06 ○ 07 ○ 08 ○ 09 ×

10

2015 서울시 9급

국가배상법 제2조 제1항에서 규정하는 공무원의 과실에 관한 판례에 따르면, 과실의 입증책임은 원고가 아니라 피고인 국가 또는 지방자치단체로 전환된다. O | X

입증책임의 일반원칙에 따라, 손해배상을 청구하는 원고가 공무원의 고의 또는 과실의 입증책임을 진다. 다만 판례는 예견가능성과 회피가능성의 존부에 대한 입증책임을 국가나 지방자치단체 등 관리자에게 부담시키고 있으므로 불가항력에 대해서는 관리주체가 입증하여야 한다.

[대법원 2008.3.13, 선고, 2007다29287, 판결]

고속도로의 관리상 하자가 인정되는 이상 고속도로의 점유관리자는 그 하자가 불가항력에 의한 것이거나 손해의 방지에 필요한 주의를 해태하지 아니하였다는 점을 주장·입증하여야 비로소 그 책임을 면할 수 있다.

11

2015 서울시 7급

공무원이 직무수행 중 불법행위로 타인에게 손해를 입힌 경우 공무원에게 경과실만 인정되는 때에는 공무원 개인은 손해배상책임을 부담하지 않는다. O | X

[대법원 1996.2.15, 95다38677]

공무원이 직무수행 중 불법행위로 타인에게 손해를 입힌 경우에 국가 등이 국가배상책임을 부담하는 외에 **공무원 개인도 고의 또는 중과실이 있는 경우에는 불법행위로 인한 손해배상책임을 진다고 할 것**이지만, **공무원에게 경과실뿐인 경우에는 공무원 개인은 손해배상책임을 부담하지 아니한다**고 해석하는 것이 헌법 제29조 제1항 본문과 단서 및 국가배상법 제2조의 입법취지에 조화되는 올바른 해석이다.

12

2016 지방직 9급

국회의원의 입법행위는 그 입법 내용이 헌법의 문언에 명백히 위배됨에도 불구하고 국회가 굳이 당해 입법을 한 것과 같은 특수한 경우가 아닌 한 국가배상법 제2조제1항 소정의 위법행위에 해당된다고 볼 수 없다. O | X

[대법원 2008.5.29, 2004다33469]

우리 헌법이 채택하고 있는 의회민주주의하에서 국회는 다원적 의견이나 각가지 이익을 반영시킨 토론과정을 거쳐 다수결의 원리에 따라 **통일적인 국가의사를 형성하는 역할을 담당하는 국가기관으로서 그 과정에 참여한 국회의원은 입법에 관하여 원칙적으로 국민 전체에 대한 관계에서 정치적 책임을 질 뿐 국민 개개인의 권리에 대응하여 법적 의무를 지는 것은 아니므로, 국회의원의 입법행위는 그 입법 내용이 헌법의 문언에 명백히 위배됨에도 불구하고 국회가 굳이 당해 입법을 한 것과 같은 특수한 경우가 아닌 한 국가배상법 제2조 제1항 소정의 위법행위에 해당한다고 볼 수 없고**, 같은 맥락에서 국가가 일정한 사항에 관하여 헌법에 의하여 부과되는 구체적인 입법의무를 부담하고 있음에도 불구하고 그 입법에 필요한 상당한 기간이 경과하도록 고의 또는 과실로 이러한 입법의무를 이행하지 아니하는 등 극히 예외적인 사정이 인정되는 사안에 한정하여 국가배상법 소정의 배상책임이 인정될 수 있으며, 위와 같은 구체적인 입법의무 자체가 인정되지 않는 경우에는 애당초 부작위로 인한 불법행위가 성립할 여지가 없다.

정답 | 10 × 11 ○ 12 ○

13

2016 지방직 9급

법령의 규정을 따르지 아니한 법관의 재판상 직무행위는 곧바로 국가배상법 제2조제1항에서 규정하고 있는 위법 행위가 되어 국가의 손해배상책임이 발생한다. O | X

[대법원 2001.4.24, 2000다 16114]
법관이 행하는 재판사무의 특수성과 그 재판과정의 잘못에 대하여는 따로 불복절차에 의하여 시정될 수 있는 제도적 장치가 마련되어 있는 점 등에 비추어 보면, 법관의 재판에 법령의 규정을 따르지 아니한 잘못이 있다 하더라도 이로써 바로 그 재판상 직무행위가 국가배상법 제2조 제1항에서 말하는 위법한 행위로 되어 국가의 손해배상책임이 발생하는 것은 아니고, 그 **국가배상책임이 인정되려면 당해 법관이 위법 또는 부당한 목적을 가지고 재판을 하는 등 법관이 그에게 부여된 권한의 취지에 명백히 어긋나게 이를 행사하였다고 인정할 만한 특별한 사정이 있어야 한다**고 해석함이 상당하다.

14

2016 지방직 9급

일반적으로 공무원이 관계법규를 알지 못하거나 필요한 지식을 갖추지 못하고 법규의 해석을 그르쳐 행정처분을 하였다면 그가 법률전문가가 아닌 행정직 공무원이라고 하여 과실이 없다고는 할 수 없다. O | X

[대법원 2001.2.9, 98다 52988]
법령에 대한 해석이 복잡, 미묘하여 워낙 어렵고, 이에 대한 학설, 판례조차 귀일되어 있지 않는 등의 특별한 사정이 없는 한 **일반적으로 공무원이 관계 법규를 알지 못하거나 필요한 지식을 갖추지 못하고 법규의 해석을 그르쳐 행정처분을 하였다면 그가 법률전문가가 아닌 행정직 공무원이라고 하여 과실이 없다고는 할 수 없다.**

비교판례

[대법원 1995.10.13, 95다32747]
일반적으로 공무원이 직무를 집행함에 있어서 관계법규를 알지 못하거나 필요한 지식을 갖추지 못하여 법규의 해석을 그르쳐 잘못된 행정처분을 하였다면 그가 법률전문가가 아닌 행정직 공무원이라고 하여 과실이 없다고 할 수 없으나, 법령에 대한 해석이 그 문언 자체만으로는 명백하지 아니하여 여러 견해가 있을 수 있는 데다가 이에 대한 선례나 학설, 판례 등도 귀일된 바 없어 의의(疑義)가 없을 수 없는 경우에 **관계 공무원이 그 나름대로 신중을 다하여 합리적인 근거를 찾아 그 중 어느 한 견해를 따라 내린 해석이 후에 대법원이 내린 입장과 같지 않아 결과적으로 잘못된 해석에 돌아가고, 이에 따른 처리가 역시 결과적으로 위법하게 되어 그 법령의 부당집행이라는 결과를 가져오게 되었다고 하더라도, 그와 같은 처리 방법 이상의 것을 성실한 평균적 공무원에게 기대하기는 어려운 일이고, 따라서 이러한 경우에까지 국가배상법상 공무원의 과실을 인정할 수는 없다.**

15

2016 서울시 9급

공무원이 고의 또는 중과실로 불법행위를 하여 손해를 입힌 경우 피해자는 공무원 개인에 대하여 손해배상을 청구할 수 있다. O | X

[대법원 1996.8.23, 96다19833]
공무원이 직무상 불법행위를 한 경우에 국가 또는 지방자치단체가 배상책임을 부담하는 외에 **공무원 개인도 고의 또는 중과실이 있는 경우에는 불법행위로 인한 손해배상책임**을 지지만, 공무원에게 경과실뿐인 경우에는 공무원 개인은 손해배상책임을 부담하지 않는다.

정답 | 13 × 14 ○ 15 ○

16

2017 사회복지직 9급

사인이 받은 손해란 생명·신체·재산상의 손해는 인정하지만, 정신상의 손해는 인정하지 않는다. O | X

국가배상법

제3조(배상기준) ⑤ 사망하거나 신체의 해를 입은 피해자의 직계존속(直系尊屬)·직계비속(直系卑屬) 및 배우자, 신체의 해나 그 밖의 해를 입은 피해자에게는 대통령령으로 정하는 기준 내에서 피해자의 사회적 지위, 과실(過失)의 정도, 생계 상태, 손해배상액 등을 고려하여 그 정신적 고통에 대한 위자료를 배상하여야 한다.

17

2017 국가직 9급

「국가배상법」이 정한 배상청구의 요건인 '공무원의 직무'에는 권력적 작용만이 아니라 행정지도와 같은 비권력적 작용도 포함된다. O | X

[대법원 2004.4.9, 선고, 2002다10691, 판결]

국가배상법이 정한 손해배상청구의 요건인 '공무원의 직무'에는 국가나 지방자치단체의 **권력적 작용뿐만 아니라 비권력적 작용도 포함되지만 단순한 사경제의 주체로서 하는 작용은 포함되지 않는다.**

18

2017 지방직 9급

경찰은 국민의 생명, 신체 및 재산의 보호 등과 기타 공공의 안녕과 질서유지도 직무로 하고 있고 그 직무의 원활한 수행을 위한 권한은 일반적으로 경찰관의 전문적 판단에 기한 합리적인 재량에 위임되어 있는 것이나, 그 취지와 목적에 비추어 볼 때 구체적인 사정에 따라 경찰관이 그 권한을 행사하여 필요한 조치를 취하지 아니하는 것이 현저하게 불합리하다고 인정되는 경우에는 그러한 권한의 불행사는 직무상의 의무를 위반한 것이 되어 위법하게 된다. O | X

[대법원 1998.8.25, 선고, 98다16890, 판결]

경찰관직무집행법 제5조는 경찰관은 인명 또는 신체에 위해를 미치거나 재산에 중대한 손해를 끼칠 우려가 있는 위험한 사태가 있을 때에는 그 각 호의 조치를 취할 수 있다고 규정하여 형식상 경찰관에게 재량에 의한 직무수행권한을 부여한 것처럼 되어 있으나, 경찰관에게 그러한 권한을 부여한 취지와 목적에 비추어 볼 때 **구체적인 사정에 따라 경찰관이 그 권한을 행사하여 필요한 조치를 취하지 아니하는 것이 현저하게 불합리하다고 인정되는 경우에는 그러한 권한의 불행사는 직무상의 의무를 위반한 것이 되어 위법하게 된다.**

19

2017 교육행정직 9급

실무상 국가배상청구소송은 민사소송으로 행해지고 있다. O | X

판례는 국가배상법을 사법으로서 민법의 특별법이라고 보면서, 국가배상청구권의 성격도 사권이며, 소송형태 또한 민사소송에 의한다고 본다.

[대법원 1972.10.10, 선고, 69다701, 판결]

공무원의 직무상 불법행위로 손해를 받은 국민이 국가 또는 공공단체에 배상을 청구하는 경우 국가 또는 공공단체에 대하여 그의 불법행위를 이유로 손해배상을 구함은 국가배상법이 정한바에 따른다 하여도 이 역시 **민사상의 손해배상 책임을 특별법인 국가배상법이 정한데 불과**하다.

정답 | 16 × 17 ○ 18 ○ 19 ○

20

2017 교육행정직 9급

국가배상법은 행정작용뿐만 아니라 입법작용 및 사법작용에도 적용된다. O | X

[대법원 2001.1.5, 98다39060]
국가배상청구의 요건인 '공무원의 직무'에는 권력적 작용만이 아니라 비권력적 작용도 포함되며 단지 **행정주체가 사경제주체로서 하는 활동만 제외된다.**

21

2017 교육행정직 9급

국가배상에서의 인과관계는 민법상 불법행위 책임에서의 그것과 동일하게 상당인과관계가 요구된다. O | X

[대법원 2003.4.25, 2001다59842]
가해행위인 직무집행행위와 손해의 발생 사이에는 상당인과관계가 있어야 한다. 이때 상당인과 관계의 유무를 판단함에 있어서는 일반적인 결과 발생의 개연성은 물론 직무상 의무를 부과하는 법령 기타 행동규범의 목적, 그 수행하는 직무의 목적 내지 기능으로부터 예견가능한 행위 후의 사정, 가해행위의 태양 및 피해의 정도 등을 종합적으로 고려하여야 한다는 것이 판례의 태도이다.

22

2017 서울시 9급

공중보건의는 국가배상법상의 공무원에 해당한다. O | X

공중보건의는 계약직 공무원에 해당하는바, 이 경우에도 국가배상법상의 공무원에 해당한다.
[대법원 2014.8.20, 선고, 2012다54478, 판결]
공중보건의인 甲에게 치료를 받던 乙이 사망하자 乙의 유족들이 甲 등을 상대로 손해배상청구의 소를 제기하였고, 甲의 의료과실이 인정된다는 이유로 甲 등의 손해배상책임을 인정한 판결이 확정되어 甲이 乙의 유족들에게 판결금 채무를 지급한 사안에서, 甲은 공무원으로서 직무 수행 중 경과실로 타인에게 손해를 입힌 것이어서 乙과 유족들에 대하여 손해배상책임을 부담하지 아니함에도 乙의 유족들에 대한 패소판결에 따라 그들에게 손해를 배상한 것이고, 이는 민법 제744조의 도의관념에 적합한 비채변제에 해당하여 乙과 유족들의 국가에 대한 손해배상청구권은 소멸하고 국가는 자신의 출연 없이 채무를 면하였으므로, 甲은 국가에 대하여 변제금액에 관하여 구상권을 취득한다고 한 사례.

23

2017 서울시 9급

국가배상법은 국가배상책임의 주체를 국가 또는 공공단체로 규정하고 있다. O | X

국가배상책임의 주체에 대하여 헌법과 국가배상법에 규정된 내용에 차이가 있다. (ⅰ) 헌법에서는 배상책임의 주체를 "국가 또는 공공단체"로 규정하고 있는 반면, (ⅱ) 국가배상법에서는 "국가 또는 지방자치단체"로 규정하고 있다.

헌법

제29조 ① 공무원의 직무상 불법행위로 손해를 받은 국민은 법률이 정하는 바에 의하여 국가 또는 공공단체에 정당한 배상을 청구할 수 있다. 이 경우 공무원 자신의 책임은 면제되지 아니한다.
② 군인·군무원·경찰공무원 기타 법률이 정하는 자가 전투·훈련등 직무집행과 관련하여 받은 손해에 대하여는 법률이 정하는 보상외에 국가 또는 공공단체에 공무원의 직무상 불법행위로 인한 배상은 청구할 수 없다.

정답 | 20 ○ 21 ○ 22 ○ 23 ×

국가배상법
제1조(목적) 이 법은 국가나 지방자치단체의 손해배상(損害賠償)의 책임과 배상절차를 규정함을 목적으로 한다.

24

2017 서울시 9급

공무원의 직무수행 중 불법행위로 인한 배상과 관련하여, 피해자가 공무원에 대해 직접적으로 손해배상을 청구할 수 있는지 여부에 대한 명시적 규정은 국가배상법상으로 존재하지 않는다. O | X

피해자인 국민이 가해자인 공무원에게 직접 손해배상청구권을 행사할 수 있는지에 대해서는 국가배상법에 명시적 규정이 없다. 따라서 이에 대해 긍정설, 부정설, 절충설의 대립이 있다. 다만 판례는 (i) 공무원이 고의 내지 중과실인 경우에는 피해자가 공무원에게 직접 손해배상을 청구할 수 있다고 보나, (ii) 공무원이 경과실인 경우에는 피해자의 공무원에 대한 손해배상청구를 부정한다.

25

2017 서울시 9급

피해자에게 손해를 직접 배상한 경과실이 있는 공무원은 특별한 사정이 없는 한 국가에 대하여 국가의 피해자에 대한 손해배상책임의 범위 내에서 공무원이 변제한 금액에 관하여 구상권을 취득한다. O | X

[대법원 2014.8.20, 2012다54478]
공무원에게 경과실이 있을 뿐인 경우에는 공무원 개인은 손해배상책임을 부담하지 아니한다. 이처럼 경과실이 있는 공무원이 피해자에 대하여 손해배상책임을 부담하지 아니함에도 피해자에게 손해를 배상하였다면 그것은 채무자 아닌 사람이 타인의 채무를 변제한 경우에 해당하고, 이는 민법 제469조의 '제3자의 변제' 또는 민법 제744조의 '도의관념에 적합한 비채변제'에 해당하여 피해자는 공무원에 대하여 이를 반환할 의무가 없고, 그에 따라 피해자의 국가에 대한 손해배상청구권이 소멸하여 국가는 자신의 출연 없이 채무를 면하게 되므로, **피해자에게 손해를 직접 배상한 경과실이 있는 공무원은 특별한 사정이 없는 한 국가에 대하여 국가의 피해자에 대한 손해배상책임의 범위 내에서 공무원이 변제한 금액에 관하여 구상권을 취득한다.**

26

2017 지방직 7급

어떠한 행정처분이 후에 항고소송에서 취소되었다면 그 기판력에 의하여 당해 행정처분은 곧바로 공무원의 고의 또는 과실로 인한 것으로서 불법행위를 구성한다. O | X

[대법원 2007.5.10, 2005다31828]
어떠한 행정처분이 후에 항고소송에서 취소되었다고 할지라도 그 기판력에 의하여 당해 행정처분이 곧바로 공무원의 고의 또는 과실로 인한 것으로서 불법행위를 구성한다고 단정할 수는 없는 것이고, 그 행정처분의 담당 공무원이 보통 일반의 공무원을 표준으로 하여 볼 때 객관적 주의의무를 결하여 그 행정처분이 객관적 정당성을 상실하였다고 인정될 정도에 이른 경우에 국가배상법 제2조 소정의 국가배상책임의 요건을 충족하였다고 봄이 상당할 것이며, 이 때에 객관적 정당성을 상실하였는지 여부는 피침해이익의 종류 및 성질, 침해행위가 되는 행정처분의 태양 및 그 원인, 행정처분의 발동에 대한 피해자측의 관여의 유무, 정도 및 손해의 정도 등 제반 사정을 종합하여 손해의 전보책임을 국가 또는 지방자치단체에 부담시켜야 할 실질적인 이유가 있는지 여부에 의하여 판단하여야 한다.

정답 | 24 ○ 25 ○ 26 ×

27

2017 하반기
국가직 9급

국가가 피해자에 대한 손해배상책임을 부담한 경우, 국가는 고의 또는 중대한 과실이 있는 공무원에 대한 구상권을 행사할 수 있다. O | X

국가배상법

제2조 (배상책임) ② 제1항 본문의 경우에 공무원에게 고의 또는 중대한 과실이 있으면 국가나 지방자치단체는 그 공무원에게 구상(求償)할 수 있다.

28

2017 하반기
국가직 9급

공무원이 직무를 집행하면서 고의 또는 과실로 위법하게 타인에게 손해를 가하였어도 국가나 지방자치단체가 그 공무원의 선임 및 감독에 상당한 주의를 하였다면 국가나 지방자치단체는 국가배상책임을 면한다. O | X

[대법원 1996.2.15, 선고, 95다38677, 전원합의체 판결]

국가배상법 제2조 제1항 본문 및 제2항의 입법 취지는 공무원의 직무상 위법행위로 타인에게 손해를 끼친 경우에는 변제자력이 충분한 국가 등에게 선임감독상 과실 여부에 불구하고 손해배상책임을 부담시켜 국민의 재산권을 보장하되, 공무원이 직무를 수행함에 있어 경과실로 타인에게 손해를 입힌 경우에는 그 직무수행상 통상 예기할 수 있는 흠이 있는 것에 불과하므로, 이러한 공무원의 행위는 여전히 국가 등의 기관의 행위로 보아 그로 인하여 발생한 손해에 대한 배상책임도 전적으로 국가 등에만 귀속시키고 공무원 개인에게는 그로 인한 책임을 부담시키지 아니하여 공무원의 공무집행의 안정성을 확보하고, 반면에 공무원의 위법행위가 고의·중과실에 기한 경우에는 비록 그 행위가 그의 직무와 관련된 것이라고 하더라도 그와 같은 행위는 그 본질에 있어서 기관행위로서의 품격을 상실하여 국가 등에게 그 책임을 귀속시킬 수 없으므로 공무원 개인에게 불법행위로 인한 손해배상책임을 부담시키되, 다만 이러한 경우에도 그 행위의 외관을 객관적으로 관찰하여 공무원의 직무집행으로 보여질 때에는 피해자인 국민을 두텁게 보호하기 위하여 국가 등이 공무원 개인과 중첩적으로 배상책임을 부담하되 국가 등이 배상책임을 지는 경우에는 공무원 개인에게 구상할 수 있도록 함으로써 궁극적으로 그 책임이 공무원 개인에게 귀속되도록 하려는 것이라고 봄이 합당하다.

29

2017 하반기
국가직 7급

헌법재판소 재판관이 청구기간 내에 제기된 헌법소원심판청구 사건에서 청구기간을 오인하여 각하결정을 한 경우, 이에 대한 불복절차 내지 시정절차가 없는 때에는 국가배상책임을 인정할 수 있다. O | X

[대법원 2003.7.11, 선고, 99다24218, 판결]

재판에 대하여 따로 불복절차 또는 시정절차가 마련되어 있는 경우에는 재판의 결과로 불이익 내지 손해를 입었다고 여기는 사람은 그 절차에 따라 자신의 권리 내지 이익을 회복하도록 함이 법이 예정하는 바이므로, 불복에 의한 시정을 구할 수 없었던 것 자체가 법관이나 다른 공무원의 귀책사유로 인한 것이라거나 그와 같은 시정을 구할 수 없었던 부득이한 사정이 있었다는 등의 특별한 사정이 없는 한, 스스로 그와 같은 시정을 구하지 아니한 결과 권리 내지 이익을 회복하지 못한 사람은 원칙적으로 국가배상에 의한 권리구제를 받을 수 없다고 봄이 상당하다고 하겠으나, 재판에 대하여 불복절차 내지 시정절차 자체가 없는 경우에는 부당한 재판으로 인하여 불이익 내지 손해를 입은 사람은 국가배상 이외의 방법으로는 자신의 권리 내지 이익을 회복할 방법이 없으므로, 이와 같은 경우에는 배상책임의 요건이 충족되는 한 국가배상책임을 인정하지 않을 수 없다.

30

2017 하반기
국가직 7급

법령에 명시적으로 공무원의 작위의무가 규정되어 있지 않은 경우라 할지라도 공무원의 부작위로 인한 국가배상 책임을 인정할 수 있다. O | X

[대법원 2004.6.25, 2003다69652]

공무원의 부작위로 인한 국가배상책임을 인정하기 위하여는 공무원의 작위로 인한 국가배상책임을 인정하는 경우와 마찬가지로 '공무원이 그 직무를 집행함에 당하여 고의 또는 과실로 법령에 위반하여 타인에게 손해를 가한 때'라고 하는 국가배상법 제2조 제1항의 요건이 충족되어야 할 것인바, 여기서 '법령에 위반하여'라고 하는 것은 엄격하게 형식적 의미의 법령에 명시적으로 공무원의 작위의무가 규정되어 있는데도 이를 위반하는 경우만을 의미하는 것은 아니고, 국민의 생명, 신체, 재산 등에 대하여 절박하고 중대한 위험상태가 발생하였거나 발생할 우려가 있어서 국민의 생명, 신체, 재산 등을 보호하는 것을 본래적 사명으로 하는 국가가 초법규적, 일차적으로 그 위험 배제에 나서지 아니하면 국민의 생명, 신체, 재산 등을 보호할 수 없는 경우에는 형식적 의미의 법령에 근거가 없더라도 국가나 관련 공무원에 대하여 그러한 위험을 배제할 작위의무를 인정할 수 있을 것이며, 이는 지방자치단체와 그 소속 공무원에 대하여도 마찬가지라 할 것이다.

31

2017 하반기
지방직 9급

행정기관의 위법한 행정지도로 일정기간 어업권을 행사하지 못하는 손해를 입은 자가 그 어업권을 타인에게 매도하여 매매대금 상당의 이득을 얻은 경우, 손해배상액의 산정에서 그 이득을 손익상계할 수 있다. O | X

손익상계에서 이익이란 손해와 직접 관련된 것이어야 하는데, 어업권 매각에 따른 이득은 이에 해당하지 않는다. 어업권은 언제라도 팔 수 있는 것이기 때문이다.

[대법원 2008.9.25, 선고, 2006다18228, 판결]

행정기관의 위법한 행정지도로 일정기간 어업권을 행사하지 못하는 손해를 입은 자가 그 어업권을 타인에게 매도하여 매매대금 상당의 이득을 얻었더라도 그 이득은 손해배상책임의 원인이 되는 행위인 위법한 행정지도와 상당인과관계에 있다고 볼 수 없고, 행정기관이 배상하여야 할 손해는 위법한 행정지도로 피해자가 일정기간 어업권을 행사하지 못한 데 대한 것임에 반해 피해자가 얻은 이득은 어업권 자체의 매각대금이므로 위 이득이 위 손해의 범위에 대응하는 것이라고 볼 수도 없어, 피해자가 얻은 매매대금 상당의 이득을 행정기관이 배상하여야 할 손해액에서 공제할 수 없다.

32

2017 하반기
지방직 9급

공무원의 직무상 불법행위로 손해를 입은 피해자의 국가배상청구권의 소멸시효 기간이 지났으나 국가가 소멸시효 완성을 주장하는 것이 권리남용으로 허용될 수 없어 배상책임을 이행한 경우에는, 소멸시효 완성 주장이 권리남용에 해당하게 된 원인행위와 관련하여 공무원이 원인이 되는 행위를 적극적으로 주도하였다는 등의 특별한 사정이 없는 한, 국가가 공무원에게 구상권을 행사하는 것은 신의칙상 허용되지 않는다. O | X

[대법원 2016.6.9, 선고, 2015다200258, 판결]

공무원의 직무상 불법행위로 손해를 입은 피해자가 국가배상청구를 하였을 때, 비록 그 소멸시효 기간이 경과하였다고 하더라도 국가가 소멸시효의 완성 전에 피해자의 권리행사나 시효중단을 불가능 또는 현저히 곤란하게 하였거나 객관적으로 피해자가 권리를 행사할 수 없는 장애사유가 있었다는 등의 사정이 있어 국가에게 채무이행의 거절을 인정하는 것이 현저히 부당하거나 불공평하게 되는 등 특별한 사정이 있는 경우에는, 국가가 소멸시효 완성을 주장하는 것은 신의성실 원칙에 반하여 권리남용으로서 허용될 수 없다(대법원 2011. 10.

정답 | 30 ○ 31 × 32 ○

13. 선고 2011다36091 판결 등 참조). 이와 같이 공무원의 불법행위로 손해를 입은 피해자의 국가배상청구권의 소멸시효 기간이 지났으나 국가가 소멸시효 완성을 주장하는 것이 신의성실의 원칙에 반하는 권리남용으로 허용될 수 없어 배상책임을 이행한 경우에는, 그 소멸시효 완성 주장이 권리남용에 해당하게 된 원인행위와 관련하여 해당 공무원이 그 원인이 되는 행위를 적극적으로 주도하였다는 등의 특별한 사정이 없는 한, 국가가 해당 공무원에게 구상권을 행사하는 것은 신의칙상 허용되지 않는다고 봄이 상당하다.

33

2018 국회사무처 8급

정당한 어업허가를 받고 공유수면매립사업지구 내에서 허가어업에 종사하고 있던 어민들에 대하여 손실보상을 할 의무 가 있는 사업시행자가 손실보상의무를 이행하지 아니한 채 공유수면 매립공사를 시행함으로써 실질적이고 현실적인 침해를 가한 때에는 불법행위를 구성하는 것이고, 이 경우 허가어업자들이 입게 되는 손해는 그 손실보상금 상당액이다. O | X

[대법원 1999.11.23, 선고, 98다11529, 판결]
정당한 어업허가를 받고 공유수면매립사업지구 내에서 허가어업에 종사하고 있던 어민들에 대하여 손실보상을 할 의무가 있는 사업시행자가 손실보상의무를 이행하지 아니한 채 공유수면매립공사를 시행함으로써 실질적이고 현실적인 침해를 가한 때에는 불법행위를 구성하는 것이고, 이 경우 허가어업자들이 입게 되는 손해는 그 손실보상금 상당액이다(대법원 1998. 4. 14. 선고 95다15032, 15049 판결 참조).

34

2018 서울시 9급

담당공무원이 주택구입대부제도와 관련하여 지급보증서제도에 관해 알려주지 않은 조치는 법령위반에 해당하지 않는다. O | X

[대법원 2012.7.26, 선고, 2010다95666, 판결]
甲이 경주보훈지청에 국가유공자에 대한 주택구입대부제도에 관하여 전화로 문의하고 대부신청서까지 제출하였으나, 담당 공무원에게서 지급보증서제도에 관한 안내를 받지 못하여 대부제도 이용을 포기하고 시중은행에서 대출을 받아 주택을 구입함으로써 결과적으로 더 많은 이자를 부담하게 되었다고 주장하며 국가를 상대로 정신적 손해의 배상을 구한 사안에서, 담당 공무원에게 지급보증서제도를 안내하거나 설명할 의무가 있음을 전제로 그 위반에 대한 국가배상책임을 인정한 원심판결에 법리오해의 위법이 있다고 한 사례

35

2018 서울시 7급

공무원의 불법행위책임을 국가 자신의 책임으로 보는 입장에서는 일반적으로 공무원의 피해자에 대한 책임을 부인한다. O | X

공무원 개인의 위법행위에 대해서 국가가 배상책임을 지는 이유에 대해서는 다음과 같이 견해가 대립하고 있다.
1. 대위책임설 : 공무원의 위법한 행위는 수권범위를 넘어서는 것이므로 국가의 행위가 될 수는 없지만, 피해자인 국민을 두텁게 보호하기 위해 공무원을 '대신하여' 국가가 지는 책임이라고 본다. 이 견해에 따르면 대외적으로는 공무원은 책임을 지지 않고 국가가 대신하여 책임을 부담한다. 이 경우 고의·과실은 당해 공무원을 기준으로 판단한다.
2. 자기책임설 : 공무원의 행위는 국가 등 기관의 지위에서 행하는 것이므로 그 행위의 효과는 위법 여부에 관계없이 국가 등에 귀속된다고 본다. 따라서 국가배상책임은 국가 자신의 책임이다. 이 견해에 따르면 공무원이나 국가나 모두 자신의 잘못에 대해 책임을 지는 것이므로, 국가뿐만 아니라 공무원 역시 대외적으로도

책임을 부담한다. 이 경우 고의·과실은 공무운영상의 흠이라고 하는 객관적 사정으로 본다.

3. 중간설 또는 절충설 : 공무원의 경과실에 의한 행위는 국가의 기관으로서 한 행위로 보아 국가는 자기책임을 부담하고, 공무원의 고의 또는 중과실에 의한 행위는 국가의 행위로 볼 수는 없지만 피해자를 두텁게 보호하기 위해 국가가 대위책임을 진다고 본다.

〈 각 견해에 따른 공무원 개인의 책임 인정여부 〉

견해	불법행위의 성격		공무원 개인의 책임
대위책임설	공무원 개인의 행위		×
자기책임설	국가&개인의 행위		○
중간설·절충설	고의 또는 중과실	공무원 개인의 행위	○
	경과실	국가의 행위	×

36

2019 서울시 9급 (2월)

과실개념을 객관화하려는 태도는 국가배상책임의 성립을 용이하게 하려는 의도를 지니고 있다. O | X

과실개념을 객관화하게 되면 공무원의 과실 유무는 해당 공무원 개인의 주의의무를 기준으로 하는 것이 아니라, 당해 직무를 담당하는 평균적 공무원의 주의의무를 기준으로 판단한다. 따라서 국가배상책임의 성립 여부를 명확하고 객관적인 기준에 따라 보다 용이하게 결정할 수 있게 된다.

37

2019 서울시 9급 (2월)

헌법에 의하여 부과되는 국가의 구체적인 입법의무 자체가 인정되지 않는 경우에는 애당초 부작위로 인한 불법행위가 성립할 여지가 없다. O | X

[대법원 2008.5.29, 선고, 2004다33469, 판결]
국가가 일정한 사항에 관하여 헌법에 의하여 부과되는 구체적인 입법의무를 부담하고 있음에도 불구하고 그 입법에 필요한 상당한 기간이 경과하도록 고의 또는 과실로 이러한 입법의무를 이행하지 아니하는 등 극히 예외적인 사정이 인정되는 사안에 한정하여 국가배상법 소정의 배상책임이 인정될 수 있으며, 위와 같은 **구체적인 입법의무 자체가 인정되지 않는 경우에는 애당초 부작위로 인한 불법행위가 성립할 여지가 없다.**

38

2019 지방직, 교육행정직 9급

형벌에 관한 법령이 헌법재판소의 위헌결정으로 소급하여 효력을 상실한 경우, 위헌 선언 전 그 법령에 기초하여 수사가 개시되어 공소가 제기되고 유죄판결이 선고되었더라도, 그러한 사정만으로 국가의 손해배상 책임이 발생한다고 볼 수 없다. O | X

[대법원 2014.10.27, 선고, 2013다217962, 판결]
형벌에 관한 법령이 헌법재판소의 위헌결정으로 소급하여 효력을 상실하였거나 법원에서 위헌·무효로 선언된 경우, 그 법령이 위헌으로 선언되기 전에 그 법령에 기초하여 수사가 개시되어 공소가 제기되고 유죄판결이 선고되었더라도, 그러한 사정만으로 수사기관의 직무행위나 법관의 재판상 직무행위가 국가배상법 제2조 제1항에서 말하는 공무원의 고의 또는 과실에 의한 불법행위에 해당하여 국가의 손해배상책임이 발생한다고 볼 수는 없다.

정답 | 36 ○ 37 ○ 38 ○

39

2019 서울시 9급 (6월)

전투 · 훈련 등 직무집행과 관련하여 공상을 입은 군인 등이 먼저 「국가배상법」에 따라 손해배상금을 지급받은 다음 「보훈보상대상자 지원에 관한 법률」이 정한 보상금 등 보훈급여금의 지급을 청구하는 경우, 보훈지청장은 「국가배상법」에 따라 손해배상을 받았다는 사정을 들어 지급을 거부할 수 있다. O | X

> [대법원 2017.2.3, 선고, 2015두60075, 판결]
> 전투·훈련 등 직무집행과 관련하여 공상을 입은 군인·군무원·경찰공무원 또는 향토예비군대원이 먼저 국가배상법에 따라 손해배상금을 지급받은 다음 보훈보상대상자 지원에 관한 법률(이하 '보훈보상자법'이라 한다)이 정한 보상금 등 보훈급여금의 지급을 청구하는 경우, 국가배상법 제2조 제1항 단서가 명시적으로 '다른 법령에 따라 보상을 지급받을 수 있을 때에는 국가배상법 등에 따른 손해배상을 청구할 수 없다'고 규정하고 있는 것과 달리 보훈보상자법은 국가배상법에 따른 손해배상금을 지급받은 자를 보상금 등 보훈급여금의 지급대상에서 제외하는 규정을 두고 있지 않은 점, 국가배상법 제2조 제1항 단서의 입법 취지 및 보훈보상자법이 정한 보상과 국가배상법이 정한 손해배상의 목적과 산정방식의 차이 등을 고려하면 국가배상법 제2조 제1항 단서가 보훈보상자법 등에 의한 보상을 받을 수 있는 경우 국가배상법에 따른 손해배상청구를 하지 못한다는 것을 넘어 국가배상법상 손해배상금을 받은 경우 보훈보상자법상 보상금 등 보훈급여금의 지급을 금지하는 것으로 해석하기는 어려운 점 등에 비추어, 국가보훈처장은 국가배상법에 따라 손해배상을 받았다는 사정을 들어 보상금 등 보훈급여금의 지급을 거부할 수 없다.

40

2019 서울시 9급 (6월)

소방공무원들이 다중이용업소인 주점의 비상구와 피난시설 등에 대한 점검을 소홀히 함으로써 주점의 피난통로 등에 중대한 피난 장애요인이 있음을 발견하지 못하여 업주들에 대한 적절한 지도 · 감독을 하지 아니한 경우 직무상 의무 위반과 주점 손님들의 사망 사이에 상당인과관계가 인정된다. O | X

> [대법원 2008.4.10, 선고, 2005다48994, 판결]
> 유흥주점에 감금된 채 윤락을 강요받으며 생활하던 여종업원들이 유흥주점에 화재가 났을 때 미처 피신하지 못하고 유독가스에 질식해 사망한 사안에서, 소방공무원이 위 유흥주점에 대하여 화재 발생 전 실시한 소방점검 등에서 구 소방법상 방염 규정 위반에 대한 시정조치 및 화재 발생시 대피에 장애가 되는 잠금장치의 제거 등 시정조치를 명하지 않은 직무상 의무 위반은 현저히 불합리한 경우에 해당하여 위법하고, 이러한 직무상 의무 위반과 위 사망의 결과 사이에 상당인과관계가 존재한다고 한 사례.

41

2019 국가직 7급

개별공시지가 산정업무 담당공무원 등이 그 직무상 의무에 위반하여 현저하게 불합리한 개별공시지가가 결정되도록 함으로써 갑의 재산권을 침해한 경우 상당인과관계가 인정되는 범위에서 그 손해에 대하여 그 담당공무원 등이 속한 지방자치단체가 배상책임을 지게 된다. O | X

> [대법원 2010.7.22, 선고, 2010다13527, 판결]
> 개별공시지가는 개발부담금의 부과, 토지 관련 조세 부과 등 다른 법령이 정하는 목적을 위해 지가를 산정하는 경우에 그 산정 기준이 되는 관계로 납세자인 국민 등의 재산상 권리·의무에 직접적인 영향을 미치게 되므로, 개별공시지가 산정업무를 담당하는 공무원으로서는 당해 토지의 실제 이용상황 등 토지특성을 정확하게 조사하고 당해 토지와 토지이용상황이 유사한 비교표준지를 선정하여 그 특성을 비교하는 등 법령 및 '개별공시지가의 조사·산정 지침'에서 정한 기준과 방법에 의하여 개별공시지가를 산정하고, 산정지가의 검증을 의뢰받은 감정평가업자나 시·군·구 부동산평가위원회로서는 위 산정지가 또는 검증지가가 위와 같은 기준과 방법에 의하여 제대로 산정된 것인지 여부를 검증, 심의함으로써 적정한 개별공시지가가 결정·공시되도록 조치할 직무

상의 의무가 있고, 이러한 직무상 의무는 단순히 공공 일반의 이익을 위한 것이거나 행정기관 내부의 질서를 규율하기 위한 것이 아니고 전적으로 또는 부수적으로 국민 개개인의 재산권 보장을 목적으로 하여 규정된 것이라고 봄이 상당하다. 따라서 개별공시지가 산정업무 담당공무원 등이 그 직무상 의무에 위반하여 현저하게 불합리한 개별공시지가가 결정되도록 함으로써 국민 개개인의 재산권을 침해한 경우에는 그 손해에 대하여 상당인과관계 있는 범위 내에서 그 담당공무원 등이 소속된 지방자치단체가 배상책임을 지게 된다.

42

2019 서울시 추가채용 7급

법령에 의해 대집행권한을 위탁받은 한국토지공사는 국가공무원법 제2조에서 말하는 공무원에 해당하지 아니한다. O | X

[대법원 2010.1.28, 2007다82950]

한국토지공사는 이러한 법령의 위탁에 의하여 대집행을 수권받은 자로서 공무인 대집행을 실시함에 따르는 권리·의무 및 책임이 귀속되는 행정주체의 지위에 있다고 볼 것이지 지방자치단체 등의 기관으로서 국가배상법 제2조 소정의 공무원에 해당한다고 볼 것은 아니다. 반면 이 사건 대집행을 실제 수행한 한국토지공사의 업무담당자, 철거용역계약을 체결한 법인 및 그 대표자는 이 사건 대집행에 실질적으로 종사한 자라고 할 것이므로 국가배상법 제2조 소정의 공무원에 해당한다.

43

2020 소방직

음주운전으로 적발된 주취운전자가 도로 밖으로 차량을 이동하겠다며 단속 경찰관으로부터 보관 중이던 차량열쇠를 반환받아 몰래 차량을 운전하여 가던 중 사고를 일으킨 경우, 국가배상책임이 인정되지 않는다는 것이 판례의 태도이다. O | X

단속경찰관이 주취운전자에게 차량열쇠를 건내준 행위는 직무상 불법행위에 해당한다.

[대법원 1998.5.8, 선고, 97다54482, 판결]

음주운전으로 적발된 주취운전자가 도로 밖으로 차량을 이동하겠다며 단속경찰관으로부터 보관중이던 차량열쇠를 반환받아 몰래 차량을 운전하여 가던 중 사고를 일으킨 경우, 국가배상책임을 인정한 사례.

44

2021 국회사무처 8급

경과실이 있는 공무원이 피해자에 대하여 손해배상책임을 부담하지 아니함에도 피해자에게 손해를 배상하였다면 이는 법률상 원인이 없는 것으로 피해자는 공무원에 대하여 이를 반환할 의무가 있다. O | X

[대법원 2014.8.20, 2012다54478]

공무원이 직무수행 중 불법행위로 타인에게 손해를 입힌 경우에 국가 등이 국가배상책임을 부담하는 외에 공무원 개인도 고의 또는 중과실이 있는 경우에는 불법행위로 인한 손해배상책임을 지고, 공무원에게 경과실이 있을 뿐인 경우에는 공무원 개인은 손해배상책임을 부담하지 아니한다. 이처럼 경과실이 있는 공무원이 피해자에 대하여 손해배상책임을 부담하지 아니함에도 피해자에게 손해를 배상하였다면 그것은 채무자 아닌 사람이 타인의 채무를 변제한 경우에 해당하고, 이는 민법 제469조의 '제3자의 변제' 또는 민법 제744조의 '도의관념에 적합한 비채변제'에 해당하여 피해자는 공무원에 대하여 이를 반환할 의무가 없고, 그에 따라 피해자의 국가에 대한 손해배상청구권이 소멸하여 국가는 자신의 출연 없이 채무를 면하게 되므로, 피해자에게 손해를 직접 배상한 경과실이 있는 공무원은 특별한 사정이 없는 한 국가에 대하여 국가의 피해자에 대한 손해배상책임의 범위 내에서 공무원이 변제한 금액에 관하여 구상권을 취득한다고 봄이 타당하다.

정답 | 42 ○ 43 × 44 ×

45

2022 국가직 7급

공무원에 대한 전보인사가 인사권을 다소 부적절하게 행사한 것으로 볼 여지가 있다 하더라도 그러한 사유만으로 그 전보인사가 당연히 불법행위를 구성한다고 볼 수는 없다. O | X

> [대판 2009.5.28, 2006다16215]
> 공무원에 대한 전보인사가 법령이 정한 기준과 원칙에 위배되거나 인사권을 다소 부적절하게 행사한 것으로 볼 여지가 있다 하더라도 그러한 사유만으로 그 전보인사가 당연히 불법행위를 구성한다고 볼 수는 없고, 이러한 법리는 구 부패방지법에 따라 다른 공직자의 부패행위를 부패방지위원회에 신고한 공무원에 대하여 위 신고행위를 이유로 불이익한 전보인사가 행하여진 경우에도 마찬가지이다.

46

2023 소방직

공무원 개인이 지는 손해배상책임에서 중과실이란 공무원에게 통상 요구되는 정도의 상당한 주의를 하지 않더라도 약간의 주의를 한다면 손쉽게 위법·유해한 결과를 예견할 수 있는 경우임에도 만연히 이를 간과한 경우와 같이, 거의 고의에 가까운 현저한 주의를 결여한 상태를 의미한다. O | X

> [대법원 2011. 9. 8. 선고 2011다34521 판결]
> 공무원이 직무 수행 중 불법행위로 타인에게 손해를 입힌 경우에 국가나 지방자치단체가 국가배상책임을 부담하는 외에 공무원 개인도 고의 또는 중과실이 있는 경우에는 불법행위로 인한 손해배상책임을 지고, 공무원에게 경과실이 있을 뿐인 경우에는 공무원 개인은 불법행위로 인한 손해배상책임을 부담하지 아니하는데, 여기서 공무원의 중과실이란 공무원에게 통상 요구되는 정도의 상당한 주의를 하지 않더라도 약간의 주의를 한다면 손쉽게 위법·유해한 결과를 예견할 수 있는 경우임에도 만연히 이를 간과함과 같은 거의 고의에 가까운 현저한 주의를 결여한 상태를 의미한다.

47

2023 국가직 9급

「국가배상법」 제2조제1항 단서에서 정한 '다른 법령의 규정'에 따른 보상금청구권이 모두 시효로 소멸된 경우라고 하더라도 「국가배상법」 제2조제1항 단서 규정이 적용된다. O | X

> 이미 보상금청구권이 성립한 이상, 국가배상은 청구할 수 없다. 보상금청구권이 시효로 소멸되었다면 이는 대상자의 귀책사유에 따른 불이익일 뿐이다.
>
> [대판 2002.5.10, 2000다39735]
> 국가배상법 제2조 제1항 단서 규정은 다른 법령에 보상제도가 규정되어 있고, 그 법령에 규정된 상이등급 또는 장애등급 등의 요건에 해당되어 그 권리가 발생한 이상, 실제로 그 권리를 행사하였는지 또는 그 권리를 행사하고 있는지 여부에 관계없이 적용된다고 보아야 하고, 그 각 법률에 의한 보상금청구권이 시효로 소멸되었다 하여 적용되지 않는다고 할 수는 없다.

48

2023 국가직 9급

경찰공무원인 피해자가 「공무원연금법」에 따라 공무상 요양비를 지급받는 것은 「국가배상법」 제2조제1항 단서에서 정한 '다른 법령의 규정'에 따라 보상을 지급받는 것에 해당하지 않는다. O | X

> 「공무원연금법」상 공무상 요양비를 지급받는 것은 군인 또는 경찰공무원 직무의 특수성과 무관하다. 따라서 이중배상금지규정에서 말하는 "보상"에 해당하지 않는다.

[대판 2019.5.30. 2017다16174]
경찰공무원인 피해자가 구 공무원연금법의 규정에 따라 공무상 요양비를 지급받는 것은 국가배상법 제2조 제1항 단서에서 정한 '다른 법령의 규정'에 따라 보상을 지급받는 것에 해당하지 않는다.

49

2023 국가직 9급

군인이 교육훈련으로 공상을 입은 경우라도 「군인연금법」 또는 「국가유공자예우등에관한법률」에 의하여 재해보상금 · 유족연금 · 상이연금 등 별도의 보상을 받을 수 없는 경우에는 「국가배상법」 제2조제1항 단서의 적용 대상에서 제외하여야 한다. O | X

「공무원연금법」상 공무상 요양비와는 달리, 「군인연금법」 또는 「국가유공자예우등에관한법률」에 의한 재해보상금 · 유족연금 · 상이연금 등은 군인 직무의 특수성과 관련되어 있다. 따라서 이중배상금지규정에서 말하는 "보상"에 해당한다.

[대판 1996.12.20. 96다42178]
군인, 군무원 등 국가배상법 제2조 제1항 단서에 열거된 자가 전투 · 훈련 기타 직무집행과 관련하는 등으로 공상을 입은 경우라고 하더라도 군인연금법 또는 국가유공자예우등에관한법률에 의하여 재해보상금, 유족연금, 상이연금 등 별도의 보상을 받을 수 없는 경우에는 국가배상법 제2조 제1항 단서의 적용 대상에서 제외된다.

50

2023 국회사무처 8급

영업허가취소처분이 나중에 행정심판에 의하여 재량권을 일탈한 위법한 처분임을 판명되어 취소되었다면, 그 처분이 당시 시행되던 「공중위생법 시행규칙」에 정하여진 행정처분의 기준에 따른 것이라고 하더라도 그 영업허가취소처분을 한 행정청의 공무원에게는 직무집행상의 과실이 인정된다. O | X

[대법원 1994. 11. 8., 선고, 94다26141, 판결]
영업허가취소처분이 나중에 행정심판에 의하여 재량권을 일탈한 위법한 처분임이 판명되어 취소되었다고 하더라도 그 처분이 당시 시행되던 공중위생법시행규칙에 정하여진 행정처분의 기준에 따른 것인 이상 그 영업허가취소처분을 한 행정청 공무원에게 그와 같은 위법한 처분을 한 데 있어 어떤 직무집행상의 과실이 있다고 할 수는 없다.

51

2023 국회사무처 8급

공무원이 직무를 수행함에 있어서 경과실로 타인에게 손해를 입힌 경우, 국가 등은 물론 공무원 개인도 그로 인한 손해에 대하여 국가배상을 할 책임을 부담한다. O | X

[대법원 1997. 2. 11., 선고, 95다5110, 판결]
헌법 제29조 제1항 본문과 단서 및 국가배상법 제2조를 그 입법취지에 조화되도록 해석하면 공무원이 직무 수행중 불법행위로 타인에게 손해를 입힌 경우에 국가나 지방자치단체가 국가배상책임을 부담하는 외에 공무원 개인도 고의 또는 중과실이 있는 경우에는 불법행위로 인한 손해배상책임을 지고, 공무원에게 경과실뿐인 경우에만 공무원 개인은 손해배상책임을 부담하지 아니한다.

52

2023 국회사무처 8급

「국가배상법」은 외국인이 피해자인 경우에는 해당 국가와 상호보증이 있을 때에만 적용하고, 이때 상호보증은 반드시 당사국과의 조약이 체결되어 있을 필요는 없다. O | X

정답 | 49 ○ 50 × 51 × 52 ○

대한민국에서 국가배상을 청구하는 외국인의 소속국가의 국가배상법에서「상호주의」를 규정하고 있으면 된다.

[대법원 2015. 6. 11., 선고, 2013다208388, 판결]

국가배상법 제7조는 우리나라만이 입을 수 있는 불이익을 방지하고 국제관계에서 형평을 도모하기 위하여 외국인의 국가배상청구권의 발생요건으로 '외국인이 피해자인 경우에는 해당 국가와 상호보증이 있을 것'을 요구하고 있는데, 해당 국가에서 외국인에 대한 국가배상청구권의 발생요건이 우리나라의 그것과 동일하거나 오히려 관대할 것을 요구하는 것은 지나치게 외국인의 국가배상청구권을 제한하는 결과가 되어 국제적인 교류가 빈번한 오늘날의 현실에 맞지 아니할 뿐만 아니라 외국에서 우리나라 국민에 대한 보호를 거부하게 하는 불합리한 결과를 가져올 수 있는 점을 고려할 때, 우리나라와 외국 사이에 국가배상청구권의 발생요건이 현저히 균형을 상실하지 아니하고 외국에서 정한 요건이 우리나라에서 정한 그것보다 전체로서 과중하지 아니하여 중요한 점에서 실질적으로 거의 차이가 없는 정도라면 국가배상법 제7조가 정하는 상호보증의 요건을 구비하였다고 봄이 타당하다. 그리고 상호보증은 외국의 법령, 판례 및 관례 등에 의하여 발생요건을 비교하여 인정되면 충분하고 반드시 당사국과의 조약이 체결되어 있을 필요는 없으며, 당해 외국에서 구체적으로 우리나라 국민에게 국가배상청구를 인정한 사례가 없더라도 실제로 인정될 것이라고 기대할 수 있는 상태이면 충분하다.

53

2023 국회사무처 8급

공무원이 자기 소유의 자동차로 공무수행 중 사고를 일으킨 경우에는 그 공무원은 「자동차손해배상 보장법」에 의한 '자기를 위하여 자동차를 운행하는 자'에 해당하지 않아 손해배상책임을 부담하지 않는다. O | X

「자동차손해배상보장법」상 책임주체는 운행자이다. 공무원 개인소유의 차량은 공무원이 운행자이므로 해당 공무원이 「자동차손해배상보장법」상 책임을 부담한다. 한편 공무수행중 발생한 손해이므로, 국가 또는 지자체는 「국가배상법」상 책임을 부담한다.

[헌재 1998.9.30. 97헌바38]

헌법 제29조 제1항과 국가배상법 제2조의 해석상 일반적으로 공무원이 공무수행 중 불법행위를 한 경우에, 고의·중과실에 의한 경우에는 공무원 개인이 손해배상책임을 부담하고 경과실의 경우에는 개인책임은 면책되며, 한편 공무원이 자기 소유의 자동차로 공무수행 중 사고를 일으킨 경우에는 그 손해배상책임은 자동차손해배상보장법이 정한 바에 의하게 되어, 그 사고가 자동차를 운전한 공무원의 경과실에 의한 것인지 중과실 또는 고의에 의한 것인지를 가리지 않고 그 공무원이 자동차손해배상보장법 제3조 소정의 '자기를 위하여 자동차를 운행하는 자'에 해당하는 한 손해배상책임을 부담한다.

54

2023 지방직 9급

군 복무 중 사망한 군인 등의 유족이 「국가배상법」에 따른 손해배상금을 지급받은 경우 그 손해배상금 상당 금액에 대해서는 「군인연금법」에서 정한 사망보상금을 지급받을 수 없다. O | X

[대법원 2018. 7. 20. 선고 2018두36691 판결]

다른 법령에 따라 지급받은 급여와의 조정에 관한 조항을 두고 있지 아니한 보훈보상대상자 지원에 관한 법률과 달리, 군인연금법 제41조 제1항은 "다른 법령에 따라 국가나 지방자치단체의 부담으로 이 법에 따른 급여와 같은 종류의 급여를 받은 사람에게는 그 급여금에 상당하는 금액에 대하여는 이 법에 따른 급여를 지급하지 아니한다."라고 명시적으로 규정하고 있다. 나아가 군인연금법이 정하고 있는 급여 중 사망보상금(군인연금법 제31조)은 일실손해의 보전을 위한 것으로 불법행위로 인한 소극적 손해배상과 같은 종류의 급여라고 봄이 타당하다(대법원 1998. 11. 19. 선고 97다36873 전원합의체 판결 참조). 따라서 **피고에게 군인연금법 제41조 제1항에 따라 원고가 받은 손해배상금 상당 금액에 대하여는 사망보상금을 지급할 의무가 존재하지 아니한다.**

55

2023 군무원 9급

경찰서지서의 숙직실에서 순직한 경찰공무원의 유족들은 「국가배상법」 및 「민법」의 규정에 의한 손해배상을 청구할 권리가 있다. O | X

판례는 경찰서 숙직실에서 취침 중 사망한 경우에 이중배상금지규정이 적용되지 않는다고 보았다.

[대법원 1979. 1. 30. 선고 77다2389 전원합의체 판결]

경찰서지서의 숙직실은 국가배상법 제2조 제1항 단서에서 말하는 전투·훈련에 관련된 시설이라고 볼 수 없으므로 위 숙직실에서 순직한 경찰공무원의 유족들은 국가배상법 제2조 제1항 본문에 의하여 국가배상법 및 민법의 규정에 의한 손해배상을 청구할 권리가 있다.

56

2023 군무원 7급

공익근무요원도 「국가배상법」 제2조 제1항 단서의 이중배상이 금지되는 자에 해당한다. O | X

[대법원 1997.3.28. 선고, 97다4036. 판결]

공익근무요원은 병역법 제2조 제1항 제9호, 제5조 제1항의 규정에 의하면 국가기관 또는 지방자치단체의 공익목적수행에 필요한 경비·감시·보호 또는 행정업무 등의 지원과 국제협력 또는 예술·체육의 육성을 위하여 소집되어 공익분야에 종사하는 사람으로서 보충역에 편입되어 있는 자이기 때문에, 소집되어 군에 복무하지 않는 한 군인이라고 말할 수 없으므로, 비록 병역법 제75조 제2항이 공익근무요원으로 복무 중 순직한 사람의 유족에 대하여 국가유공자등예우및지원에관한법률에 따른 보상을 하도록 규정하고 있다고 하여도, **공익근무요원이 국가배상법 제2조 제1항 단서의 규정에 의하여 국가배상법상 손해배상청구가 제한되는 군인·군무원·경찰공무원 또는 향토예비군대원에 해당한다고 할 수 없다.**

57

2023 군무원 7급

피해자에게 직접 손해를 배상한 경과실이 있는 공무원은 국가에 대해 구상권을 행사할 수 없다. O | X

[대법원 2014.8.20. 선고, 2012다54478. 판결]

공무원이 직무수행 중 불법행위로 타인에게 손해를 입힌 경우에 국가 등이 국가배상책임을 부담하는 외에 공무원 개인도 고의 또는 중과실이 있는 경우에는 불법행위로 인한 손해배상책임을 지고, 공무원에게 경과실이 있을 뿐인 경우에는 공무원 개인은 손해배상책임을 부담하지 아니한다. 이처럼 경과실이 있는 공무원이 피해자에 대하여 손해배상책임을 부담하지 아니함에도 피해자에게 손해를 배상하였다면 그것은 채무자 아닌 사람이 타인의 채무를 변제한 경우에 해당하고, 이는 민법 제469조의 '제3자의 변제' 또는 민법 제744조의 '도의관념에 적합한 비채변제'에 해당하여 피해자는 공무원에 대하여 이를 반환할 의무가 없고, 그에 따라 피해자의 국가에 대한 손해배상청구권이 소멸하여 국가는 자신의 출연 없이 채무를 면하게 되므로, **피해자에게 손해를 직접 배상한 경과실이 있는 공무원은 특별한 사정이 없는 한 국가에 대하여 국가의 피해자에 대한 손해배상책임의 범위 내에서 공무원이 변제한 금액에 관하여 구상권을 취득한다**고 봄이 타당하다.

정답 | 55 × 56 × 57 ×

58

2024 경찰간부

지방자치단체가 구 산업기술혁신 촉진법령에 따른 인증신제품 구매의무를 위반하였다고 하더라도 이를 이유로 신제품 인증을 받은 자에 대하여 국가배상책임을 지는 것은 아니다. O | X

[대법원 2015. 5. 28. 선고 2013다41431 판결]

구 산업기술혁신 촉진법(2009. 1. 30. 법률 제9369호로 개정되기 전의 것) 제1조, 제3조, 제16조 제1항, 제17조 제1항 본문 및 구 산업기술혁신 촉진법 시행령(2009. 4. 30. 대통령령 제21461호로 개정되기 전의 것) 제23조, 제24조, 제25조, 제27조의 목적과 내용 등을 종합하여 보면, **위 법령이 공공기관에 부과한 신제품 인증을 받은 제품(이하 '인증신제품'이라 한다) 구매의무는 기업에 신기술개발제품의 판로를 확보하여 줌으로써 산업기술개발을 촉진하기 위한 국가적 지원책의 하나로 국민경제의 지속적인 발전과 국민의 삶의 질 향상이라는 공공 일반의 이익을 도모하기 위한 것이고, 공공기관이 구매의무를 이행한 결과 신제품 인증을 받은 자가 재산상 이익을 얻게 되더라도 이는 반사적 이익에 불과할 뿐 위 법령이 보호하고자 하는 이익으로 보기는 어렵다.** 따라서 **공공기관이 위 법령에서 정한 인증신제품 구매의무를 위반하였다고 하더라도, 이를 이유로 신제품 인증을 받은 자에 대하여 국가배상법 제2조가 정한 배상책임이나 불법행위를 이유로 한 손해배상책임을 지는 것은 아니다.**

59

2024 경찰간부

국가배상책임은 공무원에 의한 가해행위의 태양이 확정될 수 있으면 성립되고 구체적인 행위자가 반드시 특정될 것을 요하지 않는다. O | X

가해공무원이 누구인지 구체적으로 특정할 수 없더라도, 공무원의 직무상 불법행위라는 점만 입증되면 국가배상책임의 청구가 가능하다.

60

2024 경찰간부

「국가배상법」 제2조 제1항 단서는 '전투·훈련'뿐만 아니라 경찰공무원의 사고현장 교통정리와 같은 '일반 직무집행'의 경우에도 적용된다. O | X

군인 등이 「일반 직무집행 중」에 손해를 입은 경우에도 이중배상금지규정이 적용된다.

[대법원 2011.3.10. 선고, 2010다85942, 판결]

우선 원심은 경찰공무원인 소외인이 낙석사고가 일어난 지점 주변의 교통 정리를 위하여 순찰차를 운전하여 그 사고현장 부근으로 가다가 산에서 떨어진 소형 차량 크기의 낙석이 순찰차를 덮침으로써 사망하였는데, 그 판시의 사정에 비추어 그 사망은 지방자치단체인 피고의 이 사건 도로에 관한 설치·관리상의 하자로 인하여 발생하였다고 판단하였다. 나아가 국가배상법(2005. 7. 13. 법률 제7584호로 개정된 것) 제2조 제1항 단서(이하 '이 사건 면책조항'이라고 한다)에 의하여 피고가 같은 법 및 민법에 의한 손해배상책임에서 면제된다는 피고의 주장에 대하여, 원심은 헌법 제29조 제2항의 규정, 구 국가배상법(2005. 7. 13. 법률 제7584호로 개정되기 전의 것) 제2조 제1항 단서(이하 '종전 면책조항'이라고 한다)의 규정 및 그 합헌 여부나 의미에 대한 대법원과 헌법재판소의 판단(특히 대법원 2001. 2. 15. 선고 96다42420 판결 등은 **전투·훈련 또는 이에 준하는 직무집행뿐만 아니라 일반의 직무집행에 관하여도 종전 면책조항의 적용을 긍정**하였다), 종전 면책조항의 이 사건 면책조항으로의 개정 경과, 그리고 '국가유공자 등 예우 및 지원에 관한 법률' 제9조에 의하여 소외인의 부모인 원고들에게 지급되는 보훈급여금의 내용 등을 살펴본 다음, ① 종전 면책조항에 대하여 대법원과 헌법**재판소가 헌법 제29조 제2항과 실질적으로 내용을 같이하는 규정이라고 해석하여 왔는데, 이 사건 면책조항은 "전투·훈련 등 직무집행"이라고 규정하여** 헌법 제29조 제2항과 동일한 표현으로 개정이 이루어졌으므로 그 개정에도 불구하고 그 실질적 내용은 동일한 것으로 보이는 점, ② 이 사건 면책조항이 종전의 '전투·훈련 기타'에서 '전투·훈련 등'으로 개정되었는데 통상적으로 '기타'와 '등'은 같은 의미로 이해되고 이 경우에 다르게 볼 특수한 사정이 엿보이지 않는 점, ③ 위 개정 과정에서 국가 등의 면책을 종전보다 제한하려는 내용의 당초 개정안이 헌법의 규정에 반한다는 등의 이유로 이 사건 면책조항으로 수정이 이루어져 국회를 통과한 점, ④ 이 사건 면책조항은 군인연금법이나 '국가유공자 등 예우에 관한 법률' 등의 특별법에 의한 보상을 지급받을 수 있는 경우에 한하여 국가나 지방자치단체의 배상책임을 제한하는데, '국가유공자 등 예우에 관한 법률'에 의한 보훈급여금 등은 사회보장적 성격을 가질 뿐만 아니라 국가를 위한 공헌이나 희생에 대한 응분의 예우를 베푸는 것으로서, 불법행위로 인한 손해를 전보하는 데 목적이 있는 손해배상제도와는 그 취지나 목적을 달리하지만, 실질적으로는 사고를 당한 피해자 또는 유족의 금전적 손실을 메꾼다는 점에서 배상과 유사한 기능을 수행하는 측면이 있음을 부인할 수 없다는 사정 등을 고려하면 이 사건 면책조항이 국민의 기본권을 과도하게 침해한다고도 할 수 없다는 점 등을 종합하여, **이 사건 면책조항은 종전 면책조항과 마찬가지로 전투·훈련 또는 이에 준하는 직무집행뿐만 아니라 일반 직무집행에 관하여도 국가나 지방자치단체의 배상책임을 제한하는 것**이라고 해석하였다.

61

2024 경찰간부

경찰공무원인 피해자가 구 「공무원연금법」에 따라 공무상 요양비를 지급받는 것은 구 「국가배상법」 제2조 제1항 단서에서 정한 '다른 법령의 규정'에 따라 보상을 지급받는 것에 해당한다. O | X

「공무원연금법」상 공무상 요양비를 지급받는 것은 군인 또는 경찰공무원 직무의 특수성과 무관하다. 따라서 이중배상금지규정에서 말하는 "보상"에 해당하지 않는다.

[대판 2019.5.30. 2017다16174]

경찰공무원인 피해자가 구 공무원연금법의 규정에 따라 공무상 요양비를 지급받는 것은 국가배상법 제2조 제1항 단서에서 정한 '다른 법령의 규정'에 따라 보상을 지급받는 것에 해당하지 않는다.

62

2023 국회사무처 9급

공법인이 국가로부터 위탁받은 공행정사무를 집행하는 과정에서 공법인의 임직원이나 피용인이 고의 또는 과실로 법령을 위반하여 타인에게 손해를 입힌 경우에 공법인은 위탁받은 공행정 사무에 관한 행정보조의 지위에 있으므로 배상책임을 부담하지 않는다. O | X

이 경우 공법인이 행정주체의 지위에서 배상책임을 지는 것이지 국가의 기관으로 보아 국가가 배상책임을 지는 것이 아니다. 이에 더하여 경과실 있는 공법인의 임직원 등은 배상책임을 면한다는 점도 알고 있자.

[대법원 2021. 1. 28. 선고 2019다260197 판결]

공법인이 국가로부터 위탁받은 공행정사무를 집행하는 과정에서 공법인의 임직원이나 피용인이 고의 또는 과실로 법령을 위반하여 타인에게 손해를 입힌 경우에는, **공법인은 위탁받은 공행정사무에 관한 행정주체의 지위에서 배상책임을 부담**하여야 하지만, **공법인의 임직원이나 피용인은 실질적인 의미에서 공무를 수행한 사람으로서 국가배상법 제2조에서 정한 공무원에 해당하므로 고의 또는 중과실이 있는 경우에만 배상책임을 부담하고 경과실이 있는 경우에는 배상책임을 면한다.** 한편 공무원의 중과실이란 공무원에게 통상 요구되는 정도의 상당한 주의를 하지 않더라도 약간의 주의를 한다면 손쉽게 위법·유해한 결과를 예견할 수 있는 경우임에도 만연히 이를 간과한 경우와 같이, 거의 고의에 가까운 현저한 주의를 결여한 상태를 의미한다

정답 61 × 62 ×

TOPIC 35

국가배상법 2 – 제5조 책임

01

2014 사회복지직 9급

공무원의 선임·감독을 맡은 자와 봉급·급여 기타의 비용을 부담하는 자가 동일하지 아니할 때에는 그 비용을 부담하는 자도 당해 공무원의 불법행위에 대하여 배상책임을 진다. O | X

> 제6조 (비용부담자 등의 책임) ① 제2조·제3조 및 제5조에 따라 국가나 지방자치단체가 손해를 배상할 책임이 있는 경우에 공무원의 선임·감독 또는 영조물의 설치·관리를 맡은 자와 공무원의 봉급·급여, 그 밖의 비용 또는 영조물의 설치·관리 비용을 부담하는 자가 동일하지 아니하면 그 비용을 부담하는 자도 손해를 배상하여야 한다.

02

2015 사회복지직 9급

국가배상청구권은 피해자나 그 법정대리인이 그 손해 및 가해자를 안 날로부터 3년간 이를 행사하지 아니하면 시효로 인하여 소멸한다. O | X

> 국가배상법
>
> 제8조 (다른 법률과의 관계) 국가나 지방자치단체의 손해배상 책임에 관하여는 이 법에 규정된 사항 외에는 「민법」에 따른다. 다만, 「민법」 외의 법률에 다른 규정이 있을 때에는 그 규정에 따른다.
>
> 민법
>
> 제766조(손해배상청구권의 소멸시효) ① 불법행위로 인한 손해배상의 청구권은 피해자나 그 법정대리인이 그 손해 및 가해자를 안 날로부터 3년간 이를 행사하지 아니하면 시효로 인하여 소멸한다.

03

2015 사회복지직 9급

집중호우로 제방도로가 유실되면서 그 곳을 걸어가던 보행자가 강물에 휩쓸려 익사한 경우, 사고 당일의 집중호우가 50년 빈도의 최대강우량에 해당한다는 사실만으로도 국가배상법 제5조상의 영조물의 설치 또는 관리의 하자로 인한 손해배상 책임에서의 면책사유인 불가항력에 해당한다. O | X

> [대법원 2000.5.26, 99다53247]
>
> 사고 당일 50년 빈도의 최대강우량에 해당하는 집중호우가 내렸다는 사실만으로는 앞에서 인정한 바와 같이 이전에도 이 사건 사고 당시와 같은 정도로 이 사건 하천이 범람하고, 제방도로가 유실된 바가 있었던 점과 우리 나라의 경우 여름철 집중호우가 예상하기 어려운 정도의 기상이변에 해당한다고 보기는 어려운 점에 비추어 이 사건 사고가 예상할 수 없는 불가항력에 기인한 것이라고 할 수는 없다.

정답 | 01 ○ 02 ○ 03 ×

04

2015 지방직 9급

자동차손해배상보장법은 배상책임의 성립요건에 관하여 국가배상법에 우선하여 적용된다. O | X

자동차손해배상 보장법은 배상책임의 성립에 있어서는 국가배상법보다 우선한다. 자동차손해배상책임은 운행자성만 인정되면 무과실책임이므로 일반적인 국가배상책임보다 성립이 용이하다.

국가배상법

제2조(배상책임) ① 국가나 지방자치단체는 공무원 또는 공무를 위탁받은 사인(이하 "공무원"이라 한다)이 직무를 집행하면서 고의 또는 과실로 법령을 위반하여 타인에게 손해를 입히거나, **「자동차손해배상 보장법」에 따라 손해배상의 책임이 있을 때**에는 이 법에 따라 그 손해를 배상하여야 한다. 다만, 군인·군무원·경찰공무원 또는 예비군대원이 전투·훈련 등 직무 집행과 관련하여 전사(戰死)·순직(殉職)하거나 공상(公傷)을 입은 경우에 본인이나 그 유족이 다른 법령에 따라 재해보상금·유족연금·상이연금 등의 보상을 지급받을 수 있을 때에는 이 법 및 「민법」에 따른 손해배상을 청구할 수 없다.

05

2016 국가직 9급

'영조물의 설치 또는 관리의 하자'란 공공의 목적에 제공된 영조물이 그 용도에 따라 통상 갖추어야 할 안전성을 갖추지 못한 상태에 있음을 말한다. O | X

[대법원 2000.4.25, 99다54998]

국가배상법 제5조 제1항 소정의 '영조물 설치 관리상의 하자'라 함은 공공의 목적에 공여된 영조물이 그 용도에 따라 통상 갖추어야 할 안전성을 갖추지 못한 상태에 있음을 말하고, 영조물의 설치 및 관리에 있어서 항상 완전무결한 상태를 유지할 정도의 고도의 안전성을 갖추지 아니하였다고 하여 영조물의 설치 또는 관리에 하자가 있는 것으로는 할 수 없는 것으로서, 영조물의 설치자 또는 관리자에게 부과되는 방호조치의무의 정도는 영조물의 위험성에 비례하여 사회통념상 일반적으로 요구되는 정도의 것을 말하므로, 영조물인 도로의 경우도 다른 생활필수시설과의 관계나 그것을 설치하고 관리하는 주체의 재정적, 인적, 물적 제약 등을 고려하여 그것을 이용하는 자의 상식적이고 질서 있는 이용 방법을 기대한 상대적인 안전성을 갖추는 것으로 족하다.

06

2016 서울시 9급

사무귀속주체와 비용부담주체가 동일하지 아니한 경우에는 사무귀속주체가 손해를 우선적으로 배상하여야 한다. O | X

공무원에 대한 선임 감독자와 공무원의 봉급, 급여 기타의 비용부담자가 동일하지 아니한 경우에는 비용부담자도 손해를 배상해야 한다. 즉 피해자는 선택적으로 손해배상을 청구할 수 있다. 배상주체의 측면에서 보면 배상책임이 중첩적으로 발생한다.

국가배상법

제6조(비용부담자 등의 책임) ① 제2조·제3조 및 제5조에 따라 **국가나 지방자치단체가 손해를 배상할 책임이 있는 경우에 공무원의 선임·감독 또는 영조물의 설치·관리를 맡은 자와 공무원의 봉급·급여, 그 밖의 비용 또는 영조물의 설치·관리 비용을 부담하는 자가 동일하지 아니하면 그 비용을 부담하는 자도 손해를 배상하여야 한다.**
② 제1항의 경우에 손해를 배상한 자는 내부관계에서 그 손해를 배상할 책임이 있는 자에게 구상할 수 있다.

정답 | 04 ○ 05 ○ 06 ×

07

2017 국가직 9급

'공공의 영조물의 설치·관리의 하자'에는 영조물이 공공의 목적에 이용됨에 있어 그 이용 상태 및 정도가 일정한 한도를 초과하여 제3자에게 사회통념상 참을 수 없는 피해를 입히고 있는 경우가 포함된다. O | X

[대법원 2004.3.12. 선고, 2002다14242, 판결]

국가배상법 제5조 제1항에 정하여진 '영조물의 설치 또는 관리의 하자'라 함은 공공의 목적에 공여된 영조물이 그 용도에 따라 갖추어야 할 안전성을 갖추지 못한 상태에 있음을 말하고, 여기서 **안전성을 갖추지 못한 상태, 즉 타인에게 위해를 끼칠 위험성이 있는 상태라 함은 당해 영조물을 구성하는 물적 시설 그 자체에 있는 물리적·외형적 흠결이나 불비로 인하여 그 이용자에게 위해를 끼칠 위험성이 있는 경우뿐만 아니라 그 영조물이 공공의 목적에 이용됨에 있어 그 이용상태 및 정도가 일정한 한도를 초과하여 제3자에게 사회통념상 참을 수 없는 피해를 입히는 경우까지 포함**된다고 보아야 할 것이고, 사회통념상 참을 수 있는 피해인지의 여부는 그 영조물의 공공성, 피해의 내용과 정도, 이를 방지하기 위하여 노력한 정도 등을 종합적으로 고려하여 판단하여야 한다.

08

2017 국가직 9급

판례는 영조물의 설치·관리에 있어서 항상 완전무결한 상태를 유지할 정도의 고도의 안전성을 갖추지 아니하였다고 하여 영조물의 설치 또는 관리에 하자가 있다고 단정할 수 없다고 한다. O | X

[대법원 2001.7.27. 2000다56822]

국가배상법 제5조 제1항에 정해진 영조물의 설치 또는 관리의 하자라 함은 영조물이 그 용도에 따라 통상 갖추어야 할 안전성을 갖추지 못한 상태에 있음을 말하는 것이며, 다만 **영조물이 완전무결한 상태에 있지 아니하고 그 기능상 어떠한 결함이 있다는 것만으로 영조물의 설치 또는 관리에 하자가 있다고 할 수 없는 것**이고, 위와 같은 안전성의 구비 여부를 판단함에 있어서는 당해 영조물의 용도, 그 설치장소의 현황 및 이용 상황 등 제반 사정을 종합적으로 고려하여 설치·관리자가 그 영조물의 위험성에 비례하여 사회통념상 일반적으로 요구되는 정도의 방호조치의무를 다하였는지 여부를 그 기준으로 삼아야 하며, 만일 객관적으로 보아 시간적·장소적으로 영조물의 기능상 결함으로 인한 손해발생의 예견가능성과 회피가능성이 없는 경우 즉 그 영조물의 결함이 영조물의 설치·관리자의 관리행위가 미칠 수 없는 상황 아래에 있는 경우임이 입증되는 경우라면 영조물의 설치·관리상의 하자를 인정할 수 없다.

정답 | 07 ○ 08 ○

09

2017 국가직 9급

국가배상청구소송에서 공공의 영조물에 하자가 있다는 입증책임은 피해자가 지지만, 관리주체에게 손해발생의 예견가능성과 회피가능성이 없다는 입증책임은 관리주체가 진다. O | X

하자에 대해서는 피해자인 원고가 입증책임을 진다. 다만 판례는 예견가능성과 회피가능성의 존부에 대한 입증책임을 국가나 지방자치단체 등 관리자에게 부담시키고 있으므로 불가항력에 대해서는 관리주체가 입증하여야 한다.

[대법원 2008.3.13, 선고, 2007다29287, 판결]
고속도로의 관리상 하자가 인정되는 이상 **고속도로의 점유관리자는 그 하자가 불가항력에 의한 것이거나 손해의 방지에 필요한 주의를 해태하지 아니하였다는 점을 주장·입증하여야 비로소 그 책임을 면할 수 있다.**

10

2017 지방직 9급

고속도로의 관리상 하자가 인정되더라도 고속도로의 관리상 하자를 판단할 때 고속도로의 점유관리자가 손해의 방지에 필요한 주의의무를 해태하였다는 주장·입증책임은 피해자에게 있다. O | X

[대법원 2008.3.13, 선고, 2007다29287, 판결]
고속도로의 관리상 하자가 인정되는 이상 고속도로의 점유관리자는 그 하자가 불가항력에 의한 것이거나 손해의 방지에 필요한 주의를 해태하지 아니하였다는 점을 주장·입증하여야 비로소 그 책임을 면할 수 있다.

11

2017 지방직 9급

일반 공중이 사용하는 공공용물 외에 행정주체가 직접 사용하는 공용물이나 하천과 같은 자연공물도 「국가배상법」 제5조의 '공공의 영조물'에 포함된다. O | X

국가배상법 제5조에서 말하는 공공의 영조물이란 강학상 공물, 즉 직접 행정목적에 제공된 유체물 내지 물적 설비로서 (ⅰ) 일반 공중이 사용하는 공공용물(도로 등) 외에 행정주체가 직접 사용하는 공용물(관공서의 청사)을 포함하며, (ⅱ) 자연공물(하천 등)과 인공공물(도로, 관공서의 청사 등)을 모두 포함한다.

정답 | 09 ○ 10 × 11 ○

12

2017 지방직 9급

소음 등을 포함한 공해 등의 위험지역으로 이주하여 거주하는 것이 피해자가 위험의 존재를 인식하고 그로 인한 피해를 용인하면서 접근한 것이라고 볼 수 있는 경우 가해자의 면책이 인정될 수 있다. O | X

[대법원 2010.12.23, 2009다10928]

소음 등을 포함한 공해 등의 위험지역으로 이주하여 들어가서 거주하는 경우와 같이 위험의 존재를 인식하면서 그로 인한 피해를 용인하며 접근한 것으로 볼수 있는 경우에 그 피해가 직접 생명이나 신체에 관련된 것이 아니라 정신적 고통이나 생활방해의 정도에 그치고 그 침해행위에 고도의 공공성이 인정되는 때에는, 위험에 접근한 후 실제로 입은 피해 정도가 위험에 접근할 당시에 인식하고 있었던 위험의 정도를 초과하는 것이거나 위험에 접근한 후에 그 위험이 특별히 증대하였다는 등의 특별한 사정이 없는 한 가해자가 면책되는 경우도 있을 수 있고(대법원 2004. 3. 12. 선고 2002다14242 판결 참조), 특히 소음 등의 공해로 인한 법적 쟁송이 제기되거나 그 피해에 대한 보상이 실시되는 등 피해지역임이 구체적으로 드러나고 또한 이러한 사실이 그 지역에 널리 알려진 이후에 이주하여 오는 경우에는 위와 같은 위험에의 접근에 따른 가해자의 면책 여부를 보다 적극적으로 인정할 여지가 있을 것이다.

13

2017 지방직 9급

예산부족 등 설치·관리자의 재정사정은 배상책임 판단에 있어 참작사유는 될 수 있으나 안전성을 결정지을 절대적 요건은 아니다. O | X

[대법원 1967.2.21, 66다1723]

영조물 설치의 「하자」라 함은 영조물의 축조에 불완전한점이 있어 이 때문에 영조물 자체가 통상 갖추어야 할 완전성을 갖추지 못한 상태에 있음을 말한다고 할것인바 그 「하자」유무는 객관적 견지에서 본 안전성의 문제이고 그 설치자의 재정사정이나 영조물의 사용목적에 의한 사정은 안전성을 요구하는데 대한 정도 문제로서 참작사유에는 해당할지언정 안전성을 결정지을 절대적 요건에는 해당하지 아니한다 할 것이다.

14

2017 지방직 7급

'공공의 영조물'이란 국가 또는 지방자치단체가 소유권, 임차권 그 밖의 권한에 기하여 관리하고 있는 경우를 의미하고, 그러한 권원 없이 사실상의 관리를 하고 있는 경우는 제외된다. O | X

[대법원 1995.1.24, 94다45302]

국가배상법 제5조 제1항 소정의 "공공의 영조물"이라 함은 국가 또는 지방자치단체에 의하여 특정 공공의 목적에 공여된 유체물 내지 물적 설비를 지칭하며, 특정 공공의 목적에 공여된 물이라 함은 일반공중의 자유로운 사용에 직접적으로 제공되는 공공용물에 한하지 아니하고, 행정주체 자신의 사용에 제공되는 공용물도 포함하며 국가 또는 지방자치단체가 소유권, 임차권 그밖의 권한에 기하여 관리하고 있는 경우뿐만 아니라 사실상의 관리를 하고 있는 경우도 포함한다.

정답 | 12 ○ 13 ○ 14 ×

15

2017 하반기
국가직 9급

국가배상법은 외국인이 피해자인 경우에는 해당 국가와 상호 보증이 있을 때에만 적용한다. O | X

국가배상법

제7조 (외국인에 대한 책임) 이 법은 외국인이 피해자인 경우에는 해당 국가와 상호 보증이 있을 때에만 적용한다.

[대법원 1968.12.3, 선고, 68다1929]

중화민국 민법 제188조 제192조 제197조에 외국인도 중화민국을 상대로 피용인의 직무집행시의 불법행위에 인한 재산상 및 정신상 손해를 배상하도록 규정되어 있으므로 중화민국과 우리나라 사이에 국가배상법 본조에 이른바 외국인이 피해자인 경우에 상호의 보증이 있는 때에 해당한다.

16

2017 하반기
지방직 9급

시장의 영업허가 취소사무가 국가사무로서 국가가 실질적인 비용을 부담하는 자인 경우에는 국가를 상대로 국가배상을 청구하여야 한다. O | X

[대판 1994.12.9, 94다38137]

지방자치단체의 장이 기관위임된 국가행정사무를 처리하는 경우 그에 소요되는 경비의 실질적·궁극적 부담자는 국가라고 하더라도 **당해 지방자치단체는 국가로부터 내부적으로 교부된 금원으로 그 사무에 필요한 경비를 대외적으로 지출하는 자이므로, 이러한 경우 지방자치단체는 국가배상법 제6조 제1항 소정의 비용부담자로서 공무원의 불법행위로 인한 같은 법에 의한 손해를 배상할 책임이 있다.**

17

2018 국회사무처
8급

광역시와 국가 모두가 도로의 점유자 및 관리자, 비용부담자로서의 책임을 중첩적으로 지는 경우 국가만이 「국가배상법」에 따라 궁극적으로 손해를 배상할 책임이 있는 자가 된다. O | X

[대법원 1998.7.10, 선고, 96다42819, 판결]

원래 광역시가 점유·관리하던 일반국도 중 일부 구간의 포장공사를 국가가 대행하여 광역시에 도로의 관리를 이관하기 전에 교통사고가 발생한 경우, 광역시는 그 도로의 점유자 및 관리자, 도로법 제56조, 제55조, 도로법시행령 제30조에 의한 도로관리비용 등의 부담자로서의 책임이 있고, 국가는 그 도로의 점유자 및 관리자, 관리사무귀속자, 포장공사비용 부담자로서의 책임이 있다고 할 것이며, 이와 같이 **광역시와 국가 모두가 도로의 점유자 및 관리자, 비용부담자로서의 책임을 중첩적으로 지는 경우에는, 광역시와 국가 모두가 국가배상법 제6조 제2항 소정의 궁극적으로 손해를 배상할 책임이 있는 자라고 할 것이고, 결국 광역시와 국가의 내부적인 부담 부분은, 그 도로의 인계·인수 경위, 사고의 발생 경위, 광역시와 국가의 그 도로에 관한 분담비용 등 제반 사정을 종합하여 결정함**이 상당하다.

정답 | 15 ○ 16 × 17 ×

18

2021 국회사무처 8급

국가의 철도운행사업은 사경제적 작용이라 할지라도 공공의 영조물인 철도시설물의 설치 또는 관리의 하자로 인한 불법행위를 원인으로 하여 국가에 대하여 손해배상청구를 하는 경우에는 국가배상법이 적용된다. O | X

[대법원 1999.6.22. 선고. 99다7008. 판결]
국가 또는 지방자치단체라 할지라도 공권력의 행사가 아니고 단순한 사경제의 주체로 활동하였을 경우에는 그 손해배상책임에 국가배상법이 적용될 수 없고 민법상의 사용자책임 등이 인정되는 것이고 국가의 철도운행사업은 국가가 공권력의 행사로서 하는 것이 아니고 사경제적 작용이라 할 것이므로, 이로 인한 사고에 공무원이 간여하였다고 하더라도 국가배상법을 적용할 것이 아니고 일반 민법의 규정에 따라야 하므로, 국가배상법상의 배상전치절차를 거칠 필요가 없으나(대법원 1997. 7. 22. 선고 95다6991 판결, 1970. 7. 28. 선고 70다961 판결 등 참조), 공공의 영조물인 철도시설물의 설치 또는 관리의 하자로 인한 불법행위를 원인으로 하여 국가에 대하여 손해배상청구를 하는 경우에는 국가배상법이 적용되므로 배상전치절차를 거쳐야 한다.

19

2021 국회사무처 8급

차량이 통행하는 도로에서 유입되는 소음 때문에 인근 주택의 거주자에게 사회통념상 일반적으로 수인할 정도를 넘어서는 침해가 있는지 여부는 주택법 등에서 제시하는 주택건설기준보다는 환경정책기본법 등에서 설정하고 있는 환경기준을 우선적으로 고려하여 판단하여야 한다. O | X

주택법상 주택건설기준은 주택건설 관련 준수사항을 중심으로 만들어진 것이고, 환경정책기본법상 환경기준은 인근주민의 환경상 이익에 초점을 두고 만들어진 것이기 때문이다.

[대법원 2008.8.21. 선고. 2008다9358. 판결]
차량이 통행하는 도로에서 유입되는 소음 때문에 인근 주택의 거주자에게 사회통념상 일반적으로 수인할 정도를 넘어서는 침해가 있는지 여부는, **주택법 등에서 제시하는 주택건설기준보다는 환경정책기본법 등에서 설정하고 있는 환경기준을 우선적으로 고려하여 판단하여야 한다.**

20

2022 군무원 9급

공공의 영조물은 사물(私物)이 아닌 공물(公物)이어야 하지만, 공유나 사유임을 불문 하고 행정주체에 의하여 특정 공공의 목적에 공여된 유체물이면 족하다. O | X

[대법원 1981.7.7. 80다2478]
국가배상법 제5조 소정의 공공의 영조물이란 공유나 사유임을 불문하고 행정주체에 의하여 특정공공의 목적에 공여된 유체물 또는 물적 설비를 의미하므로 사실상 군민의 통행에 제공되고 있던 도로 옆의 암벽으로부터 떨어진 낙석에 맞아 소외인이 사망하는 사고가 발생하였다고 하여도 동 사고지점 도로가 피고 군에 의하여 노선인정 기타 공용개시가 없었으면 이를 영조물이라 할 수 없다.

정답 | 18 ○ 19 ○ 20 ○

21

2023 소방간부

「국가배상법」은 공공의 영조물의 설치나 관리에 하자가 있기 때문에 타인에게 손해를 발생하게 하였을 때에는 국가나 공공단체가 그 손해를 배상하여야 함을 규정하고 있다. O | X

국가배상법에서는 배상책임의 주체를 「국가 또는 지자체」로 한정하고 있다.

국가배상법

제5조(공공시설 등의 하자로 인한 책임) ① 도로·하천, 그 밖의 공공의 영조물(營造物)의 설치나 관리에 하자(瑕疵)가 있기 때문에 타인에게 손해를 발생하게 하였을 때에는 **국가나 지방자치단체는 그 손해를 배상하여야 한다.** 이 경우 제2조제1항 단서, 제3조 및 제3조의2를 준용한다.
② 제1항을 적용할 때 손해의 원인에 대하여 책임을 질 자가 따로 있으면 국가나 지방자치단체는 그 자에게 구상할 수 있다.

헌법

제29조 ①공무원의 직무상 불법행위로 손해를 받은 국민은 법률이 정하는 바에 의하여 **국가 또는 공공단체에 정당한 배상을 청구할 수 있다.** 이 경우 공무원 자신의 책임은 면제되지 아니한다.

22

2023 소방간부

「국가배상법」상 영조물이란 학문상의 공물을 뜻하며 도로 등과 같은 인공공물뿐만 아니라 동산 및 동물도 이에 포함된다. O | X

참고로 여기서 말하는 동물은 군견·경찰견 등을 말한다.

23

2023 소방간부

영조물의 설치·관리하자란 영조물이 그 용도에 따라 통상 갖추어야 할 안전성을 갖추지 못한 상태에 있음을 말하며, 안전성의 구비 여부는 당해 영조물의 구조, 본래의 용법, 장소적 환경 및 이용상황 등의 여러 사정을 종합적으로 고려하여 구체적 개별적으로 판단하여야 한다. O | X

[대법원 2000.2.25, 99다54004]

국가배상법 제5조 제1항 소정의 **영조물의 설치 또는 관리의 하자라 함은 영조물이 그 용도에 따라 통상 갖추어야 할 안전성을 갖추지 못한 상태에 있음을 말하는 것으로서**, 영조물이 완전무결한 상태에 있지 아니하고 그 기능상 어떠한 결함이 있다는 것만으로 영조물의 설치 또는 관리에 하자가 있다고 할 수 없는 것이고, 위와 같은 **안전성의 구비 여부를 판단함에 있어서는 당해 영조물의 용도, 그 설치장소의 현황 및 이용 상황 등 제반 사정을 종합적으로 고려하여 설치 관리자가 그 영조물의 위험성에 비례하여 사회통념상 일반적으로 요구되는 정도의 방호조치의무를 다하였는지 여부를 그 기준으로 삼아야 할 것**이며, 객관적으로 보아 시간적·장소적으로 영조물의 기능상 결함으로 인한 손해발생의 예견가능성과 회피가능성이 없는 경우 즉 그 영조물의 결함이 영조물의 설치관리자의 관리행위가 미칠 수 없는 상황 아래에 있는 경우에는 영조물의 설치관리상의 하자를 인정할 수 없다.

정답 | 21 × 22 ○ 23 ○

24

2023 지방직 9급

시·도경찰청장 또는 경찰서장이 지방자치단체의 장으로부터 권한을 위탁받아 설치·관리하는 신호기의 하자로 인해 손해가 발생한 경우 「국가배상법」 제5조 소정의 배상책임의 귀속 주체는 국가뿐이다. O | X

시·도경찰청장 또는 경찰서장이 지방자치단체의 장으로부터 권한을 위탁받아 설치·관리하는 신호기의 하자로 인해 손해가 발생한 경우, 지방자치단체는 「사무귀속주체」로서 국가배상법 제2조 또는 제5조 책임을 부담하며, 국가는 「비용부담자」로서 국가배상법 제6조의 책임을 지게 된다.

[대법원 1999.6.25. 선고 99다11120 판결]

도로교통법 제3조 제1항은 특별시장·광역시장 또는 시장·군수(광역시의 군수를 제외)는 도로에서의 위험을 방지하고 교통의 안전과 원활한 소통을 확보하기 위하여 필요하다고 인정하는 때에는 신호기 및 안전표지를 설치하고 이를 관리하여야 하도록 규정하고, 도로교통법시행령 제71조의2 제1항 제1호는 특별시장·광역시장이 위 법률규정에 의한 신호기 및 안전표지의 설치·관리에 관한 권한을 지방경찰청장에게 위임하는 것으로 규정하고 있는바, 이와 같이 행정권한이 기관위임된 경우 권한을 위임받은 기관은 권한을 위임한 기관이 속하는 지방자치단체의 산하 행정기관의 지위에서 그 사무를 처리하는 것이므로 사무귀속의 주체가 달라진다고 할 수 없고, 따라서 권한을 위임받은 기관 소속의 공무원이 위임사무처리에 있어 고의 또는 과실로 타인에게 손해를 가하였거나 위임사무로 설치·관리하는 영조물의 하자로 타인에게 손해를 발생하게 한 경우에는 권한을 위임한 관청이 소속된 지방자치단체가 국가배상법 제2조 또는 제5조에 의한 배상책임을 부담하고, 권한을 위임받은 관청이 속하는 지방자치단체 또는 국가가 국가배상법 제2조 또는 제5조에 의한 배상책임을 부담하는 것이 아니므로, **지방자치단체장이 교통신호기를 설치하여 그 관리권한이 도로교통법 제71조의2 제1항의 규정에 의하여 관할 지방경찰청장에게 위임되어 지방자치단체 소속 공무원과 지방경찰청 소속 공무원이 합동근무하는 교통종합관제센터에서 그 관리업무를 담당하던 중 위 신호기가 고장난 채 방치되어 교통사고가 발생한 경우, 국가배상법 제2조 또는 제5조에 의한 배상책임을 부담하는 것은 지방경찰청장이 소속된 국가가 아니라, 그 권한을 위임한 지방자치단체장이 소속된 지방자치단체라고 할 것이나,** 한편 국가배상법 제6조 제1항은 같은 법 제2조, 제3조 및 제5조의 규정에 의하여 국가 또는 지방자치단체가 손해를 배상할 책임이 있는 경우에 공무원의 선임·감독 또는 영조물의 설치·관리를 맡은 자와 공무원의 봉급·급여 기타의 비용 또는 영조물의 설치·관리의 비용을 부담하는 자가 동일하지 아니한 경우에는 그 비용을 부담하는 자도 손해를 배상하여야 한다고 규정하고 있으므로 교통신호기를 관리하는 지방경찰청장 산하 경찰관들에 대한 봉급을 부담하는 국가도 국가배상법 제6조 제1항에 의한 배상책임을 부담한다.

정답 | 24 ×

25

2023 지방직 9급

영조물의 설치·관리자와 비용부담자가 다른 경우 피해자에게 손해를 배상한 자는 내부관계에서 그 손해를 배상할 책임이 있는 자에게 구상할 수 있다. O | X

국가배상법

제6조(비용부담자 등의 책임) ① 제2조·제3조 및 제5조에 따라 국가나 지방자치단체가 손해를 배상할 책임이 있는 경우에 공무원의 선임·감독 또는 영조물의 설치·관리를 맡은 자와 공무원의 봉급·급여, 그 밖의 비용 또는 영조물의 설치·관리 비용을 부담하는 자가 동일하지 아니하면 그 비용을 부담하는 자도 손해를 배상하여야 한다.

② 제1항의 경우에 손해를 배상한 자는 내부관계에서 그 손해를 배상할 책임이 있는 자에게 구상할 수 있다.

26

2023 군무원 9급

사실상 군민의 통행에 제공되고 있던 도로 옆의 암벽으로부터 떨어진 낙석에 맞아 사망하는 사고가 발생하였다고 하여도 동 사고지점 도로가 군에 의하여 노선인정 기타 공용개시가 없었으면 이를 영조물이라 할 수 없다. O | X

[대법원 1981.7.7, 80다2478]

국가배상법 제5조 소정의 공공의 영조물이란 공유나 사유임을 불문하고 행정주체에 의하여 특정공공의 목적에 공여된 유체물 또는 물적 설비를 의미하므로 사실상 군민의 통행에 제공되고 있던 도로 옆의 암벽으로부터 떨어진 낙석에 맞아 소외인이 사망하는 사고가 발생하였다고 하여도 동 사고지점 도로가 피고 군에 의하여 노선인정 기타 공용개시가 없었으면 이를 영조물이라 할 수 없다.

정답 | 25 O 26 O

TOPIC 36

손실보상 1 – 개관 / 손해전보제도의 보완

제1절 개관

01

2014 지방직 9급

헌법재판소는 구 도시계획법상 개발제한구역의 지정으로 일부 토지소유자에게 사회적 제약의 범위를 넘는 가혹한 부담이 발생하는 경우에 보상규정을 두지 않은 것은 위헌성이 있는 것이고, 보상의 구체적 기준과 방법은 입법자가 입법정책적으로 정할 사항이라고 결정하였다. O | X

[헌재 1998.12.24, 89헌마214]
도시계획법 제21조에 규정된 개발제한구역제도 그 자체는 원칙적으로 합헌적인 규정인데, 다만 개발제한구역의 지정으로 말미암아 일부 토지소유자에게 사회적 제약의 범위를 넘는 가혹한 부담이 발생하는 예외적인 경우에 대하여 보상규정을 두지 않은 것에 위헌성이 있는 것이고, 보상의 구체적 기준과 방법은 헌법재판소가 결정할 성질의 것이 아니라 광범위한 입법형성권을 가진 입법자가 입법정책적으로 정할 사항이므로, 입법자가 보상입법을 마련함으로써 위헌적인 상태를 제거할 때까지 위 조항을 형식적으로 존속케 하기 위하여 헌법불합치결정을 하는 것인바, 입법자는 되도록 빠른 시일내에 보상입법을 하여 위헌적 상태를 제거할 의무가 있고, 행정청은 보상입법이 마련되기 전에는 새로 개발제한구역을 지정하여서는 아니되며, 토지소유자는 보상입법을 기다려 그에 따른 권리행사를 할 수 있을 뿐 개발제한구역의 지정이나 그에 따른 토지재산권의 제한 그 자체의 효력을 다투거나 위 조항에 위반하여 행한 자신들의 행위의 정당성을 주장할 수는 없다.

02

2014 서울시 9급

헌법 제23조 제3항이 손실보상에 대한 헌법적 근거가 된다. O | X

헌법
제23조 ① 모든 국민의 재산권은 보장된다. 그 내용과 한계는 법률로 정한다.
② 재산권의 행사는 공공복리에 적합하도록 하여야 한다.
③ 공공필요에 의한 재산권의 수용·사용 또는 제한 및 그에 대한 보상은 법률로써 하되, 정당한 보상을 지급하여야 한다.

03

2014 서울시 9급

피수용재산의 객관적인 재산가치를 완전하게 보상한다는 것은 불가능하므로 보상은 상당한 보상이면 족하다는 것이 대법원의 입장이다. O | X

[헌재 1990.6.25, 89헌마107]
헌법 제23조 제3항에서 규정한 "정당한 보상"이란 원칙적으로 피수용재산의 객관적인 재산가치를 완전하게 보상하여야 한다는 완전보상을 뜻하는 것이지만, 공익사업의 시행으로 인한 개발이익은 완전보상의 범위에 포함되는 피수용토지의 객관적 가치 내지 피수용자의 손실이라고는 볼 수 없다.

정답 | 01 ○ 02 ○ 03 ×

04

2015 국회사무처 8급

분리이론은 재산권의 존속보장보다는 가치보장을 강화하려는 입장에서 접근하는 견해이다. O | X

「분리이론」은 피해를 입은 상대방에 대한 보상에 관심을 가지는 것이 아니라 보상규정이 존재하지 아니하는 법률의 위헌성에 관심을 두는 이론이다. 반면에 「경계이론」은 재산권의 제약이 일정한 경계를 넘어서면 공용침해가 되어 보상이 행해져야 한다고 주장하며 보상 그 자체에 관심을 두는 이론이다. 따라서 분리이론은 재산권의 가치보장보다는 존속보장을 강화하려는 입장에서 접근하는 견해이다.

05

2014 지방직 9급

정비기반시설과 그 부지의 소유·관리·유지관계를 정한 도시 및 주거환경정비법 제65조 제2항의 전단에 따른 정비 기반시설의 소유권 귀속은 헌법 제23조 제3항의 수용에 해당한다. O | X

[헌재 2013.10.24, 2011헌바355]

도시정비법 제65조 제2항은 정비기반시설의 설치와 관련된 비용의 적정한 분담과 그 시설의 원활한 확보 및 효율적인 유지·관리의 관점에서 정비기반시설과 그 부지의 소유·관리·유지 관계를 정한 규정인데, 같은 항 전단에 따른 **정비기반시설의 소유권 귀속은 헌법 제23조 제3항의 수용에 해당하지 않고, 이 사건 법률조항이 그에 대한 보상의 의미를 가지는 것도 아니므로, 이 사건 법률조항에 관하여 정당한 보상의 원칙이 적용될 여지가 없다.** 이 사건 법률조항은 **사업구역에 필요한 정비기반시설의 설치에 관한 비용을 국가 등과 사업시행자 사이에 형평에 맞게 분담시키고자 하는 취지로, 사업시행자가 새로이 정비기반시설을 설치하는 비용의 범위 안에서 사업시행자가 정비사업의 시행을 위하여 기존 정비기반시설의 부지를 확보하여야 하는 비용을 보전하여 주되, 이를 금전으로 지급**하고 사업시행자가 국가 등으로부터 용도가 폐지되는 정비기반시설 부지를 매입하는 과정을 거치는 대신에, 기존에 국가 등이 소유하고 관리하던 정비기반시설의 소유권을 그대로 사업시행자에게 이전하도록 함으로써 원활한 사업시행을 도모할 수 있도록 한 것이다. 따라서 법령에 따라 설치되지 않은 사실상의 도로 등의 소유권 귀속, 새로이 설치되는 정비기반시설의 설치비용을 넘어서는 기존 정비기반시설의 가치 등은 모두 사업구역 내 정비기반시설의 확보에 관한 비용의 부담과는 무관하므로, 이 사건 법률조항이 이러한 부분들에 관하여 사업시행자에게 이익을 부여하지 않았다고 하여 그 재산권을 침해하는 것은 아니다.

06

2014 서울시 9급

손실보상청구권을 발생시키는 침해는 재산권에 대한 것이면 족하며 재산권의 종류는 불문한다. O | X

손실보상청권을 발생시키는 침해는 재산권에 대한 것이면 족하다. 재산권이란 법에 의하여 보호되는 일체의 재산적 가치 있는 권리로서, 공법상의 권리인지 사법상의 권리인지를 가리지 않는다. 다만 재산권은 현존하는 구체적인 재산가치를 의미하기 때문에, 자연적·문화적 학술가치 등은 손실보상의 대상에 포함되지 않는다.

07

2014 서울시 7급

하천법상 하천구역에의 편입에 따른 손실보상청구권은 공법상 권리이다. O | X

[대법원 2006.5.18, 2004다 6207]

법률 제3782호 하천법 중 개정법률(이하 '개정 하천법'이라 한다) 은 그 부칙 제2조 제1항에서 개정 하천법의 시행일인 1984.12.31. 전에 유수지에 해당되어 하천구역으로 된 토지 및 구 하천법(1971. 1. 19. 법률 제2292호로 전문 개정된 것)의 시행으로 국유로 된 제외지 안의 토지에 대하여는 관리청이 그 손실을 보상하도

정답 | 04 × 05 × 06 ○ 07 ○

록 규정하였고, '법률 제3782호 하천법 중 개정법률 부칙 제2조의 규정에 의한 보상청구권의 소멸시효가 만료된 하천구역 편입토지 보상에 관한 특별조치법' 제2조는 개정하천법 부칙 제2조 제1항에 해당하는 토지로서 개정 하천법 부칙 제2조 제2항에서 규정하고 있는 소멸시효의 만료로 보상청구권이 소멸되어 보상을 받지 못한 토지에 대하여는 시·도지사가 그 손실을 보상하도록 규정하고 있는바, 위 각 규정들에 의한 손실보상청구권은 모두 종전의 하천법 규정 자체에 의하여 하천구역으로 편입되어 국유로 되었으나 그에 대한 보상규정이 없었거나 보상청구권이 시효로 소멸되어 보상을 받지 못한 토지들에 대하여, 국가가 반성적 고려와 국민의 권리구제 차원에서 그 손실을 보상하기 위하여 규정한 것으로서, 그 법적 성질은 하천법 본칙(本則)이 원래부터 규정하고 있던 하천구역에의 편입에 의한 손실보상청구권과 하등 다를 바가 없는 것이어서 공법상의 권리임이 분명하므로 그에 관한 쟁송도 행정소송절차에 의하여야 한다.

08

2017 국가직 9급

손실보상청구권을 공권으로 보게 되면 손실보상청구권을 발생시키는 침해의 대상이 되는 재산권에는 공법상의 권리만이 포함될 뿐 사법상의 권리는 포함되지 않는다. O | X

토지수용에 따른 손실보상청구권을 생각해보면 된다. 이 경우 토지수용을 통해 침해되는 재산권은 토지에 대한 소유권이라는 사법상의 권리이다.

09

2017 국가직 9급

손실보상의 이론적 근거로서 특별희생설에 의하면, 공공복리와 개인의 권리 사이에 충돌이 있는 경우에는 개인의 권리가 우선한다. O | X

손실보상의 이론적 근거에 관한 특별희생설은 사유재산권의 보장을 전제로 하여 공익을 위해 특정인에게 다른 사람이 받지 않는 특별한 희생 내지 불평등한 희생이 있는 경우 이를 공동체 전체가 부담을 하여 보상을 하라는 견해이다. 이 경우 항상 개인의 권리가 우선하는 것은 아니고 공익과 사익간의 비교형량이 필요하다.

10

2017 국가직 9급

헌법 제23조 제3항을 국민에 대한 직접적인 효력이 있는 규정으로 보는 견해는 동조항의 재산권의 수용·사용·제한 규정과 보상규정을 불가분조항으로 본다. O | X

손실보상에 관한 헌법상의 규정이 국민에 대하여 직접 효력이 있다는 견해(직접효력설)에 따르면, 법률에 당연히 있어야 할 보상규정이 있는 경우에는 직접 헌법상의 보상규정에 근거하여 보상을 청구할 수 있다. 따라서 이 경우에는 재산권의 수용·사용·제한 규정과 보상규정을 불가분조항으로 보지 않는다.

불가분조항

공용침해의 근거규정과 손실보상의 근거규정은 하나의 법률 속에 함께 규정되어야 한다는 원칙을 이른바 불가분조항의 원칙이라 한다. 헌법 제23조 제3항을 불가분조항으로 보게 되면, 보상규정을 두지 아니한 수용법률은 헌법위반이 된다. 「위헌무효설」에서는 헌법 제23조 제3항을 불가분조항으로 보고 있다.

정답 | 08 × 09 × 10 ×

11

2017 국가직 9급

재산권의 존속보장과의 조화를 위하여서는 '공공필요'의 요건에 관하여 공익성은 추상적인 공익 일반 또는 국가의 이익 이상의 중대한 공익을 요구하므로 기본권 일반의 제한사유인 '공공복리'보다 넓게 보는 것이 타당하다.

O | X

[헌재 2014.10.30, 2011헌바172]

오늘날 공익사업의 범위가 확대되는 경향에 대응하여 재산권의 존속보장과의 조화를 위해서는, **'공공필요'의 요건에 관하여, 공익성은 추상적인 공익 일반 또는 국가의 이익 이상의 중대한 공익을 요구하므로 기본권 일반의 제한사유인 '공공복리'보다 좁게 보는 것이 타당**하며, 공익성의 정도를 판단함에 있어서는 공용수용을 허용하고 있는 개별법의 입법목적, 사업내용, 사업이 입법목적에 이바지 하는 정도는 물론, 특히 그 사업이 대중을 상대로 하는 영업인 경우에는 그 사업 시설에 대한 대중의 이용·접근가능성도 아울러 고려하여야 한다.

12

2017 국회사무처 8급

헌법적 요청에 의한 수용이라 하더라도 국민의 재산을 그 의사에 반하여 강제적으로라도 취득하여야 할 정도의 필요성이 인정되어야 하고, 그 필요성이 인정되기 위하여서는 사인의 재산권침해를 정당화할 정도의 공익의 우월성이 인정되어야 한다.

O | X

이익형량에 대한 설명이다.

[헌재 2014.10.30, 2011헌바172]

공용수용을 허용하고 있는 개별법은 대부분 공익사업을 시행하기 위하여 '필요한 경우'에 토지 등을 수용할 수 있다고 규정하고 있다. 수용은 타인의 재산권을 직접적으로 박탈하는 것일 뿐 아니라, 「헌법」 제10조로부터 도출되는 계약의 자유 내지 피수용자의 거주이전 자유까지 문제될 수 있는 등 사실상 많은 헌법상 가치들의 제약을 초래할 수 있으므로, **헌법적 요청에 의한 수용이라 하더라도 국민의 재산을 그 의사에 반하여 강제적으로라도 취득해야 할 정도의 필요성이 인정되어야 하고, 그 필요성이 인정되기 위해서는 공용수용을 통하여 달성하려는 공익과 그로 인하여 재산권을 침해당하는 사인의 이익 사이의 형량에서 사인의 재산권침해를 정당화할 정도의 공익의 우월성이 인정되어야 한다.**

13

2017 국회사무처 8급

헌법 제23조의 근본적 취지는 원칙적으로 모든 국민의 구체적 재산권의 자유로운 이용·수익·처분을 보장하면서 공공필요에 의한 재산권의 수용·사용 또는 제한은 헌법이 규정하는 요건을 갖춘 경우에만 예외적으로 허용되는 것으로 해석된다.

O | X

[헌재 2014.10.30, 2011헌바172]

「헌법」 제23조의 근본취지는 우리 헌법이 사유재산제도의 보장이라는 기조 위에서 원칙적으로 모든 국민의 구체적 재산권의 자유로운 이용·수익·처분을 보장하면서 **공공필요에 의한 재산권의 수용·사용 또는 제한은 헌법이 규정하는 요건을 갖춘 경우에만 예외적으로 허용**한다는 것으로 해석된다.

정답 | 11 × 12 ○ 13 ○

14

2017 국회사무처 8급

공용수용이 허용될 수 있는 공익사업의 범위는 법률유보 원칙에 따라 법률에서 명확히 규정되어야 한다. 따라서 공공의 이익에 도움이 되는 사업이라도 '공익사업'으로 실정법에 열거되어있지 아니한 사업은 공용수용이 허용될 수 없다. O | X

> 공익사업에는 다른 개발사업과는 달리 "공용수용권"이라는 강한 권한이 인정되기 때문에, 특정사업이 단순히 공공의 이익에 도움이 된다는 것만으로는 부족하고 실정법에 공익사업으로 열거되어 있어야 한다.
>
> [헌재 2014.10.30, 2011헌바172]
>
> 공용수용이 허용될 수 있는 공익성을 가진 사업, 즉 공익사업의 범위는 사업시행자와 토지소유자 등의 이해가 상반되는 중요한 사항으로서, 공용수용에 대한 법률유보의 원칙에 따라 법률에서 명확히 규정되어야 한다. **공공의 이익에 도움이 되는 사업이라도 '공익사업'으로 실정법에 열거되어 있지 않은 사업은 공용수용이 허용될 수 없다.**

15

2017 국회사무처 8급

사업시행자가 사인인 경우에는 공익의 우월성이 인정되는 것 외에 그 사업시행으로 획득할 수 있는 공익이 현저히 해태되지 아니하도록 보장하는 제도적 규율도 갖추어져 있어야 한다. O | X

> [헌재 2014.10.30, 2011헌바172]
>
> **사업시행자가 사인인 경우에는** 위와 같은 공익의 우월성이 인정되는 것 외에도 사인은 경제활동의 근본적인 목적이 이윤을 추구하는 일에 있으므로, **그 사업 시행으로 획득할 수 있는 공익이 현저히 해태되지 않도록 보장하는 제도적 규율도 갖추어져 있어야 한다.**

16

2017 지방직 9급

헌법 제23조 제1항의 규정이 재산권의 존속을 보호하는 것이라면 제23조 제3항의 수용제도를 통해 존속보장은 가치보장으로 변하게 된다. O | X

> 「존속보장」이란 국민의 재산권의 존속을 보호하는 것이고, 「가치보장」이란 국민의 재산권에 대하여 수용 등이 이루어질 경우에 이루어지는 금전적 보상을 말한다. 공공필요를 이유로 재산권의 수용 등이 이루어지고 보상금이 지급되면 존속보장은 가치보장으로 변하게 된다.

17

2017 지방직 9급

평등의 원칙으로부터 파생된 '공적 부담 앞의 평등'은 손실보상의 이론적 근거가 될 수 있다. O | X

> 「공적 부담 앞의 평등」이란 재산권의 수용·사용·제한 등 공용침해로 인해 다른 국민들에 비해 특정한 국민에 대해서만 불리한 위치에 놓게 해서는 안 된다는 의미이다. 따라서 특정 국민에 대해서 공용침해가 이루어질 경우에는 그 피해가 회복될 수 있도록 정당한 보상을 하여야 한다.

정답 | 14 ○ 15 ○ 16 ○ 17 ○

18

2017 지방직 9급

헌법 제23조 제3항을 불가분조항으로 볼 경우, 보상규정을 두지 아니한 수용법률은 헌법위반이 된다. O | X

헌법 제23조 제3항을 불가분조항으로 보는 견해는 「위헌무효설」의 입장이다. 이 견해는 입법자가 국민의 재산권을 침해하는 입법을 할 때에는 반드시 보상규정을 두어야 하는바, 공용침해와 정당한 보상은 불가분의 관계에 있다고 본다. 그렇다면 법률에 재산권침해를 규정하면서 보상에 관하여 규정하지 않은 법률은 위헌무효이고, 그러한 위헌무효인 법률에 근거한 재산권의 침해행위는 불법행위가 된다. 따라서 피해자는 불법행위로 인한 손해배상을 청구하여 구제될 수 있다.

개별법률에 손실보상에 관한 근거규정이 흠결된 경우의 보상

개별법률이 공용수용·사용·제한(공용침해) 등을 규정하면서, 이에 대한 보상을 규정하지 아니하였거나 규정하더라도 정당한 보상에 미치지 아니하는 경우에, 국민이 헌법 제23조 제3항을 근거로 하여 직접 보상을 청구할 수 있는지가 문제된다.

학설	내용
방침규정설	손실보상에 관한 헌법규정은 재산권보장의 원칙을 선언한 방침규정에 지나지 않으므로 헌법규정을 근거로 하여서는 손실보상을 청구할 수 없다고 본다.
직접효력설	헌법규정을 근거로 직접 손실보상을 청구할 수 있다는 견해이다.
위헌무효설	헌법규정을 근거로 직접 손실보상청구를 할 수는 없으나, 법률에 재산권침해를 규정하면서 보상에 관하여 규정하지 않는 법률은 위헌무효이고, 그러한 위헌무효인 법률에 근거한 재산권의 침해행위는 불법행위가 된다. 따라서 피해자는 불법행위로 인한 손해배상을 청구하여 구제될 수 있다.
유추적용설 (수용유사침해설)	법률에서 공용침해 등의 재산권침해를 규정하면서 보상에 관한 규정을 두지 않은 경우에도 국민은 헌법 제23조 제1항(재산권보장규정)과 제11조(평등원칙)를 근거로 하는 동시에 제23조 제3항(보상규정) 및 기타 관련법규상의 보상규정을 유추적용하여 보상청구권을 행사할 수 있다.

19

2017 하반기 국가직 9급

손실보상은 공공필요에 의한 행정작용에 의하여 사인에게 발생한 특별한 희생에 대한 전보이므로 재산권 침해로 인한 손실이 특별한 희생에 해당하여야 한다. O | X

행정상 손실보상은 적법한 공권력 행사에 의하여 사유재산에 가해진 「특별한 희생」이 그 원인이 된다. 따라서 재산권에 대한 공권적 침해가 「재산권의 사회적 제약」의 범위 내에서 행하여진 경우에는 손실보상의 문제가 발생하지 않는다.

20

2017 하반기 지방직 9급

농지개량사업 시행지역 내의 토지 등 소유자가 토지사용에 관한 승낙을 한 경우, 그에 대한 정당한 보상을 받지 않았더라도 농지개량사업 시행자는 토지소유자 및 그 승계인에 대하여 보상할 의무가 없다. O | X

[대법원 2016.6.23, 선고, 2016다206369, 판결]

구 농촌근대화촉진법이 '농지개량사업의 시행지역 내의 토지에 관하여 소유권 기타 권리를 가지는 자의 당해 사업에 관한 권리의무는 그 토지에 관한 소유권 기타 권리의 이동과 동시에 그 승계인에게 이전한다'고 규정하고 있다(제173조). 그러나 이 규정은 농지개량사업의 계속성과 연속성을 위하여 사업시행 도중에 시행지역 내 토지의 권리관계에 변경이 생기더라도 토지 사용 승낙 등으로 인한 권리의무가 승계되도록 한 것으로서, 거기

정답 18 ○ 19 ○ 20 ×

에서 말하는 '당해 사업에 관한 권리의무'는 농지개량사업의 시행을 위한 토지에의 출입과 사용, 시설물 설치 등 사업 자체에 관한 공법상의 권리의무만을 가리킨다. 그러므로 **농지개량사업 시행지역 내의 토지 등 소유자가 토지사용에 관한 승낙을 하였더라도 그에 대한 정당한 보상을 받은 바가 없다면 농지개량사업 시행자는 토지 소유자 및 승계인에 대하여 보상할 의무가 있고, 그러한 보상 없이 타인의 토지를 점유·사용하는 것은 법률상 원인 없이 이득을 얻은 때에 해당**한다.

21

2018 서울시 9급

헌법재판소는 공용침해로 인한 특별한 손해에 대한 보상규정이 없는 경우에 관련 보상규정을 유추적용하여 보상하려는 경향이 있다. O|X

(1) 공용침해로 인한 특별한 손해에 대하여 보상규정이 없는 경우에 관련 법률상의 보상규정을 유추적용하여야 한다는 것은 "대법원"의 입장이다.

[대법원 1999.11.23, 98다11529]

수산업법이 1990.8.1. 개정되기 이전까지는 어업허가의 취소·제한·정지 등의 경우에 이를 보상하는 규정을 두고 있지 않았지만, 1988.4.25. 공공용지의 취득 및 손실보상에 관한 특례법 시행규칙이 개정되면서 그 제25조의2에 허가어업의 폐지·휴업 또는 피해에 대한 손실의 평가규정이 마련되었고, 공공필요에 의한 재산권의 수용·사용 또는 제한 및 그에 관한 보상은 법률로써 하되 정당한 보상을 지급하여야 한다는 헌법 제23조 제3항, 면허어업권자 내지는 입어자에 관한 손실보상을 규정한 구 공유수면매립법 제16조, 공공사업을 위한 토지 등의 취득 또는 사용으로 인하여 토지 등의 소유자가 입은 손실은 사업시행자가 이를 보상하여야 한다는 공공용지의취득및손실보상에관한특례법 제3조 제1항의 각 규정 취지를 종합하여 보면, **적법한 어업허가를 받고 허가어업에 종사하던 중 공유수면매립사업의 시행으로 피해를 입게되는 어민들이 있는 경우 그 공유수면매립사업의 시행자로서는 위 구 공공용지의 취득 및 손실보상에 관한 특례법 시행규칙 제25조의2의 규정을 유추적용하여 위와 같은 어민들에게 손실보상을 하여 줄 의무가 있다.**

(2) 헌법재판소는 분리이론에 따라 해당 규정의 위헌여부를 판단하는 것이지(위헌무효설), 구체적인 사건에 대한 보상결정을 할 수는 없다. 구체적인 분쟁의 해결은 법원의 권한이다.

[헌재 1998.12.24, 89헌마214]

도시계획법 제21조에 규정된 **개발제한구역제도 그 자체는 원칙적으로 합헌적인 규정인데, 다만 개발제한구역의 지정으로 말미암아 일부 토지소유자에게 사회적 제약의 범위를 넘는 가혹한 부담이 발생하는 예외적인 경우에 대하여 보상규정을 두지 않은 것에 위헌성**이 있는 것이고, 보상의 구체적 기준과 방법은 헌법재판소가 결정할 성질의 것이 아니라 광범위한 입법형성권을 가진 입법자가 입법정책적으로 정할 사항이므로, **입법자가 보상입법을 마련함으로써 위헌적인 상태를 제거할 때까지 위 조항을 형식적으로 존속케 하기 위하여 헌법불합치결정**을 하는 것인바, 입법자는 되도록 빠른 시일내에 보상입법을 하여 위헌적 상태를 제거할 의무가 있고, 행정청은 보상입법이 마련되기 전에는 새로 개발제한구역을 지정하여서는 아니되며, 토지소유자는 보상입법을 기다려 그에 따른 권리행사를 할 수 있을 뿐 개발제한구역의 지정이나 그에 따른 토지재산권의 제한 그 자체의 효력을 다투거나 위 조항에 위반하여 행한 자신들의 행위의 정당성을 주장할 수는 없다.

22

2019 지방직, 교육행정직 9급

공유수면매립면허의 고시가 있는 경우 그 사업이 시행되고 그로 인하여 직접 손실이 발생한다고 할 수 있으므로, 관행 어업권자는 공유수면매립면허의 고시를 이유로 손실보상을 청구할 수 있다. O | X

[대법원 2010.12.9, 선고, 2007두6571, 판결]
구 공유수면매립법 제17조가 "매립의 면허를 받은 자는 제16조 제1항의 규정에 의한 보상이나 시설을 한 후가 아니면 그 보상을 받을 권리를 가진 자에게 손실을 미칠 공사에 착수할 수 없다. 다만, 그 권리를 가진 자의 동의를 받았을 때에는 예외로 한다."고 규정하고 있으나, 손실보상은 공공필요에 의한 행정작용에 의하여 사인에게 발생한 특별한 희생에 대한 전보라는 점에서 그 사인에게 특별한 희생이 발생하여야 하는 것은 당연히 요구되는 것이고, **공유수면 매립면허의 고시가 있다고 하여 반드시 그 사업이 시행되고 그로 인하여 손실이 발생한다고 할 수 없으므로, 매립면허 고시 이후 매립공사가 실행되어 관행어업권자에게 실질적이고 현실적인 피해가 발생한 경우에만 공유수면매립법에서 정하는 손실보상청구권이 발생**하였다고 할 것이다.

23

2019 국가직 7급

공공사업시행으로 사업시행지 밖에서 발생한 간접손실은 손실발생을 쉽게 예견할 수 있고 손실 범위도 구체적으로 특정할 수 있더라도, 사업시행자와 협의가 이루어지지 않고 그 보상에 관한 명문의 근거 법령이 없는 경우에는 보상의 대상이 아니다. O | X

[대법원 1999.10.8, 선고, 99다27231, 판결]
수산업협동조합이 수산물 위탁판매장을 운영하면서 위탁판매 수수료를 지급받아 왔고, 그 운영에 대하여는 구 수산자원보호령 제21조 제1항에 의하여 그 대상지역에서의 독점적 지위가 부여되어 있었는데, 공유수면매립사업의 시행으로 그 사업대상지역에서 어업활동을 하던 조합원들의 조업이 불가능하게 되어 일부 위탁판매장에서의 위탁판매사업을 중단하게 된 경우, 그로 인해 **수산업협동조합이 상실하게 된 위탁판매수수료 수입은 사업시행자의 매립사업으로 인한 직접적인 영업손실이 아니고 간접적인 영업손실이라고 하더라도 피침해자인 수산업협동조합이 공공의 이익을 위하여 당연히 수인하여야 할 재산권에 대한 제한의 범위를 넘어 수산업협동조합의 위탁판매사업으로 얻고 있는 영업상의 재산이익을 본질적으로 침해하는 특별한 희생에 해당하고, 사업시행자는 공유수면매립면허 고시 당시 그 매립사업으로 인하여 위와 같은 영업손실이 발생한다는 것을 상당히 확실하게 예측할 수 있었고 그 손실의 범위도 구체적으로 확정할 수 있으므로, 위 위탁판매수수료 수입손실은 헌법 제23조 제3항에 규정한 손실보상의 대상이 되고, 그 손실에 관하여 구 공유수면매립법 또는 그 밖의 법령에 직접적인 보상규정이 없더라도 공공용지의취득및손실보상에관한특례법시행규칙상의 각 규정을 유추적용하여 그에 관한 보상을 인정**하는 것이 타당하다.

24

2019 서울시 추가 9급

민간기업을 토지수용의 주체로 정한 법률조항도 헌법 제23조 제3항에서 정한 공공필요를 충족하면 헌법에 위반되지 아니한다. O | X

[헌재 2009.9.24, 2007헌바114]
헌법 제23조 제3항은 정당한 보상을 전제로 하여 재산권의 수용 등에 관한 가능성을 규정하고 있지만, 재산권 수용의 주체를 한정하지 않고 있다. 위 헌법조항의 핵심은 당해 수용이 공공필요에 부합하는가, 정당한 보상이 지급되고 있는가 여부 등에 있는 것이지, 그 수용의 주체가 국가인지 민간기업인지 여부에 달려 있다고 볼 수 없다. 또한 국가 등의 공적 기관이 직접 수용의 주체가 되는 것이든 그러한 공적 기관의 최종적인 허부판단과 승인결정하에 민간기업이 수용의 주체가 되는 것이든, 양자 사이에 공공필요에 대한 판단과 수용의 범위에 있

정답 | 22 × 23 × 24 ○

어서 본질적인 차이를 가져올 것으로 보이지 않는다. 따라서 위 수용 등의 주체를 국가 등의 공적 기관에 한정하여 해석할 이유가 없다. 오늘날 산업단지의 개발에 투입되는 자본은 대규모로 요구될 수 있는데, 이러한 경우 산업단지개발의 사업시행자를 국가나 지방자치단체로 제한한다면 예산상의 제약으로 인해 개발사업의 추진에 어려움이 있을 수 있고, 만약 이른바 공영개발방식만을 고수할 경우에는 수요에 맞지 않는 산업단지가 개발되어 자원이 비효율적으로 소모될 개연성도 있다. 또한 기업으로 하여금 산업단지를 직접 개발하도록 한다면, 기업들의 참여를 유도할 수 있는 측면도 있을 것이다. 그렇다면 **민간기업을 수용의 주체로 규정한 자체를 두고 위헌이라고 할 수 없으며, 나아가 이 사건 수용조항을 통해 민간기업에게 사업시행에 필요한 토지를 수용할 수 있도록 규정할 필요가 있다는 입법자의 인식에도 합리적인 이유가 있다** 할 것이다.

25

2022 소방직

손실보상과 손해배상은 근거규정 및 요건·효과를 달리하지만 손실보상청구권에 '손해 전보'라는 요소가 포함되어 있어 실질적으로 같은 내용의 손해에 관하여 양자의 청구권이 동시에 성립한다면 청구권자는 어느 하나만을 선택적으로 행사할 수 있을 뿐이다. O | X

손실보상은 적법한 침해를 대상으로 하고 손해배상은 위법한 손해를 대상으로 하므로, 양 청구가 양립할 수 없다고 정리해야 한다.

[대법원 2019.11.28, 선고 2018두227 판결]

공익사업을 위한 토지 등의 취득 및 보상에 관한 법률 제79조 제2항에 따른 **손실보상과 환경정책기본법 제44조 제1항에 따른 손해배상은 근거 규정과 요건·효과를 달리하는 것으로서, 각 요건이 충족되면 성립하는 별개의 청구권이다. 다만 손실보상청구권에는 이미 '손해 전보'라는 요소가 포함되어 있어 실질적으로 같은 내용의 손해에 관하여 양자의 청구권을 동시에 행사할 수 있다고 본다면 이중배상의 문제가 발생하므로, 실질적으로 같은 내용의 손해에 관하여 양자의 청구권이 동시에 성립하더라도 영업자는 어느 하나만을 선택적으로 행사할 수 있을 뿐이고, 양자의 청구권을 동시에 행사할 수는 없다.**

26

2023 소방간부

국립공원구역지정 후 토지를 종래의 목적으로도 사용할 수 없거나 토지를 사적으로 사용할 수 있는 방법이 없이 공원구역 내 일부 토지소유자에 대하여 가혹한 부담을 부과하면서 아무런 보상규정을 두지 않은 경우에는 비례의 원칙에 위반되어 당해 토지소유자의 재산권을 과도하게 침해하는 것이라고 할 수 있다. O | X

출제오류의 소지가 있다. 헌재는 재산권을 침해하지 않는다고 합헌결정을 내렸는데, 재산권을 침해한다고 주장한 반대의견을 근거로 출제한 문제이다. 개발제한구역지정으로 인해 해당지역 내 나대지 소유자가 수인한도를 넘는 피해를 입는 경우에 재산권의 과도한 침해에 해당한다는 것과 동일한 논리라고 생각하고 넘어가면 된다.

[헌법재판소 2003.4.24, 99헌바110, 2000헌바46(병합) 전원재판부]

재판관 한대현, 재판관 김영일, 재판관 송인준, 재판관 주선회의 헌법불합치의견

국립공원구역지정 후 토지를 종래의 목적으로도 사용할 수 없거나 토지를 사적으로 사용할 수 있는 방법이 없이 공원구역내 일부 토지소유자에 대하여 가혹한 부담을 부과하면서 아무런 보상규정을 두지 않은 경우에는 비례의 원칙에 위반되어 당해 토지소유자의 재산권을 과도하게 침해하는 것이라고 할 수 있다.

27

2023 소방직

구 「소하천정비법」에 따라 소하천구역으로 편입된 토지의 소유자가 사용 · 수익에 대한 권리행사에 제한을 받아 손해를 입고 있는 경우, 손실보상을 청구할 수 있을 뿐만 아니라, 관리청의 제방부지에 대한 점유를 권원 없는 점유와 같이 보아 관리청을 상대로 손해배상이나 부당이득의 반환을 청구할 수 있다. O | X

적법하게 편입된 경우이므로 위법행위를 전제로 한 손해배상이나 권원 없는 점유를 전제로 한 부당이득반환청구는 허용되지 않는다.

[대법원 2021.12.30, 선고 2018다284608 판결]

토지가 구 소하천정비법에 의하여 소하천구역으로 적법하게 편입된 경우 그로 인하여 그 토지의 소유자가 사용·수익에 관한 권리행사에 제한을 받아 손해를 입고 있다고 하더라도 구 소하천정비법 제24조에서 정한 절차에 따라 손실보상을 청구할 수 있음은 별론으로 하고, 관리청의 제방 부지에 대한 점유를 권원 없는 점유와 같이 보아 손해배상이나 부당이득의 반환을 청구할 수 없다.

28

2023 소방직

구 「전염병예방법」에 의한 피해보상제도가 수익적 행정처분의 형식을 취하고는 있지만, 구 「전염병예방법」의 취지와 입법 경위 등을 고려하면 그 실질은 피해자의 특별한 희생에 대한 보상에 가까우므로 그 인정 여부는 객관적으로 합리적인 재량권의 범위 내에서 타당하게 결정하여야 한다. O | X

예방접종 후 부작용이 발생한 경우의 피해보상청구에 대한 설명이다.

[대법원 2014.5.16, 선고 2014두274 판결]

구 전염병예방법에 의한 피해보상제도가 수익적 행정처분의 형식을 취하고는 있지만, 구 전염병예방법의 취지와 입법 경위 등을 고려하면 실질은 피해자의 특별한 희생에 대한 보상에 가까우므로, 보건복지가족부장관은 위와 같은 사정 등을 두루 고려하여 객관적으로 합리적인 재량권의 범위 내에서 타당한 결정을 해야 하고, 그렇지 않을 경우 인정 여부의 결정은 주어진 재량권을 남용한 것으로서 위법하게 된다.

29

2023 소방직

제방부지 및 제외지가 유수지와 더불어 하천구역이 되어 국유로 되는 이상 그로 인하여 소유자가 입은 손실은 특별한 희생에 해당하고, 보상방법을 유수지에 대한 것과 달리할 아무런 합리적인 이유가 없으므로 소유자에게 손실을 보상하여야 한다. O | X

유수지 뿐만 아니라 제방부지 및 제외지도 손실보상의 대상에 포함된다는 취지이다.

[대법원 2011.8.25, 선고 2011두2743 판결]

법률 제2292호 하천법 개정법률 제2조 제1항 제2호 (나)목 및 (다)목, 제3조에 의하면, 제방부지 및 제외지는 법률 규정에 의하여 당연히 하천구역이 되어 국유로 되는데도, 하천편입토지 보상 등에 관한 특별조치법(이하 '특별조치법'이라 한다)은 법률 제2292호 하천법 개정법률 시행일(1971. 7. 20.)부터 법률 제3782호 하천법 중 개정법률의 시행일(1984. 12. 31.) 전에 국유로 된 제방부지 및 제외지에 대하여는 명시적인 보상규정을 두고 있지 않다. 제방부지 및 제외지가 유수지와 더불어 하천구역이 되어 국유로 되는 이상 그로 인하여 소유자가 입은 손실은 보상되어야 하고 보상방법을 유수지에 관한 것과 달리할 아무런 합리적인 이유가 없으므로, 법률 제2292호 하천법 개정법률 시행일부터 법률 제3782호 하천법 중 개정법률 시행일 전에 국유로 된 제방부지 및 제외지에 대하여도 특별조치법 제2조를 유추적용하여 소유자에게 손실을 보상하여야 한다고 보는 것이 타당하다.

정답 | 27 × 28 ○ 29 ○

30

2023 소방직

「국토의 계획 및 이용에 관한 법률」에서 규정하는 도시계획시설사업은 도로·철도·항만·공항·주차장 등 교통시설, 수도·전기·가스공급설비 등 공급시설과 같은 도시계획시설을 설치·정비 또는 개량하여 공공복리를 증진시키고 국민의 삶의 질을 향상시키는 것을 목적으로 하고 있으므로, 그 자체로 공공필요성의 요건이 충족된다. O | X

> [헌법재판소 2007.11.29, 선고 2006헌바79 전원재판부]
> 도시계획시설사업은 명시적으로 도로 등 교통시설, 학교·운동장·문화시설 등 공공·문화체육시설과 같은 도시계획시설을 설치·정비 또는 개량하여 공공복리의 증진과 국민의 삶의 질을 향상하게 함을 목적(국토계획법 제1조, 제2조 제2호, 제6호, 제7호, 제10호)으로 하고 있으므로, 도시계획시설사업 자체에 있어서 공공필요성의 요건은 충족된다 할 것이다.

31

2023 국가직 9급

헌법재판소는 「개발제한구역의 지정 및 관리에 관한 특별조치법」 제11조제1항 등에 대한 위헌소원사건에서 토지의 효용이 감소한 토지소유자에게 토지매수청구권을 인정하는 등 보상규정을 두었지만 적절한 손실보상에 해당하지 않는다고 위헌결정을 하였다. O | X

> 공익사업보상법상 토지매수청구권과 유사한 내용을 담고 있는 점에 비추어, 헌법상 비례의 원칙에 위반되지 않는다.
>
> [헌재 2007.8.30, 2006헌바9 전원]
> 개발제한구역의 지정으로 그 효용이 현저히 감소한 토지 또는 당해 토지의 사용 및 수익이 사실상 불가능한 토지의 소유자에게 토지매수청구권을 인정하고 있는 점 등을 종합할 때, 이 사건 법률조항은 비례의 원칙에 위반하여 당해 토지 소유자의 재산권을 침해하지 않는다.

32

2023 군무원 9급

도축장 사용정지·제한명령은 공익목적을 위하여 이미 형성된 구체적 재산권을 박탈하거나 제한하는 「헌법」 제23조 제3항의 수용·사용 또는 제한에 해당하는 것이 아니라, 도축장 소유자들이 수인하여야 할 사회적 제약으로서 「헌법」 제23조 제1항의 재산권의 내용과 한계에 해당한다. O | X

> [헌재 2015.10.21. 2012헌바367]
> 도축장 사용정지·제한명령은 구제역과 같은 가축전염병의 발생과 확산을 막기 위한 것이고, 도축장 사용정지·제한명령이 내려지면 국가가 도축장 영업권을 강제로 취득하여 공익 목적으로 사용하는 것이 아니라 소유자들이 일정기간 동안 도축장을 사용하지 못하게 되는 효과가 발생할 뿐이다. 이와 같은 재산권에 대한 제약의 목적과 형태에 비추어 볼 때, 도축장 사용정지·제한명령은 공익목적을 위하여 이미 형성된 구체적 재산권을 박탈하거나 제한하는 헌법 제23조 제3항의 수용·사용 또는 제한에 해당하는 것이 아니라, 도축장 소유자들이 수인하여야 할 사회적 제약으로서 헌법 제23조 제1항의 재산권의 내용과 한계에 해당한다. 따라서 이에 대한 보상금은 도축장 사용정지·제한명령으로 인한 도축장 소유자들의 경제적인 부담을 완화하고 그러한 명령의 준수를 유도하기 위하여 지급하는 시혜적인 급부에 해당한다.

정답 | 30 ○ 31 × 32 ○

33

2024 경찰간부

공익사업의 시행 후에 사업지 밖에서 발생한 간접손실에 대하여는 해당 법률에 보상규정이 있는 경우에만 보상할 수 있다. O | X

[대법원 2002.11.26, 선고 2001다44352 판결]

공공사업의 시행 결과 그로 인하여 기업지 밖에 미치는 간접손실에 관하여 피해자와 사업시행자 사이에 협의가 이루어지지 아니하고 그 보상에 관한 명문의 근거 법령이 없는 경우라고 하더라도, 헌법 제23조 제3항은 "공공필요에 의한 재산권의 수용·사용 또는 제한 및 그에 대한 보상은 법률로써 하되, 정당한 보상을 지급하여야 한다."고 규정하고 있고, 이에 따라 국민의 재산권을 침해하는 행위 그 자체는 반드시 형식적 법률에 근거하여야 하며, 토지수용법 등의 개별 법률에서 공익사업에 필요한 재산권 침해의 근거와 아울러 그로 인한 손실보상 규정을 두고 있는 점, 공공용지의취득및손실보상에관한특례법 제3조 제1항은 "공공사업을 위한 토지 등의 취득 또는 사용으로 인하여 토지 등의 소유자가 입은 손실은 사업시행자가 이를 보상하여야 한다."고 규정하고, 같은법시행규칙 제23조의2 내지 7에서 공공사업시행지구 밖에 있는 영업과 공작물 등에 대한 간접손실에 대하여도 일정한 조건하에서 이를 보상하도록 규정하고 있는 점 등에 비추어, **공공사업의 시행으로 인하여 그러한 손실이 발생하리라는 것을 쉽게 예견할 수 있고 그 손실의 범위도 구체적으로 이를 특정할 수 있는 경우라면, 그 손실의 보상에 관하여 공공용지의취득및손실보상에관한특례법시행규칙의 관련 규정 등을 유추적용할 수 있다**고 해석함이 상당하다.

제2절 손해전보제도의 보완

01

2010 지방직 7급

공법상 결과제거청구권은 공행정작용으로 인하여 야기된 위법한 상태를 제거하여 그 원상회복을 목적으로 하는 권리이다. O | X

공법상 결과제거청구권은 위법한 행정작용의 결과로서 남아있는 상태로 인하여 자기의 법률상의 이익을 침해받고 있는 자가 행정주체를 상대로 하여 그 위법한 상태를 제거해줄 것을 청구하는 권리이다. 행정상 원상회복청구권이라고도 한다.

정답 | 33 × | 01 ○

02

2010 지방직 7급

공법상 결과제거청구는 가해행위의 위법 및 가해자의 고의 또는 과실을 요건으로 한다. O | X

공법상 결과제거청구권이 성립하기 위해서는 위법한 상태가 존재하면 족하고, 가해자의 고의·과실을 요건으로 하는 것은 아니다.

〈 행정상 손해전보제도의 성립요건 〉

유형	침해의	
	위법여부	책임(고의·과실) 여부
손실보상	적법	
수용유사침해	위법	무책
수용적 침해	적법	
희생보상	적법	
결과제거청구	위법	무책
손해배상	위법	유책

03

2023 군무원 9급

「감염병의 예방 및 관리에 관한 법률」 제71조에 의한 예방접종 피해에 대한 국가의 보상책임은 무과실책임이지만, 질병, 장애 또는 사망이 예방접종으로 발생하였다는 점이 인정되어야 한다. O | X

행위자의 고의·과실 요건과 행위와 결과 사이에 인과관계 요건은 별개임을 생각해보면 된다.

[대법원 2019.4.3. 선고, 2017두52764, 판결]

감염병의 예방 및 관리에 관한 법률(이하 '감염병예방법'이라 한다) 제71조에 의한 예방접종 피해에 대한 국가의 보상책임은 무과실책임이지만, 질병, 장애 또는 사망(이하 '장애 등'이라 한다)이 예방접종으로 발생하였다는 점이 인정되어야 한다. 여기서 예방접종과 장애 등 사이의 인과관계는 반드시 의학적·자연과학적으로 명백히 증명되어야 하는 것은 아니고, 간접적 사실관계 등 제반 사정을 고려할 때 인과관계가 있다고 추단되는 경우에는 증명이 있다고 보아야 한다. 인과관계를 추단하기 위해서는 특별한 사정이 없는 한 예방접종과 장애 등의 발생 사이에 시간적 밀접성이 있고, 피해자가 입은 장애 등이 예방접종으로부터 발생하였다고 추론하는 것이 의학이론이나 경험칙상 불가능하지 않으며, 장애 등이 원인불명이거나 예방접종이 아닌 다른 원인에 의해 발생한 것이 아니라는 정도의 증명이 있으면 족하다. 그러나 이러한 정도에 이르지 못한 채 예방접종 후 면역력이 약해질 수 있다는 막연한 추측을 근거로 현대의학상 예방접종에 내재하는 위험이 현실화된 것으로 볼 수 없는 경우까지 곧바로 인과관계를 추단할 수는 없다. 특히 피해자가 해당 장애 등과 관련한 다른 위험인자를 보유하고 있다거나, 해당 예방접종이 오랜 기간 널리 시행되었음에도 해당 장애 등에 대한 보고 내지 신고 또는 그 인과관계에 관한 조사·연구 등이 없다면, 인과관계 유무를 판단할 때 이를 고려할 수 있다.

정답 | 02 × 03 ○

TOPIC 37 손실보상 2 – 토지보상법

01

2014 사회복지직 9급

「공익사업을 위한 토지 등의 취득 및 보상에 관한 법률」 상 보상액의 산정은 협의에 의한 경우에는 협의성립 당시의 가격을, 재결에 의한 경우에는 수용 또는 사용의 재결 당시의 가격을 기준으로 한다. O | X

공익사업보상법

제67조(보상액의 가격시점 등) ① 보상액의 산정은 협의에 의한 경우에는 협의 성립 당시의 가격을, 재결에 의한 경우에는 수용 또는 사용의 재결 당시의 가격을 기준으로 한다.

02

2014 사회복지직 9급

공익사업을 위한 토지 등의 취득 및 보상에 관한 법률상 토지소유자가 보상금의 증감에 관한 소송을 제기하고자 하는 경우에는 지방토지수용위원회 또는 중앙토지수용위원회를 피고로 행정소송을 제기하여야 한다. O | X

공익사업보상법

제85조(행정소송의 제기) ① 사업시행자, 토지소유자 또는 관계인은 제34조에 따른 재결에 불복할 때에는 재결서를 받은 날부터 60일 이내에, 이의신청을 거쳤을 때에는 이의신청에 대한 재결서를 받은 날부터 30일 이내에 각각 행정소송을 제기할 수 있다. 이 경우 사업시행자는 행정소송을 제기하기 전에 제84조에 따라 늘어난 보상금을 공탁하여야 하며, 보상금을 받을 자는 공탁된 보상금을 소송이 종결될 때까지 수령할 수 없다.
② 제1항에 따라 제기하려는 행정소송이 보상금의 증감(增減)에 관한 소송인 경우 그 소송을 제기하는 자가 토지소유자 또는 관계인일 때에는 사업시행자를, 사업시행자일 때에는 토지소유자 또는 관계인을 각각 피고로 한다.

정답 | 01 ○ 02 ×

03

2014 사회복지직 9급

공익사업을 위한 토지 등의 취득 및 보상에 관한 법률상 이주대책은 이주대책 대상자들에 대하여 종전의 생활상태를 원상으로 회복시키면서 동시에 인간다운 생활을 보장하여 주기 위한 생활보상의 일환이다. O | X

[대법원 전합 1994.5.24, 92다35783]

가. 공공용지의취득및손실보상에관한특례법상의 이주대책은 공공사업의 시행에 필요한 토지 등을 제공함으로 인하여 생활의 근거를 상실하게 되는 이주자들을 위하여 사업시행자가 기본적인 생활시설이 포함된 택지를 조성하거나 그 지상에 주택을 건설하여 이주자들에게 이를 그 투입비용 원가만의 부담하에 개별 공급하는 것으로서, 그 본래의 취지에 있어 **이주자들에 대하여 종전의 생활상태를 원상으로 회복시키면서 동시에 인간다운 생활을 보장하여 주기 위한 이른바 생활보상의 일환으로 국가의 적극적이고 정책적인 배려에 의하여 마련된 제도**이다. 같은 법 제8조 제1항이 사업시행자에게 이주대책의 수립·실시의무를 부과하고 있다고 하여 그 **규정 자체만에 의하여 이주자에게 사업시행자가 수립한 이주대책상의 택지분양권이나 아파트 입주권 등을 받을 수 있는 구체적인 권리(수분양권)가 직접 발생하는 것이라고는 도저히 볼 수 없으며, 사업시행자가 이주대책에 관한 구체적인 계획을 수립하여 이를 해당자에게 통지 내지 공고한 후, 이주자가 수분양권을 취득하기를 희망하여 이주대책에 정한 절차에 따라 사업시행자에게 이주대책대상자 선정신청을 하고 사업시행자가 이를 받아들여 이주대책대상자로 확인.결정하여야만 비로소 구체적인 수분양권이 발생**하게 된다.

공익사업보상법

제78조(이주대책의 수립 등) ① 사업시행자는 공익사업의 시행으로 인하여 주거용 건축물을 제공함에 따라 생활의 근거를 상실하게 되는 자(이하 "이주대책대상자"라 한다)를 위하여 대통령령으로 정하는 바에 따라 이주대책을 수립·실시하거나 이주정착금을 지급하여야 한다.

04

2014 지방직 9급

헌법재판소는 생업의 근거를 상실하게 된 자에 대하여 일정 규모의 상업용지 또는 상가분양권 등을 공급하는 생활대책이 헌법 제23조 제3항이 규정하는 정당한 보상에 포함된다고 결정하였다. O | X

[헌재 2013.7.25, 2012헌바71]

'생업의 근거를 상실하게 된 자에 대하여 일정 규모의 상업용지 또는 상가분양권 등을 공급하는' 생활대책은 헌법 제23조 제3항에 규정된 정당한 보상에 포함되는 것이라기보다는 생활보상의 일환으로서 국가의 정책적인 배려에 의하여 마련된 제도이므로, 그 실시 여부는 입법자의 입법정책적 재량의 영역에 속한다. 이 사건 법률조항이 공익사업의 시행으로 인하여 농업 등을 계속 할 수 없게 되어 이주하는 농민 등에 대한 생활대책 수립의무를 규정하고 있지 않다는 것만으로 재산권을 침해한다고 볼 수 없다.

05

2014 국가직 7급

사업인정은 일정한 절차를 거칠 것을 조건으로 하여 사업시행자에게 일정한 내용의 수용권을 설정해주는 행정처분으로서, 사업인정을 받음으로써 수용할 목적물의 범위가 확정된다. O | X

[대법원 1987.9.8, 선고, 87누395, 판결]

토지수용법 제14조에 따른 사업인정은 그후 일정한 절차를 거칠 것을 조건으로 하여 일정한 내용의 수용권을 설정해 주는 행정처분의 성격을 띠는 것으로서 그 사업인정을 받음으로써 수용할 목적물의 범위가 확정되고 수용권으로 하여금 목적물에 관한 현재 및 장래의 권리자에게 대항할 수 있는 일종의 공법상의 권리로서의 효력

정답 | 03 ○ 04 × 05 ○

을 발생시킨다고 할 것이므로 위 사업인정단계에서의 하자를 다투지 아니하여 이미 쟁송기간이 도과한 수용재결단계에 있어서는 위 사업인정처분에 중대하고 명백한 하자가 있어 당연무효라고 볼만한 특단의 사정이 없다면 그 처분의 불가쟁력에 의하여 사업인정처분의 위법, 부당함을 이유로 수용재결처분의 취소를 구할 수 없다.

06

2014 국가직 7급

공용수용에 있어서 공익사업의 필요에 대한 입증책임은 사업시행자에게 있다. O | X

[대법원 2005.11.10, 선고, 2003두7507, 판결]

공용수용은 공익사업을 위하여 특정의 재산권을 법률에 의하여 강제적으로 취득하는 것을 내용으로 하므로 그 공익사업을 위한 필요가 있어야 하고, 그 필요가 있는지에 대하여는 수용에 따른 상대방의 재산권침해를 정당화할 만한 공익의 존재가 쌍방의 이익의 비교형량의 결과로 입증되어야 하며, 그 입증책임은 사업시행자에게 있다.

07

2014 국가직 7급

토지소유자 및 이해관계인과 협의가 성립되지 아니한 경우에 사업시행자가 사업인정의 고시가 된 날부터 1년 이내에 수용재결을 신청하지 아니하면 그 사업인정고시가 된 날부터 1년이 되는 날의 다음 날에 그 사업인정은 효력을 상실한다. O | X

공익사업보상법

제23조(사업인정의 실효) ① 사업시행자가 제22조제1항에 따른 사업인정의 고시(이하 "사업인정고시"라 한다)가 된 날부터 1년 이내에 제28조제1항에 따른 재결신청을 하지 아니한 경우에는 사업인정고시가 된 날부터 1년이 되는 날의 다음 날에 사업인정은 그 효력을 상실한다.

08

2015 지방직 9급

공익사업을 위한 토지 등의 취득 및 보상에 관한 법률상 행정청이 아닌 사업시행자가 이주대책을 수립·실시하는 경우에 이주정착지에 대한 도로 등 통상적인 생활기본시설에 필요한 비용은 지방자치단체가 부담하여야 한다. O | X

수익자부담원칙에 따라 사업시행자가 관련비용을 부담해야 한다.

공익사업보상법

제78조(이주대책의 수립 등) ④ 이주대책의 내용에는 이주정착지(이주대책의 실시로 건설하는 주택단지를 포함한다)에 대한 도로, 급수시설, 배수시설, 그 밖의 공공시설 등 통상적인 수준의 생활기본시설이 포함되어야 하며, 이에 필요한 비용은 사업시행자가 부담한다. 다만, 행정청이 아닌 사업시행자가 이주대책을 수립·실시하는 경우에 지방자치단체는 비용의 일부를 보조할 수 있다.

정답 | 06 ○ 07 ○ 08 ×

09

2016 지방직 9급

공익사업을 위한 토지 등의 취득 및 보상에 관한 법률에 의한 협의취득은 공법상 계약이다. O | X

[대법원 1996.2.13, 95다3510]

공공사업의 시행자가 토지수용법에 의하여 그 사업에 필요한 토지를 취득하는 경우 그것이 협의에 의한 취득이고 토지수용법 제25조의2의 규정에 의한 협의 성립의 확인이 없는 이상, 그 취득행위는 어디까지나 사경제 주체로서 행하는 사법상의 취득으로서 승계취득한 것으로 보아야 할 것이고, 재결에 의한 취득과 같이 원시취득한 것으로 볼 수는 없다.

10

2016 서울시 9급

수용대상 토지의 보상가격이 당해 토지의 개별공시지가를 기준으로 하여 산정한 것보다 저렴하게 되었다는 사정만으로 그 보상액 산정이 위법한 것은 아니다. O | X

[대법원 2002.3.29, 2000두10106]

토지수용보상액은 토지수용법 제46조 제2항 등 관계 법령에서 규정한 바에 따라 산정하여야 하는 것으로서, 지가공시및토지등의평가에관한법률 제10조의2 규정에 따라 결정·공시된 개별공시지가를 기준으로 하여 산정하여야 하는 것은 아니며, 관계 법령에 따라 보상액을 산정한 결과 그 보상액이 당해 토지의 개별공시지가를 기준으로 하여 산정한 지가보다 저렴하게 되었다는 사정만으로 그 보상액 산정이 잘못되어 위법한 것이라고 할 수는 없다.

11

2017 사회복지직 9급

수용재결에 불복하여 이의신청을 거쳐 취소소송을 제기하는 때에는 이의재결을 한 중앙토지수용위원회를 피고로 해야 한다. O | X

「원처분주의」에 따라 수용재결을 대상으로, 관할 토지수용위원회를 피고로 하여 소송을 제기해야 한다.

[대법원 2010.1.28, 선고, 2008두1504, 판결]

공익사업을 위한 토지 등의 취득 및 보상에 관한 법률 제85조 제1항 전문의 문언 내용과 같은 법 제83조, 제85조가 중앙토지수용위원회에 대한 이의신청을 임의적 절차로 규정하고 있는 점, 행정소송법 제19조 단서가 행정심판에 대한 재결은 재결 자체에 고유한 위법이 있음을 이유로 하는 경우에 한하여 취소소송의 대상으로 삼을 수 있도록 규정하고 있는 점 등을 종합하여 보면, **수용재결에 불복하여 취소소송을 제기하는 때에는 이의신청을 거친 경우에도 수용재결을 한 중앙토지수용위원회 또는 지방토지수용위원회를 피고로 하여 수용재결의 취소를 구하여야 하고, 다만 이의신청에 대한 재결 자체에 고유한 위법이 있음을 이유로 하는 경우에는 그 이의재결을 한 중앙토지수용위원회를 피고로 하여 이의재결의 취소를 구할 수 있다**고 보아야 한다.

12

2017 사회복지직 9급

「공익사업을 위한 토지 등의 취득 및 보상에 관한 법률」상 사업폐지에 대한 손실보상청구권은 사법상 권리로서 민사소송 절차에 의해야 한다. O | X

[대법원 2012.10.11, 선고, 2010다23210, 판결]

구 공익사업을 위한 토지 등의 취득 및 보상에 관한 법률 제79조 제2항, 공익사업을 위한 토지 등의 취득 및 보상에 관한 법률 시행규칙 제57조에 따른 **사업폐지 등에 대한 보상청구권은 공익사업의 시행 등 적법한 공권력의 행사에 의한 재산상 특별한 희생에 대하여 전체적인 공평부담의 견지에서 공익사업의 주체가 손해를 보상**

정답 | 09 × 10 ○ 11 × 12 ×

하여 주는 손실보상의 일종으로 공법상 권리임이 분명하므로 그에 관한 쟁송은 민사소송이 아닌 행정소송절차에 의하여야 한다. 또한 위 규정들과 구 공익사업법 제26조, 제28조, 제30조, 제34조, 제50조, 제61조, 제83조 내지 제85조의 규정 내용·체계 및 입법 취지 등을 종합하여 보면, 공익사업으로 인한 사업폐지 등으로 손실을 입게 된 자는 구 공익사업법 제34조, 제50조 등에 규정된 재결절차를 거친 다음 재결에 대하여 불복이 있는 때에 비로소 구 공익사업법 제83조 내지 제85조에 따라 권리구제를 받을 수 있다고 보아야 한다.

13

2017 서울시 9급

공익사업에 필요한 토지 등의 취득 또는 사용으로 인하여 토지 소유자나 관계인이 입은 손실은 사업시행자가 보상하여야 한다. O | X

공익사업보상법

제61조(사업시행자 보상) 공익사업에 필요한 토지등의 취득 또는 사용으로 인하여 토지소유자나 관계인이 입은 손실은 사업시행자가 보상하여야 한다.

14

2017 서울시 9급

보상액의 산정은 협의에 의한 경우에는 협의 성립 당시의 가격을, 재결에 의한 경우에는 수용 또는 사용의 재결 당시의 가격을 기준으로 한다. O | X

토지취득시기에 가장 가까운 시기의 가격에 따라 보상액을 산정해야 한다.
제67조 (보상액의 가격시점 등) ① 보상액의 산정은 협의에 의한 경우에는 협의 성립 당시의 가격을, 재결에 의한 경우에는 수용 또는 사용의 재결 당시의 가격을 기준으로 한다.

15

2017 하반기 국가직 9급

「공익사업을 위한 토지 등의 취득 및 보상에 관한 법률」상 손실보상은 원칙적으로 토지 등의 현물로 보상하여야 하고, 현금으로 지급하는 것은 다른 법률에 특별한 규정이 있는 경우에 예외적으로 허용된다. O | X

손실보상은 현금보상이 원칙이다(공익사업보상법 제63조 제1항 본문). 금전은 자유로운 유통이 보장되고 객관적인 가치의 변동이 적기 때문이다. 예외적으로 현물보상, 매수보상, 채권보상 등이 가능하다(동법 제63조 제1항 단서, 제8항).

공익사업보상법

제63조(현금보상 등) ① 손실보상은 다른 법률에 특별한 규정이 있는 경우를 제외하고는 현금으로 지급하여야 한다. 다만, 토지소유자가 원하는 경우로서 사업시행자가 해당 공익사업의 합리적인 토지이용계획과 사업계획 등을 고려하여 토지로 보상이 가능한 경우에는 토지소유자가 받을 보상금 중 본문에 따른 현금 또는 제7항 및 제8항에 따른 채권으로 보상받는 금액을 제외한 부분에 대하여 다음 각 호에서 정하는 기준과 절차에 따라 그 공익사업의 시행으로 조성한 토지로 보상할 수 있다.
⑧ 토지투기가 우려되는 지역으로서 대통령령으로 정하는 지역에서 다음 각 호의 어느 하나에 해당하는 공익사업을 시행하는 자 중 대통령령으로 정하는 「공공기관의 운영에 관한 법률」에 따라 지정·고시된 공공기관 및 공공단체는 제7항에도 불구하고 제7항제2호에 따른 부재부동산 소유자의 토지에 대한 보상금 중 대통령령으로 정하는 1억원 이상의 일정 금액을 초과하는 부분에 대하여는 해당 사업시행자가 발행하는 채권으로 지급하여야 한다.

16

2017 하반기
국가직 9급

이주대책은 이주자들에게 종전의 생활상태를 회복시키기 위한 생활보상의 일환으로서 국가의 정책적인 배려에 의하여 마련된 제도이므로, 이주대책의 실시 여부는 입법자의 입법정책적 재량의 영역에 속한다. 17하반기 국가직 9급 O | X

[헌재 전원재판부 2004헌마19, 2006.2.23.]
이주대책은 헌법 제23조 제3항에 규정된 정당한 보상에 포함되는 것이라기보다는 이에 부가하여 이주자들에게 종전의 생활상태를 회복시키기 위한 생활보상의 일환으로서 국가의 정책적인 배려에 의하여 마련된 제도라고 볼 것이다. 따라서 **이주대책의 실시 여부는 입법자의 입법정책적 재량**의 영역에 속하므로 공익사업을위한토지등의취득및보상에관한법률시행령 제40조 제3항 제3호(이하 '이 사건 조항'이라 한다)가 이주대책의 대상자에서 세입자를 제외하고 있는 것이 세입자의 재산권을 침해하는 것이라 볼 수 없다.

17

2017 하반기
국가직 9급

공익사업의 시행으로 지가가 상승하여 발생한 개발이익을 손실보상금액에 포함시키지 않더라도 헌법이 규정한 정당보상의 원리에 어긋나는 것은 아니다. O | X

당해 사업의 시행으로 인한 개발이익은 반영하지 않는다.

공익사업보상법

제67조(보상액의 가격시점 등) ① 보상액의 산정은 협의에 의한 경우에는 협의 성립 당시의 가격을, 재결에 의한 경우에는 수용 또는 사용의 재결 당시의 가격을 기준으로 한다.
② 보상액을 산정할 경우에 **해당 공익사업으로 인하여 토지등의 가격이 변동되었을 때에는 이를 고려하지 아니한다.**

[헌재 1991.2.11, 90헌바17]
헌법 제23조 제3항에서 규정한 "정당한 보상"이란 원칙적으로 피수용재산의 객관적인 재산가치를 완전하게 보상하여야 한다는 완전보상을 뜻하는 것이지만, **공익사업의 시행으로 인한 개발이익은 완전보상의 범위에 포함되는 피수용토지의 객관적 가치 내지 피수용자의 손실이라고는 볼 수 없다.**

비교판례 – 다른 사업의 시행으로 인한 개발이익은 반영하여야 한다.

[대법원 1992.2.11, 91누7774]
토지수용으로 인한 손실보상액을 산정함에 있어서 당해 공공사업의 시행을 직접목적으로 하는 계획의 승인, 고시로 인한 가격변동은 이를 고려함이 없이 수용재결 당시의 가격을 기준으로 하여 적정가격을 정하여야 하나, **당해 공공사업과는 관계없는 다른 사업의 시행으로 인한 개발이익은 이를 배제하지 아니한 가격으로 평가하여야 한다.**

18

2017 하반기
지방직 9급

「공익사업을 위한 토지 등의 취득 및 보상에 관한 법률」상 토지수용위원회의 수용재결에 대한 이의절차는 실질적으로 행정심판의 성질을 갖는 것이므로 동법에 특별한 규정이 있는 것을 제외하고는 「행정심판법」의 규정이 적용된다. O | X

[대법원 1992.6.9, 선고, 92누565, 판결]
토지수용위원회의 수용재결에 대한 이의절차는 실질적으로 행정심판의 성질을 갖는 것이므로 토지수용법에 특별한 규정이 있는 것을 제외하고는 행정심판법의 규정이 적용된다고 할 것이고, 행정심판법 제43조 제2항도

정답 16 ○ 17 ○ 18 ○

행정심판에 관하여 다른 법률에서 특례를 정한 경우에도 그 법률에서 규정하지 아니한 사항에 관하여는 이 법이 정하는 바에 의한다고 규정하고 있는바 , 행정심판법 제42조 제1항은 행정청이 처분을 서면으로 하는 경우에는 그 상대방에게 처분에 관하여 행정심판을 제기할 수 있는 지의 여부, 제기하는 경우의 재결청 경유절차 및 청구기간을 알려야 한다고 규정하고 있으므로 행정청이 처분을 서면으로 하는 경우에는 다른 법률에서 달리 수정한바 없는 이상 반드시 상대방에게 행정심판의 가부, 재결청, 경유절차 및 심판청구기간을 알려야 할 의무가 있으며, 특히 심판청구기간을 알리지 아니한 경우에는 다른 법률에서 달리 규정한바 없는 한 행정심판법 제18조 제6항의 규정에 의하여 같은 조 제3항의 기간 즉 처분이 있은 날로부터 180일 이내에 그 처분에 대한이의 또는 재결신청 등 심판청구를 할 수 있다고 보아야 한다.

19

2017 하반기
지방직 9급

「공익사업을 위한 토지 등의 취득 및 보상에 관한 법률」상 수용재결이나 이의신청에 대한 재결에 불복하는 행정소송의 제기는 사업의 진행 및 토지 수용 또는 사용을 정지시키지 아니한다. O | X

「집행부정지원칙」에 대한 내용으로, 공익사업보상법의 명문의 규정이 존재한다(공익사업보상법 제88조).
제88조(처분효력의 부정지) 제83조에 따른 이의의 신청이나 제85조에 따른 행정소송의 제기는 사업의 진행 및 토지의 수용 또는 사용을 정지시키지 아니한다.

20

2017 하반기
지방직 9급

「공익사업을 위한 토지 등의 취득 및 보상에 관한 법률」상 잔여지 수용 청구권은 형성권적 성질을 가지므로, 잔여지 수용청구를 받아들이지 않은 재결에 대하여 토지소유자가 불복하여 제기하는 소송은 보상금증감청구소송에 해당한다. O | X

[대법원 2015.4.9, 선고, 2014두46669, 판결]
공익사업을 위한 토지 등의 취득 및 보상에 관한 법률(이하 '토지보상법'이라고 한다) 제72조의 문언, 연혁 및 취지 등에 비추어 보면, 위 규정이 정한 수용청구권은 토지보상법 제74조 제1항이 정한 잔여지 수용청구권과 같이 손실보상의 일환으로 토지소유자에게 부여되는 권리로서 그 청구에 의하여 수용효과가 생기는 형성권의 성질을 지니므로, 토지소유자의 토지수용청구를 받아들이지 아니한 토지수용위원회의 재결에 대하여 토지소유자가 불복하여 제기하는 소송은 토지보상법 제85조 제2항에 규정되어 있는 '보상금의 증감에 관한 소송'에 해당하고, 피고는 토지수용위원회가 아니라 사업시행자로 하여야 한다.

21

2018 국가직 7급

사업인정고시가 된 후 사업시행자가 토지를 사용하는 기간이 3년 이상인 경우 토지소유자는 토지수용위원회에 토지의 수용을 청구할 수 있고, 토지수용위원회가 이를 받아들이지 않는 재결을 한 경우에는 사업시행자를 피고로 하여 토지보상법상 보상금의 증감에 관한 소송을 제기할 수 있다. O | X

사용토지에 대한 매수청구권은 잔여지수용청구권과 마찬가지로 형성권이다. 따라서 당해 권리의 행사를 토지수용위원회가 받아들이지 않더라도 요건충족시 매수의 효과는 발생하고, 이 경우 보상금증감소송이라는 형식상 당사자소송의 절차가 진행된다.

토지수용법

제72조(사용하는 토지의 매수청구 등) 사업인정고시가 된 후 다음 각 호의 어느 하나에 해당할 때에는 해당 토지소유자는 사업시행자에게 해당 토지의 매수를 청구하거나 관할 토지수용위원회에 그 토지의 수용을 청구할 수 있다. 이 경우 관계인은 사업시행자나 관할 토지수용위원회에 그 권리의 존속(*存續*)을 청구할 수 있다.

1. 토지를 사용하는 기간이 3년 이상인 경우
2. 토지의 사용으로 인하여 토지의 형질이 변경되는 경우
3. 사용하려는 토지에 그 토지소유자의 건축물이 있는 경우

[대법원 2015.4.9, 2014두46669]

공익사업을 위한 토지 등의 취득 및 보상에 관한 법률(이하 '토지보상법'이라고 한다) 제72조의 문언, 연혁 및 취지 등에 비추어 보면, 위 규정이 정한 수용청구권은 토지보상법 제74조 제1항이 정한 잔여지 수용청구권과 같이 손실보상의 일환으로 토지소유자에게 부여되는 권리로서 그 청구에 의하여 수용효과가 생기는 형성권의 성질을 지니므로, **토지소유자의 토지수용청구를 받아들이지 아니한 토지수용위원회의 재결에 대하여 토지소유자가 불복하여 제기하는 소송은 토지보상법 제85조 제2항에 규정되어 있는 '보상금의 증감에 관한 소송'에 해당하고, 피고는 토지수용위원회가 아니라 사업시행자로 하여야 한다.**

22

2018 국가직 7급

토지수용위원회의 수용재결이 있은 후라고 하더라도 토지 소유자와 사업시행자가 다시 협의하여 토지 등의 취득·사용 및 그에 대한 보상에 관하여 임의로 계약을 체결할 수 있다. O | X

공익사업에 따른 토지취득에 있어서는 항상 협의가 우선이라는 관점에서 접근하면 된다.

[대법원 2017.4.13, 2016두64241]

공익사업을 위한 토지 등의 취득 및 보상에 관한 법률(이하 '토지보상법'이라 한다)은 사업시행자로 하여금 우선 협의취득 절차를 거치도록 하고, 협의가 성립되지 않거나 협의를 할 수 없을 때에 수용재결취득 절차를 밟도록 예정하고 있기는 하다. 그렇지만 일단 토지수용위원회가 수용재결을 하였더라도 사업시행자로서는 수용 또는 사용의 개시일까지 토지수용위원회가 재결한 보상금을 지급 또는 공탁하지 아니함으로써 재결의 효력을 상실시킬 수 있는 점, 토지소유자 등은 수용재결에 대하여 이의를 신청하거나 행정소송을 제기하여 보상금의 적정 여부를 다툴 수 있는데, 그 절차에서 사업시행자와 보상금액에 관하여 임의로 합의할 수 있는 점, 공익사업의 효율적인 수행을 통하여 공공복리를 증진시키고, 재산권을 적정하게 보호하려는 토지보상법의 입법 목적(제1조)에 비추어 보더라도 수용재결이 있은 후에 사법상 계약의 실질을 가지는 협의취득 절차를 금지해야 할 별다른 필요성을 찾기 어려운 점 등을 종합해 보면, **토지수용위원회의 수용재결이 있은 후라고 하더라도 토지소유자 등과 사업시행자가 다시 협의하여 토지 등의 취득이나 사용 및 그에 대한 보상에 관하여 임의로 계약을 체결할 수 있다**고 보아야 한다.

정답 | 21 ○ 22 ○

23

2018 국가직 7급

손실보상금에 관한 당사자 간의 합의가 성립하면, 그 합의내용이 토지보상법에서 정하는 손실보상 기준에 맞지 않는다고 하더라도 합의가 적법하게 취소되는 등의 특별한 사정이 없는 한 추가로 토지보상법상 기준에 따른 손실보상금 청구를 할 수 없다. O | X

> 공익사업에 따른 토지취득에 있어서는 항상 협의가 우선이라는 관점에서 접근하면 된다.
>
> [대법원 2013.8.22, 2012다3517]
>
> 공익사업을 위한 토지 등의 취득 및 보상에 관한 법률(이하 '공익사업법'이라고 한다)에 의한 보상합의는 공공기관이 사경제주체로서 행하는 사법상 계약의 실질을 가지는 것으로서, 당사자 간의 합의로 같은 법 소정의 손실보상의 기준에 의하지 아니한 손실보상금을 정할 수 있으며, 이와 같이 같은 **법이 정하는 기준에 따르지 아니하고 손실보상액에 관한 합의를 하였다고 하더라도 그 합의가 착오 등을 이유로 적법하게 취소되지 않는 한 유효하다. 따라서 공익사업법에 의한 보상을 하면서 손실보상금에 관한 당사자 간의 합의가 성립하면 그 합의 내용대로 구속력이 있고, 손실보상금에 관한 합의 내용이 공익사업법에서 정하는 손실보상 기준에 맞지 않는다고 하더라도 합의가 적법하게 취소되는 등의 특별한 사정이 없는 한 추가로 공익사업법상 기준에 따른 손실보상금 청구를 할 수는 없다.**

24

2018 국가직 7급

하나의 수용재결에서 여러 가지의 토지, 물건, 권리 또는 영업의 손실의 보상에 관하여 심리·판단이 이루어졌을 때, 피보상자는 재결 전부에 관하여 불복하여야 하고 여러 보상항목들 중 일부에 관해서만 개별적으로 불복할 수는 없다. O | X

> [대법원 2018.5.15, 2017두41221]
>
> **하나의 재결에서 피보상자별로 여러 가지의 토지, 물건, 권리 또는 영업(이처럼 손실보상 대상에 해당하는지, 나아가 그 보상금액이 얼마인지를 심리·판단하는 기초 단위를 이하 '보상항목'이라고 한다)의 손실에 관하여 심리·판단이 이루어졌을 때, 피보상자 또는 사업시행자가 반드시 재결 전부에 관하여 불복하여야 하는 것은 아니며, 여러 보상항목들 중 일부에 관해서만 불복하는 경우에는 그 부분에 관해서만 개별적으로 불복의 사유를 주장하여 행정소송을 제기할 수 있다.** 이러한 **보상금 증감 소송**에서 법원의 심판범위는 하나의 재결 내에서 소송당사자가 구체적으로 불복신청을 한 보상항목들로 제한된다.

25

2019 서울시 7급 (2월)

잔여지 수용의 청구는 사업시행자가 관할 토지수용위원회에 하여야 하고, 토지소유자는 사업시행자에게 잔여지 수용을 청구해 줄 것을 요청할 수 있다. O | X

> 잔여지 수용의 청구는 "사업인정 이후"에 "토지소유자"가 "관할 토지수용위원회"에 하여야 한다(공익사업보상법 제74조 제1항).
>
> 제74조(잔여지 등의 매수 및 수용 청구) ① 동일한 소유자에게 속하는 일단의 토지의 일부가 협의에 의하여 매수되거나 수용됨으로 인하여 잔여지를 종래의 목적에 사용하는 것이 현저히 곤란할 때에는 **해당 토지소유자는** 사업시행자에게 잔여지를 매수하여 줄 것을 청구할 수 있으며, **사업인정 이후에는 관할 토지수용위원회에 수용을 청구**할 수 있다. 이 경우 수용의 청구는 매수에 관한 협의가 성립되지 아니한 경우에만 할 수 있으며, 그 사업의 공사완료일까지 하여야 한다.
>
> [대법원 2010.8.19, 선고, 2008두822, 판결]
>
> **잔여지 수용청구의 의사표시는 관할 토지수용위원회에 하여야 하는 것**으로서, 관할 토지수용위원회가 사업시행자에게 잔여지 수용청구의 의사표시를 수령할 권한을 부여하였다고 인정할 만한 사정이 없는 한, **사업시행자에게 한 잔여지 매수청구의 의사표시를 관할 토지수용위원회에 한 잔여지 수용청구의 의사표시로 볼 수는 없다.**

정답 | 23 ○ 24 × 25 ×

26

2019 서울시 7급 (2월)

잔여지 수용청구가 있으면 그 잔여지에 있는 물건에 대한 권리를 가진 자는 사업시행자에게 그 권리의 존속을 주장할 수 없게 된다. O | X

공익사업보상법

제74조(잔여지 등의 매수 및 수용 청구) ② 제1항에 따라 **매수 또는 수용의 청구가 있는 잔여지 및 잔여지에 있는 물건에 관하여 권리를 가진 자는 사업시행자나 관할 토지수용위원회에 그 권리의 존속을 청구할 수 있다.**

27

2019 서울시 7급 (2월)

토지소유자는 사업시행자에게 잔여지 매수청구를 할 수 있는데, 이 매수 청구는 토지수용위원회의 잔여지 수용재결 전 또는 후에 할 수 있다. O | X

논리적으로 잔여지 매수청구는 잔여지 수용재결 이전에만 가능하다. 덧붙여 잔여지 "수용"청구와 잔여지 "매수"청구를 구분하여야 한다. 잔여지 매수청구는 토지소유자가 "사업시행자"에 대하여 하는 것이다. 반면에 잔여지 수용청구는 사업인정 이후에 토지소유자가 "관할 토지수용위원회"에 하는 것이다.

제74조(잔여지 등의 매수 및 수용 청구) ① 동일한 소유자에게 속하는 일단의 토지의 일부가 협의에 의하여 매수되거나 수용됨으로 인하여 잔여지를 종래의 목적에 사용하는 것이 현저히 곤란할 때에는 **해당 토지소유자는 사업시행자에게 잔여지를 매수하여 줄 것을 청구할 수 있으며, 사업인정 이후에는 관할 토지수용위원회에 수용을 청구할 수 있다.** 이 경우 수용의 청구는 매수에 관한 협의가 성립되지 아니한 경우에만 할 수 있으며, 그 사업의 공사완료일까지 하여야 한다.

28

2019 서울시 7급 (2월)

잔여지에 현실적 이용상황 변경 또는 사용가치 및 교환가치의 하락 등이 발생하였더라도 그 손실이 토지가 공익사업에 취득·사용됨으로써 발생한 것이 아닌 경우에는 손실보상의 대상이 되지 않는다. O | X

공익사업과 해당 손실 간에 인과관계가 없다면 보상을 할 이유가 없다.

[대법원 2017.7.11, 선고, 2017두40860, 판결]

특정한 공익사업의 사업시행자가 보상하여야 하는 손실은, 동일한 소유자에게 속하는 일단의 토지 중 일부를 사업시행자가 그 공익사업을 위하여 취득하거나 사용함으로 인하여 잔여지에 발생하는 것임을 전제로 한다. 따라서 이러한 **잔여지에 대하여 현실적 이용상황 변경 또는 사용가치 및 교환가치의 하락 등이 발생하였더라도, 그 손실이 토지의 일부가 공익사업에 취득되거나 사용됨으로 인하여 발생하는 것이 아니라면 특별한 사정이 없는 한 토지보상법 제73조 제1항 본문에 따른 잔여지 손실보상 대상에 해당한다고 볼 수 없다.**

29

2019 국가직 7급

공익사업으로 인해 농업손실을 입은 자가 사업시행자에게서 공익사업을 위한 토지 등의 취득 및 보상에 관한 법률에 따른 보상을 받으려면 재결절차를 거쳐야 하고, 이를 거치지 않고 곧바로 민사소송으로 보상금을 청구하는 것은 허용되지 않는다. O | X

[대법원 2011.10.13, 선고, 2009다43461, 판결]

농업손실보상청구권은 공익사업의 시행 등 적법한 공권력의 행사에 의한 재산상의 특별한 희생에 대하여 전체적인 공평부담의 견지에서 공익사업의 주체가 그 손해를 보상하여 주는 손실보상의 일종으로 공법상의 권리임

정답 | 26 × 27 × 28 ○ 29 ○

이 분명하므로 그에 관한 쟁송은 민사소송이 아닌 행정소송절차에 의하여야 할 것이고, 위 규정들과 구 공익사업법 제26조, 제28조, 제30조, 제34조, 제50조, 제61조, 제83조 내지 제85조의 규정 내용 및 입법 취지 등을 종합하여 보면, 공익사업으로 인하여 농업의 손실을 입게 된 자가 사업시행자로부터 구 공익사업법 제7조 제2항에 따라 농업손실에 대한 보상을 받기 위해서는 구 공익사업법 제34조, 제50조 등에 규정된 재결절차를 거친 다음 그 재결에 대하여 불복이 있는 때에 비로소 구 공익사업법 제83조 내지 제85조에 따라 권리구제를 받을 수 있다고 봄이 타당하다.

30

2019 국가직 7급

이주대책은 이른바 생활보상에 해당하는 것으로서 헌법 제23조 제3항이 규정하는 손실보상의 한 형태로 보아야 하므로, 법률이 사업시행자에게 이주대책의 수립·실시의무를 부과하였다면 이로부터 사업시행자가 수립한 이주대책상의 택지분양권 등의 구체적 권리가 이주자에게 직접 발생한다. O | X

[헌재 전원재판부 2004헌마19, 2006.2.23.]

이주대책은 헌법 제23조 제3항에 규정된 정당한 보상에 포함되는 것이라기보다는 이에 부가하여 이주자들에게 종전의 생활상태를 회복시키기 위한 생활보상의 일환으로서 국가의 정책적인 배려에 의하여 마련된 제도라고 볼 것이다. 따라서 이주대책의 실시 여부는 입법자의 입법정책적 재량의 영역에 속하므로 공익사업을위한토지등의취득및보상에관한법률시행령 제40조 제3항 제3호(이하 '이 사건 조항'이라 한다)가 이주대책의 대상자에서 세입자를 제외하고 있는 것이 세입자의 재산권을 침해하는 것이라 볼 수 없다.

[대법원 1995.6.30, 선고, 94다14391, 94다14407(참가), 판결]

공공용지의취득및손실보상에관한특례법에서 사업시행자에게 이주대책을 수립·실시할 의무를 부과하고 있다고 하여 그 규정 자체만에 의하여 이주자에게 사업시행자가 수립한 이주대책상의 택지분양권이나 아파트 입주권 등을 분양받을 수 있는 구체적인 권리(수분양권)가 직접 발생하는 것이라고는 볼 수 없고, 사업시행자가 이주대책에 관한 구체적인 계획을 수립하여 이를 이주자에게 통지하거나 공고한 후 이주자가 수분양권을 취득하기를 희망하여 이주대책에 정한 절차에 따라 사업시행자에게 이주대책 대상자 선정신청을 하고 사업시행자가 그 신청을 받아들여 이주대책 대상자로 확인·결정을 하여야만 비로소 구체적인 수분양권이 발생하게 된다.

31

2019 지방직 7급

환매권은 형성권으로서 환매권자의 일방적인 의사표시에 의해 사업시행자의 의사와 관계없이 법률효과가 발생하므로 환매의 의사표시가 상대방에게 도달한 때에 환매권 행사의 효력이 발생함이 원칙이다. O | X

[헌재 전원재판부 2005헌가20, 2006.11.30.]

환매권은 개별법규가 인정한 민사법상의 권리이며, 환매는 환매기간 내에 환매의 요건이 발생하면 환매권자가 수령한 보상금의 상당액을 사업시행자에게 지급하고 일방적으로 의사표시를 함으로써 사업시행자의 의사에 관계없이 성립되는 것으로서 환매권은 형성권의 일종이라고 할 것이다.

32

2019 지방직 7급

환매권 성립의 요건으로서 협의취득 또는 수용된 토지가 필요 없게 되었는지 여부는 사업시행자의 주관적인 의사를 표준으로 할 것은 아니다. O | X

[대법원 2011.5.13, 선고, 2010다6567, 판결]

환매권에 관하여 규정한 「공익사업을 위한 토지 등의 취득 및 보상에 관한 법률」(이하 '공익사업법'이라 한다) 제91조 제1항에서 말하는 '해당 사업'이란 토지의 협의취득 또는 수용의 목적이 된 구체적인 특정의 공익사업으로서 공익사업법 제20조 제1항에 의한 사업인정을 받을 때 구체적으로 특정된 공익사업을 말한다. 또한 위 규정에서 정한 당해 사업의 '폐지·변경'이란 당해 사업을 아예 그만두거나 다른 사업으로 바꾸는 것을 말하며, 취득한 토지의 전부 또는 일부가 '필요 없게 된 때'란 사업시행자가 취득한 토지의 전부 또는 일부가 그 취득 목적 사업을 위하여 사용할 필요 자체가 없어진 경우를 말하고, **협의취득 또는 수용된 토지가 필요 없게 되었는지 여부는 사업시행자의 주관적인 의사를 표준으로 할 것이 아니라 당해 사업의 목적과 내용, 협의취득의 경위와 범위, 당해 토지와 사업의 관계, 용도 등 여러 사정에 비추어 객관적·합리적으로 판단하여야 한다.**

33

2019 지방직 7급

환매권 행사로 인한 소유권이전등기 청구소송에서 사업시행자는 환매대금 증액청구권을 내세워 증액된 환매대금과 보상금상당액의 차액을 지급할 것을 동시이행의 항변으로 주장할 수 있다. O | X

[대법원 2006.12.21, 선고, 2006다49277, 판결]

공익사업을 위한 토지 등의 취득 및 보상에 관한 법률 제91조에 의한 환매는 환매기간 내에 환매의 요건이 발생하면 환매권자가 지급받은 보상금에 상당한 금액을 사업시행자에게 미리 지급하고 일방적으로 의사표시를 함으로써 사업시행자의 의사와 관계없이 환매가 성립하고, **토지 등의 가격이 취득 당시에 비하여 현저히 변경되었더라도 같은 법 제91조 제4항에 의하여 당사자 간에 금액에 관하여 협의가 성립하거나 사업시행자 또는 환매권자가 그 금액의 증감을 법원에 청구하여 법원에서 그 금액이 확정되지 않는 한, 그 가격이 현저히 등귀한 경우이거나 하락한 경우이거나를 묻지 않고 환매권을 행사하기 위하여는 지급받은 보상금 상당액을 미리 지급하여야 하고** 또한 이로써 족한 것이며, **사업시행자는 소로써 법원에 환매대금의 증액을 청구할 수 있을 뿐 환매권 행사로 인한 소유권이전등기 청구소송에서 환매대금 증액청구권을 내세워 증액된 환매대금과 보상금 상당액의 차액을 지급할 것을 선이행 또는 동시이행의 항변으로 주장할 수 없다.**

34

2019 지방직 7급

협의취득 또는 수용의 목적물이 제3자에게 이전되더라도 협의취득 또는 수용의 등기가 되어 있으면 환매권자는 환매권이 발생한 때부터 제척기간 도과로 소멸할 때까지 사이에 환매권을 행사하고, 이로써 제3자에게 대항할 수 있다. O | X

[대법원 2017.3.15, 선고, 2015다238963, 판결]

구 공익사업을 위한 토지 등의 취득 및 보상에 관한 법률 제91조 제5항은 '환매권은 부동산등기법이 정하는 바에 의하여 공익사업에 필요한 토지의 협의취득 또는 수용의 등기가 된 때에는 제3자에게 대항할 수 있다'고 정하고 있다. 이는 **협의취득 또는 수용의 목적물이 제3자에게 이전되더라도 협의취득 또는 수용의 등기가 되어 있으면 환매권자의 지위가 그대로 유지되어 환매권자는 환매권을 행사할 수 있고, 제3자에 대해서도 이를 주장할 수 있다**는 의미이다.

정답 | 32 ○ 33 × 34 ○

35

2019 지방직 7급

「공익사업을 위한 토지 등의 취득 및 보상에 관한 법률」상 잔여지 수용청구 및 손실보상에서 동일한 토지소유자에 속하는 일단의 토지의 일부가 취득됨으로써 잔여지의 가격이 감소한 때에는 잔여지를 종래의 목적으로 사용하는 것이 가능한 경우라도 그 잔여지는 손실보상의 대상이 된다. O | X

> [대법원 2018.7.20, 선고, 2015두4044, 판결]
> 사업시행자가 동일한 토지소유자에 속하는 일단의 토지 일부를 취득함으로 인하여 잔여지의 가격이 감소하거나 그 밖의 손실이 있을 때 등에는 잔여지를 종래의 목적으로 사용하는 것이 가능한 경우라도 잔여지 손실보상의 대상이 되며, 잔여지를 종래의 목적에 사용하는 것이 불가능하거나 현저히 곤란한 경우이어야만 잔여지 손실보상청구를 할 수 있는 것이 아니다.

36

2019 지방직 7급

「공익사업을 위한 토지 등의 취득 및 보상에 관한 법률」상 잔여지 수용청구 및 손실보상에서, 토지소유자가 잔여지 수용청구에 대한 재결절차를 거친 경우에는 곧바로 사업시행자를 상대로 잔여지 가격감소 등으로 인한 손실보상을 청구할 수 있다. O | X

> 잔여지 수용청구라는 형성권행사에 대해서 관할 토지수용위원회가 이를 받아들이지 않는 재결을 하였다면, (이미 수용의 효과를 발생하였으므로) 사업시행자를 상대로 형식적 당사자소송인 보상금증감소송을 제기해야 한다.
>
> [대법원 2012.11.29, 선고, 2011두22587, 판결]
> 토지소유자가 사업시행자로부터 공익사업법 제73조에 따른 잔여지 가격감소 등으로 인한 손실보상을 받기 위해서는 공익사업법 제34조, 제50조 등에 규정된 재결절차를 거친 다음 그 재결에 대하여 불복이 있는 때에 비로소 공익사업법 제83조 내지 제85조에 따라 권리구제를 받을 수 있을 뿐, 이러한 재결절차를 거치지 않은 채 곧바로 사업시행자를 상대로 손실보상을 청구하는 것은 허용되지 않는다고 봄이 상당하고, 이는 수용대상토지에 대하여 재결절차를 거친 경우에도 마찬가지라 할 것이다.

37

2019 지방직 7급

「공익사업을 위한 토지 등의 취득 및 보상에 관한 법률」상 잔여지 수용청구 및 손실보상에서, 잔여지 수용청구는 당해 공익사업의 공사완료일까지 해야 하지만, 토지소유자가 그 기간 내에 잔여지 수용청구권을 행사하지 않았더라도 그 권리가 소멸하는 것은 아니다. O | X

> 공익사업보상법
> 제74조(잔여지 등의 매수 및 수용 청구) ① 동일한 소유자에게 속하는 일단의 토지의 일부가 협의에 의하여 매수되거나 수용됨으로 인하여 잔여지를 종래의 목적에 사용하는 것이 현저히 곤란할 때에는 해당 토지소유자는 사업시행자에게 잔여지를 매수하여 줄 것을 청구할 수 있으며, 사업인정 이후에는 관할 토지수용위원회에 수용을 청구할 수 있다. 이 경우 수용의 청구는 매수에 관한 협의가 성립되지 아니한 경우에만 할 수 있으며, 사업완료일까지 하여야 한다.
>
> [대법원 2010.8.19, 선고, 2008두822, 판결]
> 구 '공익사업을 위한 토지 등의 취득 및 보상에 관한 법률' 제74조 제1항에 의하면, 잔여지 수용청구는 사업시행자와 사이에 매수에 관한 협의가 성립되지 아니한 경우 일단의 토지의 일부에 대한 관할 토지수용위원회의 수용재결이 있기 전까지 관할 토지수용위원회에 하여야 하고, 잔여지 수용청구권의 행사기간은 제척기간으로서, 토지소유자가 그 행사기간 내에 잔여지 수용청구권을 행사하지 아니하면 그 권리가 소멸한다.

정답 | 35 ○ 36 × 37 ×

38

2019 지방직 7급

「공익사업을 위한 토지 등의 취득 및 보상에 관한 법률」상 잔여지 수용청구 및 손실보상에서, 토지소유자가 사업시행자에게 잔여지 매수청구의 의사표시를 하였다면, 그 의사표시는 특별한 사정이 없는 한 관할 토지수용위원회에 한 잔여지 수용청구의 의사표시로 볼 수 있다. O | X

[대법원 2010.8.19, 선고, 2008두822, 판결]

잔여지 수용청구의 의사표시는 관할 토지수용위원회에 하여야 하는 것으로서, 관할 토지수용위원회가 사업시행자에게 잔여지 수용청구의 의사표시를 수령할 권한을 부여하였다고 인정할 만한 사정이 없는 한, 사업시행자에게 한 잔여지 매수청구의 의사표시를 관할 토지수용위원회에 한 잔여지 수용청구의 의사표시로 볼 수는 없다.

39

2020 국회사무처 8급

도시개발사업의 사업시행자가 이주대책기준을 정하여 이주대책 대상자 가운데 이주대책을 수립·실시하여야 할 자를 선정하여 그들에게 공급할 택지 등을 정할 때는 재량권을 갖는다. O | X

[대법원 2009.3.12, 선고, 2008두12610, 판결]

사업시행자는 이주대책기준을 정하여 이주대책대상자 중에서 이주대책을 수립·실시하여야 할 자를 선정하여 그들에게 공급할 택지 또는 주택의 내용이나 수량을 정할 수 있고, 이를 정하는 데 재량을 가진다.

40

2021 국가직 7급

「공익사업을 위한 토지 등의 취득 및 보상에 관한 법률」에 따른 보상은 토지소유자나 관계인 개인별로 하는 것이 아니라 수용 또는 사용의 대상이 되는 물건별로 행해지는 것이다. O | X

물건별이 아니라 개인별로 행해진다(공익사업을 위한 토지등의 취득 및 보상에 관한 법률 제64조).

제64조(개인별 보상) 손실보상은 토지소유자나 관계인에게 개인별로 하여야 한다. 다만, 개인별로 보상액을 산정할 수 없을 때에는 그러하지 아니하다.

41

2021 서울시 7급

토지수용위원회는 사업시행자, 토지소유자 또는 관계인이 신청한 범위에서 재결하여야 한다. 다만, 손실보상의 경우에는 증액재결(增額裁決)을 할 수 있다. O | X

관할 토지수용위원회는 여러 사정을 참작하여 토지소유자의 신청범위를 넘어서 증액재결을 할 수도 있다. 재결 이후에 보상금의 액수를 두고 분쟁이 발생하는 것을 줄이려는 취지이다.

공익사업보상법

제50조(재결사항) ① 토지수용위원회의 재결사항은 다음 각 호와 같다.

1. 수용하거나 사용할 토지의 구역 및 사용방법
2. 손실보상
3. 수용 또는 사용의 개시일과 기간
4. 그 밖에 이 법 및 다른 법률에서 규정한 사항

② 토지수용위원회는 사업시행자, 토지소유자 또는 관계인이 신청한 범위에서 재결하여야 한다. 다만, 제1항제2호의 손실보상의 경우에는 증액재결(增額裁決)을 할 수 있다.

정답 | 38 × 39 ○ 40 × 41 ○

42

2022 지방직 7급

관할 토지수용위원회가 사실을 오인하여 어떤 보상항목이 손실보상대상에 해당하지 않는다고 잘못된 내용의 재결을 한 경우, 피보상자가 이를 다투려면 그 재결에 대한 항고소송을 제기하여야 한다. O | X

사업시행자를 상대로 보상금증감소송(당사자소송)을 제기하여야 한다.

[대법원 2018.7.20, 선고 2015두4044 판결]

어떤 보상항목이 공익사업을 위한 토지 등의 취득 및 보상에 관한 법령상 손실보상대상에 해당함에도 관할 토지수용위원회가 사실을 오인하거나 법리를 오해함으로써 손실보상대상에 해당하지 않는다고 잘못된 내용의 재결을 한 경우에는, 피보상자는 관할 토지수용위원회를 상대로 그 재결에 대한 취소소송을 제기할 것이 아니라, 사업시행자를 상대로 구 공익사업을 위한 토지 등의 취득 및 보상에 관한 법률 제85조 제2항에 따른 보상금증감소송을 제기하여야 한다.

43

2022 지방직 7급

토지소유자 등이 손실보상대상에 해당한다고 주장하며 보상을 요구하는데도 사업시행자가 손실보상대상에 해당하지 아니한다며 보상대상에서 이를 제외한 채 협의를 하지 않아 결국 협의가 성립하지 않은 경우, 토지소유자 등에게는 재결신청청구권이 인정된다. O | X

토지보상법

제30조(재결 신청의 청구) ① 사업인정고시가 된 후 협의가 성립되지 아니하였을 때에는 토지소유자와 관계인은 대통령령으로 정하는 바에 따라 서면으로 사업시행자에게 재결을 신청할 것을 청구할 수 있다.

[대법원 2011.7.14, 선고 2011두2309 판결]

손실보상대상에 관한 이견으로 손실보상협의가 성립하지 아니한 경우에도 재결을 통해 손실보상에 관한 법률관계를 조속히 확정할 필요가 있는 점 등에 비추어 볼 때, '협의가 성립되지 아니한 때'에는 사업시행자가 토지소유자 등과 공익사업법 제26조에서 정한 협의절차를 거쳤으나 보상액 등에 관하여 협의가 성립하지 아니한 경우는 물론 토지소유자 등이 손실보상대상에 해당한다고 주장하며 보상을 요구하는데도 사업시행자가 손실보상대상에 해당하지 아니한다며 보상대상에서 이를 제외한 채 협의를 하지 않아 결국 협의가 성립하지 않은 경우도 포함된다고 보아야 한다.

44

2022 지방직 7급

사업시행자가 토지소유자 등의 재결신청의 청구를 거부하는 경우, 토지소유자 등은 민사소송의 방법으로 그 절차 이행을 구할 수 있다. O | X

[대법원 2019.8.29, 선고 2018두57865 판결]

토지보상법 제28조, 제30조에 의하면, 편입토지 보상, 지장물 보상, 영업·농업 보상에 관해서는 사업시행자만이 재결을 신청할 수 있고 토지소유자와 관계인은 사업시행자에게 재결신청을 청구하도록 규정하고 있으므로, 토지소유자나 관계인의 재결신청 청구에도 불구하고 사업시행자가 재결신청을 하지 않을 때 토지소유자나 관계인은 사업시행자를 상대로 거부처분 취소소송 또는 부작위 위법확인소송의 방법으로 다투어야 한다. 구체적인 사안에서 토지소유자나 관계인의 재결신청 청구가 적법하여 사업시행자가 재결신청을 할 의무가 있는지는 본안에서 사업시행자의 거부처분이나 부작위가 적법한가를 판단하는 단계에서 고려할 요소이지, 소송요건 심사단계에서 고려할 요소가 아니다.

정답 | 42 × 43 ○ 44 ×

45

2022 군무원 7급

사업시행자가 수용 또는 사용의 개시일까지 관할 토지수용위원회가 재결한 보상금을 지급하거나 공탁하지 아니하였을 때에는 해당 토지수용위원회의 재결의 효력은 확정되어 더 이상 다툴 수 없다. O | X

재결의 효력이 확정되는 것이 아니라 상실된다.

공익사업을 위한 토지 등의 취득 및 보상에 관한 법률

제42조(재결의 실효) ① 사업시행자가 수용 또는 사용의 개시일까지 관할 토지수용위원회가 재결한 보상금을 지급하거나 공탁하지 아니하였을 때에는 해당 토지수용위원회의 재결은 효력을 상실한다.

46

2023 소방간부

사업인정고시는 수용재결절차로 나아가 강제적인 방식으로 토지소유자나 관계인의 권리를 취득·보상하기 위한 요건으로서 영업손실보상청구를 위해서는 반드시 사업인정이나 수용이 전제되어야 한다. O | X

사업인정고시는 수용재결절차로 나아가기 위한 전제요건이지, 영업손실보상청구를 위한 전제요건이 아니다. 사업인정이나 수용 이전단계에서도 당해 공익사업과 관련하여 토지소유자 등에게 현실적인 손실이 발생하였다면 이를 보상하여야 한다.

[대법원 2021.11.11. 2018다204022]

사업인정고시는 수용재결절차로 나아가 강제적인 방식으로 토지소유자나 관계인의 권리를 취득·보상하기 위한 절차적 요건에 지나지 않고 영업손실보상의 요건이 아니다. 토지보상법령도 반드시 사업인정이나 수용이 전제되어야 영업손실 보상의무가 발생한다고 규정하고 있지 않다.

47

2023 국가직 9급

「공익사업을 위한 토지 등의 취득 및 보상에 관한 법률」에 따라 사업인정고시가 된 후 토지의 사용으로 인하여 토지의 형질이 변경되는 경우에 토지소유자는 중앙토지수용위원회에 그 토지의 매수청구권을 행사할 수 있다. O | X

매수청구는 「사업시행자」에게 하여야 한다.

토지보상법

제72조(사용하는 토지의 매수청구 등) 사업인정고시가 된 후 다음 각 호의 어느 하나에 해당할 때에는 **해당 토지소유자는 사업시행자에게 해당 토지의 매수를 청구**하거나 관할 **토지수용위원회에 그 토지의 수용을 청구할 수 있다.** 이 경우 관계인은 사업시행자나 관할 토지수용위원회에 그 권리의 존속(存續)을 청구할 수 있다.

1. 토지를 사용하는 기간이 3년 이상인 경우
2. **토지의 사용으로 인하여 토지의 형질이 변경되는 경우**
3. 사용하려는 토지에 그 토지소유자의 건축물이 있는 경우

48

2023 국가직 9급

사업시행자는 동일한 사업지역에 보상시기를 달리하는 동일인 소유의 토지등이 여러 개가 있는 경우 토지등의 소유자가 일괄보상을 요구하더라도 「공익사업을 위한 토지 등의 취득 및 보상에 관한 법률」에 따라 단계적으로 보상금을 지급하여야 한다. O | X

단계별 보상이 원칙이지만, 토지소유자 등이 요구하면 일괄보상을 하여야 한다.

토지보상법

제65조(일괄보상) 사업시행자는 동일한 사업지역에 보상시기를 달리하는 동일인 소유의 토지등이 여러 개 있는 경우 토지소유자나 관계인이 요구할 때에는 한꺼번에 보상금을 지급하도록 하여야 한다.

49

2023 국회사무처 8급

중앙토지수용위원회의 이의재결에 대한 행정소송은 재결서를 받은 날부터 90일 이내에 제기하여야 한다. O | X

토지보상법

제85조(행정소송의 제기) ① 사업시행자, 토지소유자 또는 관계인은 제34조에 따른 재결에 불복할 때에는 재결서를 받은 날부터 90일 이내에, 이의신청을 거쳤을 때에는 이의신청에 대한 재결서를 받은 날부터 60일 이내에 각각 행정소송을 제기할 수 있다. 이 경우 사업시행자는 행정소송을 제기하기 전에 제84조에 따라 늘어난 보상금을 공탁하여야 하며, 보상금을 받을 자는 공탁된 보상금을 소송이 종결될 때까지 수령할 수 없다.

50

2023 국회사무처 8급

공익사업의 시행자는 해당 공익사업을 위한 공사에 착수하기 이전에 토지소유자에게 보상액 전액을 지급하여야 하나, 사업시행자가 보상액을 지급하지 않고 승낙도 받지 않은 채 공사에 착수하였다 하더라도 토지소유주에 대하여 불법행위로 인한 손해배상 책임이 발생하는 것은 아니다. O | X

[대법원 2021.11.11. 선고, 2018다204022, 판결]

[1] 공익사업의 시행자는 해당 공익사업을 위한 공사에 착수하기 이전에 토지소유자와 관계인에게 보상액 전액을 지급하여야 한다(공익사업을 위한 토지 등의 취득 및 보상에 관한 법률 제62조 본문). 공익사업의 시행자가 토지소유자와 관계인에게 보상액을 지급하지 않고 승낙도 받지 않은 채 공사에 착수함으로써 토지소유자와 관계인이 손해를 입은 경우, 토지소유자와 관계인에 대하여 불법행위가 성립할 수 있고, 사업시행자는 그로 인한 손해를 배상할 책임을 진다.

[2] 공익사업의 시행자가 사전보상을 하지 않은 채 공사에 착수함으로써 토지소유자와 관계인이 손해를 입은 경우, 토지소유자와 관계인이 입은 손해는 손실보상청구권이 침해된 데에 따른 손해이므로, 사업시행자가 배상해야 할 손해액은 원칙적으로 손실보상금이다. 다만 그 과정에서 토지소유자와 관계인에게 손실보상금에 해당하는 손해 외에 별도의 손해가 발생하였다면, 사업시행자는 그 손해를 배상할 책임이 있으나, 이와 같은 손해배상책임의 발생과 범위는 이를 주장하는 사람에게 증명책임이 있다.

정답 | 48 × 49 × 50 ×

51

2023 국회사무처 8급

공익사업시행지구 밖에서 영업을 휴업하는 자는 「토지보상법」에 규정된 재결절차를 거치지 않고 곧바로 사업시행자를 상대로 영업손실에 대한 보상청구를 할 수 있다. O | X

사업시행지구 안이건 밖이건 손실보상청구를 하려면 먼저 토지보상법상 절차를 거쳐야 한다.

[대법원 2011.9.29. 선고, 2009두10963 판결]

구 공익사업을 위한 토지 등의 취득 및 보상에 관한 법률(2007. 10. 17. 법률 제8665호로 개정되기 전의 것, 이하 '구 공익사업법'이라 한다) 제77조 제1항, 제4항, 구 공익사업을 위한 토지 등의 취득 및 보상에 관한 법률 시행규칙(2007. 4. 12. 건설교통부령 제556호로 개정되기 전의 것) 제45조, 제46조, 제47조와 구 공익사업법 제26조, 제28조, 제30조, 제34조, 제50조, 제61조, 제83조 내지 제85조의 규정 내용 및 입법 취지 등을 종합하여 보면, **공익사업으로 인하여 영업을 폐지하거나 휴업하는 자가 사업시행자에게서 구 공익사업법 제77조 제1항에 따라 영업손실에 대한 보상을 받기 위해서는 구 공익사업법 제34조, 제50조 등에 규정된 재결절차를 거친 다음 재결에 대하여 불복이 있는 때에 비로소 구 공익사업법 제83조 내지 제85조에 따라 권리구제를 받을 수 있을 뿐, 이러한 재결절차를 거치지 않은 채 곧바로 사업시행자를 상대로 손실보상을 청구하는 것은 허용되지 않는다**고 보는 것이 타당하다.

52

2023 군무원 9급

잔여지 수용청구를 받아들이지 않은 토지수용위원회의 재결에 대하여 토지소유자가 불복하여 제기하는 소송은 보상금의 증액에 관한 소송에 해당하여 사업시행자를 피고로 하여야 한다. O | X

[대법원 2015.4.9. 선고, 2014두46669. 판결]

공익사업을 위한 토지 등의 취득 및 보상에 관한 법률(이하 '토지보상법'이라고 한다) 제72조의 문언, 연혁 및 취지 등에 비추어 보면, 위 규정이 정한 수용청구권은 토지보상법 제74조 제1항이 정한 **잔여지 수용청구권과 같이 손실보상의 일환으로 토지소유자에게 부여되는 권리로서 그 청구에 의하여 수용효과가 생기는 형성권의 성질을 지니므로, 토지소유자의 토지수용청구를 받아들이지 아니한 토지수용위원회의 재결에 대하여 토지소유자가 불복하여 제기하는 소송은 토지보상법 제85조 제2항에 규정되어 있는 '보상금의 증감에 관한 소송'에 해당하고, 피고는 토지수용위원회가 아니라 사업시행자**로 하여야 한다.

53

2023 군무원 9급

「공익사업을 위한 토지 등의 취득 및 보상에 관한 법률」에 의한 보상금 증감에 관한 소송은 수용재결서를 받은 날부터 90일 이내에, 이의신청을 거쳤을 때에는 이의신청에 대한 재결서를 받은 날부터 60일 이내에 각각 행정소송을 제기할 수 있다. O | X

보상금 증감에 관한 소송의 경우 제2항에서 피고적격에 관하여 달리 규정하고 있을 뿐, 제소기간은 취소소송을 제기하는 경우와 같다.

토지보상법

제85조(행정소송의 제기) ① **사업시행자, 토지소유자 또는 관계인은 제34조에 따른 재결에 불복할 때에는 재결서를 받은 날부터 90일 이내에, 이의신청을 거쳤을 때에는 이의신청에 대한 재결서를 받은 날부터 60일 이내에 각각 행정소송을 제기할 수 있다.** 이 경우 사업시행자는 행정소송을 제기하기 전에 제84조에 따라 늘어난 보상금을 공탁하여야 하며, 보상금을 받을 자는 공탁된 보상금을 소송이 종결될 때까지 수령할 수 없다.
② 제1항에 따라 제기하려는 행정소송이 보상금의 증감(增減)에 관한 소송인 경우 그 소송을 제기하는 자가 토지소유자 또는 관계인일 때에는 사업시행자를, 사업시행자일 때에는 토지소유자 또는 관계인을 각각 피고로 한다.

정답 | 51 × 52 ○ 53 ○

54

2023 군무원 9급

「공익사업을 위한 토지 등의 취득 및 보상에 관한 법률」에 의한 사업인정의 고시 절차를 누락한 것을 이유로 수용재결처분의 취소를 구할 수 있다. O | X

[대법원 2000.10.13. 선고 2000두5142 판결]
구 토지수용법(1990. 4. 7. 법률 제4231호로 개정되기 전의 것) 제16조 제1항에서는 건설부장관이 사업인정을 하는 때에는 지체 없이 그 뜻을 기업자·토지소유자·관계인 및 관계도지사에게 통보하고 기업자의 성명 또는 명칭, 사업의 종류, 기업지 및 수용 또는 사용할 토지의 세목을 관보에 공시하여야 한다고 규정하고 있는바, 가령 건설부장관이 위와 같은 절차를 누락한 경우 이는 절차상의 위법으로서 수용재결 단계 전의 사업인정 단계에서 다툴 수 있는 취소사유에 해당하기는 하나, 더 나아가 그 사업인정 자체를 무효로 할 중대하고 명백한 하자라고 보기는 어렵고, 따라서 이러한 위법을 들어 수용재결처분의 취소를 구하거나 무효확인을 구할 수는 없다.

55

2023 군무원 7급

수용재결에 대하여 불복하는 경우 이의재결을 거치지 아니하면 취소소송을 제기할 수 없다. O | X

토지보상법은 수용재결에 대한 불복에 있어 행정심판 임의적 전치주의를 취하고 있다.

토지보상법

제83조(이의의 신청) ① 중앙토지수용위원회의 제34조에 따른 재결에 이의가 있는 자는 중앙토지수용위원회에 이의를 신청할 수 있다.
② 지방토지수용위원회의 제34조에 따른 재결에 이의가 있는 자는 해당 지방토지수용위원회를 거쳐 중앙토지수용위원회에 이의를 신청할 수 있다.
③ 제1항 및 제2항에 따른 이의의 신청은 재결서의 정본을 받은 날부터 30일 이내에 하여야 한다.

56

2023 군무원 7급

이의신청을 받은 중앙토지수용위원회는 수용재결이 위법 또는 부당한 때에는 그 재결의 전부 또는 일부를 취소하거나 보상액을 변경할 수 있다. O | X

토지보상법

제84조(이의신청에 대한 재결) ① 중앙토지수용위원회는 제83조에 따른 이의신청을 받은 경우 제34조에 따른 재결이 위법하거나 부당하다고 인정할 때에는 그 재결의 전부 또는 일부를 취소하거나 보상액을 변경할 수 있다.

57

2023 군무원 7급

이의재결에서 보상금이 늘어난 경우 사업시행자는 재결의 취소 또는 변경의 재결서 정본을 받은 날부터 60일 이내에 보상금을 받을 자에게 그 늘어난 보상금을 지급해야 한다. O | X

토지보상법

제84조(이의신청에 대한 재결) ② 제1항에 따라 보상금이 늘어난 경우 사업시행자는 재결의 취소 또는 변경의 재결서 정본을 받은 날부터 30일 이내에 보상금을 받을 자에게 그 늘어난 보상금을 지급하여야 한다. 다만, 제40조제2항제1호·제2호 또는 제4호에 해당할 때에는 그 금액을 공탁할 수 있다.

정답 | 54 × 55 × 56 ○ 57 ×

58

2024 경찰간부

사업시행자의 이주대책 수립·실시의무를 정하고 있는 구 「공익사업을 위한 토지 등의 취득 및 보상에 관한 법률」의 규정은 당사자의 합의에 의하여 적용을 배제할 수 없는 강행법규라고 볼 수 없다. O | X

[대법원 2011.6.23. 선고 2007다63089,63096 전원합의체 판결]
구 공익사업을 위한 토지 등의 취득 및 보상에 관한 법률(2007. 10. 17. 법률 제8665호로 개정되기 전의 것, 이하 '구 공익사업법'이라 한다)은 공익사업에 필요한 토지 등을 협의 또는 수용에 의하여 취득하거나 사용함에 따른 손실 보상에 관한 사항을 규정함으로써 공익사업의 효율적인 수행을 통하여 공공복리의 증진과 재산권의 적정한 보호를 도모함을 목적으로 하고 있고, 위 법에 의한 이주대책은 공익사업의 시행에 필요한 토지 등을 제공함으로 인하여 생활의 근거를 상실하게 되는 이주대책대상자들에게 종전 생활상태를 원상으로 회복시키면서 동시에 인간다운 생활을 보장하여 주기 위하여 마련된 제도이므로, **사업시행자의 이주대책 수립·실시의무를 정하고 있는 구 공익사업법 제78조 제1항은 물론 이주대책의 내용에 관하여 규정하고 있는 같은 조 제4항 본문 역시 당사자의 합의 또는 사업시행자의 재량에 의하여 적용을 배제할 수 없는 강행법규이다.**

59

2023 국회사무처 9급

사업시행자는 해당 공익사업을 위한 공사에 착수하기 이전에 토지소유자와 관계인에게 원칙적으로 보상액 전액 또는 일부를 지급할 수 있다. O | X

지급할 수 있다가 아니라 지급하여야 한다.

토지보상법

제62조(사전보상) 사업시행자는 해당 공익사업을 위한 공사에 착수하기 이전에 토지소유자와 관계인에게 보상액 전액(全額)을 지급하여야 한다. 다만, 제38조에 따른 천재지변 시의 토지 사용과 제39조에 따른 시급한 토지 사용의 경우 또는 토지소유자 및 관계인의 승낙이 있는 경우에는 그러하지 아니하다.

60

2023 국회사무처 9급

토지에 대한 보상액은 일시적인 이용상황과 토지소유자나 관계인이 갖는 주관적 가치 및 특별한 용도에 사용할 것을 전제로 한 경우 등은 고려하지 아니한다. O | X

토지보상법

제70조(취득하는 토지의 보상) ② 토지에 대한 보상액은 가격시점에서의 현실적인 이용상황과 일반적인 이용방법에 의한 객관적 상황을 고려하여 산정하되, 일시적인 이용상황과 토지소유자나 관계인이 갖는 주관적 가치 및 특별한 용도에 사용할 것을 전제로 한 경우 등은 고려하지 아니한다.

61

2023 국회사무처 9급

협의 또는 재결에 의하여 사용하는 토지에 대하여는 그 토지와 인근 유사토지의 지료(地料), 임대료, 사용방법, 사용기간 및 그 토지의 가격 등을 고려하여 평가한 적정가격으로 보상하여야 한다. O | X

토지보상법

제71조(사용하는 토지의 보상 등) ① 협의 또는 재결에 의하여 사용하는 토지에 대하여는 그 토지와 인근 유사토지의 지료(地料), 임대료, 사용방법, 사용기간 및 그 토지의 가격 등을 고려하여 평가한 적정가격으로 보상하여야 한다.

정답 | 58 × 59 × 60 ○ 61 ○

62

2023 국가직 7급

사업시행자가 「공증인법」에 따른 공증을 받아 협의 성립의 확인을 신청한 경우, 그 신청이 수리되면 협의 성립의 확인이 있었던 것으로 간주되고 그에 관한 재결이 있었던 것으로 재차 의제되므로 그에 따라 사업시행자는 사법상 매매의 효력만을 갖는 협의취득과는 달리 확인대상 토지를 수용재결의 경우와 동일하게 원시취득하는 효과를 누리게 된다. O | X

[대법원 2018.12.13, 선고 2016두51719 판결]

공익사업을 위한 토지 등의 취득 및 보상에 관한 법률(이하 '토지보상법'이라 한다) 제29조에서 정한 협의 성립 확인제도는 수용과 손실보상을 신속하게 실현시키기 위하여 도입되었다. 토지보상법 제29조는 이를 위한 전제조건으로 협의 성립의 확인을 신청하기 위해서는 협의취득 내지 보상협의가 성립한 데에서 더 나아가 확인 신청에 대하여도 토지소유자 등이 동의할 것을 추가적 요건으로 정하고 있다. 특히 토지보상법 제29조 제3항은, **공증을 받아 협의 성립의 확인을 신청하는 경우에** 공증에 의하여 협의 당사자의 자발적 합의를 전제로 한 협의의 진정 성립이 객관적으로 인정되었다고 보아, 토지보상법상 재결절차에 따르는 공고 및 열람, 토지소유자 등의 의견진술 등의 절차 없이 관할 토지수용위원회의 수리만으로 협의 성립이 확인된 것으로 간주함으로써, 사업시행자의 원활한 공익사업 수행, 토지수용위원회의 업무 간소화, 토지소유자 등의 간편하고 신속한 이익실현을 도모하고 있다.

한편 토지보상법상 수용은 일정한 요건하에 그 소유권을 사업시행자에게 귀속시키는 행정처분으로서 이로 인한 효과는 소유자가 누구인지와 무관하게 사업시행자가 그 소유권을 취득하게 하는 원시취득이다. 반면, 토지보상법상 '협의취득'의 성격은 사법상 매매계약이므로 그 이행으로 인한 사업시행자의 소유권 취득도 승계취득이다. 그런데 토지보상법 제29조 제3항에 따른 **신청이 수리됨으로써 협의 성립의 확인이 있었던 것으로 간주되면, 토지보상법 제29조 제4항에 따라 그에 관한 재결이 있었던 것으로 재차 의제되고, 그에 따라 사업시행자는 사법상 매매의 효력만을 갖는 협의취득과는 달리 확인대상 토지를 수용재결의 경우와 동일하게 원시취득하는 효과를 누리게 된다.**

63

2023 국가직 7급

사업인정고시는 수용재결절차로 나아가 강제적인 방식으로 토지소유자나 관계인의 권리를 취득·보상하기 위한 절차적 요건에 지나지 않고 영업손실보상의 요건이 아니므로, 사업시행자가 시행하는 사업이 공익사업에 해당하고 그 사업으로 인한 폐업이 영업손실 보상대상에 해당한다면 사업인정고시가 없더라도 사업시행자는 영업손실을 보상할 의무가 있다. O | X

사업인정고시는 수용재결절차로 나아가기 위한 전제요건이지, 영업손실보상청구를 위한 전제요건이 아니다. 사업인정이나 수용 이전단계에서도 당해 공익사업과 관련하여 토지소유자 등에게 현실적인 손실이 발생하였다면 이를 보상하여야 한다.

[대법원 2021.11.11, 선고 2018다204022 판결]

사업인정고시는 수용재결절차로 나아가 강제적인 방식으로 토지소유자나 관계인의 권리를 취득·보상하기 위한 절차적 요건에 지나지 않고 영업손실보상의 요건이 아니다. 토지보상법령도 반드시 사업인정이나 수용이 전제되어야 영업손실 보상의무가 발생한다고 규정하고 있지 않다. 따라서 피고가 **시행하는 사업이 토지보상법상 공익사업에 해당하고 원고들의 영업이 해당 공익사업으로 폐업하거나 휴업하게 된 것이어서 토지보상법령에서 정한 영업손실 보상대상에 해당하면, 사업인정고시가 없더라도 피고는 원고들에게 영업손실을 보상할 의무가 있다.**

64

2023 지방직 7급

동일한 소유자에게 속하는 일단의 토지의 일부가 협의에 의하여 매수되거나 수용됨으로 인하여 잔여지를 종래의 목적에 사용하는 것이 현저히 곤란할 때에는 해당 토지소유자는 사업시행자에게 잔여지를 매수하여 줄 것을 청구할 수 있으며, 사업인정 이후에는 관할 토지수용위원회에 수용을 청구할 수 있고, 이 경우 수용의 청구는 매수에 관한 협의가 성립되지 아니한 경우에만 할 수 있으며 사업완료일까지 하여야 한다. O | X

토지보상법

제74조(잔여지 등의 매수 및 수용 청구) ① 동일한 소유자에게 속하는 일단의 토지의 일부가 협의에 의하여 매수되거나 수용됨으로 인하여 잔여지를 종래의 목적에 사용하는 것이 현저히 곤란할 때에는 해당 토지소유자는 사업시행자에게 잔여지를 매수하여 줄 것을 청구할 수 있으며, 사업인정 이후에는 관할 토지수용위원회에 수용을 청구할 수 있다. 이 경우 수용의 청구는 매수에 관한 협의가 성립되지 아니한 경우에만 할 수 있으며, 사업완료일까지 하여야 한다.

정답 | 64 O

TOPIC 38

행정소송 개관 / 객관소송

제1절 행정소송 개관

01

2014 지방직 9급

무효인 처분에 대하여 취소소송이 제기된 경우 소송제기요건이 구비되었다면 법원은 당해 소를 각하하여서는 아니되며, 무효를 선언하는 의미의 취소판결을 하여야 한다. O | X

[대법원 1993.3.12, 92누11039]

행정처분의 당연무효를 선언하는 의미에서 그 취소를 구하는 행정소송을 제기한 경우에도 제소기간의 준수 등 취소소송의 제소요건을 갖추어야 하는 것이므로, 원고가 주위적 청구로 이 사건 이의재결의 취소를 구하고 있는 이상 그 취지가 위 이의재결의 당연무효를 선언하는 의미에서 취소를 구하는 것이라 하더라도 토지수용법 제75조의2 소정의 제소기간을 준수하여야 할 것인데 기록에 의하면 원고는 당초 원재결의 취소를 구하는 행정소송을 제기하였다가 이 사건 이의신청에 대한 재결서를 받고서도 그때부터 1월이 훨씬 지난 뒤인 1990.11.1.에야 청구취지를 이의재결의 취소를 구하는 것으로 변경한 사실이 분명하므로 결국 이 사건 소송은 불변기간을 넘어서 제기된 것으로 부적법하고 그 흠결은 보정될 수 없는 것이라고 하겠다.

02

2015 지방직 9급

행정소송법상 행정청이 일정한 처분을 하지 못하도록 그 부작위를 구하는 청구는 허용되지 않는 부적법한 소송이다. O | X

현행법상 예방적 부작위(금지)소송은 인정되지 않는다.

[대법원 2006.5.25, 2003두11988]

행정소송법상 행정청이 일정한 처분을 하지 못하도록 그 부작위를 구하는 청구는 허용되지 않는 부적법한 소송이라 할 것이므로, 피고 국민건강보험공단은 이 사건 고시를 적용하여 요양급여비용을 결정하여서는 아니 된다는 내용의 원고들의 위 피고에 대한 이 사건 청구는 부적법하다 할 것이다.

03

2023 국회사무처 8급

사실심에서 변론종결시까지 당사자가 주장하지 않던 직권조사사항에 해당하는 사항을 상고심에서 비로소 주장하는 경우 그 직권조사사항에 해당하는 사항은 상고심의 심판범위에 해당하지 않는다. O | X

여기에서 직권조사사항은 소송요건을 말한다. 소송요건은 상고심에서도 유지되어야 한다.

[대법원 2004.12.24, 선고, 2003두15195, 판결]

행정소송에서 쟁송의 대상이 되는 행정처분의 존부는 소송요건으로서 직권조사사항이고, 자백의 대상이 될 수 없는 것이므로, 설사 그 존재를 당사자들이 다투지 아니한다 하더라도 그 존부에 관하여 의심이 있는 경우에는 이를 직권으로 밝혀 보아야 할 것이고, **사실심에서 변론종결시까지 당사자가 주장하지 않던 직권조사사항에 해당하는 사항을 상고심에서 비로소 주장하는 경우 그 직권조사사항에 해당하는 사항은 상고심의 심판범위에 해당한다.**

정답 | 01 ○ 02 ○ 03 ×

04

2023 국회사무처 9급

행정청으로 하여금 일정한 행정처분을 하도록 명하는 이행판결을 구하는 소송이나 법원으로 하여금 행정청이 일정한 행정처분을 행한 것과 같은 효과가 있는 행정처분을 직접 행하도록 하는 형성판결을 구하는 소송은 허용되지 아니한다. O | X

행정청에 대하여 적극적으로 행정청에 대하여 일정한 처분을 할 의무를 직접 명하는 소송은 의무이행소송이다. 현행 행정소송법에서는 「의무이행소송」을 인정하지 않는다.

제2절 객관소송

01

2010 국회사무처 8급

행정소송법 제46조는 법률에서 민중소송을 허용하고 있는 경우에 한하여 그 재판절차를 규정한 것에 불과하다. O | X

행정소송법

제45조(소의 제기) 민중소송 및 기관소송은 **법률이 정한 경우에 법률에 정한 자에 한하여** 제기할 수 있다.

제46조(준용규정) ① 민중소송 또는 기관소송으로써 처분등의 취소를 구하는 소송에는 그 성질에 반하지 아니하는 한 취소소송에 관한 규정을 준용한다.

② 민중소송 또는 기관소송으로써 처분등의 효력 유무 또는 존재 여부나 부작위의 위법의 확인을 구하는 소송에는 그 성질에 반하지 아니하는 한 각각 무효등 확인소송 또는 부작위위법확인소송에 관한 규정을 준용한다.

③ 민중소송 또는 기관소송으로서 제1항 및 제2항에 규정된 소송외의 소송에는 그 성질에 반하지 아니하는 한 당사자소송에 관한 규정을 준용한다.

[대법원 1996.1.23, 95누12736]

행정소송법 제45조는 민중소송 및 기관소송은 법률이 정한 경우에 법률이 정한 자에 한하여 제기할 수 있다고 규정하고 있고, 행정청이 주민의 여론을 조사한 행위에 대하여는 법상 소로서 그 시정을 구할 수 있는 아무런 규정이 없으며, 행정소송법 제46조는 법률에서 민중소송을 허용하고 있는 경우에 그 재판절차를 규정한 것에 불과하므로, 원심이 여론조사의 무효확인을 구하는 소송을 각하한 것은 정당하다.

02

2010 국회사무처 8급

국가기관 상호간의 권한의 존부에 관한 다툼이 있는 경우 행정소송인 기관소송을 제기할 수 없다. O | X

기관소송은 주로 지방자치단체의 기관 상호간의 영역(지방의회와 단체장/교육위원회와 교육감)에서 문제된다. (i) 국가기관 상호간의 권한쟁의, (ii) 국가기관과 지방자치단체 상호간의 권한쟁의, (iii) 지방자치단체 상호간의 권한쟁의는 권한쟁의심판이라 하여 헌법재판소의 관장사항이다.

행정소송법

제3조(행정소송의 종류) 행정소송은 다음의 네가지로 구분한다.

4. 기관소송 : **국가 또는 공공단체의 기관상호간에 있어서의 권한의 존부 또는 그 행사에 관한 다툼**이 있을 때에 이에 대하여 제기하는 소송. 다만, **헌법재판소법 제2조의 규정에 의하여 헌법재판소의 관장사항으로 되는 소송은 제외**한다.

정답 | 04 ○ | 01 ○ 02 ○

03

2010 국회사무처 8급

우리나라에서 객관소송은 당사자의 구체적인 권리·의무에 관한 분쟁해결이 아니라 행정감독적 견지에서 행정법규의 정당한 적용을 확보하거나 선거 등의 공정의 확보를 위한 소송으로 이해된다. O | X

객관소송은 당사자의 권익보호를 목적으로 하는 주관소송과는 달리 객관적인 법질서유지를 목적으로 한다.

04

2010 국회사무처 8급

「지방교육자치에 관한 법률」 제28조 제3항에 따라 교육감이 시·도의회 또는 교육위원회를 상대로 대법원에 제기하는 소송은 객관소송이다. O | X

기관소송의 예로는 (i) 지방의회 재의결에 대해 단체장이 제소하는 경우(지방자치법 제107조 제3항), (ii) 감독청의 재의요구명령에 따라 지방의회의결에 대해 단체장이 제소하는 경우(지방자치법 제172조 제3항), (iii) 감독청의 제소지시에 따라 지방의회의결에 대해 단체장이 제소하는 경우(지방자치법 제172조 제4항, 제5항), (iv) 교육위원회와 시·도의회의 월권을 이유로 교육감이 대법원에 제소하는 경우(지방교육자치에 관한 법률 제28조 제3항) 등을 들 수 있다.

05

2011 국가직 9급

지방자치단체가 부과하는 지방세의 징수를 담당하는 소속공무원이 납세의무자의 허위신고를 묵인하고 해당 지방세를 징수하지 않았다. 이에 감사청구를 한 주민이 60일이 경과해도 감사가 종료되지 않았을 때 제기하는 소송은 기관소송이다. O | X

감사청구를 한 주민은 납세의무자의 허위신고와 관련하여 아무런 법률상 이익이 없음에도 과세행정의 적법성 보장이라는 법질서 유지의 측면에서 당해 소송을 제기하는 것이다. 이러한 유형은 민중소송으로서 지방자치법상 주민소송에 해당한다.

지방자치법

제17조(주민소송) ① 제16조 제1항에 따라 공금의 지출에 관한 사항, 재산의 취득·관리·처분에 관한 사항, 해당 지방자치단체를 당사자로 하는 매매·임차·도급 계약이나 그 밖의 계약의 체결·이행에 관한 사항 또는 지방세·사용료·수수료·과태료 등 공금의 부과·징수를 게을리한 사항을 감사청구한 주민은 다음 각 호의 어느 하나에 해당하는 경우에 그 감사청구한 사항과 관련이 있는 위법한 행위나 업무를 게을리 한 사실에 대하여 해당 지방자치단체의 장(해당 사항의 사무처리에 관한 권한을 소속 기관의 장에게 위임한 경우에는 그 소속 기관의 장을 말한다. 이하 이 조에서 같다)을 상대방으로 하여 소송을 제기할 수 있다.

06

2020 세무사

「지방자치법」상 주민소송은 기관소송에 해당하지 않는다. O | X

주민소송은 민중소송에 속한다.

민중소송	기관소송
• 선거소송(공직선거법 제222조) • 당선소송(공직선거법 제223조) • 국민투표무효의 소송(국민투표법 제92조) • 주민소송(지방자치법 제17조) • 주민투표소송(주민투표법 제25조) • 주민소환투표소송(주민소환에 관한 법률 제24조)	• 지방의회의 의결에 대한 재의요구와 제소(지방자치법 제107조) • 지방의회 의결의 재의와 제소(지방자치법 제172조) • 시·도의회 등의 의결에 대한 재의와 제소(지방교육자치에 관한법률 제28조)

정답 | 06 O

TOPIC 39

취소소송의 소송요건 1 – 원고적격

01

2014 서울시 9급

환경영향평가대상지역 안의 주민들이 전원개발사업실시 계획승인처분의 취소를 구할 경우에는 원고적격이 인정되지 않는다. O | X

[대법원 1998.9.22. 97누19571]

전원(電源)개발사업실시계획승인처분의 근거 법률인 전원개발에관한특례법령, 구 환경보전법령, 구 환경정책기본법령 및 환경영향평가법령 등의 규정 취지는 환경영향평가대상사업에 해당하는 발전소건설사업이 환경을 해치지 아니하는 방법으로 시행되도록 함으로써 당해 사업과 관련된 환경공익을 보호하려는 데 그치는 것이 아니라 당해 사업으로 인하여 직접적이고 중대한 환경피해를 입으리라고 예상되는 환경영향평가대상지역 안의 주민들이 전과 비교하여 수인한도를 넘는 환경침해를 받지 아니하고 쾌적한 환경에서 생활할 수 있는 개별적 이익까지도 이를 보호하려는 데에 있으므로, 주민들이 위 승인처분과 관련하여 갖고 있는 위와 같은 환경상 이익은 단순히 환경공익 보호의 결과로서 국민일반이 공통적으로 갖게 되는 추상적·평균적·일반적 이익에 그치지 아니하고 환경영향평가대상지역 안의 주민 개개인에 대하여 개별적으로 보호되는 직접적·구체적 이익이라고 보아야 하고, 따라서 위 사업으로 인하여 직접적이고 중대한 환경침해를 받게 되리라고 예상되는 환경영향평가대상지역 안의 주민에게는 위 승인처분의 취소를 구할 원고적격이 있다.

02

2014 서울시 9급

원자로 시설부지 인근 주민들이 방사성물질 등에 의한 생명·신체의 안전침해를 이유로 부지사전승인처분의 취소를 구하는 경우에는 원고적격이 인정되지 않는다. O | X

[대법원 1998.9.4. 97누19588]

원자력법 제12조 제2호(발전용 원자로 및 관계 시설의 위치·구조 및 설비가 대통령령이 정하는 기술수준에 적합하여 방사성물질 등에 의한 인체·물체·공공의 재해방지에 지장이 없을 것)의 취지는 원자로 등 건설사업이 방사성물질 및 그에 의하여 오염된 물질에 의한 인체·물체·공공의 재해를 발생시키지 아니하는 방법으로 시행되도록 함으로써 방사성물질 등에 의한 생명·건강상의 위해를 받지 아니할 이익을 일반적 공익으로서 보호하려는 데 그치는 것이 아니라 방사성물질에 의하여 보다 직접적이고 중대한 피해를 입으리라고 예상되는 지역 내의 주민들의 위와 같은 이익을 직접적·구체적 이익으로서도 보호하려는 데에 있다 할 것이므로, 위와 같은 지역 내의 주민들에게는 방사성물질 등에 의한 생명·신체의 안전침해를 이유로 부지사전승인처분의 취소를 구할 원고적격이 있다.

정답 | 01 × 02 ×

03

2014 서울시 9급

1일 50t의 쓰레기를 소각하는 시설의 부지경계선으로부터 300m 안의 주민들이 폐기물소각시설의 입지지역을 결정·고시한 처분의 무효확인을 구하는 경우에는 원고적격이 인정되지 않는다. O | X

[대법원 2005.3.11, 2003두13489]

구 폐기물처리시설설치촉진및주변지역지원등에관한법률(2002. 2. 4. 법률 제6656호로 개정되기 전의 것) 및 같은법시행령의 관계 규정의 취지는 처리능력이 1일 50t인 소각시설을 설치하는 사업으로 인하여 직접적이고 중대한 환경상의 침해를 받으리라고 예상되는 직접영향권 내에 있는 주민들이나 폐기물소각시설의 부지경계선으로부터 300m 이내의 간접영향권 내에 있는 주민들이 사업 시행 전과 비교하여 수인한도를 넘는 환경피해를 받지 아니하고 쾌적한 환경에서 생활할 수 있는 개별적인 이익까지도 이를 보호하려는 데에 있다 할 것이므로, 위 주민들이 소각시설입지지역결정·고시와 관련하여 갖는 위와 같은 환경상의 이익은 주민 개개인에 대하여 개별적으로 보호되는 직접적·구체적 이익으로서 그들에 대하여는 특단의 사정이 없는 한 환경상의 이익에 대한 침해 또는 침해우려가 있는 것으로 사실상 추정되어 폐기물 소각시설의 입지지역을 결정·고시한 처분의 무효확인을 구할 원고적격이 인정된다고 할 것이고, 한편 폐기물소각시설의 부지경계선으로부터 300m 밖에 거주하는 주민들도 위와 같은 소각시설 설치사업으로 인하여 사업 시행 전과 비교하여 수인한도를 넘는 환경피해를 받거나 받을 우려가 있음에도 폐기물처리시설 설치기관이 주변영향지역으로 지정·고시하지 않는 경우 같은 법 제17조 제3항 제2호 단서 규정에 따라 당해 폐기물처리시설의 설치·운영으로 인하여 환경상 이익에 대한 침해 또는 침해우려가 있다는 것을 입증함으로써 그 처분의 무효확인을 구할 원고적격을 인정받을 수 있다.

04

2014 서울시 9급

분뇨관련영업허가를 받은 기존업자가 다른 업자에 대한 영업허가처분을 다투는 경우에는 원고적격이 인정되지 않는다. O | X

[대법원 2006.7.28, 2004두6716]

법과 시행령의 관계 규정이 **당해 지방자치단체 내의 분뇨등의 발생량에 비하여 기존 업체의 시설이 과다한 경우 일정한 범위 내에서 분뇨등 수집·운반업 및 정화조청소업에 대한 허가를 제한할 수 있도록 하고 있는 것은 분뇨등을 적정하게 처리하여 자연환경과 생활환경을 청결히 하고 수질오염을 감소시킴으로써 국민보건의 향상과 환경보전에 이바지한다는 공익목적을 달성하고자 함과 동시에 업자 간의 과당경쟁으로 인한 경영의 불합리를 미리 방지하자는 데 그 목적이 있는 점 등 제반 사정에 비추어 보면,** 업종을 분뇨등 수집·운반업 및 정화조청소업으로 하여 분뇨등 관련 영업허가를 받아 영업을 하고 있는 **기존업자의 이익은 단순한 사실상의 반사적 이익이 아니고 법률상 보호되는 이익**이라고 해석된다.

05

2014 서울시 9급

담배 일반소매인으로 지정되어 있는 기존업자가 신규 담배 구내소매인 지정처분을 다투는 경우에는 원고적격이 인정되지 않는다. O | X

신규 담배 「일반」소매인에 대해서는 경업관계를 인정하나, 신규 담배 「구내」소매인에 대해서는 경업관계를 부정한다.

[대법원 2008.4.10, 2008두402]

구내소매인과 일반소매인 사이에서는 구내소매인의 영업소와 일반소매인의 영업소 간에 거리제한을 두지 아니할 뿐 아니라 건축물 또는 시설물의 구조·상주인원 및 이용인원 등을 고려하여 동일 시설물 내 2개소 이상의 장소에 구내소매인을 지정할 수 있으며, 이 경우 일반소매인이 지정된 장소가 구내소매인 지정대상이 된

정답 03 × 04 × 05 ○

때에는 동일 건축물 또는 시설물 안에 지정된 일반소매인은 구내소매인으로 보고, 구내소매인이 지정된 건축물 등에는 일반소매인을 지정할 수 없으며, 구내소매인은 담배진열장 및 담배소매점 표시판을 건물 또는 시설물의 외부에 설치하여서는 아니 된다고 규정하는 등 일반소매인의 입장에서 구내소매인과의 과당경쟁으로 인한 경영의 불합리를 방지하는 것을 그 목적으로 할 수 있다고 보기 어려우므로, 일반소매인으로 지정되어 영업을 하고 있는 기존업자의 신규 구내소매인에 대한 이익은 법률상 보호되는 이익이 아니라 단순한 사실상의 반사적 이익이라고 해석함이 상당하므로, 기존 일반소매인은 신규 구내소매인 지정처분의 취소를 구할 원고적격이 없다.

06 원천납세의무자는 원천징수의무자에 대한 납세고지를 다툴 수 있는 원고적격이 없다. O | X

2014 서울시 7급

[대법원 1994.9.9, 93누22234]
원천징수에 있어서 원천납세의무자는 과세권자가 직접 그에게 원천세액을 부과한 경우가 아닌 한 과세권자의 원천징수의무자에 대한 납세고지로 인하여 자기의 원천세납세의무의 존부나 범위에 아무런 영향을 받지 아니하므로 이에 대하여 항고소송을 제기할 수 없다.

07 연탄공장 건축허가에 대한 구 도시계획법상 주거지역에 거주하는 인근주민의 생활환경상 이익은 법률상 이익에 해당한다. O | X

2014 경찰행정

[대법원 1975.5.13, 73누96]
도시계획법 19조 1항과 개정전 건축법 32조 1항에 의하여 공익상 부득이 하다고 인정될 경우를 제외하고는 거주의 안녕과 건전한 생활환경의 보호를 해치는 모든 건축이 금지되고 있을 뿐 아니라 주거지역내에 거주하는 사람이 받는 위와 같은 보호이익은 법률에 의하여 보호되는 이익이라고 할 것이므로 주거지역내에 위 법조 소정 제한면적을 초과한 연탄공장 건축허가처분으로 불이익을 받고 있는 제3거주자는 비록 당해 행정처분의 상대자가 아니라 하더라도 그 행정처분으로 말미암아 위와 같은 법률에 의하여 보호되는 이익을 침해받고 있다면 당해행정 처분의 취소를 소구하여 그 당부의 판단을 받을 법률상의 자격이 있다.

08 자동차운수사업법상 신규버스 노선연장 인가처분에 대하여 해당 노선에 관한 기존의 자동차운송사업자가 그 취소를 구할 법률상의 이익이 있다. O | X

2014 경찰행정

[대법원 1974.4.9, 73누173]
자동차 운수사업법 6조 1호에 의한 자동차운송사업의 면허에 대하여 당해 노선에 관한 기존업자는 노선연장인가처분의 취소를 구할 법률상의 이익이 있다.

정답 | 06 × 07 ○ 08 ○

09

2015 사회복지직 9급

취소소송의 원고적격은 소송요건의 하나이므로 사실심 변론 종결시는 물론 상고심에서도 존속하여야 하고 이를 흠결하면 부적법한 소가 된다. O | X

[대법원 2007.4.12, 2004두7924]

행정처분의 직접 상대방이 아닌 제3자라 하더라도 당해 행정처분으로 인하여 법률상 보호되는 이익을 침해당한 경우에는 그 처분의 취소나 무효확인을 구하는 행정소송을 제기하여 그 당부의 판단을 받을 자격 즉 원고적격이 있고, 여기에서 말하는 법률상 보호되는 이익은 당해 처분의 근거 법규 및 관련 법규에 의하여 보호되는 개별적·직접적·구체적 이익을 말하며, 원고적격은 소송요건의 하나이므로 사실심 변론종결시는 물론 상고심에서도 존속하여야 하고 이를 흠결하면 부적법한 소가 된다.

10

2015 국가직 9급

자연물인 도롱뇽 또는 그를 포함한 자연 그 자체로서는 소송을 수행할 당사자능력을 인정할 수 없다. O | X

[대법원 2006.6.2, 2004마1148]

도롱뇽은 천성산 일원에 서식하고 있는 도롱뇽목 도롱뇽과에 속하는 양서류로서 자연물인 도롱뇽 또는 그를 포함한 자연 그 자체로서는 소송을 수행할 당사자능력을 인정할 수 없다.

11

2016 국가직 9급

생태·자연도 1등급으로 지정되었던 지역을 2등급 또는 3등급으로 변경하는 내용의 환경부장관의 결정에 대해 해당 1등급 권역의 인근 주민은 취소소송을 제기할 원고적격이 인정된다. O | X

[대법원 2014.2.21, 2011두29052]

환경부장관이 생태·자연도 1등급으로 지정되었던 지역을 2등급 또는 3등급으로 변경하는 내용의 생태·자연도 수정·보완을 고시하자, 인근 주민 甲이 생태·자연도 등 급변경처분의 무효 확인을 청구한 사안에서, 생태·자연도의 작성 및 등급변경의 근거가 되는 구 자연환경보전법 제34조 제1항 및 그 시행령 제27조 제1항, 제2항에 의하면, **생태·자연도는 토지이용 및 개발계획의 수립이나 시행에 활용하여 자연환경을 체계적으로 보전·관리하기 위한 것일 뿐, 1등급 권역의 인근 주민들이 가지는 생활상 이익을 직접적이고 구체적으로 보호하기 위한 것이 아님이 명백하고, 1등급 권역의 인근 주민들이 가지는 이익은 환경보호라는 공공의 이익이 달성됨에 따라 반사적으로 얻게 되는 이익에 불과하므로, 인근 주민에 불과한 甲은 생태·자연도 등급권역을 1등급에서 일부는 2등급으로, 일부는 3등급으로 변경한 결정의 무효 확인을 구할 원고적격이 없다**고 본 원심판단을 수긍한 사례.

정답 | 09 ○ 10 ○ 11 ×

12

2016 국가직 9급

국가기관인 시·도 선거관리위원회 위원장은 국민권익위원회가 그에게 소속직원에 대한 중징계요구를 취소하라는 등의 조치 요구를 한 것에 대해서 취소소송을 제기할 원고적격을 가진다고 볼 수 없다. O | X

[대법원 2013.7.25, 2011두1214]

甲이 국민권익위원회에 부패방지 및 국민권익위원회의 설치와 운영에 관한 법률(이하 '국민권익위원회법'이라 한다)에 따른 신고와 신분보장조치를 요구하였고, 국민권익위원회가 甲의 소속기관 장인 乙시·도선거관리위원회 위원장에게 '甲에 대한 중징계요구를 취소하고 향후 신고로 인한 신분상 불이익처분 및 근무조건상의 차별을 하지 말 것을 요구'하는 내용의 조치요구를 한 사안에서, **국가기관 일방의 조치요구에 불응한 상대방 국가기관에 국민권익위원회법상의 제재규정과 같은 중대한 불이익을 직접적으로 규정한 다른 법령의 사례를 찾아보기 어려운 점, 그럼에도 乙이 국민권익위원회의 조치요구를 다툴 별다른 방법이 없는 점 등에 비추어 보면, 처분성이 인정되는 위 조치요구에 불복하고자 하는 乙로서는 조치요구의 취소를 구하는 항고소송을 제기하는 것이 유효·적절한 수단이므로 비록 乙이 국가기관이더라도 당사자능력 및 원고적격을 가진다**고 보는 것이 타당하고, 乙이 위 조치요구 후 甲을 파면하였다고 하더라도 조치요구가 곧바로 실효된다고 할 수 없고 乙은 여전히 조치요구를 따라야 할 의무를 부담하므로 乙에게는 위 조치요구의 취소를 구할 법률상 이익도 있다고 본 원심판단을 정당하다고 한 사례.

*** 동일한 취지의 판례 – 국민권익위원회가 소방청장에게 인사관련 조치요구를 한 경우**

[대법원 2018.8.1, 선고, 2014두35379, 판결]

국민권익위원회가 소방청장에게 인사와 관련하여 부당한 지시를 한 사실이 인정된다며 이를 취소할 것을 요구하기로 의결하고 그 내용을 통지하자 소방청장이 국민권익위원회 조치요구의 취소를 구하는 소송을 제기한 사안에서, 행정기관인 국민권익위원회가 행정기관의 장에게 일정한 의무를 부과하는 내용의 조치요구를 한 것에 대하여 그 조치요구의 상대방인 행정기관의 장이 다투고자 할 경우에 법률에서 행정기관 사이의 기관소송을 허용하는 규정을 두고 있지 않으므로 이러한 **조치요구를 이행할 의무를 부담하는 행정기관의 장으로서는 기관소송으로 조치요구를 다툴 수 없고, 위 조치요구에 관하여 정부 조직 내에서 그 처분의 당부에 대한 심사·조정을 할 수 있는 다른 방도도 없으며**, 국민권익위원회는 헌법 제111조 제1항 제4호에서 정한 '헌법에 의하여 설치된 국가기관'이라고 할 수 없으므로 그에 관한 권한쟁의심판도 할 수 없고, 별도의 법인격이 인정되는 국가기관이 아닌 소방청장은 질서위반행위규제법에 따른 구제를 받을 수도 없는 점, 부패방지 및 국민권익위원회의 설치와 운영에 관한 법률은 소방청장에게 국민권익위원회의 조치요구에 따라야 할 의무를 부담시키는 외에 별도로 그 의무를 이행하지 않을 경우 과태료나 형사처벌까지 정하고 있으므로 위와 같은 **조치요구에 불복하고자 하는 '소속기관 등의 장'에게는 조치요구를 다툴 수 있는 소송상의 지위를 인정할 필요가 있는 점**에 비추어, 처분성이 인정되는 국민권익위원회의 조치요구에 불복하고자 하는 소방청장으로서는 조치요구의 취소를 구하는 항고소송을 제기하는 것이 유효·적절한 수단으로 볼 수 있으므로 **소방청장은 예외적으로 당사자능력과 원고적격을 가진다**고 한 사례.

정답 | 12 ×

13

2017 국가직 9급

상수원보호구역 설정의 근거가 되는 규정은 상수원의 확보와 수질보전일 뿐이고, 그 상수원에서 급수를 받고 있는 지역주민들이 가지는 이익은 상수원의 확보와 수질보호라는 공공의 이익이 달성됨에 따라 반사적으로 얻게 되는 이익에 불과하다. O | X

[대법원 1995.9.26, 선고, 94누14544, 판결]

상수원보호구역 설정의 근거가 되는 수도법 제5조 제1항 및 동 시행령 제7조 제1항이 보호하고자 하는 것은 상수원의 확보와 수질보전일 뿐이고, 그 상수원에서 급수를 받고 있는 지역주민들이 가지는 상수원의 오염을 막아 양질의 급수를 받을 이익은 직접적이고 구체적으로는 보호하고 있지 않음이 명백하여 위 지역주민들이 가지는 이익은 상수원의 확보와 수질보호라는 공공의 이익이 달성됨에 따라 반사적으로 얻게 되는 이익에 불과하므로 지역주민들에 불과한 원고들에게는 위 상수원보호구역변경처분의 취소를 구할 법률상의 이익이 없다.

비교판례 – 공장설립승인처분에 대해서는 지역주민에게 법률상 이익 인정

[대법원 2010.4.15, 2007두16127]

공장설립승인처분의 근거 법규 및 관련 법규인 구 산업집적 활성화 및 공장설립에 관한 법률 제8조 제4호가 산업자원부장관으로 하여금 관계 중앙행정기관의 장과 협의하여 '환경오염을 일으킬 수 있는 공장의 입지제한에 관한 사항'을 정하여 고시하도록 규정하고 있고, 이에 따른 산업자원부 장관의 공장입지기준고시(제2004-98호) 제5조 제1호가 '상수원 등 용수이용에 현저한 영향을 미치는 지역의 상류'를 환경오염을 일으킬 수 있는 공장의 입지제한지역으로 정할 수 있다고 규정하고, 국토의 계획 및 이용에 관한 법률 제58조 제3항의 위임에 따른 구 국토의 계획 및 이용에 관한 법률 시행령 제56조 제1항[별표1] 제1호㈑목 ⑵가 '개발행위로 인하여 당해 지역 및 그 주변 지역에 수질오염에 의한 환경오염이 발생할 우려가 없을 것'을 개발사업의 허가기준으로 규정하고 있는 취지는, **공장설립승인처분과 그 후속절차에 따라 공장이 설립되어 가동됨으로써 그 배출수등으로 인한 수질오염 등으로 직접적이고도 중대한 환경상 피해를 입을 것으로 예상되는 주민들이 환경상 침해를 받지 아니한 채 물을 마시거나 용수를 이용하며 쾌적하고 안전하게 생활할 수 있는 개별적 이익까지도 구체적·직접적으로 보호하려는 데 있다. 따라서 수돗물을 공급받아 이를 마시거나 이용하는 주민들로서는 위 근거 법규 및 관련 법규가 환경상 이익의 침해를 받지 않은 채 깨끗한 수돗물을 마시거나 이용할 수 있는 자신들의 생활환경상의 개별적 이익을 직접적·구체적으로 보호하고 있음을 증명하여 원고적격을 인정받을 수 있다.**

14

2017 국가직 9급

행정처분의 취소를 구할 이익은 불이익처분의 상대방뿐만 아니라 수익처분의 상대방에게도 인정되는 것이 원칙이다. O | X

[대법원 1995.8.22, 94누8129]

행정처분에 있어서 불이익처분의 상대방은 직접 개인적 이익의 침해를 받은 자로서 원고적격이 인정되지만 **수익처분의 상대방은 그의 권리나 법률상 보호되는 이익이 침해되었다고 볼 수 없으므로 달리 특별한 사정이 없는 한 취소를 구할 이익이 없다.**

정답 | 13 ○ 14 ×

15

2017 국회사무처 8급

법률상 보호되는 이익이라 함은 당해 처분의 근거법규에 의하여 보호되는 개별적·구체적 이익을 의미하며, 관련 법규에 의하여 보호되는 개별적·구체적 이익까지 포함하는 것은 아니라는 것이 판례의 입장이다. O | X

[대법원 2006.3.16, 선고, 2006두330, 전원합의체 판결]

행정처분의 직접 상대방이 아닌 제3자라 하더라도 당해 행정처분으로 인하여 법률상 보호되는 이익을 침해당한 경우에는 그 처분의 무효확인을 구하는 행정소송을 제기하여 그 당부의 판단을 받을 자격이 있다 할 것이며, 여기에서 말하는 법률상 보호되는 이익이라 함은 당해 처분의 근거 법규 및 관련 법규에 의하여 보호되는 개별적·직접적·구체적 이익이 있는 경우를 말하고, **공익보호의 결과로 국민 일반이 공통적으로 가지는 일반적·간접적·추상적 이익이 생기는 경우에는 법률상 보호되는 이익이 있다고 할 수 없다.**

16

2017 국회사무처 8급

「행정소송법」 제12조 전단의 '법률상 이익'의 개념과 관련하여서는 권리구제설, 법률상 보호된 이익구제설, 보호가치 있는 이익구제설, 적법성보장설 등으로 나누어지며, 이 중에서 보호가치 있는 이익구제설이 통설·판례의 입장이다. O | X

법률상 보호이익설이 통설·판례이다.

[대법원 2006.3.16, 선고, 2006두330, 전원합의체 판결]

행정처분의 직접 상대방이 아닌 제3자라 하더라도 당해 행정처분으로 인하여 **법률상 보호되는 이익**을 침해당한 경우에는 그 처분의 무효확인을 구하는 행정소송을 제기하여 그 당부의 판단을 받을 자격이 있다 할 것이며, 여기에서 말하는 법률상 보호되는 이익이라 함은 당해 처분의 근거 법규 및 관련 법규에 의하여 보호되는 개별적·직접적·구체적 이익이 있는 경우를 말하고, 공익보호의 결과로 국민 일반이 공통적으로 가지는 일반적·간접적·추상적 이익이 생기는 경우에는 법률상 보호되는 이익이 있다고 할 수 없다.

〈학설 소개〉

학설	내용
권리구제설	취소소송의 본질도 민사소송과 마찬가지로 실체법상의 권리보호에 있다고 보아 위법한 처분 등으로 인하여 권리를 침해당한 자만이 원고적격을 갖는다.
법이 보호하는 이익구제설	위법한 처분에 의하여 침해되고 있는 이익이 근거법률에 의하여 보호되고 있는 이익인 경우에는 그러한 이익이 침해당한 자에게도 당해 처분의 취소를 구할 원고적격이 인정된다. 이 견해에 따르면 권리를 침해받은 자 외에도 법률이 보호하는 이익을 침해받은 자에게도 원고적격을 인정하기 때문에 권리구제설보다 원고적격이 확대된다.
소송상 보호가치 있는 이익구제설	법률상 이익 유무를 실체법의 규정에 의하는 것이 아니라, 위법한 처분 등에 의하여 침해된 이익이 재산상 보호할 가치가 있는지 여부에 따라 판단한다. 따라서 침해된 이익이 법으로 보호되는 이익이건 사실상 이익이건, 실질적으로 보호할 가치가 있는 이익이면 원고적격을 인정한다. 따라서 법이 보호하는 이익구제설에 비해 원고적격이 확대된다.
적법성 보장설	취소소송의 주된 기능을 행정통제에서 찾고, 처분의 위법성을 다툴 적합한 이익을 갖는 자에게 원고적격을 인정한다.

정답 | 15 ○ 16 ×

17

2017 국회사무처 8급

새만금간척종합개발사업을 위한 공유수면매립면허처분 및 농지개량사업 시행인가 처분의 취소를 구하는 환경영향평가 대상 지역 밖의 주민은 처분 전과 비교하여 수인한도를 넘는 환경상 이익에 대한 침해 또는 침해우려가 있다는 것을 입증함으로써 그 처분 등의 무효확인을 구할 법률상 이익을 인정받을 수 있다. O | X

[대법원 전합 2006.3.16, 2006두330]
환경영향평가 대상지역 밖의 주민이라 할지라도 공유수면매립면허처분 등으로 인하여 그 처분 전과 비교하여 수인한도를 넘는 환경피해를 받거나 받을 우려가 있는 경우에는, 공유수면매립면허처분 등으로 인하여 환경상 이익에 대한 침해 또는 침해우려가 있다는 것을 입증함으로써 그 처분 등의 무효확인을 구할 원고적격을 인정받을 수 있다.

18

2017 국회사무처 8급

기존업자가 특허기업인 경우에는 그 특허로 인하여 받는 영업상 이익은 반사적 이익 내지 사실상 이익에 불과한 것으로 보는 것이 일반적이나, 허가기업인 경우에는 기존업자가 그 허가로 인하여 받은 영업상 이익은 법률상 이익으로 본다. O | X

그 반대이다. 기존업자가 특허기업인 경우에는 그 특허로 인하여 받는 영업상 이익은 법률상 이익으로 보는 것이 일반적이나, 허가기업인 경우에는 기존업자가 그 허가로 인하여 받은 영업상 이익은 반사적 이익 내지 사실상 이익에 불과한 것이 원칙이다.

19

2017 하반기 국가직 9급

인·허가 등의 수익적 행정처분을 신청한 수인이 서로 경쟁관계에 있어서 일방에 대한 허가 등의 처분이 타방에 대한 불허가 등으로 귀결될 수밖에 없는 때 허가 등의 처분을 받지 못한 자는 비록 경원자에 대하여 이루어진 허가 등 처분의 상대방이 아니라 하더라도 당해 처분의 취소를 구할 원고적격이 있다. 다만, 명백한 법적 장애로 인하여 원고 자신의 신청이 인용될 가능성이 처음부터 배제되어 있는 경우에는 법률상 보호되는 이익이 인정되지 않는다. O | X

[대판 2009.12.10, 2009두8359]
인·허가 등의 수익적 행정처분을 신청한 수인이 서로 경쟁관계에 있어서 일방에 대한 허가 등의 처분이 타방에 대한 불허가 등으로 귀결될 수밖에 없는 때(이른바 경원관계에 있는 경우) 허가 등의 처분을 받지 못한 자는 비록 경원자에 대하여 이루어진 허가 등 처분의 상대방이 아니라 하더라도 당해 처분의 취소를 구할 당사자적격이 있다. 다만, 명백한 법적 장애로 인하여 원고 자신의 신청이 인용될 가능성이 처음부터 배제되어 있는 경우에는 당해 처분의 취소를 구할 정당한 이익이 없다.

정답 | 17 ○ 18 × 19 ○

20

2017 하반기
국가직 9급

몰디브 직항 항공노선을 1개만 발급하면서 심사를 거쳐 A항공사에게 노선면허를 발급하고 B항공사에게 발급을 거부한 경우, B항공사는 A사에 대한 노선면허발급처분이 취소되지 않는 이상 자신이 노선면허를 발급받을 수 없으므로 자신에 대한 노선면허발급거부처분의 취소를 구할 소의 이익이 인정되지 않는다. O | X

A항공사와 B항공사 간에는 경원자관계가 인정되나, B항공사가 자신에 대한 노선면허발급거부처분의 취소를 구하는 소송은 경원자소송이 아님을 주의해야 한다.

[대법원 2015.10.29, 선고, 2013두27517, 판결]

인가·허가 등 수익적 행정처분을 신청한 여러 사람이 서로 경원관계에 있어서 한 사람에 대한 허가 등 처분이 다른 사람에 대한 불허가 등으로 귀결될 수밖에 없을 때 허가 등 처분을 받지 못한 사람은 신청에 대한 거부처분의 직접 상대방으로서 원칙적으로 자신에 대한 거부처분의 취소를 구할 원고적격이 있고, 취소판결이 확정되는 경우 판결의 직접적인 효과로 경원자에 대한 허가 등 처분이 취소되거나 효력이 소멸되는 것은 아니더라도 행정청은 취소판결의 기속력에 따라 판결에서 확인된 위법사유를 배제한 상태에서 취소판결의 원고와 경원자의 각 신청에 관하여 처분요건의 구비 여부와 우열을 다시 심사하여야 할 의무가 있으며, 재심사 결과 경원자에 대한 수익적 처분이 직권취소되고 취소판결의 원고에게 수익적 처분이 이루어질 가능성을 완전히 배제할 수는 없으므로, 특별한 사정이 없는 한 **경원관계에서 허가 등 처분을 받지 못한 사람은 자신에 대한 거부처분의 취소를 구할 소의 이익이 있다.**

21

2017 하반기
지방직 9급

구 「주택법」상 입주자나 입주예정자는 주택의 사용검사처분의 무효확인 또는 취소를 구할 법률상 이익이 있다. O | X

[대법원 2014.7.24, 선고, 2011두30465, 판결]

입주자나 입주예정자들은 사용검사처분을 취소하지 않고서도 민사소송 등을 통하여 분양계약에 따른 법률관계 및 하자 등을 주장·증명함으로써 사업주체 등으로부터 하자 제거·보완 등에 관한 권리구제를 받을 수 있으므로, 사용검사처분의 취소 여부에 의하여 법률적인 지위가 달라진다고 할 수 없으며, 구 주택공급에 관한 규칙에서 입주금의 납부 및 주택공급계약에 관하여 사용검사와 관련된 규정을 두고 있다고 하더라도 달리 볼 것은 아니다. **오히려 주택에 대한 사용검사처분이 있으면, 그에 따라 입주예정자들이 주택에 입주하여 이를 사용 할 수 있게 되므로 일반적으로 입주예정자들에게 이익이 되고**, 다수의 입주자들이 사용검사권자의 사용검사처분을 신뢰하여 입주를 마치고 제3자에게 주택을 매매하거나 임대하고 담보로 제공하는 등 사용검사처분을 기초로 다수의 법률관계가 형성되는데, **일부 입주자나 입주예정자가 사업주체와 사이에 생긴 개별적 분쟁 등을 이유로 사용검사처분의 취소를 구하게 되면, 처분을 신뢰한 다수의 이익에 반하게 되는 상황이 발생할 수 있다.** 구 주택법에서 사용검사처분 신청의 경우와는 달리, 사업주체 또는 입주예정자 등의 신청에 따라 이루어진 사용검사처분에 대하여 입주자나 입주예정자 등에게 취소를 구할 수 있는 규정을 별도로 두고 있지 않은 것도 이와 같은 취지에서라고 보인다. 따라서 이러한 사정들을 종합해 보면, **구 주택법상 입주자나 입주예정자는 사용검사처분의 취소를 구할 법률상 이익이 없다.**

정답 | 20 × 21 ×

22

2017 하반기 국가직 7급

교육부장관이 사학분쟁조정위원회의 심의를 거쳐 이사와 임시이사를 선임한 데 대하여 대학 교수협의회와 총학생회는 제3자로서 취소소송을 제기할 자격이 있다. O | X

「대학교 교수협의회」와 「총학생회」는 법률상 이익을 갖지만, 「전국대학노동조합 ○○ 대학교지부」는 법률상 이익을 갖지 못한다.

[대법원 2015.7.23. 선고 2012두19496 판결]

교육부장관이 사학분쟁조정위원회의 심의를 거쳐 갑 대학교를 설치·운영하는 을 학교법인의 이사 8인과 임시이사 1인을 선임한 데 대하여 갑 대학교 교수협의회와 총학생회 등이 이사선임처분의 취소를 구하는 소송을 제기한 사안에서, 임시이사제도의 취지, 교직원·학생 등의 학교운영에 참여할 기회를 부여하기 위한 개방이사 제도에 관한 법령의 규정 내용과 입법 취지 등을 종합하여 보면, **구 사립학교법과 구 사립학교법 시행령 및 을 법인 정관 규정은 헌법 제31조 제4항에 정한 교육의 자주성과 대학의 자율성에 근거한 갑 대학교 교수협의회와 총학생회의 학교운영참여권을 구체화하여 이를 보호하고 있다고 해석되므로, 갑 대학교 교수협의회와 총학생회는 이사선임처분을 다툴 법률상 이익을 가지지만,** 고등교육법령은 교육받을 권리나 학문의 자유를 실현하는 수단으로서 학생회와 교수회와는 달리 학교의 직원으로 구성된 노동조합의 성립을 예정하고 있지 아니하고, 노동조합은 근로자가 주체가 되어 자주적으로 단결하여 근로조건의 유지·개선 기타 근로자의 경제적·사회적 지위의 향상을 도모하기 위하여 조직된 단체인 점 등을 고려할 때, **학교의 직원으로 구성된 노동조합이 교육받을 권리나 학문의 자유를 실현하는 수단으로서 직접 기능한다고 볼 수는 없으므로, 개방이사에 관한 구 사립학교법과 구 사립학교법 시행령 및 을 법인 정관 규정이 학교직원들로 구성된 전국대학노동조합 을 대학교지부의 법률상 이익까지 보호하고 있는 것으로 해석할 수는 없다**고 한 사례.

23

2018 국회사무처 8급

수익처분의 상대방에게도 당해 처분의 취소를 구할 이익이 인정될 수 있다. O | X

특별한 사정이 있으면 수익적 처분의 상대방도 취소를 구할 이익이 인정될 수 있다.

[대법원 1995.8.22. 선고, 94누8129, 판결]

행정처분에 있어서 불이익처분의 상대방은 직접 개인적 이익의 침해를 받은 자로서 원고적격이 인정되지만 수익처분의 상대방은 그의 권리나 법률상 보호되는 이익이 침해되었다고 볼 수 없으므로 달리 **특별한 사정이 없는 한** 취소를 구할 이익이 없다.

24

2019 서울시 7급 (6월)

망인(亡人)에게 수여된 서훈을 취소하는 경우, 그 유족은 서훈취소처분의 상대방이 되지 않는다. O | X

[대법원 2014.9.26. 선고, 2013두2518, 판결]

헌법 제11조 제3항과 구 상훈법 제2조, 제33조, 제34조, 제39조의 규정 취지에 의하면, 서훈은 서훈대상자의 특별한 공적에 의하여 수여되는 고도의 일신전속적 성격을 가지는 것이다. 나아가 서훈은 단순히 서훈대상자 본인에 대한 수혜적 행위로서의 성격만을 가지는 것이 아니라, 국가에 뚜렷한 공적을 세운 사람에게 영예를 부여함으로써 국민 일반에 대하여 국가와 민족에 대한 자긍심을 높이고 국가적 가치를 통합·제시하는 행위의 성격도 있다. 서훈의 이러한 특수성으로 말미암아 상훈법은 일반적인 행정행위와 달리 사망한 사람에 대하여도 그의 공적을 영예의 대상으로 삼아 서훈을 수여할 수 있도록 규정하고 있다. 그러나 그러한 경우에도 **서훈은**

정답 | 22 ○ 23 ○ 24 ○

어디까지나 서훈대상자 본인의 공적과 영예를 기리기 위한 것이므로 비록 유족이라고 하더라도 제3자는 서훈 수여 처분의 상대방이 될 수 없고, 구 상훈법 제33조, 제34조 등에 따라 망인을 대신하여 단지 사실행위로서 훈장 등을 교부받거나 보관할 수 있는 지위에 있을 뿐이다. 이러한 서훈의 일신전속적 성격은 서훈취소의 경우에도 마찬가지이므로, 망인에게 수여된 서훈의 취소에서도 유족은 그 처분의 상대방이 되는 것이 아니다.

25

2019 국가직 7급

법령이 특정한 행정기관으로 하여금 다른 행정기관에 제재적 조치를 취할 수 있도록 하면서, 그에 따르지 않으면 그 행정기관에 과태료 등을 과할 수 있도록 정하는 경우, 권리구제나 권리보호의 필요성이 인정된다면 예외적으로 그 제재적 조치의 상대방인 행정기관에게 항고소송의 원고적격을 인정할 수 있다. O | X

국민권익위원회가 시도 선거관리위원회 위원장과 소방청장에게 인사관련 조치요구를 한 사안에서 그 상대방인 각 행정기관에게 항고소송의 원고적격을 인정하였다.

[대법원 2018.8.1, 선고, 2014두35379, 판결]

국가기관 등 행정기관(이하 '행정기관 등'이라 한다) 사이에 권한의 존부와 범위에 관하여 다툼이 있는 경우에 이는 통상 내부적 분쟁이라는 성격을 띠고 있어 상급관청의 결정에 따라 해결되거나 법령이 정하는 바에 따라 '기관소송'이나 '권한쟁의심판'으로 다루어진다. 그런데 **법령이 특정한 행정기관 등으로 하여금 다른 행정기관을 상대로 제재적 조치를 취할 수 있도록 하면서, 그에 따르지 않으면 그 행정기관에 대하여 과태료를 부과하거나 형사처벌을 할 수 있도록 정하는 경우가 있다. 이러한 경우에는 단순히 국가기관이나 행정기관의 내부적 문제라거나 권한 분장에 관한 분쟁으로만 볼 수 없다. 행정기관의 제재적 조치의 내용에 따라 '구체적 사실에 대한 법집행으로서 공권력의 행사'에 해당할 수 있고, 그러한 조치의 상대방인 행정기관이 입게 될 불이익도 명확하다. 그런데도 그러한 제재적 조치를 기관소송이나 권한쟁의심판을 통하여 다툴 수 없다면, 제재적 조치는 그 성격상 단순히 행정기관 등 내부의 권한 행사에 머무는 것이 아니라 상대방에 대한 공권력 행사로서 항고소송을 통한 주관적 구제대상이 될 수 있다**고 보아야 한다. 기관소송 법정주의를 취하면서 제한적으로만 이를 인정하고 있는 현행 법령의 체계에 비추어 보면, 이 경우 항고소송을 통한 구제의 길을 열어주는 것이 법치국가 원리에도 부합한다. 따라서 이러한 권리구제나 권리보호의 필요성이 인정된다면 예외적으로 그 제재적 조치의 상대방인 행정기관 등에게 항고소송 원고로서의 당사자능력과 원고적격을 인정할 수 있다.

26

2019 국가직 7급

공직선거법이 후보자가 되고자 하는 자와 그 소속 정당에게 전과기록을 조회할 권리를 부여하고 수사기관에 회보의무를 부과한 것은 공공의 이익만을 위한 것이지 후보자가 되고자 하는 자나 그 소속 정당의 개별적 이익까지 보호하기 위한 것은 아니다. O | X

[대법원 2011.9.8, 선고, 2011다34521, 판결]
공직선거법 제49조 제10항에 의하면, 후보자가 되고자 하는 자 또는 정당은 본인 또는 후보자가 되고자 하는 소속 당원의 전과기록을 관할 국가경찰관서의 장에게 조회할 수 있고, 당해 국가경찰관서의 장은 지체 없이 전과기록을 회보하여야 하며, 관할 선거구 선거관리위원회는 확인이 필요하다고 인정되는 후보자에 대하여 후보자등록 마감 후 지체 없이 당해 선거구를 관할하는 검찰청의 장에게 후보자의 전과기록을 조회할 수 있고, 당해 검찰청의 장은 전과기록의 진위 여부를 지체 없이 회보하여야 한다. 그리고 같은 조 제11항, 제12항은 위 전과기록을 누구든지 열람할 수 있고, 이를 선거구민에게 공개하도록 하고 있다. **공직선거법이 위와 같이 후보자가 되고자 하는 자와 그 소속 정당에게 전과기록을 조회할 권리를 부여하고 수사기관에 회보의무를 부과한 것은 단순히 유권자의 알권리 보호 등 공공 일반의 이익만을 위한 것이 아니라, 그와 함께 후보자가 되고자 하는 자가 자신의 피선거권 유무를 정확하게 확인할 수 있게 하고, 정당이 후보자가 되고자 하는 자의 범죄경력을 파악함으로써 부적격자를 공천함으로 인하여 생길 수 있는 정당의 신뢰도 하락을 방지할 수 있게 하는 등 개별적인 이익도 보호하기 위한 것**이다.

27

2019 국가직 7급

출입국관리법상의 체류자격 및 사증발급의 기준과 절차에 관한 규정들은 대한민국의 출입국 질서와 국경관리라는 공익을 보호하려는 취지로 해석될 뿐이므로, 동법상 체류자격변경불허가처분, 강제퇴거명령 등을 다투는 외국인에게는 해당 처분의 취소를 구할 법률상 이익이 인정되지 않는다. O | X

[대법원 2018.5.15, 선고, 2014두42506, 판결]
사증발급 거부처분을 다투는 외국인은, 아직 대한민국에 입국하지 않은 상태에서 대한민국에 입국하게 해달라고 주장하는 것으로, 대한민국과의 실질적 관련성 내지 대한민국에서 법적으로 보호가치 있는 이해관계를 형성한 경우는 아니어서, 해당 처분의 취소를 구할 법률상 이익을 인정하여야 할 법정책적 필요성도 크지 않다. 반면, **국적법상 귀화불허가처분이나 출입국관리법상 체류자격변경 불허가처분, 강제퇴거명령 등을 다투는 외국인은 대한민국에 적법하게 입국하여 상당한 기간을 체류한 사람이므로, 이미 대한민국과의 실질적 관련성 내지 대한민국에서 법적으로 보호가치 있는 이해관계를 형성한 경우이어서, 해당 처분의 취소를 구할 법률상 이익이 인정된다**고 보아야 한다.

28

2020 국회사무처 8급

체납자는 자신이 점유하는 제3자 소유의 동산에 대한 압류처분의 취소나 무효확인을 구할 원고적격이 있다. O | X

[대법원 2006.4.13, 선고, 2005두15151, 판결]
국세징수법 제38조, 제39조의 규정에 의하면 동산의 압류는 세무공무원이 점유함으로써 행하되, 다만 일정한 경우 체납자로 하여금 보관하게 하고 그 사용 또는 수익을 허가할 수 있을 뿐이며, 여기서의 점유는 목적물에 대한 체납자의 점유를 전면적으로 배제하고 세무공무원이 이를 직접 지배, 보관하는 것을 뜻하므로, 과세관청이 조세의 징수를 위하여 **체납자가 점유하고 있는 제3자의 소유 동산을 압류한 경우, 그 체납자는 그 압류처분에 의하여 당해 동산에 대한 점유권의 침해를 받은 자로서 그 압류처분에 대하여 법률상 직접적이고 구체적인 이익을 가지는 것이어서 그 압류처분의 취소나 무효확인을 구할 원고적격이 있다.**

정답 | 26 × 27 × 28 ○

29

2021 국회사무처 8급

지방법무사회가 법무사의 사무원 채용승인 신청을 거부하거나 채용승인을 얻어 채용 중인 사람에 대한 채용승인을 취소하는 것은 처분에 해당하고, 이러한 처분에 대해서는 처분 상대방인 법무사뿐 아니라 그 때문에 사무원이 될 수 없게 된 사람도 이를 다툴 원고적격이 인정된다. O | X

[대법원 2020.4.9, 선고, 2015다34444, 판결]
지방법무사회가 법무사의 사무원 채용승인 신청을 거부하거나 채용승인을 얻어 채용 중인 사람에 대한 채용승인을 취소하면, 상대방인 법무사로서도 그 사람을 사무원으로 채용할 수 없게 되는 불이익을 입게 될 뿐만 아니라, 그 사람도 법무사 사무원으로 채용되어 근무할 수 없게 되는 불이익을 입게 된다. 법무사규칙 제37조 제4항이 이의신청 절차를 규정한 것은 채용승인을 신청한 법무사뿐만 아니라 **사무원이 되려는 사람의 이익도 보호하려는 취지로 볼 수 있다. 따라서 지방법무사회의 사무원 채용승인 거부처분 또는 채용승인 취소처분에 대해서는 처분 상대방인 법무사뿐만 아니라 그 때문에 사무원이 될 수 없게 된 사람도 이를 다툴 원고적격이 인정되어야 한다.**

30

2021 국회사무처 8급

외국인이라고 하더라도 대한민국과의 실질적 관련성 내지 법적으로 보호가치가 있는 이해관계를 형성한 경우에는 사증발급 거부처분의 취소를 구할 원고적격이 인정된다. O | X

이를테면 스티브 유의 경우에는 외국인이긴 하지만 재외동포 관련 법률에 따라 보호받는 법률상 이익이 있으므로 일반적인 외국인과는 달리 사증발급 거부처분의 취소를 구할 원고적격이 인정된다.

[대법원 2018.5.15, 선고, 2014두42506, 판결]
외국인에게는 입국의 자유를 인정하지 않는 것이 세계 각국의 일반적인 입법 태도이다. 그리고 우리 출입국관리법의 입법 목적은 "대한민국에 입국하거나 대한민국에서 출국하는 모든 국민 및 외국인의 출입국관리를 통한 안전한 국경관리와 대한민국에 체류하는 외국인의 체류관리 및 난민(難民)의 인정절차 등에 관한 사항을 규정"하는 것이다(제1조). 체류자격 및 사증발급의 기준과 절차에 관한 출입국관리법과 그 하위법령의 위와 같은 규정들은, 대한민국의 출입국 질서와 국경관리라는 공익을 보호하려는 취지일 뿐, **외국인에게 대한민국에 입국할 권리를 보장하거나 대한민국에 입국하고자 하는 외국인의 사익까지 보호하려는 취지로 해석하기는 어렵다. 사증발급 거부처분을 다투는 외국인은, 아직 대한민국에 입국하지 않은 상태에서 대한민국에 입국하게 해달라고 주장하는 것으로, 대한민국과의 실질적 관련성 내지 대한민국에서 법적으로 보호가치 있는 이해관계를 형성한 경우는 아니어서,** 해당 처분의 취소를 구할 법률상 이익을 인정하여야 할 법정책적 필요성도 크지 않다. **반면, 국적법상 귀화불허가처분이나 출입국관리법상 체류자격변경 불허가처분, 강제퇴거명령 등을 다투는 외국인은 대한민국에 적법하게 입국하여 상당한 기간을 체류한 사람이므로, 이미 대한민국과의 실질적 관련성 내지 대한민국에서 법적으로 보호가치 있는 이해관계를 형성한 경우이어서, 해당 처분의 취소를 구할 법률상 이익이 인정된다**고 보아야 한다.

31

2022 국가직 9급

대한민국에서 출생하여 오랜 기간 대한민국 국적을 보유하면서 거주한 재외동포는 사증발급 거부처분의 취소를 구할 법률상 이익이 있다. O | X

이를테면 스티브 유의 경우에는 외국인이긴 하지만 재외동포 관련 법률에 따라 보호받는 법률상 이익이 있으므로 일반적인 외국인과는 달리 사증발급 거부처분의 취소를 구할 원고적격이 인정된다.

[대법원 2019.7.11, 선고 2017두38874 판결]

원고는 대한민국에서 출생하여 오랜 기간 대한민국 국적을 보유하면서 거주한 사람이므로 이미 대한민국과 실질적 관련성이 있거나 대한민국에서 법적으로 보호가치 있는 이해관계를 형성하였다고 볼 수 있다. 또한 재외동포의 대한민국 출입국과 대한민국 안에서의 법적 지위를 보장함을 목적으로 「재외동포의 출입국과 법적 지위에 관한 법률」(이하 '재외동포법'이라 한다)이 특별히 제정되어 시행 중이다. 따라서 원고는 이 사건 사증발급 거부처분의 취소를 구할 법률상 이익이 인정된다.

32

2022 국회사무처 9급

대한의사협회는 「국민건강보험법」상 요양급여행위, 요양급여비용의 청구 및 지급과 관련하여 직접적인 법률관계를 갖지 않고 있으므로, 보건복지부 고시인 구 「건강보험요양급여행위 및 그 상대가치점수」의 개정으로 인하여 자신의 법률상 이익을 침해당하였다고 할 수 없다. O | X

의사협회가 아니라 의사 개인에게만 원고적격이 인정된다.

[대법원 2006.5.25, 2003두11988]

사단법인 대한의사협회는 의료법에 의하여 의사들을 회원으로 하여 설립된 사단법인으로서, 국민건강보험법상 요양급여행위, 요양급여비용의 청구 및 지급과 관련하여 직접적인 법률관계를 갖지 않고 있으므로, 보건복지부 고시인 '건강보험요양급여행위 및 그 상대가치점수 개정'으로 인하여 자신의 법률상 이익을 침해당하였다고 할 수 없다는 이유로 위 고시의 취소를 구할 원고적격이 없다.

33

2022 국회사무처 9급

경업자에 대한 행정처분이 경업자에게 불리한 내용이라면 그와 경쟁관계에 있는 기존의 업자에게는 특별한 사정이 없는 한 유리할 것이므로 기존의 업자가 그 행정처분의 무효확인 또는 취소를 구할 이익은 없다. O | X

경업자에게 「불리한 처분」은 기존업자가 이를 다툴 이익이 없다.

[대법원 2020.4.9, 선고 2019두49953 판결]

일반적으로 면허나 인허가 등의 수익적 행정처분의 근거가 되는 법률이 해당 업자들 사이의 과당경쟁으로 인한 경영의 불합리를 방지하는 것도 목적으로 하고 있는 경우, 다른 업자에 대한 면허나 인허가 등의 수익적 행정처분에 대하여 미리 같은 종류의 면허나 인허가 등의 수익적 행정처분을 받아 영업을 하고 있는 기존의 업자는 경업자에 대하여 이루어진 면허나 인허가 등 행정처분의 상대방이 아니라고 하더라도 당해 행정처분의 무효확인 또는 취소를 구할 이익이 있다. 그러나 **경업자에 대한 행정처분이 경업자에게 불리한 내용이라면 그와 경쟁관계에 있는 기존의 업자에게는 특별한 사정이 없는 한 유리할 것이므로 기존의 업자가 그 행정처분의 무효확인 또는 취소를 구할 이익은 없다**고 보아야 한다.

정답 | 31 ○ 32 ○ 33 ○

34

2023 소방간부

「행정소송법」 제12조의 법률상 이익은 직접적이고 구체적·개인적인 이익을 말하며, 행정의 적법성 보장을 위해 간접적이거나 사실적·경제적 이익이라도 보호가치가 있는 경우에는 원고적격을 인정한다. O | X

[대법원 1995.9.26. 94누14544]

행정처분의 직접 상대방이 아닌 제3자라도 당해 행정처분의 취소를 구할 법률상의 이익이 있는 경우에는 원고적격이 인정되는데, 여기서 말하는 법률상의 이익은 당해 처분의 근거 법률에 의하여 보호되는 직접적이고 구체적인 이익이 있는 경우를 말하고, 다만 **공익보호의 결과로 국민 일반이 공통적으로 가지는 추상적, 평균적, 일반적인 이익과 같이 간접적이나 사실적, 경제적, 이해관계를 가지는데 불과한 경우는 여기에 포함되지 않는다.**

35

2023 소방직

조합원 지위를 상실한 토지 등 소유자는 주택재개발사업에 대한 사업시행계획에 당연무효의 하자가 있는 경우, 사업시행계획의 무효확인 또는 취소를 구할 법률상 이익이 있다. O | X

사업시행계획에 당연무효의 하자가 있다면 그에 이은 후속 법률행위는 모두 무효이므로 조합원 지위를 상실하게 되는 법률효과도 발생하지 않는다. 따라서 조합원지위를 상실하지 않았음을 근거로 관련 항고소송을 제기할 원고적격이 인정된다.

[대판 2011.12.8. 2008두18342]

도시환경정비사업에 대한 사업시행계획에 당연무효인 하자가 있는 경우에는 도시환경정비사업조합은 사업시행계획을 새로이 수립하여 관할관청에게서 인가를 받은 후 다시 분양신청을 받아 관리처분계획을 수립하여야 한다. 따라서 분양신청기간 내에 분양신청을 하지 않거나 분양신청을 철회함으로 인해 도시 및 주거환경정비법 제47조 및 조합 정관 규정에 의하여 **조합원의 지위를 상실한 토지 등 소유자도 그때 분양신청을 함으로써 건축물 등을 분양받을 수 있으므로 관리처분계획의 무효확인 또는 취소를 구할 법률상 이익이 있다.**

36

2023 국회사무처 8급

일반적으로 면허 등의 수익적 행정처분의 근거가 되는 법률이 해당 업자들 사이의 과당경쟁으로 인한 경영의 불합리를 방지하는 것도 목적으로 하는 경우 이미 같은 종류의 면허 등을 받아 영업을 하고 있는 기존의 업자는 경업자에 대하여 이루어진 면허 등 행정처분의 상대방이 아니라 하더라도 당해 행정처분의 취소를 구할 법률상 이익이 있다. O | X

기존업자에게 사익보호성이 인정되므로 법률상 이익이 있다.

[대법원 2002.10.25, 선고, 2001두4450, 판결]

일반적으로 면허나 인·허가 등의 수익적 행정처분의 근거가 되는 법률이 해당 업자들 사이의 과당경쟁으로 인한 경영의 불합리를 방지하는 것도 그 목적으로 하고 있는 경우, 다른 업자에 대한 면허나 인·허가 등의 수익적 행정처분에 대하여 미리 같은 종류의 면허나 인·허가 등의 수익적 행정처분을 받아 영업을 하고 있는 기존의 업자는 경업자에 대하여 이루어진 면허나 인·허가 등 행정처분의 상대방이 아니라 하더라도 당해 행정처분의 취소를 구할 당사자적격이 있다.

정답 | 34 × 35 ○ 36 ○

37

2023 국회사무처 8급

한정면허를 받은 시외버스운송사업자가 일반면허를 받은 시외버스운송사업자에 대한 사업계획변경인가처분으로 수익감소가 예상되는 경우 일반면허 시외버스운송사업자에 대한 사업계획변경인가처분의 취소를 구할 법률상 이익이 있다. O | X

운송업면허의 경우 강학상 특허로서 기존업자에게 법률상 이익이 인정된다고 정리하면 된다.

[대법원 2018.4.26, 선고, 2015두53824, 판결]

한정면허를 받은 시외버스운송사업자라고 하더라도 다 같이 운행계통을 정하고 여객을 운송하는 노선여객자동차운송사업을 한다는 점에서 일반면허를 받은 시외버스운송사업자와 본질적인 차이가 없으므로, 일반면허를 받은 시외버스운송사업자에 대한 사업계획변경 인가처분으로 인하여 기존에 한정면허를 받은 시외버스운송사업자의 노선 및 운행계통과 일반면허를 받은 시외버스운송사업자의 그것이 일부 중복되게 되고 기존업자의 수익감소가 예상된다면, 기존의 한정면허를 받은 시외버스운송사업자와 일반면허를 받은 시외버스운송사업자는 경업관계에 있는 것으로 보는 것이 타당하고, 따라서 **기존의 한정면허를 받은 시외버스운송사업자는 일반면허 시외버스운송사업자에 대한 사업계획변경인가처분의 취소를 구할 법률상의 이익이 있다.**

38

2023 군무원 9급

행정처분의 직접 상대방이 아닌 제3자라도 당해 처분에 관하여 법률상 직접적이고 구체적인 이해관계를 가지는 경우에는 당해 처분 취소소송의 원고적격이 인정된다. O | X

[대법원 2007.4.12, 선고, 2004두7924, 판결]

행정처분의 직접 상대방이 아닌 제3자라 하더라도 당해 행정처분으로 인하여 법률상 보호되는 이익을 침해당한 경우에는 그 처분의 취소나 무효확인을 구하는 행정소송을 제기하여 그 당부의 판단을 받을 자격 즉 원고적격이 있고, 여기에서 말하는 법률상 보호되는 이익은 당해 처분의 근거 법규 및 관련 법규에 의하여 보호되는 개별적·직접적·구체적 이익을 말하며, 원고적격은 소송요건의 하나이므로 사실심 변론종결시는 물론 상고심에서도 존속하여야 하고 이를 흠결하면 부적법한 소가 된다.

39

2023 군무원 9급

환경상 이익은 본질적으로 자연인에게 귀속되는 것으로서 단체는 환경상 이익의 침해를 이유로 행정소송을 제기할 수 없다. O | X

[대법원 2012.6.28, 선고 2010두2005 판결]

재단법인 甲 수녀원이, 매립목적을 택지조성에서 조선시설용지로 변경하는 내용의 공유수면매립목적 변경 승인처분으로 인하여 법률상 보호되는 환경상 이익을 침해받았다면서 행정청을 상대로 처분의 무효 확인을 구하는 소송을 제기한 사안에서, 공유수면매립목적 변경 승인처분으로 甲 수녀원에 소속된 수녀 등이 쾌적한 환경에서 생활할 수 있는 환경상 이익을 침해받는다고 하더라도 이를 가리켜 곧바로 甲 수녀원의 법률상 이익이 침해된다고 볼 수 없고, **자연인이 아닌 甲 수녀원은 쾌적한 환경에서 생활할 수 있는 이익을 향수할 수 있는 주체가 아니므로 위 처분으로 위와 같은 생활상의 이익이 직접적으로 침해되는 관계에 있다고 볼 수도 없으며**, 위 처분으로 환경에 영향을 주어 甲 수녀원이 운영하는 잼 공장에 직접적이고 구체적인 재산적 피해가 발생한다거나 甲 수녀원이 폐쇄되고 이전해야 하는 등의 피해를 받거나 받을 우려가 있다는 점 등에 관한 증명도 부족하다는 이유로, **甲 수녀원에 처분의 무효 확인을 구할 원고적격이 없다**고 한 사례

정답 | 37 ○ 38 ○ 39 ○

40

2023 군무원 9급

처분 등에 의해 법률상 이익이 현저히 침해되는 경우뿐만 아니라 침해가 우려되는 경우에도 원고적격이 인정된다. O | X

[대법원 2006.12.22, 2006두14001]

행정처분의 직접 상대방이 아닌 자로서 그 처분에 의하여 자신의 환경상 이익이 침해받거나 침해받을 우려가 있다는 이유로 취소소송을 제기하는 제3자는, 자신의 환경상 이익이 그 처분의 근거 법규 또는 관련 법규에 의하여 개별적·직접적·구체적으로 보호되는 이익, 즉 법률상 보호되는 이익임을 입증하여야 원고적격이 인정되고, 다만 그 행정처분의 근거법규 또는 관련법규에 그 처분으로써 이루어지는 행위 등 사업으로 인하여 환경상 침해를 받으리라고 예상되는 영향권의 범위가 구체적으로 규정되어 있는 경우에는, 그 영향권 내의 주민들에 대하여는 당해 처분으로 인하여 직접적이고 중대한 환경피해를 입으리라고 예상할 수 있고, 이와 같은 환경상의 이익은 주민 개개인에 대하여 개별적으로 보호되는 직접적·구체적 이익으로서 그들에 대하여는 특단의 사정이 없는 한 환경상 이익에 대한 침해 또는 침해 우려가 있는 것으로 사실상 추정되어 법률상 보호되는 이익으로 인정됨으로써 원고적격이 인정되며, 그 영향권 밖의 주민들은 당해 처분으로 인하여 그 처분 전과 비교하여 수인한도를 넘는 환경피해를 받거나 받을 우려가 있다는 자신의 환경상 이익에 대한 침해 또는 침해 우려가 있음을 증명하여야만 법률상 보호되는 이익으로 인정되어 원고적격이 인정된다.

41

2023 군무원 7급

국민권익위원회의 조치요구의 취소를 구하는 소송을 제기한 소방청장에게는 원고적격이 인정된다. O | X

[대법원 2018.8.1, 선고, 2014두35379, 판결]

국민권익위원회가 소방청장에게 인사와 관련하여 부당한 지시를 한 사실이 인정된다며 이를 취소할 것을 요구하기로 의결하고 그 내용을 통지하자 소방청장이 국민권익위원회 조치요구의 취소를 구하는 소송을 제기한 사안에서, 행정기관인 국민권익위원회가 행정기관의 장에게 일정한 의무를 부과하는 내용의 조치요구를 한 것에 대하여 그 조치요구의 상대방인 행정기관의 장이 다투고자 할 경우에 법률에서 행정기관 사이의 기관소송을 허용하는 규정을 두고 있지 않으므로 이러한 조치요구를 이행할 의무를 부담하는 행정기관의 장으로서는 기관소송으로 조치요구를 다툴 수 없고, 위 조치요구에 관하여 정부 조직 내에서 그 처분의 당부에 대한 심사·조정을 할 수 있는 다른 방도도 없으며, 국민권익위원회는 헌법 제111조 제1항 제4호에서 정한 '헌법에 의하여 설치된 국가기관'이라고 할 수 없으므로 그에 관한 권한쟁의심판도 할 수 없고, 별도의 법인격이 인정되는 국가기관이 아닌 소방청장은 질서위반행위규제법에 따른 구제를 받을 수도 없는 점, 부패방지 및 국민권익위원회의 설치와 운영에 관한 법률은 소방청장에게 국민권익위원회의 조치요구에 따라야 할 의무를 부담시키는 외에 별도로 그 의무를 이행하지 않을 경우 과태료나 형사처벌까지 정하고 있으므로 위와 같은 조치요구에 불복하고자 하는 '소속기관 등의 장'에게는 조치요구를 다툴 수 있는 소송상의 지위를 인정할 필요가 있는 점에 비추어, 처분성이 인정되는 국민권익위원회의 조치요구에 불복하고자 하는 소방청장으로서는 조치요구의 취소를 구하는 항고소송을 제기하는 것이 유효·적절한 수단으로 볼 수 있으므로 소방청장은 예외적으로 당사자능력과 원고적격을 가진다고 한 사례

42

2023 군무원 7급

담배소매인 중에서 구내소매인 지정 처분의 취소를 구하는 일반소매인에게는 원고적격이 인정된다. O | X

[대법원 2008.4.10, 2008두402]

구내소매인과 일반소매인 사이에서는 구내소매인의 영업소와 일반소매인의 영업소 간에 거리제한을 두지 아니할 뿐 아니라 건축물 또는 시설물의 구조·상주인원 및 이용인원 등을 고려하여 동일시설물 내 2개소 이상의 장소에 구내소매인을 지정할 수 있으며, 이 경우 일반소매인이 지정된 장소가 구내소매인 지정대상이 된 때에는 동일 건축물 또는 시설물 안에 지정된 일반소매인은 구내소매인으로 보고, 구내소매인이 지정된 건축물 등에는 일반소매인을 지정할 수 없으며, 구내소매인은 담배진열장 및 담배소매점 표시판을 건물 또는 시설물의 외부에 설치하여서는 아니된다고 규정하는 등 **일반소매인의 입장에서 구내소매인과의 과당경쟁으로 인한 경영의 불합리를 방지하는 것을 그 목적으로 할 수 있다고 보기 어려우므로, 일반소매인으로 지정되어 영업을 하고 있는 기존업자의 신규 구내소매인에 대한 이익은 법률상 보호되는 이익이 아니라 단순한 사실상의 반사적 이익**이라고 해석함이 상당하므로, 기존 일반소매인은 신규 구내소매인 지정처분의 취소를 구할 원고적격이 없다.

43

2023 군무원 7급

공유수면 매립목적 변경승인처분의 취소를 구하는 재단법인 수녀원에게는 원고적격이 인정된다. O | X

[대법원 2012.6.28, 선고 2010두2005 판결]

재단법인 甲 수녀원이, 매립목적을 택지조성에서 조선시설용지로 변경하는 내용의 공유수면매립목적 변경 승인처분으로 인하여 법률상 보호되는 환경상 이익을 침해받았다면서 행정청을 상대로 처분의 무효 확인을 구하는 소송을 제기한 사안에서, 공유수면매립목적 변경 승인처분으로 甲 수녀원에 소속된 수녀 등이 쾌적한 환경에서 생활할 수 있는 환경상 이익을 침해받는다고 하더라도 이를 가리켜 곧바로 甲 수녀원의 법률상 이익이 침해된다고 볼 수 없고, **자연인이 아닌 甲 수녀원은 쾌적한 환경에서 생활할 수 있는 이익을 향수할 수 있는 주체가 아니므로 위 처분으로 위와 같은 생활상의 이익이 직접적으로 침해되는 관계에 있다고 볼 수도 없으며**, 위 처분으로 환경에 영향을 주어 甲 수녀원이 운영하는 잼 공장에 직접적이고 구체적인 재산적 피해가 발생한다거나 甲 수녀원이 폐쇄되고 이전해야 하는 등의 피해를 받거나 받을 우려가 있다는 점 등에 관한 증명도 부족하다는 이유로, **甲 수녀원에 처분의 무효 확인을 구할 원고적격이 없다**고 한 사례

44

2023 국가직 7급

외국 국적의 甲이 위명(僞名)인 乙 명의의 여권으로 대한민국에 입국한 뒤 乙 명의로 난민 신청을 하였고 법무부장관이 乙 명의를 사용한 甲을 직접 면담하여 조사한 후에 甲에 대하여 난민불인정 처분을 한 경우, 甲은 난민불인정 처분의 취소를 구할 법률상 이익이 없다. O | X

상대방이 위명을 사용한 경우에도, 처분성이 인정된다면 이에 대해 다툴 법률상 이익이 인정된다.

[대법원 2017.3.9, 선고 2013두16852 판결]

미얀마 국적의 **갑이 위명(僞名)인 '을' 명의의 여권으로 대한민국에 입국한 뒤 을 명의로 난민 신청을 하였으나 법무부장관이 을 명의를 사용한 갑을 직접 면담하여 조사한 후 갑에 대하여 난민불인정 처분을 한 사안에서, 처분의 상대방은 허무인이 아니라 '을'이라는 위명을 사용한 갑이라는 이유로, 갑이 처분의 취소를 구할 법률상 이익이 있다**고 한 사례.

정답 | 42 × 43 × 44 ×

TOPIC 40

취소소송의 소송요건 2 – 협의의 소의 이익 / 피고적격 / 소송참가

제1절 협의의 소의 이익

01

2014 사회복지직 9급

행정처분의 효력기간이 경과한 후에는 그 처분이 외형상 잔존함으로 인하여 어떠한 법률상 이익이 침해되고 있다고 볼 사정이 없는 한 그 처분의 취소를 구할 법률상 이익이 없다. O | X

> [대법원 전합 1995.10.17, 94누14148]
> 행정처분에 효력기간이 정하여져 있는 경우, 그 처분의 효력 또는 집행이 정지된 바 없다면 위 기간의 경과로 그 행정처분의 효력은 상실되므로 그 기간 경과 후에는 그 처분이 외형상 잔존함으로 인하여 어떠한 법률상 이익이 침해되고 있다고 볼 만한 별다른 사정이 없는 한 그 처분의 취소를 구할 법률상의 이익이 없다.

02

2014 사회복지직 9급

현역병 입영대상으로 병역처분을 받은 자가 그 취소소송 중 모병에 응하여 현역병으로 자진 입대한 경우 현역병 입영처분의 취소를 구하는 소송은 소의 이익이 없다. O | X

> [대법원 1998.9.8, 98두9165]
> 원고는 이 사건 처분의 위법을 주장하며 그 취소를 구하는 이 사건 소를 제기하였으나 소송 도중 모병에 응하여 현역병으로 자진 입대하였는바, 사실관계가 이와 같다면, 원고가 당초에 이 사건 소를 제기한 현실적인 필요는 현역병으로서의 복무가 강제되는 징집을 면하기 위한 데에 있었다고 할 것이나, 소송 도중 원고가 지원에 의하여 현역병으로 채용되었을 뿐만 아니라 이 사건 처분이 취소된다고 하더라도 현역병으로 채용된 효력이 상실되지 아니하여 계속 현역병으로 복무할 수밖에 없으므로 더 이상 재판으로 이 사건 처분의 위법을 다툴 실제적인 효용 내지 실익이 사라졌다고 할 것이어서 이 사건 소는 결국 소의 이익이 없는 부적법한 소라고 할 것이다.

03

2014 사회복지직 9급

행정청이 공무원에 대하여 직위해제처분을 하였다가 그 후에 새로운 직위해제사유에 기하여 다시 직위해제처분을 한 경우에도, 당해 공무원이 제기한 원래의 직위해제처분의 취소를 구하는 소송은 소의 이익이 있다. O | X

> [대법원 2003.10.10, 2003두5945]
> 행정청이 공무원에 대하여 새로운 직위해제사유에 기한 직위해제처분을 한 경우 그 이전에 한 직위해제처분은 이를 묵시적으로 철회하였다고 봄이 상당하므로, 그 이전 처분의 취소를 구하는 부분은 존재하지 않는 행정처분을 대상으로 한 것으로서 그 소의 이익이 없어 부적법하다.

정답 | 01 ○ 02 ○ 03 ×

04

2014 서울시 7급

고등학교 졸업 학력 검정고시에 합격하였다 하더라도, 고등학교에서 퇴학처분을 받은 자는 퇴학처분의 취소를 구할 협의의 소익이 있다.

O | X

[대법원 1992.7.14, 91누4737]

고등학교졸업이 대학입학자격이나 학력인정으로서의 의미밖에 없다고 할 수 없으므로 고등학교졸업학력검정고시에 합격하였다 하여 고등학교 학생으로서의 신분과 명예가 회복될 수 없는 것이니 퇴학처분을 받은 자로서는 퇴학처분의 위법을 주장하여 그 취소를 구할 소송상의 이익이 있다.

05

2015 국가직 9급

행정청이 영업허가신청 반려처분의 취소를 구하는 소의 계속 중 사정변경을 이유로 위 반려처분을 직권취소함과 동시에 위 신청을 재반려하는 내용의 재처분을 한 경우 당초의 반려처분의 취소를 구할 법률상 이익이 없다.

O | X

[대법원 2006.9.28, 선고, 2004두5317]

[1] **행정처분이 취소되면 그 처분은 취소로 인하여 그 효력이 상실되어 더 이상 존재하지 않는 것이고, 존재하지 않는 행정처분을 대상으로 한 취소소송은 소의 이익이 없어 부적법**하다.

[2] **행정청이 당초의 분뇨 등 관련영업 허가신청 반려처분의 취소를 구하는 소의 계속중, 사정변경을 이유로 위 반려처분을 직권취소함과 동시에 위 신청을 재반려하는 내용의 재처분을 한 경우, 당초의 반려처분의 취소를 구하는 소는 더 이상 소의 이익이 없게 되었다**고 한 사례.

06

2015 국가직 9급

사법시험 제2차 시험 불합격처분 이후 새로이 실시된 제2차와 제3차 시험에 합격한 자는 이전의 제2차 시험 불합격처분의 취소를 구할 법률상 이익이 없다.

O | X

[대법원 2007.9.21, 선고, 2007두12057, 판결]

사법시험에 최종합격한 것은 합격자가 사법연수생으로 임명될 수 있는 전제요건이 되는 것일 뿐이고, 그 자체만으로 합격한 자의 법률상의 지위가 달라지게 되는 것이 아니므로, **사법시험 제2차 시험에 관한 불합격처분 이후에 새로이 실시된 제2차 및 제3차 시험에 합격하였을 경우에는 더 이상 위 불합격처분의 취소를 구할 법률상 이익이 없다**고 보아야 할 것이다.

동일한 취지 판례 – 1차 시험 불합격처분 이후 다음해 1차 시험에 합격한 경우

[대법원 1996.2.23, 선고, 95누2685, 판결]

사법시험 제1차 시험에 합격하였다고 할지라도 그것은 합격자가 사법시험령 제6조, 제8조 제1항의 각 규정에 의하여 당회의 제2차 시험과 차회의 제2차 시험에 응시할 자격을 부여받을 수 있는 전제요건이 되는 데 불과한 것이고, 그 자체만으로 합격한 자의 법률상의 지위가 달라지게 되는 것이 아니므로, **제1차 시험 불합격 처분 이후에 새로이 실시된 사법시험 제1차 시험에 합격하였을 경우에는 더 이상 위 불합격 처분의 취소를 구할 법률상 이익이 없다.**

정답 | 04 ○ 05 ○ 06 ○

07

2016 국가직 9급

건축허가가 건축법에 따른 이격거리를 두지 아니하고 건축물을 건축하도록 되어 있어 위법하다 하더라도 건축이 완료되어 위법한 처분을 취소한다 하더라도 원상회복이 불가능한 경우에는 그 취소를 구할 법률상 이익이 없다. O | X

[대법원 1992.4.24, 91누11131]
건축허가가 건축법 소정의 이격거리를 두지 아니하고 건축물을 건축하도록 되어 있어 위법하다 하더라도 그 건축허가에 기하여 건축공사가 완료되었다면 그 건축허가를 받은 대지와 접한 대지의 소유자인 원고가 위 건축허가처분의 취소를 받아 이격거리를 확보할 단계는 지났으며 민사소송으로 취 건축물 등의 철거를 구하는 데 있어서도 위 처분의 취소가 필요한 것이 아니므로 원고로서는 위 처분의 취소를 구할 법률상의 이익이 없다고 한 사례

08

2016 지방직 9급

한국방송공사 사장은 해임처분 무효확인 또는 취소소송 계속 중 임기가 만료되어 해임처분의 무효확인 또는 취소로 지위를 회복할 수 없다고 할지라도, 그 무효확인 또는 취소로 해임 처분일부터 임기만료일까지의 기간에 대한 보수지급을 구할 수 있는 경우에는 해임처분의 무효확인 또는 취소를 구할 법률상 이익이 있다. O | X

[대법원 2012.2.23, 2011두 5001]
해임처분 무효확인 또는 취소소송 계속 중 임기가 만료되어 해임처분의 무효확인 또는 취소로 지위를 회복할 수는 없다고 할지라도, 그 무효확인 또는 취소로 해임처분일부터 임기만료일까지 기간에 대한 보수 지급을 구할 수 있는 경우에는 해임처분의 무효확인 또는 취소를 구할 법률상 이익이 있다. 해임권자와 보수지급의무자가 다른 경우에도 마찬가지이다.

09

2017 지방직 9급

수형자의 영치품에 대한 사용신청 불허처분 후 수형자가 다른 교도소로 이송된 경우 원래 교도소로의 재이송 가능성이 소멸되었으므로 그 불허처분의 취소를 구할 소의 이익이 없다. O | X

처분의 취소로 원상회복이 불가능하게 보이지만, 동일한 사유로 위법한 처분이 반복될 위험성이 있어 행정처분의 위법성 확인 내지 불분명한 법률문제에 대한 해명이 필요하여 취소를 구하는 경우로서 소의 이익이 인정된다.

[대법원 2008.2.14, 선고, 2007두13203, 판결]
행정처분의 취소를 구하는 소는 그 처분에 의하여 발생한 위법상태를 배제하여 원상으로 회복시키고 그 처분으로 침해되거나 방해받은 권리와 이익을 보호·구제하고자 하는 소송이므로, 비록 처분을 취소한다 하더라도 원상회복이 불가능한 경우에는 그 처분의 취소를 구할 이익이 없는 것이 원칙이지만(대법원 1997. 1. 24. 선고 95누17403 판결, 대법원 2007. 1. 11. 선고 2004두8538 판결 등 참조), 원상회복이 불가능하다고 보이는 경우라 하더라도, 동일한 소송 당사자 사이에서 그 행정처분과 동일한 사유로 위법한 처분이 반복될 위험성이 있어 행정처분의 위법성 확인 내지 불분명한 법률문제에 대한 해명이 필요하다고 판단되는 경우 등에는 행정의 적법성 확보와 그에 대한 사법통제, 국민의 권리구제의 확대 등의 측면에서 여전히 그 처분의 취소를 구할 이익이 있다고 보아야 한다(대법원 2007. 7. 19. 선고 2006두19297 전원합의체 판결 참조). 원심판결 이유와 기록에 의하여 알 수 있는 다음과 같은 사정, 즉 원고의 긴 팔 티셔츠 2개(앞 단추가 3개 있고 칼라가 달린 것, 이하 '이 사건 영치품'이라 한다)에 대한 사용신청 불허처분(이하 '이 사건 처분'이라 한다) 이후 이루어진 원고의 다른 교도소로의 이송이라는 사정에 의하여 원고의 권리와 이익의 침해 등이 해소되지 아니한 점, 원고의 형기가 만료되기까지는 아직 상당한 기간이 남아 있을 뿐만 아니라, 진주교도소가 전국 교정시설의 결핵 및 정신질환 수형자들을 수용·관리하는 의료교도소인 사정을 감안할 때 원고의 진주교도소로의 재이송 가능성이 소멸하였다고 단정하기 어려운 점 등을 종합하면, 원고로서는 이 사건 처분의 취소를 구할 이익이 있다고 봄이 상당하다.

정답 | 07 ○ 08 ○ 09 ×

10

2017 지방직 9급

취임승인이 취소된 학교법인의 정식이사들에 대해 원래 정해져 있던 임기가 만료되면 그 임원취임승인취소처분의 취소를 구할 소의 이익이 없다.

O | X

정식이사에 대한 취임승인처분이 취소되면 그 정식이사들에게는 직무수행에 관한 긴급처리권이 인정되므로 소의 이익이 인정된다.

[대법원 2007.7.19, 선고, 2006두19297, 전원합의체 판결]

비록 취임승인이 취소된 학교법인의 정식이사들에 대하여 원래 정해져 있던 임기가 만료되고 구 사립학교법 제22조 제2호 소정의 임원결격사유기간마저 경과하였다 하더라도, 그 임원취임승인취소처분이 위법하다고 판명되고 나아가 임시이사들의 지위가 부정되어 직무권한이 상실되면, 그 정식이사들은 후임이사 선임시까지 민법 제691조의 유추적용에 의하여 직무수행에 관한 긴급처리권을 가지게 되고 이에 터잡아 후임 정식이사들을 선임할 수 있게 되는바, 이는 감사의 경우에도 마찬가지이다.

(중략) **그러므로 취임승인이 취소된 학교법인의 정식이사들로서는 그 취임승인취소처분 및 임시이사 선임처분에 대한 각 취소를 구할 법률상 이익이 있고,** 나아가 선행 임시이사 선임처분의 취소를 구하는 소송 도중에 선행 임시이사가 후행 임시이사로 교체되었다고 하더라도 여전히 선행 임시이사 선임처분의 취소를 구할 법률상 이익이 있다.

11

2017 지방직 9급

법인세 과세표준과 관련하여 과세관청이 법인의 소득처분 상대방에 대한 소득처분을 경정하면서 증액과 감액을 동시에 한 결과 전체로서 소득처분금액이 감소된 경우, 법인이 소득금액변동통지의 취소를 구할 소의 이익이 없다.

O | X

[대법원 2012.4.13, 선고, 2009두5510, 판결]

법인이 법인세의 과세표준을 신고하면서 배당, 상여 또는 기타소득으로 소득처분한 금액은 당해 법인이 신고기일에 소득처분의 상대방에게 지급한 것으로 의제되어 그때 원천징수하는 소득세의 납세의무가 성립·확정되며, 그 후 과세관청이 직권으로 상대방에 대한 소득처분을 경정하면서 **일부 항목에 대한 증액과 다른 항목에 대한 감액을 동시에 한 결과 전체로서 소득처분금액이 감소된 경우에는 그에 따른 소득금액변동통지가 납세자인 당해 법인에 불이익을 미치는 처분이 아니므로 당해 법인은 그 소득금액변동통지의 취소를 구할 이익이 없다.**

12

2017 지방직 9급

건축사 업무정지처분을 받은 후 새로운 업무정지처분을 받음이 없이 1년이 경과하여 실제로 가중된 제재처분을 받을 우려가 없게 된 경우, 그 처분에서 정한 정지기간이 경과한 이상 특별한 사정이 없는 한 업무정지처분의 취소를 구할 법률상 이익이 없다.

O | X

[대법원 2000.4.21, 선고, 98두10080, 판결]

건축사법 제28조 제1항이 건축사 업무정지처분을 연 2회 이상 받고 그 정지기간이 통산하여 12월 이상이 될 경우에는 가중된 제재처분인 건축사사무소 등록취소처분을 받게 되도록 규정하여 건축사에 대한 제재적인 행정처분인 업무정지명령을 더 무거운 제재처분인 사무소등록취소처분의 기준요건으로 규정하고 있으므로, 건축사 업무정지처분을 받은 건축사로서는 위 처분에서 정한 기간이 경과하였다 하더라도 위 처분을 그대로 방치하여 둠으로써 장래 건축사사무소 등록취소라는 가중된 제재처분을 받을 우려가 있어 건축사로서 업무를 행할 수 있는 법률상 지위에 대한 위험이나 불안을 제거하기 위하여 건축사 업무정지처분의 취소를 구할 이익이 있으

정답 10 × 11 ○ 12 ○

나. 업무정지처분을 받은 후 새로운 업무정지처분을 받음이 없이 1년이 경과하여 실제로 가중된 제재처분을 받을 우려가 없어졌다면 위 처분에서 정한 정지기간이 경과한 이상 특별한 사정이 없는 한 그 처분의 취소를 구할 법률상 이익이 없다.

13

2017 지방직 9급

부령인 시행규칙의 형식으로 정한 처분기준에서 선행처분을 받은 것을 가중사유나 전제요건으로 삼아 후행처분을 하도록 정한 경우, 선행처분을 받은 상대방은 비록 그 처분에서 정한 제재기간이 경과하였다 하더라도 선행처분의 취소소송을 제기할 법률상 이익이 있다. O | X

[대법원 2006.6.22, 2003두1684]

제재적 행정처분이 그 처분에서 정한 제재기간의 경과로 인하여 그 효과가 소멸되었으나, **부령인 시행규칙 또는 지방자치단체의 규칙(이하 이들을 '규칙'이라고 한다)의 형식으로 정한 처분기준에서 제재적 행정처분(이하 '선행처분'이라고 한다)을 받은 것을 가중사유나 전제요건으로 삼아 장래의 제재적 행정처분(이하 '후행처분'이라고 한다)을 하도록 정하고 있는 경우**, 제재적 행정처분의 가중사유나 전제요건에 관한 규정이 법령이 아니라 규칙의 형식으로 되어 있다고 하더라도, 그러한 규칙이 법령에 근거를 두고 있는 이상 그 법적 성질이 대외적·일반적 구속력을 갖는 법규명령인지 여부와는 상관없이, 관할 행정청이나 담당공무원은 이를 준수할 의무가 있으므로 이들이 그 규칙에 정해진 바에 따라 행정작용을 할 것이 당연히 예견되고, 그 결과 행정작용의 상대방인 국민으로서는 그 규칙의 영향을 받을 수밖에 없다. 따라서 그러한 규칙이 정한 바에 따라 선행처분을 받은 상대방이 그 처분의 존재로 인하여 장래에 받을 불이익, 즉 후행처분의 위험은 구체적이고 현실적인 것이므로, 상대방에게는 선행처분의 취소소송을 통하여 그 불이익을 제거할 필요가 있다. 또한, 나중에 후행처분에 대한 취소소송에서 선행처분의 사실관계나 위법 등을 다툴 수 있는 여지가 남아 있다고 하더라도, 이러한 사정은 후행처분이 이루어지기 전에 이를 방지하기 위하여 직접 선행처분의 위법을 다투는 취소소송을 제기할 필요성을 부정할 이유가 되지 못한다. 그러한 쟁송방법을 막는 것은 여러 가지 불합리한 결과를 초래하여 권리구제의 실효성을 저해할 수 있기 때문이다. 오히려 앞서 본 바와 같이 행정청으로서는 선행처분이 적법함을 전제로 후행처분을 할 것이 당연히 예견되므로, 이러한 선행처분으로 인한 불이익을 선행처분 자체에 대한 소송에서 사전에 제거할 수 있도록 해 주는 것이 상대방의 법률상 지위에 대한 불안을 해소하는 데 가장 유효적절한 수단이 된다고 할 것이고, 또한 그 소송을 통하여 선행처분의 사실관계 및 위법 여부가 조속히 확정됨으로써 이와 관련된 장래의 행정작용의 적법성을 보장함과 동시에 국민생활의 안정을 도모할 수 있다. 이상의 여러 사정과 아울러, 국민의 재판청구권을 보장한 헌법 제27조 제1항의 취지와 행정처분으로 인한 권익침해를 효과적으로 구제하려는 행정소송법의 목적 등에 비추어 행정처분의 존재로 인하여 국민의 권익이 실제로 침해되고 있는 경우는 물론이고 권익침해의 구체적·현실적 위험이 있는 경우에도 이를 구제하는 소송이 허용되어야 한다는 요청을 고려하면, 규칙이 정한 바에 따라 선행처분을 가중사유 또는 전제요건으로 하는 후행처분을 받을 우려가 현실적으로 존재하는 경우에는, **선행처분을 받은 상대방은 비록 그 처분에서 정한 제재기간이 경과하였다 하더라도 그 처분의 취소소송을 통하여 그러한 불이익을 제거할 권리보호의 필요성이 충분히 인정된다고 할 것이므로, 선행처분의 취소를 구할 법률상 이익이 있다고 보아야 한다.**

14

2017 지방직 9급

지방의회 의원이 제명의결 취소소송 계속 중 임기가 만료되어 제명의결의 취소로 의원 지위를 회복할 수 없다고 할지라도 제명의결시부터 임기만료일까지의 기간에 대한 월정수당의 지급을 구할 수 있으므로 그 제명의결의 취소를 구할 법률상 이익이 인정된다. O | X

[대법원 2009.1.30, 2007두13487]

대법원 지방의회 의원에 대한 제명의결 취소소송 계속중 의원의 임기가 만료된 사안에서, **제명의결의 취소로 의원의 지위를 회복할 수는 없다 하더라도 제명의결시부터 임기만료일까지의 기간에 대한 월정수당의 지급을 구할 수 있는 등 여전히 그 제명의결의 취소를 구할 법률상 이익이 있다.**

15

2017 서울시 9급

도시개발사업의 공사 등의 완료되고 원상회복이 사회통념상 불가능하게 된 경우 도시개발사업의 시행에 따른 도시계획변경결정처분과 도시개발구역지정처분 및 도시개발사업 실시계획인가처분의 취소를 구할 소의 이익이 있다. O | X

이 경우 후속처분을 저지할 필요성이 있으므로 여전히 소의 이익이 인정된다.

[대법원 2005.9.9, 선고 2003두5402, 5419 판결]

도시개발사업의 시행에 따른 도시계획변경결정처분과 도시개발구역지정처분 및 도시개발사업실시계획인가처분은 도시개발사업의 시행자에게 단순히 도시개발에 관련된 공사의 시공권한을 부여하는 데 그치지 않고 당해 도시개발사업을 시행할 수 있는 권한을 설정하여 주는 처분으로서 위 각 처분 자체로 그 처분의 목적이 종료되는 것이 아니고 **위 각 처분이 유효하게 존재하는 것을 전제로 하여 당해 도시개발사업에 따른 일련의 절차 및 처분이 행해지기 때문에 위 각 처분이 취소된다면 그것이 유효하게 존재하는 것을 전제로 하여 이루어진 토지수용이나 환지 등에 따른 각종의 처분이나 공공시설의 귀속 등에 관한 법적 효력은 영향을 받게 되므로, 도시개발사업의 공사 등이 완료되고 원상회복이 사회통념상 불가능하게 되었더라도 위 각 처분의 취소를 구할 법률상 이익은 소멸한다고 할 수 없다.**

16

2017 서울시 9급

현역입영대상자가 입영한 후에도 현역입영통지처분이 취소되면 원상회복이 가능하므로 이미 처분이 집행된 후라고 할지라도 현역입영통지처분의 취소를 구할 소의 이익이 있다. O | X

[대법원 2003.12.26, 2003두1875]

병역법 제2조 제1항 제3호 에 의하면 '입영'이란 병역의무자가 징집·소집 또는 지원에 의하여 군부대에 들어가는 것이고, 같은 법 제18조 제1항 에 의하면 현역은 입영한 날부터 군부대에서 복무하도록 되어 있으므로 현역병입영통지처분에 따라 현실적으로 입영을한 경우에는 그 처분의 집행은 종료되지만, 한편, 입영으로 그 처분의 목적이 달성되어 실효되었다는 이유로 다툴 수 없도록 한다면, 병역법상 현역입영대상자로서는 현역병입영통지처분이 위법하다 하더라도 법원에 의하여 그 처분의 집행이 정지되지 아니하는 이상 현실적으로 입영을 할 수밖에 없으므로 현역병입영통지처분에 대하여는 불복을 사실상 원천적으로 봉쇄하는 것이 되고, 또한 현역입영대상자가 입영하여 현역으로 복무하는 과정에서 현역병입영통지처분 외에는 별도의 다른 처분이 없으므로 입영한 이후에는 불복할아무런 처분마저 없게 되는 결과가 되며, 나아가 입영하여 현역으로 복무하는 자에 대한 병적을 당해 군참모총장이 관리한다는 것은 입영 및 복무의 근거가 된 현역병입영통지처분이 적법함을 전제로 하는 것으로서 그 처분이 위법한 경우까지를 포함하는 의미는 아니라고 할 것이므로, **현역입영대상자로서는 현실적으로 입영을 하였다고 하더라도, 입영 이후의 법률관계에 영향을 미치고 있는 현역병입영통지처분 등을 한 관할지방병무청장을 상대로 위법을 주장하여 그 취소를 구할 소송상의 이익이 있다.**

정답 14 ○ 15 ○ 16 ○

17

2018 서울시 7급

건축허가처분의 취소를 구하는 소를 제기하기 전에 건축 공사가 완료된 경우에는 소의 이익이 없으나, 소를 제기한 후 사실심변론종결일 전에 건축공사가 완료된 경우에는 소의 이익이 있다. O | X

[대법원 2007.4.26, 선고, 2006두18409, 판결]

위법한 행정처분의 취소를 구하는 소는 위법한 처분에 의하여 발생한 위법상태를 배제하여 원상으로 회복시키고 그 처분으로 침해되거나 방해받은 권리와 이익을 보호·구제하고자 하는 소송이므로 비록 그 위법한 처분을 취소한다 하더라도 원상회복이 불가능한 경우에는 그 취소를 구할 이익이 없다 할 것인바, **건축허가에 기하여 이미 건축공사를 완료하였다면 그 건축허가처분의 취소를 구할 이익이 없다** 할 것이고(대법원 1996. 11. 29. 선고 96누9768 판결 참조), 이와 같이 건축허가처분의 취소를 구할 이익이 없게 되는 것은 **건축허가처분의 취소를 구하는 소를 제기하기 전에 건축공사가 완료된 경우**(대법원 1994. 1. 14. 선고 93누20481 판결 참조)**뿐 아니라 소를 제기한 후 사실심 변론종결일 전에 건축공사가 완료된 경우**(대법원 1987. 5. 12. 선고 87누98 판결 참조)**에도 마찬가지**이다.

18

2018 서울시 7급

주택건설사업계획 사전결정반려처분 취소청구소송의 계속 중 구 「주택건설촉진법」의 개정으로 주택건설사업계획 사전결정제도가 폐지된 경우 소의 이익이 없다. O | X

[대법원 1999.6.11, 선고, 97누379, 판결]

구 주택건설촉진법(1999. 2. 8. 법률 제5908호로 개정되기 전의 것)은 제32조의4에서 주택건설사업계획의 사전결정제도에 관하여 규정하고 있었으나 위 법률이 1999. 2. 8. 법률 제5908호로 개정되면서 위 제32조의4가 삭제되었고, 그 부칙 규정에 의하면 개정 후 법은 1999. 3. 1.부터 시행되며(부칙 제1조), 개정 후 법의 시행 당시 종전의 제32조의4의 규정에 의하여 사전결정을 한 주택건설사업은 종전의 규정에 따라 주택건설사업을 시행할 수 있다고 규정되어 있을 뿐(부칙 제2조), 개정 후 법의 시행 전에 사전결정의 신청이 있었으나 그 시행 당시 아직 사전결정이 되지 않은 경우에도 종전의 규정에 의한다는 취지의 규정을 두지 아니하고 있고, 따라서 개정 전의 법에 기한 주택건설사업계획 사전결정반려처분의 취소를 구하는 소송에서 승소한다고 하더라도 위 반려처분이 취소됨으로써 사전결정신청을 한 상태로 돌아갈 뿐이므로, 개정 후 법이 시행된 1999. 3. 1. 이후에는 사전결정신청에 기하여 행정청으로부터 개정 전 법 제32조의4 소정의 사전결정을 받을 여지가 없게 되었다고 할 것이어서 더 이상 소를 유지할 법률상의 이익이 없게 되었다고 할 것이다.

19

2019 국가직 9급

공장등록이 취소된 후 그 공장시설물이 철거되었고 다시 복구를 통하여 공장을 운영할 수 없는 상태라 하더라도 대도시 안의 공장을 지방으로 이전할 경우 조세감면 및 우선입주 등의 혜택이 관계법률에 보장되어 있다면, 공장등록취소처분의 취소를 구할 법률상 이익이 인정된다. O | X

[대법원 2002.1.11, 선고, 2000두3306, 판결]

공장등록이 취소된 후 그 공장시설물이 철거되었다 하더라도 대도시 안의 공장을 지방으로 이전할 경우 조세특례제한법상의 세액공제 및 소득세 등의 감면혜택이 있고, 공업배치및공장설립에관한법률상의 간이한 이전절차 및 우선 입주의 혜택이 있는 경우, 그 공장등록취소처분의 취소를 구할 법률상의 이익이 있다.

20

2019 지방직, 교육행정직 9급

개발제한구역 안에서의 공장설립을 승인한 처분이 위법하다는 이유로 쟁송취소되었다면, 설령 그 승인처분에 기초한 공장 건축허가처분이 잔존하는 경우에도 인근 주민들에게는 공장 건축허가처분의 취소를 구할 법률상 이익이 없다. O | X

[대법원 2018.7.12, 선고, 2015두3485, 판결]
구 산업집적활성화 및 공장설립에 관한 법률 제13조 제1항, 제13조의2 제1항 제16호, 제14조, 제50조, 제13조의5 제4호의 규정을 종합하면, 공장설립승인처분이 있고 난 뒤에 또는 그와 동시에 공장건축허가처분을 하는 것이 허용되므로, 공장설립승인처분이 취소된 경우에는 그 승인처분을 기초로 한 공장건축허가처분 역시 취소되어야 하고, 공장설립승인처분에 근거하여 토지의 형질변경이 이루어진 경우에는 원상회복을 해야 함이 원칙이다. 따라서 **개발제한구역 안에서의 공장설립을 승인한 처분이 위법하다는 이유로 쟁송취소되었다고 하더라도 그 승인처분에 기초한 공장건축허가처분이 잔존하는 이상, 공장설립승인처분이 취소되었다는 사정만으로 인근 주민들의 환경상 이익이 침해되는 상태나 침해될 위험이 종료되었다거나 이를 시정할 수 있는 단계가 지나버렸다고 단정할 수는 없고, 인근 주민들은 여전히 공장건축허가처분의 취소를 구할 법률상 이익이 있다고** 보아야 한다.

21

2020 국회사무처 8급

사업의 양도행위가 무효임을 주장하는 양도자는 양도·양수행위의 무효를 구함이 없이 사업양도·양수에 따른 허가관청의 지위승계 신고수리처분의 무효확인을 구할 법률상 이익은 없다. O | X

[대법원 1993.6.8, 선고, 91누11544, 판결]
허가관청의 사업양수에 의한 지위승계신고의 수리는 적법한 사업의 양도가 있었음을 전제로 하는 것이므로 **사업의 양도행위가 무효라고 주장하는 양도자는 민사쟁송으로 양도행위의 무효를 구함이 없이 막바로 허가관청을 상대로 하여 행정소송으로 위 신고수리처분의 무효확인을 구할 법률상 이익이 있다.**

22

2021 지방직 9급

공익근무요원 소집해제신청을 거부한 후에 원고가 계속하여 공익근무요원으로 복무함에 따라 복무기간 만료를 이유로 소집해제처분을 한 경우, 원고는 거부처분의 취소를 구할 소의 이익이 있다. O | X

[대법원 2005.5.13, 2004두4369]
공익근무요원 소집해제신청을 거부한 후에 원고가 계속하여 공익근무요원으로 복무함에 따라 복무기간 만료를 이유로 소집해제처분을 한 경우, 원고가 입게 되는 권리와 이익의 침해는 소집해제처분으로 해소되었으므로 위 거부처분의 취소를 구할 소의 이익이 없다.

23

2021 지방직 9급

파면처분 취소소송의 사실심 변론종결 전에 금고 이상의 형을 선고받아 당연퇴직된 경우에도 해당 공무원은 파면처분의 취소를 구할 이익이 있다. O | X

파면처분이 취소되면 파면 이후 당연퇴직일까지의 기간 동안의 미지급급여를 청구할 수 있다.

[대법원 1985.6.25, 85누39]
파면처분취소소송의 사실심변론종결전에 동원고가 허위공문서등작성 죄로 징역 8월에 2년간 집행유예의 형을 선고받아 확정되었다면 원고는 지방공무원법의 규정에 따라 위 판결이 확정된 날 당연퇴직되어 그 공무원의 신분을 상실하고, **최소한도 이 사건 파면처분이 있은 때부터 위 법규정에 의한 당연퇴직일자까지의 기간에 있어서는 파면처분의 취소를 구하여 그로 인해 박탈당한 이익의 회복을 구할 소의 이익이 있다** 할 것이다.

정답 | 20 × 21 × 22 × 23 ○

24

2022 국가직 9급

행정처분의 취소를 구하는 소에서, 비록 행정처분의 위법을 이유로 취소판결을 받더라도 처분에 의하여 발생한 위법상태를 원상회복시키는 것이 불가능한 경우에는 원칙적으로 취소를 구할 법률상 이익이 없으므로, 수소법원은 소를 각하하여야 한다. O | X

> 예컨대 건물철거집행이 완료된 경우에는 건물철거명령의 취소를 구할 소의 이익이 없다.
>
> [대법원 1993.9.14. 선고 93누3905 판결]
> 위법한 행정처분의 취소를 구하는 소는 위법한 처분에 의하여 발생한 위법상태를 원상으로 회복시키고 그 처분으로 침해되거나 방해받은 권리와 이익을 보호 구제하고자 하는 소송이므로 **비록 그 위법한 처분을 취소한다 하더라도 원상회복이 불가능한 경우에는 원칙적으로 그 취소를 구할 이익이 없다.**

25

2022 국회사무처 9급

처분의 취소로 원상회복이 불가능하게 보이지만, 동일한 사유로 위법한 처분이 반복될 위험성이 있어 행정처분의 위법성 확인 내지 불분명한 법률문제에 대한 해명이 필요하여 취소를 구하는 경우 소의 이익이 인정된다. O | X

> [대법원 2020.4.9. 선고 2019두49953 판결]
> 행정처분을 다툴 소의 이익은 개별·구체적 사정을 고려하여 판단하여야 한다. 행정처분의 무효확인 또는 취소를 구하는 소가 제소 당시에는 소의 이익이 있어 적법하였더라도, 소송 계속 중 처분청이 다툼의 대상이 되는 행정처분을 직권으로 취소하면 그 처분은 효력을 상실하여 더 이상 존재하지 않는 것이므로, 존재하지 않는 처분을 대상으로 한 항고소송은 원칙적으로 소의 이익이 소멸하여 부적법하다고 보아야 한다. **다만 처분청의 직권취소에도 완전한 원상회복이 이루어지지 않아 무효확인 또는 취소로써 회복할 수 있는 다른 권리나 이익이 남아 있거나 또는 동일한 소송 당사자 사이에서 그 행정처분과 동일한 사유로 위법한 처분이 반복될 위험성이 있어 행정처분의 위법성 확인 내지 불분명한 법률문제에 대한 해명이 필요한 경우 행정의 적법성 확보와 그에 대한 사법통제, 국민의 권리구제의 확대 등의 측면에서 예외적으로 그 처분의 취소를 구할 소의 이익을 인정할 수 있다.**

정답 | 24 ○ 25 ○

26

2022 국회사무처 9급

제재처분의 전력이 장래의 제재처분의 가중요건이 되는 사안에서 효력이 소멸된 제재처분의 취소를 구하는 경우 소의 이익이 인정된다. O | X

제재적 처분의 전력을 가중사유 또는 전제요건으로 규정하고 있는 규율이 법규명령의 성격을 갖든 행정규칙의 성격을 갖든 불문하고 기간의 경과로 소멸한 선행처분을 다툴 법률상 이익이 있다.

[대법원 1999.2.5, 선고 98두13997 판결]

제재적 행정처분이 그 처분에서 정한 제재기간의 경과로 인하여 그 효과가 소멸되었으나, 부령인 시행규칙 또는 지방자치단체의 규칙(이하 이들을 '규칙'이라고 한다)의 형식으로 정한 처분기준에서 제재적 행정처분(이하 '선행처분'이라고 한다)을 받은 것을 가중사유나 전제요건으로 삼아 장래의 제재적 행정처분(이하 '후행처분'이라고 한다)을 하도록 정하고 있는 경우, **제재적 행정처분의 가중사유나 전제요건에 관한 규정이 법령이 아니라 규칙의 형식으로 되어 있다고 하더라도, 그러한 규칙이 법령에 근거를 두고 있는 이상 그 법적 성질이 대외적·일반적 구속력을 갖는 법규명령인지 여부와는 상관없이,** 관할 행정청이나 담당공무원은 이를 준수할 의무가 있으므로 이들이 그 규칙에 정해진 바에 따라 행정작용을 할 것이 당연히 예견되고, 그 결과 행정작용의 상대방인 국민으로서는 그 규칙의 영향을 받을 수밖에 없다. 따라서 그러한 규칙이 정한 바에 따라 선행처분을 받은 상대방이 그 처분의 존재로 인하여 장래에 받을 불이익, 즉 후행처분의 위험은 구체적이고 현실적인 것이므로, 상대방에게는 선행처분의 취소소송을 통하여 그 불이익을 제거할 필요가 있다. …중략… **선행처분을 받은 상대방은 비록 그 처분에서 정한 제재기간이 경과하였다 하더라도 그 처분의 취소소송을 통하여 그러한 불이익을 제거할 권리보호의 필요성이 충분히 인정된다고 할 것이므로, 선행처분의 취소를 구할 법률상 이익이 있다**고 보아야 한다.

27

2022 국가직 7급

「병역법」에 따라 관할 지방병무청장이 1차로 병역의무기피자 인적사항 공개 대상자 결정을 하고 그에 따라 병무청장이 같은 내용으로 최종적 공개결정을 하였더라도, 해당 공개 대상자는 관할 지방병무청장의 공개 대상자 결정을 다툴 수 있다. O | X

소의 이익이 없다.

[대판 2019.6.27, 2018두49130]

관할 지방병무청장이 1차로 공개 대상자 결정을 하고, 그에 따라 병무청장이 같은 내용으로 최종적 공개결정을 하였다면, 공개 대상자는 병무청장의 최종적 공개결정만을 다투는 것으로 충분하고, 관할 지방병무청장의 공개 대상자 결정을 별도로 다툴 소의 이익은 없어진다.

28

2023 소방간부

소송 계속 중 처분청이 행정처분을 직권으로 취소하면 그 처분은 더 이상 존재하지 않게 되어 소의 이익이 없지만, 예외적으로 취소를 통해 회복되는 권리나 이익이 남아 있는 경우에는 그 처분의 취소를 구할 소의 이익이 인정된다. O | X

[대법원 2016.6.10, 2013두1638]

행정처분의 무효확인 또는 취소를 구하는 소에서, 비록 행정처분의 위법을 이유로 무효확인 또는 취소 판결을 받더라도 처분에 의하여 발생한 위법상태를 원상으로 회복시키는 것이 불가능한 경우에는 원칙적으로 무효확인 또는 취소를 구할 법률상 이익이 없고, **다만 원상회복이 불가능하더라도 무효확인 또는 취소로써 회복할 수 있는 다른 권리나 이익이 남아 있는 경우 예외적으로 법률상 이익이 인정될 수 있을 뿐이다.**

정답 | 26 ○ 27 × 28 ○

29

2023 소방직

인감증명행위는 출원자의 현재 사용하는 인감에 대하여 구체적인 사실을 증명하는 것일 뿐이므로 무효확인을 구할 법률상 이익이 없다. O | X

[대판 2001.7.10. 2000두2136]

인감증명행위는 인감증명청이 적법한 신청이 있는 경우에 인감대장에 이미 신고된 인감을 기준으로 출원자의 현재 사용하는 인감을 증명하는 것으로서 구체적인 사실을 증명하는 것일 뿐, 나아가 출원자에게 어떠한 권리가 부여되거나 변동 또는 상실되는 효력을 발생하는 것이 아니고, 인감증명의 무효확인을 받아들인다 하더라도 이로써 이미 침해된 당사자의 권리가 회복되거나 또는 곧바로 이와 관련된 새로운 권리가 발생하는 것도 아니므로 무효확인을 구할 법률상 이익이 없어 부적법하다.

30

2023 소방직

행정청이 한 처분등의 취소를 구하는 것보다 실효적이고 직접적인 구제수단이 있음에도 처분등의 취소를 구하는 것은 특별한 사정이 없는 한 분쟁해결의 유효적절한 수단이라고 할 수 없어 법률상 이익이 없다. O | X

수익적 처분(제3자효 행정행위)의 거부처분을 취소하는 재결이 이루어진 경우에 제3자는 재결에 대해 취소소송의 제기할 소의 이익이 없다고 판시하며 설시한 법리이다.

[대법원 2017.10.31. 선고 2015두45045 판결]

행정청이 한 처분 등의 취소를 구하는 소송은 처분에 의하여 발생한 위법 상태를 배제하여 원래 상태로 회복시키고 처분으로 침해된 권리나 이익을 구제하고자 하는 것이다. 따라서 해당 처분 등의 취소를 구하는 것보다 실효적이고 직접적인 구제수단이 있음에도 처분 등의 취소를 구하는 것은 특별한 사정이 없는 한 분쟁해결의 유효적절한 수단이라고 할 수 없어 법률상 이익이 있다고 할 수 없다.
그런데 당사자의 신청을 받아들이지 않은 거부처분이 재결에서 취소된 경우에 행정청은 종전 거부처분 또는 재결 후에 발생한 새로운 사유를 내세워 다시 거부처분을 할 수 있다. 그 재결의 취지에 따라 이전의 신청에 대하여 다시 어떠한 처분을 하여야 할지는 처분을 할 때의 법령과 사실을 기준으로 판단하여야 하기 때문이다. 또한 행정청이 재결에 따라 이전의 신청을 받아들이는 후속처분을 하였더라도 후속처분이 위법한 경우에는 재결에 대한 취소소송을 제기하지 않고도 곧바로 후속처분에 대한 항고소송을 제기하여 다툴 수 있다. 나아가 거부처분을 취소하는 재결이 있더라도 그에 따른 후속처분이 있기까지는 제3자의 권리나 이익에 변동이 있다고 볼 수 없고 후속처분 시에 비로소 제3자의 권리나 이익에 변동이 발생하며, 재결에 대한 항고소송을 제기하여 재결을 취소하는 판결이 확정되더라도 그와 별도로 후속처분이 취소되지 않는 이상 후속처분으로 인한 제3자의 권리나 이익에 대한 침해 상태는 여전히 유지된다. 이러한 점들을 종합하면, 거부처분이 재결에서 취소된 경우 재결에 따른 후속처분이 아니라 그 재결의 취소를 구하는 것은 실효적이고 직접적인 권리구제수단이 될 수 없어 분쟁해결의 유효적절한 수단이라고 할 수 없으므로 법률상 이익이 없다.

31

2023 군무원 9급

이전고시의 효력이 발생한 이후에는 조합원 등이 해당 정비사업을 위하여 이루어진 수용재결이나 이의재결의 취소 또는 무효확인을 구할 법률상 이익이 없다. O | X

[대법원 2017.3.16, 선고, 2013두11536, 판결]
대지 또는 건축물의 소유권 이전에 관한 고시의 효력이 발생하면 조합원 등이 관리처분계획에 따라 분양받을 대지 또는 건축물에 관한 권리의 귀속이 확정되고 조합원 등은 이를 토대로 다시 새로운 법률관계를 형성하게 되는데, 이전고시의 효력 발생으로 대다수 조합원 등에 대하여 권리귀속 관계가 획일적·일률적으로 처리되는 이상 그 후 일부 내용만을 분리하여 변경할 수 없고, 그렇다고 하여 전체 이전고시를 모두 무효화시켜 처음부터 다시 관리처분계획을 수립하여 이전고시 절차를 거치도록 하는 것도 정비사업의 공익적·단체법적 성격에 배치되어 허용될 수 없다. 위와 같은 **정비사업의 공익적·단체법적 성격과 이전고시에 따라 이미 형성된 법률관계를 유지하여 법적 안정성을 보호할 필요성이 현저한 점 등을 고려할 때, 이전고시의 효력이 발생한 이후에는 조합원 등이 해당 정비사업을 위하여 이루어진 수용재결이나 이의재결의 취소 또는 무효확인을 구할 법률상 이익이 없다고 해석함이 타당하다.**

32

2023 군무원 9급

절차상 또는 형식상 하자로 무효인 행정처분에 대하여 행정청이 적법한 절차 또는 형식을 갖추어 다시 동일한 행정처분을 하였다면, 종전의 무효인 행정처분에 대한 무효확인 청구는 과거의 법률관계의 효력을 다투는 것에 불과하므로 무효확인을 구할 법률상 이익이 없다. O | X

항고소송으로서 무효확인의 소에는 보충성이 요구되지 않는 점과 구별하여야 한다.

[대법원 2010.4.29, 선고, 2009두16879, 판결]
[1]**절차상 또는 형식상 하자로 무효인 행정처분에 대하여 행정청이 적법한 절차 또는 형식을 갖추어 다시 동일한 행정처분을 하였다면, 종전의 무효인 행정처분에 대한 무효확인 청구는 과거의 법률관계의 효력을 다투는 것에 불과하므로 무효확인을 구할 법률상 이익이 없다.**
[2]지방병무청장이 병역감면요건 구비 여부를 심사하지 않은 채 병역감면신청서 회송처분을 하고 이를 전제로 공익근무요원 소집통지를 하였다가, 병역감면신청을 재검토하기로 하여 신청서를 제출받아 병역감면요건 구비 여부를 심사한 후 다시 병역감면 거부처분을 하고 이를 전제로 다시 공익근무요원 소집통지를 한 경우, 병역감면신청서 회송처분과 종전 공익근무요원 소집처분은 직권으로 취소되었다고 볼 수 있으므로, 그에 대한 무효확인과 취소를 구하는 소는 더 이상 존재하지 않는 행정처분을 대상으로 하거나 과거의 법률관계의 효력을 다투는 것에 불과하므로 소의 이익이 없어 부적법하다고 한 사례.

정답 | 31 ○ 32 ○

33

2023 군무원 7급

대집행 계고처분의 취소소송의 사실심 변론종결 전에 대집행영장에 의한 통지절차를 거쳐 대집행 실행이 완료된 경우 계고처분에 대한 취소소송의 법률상 이익이 인정된다. O | X

[대법원 1993.6.8, 선고, 93누6164, 판결]
대집행계고처분 취소소송의 변론이 종결되기 전에 대집행영장에 의한 통지절차를 거쳐 사실행위로서 대집행의 실행이 완료된 경우에는, 그 행위가 위법한 것이라는 이유로 손해의 배상이나 원상의 회복 등을 청구하는 것은 별론으로 하고, 그 처분의 취소를 구할 법률상의 이익은 없어졌다고 보아야 할 것이다.

34

2023 국가직 7급

취소소송 계속 중에 처분청이 계쟁 처분을 직권으로 취소하더라도, 동일한 소송 당사자 사이에서 그 처분과 동일한 사유로 위법한 처분이 반복될 위험성이 있어 그 처분에 대한 위법성의 확인이 필요한 경우에는 그 처분의 취소를 구할 소의 이익이 있다. O | X

[대법원 2020.12.24, 선고 2020두30450 판결]
행정처분의 무효 확인 또는 취소를 구하는 소가 제소 당시에는 소의 이익이 있어 적법하였는데, 소송계속 중 해당 행정처분이 기간의 경과 등으로 그 효과가 소멸한 때에 처분이 취소되어도 원상회복이 불가능하다고 보이는 경우라도, 무효 확인 또는 취소로써 회복할 수 있는 다른 권리나 이익이 남아 있거나 또는 그 행정처분과 동일한 사유로 위법한 처분이 반복될 위험성이 있어 행정처분의 위법성 확인 내지 불분명한 법률문제에 대한 해명이 필요한 경우에는 행정의 적법성 확보와 그에 대한 사법통제, 국민의 권리구제 확대 등의 측면에서 예외적으로 그 처분의 취소를 구할 소의 이익을 인정할 수 있다. 여기에서 '그 행정처분과 동일한 사유로 위법한 처분이 반복될 위험성이 있는 경우'란 불분명한 법률문제에 대한 해명이 필요한 상황에 대한 대표적인 예시일 뿐이며, 반드시 '해당 사건의 동일한 소송 당사자 사이에서' 반복될 위험이 있는 경우만을 의미하는 것은 아니다.

정답 | 33 × 34 ○

제2절 피고적격

01

2016 지방직 9급

건국훈장 독립장이 수여된 망인에 대하여 사후적으로 친일 행적이 확인되었다는 이유로 대통령에 의하여 망인에 대한 독립유공자서훈취소가 결정되고, 그 서훈취소에 따라 훈장 등을 환수조치하여 달라는 당시 행정안전부장관의 요청에 의하여 국가보훈처장이 망인의 유족에게 독립유공자서훈취소결정을 통보한 사안에서, 독립유공자서훈취소결정에 대한 취소소송에서의 피고적격이 있는 자는 국가보훈처장이다. O | X

> [대법원 2014.9.26, 2013두2518]
> 국무회의에서 건국훈장 독립장이 수여된 망인에 대한 서훈취소를 의결하고 대통령이 결재함으로써 서훈취소가 결정된 후 국가보훈처장이 망인의 유족 甲에게 '독립유공자 서훈취소결정 통보'를 하자 甲이 국가보훈처장을 상대로 서훈취소결정의 무효 확인 등의 소를 제기한 사안에서, **甲이 서훈취소 처분을 행한 행정청(대통령)이 아니라 국가보훈처장을 상대로 제기한 위 소는 피고를 잘못 지정한 경우에 해당**하므로, 법원으로서는 석명권을 행사하여 정당한 피고로 경정하게 하여 소송을 진행해야 함에도 국가보훈처장이 서훈취소 처분을 한 것을 전제로 처분의 적법 여부를 판단한 원심판결에 법리오해 등의 잘못이 있다고 한 사례.

02

2017 하반기 국가직 9급

행정권한을 위탁받은 공공단체 또는 사인이 자신의 이름으로 처분을 한 경우에는 그 공공단체 또는 사인이 항고소송의 피고가 된다. O | X

> 이 경우 공공단체 또는 사인은 행정주체이자 동시에 행정청이 된다. 행정주체와 구분되는 별도의 행정청이 존재하는 경우는 국가와 지방자치단체뿐이다.
>
> [대법원 1997.2.28, 선고, 96누1757, 판결]
> 성업공사가 체납압류된 재산을 공매하는 것은 세무서장의 공매권한 위임에 의한 것으로 보아야 할 것이므로, **성업공사가 한 그 공매처분에 대한 취소 등의 항고소송을 제기함에 있어서는 수임청으로서 실제로 공매를 행한 성업공사를 피고로 하여야 하고, 위임청인 세무서장은 피고적격이 없다.**

03

2017 하반기 국가직 9급

대외적으로 의사를 표시할 수 없는 내부기관이라도 행정처분의 실질적인 의사가 그 기관에 의하여 결정되는 경우에는 그 내부기관에게 항고소송의 피고적격이 있다. O | X

> [대법원 1989.1.24, 선고, 88누3314, 판결]
> 현행 국가유공자예우등에관한법률(1984. 8. 2. 법률 제3742호)에 규정된 **국가보훈처 산하 보훈심사위원회는 국가보훈처장을 돕기 위해 필요한 사항을 심의 의결함에 불과하고 스스로 의사를 결정하고 이를 대외적으로 표시할 수 있는 기관이 아니어서 독립하여 행정처분이나 재결을 할 수 있는 행정청이라 할 수 없으므로 보훈심사위원회 위원장은 피고적격이 없다.**

정답 | 01 × 02 ○ 03 ×

04

2017 하반기 지방직 9급

취소소송이 제기된 후에 피고를 경정하는 경우 제소기간의 준수 여부는 피고를 경정한 때를 기준으로 판단한다.

O | X

피고를 경정하는 것에 대한 허가결정이 있을 때에는 새로운 피고에 대한 소송은 처음에 소를 제기한 때에 제기된 것으로 본다. 따라서 허가결정당시(경정시)에 제소기간이 경과하였더라도 처음에 소를 제기할 때에 제소기간을 지켰으면 제소기간은 준수한 것이 된다.

행정소송법

제14조(피고경정) ① 원고가 피고를 잘못 지정한 때에는 법원은 원고의 신청에 의하여 결정으로써 피고의 경정을 허가할 수 있다.

④ 제1항의 규정에 의한 결정이 있은 때에는 **새로운 피고에 대한 소송은 처음에 소를 제기한 때에 제기된 것으로 본다**.

05

2018 지방직 9급

환경부장관의 권한을 위임받은 서울특별시장이 내린 처분에 대한 취소소송의 피고는 서울특별시장이다.

O | X

행정청의 권한이 위임·위탁된 경우에는 권한 자체가 위임청으로부터 수임청에 이양되어 해당처분은 수임청의 행위가 된다. 따라서 이 경우 그 수임청이 피고가 된다.

06

2018 지방직 9급

대통령의 검사임용처분에 대한 취소소송의 피고는 법무부 장관이다.

O | X

[대법원 1990.3.14, 90두4]

검찰청법 제34조에 의하면, 검사의 임명 및 보직은 법무부장관의 제청으로 대통령이 행하고, **국가공무원법 제16조에 의하면 공무원에 대한 징계, 강임, 휴직, 직위해제, 면직 기타 본인의 의사에 반한 불리한 처분 중 대통령이 행한 처분에 대한 행정소송의 피고는 소속장관**으로 하고, 같은 법 제3조 제2항 제2호에 의하면 검사는 그 법의 적용을 받는 특정직 공무원에 해당하며, 행정심판법 제3조 제2항에 의하면 대통령의 처분 또는 부작위에 대하여는 다른 법률에 특별한 규정이 있는 경우를 제외하고는 행정심판을 제기할 수 없도록 규정하고 있는바, 위 규정들의 취지를 종합하여 보면, 이 사건에서와 같은 **검사임용거부처분에 대한 취소소송의 피고는 법무부장관**으로 함이 상당하다.

정답 | 04 × 05 ○ 06 ○

07

2018 지방직 9급

헌법재판소장이 소속직원에게 내린 징계처분에 대한 취소소송의 피고는 헌법재판소 사무처장이다. O | X

국회의장, 대법원장, 헌법재판소장, 중앙선거관리위원회 위원장 등이 행한 처분의 경우, 헌법기관에 대한 예우의 취지에서 행정소송의 피고는 사무총장 또는 처장 등이 된다.

처분권자	피고적격
국회의장	국회사무처장
대법원장	법원행정처장
헌법재판소장	헌재사무처장
중앙선거관리위원회 위원장	선거관리위원회 사무총장

08

2023 소방직

항고소송은 원칙적으로 소송의 대상인 처분등을 외부적으로 그의 명의로 행한 행정청을 피고로 하여야 하는 것이다. O | X

[대법원 1995.12.22. 선고 95누14688 판결]

행정처분의 취소 또는 무효확인을 구하는 행정소송은 다른 법률에 특별한 규정이 없는 한 소송의 대상인 행정처분 등을 외부적으로 그의 명의로 행한 행정청을 피고로 하여야 하는 것으로서 그 행정 처분을 하게 된 연유가 상급행정청이나 타행정청의 지시나 통보에 의한 것이라 하여 다르지 않다고할 것이며, 내부위임이나 대리권을 수여받은 데 불과하여 원행정청 명의나 대리관계를 밝히지 아니하고는 그의 명의로 처분 등을 할 권한이 없는 행정청이 권한 없이 그의 명의로 한 처분에 대하여도 처분명의자인 행정청이 피고가 되어야 할 것이다

09

2023 소방직

대리기관이 대리관계를 표시하고 피대리 행정청을 대리하여 행정처분을 한 때에는 피대리 행정청이 피고가 되어야 한다. O | X

[대법원 2018.10.25. 선고 2018두43095 판결]

항고소송은 다른 법률에 특별한 규정이 없는 한 원칙적으로 소송의 대상인 행정처분을 외부적으로 행한 행정청을 피고로 하여야 하고(행정소송법 제13조 제1항 본문), 다만 **대리기관이 대리관계를 표시하고 피대리 행정청을 대리하여 행정처분을 한 때에는 피대리 행정청이 피고로 되어야 한다.**

10

2023 소방직

처분등이 있은 뒤에 그 처분등에 관계되는 권한이 다른 행정청에 승계된 때에는 그 처분등에 대한 사무가 귀속되는 국가 또는 지방자치단체를 피고로 한다. O | X

행정주체인 「국가 또는 지방자치단체」가 아니라 승계한 「행정청」을 피고로 한다.

행정소송법

제13조(피고적격) ① 취소소송은 다른 법률에 특별한 규정이 없는 한 그 처분등을 행한 행정청을 피고로 한다. 다만, 처분등이 있은 뒤에 그 처분등에 관계되는 권한이 다른 행정청에 승계된 때에는 이를 승계한 행정청을 피고로 한다.

정답 | 07 ○ 08 ○ 09 ○ 10 ×

11

2023 소방직

「행정소송법」 제14조에 의한 피고경정은 사실심 변론종결에 이르기까지 허용된다. O | X

[대법원 2006.2.23. 자. 2005부4. 결정]
행정소송법 제14조에 의한 피고경정은 사실심 변론종결에 이르기까지 허용되는 것으로 해석하여야 할 것이고, 굳이 제1심 단계에서만 허용되는 것으로 해석할 근거는 없다

제3절 소송참가

01

2017 사회복지직 9급

행정소송 사건에서 「민사소송법」상 보조참가가 허용된다. O | X

[대법원 2013.7.12. 자 2012무84 결정]
공정거래위원회가 명한 시정조치에 대하여 그 취소 등을 구하는 행정소송에서 당해 시정조치가 사업자의 상대방에 대한 특정행위를 중지·금지시키는 것을 내용으로 하는 경우, 당해 소송의 판결 결과에 따라 해당 사업자가 특정행위를 계속하거나 또는 그 행위를 할 수 없게 되고, 따라서 그 행위의 상대방은 그 판결로 법률상 지위가 결정된다고 볼 수 있으므로 그는 위 행정소송에서 공정거래위원회를 보조하기 위하여 보조참가를 할 수 있다.

02

2018 국가직 7급

법원은 다른 행정청을 취소소송에 참가시킬 필요가 있다고 인정할 때에는 당사자 또는 당해 행정청의 신청 또는 직권에 의하여 결정으로써 그 행정청을 소송에 참가시킬 수 있다. O | X

행정소송법
제17조(행정청의 소송참가) ① 법원은 다른 행정청을 소송에 참가시킬 필요가 있다고 인정할 때에는 당사자 또는 당해 행정청의 신청 또는 직권에 의하여 결정으로써 그 행정청을 소송에 참가시킬 수 있다.

03

2020 지방직
[서울시] 9급

「행정소송법」상 제3자 소송참가의 경우 참가인이 상소를 하였더라도, 소송당사자 본인인 피참가인은 참가인의 의사에 반하여 상소취하나 상소포기를 할 수 있다. O | X

참가인은 피참가인과의 관계에서 민사소송법상 공동소송적 보조참가인의 지위에 서게 된다. 이 경우 필수적 공동소송에서의 공동소송인에 준하는 지위라고 보아 피참가인의 소송행위와 저촉되는 행위도 할 수 있다. 예컨대 참가인이 상소를 제기한 경우 당사자가 상소취하를 해도 상소의 효력은 유지된다.

[대법원 2017.10.12, 선고, 2015두36836, 판결]

행정소송 사건에서 참가인이 한 보조참가가 행정소송법 제16조가 규정한 제3자의 소송참가에 해당하지 않는 경우에도, 판결의 효력이 참가인에게까지 미치는 점 등 행정소송의 성질에 비추어 보면 그 참가는 민사소송법 제78조에 규정된 공동소송적 보조참가라고 볼 수 있다. 민사소송법 제78조의 공동소송적 보조참가에는 필수적 공동소송에 관한 민사소송법 제67조 제1항, 즉 "소송목적이 공동소송인 모두에게 합일적으로 확정되어야 할 공동소송의 경우에 공동소송인 가운데 한 사람의 소송행위는 모두의 이익을 위하여서만 효력을 가진다."라고 한 규정이 준용되므로, **피참가인의 소송행위는 모두의 이익을 위하여서만 효력을 가지고, 공동소송적 보조참가인에게 불이익이 되는 것은 효력이 없으므로, 참가인이 상소를 할 경우에 피참가인이 상소취하나 상소포기를 할 수는 없다.**

구분	제3자의 소송참가(동법 제16조)	행정청의 소송참가(동법 제17조)
참가방법	당사자 또는 제3자의 신청 또는 법원의 직권	당사자 또는 행정청의 신청 또는 법원의 직권
참가인의 지위	공동소송적 보조참가인	보조참가인
소송행위	피참가인의 소송행위와 저촉되는 행위도 가능	피참가인의 소송행위와 저촉되는 행위 불가

정답 | 03 ×

TOPIC 41

취소소송의 소송요건 3 – 처분

01

2015 사회복지직 9급

행정규칙에 근거한 처분이라도 상대방의 권리·의무에 직접 영향을 미치는 경우에는 항고소송의 대상이 되는 행정처분에 해당한다. O | X

[대법원 2012.9.27, 2010두3541]
항고소송의 대상이 되는 행정처분이란 원칙적으로 행정청의 공법상 행위로서 특정 사항에 대하여 법규에 의한 권리 설정 또는 의무 부담을 명하거나 기타 법률상 효과를 발생하게 하는 등으로 일반 국민의 권리의무에 직접 영향을 미치는 행위를 가리키는 것이지만, **어떠한 처분의 근거가 행정규칙에 규정되어 있다고 하더라도, 그 처분이 상대방에게 권리 설정 또는 의무 부담을 명하거나 기타 법적인 효과를 발생하게 하는 등으로 상대방의 권리의무에 직접 영향을 미치는 행위라면, 이 경우에도 항고소송의 대상이 되는 행정처분에 해당**한다고 보아야 한다. 한편 행정청의 어떤 행위가 항고소송의 대상이 될 수 있는지는 추상적·일반적으로 결정할 수 없고, 구체적인 경우 행정처분은 행정청이 공권력 주체로서 행하는 구체적 사실에 관한 법집행으로서 국민의 권리의무에 직접적으로 영향을 미치는 행위라는 점을 염두에 두고, 관련 법령의 내용과 취지, 행위의 주체·내용·형식·절차, 그 행위와 상대방 등 이해관계인이 입는 불이익과의 실질적 견련성, 그리고 법치행정 원리와 당해 행위에 관련한 행정청 및 이해관계인의 태도 등을 참작하여 개별적으로 결정해야 한다.

02

2015 국가직 9급

의료기관의 명칭표시판에 진료과목을 함께 표시하는 경우 진료과목의 글자 크기를 제한하고 있는 구 의료법 시행규칙 제31조는 그 자체로서 국민의 구체적인 권리의무나 법률관계에 직접적인 변동을 초래하므로 항고소송의 대상이 되는 행정처분이라 할 수 있다. O | X

[대법원 2007.4.12, 2005두15168]
의료기관의 명칭표시판에 진료과목을 함께 표시하는 경우 글자 크기를 제한하고 있는 구 의료법 시행규칙 제31조가 그 자체로서 국민의 구체적인 권리의무나 법률관계에 직접적인 변동을 초래하지 아니하므로 항고소송의 대상이 되는 행정처분이라고 할 수 없다.

03

2015 지방직 9급

일반적·추상적인 법령 그 자체로서 국민의 구체적인 권리 의무에 직접적인 변동을 초래하는 것이 아닌 것은 취소소송의 대상이 될 수 없다. O | X

[대법원 1992.3.10, 91누12639]
행정청의 위법한 처분 등의 취소 또는 변경을 구하는 취소소송의 대상이 될 수 있는 것은 구체적인 권리의무에 관한 분쟁이어야 하고 일반적, 추상적인 법령이나 규칙 등은 그 자체로서 국민의 구체적인 권리의무에 직접적 변동을 초래케 하는 것이 아니므로 그 대상이 될 수 없다.

정답 | 01 ○ 02 × 03 ○

04

2015 지방직 9급

한국전력공사가 「정부투자기관회계규정」에 의하여 행한 입찰참가자격을 제한하는 내용의 부정당업자제재처분은 사법상의 효력을 가지는 통지행위이다. O | X

정부투자기관회계규정은 내부적인 사무처리규정에 불과하므로, 입찰참가자격을 제한하기 위한 법령상 근거규정에 해당하지 않는다.

[대법원 1999.11.26, 99부3]

한국전력공사는 한국전력공사법의 규정에 의하여 설립된 정부투자법인일 뿐이고 위 공사를 중앙행정기관으로 규정한 법률을 찾아볼 수 없으며, 예산회계법 제11조의 규정에 의하여 정부투자기관의 예산과 회계에 관한 사항을 규정한 구 정부투자기관관리기본법에 구 국가를당사자로하는계약에관한법률 제27조 또는 같은법시행령 제76조를 준용한다는 규정도 없으므로 위 공사는 위 법령 소정의 '각 중앙관서의 장'에 해당되지 아니함이 명백하고, 위 공사가 입찰참가자격을 제한하는 내용의 부정당업자제재처분의 근거로 삼은 정부투자기관회계규정 제245조가 정부투자기관의 회계처리의 기준과 절차에 관한 사항을 재무부장관이 정하도록 규정한 구 정부투자기관관리기본법 제20조에 의하여 제정된 것임은 분명하나 그 점만으로 위 규정이 구 정부투자기관관리기본법 제20조와 결합하여 대외적인 구속력이 있는 법규명령으로서의 효력을 가진다고 할 수도 없다 할 것이므로, 따라서 위 공사가 행정소송법 소정의 행정청 또는 그 소속기관이거나 이로부터 위 제재처분의 권한을 위임받았다고 볼 만한 아무런 법적 근거가 없다고 할 것이므로 위 공사가 **정부투자기관회계규정에 의하여 행한 입찰참가자격을 제한하는 내용의 부정당업자제재처분은 행정소송의 대상이 되는 행정처분이 아니라 단지 상대방을 위 공사가 시행하는 입찰에 참가시키지 않겠다는 뜻의 사법상의 효력을 가지는 통지행위에 불과하다.**

05

2016 세무사

공정거래위원회가 부당한 공동행위를 한 사업자에게 과징금 부과처분을 한 뒤, 다시 자진신고 등을 이유로 감면처분을 한 경우, 선행 부과처분의 취소를 구하는 소송에는 소의 이익이 인정된다. O | X

[대법원 2015.2.12, 선고, 2013두987, 판결]

거래위원회가 부당한 공동행위를 행한 사업자로서 구 독점규제 및 공정거래에 관한 법률 제22조의2에서 정한 자진신고자나 조사협조자에 대하여 과징금 부과처분(이하 '선행처분'이라 한다)을 한 뒤, 독점규제 및 공정거래에 관한 법률 시행령 제35조 제3항에 따라 다시 자진신고자 등에 대한 사건을 분리하여 자진신고 등을 이유로 한 과징금 감면처분(이하 '후행처분'이라 한다)을 하였다면, **후행처분은 자진신고 감면까지 포함하여 처분 상대방이 실제로 납부하여야 할 최종적인 과징금액을 결정하는 종국적 처분이고, 선행처분은 이러한 종국적 처분을 예정하고 있는 일종의 잠정적 처분으로서 후행처분이 있을 경우 선행처분은 후행처분에 흡수되어 소멸한다. 따라서 위와 같은 경우에 선행처분의 취소를 구하는 소는 이미 효력을 잃은 처분의 취소를 구하는 것으로 부적법**하다.

06

2016 국가직 9급

교도소장이 특정 수형자를 '접견내용 녹음 · 녹화 및 접견 시 교도관 참여대상자'로 지정한 행위는 수형자의 구체적 권리 의무에 직접적 변동을 가져오는 행위로서 항고소송의 대상이 되는 행정처분에 해당한다. O | X

[대법원 2014.2.13, 2013두20899]

교도소장이 수형자 甲을 '접견내용 녹음·녹화 및 접견시 교도관 참여대상자'로 지정한 사안에서, 위 지정행위는 수형자의 구체적 권리의무에 직접적 변동을 가져오는 행정청의 공법상 행위로서 항고소송의 대상이 되는 '처분'에 해당한다고 본 원심판단을 정당한 것으로 수긍한 사례

정답 | 04 ○ 05 × 06 ○

07

2017 사회복지직 9급

행정재산의 사용료 부과는 처분성이 없다. O | X

[대법원 1996.2.13, 선고, 95누11023, 판결]
국유재산의 관리청이 행정재산의 사용·수익을 허가한 다음 그 사용·수익하는 자에 대하여 하는 사용료 부과는 순전히 사경제주체로서 행하는 사법상의 이행청구라 할 수 없고, 이는 관리청이 공권력을 가진 우월적 지위에서 행한 것으로서 항고소송의 대상이 되는 행정처분이라 할 것이다.

08

2017 사회복지직 9급

한국마사회가 기수의 면허를 취소하는 것은 처분성이 인정된다. O | X

[대법원 2008.1.31, 선고, 2005두8269, 판결]
한국마사회가 조교사 또는 기수의 면허를 부여하거나 취소하는 것은 경마를 독점적으로 개최할 수 있는 지위에서 우수한 능력을 갖추었다고 인정되는 사람에게 경마에서의 일정한 기능과 역할을 수행할 수 있는 자격을 부여하거나 이를 박탈하는 것에 지나지 아니하므로, 이는 국가 기타 행정기관으로부터 위탁받은 행정권한의 행사가 아니라 일반 사법상의 법률관계에서 이루어지는 단체 내부에서의 징계 내지 제재처분이다.

09

2017 사회복지직 9급

취소소송을 제기하기 위해서는 처분 등이 존재하여야 하며, 거부처분이 성립하기 위해서는 개인의 신청권이 존재하여야 하고, 여기서 신청권이란 신청인이 신청의 인용이라는 만족적 결과를 얻을 권리를 의미하는 것이다. O | X

[대법원 1996.6.11, 선고, 95누12460, 판결]
거부처분의 처분성을 인정하기 위한 전제요건이 되는 신청권의 존부는 구체적 사건에서 신청인이 누구인가를 고려하지 않고 관계 법규의 해석에 의하여 일반 국민에게 그러한 신청권을 인정하고 있는가를 살펴 추상적으로 결정되는 것이고, 신청인이 그 신청에 따른 단순한 응답을 받을 권리를 넘어서 신청의 인용이라는 만족적 결과를 얻을 권리를 의미하는 것은 아니다. 따라서 국민이 어떤 신청을 한 경우에 그 신청의 근거가 된 조항의 해석상 행정발동에 대한 개인의 신청권을 인정하고 있다고 보여지면 그 거부행위는 항고소송의 대상이 되는 처분으로 보아야 할 것이고, 구체적으로 그 신청이 인용될 수 있는가 하는 점은 본안에서 판단하여야 할 사항인 것이다.

10

2017 국가직 9급

원자로 및 관계시설의 부지사전승인처분은 그 자체로서 독립한 행정처분은 아니므로 이의 위법성을 직접 항고소송으로 다툴 수는 없고 후에 발령되는 건설허가처분에 대한 항고소송에서 다투어야 한다. O | X

[대법원 1998.9.4, 선고, 97누19588, 판결]
원자로 및 관계 시설의 부지사전승인처분은 그 자체로서 건설부지를 확정하고 사전공사를 허용하는 법률효과를 지닌 독립한 행정처분이기는 하지만, 건설허가 전에 신청자의 편의를 위하여 미리 그 건설허가의 일부 요건을 심사하여 행하는 사전적 부분 건설허가처분의 성격을 갖고 있는 것이어서 나중에 건설허가처분이 있게 되면 그 건설허가처분에 흡수되어 독립된 존재가치를 상실함으로써 그 건설허가처분만이 쟁송의 대상이 되는 것이므로, 부지사전승인처분의 취소를 구하는 소는 소의 이익을 잃게 되고, 따라서 부지사전승인처분의 위법성은 나중에 내려진 건설허가처분의 취소를 구하는 소송에서 이를 다투면 된다.

정답 | 07 × 08 × 09 × 10 ×

11

2017 국가직 9급

구 「폐기물관리법」 관계 법령상의 폐기물처리업허가를 받기 위한 사업계획에 대한 부적정통보는 허가신청 자체를 제한하는 등 개인의 권리 내지 법률상의 이익을 개별적이고 구체적으로 규제하고 있어 행정처분에 해당한다.

O | X

[대법원 1998.4.28. 선고, 97누21086, 판결]
폐기물관리법 관계 법령의 규정에 의하면 **폐기물처리업의 허가를 받기 위하여는 먼저 사업계획서를 제출하여 허가권자로부터 사업계획에 대한 적정통보를 받아야 하고, 그 적정통보를 받은 자만이 일정기간 내에 시설, 장비, 기술능력, 자본금을 갖추어 허가신청을 할 수 있으므로, 결국 부적정통보는 허가신청 자체를 제한하는 등 개인의 권리 내지 법률상의 이익을 개별적이고 구체적으로 규제하고 있어 행정처분에 해당**한다.

12

2017 국회사무처 8급

지방계약직 공무원의 보수삭감행위는 대등한 당사자 간의 계약관계와 관련된 것이므로 처분성은 인정되지 아니하며, 공법상 당사자소송의 대상이 된다.

O | X

[대판2008.6.12. 2006두16328]
지방계약직 공무원에 대한 보수의 삭감은 이를 당하는 공무원의 입장에서는 징계처분의 일종인 감봉과 다를 바 없으므로, 채용계약상 특별한 약정이 없는 한 징계절차에 의하지 않고서는 보수를 삭감할 수 없다.

13

2017 국회사무처 8급

공정거래위원회의 표준약관 사용권장행위는 비록 그 통지를 받은 해당 사업자 등에게 개별약관을 사용할 경우 표준약관과 다르게 정한 주요 내용을 고객이 알기쉽게 표시하여야 할 의무를 부과하고 그 불이행에 대해서는 과태료에 처하도록 되어 있으나, 이는 어디까지나 구속력이 없는 행정지도에 불과하므로 행정처분에 해당되지 아니한다.

O | X

[대판 2010.10.14. 2008두23184]
공정거래위원회의 '표준약관 사용권장행위'는 그 통지를 받은 해당 사업자 등에게 표준약관과 다른 약관을 사용할 경우 표준약관과 다르게 정한 주요 내용을 고객이 알기 쉽게 표시하여야 할 의무를 부과하고, 그 불이행에 대해서는 과태료에 처하도록 되어 있으므로, 이는 사업자 등의 권리·의무에 직접 영향을 미치는 행정처분으로서 항고소송의 대상이 된다.

14

2017 국회사무처 8급

조례가 집행행위의 개입 없이도 그 자체로서 직접 국민의 구체적인 권리·의무나 법적 이익에 영향을 미치는 경우에는 항고소송의 대상이 된다.

O | X

[대법원 1996.9.20. 95누8003]
조례가 집행행위의 개입 없이도 그 자체로서 직접 국민의 구체적인 권리의무나 법적 이익에 영향을 미치는 등의 법률상 효과를 발생하는 경우 그 조례는 항고소송의 대상이 되는 행정처분에 해당하고, 이러한 조례에 대한 무효확인소송을 제기함에 있어서 행정소송법 제38조 제1항, 제13조에 의하여 피고적격이 있는 처분 등을 행한 행정청은, 행정주체인 지방자치단체 또는 지방자치단체의 내부적 의결기관으로서 지방자치단체의 의사를 외부에 표시한 권한이 없는 지방의회가 아니라, 구 지방자치법(1994. 3. 16. 법률 제4741호로 개정되기 전의 것) 제19조 제2항, 제92조에 의하여 지방자치단체의 집행기관으로서 조례로서의 효력을 발생시키는 공포권이 있는 지방자치단체의 장이다.

정답 | 11 ○ 12 × 13 × 14 ○

15

2017 국회사무처 8급

대법원은 지방자치단체가 공공조달계약 입찰을 일정기간 동안 제한하는 부정당업자 제재는 사법상의 통지행위에 불과하다고 본다. O | X

판례는 (ⅰ) 행정기관의 장이 행하는 입찰참가자격 제한처분의 경우에는 처분성을 인정하고, (ⅱ) 정부투자기관이 행하는 입찰참가자격제한처분의 경우에는 처분성에 대하여 유보적 입장을 취하고 있다.

[대법원 1983.7.12. 선고, 83누127, 판결]
원고 회사가 **피고(부산직할시장)** 산하 구청장으로부터 수급한 공사의 일부를 건설업면허가 없는 소외인에게 하도급하여 시공케 한 것은 예산회계법 시행령 제89조 제1항 제8호에 해당하므로 **원고의 일반경쟁입찰참가자격을 6개월간 제한한 피고의 처분**은 정당하다.

16

2017 국회사무처 8급

구 소득세법 시행령에 따른 소득귀속자에 대한 소득금액변동 통지는 원천납세의무자인 소득귀속자의 법률상 지위에 직접적인 법률적 변동을 가져오므로 행정처분이다. O | X

소득의 귀속자(원천납세의무자)에 대한 소득금액변동 통지가 있게 되면 추가납부의무는 원천징수의무자가 이행하여야 한다. 따라서 원천납세의무자에게 납부의무를 발생시키는 것이 아니므로 원천납세의무자에 대한 처분으로 볼 수 없다.

[대법원 2014.7.24. 선고, 2011두14227, 판결]
구 소득세법 시행령(이하 '구 소득세법 시행령'이라 한다) 제192조 제1항 단서의 취지, 소득처분에 따른 원천납세의무의 성립요건 및 성립시기, 소득의 귀속자는 소득세 부과처분에 대한 취소소송은 물론 구 국세기본법 제45조의2 제1항 등에 따른 경정청구를 통해서도 소득처분에 따른 원천납세의무의 존부나 범위를 충분히 다툴 수 있는 점 등에 비추어 보면, 구 소득세법 시행령 제192조 제1항 단서에 따른 **소득의 귀속자에 대한 소득금액변동통지는 원천납세의무자인 소득 귀속자의 법률상 지위에 직접적인 법률적 변동을 가져오는 것이 아니므로, 항고소송의 대상이 되는 행정처분이라고 볼 수 없다.**

정답 | 15 × 16 ×

17

2017 국회사무처 8급

구 농지법상 농지처분의무의 통지는 통지를 전제로 농지처분명령 및 이행강제금 부과 등 의 일련의 절차가 진행되는 점에서 독립한 행정처분이다. O | X

[대판 2003.11.14, 2001두8742]

구 농지법, 제10조 제1항 제7호, 제2항, 제11조에 의하면, 농지의 소유자가 정당한 사유 없이 같은 법 제8조 제2항의 규정에 의한 농업경영계획서의 내용을 이행하지 아니하였다고 시장 등이 인정한 때에는 그 사유가 발생한 날부터 1년 이내에 당해 농지를 처분하여야 하고, **시장 등은 농지의 처분의무가 생긴 농지의 소유자에게 농림부령이 정하는 바에 의하여 처분대상농지·처분의무기간 등을 명시하여 해당 농지를 처분하여야 함을 통지하여야 하며, 위 통지에서 정한 처분의무기간 내에 처분대상농지를 처분하지 아니한 농지의 소유자에 대하여는 6개월 이내에 당해 농지를 처분할 것을 명할 수 있는바**, 시장 등 행정청은 위 제7호에 정한 사유의 유무, 즉 농지의 소유자가 위 농업경영계획서의 내용을 이행하였는지 여부 및 그 불이행에 정당한 사유가 있는지 여부를 판단하여 그 사유를 인정한 때에는 반드시 농지처분의무 통지를 하여야 하는 점, **위 통지를 전제로 농지처분명령, 같은 법 제65조에 의한 이행강제금 부과 등의 일련의 절차가 진행되는 점 등을 종합하여 보면, 농지처분의무 통지는 단순한 관념의 통지에 불과하다고 볼 수는 없고, 상대방인 농지소유자의 의무에 직접 관계되는 독립한 행정처분으로서 항고소송의 대상이 된다.**

비교판례 – 농지법상 이행강제금은 별개의 불복절차가 존재하므로, 행정소송법상 처분에 해당하지 않는다.

[대법원 2019.4.11, 선고 2018두42955 판결]

농지법은 농지 처분명령에 대한 이행강제금 부과처분에 불복하는 자가 그 처분을 고지받은 날부터 30일 이내에 부과권자에게 이의를 제기할 수 있고, 이의를 받은 부과권자는 지체 없이 관할 법원에 그 사실을 통보하여야 하며, 그 통보를 받은 관할 법원은 비송사건절차법에 따른 과태료 재판에 준하여 재판을 하도록 정하고 있다(제62조 제1항, 제6항, 제7항). 따라서 **농지법 제62조 제1항에 따른 이행강제금 부과처분에 불복하는 경우에는 비송사건절차법에 따른 재판절차가 적용되어야 하고, 행정소송법상 항고소송의 대상은 될 수 없다.**

18

2017 지방직 9급

종합소득세 부과처분을 위한 과세관청의 세무조사결정은 항고소송의 대상이 되는 행정처분이다. O | X

[대법원 2011.3.10, 2009두23617, 23624]

부과처분을 위한 과세관청의 질문조사권이 행해지는 **세무조사결정이 있는 경우 납세의무자는 세무공무원의 과세자료 수집을 위한 질문에 대답하고 검사를 수인하여야 할 법적 의무를 부담**하게 되는 점, 세무조사는 기본적으로 적정하고 공평한 과세의 실현을 위하여 필요한 최소한의 범위 안에서 행하여져야 하고, 더욱이 동일한 세목 및 과세기간에 대한 재조사는 납세자의 영업의 자유 등 권익을 심각하게 침해할 뿐만 아니라 과세관청에 의한 자의적인 세무조사의 위험마저 있으므로 조세공평의 원칙에 현저히 반하는 예외적인 경우를 제외하고는 금지될 필요가 있는 점, 납세의무자로 하여금 개개의 과태료 처분에 대하여 불복하거나 조사 종료 후의 과세처분에 대하여만 다툴 수 있도록 하는 것보다는 그에 앞서 세무조사결정에 대하여 다툼으로써 분쟁을 조기에 근본적으로 해결할 수 있는 점 등을 종합하면, 세무조사결정은 납세의무자의 권리·의무에 직접 영향을 미치는 공권력의 행사에 따른 행정작용으로서 항고소송의 대상이 된다.

정답 | 17 ○ 18 ○

19

2017 지방직 9급

중소기업기술정보진흥원장이 갑 주식회사와 체결한 중소기업 정보화지원사업 지원대상인 사업의 지원협약을 갑의 책임 있는 사유로 해지하고 협약에서 정한 대로 지급받은 정부지원금을 반환할 것을 통보한 경우, 협약의 해지 및 그에 따른 환수통보는 행정청이 우월한 지위에서 행하는 공권력의 행사로서 행정처분에 해당한다.

O | X

[대법원 2015.8.27. 선고, 2015두41449, 판결]
중소기업기술정보진흥원장이 갑 주식회사와 중소기업 정보화지원사업 지원대상인 사업의 지원에 관한 협약을 체결하였는데, 협약이 갑 회사에 책임이 있는 사업실패로 해지되었다는 이유로 협약에서 정한 대로 지급받은 정부지원금을 반환할 것을 통보한 사안에서, **중소기업 정보화지원사업에 따른 지원금 출연을 위하여 중소기업청장이 체결하는 협약은 공법상 대등한 당사자 사이의 의사표시의 합치로 성립하는 공법상 계약에 해당**하는 점, 구 중소기업 기술혁신 촉진법 제32조 제1항은 제10조가 정한 기술혁신사업과 제11조가 정한 산학협력 지원사업에 관하여 출연한 사업비의 환수에 적용될 수 있을 뿐 이와 근거 규정을 달리하는 중소기업 정보화지원사업에 관하여 출연한 지원금에 대하여는 적용될 수 없고 달리 **지원금 환수에 관한 구체적인 법령상 근거가 없는 점** 등을 종합하면, **협약의 해지 및 그에 따른 환수통보는 공법상 계약에 따라 행정청이 대등한 당사자의 지위에서 하는 의사표시로 보아야 하고, 이를 행정청이 우월한 지위에서 행하는 공권력의 행사로서 행정처분에 해당한다고 볼 수는 없다.**

20

2017 지방직 9급

재단법인 한국연구재단이 갑 대학교 총장에게 연구개발비의 부당집행을 이유로 두뇌한국(BK)21 사업 협약을 해지하고 연구팀장 을에 대한 대학 자체징계를 요구한 것은 항고소송의 대상인 행정처분에 해당하지 않는다.

O | X

[대법원 2014.12.11. 선고, 2012두28704, 판결]
[1] 재단법인 한국연구재단이 甲 대학교 총장에게 연구개발비의 부당집행을 이유로 '해양생물유래 고부가식품·향장·한약 기초소재 개발 인력양성사업에 대한 2단계 두뇌한국(BK)21 사업' 협약을 해지하고 연구팀장 乙에 대한 국가연구개발사업의 3년간 참여제한 등을 명하는 통보를 하자 乙이 통보의 취소를 청구한 사안에서, 학술진흥 및 학자금대출 신용보증 등에 관한 법률 등의 입법 취지 및 규정 내용 등과 아울러 위 법 등 해석상 국가가 두뇌한국(BK)21 사업의 주관연구기관인 대학에 연구개발비를 출연하는 것은 '연구 중심 대학'의 육성은 물론 그와 별도로 대학에 소속된 연구인력의 역량 강화에도 목적이 있다고 보이는 점, 기본적으로 국가연구개발사업에 대한 연구개발비의 지원은 대학에 소속된 일정한 연구단위별로 신청한 연구개발과제에 대한 것이지, 그 소속 대학을 기준으로 한 것은 아닌 점 등 제반 사정에 비추어 보면, 乙은 위 사업에 관한 협약의 해지 통보의 효력을 다툴 법률상 이익이 있다고 한 사례.
[2] 재단법인 한국연구재단이 甲 대학교 총장에게 연구개발비의 부당집행을 이유로 '해양생물유래 고부가식품·향장·한약 기초소재 개발 인력양성사업에 대한 2단계 두뇌한국(BK)21 사업' 협약을 해지하고 연구팀장 乙에 대한 대학자체 징계 요구 등을 통보한 사안에서, **재단법인 한국연구재단이 甲 대학교 총장에게 乙에 대한 대학 자체징계를 요구한 것은 법률상 구속력이 없는 권유 또는 사실상의 통지로서 乙의 권리, 의무 등 법률상 지위에 직접적인 법률적 변동을 일으키지 않는 행위에 해당하므로, 항고소송의 대상인 행정처분에 해당하지 않는다**고 본 원심판단을 정당하다고 한 사례.

21

2017 지방직 9급

갑 시장이 감사원으로부터 소속 공무원 을에 대하여 징계의 종류를 정직으로 정한 징계 요구를 받게 되자 감사원에 징계 요구에 대한 재심의를 청구하였고 감사원이 재심의청구를 기각한 경우, 감사원의 징계 요구와 재심의결정은 항고소송의 대상이 되는 행정처분에 해당하지 않는다. O | X

[대법원 2016.12.27, 선고, 2014두5637, 판결]

갑 시장이 감사원으로부터 감사원법 제32조에 따라 을에 대하여 징계의 종류를 정직으로 정한 징계 요구를 받게 되자 감사원법 제36조 제2항에 따라 감사원에 징계 요구에 대한 재심의를 청구하였고, 감사원이 재심의청구를 기각하자 을이 감사원의 징계 요구와 그에 대한 재심의결정의 취소를 구하고 갑 시장이 감사원의 재심의 결정 취소를 구하는 소를 제기한 사안에서, **징계 요구는 징계 요구를 받은 기관의 장이 요구받은 내용대로 처분하지 않더라도 불이익을 받는 규정도 없고, 징계 요구 내용대로 효과가 발생하는 것도 아니며, 징계 요구에 의하여 행정청이 일정한 행정처분을 하였을 때 비로소 이해관계인의 권리관계에 영향을 미칠 뿐, 징계 요구 자체만으로는 징계 요구 대상 공무원의 권리·의무에 직접적인 변동을 초래하지도 아니하므로, 행정청 사이의 내부적인 의사결정의 경로로서 '징계 요구, 징계 절차 회부, 징계'로 이어지는 과정에서의 중간처분에 불과하여, 감사원의 징계 요구와 재심의결정이 항고소송의 대상이 되는 행정처분이라고 할 수 없고,** 감사원법 제40조 제2항을 갑 시장에게 감사원을 상대로 한 기관소송을 허용하는 규정으로 볼 수는 없고 그 밖에 행정소송법을 비롯한 어떠한 법률에도 갑 시장에게 '감사원의 재심의 판결'에 대하여 기관소송을 허용하는 규정을 두고 있지 않으므로, 갑 시장이 제기한 소송이 기관소송으로서 감사원법 제40조 제2항에 따라 허용된다고 볼 수 없다고 한 사례.

22

2017 교육행정직 9급

국유재산의 대부계약에 따른 대부료 부과는 처분성이 있다. O | X

[대법원 2000.2.11, 선고, 99다61675, 판결]

국유재산법 제31조, 제32조 제3항, 산림법 제75조 제1항의 규정 등에 의하여 **국유잡종재산에 관한 관리 처분의 권한을 위임받은 기관이 국유잡종재산을 대부하는 행위는 국가가 사경제 주체로서 상대방과 대등한 위치에서 행하는 사법상의 계약이고, 행정청이 공권력의 주체로서 상대방의 의사 여하에 불구하고 일방적으로 행하는 행정처분이라고 볼 수 없으며, 국유잡종재산에 관한 대부료의 납부고지 역시 사법상의 이행청구에 해당하고, 이를 행정처분이라고 할 수 없다.**

23

2017 서울시 9급

주택건설사업이 양도되었으나 그 변경승인을 받기 이전에 행정청이 양수인에 대하여 양도인에 대한 사업계획승인을 취소하였다는 사실을 통지한 경우 이러한 통지는 양수인의 법률상 지위에 변동을 일으키므로 행정처분이다. O | X

양수인에 대한 이러한 통지는 관념의 통지에 불과하므로, 취소소송을 제기하려면 양도인에 대한 사업계획승인 취소를 대상으로 삼아야 한다.

[대법원 2000.9.26, 선고, 99두646, 판결]

주택건설촉진법 제33조 제1항, 구 같은법시행규칙 제20조의 각 규정에 의한 **주택건설사업계획에 있어서 사업**

정답 | 21 ○ 22 × 23 ×

주체변경의 승인은 그로 인하여 사업주체의 변경이라는 공법상의 효과가 발생하는 것이므로, 사실상 내지 사법상으로 주택건설사업 등이 양도·양수되었을지라도 아직 변경승인을 받기 이전에는 그 사업계획의 피승인자는 여전히 종전의 사업주체인 양도인이고 양수인이 아니라 할 것이어서, 사업계획승인취소처분 등의 사유가 있는지의 여부와 취소사유가 있다고 하여 행하는 취소처분은 피승인자인 양도인을 기준으로 판단하여 그 양도인에 대하여 행하여져야 할 것이므로 행정청이 주택건설사업의 양수인에 대하여 양도인에 대한 사업계획승인을 취소하였다는 사실을 통지한 것만으로는 양수인의 법률상 지위에 어떠한 변동을 일으키는 것은 아니므로 위 통지는 항고소송의 대상이 되는 행정처분이라고 할 수는 없다.

비교판례 – 영업양도인에 대한 허가취소처분에 대하여 양수인은 그 처분의 취소를 구할 "법률상 이익"이 인정된다.

[대법원 2003.7.11, 2001두6289]

수허가자의 지위를 양수받아 명의변경신고를 할 수 있는 양수인의 지위는 단순한 반사적 이익이나 사실상의 이익이 아니라 산림법령에 의하여 보호되는 직접적이고 구체적인 이익으로서 법률상 이익이라고 할 것이고, 채석허가가 유효하게 존속하고 있다는 것이 양수인의 명의변경신고의 전제가 된다는 의미에서 관할 행정청이 양도인에 대하여 채석허가를 취소하는 처분을 하였다면 이는 양수인의 지위에 대한 직접적 침해가 된다고 할 것이므로 양수인은 채석허가를 취소하는 처분의 취소를 구할 법률상 이익을 가진다.

24

2017 서울시 9급

교육부장관의 내신성적 산정지침은 행정조직의 내부적 심사기준을 시달한 것에 불과하므로 처분성이 인정되지 않는다. O | X

[대법원 1994.9.10, 94두33]

교육부장관이 내신성적 산정기준의 통일을 기하기 위해 대학입시기본계획의 내용에서 내신성적 산정기준에 관한 시행지침을 마련하여 시·도 교육감에서 통보한 것은 행정조직 내부에서 내신성적 평가에 관한 내부적 심사기준을 시달한 것에 불과하며, 각 고등학교에서 위 지침에 일률적으로 기속되어 내신성적을 산정할 수밖에 없고 또 대학에서도 이를 그대로 내신성적으로 인정하여 입학생을 선발할 수밖에 없는 관계로 장차 일부 수험생들이 위 지침으로 인해 어떤 불이익을 입을 개연성이 없지는 아니하나, 그러한 사정만으로서 위 지침에 의하여 곧바로 개별적이고 구체적인 권리의 침해를 받은 것으로는 도저히 인정할 수 없으므로, 그것만으로는 현실적으로 특정인의 구체적인 권리의무에 직접적으로 변동을 초래케 하는 것은 아니라 할 것이어서 내신성적 산정지침을 항고소송의 대상이 되는 행정처분으로 볼 수 없다.

25

2017 서울시 9급

국가공무원법상 당연퇴직의 인사발령은 법률상 당연히 발생하는 퇴직사유를 공적으로 확인하여 알려주는 이른바 관념의 통지에 불과하므로 행정소송의 대상이 되는 독립한 행정처분이라고 할 수 없다. O | X

[대법원 1983.2.8, 81누263]

국가공무원법 제74조에 의하면 공무원이 소정의 정년에 달하면 그 사실에 대한 효과로서 공무담임권이 소멸되어 당연히 퇴직되고 따로 그에 대한 행정처분이 행하여져야 비로소 퇴직되는 것은 아니라 할 것이며 피고(영주지방철도청장)의 원고에 대한 정년퇴직 발령은 정년퇴직 사실을 알리는 이른바 관념의 통지에 불과하므로 행정소송의 대상이 되지 아니한다.

정답 | 24 O 25 O

26

2017 하반기
국가직 9급

공무원연금관리공단이 퇴직연금의 수급자에 대하여 공무원연금법령의 개정으로 퇴직연금 중 일부금액의 지급정지대상자가 되었음을 통보하는 행위는 항고소송의 대상이 되는 행정처분이다. O | X

[대법원 2004.12.24, 선고, 2003두15195, 판결]
공무원으로 재직하다가 퇴직하여 구 공무원연금법에 따라 퇴직연금을 받고 있던 사람이 근로복지공단 직원으로 다시 임용되어 근로복지공단으로부터는 급여를 받고 공무원연금관리공단으로부터는 여전히 퇴직연금을 지급받고 있다가, 구 공무원연금법시행규칙이 개정되면서 근로복지공단이 구 공무원연금법 제47조 제3호 소정의 퇴직연금 중 일부의 금액에 대한 지급정지기관으로 지정된 경우, **공무원연금관리공단의 지급정지처분 여부에 관계없이 개정된 구 공무원연금법시행규칙이 시행된 때로부터 그 법 규정에 의하여 당연히 퇴직연금 중 일부 금액의 지급이 정지되는 것이므로, 공무원연금관리공단이 위와 같은 법령의 개정 사실과 퇴직연금 수급자가 퇴직연금 중 일부 금액의 지급정지 대상자가 되었다는 사실을 통보한 것은 단지 위와 같이 법령에서 정한 사유의 발생으로 퇴직연금 중 일부 금액의 지급이 정지된다는 점을 알려주는 관념의 통지에 불과하고, 그로 인하여 비로소 지급이 정지되는 것은 아니므로 항고소송의 대상이 되는 행정처분으로 볼 수 없다.**

27

2017 하반기
국가직 9급

「공익사업을 위한 토지 등의 취득 및 보상에 관한 법률」상 공익사업시행자가 하는 이주대책대상자 확인·결정은 항고소송의 대상이 되는 행정처분이다. O | X

[대법원 2014.2.27, 선고, 2013두10885, 판결]
공익사업을 위한 토지 등의 취득 및 보상에 관한 법률상의 공익사업시행자가 하는 이주대책대상자 확인·결정은 구체적인 이주대책상의 수분양권을 부여하는 요건이 되는 행정작용으로서의 처분이지 이를 단순히 절차상의 필요에 따른 사실행위에 불과한 것으로 평가할 수는 없다. 따라서 수분양권의 취득을 희망하는 이주자가 소정의 절차에 따라 이주대책대상자 선정신청을 한 데 대하여 사업시행자가 이주대책대상자가 아니라고 하여 위 확인·결정 등의 처분을 하지 않고 이를 제외시키거나 거부조치한 경우에는, 이주자로서는 사업시행자를 상대로 항고소송에 의하여 제외처분이나 거부처분의 취소를 구할 수 있다. 나아가 이주대책의 종류가 달라 각 그 보장하는 내용에 차등이 있는 경우 이주자의 희망에도 불구하고 사업시행자가 요건 미달 등을 이유로 그중 더 이익이 되는 내용의 이주대책대상자로 선정하지 않았다면 이 또한 이주자의 권리의무에 직접적 변동을 초래하는 행위로서 항고소송의 대상이 된다.

28

2017 하반기
국가직 9급

구 「남녀차별금지 및 구제에 관한 법률」상 국가인권위원회가 한 성희롱결정과 이에 따른 시정조치의 권고는 항고소송의 대상이 되는 행정처분이다. O | X

[대법원 2005.7.8, 선고, 2005두487, 판결]
구 남녀차별금지및구제에관한법률 제28조에 의하면, 국가인권위원회의 성희롱결정과 이에 따른 시정조치의 권고는 불가분의 일체로 행하여지는 것인데 **국가인권위원회의 이러한 결정과 시정조치의 권고는 성희롱 행위자로 결정된 자의 인격권에 영향을 미침과 동시에 공공기관의 장 또는 사용자에게 일정한 법률상의 의무를 부담시키는 것이므로 국가인권위원회의 성희롱결정 및 시정조치권고는 행정소송의 대상이 되는 행정처분에 해당한다**고 보지 않을 수 없다.

정답 | 26 × 27 ○ 28 ○

29

2017 하반기
국가직 9급

공무원시험승진후보자명부에 등재된 자에 대하여 이전의 징계처분을 이유로 시험승진후보자명부에서 삭제하는 행위는 항고소송의 대상이 되는 행정처분이다. O | X

[대법원 1997.11.14, 선고, 97누7325, 판결]
구 경찰행정법 제11조 제2항, 제13조 제1항, 제2항, 경찰행정승진임용규정 제36조 제1항, 제2항에 의하면, 경정 이하 계급에의 승진에 있어서는 승진심사와 함께 승진시험을 병행할 수 있고, 승진시험에 합격한 자는 시험승진후보자명부에 등재하여 그 등재순위에 따라 승진하도록 되어 있으며, 같은 규정 제36조 제3항에 의하면 시험승진후보자명부에 등재된 자가 승진임용되기 전에 감봉 이상의 징계처분을 받은 경우에는 임용권자 또는 임용제청권자가 위 징계처분을 받은 자를 시험승진후보자명부에서 삭제하도록 되어 있는바, 이처럼 **시험승진후보자명부에 등재되어 있던 자가 그 명부에서 삭제됨으로써 승진임용의 대상에서 제외되었다 하더라도, 그와 같은 시험승진후보자명부에서의 삭제행위는 결국 그 명부에 등재된 자에 대한 승진 여부를 결정하기 위한 행정청 내부의 준비과정에 불과하고, 그 자체가 어떠한 권리나 의무를 설정하거나 법률상 이익에 직접적인 변동을 초래하는 별도의 행정처분이 된다고 할 수 없다.**

30

2017 하반기
국가직 9급

「국토의 계획 및 이용에 관한 법률」상 도시·군계획시설결정에 이해관계가 있는 주민에 의한 도시·군계획시설결정 변경신청에 대해 관할 행정청이 거부한 경우, 그 거부행위는 항고소송의 대상이 되는 행정처분에 해당한다. O | X

여기서 「이해관계가 있는 주민」은 해당 지역 내 토지소유자로 이해해야 한다.

[대법원 2015.3.26, 선고, 2014두42742, 판결]
국토의 계획 및 이용에 관한 법률은 국토의 이용·개발과 보전을 위한 계획의 수립 및 집행 등에 필요한 사항을 규정함으로써 공공복리를 증진시키고 국민의 삶의 질을 향상시키는 것을 목적으로 하면서도 도시계획시설결정으로 인한 개인의 재산권행사의 제한을 줄이기 위하여, 도시·군계획시설부지의 매수청구권(제47조), 도시·군계획시설결정의 실효(제48조)에 관한 규정과 아울러 도시·군관리계획의 입안권자인 특별시장·광역시장·특별자치시장·특별자치도지사·시장 또는 군수(이하 '입안권자'라 한다)는 5년마다 관할 구역의 도시·군관리계획에 대하여 타당성 여부를 전반적으로 재검토하여 정비하여야 할 의무를 지우고(제34조), 주민(이해관계자 포함)에게는 도시·군관리계획의 입안권자에게 기반시설의 설치·정비 또는 개량에 관한 사항, 지구단위계획구역의 지정 및 변경과 지구단위계획의 수립 및 변경에 관한 사항에 대하여 도시·군관리계획도서와 계획설명서를 첨부하여 도시·군관리계획의 입안을 제안할 권리를 부여하고 있고, 입안제안을 받은 입안권자는 그 처리 결과를 제안자에게 통보하도록 규정하고 있다. 이들 규정에 헌법상 개인의 재산권 보장의 취지를 더하여 보면, **도시계획구역 내 토지 등을 소유하고 있는 사람과 같이 당해 도시계획시설결정에 이해관계가 있는 주민으로서는 도시시설계획의 입안권자 내지 결정권자에게 도시시설계획의 입안 내지 변경을 요구할 수 있는 법규상 또는 조리상의 신청권이 있고, 이러한 신청에 대한 거부행위는 항고소송의 대상이 되는 행정처분에 해당**한다.

31

2017 하반기
지방직 9급

병역법상 신체등위 판정은 행정청이라고 볼 수 없는 군의관이 하도록 되어 있으며, 그 자체만으로 권리의무가 정하여지는 것이 아니라 그에 따라 지방병무청장이 병역처분을 함으로써 비로소 병역의무의 종류가 정하여지는 것이므로 항고소송의 대상이 되는 행정처분이라 보기 어렵다. O | X

[대법원 1993.8.27, 93누3356]
병역법상 신체등위판정은 행정청이라고 볼 수 없는 군의관이 하도록 되어 있으며, 그 자체만으로 바로 병역법상의 권리의무가 정하여지는 것이 아니라 그에 따라 지방병무청장이 병역처분을 함으로써 비로소 병역의무의 종류가 정하여지는 것이므로 항고소송의 대상이 되는 행정처분이라 보기 어렵다.

32

2017 하반기
지방직 9급

병역처분의 자료로 군의관이 하는 「병역법」상의 신체등급판정은 처분이나, 「산업재해보상보험법」상 장해보상금 결정의 기준이 되는 장해등급결정은 처분이 아니다. O | X

1. 병역처분의 자료로 군의관이 하는 「병역법」상의 신체등급판정은 처분이 아니다.

[대법원 1993.8.27, 선고, 93누3356, 판결]
병역법상 신체등위판정은 행정청이라고 볼 수 없는 군의관이 하도록 되어 있으며, 그 자체만으로 바로 병역법상의 권리의무가 정하여지는 것이 아니라 그에 따라 지방병무청장이 병역처분을 함으로써 비로소 병역의무의 종류가 정하여지는 것이므로 항고소송의 대상이 되는 행정처분이라 보기 어렵다.

2. 「산업재해보상보험법」상 장해등급결정은 장해보상금결정의 기준이 되어 국민의 권리의무에 직접 영향을 미치므로 처분에 해당한다.

[대법원 2007.2.22, 선고, 2004두12957, 판결]
산업재해보상보험법상 장해급여는 근로자가 업무상의 사유로 부상을 당하거나 질병에 걸려 치료를 종결한 후 신체 등에 장해가 있는 경우 그 지급 사유가 발생하고, 그때 근로자는 장해급여 지급청구권을 취득하므로, 장해급여 지급을 위한 장해등급 결정 역시 장해급여 지급청구권을 취득할 당시, 즉 그 지급 사유 발생 당시의 법령에 따르는 것이 원칙이다.

33

2017 하반기
지방직 9급

지방자치단체가 건축물을 건축하기 위하여 구「건축법」에 따라 미리 건축물의 소재지를 관할하는 허가권자인 다른 지방자치단체의 장과 건축협의를 한 경우, 허가권자인 지방자치단체의 장이 건축협의를 취소하는 행위는 항고소송의 대상이 되는 처분에 해당한다. O | X

[대법원 2014.2.27, 선고, 2012두22980, 판결]
구 건축법 제29조 제1항, 제2항, 제11조 제1항 등의 규정 내용에 의하면, **건축협의의 실질은 지방자치단체 등에 대한 건축허가**와 다르지 않으므로, **지방자치단체 등이 건축물을 건축하려는 경우 등에는 미리 건축물의 소재지를 관할하는 허가권자인 지방자치단체의 장과 건축협의를 하지 않으면, 지방자치단체라 하더라도 건축물을 건축할 수 없다.** 그리고 구 지방자치법 등 관련 법령을 살펴보아도 지방자치단체의 장이 다른 지방자치단체를 상대로 한 건축협의 취소에 관하여 다툼이 있는 경우에 법적 분쟁을 실효적으로 해결할 구제수단을 찾기도 어렵다. 따라서 **건축협의 취소는 상대방이 다른 지방자치단체 등 행정주체라 하더라도 '행정청이 행하는 구체적 사실에 관한 법집행으로서의 공권력 행사'(행정소송법 제2조 제1항 제1호)로서 처분에 해당**한다고 볼 수 있고, 지방자치단체인 원고가 이를 다툴 실효적 해결 수단이 없는 이상, **원고는 건축물 소재지 관할 허가권자인 지방자치단체의 장을 상대로 항고소송을 통해 건축협의 취소의 취소를 구할 수 있다.**

정답 | 31 ○ 32 × 33 ○

동일한 취지의 판례 – 「국가」가 원고인 경우

[대법원 2014.3.13, 선고 2013두15934]

국가가 허가권자와 건축에 관한 협의를 마치면 구 건축법 제29조 제1항에 의하여 건축허가가 의제되는 법률효과가 발생된다. 그리고 앞에서 본 것과 같이 건축허가 및 건축협의 사무는 지방자치사무로서, 구 건축법상 국가라 하더라도 미리 건축물의 소재지를 관할하는 허가권자인 지방자치단체의 장과 건축협의를 하지 아니하면 건축물을 건축할 수 없다. 따라서 허가권자인 지방자치단체의 장이 국가에 대하여 건축협의를 거부하는 것은 해당 건축물을 건축하지 못하도록 권한을 행사하여 건축허가 의제의 법률효과 발생을 거부하는 것이며, 한편 구 건축법이나 구 지방자치법 등 관련 법령에서는 국가가 허가권자의 거부행위를 다투어 법적 분쟁을 직접적·실효적으로 해결할 수 있는 구제수단을 찾기 어렵다. 이러한 사정들에 비추어 보면, 허가권자인 지방자치단체의 장이 한 건축협의 거부행위는 비록 그 상대방이 국가 등 행정주체라 하더라도, 행정청이 행하는 구체적 사실에 관한 법집행으로서의 공권력 행사의 거부 내지 이에 준하는 행정작용으로서 행정소송법 제2조 제1항 제1호에서 정한 처분에 해당한다고 볼 수 있고, 이에 대한 법적 분쟁을 해결할 실효적인 다른 법적 수단이 없는 이상 국가 등은 허가권자를 상대로 항고소송을 통해 그 거부처분의 취소를 구할 수 있다.

34

2017 하반기
지방직 9급

2,000만원의 부담금부과처분을 하였다가 부과금액의 과다를 이유로 부담금을 1,000만원으로 감액하는 처분을 한 경우 취소소송의 대상이 되는 것은 1,000만원으로 감액하는 부담금부과처분이다. O | X

[대법원 1991.9.13, 선고, 91누391, 판결]

과세관청이 조세부과처분을 한 뒤에 그 불복절차과정에서 국세청장이나 국세심판소장으로부터 그 일부를 취소하도록 하는 결정을 받고 이에 따라 당초 부과처분의 일부를 취소, 감액하는 내용의 경정결정을 한 경우 위 경정처분은 당초 부과처분과 별개 독립의 과세처분이 아니라 그 실질은 당초 부과처분의 변경이고, 그에 의하여 세액의 일부 취소라는 납세자에게 유리한 효과를 가져오는 처분이라 할 것이므로 그 경정결정으로도 아직 취소되지 않고 남아 있는 부분이 위법하다고 하여 다투는 경우에는 항고소송의 대상이 되는 것은 당초의 부과처분 중 경정결정에 의하여 취소되지 않고 남은 부분이 된다 할 것이고, 경정결정이 항고소송의 대상이 되는 것은 아니라 할 것이므로, 이 경우 제소기간을 준수하였는지 여부도 당초처분을 기준으로 하여 판단하여야 할 것이다.

35

2017 하반기
지방직 9급

수형자의 서신을 교도소장이 검열하는 행위는 항고소송의 대상이 되는 행정처분이다. O | X

[헌재 전원재판부 96헌마398, 1998.8.27.]

수형자의 서신을 교도소장이 검열하는 행위는 이른바 권력적 사실행위로서 행정심판이나 행정소송의 대상이 되는 행정처분으로 볼 수 있으나, 위 검열행위가 이미 완료되어 행정심판이나 행정소송을 제기하더라도 소의 이익이 부정될 수 밖에 없으므로 헌법소원심판을 청구하는 외에 다른 효과적인 구제방법이 있다고 보기 어렵기 때문에 보충성의 원칙에 대한 예외에 해당한다.

정답 | 34 × 35 ○

36

2017 하반기 지방직 9급

구청장이 사회복지법인에 특별감사 결과 지적사항에 대한 시정지시와 그 결과를 관계서류와 함께 보고하도록 지시한 경우, 그 시정지시는 항고소송의 대상이 되는 행정처분이다. O | X

[대법원 2008.4.24, 선고, 2008두3500, 판결]

피고는 원고에 대하여 위 시정지시와 아울러 그 조치 결과를 관련서류를 첨부하여 보고하도록 명령함으로써 위 시정지시의 조치결과가 구 사회복지사업법 제51조 제1항에 근거한 보고명령 및 관련서류 제출명령에 포함되어 있으므로, 이와 같은 경우 원고로서는 위 시정지시에 따른 시정조치가 선행되지 않는 이상 피고의 위 보고명령 및 관련서류 제출명령을 이행하기 어렵다고 할 것이다. 그러므로 **원고로서는 위 보고명령 및 관련서류 제출명령을 이행하기 위하여 위 시정지시에 따른 시정조치의 이행이 사실상 강제되어 있다고 할 것이고, 만일 피고의 위 명령을 이행하지 않는 경우 시정명령을 받거나 법인설립허가가 취소될 수 있고, 자신이 운영하는 사회복지시설에 대한 개선 또는 사업정지 명령을 받거나 그 시설의 장의 교체 또는 시설의 폐쇄와 같은 불이익을 받을 위험이 있으며**, 원심이 유지한 제1심의 인정 사실에 의하더라도 **피고는, 원고가 위 시정지시를 이행하지 아니하였음을 이유로 서울특별시장에게 원고에 대한 시정명령 등의 조치를 취해달라고 요청한 바 있으므로, 이와 같은 사정에 비추어 보면, 위 시정지시는 단순한 권고적 효력만을 가지는 비권력적 사실행위에 불과하다고 볼 수는 없고, 원고에 대하여 의무의 부담을 명하거나 기타 법률상 효과를 발생하게 하는 것으로서 항고소송의 대상이 되는 행정처분에 해당한다**고 해석함이 상당하다고 할 것이다.

37

2017 하반기 지방직 9급

구 「공원법」에 의해 건설부장관이 행한 국립공원지정처분에 따라 공원관리청이 행한 경계측량 및 표지의 설치는 항고소송의 대상이 되는 행정처분이다. O | X

건설부장관이 행한 국립공원지정처분이 처분이고, 이에 따라 공원관리청이 행한 경계측량 및 표지의 설치는 사실행위에 불과하다.

[대법원 1992.10.13, 선고, 92누2325, 판결]

건설부장관이 행한 국립공원지정처분은 그 결정 및 첨부된 도면의 공고로써 그 경계가 확정되는 것이고, **시장이 행한 경계측량 및 표지의 설치 등은 공원관리청이 공원구역의 효율적인 보호, 관리를 위하여 이미 확정된 경계를 인식, 파악하는 사실상의 행위로 봄이 상당하며, 위와 같은 사실상의 행위를 가리켜 공권력행사로서의 행정처분의 일부라고 볼 수 없고**, 이로 인하여 건설부장관이 행한 공원지정처분이나 그 경계에 변동을 가져온다고 할 수 없다.

38

2018 국가직 9급

3월의 영업정지처분을 2월의 영업정지처분에 갈음하는 과징금 부과처분으로 변경하는 재결의 경우 취소소송의 대상이 되는 것은 변경된 내용의 당초처분이지 변경처분은 아니다. O | X

[대판 2007.4.27, 2004두9302]

행정청이 식품위생법령에 따라 영업자에게 행정제재처분을 한 후 그 처분을 영업자에게 유리하게 변경하는 처분을 한 경우, 변경처분에 의하여 당초 처분은 소멸하는 것이 아니고 당초부터 유리하게 변경된 내용의 처분으로 존재하는 것이므로, **변경처분에 의하여 유리하게 변경된 내용의 행정제재가 위법하다 하여 그 취소를 구하는 경우 그 취소소송의 대상은 변경된 내용의 당초 처분**이지 변경처분은 아니고, 제소기간의 준수 여부도 변경처분이 아닌 변경된 내용의 당초 처분을 기준으로 판단하여야 한다.

정답 | 36 ○ 37 × 38 ○

39

2018 서울시 7급

원천징수의무자에 대하여 납세의무의 단위를 달리하여 순차 이루어진 2개의 징수처분은 별개의 처분으로서 당초 처분과 증액경정처분에 관한 법리가 적용되지 아니하므로, 당초 처분이 후행 처분에 흡수되어 독립한 존재가치를 잃는다고 볼 수 없고, 후행 처분만이 항고소송의 대상이 되는 것도 아니다. O | X

[대법원 2013.7.11, 선고, 2011두7311, 판결]
원천징수의무자에 대하여 납세의무의 단위를 달리하여 순차 이루어진 2개의 징수처분은 별개의 처분으로서 당초 처분과 증액경정처분에 관한 법리가 적용되지 아니하므로, 당초 처분이 후행 처분에 흡수되어 독립한 존재가치를 잃는다고 볼 수 없고, 후행 처분만이 항고소송의 대상이 되는 것도 아니다.

40

2018 서울시 7급

과세처분이 있은 후 이를 증액하는 경정처분이 있고, 다시 이를 감액하는 재경정처분이 있으면 재경정처분은 위 증액 경정처분과는 별개인 독립의 과세처분으로서 그 실질은 위 증액경정처분의 변경이고 그에 의하여 세액의 일부 취소라는 납세의무자에게 유리한 효과를 가져오는 처분이라 할 것이므로, 감액재경정결정이 항고소송의 대상이 된다. O | X

[대법원 1996.7.30, 선고, 95누6328, 판결]
과세처분이 있은 후 이를 증액하는 경정처분이 있으면 당초 처분은 경정처분에 흡수되어 독립된 존재가치를 상실하여 소멸하는 것이고, 그 후 다시 이를 감액하는 재경정처분이 있으면 재경정처분은 위 증액경정처분과는 별개인 독립의 과세처분이 아니라 그 실질은 위 증액경정처분의 변경이고 그에 의하여 세액의 일부 취소라는 납세의무자에게 유리한 효과를 가져오는 처분이라 할 것이므로, 그 감액하는 재경정결정으로도 아직 취소되지 않고 남아 있는 부분이 위법하다 하여 다투는 경우 항고소송의 대상은 그 증액경정처분 중 감액재경정결정에 의하여 취소되지 않고 남은 부분이고, 감액재경정결정이 항고소송의 대상이 되는 것은 아니다. 이러한 법리는 국세심판소가 심판청구를 일부 인용하면서 정당한 세액을 명시하여 취소하지 아니하고 경정기준을 제시하여 당해 행정청으로 하여금 구체적인 과세표준과 세액을 결정하도록 함에 따라, 당해 행정청이 감액경정결정을 함에 있어 심판결정의 취지에 어긋나게 결정하거나 혹은 그 결정 자체에 위법사유가 존재하여 그에 대하여 별도의 쟁송수단을 인정하여야 할 특별한 사정이 없는 한 마찬가지로 적용된다.

41

2019 서울시 9급 (2월)

피해자의 의사와 무관하게 주민등록번호가 유출된 경우라고 하더라도 주민등록번호의 변경을 요구할 신청권은 인정되지 않으므로, 구청장의 주민등록번호 변경신청 거부행위는 항고소송의 대상이 되는 행정처분에 해당하지 않는다. O | X

현재는 주민등록법 개정으로 법규상 신청권이 인정된다.

[대법원 2017.6.15, 선고, 2013두2945, 판결]

피해자의 의사와 무관하게 주민등록번호가 불법 유출된 경우 개인의 사생활뿐만 아니라 생명·신체에 대한 위해나 재산에 대한 피해를 입을 우려가 있고, 실제 유출된 주민등록번호가 다른 개인정보와 연계되어 각종 광고 마케팅에 이용되거나 사기, 보이스피싱 등의 범죄에 악용되는 등 사회적으로 많은 피해가 발생하고 있는 것이 현실인 점, 반면 주민등록번호가 유출된 경우 그로 인하여 이미 발생하였거나 발생할 수 있는 피해 등을 최소화할 수 있는 충분한 권리구제방법을 찾기 어려운데도 구 주민등록법에서는 주민등록번호 변경에 관한 아무런 규정을 두고 있지 않은 점, 주민등록법령상 주민등록번호 변경에 관한 규정이 없다거나 주민등록번호 변경에 따른 사회적 혼란 등을 이유로 위와 같은 불이익을 피해자가 부득이한 것으로 받아들여야 한다고 보는 것은 피해자의 개인정보자기결정권 등 국민의 기본권 보장의 측면에서 타당하지 않은 점, 주민등록번호를 관리하는 국가로서는 주민등록번호가 유출된 경우 그로 인한 피해가 최소화되도록 제도를 정비하고 보완해야 할 의무가 있으며, 일률적으로 주민등록번호를 변경할 수 없도록 할 것이 아니라 만약 주민등록번호 변경이 필요한 경우가 있다면 그 변경에 관한 규정을 두어서 이를 허용해야 하는 점 등을 종합하면, **피해자의 의사와 무관하게 주민등록번호가 유출된 경우에는 조리상 주민등록번호의 변경을 요구할 신청권을 인정함이 타당하고, 구청장의 주민등록번호 변경신청 거부행위는 항고소송의 대상이 되는 행정처분에 해당**한다.

42

2019 서울시 7급 (2월)

국세환급금결정이나 이 결정을 구하는 신청에 대한 환급거부결정 등은 납세의무자가 갖는 환급청구권의 존부나 범위에 구체적이고 직접적인 영향을 미치는 처분으로 항고소송의 대상이 되는 처분이다. O | X

[대법원 1989.6.15, 선고, 88누6436, 전원합의체판결]

국세기본법 제51조 및 제52조 국세환급금 및 국세가산금결정에 관한 규정은 이미 납세의무자의 환급청구권이 확정된 국세환급금 및 가산금에 대하여 내부적 사무처리절차로서 과세관청의 환급절차를 규정한 것에 지나지 않고 그 규정에 의한 국세환급금(가산금 포함)결정에 의하여 비로소 환급청구권이 확정되는 것은 아니므로, **국세환급금결정이나 이 결정을 구하는 신청에 대한 환급거부결정 등은 납세의무자가 갖는 환급청구권의 존부나 범위에 구체적이고 직접적인 영향을 미치는 처분이 아니어서 항고소송의 대상이 되는 처분이라고 볼 수 없다.**

43

2019 국가직 9급

국가인권위원회가 진정에 대하여 각하 및 기각결정을 할 경우 피해자인 진정인은 인권침해 등에 대한 구제조치를 받을 권리를 박탈당하게 되므로, 국가인권위원회의 진정에 대한 각하 및 기각결정은 처분에 해당한다. O | X

[헌재 전원재판부 2013헌마214, 2015.3.26.]

국가인권위원회는 법률상의 독립된 국가기관이고, **피해자인 진정인에게는 국가인권위원회법이 정하고 있는 구제조치를 신청할 법률상 신청권이 있는데 국가인권위원회가 진정을 각하 및 기각결정을 할 경우 피해자인 진정인으로서는 자신의 인격권 등을 침해하는 인권침해 또는 차별행위 등이 시정되고 그에 따른 구제조치를 받을 권리를 박탈당하게 되므로, 진정에 대한 국가인권위원회의 각하 및 기각결정은 피해자인 진정인의 권리행사에 중대한 지장을 초래하는 것으로서 항고소송의 대상이 되는 행정처분에 해당**한다.

정답 | 41 × 42 × 43 ○

44

2019 국가직 9급

국립대학교 총장의 임용권한은 대통령에게 있으므로, 교육부 장관이 대통령에게 임용제청을 하면서 대학에서 추천한 복수의 총장 후보자들 중 일부를 임용제청에서 제외한 행위는 처분에 해당하지 않는다. O | X

[대법원 2018.6.15, 선고, 2016두57564, 판결]

대학의 장 임용에 관하여 교육부장관의 임용제청권을 인정한 취지는 대학의 자율성과 대통령의 실질적인 임용권 행사를 조화시키기 위하여 대통령의 최종적인 임용권 행사에 앞서 대학의 추천을 받은 총장 후보자들의 적격성을 일차적으로 심사하여 대통령의 임용권 행사가 적정하게 이루어질 수 있도록 하기 위한 것이다. 대학의 추천을 받은 총장 후보자는 교육부장관으로부터 정당한 심사를 받을 것이라는 기대를 하게 된다. 만일 **교육부장관이 자의적으로 대학에서 추천한 복수의 총장 후보자들 전부 또는 일부를 임용제청하지 않는다면 대통령으로부터 임용을 받을 기회를 박탈하는 효과가 있다. 이를 항고소송의 대상이 되는 처분으로 보지 않는다면, 침해된 권리 또는 법률상 이익을 구제받을 방법이 없다. 따라서 교육부장관이 대학에서 추천한 복수의 총장 후보자들 전부 또는 일부를 임용제청에서 제외하는 행위는 제외된 후보자들에 대한 불이익처분으로서 항고소송의 대상이 되는 처분에 해당한다**고 보아야 한다.

45

2019 지방직, 교육행정직 9급

구 민원사무 처리에 관한 법률에서 정한 사전심사결과 통보는 항고소송의 대상이 되는 행정처분에 해당하지 않는다. O | X

[대법원 2014.4.24, 선고, 2013두7834, 판결]

구 민원사무 처리에 관한 법률 제19조 제1항, 제3항, 구 민원사무 처리에 관한 법률 시행령 제31조 제3항의 내용과 체계에다가 **사전심사청구제도는 민원인이 대규모의 경제적 비용이 수반되는 민원사항에 대하여 간편한 절차로써 미리 행정청의 공적 견해를 받아볼 수 있도록 하여 민원행정의 예측 가능성을 확보하게 하는 데에 취지가 있다고 보이고, 민원인이 희망하는 특정한 견해의 표명까지 요구할 수 있는 권리를 부여한 것으로 보기는 어려운 점, 행정청은 사전심사결과 가능하다는 통보를 한 때에도 구 민원사무처리법 제19조 제3항에 의한 제약이 따르기는 하나 반드시 민원사항을 인용하는 처분을 해야 하는 것은 아닌 점, 행정청은 사전심사결과 불가능하다고 통보하였더라도 사전심사결과에 구애되지 않고 민원사항을 처리할 수 있으므로 불가능하다는 통보가 민원인의 권리의무에 직접적 영향을 미친다고 볼 수 없고, 통보로 인하여 민원인에게 어떠한 법적 불이익이 발생할 가능성도 없는 점 등 여러 사정을 종합해 보면, 구 민원사무처리법이 규정하는 사전심사결과 통보는 항고소송의 대상이 되는 행정처분에 해당하지 아니**한다.

정답 | 44 × 45 ○

46

2019 지방직, 교육행정직 9급

건축주가 토지소유자로부터 토지사용승낙서를 받아 그 토지 위에 건축물을 건축하는 건축허가를 받았다가 착공에 앞서 건축주의 귀책사유로 해당 토지를 사용할 권리를 상실한 경우, 토지소유자의 건축허가 철회신청을 거부한 행위는 항고소송의 대상이 된다. O | X

[대법원 2017.3.15, 선고, 2014두41190, 판결]

건축허가는 대물적 성질을 갖는 것이어서 행정청으로서는 허가를 할 때에 건축주 또는 토지 소유자가 누구인지 등 인적 요소에 관하여는 형식적 심사만 한다. **건축주가 토지 소유자로부터 토지사용승낙서를 받아 그 토지 위에 건축물을 건축하는 대물적(對物的) 성질의 건축허가를 받았다가 착공에 앞서 건축주의 귀책사유로 해당 토지를 사용할 권리를 상실한 경우, 건축허가의 존재로 말미암아 토지에 대한 소유권 행사에 지장을 받을 수 있는 토지 소유자로서는 건축허가의 철회를 신청할 수 있다고 보아야 한다. 따라서 토지 소유자의 위와 같은 신청을 거부한 행위는 항고소송의 대상이 된다.**

47

2019 지방직 7급

공무원연금법령상 급여를 받으려고 하는 자는 우선 급여지급을 신청하여 공무원연금공단이 이를 거부하거나 일부 금액만 인정하는 급여지급결정을 하는 경우 그 결정을 대상으로 항고소송을 제기하는 등으로 구체적 권리를 인정받아야 한다. O | X

[대법원 2017.2.9, 선고, 2014두43264, 판결]

공무원연금법령상 급여를 받으려고 하는 자는 우선 관계 법령에 따라 공무원연금공단에 급여지급을 신청하여 공무원연금공단이 이를 거부하거나 일부 금액만 인정하는 급여지급결정을 하는 경우 그 결정을 대상으로 항고소송을 제기하는 등으로 구체적 권리를 인정받아야 하고, 구체적인 권리가 발생하지 않은 상태에서 곧바로 공무원연금공단을 상대로 한 당사자소송으로 권리의 확인이나 급여의 지급을 소구하는 것은 허용되지 아니한다.

48

2019 지방직 7급

행정청이 공무원에게 국가공무원법령상 연가보상비를 지급하지 아니한 행위는 공무원의 연가보상비청구권을 제한하는 행위로서 항고소송의 대상이 되는 처분이다. O | X

[대법원 1999.7.23, 선고, 97누10857, 판결]

국가공무원법 제67조, 구 공무원복무규정(1996. 12. 14. 대통령령 제14825호로 개정되기 전의 것) 제15조, 제16조 제5항, 제17조 등의 각 규정에 비추어 보면, **공무원의 연가보상비청구권은 공무원이 연가를 실시하지 아니하는 등 법령상 정해진 요건이 충족되면 그 자체만으로 지급기준일 또는 보수지급기관의 장이 정한 지급일에 구체적으로 발생하고 행정청의 지급결정에 의하여 비로소 발생하는 것은 아니라고 할 것이므로, 행정청이 공무원에게 연가보상비를 지급하지 아니한 행위로 인하여 공무원의 연가보상비청구권 등 법률상 지위에 아무런 영향을 미친다고 할 수는 없으므로 행정청의 연가보상비 부지급 행위는 항고소송의 대상이 되는 처분이라고 볼 수 없다.**

정답 | 46 ○ 47 ○ 48 ×

49

2019 지방직 7급

교육공무원법에 따라 승진후보자명부에 포함되어 있던 후보자를 승진심사에 의해 승진임용인사발령에서 제외하는 행위는 항고소송의 대상인 처분으로 보아야 한다.

O | X

[대법원 2018.3.27, 선고, 2015두47492, 판결]

교육공무원법 제29조의2 제1항, 제13조, 제14조 제1항, 제2항, 교육공무원 승진규정 제1조, 제2조 제1항 제1호, 제40조 제1항, 교육공무원임용령 제14조 제1항, 제16조 제1항에 따르면 임용권자는 3배수의 범위 안에 들어간 후보자들을 대상으로 승진임용 여부를 심사하여야 하고, 이에 따라 승진후보자 명부에 포함된 후보자는 임용권자로부터 정당한 심사를 받게 될 것에 관한 절차적 기대를 하게 된다. 그런데 임용권자 등이 자의적인 이유로 승진후보자 명부에 포함된 후보자를 승진임용에서 제외하는 처분을 한 경우에, 이러한 승진임용제외처분을 항고소송의 대상이 되는 처분으로 보지 않는다면, 달리 이에 대하여는 불복하여 침해된 권리 또는 법률상 이익을 구제받을 방법이 없다. 따라서 **교육공무원법상 승진후보자 명부에 의한 승진심사 방식으로 행해지는 승진임용에서 승진후보자 명부에 포함되어 있던 후보자를 승진임용인사발령에서 제외하는 행위는 불이익처분으로서 항고소송의 대상인 처분에 해당한다**고 보아야 한다.

50

2019 지방직 7급

증액경정처분이 있는 경우, 원칙적으로는 당초 신고나 결정에 대한 불복기간의 경과 여부 등에 관계없이 증액경정처분만이 항고소송의 대상이 되고 납세의무자는 그 항고소송에서 당초 신고나 결정에 대한 위법사유를 주장할 수 없다.

O | X

증액경정처분에 대한 취소소송에서 당초 처분의 절차상 하자는 주장할 수 없으나, 당초 처분의 실체상 하자는 주장할 수 있다.

[대법원 2009.5.14, 선고, 2006두17390, 판결]

국세기본법 제22조의2의 시행 이후에도 증액경정처분이 있는 경우, 당초 신고나 결정은 증액경정처분에 흡수됨으로써 독립한 존재가치를 잃게 된다고 보아야 하므로, 원칙적으로는 **당초 신고나 결정에 대한 불복기간의 경과 여부 등에 관계없이 증액경정처분만이 항고소송의 심판대상이 되고, 납세의무자는 그 항고소송에서 당초 신고나 결정에 대한 위법사유도 함께 주장할 수 있다**고 해석함이 타당하다.

51

2019 지방직 7급

증액경정처분이 있는 경우, 당초처분은 증액경정처분에 흡수되어 소멸하고, 소멸한 당초처분의 절차적 하자는 존속하는 증액경정처분에 승계되지 아니한다.

O | X

[대법원 2010.6.24, 선고, 2007두16493, 판결]

증액경정처분이 있는 경우 당초처분은 증액경정처분에 흡수되어 소멸하고, 소멸한 당초처분의 절차적 하자는 존속하는 증액경정처분에 승계되지 아니한다.

52

2020 국회사무처 8급

한국환경산업기술원장이 환경기술개발사업 협약을 체결한 甲 주식회사 등에게 연차평가 실시 결과 절대평가 60점 미만으로 평가되었다는 이유로 연구개발 중단조치 및 연구비 집행중지조치를 한 사안에서, 연구개발 중단조치 및 연구비 집행중지조치는 항고소송의 대상이 되는 행정처분에 해당한다. O | X

[대법원 2015.12.24, 선고, 2015두264, 판결]

한국환경산업기술원장이 환경기술개발사업 협약을 체결한 甲 주식회사 등에게 연차평가 실시 결과 절대평가 60점 미만으로 평가되었다는 이유로 연구개발 중단 조치 및 연구비 집행중지 조치(이하 '각 조치'라 한다)를 한 사안에서, 각 조치는 甲 회사 등에게 연구개발을 중단하고 이미 지급된 연구비를 더 이상 사용하지 말아야 할 공법상 의무를 부과하는 것이고, 연구개발 중단 조치는 협약의 해약 요건에도 해당하며, 조치가 있은 후에는 주관연구기관이 연구개발을 계속하더라도 그에 사용된 연구비는 환수 또는 반환 대상이 되므로, 각 조치는 甲 회사 등의 권리·의무에 직접적인 영향을 미치는 행위로서 항고소송의 대상이 되는 행정처분에 해당한다고 한 사례.

53

2020 국회사무처 8급

단순히 계약상의 규정에 근거한 것이 아니라 계약상의 규정과 중첩되더라도 법령상의 근거를 가진 행위에 대해서는 공권력성을 인정하여 이를 처분으로 인정하는 경우가 있다. O | X

[대법원 2018.10.25, 선고, 2016두33537, 판결]

공기업·준정부기관이 법령 또는 계약에 근거하여 선택적으로 입찰참가자격 제한 조치를 할 수 있는 경우, 계약상대방에 대한 입찰참가자격 제한 조치가 법령에 근거한 행정처분인지 아니면 계약에 근거한 권리행사인지는 원칙적으로 의사표시의 해석 문제이다. 이때에는 공기업·준정부기관이 계약상대방에게 통지한 문서의 내용과 해당 조치에 이르기까지의 과정을 객관적·종합적으로 고찰하여 판단하여야 한다. 그럼에도 불구하고 공기업·준정부기관이 법령에 근거를 둔 행정처분으로서의 입찰참가자격 제한 조치를 한 것인지 아니면 계약에 근거한 권리행사로서의 입찰참가자격 제한 조치를 한 것인지가 여전히 불분명한 경우에는, 그에 대한 불복방법 선택에 중대한 이해관계를 가지는 그 조치 상대방의 인식가능성 내지 예측가능성을 중요하게고려하여 규범적으로 이를 확정함이 타당하다.

54

2020 군무원 7급

행정청인 관리권자로부터 관리업무를 위탁받은 공단이 우월적 지위에서 일정한 법률상 효과를 발생하게 하는 공단입주 변경계약은 공법계약으로 이의 취소는 공법상 당사자소송으로 해야 한다. O | X

계약취소가 사법상 계약해지인지 공법상 계약해지인지 처분인지는 지문만 읽고는 알 수가 없다. 해당 판례를 기억하고 있어야 풀 수 있는 문제이다.

[대법원 2017.6.15, 선고, 2014두46843, 판결]

산업단지관리공단의 지위, 입주계약 및 변경계약의 효과, 입주계약 및 변경계약 체결 의무와 그 의무를 불이행한 경우의 형사적 내지 행정적 제재, 입주계약해지의 절차, 해지통보에 수반되는 법적 의무 및 그 의무를 불이행한 경우의 형사적 내지 행정적 제재 등을 종합적으로 고려하면, 입주변경계약 취소는 행정청인 관리권자로부터 관리업무를 위탁받은 산업단지관리공단이 우월적 지위에서 입주기업체들에게 일정한 법률상 효과를 발생하게 하는 것으로서 항고소송의 대상이 되는 행정처분에 해당한다.

정답 | 52 ○ 53 ○ 54 ×

55

2020 군무원 7급

병무청장의 병역의무 기피자의 인적사항 공개 결정은 취소소송의 대상이 되는 처분에 해당한다. O | X

[대법원 2019.6.27. 선고, 2018두49130, 판결]
병무청장이 병역법 제81조의2 제1항에 따라 병역의무 기피자의 인적사항 등을 인터넷 홈페이지에 게시하는 등의 방법으로 공개한 경우 병무청장의 공개결정을 항고소송의 대상이 되는 행정처분으로 보아야 한다. 그 구체적인 이유는 다음과 같다. 병무청장이 하는 병역의무 기피자의 인적사항 등 공개는, **특정인을 병역의무 기피자로 판단하여 그 사실을 일반 대중에게 공표함으로써 그의 명예를 훼손하고 그에게 수치심을 느끼게 하여 병역의무 이행을 간접적으로 강제하려는 조치로서 병역법에 근거하여 이루어지는 공권력의 행사**에 해당한다.

56

2020 지방직 (서울시) 7급

국민건강보험공단에 의한 '직장가입자 자격상실 및 자격변동 안내' 통보 및 '사업장 직권탈퇴에 따른 가입자 자격상실 안내' 통보는 가입자 자격이 변동되는 효력을 가져오므로 항고소송의 대상이 되는 처분에 해당한다. O | X

[대법원 2019.2.14. 선고, 2016두41729, 판결]
국민건강보험공단이 甲 등에게 '직장가입자 자격상실 및 자격변동 안내' 통보 및 '사업장 직권탈퇴에 따른 가입자 자격상실 안내' 통보를 한 사안에서, **국민건강보험 직장가입자 또는 지역가입자 자격 변동은 법령이 정하는 사유가 생기면 별도 처분 등의 개입 없이 사유가 발생한 날부터 변동의 효력이 당연히 발생하므로,** 국민건강보험공단이 甲 등에 대하여 가입자 자격이 변동되었다는 취지의 '직장가입자 자격상실 및 자격변동 안내' 통보를 하였거나, 그로 인하여 사업장이 국민건강보험법상의 적용대상사업장에서 제외되었다는 취지의 '사업장 직권탈퇴에 따른 가입자 자격상실 안내' 통보를 하였더라도, 이는 **甲 등의 가입자 자격의 변동 여부 및 시기를 확인하는 의미에서 한 사실상 통지행위에 불과할 뿐, 위 각 통보에 의하여 가입자 자격이 변동되는 효력이 발생한다고 볼 수 없고, 또한 위 각 통보로 甲 등에게 지역가입자로서의 건강보험료를 납부하여야 하는 의무가 발생함으로써 甲 등의 권리의무에 직접적 변동을 초래하는 것도 아니라는 이유로, 위 각 통보의 처분성이 인정되지 않는다고 보아 그 취소를 구하는 甲 등의 소를 모두 각하한 원심판단이 정당**하다고 한 사례.

정답 | 55 ○ 56 ×

57

2021 국회사무처 8급

조달청이 계약상대자에 대하여 나라장터 종합쇼핑몰에서의 거래를 일정기간 정지하는 조치는, 비록 물품구매계약의 추가특수조건이라는 사법상 계약에 근거한 것이라고 하더라도 행정청인 조달청이 행하는 구체적 사실에 관한 법집행으로서의 공권력의 행사로서 그 상대방 회사의 권리·의무에 직접 영향을 미치므로 항고소송의 대상이 되는 행정처분에 해당한다.

O | X

[대법원 2018.11.29. 선고, 2015두52395, 판결]

甲 주식회사가 조달청과 물품구매계약을 체결하고 국가종합전자조달시스템인 나라장터 종합쇼핑몰 인터넷 홈페이지를 통해 요구받은 제품을 수요기관에 납품하였는데, 조달청이 계약이행내역 점검 결과 일부 제품이 계약 규격과 다르다는 이유로 물품구매계약 추가특수조건 규정에 따라 甲 회사에 대하여 6개월의 나라장터 종합쇼핑몰 거래정지 조치를 한 사안에서, **조달청이 계약상대자에 대하여 나라장터 종합쇼핑몰에서의 거래를 일정기간 정지하는 조치**는 전자조달의 이용 및 촉진에 관한 법률, 조달사업에 관한 법률 등에 의하여 보호되는 계약상대자의 직접적이고 구체적인 법률상 이익인 나라장터를 통하여 수요기관의 전자입찰에 참가하거나 나라장터 종합쇼핑몰에서 등록된 물품을 수요기관에 직접 판매할 수 있는 지위를 직접 제한하거나 침해하는 행위에 해당하는 점 등을 종합하면, 위 거래정지 조치는 **비록 추가특수조건이라는 사법상 계약에 근거한 것이지만 행정청인 조달청이 행하는 구체적 사실에 관한 법집행으로서의 공권력의 행사로서 그 상대방인 甲 회사의 권리·의무에 직접 영향을 미치므로 항고소송의 대상이 되는 행정처분에 해당**한다.

58

2021 국회사무처 9급

사인 간의 법률관계의 존부를 공적으로 증명하는 법무법인의 공증행위는 항고소송의 대상이 되는 처분이다.

O | X

공증은 원칙적으로 처분성이 없다.

[대법원 2012.6.14. 선고, 2010두19720, 판결]

행정소송 제도는 행정청의 위법한 처분, 그 밖에 공권력의 행사·불행사 등으로 인한 국민의 권리 또는 이익의 침해를 구제하고 공법상 권리관계 또는 법률 적용에 관한 다툼을 적정하게 해결함을 목적으로 하는 것이므로, 항고소송의 대상이 되는 행정처분에 해당하는지는 행위의 성질·효과 이외에 행정소송 제도의 목적이나 사법권에 의한 국민의 권익보호 기능도 충분히 고려하여 합목적적으로 판단해야 한다. 이러한 행정소송 제도의 목적 및 기능 등에 비추어 볼 때, **행정청이 한 행위가 단지 사인 간 법률관계의 존부를 공적으로 증명하는 공증행위에 불과하여 그 효력을 둘러싼 분쟁의 해결이 사법원리에 맡겨져 있거나 행위의 근거 법률에서 행정소송 이외의 다른 절차에 의하여 불복할 것을 예정하고 있는 경우에는 항고소송의 대상이 될 수 없다**고 보는 것이 타당하다.

59

2021 국회사무처 9급

기반시설부담금의 납부를 지체하여 발생한 지체가산금이 환급 대상에서 제외된다는 취지의 환급거부결정은 원고의 환급신청 중 일부를 거부하는 처분으로서 항고소송의 대상이 된다.

O | X

지체가산금의 환급을 구하는 조리상 신청권을 판례가 인정한 사안이다.

[대법원 2018.6.28. 선고, 2016두50990, 판결]

납부의무자의 환급신청에 대하여 행정청이 전부 또는 일부 환급을 거부하는 결정은 행정청이 공권력의 주체로서 행하는 구체적 사실에 관한 법집행으로서 납부의무자의 권리·의무에 직접 영향을 미치므로 **항고소송의 대상인 처분에 해당**한다고 보아야 한다. **행정청의 환급 거부대상이 기반시설부담금 그 자체가 아니라 그 납부지체로 발생한 지체가산금인 경우에도 달리 볼 것은 아니다.** 정당한 환급액 내지 행정청의 환급의무의 범위는 취소소송의 본안에서 심리·판단할 사항이지, 소송요건 심사 단계에서 고려할 요소가 아니다.

정답 | 57 ○ 58 × 59 ○

60

2022 국가직 9급

「공유재산 및 물품 관리법」에 근거하여 공모제안을 받아 이루어지는 민간투자사업 '우선협상대상자 선정행위'나 '우선협상대상자 지위배제행위'에서 '우선협상대상자 지위배제행위'만이 항고소송의 대상인 처분에 해당한다.

O | X

우선협상대상자 「선정행위」와 「지위배제행위」 모두 처분성이 인정된다.

[대법원 2020.4.29. 선고 2017두31064 판결]

지방자치단체의 장이 공유재산법에 근거하여 기부채납 및 사용·수익허가 방식으로 민간투자사업을 추진하는 과정에서 사업시행자를 지정하기 위한 전 단계에서 공모제안을 받아 일정한 심사를 거쳐 우선협상대상자를 선정하는 행위와 이미 선정된 우선협상대상자를 그 지위에서 배제하는 행위는 민간투자사업의 세부내용에 관한 협상을 거쳐 공유재산법에 따른 공유재산의 사용·수익허가를 우선적으로 부여받을 수 있는 지위를 설정하거나 또는 이미 설정한 지위를 박탈하는 조치이므로 모두 항고소송의 대상이 되는 행정처분으로 보아야 한다.

61

2022 지방직 9급

거부행위가 항고소송의 대상인 처분이 되기 위해서는 그 거부행위가 신청인의 실체상의 권리관계에 직접적인 변동을 일으키는 것이어야 하며, 신청인이 실체상의 권리자로서 권리를 행사함에 중대한 지장을 초래하는 것만으로는 부족하다.

O | X

실체상의 권리자로서 권리를 행사함에 중대한 지장을 초래하는 것도 포함한다.

[대법원 2002.11.22. 선고, 2000두9229, 판결]

국민의 적극적 행위 신청에 대하여 행정청이 그 신청에 따른 행위를 하지 않겠다고 거부한 행위가 항고소송의 대상이 되는 행정처분에 해당하는 것이라고 하려면, 그 신청한 행위가 공권력의 행사 또는 이에 준하는 행정작용이어야 하고 그 거부행위가 신청인의 법률관계에 어떤 변동을 일으키는 것이어야 하며 그 국민에게 그 행위발동을 요구할 법규상 또는 조리상의 신청권이 있어야 한다고 할 것인바, 여기에서 '신청인의 법률관계에 어떤 변동을 일으키는 것'이라는 의미는 신청인의 실체상의 권리관계에 직접적인 변동을 일으키는 것은 물론 그렇지 않다 하더라도 신청인이 실체상의 권리자로서 권리를 행사함에 중대한 지장을 초래하는 것도 포함한다고 해석함이 상당하다.

62

2022 군무원 7급

지방자치단체장이 공장시설을 신축하는 회사에 대하여 사업승인 당시 부가하였던 조건을 이행할 때까지 신축공사를 중지하라는 명령을 발하였고, 회사는 중지명령의 원인사유가 해소되지 않았음에도 공사중지 명령의 해제를 요구하였고, 이에 대하여 지방자치단체장이 해제요구를 거부한 경우에 그 거부행위는 항고소송의 대상이 되는 행정처분에 해당한다.

O | X

「중지명령의 원인사유가 해소되지 않은 경우」에는 명령의 해제를 요구할 권리가 인정되지 않고 따라서 그에 대한 거부행위에 대하여 다툴 법률상 이익이 없다.

[대법원 2007.5.11. 2007두1811]

지방자치단체장이 공장시설을 신축하는 회사에 대하여 사업승인 내지 건축허가 당시 부가하였던 조건을 이행할 때까지 신축공사를 중지하라는 명령을 한 경우, 위 회사에게는 중지명령의 원인사유가 해소되었음을 이유로 당해 공사중지명령의 해제를 요구할 수 있는 권리가 조리상 인정된다.

정답 | 60 × 61 × 62 ×

63

2022 국가직 7급

과세표준과 세액을 감액하는 경정처분에 대해서 그 감액경정 처분으로도 아직 취소되지 아니하고 남아 있는 부분을 다투는 경우, 적법한 전심절차를 거쳤는지 여부, 제소기간의 준수여부는 당해 경정처분을 기준으로 판단하여야 한다. O | X

감액경정처분의 경우 변경처분이 아닌 당초 처분 중 감액되고 남은 부분이 항고소송의 대상이 된다. 따라서 제소기간의 준수도 당초 처분 시를 기준으로 판단하여야 하고, 적법한 전심절차를 거쳤는지 여부도 당초 처분을 기준으로 판단하여야 한다.

64

2022 지방직 7급

국가가 국토이용계획과 관련한 지방자치단체의 장의 기관위임사무의 처리에 관하여 지방자치단체의 장을 상대로 취소소송을 제기하는 것은 허용되지 않는다. O | X

기관위임사무의 처리에 관하여 국가는 지방자치단체장을 상대로 항고소송을 제기할 수 없다.

[대법원 2007.9.20, 2005두6935]

지방자치단체는 행정주체로서 권리의무의 주체이므로 각종 소송의 당사자가 될 수 있다. 국가 등의 공권력행사에 의해 자치권이 침해된 경우에는 그 취소를 구하는 항고소송을 제기할 수도 있다. 반면 국가 내지 국가기관의 경우에는 소송의 당사자가 될 수 없다. 건설교통부장관은 지방자치단체의 장이 기관위임사무인 국토이용계획 사무를 처리함에 있어 자신과 의견이 다를 경우 행정협의조정위원회에 협의·조정 신청을 하여 그 협의·조정 결정에 따라 의견불일치를 해소할 수 있고, **법원에 의한 판결을 받지 않고서도 행정권한의 위임 및 위탁에 관한 규정이나 구 지방자치법에서 정하고 있는 지도·감독을 통하여 직접 지방자치단체의장의 사무처리에 대하여 시정명령을 발하고 그 사무처리를 취소 또는 정지 할 수 있으며, 지방자치단체의 장에게 기간을 정하여 직무이행명령을 하고 지방자치단체의 장이 이를 이행하지 아니할 때에는 직접 필요한 조치를 할 수도 있으므로, 국가가 국토이용계획과 관련한 지방자치단체의 장의 기관위임사무의 처리에 관하여 지방자치단체의 장을 상대로 취소소송을 제기하는 것은 허용되지 않는다.**

65

2023 소방간부

「병역법」상 지방병무청장의 병역처분, 「공기업·준정부기관 회계사무규칙」에 의한 한국전력공사의 부정당업자 제재처분 및 구청장의 주택건설사업계획승인처분은 항고소송의 대상이 된다. O | X

한국전력공사 등 정부투자기관이 행한 부정당업자제재(입찰참가자격제한)의 경우에는 (i) 법령에 근거를 두고 한 것인지, (ii) 계약에 근거를 두고 한 것인지에 따라 처분성이 달라진다. 선지에서는 "「공기업·준정부기관 회계사무규칙」에 의한"이라고 했으니 법령에 근거를 두고 한 것으로 봐야 한다.

[대법원 1993.8.27, 선고, 93누3356, 판결]

병역법상 신체등위판정은 행정청이라고 볼 수 없는 군의관이 하도록 되어 있으며, 그 자체만으로 바로 병역법상의 권리의무가 정하여지는 것이 아니라 그에 따라 **지방병무청장이 병역처분을 함으로써 비로소 병역의무의 종류가 정하여지는 것**이므로 항고소송의 대상이 되는 행정처분이라 보기 어렵다.

[대법원 2018.10.25, 선고, 2016두33537]

공기업·준정부기관이 법령 또는 계약에 근거하여 선택적으로 입찰참가자격 제한 조치를 할 수 있는 경우, 계약상대방에 대한 입찰참가자격 제한 조치가 법령에 근거한 행정처분인지 아니면 계약에 근거한 권리행사인지는 원칙적으로 의사표시의 해석 문제이다. 이때에는 공기업·준정부기관이 계약상대방에게 통지한 문서의 내용

정답 | 63 × 64 ○ 65 ○

과 해당 조치에 이르기까지의 과정을 객관적·종합적으로 고찰하여 판단하여야 한다. 그럼에도 불구하고 **공기업·준정부기관이 법령에 근거를 둔 행정처분으로서의 입찰참가자격 제한 조치를 한 것인지 아니면 계약에 근거한 권리행사로서의 입찰참가자격 제한 조치를 한 것인지가 여전히 불분명한 경우에는, 그에 대한 불복방법 선택에 중대한 이해관계를 가지는 그 조치 상대방의 인식가능성 내지 예측가능성을 중요하게 고려하여 규범적으로 이를 확정함**이 타당하다.

[대법원 2014.11.27, 선고 2013두18964]

한국전력공사가, 甲 주식회사가 광섬유복합가공지선 구매입찰에서 담합행위를 하였다는 이유로 6개월의 입찰참가자격 제한처분(1차 처분)을 한 다음, 1차 처분이 있기 전에 전력선 구매입찰에서 담합행위를 하였다는 이유로 甲 회사에 다시 6개월의 입찰참가자격 제한처분(2차 처분)을 한 사안에서, 위 2차 처분은 재량권을 일탈·남용하여 위법하다고 한 사례

[대법원 2017.9.12, 선고 2017두45131 판결]

주된 행정처분인 주택건설사업계획승인처분에 대한 항고소송에서, 선행 지구단위계획결정 및 주된 행정처분에 부수하여 인·허가 의제된 지구단위계획변경결정의 무효사유를 주된 행정처분의 위법사유로 주장할 수 없다.

66

2023 소방간부

도시기본계획에 대한 항고소송을 제기할 수 없지만 환지계획에 대해서는 항고소송으로 다툴 수 있다.

O | X

도시기본계획과 환지계획 모두 처분성이 인정되지 않는다.

[대법원 2002.10.11, 2000두8226]

구 도시계획법 제10조의2, 제16조의2, 같은 법 시행령 제7조, 제14조의2의 각 규정을 종합하면, **도시기본계획은 도시의 기본적인 공간구조와 장기발전방향을 제시하는 종합계획으로서 그 계획에는 토지이용계획, 환경계획, 공원녹지계획 등 장래의 도시개발의 일반적인 방향이 제시되지만, 그 계획은 도시계획입안의 지침이 되는 것에 불과하여 일반 국민에 대한 직접적인 구속력은 없는 것**이므로, 도시기본계획을 입안함에 있어 토지이용계획에는 세부적인 내용을 기재하지 아니하고 다소 포괄적으로 기재하였다 하더라도 기본구상도상에 분명하게 그 내용을 표시한 이상 도시기본계획으로서 입안된 것이라고 봄이 상당하고, 또 공청회 등 절차에서 다른 자료에 의하여 그 내용이 제시된 다음 관계 법령이 정하는 절차에 따라 건설교통부장관의 승인을 받아 공람공고까지 되었다면 도시기본계획으로서 적법한 효력이 있는 것이다.

[대법원 1999.8.20, 선고, 97누6889, 판결]

토지구획정리사업법 제57조, 제62조 등의 규정상 환지예정지 지정이나 **환지처분은** 그에 의하여 직접 토지소유자 등의 권리의무가 변동되므로 이를 **항고소송의 대상이 되는 처분**이라고 볼 수 있으나, **환지계획**은 위와 같은 환지예정지 지정이나 환지처분의 근거가 될 뿐 그 자체가 직접 토지소유자 등의 법률상의 지위를 변동시키거나 또는 환지예정지 지정이나 환지처분과는 다른 고유한 법률효과를 수반하는 것이 아니어서 이를 **항고소송의 대상이 되는 처분에 해당한다고 할 수가 없다.**

67

2023 소방간부

행정청이 영업자에게 행정제재를 한 후 그 처분을 영업자에게 유리하게 변경하였고 그 변경처분에 의해 유리하게 변경된 내용의 행정제재가 위법하다고 소를 제기한 경우 제소기간의 준수 여부는 변경처분을 기준으로 판단한다.

O | X

변경된 원처분이 소의 대상이 되므로, 제소기간 준수 여부 역시 원처분통지일을 기준으로 판단해야 한다.

[대법원 2007.4.27, 2004두9302]

행정청이 식품위생법령에 따라 영업자에게 행정제재처분을 한 후 그 처분을 영업자에게 유리하게 변경하는 처분을 한 경우, 변경처분에 의하여 당초 처분은 소멸하는 것이 아니고 당초부터 유리하게 변경된 내용의 처분으로 존재하는 것이므로, **변경처분에 의하여 유리하게 변경된 내용의 행정제재가 위법하다 하여 그 취소를 구하는 경우 그 취소소송의 대상은 변경된 내용의 당초 처분이지 변경처분은 아니고, 제소기간의 준수 여부도 변경처분이 아닌 변경된 내용의 당초 처분을 기준으로 판단**하여야 한다.

68

2023 소방직

행정청의 행위가 항고소송의 대상이 되는 처분에 해당하는지가 불분명한 경우에는 그에 대한 불복방법 선택에 중대한 이해관계를 가지는 상대방의 인식가능성과 예측가능성을 중요하게 고려해서 규범적으로 판단해야 한다.

O | X

[대법원 2021.1.14, 선고 2020두50324 판결]

행정청의 행위가 항고소송의 대상이 될 수 있는지는 추상적·일반적으로 결정할 수 없고, 구체적인 경우에 관련 법령의 내용과 취지, 그 행위의 주체·내용·형식·절차, 그 행위와 상대방 등 이해관계인이 입는 불이익 사이의 실질적 견련성, 법치행정의 원리와 그 행위에 관련된 행정청이나 이해관계인의 태도 등을 고려하여 개별적으로 결정하여야 한다. **행정청의 행위가 '처분'에 해당하는지 불분명한 경우에는 그에 대한 불복방법 선택에 중대한 이해관계를 가지는 상대방의 인식가능성과 예측가능성을 중요하게 고려하여 규범적으로 판단하여야 한다.**

69

2023 소방직

「공공기관의 운영에 관한 법률」에 따른 입찰참가자격제한 조치는 행정처분에 해당한다.

O | X

[대판 2019.2.14, 2016두33292]

공기업·준정부기관이 법령 또는 계약에 근거하여 선택적으로 입찰참가자격 제한 조치를 할 수 있는 경우, 계약상대방에 대한 입찰참가자격 제한 조치가 법령에 근거한 행정처분인지 아니면 계약에 근거한 권리행사인지는 원칙적으로 의사표시의 해석 문제이다. 이때에는 공기업·준정부기관이 계약상대방에게 통지한 문서의 내용과 해당 조치에 이르기까지의 과정을 객관적·종합적으로 고찰하여 판단하여야 한다. 그럼에도 불구하고 공기업·준정부기관이 법령에 근거를 둔 행정처분으로서의 입찰참가자격 제한 조치를 한 것인지 아니면 계약에 근거한 권리행사로서의 입찰참가자격 제한 조치를 한 것인지 여부가 여전히 불분명한 경우에는, 그에 대한 불복방법 선택에 중대한 이해관계를 가지는 그 조치 상대방의 인식가능성 내지 예측가능성을 중요하게 고려하여 규범적으로 이를 확정함이 타당하다. 원심판결 이유 및 기록에 의하여 인정되는 다음 사정을 앞서 본 법리에 비추어 살펴보면, **피고의 입찰참가자격 제한 조치는 계약에 근거한 권리행사가 아니라 공공기관의 운영에 관한 법률(이하 '공공기관운영법'이라 한다) 제39조 제2항에 근거한 행정처분**으로 봄이 타당하다.

정답 | 67 × 68 ○ 69 ○

70

2023 소방직

도지사가 도에서 설치·운영하는 지방의료원을 폐업하겠다는 결정을 발표하고 그에 따라 폐업을 위한 일련의 조치를 한 경우, 폐업결정은 공권력의 행사로서 행정처분에 해당한다. O | X

행정처분에 해당하지만 「원상회복이 불가능하여 소의 이익이 없다」는 결론까지 같이 알아두자.

[대판 2016.8.30. 2015두60617]

갑 도지사가 도에서 설치·운영하는 을 지방의료원을 폐업하겠다는 결정을 발표하고 그에 따라 폐업을 위한 일련의 조치가 이루어진 후 을 지방의료원을 해산한다는 내용의 조례를 공포하고 을 지방의료원의 청산절차가 마쳐진 사안에서, 지방의료원의 설립·통합·해산은 지방자치단체의 조례로 결정할 사항이므로, 도가 설치·운영하는 을 지방의료원의 폐업·해산은 도의 조례로 결정할 사항인 점 등을 종합하면, 갑 도지사의 폐업결정은 행정청이 행하는 구체적 사실에 관한 법집행으로서의 공권력 행사로서 입원환자들과 소속 직원들의 권리·의무에 직접 영향을 미치는 것이므로 항고소송의 대상에 해당하지만, 폐업결정 후 을 지방의료원을 해산한다는 내용의 조례가 제정·시행되었고 조례가 무효라고 볼 사정도 없어 을 지방의료원을 폐업 전의 상태로 되돌리는 원상회복은 불가능하므로 법원이 폐업결정을 취소하더라도 단지 폐업결정이 위법함을 확인하는 의미밖에 없고, 폐업결정의 취소로 회복할 수 있는 다른 권리나 이익이 남아있다고 보기도 어려우므로, 갑 도지사의 폐업결정이 법적으로 권한 없는 자에 의하여 이루어진 것으로서 위법하더라도 취소를 구할 소의 이익을 인정하기 어렵다.

71

2023 소방직

「총포·도검·화약류 등의 안전관리에 관한 법률」에 따른 총포·화약안전기술협회가 회비납부의무자에 대하여 한 회비납부통지는 항고소송의 대상이 되는 처분에 해당하지 않는다. O | X

총포·화약안전기술협회는 공법상 재단법인으로서 행정주체이자 행정청에 해당하고, 회원에 대한 회비납부통지는 부담금 부과처분에 해당한다.

[대법원 2021.12.30, 선고 2018다241458 판결]

총포·화약안전기술협회(이하 '협회')는 총포화약류의 안전관리와 기술지원 등에 관한 국가사무를 수행하기 위하여 법률에 따라 설립된 '공법상 재단법인'이라고 보아야 한다. 총포·도검·화약류 등의 안전관리에 관한 법령 및 협회정관의 관련 규정의 내용을 위 법리에 비추어 살펴보면, 공법인인 협회가 자신의 공행정활동에 필요한 재원을 마련하기 위하여 회비납부의무자에 대하여 한 '회비납부통지'는 납부의무자의 구체적인 부담금액을 산정·고지하는 '부담금 부과처분'으로서 항고소송의 대상이 된다고 보아야 한다.

72

2023 국가직 9급

어떠한 처분에 법령상 근거가 있는지, 「행정절차법」에서 정한 처분 절차를 준수하였는지는 소송요건 심사단계에서 고려하여야 한다. O | X

처분에 법령상의 근거가 있는지, 처분절차를 준수하였는지는 본안의 판단 대상인 처분의 위법성에 영향을 주는 사정이다.

[대판 2020.1.16, 2019다264700]

항고소송의 대상인 '처분'이란 "행정청이 행하는 구체적 사실에 관한 법집행으로서의 공권력의 행사 또는 그 거부와 그 밖에 이에 준하는 행정작용"(행정소송법 제2조 제1항 제1호)을 말한다. 행정청의 행위가 항고소송의 대상이 될 수 있는지는 추상적·일반적으로 결정할 수 없고, 구체적인 경우에 관련 법령의 내용과 취지, 그 행위의 주체·내용·형식·절차, 그 행위와 상대방 등 이해관계인이 입는 불이익 사이의 실질적 견련성, 법치행정

정답 | 70 ○ 71 × 72 ×

의 원리와 그 행위에 관련된 행정청이나 이해관계인의 태도 등을 고려하여 개별적으로 결정하여야 한다. 또한 **어떠한 처분에 법령상 근거가 있는지, 행정절차법에서 정한 처분절차를 준수하였는지는 본안에서 당해 처분이 적법한가를 판단하는 단계에서 고려할 요소이지, 소송요건 심사단계에서 고려할 요소가 아니다.**

73

2023 국가직 9급

행정청의 행위가 '처분'에 해당하는지가 불분명한 경우에는 그에 대한 불복방법 선택에 중대한 이해관계를 가지는 상대방의 인식가능성과 예측가능성을 중요하게 고려하여 규범적으로 판단하여야 한다. O | X

[대판 2021.1.14. 2020두50324]
행정청의 행위가 '처분'에 해당하는지 불분명한 경우에는 그에 대한 불복방법 선택에 중대한 이해관계를 가지는 상대방의 인식가능성과 예측가능성을 중요하게 고려하여 규범적으로 판단하여야 한다.

74

2023 국가직 9급

국가보훈처장이 서훈추천 신청자에 대한 서훈추천을 거부한 것은 항고소송의 대상으로 볼 수는 없어 항고소송을 제기할 수는 없으나 행정권력의 부작위에 대한 헌법소원으로서 다툴 수 있다. O | X

국가보훈처장의 서훈추천 내지 그 추천의 거부는 국가보훈처장의 의견표명에 불과하다. 즉 비권력적 사실행위로서 처분성(항고소송의 대상)이 부인되고, 공권력의 행사(헌법소원의 대상)에도 해당하지 않는다.

[대판 1990.11.23. 90누3553]
서훈추천권의 행사, 불행사가 당연무효임의 확인, 또는 그 부작위가 위법함의 확인을 구하는 청구는 과거의 역사적 사실관계의 존부나 **공법상의 구체적인 법률관계가 아닌 사실관계에 관한 것들을 확인의 대상으로 하는 것이거나 행정청의 단순한 부작위를 대상으로 하는 것으로서 항고소송의 대상이 되지 아니하는 것**이다.

[헌재 2005.6.30. 2004헌마859 전원재판부]
국가보훈처장이 **서훈추천 신청자에 대한 서훈추천을 하여 주어야 할 헌법적 작위의무가 있다고 할 수는 없으므로, 서훈추천을 거부한 것에 대하여 행정권력의 부작위에 대한 헌법소원으로서 다툴 수 없다.**

75

2023 국회사무처 8급

특별사용에 있어서의 점용료 부과처분은 공법상의 의무를 부과하는 공권적인 처분으로서 항고소송의 대상이 되는 처분에 해당한다. O | X

[대법원 2004.10.15. 선고, 2002다68485, 판결]
하천법 및 공유수면관리법에 규정된 하천 또는 공유수면의 점용이라 함은 하천 또는 공유수면에 대하여 일반사용과는 별도로 하천 또는 공유수면의 특정부분을 유형적·고정적으로 특정한 목적을 위하여 사용하는 이른바 특별사용을 의미하는 것이므로, 이러한 **특별사용에 있어서의 점용료 부과처분은 공법상의 의무를 부과하는 공권적인 처분으로서 항고소송의 대상이 되는 행정처분에 해당한다.**

정답 | 73 ○ 74 × 75 ○

76

2023 국회사무처 8급

국유재산 무단점유자에 대한 변상금 부과는 관리청이 공권력을 가진 우월적 지위에서 행한 것으로서 행정소송의 대상이 되는 행정처분이다. O | X

이때의 국유재산은 행정재산인지 일반재산인지를 불문한다.

[대법원 1988.2.23. 선고, 87누1046, 판결]

국유재산법 제51조 제1항은 국유재산의 무단점유자에 대하여는 대부 또는 사용, 수익허가 등을 받은 경우에 납부하여야 할 대부료 또는 사용료 상당액 외에도 그 징벌적 의미에서 국가측이 일방적으로 그 2할 상당액을 추가하여 변상금을 징수토록 하고 있으며 동조 제2항은 변상금의 체납시 국세징수법에 의하여 강제징수토록 하고 있는 점 등에 비추어 보면 **국유재산의 관리청이 그 무단점유자에 대하여 하는 변상금부과처분은 순전히 사경제 주체로서 행하는 사법상의 법률행위라 할 수 없고 이는 관리청이 공권력을 가진 우월적 지위에서 행한 것으로서 행정소송의 대상이 되는 행정처분**이라고 보아야 한다.

77

2023 지방직 9급

교도소장이 영치품인 티셔츠 사용을 재소자에게 불허한 행위는 항고소송의 대상이 되는 행정처분에 해당한다. O | X

판례는 처분성과 소의 이익이 인정됨을 전제로 본안에 관하여 판단하였다.

[헌재 1998.9.30. 97헌바38]

원심판결 이유와 기록에 의하여 알 수 있는 다음과 같은 사정, 즉 행형법 시행령 제131조 제2항에서 영치금품의 사용기준 등에 관하여 필요한 사항을 법무부장관이 정하도록 함에 따라 제정된 영치금품관리규정 제28조 제1항 단서에서, 소장이 [별표] '수용자 1인의 영치품 휴대 허가기준'에 없는 품목 중 특히 필요하다고 판단되는 물품 등에 대하여는 그 기준을 정하여 허가할 수 있도록 규정하고 있는 점, 위 **영치금품관리규정에 따라 사용이 허가된 다른 티셔츠에 비하여 이 사건 영치품에 특별한 위생상의 문제점이 있다고 보기 어려운 점, 이 사건 영치품에 대한 사용을 허가하더라도 그 시기 및 장소 등을 제한할 수 있어, 이 사건 처분으로 인하여 수용자들의 도주사고 가능성이 높아진다고 단정하기 어려운 점 등을 종합하면, 이 사건 처분이 최소 침해의 요청을 충족하지 못하고 있어 비례의 원칙에 위반된다는 원심의 결론은 결과적으로 정당**하고, 상고이유와 같은 영치금품관리규정 제28조, 비례의 원칙에 관한 법리오해, 채증법칙 위배 등의 위법이 없다.

78

2023 군무원 9급

「도시 및 주거환경정비법」에 따른 이전고시는 공법상 처분이다. O | X

[대법원 2012.3.22. 선고, 2011두6400 전원합의체 판결]

도시정비법상의 이전고시 또한 준공인가의 고시로 사업시행이 완료된 이후에 관리처분계획에서 정한 바에 따라 종전의 토지 또는 건축물에 대하여 정비사업으로 조성된 대지 또는 건축물의 위치 및 범위 등을 정하여 그 소유권을 분양받을 자에게 이전하고 그 가격의 차액에 상당하는 금액을 청산하거나 대지 또는 건축물을 정하지 않고 금전적으로 청산하는 공법상 처분으로서 그 법적 성격은 구 도시재개발법상의 분양처분과 본질적으로 다르지 않다.

79

2023 군무원 9급

국가계약법상 감점조치는 계약 사무를 처리함에 있어 내부규정인 세부기준에 의하여 종합 취득점수의 일부를 감점하게 된다는 뜻의 사법상의 효력을 가지는 통지행위에 불과하므로 항고소송의 대상이 되지 않는다.

O | X

[대법원 2014.12.24, 선고 2010두6700 판결]

피고가 원고에 대하여 한 이 사건 감점조치는 행정청이나 그 소속 기관 또는 그 위임을 받은 공공단체의 공법상의 행위가 아니라 장차 그 대상자인 원고가 피고가 시행하는 입찰에 참가하는 경우에 그 낙찰적격자 심사 등 계약 사무를 처리함에 있어 피고 내부규정인 이 사건 세부기준에 의하여 종합취득점수의 10/100을 감점하게 된다는 뜻의 사법상의 효력을 가지는 통지행위에 불과하다 할 것이고, 또한 피고의 이와 같은 통지행위가 있다고 하여 원고에게 공공기관의 운영에 관한 법률 제39조 제2항, 제3항, 구 공기업·준정부기관 계약사무규칙 제15조에 의한 국가, 지방자치단체 또는 다른 공공기관에서 시행하는 모든 입찰에의 참가자격을 제한하는 효력이 발생한다고 볼 수도 없으므로, **피고의 이 사건 감점조치는 행정소송의 대상이 되는 행정처분이라고 할 수 없다.**

80

2023 군무원 7급

건축주 등은 건축신고가 반려될 경우 건축물의 건축을 개시하면 시정명령, 이행강제금, 벌금의 대상이 되거나 당해 건축물을 사용하여 행할 행위의 허가가 거부될 우려가 있어 불안정한 지위에 놓이게 되므로, 건축신고에 대한 반려처분은 항고소송의 대상이 된다.

O | X

[대법원 전합 2010.11.18, 2008두167]

건축주 등은 신고제하에서도 건축신고가 반려될 경우 당해 건축물의 건축을 개시하면 시정명령, 이행강제금, 벌금의 대상이 되거나 당해 건축물을 사용하여 행할 행위의 허가가 거부될 우려가 있어 불안정한 지위에 놓이게 된다. 따라서 **건축신고 반려행위가 이루어진 단계에서 당사자로 하여금 반려행위의 적법성을 다투어 그 법적 불안을 해소한 다음 건축행위에 나아가도록 함으로써 장차 있을지도 모르는 위험에서 미리 벗어날 수 있도록 길을 열어 주고, 위법한 건축물의 양산과 그 철거를 둘러싼 분쟁을 조기에 근본적으로 해결할 수 있게 하는 것이 법치행정의 원리에 부합한다. 그러므로 건축신고 반려행위는 항고소송의 대상이 된다**고 보는 것이 옳다.

81

2023 군무원 7급

한국자산공사가 당해 부동산을 인터넷을 통해 재공매하기로 한 결정도 항고소송의 대상이 되는 행정처분이라고 볼 수 있다.

O | X

공매처분은 공매결정·공매통지·공매공고로 이루어지는데 공매결정이나 공매통지 자체는 공매처분의 구성요소에 불과할 뿐 그 자체가 처분성을 가지는 것은 아니다.

[대법원 2007.7.27, 선고, 2006두8464, 판결]

피고가 이 사건 각 부동산을 2005. 3. 15. 10:00부터 같은 달 16일 17:00까지의 기간 중 인터넷을 통하여 재공매(입찰)하기로 한 결정 자체는 내부적인 의사결정에 불과하여 항고소송의 대상이 되는 행정처분이라고 볼 수 없고, 또한 피고가 2005. 2. 16. 원고 등에게 한 **공매통지는 공매의 요건이 아니라 공매사실 자체를 체납자에게 알려주는 데 불과한 것으로서, 통지의 상대방인 원고 등의 법적 지위나 권리·의무에 직접 영향을 주는 것이 아니라고 할 것이므로 이것 역시 행정처분에 해당한다고 할 수 없다.**

정답 | 79 ○ 80 ○ 81 ×

TOPIC 42 취소소송의 소송요건 4 – 재결 / 전심절차 / 제소기간 / 재판관할

제1절 재결

01

2015 지방직 9급

행정심판청구가 부적법하지 않음에도 각하한 재결은 원처분주의에 의해서 취소소송의 대상이 되지 않는다.

O | X

[대법원 2001.7.27, 99두2970]

행정소송법 제19조에 의하면 행정심판에 대한 재결에 대하여도 그 재결 자체에 고유한 위법이 있음을 이유로 하는 경우에는 항고소송을 제기하여 그 취소를 구할 수 있고, 여기에서 말하는 '재결 자체에 고유한 위법'이란 그 재결자체에 주체, 절차, 형식 또는 내용상의 위법이 있는 경우를 의미하는데, 행정심판청구가 부적법하지 않음에도 각하한 재결은 심판청구인의 실체심리를 받을 권리를 박탈한 것으로서 원처분에 없는 고유한 하자가 있는 경우에 해당하고, 따라서 위 재결은 취소소송의 대상이 된다.

02

2016 지방직 9급

재결취소소송에 있어서 재결 자체의 고유한 위법은 재결의 주체, 절차 및 형식상의 위법만을 의미하고, 내용상의 위법은 이에 포함되지 않는다.

O | X

[대법원 1997.9.12, 96누14661]

행정소송법 제19조에서 말하는 '재결 자체에 고유한 위법'이란 원처분에는 없고 재결에만 있는 재결청의 권한 또는 구성의 위법, 재결의 절차나 형식의 위법, 내용의 위법 등을 뜻하고, 그 중 내용의 위법에는 위법·부당하게 인용재결을 한 경우가 해당한다.

03

2019 국가직 9급

행정처분이 있음을 안 날부터 90일을 넘겨 행정심판을 청구하였다가 각하재결을 받은 후 그 재결서를 송달받은 날부터 90일 내에 원래의 처분에 대하여 취소소송을 제기한 경우, 수소법원은 각하판결을 하여야 한다.

O | X

[대법원 2011.11.24, 선고, 2011두18786, 판결]

국민건강보험공단이 2009. 9. 2. 국민건강보험법 제85조의2 제1항에 따라 甲에게 과징금을 부과하는 처분을 하여 2009. 9. 7. 甲의 동료가 이를 수령하였는데, 甲이 그때부터 90일을 넘겨 국무총리행정심판위원회에 행정심판을 청구하여 청구기간 경과를 이유로 각하재결을 받았고, 그 후 재결서를 송달받은 때부터 90일 이내에 원처분에 대하여 취소소송을 제기한 사안에서, 위 취소소송이 부적법하다는 이유로 이를 각하한 원심판결을 정당하다고 한 사례.

정답 | 01 × 02 × 03 ○

04

2019 국가직 9급

행정심판을 청구하여 기각재결을 받은 후 재결 자체에 고유한 위법이 있음을 주장하며 그 기각재결에 대하여 취소소송을 제기한 경우, 수소법원은 심리 결과 재결 자체에 고유한 위법이 없다면 각하판결을 하여야 한다.

O | X

재결 자체에 고유한 위법이 있는지 여부는 본안판단사항이다.

[대법원 1994.1.25, 선고, 93누16901, 판결]

행정소송법 제19조는 취소소송은 행정청의 원처분을 대상으로 하되(원처분주의), 다만 "재결 자체에 고유한 위법이 있음을 이유로 하는 경우"에 한하여 행정심판의 재결도 취소소송의 대상으로 삼을 수 있도록 규정하고 있으므로 **재결취소소송의 경우 재결 자체에 고유한 위법이 있는지 여부를 심리할 것이고, 재결 자체에 고유한 위법이 없는 경우에는 원처분의 당부와는 상관없이 당해 재결취소소송은 이를 기각**하여야 한다.

05

2020 지방직 [서울시] 7급

감사원의 변상판정 처분에 대하여 위법 또는 부당하다고 인정하는 본인 등은 이 처분에 대하여 행정소송을 제기할 수 없고, 재결에 해당하는 재심의 판정에 대하여서만 감사원을 피고로 행정소송을 제기할 수 있다.

O | X

이른바 재결주의에 대한 설명이다. 특별행정심판으로서 감사원, 중앙노동위원회, 특허심판원의 재결을 거친 경우에는 원처분이 아니라 재결을 대상으로 행정소송을 제기해야 한다(이른바 감중특).

[대법원 1984.4.10, 84누91]

감사원의 변상판정처분에 대하여서는 행정소송을 제기할 수 없고, 재결에 해당하는 재심의 판정에 대하여서만 감사원을 피고로 하여 행정소송을 제기할 수 있다.

06

2023 군무원 7급

항고소송은 원칙적으로 당해 처분을 대상으로 하나, 당해 처분에 대한 재결 자체에 고유한 주체, 절차, 형식 또는 내용상의 위법이 있는 경우에 한하여 그 재결을 대상으로 할 수 있다.

O | X

[대법원 1993.8.24, 93누5673]

항고소송은 원칙적으로 당해 처분을 대상으로 하나, 당해 처분에 대한 재결 자체에 고유한 주체, 절차, 형식 또는 내용상의 위법이 있는 경우에 한하여 그 재결을 대상으로 할 수 있다고 해석되므로, 징계혐의자에 대한 감봉 1월의 징계처분을 견책으로 변경한 소청결정 중 그를 견책에 처한 조치는 재량권의 남용 또는 일탈로서 위법하다는 사유는 소청결정 자체에 고유한 위법을 주장하는 것으로 볼 수 없어 소청결정의 취소사유가 될 수 없다.

07

2024 경찰간부

교원소청심사위원회의 결정에 대하여 피청구인인 사립학교의 장은 항고소송을 제기할 수 없다.

O | X

[대법원 2011.6.24, 선고 2008두9317 판결]

교원소청심사위원회의 결정에 대하여 행정소송을 제기할 수 있는 자에는 교원지위 향상을 위한 특별법 제10조 제3항에서 명시하고 있는 교원, 사립학교법 제2조에 의한 학교법인, 사립학교 경영자뿐 아니라 소청심사의 피청구인이 된 **학교의 장도 포함된다고 보는 것이 타당하다**

정답 | 04 × 05 ○ 06 ○ 07 ×

01

●●●●●

2014 사회복지직 9급

취소소송은 원칙적으로 임의적 행정심판전치주의를 취하고 있다. O | X

> **행정소송법**
>
> 제18조(행정심판과의 관계) ① 취소소송은 법령의 규정에 의하여 당해 처분에 대한 행정심판을 제기할 수 있는 경우에도 이를 거치지 아니하고 제기할 수 있다. 다만, 다른 법률에 당해 처분에 대한 행정심판의 재결을 거치지 아니하면 취소소송을 제기할 수 없다는 규정이 있는 때에는 그러하지 아니하다.

02

●●●●●

2014 사회복지직 9급

필요적 행정심판전치주의가 적용되는 경우 처분의 집행 또는 절차의 속행으로 생길 중대한 손해를 예방하여야 할 긴급한 필요가 있는 때에는 재결을 거치지 아니하고 취소소송을 제기할 수 있으나, 이 경우에도 행정심판은 제기하여야 한다. O | X

> 행정심판의 재결을 거치지 아니하고 취소소송을 제기할 수 있는 경우(행정소송법 제18조 제2항)와 행정심판을 제기함이 없이 취소소송을 제기할 수 있는 경우(행정소송법 제18조 제3항)를 구별할 수 있어야 한다.

행정심판의 재결을 거치지 아니하고 취소소송을 제기할 수 있는 경우(행정소송법 제18조 제2항)	행정심판을 제기함이 없이 취소소송을 제기할 수 있는 경우(행정소송법 제18조 제3항)
1. 행정심판청구가 있은 날로부터 60일이 지나도 재결이 없는 때 2. 처분의 집행 또는 절차의 속행으로 생길 중대한 손해를 예방하여야 할 긴급한 필요가 있는 때 3. 법령의 규정에 의한 행정심판기관이 의결 또는 재결을 하지 못할 사유가 있는 때 4. 그 밖의 정당한 사유가 있는 때	1. 동종사건에 관하여 이미 행정심판의 기각재결이 있은 때 2. 서로 내용상 관련되는 처분 또는 같은 목적을 위하여 단계적으로 진행되는 처분중 어느 하나가 이미 행정심판의 재결을 거친 때 3. 행정청이 사실심의 변론종결후 소송의 대상인 처분을 변경하여 당해 변경된 처분에 관하여 소를 제기하는 때 4. 처분을 행한 행정청이 행정심판을 거칠 필요가 없다고 잘못 알린 때

03

●●●●●

2014 사회복지직 9급

필요적 행정심판전치주의가 적용되는 경우 그 요건을 구비하였는지 여부는 법원의 직권조사사항이다. O | X

> 필요적 전치주의를 비롯한 소송요건의 존부는 법원의 직권조사사항이다. 따라서 법원의 직권심리 결과 소송요건을 갖추지 못했다고 판단되면 법원은 소를 각하하는 판결을 한다.

04

●●●●●

2014 사회복지직 9급

필요적 행정심판전치주의가 적용되는 경우 행정심판전치 요건은 사실심 변론종결시까지 충족하면 된다. O | X

> [대법원 1987.4.28, 86누29]
>
> 전심절차를 밟지 아니한 채 증여세부과처분취소소송을 제기하였다면 제소당시로 보면 전치요건을 구비하지 못한 위법이 있다 할 것이지만, 소송계속 중 심사청구 및 심판청구를 하여 각 기각결정을 받았다면 원심변론종결일 당시에는 위와 같은 전치요건흠결의 하자는 치유되었다고 볼 것이다.

정답 | 01 ○ 02 ○ 03 ○ 04 ○

05

2014 사회복지직 9급

부가가치세법상 과세처분의 무효선언을 구하는 의미에서 그 취소를 구하는 소송은 전심절차를 거칠 필요가 없다. O | X

[대법원 1987.6.9, 87누219]
행정처분의 당연무효를 선언하는 의미에서 그 취소를 구하는 행정소송을 제기하는 경우에는 전치절차와 그 제소기간의 준수 등 취소소송의 제소요건을 갖추어야 한다.

06

2014 국가직 9급

공무원은 징계처분에 대하여 소청심사위원회의 심사 · 결정을 거치지 아니하고 행정소송을 바로 제기할 수 있다. O | X

국가공무원법
제16조(행정소송과의 관계) ① 제75조에 따른 처분, 그 밖에 본인의 의사에 반한 불리한 처분이나 부작위(不作爲)에 관한 행정소송은 소청심사위원회의 심사 · 결정을 거치지 아니하면 제기할 수 없다.

07

2015 국가직 7급

행정소송법 이외의 법률에 당해 처분에 대한 행정심판의 재결을 거치지 아니하면 취소소송을 제기할 수 없다는 규정이 있는 경우에도, 동종사건에 관하여 이미 행정심판의 기각재결이 있는 때에는 행정심판을 제기함이 없이 취소소송을 제기할 수 있다. O | X

행정소송법
제18조(행정심판과의 관계) ③ 제1항 단서의 경우에 다음 각호의 1에 해당하는 사유가 있는 때에는 행정심판을 제기함이 없이 취소소송을 제기할 수 있다.
1. 동종사건에 관하여 이미 행정심판의 기각재결이 있은 때
2. 서로 내용상 관련되는 처분 또는 같은 목적을 위하여 단계적으로 진행되는 처분중 어느 하나가 이미 행정심판의 재결을 거친 때
3. 행정청이 사실심의 변론종결후 소송의 대상인 처분을 변경하여 당해 변경된 처분에 관하여 소를 제기하는 때
4. 처분을 행한 행정청이 행정심판을 거칠 필요가 없다고 잘못 알린 때

08

2017 교육행정직 9급

국세기본법상 과세관청의 압류처분에 대해서는 심사청구 또는 심판청구 중 하나에 대한 결정을 거친 후 행정소송을 제기하여야 한다. O | X

국세부과처분에 대하여 취소소송을 제기하기 위해서는 필요적 전치주의가 적용되나(국세기본법 제56조 제2항), 이 경우 심사청구와 심판청구를 중복하여 제기할 수는 없다(국세기본법 제55조 제9항).

국세기본법
제56조(다른 법률과의 관계) ② 제55조에 규정된 위법한 처분에 대한 행정소송은 「행정소송법」 제18조 제1항 본문, 제2항 및 제3항에도 불구하고 이 법에 따른 심사청구 또는 심판청구와 그에 대한 결정을 거치지 아니하면 제기할 수 없다.
제55조(불복) ⑨ 동일한 처분에 대해서는 심사청구와 심판청구를 중복하여 제기할 수 없다.

정답 | 05 × 06 × 07 ○ 08 ○

09

2023 국가직 7급

부당해고 구제신청에 관한 중앙노동위원회의 결정에 대하여 취소소송을 제기하는 경우, 법원은 중앙노동위원회의 결정 후에 생긴 사유를 들어 그 결정의 적법 여부를 판단할 수 있다. O I X

중앙노동위원회의 결정 후에 생긴 사유를 부당해고 구제신청에 관한 중앙노동위원회의 명령 등의 취소를 구하는 소송에서 주장할 수는 없다.

[대법원 2021.7.29, 선고 2016두64876 판결]

부당해고 구제신청에 관한 중앙노동위원회의 명령 또는 결정의 취소를 구하는 소송에서 그 명령 또는 결정이 적법한지는 그 명령 또는 결정이 이루어진 시점을 기준으로 판단하여야 하고, **그 명령 또는 결정 후에 생긴 사유를 들어 적법 여부를 판단할 수는 없으나,** 그 명령 또는 결정의 기초가 된 사실이 동일하다면 노동위원회에서 주장하지 아니한 사유도 행정소송에서 주장할 수 있다.

제3절 제소기간

01

2015 사회복지직 9급

제소기간의 적용에 있어 '처분이 있음을 안 날'이란 처분의 존재를 현실적으로 안 날을 의미하는 것이 아니라 처분의 위법 여부를 인식한 날을 말한다. O I X

[대법원 1991.6.28, 선고, 90누6521, 판결]

행정소송법 제20조 제2항 소정의 제소기간 기산점인 "처분이 있음을 안 날"이란 통지, 공고 기타의 방법에 의하여 **당해 처분이 있었다는 사실을 현실적으로 안 날을 의미하고 구체적으로 그 행정처분의 위법 여부를 판단한 날을 가리키는 것은 아니다.**

02

2017 지방직 9급

청구취지를 변경하여 종전의 소가 취하되고 새로운 소가 제기된 것으로 변경되었다면 새로운 소에 대한 제소기간 준수여부는 원칙적으로 소의 변경이 있은 때를 기준으로 한다. O I X

(i)「소의 종류의 변경」은 소송의 동일성을 유지한 채 그 종류만 변경하는 것으로 행정소송법(제23조)에 근거를 두고 있다. 이 경우 새로운 소는 변경시가 아닌 구소를 제기한 때를 기준으로 제소기간을 기산한다. (ii) 소의 종류를 변경하는 것이 아니라「청구취지를 변경」하는 것은 소송의 목적 자체가 바뀌는 것으로 민사소송법을 준용한다. 이 경우 새로운 소에 대한 제소기간은 소의 변경이 있은 때를 기준으로 한다.

[대법원 1999.11.26, 선고, 99두9407, 판결]

행정소송법 제21조와 제22조가 정하는 소의 변경은 그 법조에 의하여 특별히 인정되는 것으로서 민사소송법상의 소의 변경을 배척하는 것이 아니므로, **행정소송의 원고는 행정소송법 제8조 제2항에 의하여 준용되는 민사소송법 제235조에 따라 청구의 기초에 변경이 없는 한도에서 청구의 취지 또는 원인을 변경할 수 있다.**

정답 09 × | 01 × 02 ○

03

2017 지방직 9급

「산업재해보상보험법」상 보험급여의 부당이득 징수결정의 하자를 이유로 징수금을 감액하는 경우 감액처분으로도 아직 취소되지 않고 남아 있는 부분이 위법하다 하여 다툴 때에는, 제소기간의 준수 여부는 감액처분을 기준으로 판단해야 한다. O | X

[대법원 2012.9.27, 선고 2011두27247 판결]
행정청이 산업재해보상보험법에 의한 보험급여 수급자에 대하여 부당이득 징수결정을 한 후 징수결정의 하자를 이유로 징수금 액수를 감액하는 경우에 감액처분은 감액된 징수금 부분에 관해서만 법적 효과가 미치는 것으로서 당초 징수결정과 별개 독립의 징수금 결정처분이 아니라 그 실질은 처음 징수결정의 변경이고, 그에 의하여 징수금의 일부취소라는 징수의무자에게 유리한 결과를 가져오는 처분이므로 징수의무자에게는 그 취소를 구할 소의 이익이 없다. 이에 따라 **감액처분으로도 아직 취소되지 않고 남아 있는 부분이 위법하다 하여 다투고자 하는 경우, 감액처분을 항고소송의 대상으로 할 수는 없고, 당초 징수결정 중 감액처분에 의하여 취소되지 않고 남은 부분을 항고소송의 대상으로 할 수 있을 뿐이며, 그 결과 제소기간의 준수 여부도 감액처분이 아닌 당초 처분을 기준으로 판단해야 한다.**

04

2017 지방직 9급

조세심판에서의 재결청의 재조사결정에 따른 행정소송의 제소기간은 이의신청인 등이 후속 처분의 통지를 받은 날부터 기산된다. O | X

[대법원 전합 2010.6.25, 2007두12514]
재조사결정은 처분청의 후속 처분에 의하여 그 내용이 보완됨으로써 이의신청 등에 대한 결정으로서의 효력이 발생한다고 할 것이므로, **재조사결정에 따른 심사청구기간이나 심판청구기간 또는 행정소송의 제소기간은 이의신청인 등이 후속 처분의 통지를 받은 날부터 기산된다**고 봄이 타당하다.

05

2017 교육행정직 9급

제소기간은 불변기간이므로 소송행위의 보완은 허용되지 않는다. O | X

[대법원 2001.5.8, 선고, 2000두6916, 판결]
행정소송법 제20조 제1항, 제3항에서 말하는 "취소소송은 처분 등이 있음을 안 날부터 90일 이내에 제기하여야 한다."는 제소기간은 불변기간이고, 다만 당사자가 책임질 수 없는 사유로 인하여 이를 준수할 수 없었던 경우에는 같은 법 제8조에 의하여 준용되는 민사소송법 제160조 제1항에 의하여 그 사유가 없어진 후 2주일 내에 해태된 제소행위를 추완할 수 있다고 할 것이며, 여기서 당사자가 책임질 수 없는 사유란 당사자가 그 소송행위를 하기 위하여 일반적으로 하여야 할 주의를 다하였음에도 불구하고 그 기간을 준수할 수 없었던 사유를 말한다.

06

2017 교육행정직 9급

제소기간의 준수 여부는 법원의 직권조사사항에 해당하지 않는다. O | X

제소기간의 준수여부는 소송요건이므로 법원의 직권조사사항이다.

정답 | 03 × 04 ○ 05 × 06 ×

07

2017 교육행정직 9급

행정심판을 거친 경우의 제소기간은 행정심판재결서 정본을 송달받은 날로부터 90일 이내이다. O | X

행정소송법

제20조(제소기간) ① 취소소송은 처분등이 있음을 **안 날부터 90일 이내에 제기**하여야 한다. 다만, 제18조 제1항 단서에 규정한 경우와 그 밖에 행정심판청구를 할 수 있는 경우 또는 행정청이 행정심판청구를 할 수 있다고 잘못 알린 경우에 **행정심판청구가 있은 때의 기간은 재결서의 정본을 송달받은 날부터 기산**한다.

② 취소소송은 처분등이 있은 날부터 1년(**제1항 단서의 경우는 재결이 있은 날부터 1년**)을 경과하면 이를 제기하지 못한다. 다만, 정당한 사유가 있는 때에는 그러하지 아니하다.

③ 제1항의 규정에 의한 기간은 불변기간으로 한다.

08

2017 하반기 지방직 9급

고시에 의한 행정처분의 상대방이 불특정 다수인인 경우, 그 행정처분에 이해관계를 갖는 자는 고시가 있었다는 사실을 현실적으로 알았는지 여부에 관계없이 고시가 효력을 발생하는 날부터 90일 이내에 취소소송을 제기하여야 한다. O | X

[대법원 2007.6.14, 2004두619]

통상 고시 또는 공고에 의하여 행정처분을 하는 경우에는 그 처분의 상대방이 불특정 다수인이고 그 처분의 효력이 불특정 다수인에게 일률적으로 적용되는 것이므로, 그 행정처분에 이해관계를 갖는 자가 **고시 또는 공고가 있었다는 사실을 현실적으로 알았는지 여부에 관계없이 고시가 효력을 발생하는 날 행정처분이 있음을 알았다고 보아야 한다.**

09

2021 국가직 9급

'처분이 있음을 안 날'은 처분이 있었다는 사실을 현실적으로 안 날을 의미하므로, 처분서를 송달받기 전 정보공개청구를 통하여 처분을 하는 내용의 일체의 서류를 교부받았다면 그 서류를 교부받은 날부터 제소기간이 기산된다. O | X

처분서를 송달받기 전 다른 방법을 통해 처분의 내용을 알았다고 해서 제소기간이 진행한다고 하면, 제소기간의 기산점이 불명확해지거나 제소기간 만료일이 앞당겨지는 문제점이 발생한다.

[대법원 2014.9.25, 선고, 2014두8254, 판결]

지방보훈청장이 허혈성심장질환이 있는 甲에게 재심 서면판정 신체검사를 실시한 다음 종전과 동일하게 전(공)상군경 7급 국가유공자로 판정하는 '고엽제후유증전환 재심신체검사 무변동처분' 통보서를 송달하자 甲이 위 처분의 취소를 구한 사안에서, 위 **처분이 甲에게 고지되어 처분이 있다는 사실을 현실적으로 알았을 때 행정소송법 제20조 제1항에서 정한 제소기간이 진행한다고 보아야 함에도, 甲이 통보서를 송달받기 전에 자신의 의무기록에 관한 정보공개를 청구하여 위 처분을 하는 내용의 통보서를 비롯한 일체의 서류를 교부받은 날부터 제소기간을 기산하여 위 소는 90일이 지난 후 제기한 것으로서 부적법하다고 본 원심판결에 법리를 오해한 위법**이 있다고 한 사례.

정답 | 07 ○ 08 ○ 09 ×

10

2022 지방직 9급

처분시에 행정청으로부터 행정심판 제기기간에 관하여 법정 심판청구기간보다 긴 기간으로 잘못 통지받은 경우에 보호할 신뢰 이익은 그 통지받은 기간 내에 행정소송을 제기한 경우에까지 확대되지 않는다. O | X

행정심판법상 오고지에 관한 규정은 행정소송에는 적용되지 아니한다.

[대법원 2001.5.8, 2000두6916]

행정심판과 행정소송은 그 성질, 불복사유, 제기기간, 판단기관 등에서 본질적인 차이점이 있고, 임의적 전치주의는 당사자가 행정심판과 행정소송의 유·불리를 스스로 판단하여 행정심판을 거칠지 여부를 선택할 수 있도록 한 취지에 불과하므로 어느 쟁송 형태를 취한 이상 그 쟁송에는 그에 관련된 법률 규정만이 적용될 것이지 두 쟁송 형태에 관련된 규정을 통틀어 당사자에게 유리한 규정만이 적용된다고 할 수는 없으며, **행정처분시나 그 이후 행정청으로부터 행정심판 제기기간에 관하여 법정 심판청구기간보다 긴 기간으로 잘못 통지받은 경우에 보호할 신뢰 이익은 그 통지받은 기간 내에 행정심판을 제기한 경우에 한하는 것이지 행정소송을 제기한 경우에까지 확대된다고 할 수 없**으므로, 당사자가 행정처분시나 그 이후 행정청으로부터 행정심판 제기기간에 관하여 법정 심판청구기간보다 긴 기간으로 잘못 통지받아 행정소송법상 법정 제소기간을 도과하였다고 하더라도, 그것이 당사자가 책임질 수 없는 사유로 인한 것이라고 할 수는 없다.

제4절 재판관할

01

2015 국가직 9급

행정처분에 대한 무효확인과 취소청구는 서로 양립할 수 없는 청구로서 주위적·예비적 청구로서만 병합이 가능하고 선택적 청구로서의 병합은 허용되지 않는다. O | X

[대법원 1999.8.20, 97누6889]

행정처분에 대한 무효확인과 취소청구는 서로 양립할 수 없는 청구로서 주위적·예비적 청구로서만 병합이 가능하고 선택적 청구로서의 병합이나 단순 병합은 허용되지 아니한다.

02

2015 서울시 7급

취소소송의 제1심 관할법원은 원고의 소재지를 관할하는 행정법원으로 한다. O | X

취소소송의 제1심 관할법원은 「피고」의 소재지를 관할하는 행정법원을 원칙으로 한다.

행정소송법

제9조(재판관할) ① 취소소송의 제1심 관할법원은 **피고의 소재지를 관할하는 행정법원**으로 한다.

03

2015 서울시 7급

중앙행정기관의 부속기관과 합의제 행정기관 또는 그 장에 대하여 취소소송을 제기하는 경우에는 대법원 소재지를 관할하는 행정법원에 제기할 수 있다. O | X

행정소송법

제9조(재판관할) ② 제1항에도 불구하고 다음 각 호의 어느 하나에 해당하는 피고에 대하여 취소소송을 제기하는 경우에는 **대법원소재지를 관할하는 행정법원에 제기할 수 있다.**

1. **중앙행정기관, 중앙행정기관의 부속기관과 합의제행정기관 또는 그 장**
2. 국가의 사무를 위임 또는 위탁받은 공공단체 또는 그 장

정답 | 10 ○ | 01 ○ 02 × 03 ○

04

2017 사회복지직 9급

행정소송으로 제기해야 할 사건을 민사소송으로 잘못 제기한 경우에 수소법원이 행정소송에 대한 관할이 없다면 특별한 사정이 없는 한 관할법원에 이송하여야 한다. O | X

이 경우 수소법원은 당해 사건의 관할권이 없음을 이유로 각하하면 안되고 관할법원으로 이송해야 한다. 덧붙여 제소기간 준수 여부는 최초의 소제기일을 기준으로 판단한다.

[대법원 1997.5.30. 선고, 95다28960, 판결]

행정소송법 제7조는 원고의 고의 또는 중대한 과실 없이 행정소송이 심급을 달리하는 법원에 잘못 제기된 경우에 민사소송법 제31조 제1항을 적용하여 이를 관할 법원에 이송하도록 규정하고 있을 뿐 아니라, 관할 위반의 소를 부적법하다고 하여 각하하는 것보다 관할 법원에 이송하는 것이 당사자의 권리구제나 소송경제의 측면에서 바람직하므로, **원고가 고의 또는 중대한 과실 없이 행정소송으로 제기하여야 할 사건을 민사소송으로 잘못 제기한 경우, 수소법원으로서는** 만약 그 행정소송에 대한 관할도 동시에 가지고 있다면 이를 행정소송으로 심리·판단하여야 하고, **그 행정소송에 대한 관할을 가지고 있지 아니하다면 당해 소송이 이미 행정소송으로서의 전심절차 및 제소기간을 도과하였거나 행정소송의 대상이 되는 처분 등이 존재하지도 아니한 상태에 있는 등 행정소송으로서의 소송요건을 결하고 있음이 명백하여 행정소송으로 제기되었더라도 어차피 부적법하게 되는 경우가 아닌 이상 이를 부적법한 소라고 하여 각하할 것이 아니라 관할 법원에 이송**하여야 한다.

05

2017 세무사

국가의 사무를 위탁받은 공공단체를 피고로 하는 경우, 대법원의 소재지를 관할하는 행정법원은 관할법원이 아니다. O | X

취소소송은 피고인 행정청의 소재지를 관할하는 행정법원이 제1심 관할법원이지만(제9조 제1항), 국가의 사무를 위탁받은 공공단체 또는 그 장이 피고인 경우에는 대법원 소재지의 행정법원(서울행정법원)에 제기할 수 있다(제19조 제2항 제2호). 지방으로 이전한 공기업의 경우 여전히 서울사무소가 중요한 역할을 담당하므로, 서울행정법원에 관할권을 인정하고 있다.

행정소송법

제9조(재판관할) ① 취소소송의 제1심관할법원은 피고의 소재지를 관할하는 행정법원으로 한다.

② 제1항에도 불구하고 다음 각 호의 어느 하나에 해당하는 피고에 대하여 취소소송을 제기하는 경우에는 대법원소재지를 관할하는 행정법원에 제기할 수 있다.

1. 중앙행정기관, 중앙행정기관의 부속기관과 합의제행정기관 또는 그 장
2. 국가의 사무를 위임 또는 위탁받은 공공단체 또는 그 장

06

2017 세무사

토지의 수용 기타 부동산 또는 특정의 장소에 관계되는 처분등에 대한 취소소송은 그 부동산 또는 장소의 소재지를 관할하는 행정법원에 이를 제기할 수 있다. O | X

행정소송법

제9조(재판관할) ③ 토지의 수용 기타 부동산 또는 특정의 장소에 관계되는 처분등에 대한 취소소송은 그 부동산 또는 장소의 소재지를 관할하는 행정법원에 이를 제기할 수 있다.

정답 | 04 ○ 05 × 06 ○

07

2017 국회사무처 8급

영업허가 취소처분이 위법함을 이유로 국가배상청구소송을 제기한 이후에 영업허가 취소처분에 대한 취소소송을 제기한 경우 그 취소소송은 국가배상청구소송에 병합될 수 있다. O | X

주된 청구인 행정사건(항고소송)에 관련청구(손해배상청구소송, 부당이득반환청구소송)를 병합할 수 있는 것이지, 관련청구사건에 주된 청구인 행정사건을 병합할 수는 없다(행정소송법 제10조).

08

2017 하반기 국가직 7급

취소소송에 당해 처분의 취소를 선결문제로 하는 부당이득 반환청구가 병합된 경우 그 청구가 인용되려면 소송절차에서 당해 처분의 취소가 확정되어야 한다. O | X

[대법원 2009.4.9, 2008두23153]

행정소송법 제10조는 처분의 취소를 구하는 취소소송에 당해 처분과 관련되는 부당이득반환소송을 관련 청구로 병합할 수 있다고 규정하고 있는바, 이 조항을 둔 취지에 비추어 보면, 취소소송에 병합할 수 있는 당해 처분과 관련되는 부당이득반환소송에는 당해 처분의 취소를 선결문제로 하는 부당이득반환청구가 포함되고, 이러한 **부당이득반환청구가 인용되기 위해서는 그 소송절차에서 판결에 의해 당해 처분이 취소되면 충분하고 그 처분의 취소가 확정되어야 하는 것은 아니라고 보아야 한다.**

09

2022 국가직 9급

관할청이 「농지법」상의 이행강제금 부과처분을 하면서 재결청에 행정심판을 청구하거나 관할 행정법원에 행정소송을 할 수 있다고 잘못 안내한 경우 행정법원의 항고소송 재판관할이 생긴다. O | X

[대법원 2019.4.11, 선고 2018두42955 판결]

농지법 제62조 제1항에 따른 이행강제금 부과처분에 불복하는 경우에는 비송사건절차법에 따른 재판절차가 적용되어야 하고, 행정소송법상 항고소송의 대상은 될 수 없다. 농지법 제62조 제6항, 제7항이 위와 같이 이행강제금 부과처분에 대한 불복절차를 분명하게 규정하고 있으므로, 이와 다른 불복절차를 허용할 수는 없다. **설령 관할청이 이행강제금 부과처분을 하면서 재결청에 행정심판을 청구하거나 관할 행정법원에 행정소송을 할 수 있다고 잘못 안내하거나 관할 행정심판위원회가 각하재결이 아닌 기각재결을 하면서 관할 법원에 행정소송을 할 수 있다고 잘못 안내하였다고 하더라도, 그러한 잘못된 안내로 행정법원의 항고소송 재판관할이 생긴다고 볼 수도 없다.**

10

2022 지방직 7급

원고가 고의 또는 중대한 과실 없이 행정소송으로 제기하여야 할 사건을 민사소송으로 잘못 제기한 경우, 행정소송에 대한 관할을 가지고 있지 아니한 수소법원은 당해 소송이 행정소송으로서의 제소기간을 도과한 것이 명백하더라도 관할법원에 이송하여야 한다. O | X

행정소송으로 제기할 것을 민사소송으로 잘못 제기한 경우 수소법원이 「관할을 갖고 있으면」 직접 심리·판단, 「관할이 없다면」 관할법원으로 이송할 것이나 「이 경우에도 행정소송의 제소요건을 갖추지 못함이 명백」하다면 이송하지 않고 각하한다.

[대법원 2017.11.9, 선고 2015다215526 판결]

원고가 고의 또는 중대한 과실 없이 행정소송으로 제기하여야 할 사건을 민사소송으로 잘못 제기한 경우, 수소법원으로서는 만약 행정소송에 대한 관할도 동시에 가지고 있다면 이를 행정소송으로 심리·판단하여야 하고,

정답 07 × 08 × 09 × 10 ×

행정소송에 대한 관할을 가지고 있지 아니하다면 당해 소송이 이미 행정소송으로서의 전심절차 및 제소기간을 도과하였거나 행정소송의 대상이 되는 처분 등이 존재하지도 아니한 상태에 있는 등 **행정소송으로서의 소송요건을 결하고 있음이 명백하여 행정소송으로 제기되었더라도 어차피 부적법하게 되는 경우**가 아닌 이상 이를 부적법한 소라고 하여 **각하할 것**이 아니라 관할법원에 이송하여야 한다.

11

2023 국가직 9급

당사자소송으로 서울행정법원에 제기할 것을 민사소송으로 지방법원에 제기하여 판결이 내려진 경우, 그 판결은 관할위반에 해당한다. O | X

행정소송으로 제기하여야 할 사건을 민사소송으로 잘못 제기한 경우에 수소법원(민사법원)은 행정소송에 대한 관할을 동시에 가지고 있지 않는 한 사건을 행정법원으로 이송하여야 한다. 이와 달리 직접 심리·판단한다면 이는 전속관할 위반에 해당한다.

[대법원 2017.11.9, 선고 2015다215526 판결]

원고가 고의 또는 중대한 과실 없이 행정소송으로 제기하여야 할 사건을 민사소송으로 잘못 제기한 경우, 수소법원으로서는 만약 행정소송에 대한 관할도 동시에 가지고 있다면 이를 행정소송으로 심리·판단하여야 하고, 행정소송에 대한 관할을 가지고 있지 아니하다면 당해 소송이 이미 행정소송으로서의 전심절차 및 제소기간을 도과하였거나 행정소송의 대상이 되는 처분 등이 존재하지도 아니한 상태에 있는 등 행정소송으로서의 소송요건을 결하고 있음이 명백하여 행정소송으로 제기되었더라도 어차피 부적법하게 되는 경우가 아닌 이상 이를 부적법한 소라고 하여 각하할 것이 아니라 관할법원에 이송하여야 한다.

12

2023 국가직 9급

민사소송인 소가 서울행정법원에 제기되었는데도 피고가 제1심법원에서 관할위반이라고 항변하지 않고 본안에서 변론을 한 경우에는 제1심법원에 변론관할이 생긴다. O | X

민사법원은 행정사건에 대해서 심리·판결할 수 없지만, 행정법원은 예외적으로 민사사건에 대해서 심리·판결할 수 있다. 일반법원(민사법원)과 특별법원(행정법원)의 관계로 이해하면 된다.

[대법원 2013.2.28, 선고, 2010두22368, 판결]

민사소송인 이 사건 소가 서울행정법원에 제기되었는데도 피고는 제1심법원에서 관할위반이라고 항변하지 아니하고 본안에 대하여 변론을 한 사실을 알 수 있는바, 공법상의 당사자소송 사건인지 민사사건인지 여부는 이를 구별하기가 어려운 경우가 많고 행정사건의 심리절차에 있어서는 행정소송의 특수성을 감안하여 행정소송법이 정하고 있는 특칙이 적용될 수 있는 점을 제외하면 심리절차면에서 민사소송절차와 큰 차이가 없는 점 등에 비추어 보면, 행정소송법 제8조 제2항, 민사소송법 제30조에 의하여 **제1심법원에 변론관할이 생겼다고 봄이 상당하다.**

13

2023 군무원 9급

원고가 「행정소송법」상 항고소송으로 제기해야 할 사건을 민사소송으로 잘못 제기한 경우에 수소법원이 그 항고소송에 대한 관할을 가지고 있지 아니하여 관할법원에 이송하는 결정을 하였고, 그 이송결정이 확정된 후 원고가 항고소송으로 소 변경을 하였다면, 그 항고소송에 대한 제소기간의 준수 여부는 원칙적으로 처음에 소를 제기한 때를 기준으로 판단하여야 한다. O | X

> [대법원 2022.11.17. 선고, 2021두44425, 판결]
> 행정소송법 제8조 제2항은 "행정소송에 관하여 이 법에 특별한 규정이 없는 사항에 대하여는 법원조직법과 민사소송법 및 민사집행법의 규정을 준용한다."라고 규정하고 있고, 민사소송법 제40조 제1항은 "이송결정이 확정된 때에는 소송은 처음부터 이송받은 법원에 계속된 것으로 본다."라고 규정하고 있다. 한편 행정소송법 제21조 제1항, 제4항, 제37조, 제42조, 제14조 제4항은 행정소송 사이의 소 변경이 있는 경우 처음 소를 제기한 때에 변경된 청구에 관한 소송이 제기된 것으로 보도록 규정하고 있다. 이러한 규정 내용 및 취지 등에 비추어 보면, **원고가 행정소송법상 항고소송으로 제기해야 할 사건을 민사소송으로 잘못 제기한 경우에 수소법원이 그 항고소송에 대한 관할을 가지고 있지 아니하여 관할법원에 이송하는 결정을 하였고, 그 이송결정이 확정된 후 원고가 항고소송으로 소 변경을 하였다면, 그 항고소송에 대한 제소기간의 준수 여부는 원칙적으로 처음에 소를 제기한 때를 기준으로 판단하여야 한다.**

14

2023 군무원 7급

토지의 수용에 대한 취소소송은 그 부동산 소재지를 관할하는 행정법원에 이를 제기할 수 있다. O | X

> **행정소송법**
> 제9조(재판관할) ③ 토지의 수용 기타 부동산 또는 특정의 장소에 관계되는 처분등에 대한 취소소송은 그 부동산 또는 장소의 소재지를 관할하는 행정법원에 이를 제기할 수 있다.

15

2023 군무원 7급

원고의 고의 또는 중대한 과실 없이 행정소송이 심급을 달리하는 법원에 잘못 제기된 경우에는 관할위반을 이유로 관할법원에 이송한다. O | X

> **행정소송법**
> 제7조(사건의 이송) 민사소송법 제34조제1항의 규정은 원고의 고의 또는 중대한 과실없이 행정소송이 심급을 달리하는 법원에 잘못 제기된 경우에도 적용한다.
>
> **민사소송법**
> 제34조(관할위반 또는 재량에 따른 이송) ① 법원은 소송의 전부 또는 일부에 대하여 관할권이 없다고 인정하는 경우에는 결정으로 이를 관할법원에 이송한다.

16

2024 경찰간부

무효등확인소송과 취소소송을 예비적 병합의 형태로 제기하는 것은 허용되지 않는다. O | X

> 무효확인과 취소청구는 주위적·예비적 청구로서만 병합이 가능하며 선택적 또는 단순 병합은 허용되지 않는다.
>
> [대법원 1999.8.20. 97누6889]
> 행정처분에 대한 무효확인과 취소청구는 서로 양립할 수 없는 청구로서 주위적·예비적 청구로서만 병합이 가능하고 선택적 청구로서의 병합이나 단순 병합은 허용되지 아니한다.

정답 | 13 ○ 14 ○ 15 ○ 16 ×

TOPIC 43

취소소송의 가구제 – 집행정지

01

2014 국가직 9급

행정소송법은 다툼이 있는 법률관계에 대하여 임시의 지위를 정하기 위한 가처분신청의 경우 현저한 손해나 급박한 위험을 피할 것을 목적으로 한다고 규정하고 있다. O | X

[대법원 1992.7.6, 92마54]
민사소송법상의 보전처분은 민사판결절차에 의하여 보호받을 수 있는 권리에 관한 것이므로, 민사소송법상의 가처분으로써 행정청의 어떠한 행정행위의 금지를 구하는 것은 허용될 수 없다 할 것이다.

02

2014 국가직 9급

유흥접객영업허가의 취소처분으로 5,000여만 원의 시설비를 회수하지 못하게 된다면 생계까지 위협받을 수 있다는 등의 사정이 집행정지를 인정하기 위한 회복하기 어려운 손해가 생길 우려가 있는 경우에 해당하지 아니한다. O | X

[대법원 1995.11.23, 95두53]
재항고인이 이 사건 영업을 위하여 거의 전재산인 금 1억 5천만 원을 투자하고 영업을 하여 온 까닭에 그 영업허가취소처분의 효력이 정지되지 않는다면 위 업소경영에 절대적인 타격을 입게 되고 그로 인하여 재항고인은 물론 그 가족 및 종업원들의 생계까지 위협받게 되는 결과가 초래될 수 있다는 등의 사정은 이 사건 처분의 존속으로 재항고인에게 금전으로 보상할 수 없는 손해가 생길 우려가 있는 경우에 해당한다고 볼 수 없으며 그밖에 기록을 살펴보아도 이 사건 처분의 존속으로 말미암아 재항고인에게 회복할 수 없는 손해가 생길 우려가 있음을 인정할 만한 자료가 발견되지 아니하므로 원심이 위와 같은 취지에서 이 사건 효력정지신청을 기각한 조치는 정당하고 논지는 이유 없다.

03

2014 국가직 9급

본안문제인 행정처분 자체의 적법여부는 집행정지 신청의 요건이 되지 아니하는 것이 원칙이지만, 본안소송의 제기 자체는 적법한 것이어야 한다. O | X

[대법원 1999.11.26, 99부3]
행정처분의 효력정지나 집행정지를 구하는 신청사건에 있어서는 행정처분 자체의 적법 여부는 궁극적으로 본안재판에서 심리를 거쳐 판단할 성질의 것이므로 원칙적으로 판단할 것이 아니고, 그 행정처분의 효력이나 집행을 정지할 것인가에 관한 행정소송법 제23조 제2항 소정의 요건의 존부만이 판단의 대상이 된다고 할 것이지만, 나아가 집행정지는 행정처분의 집행부정지원칙의 예외로서 인정되는 것이고 또 본안에서 원고가 승소할 수 있는 가능성을 전제로 한 권리보호수단이라는 점에 비추어 보면 집행정지사건 자체에 의하여도 신청인의 본안청구가 적법한 것이어야 한다는 것을 집행정지의 요건에 포함시켜야 한다.

정답 | 01 × 02 ○ 03 ○

04

2015 사회복지직 9급

'회복하기 어려운 손해'란 금전보상이 불가능한 경우뿐만 아니라 금전보상으로는 사회관념상 행정처분을 받은 당사자가 참고 견딜 수 없거나 또는 참고 견디기가 현저히 곤란한 경우의 유형·무형의 손해를 말한다.

O | X

[대법원 2011.4.21, 2010무111]
행정소송법 제23조 제2항에서 정하고 있는 효력정지 요건인 '회복하기 어려운 손해'란, 특별한 사정이 없는 한 금전으로 보상할 수 없는 손해로서 금전보상이 불가능한 경우 내지는 금전보상으로는 사회관념상 행정처분을 받은 당사자가 참고 견딜 수 없거나 참고 견디기가 현저히 곤란한 경우의 유형, 무형의 손해를 일컫는다.

05

2015 사회복지직 9급

적법한 본안소송이 법원에 계속되어 있을 것을 요하지만, 본안소송의 제기와 집행정지신청이 동시에 행하여지는 경우도 허용된다.

O | X

집행정지는 민사소송에서의 가처분과는 달리 본안소송이 먼저 제기되었음을 요한다. 따라서 집행정지 신청은 본안소송 제기 후 또는 본안소송의 제기와 동시에 하여야 한다. 적법한 본안소송이 계속되는 한 집행정지는 항소심과 상고심에서도 가능하다. 따라서 본안소송과 별도로 집행정지를 신청하거나 본안소송이 제기되기 전에 집행정지를 신청하는 것은 허용되지 않는다.

06

2016 지방직 9급

처분의 효력정지는 처분 등의 집행 또는 절차의 속행을 정지함으로써 목적을 달성할 수 있는 경우에는 허용되지 아니한다.

O | X

행정소송법
제23조(집행정지) ② 취소소송이 제기된 경우에 처분등이나 그 집행 또는 절차의 속행으로 인하여 생길 회복하기 어려운 손해를 예방하기 위하여 긴급한 필요가 있다고 인정할 때에는 본안이 계속되고 있는 법원은 당사자의 신청 또는 직권에 의하여 처분등의 효력이나 그 집행 또는 절차의 속행의 전부 또는 일부의 정지(이하 "집행정지"라 한다)를 결정할 수 있다. 다만, 처분의 효력정지는 처분등의 집행 또는 절차의 속행을 정지함으로써 목적을 달성할 수 있는 경우에는 허용되지 아니한다.

07

2016 지방직 9급

신청에 대한 거부처분의 효력을 정지하더라도 거부처분이 있기 전의 신청시 상태로 되돌아가는 데에 불과하므로, 신청인에게는 거부처분에 대한 효력정지를 구할 이익이 없다.

O | X

[대법원 1991.5.2, 91두15]
허가신청에 대한 거부처분은 그 효력이 정지되더라도 그 처분이 없었던 것과 같은 상태를 만드는 것에 지나지 아니하는 것이고 그 이상으로 행정청에 대하여 어떠한 처분을 명하는 등 적극적인 상태를 만들어 내는 경우를 포함하지 아니하는 것이므로. 교도소장이 접견을 불허한 처분에 대하여 효력정지를 한다 하여도 이로 인하여 위 교도소장에게 접견의 허가를 명하는 것이 되는 것도 아니고 또 당연히 접견이 되는 것도 아니어서 접견허가 거부처분에 의하여 생길 회복할 수 없는 손해를 피하는 데 아무런 보탬도 되지 아니하니 **접견허가거부처분의 효력을 정지할 필요성이 없다.**

정답 | 04 ○ 05 ○ 06 ○ 07 ○

08 집행정지는 본안사건이 법원에 계속되어 있을 것을 요건으로 한다. O | X

2016 서울시 9급

[서울행법 2010.3.12, 2009아3749]

행정소송법상의 집행정지는 형식적 요건으로 그 대상인 처분 등이 존재하고, **적법한 본안소송이 법원에 계속 중**이어야 하며, 실체적 요건으로 회복하기 어려운 손해를 예방하기 위하여 긴급한 필요가 있고, 공공복리에 중대한 영향을 미칠 우려가 없으며, 본안청구의 이유 없음이 명백하지 않아야 한다.

09 집행정지의 소극적 요건으로서 '공공복리'는 그 처분의 집행과 관련된 구체적이고도 개별적인 공익으로서 이러한 소극적 요건에 대한 주장·소명책임은 행정청에게 있다. O | X

2016 서울시 9급

[대법원 1999.12.20, 99무42]

행정소송법 제23조 제3항에서 집행정지의 요건으로 규정하고 있는 '공공복리에 중대한 영향을 미칠 우려'가 없을 것이라고 할 때의 '공공복리'는 그 처분의 집행과 관련된 구체적이고도 개별적인 공익을 말하는 것으로서 이러한 **집행정지의 소극적 요건에 대한 주장·소명책임은 행정청에게 있다.**

10 집행정지결정을 한 후에 본안소송이 취하되더라도 그 집행정지결정의 효력이 당연히 소멸하는 것은 아니고, 별도의 취소조치를 필요로 한다. O | X

2016 서울시 9급

이 경우 집행정지결정의 효력은 당연히 실효된다.

[대법원 1975.11.11, 75누97]

행정처분의 집행정지는 행정처분 집행부정지의 원칙에 대한 예외로서 인정되는 일시적인 응급처분이라 할 것이므로 집행정지결정을 하려면 이에 대한 본안소송이 법원에 제기되어 계속 중임을 요건으로 하는 것이므로 **집행정지결정을 한 후에라도 본안소송이 취하되어 소송이 계속하지 아니한 것으로 되면 집행정지결정은 당연히 그 효력이 소멸되는 것이고 별도의 취소조치를 필요로 하는 것이 아니다.**

11 행정소송법은 가처분제도를 규정하지 않고 있으나 대법원 판례는 가처분제도를 긍정하고 있다. O | X

2017 사회복지직 9급

[대법원 1992.7.6, 92마54]

민사소송법상의 보전처분은 민사판결절차에 의하여 보호받을 수 있는 권리에 관한 것이므로, **민사소송법상의 가처분으로써 행정청의 어떠한 행정행위의 금지를 구하는 것은 허용될 수 없다 할 것이다.** 채권자가, 채무자와 제3채무자(국가)를 상대로 채무자의 공유수면매립면허권에 관하여, "채무자는 이에 대한 일체의 처분행위를 하여서는 아니되며, 제3채무자는 위 면허권에 관하여 채무자의 신청에 따라 명의개서 기타 일체의 변경절차를 하여서는 아니된다."는 요지의 내용을 신청취지로 하여 가처분신청을 한 데 대하여, 원심이, 채무자에 대한 신청부분은 인용하면서도, 제3채무자에 대한 부분에 대하여는, 위 신청취지를 채무자가 면허권을 타에 양도할 경우 면허관청으로 하여금 그 양도에 따른 인가를 금지하도록 명해 달라는 뜻으로 풀이한 후, 이 부분 신청은 허용될 수 없다.

정답 | 08 ○ 09 ○ 10 × 11 ×

12

2017 국회사무처 8급

행정소송법은 집행부정지원칙을 택하면서도 집행정지의 길을 열어 개인(원고)의 권리보호를 목적으로 하고 있다. O | X

행정소송법은 원칙적으로 집행부정지의 원칙을 채택하고 있다. 그러나 당사자의 권리구제차원에서 예외적으로 집행정지를 채택하고 있다.

행정소송법

제23조(집행정지) ① 취소소송의 제기는 처분등의 효력이나 그 집행 또는 절차의 속행에 영향을 주지 아니한다.

13

2017 국회사무처 8급

행정소송법은 집행정지결정에 대한 즉시항고에 관하여 규정하고 있는 반면, 행정심판법에는 집행정지결정에 대한즉시항고에 관하여 규정하고 있지 아니하다. O | X

행정소송법에는 집행정지결정에 대한 즉시항고규정(제23조 제5항)이 존재하나, 행정심판법에는 존재하지 않는다. 즉시항고는 법원의 명령 또는 결정에 대한 불복절차이므로, 행정심판법에는 적용이 없다.

행정소송법

제23조(집행정지) ⑤ 제2항의 규정에 의한 집행정지의 결정 또는 기각의 결정에 대하여는 즉시항고할 수 있다. 이 경우 집행정지의 결정에 대한 즉시항고에는 결정의 집행을 정지하는 효력이 없다.

14

2017 국회사무처 8급

공공복리에 중대한 영향을 미칠 우려가 있을 때에는 행정심판법 및 행정소송법 상의 집행정지가 모두 허용되지 아니한다. O | X

행정심판법

제30조(집행정지) ③ 집행정지는 공공복리에 중대한 영향을 미칠 우려가 있을 때에는 허용되지 아니한다.

행정소송법

제23조(집행정지) ③ 집행정지는 공공복리에 중대한 영향을 미칠 우려가 있을 때에는 허용되지 아니한다.

15

2017 국회사무처 8급

행정심판법은 위원회의 심리 · 결정을 갈음하는 위원장의 직권결정에 관한 규정을 두고 있는 반면, 행정소송법은 법원의 결정에 갈음하는 재판장의 직권결정에 관한 규정을 두고 있지 아니하다. O | X

행정심판법에는 위원장의 직권결정에 관한 규정이 존재하나(제30조 제6항), 행정소송법은 법원의 결정에 갈음하는 재판장의 직권결정에 관한 규정이 없다.

행정심판법

제30조(집행정지) ⑥ 제2항과 제4항에도 불구하고 위원회의 심리·결정을 기다릴 경우 중대한 손해가 생길 우려가 있다고 인정되면 위원장은 직권으로 위원회의 심리·결정을 갈음하는 결정을 할 수 있다. 이 경우 위원장은 지체 없이 위원회에 그 사실을 보고하고 추인(追認)을 받아야 하며, 위원회의 추인을 받지 못하면 위원장은 집행정지 또는 집행정지 취소에 관한 결정을 취소하여야 한다.

정답 | 12 ○ 13 ○ 14 ○ 15 ○

16

2017 지방직 9급

개인택시운송사업면허가 거부된 경우, 거부처분에 대해 취소소송과 함께 제기한 집행정지 신청은 법원에 의해 허용된다. O | X

[대법원 1992.2.13, 자 91두47 결정]
신청에 대한 거부처분의 효력을 정지하더라도 거부처분이 없었던 것과 같은 상태 즉 거부처분이 있기 전의 신청시의 상태로 되돌아가는 데에 불과하고 행정청에게 신청에 따른 처분을 하여야 할 의무가 생기는 것이 아니므로, 거부처분의 효력정지는 그 거부처분으로 인하여 신청인에게 생길 손해를 방지하는 데에 아무런 소용이 없어 그 효력정지를 구할 이익이 없다.

17

2018 국가직 7급

집행정지결정에 의하여 효력이 정지되는 처분이 당사자의 신청을 거부하는 것을 내용으로 하는 경우에는 그 처분을 행한 행정청은 집행정지결정의 취지에 따라 다시 이전의 신청에 대한 처분을 하여야 한다. O | X

거부처분과 같은 소극적 처분의 경우에는 집행을 정지할 대상이 존재하지 않아 집행정지결정 자체가 인정되지 않는다.

[대법원 1991.5.2, 자, 91두15, 결정]
허가신청에 대한 거부처분은 그 효력이 정지되더라도 그 처분이 없었던 것과 같은 상태를 만드는 것에 지나지 아니하는 것이고 그 이상으로 행정청에 대하여 어떠한 처분을 명하는 등 적극적인 상태를 만들어 내는 경우를 포함하지 아니하는 것이므로, 교도소장이 접견을 불허한 처분에 대하여 효력정지를 한다 하여도 이로 인하여 위 교도소장에게 접견의 허가를 명하는 것이 되는 것도 아니고 또 당연히 접견이 되는 것도 아니어서 접견허가 거부처분에 의하여 생길 회복할 수 없는 손해를 피하는 데 아무런 보탬도 되지 아니하니 접견허가거부처분의 효력을 정지할 필요성이 없다.

18

2018 국가직 7급

집행정지의 결정이 확정된 후라도 집행정지가 공공복리에 중대한 영향을 미치는 경우 당사자의 신청 또는 직권에 의해 집행정지결정을 취소할 수 있다. O | X

행정소송법
제24조(집행정지의 취소) ① 집행정지의 결정이 확정된 후 집행정지가 공공복리에 중대한 영향을 미치거나 그 정지사유가 없어진 때에는 당사자의 신청 또는 직권에 의하여 결정으로써 집행정지의 결정을 취소할 수 있다.
② 제1항의 규정에 의한 집행정지결정의 취소결정과 이에 대한 불복의 경우에는 제23조제4항 및 제5항의 규정을 준용한다.

19

2018 국가직 7급

보조금 교부결정 취소처분에 대하여 법원이 효력정지결정을 하면서 주문에서 그 법원에 계속 중인 본안소송의 판결 선고시까지 처분의 효력을 정지한다고 선언하였을 경우, 본안소송의 판결 선고에 의하여 정지결정의 효력은 소멸하고 이와 동시에 당초의 보조금 교부결정취소처분의 효력이 당연히 되살아난다. O | X

여기서 본안판결이란 기각판결을 말한다.

정답 | 16 × 17 × 18 ○ 19 ○

[대법원 2017.7.11, 2013두25498]

행정소송법 제23조에 의한 효력정지결정의 효력은 결정주문에서 정한 시기까지 존속하고 그 시기의 도래와 동시에 효력이 당연히 소멸하므로, 보조금 교부결정의 일부를 취소한 행정청의 처분에 대하여 법원이 효력정지결정을 하면서 주문에서 그 법원에 계속 중인 본안소송의 판결 선고 시까지 처분의 효력을 정지한다고 선언하였을 경우, 본안소송의 판결 선고에 의하여 정지결정의 효력은 소멸하고 이와 동시에 당초의 보조금 교부결정 취소처분의 효력이 당연히 되살아난다. 따라서 효력정지결정의 효력이 소멸하여 보조금 교부결정 취소처분의 효력이 되살아난 경우, 특별한 사정이 없는 한 행정청으로서는 보조금법 제31조 제1항에 따라 취소처분에 의하여 취소된 부분의 보조사업에 대하여 효력정지기간 동안 교부된 보조금의 반환을 명하여야 한다.

20

2018 국가직 7급

집행정지의 결정에 대하여는 즉시항고할 수 있으며, 이 경우 집행정지의 결정에 대한 즉시항고에는 결정의 집행을 정지하는 효력이 없다. O | X

행정소송법 제23조 제5항

행정소송법

제23조(집행정지) ① 취소소송의 제기는 처분등의 효력이나 그 집행 또는 절차의 속행에 영향을 주지 아니한다.
② 취소소송이 제기된 경우에 처분등이나 그 집행 또는 절차의 속행으로 인하여 생길 회복하기 어려운 손해를 예방하기 위하여 긴급한 필요가 있다고 인정할 때에는 본안이 계속되고 있는 법원은 **당사자의 신청 또는 직권에 의하여 처분등의 효력이나 그 집행 또는 절차의 속행의 전부 또는 일부의 정지(이하 "집행정지"라 한다)를 결정할 수** 있다. 다만, 처분의 효력정지는 처분등의 집행 또는 절차의 속행을 정지함으로써 목적을 달성할 수 있는 경우에는 허용되지 아니한다.
③ 집행정지는 공공복리에 중대한 영향을 미칠 우려가 있을 때에는 허용되지 아니한다.
④ 제2항의 규정에 의한 집행정지의 결정을 신청함에 있어서는 그 이유에 대한 소명이 있어야 한다.
⑤ 제2항의 규정에 의한 **집행정지의 결정 또는 기각의 결정에 대하여는 즉시항고할 수 있다. 이 경우 집행정지의 결정에 대한 즉시항고에는 결정의 집행을 정지하는 효력이 없다.**

21

2020 소방직

집행정지의 결정을 신청함에 있어서는 그 이유에 대한 소명을 반드시 필요로 하는 것은 아니므로 정당한 사유 등 특별한 사정이 있다면 재판부는 그 소명 없이 직권으로 집행정지에 대한 결정을 하여야 한다. O | X

회복하기 어려운 손해를 예방하기 위하여 긴급한 필요가 있음을 소명해야 한다(「행정소송법」 제23조 제4항).

행정소송법

제23조(집행정지) ② 취소소송이 제기된 경우에 처분등이나 그 집행 또는 절차의 속행으로 인하여 생길 **회복하기 어려운 손해를 예방하기 위하여 긴급한 필요**가 있다고 인정할 때에는 본안이 계속되고 있는 법원은 당사자의 신청 또는 직권에 의하여 처분등의 효력이나 그 집행 또는 절차의 속행의 전부 또는 일부의 정지(이하 "執行停止"라 한다)를 결정할 수 있다. 다만, 처분의 효력정지는 처분등의 집행 또는 절차의 속행을 정지함으로써 목적을 달성할 수 있는 경우에는 허용되지 아니한다.
④ 제2항의 규정에 의한 집행정지의 결정을 신청함에 있어서는 **그 이유에 대한 소명이 있어야 한다.**

정답 | 20 ○ 21 ×

TOPIC 44

취소소송의 심리 – 심리의 원칙 / 증명책임 / 처분사유의 추가·변경 / 소의 변경

제1절 심리의 원칙

01 2014 국가직 9급

법원은 소송제기가 없는 사건에 대하여 심리·재판할 수 없다. O | X

소송제기가 없는 사건에 대해서 심리·재판하는 것은 처분권주의(당사자가 소송의 제기, 취하, 재판상의 화해 등으로 스스로 소송의 해결을 꾀하여 소송을 처분할 수 있음을 인정하는 주의)에 반한다.

02 2015 지방직 9급

행정소송의 대상이 되는 행정처분의 존부는 소송요건으로서 직권조사사항이고, 자백의 대상이 될 수 없는 것이므로, 설사 그 존재를 당사자들이 다투지 아니한다 하더라도 그 존부에 관하여 의심이 있는 경우에는 이를 직권으로 밝혀 보아야 할 것이다. O | X

대상적격으로서의 처분성은 소송요건이므로 법원의 직권조사사항이다.

[대법원 2001.11.9, 98두892]
행정소송에서 쟁송의 대상이 되는 행정처분의 존부는 소송요건으로서 직권조사사항이고, 자백의 대상이 될 수 없는 것이므로, 설사 그 존재를 당사자들이 다투지 아니한다 하더라도 그 존부에 관하여 의심이 있는 경우에는 이를 직권으로 밝혀 보아야 한다.

03 2017 국가직 9급

「행정소송법」 제26조는 행정소송에서 직권심리주의가 적용되도록 하고 있지만, 행정소송에서도 당사자주의나 변론주의의 기본구도는 여전히 유지된다. O | X

행정소송은 「변론주의」가 원칙이고 「직권심리주의」가 가미되어 있다.

[대법원 1994.10.11, 선고, 94누4820, 판결]
행정소송법 제26조가 법원은 필요하다고 인정할 때에는 직권으로 증거조사를 할 수 있고, 당사자가 주장하지 아니한 사실에 대하여도 판단할 수 있다고 규정하고 있지만, 이는 행정소송의 특수성에 연유하는 당사자주의, 변론주의에 대한 일부 예외 규정일 뿐 법원이 아무런 제한 없이 당사자가 주장하지 아니한 사실을 판단할 수 있는 것은 아니고, 일건 기록에 현출되어 있는 사항에 관하여서만 직권으로 증거조사를 하고 이를 기초로 하여 판단할 수 있을 따름이고, 그것도 법원이 필요하다고 인정할 때에 한하여 청구의 범위내에서 증거조사를 하고 판단할 수 있을 뿐이다.

정답 | 01 ○ 02 ○ 03 ○

04

2018 지방직 9급

소송에 있어서 처분권주의는 사적자치에 근거를 둔 법질서에 뿌리를 두고 있으므로 취소소송에는 적용되지 않는다. O | X

행정소송에도 민사소송과 마찬가지로 「불고불리의 원칙」이 적용된다. 따라서 법원은 소송제기 없이 재판할 수 없고, 소제기가 있는 사건에 대하여도 당사자의 청구의 범위를 넘어서 심리·판결할 수 없다.

[대법원 1987.11.10, 선고, 86누491, 판결]

행정소송에 있어서도 행정소송법 제14조에 의하여 민사소송법 제188조가 준용되어 **법원은 당사자가 신청하지 아니한 사항에 대하여는 판결할 수 없는 것이고, 행정소송법 제26조에서 직권심리주의를 채용하고 있으나 이는 행정소송에 있어서 원고의 청구범위를 초월하여 그 이상의 청구를 인용할 수 있다는 의미가 아니라 원고의 청구범위를 유지하면서 그 범위내에서 필요에 따라 주장외의 사실에 관하여도 판단할 수 있다는 뜻**이다.

05

2018 지방직 9급

취소소송의 심리에 있어서 주장책임은 직권탐지주의를 보충적으로 인정하고 있는 한도 내에서 그 의미가 완화된다. O | X

[대법원 1994.10.11, 선고, 94누4820, 판결]

행정소송법 제26조가 법원은 필요하다고 인정할 때에는 직권으로 증거조사를 할 수 있고, 당사자가 주장하지 아니한 사실에 대하여도 판단할 수 있다고 규정하고 있지만, 이는 행정소송의 특수성에 연유하는 당사자주의, 변론주의에 대한 일부 예외 규정일 뿐 **법원이 아무런 제한 없이 당사자가 주장하지 아니한 사실을 판단할 수 있는 것은 아니고, 일건 기록에 현출되어 있는 사항에 관하여서만 직권으로 증거조사를 하고 이를 기초로 하여 판단할 수 있을 따름이고, 그것도 법원이 필요하다고 인정할 때에 한하여 청구의 범위내에서 증거조사를 하고 판단할 수 있을 뿐**이다.

06

2020 군무원 9급

행정소송에 있어서 처분청의 처분권한 유무는 직권조사 사항이 아니다. O | X

처분청의 처분권한이 없다면 위법한 처분이 된다. 즉, 처분의 위법성이라는 본안판단사항이므로, 처분의 취소를 구하는 원고가 그 위법성을 입증해야 한다. 반면에 소송요건의 경우는 본안전 판단사항으로 법원의 직권조사사항이다.

[대법원 1996.6.25, 선고, 96누570, 판결]

행정소송에 있어서 특별한 사정이 있는 경우를 제외하면 당해 행정처분의 적법성에 관하여는 당해 처분청이 이를 주장·입증하여야 하나, 행정처분의 위법을 들어 그 취소를 청구함에 있어서는 직권조사사항을 제외하고는 그 위법된 구체적인 사실을 원고가 먼저 주장하여야 하므로, 상고심에서 비로소 주장하는 처분의 위법성에 관한 사유는 적법한 상고이유가 될 수 없다(당원 1995. 11. 21. 선고 94누15684 판결, 1995. 7. 28. 선고 94누12807 판결 등 참조). 그런데 기록에 의하면, **원고는 피고가 원고에 대하여 파면처분을 할 권한을 가지고 있지 아니하다는 점에 관하여 원심에 전혀 다투지 아니하다가 상고이유에서 비로소 피고가 원고에 대하여 파면처분을 할 권한이 없기 때문에 이 사건 파면 처분이 위법하다고 주장하고 있으나, 처분청이 처분권한을 가지고 있는가 하는 점은 직권조사사항이 아니므로** 원심이 이에 관하여 아무런 판단을 하지 아니하였다 하여 여기에 논하는 바와 같은 석명의무 위반이나 심리미진의 위법이 있다고 할 수 없다.

정답 | 04 × 05 ○ 06 ○

07

2022 지방직 7급

법원이 어느 하나의 사유에 의한 과징금부과처분에 대하여 그 사유와 기본적 사실관계의 동일성이 인정되지 아니하는 다른 처분사유가 존재한다는 이유로 적법하다고 판단하는 것은 특별한 사정이 없는 한 직권심사주의의 한계를 넘는 것이 아니다. O | X

[대법원 2017.5.17, 선고 2016두53050 판결]
명의신탁등기 과징금과 장기미등기 과징금은 위반행위의 태양, 부과 요건, 근거 조항을 달리하므로, 각 과징금 부과처분의 사유는 상호 간에 기본적 사실관계의 동일성이 있다고 할 수 없다. 그러므로 그중 어느 하나의 처분사유에 의한 과징금 부과처분에 대하여 당해 처분사유가 아닌 다른 처분사유가 존재한다는 이유로 적법하다고 판단하는 것은 특별한 사정이 없는 한 행정소송법상 직권심사주의의 한계를 넘는 것으로서 허용될 수 없다.

08

2023 국회사무처 8급

행정소송의 심리에는 당사자가 신청하지 아니한 사항에 대하여는 판결하지 못한다는 의미의 처분권주의가 적용된다. O | X

행정소송법
제8조(법적용예) ② 행정소송에 관하여 이 법에 특별한 규정이 없는 사항에 대하여는 법원조직법과 민사소송법 및 민사집행법의 규정을 준용한다.

민사소송법
제203조(처분권주의) 법원은 당사자가 신청하지 아니한 사항에 대하여는 판결하지 못한다.

[대법원 2007.10.12, 선고 2006두14476 판결]
행정소송에 있어서도 행정소송법 제14조(편저자 주 : 現제8조)에 의하여 민사소송법 제188조(편저자 주 : 現제203조)가 준용되어 법원은 당사자가 신청하지 아니한 사항에 대하여는 판결할 수 없는 것이고, 행정소송법 제26조에서 직권심리주의를 채용하고 있으나 이는 행정소송에 있어서 원고의 청구범위를 초월하여 그 이상의 청구를 인용할 수 있다는 의미가 아니라 원고의 청구범위를 유지하면서 그 범위내에서 필요에 따라 주장외의 사실에 관하여도 판단할 수 있다는 뜻이다.

09

2023 국회사무처 8급

취소소송의 직권심리주의를 규정하고 있는 「행정소송법」 제26조의 규정을 고려할 때, 행정소송에 있어서 법원은 원고의 청구범위를 초월하여 그 이상의 청구를 인용할 수 있다. O | X

행정소송법상 직권심리주의는 변론주의에 대한 보완제도이지 처분권주의와는 무관하다는 취지이다.

[대법원 2007.10.12, 선고 2006두14476 판결]
행정소송에 있어서도 행정소송법 제14조(편저자 주 : 現제8조)에 의하여 민사소송법 제188조(편저자 주 : 現제203조)가 준용되어 법원은 당사자가 신청하지 아니한 사항에 대하여는 판결할 수 없는 것이고, 행정소송법 제26조에서 직권심리주의를 채용하고 있으나 이는 행정소송에 있어서 원고의 청구범위를 초월하여 그 이상의 청구를 인용할 수 있다는 의미가 아니라 원고의 청구범위를 유지하면서 그 범위내에서 필요에 따라 주장외의 사실에 관하여도 판단할 수 있다는 뜻이다.

정답 | 07 × 08 ○ 09 ×

10

2023 국회사무처 8급

법원으로부터 행정심판기록의 제출명령을 받은 행정청은 지체 없이 당해 행정심판에 관한 기록을 법원에 제출하여야 한다. O | X

행정소송법

제25조(행정심판기록의 제출명령) ① 법원은 당사자의 신청이 있는 때에는 결정으로써 재결을 행한 행정청에 대하여 행정심판에 관한 기록의 제출을 명할 수 있다.

② 제1항의 규정에 의한 제출명령을 받은 행정청은 지체없이 당해 행정심판에 관한 기록을 법원에 제출하여야 한다.

제2절 증명책임

01

2022 소방직

재량에 의한 행정처분이 그 재량권의 한계를 벗어난 것이어서 위법하다는 점은 그 행정처분의 효력을 다투는 자가 이를 주장·입증하여야 하고, 처분청이 그 재량권의 행사가 정당한 것이었다는 점까지 주장·입증할 필요는 없다. O | X

[대법원 1987.12.8, 선고 87누861 판결]

자유재량에 의한 행정처분이 그 재량권의 한계를 벗어난 것이어서 위법하다는 점은 그 행정처분의 효력을 다투는 자가 이를 주장·입증하여야 하고 처분청이 그 재량권의 행사가 정당한 것이었다는 점까지 주장·입증할 필요는 없다.

02

2023 지방직 9급

결혼이민[F-6 (다)목] 체류자격을 신청한 외국인에 대하여 행정청이 그 요건을 충족하지 못하였다는 이유로 거부처분을 하는 경우 '그 요건을 갖추지 못하였다는 판단', 즉 '혼인파탄의 주된 귀책사유가 국민인 배우자에게 있지 않다는 판단' 자체가 처분사유가 되는바, 결혼이민[F-6 (다)목] 체류자격 거부처분 취소소송에서 그 처분사유에 관한 증명책임은 피고 행정청에 있다. O | X

[대법원 2019.7.4, 선고 2018두66869 판결]

결혼이민[F-6 (다)목] 체류자격을 신청한 외국인에 대하여 행정청이 그 요건을 충족하지 못하였다는 이유로 거부처분을 하는 경우에는 '그 요건을 갖추지 못하였다는 판단', 다시 말해 '혼인파탄의 주된 귀책사유가 국민인 배우자에게 있지 않다는 판단' 자체가 처분사유가 된다. 부부가 혼인파탄에 이르게 된 여러 사정들은 그와 같은 판단의 근거가 되는 기초 사실 내지 평가요소에 해당한다. 결혼이민[F-6 (다)목] 체류자격 거부처분 취소소송에서 원고와 피고 행정청은 각자 자신에게 유리한 평가요소들을 적극적으로 주장·증명하여야 하며, 수소법원은 증명된 평가요소들을 종합하여 혼인파탄의 주된 귀책사유가 누구에게 있는지를 판단하여야 한다. **수소법원이 '혼인파탄의 주된 귀책사유가 국민인 배우자에게 있다'고 판단하게 되는 경우에는, 해당 결혼이민[F-6 (다)목] 체류자격 거부처분은 위법하여 취소되어야 하므로, 이러한 의미에서 결혼이민[F-6 (다)목] 체류자격 거부처분 취소소송에서도 그 처분사유에 관한 증명책임은 피고 행정청에 있다.** 일반적으로 혼인파탄의 귀책사유에 관한 사정들이 혼인관계 당사자의 지배영역에 있는 것이어서 피고 행정청이 구체적으로 파악하기 곤란한 반면, 혼인관계의 당사자인 원고는 상대적으로 쉽게 증명할 수 있는 측면이 있음을 고려하더라도 달리 볼 것은

정답 | 10 ○ | 01 ○ 02 ○

아니다. 피고 행정청은 처분 전에 실태조사를 통해 혼인관계 쌍방 당사자의 진술을 청취하는 방식으로 혼인파탄의 귀책사유에 관한 사정들을 파악할 수 있고, 원고의 경우에도 한국의 제도나 문화에 대한 이해나 한국어 능력이 부족하여 평소 혼인파탄의 귀책사유에 관하여 자신에게 유리한 사정들을 증명할 수 있는 증거를 제대로 수집·확보하지 못한 상황에서 별거나 이혼을 하게 되는 경우가 있기 때문이다.

제3절 처분사유의 추가·변경

01

2015 사회복지직 9급

처분사유의 추가·변경을 널리 허용한다면 처분의 상대방에게 예기치 못한 불이익이 발생할 가능성이 있다. O | X

[대법원 1987.7.21, 선고, 85누694, 판결]

이 사건과 같이 행정처분의 취소를 구하는 소송에 있어서는 **실질적 법치주의와 행정처분의 상대방인 국민에 대한 신뢰보호라는 견지에서 처분청은 당초의 처분사유와 기본적 사실관계에 있어서 동일성이 인정되는 한도내에서만 새로운 처분사유를 추가하거나 변경할 수 있고**, 기본적 사실관계와 동일성이 전혀 없는 별개의 사실을 들어 처분사유로서 주장함은 허용되지 아니하며, 법원으로서도 당초 처분사유와 기본적 사실관계의 동일성이 없는 사실은 처분사유로서 인정할 수 없다고 보아야 할 것이다.

02

2015 사회복지직 9급

A 사유와 기본적 사실관계가 동일성이 있다고 인정되는 한도 내에서만 B 사유로의 추가·변경이 허용된다. O | X

[대법원 1992.2.14, 91누3895]

행정처분의 취소를 구하는 항고소송에 있어서 처분청은 당초 처분의 근거로 삼은 사유와 기본적 사실관계가 동일성이 있다고 인정되는 한도 내에서만 다른 사유를 추가하거나 변경할 수 있을 뿐, 기본적 사실관계와 동일성이 인정되지 않는 별개의 사실을 들어 처분사유로서 주장함은 허용되지 아니한다.

03

2015 사회복지직 9급

당초의 A라는 처분사유를 B로 추가·변경한다는 관할 행정청의 주장이 법원에서 받아들여진 경우, 원고는 처분변경으로 인한 소의 변경을 신청하여야 한다. O | X

처분의 근거로 삼지 않았던 사유를 행정쟁송의 단계에서 추가하거나 변경하는 것을 「처분사유의 추가·변경」이라 한다. 당초의 A라는 처분사유를 B로 추가·변경한다는 관할 행정청의 주장이 법원에서 받아들여진 경우, 법원은 B 사유를 심리하여 처분의 위법여부를 판단하게 된다. 「처분사유의 추가·변경」은 처분 자체를 변경하는 「처분변경으로 인한 소 변경」과 다르다.

정답 | 01 ○ 02 ○ 03 ×

04

2016 국가직 9급

처분청이 처분 당시 적시한 구체적 사실을 변경하지 아니하는 범위 내에서 단지 처분의 근거 법령만을 추가·변경하는 경우에 법원은 처분청이 처분 당시 적시한 구체적 사실에 대하여 처분 후 추가·변경한 법령을 적용하여 처분의 적법 여부를 판단할 수 있다. O | X

[대법원 1988.1.19, 87누603]
행정처분이 적법한가의 여부는 특별한 사정이 없는 한 처분당시의 사유를 기준으로 판단하면 되는 것이고 처분청이 처분당시에 적시한 구체적 사실을 변경하지 아니하는 범위 안에서 단지 그 처분의 근거법령만을 추가변경하는 것은 새로운 처분사유의 추가라고 볼 수 없으므로 이와 같은 경우에는 처분청이 처분당시에 적시한 구체적 사실에 대하여 처분 후에 추가변경한 법령을 적용하여 그 처분의 적법여부를 판단하여도 무방하다.

05

2017 국가직 9급

처분사유의 추가·변경이 인정되기 위한 요건으로서의 기본적 사실관계의 동일성 유무는, 처분사유를 법률적으로 평가하기 이전의 구체적인 사실에 착안하여 그 기초적인 사회적 사실 관계가 기본적인 점에서 동일한지 여부에 따라 결정된다. O | X

[대법원 2003.12.11, 선고, 2001두8827, 판결]
행정처분의 취소를 구하는 항고소송에 있어서, 처분청은 당초 처분의 근거로 삼은 사유와 기본적 사실관계가 동일성이 있다고 인정되는 한도 내에서만 다른 사유를 추가하거나 변경할 수 있고, 여기서 기본적 사실관계의 동일성 유무는 처분사유를 법률적으로 평가하기 이전의 구체적인 사실에 착안하여 그 기초인 사회적 사실관계가 기본적인 점에서 동일한지 여부에 따라 결정된다.

06

2017 지방직 9급

기속행위의 경우에는 소송의 계속 중에 처분사유를 추가·변경할 수 있으나, 재량행위의 경우에는 처분사유의 추가·변경이 허용되지 않는다. O | X

행정행위가 기속행위이건 재량행위이건, 기본적 사실관계의 동일성이 인정되는 한 처분사유의 추가·변경이 가능하다.

07

2017 서울시 9급

추가 또는 변경된 사유가 당초의 처분시 그 사유를 명기하지 않았을 뿐 처분시에 이미 존재하고 있었고 당사자도 그 사실을 알고 있었다면 당초의 처분사유와 동일성이 인정된다. O | X

[대법원 2003.12.11, 선고, 2001두8827, 판결]
기본적 사실관계와 동일성이 인정되지 않는 별개의 사실을 들어 처분사유로 주장하는 것이 허용되지 않는다고 해석하는 이유는 행정처분의 상대방의 방어권을 보장함으로써 실질적 법치주의를 구현하고 행정처분의 상대방에 대한 신뢰를 보호하고자 함에 그 취지가 있고, 추가 또는 변경된 사유가 당초의 처분시 그 사유를 명기하지 않았을 뿐 처분시에 이미 존재하고 있었고 당사자도 그 사실을 알고 있었다 하여 당초의 처분사유와 동일성이 있는 것이라 할 수 없다.

정답 | 04 ○ 05 ○ 06 × 07 ×

08 처분사유의 추가·변경은 사실심 변론종결시까지만 허용된다. O | X

2017 서울시 9급

처분사유의 추가·변경이 가능할 것인지는 기본적 '사실'관계의 동일성에 달려 있다. 따라서 처분사유의 추가·변경은 사실심 변론종결시까지만 허용되는 것이고, 법률심인 상고심에서는 허용되지 않는다.

[대법원 1999.2.9, 선고, 98두16675, 판결]

과세관청은 소송 도중이라도 당해 처분에서 인정한 과세표준 또는 세액의 정당성을 뒷받침할 수 있는 새로운 자료를 제출하거나 처분의 동일성이 유지되는 범위 내에서 그 사유를 교환·변경할 수 있다고 할 것이나 이는 사실심 변론종결시까지만 허용된다.

09 당초의 처분사유인 중기취득세의 체납과 그 후 추가된 처분사유인 자동차세의 체납은 기본적 사실관계의 동일성이 부정된다. O | X

2017 서울시 9급

[대법원 1989.6.27, 선고, 88누6160, 판결]

처분청은 당초의 처분사유와 기본적 사실관계가 동일한 한도 내에서 새로운 처분사유를 추가하거나 변경할 수 있고 법원으로서도 당초의 처분사유와 기본적 사실관계의 동일성이 없는 사실을 처분사유로 인정할 수 없는 것인 바,(당원 1983. 10. 25. 선고 83누396 판결, 1987. 7. 21. 선고 85누694 판결 각 참조) 이 사건에서 당초의 처분사유인 중기취득세의 체납과 그 후 추가된 처분사유인 자동차세의 체납은 각 세목, 과세년도, 납세의무자의 지위(연대납세의무자와 직접의 납세의무자) 및 체납액 등을 달리하고 있어 기본적 사실관계가 동일하다고 볼 수 없고, 중기취득세의 체납이나 자동차세의 체납이 다같이 지방세의 체납이고 그 과세대상도 다같은 지입중기에 대한 것이라는 점만으로는 기본적 사실관계의 동일성을 인정하기에 미흡하다.

10 주류면허 지정조건 중 제6호 무자료 주류판매 및 위장거래항목을 근거로 한 면허취소 처분에 대한 항고소송에서, 지정조건 제2호 무면허판매업자에 대한 주류판매를 새로이 그 취소사유로 주장하는 것은 기본적 사실관례의 동일성이 인정된다. O | X

2017 서울시 9급

[대법원 1996.9.6, 선고, 96누7427, 판결]

주류면허 지정조건 중 제6호 무자료 주류판매 및 위장거래 항목을 근거로 한 면허취소처분에 대한 항고소송에서, 지정조건 제2호 무면허판매업자에 대한 주류판매를 새로이 그 취소사유로 주장하는 것은 기본적 사실관계가 다른 사유를 내세우는 것으로서 허용될 수 없다고 한 사례.

11 정보공개청구에 대해 내부적인 의사결정 과정임을 이유로 정보공개를 거부하였다가 정보공개거부처분 취소소송의 계속 중에 개인의 사생활침해 우려를 공개거부사유로 추가하는 것은 허용되지 않는다. O | X

2017 하반기 국가직 9급

[대법원 2003.12.11, 선고, 2001두8827, 판결]

법 제7조 제1항 제4호는 범죄의 예방, 수사, 형의 집행, 교정 등에 관한 사항으로서 공개될 경우 그 직무수행을 현저히 곤란하게 한다고 인정할 만한 상당한 이유가 있는 정보를, 제5호는 의사결정과정 또는 내부검토과정에 있는 사항으로서 공개될 경우 업무의 공정한 수행에 현저한 지장을 초래한다고 인정할 만한 상당한 이유가 있는 정보를, 제6호는 당해 정보에 포함되어 있는 이름·주민등록번호 등에 의하여 특정인을 식별할 수 있는

정답 | 08 ○ 09 ○ 10 × 11 ○

개인에 관한 정보(이하 '개인식별정보'라 한다)를 각 비공개대상정보로 규정하고 있어 그 비공개사유의 요건이 되는 사실을 달리하고 있을 뿐 아니라 제4호와 제5호가 모두 직무수행이나 업무의 공정한 수행에 지장을 초래하거나 현저히 곤란하게 한다고 인정할 만한 상당한 이유가 있는 정보를 그 대상으로 규정하고 있으나 지장이 초래되거나 현저히 곤란하게 하는 구체적인 직무나 업무의 내용이 전혀 다르고, 또한 제4호의 위 정보를 비공개대상정보로 하고 있는 것은 범죄의 일방예방 및 특별예방, 원활한 수사 및 교정행정의 원활성을 보호하고자 함에, **제5호의 위 의사결정과정 또는 내부검토과정에 있는 사항 등을 비공개대상정보로 하고 있는 것은 공개로 인하여 공공기관의 의사결정이 왜곡되거나 외부의 부당한 영향과 압력을 받을 가능성을 차단하여 중립적이고 공정한 의사결정이 이루어지도록 하고자 함에, 제6호의 개인식별정보를 비공개대상정보로 하고 있는 것은 개인의 사생활의 비밀과 자유의 존중 및 개인의 자신에 대한 정보통제권을 보장하는 등 정보공개로 인하여 발생할 수 있는 제3자의 법익침해를 방지하고자 함에 각 그 취지가 있어 그 각 정보를 비공개대상정보로 한 근거와 입법취지가 다른 점** 등 여러 사정을 합목적적으로 고려하여 보면, **피고가 처분사유로 추가한 법 제7조 제1항 제5호의 사유와 당초의 처분사유인 같은 항 제4호 및 제6호의 사유는 기본적 사실관계가 동일하다고 할 수 없다**고 할 것이며, 추가로 주장하는 제5호에서 규정하고 있는 사유가 이 사건 처분 후에 새로 발생한 사실을 토대로 한 것이 아니라 당초의 처분 당시에 이미 존재한 사실에 기초한 것이라 하여 달리 볼 것은 아니다.

12

2019 서울시 7급 (6월)

외국인 갑(甲)이 법무부장관에게 귀화신청을 하였으나 법무부장관이 '품행 미단정'을 불허사유로 「국적법」상의 요건을 갖추지 못하였다며 신청을 받아들이지 않는 처분을 하였는데, 법무부장관이 갑을 '품행 미단정'이라고 판단한 이유에 대하여 제1심 변론절차에서 「자동차관리법」 위반죄로 기소유예를 받은 전력 등을 고려하였다고 주장한 후, 제2심 변론절차에서 불법 체류전력 등의 제반사정을 추가로 주장할 수 있다. O | X

[대법원 2018.12.13, 선고, 2016두31616, 판결]

외국인 甲이 법무부장관에게 귀화신청을 하였으나 법무부장관이 심사를 거쳐 '품행 미단정'을 불허사유로 국적법상의 요건을 갖추지 못하였다며 신청을 받아들이지 않는 처분을 하였는데, 법무부장관이 甲을 '품행 미단정'이라고 판단한 이유에 대하여 제1심 변론절차에서 자동차관리법위반죄로 기소유예를 받은 전력 등을 고려하였다고 주장하였다가 원심 변론절차에서 불법 체류한 전력이 있다는 추가적인 사정까지 고려하였다고 주장한 사안에서, **법무부장관이 처분 당시 甲의 전력 등을 고려하여 甲이 구 국적법 제5조 제3호의 '품행단정' 요건을 갖추지 못하였다고 판단하여 처분을 하였고, 그 처분서에 처분사유로 '품행 미단정'이라고 기재하였으므로, '품행 미단정'이라는 판단 결과를 위 처분의 처분사유로 보아야 하는데, 법무부장관이 원심에서 추가로 제시한 불법 체류 전력 등의 제반 사정은 불허가처분의 처분사유 자체가 아니라 그 근거가 되는 기초 사실 내지 평가요소에 지나지 않으므로, 법무부장관이 이러한 사정을 추가로 주장할 수 있다.**

13

2019 서울시 7급 (6월)

이동통신요금 원가 관련 정보공개청구에 대해 행정청이 별다른 이유를 제시하지 아니한 채 통신요금과 관련한 총괄원가액수만을 공개한 후, 정보공개거부처분 취소소송에서 원가 관련 정보가 법인의 영업상 비밀에 해당한다는 비공개사유를 주장하는 것은, 그 기본적 사실관계가 동일하다고 볼 수 있는 사유를 추가하는 것이다. O | X

[대법원 2018.4.12, 선고, 2014두5477, 판결]

피고가 원고의 정보공개청구에 대하여 별다른 이유를 제시하지 않은 채 이동통신요금과 관련한 총괄원가액수만을 공개한 것은, 이 사건 원가 관련 정보에 대하여 비공개결정을 하면서 비공개이유를 명시하지 않은 경우에

정답 | 12 ○ 13 ×

해당하여 위법하다고 판단하면서, 피고가 이 사건 소송에서 비로소 이 사건 원가 관련 정보가 법인의 영업상 비밀에 해당한다는 비공개사유를 주장하는 것은, 그 기본적 사실관계가 동일하다고 볼 수 없는 사유를 추가하는 것이어서 허용될 수 없다.

14

2022 군무원 9급

석유판매업허가신청에 대하여, 주유소 건축 예정 토지에 관하여 도시계획법령에 의거하여 행위제한을 추진하고 있다는 당초의 불허가 처분 사유와, 항고소송에서 주장한 위 신청이 토지형질변경허가의 요건 불비 및 도심의 환경 보전의 공익상 필요라는 사유는 기본적 사실관계의 동일성이 부정된다. O | X

동일성이 긍정된다.

[대법원 1999.4.23, 선고 97누14378 판결]

석유판매업허가신청에 대하여 "주유소 건축 예정 토지에 관하여 도시계획법 제4조 및 구 토지의형질변경등행위허가기준등에관한규칙에 의거하여 행위제한을 추진하고 있다."는 당초의 불허가처분사유와 항고소송에서 주장한 위 신청이 토지형질변경허가의 요건을 갖추지 못하였다는 사유 및 도심의 환경보전의 공익상 필요라는 사유는 기본적 사실관계의 동일성이 있다고 한 사례

제4절 소의 변경

01

2018 서울시 9급

소의 종류의 변경의 요건을 갖춘 경우 면직처분취소소송을 공무원보수지급청구소송으로 변경하는 것은 가능하다. O | X

항고소송을 당사자소송으로 변경할 수 있다(행정소송법 제21조 제1항).

02

2020 국가직 9급

소의 종류의 변경에 따른 피고의 변경은 교환적 변경에 한 한다고 봄이 상당하므로 예비적 청구만이 있는 피고의 추가경정신청은 예외적 규정이 있는 경우를 제외하고는 원칙적으로 허용되지 않는다. O | X

[대법원 1989.10.27, 자, 89두1, 결정]

소위 주관적, 예비적 병합은 행정소송법 제28조 제3항과 같은 예외적 규정이 있는 경우를 제외하고는 원칙적으로 허용되지 않는 것이고, 또 행정소송법상 소의 종류의 변경에 따른 당사자(피고)의 변경은 교환적 변경에 한 한다고 봄이 상당하므로 예비적 청구만이 있는 피고의 추가경정신청은 허용되지 않는다.

03

2020 국회사무처 9급

소의 종류의 변경은 청구의 기초에 변경이 없는 한 인정된다. O | X

소의 종류의 변경은 청구의 기초에 변경이 없는 한 인정된다(「행정소송법」 제21조 제1항).

행정소송법

제21조(소의 변경) ① 법원은 취소소송을 당해 처분등에 관계되는 사무가 귀속하는 국가 또는 공공단체에 대한 당사자소송 또는 취소소송외의 항고소송으로 변경하는 것이 상당하다고 인정할 때에는 청구의 기초에 변경이 없는 한 사실심의 변론종결시까지 원고의 신청에 의하여 결정으로써 소의 변경을 허가할 수 있다.

정답 | 14 × | 01 ○ 02 ○ 03 ○

04

2020 국회사무처 9급

법원은 필요가 있다고 판단될 때 사실심의 변론종결시까지 직권으로 소를 변경할 수 있다. O | X

소변경은 원고의 신청에 의해서만 가능하다(행정소송법 제21조 제1항). 법원의 직권으로 불가능한 경우 4가지(피고경정, 소의 변경, 행정심판기록제출명령, 간접강제)는 별도로 정리해야 한다.

행정소송법

제21조(소의 변경) ① 법원은 취소소송을 당해 처분등에 관계되는 사무가 귀속하는 국가 또는 공공단체에 대한 당사자소송 또는 취소소송외의 항고소송으로 변경하는 것이 상당하다고 인정할 때에는 **청구의 기초에 변경이 없는 한 사실심의 변론종결시까지 원고의 신청에 의하여** 결정으로써 소의 변경을 허가할 수 있다.

05

2020 국회사무처 9급

법원이 소의 종류의 변경을 허가함으로써 피고를 달리하게 될 때에는 새로이 피고가 될 자의 의견을 들어야 한다. O | X

행정소송법

제21조(소의 변경) ② **제1항의 규정에 의한 허가를 하는 경우 피고를 달리하게 될 때에는 법원은 새로이 피고로 될 자의 의견을 들어야 한다.**

06

2020 국회사무처 9급

처분의 변경에 따르는 소의 변경의 경우에는 「행정소송법」 제18조 제1항 단서(예외적 행정심판전치주의)가 적용되는 경우에도 행정심판을 거칠 필요가 없다. O | X

행정소송법

제22조(처분변경으로 인한 소의 변경) ① 법원은 행정청이 소송의 대상인 처분을 소가 제기된 후 변경한 때에는 원고의 신청에 의하여 결정으로써 청구의 취지 또는 원인의 변경을 허가할 수 있다.

② 제1항의 규정에 의한 신청은 처분의 변경이 있음을 안 날로부터 60일 이내에 하여야 한다.

③ **제1항의 규정에 의하여 변경되는 청구는 제18조 제1항 단서의 규정에 의한 요건을 갖춘 것으로 본다.**

제18조(행정심판과의 관계) ① 취소소송은 법령의 규정에 의하여 당해 처분에 대한 행정심판을 제기할 수 있는 경우에도 이를 거치지 아니하고 제기할 수 있다. 다만, **다른 법률에 당해 처분에 대한 행정심판의 재결을 거치지 아니하면 취소소송을 제기할 수 없다는 규정이 있는 때**에는 그러하지 아니하다.

07

2023 국회사무처 9급

처분변경으로 인한 소의 변경의 신청은 처분의 변경이 있음을 안 날로부터 90일 이내에 하여야 한다. O | X

60일 이내에 하여야 한다.

행정소송법

제22조(처분변경으로 인한 소의 변경) ① 법원은 행정청이 소송의 대상인 처분을 소가 제기된 후 변경한 때에는 원고의 신청에 의하여 결정으로써 청구의 취지 또는 원인의 변경을 허가할 수 있다.

② **제1항의 규정에 의한 신청은 처분의 변경이 있음을 안 날로부터 60일 이내에 하여야 한다.**

정답 | 04 × 05 ○ 06 ○ 07 ×

TOPIC 45

취소소송의 판결 - 판결의 종류 / 사정판결 / 확정판결의 효력 / 간접강제 / 소송의 종료 및 불복

제1절 판결의 종류

01

2017 지방직 9급

과징금부과처분이 재량행위라고 하더라도 법이 정한 한도액을 초과하여 위법한 경우에는 부과처분의 전부를 취소할 것이 아니라 한도액을 초과한 부분만 취소하여야 한다. O | X

[대법원 1998.4.10, 98두2270]

자동차운수사업면허조건 등을 위반한 사업자에 대하여 행정청이 행정제재수단으로 사업 정지를 명할 것인지, 과징금을 부과할 것인지, 과징금을 부과키로 한다면 그 금액은 얼마로 할 것인지에 관하여 재량권이 부여되었다 할 것이므로 과징금부과처분이 법이 정한 한도액을 초과하여 위법할 경우 법원으로서는 그 전부를 취소할 수밖에 없고, 그 한도액을 초과한 부분이나 법원이 적정하다고 인정되는 부분을 초과한 부분만을 취소할 수 없다.

02

2018 지방직 9급

「국가유공자 등 예우 및 지원에 관한 법률」에 따른 여러 개의 상이에 대한 국가유공자요건 비해당처분에 대한 취소소송에서 그 중 일부 상이만이 국가유공자요건이 인정되는 상이에 해당하는 경우, 국가유공자요건비해당처분 중 그 요건이 인정되는 상이에 대한 부분만을 취소하여야 한다. O | X

[대법원 2016.8.30, 2014두46034]

국가유공자 등 예우 및 지원에 관한 법률 제4조 제1항 제6호, 제6조의3 제1항, 제6조의4 등 관련 법령의 해석상, 여러 개의 상이에 대한 국가유공자 요건 비해당결정처분에 대한 취소소송에서 그중 일부 상이에 대해서만 국가유공자 요건이 인정될 경우에는 비해당결정처분 중 요건이 인정되는 상이에 대한 부분만을 취소하여야 하고, 비해당결정처분 전부를 취소할 것은 아니다.

정답 | 01 × 02 ○

03

2019 서울시 9급 (6월)

「독점규제 및 공정거래에 관한 법률」을 위반한 광고행위와 표시행위를 하였다는 이유로 공정거래위원회가 사업자에 대하여 법위반사실공표명령을 행한 경우, 표시행위에 대한 법위반사실이 인정되지 아니한다면 법원으로서는 그 부분에 대한 공표명령의 효력만을 취소할 수 있을 뿐, 공표명령 전부를 취소할 수 있는 것은 아니다.

O | X

[대법원 2000.12.12, 선고, 99두12243, 판결]
외형상 하나의 행정처분이라 하더라도 가분성이 있거나 그 처분대상의 일부가 특정될 수 있다면 일부만의 취소도 가능하고 그 일부의 취소는 당해 취소부분에 관하여만 효력이 생기는 것인바, **공정거래위원회가 사업자에 대하여 행한 법위반사실공표명령은 비록 하나의 조항으로 이루어진 것이라고 하여도 그 대상이 된 사업자의 광고행위와 표시행위로 인한 각 법위반사실은 별개로 특정될 수 있어 위 각 법위반사실에 대한 독립적인 공표명령이 경합된 것으로 보아야 할 것이므로, 이 중 표시행위에 대한 법위반사실이 인정되지 아니하는 경우에 그 부분에 대한 공표명령의 효력만을 취소할 수 있을 뿐, 공표명령 전부를 취소할 수 있는 것은 아니다.**

04

2019 서울시 9급 (6월)

「독점규제 및 공정거래에 관한 법률」을 위반한 수개의 행위에 대하여 공정거래위원회가 하나의 과징금부과 처분을 하였으나 수개의 위반행위 중 일부의 위반행위에 대한 과징금부과만이 위법하고, 그 일부의 위반행위를 기초로 한 과징금액을 산정할 수 있는 자료가 있는 경우에도 법원은 과징금부과처분 전부를 취소하여야 한다.

O | X

[대법원 2006.12.22, 선고, 2004두1483, 판결]
공정거래위원회가 부당지원행위에 대한 과징금을 부과함에 있어 **여러 개의 위반행위에 대하여 하나의 과징금 납부명령을 하였으나 여러 개의 위반행위 중 일부의 위반행위만이 위법하고 소송상 그 일부의 위반행위를 기초로 한 과징금액을 산정할 수 있는 자료가 있는 경우에는, 하나의 과징금 납부명령일지라도 그 중 위법하여 그 처분을 취소하게 된 일부의 위반행위에 대한 과징금액에 해당하는 부분만을 취소할 수 있다.**

05

2022 군무원 7급

행정청이 여러 개의 위반행위에 대하여 하나의 제재처분을 하였으나, 위반행위별로 제재처분의 내용을 구분하는 것이 가능하고 여러개의 위반행위 중 일부의 위반행위에 대한 제재처분 부분만이 위법하다면, 법원은 제재처분 중 위법성이 인정되는 부분만 취소하여야 하고 제재처분 전부를 취소하여서는 아니된다.

O | X

[대법원 2020.5.14, 선고 2019두63515 판결]
행정청이 여러 개의 위반행위에 대하여 하나의 제재처분을 하였으나, 위반행위별로 제재처분의 내용을 구분하는 것이 가능하고 여러 개의 위반행위 중 일부의 위반행위에 대한 제재처분 부분만이 위법하다면, 법원은 제재처분 중 위법성이 인정되는 부분만 취소하여야 하고 제재처분 전부를 취소하여서는 아니 된다.

정답 | 03 ○ 04 × 05 ○

제2절 사정판결

01 사정판결을 하는 경우 처분의 위법성은 변론종결시를 기준으로 판단하여야 한다. O | X

2016 국가직 9급

사정판결의 대상이 되는 처분의 위법여부는 처분시를 기준으로 판단하고, 사정판결의 필요성인 공공복리는 처분 후의 사정이 고려되어야 하므로 사실심 변론종결시를 기준으로 판단한다.

02 법원은 처분등을 취소하는 것이 현저히 공공복리에 적합하지 아니하다고 인정하는 때에는 원고의 청구가 이유있다고 인정하는 경우에도 원고의 청구를 기각할 수 있다. O | X

2016 서울시 9급

행정소송법

제28조(사정판결) ① 원고의 청구가 이유있다고 인정하는 경우에도 처분등을 취소하는 것이 현저히 공공복리에 적합하지 아니하다고 인정하는 때에는 법원은 원고의 청구를 기각할 수 있다. 이 경우 법원은 그 판결의 주문에서 그 처분등이 위법함을 명시하여야 한다.

03 사정판결이 있는 경우 원고는 피고인 행정청이 속하는 국가 또는 공공단체를 상대로 손해배상청구를 당해 취소소송등이 계속된 법원에 병합하여 제기할 수 없다. O | X

2016 서울시 9급

행정소송법

제28조(사정판결) ① 원고의 청구가 이유있다고 인정하는 경우에도 처분등을 취소하는 것이 현저히 공공복리에 적합하지 아니하다고 인정하는 때에는 법원은 원고의 청구를 기각할 수 있다. 이 경우 법원은 그 판결의 주문에서 그 처분등이 위법함을 명시하여야 한다.

② 법원이 제1항의 규정에 의한 판결을 함에 있어서는 미리 원고가 그로 인하여 입게 될 손해의 정도와 배상방법 그 밖의 사정을 조사하여야 한다.

③ 원고는 피고인 행정청이 속하는 국가 또는 공공단체를 상대로 손해배상, 제해시설의 설치 그 밖에 적당한 구제방법의 청구를 당해 취소소송등이 계속된 법원에 병합하여 제기할 수 있다.

04 사정판결을 할 사정에 관한 주장·입증책임은 피고 처분청에 있지만 처분청의 명백한 주장이 없는 경우에도 사건 기록에 나타난 사실을 기초로 법원이 직권으로 석명권을 행사하거나 증거조사를 통해 사정판결을 할 수도 있다. O | X

2017 국회사무처 8급

[대법원 2006.12.21, 선고, 2005두16161, 판결]

행정처분이 위법한 경우에는 이를 취소하는 것이 원칙이고, 예외적으로 그 위법한 처분을 취소·변경하는 것이 도리어 현저히 공공복리에 적합하지 아니하는 경우에는 그 취소를 허용하지 아니하는 사정판결을 할 수 있고, 이러한 **사정판결에 관하여는 당사자의 명백한 주장이 없는 경우에도 기록에 나타난 여러 사정을 기초로 직권으로 판단할 수 있는 것**이나, 그 요건인 현저히 공공복리에 적합하지 아니한지 여부는 위법한 행정처분을 취소·변경하여야 할 필요와 그 취소·변경으로 인하여 발생할 수 있는 공공복리에 반하는 사태 등을 비교·교량하여 판단하여야 할 것이다.

정답 | 01 × 02 ○ 03 × 04 ○

05

2022 지방직 9급

원고의 청구가 이유있다고 인정하는 경우에도 이를 인용하는 것이 현저히 공공복리에 적합하지 않다고 판단되면 법원은 피고 행정청의 주장이나 신청이 없더라도 사정판결을 할 수 있다. O | X

[대법원 2006.9.22. 선고 2005두2506 판결]
행정처분이 위법한 경우에는 이를 취소하는 것이 원칙이나, 예외적으로 그 위법한 처분을 취소·변경하는 것이 도리어 현저히 공공복리에 적합하지 아니하는 경우에는 그 취소를 허용하지 아니하는 사정판결을 할 수 있다. 이러한 **사정판결은 당사자의 명백한 주장이 없는 경우에도 기록에 나타난 여러 사정을 기초로 직권으로 할 수 있는 것**이나, 그 요건인 현저히 공공복리에 적합하지 아니한지 여부는 위법한 행정처분을 취소·변경하여야 할 필요와 그 취소·변경으로 인하여 발생할 수 있는 공공복리에 반하는 사태 등을 비교·교량하여 판단하여야 한다.

06

2023 국가직 9급

사정판결의 요건인 처분의 위법성은 변론 종결시를 기준으로 판단하고, 공공복리를 위한 사정판결의 필요성은 처분시를 기준으로 판단하여야 한다. O | X

(i) 사정판결의 대상이 되는 처분의 위법여부는 처분시를 기준으로 판단하고, (ii) 사정판결의 필요성인 공공복리는 처분 후의 사정이 고려되어야 하므로 사실심 변론종결시를 기준으로 판단한다.

행정소송규칙
제14조(사정판결) 법원이 법 제28조제1항에 따른 판결을 할 때 그 처분등을 취소하는 것이 현저히 공공복리에 적합하지 아니한지 여부는 사실심 변론을 종결할 때를 기준으로 판단한다.

07

2024 경찰간부

사정판결의 경우 소송비용은 피고의 부담으로 한다. O | X

행정소송법
제28조(사정판결) ① 고의 청구가 이유있다고 인정하는 경우에도 처분등을 취소하는 것이 현저히 공공복리에 적합하지 아니하다고 인정하는 때에는 법원은 원고의 청구를 기각할 수 있다. 이 경우 법원은 그 판결의 주문에서 그 처분등이 위법함을 명시하여야 한다.
제32조(소송비용의 부담) **취소청구가 제28조의 규정에 의하여 기각되거나 행정청이 처분등을 취소 또는 변경함으로 인하여 청구가 각하 또는 기각된 경우에는 소송비용은 피고의 부담**으로 한다.

정답 | 05 ○ 06 × 07 ○

제3절 확정판결의 효력

01 과세처분의 취소소송에서 청구가 기각된 확정판결의 기판력은 그 과세처분의 무효확인을 구하는 소송에는 미치지 아니한다. O | X

2014 지방직 9급

> 취소소송의 기각판결의 기판력은 무효확인소송에 미친다.
>
> [대법원 1998.7.24, 98다10854]
>
> 과세처분의 취소소송은 과세처분의 실체적, 절차적 위법을 그 취소원인으로 하는 것으로서 그 심리의 대상은 과세관청의 과세처분에 의하여 인정된 조세채무인 과세표준 및 세액의 객관적 존부, 즉 당해 과세처분의 적부가 심리의 대상이 되는 것이며, **과세처분 취소청구를 기각하는 판결이 확정되면 그 처분이 적법하다는 점에 관하여 기판력이 생기고 그 후 원고가 이를 무효라 하여 무효확인을 소구할 수 없는 것이어서 과세처분의 취소소송에서 청구가 기각된 확정판결의 기판력은 그 과세처분의 무효확인을 구하는 소송에도 미친다.**

02 취소확정판결이 있으면 당사자는 동일한 소송물을 대상으로 다시 소를 제기할 수 없다. O | X

2014 지방직 9급

> 기판력 중 반복금지효에 대한 설명이다. 기판력이란 확정판결의 판단에 통용되는 통용력을 말하며, (ⅰ) 당사자에 대하여 동일소송물에 대한 반복된 제소를 불허하는 것과 동시에, (ⅱ) 후소법원에 대하여 동일한 사항에 관하여는 확정판결과 내용적으로 모순되는 판단을 하지 못하도록 금함을 그 내용으로 한다.

03 취소판결의 기판력은 소송물로 된 행정처분의 위법성 존부에 관한 판단 그 자체에만 미친다. O | X

2015 사회복지직 9급

> [대법원 1996.11.15, 96다31406]
>
> **확정판결의 기판력은 소송물로 주장된 법률관계의 존부에 관한 판단의 결론 그 자체에만 미치는 것이고 그 전제가 되는 법률관계의 존부에까지 미치는 것이 아니며**, 소송판결은 그 판결에서 확정한 소송요건의 흠결에 관하여 기판력이 발생하는 것이다.

04 취소소송의 기각판결이 확정되면 기판력은 발생하나 기속력은 발생하지 않는다. O | X

2016 국가직 9급

> 판결이 확정되면 인용판결과 기각판결의 경우 모두 기판력(반복금지효, 모순금지효)이 발생한다. 반면에 기속력은 인용판결의 경우에만 발생한다. 기각판결의 경우에는 행정청의 처분이 적법하다는 것이므로 행정청에 기속력(반복금지의무, 재처분의무, 원상회복의무)가 발생할 이유가 없다.

정답 | 01 × 02 ○ 03 ○ 04 ○

05

2016 서울시 9급

거부처분이 실체적 위법을 이유로 취소된 경우에는 행정청은 취소판결의 기속력에 의해 다시 거부처분을 할 수 없고, 허가처분을 하여야 한다. O | X

[대법원 2011.10.27, 2011두14401]
행정처분의 적법 여부는 그 행정처분이 행하여진 때의 법령과 사실을 기준으로 하여 판단하는 것이므로 **확정판결의 당사자인 처분 행정청은 종전 처분 후에 발생한 새로운 사유를 내세워 다시 거부처분을 할 수 있고, 그러한 처분도 행정소송법 제30조 제2항 소정의 재처분에 해당한다.** 여기에서 새로운 사유인지는, 종전처분에 관하여 위법한 것으로 판결에서 판단된 사유와, 기본적 사실관계의 동일성이 인정되는 사유인지 여부에 따라 판단되어야 하고, 기본적 사실관계의 동일성 유무는 처분사유를 법률적으로 평가하기 이전의 구체적인 사실에 착안하여 그 기초인 사회적 사실관계가 기본적인 점에서 동일한지 여부에 따라 결정되며, 추가 또는 변경된 사유가 처분 당시에 그 사유를 명기하지 않았을 뿐 이미 존재하고 있었고 당사자도 그 사실을 알고 있었다 하여 당초의 처분사유와 동일성이 있는 것이라고 할 수는 없다.

06

2016 서울시 9급

취소소송에서 소송의 대상이 된 거부처분을 실체법상의 위법사유에 기초하여 취소하는 확정판결이 있는 경우에는 당해 거부처분을 한 행정청은 원칙적으로 신청을 인용하는 처분을 하여야 하고, 사실심 변론종결 이전의 사유를 내세워 다시 거부처분을 하는 것은 기속력에 반하여 허용되지 아니한다. O | X

[대판 2001.3.23, 99두5238]
「행정소송법」 제30조 제1항에 의하여 인정되는 취소소송에서 처분 등을 취소하는 확정판결의 기속력은 주로 판결의 실효성 확보를 위하여 인정되는 효력으로서 판결의 주문뿐만 아니라 그 전제가 되는 처분 등의 구체적 위법사유에 관한 이유 중의 판단에 대하여도 인정되고, 같은 조 제2항의 규정상 특히 거부처분에 대한 취소판결이 확정된 경우에는 그 처분을 행한 행정청은 판결의 취지에 따라 다시 처분을 하여야 할 의무를 부담하게 되므로, **취소소송에서 소송의 대상이 된 거부처분을 실체법상의 위법사유에 기하여 취소하는 판결이 확정된 경우에는 당해 거부처분을 한 행정청은 원칙적으로 신청을 인용하는 처분을 하여야 하고, 사실심 변론종결 이전의 사유를 내세워 다시 거부처분을 하는 것은 확정판결의 기속력에 저촉되어 허용되지 아니한다.**

07

2016 서울시 9급

행정청이 기속력에 반하는 재처분을 한 경우, 그 처분은 당연무효이다. O | X

[대법원 1990.12.11, 90누3560]
확정판결의 당사자인 처분 행정청이 그 행정소송의 사실심 변론종결 이전의 사유를 내세워 다시 확정판결과 저촉되는 행정처분을 하는 것은 허용되지 않는 것으로서 **이러한 행정처분은 그 하자가 중대하고도 명백한 것이어서 당연무효**이다.

08

2017 국가직 9급

연령을 확인하지 않고 청소년을 주점에 출입시켜 「청소년보호법」을 위반하였다는 사실로 영업허가 취소처분을 받아 취소소송을 제기하여 취소확정판결을 받은 경우에도 청소년을 유흥접객원으로 고용하여 유흥행위를 하게 했다는 이유로 다시 영업허가취소처분을 할 수 있다. O | X

[대법원 2011.10.27, 선고, 2011두14401, 판결]
행정소송법 제30조 제2항에 의하면, 행정청의 거부처분을 취소하는 판결이 확정된 경우에는 처분을 행한 행정

정답 | 05 × 06 ○ 07 ○ 08 ○

청이 판결의 취지에 따라 이전 신청에 대하여 재처분을 할 의무가 있다. 행정처분의 적법 여부는 행정처분이 행하여진 때의 법령과 사실을 기준으로 판단하는 것이므로 확정판결의 당사자인 처분 행정청은 종전 처분 후에 발생한 새로운 사유를 내세워 다시 거부처분을 할 수 있고, 그러한 처분도 위 조항에 규정된 재처분에 해당한다.

09

2017 국가직 9급

연령을 확인하지 않고 청소년을 주점에 출입시켜 「청소년보호법」을 위반하였다는 사실로 영업허가 취소처분을 하였으나 영업허가 취소처분은 지나치게 가혹하다는 이유로 취소확정판결이 내려졌어도 해당 사유로 영업허가 정지처분을 할 수는 있다. O | X

법규위반을 이유로 한 영업허가취소처분이 비례의 원칙 위반으로 취소된 경우에 동일한 법규위반을 이유로 영업정지처분을 내리는 것은 기속력에 반하지 않는다.

10

2017 국가직 9급

연령을 확인하지 않고 청소년을 주점에 출입시켜 「청소년보호법」을 위반하였다는 사실로 영업허가 취소처분을 하였으나 청문절차를 거치지 않았다는 이유로 취소확정판결이 내려졌다면, 적법한 청문절차를 거치더라도 「청소년보호법」 위반을 이유로 영업허가정지처분을 할 수 없다. O | X

[대법원 1986.11.11, 선고, 85누231, 판결]

과세처분시 납세고지서에 과세표준, 세율, 세액의 산출근거등이 누락되어 있어 이러한 절차 내지 형식의 위법을 이유로 과세처분을 취소하는 판결이 확정된 경우에 그 확정판결의 기판력은 확정판결에 적시된 절차 내지 형식의 위법사유에 한하여 미친다고 할 것이므로 과세처분권자가 그 확정판결에 적시된 위법사유를 보완하여 행한 새로운 과세처분은 확정판결에 의하여 취소된 종전의 과세처분과는 별개의 처분으로서 확정판결의 기판력에 저촉되는 것은 아니다.

11

2017 국회사무처 8급

과세처분시 납세고지에 절차 내지 형식의 위법이 있음을 이유로 과세처분을 취소하는 판결이 확정된 경우에, 과세처분권자가 그 확정판결에 적시된 위법사유를 보완하여 행한 새로운 과세처분은 확정판결의 기판력에 저촉되지 아니한다. O | X

인용판결의 기속력(소송당사자인 행정청과 관계행정청이 판결의 내용의 내용에 따라 행하여야 할 실체법상의 의무를 발생시키는 효력)에 대한 설명이다. 다만 판례는 기속력과 기판력을 구별하지 않고 기속력을 기판력의 일종으로 보고 있다.

[대법원 1986.11.11, 85누231]

과세처분시 납세고지서에 과세표준, 세율, 세액의 산출근거등이 누락되어 있어 이러한 절차 내지 형식의 위법을 이유로 과세처분을 취소하는 판결이 확정된 경우에 그 확정판결의 기판력은 확정판결에 적시된 절차 내지 형식의 위법사유에 한하여 미친다고 할 것이므로 과세처분권자가 그 확정판결에 적시된 위법사유를 보완하여 행한 새로운 과세처분은 확정판결에 의하여 취소된 종전의 과세처분과는 별개의 처분으로서 확정판결의 기판력에 저촉되는 것은 아니다.

정답 | 09 ○ 10 × 11 ○

12

2017 국회사무처 8급

징계처분의 취소를 구하는 소에서 징계사유가 될 수 없다고 취소확정판결을 한 사유와 동일한 사유를 내세워 다시 징계처분을 하는 것은 확정판결에 저촉되는 행정처분으로 허용될 수 없다. O | X

[대판 1992.7.14, 92누2912]
징계처분의 취소를 구하는 소에서 징계사유가 될 수 없다고 판결한 사유와 동일한 사유를 내세워 행정청이 다시 징계처분을 한 것은 확정판결에 저촉되는 행정처분을 한 것으로서, 위 취소판결의 기속력이나 확정판결의 기판력에 저촉되어 허용될 수 없다.

13

2017 지방직 9급

실체적 위법을 이유로 거부처분을 취소하는 판결이 확정된 경우, 해당 행정행위가 기속행위이든 재량행위이든 원고의 신청을 인용하여야 할 의무가 발생하는 점에서는 동일하다. O | X

판결에 의하여 취소되는 처분이 당사자의 신청을 거부하는 것을 내용으로 하는 경우에는 그 처분을 행한 행정청은 판결의 취지에 따라 다시 이전의 신청에 대한 처분을 하여야 한다(재처분의무). 다만 이 경우 반드시 원고가 신청한 내용대로 재처분을 하여야 하는 것은 아니며, 당초의 거부처분과 다른 이유로 다시 거부처분을 하는 것은 가능하다.

[대법원 1998.1.7, 자, 97두22, 결정]
행정처분의 적법 여부는 그 행정처분이 행하여 진 때의 법령과 사실을 기준으로 하여 판단하는 것이므로 거부처분 후에 법령이 개정·시행된 경우에는 개정된 법령 및 허가기준을 새로운 사유로 들어 다시 이전의 신청에 대한 거부처분을 할 수 있으며 그러한 처분도 행정소송법 제30조 제2항에 규정된 재처분에 해당된다.

14

2017 교육행정직 9급

과세처분취소소송에서 과세처분의 위법성 판단시점은 처분시이므로 과세행정청은 처분 당시의 자료만에 의하여 처분의 적법여부를 판단하고 처분 당시의 처분사유만을 주장할 수 있다. O | X

[대법원 2010.1.14, 선고, 2009두11843, 판결]
항고소송에서 행정처분의 위법 여부는 행정처분이 있을 때의 법령과 사실 상태를 기준으로 판단하여야 하며, 법원은 행정처분 당시 행정청이 알고 있었던 자료뿐만 아니라 사실심 변론종결 당시까지 제출된 모든 자료를 종합하여 처분 당시 존재하였던 객관적 사실을 확정하고 그 사실에 기초하여 처분의 위법 여부를 판단할 수 있다.

15

2017 서울시 9급

종전 확정판결의 행정소송 과정에서 한 주장 중 처분사유가 되지 아니하여 판결의 판단 대상에서 제외된 부분을 행정청이 그 후 새로이 행한 처분의 적법성과 관련하여 새로운 소송에서 다시 주장하는 것은 확정판결의 기판력에 저촉된다. O | X

[대법원 1991.8.9, 선고, 90누7326, 판결]
기히 원고의 승소로 확정된 판결은 원고 출원의 광구 내에서의 불석채굴이 공익을 해한다는 이유로 한 피고의 불허가처분에 대하여 그것이 공익을 해한다고는 보기 어렵다는 이유로 이를 취소한 내용으로서 이 소송과정에서 피고가 원고 출원의 위 불석광은 광업권이 기히 설정된 고령토광과 동일광상에 부존하고 있어 불허가대상이라는 주장도 하였으나 이 주장 부분은 처분사유로 볼 수 없다는 점이 확정되어 판결의 판단대상에서 제외되었다면, 피고가 그 후 새로이 행한 처분의 적법성과 관련하여 다시 위 주장을 하더라도 위 확정판결의 기판력에 저촉된다고 할 수 없다.

정답 | 12 ○ 13 × 14 × 15 ×

16

2017 서울시 9급

파면처분에 대한 취소판결이 확정되면 파면되었던 원고를 복직시켜야 한다. O | X

기속력의 내용으로서 행정청은 결과제거의무(원상회복의무)를 부담하기 때문에, 파면처분에 대한 취소판결이 확정되면 파면되었던 원고를 복직시켜야 한다.

17

2017 서울시 9급

법규 위반을 이유로 내린 영업허가취소처분이 비례의 원칙 위반으로 취소된 경우에 동일한 법규 위반을 이유로 영업정지처분을 내리는 것은 기속력에 반하지 않는다. O | X

영업허가취소처분이 비례의 원칙 위반으로 취소되었다는 것은, 처분의 상대방에게 법규위반사실이 인정되기는 하나 영업허가취소처분이 과도하다는 의미이다. 그렇다면 법규 위반을 이유로 영업정지처분을 내리는 것은 기속력에 반하지 않는다.

18

2017 서울시 9급

여러 법규 위반을 이유로 한 영업허가취소처분이 처분의 이유로 된 법규 위반 중 일부가 인정되지 않고 나머지 법규 위반으로는 영업허가취소처분이 비례의 원칙에 위반된다고 취소된 경우에 판결에서 인정되지 않은 법규 위반사실을 포함하여 다시 영업정지처분을 내리는 것은 동일한 행위의 반복은 아니지만 판결의 취지에 반한다. O | X

기속력은 판결의 주문뿐만 아니라 이유에 대한 판단에도 미친다. 판결에서 인정되지 않은 법규 위반사실을 포함하여 다시 영업정지처분을 내리는 것은, 판결의 이유에 대한 법원의 판단에 반하는 것이어서 기속력에 저촉된다.

19

2017 하반기 국가직 9급

영업허가취소처분 취소소송을 제기하여 인용판결이 확정되어도 영업허가취소처분의 효력이 바로 소멸하는 것은 아니고 그 판결의 기속력에 따라 영업허가취소처분이 행정청에 의해 취소되면 비로소 영업허가취소처분의 효력이 소멸한다. O | X

[대법원 1991.10.11, 선고, 90누5443, 판결]
행정처분을 취소한다는 확정판결이 있으면 그 취소판결의 형성력에 의하여 당해 행정처분의 취소나 취소통지 등의 별도의 절차를 요하지 아니하고 당연히 취소의 효과가 발생한다.

20

2018 지방직 9급

취소소송의 소송물을 처분의 위법성 일반으로 보게 되면, 어떠한 처분에 대한 청구기각의 확정판결이 있는 경우에도 후에 제기되는 취소소송에서 그 처분의 위법성을 주장할 수 있다. O | X

[대법원 1996.6.25, 선고, 95누1880, 판결]
과세처분이란 당해 과세요건의 충족으로 객관적, 추상적으로 이미 성립하고 있는 조세채권을 구체적으로 현실화하여 확정하는 절차이고, 과세처분의 취소소송은 위와 같은 과세처분의 실체적, 절차적 위법을 그 취소원인으로 하는 것으로서 그 심리의 대상은 과세관청의 과세처분에 의하여 인정된 조세채무인 과세표준 및 세액의 객관적 존부 즉 당해 과세처분의 적부가 심리의 대상이 되는 것이며, **과세처분취소 청구를 기각하는 판결이 확정되면 그 처분이 적법하다는 점에 관하여 기판력이 생기고 그 후 원고가 다시 이를 무효라 하여 그 무효확인을 소구할 수는 없는 것이어서, 과세처분의 취소소송에서 청구가 기각된 확정판결의 기판력은 그 과세처분의 무효확인을 구하는 소송에도 미친다.**

21

2019 서울시 9급 (6월)

세무서장을 피고로 하는 과세처분취소소송에서 패소하여 그 판결이 확정된 자가 국가를 피고로 하여 과세처분의 무효를 주장하여 과오납금반환청구소송을 제기하더라도 취소소송의 기판력에 반하는 것은 아니다. O | X

[대법원 1998.7.24, 선고, 98다10854, 판결]
과세처분의 취소소송은 과세처분의 실체적, 절차적 위법을 그 취소원인으로 하는 것으로서 그 심리의 대상은 과세관청의 과세처분에 의하여 인정된 조세채무인 과세표준 및 세액의 객관적 존부, 즉 당해 과세처분의 적부가 심리의 대상이 되는 것이며, **과세처분 취소청구를 기각하는 판결이 확정되면 그 처분이 적법하다는 점에 관하여 기판력이 생기고 그 후 원고가 이를 무효라 하여 무효확인을 소구할 수 없는 것**이어서 과세처분의 취소소송에서 청구가 기각된 확정판결의 기판력은 그 과세처분의 무효확인을 구하는 소송에도 미친다.

22

2020 국가직 9급

취소된 행정처분을 기초로 하여 새로 형성된 제3자의 권리가 취소판결 자체의 효력에 의해 당연히 그 행정처분 전의 상태로 환원되는 것은 아니다. O | X

강제징수절차로서의 공매처분이 취소된 경우, 공매처분에 의해 대상 재산을 취득한 제3자의 소유권이 곧바로 소멸하는 것은 아니다. 공매대상 재산의 원소유자와 제3취득자 중 누구의 소유권을 인정할 것인지는 별도의 법률적 판단이 필요하다.

[대법원 1986.8.19, 선고, 83다카2022, 판결]
행정처분을 취소하는 확정판결이 제3자에 대하여도 효력이 있다고 하더라도 일반적으로 판결의 효력은 주문에 포함한 것에 한하여 미치는 것이니 그 **취소판결 자체의 효력으로써 그 행정처분을 기초로 하여 새로 형성된 제3자의 권리까지 당연히 그 행정처분 전의 상태로 환원되는 것이라고는 할 수 없고**, 단지 취소판결의 존재와 취소판결에 의하여 형성되는 법률관계를 소송당사자가 아니었던 제3자라 할지라도 이를 용인하지 않으면 아니된다는 것을 의미하는 것에 불과하다 할 것이며, 따라서 취소판결의 확정으로 인하여 당해 행정처분을 기초로 새로 형성된 제3자의 권리관계에 변동을 초래하는 경우가 있다 하더라도 이는 취소판결 자체의 형성력에 기한 것이 아니라 취소판결의 위와 같은 의미에서의 제3자에 대한 효력의 반사적 효과로서 그 취소판결이 제3자의 권리관계에 대하여 그 변동을 초래할 수 있는 새로운 법률요건이 되는 까닭이라 할 것이다.

정답 | 20 × 21 × 22 ○

23

2020 국회사무처 8급

기속력의 객관적 범위는 판결의 주문과 판결이유 중에 설시된 개개의 위법사유 및 간접사실이다. O | X

[대법원 2001.3.23. 선고, 99두5238. 판결]

행정소송법 제30조 제1항에 의하여 인정되는 **취소소송에서 처분 등을 취소하는 확정판결의 기속력은 주로 판결의 실효성 확보를 위하여 인정되는 효력으로서 판결의 주문뿐만 아니라 그 전제가 되는 처분 등의 구체적 위법사유에 관한 이유 중의 판단에 대하여도 인정**되고, 같은 조 제2항의 규정상 특히 거부처분에 대한 취소판결이 확정된 경우에는 그 처분을 행한 행정청은 판결의 취지에 따라 다시 처분을 하여야 할 의무를 부담하게 되므로, 취소소송에서 소송의 대상이 된 거부처분을 실체법상의 위법사유에 기하여 취소하는 판결이 확정된 경우에는 당해 거부처분을 한 행정청은 원칙적으로 신청을 인용하는 처분을 하여야 하고, 사실심 변론종결 이전의 사유를 내세워 다시 거부처분을 하는 것은 확정판결의 기속력에 저촉되어 허용되지 아니한다.

24

2022 지방직 9급

행정청은 취소판결에서 위법하다고 판단된 처분사유와 기본적 사실관계의 동일성이 없는 사유이더라도 처분시에 존재한 사유를 들어 종전의 처분과 같은 처분을 다시 할 수 없다. O | X

기속력은 판결의 주문과 이유에서 기재된 개개의 위법사유에만 미치므로 처분시에 존재한 원래의 처분과 기본적 사실관계의 동일성이 없는 다른 사유를 들어 동일한 처분을 하는 것은 기속력에 반하지 않는다.

[대법원 2016.3.24. 선고 2015두48235 판결]

취소 확정판결의 기속력은 판결의 주문 및 전제가 되는 처분 등의 구체적 위법사유에 관한 판단에도 미치나, 종전 처분이 판결에 의하여 취소되었더라도 종전 처분과 다른 사유를 들어서 새로이 처분을 하는 것은 기속력에 저촉되지 않는다. 여기에서 동일 사유인지 다른 사유인지는 확정판결에서 위법한 것으로 판단된 종전 처분사유와 기본적 사실관계에서 동일성이 인정되는지 여부에 따라 판단되어야 하고, 기본적 사실관계의 동일성 유무는 처분사유를 법률적으로 평가하기 이전의 구체적인 사실에 착안하여 그 기초인 사회적 사실관계가 기본적인 점에서 동일한지에 따라 결정된다. 또한 행정처분의 위법 여부는 행정처분이 행하여진 때의 법령과 사실을 기준으로 판단하므로, 확정판결의 당사자인 처분 행정청은 종전 처분 후에 발생한 새로운 사유를 내세워 다시 처분을 할 수 있고, **새로운 처분의 처분사유가 종전 처분의 처분사유와 기본적 사실관계에서 동일하지 않은 다른 사유에 해당하는 이상, 처분사유가 종전 처분 당시 이미 존재하고 있었고 당사자가 이를 알고 있었더라도 이를 내세워 새로이 처분을 하는 것은 확정판결의 기속력에 저촉되지 않는다.**

25

2022 지방직 9급

영업정지처분에 대한 취소소송에서 취소판결이 확정되면 처분청은 영업정지처분의 효력을 소멸시키기 위하여 영업정지처분을 취소하는 처분을 하여야 할 의무를 진다. O | X

취소판결의 형성력으로 인하여 처분청의 별도의 조치 없이 당연히 소멸한다. 지문 말미에 취소처분을 할 의무를 진다는 부분이 틀렸다.

[대법원 1991.10.11. 선고 90누5443. 판결]

행정처분을 취소한다는 확정판결이 있으면 그 **취소판결의 형성력**에 의하여 당해 행정처분의 취소나 취소통지 등의 **별도의 절차를 요하지 아니하고 당연히 취소의 효과가 발생**한다.

정답 | 23 × 24 × 25 ×

26

2023 국가직 7급

전소의 판결이 확정된 경우 후소의 소송물이 전소의 소송물과 동일하지 않더라도 전소의 소송물에 관한 판단이 후소의 선결문제가 되는 경우에 후소에서 전소 판결의 판단과 다른 주장을 하는 것은 기판력에 반한다.

O | X

[대법원 2021.9.30. 선고 2021두38635 판결]
후소의 소송물이 전소의 소송물과 동일하지 않더라도 전소의 소송물에 관한 판단이 후소의 선결문제가 되거나 모순관계에 있을 때에는 후소에서 전소 확정판결의 판단과 다른 주장을 하는 것도 허용되지 않는다.

제4절 간접강제

01

2015 국가직 7급

행정청이 재처분을 하였더라도 기속력에 위반된 경우에는 간접강제의 대상이 된다.

O | X

동일한 사유로 재차거부하는 경우를 생각하면 된다.

[대법원 2002.12.11. 2002무22]

[1] 거부처분에 대한 취소의 확정판결이 있음에도 행정청이 아무런 재처분을 하지 아니하거나, **재처분을 하였다 하더라도 그것이 종전 거부처분에 대한 취소의 확정판결의 기속력에 반하는 등으로 당연무효라면 이는 아무런 재처분을 하지 아니한 때와 마찬가지라 할 것이므로 이러한 경우에는 행정소송법 제30조 제2항, 제34조 제1항 등에 의한 간접강제신청에 필요한 요건을 갖춘 것으로 보아야 한다.**

[2] 주택건설사업 승인신청 거부처분의 취소를 명하는 판결이 확정되었음에도 행정청이 그에 따른 재처분을 하지 않은 채 위 취소소송 계속 중에 도시계획법령이 개정되었다는 이유를 들어 다시 거부처분을 한 경우, 개정된 도시계획법령에 그 시행 당시 이미 개발행위허가를 신청 중인 경우에는 종전 규정에 따른다는 경과규정을 두고 있으므로 위 사업승인신청에 대하여는 종전 규정에 따른 재처분을 하여야 함에도 불구하고 개정 법령을 적용하여 새로운 거부처분을 한 것은 확정된 종전 거부 처분 취소판결의 기속력에 저촉되어 당연무효이다.

02

2024 경찰간부

거부처분에 대한 무효확인 판결에는 간접강제가 허용되지 않는다.

O | X

무효등확인소송에는 취소소송의 간접강제에 관한 규정이 준용되지 않는다. 「무심재기접사」로 정리하자.

[대법원 1998.12.24. 98무37]

[1] 행정소송법 제34조는 취소판결의 간접강제에 관하여 규정하면서 제1항에서 행정청이 같은 법 제30조 제2항의 규정에 의한 처분을 하지 아니한 때에 간접강제를 할 수 있도록 규정하고 있고, 같은 법 제30조 제2항은 "판결에 의하여 취소되는 처분이 당사자의 신청을 거부하는 것을 내용으로 하는 경우에는 그 처분을 행한 행정청은 판결의 취지에 따라 다시 이전의 신청에 대한 처분을 하여야 한다."라고 규정함으로써 취소판결에 따라 취소된 행정처분이 거부처분인 경우에 행정청에 다시 처분을 할 의무가 있음을 명시하고 있으므로, 결국 같은 법상 간접강제가 허용되는 것은 취소판결에 의하여 취소된 행정처분이 거부처분인 경우라야 할 것이다.

[2] **행정소송법 제38조 제1항이 무효확인 판결에 관하여 취소판결에 관한 규정을 준용함에 있어서 같은 법 제30조 제2항을 준용한다고 규정하면서도 같은 법 제34조는 이를 준용한다는 규정을 두지 않고 있으므로, 행정처분에 대하여 무효확인 판결이 내려진 경우에는 그 행정처분이 거부처분인 경우에도 행정청에 판결의 취지에 따른 재처분의무가 인정될 뿐 그에 대하여 간접강제까지 허용되는 것은 아니라고 할 것이다.**

정답 | 26 ○ | 01 ○ 02 ○

03

2023 국가직 7급

법원이 간접강제결정에서 정한 의무이행기한이 경과한 후에라도 확정판결의 취지에 따른 재처분이 행하여지면, 처분상대방이 더 이상 배상금을 추심하는 것은 허용되지 않는다. O | X

[대법원 2004.1.15, 선고 2002두2444 판결]

행정소송법 제34조 소정의 간접강제결정에 기한 배상금은 거부처분취소판결이 확정된 경우 그 처분을 행한 행정청으로 하여금 확정판결의 취지에 따른 재처분의무의 이행을 확실히 담보하기 위한 것으로서, 확정판결의 취지에 따른 재처분의무내용의 불확정성과 그에 따른 재처분에의 해당 여부에 관한 쟁송으로 인하여 간접강제결정에서 정한 재처분의무의 기한 경과에 따른 배상금이 증가될 가능성이 자칫 행정청으로 하여금 인용처분을 강제하여 행정청의 재량권을 박탈하는 결과를 초래할 위험성이 있는 점 등을 감안하면, 이는 확정판결의 취지에 따른 재처분의 지연에 대한 제재나 손해배상이 아니고 재처분의 이행에 관한 심리적 강제수단에 불과한 것으로 보아야 하므로, **특별한 사정이 없는 한 간접강제결정에서 정한 의무이행기한이 경과한 후에라도 확정판결의 취지에 따른 재처분의 이행이 있으면 배상금을 추심함으로써 심리적 강제를 꾀할 목적이 상실되어 처분상대방이 더 이상 배상금을 추심하는 것은 허용되지 않는다.**

제5절 소송의 종료 및 불복

01

2018 지방직 9급

처분을 취소하는 판결에 의하여 권리의 침해를 받은 제3자는 자기에게 책임 없는 사유로 인하여 소송에 참가하지 못함으로써 판결의 결과에 영향을 미칠 공격 또는 방어방법을 제출하지 못한 때에는 이를 이유로 확정된 종국판결에 대하여 재심의 청구를 할 수 있다. O | X

행정소송법

제31조 (제3자에 의한 재심청구) ① 처분등을 취소하는 판결에 의하여 권리 또는 이익의 침해를 받은 제3자는 자기에게 책임없는 사유로 소송에 참가하지 못함으로써 판결의 결과에 영향을 미칠 공격 또는 방어방법을 제출하지 못한 때에는 이를 이유로 확정된 종국판결에 대하여 재심의 청구를 할 수 있다.

TOPIC 46

무효등확인소송 / 부작위위법확인소송

제1절 무효등확인소송

01

2014 지방직 9급

주택재개발정비사업조합의 설립인가신청에 대하여 행정청의 인가처분이 있은 이후에 조합설립결의에 하자가 있음을 이유로 조합설립의 효력을 부정하기 위해서는 항고소송으로 인가처분의 효력을 다투어야 하고, 특별한 사정이 없는 한 이와는 별도로 민사소송으로 조합설립결의에 대하여 무효확인을 구할 확인의 이익은 없다.

O | X

무효등확인소송의 경우와는 달리 민사상 확인소송의 경우에는 확인의 소의 보충성이 요구된다. 따라서 조합설립인가처분에 대한 취소소송이 가능하다면 이와 별도로 민사소송으로 조합설립결의에 대하여 무효확인을 구할 확인의 이익이 없으므로 당해 민사소송은 각하된다.

[대법원 2009.9.24. 2009마168,169]

구 도시정비법상 주택재개발정비사업조합(이하 '재개발조합'이라고 한다)은 주택재개발사업(이하 '재개발사업'이라고 한다)의 추진위원회가 정비구역 안에 소재한 토지 또는 건축물의 소유자 또는 그 지상권자(이하 '토지등 소유자'라고 한다)로부터 조합설립의 동의(이하 이 동의를 가리켜 '조합설립결의'라고 한다)를 받은 다음, 관계 법령의 요건과 절차에 따라 행정청에 재개발조합 설립 인가신청을 하여 행정청으로부터 조합설립의 인가를 받아 등기함으로써 법인으로 성립한다(구 도시정비법 제16조 제1항, 제5항, 제18조). 위와 같은 절차를 거쳐 설립된 재개발조합은 재개발사업의 사업시행자로서 조합원에 대한 법률관계에서 특수한 존립목적을 부여받은 행정주체로서의 지위를 갖게 되고, 이러한 행정주체의 지위에서 정비구역 안에 있는 토지 등을 수용하고(구 도시정비법 제38조), 관리처분계획(구 도시정비법 제48조), 경비부과처분(구 도시정비법 제61조) 등과 같은 행정처분을 할 수 있는 권한을 부여받게 되므로, **재개발조합설립 인가신청에 대한 행정청의 조합설립인가처분은 단순히 사인들의 조합설립행위에 대한 보충행위로서의 성질을 갖는 것이 아니라 법령상 일정한 요건을 갖출 경우 행정주체(공법인)의 지위를 부여하는 일종의 설권적 처분의 성격을 갖는 것**이라고 봄이 상당하다. 따라서, 구 도시정비법상 재개발조합설립 인가신청에 대하여 행정청의 **조합설립인가처분이 있은 이후에 조합설립결의에 하자가 있음을 이유로 재개발조합 설립의 효력을 부정하기 위해서는 항고소송으로 조합설립인가처분의 효력을 다투어야 하고, 특별한 사정이 없는 한 이와는 별도로 민사소송으로 행정청으로부터 조합설립인가처분을 하는 데 필요한 요건 중의 하나에 불과한 조합설립결의에 대하여 무효확인을 구할 확인의 이익은 없다**고 보아야 한다.

02 당연무효의 행정처분을 대상으로 하는 행정소송에서도 사정판결을 할 수 있다. O | X

2015 국가직 9급

행정소송법은 취소소송의 사정판결에 관한 규정을 무효등확인소송에는 준용하지 않고 있다.

행정소송법

제28조(사정판결) ① 원고의 청구가 이유있다고 인정하는 경우에도 처분등을 취소하는 것이 현저히 공공복리에 적합하지 아니하다고 인정하는 때에는 법원은 원고의 청구를 기각할 수 있다. 이 경우 법원은 그 판결의 주문에서 그 처분등이 위법함을 명시하여야 한다.

제38조(준용규정) ① 제9조, 제10조, 제13조 내지 제17조, 제19조, 제22조 내지 제26조, 제29조 내지 제31조 및 제33조의 규정은 무효등 확인소송의 경우에 준용한다.

03 무효등확인소송의 제기는 처분의 효력이나 그 집행 또는 절차의 속행에 영향을 주지 아니한다. O | X

2016 지방직 9급

행정소송법

제38조(준용규정) ① 제9조, 제10조, 제13조 내지 제17조, 제19조, 제22조 내지 제26조, 제29조 내지 제31조 및 제33조의 규정은 무효등 확인소송의 경우에 준용한다.

제23조(집행정지) ① 취소소송의 제기는 처분등의 효력이나 그 집행 또는 절차의 속행에 영향을 주지 아니한다.

04 처분 등을 취소하는 확정판결의 기속력 및 행정청의 재처분의무에 관한 「행정소송법」 제30조가 무효확인소송에도 준용되므로 무효확인판결 자체만으로도 실효성이 확보될 수 있다. O | X

2017 국회사무처 8급

[대법원 2008.3.20, 2007두6342]

행정소송은 행정청의 위법한 처분 등을 취소, 변경하거나 그 효력 유무 또는 존재 여부를 확인함으로써 국민의 권리 또는 이익의 침해를 구제하고 공법상의 권리관계 또는 법 적용에 관한 다툼을 적정하게 해결함을 목적으로 하므로, 대등한 주체 사이의 사법상 생활관계에 관한 분쟁을 심판대상으로 하는 민사소송과는 목적, 취지 및 기능 등을 달리한다. 또한 「행정소송법」 제4조에서는 무효확인소송을 항고소송의 일종으로 규정하고 있고, **「행정소송법」 제38조 제1항에서는 처분 등을 취소하는 확정판결의 기속력 및 행정청의 재처분의무에 관한 「행정소송법」 제30조를 무효확인소송에도 준용하고 있으므로 무효확인판결 자체만으로도 실효성을 확보할 수 있다.**

05 행정소송법 제35조에 규정된 '무효확인을 구할 법률상 이익'이 있다고 보기 위하여는 행정처분의 근거 법률에 의하여 보호되는 직접적이고 구체적인 이익이 있어야 하며 이와는 별도로 무효확인소송의 보충성이 요구되므로 행정처분의 무효를 전제로 한 이행소송 등과 같은 직접적인 구제수단이 있는지 여부를 따질 필요가 있다. O | X

2017 국회사무처 8급

[대법원 2006.7.28, 2004두6716]

행정소송법 제4조에서는 무효확인소송을 항고소송의 일종으로 규정하고 있고, 행정소송법 제38조 제1항에서는 처분 등을 취소하는 확정판결의 기속력 및 행정청의 재처분 의무에 관한 행정소송법 제30조를 무효확인소송에도 준용하고 있으므로 무효확인판결 자체만으로도 실효성을 확보할 수 있다. 그리고 무효확인소송의 보충

정답 02 × 03 ○ 04 ○ 05 ×

성을 규정하고 있는 외국의 일부 입법례와는 달리 우리나라 행정소송법에는 명문의 규정이 없어 이로 인한 명시적 제한이 존재하지 않는다. 이와 같은 사정을 비롯하여 행정에 대한 사법통제, 권익구제의 확대와 같은 행정소송의 기능 등을 종합하여 보면, **행정처분의 근거 법률에 의하여 보호되는 직접적이고 구체적인 이익이 있는 경우에는 행정소송법 제35조에 규정된 '무효확인을 구할 법률상 이익'이 있다고 보아야 하고, 이와 별도로 무효확인소송의 보충성이 요구되는 것은 아니므로 행정처분의 무효를 전제로 한 이행소송 등과 같은 직접적인 구제수단이 있는지 여부를 따질 필요가 없다**고 해석함이 상당하다.

06

2017 국회사무처 8급

압류등기가 말소된다고 하여도 압류처분이 외형적으로 효력이 있는 것처럼 존재하는 이상, 압류처분에 기한 압류등기가 경료되어 있는 경우에도 압류처분의 무효확인을 구할 이익이 있다. O | X

[대판 2003.5.16, 2002두3669]

체납처분에 기한 압류처분은 행정처분으로서 이에 기하여 이루어진 집행방법인 압류등기와는 구별되므로 압류등기의 말소를 구하는 것을 압류처분 자체의 무효를 구하는 것으로 볼 수 없고, 또한 **압류등기가 말소된다고 하여도 압류처분이 외형적으로 효력이 있는 것처럼 존재하는 이상 그 불안과 위험을 제거할 필요가 있다고 할 것이므로, 압류처분에 기한 압류등기가 경료되어 있는 경우에도 압류처분의 무효확인을 구할 이익이 있다.**

07

2017 국회사무처 8급

거부처분에 대해서 무효확인판결이 내려진 경우에는 당해 행정청에 판결의 취지에 따른 재처분의무가 인정됨은 물론 간접강제도 허용된다. O | X

[대결 1998.12.24, 98무37]

「행정소송법」 제38조 제1항이 무효확인판결에 관하여 취소판결에 관한 규정을 준용함에 있어서 「같은법」 제30조 제2항을 준용한다고 규정하면서도 같은 법 제34조는 이를 준용한다는 규정을 두지 않고 있으므로, **행정처분에 대하여 무효확인판결이 내려진 경우에는 그 행정처분이 거부처분인 경우에도 행정청에 판결의 취지에 따른 재처분의무가 인정될 뿐 그에 대하여 간접강제까지 허용되는 것은 아니라고 할 것이다.**

08

2017 지방직 7급

행정처분의 당연무효를 주장하여 그 무효확인을 구하는 행정소송에 있어서는 원고에게 그 행정처분이 무효인 사유를 주장·입증할 책임이 있다. O | X

[대판 2010.5.13, 2009두3460]

행정처분의 당연무효를 주장하여 그 무효확인을 구하는 행정소송에 있어서는 **원고에게 그 행정처분이 무효인 사유를 주장·입증할 책임**이 있다.

정답 | 06 ○ 07 × 08 ○

09

2019 서울시 9급 (6월)

무효인 과세처분에 의하여 세금을 납부한 자는 납부한 금액을 반환받기 위하여 부당이득반환청구소송을 제기하지 않고 곧바로 과세처분무효확인소송을 제기할 수 있다. O | X

무효확인소송의 경우에는 확인의 소의 보충성이 요구되지 않는다.

[대법원 2006.7.28, 2004두6716]

행정소송법 제4조에서는 무효확인소송을 항고소송의 일종으로 규정하고 있고, 행정소송법 제38조 제1항에서는 처분 등을 취소하는 확정판결의 기속력 및 행정청의 재처분 의무에 관한 행정소송법 제30조를 무효확인소송에도 준용하고 있으므로 무효확인판결 자체만으로도 실효성을 확보할 수 있다. 그리고 무효확인소송의 보충성을 규정하고 있는 외국의 일부 입법례와는 달리 우리나라 행정소송법에는 명문의 규정이 없어 이로 인한 명시적 제한이 존재하지 않는다. 이와 같은 사정을 비롯하여 행정에 대한 사법통제, 권익구제의 확대와 같은 행정소송의 기능 등을 종합하여 보면, **행정처분의 근거 법률에 의하여 보호되는 직접적이고 구체적인 이익이 있는 경우에는 행정소송법 제35조에 규정된 '무효확인을 구할 법률상 이익'이 있다고 보아야 하고, 이와 별도로 무효확인소송의 보충성이 요구되는 것은 아니므로 행정처분의 무효를 전제로 한 이행소송 등과 같은 직접적인 구제수단이 있는지 여부를 따질 필요가 없다**고 해석함이 상당하다.

10

2023 국회사무처 8급

행정처분의 무효확인을 구하는 소에는 원고가 그 처분의 취소를 구하지 아니한다고 밝히지 아니한 이상 그 처분이 당연무효가 아니라면 그 취소를 구하는 취지도 포함되어 있는 것으로 보아야 하고, 그와 같은 경우에 취소청구를 인용하려면 먼저 취소를 구하는 항고소송으로서의 제소요건을 구비하여야 한다. O | X

[대법원 1986.9.23, 선고, 85누838, 판결]

행정처분의 무효확인을 구하는 청구에는 특별한 사정이 없는 한 그 처분의 취소를 구하는 취지까지도 포함되어 있다고 볼 수는 있으나 위와 같은 경우에 취소청구를 인용하려면 먼저 취소를 구하는 항고소송으로서의 제소요건을 구비한 경우에 한한다.

제2절 부작위위법확인소송

01

2015 국가직 7급

절차적 심리설(응답의무설)에 의하면, 신청의 대상이 기속행위인 경우에 행정청이 거부처분을 하여도 재처분의무를 이행한 것이 된다. O | X

절차적 심리설에 따르면 법원은 응답의무의 존부에 대해서만 판단할 수 있다. 따라서 행정청이 거부처분을 하더라도 응답을 한 이상 재처분의무를 이행한 것이 된다. 상대방인 신청인은 거부처분에 대해 별도로 거부처분 취소소송을 제기해서 다투어야 한다.

정답 09 ○ 10 ○ | 01 ○

02 실체적 심리설(특정처분의무설)에 의하면, 부작위위법확인소송의 인용판결에 실질적 기속력이 부인되게 된다. O | X

2015 국가직 7급

실체적 심리설에 따르면 행정청은 인용판결에 따라 특정한 처분(예컨대 영업허가)을 발급해주어야 한다. 따라서 (형식적 기속력뿐만 아니라) 실질적 기속력까지 인정된다.

03 부작위위법확인판결에는 취소판결의 기속력에 관한 규정과 거부처분취소판결의 간접강제에 관한 규정이 준용된다. O | X

2015 국가직 7급

행정소송법

제38조(준용규정) ② 제9조, 제10조, 제13조 내지 제19조, 제20조, 제25조 내지 제27조, 제29조 내지 제31조, 제33조 및 제34조의 규정은 부작위위법확인소송의 경우에 준용한다.

제30조(취소판결등의 기속력) ① 처분등을 취소하는 확정판결은 그 사건에 관하여 당사자인 행정청과 그 밖의 관계행정청을 기속한다.

② 판결에 의하여 취소되는 처분이 당사자의 신청을 거부하는 것을 내용으로 하는 경우에는 그 처분을 행한 행정청은 판결의 취지에 따라 다시 이전의 신청에 대한 처분을 하여야 한다.

③ 제2항의 규정은 신청에 따른 처분이 절차의 위법을 이유로 취소되는 경우에 준용한다.

제34조(거부처분취소판결의 간접강제) ① 행정청이 제30조 제2항의 규정에 의한 처분을 하지 아니하는 때에는 제1심수소법원은 당사자의 신청에 의하여 결정으로써 상당한 기간을 정하고 행정청이 그 기간내에 이행하지 아니하는 때에는 그 지연기간에 따라 일정한 배상을 할 것을 명하거나 즉시 손해배상을 할 것을 명할 수 있다.

주제	앞글자	내용
취소소송 규정이 부작위위법확인소송에 준용되지 않는 경우	부/처/집/사	* 부작위위법확인소송 – 처분변경으로 인한 소변경 – 집행정지 – 사정판결

04 도로점용허가의 신청인이 도로관리청을 상대로 부작위위법확인소송을 제기한 경우, 법원은 도로관리청이 도로점용허가를 발급해 주어야 하는지의 여부를 심리할 수 있다. O | X

2016 지방직 9급

부작위위법확인소송은 의무이행소송과는 달리 신청에 대하여 법률상 응답의무가 있음에도 불구하고 그것을 방치한 경우에 그 부작위의 위법성을 확인하여 내용이 어떠하든 응답의무를 지움으로써 그 부작위로 말미암아 형성된 위법상태를 제거하는 데 있다고 본다. 따라서 법원의 심리는 그 부작위의 위법성 여부를 확인하는 데 그치며(절차적 심리), 행정청이 행할 처분의 내용까지 정할 수는 없다(실체적 심리는 불가).

심리의 범위

- 절차적 심리설 : 법원은 부작위의 위법여부를 확인하는 데 그칠 뿐, 행정청이 행할 처분의 구체적 내용까지는 심리·판단할 수 없다.
- 실체적 심리설 : 부작위의 위법여부뿐만 아니라 행정청의 특정 작위의무의 존재까지도 심리·판단할 수 있다.

05

2016 지방직 9급

도로점용허가의 신청인이 도로관리청을 상대로 제기한 부작위위법확인소송에서 법원의 인용판결이 있는 경우, 도로관리청은 신청인에 대하여 도로점용허가신청을 거부하는 처분을 할 수 있다. O | X

[대법원 2010.2.5, 2009무153]

신청인이 피신청인을 상대로 제기한 부작위위법확인소송에서 신청인의 제2 예비적 청구를 받아들이는 내용의 확정판결을 받았다. 그 판결의 취지는 피신청인이 신청인의 광주광역시 지방부이사관 승진임용신청에 대하여 아무런 조치를 취하지 아니하는 것 자체가 위법함을 확인하는 것일 뿐이다. 따라서 **피신청인이 신청인을 승진임용하는 처분을 하는 경우는 물론이고, 승진임용을 거부하는 처분을 하는 경우에도 위 확정판결의 취지에 따른 처분을 하였다**고 볼 것이다. 그런데 위 확정판결이 있은 후에 피신청인은 신청인의 승진임용을 거부하는 처분을 하였다. 따라서 결국 신청인의 이 사건 간접강제신청은 그에 필요한 요건을 갖추지 못하였다는 것이다.

06

2016 국가직 7급

법률의 집행을 위해 시행규칙을 제정할 의무가 있음에도 불구하고 행정청이 시행규칙을 제정하지 않고 있는 경우, 부작위위법확인소송을 통하여 다툴 수 있다. O | X

[대법원 1992.5.8, 선고, 91누11261, 판결]

행정소송은 구체적 사건에 대한 법률상 분쟁을 법에 의하여 해결함으로써 법적 안정을 기하자는 것이므로 **부작위위법확인소송의 대상이 될 수 있는 것은 구체적 권리의무에 관한 분쟁이어야 하고 추상적인 법령에 관하여 제정의 여부 등은 그 자체로서 국민의 구체적인 권리의무에 직접적 변동을 초래하는 것이 아니어서 그 소송의 대상이 될 수 없다.**

07

2017 교육행정직 9급

행정심판을 거친 후 부작위위법확인소송을 제기하는 경우에는 제소기간이 적용되지 않는다. O | X

행정심판을 거쳐 부작위위법확인소송을 제기하는 경우에는 당해 부작위에 대한 행정심판의 재결서의 정본을 송달받은 날로부터 90일, 재결이 있은 날로부터 1년 이내에 제기하여야 한다.

행정소송법

제20조(제소기간) ① 취소소송은 처분등이 있음을 안 날부터 90일 이내에 제기하여야 한다. 다만, 제18조 제1항 단서에 규정한 경우와 그 밖에 행정심판청구를 할 수 있는 경우 또는 행정청이 행정심판청구를 할 수 있다고 잘못 알린 경우에 행정심판청구가 있은 때의 기간은 재결서의 정본을 송달받은 날부터 기산한다.
② 취소소송은 처분등이 있은 날부터 1년(제1항 단서의 경우는 재결이 있은 날부터 1년)을 경과하면 이를 제기하지 못한다. 다만, 정당한 사유가 있는 때에는 그러하지 아니하다.
③ 제1항의 규정에 의한 기간은 불변기간으로 한다.
제38조(준용규정) ② 제9조, 제10조, 제13조 내지 제19조, 제20조, 제25조 내지 제27조, 제29조 내지 제31조, 제33조 및 제34조의 규정은 부작위위법확인소송의 경우에 준용한다.

[대법원 2009.7.23, 2008두10560]

부작위위법확인의 소는 부작위상태가 계속되는 한 그 위법의 확인을 구할 이익이 있다고 보아야 하므로 원칙적으로 제소기간의 제한을 받지 않는다. 그러나 행정소송법 제38조 제2항이 제소기간을 규정한 같은 법 제20조를 부작위위법확인소송에 준용하고 있는 점에 비추어 보면, **행정심판 등 전심절차를 거친 경우에는 행정소송법 제20조가 정한 제소기간 내에 부작위위법확인의 소를 제기하여야 한다.**

정답 | 05 ○ 06 × 07 ×

08

2018 지방직 9급

부작위위법확인소송에서 사인의 신청권의 존재여부는 부작위의 성립과 관련하므로 원고적격의 문제와는 관련이 없다. O | X

부작위위법확인소송에서 사인의 신청권의 존재여부는 대상적격(부작위)임과 동시에 원고적격(법률상 이익)에 해당한다.

[대법원 1999.12.7, 97누17568]
부작위위법확인의 소에 있어 당사자가 행정청에 대하여 어떠한 행정행위를 하여 줄 것을 요구할 수 있는 법규상 또는 조리상 권리를 갖고 있지 아니한 경우에는 원고적격이 없거나 항고소송의 대상인 위법한 부작위가 있다고 볼 수 없어 그 부작위위법확인의 소는 부적법하다.

09

2020 국가직 9급

처분의 신청 후에 원고에게 생긴 사정의 변화로 인하여, 그 처분에 대한 부작위가 위법하다는 확인을 받아도 종국적으로 침해되거나 방해받은 원고의 권리·이익을 보호·구제받는 것이 불가능하게 되었다면, 법원은 각하판결을 내려야 한다. O | X

[대법원 2002.6.28, 선고, 2000두4750, 판결]
부작위위법 확인의 소는 행정청이 당사자의 법규상 또는 조리상의 권리에 기한 신청에 대하여 상당한 기간 내에 그 신청을 인용하는 적극적 처분을 하거나 각하 또는 기각하는 등의 소극적 처분을 하여야 할 법률상의 응답의무가 있음에도 불구하고 이를 하지 아니하는 경우, 그 부작위의 위법을 확인함으로써 행정청의 응답을 신속하게 하여 부작위 내지 무응답이라고 하는 소극적인 위법상태를 제거하는 것을 목적으로 하는 것이고, 나아가 그 인용 판결의 기속력에 의하여 행정청으로 하여금 적극적이든 소극적이든 어떤 처분을 하도록 강제한 다음, 그에 대하여 불복이 있을 경우 그 처분을 다투게 함으로써 최종적으로는 당사자의 권리와 이익을 보호하려는 제도이므로, **당사자의 신청이 있은 이후 당사자에게 생긴 사정의 변화로 인하여 위 부작위가 위법하다는 확인을 받는다고 하더라도 종국적으로 침해되거나 방해받은 권리와 이익을 보호·구제받는 것이 불가능하게 되었다면 그 부작위가 위법하다는 확인을 구할 이익은 없다.**

10

2023 소방간부

당사자의 신청에 대한 행정청의 거부처분이 있는 경우에는 행정청이 당사자의 신청에 대하여 상당한 기간 내에 일정한 처분을 하여야 할 법률상 응답의무를 이행하지 아니함으로써 야기된 부작위라는 위법상태를 제거하기 위하여 제기하는 부작위위법확인소송은 허용되지 아니한다. O | X

거부처분이 있으면 (부작위위법확인소송이 아니라) 거부처분취소소송을 제기해야 한다.

[대법원 1990.12.11, 90누4266]
행정소송법 제4조 제3호에 규정된 부작위위법확인소송은 행정청이 당사자의 신청에 대하여 상당한 기간내에 일정한 처분을 하여야 할 법률상 의무가 있음에도 불구하고 이를 하지 아니하는 경우에 그 부작위가 위법하다는 것을 확인하는 소송으로서 당사자의 신청에 대한 행정청의 처분이 존재하지 아니하는 경우에 허용되는 것이므로, **당사자의 신청에 대하여 행정청이 거부처분을 한 경우에는 그 거부처분에 대하여 취소소송을 제기하여야 하고 행정처분의 부존재를 전제로 한 부작위위법확인소송을 제기할 수 없는 것**이다.

정답 | 08 × 09 ○ 10 ○

11

2024 경찰간부

형사사건에서 무죄판결이 확정되어 피압수자가 압수물 환부신청을 하였음에도 검사가 이에 대하여 아무런 결정이나 통지도 하지 않고 있는 부작위는 부작위위법확인소송의 대상이 되지 아니한다. O | X

> [대법원 1995.3.10, 선고 94누14018 판결]
> 형사본안사건에서 무죄가 선고되어 확정되었다면 형사소송법 제332조 규정에 따라 검사가 압수물을 제출자나 소유자 기타 권리자에게 환부하여야 할 의무가 당연히 발생한 것이고, 권리자의 환부신청에 대한 검사의 환부결정 등 어떤 처분에 의하여 비로소 환부의무가 발생하는 것은 아니므로 압수가 해제된 것으로 간주된 압수물에 대하여 피압수자나 기타 **권리자가 민사소송으로 그 반환을 구함은 별론으로 하고 검사가 피압수자의 압수물 환부신청에 대하여 아무런 결정이나 통지도 하지 아니하고 있다고 하더라도 그와 같은 부작위는 현행 행정소송법상의 부작위위법확인소송의 대상이 되지 아니한다.**

12

2024 경찰간부

취소소송의 재판관할 규정은 부작위위법확인소송의 경우에 준용되지 않는다. O | X

> **행정소송법**
> 제38조(준용규정) ② **제9조**, 제10조, 제13조 내지 제19조, 제20조, 제25조 내지 제27조, 제29조 내지 제31조, 제33조 및 제34조의 규정은 **부작위위법확인소송의 경우에 준용한다**.
> **제9조(재판관할)** ① 취소소송의 제1심관할법원은 피고의 소재지를 관할하는 행정법원으로 한다.

취소소송 규정의 준용 여부

취소소송 규정의 준용여부	무효등확인소송 → 준용 ×	무/심/재/기/접/사	무효등확인소송 – 행정심판전치 – 재량처분의 취소 – 제소기간 – 간접강제 – 사정판결
	부작위위법확인소송 → 준용 ×	부/처/집/사	부작위위법확인소송 – 처분변경으로 인한 소변경 – 집행정지 – 사정판결

정답 | 11 ○ 12 ×

TOPIC 47

당사자소송

01

구 「도시재개발법」상 재개발조합의 조합원 자격 확인은 당사자소송의 대상에 해당한다. O | X

2017 사회복지직 9급

[대법원 1996.2.15, 선고, 94다31235, 전원합의체 판결]

구 도시재개발법에 의한 재개발조합은 조합원에 대한 법률관계에서 적어도 특수한 존립목적을 부여받은 특수한 행정주체로서 국가의 감독하에 그 존립 목적인 특정한 공공사무를 행하고 있다고 볼 수 있는 범위 내에서는 공법상의 권리의무 관계에 서 있다. 따라서 **조합을 상대로 한 쟁송에 있어서 강제가입제를 특색으로 한 조합원의 자격 인정 여부에 관하여 다툼이 있는 경우에는 그 단계에서는 아직 조합의 어떠한 처분 등이 개입될 여지는 없으므로 공법상의 당사자소송에 의하여 그 조합원 자격의 확인을 구할 수 있고**, 한편 분양신청 후에 정하여진 관리처분계획의 내용에 관하여 다툼이 있는 경우에는 그 관리처분계획은 토지 등의 소유자에게 구체적이고 결정적인 영향을 미치는 것으로서 조합이 행한 처분에 해당하므로 항고소송에 의하여 관리처분계획 또는 그 내용인 분양거부처분 등의 취소를 구할 수 있으나, 설령 조합원의 자격이 인정된다 하더라도 분양신청을 하지 아니하거나 분양을 희망하지 아니할 때에는 금전으로 청산하게 되므로(같은 법 제44조), 대지 또는 건축시설에 대한 수분양권의 취득을 희망하는 토지 등의 소유자가 한 분양신청에 대하여 조합이 분양대상자가 아니라고 하여 관리처분계획에 의하여 이를 제외시키거나 원하는 내용의 분양대상자로 결정하지 아니한 경우, 토지 등의 소유자에게 원하는 내용의 구체적인 수분양권이 직접 발생한 것이라고는 볼 수 없어서 곧바로 조합을 상대로 하여 민사소송이나 공법상 당사자소송으로 수분양권의 확인을 구하는 것은 허용될 수 없다.

02

공익사업보상법에 의한 농업손실에 대한 보상청구권은 「행정소송법」상 당사자소송에 의해야 한다. O | X

2017 사회복지직 9급

[대법원 2011.10.13, 선고, 2009다43461, 판결]

구 공익사업을 위한 토지 등의 취득 및 보상에 관한 법률 제77조 제2항은 "농업의 손실에 대하여는 농지의 단위면적당 소득 등을 참작하여 보상하여야 한다."고 규정하고, 같은 조 제4항은 "제1항 내지 제3항의 규정에 의한 보상액의 구체적인 산정 및 평가방법과 보상기준은 건설교통부령으로 정한다."고 규정하고 있으며, 이에 따라 구 공익사업을 위한 토지 등의 취득 및 보상에 관한 법률 시행규칙은 농업의 손실에 대한 보상(제48조), 축산업의 손실에 대한 평가(제49조), 잠업의 손실에 대한 평가(제50조)에 관하여 규정하고 있다. 위 규정들에 따른 **농업손실보상청구권은 공익사업의 시행 등 적법한 공권력의 행사에 의한 재산상의 특별한 희생에 대하여 전체적인 공평부담의 견지에서 공익사업의 주체가 그 손해를 보상하여 주는 손실보상의 일종으로 공법상의 권리임이 분명하므로 그에 관한 쟁송은 민사소송이 아닌 행정소송절차에 의하여야 할 것이고, 위 규정들과 구 공익사업법 제26조, 제28조, 제30조, 제34조, 제50조, 제61조, 제83조 내지 제85조의 규정** 내용 및 입법 취지 등을 종합하여 보면, 공익사업으로 인하여 농업의 손실을 입게 된 자가 사업시행자로부터 구 공익사업법 제77조 제2항에 따라 농업손실에 대한 보상을 받기 위해서는 구 공익사업법 제34조, 제50조 등에 규정된 재결절차를 거친 다음 그 재결에 대하여 불복이 있는 때에 비로소 구 공익사업법 제83조 내지 제85조에 따라 권리구제를 받을 수 있다.

정답 | 01 ○ 02 ○

03

2017 사회복지직 9급

「민사집행법」상 가처분은 당사자소송에서 허용된다. O | X

[대법원 2015.8.21, 자 2015무26, 결정]

도시 및 주거환경정비법(이하 '도시정비법'이라 한다)상 행정주체인 주택재건축정비사업조합을 상대로 관리처분계획안에 대한 조합 총회결의의 효력을 다투는 소송은 행정처분에 이르는 절차적 요건의 존부나 효력 유무에 관한 소송으로서 소송결과에 따라 행정처분의 위법 여부에 직접 영향을 미치는 공법상 법률관계에 관한 것이므로, 이는 행정소송법상 당사자소송에 해당한다. 그리고 이러한 **당사자소송에 대하여는 행정소송법 제23조 제2항의 집행정지에 관한 규정이 준용되지 아니하므로(행정소송법 제44조 제1항 참조), 이를 본안으로 하는 가처분에 대하여는 행정소송법 제8조 제2항에 따라 민사집행법상 가처분에 관한 규정이 준용되어야 한다.** 가처분결정에 대한 불복으로 채무자의 즉시항고가 허용되지 아니하고 이의신청만 허용되는 경우 채무자가 가처분결정에 불복하면서 제출한 서면의 제목이 '즉시항고장'이고 끝부분에 항고법원명이 기재되어 있더라도 이를 이의신청으로 보아 처리하여야 한다.

04

2017 교육행정직 9급

당사자소송 계속 중 법원의 허가를 얻어도 취소소송으로 변경할 수 없다. O | X

행정소송법

제42조(소의 변경) 제21조의 규정은 당사자소송을 항고소송으로 변경하는 경우에 준용한다.

제21조(소의 변경) ① 법원은 취소소송을 당해 처분등에 관계되는 사무가 귀속하는 국가 또는 공공단체에 대한 당사자소송 또는 취소소송 외의 항고소송으로 변경하는 것이 상당하다고 인정할 때에는 청구의 기초에 변경이 없는 한 사실심의 변론종결시까지 원고의 신청에 의하여 결정으로써 소의 변경을 허가할 수 있다.

05

2017 교육행정직 9급

취소소송에는 대세효(제3자효)가 있으나 당사자소송에는 인정되지 않는다. O | X

당사자소송에서는 취소판결에서 인정되는 효력 중 취소판결의 제3자효(제29조)를 준용하지 않는다.

행정소송법

제44조(준용규정) ① 제14조 내지 제17조, 제22조, 제25조, 제26조, 제30조 제1항, 제32조 및 제33조의 규정은 당사자소송의 경우에 준용한다.

제29조(취소판결등의 효력) ① 처분등을 취소하는 확정판결은 제3자에 대하여도 효력이 있다.

② 제1항의 규정은 제23조의 규정에 의한 집행정지의 결정 또는 제24조의 규정에 의한 그 집행정지결정의 취소결정에 준용한다.

정답 03 ○ 04 × 05 ○

06

2017 국회사무처 8급

대법원은 석탄가격안정지원금지급청구권은 석탄산업법령에 의하여 정책적으로 당연히 부여되는 공법상 권리이므로, 지원금의 지급을 구하는 소송은 공법상 당사자소송의 대상이 된다고 본다. O | X

[대판 1997.5.30, 95다28960]
석탄가격안정지원금은 석탄의 수요 감소와 열악한 사업환경 등으로 점차 경영이 어려워지고 있는 석탄광업의 안정 및 육성을 위하여 국가정책적 차원에서 지급하는 지원비의 성격을 갖는 것이고, 석탄광업자가 석탄산업합리화사업단에 대하여 가지는 이와 같은 지원금지급청구권은 석탄사업법령에 의하여 정책적으로 당연히 부여되는 공법상의 권리이므로, 석탄광업자가 석탄산업합리화사업단을 상대로 석탄산업법령 및 석탄가격안정지원금 지급요령에 의하여 지원금의 지급을 구하는 소송은 공법상의 법률관계에 관한 소송인 공법상의 당사자소송에 해당한다.

07

2017 국회사무처 8급

국가배상은 공행정작용을 대상으로 하므로 국가배상청구소송은 당사자소송이다. O | X

[대법원 1972.10.10, 69다701]
공무원의 직무상 불법행위로 손해를 받은 국민이 국가 또는 공공단체에 배상을 청구하는 경우 국가 또는 공공단체에 대하여 그의 불법행위를 이유로 손해배상을 구함은 국가배상법이 정한 바에 따른다 하여도 이 역시 민사상의 손해배상책임을 특별법인 국가배상법이 정한 데 불과하다.

08

2017 서울시 9급

당사자소송은 국가·공공단체 그 밖의 권리주체를 피고로 한다. O | X

행정소송법
제39조(피고적격) 당사자소송은 국가·공공단체 그 밖의 권리주체를 피고로 한다.

09

2017 하반기 국가직 9급

납세의무부존재확인청구소송은 공법상 법률관계 그 자체를 다투는 소송이므로 과세처분청이 아니라 그 법률관계의 한쪽 당사자인 국가·공공단체 그 밖의 권리주체에게 피고적격이 있다. O | X

[대법원 2000.9.8, 선고, 99두2765, 판결]
납세의무부존재확인의 소는 공법상의 법률관계 그 자체를 다투는 소송으로서 당사자소송이라 할 것이므로 행정소송법 제3조 제2호, 제39조에 의하여 그 법률관계의 한쪽 당사자인 국가·공공단체 그 밖의 권리주체가 피고적격을 가진다.

정답 | 06 ○ 07 × 08 ○ 09 ○

10

2017 하반기
지방직 9급

납세의무자에 대한 국가의 부가가치세 환급세액 지급의무는 부당이득반환의무에 해당하므로, 그에 대한 지급청구는 민사소송의 절차에 따라야 한다.

O | X

[대법원 전합 2013.3.21, 2011다95564]
부가가치세법령이 환급세액의 정의 규정, 그 지급시기와 산출방법에 관한 구체적인 규정과 함께 부가가치세 납세의무를 부담하는 사업자(이하 '납세의무자'라 한다)에 대한 국가의 환급세액 지급의무를 규정한 이유는, 입법자가 과세 및 징수의 편의를 도모하고 중복과세를 방지하는 등의 조세 정책적 목적을 달성하기 위한 입법적 결단을 통하여, 최종 소비자에 이르기 전의 각 거래단계에서 재화 또는 용역을 공급하는 사업자가 그 공급을 받는 사업자로부터 매출세액을 징수하여 국가에 납부하고, 그 세액을 징수당한 사업자는 이를 국가로부터 매입세액으로 공제·환급받는 과정을 통하여 그 세액의 부담을 다음 단계의 사업자에게 차례로 전가하여 궁극적으로 최종 소비자에게 이를 부담시키는 것을 근간으로 하는 전단계세액공제 제도를 채택한 결과, 어느 과세기간에 거래징수된 세액이 거래징수를 한 세액보다 많은 경우에는 그 납세의무자가 창출한 부가가치에 상응하는 세액보다 많은 세액이 거래징수되게 되므로 이를 조정하기 위한 과세기술상, 조세 정책적인 요청에 따라 특별히 인정한 것이라고 할 수 있다. 따라서 이와 같은 부가가치세법령의 내용·형식 및 입법 취지 등에 비추어 보면, **납세의무자에 대한 국가의 부가가치세 환급세액 지급의무는 그 납세의무자로부터 어느 과세기간에 과다하게 거래징수된 세액 상당을 국가가 실제로 납부받았는지와 관계없이 부가가치세법령의 규정에 의하여 직접 발생하는 것으로서, 그 법적 성질은 정의와 공평의 관념에서 수익자와 손실자 사이의 재산상태 조정을 위해 인정되는 부당이득 반환의무가 아니라 부가가치세법령에 의하여 그 존부나 범위가 구체적으로 확정되고 조세정책적 관점에서 특별히 인정되는 공법상 의무**라고 봄이 타당하다. 그렇다면 납세의무자에 대한 국가의 부가가치세 환급세액 지급의무에 대응하는 **국가에 대한 납세의무자의 부가가치세 환급세액 지급청구는 민사소송이 아니라 행정소송법 제3조 제2호 에 규정된 당사자소송**의 절차에 따라야 한다.

11

2017 하반기
지방직 9급

명예퇴직한 법관이 미지급 명예퇴직수당액의 지급을 구하는 소송은 당사자소송에 해당한다.

O | X

[대법원 2016.5.24, 선고, 2013두14863, 판결]
명예퇴직수당 지급대상자의 결정과 수당액 산정 등에 관한 구 국가공무원법 제74조의2 제1항, 제4항, 구 법관 및 법원공무원 명예퇴직수당 등 지급규칙(이하 '명예퇴직수당규칙'이라 한다) 제3조 제1항, 제2항, 제7조, 제4조 [별표 1]의 내용과 취지 등에 비추어 보면, 명예퇴직수당은 명예퇴직수당 지급신청자 중에서 일정한 심사를 거쳐 피고가 명예퇴직수당 지급대상자로 결정한 경우에 비로소 지급될 수 있지만, **명예퇴직수당 지급대상자로 결정된 법관에 대하여 지급할 수당액은 명예퇴직수당규칙 제4조 [별표 1]에 산정 기준이 정해져 있으므로**, 위 법관은 위 규정에서 정한 정당한 산정 기준에 따라 산정된 명예퇴직수당액을 수령할 구체적인 권리를 가진다. 따라서 **위 법관이 이미 수령한 수당액이 위 규정에서 정한 정당한 명예퇴직수당액에 미치지 못한다고 주장하며 차액의 지급을 신청함에 대하여 법원행정처장이 거부하는 의사를 표시했더라도, 그 의사표시는 명예퇴직수당액을 형성·확정하는 행정처분이 아니라 공법상의 법률관계의 한쪽 당사자로서 지급의무의 존부 및 범위에 관하여 자신의 의견을 밝힌 것에 불과하므로 행정처분으로 볼 수 없다.** 결국 **명예퇴직한 법관이 미지급 명예퇴직수당액에 대하여 가지는 권리는 명예퇴직수당 지급대상자 결정 절차를 거쳐 명예퇴직수당규칙에 의하여 확정된 공법상 법률관계에 관한 권리로서, 그 지급을 구하는 소송은 행정소송법의 당사자소송에 해당하며, 그 법률관계의 당사자인 국가를 상대로 제기하여야 한다.**

정답 | 10 × 11 ○

12

2019 서울시 7급 (6월)

재개발조합은 공법인이므로 재개발조합과 조합장 사이의 선임·해임 등을 둘러싼 법률관계는 공법상 법률관계이고 그 조합장의 지위를 다투는 소송은 공법상 당사자소송이다. O | X

조합장은 조합의 임직원에 해당하므로, 조합과 조합장 사이의 관계는 사법상 근무관계이다.

[대법원 2009.9.24, 자, 2009마168,169, 결정]

구 도시 및 주거환경정비법상 재개발조합이 공법인이라는 사정만으로 재개발조합과 조합장 또는 조합임원 사이의 선임·해임 등을 둘러싼 법률관계가 공법상의 법률관계에 해당한다거나 그 조합장 또는 조합임원의 지위를 다투는 소송이 당연히 공법상 당사자소송에 해당한다고 볼 수는 없고, 구 도시 및 주거환경정비법의 규정들이 재개발조합과 조합장 및 조합임원과의 관계를 특별히 공법상의 근무관계로 설정하고 있다고 볼 수도 없으므로, **재개발조합과 조합장 또는 조합임원 사이의 선임·해임 등을 둘러싼 법률관계는 사법상의 법률관계로서 그 조합장 또는 조합임원의 지위를 다투는 소송은 민사소송**에 의하여야 할 것이다.

13

2020 지방직 (서울시) 7급

소송형태는 당사자소송의 형식을 취하지만 실질적으로는 처분 등의 효력을 다투는 항고소송의 성질을 가지는 소송은 현행법상 인정되지 아니한다. O | X

소송형태는 당사자소송의 형식을 취하지만 실질적으로는 처분 등의 효력을 다투는 항고소송의 성질을 가지는 소송을 「형식적 당사자소송」이라 한다. 실정법상 공익사업보상법상 보상금 증감소송, 특허관련 보상금청구소송 등이 있다.

14

2020 지방직 (서울시) 7급 수정

공법상 당사자소송에서 재산권의 청구를 인용하는 판결을 하는 경우 국가와 그 밖의 공공단체를 불문하고 가집행선고를 할 수 있다. O | X

과거 행정소송법 제43조에서는 국가에 대한 가집행을 금지하였으나, 최근 헌법재판소는 국가에 대한 가집행을 금지한 행정소송법 제43조는 평등의 원칙에 위배되어 위헌이라고 선고한 바 있다. 따라서 이제는 국가를 포함한 모든 행정주체에 대하여, 당사자소송에서 인용판결 선고시 가집행이 가능하다.

[대법원 2000.11.28, 선고, 99두3416, 판결]

행정소송법 제8조 제2항에 의하면 **행정소송에도 민사소송법의 규정이 일반적으로 준용되므로 법원으로서는 공법상 당사자소송에서 재산권의 청구를 인용하는 판결을 하는 경우 가집행선고를 할 수 있다.**

[헌재 2022.2.24, 2020헌가12 전원재판부]

심판대상조항은 재산권의 청구에 관한 당사자소송 중에서도 피고가 공공단체 그 밖의 권리주체인 경우와 국가인 경우를 다르게 취급한다. 가집행의 선고는 불필요한 상소권의 남용을 억제하고 신속한 권리실행을 하게 함으로써 국민의 재산권과 신속한 재판을 받을 권리를 보장하기 위한 제도이고, 당사자소송 중에는 사실상 같은 법률조항에 의하여 형성된 공법상 법률관계라도 당사자를 달리 하는 경우가 있다. **동일한 성격인 공법상 금전지급 청구소송임에도 피고가 누구인지에 따라 가집행선고를 할 수 있는지 여부가 달라진다면 상대방 소송 당사자인 원고로 하여금 불합리한 차별을 받도록 하는 결과가 된다. 재산권의 청구가 공법상 법률관계를 전제로 한다는 점만으로 국가를 상대로 하는 당사자소송에서 국가를 우대할 합리적인 이유가 있다고 할 수 없고, 집행가능성 여부에 있어서도 국가와 지방자치단체 등이 실질적인 차이가 있다고 보기 어렵다**는 점에서, 심판대상조항은 국가가 당사자소송의 피고인 경우 가집행의 선고를 제한하여, **국가가 아닌 공공단체 그 밖의 권리주체가 피고인 경우에 비하여 합리적인 이유 없이 차별하고 있으므로 평등원칙에 반한다.**

정답 | 12 × 13 × 14 ○

15

2022 국가직 9급

군인연금법령상 급여를 받으려고 하는 사람이 국방부장관에게 급여지급을 청구하였으나 거부된 경우, 곧바로 국가를 상대로 한 당사자소송으로 급여의 지급을 청구할 수 있다. O | X

[대판 2021.12.16, 선고 2019두45944]
구 군인연금법에 의한 사망보상금 등의 급여를 받을 권리는 법령의 규정에 따라 직접 발생하는 것이 아니라 급여를 받으려고 하는 사람이 소속하였던 군의 참모총장의 확인을 얻어 청구함에 따라 국방부장관 등이 지급결정을 함으로써 구체적인 권리가 발생한다. 국방부장관 등이 하는 급여지급결정은 단순히 급여수급 대상자를 확인·결정하는 것에 그치는 것이 아니라 구체적인 급여수급액을 확인·결정하는 것까지 포함한다. 구 군인연금법령상 급여를 받으려고 하는 사람은 우선 관계 법령에 따라 국방부장관 등에게 급여지급을 청구하여 국방부장관 등이 이를 거부하거나 일부 금액만 인정하는 급여지급결정을 하는 경우 그 결정을 대상으로 항고소송을 제기하는 등으로 구체적 권리를 인정받은 다음 비로소 당사자소송으로 그 급여의 지급을 구해야 한다. 이러한 구체적인 권리가 발생하지 않은 상태에서 곧바로 국가를 상대로 한 당사자소송으로 급여의 지급을 소구하는 것은 허용되지 않는다.

16

2022 군무원 9급

사업주가 당연가입자가 되는 고용보험 및 산재보험에서 보험료 납부의무 부존재확인소송은 공법상 당사자소송이다. O | X

[대법원 2016.10.13. 선고 2016다221658 판결]
고용보험 및 산업재해보상보험의 보험료징수 등에 관한 법률 제4조, 제16조의2, 제17조, 제19조, 제23조의 각 규정에 의하면, 사업주가 당연가입자가 되는 고용보험 및 산재보험에서 보험료 납부의무 부존재확인의 소는 공법상의 법률관계 자체를 다투는 소송으로서 공법상 당사자소송이다.

17

2023 국회사무처 8급

사업주가 당연가입자가 되는 고용보험 및 산재보험에서 보험료 납부의무부존재확인의 소는 당사자소송에 해당한다. O | X

[대법원 2016.10.13. 선고, 2016다221658, 판결]
고용보험 및 산업재해보상보험의 보험료징수 등에 관한 법률 제4조, 제16조의2, 제17조, 제19조, 제23조의 각 규정에 의하면, 사업주가 당연가입자가 되는 고용보험 및 산재보험에서 보험료 납부의무 부존재확인의 소는 공법상의 법률관계 자체를 다투는 소송으로서 공법상 당사자소송이다.

정답 | 15 × 16 ○ 17 ○

18

2023 국회사무처 8급

지방자치단체가 보조금 지급결정을 하면서 일정 기한 내에 보조금을 반환하도록 하는 교부조건을 부가한 경우, 보조사업자에 대한 지방자치단체의 보조금반환청구의 소는 항고소송에 해당한다. O | X

> [대법원 2011.6.9. 선고, 2011다2951, 판결]
> 지방자치단체가 보조금 지급결정을 하면서 일정 기한 내에 보조금을 반환하도록 하는 교부조건을 부가한 사안에서, 보조사업자의 지방자치단체에 대한 보조금 반환의무는 행정처분인 위 보조금 지급결정에 부가된 부관상 의무이고, 이러한 부관상 의무는 보조사업자가 지방자치단체에 부담하는 공법상 의무이므로, 보조사업자에 대한 지방자치단체의 보조금반환청구는 공법상 권리관계의 일방 당사자를 상대로 하여 공법상 의무이행을 구하는 청구로서 행정소송법 제3조 제2호에 규정한 당사자소송의 대상이라고 한 사례.

19

2023 지방직 9급

공법상 계약의 한쪽 당사자가 다른 당사자를 상대로 효력을 다투거나 이행을 청구하는 소송은 공법상의 법률관계에 관한 분쟁이므로 분쟁의 실질이 공법상 권리·의무의 존부·범위에 관한 다툼이 아니라 손해배상액의 구체적인 산정방법·금액에 국한되는 등의 특별한 사정이 없는 한 당사자소송으로 제기하여야 한다. O | X

> [대법원 2021.2.4. 선고 2019다277133 판결]
> 공법상 계약의 한쪽 당사자가 다른 당사자를 상대로 효력을 다투거나 이행을 청구하는 소송은 공법상의 법률관계에 관한 분쟁이므로 분쟁의 실질이 공법상 권리·의무의 존부·범위에 관한 다툼이 아니라 손해배상액의 구체적인 산정방법·금액에 국한되는 등의 특별한 사정이 없는 한 공법상 당사자소송으로 제기하여야 한다.

20

2024 경찰간부

취소소송에 관한 '행정심판기록의 제출명령' 규정은 당사자소송에 준용된다. O | X

> **행정소송법**
> 제25조(행정심판기록의 제출명령) ①법원은 당사자의 신청이 있는 때에는 결정으로써 재결을 행한 행정청에 대하여 행정심판에 관한 기록의 제출을 명할 수 있다.
> 제44조(준용규정) ①제14조 내지 제17조, 제22조, 제25조, 제26조, 제30조제1항, 제32조 및 제33조의 규정은 당사자소송의 경우에 준용한다.

21

2024 경찰간부

당사자소송에 관련청구소송이 병합된 경우 당사자소송이 부적법하여 각하되면 그에 병합된 관련청구소송도 소송요건을 흠결하여 부적합하므로 각하되어야 한다. O | X

> [대법원 2011.9.29. 선고 2009두10963 판결]
> 행정소송법 제44조, 제10조에 의한 관련청구소송 병합은 본래의 당사자소송이 적법할 것을 요건으로 하는 것이어서 본래의 당사자소송이 부적법하여 각하되면 그에 병합된 관련청구소송도 소송요건을 흠결하여 부적합하므로 각하되어야 한다.

정답 | 18 × 19 ○ 20 ○ 21 ○

22

2024 경찰간부

「국토의 계획 및 이용에 관한 법률」에 따라 사업시행자가 토지 소유자를 상대로 토지의 일시 사용에 대한 동의의 의사표시를 구하는 소는 당사자소송에 해당한다. O | X

[대법원 2019.9.9. 선고 2016다262550 판결]
국토의 계획 및 이용에 관한 법률 제130조 제3항에서 정한 토지의 소유자·점유자 또는 관리인(이하 '소유자 등'이라 한다)이 사업시행자의 일시 사용에 대하여 정당한 사유 없이 동의를 거부하는 경우, 사업시행자는 해당 토지의 소유자 등을 상대로 동의의 의사표시를 구하는 소를 제기할 수 있다. 이와 같은 토지의 일시 사용에 대한 동의의 의사표시를 할 의무는 '국토의 계획 및 이용에 관한 법률'에서 특별히 인정한 공법상의 의무이므로, 그 의무의 존부를 다투는 소송은 '공법상의 법률관계에 관한 소송으로서 그 법률관계의 한쪽 당사자를 피고로 하는 소송', 즉 행정소송법 제3조 제2호에서 규정한 당사자소송이라고 보아야 한다.

TOPIC 48

행정심판 1 – 개관 / 종류 / 온라인 행정심판 / 심판고지 / 심판기관

제1절 개관

제2절 종류

01 2014 서울시 9급

의무이행심판은 행정청의 적극적인 행위로 인한 침해로부터 권익을 보호하는 기능을 한다. O | X

의무이행심판은 행정청의 거부처분이나 부작위 등 소극적 행정작용을 그 대상으로 한다.

02 2014 서울시 9급

의무이행심판은 이행쟁송의 성질을 갖는다. O | X

행정심판법

제5조(행정심판의 종류) 행정심판의 종류는 다음 각 호와 같다.

1. 취소심판 : 행정청의 위법 또는 부당한 처분을 취소하거나 변경하는 행정심판
2. 무효등확인심판 : 행정청의 처분의 효력 유무 또는 존재 여부를 확인하는 행정심판
3. 의무이행심판 : 당사자의 신청에 대한 행정청의 위법 또는 부당한 거부처분이나 부작위에 대하여 **일정한 처분을 하도록 하는 행정심판**

03 2017 서울시 9급

행정청의 위법·부당한 거부처분이나 부작위에 대하여 일정한 처분을 하도록 하는 의무이행심판은 현행법상 인정된다. O | X

행정심판법

제5조(행정심판의 종류) 행정심판의 종류는 다음 각 호와 같다.

1. 취소심판 : 행정청의 위법 또는 부당한 처분을 취소하거나 변경하는 행정심판
2. 무효등확인심판 : 행정청의 처분의 효력 유무 또는 존재 여부를 확인하는 행정심판
3. **의무이행심판 : 당사자의 신청에 대한 행정청의 위법 또는 부당한 거부처분이나 부작위에 대하여 일정한 처분을 하도록 하는 행정심판**

정답 | 01 × 02 ○ 03 ○

04

2017 하반기 국가직 9급

「행정심판법」에서 규정한 행정심판의 종류로는 「행정소송법」상 항고소송에 대응하는 취소심판, 무효등확인심판, 의무이행심판과 당사자소송에 대응하는 당사자심판이 있다. O | X

행정심판은 처분 또는 처분의 부작위에 대한 불복절차로서 기실 항고심판에 해당한다. 처분 이외의 공법상의 법률관계를 다투는 당사자심판은 인정되지 않는다.

행정심판법

제5조(행정심판의 종류) 행정심판의 종류는 다음 각 호와 같다.
1. 취소심판 : 행정청의 위법 또는 부당한 처분을 취소하거나 변경하는 행정심판
2. 무효등확인심판 : 행정청의 처분의 효력 유무 또는 존재 여부를 확인하는 행정심판
3. **의무이행심판 : 당사자의 신청에 대한 행정청의 위법 또는 부당한 거부처분이나 부작위에 대하여 일정한 처분을 하도록 하는 행정심판**

05

2021 국회사무처 9급

거부처분에 대하여는 취소심판 또는 의무이행심판을 제기할 수 있다. O | X

거부처분에 대하여는 취소심판 또는 의무이행심판을 제기할 수 있다.

행정심판법

제2조(정의) 이 법에서 사용하는 용어의 뜻은 다음과 같다.
1. **"처분"이란** 행정청이 행하는 구체적 사실에 관한 법집행으로서의 공권력의 행사 또는 그 **거부**, 그 밖에 이에 준하는 행정작용을 말한다.
2. "부작위"란 행정청이 당사자의 신청에 대하여 상당한 기간 내에 일정한 처분을 하여야 할 법률상 의무가 있는데도 처분을 하지 아니하는 것을 말한다.
3. "재결(裁決)"이란 행정심판의 청구에 대하여 제6조에 따른 행정심판위원회가 행하는 판단을 말한다.
4. "행정청"이란 행정에 관한 의사를 결정하여 표시하는 국가 또는 지방자치단체의 기관, 그 밖에 법령 또는 자치법규에 따라 행정권한을 가지고 있거나 위탁을 받은 공공단체나 그 기관 또는 사인(私人)을 말한다.

제5조(행정심판의 종류) 행정심판의 종류는 다음 각 호와 같다.
1. **취소심판**: 행정청의 위법 또는 부당한 **처분**을 취소하거나 변경하는 행정심판
2. 무효등확인심판: 행정청의 처분의 효력 유무 또는 존재 여부를 확인하는 행정심판
3. **의무이행심판**: 당사자의 신청에 대한 행정청의 위법 또는 부당한 **거부처분**이나 부작위에 대하여 일정한 처분을 하도록 하는 행정심판

06

2023 군무원 7급

의무이행심판은 거부처분이나 부작위에 대하여 일정한 처분을 구할 법률상 이익이 있는 자가 청구인 적격을 갖는다. O | X

행정심판법

제13조(청구인 적격) ③ 의무이행심판은 처분을 신청한 자로서 행정청의 거부처분 또는 부작위에 대하여 일정한 처분을 구할 법률상 이익이 있는 자가 청구할 수 있다.

정답 | 04 × 05 ○ 06 ○

제3절 온라인 행정심판

01

2023 지방직 7급

피청구인 또는 행정심판위원회는 전자정보처리조직을 통하여 행정심판을 청구하거나 심판참가를 한 자가 동의한 경우에 전자정보처리조직과 그와 연계된 정보통신망을 이용하여 재결서나 「행정심판법」에 따른 각종 서류를 청구인 또는 참가인에게 송달할 수 있다. O | X

> 행정심판법
>
> 제54조(전자정보처리조직을 이용한 송달 등) ① 피청구인 또는 위원회는 제52조제1항에 따라 행정심판을 청구하거나 심판참가를 한 자에게 전자정보처리조직과 그와 연계된 정보통신망을 이용하여 재결서나 이 법에 따른 각종 서류를 송달할 수 있다. 다만, 청구인이나 참가인이 동의하지 아니하는 경우에는 그러하지 아니하다.

제4절 심판고지

01

2018 지방직 9급

행정청이 처분을 서면으로 하는 경우 상대방과 제3자에게 행정심판을 제기할 수 있는지 여부와 제기하는 경우의 행정심판절차 및 청구기간을 직접 알려야 한다. O | X

> 처분의 상대방에 대해서는 직권으로 고지하여야 하나, 이해관계인(제3자)의 경우에는 요구하는 경우에 한하여 고지하면 된다(행정심판법 제58조).
>
> 행정심판법
>
> 제58조(행정심판의 고지) ① 행정청이 처분을 할 때에는 처분의 상대방에게 다음 각 호의 사항을 알려야 한다.
> 1. 해당 처분에 대하여 행정심판을 청구할 수 있는지
> 2. 행정심판을 청구하는 경우의 심판청구 절차 및 심판청구 기간
>
> ② 행정청은 이해관계인이 요구하면 다음 각 호의 사항을 지체 없이 알려 주어야 한다. 이 경우 서면으로 알려 줄 것을 요구받으면 서면으로 알려 주어야 한다.
> 1. 해당 처분이 행정심판의 대상이 되는 처분인지
> 2. 행정심판의 대상이 되는 경우 소관 위원회 및 심판청구 기간

구분	직권에 의한 고지	청구(신청)에 의한 고지
상대방	처분의 직접 상대방	이해관계인(복효적 행정행위의 제3자)
신청여부	불필요	필요
내용	• 행정심판의 청구가능 여부 • 청구절차 및 심판청구기간	• 행정심판 대상여부 • 소관 위원회 및 심판청구기간
방법	제한 없음	서면요청시 서면으로
시기	처분시	신청을 받으면 지체 없이

02

2022 지방직 9급

행정청이 행정처분을 하면서 상대방에게 불복절차에 관한 고지의무를 이행하지 않았다면 이는 절차적 하자로서 그 행정처분은 위법하게 된다. O | X

[대법원 2018.2.8. 선고 2017두66633 판결]

행정절차법 제26조는 "행정청이 처분을 할 때에는 당사자에게 그 처분에 관하여 행정심판 및 행정소송을 제기할 수 있는지 여부, 그 밖에 불복을 할 수 있는지 여부, 청구절차 및 청구기간 그 밖에 필요한 사항을 알려야 한다."라고 규정하고 있다. 이러한 고지절차에 관한 규정은 행정처분의 상대방이 그 처분에 대한 행정심판의 절차를 밟는 데 편의를 제공하려는 것이어서 **처분청이 위 규정에 따른 고지의무를 이행하지 아니하였다고 하더라도 경우에 따라 행정심판의 제기기간이 연장될 수 있음에 그칠 뿐, 그 때문에 심판의 대상이 되는 행정처분이 위법하다고 할 수는 없다.**

제5절 심판기관

01

2015 지방직 9급

행정심판에 있어서 사건의 심리·의결에 관한 사무에 관여하는 직원에게는 행정심판법 제10조의 위원의 제척·기피·회피가 적용되지 않는다. O | X

행정심판사건의 심리 및 의결에 관한 사무에 관여하는 직원은 이른바 연구관이라 한다. 이들은 행정심판재결의 내용을 결정하는데 중요한 역할을 담당하므로 위원과 마찬가지로 제척·기피·회피가 적용된다.

행정심판법

제10조(위원의 제척·기피·회피) ① 위원회의 위원은 다음 각 호의 어느 하나에 해당하는 경우에는 그 사건의 심리·의결에서 제척(除斥)된다. 이 경우 제척결정은 위원회의 위원장(이하 "위원장"이라 한다)이 직권으로 또는 당사자의 신청에 의하여 한다.

1. 위원 또는 그 배우자나 배우자이었던 사람이 사건의 당사자이거나 사건에 관하여 공동 권리자 또는 의무자인 경우
2. 위원이 사건의 당사자와 친족이거나 친족이었던 경우
3. 위원이 사건에 관하여 증언이나 감정(鑑定)을 한 경우
4. 위원이 당사자의 대리인으로서 사건에 관여하거나 관여하였던 경우
5. 위원이 사건의 대상이 된 처분 또는 부작위에 관여한 경우

② 당사자는 위원에게 공정한 심리·의결을 기대하기 어려운 사정이 있으면 위원장에게 기피신청을 할 수 있다.

③ 위원에 대한 제척신청이나 기피신청은 그 사유를 소명(疏明)한 문서로 하여야 한다. 다만, 불가피한 경우에는 신청한 날부터 3일 이내에 신청 사유를 소명할 수 있는 자료를 제출하여야 한다.

④ 제척신청이나 기피신청이 제3항을 위반하였을 때에는 위원장은 결정으로 이를 각하한다.

⑤ 위원장은 제척신청이나 기피신청의 대상이 된 위원에게서 그에 대한 의견을 받을 수 있다.

⑥ 위원장은 제척신청이나 기피신청을 받으면 제척 또는 기피 여부에 대한 결정을 하고, 지체 없이 신청인에게 결정서 정본(正本)을 송달하여야 한다.

⑦ 위원회의 회의에 참석하는 위원이 제척사유 또는 기피사유에 해당되는 것을 알게 되었을 때에는 스스로 그 사건의 심리·의결에서 회피할 수 있다. 이 경우 회피하고자 하는 위원은 위원장에게 그 사유를 소명하여야 한다.

⑧ **사건의 심리·의결에 관한 사무에 관여하는 위원 아닌 직원에게도 제1항부터 제7항까지의 규정을 준용한다.**

정답 | 02 × | 01 ×

02 2015 지방직 9급

시·도의 관할구역에 있는 둘 이상의 시·군·자치구 등이 공동으로 설립한 행정청의 처분에 대하여는 시·도지사 소속 행정심판위원회에서 심리·재결한다. O | X

행정심판법

제6조(행정심판위원회의 설치) ③ 다음 각 호의 행정청의 처분 또는 부작위에 대한 심판청구에 대하여는 시·도지사 소속으로 두는 행정심판위원회에서 심리·재결한다.

1. 시·도 소속 행정청
2. 시·도의 관할구역에 있는 시·군·자치구의 장, 소속 행정청 또는 시·군·자치구의 의회(의장, 위원회의 위원장, 사무국장, 사무과장 등 의회 소속 모든 행정청을 포함한다)
3. **시·도의 관할구역에 있는 둘 이상의 지방자치단체(시·군·자치구를 말한다)·공공법인 등이 공동으로 설립한 행정청**

03 2015 서울시 7급

법원행정처장의 부당한 처분에 대해서는 중앙행정심판위원회에 행정심판을 제기할 수 있다. O | X

자체적으로 설치된 행정심판위원회에서 심리·재결한다.

제6조(행정심판위원회의 설치) ① 다음 각 호의 행정청 또는 그 소속 행정청(행정기관의 계층구조와 관계없이 그 감독을 받거나 위탁을 받은 모든 행정청을 말하되, 위탁을 받은 행정청은 그 위탁받은 사무에 관하여는 위탁한 행정청의 소속 행정청으로 본다. 이하 같다)의 처분 또는 부작위에 대한 행정심판의 청구(이하 "심판청구"라 한다)에 대하여는 **다음 각 호의 행정청에 두는 행정심판위원회에서 심리·재결**한다.

1. 감사원, 국가정보원장, 그 밖에 대통령령으로 정하는 대통령 소속기관의 장
2. 국회사무총장·**법원행정처장**·헌법재판소사무처장 및 중앙선거관리위원회사무총장
3. 국가인권위원회, 그 밖에 지위·성격의 독립성과 특수성 등이 인정되어 대통령령으로 정하는 행정청

04 2015 서울시 7급

서울특별시장의 처분에 대한 행정심판은 중앙행정심판위원회에서 심리·재결한다. O | X

행정심판법

제6조(행정심판위원회의 설치) ② 다음 각 호의 행정청의 처분 또는 부작위에 대한 심판청구에 대하여는 「부패방지 및 국민권익위원회의 설치와 운영에 관한 법률」에 따른 국민권익위원회(이하 "국민권익위원회"라 한다)에 두는 **중앙행정심판위원회에서 심리·재결**한다.

1. 제1항에 따른 행정청 외의 국가행정기관의 장 또는 그 소속 행정청
2. **특별시장·광역시장·특별자치시장·도지사·특별자치도지사(특별시·광역시·특별자치시·도 또는 특별자치도의 교육감을 포함한다. 이하 "시·도지사"라 한다)** 또는 특별시·광역시·특별자치시·도·특별자치도(이하 "시·도"라 한다)의 의회(의장, 위원회의 위원장, 사무처장 등 의회 소속 모든 행정청을 포함한다)
3. 「지방자치법」에 따른 지방자치단체조합 등 관계 법률에 따라 국가·지방자치단체·공공법인 등이 공동으로 설립한 행정청. 다만, 제3항 제3호에 해당하는 행정청은 제외한다.

05

2019 서울시 9급 (6월)

종로구청장의 처분이나 부작위에 대한 행정심판청구는 서울특별시 행정심판위원회에서 심리·재결하여야 한다. O | X

「행정심판법」 제6조 제3항 제2호

제6조(행정심판위원회의 설치) ③ 다음 각 호의 행정청의 처분 또는 부작위에 대한 심판청구에 대하여는 시·도지사 소속으로 두는 행정심판위원회에서 심리·재결한다.

1. 시·도 소속 행정청
2. 시·도의 관할구역에 있는 시·군·자치구의 장, 소속 행정청 또는 시·군·자치구의 의회(의장, 위원회의 위원장, 사무국장, 사무과장 등 의회 소속 모든 행정청을 포함한다)
3. 시·도의 관할구역에 있는 둘 이상의 지방자치단체(시·군·자치구를 말한다)·공공법인 등이 공동으로 설립한 행정청

06

2020 군무원 9급

관계 행정기관의 장이 특별행정심판 또는 행정심판법에 따른 행정심판 절차에 대한 특례를 신설하거나 변경하는 법령을 제정·개정할 때에는 미리 법무부장관과 협의하여야 한다. O | X

법무부장관이 아니라 중앙행정심판위원회와 협의하여야 한다(「행정심판법」 제4조 제3항).

행정심판법

제4조(특별행정심판 등) ① 사안(事案)의 전문성과 특수성을 살리기 위하여 특히 필요한 경우 외에는 이 법에 따른 행정심판을 갈음하는 특별한 행정불복절차(이하 "특별행정심판"이라 한다)나 이 법에 따른 행정심판 절차에 대한 특례를 다른 법률로 정할 수 없다.

② 다른 법률에서 특별행정심판이나 이 법에 따른 행정심판 절차에 대한 특례를 정한 경우에도 그 법률에서 규정하지 아니한 사항에 관하여는 이 법에서 정하는 바에 따른다.

③ 관계 행정기관의 장이 특별행정심판 또는 이 법에 따른 행정심판 절차에 대한 특례를 신설하거나 변경하는 법령을 제정·개정할 때에는 미리 중앙행정심판위원회와 협의하여야 한다.

07

2021 소방직

중앙행정심판위원회의 비상임위원은 일정한 요건을 갖춘 사람 중에서 중앙행정심판위원회 위원장의 제청으로 국무총리가 성별을 고려하여 위촉한다. O | X

행정심판법

제8조(중앙행정심판위원회의 구성) ④ 중앙행정심판위원회의 비상임위원은 제7조제4항 각 호의 어느 하나에 해당하는 사람 중에서 중앙행정심판위원회 위원장의 제청으로 국무총리가 성별을 고려하여 위촉한다.

08

2021 소방직

중앙행정심판위원회의 회의는 위원장, 상임위원 및 위원장이 회의마다 지정하는 비상임위원을 포함하여 총 15명으로 구성한다. O | X

15명이 아니라 9명이다.

행정심판법

제8조(중앙행정심판위원회의 구성) ⑤ 중앙행정심판위원회의 회의(제6항에 따른 소위원회 회의는 제외한다)는 위원장, 상임위원 및 위원장이 회의마다 지정하는 비상임위원을 포함하여 총 9명으로 구성한다.

정답 | 05 ○ 06 × 07 ○ 08 ×

09

2021 국회사무처 8급

중앙행정심판위원회의 위원장은 그 행정심판위원회가 소속된 행정청이 되며, 위원장이 부득이한 사유로 직무를 수행할 수 없거나 위원장이 필요하다고 인정하는 경우에는 위원장이 사전에 지명한 위원이 있는 경우 그 위원이 위원장의 직무를 대행한다. O | X

> 행정심판법
>
> 제8조(중앙행정심판위원회의 구성) ② 중앙행정심판위원회의 위원장은 국민권익위원회의 부위원장 중 1명이 되며, 위원장이 없거나 부득이한 사유로 직무를 수행할 수 없거나 위원장이 필요하다고 인정하는 경우에는 상임위원(상임으로 재직한 기간이 긴 위원 순서로, 재직기간이 같은 경우에는 연장자 순서로 한다)이 위원장의 직무를 대행한다.

10

2021 국회사무처 8급

중앙행정심판위원회는 심판청구를 심리·재결할 때에 처분 또는 부작위의 근거가 되는 명령 등이 상위 법령에 위반되면 관계 행정기관에 그 명령 등의 개정·폐지 등 적절한 시정조치를 요청할 수 있고, 그 사실을 법제처장에게 통보하여야 한다. O | X

> 행정심판법
>
> 제59조(불합리한 법령 등의 개선) ① 중앙행정심판위원회는 심판청구를 심리·재결할 때에 처분 또는 부작위의 근거가 되는 명령 등(대통령령·총리령·부령·훈령·예규·고시·조례·규칙 등을 말한다. 이하 같다)이 법령에 근거가 없거나 상위 법령에 위배되거나 국민에게 과도한 부담을 주는 등 크게 불합리하면 관계 행정기관에 그 명령 등의 개정·폐지 등 적절한 시정조치를 요청할 수 있다. 이 경우 중앙행정심판위원회는 시정조치를 요청한 사실을 법제처장에게 통보하여야 한다.

11

2023 군무원 9급

「공무원연금법」상 공무원연금급여 재심위원회에 대한 심사청구 제도는 사안의 전문성과 특수성을 살리기 위하여 특히 필요하여 행정심판법에 따른 일반행정심판을 갈음하는 특별한 행정 불복절차, 즉 특별행정심판에 해당한다. O | X

> [대법원 2019.8.9, 선고, 2019두38656, 판결]
>
> 공무원연금급여 재심위원회에 대한 심사청구 제도의 입법 취지와 심사청구기간, 행정심판법에 따른 일반행정심판의 적용 배제, 구 공무원연금법 제80조 제3항의 위임에 따라 구 공무원연금법 시행령(2018. 9. 18. 대통령령제29181호로 전부 개정되기 전의 것) 제84조 내지 제95조의2에서 정한 공무원연금급여 재심위원회의 조직, 운영, 심사절차에 관한 사항 등을 종합하면, 구 공무원연금법상 공무원연금급여 재심위원회에 대한 심사청구 제도는 사안의 전문성과 특수성을 살리기 위하여 특히 필요하여 행정심판법에 따른 일반행정심판을 갈음하는 특별한 행정불복절차(행정심판법 제4조 제1항), 즉 특별행정심판에 해당한다.

정답 | 09 × 10 ○ 11 ○

12

2024 경찰간부

감사원의 처분 또는 부작위에 대한 심판청구에 대하여는 중앙행정심판위원회에서 심리·재결한다. O | X

행정심판법

제6조(행정심판위원회의 설치) ① **다음 각 호의 행정청 또는 그 소속 행정청**(행정기관의 계층구조와 관계없이 그 감독을 받거나 위탁을 받은 모든 행정청을 말하되, 위탁을 받은 행정청은 그 위탁받은 사무에 관하여는 위탁한 행정청의 소속 행정청으로 본다. 이하 같다)**의 처분 또는 부작위에 대한 행정심판의 청구**(이하 "심판청구"라 한다)**에 대하여는 다음 각 호의 행정청에 두는 행정심판위원회에서 심리**·재결한다.

1. **감사원**, 국가정보원장, 그 밖에 대통령령으로 정하는 대통령 소속기관의 장
2. 국회사무총장·법원행정처장·헌법재판소사무처장 및 중앙선거관리위원회사무총장
3. 국가인권위원회, 그 밖에 지위·성격의 독립성과 특수성 등이 인정되어 대통령령으로 정하는 행정청

정답 | 12 ×

TOPIC 49 행정심판 2 – 대상 / 당사자 / 심판청구 / 가구제

제1절 대상

01

2015 사회복지직 9급

대통령의 처분 또는 부작위에 대하여는 다른 법률에서 행정심판을 청구할 수 있도록 정한 경우 외에는 행정심판을 청구할 수 없다. O | X

행정심판법

제3조(행정심판의 대상) ② 대통령의 처분 또는 부작위에 대하여는 다른 법률에서 행정심판을 청구할 수 있도록 정한 경우 외에는 행정심판을 청구할 수 없다.

02

2016 지방직 9급

시·도 행정심판위원회의 기각재결이 내려진 경우 청구인은 중앙행정심판위원회에 그 재결에 대하여 다시 행정심판을 청구할 수 있다. O | X

행정심판법

제51조(행정심판 재청구의 금지) 심판청구에 대한 재결이 있으면 그 재결 및 같은 처분 또는 부작위에 대하여 다시 행정심판을 청구할 수 없다.

03

2017 하반기 국가직 9급

행정심판의 재결에 대해서는 재결 자체에 고유한 위법이 있음을 이유로 하는 경우에 한하여 다시 행정심판을 청구할 수 있다. O | X

재결 자체에 고유한 위법이 있으면 재결의 취소를 구하는 취소소송을 제기하여야 한다. 행정심판의 재청구는 금지된다.

행정심판법

제51조(행정심판 재청구의 금지) 심판청구에 대한 재결이 있으면 그 재결 및 같은 처분 또는 부작위에 대하여 다시 행정심판을 청구할 수 없다.

정답 | 01 ○ 02 × 03 ×

제2절 당사자

01

2015 사회복지직 9급

행정심판의 결과에 이해관계가 있는 제3자 또는 행정청은 행정심판위원회의 허가를 받아 그 사건에 참가할 수 있다. O | X

행정심판법

제20조(심판참가) ① **행정심판의 결과에 이해관계가 있는 제3자나 행정청은 해당 심판청구에 대한 제7조 제6항 또는 제8조 제7항에 따른 위원회나 소위원회의 의결이 있기 전까지 그 사건에 대하여 심판참가를 할 수 있다.**
② 제1항에 따른 심판참가를 하려는 자는 참가의 취지와 이유를 적은 참가신청서를 위원회에 제출하여야 한다. 이 경우 당사자의 수만큼 참가신청서 부본을 함께 제출하여야 한다.
③ 위원회는 제2항에 따라 참가신청서를 받으면 참가신청서 부본을 당사자에게 송달하여야 한다.
④ 제3항의 경우 위원회는 기간을 정하여 당사자와 다른 참가인에게 제3자의 참가신청에 대한 의견을 제출하도록 할 수 있으며, 당사자와 다른 참가인이 그 기간에 의견을 제출하지 아니하면 의견이 없는 것으로 본다.
⑤ **위원회는 제2항에 따라 참가신청을 받으면 허가 여부를 결정**하고, 지체 없이 신청인에게는 결정서 정본을, 당사자와 다른 참가인에게는 결정서 등본을 송달하여야 한다.
⑥ 신청인은 제5항에 따라 송달을 받은 날부터 7일 이내에 위원회에 이의신청을 할 수 있다.

제3절 심판청구

01

2014 서울시 9급

부작위에 대한 의무이행심판에는 심판청구의 기간상 제한이 따르지 않는다. O | X

행정심판법

제27조(심판청구의 기간) ① 행정심판은 처분이 있음을 알게 된 날부터 90일 이내에 청구하여야 한다.
② 청구인이 천재지변, 전쟁, 사변(事變), 그 밖의 불가항력으로 인하여 제1항에서 정한 기간에 심판청구를 할 수 없었을 때에는 그 사유가 소멸한 날부터 14일 이내에 행정심판을 청구할 수 있다. 다만, 국외에서 행정심판을 청구하는 경우에는 그 기간을 30일로 한다.
③ 행정심판은 처분이 있었던 날부터 180일이 지나면 청구하지 못한다. 다만, 정당한 사유가 있는 경우에는 그러하지 아니하다.
④ 제1항과 제2항의 기간은 불변기간(不變期間)으로 한다.
⑤ 행정청이 심판청구 기간을 제1항에 규정된 기간보다 긴 기간으로 잘못 알린 경우 그 잘못 알린 기간에 심판청구가 있으면 그 행정심판은 제1항에 규정된 기간에 청구된 것으로 본다.
⑥ 행정청이 심판청구 기간을 알리지 아니한 경우에는 제3항에 규정된 기간에 심판청구를 할 수 있다.
⑦ **제1항부터 제6항까지의 규정은 무효등확인심판청구와 부작위에 대한 의무이행심판청구에는 적용하지 아니한다.**

02

2014 경찰행정

행정심판은 처분이 있었던 날부터 180일이 지나면 청구하지 못한다. 다만, 정당한 사유가 있는 경우에는 그러하지 아니하다. O | X

행정심판법

제27조(심판청구의 기간) ① 행정심판은 처분이 있음을 알게 된 날부터 90일 이내에 청구하여야 한다.

② 청구인이 천재지변, 전쟁, 사변(事變), 그 밖의 불가항력으로 인하여 제1항에서 정한 기간에 심판청구를 할 수 없었을 때에는 그 사유가 소멸한 날부터 14일 이내에 행정심판을 청구할 수 있다. 다만, 국외에서 행정심판을 청구하는 경우에는 그 기간을 30일로 한다.

③ **행정심판은 처분이 있었던 날부터 180일이 지나면 청구하지 못한다. 다만, 정당한 사유가 있는 경우에는 그러하지 아니하다.**

03

2015 지방직 9급

법률상 이의신청을 제기해야 할 사람이 처분청에 표제를 '행정심판청구서'로 한 서류를 제출하였다면, 서류의 내용에 이의신청 요건에 맞는 불복취지와 사유가 충분히 기재되어 있다고 하여도 이를 처분에 대한 이의신청으로 볼 수 없다. O | X

[대법원 2012.3.29, 2011두26886]

지방자치법 제140조 제3항에서 정한 이의신청은 행정청의 위법·부당한 처분에 대하여 행정기관이 심판하는 행정심판과는 구별되는 별개의 제도이나, 이의신청과 행정심판은 모두 본질에 있어 행정처분으로 인하여 권리나 이익을 침해당한 상대방의 권리구제에 목적이 있고, 행정소송에 앞서 먼저 행정기관의 판단을 받는 데에 목적을 둔 엄격한 형식을 요하지 않는 서면행위이므로, **이의신청을 제기해야 할 사람이 처분청에 표제를 '행정심판청구서'로 한 서류를 제출한 경우라 할지라도 서류의 내용에 이의신청 요건에 맞는 불복취지와 사유가 충분히 기재되어 있다면 표제에도 불구하고 이를 처분에 대한 이의신청으로 볼 수 있다.**

04

2015 지방직 9급

행정청이 행정심판 청구기간 등을 고지하지 아니하였다고 하여도 처분의 상대방이 처분이 있었다는 사실을 알았을 경우에는 처분이 있은 날로부터 90일 이내에 심판청구를 하여야 한다. O | X

처분이 있은 날로부터 90일 이내가 아니라 처분이 있었던 날로부터 180일 이내에 심판청구를 하여야 한다.

행정심판법

제27조(심판청구의 기간) ① 행정심판은 처분이 있음을 알게 된 날부터 90일 이내에 청구하여야 한다.

② 청구인이 천재지변, 전쟁, 사변(事變), 그 밖의 불가항력으로 인하여 제1항에서 정한 기간에 심판청구를 할 수 없었을 때에는 그 사유가 소멸한 날부터 14일 이내에 행정심판을 청구할 수 있다. 다만, 국외에서 행정심판을 청구하는 경우에는 그 기간을 30일로 한다.

③ **행정심판은 처분이 있었던 날부터 180일이 지나면 청구하지 못한다.** 다만, 정당한 사유가 있는 경우에는 그러하지 아니하다.

④ 제1항과 제2항의 기간은 불변기간(不變期間)으로 한다.

⑤ 행정청이 심판청구 기간을 제1항에 규정된 기간보다 긴 기간으로 잘못 알린 경우 그 잘못 알린 기간에 심판청구가 있으면 그 행정심판은 제1항에 규정된 기간에 청구된 것으로 본다.

⑥ **행정청이 심판청구 기간을 알리지 아니한 경우에는 제3항에 규정된 기간에 심판청구를 할 수 있다.**

정답 | 02 ○ 03 × 04 ×

05

2015 지방직 9급

행정심판 청구 후 피청구인인 행정청이 새로운 처분을 하거나 대상인 처분을 변경한 때에는 청구인은 새로운 처분이나 변경된 처분에 맞추어 청구의 취지 또는 이유를 변경할 수 있다. O | X

> 행정심판법
>
> 제29조(청구의 변경) ② 행정심판이 청구된 후에 피청구인이 새로운 처분을 하거나 심판청구의 대상인 처분을 변경한 경우에는 청구인은 새로운 처분이나 변경된 처분에 맞추어 청구의 취지나 이유를 변경할 수 있다.

06

2015 서울시 9급

행정심판청구는 엄격한 형식을 요하지 아니하는 서면행위이다. O | X

> [대법원 1995.9.5, 94누16250]
>
> **행정소송의 전치요건인 행정심판청구는 엄격한 형식을 요하지 아니하는 서면행위로 해석되므로, 위법·부당한 행정처분으로 인하여 권리나 이익을 침해당한 자로부터 그 처분의 취소나 변경을 구하는 서면이 제출되었을 때에는 그 표제와 제출기관의 여하를 불문하고, 이를 행정소송법 제18조 소정의 행정심판청구로 보고,** 불비된 사항이 보정 가능한 때에는 보정을 명하고 보정이 불가능하거나 보정명령에 따르지 아니한 때에 비로소 부적법 각하를 하여야 할 것이며, 더욱 심판청구인은 일반적으로 전문적 법률지식을 갖고 있지 못하여 제출된 서면의 취지가 불명확한 경우도 적지 않으나, 이러한 경우에도 행정청으로서는 그 서면을 가능한 한 제출자의 이익이 되도록 해석하고 처리하여야 하는 것이다.

07

2015 서울시 9급

개별법률에서 정한 심판청구기간이 행정심판법이 정한 심판청구기간보다 짧은 경우, 행정청이 행정처분을 하면서 그 개별법률상 심판청구기간을 고지하지 아니하였다면 그 개별법률에서 정한 심판청구기간 내에 한하여 심판청구가 가능하다. O | X

> [대법원 1990.7.10, 89누6839]
>
> **도로점용료 상당 부당이득금의 징수 및 이의절차를 규정한 지방자치법에서 이의제출기간을 행정심판법 제18조 제3항 소정기간 보다 짧게 정하였다고 하여도** 같은법 제42조 제1항 소정의 고지의무에 관하여 달리 정하고 있지 아니한 이상 **도로관리청인 피고가 이 사건 도로점용료 상당 부당이득금의 징수고지서를 발부함에 있어서 원고들에게 이의제출기간 등을 알려주지 아니하였다면** 원고들은 지방자치법상의 이의제출기간에 구애됨이 없이 행정심판법 제18조 제6항, 제3항의 규정에 의하여 **징수고지처분이 있은 날로부터 180일 이내에 이의를 제출할 수 있다**고 보아야 할 것이다.

08

2017 국회사무처 8급

행정심판을 청구하려는 자는 심판청구서를 작성하여 피청구인이나 위원회에 제출하여야 하며, 피청구인의 수만큼 심판청구서 부본을 함께 제출하여야 한다. O | X

> 행정심판법
>
> 제23조(심판청구서의 제출) ① 행정심판을 청구하려는 자는 제28조에 따라 심판청구서를 작성하여 피청구인이나 위원회에 제출하여야 한다. 이 경우 피청구인의 수만큼 심판청구서 부본을 함께 제출하여야 한다.

정답 | 05 ○ 06 ○ 07 × 08 ○

09

2018 국회사무처 8급

법인이 아닌 사단 또는 재단으로서 대표자나 관리인이 정하여져 있는 경우에는 그 대표자나 관리인의 이름으로 심판청구를 할 수 있다. O | X

> **행정심판법**
>
> 제14조(법인이 아닌 사단 또는 재단의 청구인 능력) 법인이 아닌 사단 또는 재단으로서 대표자나 관리인이 정하여져 있는 경우에는 **그 사단이나 재단의 이름으로** 심판청구를 할 수 있다.

10

2018 국회사무처 8급

행정심판의 경우 여러 명의 청구인이 공동으로 심판청구를 할 때에는 청구인들 중에서 3명 이하의 선정대표자를 선정할 수 있다. O | X

> **행정심판법**
>
> 제15조(선정대표자) ① **여러 명의 청구인이 공동으로 심판청구를 할 때에는 청구인들 중에서 3명 이하의 선정대표자를 선정할 수 있다.**
>
> ② 청구인들이 제1항에 따라 선정대표자를 선정하지 아니한 경우에 위원회는 필요하다고 인정하면 청구인들에게 선정대표자를 선정할 것을 권고할 수 있다.
>
> ③ 선정대표자는 다른 청구인들을 위하여 그 사건에 관한 모든 행위를 할 수 있다. 다만, 심판청구를 취하하려면 다른 청구인들의 동의를 받아야 하며, 이 경우 동의받은 사실을 서면으로 소명하여야 한다.
>
> ④ 선정대표자가 선정되면 다른 청구인들은 그 선정대표자를 통해서만 그 사건에 관한 행위를 할 수 있다.
>
> ⑤ 선정대표자를 선정한 청구인들은 필요하다고 인정하면 선정대표자를 해임하거나 변경할 수 있다. 이 경우 청구인들은 그 사실을 지체 없이 위원회에 서면으로 알려야 한다.

11

2018 국회사무처 8급

심판청구의 대상과 관계되는 권리나 이익을 양수한 자는 위원회의 허가를 받아 청구인의 지위를 승계할 수 있다. O | X

> **「행정심판법」**
>
> 제16조(청구인의 지위 승계) ① 청구인이 사망한 경우에는 상속인이나 그 밖에 법령에 따라 심판청구의 대상에 관계되는 권리나 이익을 승계한 자가 청구인의 지위를 승계한다.
>
> ② 법인인 청구인이 합병(合倂)에 따라 소멸하였을 때에는 합병 후 존속하는 법인이나 합병에 따라 설립된 법인이 청구인의 지위를 승계한다.
>
> ③ 제1항과 제2항에 따라 청구인의 지위를 승계한 자는 위원회에 서면으로 그 사유를 신고하여야 한다. 이 경우 신고서에는 사망 등에 의한 권리·이익의 승계 또는 합병 사실을 증명하는 서면을 함께 제출하여야 한다.
>
> ④ 제1항 또는 제2항의 경우에 제3항에 따른 신고가 있을 때까지 사망자나 합병 전의 법인에 대하여 한 통지 또는 그 밖의 행위가 청구인의 지위를 승계한 자에게 도달하면 지위를 승계한 자에 대한 통지 또는 그 밖의 행위로서의 효력이 있다.
>
> ⑤ **심판청구의 대상과 관계되는 권리나 이익을 양수한 자는 위원회의 허가를 받아 청구인의 지위를 승계할 수 있다.**
>
> ⑥ 위원회는 제5항의 지위 승계 신청을 받으면 기간을 정하여 당사자와 참가인에게 의견을 제출하도록 할 수 있으며, 당사자와 참가인이 그 기간에 의견을 제출하지 아니하면 의견이 없는 것으로 본다.
>
> ⑦ 위원회는 제5항의 지위 승계 신청에 대하여 허가 여부를 결정하고, 지체 없이 신청인에게는 결정서 정본을, 당사자와 참가인에게는 결정서 등본을 송달하여야 한다.
>
> ⑧ 신청인은 위원회가 제5항의 지위 승계를 허가하지 아니하면 결정서 정본을 받은 날부터 7일 이내에 위원회에 이의신청을 할 수 있다.

정답 | 09 × 10 ○ 11 ○

12

2018 국회사무처 8급

청구인이 피청구인을 잘못 지정한 경우에는 위원회는 직권으로 또는 당사자의 신청에 의하여 결정으로써 피청구인을 경정할 수 있다. O | X

참고로 행정소송법에서 피고경정은 원고의 신청으로만 가능하고 법원의 직권으로는 불가능하다.

행정심판법

제17조(피청구인의 적격 및 경정) ① 행정심판은 처분을 한 행정청(의무이행심판의 경우에는 청구인의 신청을 받은 행정청)을 피청구인으로 하여 청구하여야 한다. 다만, 심판청구의 대상과 관계되는 권한이 다른 행정청에 승계된 경우에는 권한을 승계한 행정청을 피청구인으로 하여야 한다.

② **청구인이 피청구인을 잘못 지정한 경우에는 위원회는 직권으로 또는 당사자의 신청에 의하여 결정으로써 피청구인을 경정(更正)할 수 있다.**

③ 위원회는 제2항에 따라 피청구인을 경정하는 결정을 하면 결정서 정본을 당사자(종전의 피청구인과 새로운 피청구인을 포함한다. 이하 제6항에서 같다)에게 송달하여야 한다.

④ 제2항에 따른 결정이 있으면 종전의 피청구인에 대한 심판청구는 취하되고 종전의 피청구인에 대한 행정심판이 청구된 때에 새로운 피청구인에 대한 행정심판이 청구된 것으로 본다.⑤ 위원회는 행정심판이 청구된 후에 제1항 단서의 사유가 발생하면 직권으로 또는 당사자의 신청에 의하여 결정으로써 피청구인을 경정한다. 이 경우에는 제3항과 제4항을 준용한다.

⑥ 당사자는 제2항 또는 제5항에 따른 위원회의 결정에 대하여 결정서 정본을 받은 날부터 7일 이내에 위원회에 이의신청을 할 수 있다.

13

2018 국회사무처 8급

참가인은 행정심판 절차에서 당사자가 할 수 있는 심판절차상의 행위를 할 수 있다. O | X

행정심판법

제22조(참가인의 지위) ① **참가인은 행정심판 절차에서 당사자가 할 수 있는 심판절차상의 행위를 할 수 있다.**

② 이 법에 따라 당사자가 위원회에 서류를 제출할 때에는 참가인의 수만큼 부본을 제출하여야 하고, 위원회가 당사자에게 통지를 하거나 서류를 송달할 때에는 참가인에게도 통지하거나 송달하여야 한다.

③ 참가인의 대리인 선임과 대표자 자격 및 서류 제출에 관하여는 제18조, 제19조 및 이 조 제2항을 준용한다.

14

2022 국회사무처 9급

행정심판 청구기간의 요건은 거부처분에 대한 의무이행심판에서는 적용되지 않는다. O | X

심판청구기간 규정은 「무효등확인심판」과 「부작위로 인한 의무이행 심판」 청구에만 적용되지 않는다.

행정심판법

제27조(심판청구의 기간) ⑦ 제1항부터 제6항까지의 규정은 **무효등확인심판청구와 부작위에 대한 의무이행심판 청구에는 적용하지 아니한다.**

정답 | 12 ○ 13 ○ 14 ×

15

2024 경찰간부

피청구인의 경정결정이 있으면 심판청구는 피청구인이 경정된 때 제기된 것으로 본다. O | X

행정심판법

제17조(피청구인의 적격 및 경정) ② 청구인이 피청구인을 잘못 지정한 경우에는 위원회는 직권으로 또는 당사자의 신청에 의하여 결정으로써 피청구인을 경정(更正)할 수 있다.

③ 위원회는 제2항에 따라 피청구인을 경정하는 결정을 하면 결정서 정본을 당사자(종전의 피청구인과 새로운 피청구인을 포함한다. 이하 제6항에서 같다)에게 송달하여야 한다.

④ 제2항에 따른 결정이 있으면 종전의 피청구인에 대한 심판청구는 취하되고 종전의 피청구인에 대한 행정심판이 청구된 때에 새로운 피청구인에 대한 행정심판이 청구된 것으로 본다.

16

2024 경찰간부

행정심판을 청구하려는 자는 행정심판청구서를 관할 행정심판위원회에 제출하여야 하고, 피청구인에게는 제출할 수 없다. O | X

행정심판을 청구하려는 자는 심판청구서를 피청구인이나 위원회 어느 쪽에도 제출할 수 있다.

행정심판법

제23조(심판청구서의 제출) ① 행정심판을 청구하려는 자는 제28조에 따라 심판청구서를 작성하여 피청구인이나 위원회에 제출하여야 한다. 이 경우 피청구인의 수만큼 심판청구서 부본을 함께 제출하여야 한다.

제4절 가구제

01

2017 국회사무처 8급

행정소송법이 집행정지의 요건 중 하나로 '중대한 손해'가 생기는 것을 예방할 필요성에 관하여 규정하고 있는 반면, 행정심판법은 집행정지의 요건 중 하나로 '회복하기 어려운 손해'를 예방할 필요성에 관하여 규정하고 있다. O | X

「행정소송법」이 집행정지의 요건 중 하나로 「회복하기 어려운 손해」가 생기는 것을 예방할 필요성에 관하여 규정하고 있는 반면(제23조 제2항), 행정심판법은 집행정지의 요건 중 하나로 「중대한 손해」를 예방할 필요성에 관하여 규정하고 있다(제30조 제2항).

행정심판법	행정소송법
제30조(집행정지) ① 심판청구는 처분의 효력이나 그 집행 또는 절차의 속행(續行)에 영향을 주지 아니한다. ② 위원회는 처분, 처분의 집행 또는 절차의 속행 때문에 중대한 손해가 생기는 것을 예방할 필요성이 긴급하다고 인정할 때에는 직권으로 또는 당사자의 신청에 의하여 처분의 효력, 처분의 집행 또는 절차의 속행의 전부 또는 일부의 정지(이하 "집행정지"라 한다)를 결정할 수 있다. 다만, 처분의 효력정지는 처분의 집행 또는 절차의 속행을 정지함으로써 그 목적을 달성할 수 있을 때에는 허용되지 아니한다. ③ 집행정지는 공공복리에 중대한 영향을 미칠 우려가 있을 때에는 허용되지 아니한다.	**제23조(집행정지)** ① 취소소송의 제기는 처분등의 효력이나 그 집행 또는 절차의 속행에 영향을 주지 아니한다. ② 취소소송이 제기된 경우에 처분등이나 그 집행 또는 절차의 속행으로 인하여 생길 회복하기 어려운 손해를 예방하기 위하여 긴급한 필요가 있다고 인정할 때에는 본안이 계속되고 있는 법원은 당사자의 신청 또는 직권에 의하여 처분등의 효력이나 그 집행 또는 절차의 속행의 전부 또는 일부의 정지(이하 "집행정지"라 한다)를 결정할 수 있다. 다만, 처분의 효력정지는 처분등의 집행 또는 절차의 속행을 정지함으로써 목적을 달성할 수 있는 경우에는 허용되지 아니한다.

정답 | 15 × 16 × | 01 ×

④ 위원회는 집행정지를 결정한 후에 집행정지가 공공복리에 중대한 영향을 미치거나 그 정지사유가 없어진 경우에는 직권으로 또는 당사자의 신청에 의하여 집행정지 결정을 취소할 수 있다. ⑤ 집행정지 신청은 심판청구와 동시에 또는 심판청구에 대한 제7조 제6항 또는 제8조 제7항에 따른 위원회나 소위원회의 의결이 있기 전까지, 집행정지 결정의 취소신청은 심판청구에 대한 제7조 제6항 또는 제8조 제7항에 따른 위원회나 소위원회의 의결이 있기 전까지 신청의 취지와 원인을 적은 서면을 위원회에 제출하여야 한다. 다만, 심판청구서를 피청구인에게 제출한 경우로서 심판청구와 동시에 집행정지 신청을 할 때에는 심판청구서 사본과 접수증명서를 함께 제출하여야 한다. ⑥ 제2항과 제4항에도 불구하고 위원회의 심리·결정을 기다릴 경우 중대한 손해가 생길 우려가 있다고 인정되면 위원장은 직권으로 위원회의 심리·결정을 갈음하는 결정을 할 수 있다. 이 경우 위원장은 지체 없이 위원회에 그 사실을 보고하고 추인(追認)을 받아야 하며, 위원회의 추인을 받지 못하면 위원장은 집행정지 또는 집행정지 취소에 관한 결정을 취소하여야 한다. ⑦ 위원회는 집행정지 또는 집행정지의 취소에 관하여 심리·결정하면 지체 없이 당사자에게 결정서 정본을 송달하여야 한다.	③ 집행정지는 공공복리에 중대한 영향을 미칠 우려가 있을 때에는 허용되지 아니한다. ④ 제2항의 규정에 의한 집행정지의 결정을 신청함에 있어서는 그 이유에 대한 소명이 있어야 한다. ⑤ 제2항의 규정에 의한 집행정지의 결정 또는 기각의 결정에 대하여는 즉시항고할 수 있다. 이 경우 집행정지의 결정에 대한 즉시항고에는 결정의 집행을 정지하는 효력이 없다. ⑥ 제30조 제1항의 규정은 제2항의 규정에 의한 집행정지의 결정에 이를 준용한다.

02

2017 국회사무처 8급

임시처분은 집행정지와 보충성 관계가 없고, 행정심판위원회는 집행정지로 목적을 달성할 수 있는 경우에도 임시처분 결정을 할 수 있다. O | X

행정심판법

제31조(임시처분) ① 위원회는 처분 또는 부작위가 위법·부당하다고 상당히 의심되는 경우로서 처분 또는 부작위 때문에 당사자가 받을 우려가 있는 중대한 불이익이나 당사자에게 생길 급박한 위험을 막기 위하여 임시지위를 정하여야 할 필요가 있는 경우에는 직권으로 또는 당사자의 신청에 의하여 임시처분을 결정할 수 있다.
② 제1항에 따른 임시처분에 관하여는 제30조 제3항부터 제7항까지를 준용한다. 이 경우 같은 조 제6항 전단 중 "중대한 손해가 생길 우려"는 "중대한 불이익이나 급박한 위험이 생길 우려"로 본다.
③ 제1항에 따른 **임시처분은 제30조 제2항에 따른 집행정지로 목적을 달성할 수 있는 경우에는 허용되지 아니한다.**

03

2017 하반기 국가직 9급

행정심판청구는 처분의 효력이나 그 집행 또는 절차의 속행에 영향을 주지 않는다. O | X

행정심판법

제30조(집행정지) ① 심판청구는 처분의 효력이나 그 집행 또는 절차의 속행(續行)에 영향을 주지 아니한다.

04

2018 국가직 7급

행정심판위원회는 처분 또는 부작위가 위법·부당하다고 상당히 의심되는 경우로서 당사자가 받을 우려가 있는 중대한 불이익이나 급박한 위험을 막기 위하여 필요한 경우 직권으로 또는 당사자의 신청에 의하여 임시처분을 결정할 수 있다. O | X

> **행정심판법**
>
> 제31조(임시처분) ① 위원회는 처분 또는 부작위가 위법·부당하다고 상당히 의심되는 경우로서 처분 또는 부작위 때문에 당사자가 받을 우려가 있는 중대한 불이익이나 당사자에게 생길 급박한 위험을 막기위하여 임시지위를 정하여야 할 필요가 있는 경우에는 직권으로 또는 당사자의 신청에 의하여 임시처분을 결정할 수 있다.

05

2022 군무원 9급

수익적 처분의 거부처분이나 부작위에 대해 임시적 지위를 인정할 필요가 있어서 인정한 제도는 임시처분이다. O | X

> 「임시처분」은 소극적 처분(= 거부처분) 또는 부작위에 대한 가구제 수단이고, 「집행정지」는 적극적 처분에 대한 가구제 수단이다.

TOPIC 50 행정심판 3 – 심리 / 재결 / 간접강제와 직접처분 / 조정

제1절 심리

01

2015 서울시 9급

행정소송은 철저한 대심주의를 관철하여 당사자가 제출한 공격·방어방법에 한정하여서만 심리 판단하지만, 행정심판에서는 직권탐지주의를 원칙으로 한다. O | X

> 행정심판과 행정소송 모두 변론주의를 기본구조로 하고 직권주의가 가미되어 있다.
>
> **행정소송법**
>
> 제26조(직권심리) 법원은 필요하다고 인정할 때에는 직권으로 증거조사를 할 수 있고, 당사자가 주장하지 아니한 사실에 대하여도 판단할 수 있다.
>
> **행정심판법**
>
> 제39조(직권심리) 위원회는 필요하면 당사자가 주장하지 아니한 사실에 대하여도 심리할 수 있다.

02

2015 서울시 9급

행정소송과 행정심판은 행정권에 대한 국민의 권리구제 기능을 한다는 점에서는 공통되지만, 행정소송이 제3자 기관인 법원에 의해 심판되므로 당사자가 청구한 범위 내에서만 심리· 판단하는 데 대하여, 행정심판은 행정조직 내에서 자기통제 기능을 겸하기 때문에 심판청구의 대상이 되는 처분 또는 부작위 외의 사항에 대하여도 재결할 수 있다. O | X

> 행정소송과 행정심판 모두 「처분권주의」가 적용되므로 당사자가 청구한 범위를 넘어서 심리하거나 재판할 수 없다.

03

2017 사회복지직 9급

행정심판위원회는 당사자가 주장하지 아니한 사실에 대하여 심리할 수 없다. O | X

> 행정심판의 공익적 성격으로 인해 직권심리가 가능하다. 마찬가지 이유로 청문절차와 행정소송의 경우에도 직권심리가 가능하다.
>
> **행정심판법**
>
> 제39조(직권심리) 위원회는 필요하면 당사자가 주장하지 아니한 사실에 대하여도 심리할 수 있다.

정답 | 01 × 02 × 03 ×

04 취소심판에서도 항고소송과 마찬가지로 처분청은 당초 처분의 근거로 삼은 사유와 기본적 사실관계가 동일성이 있다고 인정되는 한도 내에서만 다른 사유를 추가 또는 변경할 수 있다. O | X

2023 소방간부

[대법원 2014.5.16, 2013두26118]

행정처분의 취소를 구하는 항고소송에서 처분청은 당초 처분의 근거로 삼은 사유와 기본적 사실관계가 동일성이 있다고 인정되는 한도 내에서만 다른 사유를 추가 또는 변경할 수 있고, 이러한 기본적 사실관계의 동일성 유무는 처분사유를 법률적으로 평가하기 이전의 구체적 사실에 착안하여 그 기초인 사회적 사실관계가 기본적인 점에서 동일한지에 따라 결정되므로, 추가 또는 변경된 사유가 처분 당시에 이미 존재하고 있었다거나 당사자가 그 사실을 알고 있었다고 하여 당초의 처분사유와 동일성이 있다고 할 수 없다. 그리고 **이러한 법리는 행정심판 단계에서도 그대로 적용된다.**

제2절 재결

01 의무이행심판에도 사정재결의 적용이 있다. O | X

2014 서울시 9급

무효등확인심판의 경우에만 사정재결규정이 적용되지 아니한다.

행정심판법

제44조(사정재결) ① 위원회는 심판청구가 이유가 있다고 인정하는 경우에도 이를 인용(認容)하는 것이 공공복리에 크게 위배된다고 인정하면 그 심판청구를 기각하는 재결을 할 수 있다. 이 경우 위원회는 재결의 주문(主文)에서 그 처분 또는 부작위가 위법하거나 부당하다는 것을 구체적으로 밝혀야 한다.

② 위원회는 제1항에 따른 재결을 할 때에는 청구인에 대하여 상당한 구제방법을 취하거나 상당한 구제방법을 취할 것을 피청구인에게 명할 수 있다.

③ 제1항과 제2항은 무효등확인심판에는 적용하지 아니한다.

02 행정심판위원회는 심판청구의 대상이 되는 처분 또는 부작위 외의 사항에 대하여도 재결할 수 있다. O | X

2015 사회복지직 9급

심판청구가 없는 사건에 대해서 심리·재결하는 것은 「처분권주의(사적자치의 원칙이 쟁송절차에 적용된 것으로 심판의 청구, 심판의 유지, 심판의 종결 등을 당사자의 의사에 맡기는 것)」에 반한다.

행정심판법

제47조(재결의 범위) ① 위원회는 심판청구의 대상이 되는 처분 또는 부작위 외의 사항에 대하여는 재결하지 못한다.

정답 | 04 ○ | 01 ○ 02 ×

03

2015 사회복지직 9급

무효등확인심판의 경우에는 사정재결이 인정되지 않는다. O | X

사정재결은 취소심판·의무이행심판에 대해서만 인정되며, 무효등확인심판에서는 인정되지 아니한다. 사정재결은 위법한 처분의 효력을 유지하는 것이므로, 처분의 하자가 무효사유에 해당한다면 효력을 유지할 처분 자체가 존재하지 않기 때문이다.

행정심판법

제44조(사정재결) ① 위원회는 심판청구가 이유가 있다고 인정하는 경우에도 이를 인용(認容)하는 것이 공공복리에 크게 위배된다고 인정하면 그 심판청구를 기각하는 재결을 할 수 있다. 이 경우 위원회는 재결의 주문(主文)에서 그 처분 또는 부작위가 위법하거나 부당하다는 것을 구체적으로 밝혀야 한다.

② 위원회는 제1항에 따른 재결을 할 때에는 청구인에 대하여 상당한 구제방법을 취하거나 상당한 구제방법을 취할 것을 피청구인에게 명할 수 있다.

③ 제1항과 제2항은 무효등확인심판에는 적용하지 아니한다.

04

2015 지방직 9급

재결의 기속력은 재결의 주문 및 그 전제가 된 요건사실의 인정과 판단, 즉 처분 등의 구체적 위법사유에 관한 판단에만 미친다. O | X

[대법원 2005.12.9, 2003두7705]

재결의 기속력은 재결의 주문 및 그 전제가 된 요건사실의 인정과 판단, 즉 처분 등의 구체적 위법사유에 관한 판단에만 미친다고 할 것이고, 종전 처분이 재결에 의하여 취소되었다 하더라도 종전 처분시와는 다른 사유를 들어서 처분을 하는 것은 기속력에 저촉되지 않는다고 할 것이며, 여기에서 동일 사유인지 다른 사유인지는 종전 처분에 관하여 위법한 것으로 재결에서 판단된 사유와 기본적 사실관계에 있어 동일성이 인정되는 사유인지 여부에 따라 판단되어야 한다.

05

2015 지방직 9급

행정심판에 있어서 행정처분의 위법·부당 여부는 원칙적으로 처분시를 기준으로 판단하여야 할 것이나, 재결 당시까지 제출된 모든 자료를 종합하여 처분 당시 존재하였던 객관적 사실을 확정하고 그 사실에 기초하여 처분의 위법·부당 여부를 판단할 수 있다. O | X

[대법원 1993.5.27, 92누19033]

항고소송에 있어서 행정처분의 위법 여부를 판단하는 기준 시점에 대하여 판결시가 아니라 처분시라고 하는 의미는 행정처분이 있을 때의 법령과 사실상태를 기준으로 하여 위법 여부를 판단할 것이며 처분 후 법령의 개폐나 사실상태의 변동에 영향을 받지 않는다는 뜻이고 처분 당시 존재하였던 자료나 행정청에 제출되었던 자료만으로 위법 여부를 판단한다는 의미는 아니므로, 처분 당시의 사실상태 등에 대한 입증은 사실심 변론종결 당시까지 할 수 있고, 법원은 행정처분 당시 행정청이 알고 있었던 자료뿐만 아니라 사실심 변론종결 당시까지 제출된 모든 자료를 종합하여 처분 당시 존재하였던 객관적 사실을 확정하고 그 사실에 기초하여 처분의 위법 여부를 판단할 수 있다.

정답 03 ○ 04 ○ 05 ○

06 행정심판에서는 변경재결과 같이 원처분을 적극적으로 변경하는 것도 가능하다. O | X

2015 서울시 9급

행정심판법

제43조(재결의 구분) ③ 위원회는 취소심판의 청구가 이유가 있다고 인정하면 처분을 취소 또는 다른 처분으로 변경하거나 처분을 다른 처분으로 변경할 것을 피청구인에게 명한다.

07 행정심판과 행정소송이 동시에 제기되어 진행 중 행정심판의 인용재결이 행해지면 동일한 처분 등을 다투는 행정소송에 영향이 없지만, 기각재결이 있으면 행정소송은 소의 이익을 상실한다. O | X

2015 서울시 9급

행정심판의 기각재결이 행해지면 동일한 처분 등을 다투는 행정소송에 영향은 없지만, 인용재결이 있으면 행정소송은 소의 이익을 상실한다.

08 행정심판위원회는 심판청구의 대상이 되는 처분보다 청구인에게 불리한 재결을 하지 못한다. O | X

2016 국가직 9급

행정심판법

제47조(재결의 범위) ① 위원회는 심판청구의 대상이 되는 처분 또는 부작위 외의 사항에 대하여는 재결하지 못한다.

② 위원회는 심판청구의 대상이 되는 처분보다 청구인에게 불리한 재결을 하지 못한다.

09 당사자의 신청을 거부하거나 부작위로 방치한 처분의 이행을 명하는 재결이 있으면 행정청은 지체 없이 이전의 신청에 대하여 재결의 취지에 따라 처분을 하여야 한다. O | X

2017 서울시 9급

행정심판법

제49조(재결의 기속력 등) ② 당사자의 신청을 거부하거나 부작위로 방치한 처분의 이행을 명하는 재결이 있으면 행정청은 지체 없이 이전의 신청에 대하여 재결의 취지에 따라 처분을 하여야 한다.

10 행정심판위원회가 처분을 취소하거나 변경하는 재결을 하면, 행정청은 재결의 기속력에 따라 처분을 취소 또는 변경하는 처분을 하여야 하고, 이를 통하여 당해 처분은 처분시에 소급하여 소멸되거나 변경된다. O | X

2017 서울시 9급

처분을 취소하거나 변경하는 재결은 형성재결에 해당한다. 행정심판위원회가 처분을 취소하거나 변경하는 재결을 하게 되면 재결의 형성력에 의해 당해 행정처분은 별도의 행정처분을 기다릴 것 없이 당연히 소멸되거나 변경된다. 즉 행정청의 별도의 후속조치를 요하지 않는다.

정답 | 06 ○ 07 × 08 ○ 09 ○ 10 ×

11 행정심판의 경우에는 사정재결이 인정되지 않는다. O | X

2017 하반기
국가직 9급

행정심판법

제44조(사정재결) ① 위원회는 심판청구가 이유가 있다고 인정하는 경우에도 이를 인용(認容)하는 것이 공공복리에 크게 위배된다고 인정하면 그 심판청구를 기각하는 재결을 할 수 있다. 이 경우 위원회는 재결의 주문(主文)에서 그 처분 또는 부작위가 위법하거나 부당하다는 것을 구체적으로 밝혀야 한다.

12 취소재결의 기속력으로서 재처분의무가 없으므로 현행법상 거부처분에 불복할 때에는 취소심판보다 의무이행심판이 더 효과적이다. O | X

2019 서울시 7급
(2월)

취소재결에 대해서도 기속력이 인정되므로(행정심판법 제49조 제2항), 거부처분에 불복할 때에는 취소심판이나 의무이행심판이나 그 실효성에 차이가 없다.

제49조(재결의 기속력 등) ② 재결에 의하여 취소되거나 무효 또는 부존재로 확인되는 처분이 당사자의 신청을 거부하는 것을 내용으로 하는 경우에는 그 처분을 한 행정청은 재결의 취지에 따라 다시 이전의 신청에 대한 처분을 하여야 한다.

13 취소심판의 재결로서 처분취소재결, 처분변경재결, 처분변경명령재결을 할 수 있으며, 처분취소명령재결은 할 수 없다. O | X

2019 서울시 7급
(2월)

처분에 대한 취소명령재결은 법개정으로 삭제되었다.

행정심판법

제43조(재결의 구분) ③ 위원회는 취소심판의 청구가 이유가 있다고 인정하면 처분을 취소 또는 다른 처분으로 변경하거나 처분을 다른 처분으로 변경할 것을 피청구인에게 명한다.

〈 인용재결의 종류 〉

구분	이행재결	형성재결	확인재결
취소심판	~~취소명령재결~~ 변경명령재결	취소재결 변경재결	
무효등확인심판			무효등확인재결
의무이행심판	처분명령재결	처분재결	

14 행정심판법에 따른 서류의 송달에 관하여는 행정절차법 중 송달에 관한 규정을 준용한다. O | X

2019 국가직 9급

행정심판법

제57조(서류의 송달) 이 법에 따른 서류의 송달에 관하여는 「민사소송법」 중 송달에 관한 규정을 준용한다.

15

2019 지방직, 교육행정직 9급

당사자의 신청을 거부하는 처분에 대한 취소심판에서 인용재결이 내려진 경우, 의무이행심판과 달리 행정청은 재처분의무를 지지 않는다. O | X

행정심판법

제49조(재결의 기속력 등) ① 심판청구를 인용하는 재결은 피청구인과 그 밖의 관계 행정청을 기속(羈束)한다.
② 재결에 의하여 취소되거나 무효 또는 부존재로 확인되는 처분이 당사자의 신청을 거부하는 것을 내용으로 하는 경우에는 그 처분을 한 행정청은 재결의 취지에 따라 다시 이전의 신청에 대한 처분을 하여야 한다.
③ 당사자의 신청을 거부하거나 부작위로 방치한 처분의 이행을 명하는 재결이 있으면 행정청은 지체 없이 이전의 신청에 대하여 재결의 취지에 따라 처분을 하여야 한다.
④ 신청에 따른 처분이 절차의 위법 또는 부당을 이유로 재결로써 취소된 경우에는 제2항을 준용한다.

16

2019 국가직 7급

재결이 확정된 경우에는 처분의 기초가 된 사실관계나 법률적 판단이 확정되고 당사자들이나 법원은 이에 기속되어 모순되는 주장이나 판단을 할 수 없게 된다. O | X

[대법원 1993.4.13, 선고, 92누17181, 판결]

행정처분이나 행정심판 재결이 불복기간의 경과로 인하여 확정될 경우 확정력은 처분으로 인하여 법률상 이익을 침해받은 자가 처분이나 재결의 효력을 더 이상 다툴 수 없다는 의미일 뿐 판결에 있어서와 같은 기판력이 인정되는 것은 아니어서 처분의 기초가 된 사실관계나 법률적 판단이 확정되고 당사자들이나 법원이 이에 기속되어 모순되는 주장이나 판단을 할 수 없게 되는 것은 아니다.

17

2020 지방직 [서울시] 7급

법령의 규정에 따라 공고하거나 고시한 처분이 재결로써 취소되거나 변경되면 처분을 한 행정청은 지체 없이 그 처분이 취소 또는 변경되었다는 것을 공고하거나 고시하여야 한다. O | X

불특정다수인을 대상으로 하는 일반처분은 고시 또는 공고에 의해서 효력이 발생하고, 일반처분이 재결로 취소되는 경우에도 고시 또는 공고가 필요하다(행정심판법 제49조 제5항).

행정심판법

제49조(재결의 기속력 등) ⑤ 법령의 규정에 따라 공고하거나 고시한 처분이 재결로써 취소되거나 변경되면 처분을 한 행정청은 지체 없이 그 처분이 취소 또는 변경되었다는 것을 공고하거나 고시하여야 한다.

18

2022 군무원 7급

취소심판을 제기한 경우 관할 행정심판위원회에서 취소재결하는 것은 직권취소에 해당한다. O | X

행정심판의 취소재결에 의한 취소와 행정법원의 취소판결에 의한 취소는 쟁송취소에 해당한다. 직권취소는 처분청이 행하는 것을 말한다.

정답 | 15 × 16 × 17 ○ 18 ×

19

2023 군무원 9급

재결의 기속력은 인용재결의 효력이며 기각재결에는 인정되지 않는다. O | X

> 행정심판법
>
> 제49조(재결의 기속력 등) ① 심판청구를 인용하는 재결은 피청구인과 그 밖의 관계 행정청을 기속(羈束)한다.

20

2023 군무원 9급

형성력이 인정되는 재결로는 취소재결, 변경재결, 처분재결이 있다. O | X

> 처분을 취소하거나 변경하는 재결 및 처분재결은 형성재결에 해당한다. 이 경우 재결의 형성력에 의해 당해 행정처분은 별도의 행정처분을 기다릴 것 없이 당연히 소멸되거나 변경된다.

21

2023 군무원 7급

의무이행재결은 행정심판위원회가 의무이행심판의 청구가 이유있다고 인정할 때에 지체 없이 신청에 따른 처분을 하거나 처분청에게 그 신청에 따른 처분을 할 것을 명하는 재결을 말한다. O | X

> 행정심판법
>
> 제43조(재결의 구분) ⑤ 위원회는 의무이행심판의 청구가 이유가 있다고 인정하면 지체 없이 신청에 따른 처분을 하거나 처분을 할 것을 피청구인에게 명한다.

제3절 간접강제와 직접처분

01

2014 지방직 9급

행정심판위원회는 직접처분을 하였을 때에는 그 사실을 해당 행정청에 통보하여야 하며, 그 통보를 받은 행정청은 행정심판위원회가 한 처분을 자기가 한 처분으로 보아 관계 법령에 따라 관리·감독 등 필요한 조치를 하여야 한다. O | X

> 행정심판법
>
> 제50조(위원회의 직접처분) ① 위원회는 피청구인이 제49조 제2항에도 불구하고 처분을 하지 아니하는 경우에는 당사자가 신청하면 기간을 정하여 서면으로 시정을 명하고 그 기간에 이행하지 아니하면 직접 처분을 할 수 있다. 다만, 그 처분의 성질이나 그 밖의 불가피한 사유로 위원회가 직접 처분을 할 수 없는 경우에는 그러하지 아니하다.
> ② 위원회는 제1항 본문에 따라 직접 처분을 하였을 때에는 그 사실을 해당 행정청에 통보하여야 하며, 그 통보를 받은 행정청은 위원회가 한 처분을 자기가 한 처분으로 보아 관계 법령에 따라 관리·감독 등 필요한 조치를 하여야 한다.

02

2017 국회사무처 8급

행정심판법에서는 재결의 집행력을 확보하는 수단으로서 간접강제제도를 두고 있다. O | X

종래 행정심판법에서는 위원회의 직접처분(동법 제50조)만 규정하고 있을 뿐 간접강제제도를 두지 않았다. 그러나 행정심판법 개정으로 2017. 10. 19.부터는 간접강제제도가 시행된다. 따라서 2017. 10. 19. 이후부터는 정답이 ㅇ가 된다.

제50조의2(위원회의 간접강제) ① 위원회는 피청구인이 제49조 제2항(제49조 제4항에서 준용하는 경우를 포함한다) 또는 제3항에 따른 처분을 하지 아니하면 청구인의 신청에 의하여 결정으로 상당한 기간을 정하고 피청구인이 그 기간 내에 이행하지 아니하는 경우에는 그 지연기간에 따라 일정한 배상을 하도록 명하거나 즉시 배상을 할 것을 명할 수 있다.

03

2018 국가직 7급

행정심판위원회는 피청구인이 의무이행재결의 취지에 따른 처분을 하지 아니하면 청구인의 신청에 의하여 결정으로 상당한 기간을 정하고 피청구인이 그 기간 내에 이행하지 아니하는 경우에는 그 지연기간에 따라 일정한 배상을 하도록 명하거나 즉시 배상을 할 것을 명할 수 있다. O | X

행정심판법

제50조의2(위원회의 간접강제) ① 위원회는 피청구인이 제49조 제2항(제49조제4항에서 준용하는 경우를 포함한다) 또는 제3항에 따른 처분을 하지 아니하면 청구인의 신청에 의하여 결정으로 상당한 기간을 정하고 피청구인이 그 기간 내에 이행하지 아니하는 경우에는 그 지연기간에 따라 일정한 배상을 하도록 명하거나 즉시 배상을 할 것을 명할 수 있다.

04

2019 지방직, 교육행정직 9급

청구인은 행정심판위원회의 간접강제 결정에 불복하는 경우 그 결정에 대하여 행정소송을 제기할 수 있다. O | X

이 경우 재결(간접강제결정) 고유의 하자를 다투는 재결취소소송의 유형에 해당한다.

행정심판법

제50조의2(위원회의 간접강제) ① 위원회는 피청구인이 제49조 제2항(제49조 제4항에서 준용하는 경우를 포함한다) 또는 제3항에 따른 처분을 하지 아니하면 청구인의 신청에 의하여 결정으로 상당한 기간을 정하고 피청구인이 그 기간 내에 이행하지 아니하는 경우에는 그 지연기간에 따라 일정한 배상을 하도록 명하거나 즉시 배상을 할 것을 명할 수 있다.

② 위원회는 사정의 변경이 있는 경우에는 당사자의 신청에 의하여 제1항에 따른 결정의 내용을 변경할 수 있다.

③ 위원회는 제1항 또는 제2항에 따른 결정을 하기 전에 신청 상대방의 의견을 들어야 한다.

④ 청구인은 제1항 또는 제2항에 따른 결정에 불복하는 경우 그 결정에 대하여 행정소송을 제기할 수 있다.

정답 02 ㅇ 03 ㅇ 04 ㅇ

05

2019 서울시 9급 (6월)

거부처분에 대한 취소심판이나 무효등확인심판청구에서 인용재결이 있었음에도 불구하고 피청구인인 행정청이 재결의 취지에 따른 처분을 하지 아니한 경우에는 당사자가 신청하면 행정심판위원회는 기간을 정하여 서면으로 시정을 명하고 그 기간에 이행하지 아니하면 직접처분을 할 수 있다. O | X

직접처분은 의무이행심판(제49조 제3항)에서만 인정되는 것이고, 취소심판이나 무효등확인심판(제49조 제2항)에서는 인정되지 않는다(제50조 제1항). "의직"으로 기억하자.

제49조(재결의 기속력 등) ① 심판청구를 인용하는 재결은 피청구인과 그 밖의 관계 행정청을 기속(羈束)한다.
② 재결에 의하여 취소되거나 무효 또는 부존재로 확인되는 처분이 당사자의 신청을 거부하는 것을 내용으로 하는 경우에는 그 처분을 한 행정청은 재결의 취지에 따라 다시 이전의 신청에 대한 처분을 하여야 한다.
③ 당사자의 신청을 거부하거나 부작위로 방치한 처분의 이행을 명하는 재결이 있으면 행정청은 지체 없이 이전의 신청에 대하여 재결의 취지에 따라 처분을 하여야 한다.

제50조(위원회의 직접 처분) ① 위원회는 피청구인이 제49조 제3항에도 불구하고 처분을 하지 아니하는 경우에는 당사자가 신청하면 기간을 정하여 서면으로 시정을 명하고 그 기간에 이행하지 아니하면 직접 처분을 할 수 있다. 다만, 그 처분의 성질이나 그 밖의 불가피한 사유로 위원회가 직접 처분을 할 수 없는 경우에는 그러하지 아니하다.

06

2019 서울시 추가 7급

행정심판위원회는 처분의 이행을 명하는 재결에도 불구하고 피청구인이 처분을 하지 않는 경우에는 당사자의 신청 또는 직권으로 기간을 정하여 서면으로 시정을 명하고 그 기간에도 이행하지 않으면 직접처분을 할 수 있다. O | X

(i) 위원회의 직접처분은 당사자의 신청에 의해서만 가능하고, 직권에 의해서는 인정되지 않는다. (ii) 의무이행심판에서만 직접처분이 가능하고, 취소심판이나 무효등확인심판의 경우에는 직접처분이 규정되어 있지 않다. (iii) 처분명령재결의 경우에만 직접처분이 가능하고, 처분재결의 경우에는 직접처분을 인정할 필요가 없다.

행정심판법

제50조(위원회의 직접처분) ① 위원회는 피청구인이 제49조 제2항에도 불구하고 처분을 하지 아니하는 경우에는 당사자가 신청하면 기간을 정하여 서면으로 시정을 명하고 그 기간에 이행하지 아니하면 직접 처분을 할 수 있다. 다만, 그 처분의 성질이나 그 밖의 불가피한 사유로 위원회가 직접 처분을 할 수 없는 경우에는 그러하지 아니하다.

07

2021 국가직 7급

정보공개명령재결은 행정심판위원회에 의한 직접처분의 대상이 된다. O | X

정보공개거부처분취소청구에 대한 정보공개명령재결은, 성질상 행정심판위원회에 의한 직첩처분의 대상이 될 수 없다. 행정심판위원회는 대상정보를 가지고 있지 않기 때문이다. 따라서 이러한 경우에는 간접강제가 실효적인 수단이 된다.

정답 | 05 × 06 × 07 ×

08

2022 국회사무처 8급

간접강제의 결정서 정본은 「민사집행법」에 따른 강제집행에 관하여는 집행권원과 같은 효력을 가진다. 다만, 청구인이 해당 결정에 불복하는 소송을 제기한 경우에는 이러한 효력이 인정될 수 없다. O | X

소제기와 관계없이 간접강제결정에 따라 강제집행할 수 있다.

행정심판법

제50조의2(위원회의 간접강제) ④ 청구인은 제1항 또는 제2항에 따른 결정에 불복하는 경우 그 결정에 대하여 행정소송을 제기할 수 있다.

⑤ 제1항 또는 제2항에 따른 결정의 효력은 피청구인인 행정청이 소속된 국가·지방자치단체 또는 공공단체에 미치며, **결정서 정본은 제4항에 따른 소송제기와 관계없이 「민사집행법」에 따른 강제집행에 관하여는 집행권원과 같은 효력을 가진다.** 이 경우 집행문은 위원장의 명에 따라 위원회가 소속된 행정청 소속 공무원이 부여한다.

제4절 조정

01

2021 국회사무처 8급

행정심판위원회는 당사자의 권리 및 권한의 범위에서 직권으로 심판청구의 신속하고 공정한 해결을 위하여 조정을 할 수 있지만, 그 조정이 공공복리에 적합하지 아니하거나 해당 처분의 성질에 반하는 경우에는 그러하지 아니하다. O | X

조정은 당사자의 동의를 받아야만 가능하고, 법원이 직권으로 할 수는 없다.

행정심판법

제43조의2(조정) ① 위원회는 당사자의 권리 및 권한의 범위에서 **당사자의 동의**를 받아 심판청구의 신속하고 공정한 해결을 위하여 **조정을 할 수 있다.** 다만, 그 조정이 공공복리에 적합하지 아니하거나 해당 처분의 성질에 반하는 경우에는 그러하지 아니하다.

02

2024 경찰간부

조정이 성립되면 재결의 기속력 규정뿐만 아니라 행정심판위원회의 간접강제 규정도 준용된다. O | X

행정심판법

제43조의2(조정) ③ 조정은 당사자가 합의한 사항을 조정서에 기재한 후 당사자가 서명 또는 날인하고 위원회가 이를 확인함으로써 성립한다.

④ **제3항에 따른 조정에 대하여는 제48조부터 제50조까지, 제50조의2, 제51조의 규정을 준용한다.**

제49조(재결의 기속력 등) ① 심판청구를 인용하는 재결은 피청구인과 그 밖의 관계 행정청을 기속(羈束)한다.

제50조의2(위원회의 간접강제) ① 위원회는 피청구인이 제49조제2항(제49조제4항에서 준용하는 경우를 포함한다) 또는 제3항에 따른 처분을 하지 아니하면 청구인의 신청에 의하여 결정으로 상당한 기간을 정하고 피청구인이 그 기간 내에 이행하지 아니하는 경우에는 그 지연기간에 따라 일정한 배상을 하도록 명하거나 즉시 배상을 할 것을 명할 수 있다.

정답 08 × | 01 × 02 ○

앞글자 정리사항

구분	주제	앞글자	내용
PART 1 행정법총칙	비례원칙의 3단구조	목/수/리 적/필/상	목적 / 적합성 수단 / 필요성 이익형량 / 상당성
	행정주체의 종류	국/지/합/영/재	국가 지방자치단체 공공조합 영조물법인 공법상재단
PART 2 행정작용법	행정기본법의 적용대상	원/처/제 공/과/강 수/입	행정법의 일반원칙 처분 인허가의제 공법상 계약 과징금 행정상 강제(강제집행, 즉시강제) 수리를 요하는 신고 행정입법
	명령적 행정행위	하/허/면	하명 허가 면제
	형성적 행정행위	특/인/대	특허 인가 대리
	준법률행위적 행정행위	확/공/통/수	확인 공증 통지 수리
	부관의 사후변경 (사후부관)이 가능한 경우	법/유/동/사	법률에 명문의 규정 부관의 변경이 미리 유보 상대방의 동의 사정변경으로 인하여 당초에 부관을 부가한 목적달성이 불가

구분	주제	앞글자	내용
PART 2 행정작용법	헌재의 위헌결정의 소급효가 미치는 사건	당/동/병/일	당해사건 동종사건 병행사건 일반사건
	하자승계가 인정되는 경우 (6유형)	강/공/시/암/귀/친	강제집행절차 상호간 공시지가결정과 후속처분 시험합격과 면허처분 암매장개장명령과 계고처분 귀속재산의 임대와 매각 친일반민족행위자결정과 국가유공자배제결정
	처분의 취소의 효과	침/취/급 수/취/장	침익적 처분의 취소는 소급효 수익적 처분의 취소는 장래효
	행정계획에서 형량의 하자	해/흠/오	형량의 해태 형량의 흠결 오형량
	비공개대상정보	법/안/생/판/ 업/사/영/특	법령상 비밀로 규정된 정보 국가안전보장 등과 관련된 정보 국민의 생명·신체·및 재산의 보호와 관련된 정보 진행중인 재판에 관한 정보 검사·시험 등 업무의 공정한 수행과 관련된 정보 사생활의 비밀·자유와 관련된 정보 영업상 비밀과 관련된 정보 부동산 투기 등으로 특정인에게 이익·불이익을 줄 수 있는 정보
	개인정보의 목적 외 이용 OR 제3자 제공	동/법/급/업위/ 조/수/재/형/공	정보주체의 동의 법률규정 급박한 생명·신체·재산상 이익 위해 필요 타 기관의 소관업무 수행& 보호위원회 의결 조약 및 국제협정 범죄수사 및 공소제기 법원의 재판업무 형의 집행 등 공중위생 등 공공안전
	정보관련 위원회	정/공/행 개/보/국	정보공개위원회는 행정안전부 소속 개인정보보호위원회는 국무총리 소속

구분	주제	앞글자	내용
PART 3 의무이행 확보수단	행정상 강제집행의 종류	대/강/이/직	대집행 강제징수 이행강제금 직접강제
	대집행 절차	계/영/실/비	계고 대집행영장 통지 대집행 실행 비용징수
	강제징수 절차	독/압/매/청	독촉 압류 매각 청산
PART 4 행정구제법	행정절차법의 적용대상	처/신/확/공/ 계/입/행/지	처분 신고 확약 위반사실 등의 공표 행정계획 입법예고 행정예고 행정지도
	일정한 경우 행정절차법 배제	병/외/공/조/기	병역법상 징집·소집 외국인의 출입국·난민인정·귀화 공무원 인사관계 법령상 징계 기타 이해조정 목적의 알선·조정·중재·재정 기타 대통령령으로 정하는 사유
	병/외/공/조/기에서 행정절차법 배제 요건	곤/불/준	행정절차를 거치기 곤란 행정절차가 불필요 행정절차에 준하는 절차를 거친 사항
	처분의 효력발생시기	014	공고에 의하는 경우 14일 후
		GO	고시에 의하는 경우 5일 후
	행정절차법상 불이익처분에 요구되는 사항	불/사/견	* 불이익처분 처분의 사전통지 의견청취
	불이익처분시 의견청취 유형	청/공/제	청문 공청회 의견제출

구분	주제	앞글자	내용
PART 4 행정구제법	행정소송의 종류	항/당/민/기	항고소송 당사자소송 민중소송 기관소송
	항고소송의 종류	취/무/부	취소소송 무효등확인소송 부작위위법확인소송
	행정심판의 필요적 전치	세/도/공	과세처분 도로교통법상 처분(면허취소, 면허정지) 공무원에 대한 징계처분
	필요적 전치주의에서 행정심판의 생략 – (심판청구는 하되) 재결을 생략	재결/ 육/손/못/정	* 행정심판의 재결을 거치지 않고 취소소송을 제기할 수 있는 경우 1. 행정심판청구가 있은 날로부터 60일이 지나도 재결이 없는 때 2. 처분의 집행 또는 절차의 속행으로 생길 중대한 손해를 예방하여야 할 긴급한 필요가 있는 때 3. 법령의 규정에 의한 행정심판기관이 의결 또는 재결을 하지 못할 사유가 있는 때 4. 그 밖의 정당한 사유가 있는 때
	필요적 전치주의에서 행정심판의 생략 – 심판 청구 자체를 생략	심판/ 동/관/변/필	* 행정심판을 제기함이 없이 취소소송을 제기할 수 있는 경우 1. 동종사건에 관하여 이미 행정심판의 기각재결이 있은 때 2. 서로 내용상 관련되는 처분 또는 같은 목적을 위하여 단계적으로 진행되는 처분중 어느 하나가 이미 행정심판의 재결을 거친 때 3. 행정청이 사실심의 변론종결 후 소송의 대상인 처분을 변경하여 당해 변경된 처분에 관하여 소를 제기하는 때 4. 처분을 행한 행정청이 행정심판을 거칠 필요가 없다고 잘못 알린 때
	항고소송의 대상으로서 재결주의	감/노/특	감사원의 재심의판정 중앙노동위원회 재심판정 특허심판원의 심결
	법원 직권 불가 (신청이 있어야 가능)	피/변/록/접	피고경정 (처분변경으로 인한) 소변경 행정심판기록제출명령 간접강제

구분	주제	앞글자	내용
PART 4 행정구제법	상고심에서도 인정	집/참/유	집행정지 소송참가 소송요건 유지
	기속력의 내용	반/재/결	반복금지의무 재처분의무 결과제거의무
	기속력에 의해 재처분의무가 발생하는	거/절/재	거부처분 절차위법 ▸재처분의무 발생
	취소소송 규정의 준용 여부 – 무효등확인소송 → 준용 ×	무/심/재/기/접/사	* 무효등확인소송 행정심판전치 재량처분의 취소 제소기간 간접강제 사정판결
	취소소송 규정의 준용 여부 – 부작위위법확인소송 → 준용 ×	부/처/집/사	* 부작위위법확인소송 처분변경으로 인한 소변경 집행정지 사정판결
	행정심판의 종류	취/무/의	취소심판 무효등확인심판 의무이행심판
	행심위 직권 불가	변/접/참/조	(처분변경으로 인한) 청구변경 직접처분 및 간접강제 제3자·행정청의 심판참가 조정
	행정심판에서 직접처분이 인정되는 경우	의/직	* 의무이행심판에서만 직접처분 인정
	행정심판 인용재결의 종류	취/변명/취/변	* 취소심판 변경명령재결 취소재결 변경재결
		의/처명/처	* 의무이행심판 처분명령재결 처분재결